增訂版

# 中國文化通史

胡世慶　編著

三民書局

國家圖書館出版品預行編目資料

中國文化通史(下)／胡世慶編著.－－增訂二版一刷.－－臺北市：三民，2009
冊；　公分
參考書目：面
ISBN 978-957-14-4632-5　(上冊：平裝)
ISBN 978-957-14-4633-2　(下冊：平裝)
1. 文化史 2. 中國

630　　　　98017228

© 中國文化通史(下)

| | |
|---|---|
| 編著者 | 胡世慶 |
| 發行人 | 劉振強 |
| 發行所 | 三民書局股份有限公司 |
| | 地址　臺北市復興北路386號 |
| | 電話　(02)25006600 |
| | 郵撥帳號　0009998-5 |
| 門市部 | (復北店) 臺北市復興北路386號 |
| | (重南店) 臺北市重慶南路一段61號 |
| 出版日期 | 初版一刷　2005年9月 |
| | 增訂二版一刷　2009年10月 |
| 編號 | S610450 |

行政院新聞局登記證局版臺業字第〇二〇〇號

有著作權・不准侵害

ISBN 978-957-14-4633-2　(下冊：平裝)

http://www.sanmin.com.tw　三民網路書店

※本書如有缺頁、破損或裝訂錯誤，請寄回本公司更換。

# 中國文化通史

## 目次

［下 冊］

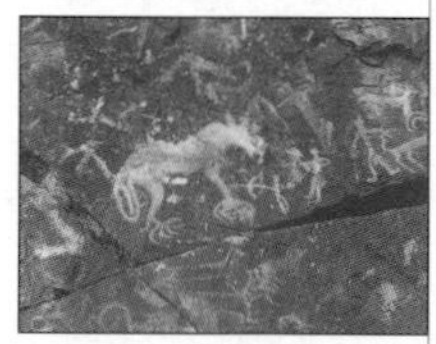

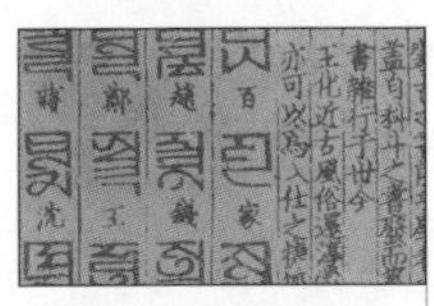

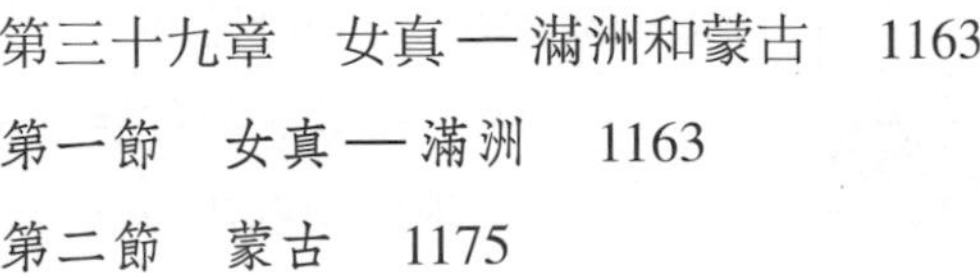

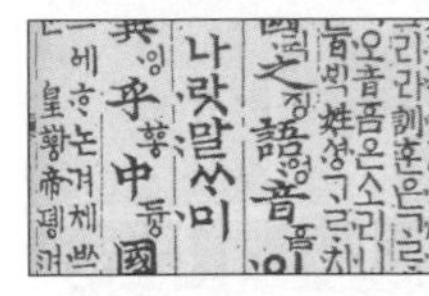

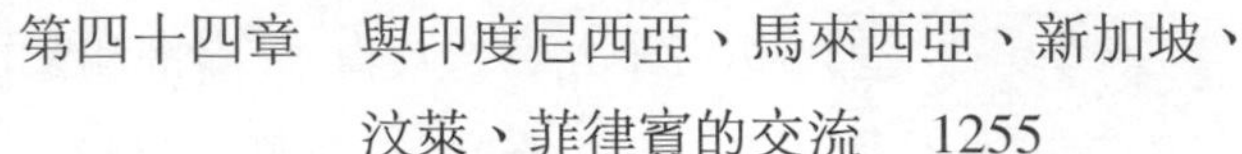

# 第六編

# 宗　教

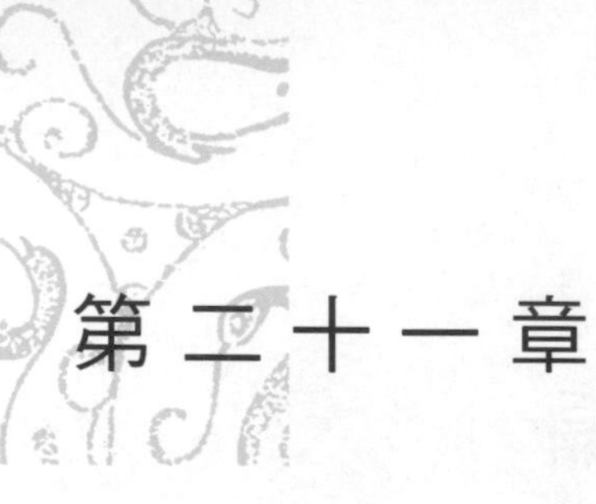

# 第二十一章

# 佛教

## 第一節　佛教傳入中國和在中國的發展

佛教發源於印度次大陸，在世界三大宗教中，佛教比基督教和伊斯蘭教更為古老，至今已有 2500 多年的歷史了。佛教的創始人叫釋迦牟尼 (Śākyamuni❶, 約公元前 565～約公元前 486❷)，姓喬達摩 (Gautama)，名悉達多 (Sarva-Siddhārtha)。「牟尼」是聖人的意思，「釋迦牟尼」就是釋迦族的聖人，這是佛教徒對他的尊稱。相傳他在菩提樹下得「無上正覺」，成了「佛」。「佛」來源於吐火羅文，與「浮屠」(梵文 Buddha 的音譯) 同義。❸其意譯，就是覺悟者。釋迦牟尼成佛之後，開始在印度北部、中部恆河流域一帶活動，當時他口授的教義，死後被整理出來，叫做《阿含經》，內容主要有初轉法輪的「四諦」(Catursatya)、「八正道」(Āryāṣṭāṅgikamārga) 之說，以人生為對象的「十二因緣」(dvādaśāṅgika- Pratītya-samntpāda) 論。早期佛教（包括原始佛教和部派佛教；部派佛教中的上座部非常保守，大眾部則有革新的傾向，它們與原始佛教均屬同一體系）的哲學基礎是「五蘊」(Skandha) 論和「四姓❹平等」的宗教倫理學。後來佛教形成了小乘 (Hinayāna) 和大乘 (Mahāyāna) 兩大派系，「乘」即運載的意思。小乘奉釋迦牟尼為唯一教主，以《阿含經》❺為主要經典。大乘則認為三世十方有無

❶ 本節所有佛教名詞後面的夾注外文，皆為梵文的拉丁字母對音。

❷ 這是北傳佛教的推斷，其依據為漢譯《善見律毗婆娑·出律記》；南傳佛教則作公元前 624～公元前 544 或公元前 623～公元前 543。

❸ 季羨林：《浮屠與佛》，《季羨林談佛》，當代中國出版社，2007 年。

❹ 古印度婆羅門教把人分為 4 個社會地位不同的種姓，即婆羅門（祭司）、帝剎利（武士）、吠舍（農牧民和工商業者）、首陀羅（奴隸）；另外還有不可接觸的「賤民」。婆羅門為永保自己的特權利益，規定種性地位不得改變。

數佛，以《般若經》、《法華經》、《維摩經》為主要經典——《般若經》論證世上一切皆虛幻不實，實相者即是非相；《法華經》說眾生都能得到佛一樣的智慧，人人皆可成佛；《維摩經》通過維摩居士的現身說法，宣揚大乘義理。大乘自稱旨在運載一切眾生達到涅槃境界之彼岸，「我當為十方人作橋，令悉踏我上度去」（《道行般若經》卷 8），所以叫「大乘」，而貶堅持原有教義，只求自我解脫的教派為小乘。大乘又有顯宗和密宗之分，顯宗注重理論，密宗注重咒語、手印、儀軌等方式。顯宗又分中觀派 (Mādhyamika, 即空宗 ) 和瑜伽派 (Yogācāra, 即有宗 )，中觀派著重說明萬物由因緣集合而成，瑜伽派著重說明善惡因果的轉變原理。小乘也分婆沙（說一切有部）和經部，與中觀、瑜伽並行。

佛教產生以後，經由南、北兩個方向往外傳播。南傳佛教以小乘為主，其經典屬巴利文系統。北傳漢地佛教以大乘為主，其經典屬漢文系統；藏傳佛教傳播的是大乘的密宗，後來發展為喇嘛教，其經典屬藏文系統。

佛教傳入中國內地的路綫有兩條：一條是陸路，經由中亞細亞傳入新疆地區，再深入內地；另一條是海路，即通過南海路綫傳入中國內地。無論陸路和海路，應當說都是絲綢之路。❻

佛教最早傳入中國內地的準確年代，現在已經很難稽考，史載漢哀帝元壽元年（公元前 2）大月氏王使臣伊存向中國博士弟子景盧口授《浮屠經》，❼可暫定為佛教初傳中國的歷史標誌。大約至遲到東漢初年，社會上層已有人把佛教當作黃老和神仙之術來加以信奉了。永平七年 (64)，明帝（57～75 在位）因夢遣使赴西域求取佛法；永平十年 (67)，使節邀請西域佛徒迦葉摩騰 (Kāśyapa Mātanga)、竺法蘭 (Dharimaratna the Indian)2 人用白馬馱佛像經卷同返雒陽（今洛陽），次年帝為之建造精舍（後來被叫做白馬寺）以作供養。❽其後桓帝（146～167 在位）時，安息（今伊朗）王子安世高來雒陽譯小乘佛經，接著月氏人支婁迦讖也來到內地翻譯大乘佛經，

❺ 漢譯四《阿含經》，其中《長阿含經》12 卷，為曇無德部所傳承，《中阿含經》60 卷、《雜阿含經》50 卷為說一切有部所傳承，《增一阿含經》51 卷為晚期大眾部所傳承。

❻ 參見湯用彤《漢魏兩晉南北朝佛教史》第四章第二節，中華書局，1981 年；楊東野《關於佛教的傳播路綫》，《人民政協報》2000 年 6 月 16 日。

❼ 《三國志・魏書・烏丸等傳》裴注引魚豢《魏略・西戎傳》。

❽ 《後漢書・西域傳》，《四十二章經・序》。

雒陽成為當時中國的佛教傳播中心。漢、魏之際初平四年 (193)，笮融在徐州一帶修建佛寺，事載《三國志・吳書・劉繇等傳》。佛教在中國的初傳，固然與張騫（漢中成固〈今陝西城固〉人，生年未詳，卒於公元前 114 年）、班超（扶風安陵〈今咸陽東北〉人，32～102）通西域，架起了中、印之間的橋梁，以及印度、西域僧人的傳教熱忱有關。但同樣重要的是，東漢中後期以來，社會動蕩不安，民間疾苦無以復加，人們需要從宗教世界中去取得安慰，佛教正是在這樣的時代背景下，才在中國扎了根。

到了東晉十六國時期，佛圖澄（西域龜茲〈今新疆庫車一帶〉人，232～348）在後趙被奉為「大和尚」，首開風氣，參與軍政機要。由於帝王的提倡，特別是少數民族地區，以「佛是戎神，所應兼奉」(《晉書》卷 95)，所以更受歡迎。何況投身寺院，可以「寸絹不輸官府，升米不進公倉」，「家休大小之調，門停強弱之丁」。（徐陵：《諫仁山深法師罷道書》）❾而對於士族文人來說，一方面處於亂世飄零中，他們迫切需要來自外界的各種撫慰和引導；另一方面，已經從莊子異化思想中得到許多啟示的他們對個體脫離群體這一背經叛道之舉還缺乏足夠的勇氣，大乘空宗佛教的般若 (prajñā) 學正好在一定程度上解決了上述這兩個問題。佛法於是廣結善緣。當時中國佛教界出現了許多弘法大德，其中以道安、鳩摩羅什、慧遠和法顯最為著名。道安（常山扶柳〈今河北冀州〉人，314～385）有各類佛教著述 48 種，又首創僧尼規範三例和佛教徒以釋為姓❿。鳩摩羅什（Kumārajīva, 原籍印度，生於西域龜茲〈今新疆庫車〉，344～413）所譯《金剛經》、《法華經》、《維摩經》等，成為後來中國佛教各個宗派立宗的經典依據。慧遠（雁門樓煩〈今山西寧武附近〉人，334～416）不但精於佛學，在儒學上也有極深的造詣，他宣傳因果報應和神不滅論，用孔、孟、老、莊之言來比附佛經，為佛教的中國化作出了極大的努力。法顯（平陽郡〈治今山西臨汾西南〉人，約 337～418 至 423 之間）西行求法，是真正到了印度的第一人，他求得的戒律，對於當時中國佛教界來說，猶如及時的春雨，他對大乘教義的發展和頓悟學說的興起起了重大作用。

南北朝時期，各類經師、律師、論師蜂起，形成小乘成實師、毗曇師、俱舍師，大乘涅槃師、地論師、攝論師等許多學派。其中小乘諸派，印度

---

❾ 刊道宣《廣弘明集》卷 24。

❿ 《梁高僧傳》卷 5；僧祐：《出三藏記集・道安傳》。

或創而未行，或行而不盛。道生（鉅鹿〈今河北平鄉〉人，355～434）在南朝發揮大乘《涅槃經》的經義，鼓吹「一切眾生，悉有佛性」⑪，「一闡提人（善性滅絕者）皆得成佛」⑫，非常受歡迎。當時南北佛學的顯著不同是「北學尚專篤，南學尚調融」（梁啟超：《中國佛教研究史・佛教之初輸入》）⑬。北朝僧人和在家信徒建立了一族一村的佛教組織——義邑，一些達官貴人和上層僧侶還建立了法社，從事佛教活動；在組織方面，南朝不及北朝。南朝宋、齊、梁、陳都採取了保護佛教的政策，梁代佛教最興盛時佛寺多達 2846 所⑭。北朝統治者大多數也都重視佛教，北魏孝文帝熱心佛教，在北魏佛教全盛時，中國著名的佛教藝術寶庫——敦煌千佛洞、大同雲崗、洛陽龍門、天水麥積山這四大石窟也規模初具了。

隋、唐是中國佛教的全盛時代。唐太宗為孤征 17 年、身行 5 萬里、從印度歸來的玄奘組織了大規模的譯場。玄奘（洛州緱氏〈今河南偃師緱氏鎮〉人，600～664⑮）貞觀十九年 (645) 回長安時，「始自朱雀街內，終屆弘福寺門，數十里間，都人士子，內外官僚，列道兩旁，瞻仰而立，人物闐闉」(慧立本、彥宗箋：《大唐大慈恩寺三藏法師傳》卷 6)。他洞曉佛學，兼精梵、漢，譯出大乘經論 74 部⑯1335 卷。過去譯經都是照本直譯，然後再由文人整理潤飾。玄奘一改前人譯法，直接由梵本口授漢譯，「意思獨斷，出語成章」(道宣：《唐高僧傳》卷 5)，並對底本採取多本互校，所以他不僅譯籍宏富，並且譯藝之精，也是前無古人、後鮮來者的。

由於譯經事業取得了重大成果，再加上社會政治、經濟、文化各方面的條件，唐代佛教的發展自然別有一番光景了。當時佛教並由中國傳到了朝鮮、日本等國，形成了東亞佛教圈。其中鑑真（揚州江陽〈治今揚州城區〉人，688～763）從天寶元年 (742) 開始，經過 6 次啟行，5 次失敗，於天寶十二年十二月二十六日（754 年初）抵日弘法，創唐昭提寺講律傳戒，備受日本朝野的尊崇。玄宗時詔令全國同時設立開元寺。開元寺是地方的

⑪ 均正：《大乘四論玄義》卷 7。

⑫ 志磐：《佛祖統紀》卷 26、36。

⑬ 上海三聯書店，1988 年。

⑭ 法琳：《辨正論》卷 3。

⑮ 玄奘生卒年從季羡林等《大唐西域記校注・前言》，中華書局，1985 年。

⑯ 西明寺釋氏《大唐內典錄》卷 5 作 67 部，冥祥《行狀》作 75 部，這裏據《大唐大慈恩寺三藏法師傳》卷 10。

首席寺，重大佛教典禮都在開元寺舉行。國家還設立了崇玄署，這是管理僧尼和道士的中央衙門。唐廷對高僧採取籠絡手段。如不空（Amoghavajra，原籍北天竺，師子國〈今斯里蘭卡〉人，705～774）圓寂時竟休朝3日，其榮寵的程度，簡直無以復加。

自魏晉以來，中國佛教只有學派沒有宗派，隋、唐之際，佛門講究衣缽的傳承，宗派才得以確立，當時有八大宗派。

三論宗。創宗者為吉藏（原籍安息，生於金陵〈今南京〉，549～623），以研究《中論》、《十二門論》和《百論》而得名。該宗理論以真、俗兩諦為綱，宣傳一切無所得的觀念。該宗後來由於天台宗、法相宗的盛行，迅速衰落。

天台宗。創宗者為智顗（穎川〈治今河南許昌〉人，538～597），因居浙江天台山而得名。該宗「以《法華》為宗旨，以《智論》（即《大智度論》）為指南，以《大經》（即《涅槃經》）為扶疏，以《大品》（即《般若經》）為規法」（湛然：《止觀義例》卷上），又名《法華宗》。天台宗用「空」就是「假」、「假」就是「中」、「中」就是「空」的觀點來解釋世界，主張「三千在一念心」（智顗：《摩訶止觀》卷5上），即「一念三千」，千差萬別、包羅萬有的三千大千世界皆備於一念，一心可以同時觀一切實相。前者亦稱「性具」說，揭櫫了「有情」之所以受苦受難的原因；後者確立「圓融三諦」說，指示了修成佛果的方法和途徑。

法相宗。創宗者為玄奘，立宗經典為《解深密經》、《成唯識論》、《瑜伽師地論》。該宗因宣揚萬法唯識，沒有任何實在性可言，所以又名「唯識宗」。亦稱「瑜伽宗」、「慈恩宗」。法相宗把「染淨依」看成是「心」，把「迷悟依」看成是「理」，論證只有把心思寄託在道理上，才能達到清淨解脫地步。所謂「轉依」，由「染」轉「淨」，由「迷」轉「悟」，就是世界觀的根本轉變；「依」指精神實體。由於法相宗的教義過分玄虛，且極為煩瑣，這個宗傳了3代就衰微了下去。

華嚴宗。創宗者為法藏（原籍西域康居，長安〈與萬年同治今西安〉人，643～712），武周朝主持刻印《無垢淨光大陀羅尼經》，原本今尚有存者，因以《華嚴經》立宗而得名。華嚴宗體系龐雜。該宗宣揚「法界緣起」理論，認為本體是現象的根據、本原，一切現象均由本體而起，彼此之間都是圓融無礙的，「三界所有法，唯是一心造」（法藏：《修華嚴奧旨妄盡還源觀》）⓱，因此可以對任何事物都抱不必計較的態度；而天國無時無地不在，並非渺茫之幻影。華嚴宗並且完成了「教判」，判明佛祖證道的時間順序和化法四教、化儀四教的教義地位。

密宗。是 7 世紀後由大乘教的一些派別和印度原來的婆羅門教結合而成，主要經典有《大日經》、《金剛頂經》和《蘇悉地經》。該宗以高度組織化的咒術、儀禮、民俗信仰為特徵，言說斷絕，不同於其他教派的能以言說顯著。由印度中天竺僧人善無畏（Śubhākara-Siṃha, 673～735）、金剛智（Vajrabodhi, 669～741）和不空來中國傳播，因宗教程式複雜，只傳了兩代。該宗由印度傳入西藏，成為喇嘛教的重要源頭；東傳日本，又稱為「真言宗」。

律宗。創宗者為道宣（丹徒〈今為鎮江市轄區〉人，一說長城〈治今浙江長興〉人，596～667），由研習小乘法藏部的《四分律》⓲並加以大乘教義的闡述而形成，所以稱「律宗」或「四分律宗」；又因他居終南山，所以亦稱「南山宗」。其學說主要是心識戒體論，通過傳持戒律，來防止諸惡，奉行諸善。唐天寶年間，該宗由鑑真傳入日本。

與道宣同時傳布《四分律》的，還有法礪所創相部宗和懷素所創東塔宗，但傳承時間都不長。

接下來要介紹的是禪宗和淨土宗。

禪宗的中土初祖為菩提達摩（Bodhidharma, 南印度人，生年未詳，卒於 536 年，一說卒於 528 年），提倡否認個人存在的真實性和客觀世界的真實性，一切按照佛教教義去行動。傳至五祖弘忍（潯陽〈今九江〉人，一說蘄州黃梅〈今屬湖北〉人，602～675），此宗始顯。五祖傳六祖慧能（南海新興〈今屬廣東〉人，638～713），應當說，慧能才是中國禪宗的真正創始人。慧能幼年以賣柴為生，後來出家，在弘忍主持的寺院裏做雜工。有一天，弘忍叫寺裏的和尚每人寫一個偈，如果寫得好，就把衣缽傳給他。於是首座神秀（開封尉氏人，約 606～706）作偈云：「身是菩提樹，心如明鏡臺，時時勤拂拭，莫使有塵埃。」意

圖 110　慧能像　現　范曾繪

⓱ 此書不分卷，一說為法順所撰。

⓲ 此書北魏時由印度曇摩迦羅來洛陽譯出，從此佛教在中國有了成文的戒律。

思是說，人身是一棵智慧的樹，人心如一面光明的鏡，要時時刻刻加以拂拭，別叫它蒙上塵埃。當時慧能不會寫字，但他聽到這個偈，就託人也寫了一個偈:「菩提本非樹，明鏡亦非臺，本來無一物，何處惹塵埃。」這偈語是說沒有智慧樹，也沒有光明鏡，本來什麼也沒有，哪得招惹塵埃呢?在慧能看來，外部的一切都是虛妄，這種徹底虛空的世界觀在理論解釋上比神秀的要精緻得多，因為神秀的偈語，還是在不知不覺間承認了客觀世界千差萬別的現實存在，只是在主觀角度上加以否定而已，破綻是顯然的。⑲

後來禪宗分為南、北兩宗，慧能為南宗，神秀為北宗。

按照禪宗的說法，當初靈山會上，世尊拈花，迦葉微笑，釋迦牟尼除了說教外，還有一個「以心傳心，不立文字」的「教外別傳」，⑳這就是「禪」(梵文全稱為 Dhyāna，讀如「禪那」) 的來由。所謂「擔水斫柴，無非妙道」(道原:《景德傳燈錄》卷 8),「青青翠竹，盡是法身」(同上卷 28)。禪宗的興起，不但使佛教在理論上更趨成熟，也是對佛教煩瑣哲學的一種反動。禪宗的理論，是直接吸取了老莊和魏晉玄學認識論方面的精華。所有這些，即所謂「禪悅」，都使禪宗符合中國士大夫的口味。

在認識論上，禪宗提倡「悟」，北宗還主張「漸修」，要求打坐息想，拘束身心；南宗更提倡「頓悟」，吸收孟子的性善論改造佛教，宣揚「自心是佛」(《壇經・付囑品》)、「見性成佛」(《壇經・般若品》)。後來，南宗禪簡化禪觀內容，減少禪定程序，縮小在家出家的距離，占了絕對的優勢。俗語說的「放下屠刀，立地成佛」，就是南宗禪的主張。禪宗強調「無念為宗、無相為體、無住為本」(《壇經・定慧品》)，在講經方面，禪宗以不講說為講說；在修行方面，禪宗以不修持為修持。

禪宗的主要經典，是慧能的《壇經》，本節所引傳法偈語，就見於《壇經・自序品》。在中國佛教學者的著述中，只有《壇經》唯一被尊稱為經，說明《壇經》在中國佛教典籍史上所處的崇高地位。

⑲ 參見郭朋《壇經校釋》第 115 頁，中華書局，1983 年。另按:據河南少林寺「六祖法如大師碑」碑文《唐中岳沙門釋法如行狀》記載禪宗五祖弘忍的法嗣是法如。事實上，慧能在弘忍身邊不過做了 3 年的行者，還沒有正式剃度出家；神秀雖然服勤 6 年，卻已早早離開；只有法如敬禮侍奉，始終如一達 16 年之久，可謂水到渠成。

⑳ 普濟:《五燈會元》卷 1。

又有懷海（福州長樂人，720～814），制定《百丈清規》，提倡修持與生產勞動相結合，「一日不作，一日不食」（《大眾章》第七），這也是禪宗對佛家戒律的重大改革。

禪宗與並稱「教下三家」的天台宗、法相宗、華嚴宗皆習大乘上法，㉑其中禪宗對佛教教義的發揮，已臻瓜熟蒂落的境界。

如果說中國知識分子普遍信仰的是禪宗的話，那麼中國廣大下層群眾則信奉淨土宗。該宗創宗者為善導（臨淄〈今為淄博市轄區〉人，613～681），而奉上面已經提到過的東晉時期的慧遠為初祖，以《無量壽經》、《觀無量壽經》、《阿彌陀經》為主要經典。該宗宣揚依阿彌陀佛的願力，只要一心念佛的名號，死後就能往生「淨土」——亦即「西方極樂世界」。由於修行方法簡單，使普通老百姓都能照辦，所以中國民間的世俗佛教，大都是這一宗的末流。

佛教在中國的傳播發展過程中，到唐末五代為止，曾遭遇所謂「三武一宗」的「滅法」事件。「三武」是北魏太武帝（423～452 在位）、北周武帝、唐武宗（840～846 在位），「一宗」是五代周世宗。「三武」都是要從根本上摧毀佛教；「一宗」的措施，帶有整頓的性質。「三武」滅佛，又以唐武宗會昌三年到五年 (843～845) 的這一次最為有力，據《舊唐書》卷 18（上）記載，計拆除寺廟 4.66 萬餘所，沒收土地「數千萬頃」㉒，有 41 萬僧尼並奴婢改為兩稅戶。滅佛事件從思想原因來說，是儒、道、佛三家鬥爭的產物；而從經濟原因來說，則是由於佛教寺院經濟的惡性膨脹，「方外」不入編戶籍，不承擔賦役義務，嚴重損害了王朝的經濟利益。前者是誘因，後者才是問題的癥結所在。

唐武宗滅佛後，佛教各派日趨沒落，只有禪宗、淨土宗繼續盛行。禪宗後來又分成溈仰宗、臨濟宗、曹洞宗、雲門宗、法眼宗等支派，都是屬於南宗禪，其中臨濟㉓、曹洞兩宗，南宋以來，一直傳承到現在。

三論宗、天台宗、法相宗、華嚴宗、律宗、密宗、禪宗、淨土宗這「八宗」創宗者和主要繼承人所開創或住過的寺院，稱為「祖庭」。八宗祖庭在

---

㉑ 錢穆《國學概論》第 182 頁，商務印書館，1997 年。

㉒ 《舊唐書》所說「數千萬頃」，據當時均田數字來衡量，「千」字應為「十」字之誤。

㉓ 11 世紀上半葉，臨濟分為楊岐、黃龍兩派，楊岐是正宗，黃龍傳一百六七十年後法脈斷絕，楊岐也就恢復了臨濟舊稱。

中國佛教史上有著極為重要的地位。而洛陽白馬寺，則是中國最早的佛寺。

另有普法宗，亦稱「三階教」，創宗者為隋代信行（魏郡〈治今安陽〉人，540～594）。該宗把佛教依時、處、人分為 3 類，每類又作「三階」；宣傳一切佛像是泥龕，一切眾生是真佛；並建立「無盡藏」（儲蓄信施之款）經濟基礎；而以苦行忍辱為宗旨。該宗被目為異端邪說，屢受打擊，到唐末終至消亡。

除了上述宗派，還有主要流傳於西藏和其他少數民族地區的喇嘛教，是佛教與西藏原有的本教長期互相影響、互相鬥爭中逐步形成的，具有兼修大乘顯密、先顯後密的特點，在西藏佛教史上，稱「後弘期」，是屬中國佛教不可分割的重要支派。後弘期主要教派有寧瑪派、薩迦派、噶舉派和格魯派。

一. 寧瑪派。該派僧人戴紅帽子，俗稱「紅教」。「寧瑪」有古和舊兩層意思，所謂古是指這一派的教法是從 8 世紀時印度人蓮花生 (padma-saṃbhava) 傳下來的，比其他教派要早 300 年左右；所謂舊是指此派以宣傳前弘期所譯舊密咒為宗旨，與其他教派的奉行「新法」不同，其特點是不重戒律，專持密咒。寧瑪派發展比較分散，與地方實力集團的關係不太密切，但後來在清初五世達賴喇嘛支持下，一度達到極盛。

二. 薩迦派。該派寺廟圍牆塗有象徵薩迦無上部本尊歡喜金剛的紅、白、黑 3 色條紋，俗稱「花教」。「薩迦」是地名，即今後藏日喀則薩迦縣；也是喇嘛教寺名。薩迦藏語意為白土，因在白色土地上建立寺廟，所以叫薩迦寺。創始人為袞喬傑波（即宮曲贊普，1034～1102)，此後薩迦寺主一直由袞喬傑波一家世代相傳。這一派不禁止娶妻，但規定生子後不能再接近女人。其教義是強調拋棄一切「惡業」，苦修苦行，悟解人身和宇宙萬物都非實有。該派第五代祖師八思巴 (1235～1280) 曾為元世祖忽必烈舉行灌頂儀式，乃是帝師，又受命建立烏思藏十三萬戶行政體系，統轄西藏政、教大權。元末，薩迦派的地位為噶舉派所取代，僅保留了薩迦地方的政教權。

三. 噶舉派。該派僧人著白色裙子和襯衣，俗稱「白教」。「噶」，藏語是口授的意思，「舉」，藏語是密法傳承的意思，噶舉派最重視師長的親語教授和傳承，所以有此稱。這一派由瑪爾巴 (1012～1097) 所創立。他曾 3 次親赴印度學習密法，自謂證得「萬有一味」的境界。該派教義重在以經教證性空，也就是修持時把「心」專注於一境，然後觀察安於一境的「心」

是在身內還是身外，若能發現無處可尋，也就明白了「心」並非實有而是空的。噶舉派支派眾多，其中帕木竹巴、噶瑪巴等支系的上層曾先後受到元、明兩代的敕封，繼薩迦派執掌西藏地區的政權。13 世紀時，該派首創「活佛轉世」制度。

四．格魯派。該派僧人戴黃帽，俗稱「黃教」，「格魯」表示該派教義最為完善。格魯派是西藏喇嘛教中影響最大也最有實力的一個教派，又稱「新噶當派」、「嘎登派」、「甘丹派」，形成於明代初年。這一派的始祖叫宗喀巴 (1357～1419)，原意是宗喀地方的人。他囊括佛典，網羅眾家，並確定以佛教大乘中觀月稱一派為正宗，宣揚由於自性空，才能緣起有，撰有《菩提道次第廣論》和《密宗道次第廣論》等著作，闡明顯教、密法兩宗修行次第，提倡學行並舉；並且針對當時喇嘛教戒行廢弛、僧侶生活放蕩等腐敗現象進行了改革，要求僧眾嚴格遵守戒律，不娶妻，禁飲酒，戒殺生。宗喀巴又創立一套制度，形成喇嘛的不同等級。他自己著割截衣，擎缽持杖，清淨少欲，很受教眾愛戴。當時管轄衛（即前藏，以拉薩為中心）藏（即後藏，以日喀則為中心）大部分地區的帕竹第悉統治集團的代表人物明封闡化王扎巴堅贊等資助宗喀巴，於永樂七年 (1409) 在拉薩創辦和主持大祈願會，還為他興建了甘丹寺。

宗喀巴弟子很多，他去世後，格魯派繼續壯大，修建了哲蚌、色拉、扎什倫布等寺院㉔。由於禁止喇嘛娶妻，為了解決宗教首領的繼承問題，格魯派採用活佛轉世相承的辦法。嘉靖二十一年 (1542)，格魯派大本營哲蚌寺主持人根敦嘉措去世，上層當權喇嘛從前藏堆壠地區找來出身於吐蕃老貴族瑪氏家族的年僅 3 歲的鎖南嘉措，迎至哲蚌寺坐床，作為根敦嘉措的轉世靈童。該派還聯絡移牧到青海地區的蒙古族軍事力量，並向青海、蒙古地區傳法。萬曆六年 (1578)，鎖南嘉措與著名的蒙古族土默特部首領俺達汗在青海會見，後者尊稱他為「聖識一切瓦齊爾達喇達賴喇嘛」。「聖識一切」是漢語，意為學識淵博，無所不知；「瓦齊爾達喇」是梵語，意為金剛菩薩，表示堅強不朽；「達賴」是蒙語，意為大海；「喇嘛」是藏語，意為上師。後來格魯派就按此稱號追認宗喀巴的關門弟子根敦朱巴為第一世達賴喇嘛 (1391～1474 在世)，根敦嘉措為第二世達賴喇嘛 (1475～1542 在世)。萬曆十五年 (1587)，明廷派員到歸化（今呼和浩特）封鎖南嘉措為

㉔ 哲蚌、色拉，加上甘丹，是拉薩附近格魯派的三大寺院。

「朵兒只唱」(即金剛菩薩)，這是中國中央政權首次正式授達賴喇嘛以名號。崇禎十五年 (1642)，達賴五世（1617～1682 在世）阿旺·羅桑嘉措在戒師羅桑卻吉堅贊㉕的襄助下，依靠青海蒙古固始汗的兵力，一舉消滅了噶舉派的藏巴汗，建立了格魯派的獨尊秩序。崇禎十四年 (1641)，五世達賴動工擴修始建於吐蕃王朝松贊幹布時期的布達拉宮，接著移居其內，清初康熙三十二年 (1693) 藏曆四月二十日新宮落成，從此歷世達賴喇嘛永駐該宮。順治九年 (1652)，達賴喇嘛親赴北京朝覲，次年受清廷金冊、金印封為「西天大善自在佛所領天下釋教普通瓦赤喇怛喇達賴喇嘛」，取得藏、蒙佛教各派總首領的稱號，達賴喇嘛封號開始被賦予政治、法律意義。早在順治二年，蒙古固始汗為分散五世達賴喇嘛的宗教權力，就贈五世達賴喇嘛的戒師羅桑卻吉堅贊以「班禪博克多」的尊號，「班」，梵語，意為精通五明的學者；「禪」，藏語，意為大；「博克多」，蒙語，意為智勇兼備的人物，永駐日喀則扎什倫布寺。後來羅桑卻吉堅贊被稱為班禪四世（1567～1662 在世)。康熙五十二年 (1713)，清廷冊封班禪五世（1663～1737 在世）羅桑益希為班禪額爾德尼。「額爾德尼」，滿語，意為珍寶。就這樣，達賴和班禪成為格魯派兩大活佛轉世系統，代代相傳，同為格魯派的教主。乾隆十六年 (1751)，清廷改革西藏政治制度，廢原封郡王，並正式授予七世達賴（1708～1757 在世）政治權力，建噶夏，命由噶倫 4 人（一僧三俗）主持噶夏，秉承駐藏大臣和達賴喇嘛的意旨，共同管理西藏地方行政事務。另建商上，為分管財政的機構。

根據西藏歷史的具體情況，達賴的駐地拉薩為西藏傳統的首府。達賴所轄的宗、寺廟多於班禪。達賴的噶夏，是政、教合一的農奴制地方政府。

班禪居住的扎什倫布寺轄有拉孜、昂仁、彭措林、甘壩、日喀則等各大宗，而扎什倫布寺所在地日喀則係西藏第二都市，班禪轄有相當於達賴所轄 1/10 的寺廟，班禪屬下有偏重於宗教性的組織——堪布會議廳(朗瑪崗)。

在達賴和班禪並存分治之外，達賴去世期間，班禪也曾經統攬過全藏事務，如四世班禪執掌西藏政教 10 多年，七世班禪（1781～1853 在世）執掌西藏政教 3 年。二人並存時，達賴因事蒞藏（後藏），班禪商上即將各庫鑰匙呈獻，請其自由支用；如班禪蒞衛（前藏），達賴商上亦如上例。由

㉕ 羅桑卻吉堅贊為達賴五世的戒師，係清太宗皇太極於該年 (1642) 新封，這是後來達賴與格魯派另一宗教領袖班禪互為師弟的開始。

此可見，達賴和班禪的宗教政治地位是平等的，但達賴在服從中央政府的前提下，具有代表全藏的政治性。

宋元明清時代，中國正宗佛教雖然已經沒有另外創新的教義的發揮了，但卻進入滲透、普及和擴大的階段。宋代佛教與儒、道出現了調和的傾向。到了明、清，人們視佛教不再是外來宗教，通過對觀音菩薩的信仰、念佛會、放生會、素食等實踐活動，佛教滲透到民間，與中國人的信仰生活密切地聯繫在一起了。

佛教徒一向有尋師求法的傳統，中國從禪宗興起後，禪僧更常「遠離鄉曲，腳行天下」（睦庵善卿：《祖庭事苑》卷 8），所以稱「行腳僧」。行腳僧行蹤不定，猶如行雲流水，所以又稱「游雲僧」和「雲水僧」。到了南宋寧宗（1194～1224 在位）時期，行腳僧集中朝拜的地方，有「五山十剎」的規定。明代以降，佛教徒又出現了參拜名山的風氣，而有金五臺、銀普陀、銅峨眉、鐵九華之說。這「四大名山」，本書第二章第二節已有介紹，都是富於佛教傳說、殿堂建築宏偉、風景優靜秀麗的遊覽勝地。

自晚唐五代以來，由於雕版印刷事業的興起，佛典結束了單靠寫本流傳的時代，宋初有了木刻本的《大藏經》。大藏經彙集佛教一切典籍，由經、律、論三藏組成，經是佛的言教，律是佛為他的信徒所制定的規則，論是佛弟子的著述。佛教傳入中國後，中國佛教學者以自己的智慧創作豐富和發展了三藏內容，其中章疏部分居於首位，反映了傳統文化崇信經典的基本性格；其次是論著部分，反映了中國佛學的獨特見解；還有史傳部分數量也相當可觀，反映了中國人重視歷史記載的長處。要瞭解中國佛教，關鍵的關鍵在於深入研究這些中國高僧大德的撰述。三藏據唐《開元釋教錄》卷 19～20 記載，已有 1076 部，5048 卷，歷代刻藏，頗有增刪，並不固定。另外還有北京郊區的房山石刻經，從隋代開始，歷 1000 餘年，計刻經近 3500 卷，是屬舉世絕無僅有的佛典珍本。

## 第二節　佛教的教義、制度和儀軌

佛教的教義，包括倫理宗教理想的學說和宇宙「真實」的學說。

佛教的倫理宗教理想學說，集中表現在「四諦」之說上。四諦即苦諦、集諦、滅諦和道諦。「諦」(satya) 是真理的意思；「苦」是痛苦，「集」是原因，「滅」是寂滅，是佛教追求的理想境界，「道」是途徑、方法。四諦就是闡述 4 種真理：人生的痛苦現象，造成人生痛苦的原因，指明解脫人生痛苦的理想境界和解脫痛苦實現理想境界的途徑。這也就是佛教人生哲學的基本觀點。

佛教把生命體分為「四聖六凡」，聲聞 (Śrāvaka)、緣覺 (Pratycka-buddha)、菩薩 (Bodhisattva) 和佛，是謂「四聖」；天、人 (Pudgala)、阿修羅 (Asura)、畜生、鬼和地獄 (Naraka)，是謂「六凡」。佛教宣揚人是六凡中的一凡，表現了它蔑視人生的基本立場。佛教又認為人身是由色、受、想、行、識「五蘊」和合而成的集合體，其中色包括地、水、火、風「四大」（全稱「四大種」，「大種」是梵文 Mahābhūta 的意譯）。五蘊用現在的話來說，色相當於物質，受為感覺，想 (saṃjñā) 相當於知覺，行相當於意志或心理趨向，識為人的總的精神作用。佛教強調，五蘊最終要分離和消散，因此人的本質是空的，此即所謂「四大皆空」。

佛教斷言人生沒有價值，整個人生不過是痛苦的歷程，生、老、病、死都是苦，還有「怨憎會苦」、「愛別離苦」、「求不得苦」。佛教最終把這 7 種苦歸結為「五取蘊苦」，湊成「八苦」，是為了說明，五蘊就是苦，生活就是苦，生存就是苦，不但過去苦，現在苦，而且未來也苦，一切皆苦。原始佛教對人生的看法首先是反映了當時印度社會的殘酷現實，有一定的客觀性。但必須指出，佛教這樣看待人生，不僅是抹煞了人生有歡樂的一面，也誇大了生理的痛苦，掩蓋了社會苦難的嚴重性。

佛教探究人生痛苦的原因，認為一切事物都處決於因果關係，人生的痛苦也不例外。由此，佛教又從人生過程的角度，把人生劃分為許多環節，這些環節互相結合成無止境的痛苦鎖鏈。關於這方面，佛典論述得較多的有「十二因緣」說。十二因緣也稱「十二分」或「十二有支」，即無明 (Avidyā)、行 (Saṃskārā)、識（八識 Aṣṭau Vijñāna）、名色、六入、觸、受、愛、取、有、生、老死。上述 12 個環節，輾轉感果，所以稱為「因」，互為條件，所以稱為「緣」。佛教把痛苦的根源最終歸結為無明，而又指出無明是「貪」、「慎」、「癡」等情欲的產物，如果不制斷情欲，滅盡無明，斬絕耳、眼、鼻、舌、身、意等「六根」(Ṣaḍin-driya)，擺脫聲、色、香、味、觸、法等「六塵」㉖，則痛苦的鎖鏈將永遠連續。不消說，十二因緣說的若干內容，

㉖ 又名「六境」、「六妄」、「六賊」，是佛教十二處中的「外六處」。「處」，梵文 Āyatana

也有一定的合理性，但它絕對排斥情欲，把人們的正當生活要求與貪欲、淫欲混為一談，是完全錯誤的。並且十二因緣說，必然使佛教陷入靈魂不滅論。

佛教還把十二因緣與業報輪迴的思想聯繫起來。「業」(Karman) 指眾生的行為和支配行為的意志，有身業、口業、意業 3 種；輪迴 (Saṃsāra) 是比喻眾生的生死流轉，永無終期，猶如車輪旋轉一般。佛教強調個人作業的作用，強調一切都是自作自受。並且善有善報，惡有惡報，人類社會也理應如此。但事實上，在現實生活中，行善者蒙禍，作惡者得福，乃是司空見慣的現象。佛教不能解釋，只能虛構過去、現在、未來的三世說㉗來自圓其說，客觀上對善良的人們起了麻醉劑的作用。

由於佛教認定人生沒有價值，所以佛教指出人生的理想境界是超出輪迴，不再受生，用佛教術語來說，就是「涅槃」(Nirvāṇa)。對於涅槃的解說，大、小乘佛教的差別頗大。小乘的涅槃學說，一般稱為「無餘涅槃」，它把經過修持，消除煩惱，並在死後焚骨揚灰、不留痕跡的狀態，作為追求的目標。大乘中觀學派的龍樹 (Nāgārjuna, 公元 2 世紀或 3 世紀) 認為眾生所追求的目標應當是正確認識一切事物的「實相」，實相是涅槃的內容，這種涅槃稱為「實相涅槃」。實相涅槃有兩個要點：一. 世間實相與涅槃是一回事，兩者的本性都是空；二. 追求涅槃者要普渡眾生，即使個人可以進入無餘涅槃了，也決不進入。中觀學派把世間與涅槃打成一片，這裏增加了涅槃的現實內容，無疑是比較可取的。

至於如何解脫痛苦去達到涅槃的境界，其途徑和方法，佛教提出，主要有「八正道」和「三學」。

八正道㉘：一. 正見，即離開邪非的正確見解；二. 正思維，即離開世俗的主觀思維；三. 正語，即不作妄語、慢語、惡語、謗語、綺語、暴語，離開一切戲論；四. 正業，即不殺生、偷盜、邪淫，不作一切惡行；五. 正命，即過正當的生活，反對詐現奇特、自說功德、星相占卜；六. 正精進，即止惡修善，去惡從善，自覺努力，反對昏沉和懈怠；七. 正念，

的音譯。「十二處」中的「內六處」即為「六根」。

㉗ 對此，慧遠有《三報論》(刊《弘明集》卷 5)。

㉘ 八正道即四諦中的道諦。所謂三十七道品，除八正道之外，尚有四念住、四正斷、四神足、五根、五力、七覺支。「道品」，亦稱「菩提分」。

即憶持正法，明記四諦等佛教真理；八．正定，即正確的禪定，做到身心的寂靜。

三學：戒 (Śila) 學、定 (Samādhi) 學、慧 (Mati) 學，是由八正道歸結而成。三學相互聯繫，通常被認為是學佛者修持的全部內容。大、小乘佛教對三學的態度並不一致。小乘嚴格區分戒、定、慧，大乘則將戒、定都歸屬於慧。小乘講戒和定是作機械的規範，大乘則是靈活的運用戒和定，提倡方便。

另外還有「六度」(Ṣatpāramitā)，是對三學的擴充，為大乘佛教修習的主要內容：一．布施度，即濟助貧困者和滿足求索者；二．持戒度，即遵守佛教戒律；三．忍辱度，即安於苦難和恥辱；四．精進度，即不斷努力修行；五．禪定度，即形成一種不苦不樂、佛教稱為「三昧」(即「定」)的特殊心理感受；六．智慧度，即隨機應變，以利於救苦救難，普渡眾生。

大乘佛教進一步完善傳統的修持方法，特別是又增加了布施 (Dāna) 和忍辱兩項，並置於突出地位，這是其悲天憫人的慈悲 (Maitrī-karunā) 觀念的重要表現，㉙也是佛教從般若學拓展到涅槃學因而日益世俗化的結果。佛教悲（發揮絕對的真愛）智（求得絕對的自由）雙運，指示達到涅槃的途徑和方法所體現的倫理道德觀念，曾經在優秀的人們中激勵英勇奮鬥、自我犧牲的熱情，是人類文化的寶貴財富。

佛教的宇宙「真實」學說，基本的論點，有緣起論、無常 (Anitya) 論和無我 (Anātman) 論。㉚

緣起論承五蘊論而來，主要探討了宇宙的真實本性是什麼。所謂「緣起」，「緣」是指結果所賴以生起的條件，「起」是生起的意思。緣起論的實質就是事物間因果關係的理論。緣起論主張有因必有果，有果必有因，其目的在於闡明緣故流轉和緣故還滅兩大因果，從而為整個佛教教義提供了理論上的依據。

---

㉙ 反過來看，佛教修持的布施和忍辱，又有非常不近人情的弊端，如有個叫曇無竭的，他已經接受「車馬無其數」，「且有婇女千百計」，但道行系《小品般若波羅蜜經》卷10《曇無竭菩薩品》仍然指示那些「實在無可奉獻者」，「可以為他作僕役」，這是在幹什麼？

㉚ 諸行無常和諸法無我，加上涅槃，謂之佛教「三法印」；再加上一切皆苦，即稱「四法印」。

無常論由緣起論所派生。所謂「無常」，是說一切事物都受「緣」的制約處於遷流不停中，沒有常住性。原始佛教認為人生無常，所以一切皆苦。後來部派佛教闡釋無常，就成為論述世界萬物的存在和常變的理論了。佛教重視研究宇宙人生中「常」與「變」的關係，主張一切都變動不居，這種思想是深刻的；但佛教又因此得出世界空幻的結論，否定整個客觀世界，這就非常不對了。

無我論也是由緣起論所派生，所謂「無我」，是說一切存在的緣都是相對的和暫時的，沒有獨立不變的實體和主宰者。佛教宣傳「我」有兩種：一是「人我」，二是「法我」。對我的執著，叫做「我執」。我執也有兩種：「人執」和「法執」。這都是佛教所要破除的觀念。相應地，無我也有兩種：人生有苦惱，不能掌握自己的命運，稱為「人無我」；一切事物時時刻刻都在變化，沒有一定的自體，稱為「法無我」。這人、法二無我的理論是原始佛教在思想上區別於當時印度其他宗教流派的根本點。原始佛教宣傳無我的理論，但又肯定眾生造業的作用，這個巨大的理論矛盾，使後世佛教學者傷盡了腦筋。

上述都是佛教的基本教義，佛教傳入中國後，這些教義得到了繼承和發展。

接下來談佛教的制度和儀軌，內容主要有稱呼、服飾、叢林、殿堂、剃度、傳戒、布薩、度牒、清規、坐禪、課誦、讚唄、俗講、唱衣、國師、懺悔、水陸法會、焰口、節日活動等。

稱呼：佛教徒稱釋迦牟尼為「本師」，而自稱「弟子」，弟子有出家男、女二眾，在家男、女二眾，合稱「四眾」。出家男眾，稱為比丘 (Bhikṣu)，未受具足戒者，稱為沙彌 (Śrāmaṇera)；出家女眾，稱為比丘尼 (Bhikṣuṇī)，未受具足戒者，稱為沙彌尼 (Śrāmanerikā)。比丘俗稱「僧人」，比丘尼俗稱「尼姑」。「比丘」是梵語音譯，意思是乞食，指托缽行乞。「沙彌」也是梵語音譯，意思是當勤受比丘的策勵，息惡行善。中國佛教徒又專稱沙門，「沙門」(Śramaṇa) 在印度則泛指一切出家者，意思是止息一切惡行。世俗還稱比丘為和尚，「和尚」(Upādhyāya) 是印度俗語，意思是師傅。上述稱呼在書面上多用比丘、沙門，在口語上多用僧 (Saṃgha) 人、和尚。對上層僧侶稱法師 (Dharmācārya)，「法師」是尊稱，有時為了表示尊敬，也可以稱一般僧眾。俗稱在家的佛教徒為居士，「居士」原指「道藝處士」(《禮記・

太藻》鄭注)，是梵語「迦羅越」(Gṛhapati) 的意譯。歷史上中國的居士，大都是兼容儒、釋的士人。而所謂「檀越」(Dānapati)，又叫「施主」，那是佛教稱向寺院布施財物的信徒和領食的人，也用於尊稱一切非信徒㉛。

服飾：佛教最早規定，比丘穿的衣服只限 3 件：一是由 5 條一長一短的布塊連綴起來的布縫製而成的「內衣」，供日常作業和就寢時穿用；二是由 7 條二長一短的布塊連綴起來的布縫製而成的「上衣」，供禮誦聽講時穿用；三是由 9 條以至 25 條三長一短的布塊連綴起來的布縫製而成的「大衣」，遇到禮儀或外出時穿用。這種式樣叫做「田相」，表示僧人可以為眾生的福田，所以也稱「福田衣」，也就是袈裟 (Kaṣāya)。因為是用碎片連接起來的，所以另稱「衲衣」。在中國北方，穿這「三衣」(Trini cīrarāni) 難以禦寒，故又增穿 1 件圓領方袍的俗服。這種俗服僧人一直保持不變，後來也就成了出家的佛教徒專用的服裝了。至於比丘尼，則穿「五衣」(Pañca cīrarāni)，是在三衣外再加兩衣——一是一塊長方形的布，掩覆左臂和右腋；二是一條筒狀下裙。長方形的布，叫做「衹支」(Saṃkakṣika)；而圓領方袍俗服，比丘尼也同樣穿用。上述諸衣服，只有上衣和大衣，是正式法服。法服不許用上色或純色，並必須點上一塊別的顏色，點上的也不許用上色或純色。

叢林：通常指禪宗寺院（梵語稱「伽藍」Saṃghârâma）㉜而言，是借喻草木生長有序，用以表示僧眾有嚴格的規矩和制度。中國叢林建制到宋代始臻完備，元代更有增益，且分成東、西兩序。叢林職事人員的多寡，各依其建制規模而定。「方丈」為禪林正寢，是「上座」(Sthavira)㉝——即住持（也稱「長老」、「堂頭大和尚」）所居的地方，所以稱住持為方丈。西序的重要職員，或有「六頭首」；東序的重要職員，或有「六知事」。儀潤《百丈叢林清規證義記》卷 6 云：「古之清規，佛法為重，故先西而後東；今之叢林，辦事為能，故先東而後西。」但西序「六頭首」中的「首座」，始終居叢林「第一座」。宋代叢林有甲乙院、十方院和敕差院 3 類。寺院有

㉛ 參見張運華《中國傳統佛教儀軌》第 165 頁，香港中華書局，1997 年。

㉜ 另有一種寺院，梵語稱「阿蘭若」(Āraṇyakaḥ)，義為空閑處，則是僧人獨自或二、三個結伴在村外隙地築屋而住，規模很小。

㉝ 唐代開元年間寺院正式形成「三綱」制度，「每寺上座一人，寺主一人，都維那一人，共綱統眾事」(《唐六典》卷 4)。

自己所度弟子輪流住持的，稱為「甲乙院」；公請各方著名僧人住持的，稱為「十方院」；由朝廷任命住持的，稱為「敕差院」。後來朝廷取消了給牒任命住持的制度，這樣叢林就只剩下兩類了。而住持的任期也有規定，大率為 6 年，不過可以連任，眾望所歸的住持往往終身在任。至於「退院」（卸任）住持，則仍然受到尊重。

殿堂：中國佛寺的殿堂，開始的時候，仍與印度相彷佛，只作為佛塔（卒堵坡 Stupa）的附屬建築物，但後來就融進了民族傳統的院落形式。正門都是三門並立，以象徵「三門解脫」。門的兩旁塑兩大金剛像，金剛 (Vajra) 是守護佛法的夜叉神。三門內的第一重殿是天王殿，中間供彌勒菩薩，彌勒 (Maitreya) 為兜率院主，是未來佛。彌勒像後供韋馱 (Skanda)，也是護法神。韋馱面向北方，東、西兩旁供四大天王像，四大天王的形象表示分主風調雨順的職能，此為中國民間的說法。第二重殿是正殿，稱「大雄寶殿」，供釋迦牟尼像，或坐或立，兩旁有兩尊比丘立像，年老的名迦葉 (Kāśyapa)，中年的名阿難 (Ānanda)，他們是釋迦的兩大弟子。供佛的情況比較複雜，有三佛同殿、五佛同殿、七佛同殿者㉞；或供「三世佛」，則燃燈、釋迦和彌勒；明以後叢林設佛像 3 尊，定式為中釋迦，左藥師，右彌陀。在正殿的佛像背後，往往有坐南朝北的菩薩像，一般是觀音 (Avalokiteśvara) 像或觀音、文殊 (Mañjuśrī)、普賢 (Samantabhadra) 三大士像。「菩薩」意譯「覺有情」、「道眾生」，可以出蓮座、歷下界、化愚頑，不比佛的高踞於西方「色究竟天」。觀音全稱「大慈大悲救苦救難觀世音菩薩」，有「六觀音」、「七觀音」、「三十三身」、「四十八臂觀音」、「千手觀音」等講究。觀音標準像在唐代已被定型成為慈愛、安祥、寧靜、典雅、俊秀、飄逸的女性形象，從此日益受到廣大善男信女的禮拜和崇奉。據念常《佛祖歷代通載》卷 15 記載：唐陝西有馬郎婦，風韻超然，姿貌都雅，求婚的人很多。婦與約，能背誦《觀世音普門品》、《金剛經》及《法華經》者，則嫁之。結果唯有馬姓青年如約。及婚，客未散而婦命終。後有老僧來訪，至婦墓用錫杖撥開，只見一堆金鎖子骨。這是說，馬郎婦即觀世音。此外，有關觀音是女性的傳說還有很多。觀音的尊號簡稱「大慈」，文殊稱「大智」，普賢稱「大行」，又有地藏 (Kṣitigarbha) 稱「大願」。這 4 位本來都是佛的脅侍，但中國佛教獨厚遇觀音和地藏。觀音和地藏，在許多寺院裏，通常都有各自獨

㉞　按照部派佛教的說法，所謂「三佛」、「五佛」、「七佛」，皆包括過去諸佛。

居的殿堂。地藏之受信奉，則是因為他發了大願，要孝順和超薦父母，為眾生擔荷一切艱行苦行，令大地五穀雜糧草木花果生長，袪除疾病，度盡地獄眾生，這些大願，與儒家傳統道德極為合拍，也適應中國農業社會的傳統文化心理。獨立的觀音殿和地藏殿均為配殿。配殿又有伽藍堂和祖師堂左右相對，供護法神和本宗祖師，皆在正殿之前。而正殿兩側，又多塑十八羅漢（阿羅漢 Arhat）㉟像，十八羅漢不入涅槃，常住世間宣傳佛法。又有羅漢堂，供五百羅漢。羅漢堂中有濟公像，或站在過道裏，或蹲在房梁上，舉止如痴如狂，是中國佛教的創造。正殿之後為僧人念經說法的法堂或藏經樓。法堂前面東、西相向的是齋堂和禪堂。住持所居方丈多在法堂近側。其他庫房、廚房、客房、浴室，則分布四周。較大的寺院仍有塔，也有鐘鼓樓。塔建於佛殿之後，還有將塔建於寺旁，另起塔院的做法。

剃度：即俗所謂「削髮」。「剃度一事，緇流首務」（《百丈叢林清規證義記》卷 7 上），求度者必須先受五戒——不殺生、不偷盜、不邪淫、不妄語、不飲酒。按照佛教傳說，釋迦牟尼佛當初逾城出走成功後，便以利劍自削髮鬚，表示從此願與一切斷除煩惱 (Kleśa)。剃度本當鬚、髮並去，但後來中國佛教在首次舉行儀式時，鬍鬚固然也得剃去，不過重新長出來後卻可以留養。

傳戒：是設立法壇，為出家的僧尼或在家的教徒傳授戒法。㊱大、小乘戒法均有 5 種：包括居士戒的「五戒」和「八戒」㊲，初壇「十戒」㊳，二壇「具足戒」，三壇「菩薩戒」㊴。比丘、比丘尼戒必須有一定僧數、一定範圍、一定程度，具足這些條件，才能受授，所以稱為「具足戒」(Upsaṃpanna)。具足戒最隆重。僧尼受具足戒，就有了衣和鉢，衣即「三衣」，鉢（鉢多羅 Pātra）為專用食器，這兩樣也代表僧尼的一切所有。後世明末以降通常傳戒之法都是連授 3 壇，凡新戒、入寺求戒須交戒金，以

㉟ 羅漢原指小乘佛教所修的最高果位，得此果位的人所作已作，應辦已辦；而大乘佛教的羅漢據說最初只有 4 個，後來才發展到 16 個、18 個。

㊱ 曹魏齊王嘉平二年 (250)，佛教開始在洛陽白馬寺依律傳戒；劉宋元嘉十一年 (434)，立戒壇為僧尼授戒。而中國戒壇的最早記載，則見於東晉升平元年 (357)。

㊲ 「八戒」是在「五戒」基礎上不塗飾香鬘、不坐高廣大床、不非時食。

㊳ 「十戒」是在「八戒」基礎上不歌舞倡伎及故往觀聽、不捉持生象金銀寶物。

㊴ 「菩薩戒」包括：攝律儀戒，即遵守佛教制訂的各種戒律；攝善法戒，即修持功德；攝眾生戒，即濟度一切有情。

充戒堂燈燭香花、戒牒、同戒錄等費用。大約從元代開始，受戒者還要在頭頂上燃香，作為終身誓願的標誌。出家二眾受初壇沙彌和沙彌尼戒，至少須 7 歲，而直到宋初，受具足戒，規定都須滿 20 歲。但如果教徒要破戒，無論出家的還是在家的，只須向任何一人聲明一下就可以不再受戒律的制約，於是也就前功盡棄了。

布薩：布薩 (Upavasatha) 的時間原本定在每月上半月的十五日和下半月的末一日，隨著佛教的中國化，後來改作每月的朔日和望日。大都在講堂或齋堂舉行。在舉行布薩時，僧眾要先舉行懺悔。從布薩的程式來看，寺院布薩的主要任務就是誦戒，通過對戒條的宣講，使僧眾牢記戒律。

度牒：是中國傳統社會國家發給合法的出家人的證明文件，「度」謂度人之道，在唐代，度牒由祠部頒發，所以也稱「祠部牒」。度牒上面載明僧尼的本籍、俗名、年齡、所屬寺院、師名以及官署關係者的連署。僧尼持此，可以免除地租和徭役，旅行時還可以起護照的作用。國家頒發度牒，有記錄的冊子，叫做「僧籍」。另外還有「寺籍」，記錄寺院的名稱、興建年代和其他情況，也由國家統一管理。唐、宋以來，寺院的興建都得經過政府的批准，名稱也是政府頒發的。

清規：中國佛教自道安創僧尼規範三例以來，即隨時有在戒律之外立禁約之舉。唐代禪宗盛行，有《百丈清規》的釐訂。元、明以來叢林中實行清規的情況，約略如下：一. 安居（梵文 Vārṣika 的意譯），分結夏和結冬❹⓪，即夏季 3 個月講經學律，冬季 3 個月坐禪；二. 掛單，即開寮接眾，一年有兩度——正月十五至四月十五、七月十五至十月十五；三. 大清職，即一寺的人事安排，通常於每年八月十六舉行；四. 貼單，即一寺職事及常住人員名單的公布，例於每年十月十五舉行；五. 打七，即舉行「禪七」，專心參究，每 7 天為一期，或打「七七」，或打「十七」，此是結冬時的重要行事（淨土宗也有打七，但可以隨時舉行）；六. 普請，即普遍約請僧眾勞作；七. 歲計，即歲末的會計報告；八. 肅眾，即對僧眾違犯清規的處分。另外還有榜狀牌示，是叢林通知行事的方法；鐘鼓法器，則為叢林的號令所寄。

坐禪：因為須燃香，並以燃香來計算時間，所以又叫作「坐香」。坐姿採取「結跏趺坐」，左腳放在右腿上，右腳放在左腿上。坐禪實際上是坐香

[40] 在印度佛教中，安居只在雨季舉行，沒有結冬。

與行香交替進行。所謂「行香」，就是僧眾內清眾而外序職，在佛堂裏圍著佛龕右行，形成幾個圓圈，動作由緩步進至疾步，做到思想不散亂。正式坐禪時，僧眾受命於鐘板，雙目注視地面不遠於第三排且不近於第二排的磚上，保持脊柱的挺直，控制呼吸，絕對禁止講話。午齋後的坐禪，可以飲茶。坐禪有常坐三昧、常行三昧、半行半坐三昧、非行非坐三昧 4 種——常坐、常行以 90 日為一期，半行半坐以 7 日為一期，非行非坐在一切時中、一切事上。佛教的坐禪，目的在使僧眾親自體驗內心活動的複雜過程，分辨其中的矛盾狀態，經過初禪、二禪、三禪、四禪，最終獲得對人生本質和宇宙間一切事物本質的悟解。

課誦：是佛教修行的主要方法。按照明代以來的定規，佛教徒每日早殿有兩堂功課，也稱「早課」，主要是誦《大佛頂首楞嚴神咒》，楞嚴是一切事究竟堅固的意思；再誦《般若波羅密多心經》，此是大部《般若經》的中心。或在誦《楞嚴咒》後另誦《千手千眼大悲心咒行法》和「十小咒」。晚殿有 3 堂功課，也稱「晚課」，主要是誦《佛說阿彌陀經》，為自己往生西土祈願；再誦《禮佛大懺悔文》，表示消除以往的宿業，不造未來的新愆；還誦《蒙山施食》，一邊念誦，一邊將飯粒施給餓鬼。施食為每日必修課。

讚唄：是用以歌咏譯本經典中讚嘆「三寶」（Triratna, 佛、法、僧）的聲調。中國讚唄的起源，相傳始於曹魏時期。讚唄主要用於 3 個方面：一. 講經儀式；二. 六時行道；三. 道場懺法。讚唄流傳以後，其音調因地域而有差異。佛教認為學習讚唄有許多功德，如能知佛德深遠等。唱念內容，除《水陸道場儀軌》及《瑜伽焰口》外，古德讚頌多於課誦、祝禱時舉唱，形式最流行的有 6 句讚和 8 句讚。唱念方法只有點板，以鈴鐺等敲唱，其音量之大小、聲階之高低和旋律過門等，均依口授。

俗講：是應用轉讀（即誦讀佛經）[41]、唱導（即宣唱開導）和讚唄來作佛戲的通俗講演。其名稱，始見於唐初。俗講本來只有講經文一類的話本，後來漸採民間流行的說唱體如變文之類，以增強化俗作用。

唱衣：是將已經亡故僧尼的衣缽、行李等物作價拍賣，以其所得支付喪葬開銷，剩餘部分則分給寺內僧眾。其中住持可以在遺囑中寫明自己的部分私財要留贈外人，寺院往往遵行；而根據佛法平等的精神，普通僧尼也可以提出這方面的要求。

[41] 《梁高僧傳》卷 13 云：「詠經則稱為轉讀。」

國師：中國傳統社會高僧大德，常被帝王尊為國師。唐代獲封國師的高僧很多。宋代是禪宗的全盛時期，但禪僧未見有國師的稱號。元代的國師，兼有政、教權力。

懺悔（懺，梵文 Kṣama 音譯之略，悔是意譯）：是佛教徒悔悟所犯罪過以便積極修行的重要儀式。梁武帝制《慈悲道場懺法》，俗稱《梁皇懺》；唐末又出現《慈悲水懺法》，俗稱《水懺》，都是懺悔罪過的儀則，曾廣泛流傳。還有修習止觀的懺法，係天台宗智顗首創，是要在懺法中把三昧體現出來。宋代又有了《往生淨土懺願儀》和《大悲咒》，也為過去信眾所熟知。明代始出現《慈悲地藏懺法》，凡是報親恩、祈父母冥福一類的法事，多採用此懺。上述懺法後來都逐漸演變成為施主給予財物指定僧人修懺法誦佛經的風氣了。

水陸法會：全稱「法界聖凡水陸普度大齋勝會」，又稱「水陸道場」等。水陸法會舉行時間最少 7 天，多則 49 天，參加法事的僧人可達上百。法會設內壇和外壇，以各種飲食供養諸佛、菩薩、天神、五嶽、河海、大地、龍神、冥官乃至畜牲、餓鬼和地獄眾生等。誦經設齋，禮佛拜懺，追薦亡靈。從淵源上看，水陸法會乃由梁武帝的《慈悲道場懺法》和唐代密宗冥道的無遮大齋相結合發展而來。

焰口：通常在黃昏舉行。其辦法是取一淨器，盛以冷水及少許米飯粒餅之類，右手按器，口念經咒，然後稱如來名號，再取食器，瀉淨地上，以作布施，超度餓鬼。焰口也叫「面燃」，是餓鬼王的名稱。自元代以來，焰口施食之法在中國開始盛行。

節日活動：除浴佛節本書第十四章第二節曾作過專門的介紹外，其他如正月初一是彌勒佛誕生日，二月十九是觀音菩薩誕生日，二月二十一是普賢菩薩誕生日，四月初四是文殊菩薩誕生日，七月三十是地藏菩薩誕生日，十一月十七是阿彌陀佛誕生日。此外，還有六月十九是觀音菩薩成道日，九月十九是觀音菩薩出家日等。尤其是觀音菩薩的誕生日，過去每逢農曆二月十九，民間都要舉行盛大的觀音廟會，浙江普陀山因被視為是觀音菩薩的道場，屆日更是人山人海，肩摩踵接，絡繹不絕，前往進香禮拜者不計其數。這些節日已與民俗活動融為一體。又有自恣（梵文 Pravarana 的意譯）日，在農曆七月十五，與中元節複合，這一日僧眾結夏期滿。

# 第三節　佛教與中國文化

佛教帶來了印度文化，在中國，它與本土文化互相滲透，既影響中國文化，也使自己成為中國文化。佛教涉及到中國傳統文化的各個領域。

## 一　佛教與中國政治

原始佛教視富貴如浮雲，目權位如糞土，具有擺脫和超越政治的傾向。㊷但佛教如果「不依國主，則法事難立」(《梁高僧傳》卷 5《道安》)。所以後來部派佛教上座部的《毗尼母經》㊸就明確提出了佛法和王法「二法不可違」的宗旨，而以它特有的方式服務於現實政治了。

佛教初傳中國，在東晉以前並不發達。晉室南遷後，佛教開始盛行，形成了一股強大的社會勢力，自此與政治關係日益密切。在東晉南北朝，多數統治者都懂得利用佛教。東晉孫綽作《喻道論》，提出「周、孔即佛，佛即周、孔」㊹。北朝許多佛教領袖，都曾過問政治。南朝梁武帝更熱衷於奉佛，力圖通過帶頭信佛來穩定政局。

到了隋唐時代，在改朝換代中，先後各政治集團頭面人物與佛教領袖關係的不同，對於不同佛教宗派的確立，具有決定性的作用。反過來，如弒父而立的隋煬帝、破天荒地以婦人而登帝位的武則天，也都從佛典找到了為其行為辯護的合理依據。在意識形態領域，隋唐統治者面對儒、佛、道並立的格局，曾長期採取共同扶植全面利用的政策。而在儒家與佛、道的角逐中所表現出來的文人和官吏的反佛主張，則主要是認為佛教不利足兵足食，違背傳統道德。

宋元明清時代，在政治領域，總的說來，佛教非復昔日炙手可熱，而元代是例外。元代承西夏制度，西藏喇嘛被奉為帝師，開國名臣如耶律楚材、劉秉忠等，亦皆與佛教有很深的關係。明、清兩代，明初成祖奪取帝位，釋道衍（長洲〈與吳縣同治今蘇州〉人，1335～1418）實為謀主。另外，明代為開展外交活動，還派僧人出國訪問通好，更發揮了和平使節的

㊷ 參見郭良鋆《佛陀和原始佛教思想》，中國社會科學出版社，1997 年。

㊸ 該經為雪山部所傳承。而雪山部，則實際上接近於大眾部。

㊹ 《孫廷尉集》卷 1。

作用。至於明、清對藏傳佛教的政策，其所取得的功效，那就不用多說了。清世宗（1722～1735 在位）並且以佛徒自居，自稱「釋主」（《雍正起居注》五年正月十八日條），儼然身兼俗王和法王。但這些都沒有從根本上改變明、清兩代佛教受到限制和歧視的政治命運。

歸根到底一句話，佛教宣揚一切都是「空」，引導人們走上非現實的解脫道路，因果報應論可以為世俗的統治秩序作論證；安於今世、寄希望於來世和禪悅又給嚴酷的社會現實注射了溫涼劑，這都在客觀上有利於中國地主制封建社會的穩定和持續。「俗既病矣，人既愁矣，不有釋氏使安其分，勇者將奮而思鬬，知（智）者將靜而思謀，則阡陌之人皆紛紛羣而起矣」（李節：《餞潭州疏言禪師詣太原求藏經詩序》）㊺。所以，憨山德清和尚說：「沙門所作一切佛事，無非為國祝釐，陰翊皇度。」（《憨山老人夢遊全集》卷 53）這是實話實說。

而北朝以來「三武一宗」的滅佛事件，與兩宋特別是明、清統治者對佛教的限制政策，則是雄辯地說明了佛教對專制統治也有矛盾的一面。這一點，可以與歷史上文人和官吏的反佛主張互相印證。並且自北魏開始，佛教多次被農民領袖作為動員農民、組織農民的工具，宋明時代，「彌勒降生」成為廣大農民和其他下層民眾「救苦救難」的福音，有的沙門起義，也反對僧侶地主階級。所有這些，更顯示了佛教政治作用的多重性和複雜性。

## 二　佛教與中國倫理

釋迦牟尼曾經說過：「諸惡莫作，諸善奉行，自淨其意，是諸佛教。」（《異部宗輪論》）㊻他認為止惡修善、去惡從善可以涵蓋佛教的全部教義。但利他主義的佛教慈悲觀提倡眾生平等，卻與中國傳統社會占主導地位的儒家道德有如水火之不相容。何況儒家重人事，重現實，佛教重解脫，重出離，佛教對人生和社會的主張，必然會危及儒家的社會理想結構。所以，自佛教傳入後，儒家就不斷從倫理道德角度發起對佛教的攻擊，抨擊佛教的「無君無父」觀念。

東晉時期，社會上層就「沙門不禮王者」問題進行了激烈的爭論。對

㊺　《全唐文》卷 788。

㊻　《異部宗輪論》，世友菩薩造，玄奘譯，在今《大藏經》中，與其初譯《十八部論》、二譯《部執異論》合為一卷。

這個問題，慧遠作了巧妙的回答，他說「如令一夫全德，則道洽六親，澤流天下」(《沙門不敬王者論》) ㊼，這樣，也就是對王者的敬禮。慧遠還進一步將佛教的慈悲和儒家的仁愛放在了一起，加以互相發明。他的佛教倫理學說，從理論上溝通了佛教與儒家政治倫理觀念的關聯。

由於佛教善惡觀本來就強調以「順」為善的本質，要求一切「隨緣」而不違於俗。故後來中國佛教經過修正和改造，很快就把對君王的崇敬置於對佛祖的崇敬不相上下的地位了。在中國佛教徒看來，王法可以與佛法等量齊觀，因此君王也可以與佛祖平起平坐。㊽

與此相應，中國佛教更表現為同儒家孝親觀的契合無間。中國佛教學者會通佛教和儒家的孝論，宣揚了戒、孝合一說。佛教孝論認為：一. 孝是天經地義；二. 孝是佛教的戒；三. 行孝是修福。另外，中國佛教還直接編造孝經，來提高論據的權威性，又通過佛事活動，在民間造成奉行孝道的風氣。

北宋以後，中國佛教折中儒釋，甚至認為「非仲尼之教，則國無以治，家無以寧，身無以安」，「釋氏之道，何由而行者」。(智圓：《閒居編》卷19《中庸子傳上》)

中國佛教的倫理道德思想，是以佛性論為其基礎的。中國佛教比大乘佛教更堅決地主張人人都能成佛，「一切眾生，莫不是佛」(道生：《法華經疏》卷上)，這與儒家「人皆可以為堯舜」的人性論是一致的。尤其是，中國佛教還提出以理為佛性的觀點，對宋明理學的倫理學和哲學都有深刻的影響。

在倫理道德的修持方法和途徑上，中國佛教強調滅除貪欲、無知和妄念，證得真理，這也對宋明理學有重大的啟發作用。理學家「主靜」、「主敬」的靜坐，是對佛教禪定的改造；理學家從《尚書・大禹謨》中摘出的「人心惟危，道心惟微，惟精惟一，允執厥中」十六字真言，是對禪宗「直指人心，見性成佛」模式的創造性發展。㊾

---

㊼ 刊僧祐《弘明集》卷12。

㊽ 據北宋歐陽修《歸田錄》卷上記載：「太祖皇帝（趙匡胤）初幸相國寺，至佛像前燒香，問當拜與不拜，僧錄贊寧奏曰：『不拜。』問其何故，對曰：『見在佛不拜過去佛。』」可見在中國佛教徒心目中，君王即是活佛。

㊾ 任繼愈：《佛教與儒教》，刊《佛教與中國文化》，中華書局，1988年。

## 三 佛教與中國哲學

佛教的根本宗旨是企圖超越現實而求得身心的解脫，佛教哲學循此路綫而發展。原始佛教對涉及宇宙主體、形神關係等思辨性較強的哲學問題，往往「無記」、「不記」（《中阿含經》卷 60），採取回避的態度，這種情況到了部派佛教時期，才發生變化。佛教傳入中國，自魏晉以來，由於玄學的興起，它的般若學受到特別的重視和提倡，並在玄風影響下形成一代學風。般若學「六家七宗」，嚴格意義上可以歸納為本無派、即色派和心無派，㊿分別以道安、支遁（陳留〈今開封市南〉人，314～366）和法蘊、支愍度、道恒為代表。本無派肯定精神現象否定物質現象，51即色派既否定物質現象也否定精神現象，52心無派則肯定物質現象否定精神現象，53這 3 派思想上分別依傍於魏晉玄學和玄學反對派的貴無論、獨化論和崇有論。後來僧肇（京兆〈今西安〉人，384 或 374～414）創「不真空論」，他認為如果說事物是有，有並不是真正的存在；如果說事物是無，它的現象卻已出現。既已出現，就不是無，只是不實有罷了。不真空論不僅是佛教哲學理論發展的新階段，並且也不再依傍於玄學，而是對玄學的補充和深化。

佛教的因果報應論54和佛性論，結合中國固有的鬼神思想，理所當然地導出神不滅論來。佛教神不滅論比中國傳統的有神論更精緻，因此具有極大的吸引力和影響力。所以，也勢必引起與中國傳統的無神論觀念的對峙。經過無神論者范縝的批判，指出「形者神之質，神者形之用」（《神滅論》），佛教神不滅論已是理窮辭盡了。但佛教學者對神區別於形的特性作了描述，說形有盡而神不滅，精神可以不朽，也還是有合理的因素。

隋唐宗派佛教多講心性之學，是佛教對中國古代哲學的最大發展。心性之學，就是對人類自身心性的探討。當時諸說紛紜，而各宗共同的基調則為止惡從善，排除欲望，發明本心。尤以禪宗認為一切事物都在自性之

---

㊿ 其中本無派一家有「本無」、「本無異」兩宗，而即色派則包括「即色」、「識含」、「幻化」、「緣會」四家四宗。

51 參見《名僧傳鈔·曇濟》。

52 該派因支遁《即色遊玄論》而著名，這篇論文已經亡佚，但慧遠《肇論疏》、日本安澄《中論疏記》皆有引證，其義又見於《支道林集·妙觀章》。

53 參見吉藏《中觀論疏》。按：吉藏著述現存 26 部，《中觀論疏》分 10 卷。

54 特別為「因果報應」作哲學論證的，是佛教的小乘有宗。

中，在自性中見到一切事物，稱為「清淨法身」55，也就是自悟成佛，把心性論和本體論、成佛論結合起來。這種心性論和本體論的密切聯繫，對後來宋明理學的形成具有莫大的意義。

隋唐宗派佛教還闡發了幾種唯心主義本體論的不同類型。其中法相唯識宗宣揚主觀意識是萬物的本原，這是中國哲學史上典型的主觀唯心主義；華嚴宗主張「事理無礙法界」、「事事無礙法界」（宗密注法順：《華嚴法界觀門》）56，這是中國哲學史上典型的客觀唯心主義。佛教的主觀唯心主義和客觀唯心主義，分別是理學陸王派和程朱派的前導。

隋唐宗派佛教在認識論上也有貢獻，特別是禪宗的頓悟論，認為世人本來就有佛教的高超智慧，只是為妄念的浮雲所覆蓋，一旦去掉妄念，就會頓悟成佛。這種認識論當然是對世界的顛倒的幻想的反映，但其中也包含了辯證法思想，如強調認識本體的作用，認識的相對性、一體性和統一性，認識的質變、飛躍等，都是有價值的觀點。

當時佛教各宗派，在哲學上還進一步實行了對儒、道的融合，《周易》、儒家性善論、老莊自然主義和神仙家的方術迷信，都被佛教作為思想資料，有不同程度的吸取。而儒家思想家除了排佛外，釋佛、融佛、讚佛的也大有人在。佛教哲學與儒、道等中國傳統思想的交融已成為基本趨勢。

宋元明清時代，佛教宗派勢力趨於衰落，但魏晉隋唐以來所積累的豐富的佛教哲學思想，卻成了視佛教為異端的理學的重要思想淵源。事實上，除了上文所提心性論和本體論，宋代儒家要典「四書」的確立，也是與佛教從反面的促成分不開的。「四書」中的《孟子》、《大學》、《中庸》都著重講了心性，理學家正是以此來與佛教的心性之學相抗衡。同時，理學與以往儒學側重於社會政治倫理而不言性與天命的風格有很大的不同，這種學術旨趣的轉移，不消說也是受了佛教的刺激和誘發。

此外，佛教對理學家的思想方法，也有顯著的影響。首先是使他們更加自覺地探討本體和現象的關係，其次是使他們重視心和物、心和性關係

---

55 後世佛教徒認為「法身」是終極真理，而與法身相對的「化身」，如佛陀之類，只不過是終極真理的人格化呈現而已。

56 《法界觀門》一卷，全文又見法藏《華嚴發菩提心章》。按：在華嚴宗的理論體系中，「理」為諸法之體，是事物的總相；「事」為一體之用，是事物的別相。總相謂之「一」，別相謂之「多」，「多」亦謂之「一切」。

的研究，再次是使他們注重內心領悟的簡易法門。在表述形式方面，禪宗有語錄，理學家也有語錄。

12 世紀後，佛教關於推理證明的因明–量理學說在西藏地區廣泛傳播，並有一定的發展。

## 四 佛教與中國文學

隨著佛典的翻譯和流傳、僧侶與文人交往的增多、寺院講經方式的普及，佛教為中國古典文學的各方面灌注著越來越多的影響力，使中國古典文學發生了一系列重大變化。

姚秦時鳩摩羅什譯《維摩詰所說經》，敘維摩詰 (Vimalakirti) 顯示種種神通和辯才，整個故事以對話為主，用生動的對話來刻畫人物鮮明的形象，從文學角度看，是一部絕妙的半小說半戲劇體作品。印度佛經常用韻文寫成，又很注意布局和結構，還有「喻體」，夾雜許多具有豐富想象和濃厚生活氣息的寓言，如「猴子撈月亮」(《摩訶僧祇律》卷 7)、「瞎子摸象」(《涅槃經》卷 32)、「九色鹿」(《六度集經》卷 6) 等，所有這些，對中國文學的發展都具有積極的影響。

在詩歌方面，印度聲明學介紹到中國，導致了中國齊梁時期音韻學上四聲的確立和詩歌格律上八病的制定，從而推動了唐以來的近體詩的開創[57]。晉、宋之際，空宗一切皆空的思潮，在並不單純追求以理服人而是更加強調以美悅人的「玄言」成為詩歌基調的詩壇上開闢了優遊自得、寂靜恬適的新詩境。當時所謂山水詩，就以這種詩境享譽於後世。由於受《方廣大莊嚴經》、《六度集經》等漢譯佛典的傳染，六朝釋子多艷詞，也有寫得比較不俗的。唐代詩僧寒山子的詩，「俚語俱趣，拙語俱巧」(沈德潛：《〈古詩源〉例言》)，「如空谷傳聲，乾坤間一段真韻天籟也」(王宗沐：《〈寒山子詩集〉序》)。而隨著禪宗興起，詩人們以禪入詩，被稱為「詩佛」的王維，他的《鹿柴》詩，就是依據禪宗「反照」、「空寂」的義理，通過描繪鹿柴深林中傍晚的景色，來表現寂滅無常的心境。還有一類禪詩，以通俗直露的語言表述佛理禪機，在唐詩中也別具一格。宋代禪詩比唐代更加

[57] 在漢語音韻學上，除了四聲的發現外，諸如反切的產生、字母的創制、韻圖的興起等重要節目，都莫不受佛教文化的直接影響。參見匡鵬飛《佛教文化與中國古代語言研究》，《光明日報》2008 年 4 月 7 日。

執著理境，多夾議論，甚至取材於禪宗語錄，但都很可讀。如蘇軾，他精熟禪理，晚年尤其傾心佛教，故其詩的妙處往往在於禪心的自然流露。著名的《題西林壁》:「橫看成嶺側成岸，到處看山了不同，不識廬山真面目，只緣身在此山中。」[58]從觀山景悟出世界萬物因主體觀察角度不同而結果相異的道理，體現了禪宗「徹悟言外」的思想，[59]是宋代詩歌創作中不可多得的佳製，歷來膾炙人口。元好問詩云:「詩為禪家添花錦，禪是詩家切玉刀。」(《贈嵩山雋侍者學詩》)[60]禪使詩的面貌更加多彩多姿了。

在中國古代文學史上，佛教對於說唱文學和小說的影響，比起對詩歌的影響還要顯著。中國古代的變文、寶卷、彈詞、鼓詞等說唱文學，都是直接導源於佛教的俗講的。其中變文相當重要，凡將佛本生故事製成彩畫和雕塑者，稱為「變現」，也叫「變相」，配合變現的說唱底本，就是「變文」。變文吸取印度散、韻重疊的表現形式，又滲透以中國民族形式的詩文載體，夾雜了民間歌曲的因素，唱白並用，講的部分用散文，唱的部分用韻文，邊唱邊講，唱多講少，結構宏偉，詞彙豐富，長於描寫。變文故事本於佛經，後來內容不斷發展，由說唱佛教故事擴大到說唱中國歷史傳說和民間故事。變文的形式，還作用於唐代的傳奇。北宋時變文被禁止，但在民間又以其他方式重蘇。直接繼承變文的有以唱為主的寶卷，其中間環節是寺院的禮懺科儀書；受變文的間接影響的有彈詞、鼓詞、諸宮調和話本等許多體裁。變文的出現，預示了中國文學的主旋律由抒情轉向敘事的發展趨勢。

除了變文對傳奇、話本的形成有影響外，佛教對中國古典小說的影響，更表現在佛教典籍廣取譬喻，以寓言故事來說明教義，往往把佛理融化在華麗奇妙的文藝形式裏，取得形象教化的成效。佛典直接為中國古典小說創作提供故事來源，啟發藝術構思，對六朝志怪小說和明代《西遊記》、《封神演義》等神魔小說的產生和繁榮，其作用是不容低估的。當然，佛教宣揚人生如夢的虛無主義，給了中國古典小說思想以消極的影響，這一點表現在《金瓶梅》等小說裏都極為嚴重，甚至連《紅樓夢》也未能免俗。如

[58] 《東坡志林》卷1。「到處……」句胡仔《苕溪漁隱叢話》前集卷39引作「遠近高低各不同」。

[59] 魏承思:《中國佛教文化論稿》第220頁，上海人民出版社，1991年。

[60] 《遺山集》卷37。

《紅樓夢》全書以夢開始，以夢結束，就貫穿著佛教的「色空」思想。

此外，佛教題材對元、明戲劇的發展，也有重大的影響。至於後來京劇有名的《天女散花》，不消說更是整個地承《維摩詰經・觀眾生品》的一段經文而來的。

佛教也影響了中國傳統社會的文學批評。佛教注重直覺證悟的「妙悟」說，關於直接反映的「現量」說，強調感性、直觀性和可知性的「境界」說，「但見情性，不睹文字」（皎然：《詩式》卷1）的「言外之意」說，對歷代詩論都有很深的啟發。宋代詩人以禪喻詩，如嚴羽著《滄浪詩話》，多有發揮，風氣所及，迄明、清而猶盛。

而佛教詞彙豐富了中國文學語言的寶庫，那就更加不勝枚舉了。

## 五　佛教與中國藝術

中國佛教藝術，如悅耳動聽的梵唄淨音等，也都很有特色，但主要還是佛教建築、佛教雕塑和佛教繪畫3大類。考慮到這3大類都應當是本書後面「文學藝術」編的重要內容，為了避免各編之間行文重複，本節只破格地先談一下佛教建築。很顯然，本節這樣做，實在是想讓讀者由此一法而見一切法，趁早品味到佛教藝術的妙不可言的脫俗之美。

佛教建築的形式，不外乎寺院、佛塔和經幢。

中國寺院多為木構建築。其中五臺山的佛光寺，始建於唐代，該寺座落在半山腰中，從下到上，一共3個院落，大殿是唐代的建築，文殊殿是金代的建築，還有明代和清代的建築。該寺大殿廣7間，深4間，造型宏大、莊嚴、簡潔，是典型的唐代風格，殿內有30餘尊唐代塑像，梁柱間有唐代題字，壁上有唐代繪畫，集中地展現了唐代的4種佛教藝術。另外，明代五臺山顯通寺、南京靈谷寺的佛殿，均為拱券式的「無梁殿」，也是中國古代建築藝術史上的傑作。中國寺院多依山建造，即使院落比較局促，但寺外有茂林、峰巒，氣象仍很開闊。寺院的赤圬牆壁與青山紫氣相糅和，而它屋頂的釉彩與孟春的濃綠、深秋的紅葉和明朗的晴空相融合，這是怎樣的一種境界啊！又有石窟寺，也往往建在山勢險峻、前有流水、風景秀麗的地方，注意利用山川環境，來襯托佛菩薩的尊嚴和慈悲。

中國佛塔，早期呈正方形的樓閣式，這是當時工匠在繼承傳統高層錐形樓閣[61]建築技術的基礎上對印度形式的改造。頂端的「剎」，仍然保持印度原來的式樣，基座下面有地宮，形制仿帝王陵寢。塔本為古印度的墳墓，後來因葬佛骨，就成了僧侶膜拜的對象。塔的層數多為奇數，而以 7 級為最常見。奇數為陽數，含有吉祥的意義。後來出現密檐式塔，也是多層的。隋以後，還陸續出現了許多新的式樣，其中有單層的亭式墓塔、金剛座式塔和元、明、清 3 代的覆缽式喇嘛塔。塔的平面，也出現了六角、八角或圓形的，八角形的塔發展很普遍，正方形的反而少見了。無論正方形，還是六角、八角形，都表現出偶數，偶數為陰數，塔的形制縱陽橫陰，這是為了講究陰陽相合，是中國文化的印記。至於塔的建材，則隋代以前多木塔，後來都是磚塔和石塔。建於遼清寧二年 (1056) 的山西應縣木塔，平面作八角形，塔身外觀 5 層 6 檐，八角攢尖頂，通高 67.31 米，是世界上現存最高大的古代木結構建築，也是中國現存最早的木塔。重建於北宋皇祐元年 (1049) 的開封祐國寺塔，為旋梯式塔，13 層，全部採用特製的「鐵色琉璃」做磚石，使佛塔更加煥發出光彩。河南嵩山少林寺有唐塔二、宋金塔十二、元塔四十六、明塔一百四十八、清與年代不詳者塔二十三，總計 231 座，不僅數量奪全國之冠，而且造型應有盡有，成為舉世聞名的「塔林」。[62]北魏正光四年 (523) 所建嵩山嵩嶽寺磚塔，是現存僅見的一座 12 邊形平面塔，由於基礎牢固，設計技術高超，至今仍完好。佛塔筆直的身軀經連續的檐角的調劑，矗立在藍天白雲、青山綠水之間，往往給人留下深刻的印象，具有引起人們思念的藝術魅力。

中國經幢沿襲印度格局，原本是用織物製成的，在幢上寫經，隨風飄轉，以代誦讀。唐代以後多有石刻經幢，取其經久不壞。後盛行陀羅尼 (Dhāraṇī) 經幢，幢身刻陀羅尼經文，基座和幢頂則雕飾花卉、雲紋等圖案及佛、菩薩像，十分華麗。唐至遼宋時代，建幢很多，也有鐵鑄的，高度不等，有圓柱形或六角、八角形，八角形的較常見。河北趙縣陀羅尼幢，係北宋時建，輪廓莊嚴清秀，具體反映了宋代造型藝術的高度成就。

[61] 中國傳統社會錐形樓閣建築，平面或為圓形，或為方形，或為其他正多邊形，其結頂往往採取攢尖式。這種結頂形式，漢代製作的陶塑模型已有忠實的記錄。

[62] 參見張正國《中國的古塔》，《人民政協報》1999 年 7 月 23 日。該文同時認為中國佛塔先有密檐式而後有樓閣式，亦可備一說。

# 第二十二章

# 道　　教

## 第一節　道教的產生、發展和演變

道教產生於兩漢之際，當時社會的苦難現實，不但使佛教得以在中國植根，也提供了道教滋生的氣候和土壤。道家、神仙家（主要是燕齊的方士和楚地的巫）之學以及中國早先就有的神靈崇拜，流行漢代的讖緯神學，是道教的思想淵源。而對神仙方術、原始巫術和讖緯術的吸收、繼承和發展，則使道教走上方術化的道路。在其間，道家黃老思想和神仙家的方術對道教的形成具有決定性的意義，後起的宗奉黃老思想的黃老道和較早的以神仙方術為標幟的方仙道相結合，成為早期的道教。❶同時，佛教的傳入，又使早期道教有所借鑒。❷

西漢成帝（公元前 32～公元前 7 在位）時，「齊人甘忠可詐造《天官歷》、《包元太平經》十二卷，以言漢家逢天地之大終，當更受命於天，天帝使真人赤精子下教我此道」（《漢書・眭、兩夏侯、京、翼、李傳》）。甘忠可的活動，迎合了不少社會上層分子的竊安心理，但終因語涉朝廷而被誅。後來東漢順帝時，又有道士于吉（一作「干吉」）及其所傳《太平青領書》170 卷之出現。❸

早期道教相信「天人相應」、「心神相通」，有丹鼎派和符籙派。丹鼎派重清修煉養，其代表人物為東漢順、桓之際的魏伯陽（會稽上虞〈今屬浙江〉人，生卒年未詳），著有《周易參同契》，敷陳黃老，獨尊丹道，而反對其他一切宗教方術。符籙派多以符水治病、祈福禳災為主要宗教活動內

---

❶ 彭耀、孫波：《論黃老之學的演變和道教的產生》，《孔子研究》1989 年第二期。

❷ 《後漢書・光武十王傳》記楚王劉英「晚節更喜黃老，學為浮屠」。

❸ 《後漢書・郎、襄傳》。

容，此派發展較快，組織上多係民間宗教，如漢末的五斗米道和太平道。五斗米道又稱「天師道」，是張道陵（沛國豐〈今江蘇豐縣〉人，34～156）於東漢順帝時在西蜀鶴鳴山（在今四川大邑西北 15 千米處）❹創立的。他奉老子為教主，以《道德經》為主要經典，並自稱出於太上老君——即老子的口授而造作道書。太平道是事奉「中黃太一」神的張角（鉅鹿〈今河北平鄉〉人，生年未詳，卒於 184 年）於東漢靈帝時所創，傳習的經典主要是由《包元太平經》、《太平清領書》發展而來的《太平經》❺。該書內容涉及天地、陰陽、五行、干支、災異、鬼神，宣傳財產的私有和壟斷是「與天為怨，與地為咎，與人為大仇」（見該書《丁部・六罪十治訣》），並預言有大德之君降世。當時有教徒數十萬，遍及青、徐、幽、冀、荊、揚、兗、豫 8 州。這兩個大教派，都為下層勞動群眾所歡迎。據《後漢書・順、沖、質帝紀》，順帝陽嘉元年 (132) 三月，已有「揚州六郡妖賊章河等寇四十九縣」事，所謂「妖賊」，就是指起義的道教徒。太平道於漢靈帝中平元年 (184) 發動了黃巾起義，一開始就提出「蒼天已死，黃天當立，歲在甲子，天下大吉」（《後漢書・皇甫、朱傳》）的變革天命的主張，一時天下響應，京師震動。後來遭到殘酷鎮壓，傳授不明。五斗米道也與黃巾起義東西呼應，張道陵的孫子張魯在漢中建立了政教合一的地方政權，統治將近 30 年。他自號「師君」，造《老子想爾注》，論證「一者道也……散形為氣，聚形為太上老君」（第十章），並設義舍為過往行人免費提供食宿。教徒初名「鬼卒」，「已信號祭酒，各領部眾」（《三國志・魏書・公孫瓚等傳》），以「治」為單位。有隱瞞小過者，須修補道路百步，將功抵過，略示懲戒；對犯法者，寬宥 3 次，爾後再犯，方處以刑罰。史稱「民夷便樂之」（同上）。建安二十年 (215) 後歸附曹操，被任為鎮南將軍。

曹魏末年，盩厔（今陝西周至）境內終南山麓始有樓觀道，力闡老子「西昇」和「化胡」之說❻，這是歷史上佛、道之爭，道教首次重拳出擊。

---

❹ 《後漢書・劉、袁、呂傳》。「鶴鳴」，《魏書》和葛洪《神仙傳》皆作「鵠鳴」。

❺ 該書為集體創作，說詳熊德基《太平經的作者思想及其與黃巾和天師道的關係》，《歷史研究》1962 年第二期。

❻ 據《後漢書・郎、襄傳》，延熹九年 (166)，襄楷在上給漢桓帝的一篇奏疏中，已提到「或言老子入夷狄為浮屠」，但通觀該傳所引奏疏內容和有關前後文，並無貶損佛教之意。

兩晉以降，民間仍在傳播通俗形式的道教，並不斷發動抗暴起義，這是一方面；另一方面，天師道卻有一部分向上層發展，參與統治集團內部的政治活動，站在維護地主制封建統治的立場對民間早期道教進行改造。東晉葛洪（丹陽句容〈今屬江蘇〉人，283～343❼）系統總結戰國以來的神仙方術理論，在《抱朴子・內篇・神仙》中為道教設計種種修煉成仙的方法，建立了一套體系。他提出以神仙養生為內、儒術應世為外的主張，將道教的神仙方術與儒家的綱常名教相結合，為上層的官方道教奠定了理論基礎。葛洪論儒、道關係，認為是道本儒末，道高於儒，他說「惟道家之教，使人精神專一，動合無形，包儒、墨之善，總名、法之要，與時遷移，應物變化，指約而易明，事少而功多，務在全大宗之朴，守真正之源者也」（《抱朴子・內篇・明本》，下引此書，只注篇名）。他對「一」加以進一步神化，提出「玄」、「道」、「一」3 個概念，玄和道都是指宇宙的本源，它們與一相貫通，這個一象徵天、地、人，「視之不見，聽之不聞，存之則在，忽之則亡，向之則吉，背之則凶」（《地真》），神通廣大，無所不能。玄和道皆從於一，一是神秘莫測的東西。這樣，葛洪就使哲學變成了神學的婢女。他宣揚「逝者無返期，既朽無生理」（《至理》），強調煉形的重要性；又力證凡事仙道者，皆是命中已定，「我命在我不在天」（《黃白》），求之必得。從他開始，道教思想實際上已經基本定型，他是唯一在通常的簡明中國學術思想史一類著作中不被遺落的道教思想家。特別值得注意的是，葛洪似乎並沒有在道教組織中擔任過任何職務。在葛洪的時代，門閥士族參加道教的日益增多，出現了許多天師道世家。

對早期道教的改造成功，是在南北朝時期。北魏太平真君 (440～451) 年間，嵩山道士寇謙之（上谷昌平〈今屬北京〉人，365～448）在崇信道教的魏太武帝和儒士崔浩的支持下，斥張道陵所傳為偽法，熔丹鼎、符籙於一爐，而著重「禮度」（《魏書》卷 114），輔以服食閉煉，自任佐國扶命，代張氏為天師，是為北天師道。在南朝劉宋，則有廬山道士陸修靜（吳興東遷〈今浙江湖州〉人，406～477）受佛教啟發，搜羅經訣，「總括三洞」，撰《三洞經書目錄》，其中著錄道經和藥方、符圖 1228 卷，盡有道教以往典籍；又依據傳統宗法思想和制度，並仿效佛陀，製作神像，借鑒佛教修

❼　《太平寰宇記》卷 160 引袁彥伯《羅浮記》稱葛洪卒時，年六十一。據考證，此時值東晉康帝建元元年 (343)。

持儀式，以改革五斗米道，是為南天師道。北天師道一方面引進佛教「生死輪迴」之說，一方面又是排佛的；南天師道不排佛，恰與北天師道相反。道教的教規、儀範經過寇謙之和陸修靜修訂之後，就逐步定型。在此前提下，陶弘景（丹陽秣陵〈今南京〉人，456～536❽）號稱「釋迦佛陀弟子、太上老君之臣」（《陶貞白集》附《瘞劍履石室磚銘》），繼續吸收儒、佛兩家思想，充實道教內容，構造道教神仙譜系，敘述道教傳授歷史，主張三教❾合流，法不偏執，對後世道教的發展影響極大。他使早有淵源的道教上清派正式形成茅山（在今江蘇句容）上清道，而與龍虎山（在今江西貴溪）的天師道，還有始創於三國孫吳時的閣皂山（在今江西樟樹）靈寶道鼎足而三。上清道和靈寶道，亦承五斗米道而來，但首務經法義理，完成了道教的經籙派。經籙派道教是符水派道教向煉養、齋儀和義理化發展演變的結果。

從隋、唐到北宋，是道教教理不斷深化、道教處於鼎盛的時期。隋代仍是符籙比較盛行，唐代則上清經籙成為主流。唐宋時代社會經濟的繁榮，促進了道教文化的繁榮。就道教本身來說，經過廣泛的吸取，道教教理、修持功法、科範儀則趨向全面成熟，老、莊被抬高，老子的教祖地位獲得了確認，並有「老子一炁化三清」的說法。隋、唐和北宋，國家基本上是統一的，這種政治局面，有利於道教內部南北不同流派的學術交流。再說唐宋時代的許多統治者，大都講究宗教政策，他們在利用道教的同時，也採取了一系列切實的措施來扶植道教，特別注意道教的理論建設。尤其是，唐代視道教為國教，推崇《道德經》，使與儒家的「五經」並立，又封莊子等為真人，改莊子等所著書為真經，規定貢舉士子必須兼通道經，有的皇帝甚至親自為道經作注❿。上之所好，其下必甚，當時對道書的研究蔚然成風，並形成了新道教。新道教不崇尚拜懺齋醮等形式，而著重從思想理論入手；不重視以往道教所追求的長生不老、白日飛升的目的，而重視修煉自身的金丹，排斥外丹而僅修內丹，於氣功方面殊有成就。新道教主要在民間流行，但勢力極大，其代表人物，有五代宋初的陳摶（亳州真源〈今河南鹿邑東〉人，一說普州崇龕〈今重慶潼南西境〉人，生年未詳，卒於

❽ 李鼎：《陶弘景的生卒年份考》，《上海中醫藥雜志》1963年第四期。

❾ 「三教」的說法始於北周衛元嵩著《齊三教論》，見《新唐書》卷59。

❿ 《唐會要・修撰》，《冊府元龜》卷53。

989 年）等。而相傳陳摶之前，更有鍾離權、呂洞賓和劉海蟾。雖然這些人或許是虛構出來的烏有先生，不過既然有這樣的傳說，至少可以說明新道教由來已久了。

南宋以降，道教繼續處於鼎盛時期。南宋先後與金、元南北對峙，民族矛盾異常突出，大勢所趨，道教內部也隨之宗派紛起，互爭教會的領導權。在南方，除舊有的龍虎天師、茅山上清、閣皂靈寶等繼續受到統治者的尊崇之外，自稱獨得異傳而先後別立宗派者也很多，如神霄派、清微派、混元派、東華派、淨明派等，都已明顯受到新道教的影響。還有奉張伯端（天台〈今屬浙江〉人，984～1082）為初祖的金丹南宗，專主內丹修煉之說，更是直接從新道教發展而來的，後來歸入北方全真道。這些宗派大多倡導儒、佛、道三教的同源一致，特別是以援引理學思想為其特色，這與當時南方的理學空氣有關。在北方，則有金大定七年 (1167) 王嚞（咸陽人，1113～1170）創立的全真道，也認為三教同源，三教之間沒有根本的矛盾衝突，而更多地融攝佛教思想。全真道「禁睡眠，謂之消陰魔；服勤苦，而曰打塵勞」（王惲：《提點彰德路道教事寂然子霍君道行碣銘並序》）⓫。以明心見性、養氣煉骨、忍辱寡欲為內修的「真功」，傳道濟世、垂慈接物、期於化俗為外修的「真行」，主張性、命雙修，實際上是道教內丹派與佛教禪宗、儒家理學相結合的產物。全真道也稱「金丹北宗」。北宗與南宗相比，北宗主張出家淨修，南宗則和光同塵，可以在家，可以飲酒葷食，可以結婚生養子女。另外，還有真大道和太一道，皆一度在北方流傳。金、元之際，全真道首領丘處機（登州棲霞〈今屬山東〉人，1148～1227）曾會見成吉思汗，告以不嗜殺和積累功行之道，受到成吉思汗的禮遇。在整個元代，全真道由於統治者的支持，很走運。南方天師道為了與全真道抗衡，就與上清、靈寶、淨明等派逐漸合流。後來三十八代張天師被授為正一教主，主領「三山符籙」，於是道教又正式形成正一和全真兩大宗派，在明代繼續流傳。明代對道教加以利用和檢束，道教難以發展，湖北均縣武當道的興起，也只是短暫的現象。但嘉靖帝是例外，他信奉正一道到了迷狂的程度，⓬還任用正一道的道士擔任朝廷重要官職。

⓫　《秋澗集》卷 61。

⓬　由於嘉靖帝深居西苑，專事修煉，廢怠朝政，時任戶部雲南主事的海瑞曾上著名的《治安疏》指出他的愚昧：「陛下受術於陶仲文，以師稱之，仲文則既已死矣，彼不

清代統治者不重視道教，官方道教逐漸衰落。但民間通俗形式的道教活動仍很活躍，許多民間秘密宗教，在思想上，乃至組織上都與道教有一定的關聯，屬於變相的道教。

道教名山更多於佛教，其中包括五嶽，另外還有三清山、王屋山、龍虎山、茅山、青城山、爛柯山、天柱山、終南山、羅浮山、武當山等，不勝枚舉。道教的著名宮觀也很多，主要有北京的白雲觀、山西芮城的永樂宮⑬、陝西戶縣的重陽宮、四川青城山的天師洞、湖北武當山的真武宮、山東嶗山的太清宮、南昌的萬壽宮等。道教宮觀是道教的活動場所，又是收藏道教典籍的地方。

道教典籍的總輯，稱為「道藏」，這是模仿佛藏的制度。由唐代迄明代，修成而通行全國的道藏，計有唐《三洞瓊綱》、宋《大宋天宮寶藏》和《萬壽道藏》、金《大金玄都寶藏》、元《玄都寶藏》、明《正統道藏》和《萬曆續道藏》。道藏的內容十分龐雜，有大批道經和關於神仙史跡、齋醮儀式的文獻，也有歷代不同教派的教義，另外還搜羅了諸子百家之說，普遍涉及到中國傳統社會思想、科技、文化等許多領域。又，宋真宗天禧 (1017～1021) 年間，張君房（安陸〈今屬湖北〉人，生卒年未詳）撮取《天宮寶藏》的精要，編成《雲笈七籤》122 卷，《四庫全書總目提要》「子部十・道家類」稱其「類例既明，指歸略備，綱條科格，無不兼賅」，其中更保存有部分佚失的道書內容。

道教典籍中的《道德經》、《南華經》(即《莊子》) 本屬道家著作。《黃庭經》糅合道教教義和醫學養生之術，晉、唐以來王羲之、褚遂良等書家都寫有法帖傳世。《上清大洞真經》，是《黃庭經》的發展；《靈寶度人經》宣揚「仙道貴生，無量度人」⑭；《三皇經》主旨在「劾召鬼神」，這 3 種，分別為晉代 3 系經籙的首經，格外受到重視。除此之外，在民間流傳較廣的主要有《太上感應篇》和《文昌帝君陰騭文》。這兩部道書都講天人感應和因果報應，以儒家道德規範和道、釋宗教規誡為立身處世之準則，宣稱照書辦事，必獲善報。因文字通俗易懂，自南宋以來，深入民間，大暢其

長生，而陛下何獨求之」(《備忘集》卷 1)。

⑬ 永樂宮建於元世祖中統三年 (1262)，原在山西芮城的永樂鎮（今屬山西永濟），1959 年因興修水利，已連同壁畫全部原樣遷建於今芮城縣北龍泉村五龍廟附近。

⑭ 收入《道藏》「洞真部・本文類」。

行，還傳入日本和東南亞等地。另有《玉皇經》，為道士祈禳、齋醮所常用；《陰符經》、《心印經》、《清靜經》，為道士修持、念誦所常用；《靈飛經》，內容係存思、符籙之法，這些都是道教的重要經典。清代沒有增修道藏，但上述道教典籍，零星刻印的數量還是很多。

## 第二節　道教的基本信仰、制度和儀軌

道教把先秦道家的理論概念「道」加以神秘化，由道演繹出「三元」。據《雲笈七籤》卷3說：三元者，第一混洞太無元，第二赤混太無元，第三冥寂玄通元。三元生「三寶」，分別治於「三清」境。三清又名「三天」，天寶君治在玉清境，也就是「清微天」，稱「元始天尊」；靈寶君治在上清境，也就是「禹餘天」，稱「靈寶天尊」；神寶君治在太清境，也就是「大赤天」，稱「道德天尊」、「太上老君」。而天地間萬事萬物，就是由這三清尊神創造的。三清尊神一說以元始天尊為尊，一說以靈寶天尊為尊，太上老君最為早出，而地位反最下。《靈寶自然九天生神章經》卷1云：「三號雖殊，本同一也。」看來這種解釋是比較圓通的。三清尊神是「道」的人格化和別名。「大道無形，生育天地」（《太上老君說常清靜經》）⓯，三清尊神是創世主，這是道教的基本信仰核心。

道教認為三清尊神——即三寶君是經教的祖師，他們分別傳授「三洞」真經。三洞為洞真、洞玄、洞神，又分為七部，七部中後4部為輔經，太玄輔洞真、太平輔洞玄、太清輔洞神，正一總輔通貫。所以道教又通稱「三洞尊文⓰，七部玄教」（《雲笈七籤》卷3）。道教宗元於三寶君，以教義遠託三寶君，這也是道教不可動搖的立教信仰基礎。

道教有「三十六天」說，三十六天總由三清尊神所統。其中大羅天為玉帝所居；大羅天下為三清天，三清天設有九宮，並置僚屬，官位甚多；三清天下為四梵天，這些都是超脫輪迴的美妙仙境。其餘三界二十八天，雖不免生死之苦，但為升仙所必由。道教又有「三十六地」說，三十六地

⓯ 收入《道藏》「洞神部・本文類」。《雲笈七籤》卷17、《道藏》「太清部」收《老君清淨心經》，皆有此語。

⓰ 三洞尊文每洞（部）各分本文、神符、玉訣、靈圖、譜錄、戒律、威儀、方法、眾術、傳記、贊誦、表奏12部（類），總計36部（類）。

執領者為十殿閻王。人死之後，通過「五道轉輪」，善者為神為仙，不善者靈魂入禽獸道、入餓鬼道、入地獄道，受閻王的審判。⑰道教還說八方巨海之中有十洲三島，為仙人遊息的地方。人間又有十大洞天、三十六小洞天、七十二福地，上帝命群仙治之，多得道之所。得道有肉體飛升、遊於名山、先死後蛻等方式。⑱善男信女一旦得大道，就由專司其職的西王母迎到四梵天去享福。這些是道教信仰的一般內容。

道教與道家雖都以「道」為名，但道教已背離了先秦道家「無為」的宗旨。

道教追求現世的歡娛，以生為樂，重生惡死，認為人的生命並不決定於天命，「道與生相守，生與道相保」(《雲笈七籤》卷 32)，二而一，一而二，是須臾不離的。人只要善於修道養生，就可以長生久視。道教重視人體生命的價值，相信人可以脫胎換骨，直接超凡入仙，不必等死後靈魂的超度，這也是道教信仰與別的宗教根本不同的地方。

道教還有關於「天道承負，因果報應」的說教。道教指出承負有兩種：一是前人有過失，由後人來承受過責，前人有負於後人，後人是無事受過；二是天、地、人長養財物，欲多則生奸邪，害而不止就會亂敗，導致整個社會的自然復歸於虛無，這是劫運到了。⑲質言之，道教認為，個人的禍福與個人的行為毫不相干，一切皆聽天道循環，受其承負。至於怎樣才能斷止承負呢，當然只有行善積德、虔誠修道這個辦法可行。行善積德，能為子孫造福；虔誠修道則可免除自身厄運。除了宣傳承負說外，有的道經也宣揚因果報應說，認為人生在世，上有日月照察，身中有心神與天相通，又有諸神疏記善惡，天網恢恢，疏而不漏，到時候就會得到報應。⑳這種善惡報應的觀念，在道教的發展中，越到後來，越被強調。

下面談道教的制度和儀軌，內容主要有稱呼、服飾、宮觀、殿堂、戒律、清規、修煉、符籙、青詞、齋醮、祭煉、鎮宅、占卜、祭歲星、守庚申、沐浴、禁忌、節日活動等。

稱呼：全真道教徒出家必住宮觀修持，㉑男稱「道士」、「道人」、「羽

⑰ 《老君太上虛無自然本起經》，《雲笈七籤》卷 13。

⑱ 《抱朴子・內篇・論仙》。

⑲ 《太平經》卷 39、73～85。

⑳ 同上卷 92。

士」，女稱「女道士」、「女冠」、「道姑」。正一道教徒不出家，也稱道士，俗稱「火居道士」。如初學道，男7歲號「籙生弟子」，女10歲號「南生弟子」。已成夫婦者，男稱「清真弟子」，女稱「清信弟子」。出家稟承戒律者，稱「智慧十戒弟子」。得受初真八十一戒者，稱「太上初真弟子」。師授《正一盟威籙》後，方可以為人章醮，稱「太上正一盟威弟子」。凡道士未受經法，通稱「小兆」。自正一授《金剛洞神籙》，稱「太上洞神法師」；此後依其所受經法程度，分別稱「高玄法師」、「昇玄真一法師」、「無上洞玄法師」、「三洞法師」、「無上三洞法師」等。名號極多，其間不免有自相抵牾的地方，這裏只能大致而言。

服飾：道士服飾，規定「皆應新淨，勿用故敗」（《傳受經戒儀注訣・衣服法第九》）㉒，但「不與俗移」（《道書援神契・服飾》）。道服有6種：一. 大褂，袖寬1尺4寸，長隨身，藍色。二. 得羅，袖寬1尺8寸，長隨身，用作大禮服，藍色。三. 戒衣，袖寬2尺4寸，長隨身，受戒用，黃色。四. 法服，方丈大典用，紫色。五. 花衣，外出念經用，雜色。六. 未受戒道士之大褂和得羅，黃色。道士巾有9種，冠有4種，曾受初真戒者，裹綸巾，戴偃月冠；曾受中極戒者，三教巾，三臺冠；曾受天仙戒者，沖和巾、五嶽冠。道士一般皆著白布襪、雲履或青鞋。

宮觀：本是普通供居止遊息的建築，後來發展為祀神之所。早期道教奉道的處所，是利用治病思過的靜室。後來皇帝召請道士，為他們修建宮觀，標誌著道教得到了官方的承認。唐宋時代的宮觀建築都由供奉神靈的殿堂、齋醮祈禳的壇臺、講經誦經的場所和居住之室等幾個部分構成，這種格局及宮殿式的形式和中軸綫布局，為後世所承襲。道教認為人間一切都是天上的反映，所以道教宮觀也就與帝王宮殿大致相同了。金、元之際，全真派在北方興起，為了適應其嚴格修行的理論，對宮觀制度加以改革，建立了十方叢林和子孫廟兩個系統。十方叢林是對佛教叢林的仿效，執事人均由選舉產生，屬本教本派所公有，凡教徒經過一定手續的考核，皆可在此掛單居留。十方叢林負責傳戒，但不招收弟子。子孫廟又稱「小廟」，師徒代代相傳，是私有財產，子孫廟可以收授弟子，但無權傳戒。

殿堂：山門形式上與佛教一樣，也有3個門洞，但意義與佛寺三門不

㉑　王嚞：《重陽立教十五論・住庵》。

㉒　收入《道藏》「正一部」；下引《道書援神契》，同。

同，道觀 3 個門洞象徵天神、地祇、人鬼「三界」，走進山門就是跳出三界。道觀中路正殿，一般有靈官殿、玉皇殿、祖師殿、三清閣、四御殿等。靈官殿供王靈官，是山門的護法神。玉皇殿供玉帝，玉帝到底是誰，這是說不清楚的，它本來在道教中的地位並不顯赫，後來步步高升，為四御之首，宋代以後，終於超越道教的界限，成為民間廣泛信仰的至尊天神。其實，天上的玉帝就是人間的皇帝，是依照人間皇帝的形象塑造出來的。祖師殿供本派祖師。三清閣供三清尊神。四御殿供「四御」，四御位在三清之下，是 4 位天帝，管轄天庭神界諸事。東、西路配殿，則根據不同情況供奉諸神，名目不一而足。其中為人們所熟知的，有王母娘娘，是仙界的婦女領袖。道教講神仙，神與仙不同，王母娘娘是神，因為她是仙界領袖。而一般所謂「仙」，則只是神管轄下的普通群眾，如「八仙」——鍾離權、呂洞賓、張果老、李鐵拐、何仙姑、藍采和、韓湘子、曹國舅，這些都不是神，但知名度頗大。尤其是「純陽老祖」呂洞賓，晚唐以來，歷宋、元、明、清，聲望之隆，幾為太上老君之副亞。㉓仙人中的赤松子、寧封子、廣成子、容成公、赤精子等，皆傳為三代以前人。大抵仙人而受帝王封誥者，則稱「真人」，如南華真人、沖虛真人、通玄真人等。另外還有三官、真武、東嶽諸大帝和碧霞元君、關聖帝君、文昌星君、天妃娘娘、驪山老母、六十甲子、南斗北斗等，或神或仙，一時難以盡述。且其序列，見縫插針，層層加碼，頗多混亂。

**圖 111**　《朝元仙仗圖》（局部）　北宋　武宗元繪

戒律：道教出家受戒的儀式十分繁複，《太上出家傳度儀》有詳細規定，一切都須按制度而行。至於其所受戒律，內容不外乎宗教道德訓條，如新

㉓ 參見南懷瑾《中國道教發展史略》第 61 頁，復旦大學出版社，1996 年。

天師道的皈依戒有 5 條：一者不得殺生，二者不得葷酒，三者不得口是心非，四者不得偷盜，五者不得邪淫。㉔又有所謂「初真十戒」，其內容是：不得不忠、不孝、不仁、不信，不得陰賊潛謀、害物利己，不得殺生，不得淫邪，不得敗人成功、離人骨肉，不得毀賢揚己，不得飲酒食肉，不得貪求無厭，不得交遊非人，不得輕忽言談。㉕明末清初全真道第七代律師王常月（潞安長治〈今屬山西〉人，生年未詳，卒於 1680 年）撰《心法正言》講稿，強調用戒律制身、制心、制意，則「大丈夫能事畢矣」(《龍門心法·功德圓滿第二十》)。還有齋戒，分 3 種：設供齋以求積德去罪；節食齋以求養神保壽；心齋以求無思無慮，便於修道。齋期也有一定的規定，最簡便易行的有三元齋和八節齋，三元齋每年只須齋戒 3 日，八節齋每年也只須齋戒 8 日。

清規：由各宮觀自己訂立，北京白雲觀的清規可視作全真道的代表——貪睡不起者，跪香（就是罰跪，等 1 支香燒完了才准起來）；早晚功課不隨班者，跪香；上殿誦經禮斗，不恭敬者，跪香；本堂喧嘩驚眾，兩相爭者，跪香；三五成群，交頭結黨者，遷單（「單」亦作「袇」，遷單就是驅逐）；公報私仇，假傳命令，重責遷單；毀謗大眾，怨罵鬥毆，杖責驅出；茹葷飲酒，不顧道體者，逐出；違犯國法，奸盜邪淫，壞教敗宗，頂清規，火化示眾。㉖

修煉：一. 精神修煉，通過摒去利欲、收心習靜等步驟，做到處物而心不染，處動而神不散，本心不起，離乎萬境；二. 呼吸修煉，其基本功為服氣法，即作深呼吸，加強氧氣的攝入量，擴大二氧化碳的排出量，最後達到鼻無出入之氣的境界，並能用氣功治療疾病；三. 形體修煉，包括導引、按摩、拳術等內容，都是吐納在前，屈伸在後，導氣令和，引氣令柔，使呼吸運動和軀體運動密切聯繫起來；四. 食物修煉，主要是辟穀——不吃穀物，而吃補養氣血的輔助食品，並且每日做鼓漱功，另外還服食化學藥物，即所謂外丹，但南宋以後，外丹之法已被懷疑；五. 內丹，是在呼吸修煉和導引修煉的基礎上發展起來的，修內丹能將人體內的精、氣、

㉔ 《正一法文》卷下。

㉕ 《道藏》「洞神部·戒律類」《虛皇天尊初真十戒文》。

㉖ 據清代咸豐六年 (1856) 公布的元初丘處機《長春觀（即今白雲觀）執事榜》有關榜文。

神凝聚起來，使人耳目清明，手腳輕健，益壽延年，金、元以降，尤為道教徒修煉的核心；六. 房中術，其中如「接陰」之類，為糟粕，寇謙之改革舊天師道時，曾予以廢除。

符籙：符是天神下達旨令的憑證，或為圖，或為篆文；籙是記錄天神的名冊。符、籙並用，就是依照天神所授信符，按諸神名冊所定職責，命令某神去執行。與符、籙並用的還有禁咒、令、印和鏡、劍。禁咒亦稱「神咒」、「神祝」，即天神的語言，念禁咒能役使鬼神；令是依照官府公文口氣對鬼神下命令；印是仿照官府之印所刻的天神之印，其作用略與符同；鏡和劍，有剋妖驅魔的功能，皆為重要的法器。

青詞：又叫「綠章」，用青藤紙書朱字，是獻給天神的祈禱詞。

齋醮：即供齋祭神，規模較大的齋醮俗稱「做道場」，儀式有設壇、擺供、焚香、化符、念咒、上章、誦經、讚頌，並配有燭燈和音樂吹奏程式。主祭者要帶領徒眾走「禹步」。禹步的走法，是左腳先走半步，然後右腳走一步，起步與終步相同，置腳橫直，互相承接如丁字形。齋醮因對象、目的的不同而有不同種類，儀式和程式亦各有不同。唐代杜光庭（處州縉雲〈今屬浙江〉人，一說長安〈今西安〉人，850～933）曾加以整理，使之規制化；清初龍虎山提點婁近垣（松江婁縣〈在今上海市松江區範圍內〉人，1689～1776）增刪並刊印《黃籙科儀》10卷，是這方面儀文的彙總。

祭煉：是為死者進行施食、追薦和超度。道教認為，祭煉能使死者生前罪過得到寬容，脫離鬼道，早升天界。

鎮宅：這是專為驅除住宅內邪魔的活動，一般都是誦經禮拜，畫符籙，寫青詞。

占卜：有卜卦、抽籤、測字等占法，香火道士往往以此術謀生，而為清修道士所不為。

祭歲星：歲星即太歲，為值年之神，道教認為祭歲星可保流年順利，所以自金以來，每年正月初八為特定的祭歲星日。又，歲星一共有60位，都是用天干、地支循環相配來命名，每個人都可以根據生辰屬相找到相應的歲星作為自己的本命神，道教更認為禮拜本命神可以得到福佑。

守庚申：道士於庚申日通宵守夜，意在盡除「三尸」。三尸即「三蟲」——上尸青姑，伐人眼；中尸白姑，伐人腹；下尸血姑，伐人腎，空人精髓。道教宣稱，三尸之神於庚申日上天，言人罪過，所以守之，使三尸神不能上天。屆時須徹夜不眠，於是三尸交相殺伐，同歸於盡，則修道可以無所擾累。

沐浴：用五香湯，「五香」是白芷、桃皮、柏葉、零陵、青木香。道教對此很強調，又規定了許多具有特殊功效的吉日良辰，如正月十八日人定時沐浴能使人齒堅，三月六日日入時沐浴能使人無厄，七月二十五日早食時沐浴能使人進道，十月十八日雞初鳴時沐浴能使人長壽等。[27]

禁忌：主要表現為拘守星相迷信。佚名《花笑軒彙編・附錄》記載一則故事云：「薛生白常往李侍郎家看病，清晨過，待至日午始出。侍郎以面向內，以背向外，兩公子挾之而行。坐定診脈，口答病源，終不回顧。薛大駭，疑其面有惡疾，故不向客。問其家人，家人云：『主人貌甚丰滿，並無惡疾，所以然者，以某日喜神方在東，故不肯背之而出；又是日辰巳有沖，故必正午方出耳。』」於此可見道教禁忌之一斑。

節日活動：道教節日很多，如北京白雲觀每年最隆重的節日就有 5 次，其中正月初九為玉皇大帝的誕辰紀念；正月十九為「燕九節」，是邱處機的誕辰紀念；二月十五是太上老君的誕辰紀念。還有上元節和中元節。每到節日來臨，道教就要舉行比較隆重的齋醮儀式，包括祭星和設壇誦頌，有些節日還有熱鬧的廟會集市。

## 第三節 道教與中國文化

道教是傳統文化的重要組成部分。自漢末以來，中國思想文化的主體由儒、道兩家和佛、道兩教構成，這種格局基本上保持到清代末年。以地位和影響而言，因為中國並非宗教國家，兩家的影響幾乎覆蓋一切，而兩教就相形見絀了。但這並不是說宗教對中國文化無甚影響，恰恰相反，無論佛教和道教，在中國文化史上的影響都是十分巨大的。佛教已如上章所述，而就道教而言——

在政治領域，道教往往成為下層民眾的組織形式，歷代農民起義有很多都與道教有關。繼漢末道教兩大派的起義後，單是魏晉南北朝，就有陳瑞的起義，李特、李雄的起義，杜子恭的起義，孫恩、盧循的起義，規模都是比較大的。其中李特、李雄所領導的流民起義，他們在青城山天師道

[27] 《道藏》「洞玄部・本文類」《太上靈寶洗浴身心經》。

首領范長生支持下建立了成漢政權，史稱其頗有治績。道教也往往成為社會改良思潮的旗幟，或士大夫潔身自好者的歸宿。東漢《太平經》主張革除社會弊病，緩和社會矛盾；五代宋初道士陳摶棄官隱居，勸周世宗以政治為念，歷史上不慕富貴而致力勸善化俗的道教徒是很多的。另外，道教領袖扶佐王政，在道教顯貴的時候，常能對國家大事施加重大影響。南朝道教徒陶弘景雖隱居茅山，梁武帝卻要就軍國事向他請教，陶因之有「山中宰相」(《南史》卷 76) 之稱。中國歷史上的「三武」滅佛事件，道教徒都與有力。金、元之際，道士丘處機總領道教，爵「大宗師」，向成吉思汗進言，拯救了無數人的生命。㉘道教還為上層統治集團提供精神支柱，唐高祖追認老子為太上玄元皇帝，宋真宗另奉道教尊神趙玄朗作為趙宋的始祖，唐玄宗使寵擅專房的楊貴妃具有女道士的身分，宋徽宗則自上道教尊號，明代嘉靖帝沉湎於齋醮、煉丹和服食，至死不悟。這些人有可能是出於權謀或逢場作戲，但有的迷信道教卻確實到了入骨的程度。

在思想領域，道教吸收了先秦諸子許多著作的思想內容，使得這些寶貴的思想財富在遭儒家摒斥的情況下，仍然得以保存下來，這是道教在中國思想文化傳承史上的一大功勞。並且道教徒對這類著作的注釋疏證，也極有價值，如陳摶研究《周易》而推衍出《先天圖》(即《無極圖》)，就直接開創了宋、明以來易學研究的規模和傳統。尤其是——道教因為與道家糾結一起，這使它的力量更為雄厚，在儒、釋、道的鬥爭和融合過程中起了舉足輕重的作用。道教與儒學結成聯盟，站在捍衛華夏正統文化的立場上，攻擊佛教是夷狄之法，與佛教爭奪宗教陣地，其結果是客觀上加速了佛教的中國化。而宋、明理學則是以儒為主的儒、釋、道合流的產物，理學的《太極圖》和先天學都是來自道教的《先天圖》，宋儒主靜的修養方法除受佛教禪定的啟發外，亦得力於道教。南宋以後，道教思想更經常主張調和儒、釋、道，從王嚞的詩「儒門釋戶道相通，三教從來一祖風」(《孫公問三教》) ㉙導出「紅花白藕青荷葉，三教原來是一家」的通俗口號，曾在道教徒中廣泛流傳。宋、明思想界「皆以儒教為治世之學，佛教為治心之學，道教為治身之學，以定三教相安之分位」(太虛：《佛教對於中國文

---

㉘ 對此事真相，也有表示懷疑者，參見楊訥《丘處機「一言止殺」再辨偽》，《中華文史論叢》2007 年第一輯。

㉙ 《重陽全真集》卷 1。

化之影響》㉚)。

在文學領域，道教的神仙思想和創造神仙系統的思維方式，大大有助於中國古代的文學創作。道教的神與人有同一本體，仙與凡無絕對分界，不僅給文學家進行創造性想象以充分的啟示，而且為文學家物化思想情感從事創造性想象提供了豐富的材料。有「詩仙」之稱的李白的遊仙之作，頗多反映現實的苦難，而夢遊洞天、神交列仙的自由自在，也使他不肯趨炎附勢的高貴品質在想象中得到升華。中國許多古典小說，即使像《西遊記》這樣處處滲透佛教影響的作品，其藝術想象，也還是以道教的作用為主導的。特別是主人公孫悟空的形象，可以說完全是道教神仙思想的化身，就連西方妙相菩提祖師半夜三更傳授給孫悟空的修煉秘訣中，大講「精、氣、神」之類，還有什麼「金烏玉兔」、「龜蛇盤結」等等，從思想到語言也都滲透著道教的影響。道教神話與民間傳說的交滲共存，更是不勝枚舉。從道教的八仙，嬗變出「八仙過海」、「八仙慶壽」之類，在民間流傳極廣。影響最大的是白蛇娘娘的故事，千年修道的蛇精，變成美麗的白娘子，她既善良，又多情，贏得了人們普遍的愛戴和同情，這個可愛的形象的塑造，應當有道教的一份功勞。

在藝術領域，道教音樂特別值得重視。道教的步虛聲，是對《楚辭·九歌》音樂的繼承和發展，清靜幽遠，很有特色。自寇謙之以來，道教要求它的神職人員掌握一套演唱、演奏的本領，以便進行法事。道教音樂又有貫穿性和情節性的特點，過去農民看道士做道場，等於是看音樂劇。由於道教音樂基本上是本土音樂，它比佛教音樂更能深入民間，所以不但更能影響民間音樂，反過來也更能接受民間音樂的影響，形成了道教音樂隨鄉入俗的更加濃郁的地方色彩，大大豐富了中國的音樂藝術。另外如道教的禹步、九宮步、步罡踏斗等，對中國舞蹈藝術也有一定的影響。道教的符籙，取象於雲行，與書法有相通之妙，東晉書聖王羲之世奉五斗米道，㉛相傳他創行書，頗得益於符籙對他的啟發。至於永樂宮的壁畫、清源山的老子造像和白雲觀的殿堂布局，則分別標誌著道教繪畫、雕塑、建築等藝

㉚ 刊張曼濤主編《佛教與中國文化》，上海書店，1987年。

㉛ 當時南方道教世家，除琅邪王氏——即王羲之家族外，尚有高平郗氏，吳郡杜氏，會稽孔氏，陳郡殷氏，丹陽葛氏、許氏、陶氏，東海鮑氏，吳興沈氏等。見陳寅恪《天師道與濱海地區之關係》，《金明館叢稿初編》，上海古籍出版社，1982年。

術的水平和風格。

在科技領域，道教主要對古代化學、藥物學和人體科學作出了貢獻。前者屬外丹，後者屬內丹。道教煉外丹，直接或間接地促進了中國傳統社會四大發明中火藥的發明和許多藥物的採集、配製以及傳統食品中酒、豆腐㉜等的釀造、製作技術的改進。道教煉內丹，其所用的方法，有的具有療病的作用，如導引等；有的具有養生的作用，如服氣等。道教在煉外丹、內丹的同時，還不斷探求種種益壽延年的方法，其中如按摩、拳術等，都確有增強體質的作用，可以從科學原理上得到印證。而道教所繼承的古代巫術、神仙方術中也有許多關於數學、天文、曆法方面的內容，這些在道教中也都有所發展。特別是，中國傳統社會許多有名的科學家、醫學家，如葛洪、陶弘景、孫思邈等，都是道教的代表人物。這一事實雄辯地說明，道教作為宗教來說，它本質上雖然是反科學的，但比起其他宗教來，因為它追求現世的利益，頗致力於探究自然界的奧秘，也就具備了較多的科學精神。

在民俗領域，中國民間信仰，多受道教影響。過去廣大漢族農村，神廟林立，祭祀駁雜，其中很大一部分來自道教，農民也往往分不清這些神靈到底是屬哪一教門。拿財神趙公明來說，明代《封神演義》稱趙公明為峨眉山仙人，因助紂抗周而身亡，被姜子牙封為金龍如意正一龍虎玄壇真君，下轄招寶天尊、納珍天尊、招財使者、利市仙官等，民間奉趙公明為財神，蓋肇始於此。但追溯上去，趙公明原本道教中冥神、瘟神一類的神靈，其出身成分實屬道教。道教許多宗教活動在不知不覺間都轉化成了民間習俗，代代相傳，蔚成風氣。如喪葬要請道士誦經修福，超度亡靈；春節以道觀為基地舉辦廟會，進行民間祈神、游藝、商業等綜合性節日活動；歲時節令，天災人禍，都得請道士齋醮祭祀等。元代大都全真教興盛，民間有中幡聖會，正月十六日，執彩繡高幡，列隊走會，富有道教色彩。清代北京正月以白雲觀為中心舉行燕九節，為全市性盛會。舊時揚州地區，二月過土地生日，三月過東嶽生日，四月過神仙生日，五月過關帝生日，六月過二郎神生日，八月過灶君生日，這些都超越了道教團體有組織活動

㉜ 相傳豆腐的製作方法是西漢淮南王劉安發明的，劉安在組織術士煉丹中，偶然發現石膏可使豆腐乳凝固，遂製成豆腐，其法一直沿用至今。但這只是傳說而已，因為宋以前文獻未有言及豆腐者，而一段時間內盛傳的河南密縣打虎亭一號漢墓東耳室南壁西幅下部石刻畫，內容實為釀酒和備酒，與製作豆腐了不相干。

的範圍。中國地主制封建社會後期，行業神崇拜盛行，其中多為道教尊神，如鐵匠崇老君，染匠崇葛仙翁，刺繡崇妃綠仙女，墨匠崇呂祖，文具商崇文昌帝君等，按時祭祀，相沿成習，而與道教系統的宗教活動已無直接關聯。還有道教的勸善書，對民間道德生活也有深遠影響，起著移風易俗的作用。道教的修煉法，也深入民間，武當內家拳成為群眾普遍傳習的體育活動。

# 第二十三章

# 伊斯蘭教、基督教和民間宗教

## 第一節　伊斯蘭教

伊斯蘭教形成於阿拉伯半島的麥加地區，創始人叫穆罕默德（Muḥammad, 約 570 －632），他在約公元 610 年宣布奉到真主的啟示，正式成立該教，中國舊稱「回教」、「回回教」、「清真教」、「天方教」。「伊斯蘭」(Islām) 原意為「順服」，即順服唯一神安拉 (Allāh)。教徒稱「穆斯林」(Muslim)，就是順服者的意思。「伊斯蘭」和「穆斯林」都是阿拉伯語的音譯。伊斯蘭教的出現是當時阿拉伯民族要求政治統一的願望在意識形態上的反映。穆罕默德初創伊斯蘭教時，還不能取代流行於阿拉伯半島的多神崇拜。直到 622 年，在麥加貴族的迫害下，穆罕默德和信徒們遷徙麥地那，在那裏建立了政教合一的社團，經過 10 年的艱苦奮鬥，才在組織、制度和軍事上保證了對多神崇拜的勝利。到 8 世紀時，伊斯蘭教發展成為地跨歐、亞、非 3 洲的世界性宗教，此後一直是中近東地區各政教合一政體的精神支柱。

伊斯蘭教的經典，叫做《古蘭經》，「古蘭」(Qur'ān) 也是阿拉伯語的音譯，意思是誦讀。另外還有許多名稱，以「讀本」、「光」、「真理」、「智慧」等最為常見。中國舊譯，叫做《天經》、《天方國經》和《寶命真經》。這是伊斯蘭立法的首要根據，包括有信仰、禮儀、風俗習慣、教法規定和教義原則等多方面的內容。全部經典的語言韻律優美，文辭超絕，被稱為阿拉伯不朽的奇跡。全經共 30 卷，114 章，6200 餘節，分為「麥加」和「麥地那」兩大部分，記述了穆罕默德進行宗教、政治、改革活動的幾個階段。麥加時期屬宣傳新宗教的初期階段，此時經文著重勸說阿拉伯人信奉伊斯蘭教，強調伊斯蘭教的基本信仰，提倡施捨濟貧、善待孤兒，描繪天園（阿

al-djannah）的寧靜和平，警告火獄（阿 nār 或 djahannam）的懲罰，引述古代先知的故事傳說。麥地那時期，穆斯林力量壯大，已非初期階段可比，此時經文多為比較詳細的宗教法律和條令，主要為聖戰（阿 Jihād）、天課（阿 Zakāt）、婚姻、財產繼承、商業貿易等問題的具體規定，還有關於與猶太教徒和基督教徒論辯以及對偽信士的揭露等。

伊斯蘭教的信仰，可以歸結為一句話，就是「除安拉外，再無神靈，穆罕默德是安拉的使者」(《布哈里聖訓實錄》❶「念功」條)，中國舊譯作「一切非主，惟有真宰，穆罕默德，為其使者」。除信安拉、信穆罕默德外，伊斯蘭教還信供安拉差役的天使、信經典、信末日審判和死後復活，也有主張加信一切事皆安拉前定的，共成 6 信。伊斯蘭教確認安拉是無形似、無方所、無始終、無久暫的絕對真宰，他至尊全能，教徒除對安拉禮拜外，不能禮拜任何其他對象。

伊斯蘭教現世和教會之間並不存在嚴格區分，穆罕默德十分注重實際，沒有規定難以完成的目標。伊斯蘭教對信徒順從真主而應承擔的宗教義務，簡單而易行，這就是稱為「信仰支柱」的「五功」。五功為：一. 念功，即誦念「除安拉外……」這句證詞❷；二. 禮功，即每日禮拜安拉 5 次；三. 齋功，每年齋戒 1 月，屆時每日從黎明至日落禁止一切飲食房事；四. 課功，完成「天課」，凡教徒每年收入有贏餘，須繳出 1/40 以周濟貧民，或輔助社會事業；五. 朝功，教徒一生之內，須赴麥加朝覲 1 次。而其中第四項和第五項，如為經濟能力和身體條件所不允者，又可以豁免。

朝功開始於 630 年，這是穆斯林以朝拜克爾白（阿拉伯文 Ka'bah 的音譯，意為「立方體形房屋」，是麥加禁寺的一座方形石殿的名稱，即「天房」）為中心的全部宗教活動的總稱，凡在希吉來（阿拉伯文 Hidjrah 的音譯，意為「遷徙」）曆（該曆以公元 622 年 7 月 16 日為元年元旦）12 月前 10 天內的活動為「正朝」或「大朝」，只有參加過正朝者，才可以在姓名前冠以「哈吉」（阿 ḥājj，或譯「哈只」、「哈扎」，意為「朝覲者」），受到教內的尊重。朝功的主要內容為受戒、天房巡禮、兩山奔走、住米那、站阿拉法

❶ 《布哈里聖訓實錄》，全書分「啟示」、「伊瑪尼」、「禮拜」、「天課」、「朝覲」等 97 個部分，3450 章，在伊斯蘭教遜尼派中，是僅次於《古蘭經》的神聖經典。

❷ 這句話現在更流行的念法是：我作證，萬物非主，惟有真主，獨一無二；我作證，穆罕默德是真主的奴僕，是真主的使者。

圖 112 北京牛街清真寺禮拜殿

特山、打鬼與宰牲、辭朝等項。

伊斯蘭教徒不容規避的宗教義務，尚有「聖戰」，即為「安拉之道」而戰，所以伊斯蘭教徒打仗很勇敢。

自穆罕默德於 632 年去世後，伊斯蘭教實行「哈里發」(阿 Khalīfah）制度，由此而開創的國家體制經歷了 4 代，共 30 年，史稱「四大哈里發時期」或「正統哈里發時期」。哈里發制度的原型，經後世伊斯蘭學者的不斷解釋、歸納、擴展，愈益理論化、系統化，形成 3 條原則：一. 哈里發集政權、教權於一身，崇奉伊斯蘭教法，對安拉負責；二. 哈里發尊重民意，為民作主，保護民眾今世和來世的福利；三. 哈里發由選舉產生，唯有德高望重、主持正義的虔誠的穆斯林才有資格當選。哈里發制度是伊斯蘭教確認的唯一合法的國家體制。但由於歷史上封建國家的建立，這種比較素樸、民主、平等、公正的政治體制不久就化為泡影。從倭瑪亞王朝 (661～750) 開始，後世統治者雖然沿用哈里發尊號，但已徒具虛名。

遜尼（阿 Sunni）和什葉（阿 Shī‘ah）是伊斯蘭教的兩大主要教派，二者的分歧最初是因為誰是先知穆罕默德合法繼承人問題上的不同意見所引起——遜尼派承認四大哈里發都是合法繼承人，而什葉派則只承認第 4 代哈里發阿里（阿 Ali ibn Abi Ṭālib，約 600 ～ 661）及其後裔才是合法繼承人。其後二者許多方面皆有分歧，其中教法傳統上的差異，主要表現在法學思想及由此而產生的法律實體兩大方面。遜尼派和什葉派的教法差異，除教義分歧外，基本上是因為兩種法律體系由以產生的社會歷史環境不同所致，遜尼派所反映的是剛剛脫離父系家長制大家族的古阿拉伯社會狀況，而什葉派所反映的則是早已進入封建制、文明發展較早的波斯文化傳統。

伊斯蘭教的重大節日，每年有 3 個，因本書「少數民族」編另有介紹，為避免重複，茲不贅。

伊斯蘭教傳入中國的路綫，應當是與唐代同中亞、西亞、歐洲的外貿路綫相一致的。這樣的路綫有兩條：一條是出安西入西域道的陸路幹綫，亦即歷史上的絲綢之路；另一條是由廣州通海夷道的海上航綫，亦即歷史上的香料之路（海上絲綢之路）。據統計，在唐代永徽二年 (651) 至貞元十四年 (798) 的 148 年中，伊斯蘭教政權向中國政府正式遣使達 39 次。當時的伊斯蘭教阿拉伯帝國，中國一直稱為「大食」。大食的對外貿易很發達，大食商人來華經商，至少亦不應晚於使者的來華。安史之亂爆發後，唐廷還曾借用大食援軍協助鎮壓叛亂的藩鎮。大食援軍後來很有一部分成為居留中國的僑民。可以認為，這段時間就是伊斯蘭教在中國的傳播之始，其下限，不妨暫定為唐肅宗至德二年 (757) 以前。因為史書明確記載，這一年，應肅宗（756～762 在位）之請，大食援軍開來中國，強大的政教合一的伊斯蘭教國家既為唐廷如此信賴的友邦，在唐代空前開放的社會背景中，它的宗教較早傳播中國，乃是情理中事。

伊斯蘭教在中國流傳，到鴉片戰爭為止，大致有 3 個階段：第一階段從唐代到宋代，這一時期伊斯蘭教在中國已有一定的規模，沿海城市穆斯林的聚居區，當時稱為蕃坊；伊斯蘭教禮拜寺——廣州懷聖寺，相傳建於唐代，而泉州聖友寺，就建於北宋祥符二年 (1009)。第二階段從元代到明代，這一時期大批穆斯林來華，「回回徧天下」(《明史》卷 332)，回族人口僅次於漢族。第三階段從明末清初開始，這一時期伊斯蘭教完成了向中國化過渡；同時穆斯林中的地主通過兼并土地，勢力增長，形成了以宗法家族主義為特色的門宦制度。

從泉州清淨寺的情況來看，自該寺元代主持夏不魯罕丁逝世以後，他的兒子夏敕、後裔夏彥高在明代正德年間，夏東昇在隆慶元年 (1567)，夏日禹在萬曆三十五六年 (1607～1608) 這一段時間都相繼主持寺務，中國伊斯蘭教在 14 世紀後半葉已開始了掌教世襲。❸

在中國，伊斯蘭教經過初期發展階段進入元、明以後，隨著回族的形成，由於宗教載體的變化，其本身不可能不發生重大的變化。明代後期，胡登洲（咸陽人，一說渭南〈今屬陝西〉，1522～1597）❹創辦經堂教育，

❸ 參見《白壽彝民族宗教論集》第 399～401 頁，北京師範大學出版社，1992 年。

❹ 胡氏名字、籍貫，說法不一，茲暫從白壽彝《胡登洲傳》，《中國穆斯林》1981 年第一期。

供給伙食，在清真寺內進行培養中國伊斯蘭教人才的教育。儘管直到明末以前，中國伊斯蘭教義思想仍處於萌芽狀態，僅在少數神職人員中世代相承，從不對外宣傳，也不刊諸書冊，只有幾通清真寺的碑文流傳下來。但在明末學術界思想解放運動的帶動下，中國伊斯蘭教內部醞釀已久的使伊斯蘭教如何適應中國整體文化氛圍的改革思潮終於乘時而起。經過許多教內學者的努力，中國伊斯蘭教朝著中國化的方向，跨越了關鍵性的一步，這就是以中國傳統思想闡發伊斯蘭教教義，用漢文字著書立說，使伊斯蘭教的思想真正衝出了清真寺的大門。

明末清初中國伊斯蘭教的著名教義學家有王岱輿、馬注和劉智。王岱輿（南直隸應天〈今南京〉人，約 1570～1660）傳世之作有《正教真詮》、《清真大學》、《希真正答》，共 3 部，在這方面，他是首開風氣的一人；馬注（雲南保山人，1640～1711）著《清真指南》，所到之處，人稱「馬老師」；劉智（江南江寧〈今南京〉人，約 1660～約 1730）自稱著作不下百卷，其《天方典禮》，《四庫全書》存目。他們 3 位主要的工作，就是在教理上用程朱理學萬物統一於太極、太極本於無極的理論來比附論證真宰的獨一無二，還接過朱熹格物致知的命題，宣稱格物致知就是認識真宰，把格物致知同認識真宰結合了起來；又吸收儒家的人性論、倫理學和佛、道兩教的若干觀念，以充實伊斯蘭教固有的教義。

中國伊斯蘭教在發展過程中，由於教義上的爭執和地理環境的影響，後來有舊教派和新教派的嚴重對立。

舊教派叫格底木（阿 Qadīm，意為「古老的」）。該派嚴格遵守伊斯蘭教基本信仰和基本宗教職責的主張，沒有總教主的設立，實行互不隸屬的教坊制。在教務管理上，採取阿訇（教長，波斯文 ākhūnd 的音譯）聘用制。明以後，形成伊瑪目（阿 Ímām）、海推布（阿 Khatibū）、穆安津（阿 Mua'dhdhin）「三道」掌教制；在寺務管理上，實行「學東」、「鄉老」或董事會制。但有的大寺，也設置穆夫提（阿 Muftī），是帶有「門宦」（即教主）性質的。該派主要分布在內地各省和新疆部分地區。

舊教派尚有伊合瓦尼（阿 lkhwān），出現於清代乾隆年間，也稱「遵經」派。該派提出遵經革俗，對格底木派那些因長期以來受漢族文化影響而形成的宗教儀式上的非伊斯蘭細枝末節表示反對。但伊合瓦尼和格底木同屬伊斯蘭教遜尼派，在根本信仰上，兩者是一致的。

新教派則實行門宦制度。「門宦」是清代對伊斯蘭教蘇非（阿 Ṣūfī，原意為「穿羊毛衣的人」）教團的意譯，可能由「門閥」的「門」和「宦門」的「宦」兩字合并而成。❺當然，中國的蘇非教團並不以此自稱。蘇非教團是伊斯蘭教神秘主義者組成的派別，其成員分別隸屬於伊斯蘭教不同的教派和學派之中。這個教團本來的特徵是守貧、苦行和禁欲，後來發展成為神愛論、神智論和泛神論。根據蘇非傳統教義的主張，人生的目的在於與主的合一，為達此目的，應在精神導師的指引下，從事內心的修煉，淨化自我的靈魂。在蘇非派履行的宗教儀式中，最具代表性和神秘性的是讚念和記憶安拉的「齊克爾」（阿 zikr）。其宗教活動場所，除了清真寺（阿 Masiid，「清真」，意即淨而不雜）❻外，更主要的是在道堂（新疆維吾爾族穆斯林稱之為「罕卡」，被本派信眾奉為是神秘莫測的「聖所」）、麻札（阿 Mazār，原意為「晉謁之處」，是新疆伊斯蘭教「聖裔」或名人的陵墓）或拱北（阿 qubbah，教主陵墓）。

在門宦制度下，教徒要朝拜教主，叩拜拱北，這實際上是放棄了伊斯蘭教除禮拜真宰外，不禮拜任何其他對象的重要信條。門宦重視道統，教主稱為「穆爾西德」（阿 Murshid）、「太爺」或「老人家」，對本門宦的信徒具有生殺予奪大權。教徒必須惟教主的「口喚」（阿 idhn）是從，甚至由教主把他們編成軍事性的組織。所有門宦都神化教主，認為他是真宰和信徒之間的中介人。在門宦的範圍內又劃分若干教區，教區以大清真寺為中心，其教權由教主的代理人掌管，門宦內稱其為「熱依斯」（阿 Raī's）。教區內各個清真寺的開學阿訇也要由教主派出。門宦內存在著一股異常強大的排外性的內聚力。典型形態的門宦，其教主是世襲的，並且擁有大量的地產以及其他動產和不動產。至於宗教遵行方面，門宦不那麼重視教乘（阿 Sharī'a，舍勒禾提）的五功，而專注於道乘（阿 Ṭarīqat，托勒格提）的靜修和參悟，尤其沉湎於誦念「齊克爾」。各門宦均有比較獨特的功修方法，

---

❺ 此詞首見於清末光緒二十三年 (1897) 三月甘肅河州知州楊增新《呈請裁革回教門宦》文，刊《陝甘青史料》正編卷 25。

❻ 清真寺，唐代杜環在其《經行記》中稱之為「禮堂」。北宋歐陽修撰《新唐書》也這樣稱呼。明嘉靖五年（1526）的《敕賜清修寺重修碑》的碑文中，始出現此（清真）名稱。參見李興華等合著之《中國伊斯蘭教史》第 275 頁，中國社會科學出版社，1998 年。

大都秘不外傳。

新教派重要的門宦有 4 個：

一．哲合林耶（阿 Jahariyah，意為「公開的」），大概始創於乾隆中葉，行傳賢制，以傳衣帽為准。因主張高聲念誦「齊克爾」，亦被稱為「高聲派」或「高念派」。該門宦主要分布於今甘、寧、青、新、滇等省區，在清代曾數次掀起大規模的武裝起義。這些起義雖然是在宗教的旗幟下發動的，但含有深刻的民族和階級內容。初祖馬明心（階州〈今甘肅隴南〉人，一說安定〈今甘肅定西〉人，1719～1781），經名「伊布拉欣」。

二．虎非耶（阿 Khufiyah，意為「隱藏的」），支系甚多，各自為政，其中花寺門宦於雍正十三年 (1734) 或其稍後創傳，影響較大。因主張低聲念誦「齊克爾」，亦被稱為「低聲派」或「低念派」。該門宦主要分布於今甘、寧、青、新、滇等省區。清政府相對於花寺門宦，稱哲合林耶為新教，花寺門宦則為老教。初祖馬來遲（祖籍西安，遷居河州〈今甘肅臨夏〉，1681～1766），與馬明心曾一道在也門留學，兩人是同學。

三．庫不林耶（阿 Kubriyah，意為「至大的」），據推測當於康、乾年間傳入中國。在中國的初祖穆呼應底尼，相傳是穆罕默德的後裔，他來中國後定居於今甘肅東鄉大灣頭，改張姓，死後即葬於該地。故該門宦又稱「張門」或「大灣頭門宦」。該門宦主張靜修參悟，教門鬆弛，教主並無多大特權。因傳教時用阿拉伯語，人們聽不懂教義，所以流傳不廣。

四．格底林耶（阿 Kādirīyah，意為「出家的」），相傳源於蘇非派卡迪里教團。在中國的初祖為穆罕默德 29 世後裔和卓阿布都・董拉希，他於康熙十三年 (1674) 左右來中國，共傳 17 人，其中有較大影響的稱「三門」，即祁門、鮮門、馬門，主要分布於今西北 5 省，而以甘肅臨夏為大本營。該門宦規定教主不得娶妻，主要功課為參禪悟道，誦念「無字真經歌」，達到認主之目的。

在通用漢語的穆斯林當中，曾經使用過一些有特殊意義的詞彙，習慣上稱為「經堂語」，其實這種叫法是不科學的，「經堂語」並非什麼語言系統。這種叫做「經堂語」的詞彙，最初大概只在經堂中使用，後來才普及於穆斯林的日常生活。「經堂語」的構詞法有：一．阿拉伯語和波斯語的音譯；二．阿拉伯語和波斯語的意譯；三．借用漢語詞彙。

伊斯蘭教在傳教活動中，又有「小兒錦」的使用。小兒錦，或作「消經」、「小經」等。所謂消經，是把經典消化了之意；所謂小經，則是相對於《古蘭經》等「大經」而言。小兒錦的出現大概不會早於明代中期，它應當是伴隨著經堂教育的普及而產生的。清代以來，有些地方的清真寺編印的讀物，甚至整本都是用小兒錦拼寫的。在日常交往中，穆斯林們也偶而用小兒錦，例如寫信。但小兒錦隨意性很大，只有「俗成」而沒有「約定」，加之用阿拉伯語拼寫漢語本身就存在著很多困難，所以小兒錦僅處於草創形態，並沒有得到長足的發展。

伊斯蘭教使中國多民族大家庭中增加了回族這個刻苦耐勞、生氣勃勃的成員；並且除回族外，中國還有維吾爾族、哈薩克族、塔吉克族、烏茲別克族、塔塔爾族、東鄉族、撒拉族、保安族、柯爾克孜族等 9 個民族幾乎全民族信仰伊斯蘭教，這些兄弟民族在中國文化發展史上，都建樹了極其卓特的業績。

除此之外，伊斯蘭教對中國文化的其他方面也有重大貢獻。

## 第二節　基督教

基督教（英 Christianity）起源於 1 世紀時羅馬帝國統治下的巴勒斯坦地區，創始人叫耶穌（希 'Iesoûs❼）。在希臘語原文中，其全稱為「ΙΗΣΟΥΣ ΧΡΙΣΤΟΣ, ΥΙΟΣ ΘΕΟΥ, ΕΩΤΗΡ」（耶穌基督，上帝之子，救世主）。耶穌是其母瑪利亞（希 Maria）「純潔受孕」而生，自 30 歲時開始宣傳上帝的「福音」，並招收了 12 個門徒，其中有漁夫、農民、窮人和下層稅吏等。但其說遭到當時在巴勒斯坦地區盛行的猶太教祭司和羅馬當局的反對。由於門徒猶大（希 'Ioúdas 'lskariótes）的出賣❽，被捕後經總督彼拉多 (Pontius Pilatus) 判決，被釘死在十字架上。耶穌死後，他的大弟子彼得（希 Petros）在耶路撒冷❾建立了初期教會。彼得後往羅馬，從而被後期羅馬天主教會

❼ 此處所注循通例為希臘文的拉丁字母對音。下同。

❽ 據 1970 年在埃及明亞附近沙漠中發現的寫在莎草紙上的科普特文《猶大福音》（年代大約為 130～170 之間），耶穌對猶大說：「你會勝過所有人，因為你將為被肉體包裹著的我而獻身。」則猶大並非叛徒，他只是在遵循耶穌的指示幫助耶穌完成替人類贖罪的使命，而甘願接受千古罵名。

❾ 耶路撒冷相傳也是上節所述伊斯蘭教穆罕默德的「登霄」之地。

追尊為首任教皇。而基督教的另一早期領袖保羅（希 Paulos）曾與基督教中恪守猶太傳統的民族派在耶路撒冷展開過辯論，由於保羅的觀點占了上風，所以基督教得以打破狹隘的猶太民族意識，為其後來傳入世界廣大地區鋪平了道路。原先基督教一直遭受當局的殘酷迫害，但久而久之，社會中、上層人士滲入並取得領導權，主張效忠和順從當局，當局也變迫害為利用，從 4 世紀起就被定為羅馬帝國的國教，而此時該教勢力也遍及羅馬全境。1054 年，發生東、西教會大分裂，東部稱「正教」(Orthodoxia)，亦名「東正教」，西部稱「公教」(Catholicism, 亦譯加特力教或羅馬公教)，也就是「天主教」。正教意為保有正統教義的教會，因在宗教儀式中主要使用希臘語，故又稱「希臘正教」。正教實行牧首（拉 Patriarche）制，其神品分黑、白兩種，神職人員，除主教以上外，一般都可以婚娶。正教十分強調與神交往的神秘意義，教士穿著打扮非常引人注目，教堂布置華麗莊嚴，在宗教活動時燭光萬點，更顯得隆重肅穆。至於公教，則傳入中國後，因其信徒所信奉的至上神為 Deus，意譯「天主」(取自《史記・封禪書》)，所以被稱作天主教。天主教有一套嚴格的教階體制，在神品方面，小品 4 階，大品 3 階，共為 7 階。7 階上面，再是主教、大主教、都主教、樞機主教（紅衣主教)、總主教和教皇。天主教認為教皇永無謬誤，神聖不可侵犯；並規定神職人員不得結婚。到了 16 世紀，西部教會內又發生了反對教皇統治的改革運動，分化出脫離天主教的「新教」(Protestantism)，在中國稱為「耶穌教」。此外，不少中國人通常又把「基督教」作為新教的專用名稱。新教以《聖經》為信仰的最高權威，不承認教皇的統治權，反對複雜的教階制度，認為信徒可以直接與上帝交通而無須教會或神甫作中介，並且廢除了禁止神職人員婚娶的規定，又沒有聖母崇拜。新教又繼續分化，繁衍出許多派系。

基督教的經典，叫做《聖經》。《聖經》被譯成漢語時，譯者取其「神聖典範」、「天經地義」之意，所以使用了這兩個字來作書名。《聖經》分為《舊約全書》(簡稱《舊約》）和《新約全書》(簡稱《新約》）兩大部分。所謂「約」，是指上帝與人類之間訂立的盟約。基督教認為，上帝曾多次與人類立約，但最主要的只有兩次：一次是耶和華（基督教對猶太教唯一真神 Yahweh 的讀法）上帝在西乃山上召見摩西與以色列人訂立的《西乃盟約》；另一次是耶穌以自己的生命為贖價，代表全人類與上帝訂立的新的永恆盟約。前者即《舊約》，後者即《新約》。中國天主教會稱猶太教為古教，因而也稱《舊約》為《古經》，相應地稱《新約》為《新經》。顯然，《舊約》是基督教未形成前猶太教的經典。天主教的《舊約》共46卷，新教則為39卷，內容可分律法書、歷史書、先知書、雜集（又稱「聖錄」）4大類，主要是關於人類起源、猶太民族古代史的宗教敘述，宗教法典，宗教政論，宗教文學作品等。以希伯來文的原本為準。天主教同意在原本基礎上增加希臘文譯本的部分內容，稱為「次經」；東正教一般承認「次經」的經典地位；新教則把「次經」排除在《舊約》聖經之外，但仍然予以尊重，把它當作有益的讀物。《新約》為基督教本身的經典，計27卷，內容可分福音書、歷史書、使徒書信和啟示文學（即《啟示錄》），也是4大類，主要是關於耶穌和使徒們的故事和說教。原本用希臘文寫成，基督教各派皆公認，但新教對其中《希伯來書》等有人持保留意見，也貶之曰「次經」。《聖經》各卷是由不同作者在不同時期不同地區針對不同問題寫成的。《舊約》大約從公元前6世紀到公元1世紀末才完成。由於對「次經」的爭議，天主教使用的《舊約》，最後定型已在1564年。《新約》始於1世紀中葉，到4世紀末定型。《聖經》的詞句在中世紀的歐洲具有法律的效力；從目前情況來看，它是迄今為止世界上流傳最廣的一部書。⑩此外還有在題材和命名方面類似《聖經》的「偽經」。「偽經」有《舊約偽經》和《新約偽經》，都反映了一定的歷史背景，也受到重視。「偽經」有時還指《次經》。

基督教的基本教義，有「原罪說」和「末日審判說」。原罪說虛構人類始祖夏娃（希伯來 ḥawwāh）和亞當（希伯來 ādhām）在伊甸（希伯來 ‘edēn）園偷食禁果因而獲罪的故事，認為此罪流傳後世，是人類一切罪過禍害的根源。末日審判說則宣傳現實世界充滿罪惡，終有一日最後毀滅，屆時得到救贖的信徒將升入天堂而永生，不得救贖者將被投入地獄而受苦。正是本於上述教義，所以信仰上帝、耶穌和聖靈就有必要了。因為上帝耶和華、耶穌和聖靈三位一體，是永恆的唯一的神，上帝讓耶穌降生，目的就在於傳達對人類的愛，耶穌被釘十字架，是替人類贖罪，耶穌復活之後又升天，而由聖靈運行於人世，繼續做拯救人類的工作，人類要得到救贖，享受永

---

⑩ 今大陸通行的「串珠本」《聖經》，《舊約全書》分「五經」、「舊約歷史書」、「詩歌智慧書」、「先知書」4大類；《新約全書》分「新約歷史書」、「保羅書信」、「普通書信」3大類，另有《啟示錄》殿後。

生的幸福，捨此之外別無他路。

基督教的戒律，有 10 條，稱為「十誡」：一．欽頌一天主萬有之上；二．毋呼天主聖名以發虛誓；三．守瞻禮之日；四．孝敬父母；五．毋殺人；六．毋行邪淫；七．毋偷盜；八．毋妄證；九．毋戀他人妻；十．毋貪他人財物。這是天主教所傳十誡。新教十誡則為：一．除上帝外不可敬拜別的神；二．不可敬拜偶像；三．不可妄稱上帝的名；四．當守安息聖日；五．當孝敬父母；六．不可殺人；七．不可奸淫；八．不可偷盜；九．不可作假見證陷害人；十．不可貪婪人的財物。兩者文字不同，是翻譯問題，而條目次序也不盡相同，則是因為早期神學家對十誡條文有不同的分法。但歸根到底，天主教的十誡和新教的十誡，在精神實質上並不矛盾。

基督教的重要禮儀，天主教和東正教都認為有 7 件「聖事」：洗禮、堅振、告解、聖餐、終傅、聖職和婚配。新教路德宗只承認洗禮和聖餐為聖事，而英國國教會除承認洗禮、聖餐外，還承認婚配。洗禮，即「聖洗」、「領洗」，是基督教的入教儀式，分注水禮和浸禮兩種，領受洗禮的人可免除「原罪」和「本罪」，並賦予「恩寵」和「印記」，成為正式的教徒。聖餐，亦稱「神交聖禮」，天主教稱「聖體聖事」，其過程（即「作彌撒」）極為隆重；新教加以改革，儀式因教派的不同而有所差異，大體上由主禮人對象徵耶穌身體的麵餅和象徵耶穌血的酒進行祝聖，然後把麵餅和酒分給正式信徒。婚配，由神甫主禮，主禮人先問男、女雙方是否同意結合為夫妻，在得到肯定的答復之後，於是向他（她）們念一段有關經文，宣布「上帝所配合的人，不能分開」（《馬太福音》第十九章第六節），最後為雙方祝福。新教也有請牧師證婚的，但不視其為聖事。基督教的禮儀，還有禮拜、小齋、大齋等。

基督教的節日，各派共同慶賀的有：聖誕節（英 Christmas），亦稱「耶穌聖誕瞻禮」、「主降生節」，是紀念耶穌誕生的節日，天主教和新教規定為每年的 12 月 25 日；受難節（英 Good Friday），亦稱「耶穌受難瞻禮」，是紀念耶穌受難的節日，基督教規定在復活節前守此節；復活節（英 Easter），亦稱「耶穌復活瞻禮」、「主復活節」，是紀念耶穌復活的節日，基督教尼西亞大公會議規定每年春分月圓後第一個星期日守此節；升天節（英 Ascension of the Lord, Feast of the），亦稱「耶穌升天瞻禮」、「主升天節」，是紀念耶穌升天的節日，基督教規定在復活節後第 40 天守此節；聖靈降臨節（英 Pentecost），亦稱「聖神降臨瞻禮」，是紀念耶穌門徒領受聖靈的節日，基督教規定在升天節後 10 天守此節。此外，天主教的狂歡節（英 Carnival）、美國基督徒的感恩節（英 Thanksgiving Day）也都是非常流行的節日。

基督教傳入中國的路綫，也是陸、海兩路。起先均走陸路，後來多走海路，其前後歷史，則斷斷續續，大約可以分為 4 個時期：

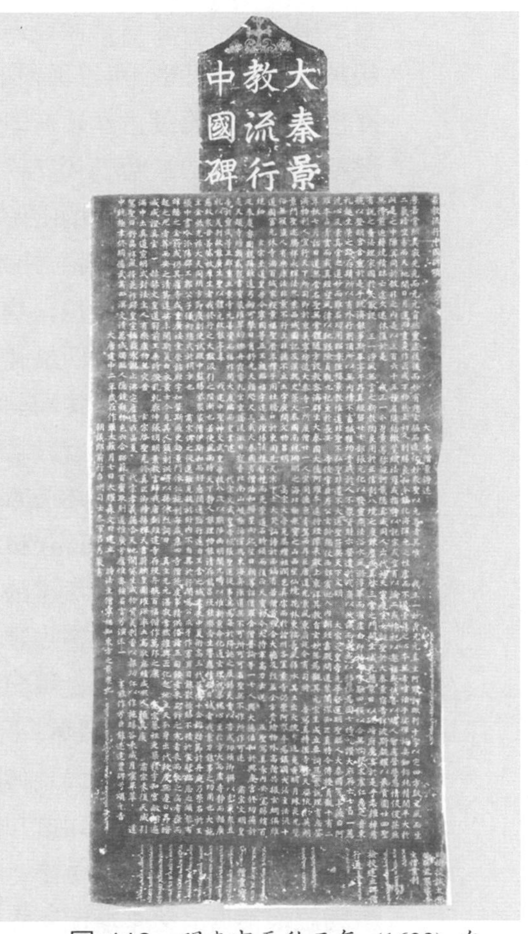


圖 113　明熹宗天啟三年 (1623) 在今陝西省周至縣出土的唐《大秦景教流行中國碑》拓片

第一個時期是唐代。唐代景教屬古代基督教的聶斯托里派。聶斯托里（Nestorius, 約 380～約 451）曾任拜占庭帝國君士坦丁堡總主教，因為他主張將耶穌的神性和人性分開，與當時流行的基督教義不相一致，所以在 431 年以弗所會議上被斥為異端。後來，他的學說受到波斯學者的重視，遂得由波斯傳到印度和中亞細亞，並於唐貞觀九年 (635) 由敘利亞人阿羅本 (Olopen) 傳入中國。自阿羅本首途長安（今西安），譯經傳教，由於受到朝廷的支持，到唐高宗時已是「法流十道」，「寺滿百城」，（唐《大秦景教流行中國碑頌》）阿羅本本人也被封為「鎮國大法主」。但當時人們對景教的認識較模糊，先後稱之為「波斯胡教」、「經教」和「景教」，崇奉者也大都是西域商人和少數貴族，傳教士則幾乎全是敘利亞人或波斯人。後來唐武宗禁止佛教，景教也同時遭到禁止，教士被逐 2000 餘人。此後聶斯托里派雖仍流行於中國邊遠地帶，但在內地卻銷聲匿跡了。而今可供考證的僅《大秦景教流行中國碑頌》及敦煌千佛洞的寥寥數卷經文。

第二個時期是元代。由於成吉思汗的西征，蒙古帝國的轄區和軍隊中有了許多基督教徒。當時中西來往很暢通，給基督教各派的來華提供了方便。元代景教寺叫做「忽木剌」，西域景教徒馬薛里吉思元初至元 (1264～1294) 年間任鎮江府路副達魯花赤，他在至元十六年 (1279) 至十九年 (1282) 的 4 年中，共建忽木剌 7 所。⓫元代名臣愛薛、馬祖常皆出身景教世家。除景教外，至元三十一年 (1294)，羅馬天主教教廷還派方濟各會修士孟特・戈維諾 (John de monte Corvino, 1247～1328) 來華傳教，在北京建立了中國第一所教堂，孟特・戈維諾也因此被任命為中國總主教，這是高級神職，如在歐洲，可以與國王分庭抗禮。元代各派基督教統稱也里可溫，「也里可溫」為蒙古語，意即有福緣的人或信奉福音的人。由於基督教各派都尊崇十字架，故元代又稱該教為「十字教」，稱其教堂為「十字寺」。北京和泉州是當時傳教的兩個主要據點。據記載，基督教在元代領洗者有 3 萬多人，朝廷特設崇福寺加以管理。但元代也里可溫大多是蒙古人和遷居內地的中亞人，元亡後，這些人前者或逃歸塞外，後者或回到原籍。此後奧斯曼土耳其興起，西域孔道為之堵塞，中國基督教也隨之消失了。

第三個時期是明代後期到清代初年。16 世紀時，隨著新航路的開闢和西方國家殖民事業的開展，基督教的海外傳教事業也發展起來。自明代中葉起，天主教的耶穌會 (Societas Jesu)、奧斯定會 (Ordo Augustinian)、方濟各會 (Ordo Franciscanorum) 和多明我會 (Ordo Dominicanorum) 的傳教士相繼來華，其中以葡萄牙派遣的耶穌會勢力最大，因為根據教皇格列高利十三世和克萊門八世的敕書規定，葡萄牙在東方享有保教權。最早來華的耶穌會士是沙勿略，但是他只到達廣東新寧（今臺山）縣的上川島，未能進入內地傳教。明世宗嘉靖三十六年 (1557)，葡萄牙在澳門落定了腳，從此澳門成為耶穌會對中國內地傳教的基地。神宗萬曆十一年 (1583)，天主教耶穌會士羅明堅受該會印度和日本教務巡閱使范禮安神甫指令，帶同助手利瑪竇由澳門進住廣東肇慶，建造天主教堂仙花寺，誦讀中國經典，熟悉中國風俗禮儀。後來羅明堅返回歐洲，而利瑪竇經過廣泛的活動，終於得以獲准進入北京，這一年是萬曆二十八年 (1600)。利瑪竇 (Matteo Ricci, 1552～1610) 是個有心人，他呈獻明神宗的禮物包括：天主像 1 幅、天主母像 1 幅、天主經 1 本、珍珠鑲嵌十字架 1 座、報時鐘 2 架、《萬國圖志》1 冊、西琴 1 張，奏章一再稱「逖聞天朝之聲教文物」，「伏念堂堂天朝」。（見徐光啟《徐文定公集》卷首）在朝廷顯要和有影響人士徐光啟、楊廷筠、

⓫ 《至順鎮江志》卷 9。

李之藻等的皈依支持下，天主教迅速發展，打入了當時中國的中央政府。清兵入關後，天主教勢力繼續發展，順治帝有《御製天主堂碑記》，康熙帝還認真從傳教士學習西方自然科學知識，傳教士除部分人在宮廷任職，大部分赴各地傳教。後因發生禮儀之爭，羅馬教皇於康熙五十四年 (1715) 頒布禁約，妄圖干預中國知識分子的社會生活，清聖祖閱後大怒，批示「以後不必西洋人在中國傳教，禁止可也，免得多事」(《康熙與羅馬使節關係文書》「影印本」第 14 通《教王禁約譯文》) ⑫。雍正帝繼位以後變本加厲，除任職欽天監的傳教士外，其餘耶穌會士，一律驅至澳門看管，各省教堂，盡行改作祠廟或義學公廨。再加教會又起了內訌，天主教在中國的勢力嚴重受挫。但其傳播並未中斷，民間還有幾十名傳教士在秘密活動。而這個時期，俄國東正教也傳入了中國。康熙四年 (1665)，俄國侵略軍強占中國黑龍江上的要地雅克薩，修築了阿爾巴津據點，隨軍的東正教士葉爾莫根在據點內修建了一座紀念耶穌復活的教堂。後 6 年，又在據點外高地上修建了另一座「仁慈救世主」教堂。這是在中國最早建立的兩座東正教教堂。從 17 世紀 60 年代開始，中國軍民在東北各地抗擊沙俄侵略軍，一批俄國戰俘被安排到北京落戶，為了照顧他們的宗教生活，清政府將北京東直門內胡家園胡同的一座關帝廟撥給他們改建為臨時祈禱所，這就是後來稱為尼古拉教堂的前身，俗稱「羅剎廟」，又稱「北館」或「北堂」，由俘虜中的司祭列昂捷夫主持。康熙五十四年 (1715)，俄國正式派遣「北京東正教佈道團」來到中國，並於雍正五年 (1727) 中俄簽訂《恰克圖條約》後，在東江米巷（東交民巷）建立聖瑪利亞教堂，俗稱「南館」，從此東正教佈道團在北京成為常駐，清政府還負擔其部分生活經費。直到咸豐十年 (1860)，俄國在北京設立公使館，佈道團改組，俄國東正教駐北京佈道團的前期活動才告一段落。

第四個時期是在鴉片戰爭以後。這個時期以新教來華為起點，事在鴉片戰爭爆發之前。嘉慶十二年 (1807)，英國新教傳教士馬禮遜 (Robert Morrison, 1782～1834) 在美國政府和美國基督教會的幫助下（一說是在倫敦宣教會的派遣下）來到廣州，成為新教在中國的開山祖。當馬禮遜初來的時候，遇到的困難是很多的，不獨中國教禁未開，他不能公開活動；並且外國人也反對他，澳門天主教會更千方百計地阻撓他。但馬禮遜不顧一

⑫ 引自顧長聲《傳教士與近代中國》第 15 頁，上海人民出版社，1991 年。

切，他隱居廣州 27 年，翻譯出版了中文的《神天聖書》（即《新、舊約全書》），並且努力傳教，經其親手洗禮的，雖然只有 10 人，可是卻開闢了風氣。從此西方傳教士如過江鯽魚，不絕而來，其中著名者有米憐、裨治文、郭實臘等。他們在廣州設立診所、創辦學校、發行《中國叢報》，在南洋出版書刊，為在中國發展傳教事業作準備。鴉片戰爭後，基督教新教各派和天主教、東正教在很大程度上充當了歐美殖民主義和沙俄侵略者的工具，對中國人民犯下許多不可饒恕的罪行，這是一方面。但另一方面，教會中也不乏善良正直之士，他們同情中國人民的苦難，致力於溝通中西文化交流，譜寫了中外關係史上的美好篇章。

總起來看，基督教自唐代景教傳入中國，到元末「也里可溫」全部失傳，對中國文化的影響是不大的。明代後期利瑪竇傳入天主教，清代中期馬禮遜傳入新教，由他們所開創的兩個時期，基督教對中國文化的發展產生了多方面的影響。特別是明、清之際耶穌會傳教士成為中西文化接觸的媒介，他們在傳教的同時，向中國人民介紹西方科學文化；同樣地，也把中國文明帶到了西方，他們的功績是不可抹煞的。

## 第三節　民間宗教

中國民間宗教是歷史上流行於社會底層的多種宗教的統稱，在一般情況下，它們總是遭到取締和鎮壓，因此又被稱為秘密宗教。東漢末年的道教就是民間宗教。

摩尼教是現在所知繼民間道教之後最早的一種中國民間宗教。不過它本來是外來宗教，由波斯人摩尼（Mānī, 約 216～約 276）創立，約於 6～7 世紀時傳入中國，並於唐代宗大曆三年 (768) 在長安（今西安）建造摩尼教寺，敕賜「大雲光明寺」額。後來武宗滅佛，摩尼教也遭到打擊，[13] 轉而成為秘密宗教。摩尼教立「二宗三際」說，所謂「二宗」，是指光明與黑暗，亦即善與惡，善神清靜而光明，惡魔污濁而黑暗；所謂「三際」，是將宇宙的歷史分為初際、中際和後際 3 個階段，亦即過去、現在和未來。其後教義中混入道教、佛教的成分。該教宣傳光明終必戰勝黑暗，聲稱摩尼為光

[13] 據贊寧《僧史略》卷下記載，這次打擊，京師女摩尼死者 72 人；而回紇諸摩尼等流配諸道，則死者大半。

明的代表，所以發展到宋代，「兩浙謂之牟尼教」，「福建謂之明教」。（陸游：《條對狀》）⑭與本來較為複雜的唐代摩尼教相比，宋代明教已將其教義要旨歸納為「清淨、光明、大力、智慧」8個字，這自然更便利於廣大民眾接受。為了迎合民間的需要，明教更進而成為「一家有事，同黨之人皆出力以相賑恤」（李心傳：《建炎以來繫年要錄》卷76）的互助組織，使其流傳甚熾，尤以閩、浙一帶為盛，僅溫州一地就有明教齋堂40餘處。明教提倡戒酒、裸葬、吃齋，不事神佛祖先，「衣尚白，朝拜日，夕拜月」（何喬遠：《閩書》卷7）；組織嚴密，長老稱「行者」，徒眾有「侍者」、「聽者」、「姑婆」、「齋姊」等名目。因為明教是秘密宗教，所以它必然具有秘密宗教的性格，即聚眾造反。自兩宋以來，明教不斷發動農民起義。元末農民大起義，也與明教有關。相傳朱元璋當初定國號叫「明」，就是因為他依靠的基本隊伍，明教有很大的勢力的緣故。明教的名稱明代猶存，直到清代，才不再出現在文獻上。

**圖 114**　泉州華表山元代草庵是目前世界上惟一完整保存下來的摩尼教遺址

宋代是中國民間宗教發展史上的重大轉折時期，本書前面已談及儒、釋、道三家合流是宋代的思想潮流，因而帶來了三家的各自更新。各自更新的結果，自然是使得佛教和道教日益世俗化。這種文化現象，也為成熟的民間宗教脫穎而出提供了適宜的氣候。於是，一個從內容到形式基本定型的民間秘密宗教在南宋時期誕生了，這就是白蓮教。

「白蓮教」一名，來源於南宋紹興三年(1133)吳郡淨土宗僧人茅子元創立的白蓮懺堂。在這個宗教結社裏，茅子元自稱「白蓮導師」，信徒有妻室，半僧半俗。他們「大抵不事葷酒，故易於裕足，而不殺物命，故近於

⑭　《渭南文集》卷5。

為善。愚民無知，皆樂趨之，故其黨不勸而自盛」（志磐：《佛祖統紀》卷54）。因此引起了佛教正統和南宋朝廷的恐慌。正是在白蓮懺堂被取締之後，由於這個案件轟動朝野，「白蓮」也就名揚天下。民間宗教因勢利導，自然索性奉「白蓮」為旗號了。

從淵源上看，白蓮教是擷取佛教傳入後興起的白蓮社（東晉慧遠所結，屬淨土宗）、彌勒教（蕭梁佛徒傅翕所創，宣傳「彌勒下生」說）以及提倡利他的大乘教、提倡苦行的三階教、提倡頓悟的南宗禪等的簡便易行的教義、儀式及反叛思想，同時接受道教的影響，儒學的滲透，又借鑒摩尼教——即明教的組織形式，或與之融合而成的。

但終南宋之世，白蓮教在官、私文獻中並沒有留下什麼記載。

《元典章》卷33《禮部卷之六》首次出現了「白蓮教」的名稱。那是因為白蓮教在元代已經獲得了很大的發展，當時嚴禁「偽造經文犯上惑眾」和「非理迎賽祈禱」（《元史》卷105），統治者對此不可能熟視無睹。從此以後，白蓮教成為中國民間宗教的主流，其教徒之多，影響之大，是中國歷史上任何民間宗教不能比擬的。可以說，元、明、清3代，活躍在中華大地上的各種民間宗教，即使不是白蓮教的子孫徒黨，不是白蓮教的支流餘裔，亦必與白蓮教有某種瓜葛。

白蓮教的經卷，稱為「寶卷」。據明人朱國楨《湧幢小品》卷32《妖人物》記載，明代成化年間，山西崞縣（今原平）王良及忻州李鉞利用白蓮教起義，為官軍所獲，追出「妖書圖本」計有《番天揭地搜神記經》等共88部。這些經卷沒有留傳下來，但從目錄中，可以看到當時白蓮教已經熟練地使用「洪陽」——即「紅陽」，「玄娘聖母」——即無生老母，「三陽」——即「青陽、紅陽、白陽」及「彌勒」、「應劫」等後世白蓮教教義中的概念。

白蓮教的早期經卷均為手抄秘本，這種手抄經卷所宣傳的內容，與王朝提倡的正統思想大相徑庭，應是白蓮教的正宗，常被教徒奉為至寶，但流傳下來的極少。自明代正德年間起，以無為教為代表的白蓮教支派迷惑上層社會，得到充足的資金和印刷條件，遂使白蓮教有了印本經卷，印本經卷上沒有任何違礙字句，但仔細閱讀，仍可窺見白蓮教的本來面目。到了清代中葉以後，白蓮教的寶卷分化成兩種新的體裁，一是在寶卷中加進了扶乩通神降壇垂訓的內容，名為「壇訓」；二是在寶卷中加進儒、道勸善懲惡的故事，有些純屬民間通俗文學作品。寶卷的體制，大都一卷分為24品，也有分得較少的，個別寶卷不分品；寶卷開頭有開經偈、焚（舉）香讚，結尾有收經偈；寶卷說白部分，在每品韻文之前，或在變換形式之間；寶卷韻文部分，句法為三、三、四，也有七言韻文，4句或8句為一組，但不多見；寶卷歌唱部分，多數在每品之末，或2闋，或4闋，偶有翻至10多闋的。

「真空家鄉，無生老母」，或作「真空家鄉，無生父母」，（羅清：《苦功悟道卷》）⓯這8個字，是概括了白蓮教的宇宙觀和創世說的立教理論基礎。白蓮教認為宇宙之初，渾然一團，什麼也分不出來，稱為「混沌」，亦叫「鴻濛」或「威音」。混沌之上有個「雲城」，又叫「安善極樂國」、「都斗太皇宮」、「無極理天」，也就是真空家鄉——即天堂。那裏住著一位無生無滅、不增不減、不垢不淨、至仁極慈的無生老母，也就是上帝。她開始使混沌分出天地日月、兩儀四象、五行八卦，創造了山川河海、草木禽獸和萬物之靈的人類。

白蓮教把世界從時間上分成3個時期，依次為青陽時期、紅陽時期、白陽時期，又稱「龍華初會」、「龍華二會」、「龍華三會」。青陽時期代表過去，由燃燈佛轉世掌管；紅陽時期代表現在，由釋迦佛轉世掌管；白陽時期代表未來，由彌勒佛轉世掌管。照白蓮教的說法，三佛掌世，目的在於度回無生老母所造96億「皇胎兒女」（又叫「原子」、「佛子」、「賢良子」），使之回歸雲城。但燃燈佛和釋迦佛辦理不力，僅度回4億皇胎兒女，因此剩下的92億皇胎兒女都得由彌勒佛一次度回，這叫做「末後一著」。末後一著不是要讓度回的皇胎兒女回歸雲城，而是要將雲城降臨人間，屆時全體皇胎兒女要與無生老母團聚一堂，此即所謂「歸根認母」。與此同時，有水、火、風3災齊降，所有惡人都被消滅。大劫過去，就是黃金鋪地的極樂世界。那麼，彌勒佛將如何來完成這個任務呢？這就得靠白蓮教，他是白蓮教的祖師，祖師下面有許多「知識」擔任道師，廣結善緣，大開普度。至於「知識」的來歷，則無非是佛教的達摩、諸位菩薩、十八羅漢、濟公、天龍八部等，道教的太上老君、玉皇大帝、八仙、南極仙翁、太白金星等，儒家的孔子、孟子、朱熹等，以及四海龍王、城隍土地、關公、劉國師、唐僧、孫悟空、豬八戒等天神地祇、民間雜祀、歷史人物等等轉世。白蓮

⓯　《苦功悟道卷》一卷，天津圖書館館藏寶卷目錄列為第一。

教的神靈譜系，把儒、釋、道中所有頭面人物都集中到彌勒佛的麾下，無疑是對傳統社會秩序的挑戰。這在白蓮教，叫做「三教歸一」和「平收萬教」。

此外，白蓮教還有「入教避劫」、「十八子之讖」等教義。

白蓮教的儀式，以吸收教徒最為嚴肅。入教要由老教徒引進；然後由教首傳授戒律，戒律內容，與佛教大同小異；接著再傳授口訣、手訣，由教首點玄關，玄關部位在兩眉正中到囟門之間；再由教徒立願發誓，表示入教之後，決不反悔；於是上表掛號對合同，將書寫教徒姓名的黃紙焚化，以示向無生老母報告，作為幸赴龍華三會的憑證。經過以上儀式，即為正式教徒。

白蓮教舉辦的道場，或稱「會」，其規模、日期，各個支派不盡相同，但大體上都是借支派祖師的生辰忌日或中國傳統節日如上元、中元、下元舉行，也有借喪事或被信徒所邀臨時開場。規模大的道場，要搭彩棚，供無生老母等神位，讓教徒頂禮膜拜；還有焚香燃燭、唱念經文、扶乩占卜、接納善男信女許願還願、祈祝眾生無災無病、捨粥施藥等活動。

白蓮教教徒平時的修持，主要有燒香、磕頭、上供、祈禱、坐功、習武、吃齋等，並各自按照所屬支派的戒律謹言慎行。教徒繳納會費，數目通常都很少。不少教徒獻出財產，作為教內活動和實行教徒扶助互濟的經費，「習其教者，有患相救，有難相死，不持一錢，可以周行天下」（周凱：《紀邪匪齊二寡婦之亂》）⓰。教徒的集會，均由教首主持，經常搞到深夜，男女混雜，男尊女卑和男女大防等觀念在白蓮教徒中比較淡薄。而教徒最重要的宗教活動，則為度人，先把家屬度進來，然後度朋友和所能接觸的人，這是把擴大勢力放在首位。

白蓮教的社會成分相當複雜，三教九流，無所不容，其中基本群眾有農民、手工業者、城市貧民和流民，也有胥吏、差役和下層知識分子。教內實行家長制統治，教首大權獨攬，父死子繼，等級森嚴。自元初以來，多次發動起義，而以元末劉福通、徐壽輝等領導的紅巾起義和清代乾隆三十九年（1774）的山東王倫起義，嘉慶年間的川、鄂、陝大起義最為聲勢浩大，都是中國傳統社會農民運動的有數範例。

「永樂中，山東民婦唐賽兒夫死，唐墓祭回，經山麓，見石罅露出石匣角，唐發視之，中藏寶劍妖書，唐取書究習，遂通曉諸術……妖徒轉盛

⓰ 《內自訟齋文鈔》卷1。

至數萬，唐遂稱反」（祝允明：《野記》卷 2）。當時山東是白蓮教活躍的地區，所以唐賽兒能夠一呼百應，及被鎮壓後，唐賽兒受到群眾的保護，仍遁跡莫知所終。

從明代中葉開始，一方面由於白蓮教本身的發展，另一方面也由於白蓮教已被官府作為一切邪教的代稱，為了躲避官府的追查，各地的白蓮教徒一般不再沿用「白蓮」這個稱謂，而是改頭換面，另立名號。各支派分頭進行活動，使白蓮教進入全盛時期。

在這裏最先作出表率的是無為教。無為教為羅清（萊州即墨〈今屬山東〉人，1442～1527）⑰所創，又稱「羅教」、「羅祖教」和「羅道教」。「羅祖五部經」——即《苦功悟道卷》、《歎世無為卷》、《破邪顯正鑰匙卷》、《正信除疑無修證自在寶卷》、《巍巍不動泰山深根結果寶卷》，對白蓮教使用了詆毀的詞句，實際上是明修棧道，暗渡陳倉，由於其手法十分巧妙，竟因此而矇住了明武宗（1505～1521 在位）朱厚照的眼睛，詔命經廠刊印，頒行天下。無為教後來流行於河北、山東、安徽、江蘇、浙江等省，延及江西、福建和臺灣。教徒多為漕運糧船的水手，他們到處建立庵堂，供奉羅祖之像。這些庵堂又大都成為水手宿腳以及殘廢衰老信徒賴以存活和死後得以安葬的地方。由於無為教庵堂制度直接關係到水手們的生老病死，所以在水手行業中根深蒂固，牢不可破。明代和清代，無為教曾兩次發動起義。出現於清初的民間秘密結社青幫，又吸收和利用無為教，使青幫塗上一層宗教色彩。而自無為教問世以來直至清末，民間數以百計的白蓮教支派，亦大多為該教的嫡傳，即有例外，也莫不對羅祖表示尊奉。可以說羅清所創無為教，在白蓮教的發展史上，是起著承前啟後的關鍵作用。

明、清白蓮教支派林立，其中表現比較突出的，還有明代的東大乘教和清代的八卦教。東大乘教的一支又名「聞香教」，教祖叫做王森，他倡言入其教者即可為王侯將相，否則就要被打入地獄，徒眾於是大盛。後來王森的徒弟徐鴻儒組織起義，稱「中興福烈帝」，不久失敗。清末一貫道，是該教的嫡傳。八卦教以八卦為組織形式，教徒分為乾、坤、震、巽、坎、離、艮、兌八卦，其中坎卦為八卦之首，統領其他 7 卦。該教又名「天理教」，亦稱「白陽教」、「榮華會」。清代嘉慶十八年 (1813)，八卦教總領（稱「天皇」）林清組織起義，曾一度攻入皇宮。當時八卦教起義的規模並不大，

⑰ 羅清，又名「因」、「夢鴻」或「孟鴻」。

卻做出如此「漢、唐、宋、明未有之事」(《東華錄》嘉慶朝卷 11)，足見與其事者的膽識決非等閑尋常了。

中國傳統社會民間還有各種秘密結社，如清代的天地會，成為大江以南重要的反清組織，儘管也迷信神跡，但因為沒有崇拜對象，所以不能稱為宗教。

從源遠流長的中國傳統社會民間宗教中，可以看到往古勞動者對自己命運的哀歎和抗爭，中國傳統社會民間宗教有其存在的合理性。

# 第七編

# 科　技

# 第二十四章

# 農學和水利

## 第一節　農業技術

中國古代從舊石器文化晚期起，採集經濟開始向農業轉化。

新石器時代的原始農業實行刀耕火種❶，或稱火耕，包括砍伐樹木、焚燒草木、播種、護理和收割等過程。相傳顓頊設「火正」之官，專門負責觀測「大火」（心宿二），根據其出沒來指導農業生產。大火星的名稱即與火耕有關。❷火耕要求有一定密度的叢林，但又不宜過於茂密，因此早期農業遺址都在較高的坡地上，後來才適應了河邊湖畔的茂密林地。當時實行撂荒耕作制，土地耕種幾年之後，便要拋荒，重新尋找新的土地。

繼火耕而起的是耜耕，耕地開始由林地擴展到草地。耜耕普遍使用石、骨質的耒、耜進行人工翻地，可以清除草地縱橫交錯的地下根莖，改變土壤結構。耜耕所使用的耒、耜，是從火耕時期用於播種的尖木棒發展而來的——耒有單齒和雙齒之分，有的還安上腳踏橫木；耜是耒的改進，耜冠呈板狀，不再是尖的了。使用時，先以手扶柄，腳踏橫木，推耜入土，然後下壓木柄進行啟土。耒、耜之外，主要的翻地工具尚有石鏟、石鋤、石钁和石犁。石鏟有長條形的，雙口較窄，與石耜近似；又有近似矩形的，刃口較寬，適宜於中耕除草。石鋤是在木或竹製的中耕農具鶴嘴鋤的基礎上發展而來的，其鋤頭或鋤刃以石為原料，如用骨或蚌，則稱骨鋤或蚌鋤。石钁形制比較特殊，長身弓背，兩頭有刃，上刃寬，下刃窄，與現今的鎬頭相似，可以用於掘土和種植；若與石鏟配合，還能開溝挖渠。石犁的出

❶ 參見河北省文物管理處等《河北武安磁山遺址》，《考古學報》1987 年第三期；浙江省博物館自然組《河姆渡遺址動植物遺存的鑒定研究》，《考古學報》1978 年第一期。

❷ 參見龐樸《「火曆」初探》，《社會科學戰綫》1981 年第四期。

現，肯定在耒、耜和鋤之後，其形制是兩者的演進；石犁比較笨重，須二人以上或利用畜力才能使用，在良渚文化遺址中，發現有相當數量的石犁。❸

根據水稻的生長規律來推測，河姆渡人應當初步掌握了開溝引水和做田埂等排灌技術。

夏代由於大規模治河導水工程的完成和配合農事的初始曆法出現，農業已較可觀，穀類物生產增加，故有發明糜穀以造酒者。《論衡・奇怪》云：「禹母吞薏苡而生禹。」夏族以薏苡 (Coix iacryma-jobi) 為感生植物，薏苡的種植也很普遍。但直到商代前期，社會經濟仍處於牧主農輔的階段。後來又經過六七百年的時間，西周初，中國才真正實現了以農立國。

據《詩》十五國風和《夏小正》、《山海經》以及後來的《禮記・內則》、《爾雅》等書的記載，西周糧食作物的生產，共分 3 類：一. 穀類，有稷、黍 (Panicum miliaceum)、穀、秫、穄、秬、秠、粱、糜、芑、麥、來、牟、稻、稌、禾、粟 (Setaria italica) 等名稱。其中稷一指禾，亦即粟，去殼後就是小米，一為稷型黍；❹秫是稷之黏者，或指秫稻；穄、秬和秠皆為黍種；「穀」到後世也成為小米的別稱，但在當時卻泛指各種糧食作物，「稷」和「禾」、「粟」有時也作為糧食作物的統稱；粱、糜和芑是稷的 3 個品種；「來」指小麥 (Triticum spp.)，「牟」可能是指大麥 (Hordeum spp.)，「麥」通常指大麥，小麥是原始社會末期從西亞傳入的，大麥也並非黃河流域的原產，但一說普通小麥（Triticum aestivum，即六倍體小麥）獨立起源於中國；「稌」是稻 (Oryza sativa) 的別稱，指秈稻 (Oryza sativa subsp shien) 和粳稻 (Oryza sativa subsp keng)，❺「稻」本來僅指糯稻。二. 豆類，有荏菽、菽等名稱。實際上，「荏菽」和「菽」都指的是大豆 (Glycine max)。三. 麻類，有麻、苴、苧等名稱。「麻」在古代通常是指大麻 (Cannabis sativa)，苴即結子的大麻，苧即苧麻 (Boehmeria spp.)。穀類和豆類，皆供食用；麻子

❸ 牟永抗、宋兆麟：《江浙的石犁和破土器——試論我國犁耕的起源》，《農業考古》1981 年第二期。

❹ 李時珍《本草綱目・穀部二》「集解」稱稷為不黏的黍，其所指的黍，為稷型 (P. miliaceumvar effusum)，現在叫做稷子。黍主要有 3 種類型，除稷型外，還有黍型 (P. miliaceumvar contractum) 的黍子、黍稷型 (P. miliace-umvar compact-um) 的糜子。

❺ 秈稻或稱「印度稻」，粳稻或稱「日本稻」，但現在已查明，粳稻起源於中國，日本稻種是從中國傳播過去的。

亦供食用，但雄麻麻皮為紡織原料。❻

當時栽培蔬菜中，已有直根類的蘆菔（《詩》稱「菲」，即蘿蔔 Raphanus sativus）、蔓菁（《詩》稱「葑」，即蕪菁 Brassica rapa）、大頭芥（大頭菜 Brassica juncea var. napiformis），薯芋類的山藥（即薯蕷 Dioscorea opposita）、芋 (Colocasia esculenta)，鱗莖、根莖、球莖類的薑 (Zingiber officinaie)、百合 (Lilium spp.)、蓮藕（即荷 Nelumbo nucifera）、慈姑 (Sagittaria sagittifolia)，嫩莖類的竹筍（主要有剛竹 Phyllostachys viridis、慈竹 Bambusa omeiensis、毛竹 Phyllostachys pubescens、淡竹 Phyllostachys glauca 等種，其嫩莖皆稱筍）、蒲菜（香蒲 Typha orientalis，嫩莖可食），菜類的白菜（小白菜 Brassica chinensis，又有大白菜——即結球白菜 Brassica pekinensis）、芥菜 (Brassica juncea)，柔滑及香生菜類的茼蒿 (Chrysanthemum coronarium Var. spatio-sum)、水芹 (Oenanthe javanica)、薺菜（Caqsella bursa-pastoris，採野生品供應），蔥類的大蔥 (Allium fistulosum)、韭菜 (Allium tuberosum)、薤 (Allium chinense)，瓜類的冬瓜 (Benincasa hispida)、葫蘆 (Lagenaria siceraria)，豆類的長豇豆 (Vi-gna sesquipedalis)、毛豆（以採收綠熟莢果的鮮嫩豆粒作蔬菜食用的大豆）等。

果品有：桃 (Prunus persica)、李 (Prunussalicina)❼、橘（寬皮柑橘類果木的通稱，其中果皮海綿層較厚者為柑 Citrus reticulata，薄者為橘 Citrus madurensis）、柚（即文旦 Citrus grandis）、梅 (Prunus mume)、檖❽、杜（即棠梨 Pyrus betulaefolia）、甘棠、唐棣、常棣、鬱（鬱李 Prunus japonica）、薁（蘡薁 Vitis adstricta）、櫟（麻櫟 Quercus acutissima）、杏 (Prunus armeniaca)、梨 (Pyrus spp)、柤（即山楂 Crataegus pinnatifida）、楰（楰李，葉狀如李）、沙棠（梨的一種）、楔（即櫻桃 Prunus pseudocerasus）、棗 (Zizyphus jujuba)、棘（即酸棗 Ziziphus jujuba）、榛 (Corylus heterophylla)、栗 (Castanea mollissima)、枸（即枳椇 Hovenia dulcis）、萇楚（即獼猴桃

❻ 現在人類衣食所資主要依靠的 15 種農作物，據有關專家考證認定，上述粟、黍、麥、稻、豆、麻等重要作物，都是中國先民早在原始社會時代就馴化、栽培成功了的。參見卜慕華《我國栽培作物來源的探討》，《中國農業科學》1981 年第四期。

❼ 還有紅李 (P. simonii)，亦屬李種，原產今北京一帶。

❽ 《詩・秦風・晨風》：「山有苞棣，隰有樹檖。」檖即山梨，參見程俊英《詩經譯註》第 231 頁，上海人民出版社，1985 年

Actinidia chinensis)、桑葚、櫠（柚的一種）、柿 (Diospyros kaki)、棪（實如柰，赤色）、楄（即白櫟 Quercus fabri）、劉（實如梨，味酢甜）、柀（即香榧 Torreya grandis）、櫧（實如橡）、杭（樹狀似梅，實如指頭大，赤色）、木瓜 (Chaeno-meles sinensis)、楙、堇（也叫「蕻葐」，實似莓而小）、藨（莓的一種，赤色，味酢甜）、菱（主要品種有四角菱 Trapa quadrispinosa、二角菱 T. bispinosa 和烏菱 T. bicornis）、蔆（俗稱「煎茱萸」，《爾雅》謂之「椴」）等名稱，其中杜與甘棠、唐棣、棠棣，木瓜與楙皆屬同一品種。上述果品，桃、李、橘、柚、梅、杏、梨、棗、榛、栗等 10 餘種，都是由人工栽培的。桃在中國的栽培史極為久遠，後來並被神化，到 2 世紀時，已先後傳入印度、波斯和歐洲。李在中國北方早有栽培，古人說「桃李不言，下自成蹊」（《史記・李將軍列傳》），李與桃一樣，在古代備受重視。橘、柚是南方的特產，當時作為貢品，「厥包橘柚錫貢」（《尚書・禹貢》）。從《楚辭・橘頌》開始，後世以橘為題材的文學作品多得數不清；南宋韓彥直還寫成了世界上第一本有關柑橘的專著《永嘉橘錄》，分上、中、下 3 卷，不少技術經驗均由此書首次予以記載。❾

西周整地使用耒耜，耒耜是由純木質耜沿變而成的複合農具，習慣上稱木柄為「耒」，稱綁在木柄上的石質或骨質的刀片為「耜」。❿一人以足踏在耒耜的橫木上，把橫木下面的耜刃壓入土中，這個動作叫做「推」；耜刃既入土，另一人斜仰——或拽繩拉它的柄子使土壤翻起，這個動作叫做「發」。一推一發所起之土叫做「墢」。此即所謂「耦耕」。耦耕反復推發的動作大體上是由兩個人做的。總之，這是一種協作制度，其內涵可能還比較豐富。犁，最初出現於中東半乾旱沙土地區。公元前 30 世紀已在美索不達米亞和埃及普遍使用，並傳入印度。據地下發掘和甲骨文中「犁」字的造型，證明距今 3400 年前，殷商有役使牛牽引的銅犁，但這種銅犁不切實用，故未能推廣。周人已經懂得，整地時必須除去雜草，以免與農作物爭奪養料、水分和日光。《詩・小雅》云：「俶載南畝」（《大田》），「南東其畝」（《信南山》）。「畝」的本義是壟，說明壟作出現於西周。

《詩經》和《周易》都有關於「菑」、「新」、「畬（yú, 讀如于）」的記

❾ 參見董愷忱、范楚玉主編《中國科學技術史・農學卷》第 431 頁，科學出版社，2000 年。

❿ 李根蟠：《先秦農器名實考辨》，《農業考古》1989 年第二期。

載，《爾雅・釋地》云：「田，一歲曰菑，二歲曰新田，三歲曰畬。」「菑」指休閑田；「新田」為休閑之後重新耕種之田；「畬」為耕種之後第二年的田，田中已長草，但經過除草作業，仍可種植。菑、新、畬記載的出現，表明以 3 年為一周期的休閑耕作制度已經形成。

周代播種用撒播或點播，播前經過選種，播時則注意種子量適當而均勻，以及種子與土密合。灌溉有溢流灌溉和起水灌溉。溢流灌溉利用陂池之水以灌溉農田。起水灌溉採用「鑿隧而入井，抱甕而出灌」（《莊子・外篇・天地》）的辦法；更有戽斗，託名周族的老祖宗公劉作，「控以雙綆，兩人制之，抒水上岸，以溉田稼。其斗或柳筲，或木罌，從所便也」（《東魯王氏農書・農器圖譜・利用》）。中耕工具流行錢和鎛。收穫從先收禾穗進到連秸收穫，所用工具有鐮刀。脫粒使用連枷；脫粒後的加工沿用較石磨盤和碾棒為進步的早在新石器時代晚期已相當普及的由來已久的杵臼。⓫

《詩・小雅・大田》云：「去其螟螣，及其蟊賊，無害我田穉。田祖有神，秉畀炎火。」可見當時對於害蟲的種類，已分得很清楚，並且已經知道了用光誘蟲，把害蟲燒死的除蟲辦法。

周初制阡陌以為地籍的依據，阡陌也可供田間交通，後世一直沿襲了下來。

春秋以後，鐵已應用於製造農業生產工具，牛耕在春秋後期的推廣使用，⓬是劃時代的事件；至遲到戰國，犁的重要構件業已粗具。戰國犁變耒耜一推一發的間歇動作為連續推發動作，而以繩索或直木將動力傳至犁鏵促其實現。犁鏵為等邊三角形，甚或呈鈍角，不同於耜刃的尖銳形，因而更便於破土、起墢（這一點商代銅犁亦已如此）。犁鏵裝於橫木的前端，犁鏵上方則裝有彎曲度的犁壁，可任撿曲翻轉之勞。從此奠定了中國傳統社會 2000 年來最基本的耕地方法。《管子・輕重乙》云：「農之事必有一耜、一銚、一鐮、一鎒、一椎、一銍，然後成為農。」這裏所謂「耜」，當即是犁，為耒耜之形體效率加大者。所謂「銚」、「鐮」、「鎒」、「銍」，皆從金，

⓫ 張量、王守仁：《杵臼芻議》，《農業考古》1986 年第二期。

⓬ 《國語・周語上》記宣王「不籍千畝」時，未有隻字涉及牛耕，而《論語・雍也》則有「犁牛之子騂且角」的形象比喻，《左傳・宣公十一年》更有「牽牛以蹊」的記載，由此可以推知，中國古代推廣用牛耕田，大概發生在公元前 7～公元前 6 世紀間。

這是反映了造字之初就設定的發展方向。銚、鎒為鋤地工具；銍與鐮一樣，為收穫工具，但鐮用於連稈刈穫，銍則用於刈穗。椎即耰，用以推土塊，摩田使鬆細，平整土面，為木製。此外還有钁、臿⑬、鋤、鏟、耙等，基本上已能適應開墾、耕翻、平整、除草鬆土、收割等主要生產環節的要求。其他工具，尚有斧、鑿、刀、鋸，為開荒伐木所必需。當時還發明了灌溉提水工具桔槔，託名商初伊尹作。是用一根直木、一根橫木和木桶（盛水器）、重石塊、長繩等材料組成。直木豎立於河邊或井邊，橫木以其中部用繩橫掛在豎立直木的頂沿，橫木的一端用繩繫重石塊，另一端用長繩繫木桶（盛水器）浸入河中或井中汲水。取水時先拉長繩讓木桶（盛水器）浸入河中或井中，則重石塊之一端隨即上升，當將其放平後，木桶（盛水器）即帶水上升。石塊之重量，應超過盛滿水的木桶（盛水器）的重量，起水即可省力。又有轆轤（輪軸）之制，託名周初史佚作，似稍晚，亦與桔槔大同小異。是於井邊立支架，上裝可用手柄搖轉的軸，軸上繞繩索，兩端各繫水桶（也有僅一端繫桶的），操作時搖轉手柄，「引之則俯，舍之則仰」（《莊子・外篇・天運》），任水桶一起一落，汲取井水。

戰國時，一年一熟單季作物生長的時間規律，已為人們所掌握——「春耕、夏耘、秋收、冬藏，四者不失時，故五穀不絕而民有餘食也」（《荀子・王制》）。在旱地耕作技術方面，採取了因地制宜的畦種法。「上田棄畝，下田棄甽」（《呂氏春秋・任地》）。高畦，將莊稼種在溝裏；低畦，將莊稼種在壟上。無論高畦栽培還是低畦栽培，播種面積皆占 50%。「及耕，深耕而疾耰之」（《國語・齊語》），講究深耕熟耨。深耕是為了徹底除滅雜草和病蟲害，要求耕到表土下層水墒的部分，如為高畦栽培須耕深約 8 寸（合今 20 釐米許），如為低畦栽培亦須耕深約 5 寸半（合今 13 釐米許）。熟耨是及時中耕除草和培土，培土可以把畦溝檇深，打碎土塊，培壅在行間，有利於促進作物根系生長和根莖牢固；耨時除去害草，也要除去妨礙生長的小苗，留強去弱，留大去小，使成熟一致。

對於黃河流域土壤的性質，《禹貢》作了分類和描述：黃土高原的原生黃土，《禹貢》稱之為「黃壤」；黃河下游平原的次生黃土，《禹貢》稱之為「白壤」；另一些地方夾雜著黏土和沙漿層，《禹貢》稱之為「下土墳壚」；東方齊魯丘陵的森林草甸土，《禹貢》稱之為「墳」；沿海地區的鹽漬土，

⑬ 臿，亦作「鍤」，即鍬，為掘土工具。

《禹貢》稱之為「海濱廣斥」。「壤」，為「黃壤」和「白壤」混合；「墳」又分作「黑墳」和「赤埴墳」。此外，揚州、荊州地，「厥土惟塗泥」；梁州地，「厥土青黎」。「塗泥」指濕土，「青黎」指無石炭性沖積土。

在秦漢以前的典籍中，「土」和「壤」字義上有區別，「壤」有時與「土」通用，有時則包含肥美之意，特指經過耕作活動而後形成的土壤。

對於土壤的改良，《呂氏春秋·任地》總結了 5 項原則：「力者欲柔，柔者欲力；息者欲勞，勞者欲息；棘者欲肥，肥者欲棘；急者欲緩，緩者欲急；溼者欲燥，燥者欲溼。」這些都是針對半乾旱地區春旱秋澇、澇中有旱、澇後又旱的土壤處理，以適應旱作栽培需要而採取的措施。《周禮·地官》稱：「草人，掌土化之法。」土化之法為中國傳統農業施肥開端序。最初，人們只是用畜糞和農田廢物來肥田。接著則把來源廣泛的雜草當作製肥的重要原料，辦法主要是「燒」和「薙」，燒是燒草木成灰；薙是利用高溫多雨，將鏟除的雜草在田中漚腐。文獻上所說「火耕水耨」，即是指此。⓮這種耕作方法特別適合實施一年一熟制生產的江南水田稻作，所以直到魏晉南北朝時代，以「此事施於新田草萊」仍被視為是「便」。(《晉書》卷 26)

從春秋到戰國，使時間、土地、人畜力能夠得到充分利用的輪作複種制度也逐步形成了。輪作制或稱「連種制」，一塊土地，首年種麥，次年種豆，實現一年一穫，比休耕制進步。複種制則實現一年再穫。⓯輪作複種制度的形成，為後世栽培制度的不斷改進奠定了不可動搖的基礎；在其發展過程中，也有力地推動了各項與之配套的農業技術操作的全面進步。

據農業出版社 1984 年版吳慧《歷代糧食畝產研究》等資料進行綜合分析，戰國糧食畝產大體為西周時期糧食畝產的 1.58～2 倍。

當時主要糧食作物，以「五穀」稱的有稷、黍、菽、麥、稻，⓰以「六穀」稱的有稌、黍、稷、粱、麥、苽。⓱其分布：揚州、荊州地，宜種稻；

⓮ 胡厚宣：《再論殷代農作物施肥問題》，《社會科學戰綫》1981 年第一期。

⓯ 《春秋·莊公七年》記載：「秋大水，無麥苗。」《左傳》解釋道：「秋無麥苗，不害嘉穀。」由此可知，當時（公元前 687）已存在冬麥夏收之後，再種黍、稷實現秋收的制度。

⓰ 見《周禮·夏官·職方氏》鄭注，這是漢代以前的「五穀」說。隨著黃河流域農業水文的變化，唐顏師古注《漢書·食貨志上》，則已將其中的「稻」換成了「麻」。事實上漢代麻雖在黃河流域廣泛栽植，卻已逐漸退出糧作行列，只是作為紡織用麻的重要性相應凸現了出來。

豫州地，宜種黍、稷、菽、麥、稻；青州地，宜種稻、麥；兗州地，宜種黍、稷、稻、麥；雍州地，宜種黍、稷；幽州地，宜種黍、稷、稻；冀州地，宜種黍、稷；并州地，宜種黍、稷、菽、麥、稻。⑱稷，上文已有著重的介紹，亦稱「穀子」，古人將稷尊為五穀之首，中國的農業，就是從稷的栽培發端的。黍，就是黃米，也叫「黃糯」，富有黏性，古人認為黍是好吃的糧食，常用於年節和待客。稷、黍在糧食作物中本占主導地位，但春秋以後，「稷」這一名稱逐漸為「粟」所取代，而產量高的菽重要了起來，一度與粟並稱。⑲

經濟作物，以桑（Morus 植物的泛稱）⑳、麻、葛 (Pueraria lobata)、苘麻 (Abutilon avicennae) 為著。麻和葛，都是韌皮植物，同為傳統社會受歡迎的紡織原料。青、兗、豫 3 州，產桑、麻；荊州產桑；并州產麻。

園藝作物，果品主要有桃、李、梅、棗、榛、栗，其次則為棘、樤、杜、棣、棠、枸以及桑葚等。「果之美者有江浦之橘、雲夢之柚」（《呂氏春秋・異味》）。鄂北陝南一帶，分布著茂密青鬱的柑橘林和梅林。在蔬菜方面有芋、薑、蓮藕、慈姑、荸薺 (Eleocharis tuberosa)、竹筍、蒲菜、茼蒿、大蔥、韭菜、戎菽（即豌豆 Pisum sativum）等。也有水生植物，而以美味著稱者有陽華（湖泊名，在今陝西華陰東南）之蕓、雲夢之芹、具區之菁。

這個時期農學知識開始理論化和系統化，出現了農家學派。保存在《呂氏春秋》裏的《上農》、《任地》、《辯土》、《審時》4 篇，是中國現存最早的農書。其中《審時》篇指出：「夫稼，為之者人也，生之者地也，養之者天也。」闡明了農業生產的 3 大要素是天、地、人，並且把人的因素列為首位，這是中國傳統社會農業生產的指導思想。《審時》並且深刻地論證了掌握農時與提高作物產量和質量的關係，而《辯土》則系統總結了壟作的栽培技術。先秦還有很多「種樹之書」，秦始皇焚書時，在「不去」之列（《史記・秦始皇本紀》）。

---

⑰ 見《周禮・天官・膳夫》鄭注。所謂「六穀」是將「五穀」中的「菽」換成了「粱」，另增入了「苽」（即菰）。

⑱ 《周禮・夏官・職方氏》。

⑲ 全世界只有很少幾個農業起源中心，中國北方是粟、黍栽培的起源地，南方則是稻作的起源地。

⑳ 中國主要品種為魯桑 (Morus multicaulis)，原產山東；而荊桑等為實生桑，可以因俗異名。《詩經》所述，凡樹下摘取者，魯桑也；樹上攀採者，荊桑也。

秦漢時代，鐵製農具得到廣泛應用，部分犁鏵上的冠，鐵質已明顯優於犁鏵的其他部位，將「鋼」用在刀刃上，這是受了當時先進的鐵兵器的啟迪。漢武帝使搜粟都尉趙過推廣 2 牛 3 人的耦犁方法，兩條牛合犋，一人牽牛，一人壓轅，一人扶犁在後面拖耕，這樣，耕犁就最終告別了耒耜，從亦耒亦犁、亦臿亦鏵的古犁而進到真犁——即正式犁的階段，故賈思勰說:「趙過始作牛耕，實勝耒耜之利。」(《齊民要術・耕田》) 此處所說牛耕，即是指採用 2 牛 3 人的耦犁方法耕田，這種耦犁，後來進到可以省去壓轅人和牽牛人。趙過又發明了三腳犁，也叫做「三腳耬」，或稱「耬車」。所謂三腳犁，即 3 個耬腳，這一製作是在車上安置裝種子的斗，用牛駕之而行，「三犁共一牛」(徐光啟:《農政全書・農器・耬車》引崔寔《政論》)，隨著犁的搖動，種子也跟著散落下來，在進行耕地的同時完成播種；且一次播種 3 行，行距一致，下種均勻。㉑西漢晚期還出現了水碓，用於穀物的去皮加工，水碓由杵臼發展而來，碓即杵頭。開始的時候，人們感到用兩臂肌肉的力量操著杵頭連續舂擊，實在容易疲勞，於是借助槓桿，把杵頭裝在槓桿的一頭，在槓桿的另一頭用腳踏，當腳鬆開後，杵頭即自動舂下去，這樣就比較省力，是為腳踏碓。後來改用畜力得到碓的舂米動作。不久，又改用水力，是在原先腳踏碓用腳踏的那一頭，裝上一個水槽，引水注入，當槽內水滿，重量增大時，就把碓揚起，同時水槽下落，水被傾瀉，重量減輕，碓就下落以舂米。「役水而舂，其利百倍」(《新論・本造》)。後來又進一步發明了破殼用的礱和研粉用的磨，且有牛碾的辦法；或用水力，稱「水轉連磨」。

在漢代，小麥的種植是由黃河下游地區向中游地區推廣，並逐步延伸到西北地區和西南地區的。㉒由於政府推廣冬麥種植，穀、麥、豆之間已經實行輪作複種二年三熟制，漢水流域還創始了稻、麥輪作複種的一年二熟制，廣州一帶已有了雙季稻的栽培，「交趾稻夏、冬又熟」(《太平御覽》卷 839 引《異物志》)。當時北方乾旱地區㉓的代田法，是在田裏開溝作壟，

---

㉑ 這裏本有一段引文，錄自日本熊代幸雄《論中國旱地農法中精耕細作的基礎——兼評它在世界上的意義》，《中國農史》1981 年第一期，約二三十字，惜書稿遭劫持之厄，被無端毀去，今急切間竟不可復得矣。

㉒ 參見鍾敬文、蕭放主編《中國民俗史・漢魏卷》第 97 頁，人民出版社，2008 年。

㉓ 從農業角度來劃分，以東流的淮河和西部的秦嶺山脈為南北界限，北方年均降雨量

一畝田做成三溝三壟，溝、壟相間，方便更好的通風和獲得更充足的陽光，而在溝裏播種，出苗後始終保持直行，可以用長柄鋤中耕除草，並將壟上的土逐次推到溝裏，培育根部，裨莊稼健壯成長，次年溝、壟位置互易，這樣既使地力得以恢復，又有利於抗旱保墒；區田法是把作物種在帶狀低畦或方形淺穴的「區」內，視土地美惡，實行適度深耕、密植，合理使用水、肥，加強管理，以取得高產，適合小農經濟集約生產的特點，對後來魏晉時期塢堡農業的精耕細作，具有啟發的意義。

已經認識到積雪保墒不僅有抗旱作用，還有防蟲、保護越冬作物的效果。對播種，強調必須適時，要憑地力定播種期，要根據作物種類定播種量。

漢代《氾勝之書》㉔總結當時旱作農業的若干成就，其中談到旱作施肥，如今之所謂基肥、種肥、追肥和溲種法，當時皆有其制。如溲種法，用獸骨汁、繅蛹、蠶糞、獸糞和附子（烏頭 Aconitum carmichaeli 的側根）等動植物有機物質加水或雪汁，浸漬種子，具有催芽作用，並能使莊稼耐旱，生長良好，不受蟲害，增加產量。該書還有中國傳統社會最早的選種法記載：「取麥種，候熟可穫，擇穗大強者，斬束立場中高燥處，曝使極燥。無令有白魚，有輒揚治之」；「取禾種，擇大者，斬一節下，把懸高燥處，苗則不敗」。該書首次出現了「小麥」字樣。

中國古代稻的栽培始於舊石器文化向新石器文化過渡的年代，至遲不晚於新石器時代初期，比世界上任何國家都要領先。江西萬年仙人洞遺址和弔桶環遺址（距今皆約 1.4～0.9 萬年）、湖南道縣玉蟾巖遺址（距今約 1.2～1 萬年）、廣東英德牛欄洞遺址（距今約 1.2～0.8 萬年）、浙江浦江上山遺址（距今約 1.1～0.9 萬年）等處都有栽培稻遺存。在河姆渡第四層 400 餘平方米的範圍內，普遍存在著厚厚的稻穀、稻殼和稻草的堆積，經過換算，稻穀總量在 12 噸以上。這裏的稻主要屬秈亞型種中晚稻型水稻，已遠離野生種而接近現代栽培稻了。㉕這裏也出土粳穀，相對於基本型的秈稻

---

在 400～800 毫米之間，比較乾旱；而南方長江中下游地區和四川盆地，年均降雨量則在 800～1600 毫米之間。

㉔ 該書《漢書・藝文志》稱《氾勝之十八篇》，原書已佚，現行輯佚本，係後人從《齊民要術》、《太平御覽》等書中輯得，計 3700 餘字。

㉕ 浙江省博物館自然組：《河姆渡遺址動植物遺存的鑒定研究》，《考古學報》1978 年第一期。

來說，粳稻屬變異型。㉖稻是高產作物，歷來受到人們的重視。但稻的栽培，須在氣候溫和、雨量充足、地勢平坦並有充分水源得以灌溉的地方才能成功。中國各地夏季普遍高溫多雨，惟西北地區雨量缺乏，然可藉雪山、地下水的灌溉。論自然條件，東南地區的水稻栽培，較之於華北地區是遠為優越的。東漢以後，隨著陂堰蓄水工程的發展，使淮河以南地區，稻的栽培有大幅度的增長；淮河以北地區，稻的栽培也有局部的發展。當時粳稻農曆三月播，五月移栽，十一月收割。

除了稻，據《四民月令》㉗，秦漢時代穀、豆、麻類作物有：禾（即粟、小米），四、五月種，十一月收割；稙禾、苴麻，二、三月種，十月穫；冬小麥，八月播，次年五、六、七月收割；春小麥，正月播，七月收割；大麥，八月播，次年四、五、六月收割；穬麥（即裸大麥 Hordeum vulgare var. nuda），八月播，次年四、五、六月收割；菽，二、三、四月播，十、十一月收割；黍，四、五月播，八月收割；秭穄㉘、秫、小豆（即赤豆 Phaseolus angularis），四月播，十、十一月收割；豍豆（即豌豆），正、二月播；胡豆（即蠶豆 Vicia faba）㉙三月播；胡麻（即芝麻 Sesamum indicum），二、三、四月播。又有芋救飢饉，度凶年。粟的地位仍受特別重視，秦代主管農業的官員稱「治粟內史」，漢代則稱「搜粟都尉」。

經濟作物首推桑，《氾勝之書》有栽培地桑的明確記載，地桑樹矮而低，便於採摘和管理，同時枝嫩葉肥，宜於養蠶。其次是牡麻，出現了上千畝連成一片的大面積的麻田，南方地區也有種植。茶 (Camellia sinensis) 原產雲南、貴州、四川等地的密林中；㉚西周初年，巴蜀一帶已開始種茶納貢，漢代成都成為中國早期茶業的重要基地。

蔬菜都在露地栽培，品種較前遠為豐富。東漢時，僅黃河流域，普遍

---

㉖ 參見周季維《浙江餘姚河姆渡新石器時代出土稻粒形態分析鑑定》，刊《河姆渡：新石器時代遺址考古發掘報告附錄㈣》，文物出版社，2003 年。

㉗ 《四民月令》成書於東漢延熹十年 (167)，原書已佚，現存輯佚本約 3200 餘字。

㉘ 《說文・禾部》：「秭穄，穀名。」

㉙ 胡豆除了從裏海南岸或非洲北部引進者，據說也有中國原產的品種，湖州錢山漾良渚文化遺址就出土過人工栽培蠶豆。又，後面的「胡麻」和下文將要述及的「胡桃」據說亦並非全來自「胡」地，同類品種河姆渡、錢山漾等沿海地區和內地其他史前遺址皆有出土。這幾個問題，尚有待加以進一步的探究。

㉚ 河姆渡遺址出土有樟科植物的遺存，有專家認為，浙江餘姚或為中國原始茶的源頭。

栽培的果菜類有瓜、瓠（瓠瓜 Lagenaria siceraria var. clavata）等；葉菜類有蓼（Polygonum 植物的泛稱）、蘇（紫蘇 Perilla frutescens）、芥、葵（即冬寒菜 Malva verticillata）等；根菜類有蘿蔔、蕪菁、芋、生薑、蘘荷 (Zingiber mioga) 等；鱗莖類有大蔥、分蔥、細香蔥 (Allium schoenoprasum)、小蒜 (Allium macrostemon)、雜蒜、韭、䪥等。㉛荊州南郡產甜瓜 (Cucumis melo)㉜，出土地點在今湖北江陵；交州鬱林產黃瓜 (Cucumis sativus)，出土地點在今廣西貴港。而外來品種，尚有苜蓿（紫苜蓿 Medicago sativa）、胡蒜（即大蒜 Allium sativum）、胡蘿蔔 (Daucus carota var. sativa) 等。《內經・素問・臟氣法時論》所謂「五菜」，指葵、藿、薤、蔥、韭。葵又叫「葵菜」、「冬葵」，直到明代以前，一直享「百菜之主」(《東魯王氏農書・百穀譜・蔬屬》) 的美譽，但明末李時珍《本草綱目》已將其列入「艸」部。另有蒓菜 (Brasenia schreberi)，稱為「水葵」，周代叫「茆」，味亦極美。藿即大豆苗的嫩葉，常用作菜湯。薤現在通稱「藠頭」、「小根蒜」，可以加工為醬菜。蔥後世大都用為佐料。韭，傳統社會春日祭祀，必用此品。《漢書・召信臣傳》率先記載了「冬生蔥韭菜茹」等「不時之物」的溫室栽培技術，據說秦始皇就曾在驪山附近種冬瓜，並取得成功。

漢代果樹栽培，經營棗、栗、橘者，規模很大。楊梅 (Myrica rubra)㉝分布於長江以南各地；荔枝 (Litchi chinensis)、龍眼 (Euphoria longan)、橄欖 (Canarium album)，嶄露頭角。至於傳入之品種，其移植有成功者，如蒲桃（歐洲葡萄 Vitis vinifera）㉞、胡桃 (Juglans regia)、石榴 (Punica granatum) 等；亦有失敗者，如檳榔 (Areca catechu) 等。《文選》卷 8 錄司馬相如《上林賦》提到不少果樹品種，有些現在已弄不清楚到底為何物，他說的「柰」，原產地㉟在今甘肅河西走廊和新疆一帶，後世通稱海棠果 (Malus

㉛ 《四民月令》記東漢時期黃河流域 20 種蔬菜，其中「葵」與「冬葵」並列，有「小蔥」而無分蔥和細香蔥；「䪥」即薤。

㉜ 甜瓜有兩個起源地，中國原產的是薄皮越瓜，漢代以後，又經中亞引進了原產埃塞俄比亞的網紋甜瓜。

㉝ 楊梅原產中國，在河姆渡遺址裏就發現有楊梅核。參見《中國地方文化節》第 145 頁，新華出版社，1992 年。

㉞ 李時珍《本草綱目》以《神農本草經》已予著錄，疑蒲桃中國始有時間應早於漢代，這是由於他誤認《神農本草經》的成書在漢代以前。

㉟ 在作物栽培學上，「原產地」這個詞分量很重，每一種作物都有自己的原產地，所以

prunifolia)。而現在廣泛栽培的大蘋果，則是近代才從國外傳入的。

中國傳統園藝，還包括花卉栽培。見於《詩經》記載的花卉，有梅、蘭（亦稱「春蘭」、「草蘭」、「山蘭」、「朵朵香」Cymbidium goerin-gii)、木桃 (Chaenomeles cathayensis)、芍藥 (Paconia lactiflora)、荷花、苕（即淩霄 Campsis grandiflora）等，但是否栽培物，還不能斷定。漢代從西域傳入紅藍花㊱，又叫「黃藍」，可作胭脂，染絲綢，還可入藥。

從魏晉到南北朝，曹魏馬鈞（扶風〈今陝西興平東南〉人，生卒年未詳）改良東漢時已經出現的翻車，為龍骨水車，「令兒童轉之，而灌水自覆，更入更出，其巧百倍於常」(《三國志・魏書・杜夔傳》裴注)。南北朝時期，北方旱作地區形成了耕一 耙一 耱一 壓一 鋤等一整套防旱保墒的耕作技術。保墒就是保持土壤中的水分，要點在於犁透耙細，使土地平坦，土塊呈團粒結構。這樣做，就有細碎的表土層覆蓋於心土之上，可以避免土壤水分的蒸發和損失。在時機方面，針對秋作生長期長而春作生長期短的實際，已經掌握了秋耕應深、春耕應淺的原則，前者目的在將心土翻上，使其適時得到改良，後者則避免翻心土，因心土不利作物生長。南方水田生產中出現了「烤田」作業；同時廣泛採取了穀類作物和豆科作物的輪作，形成了用地、養地緊密結合靈活多樣的輪作體系；間作、混作已很普遍，套種也有初步的運用。

穀類作物的品種大大增加，據《齊民要術》記載，粟的品種達 86 個，再加《廣志》記載的 11 個、粱品種 4 個、秫品種 6 個（包括《廣志》所記在內)，共計 107 個；稻的品種也達 24 個，加上《廣志》記載的 13 個（其中有再生稻)，共計 37 個。品種「多以人姓氏為名目，亦有觀形立名，亦有會義為稱」(見《種穀》篇)。中國傳統農業的選種和良種繁育技術基礎已基本形成。

早在漢代，人們已有意識地在冬閑田裏誘發雜草生長，至春耕時翻至地下。魏晉時期，使用綠肥的作物有穀、瓜、葵、蔥等，作為綠肥作物栽培的，有綠豆 (Phaseolus radiatus)、紫雲英 (Astragalus sinicus)、小豆、芝麻等，而以綠豆的肥效為最著。至晚在北魏，人們還創造了踏糞法，「凡人家

---

才有作物的多樣性。

㊱ 即紅花 (Carthamus tinctorius)，亦稱「杜紅花」，花作染料，有「紅花顏色勝千花」之譽。參見吳淑生、田自秉《中國染織史》第 97 頁，上海人民出版社，1986 年。

秋收治田後，場上所有穰、穀穢等並須收貯一處，每日布牛腳下三寸厚，每平旦收聚堆積之，還依前布之，經宿即堆聚，計經冬一具牛，踏成三十車糞」(《齊民要術・雜說》)。這是中國傳統社會有關人工堆肥的早期實踐。在園藝施肥方面，當時又總結了一套「糞大水勤」(《齊民要術・種葵》) 的原則，並強調必須使用熟肥的經驗。糞大水勤，就是要求定植後勤施追肥和灌水，這樣可以促進蔬菜生長，提前上市。魏晉南北朝由於南方的開發，淮南及江南三麥（小麥、大麥、元麥）種植逐漸普遍，江東地區大麻和苧麻的栽培面積也大幅度上升。桑樹繁殖已用壓條法；苧麻本來用種子繁殖，後來借鑒桑樹的壓條法（包括插條、分株、分根諸法），採取無性繁殖，產量大增。對瓜類，解決了能使瓜結實快、成熟也早的選種問題，還掌握了助苗破土、引蔓攀援等項先進技術。對蒜、蔥、蓮子的繁殖、播種，都有針對性的辦法。南方蓼、蕺 (Houttuynia cordata)、薺、葑、菲、蘇、薑、葵、薤、蔥、藿等蔬菜，皆用人工栽培；又有鮮美的竹筍，以及水生植物茭白、菱、芡 (Euryale ferox) 等。茭白肥大而嫩，是由野生的菰 (Zizania caduciflora) 培育而成的。菰，秋季開黃花，所結果實，名菰米，亦稱「茭米」、「雕胡米」，為米中上品，惜未能以栽植得之。當時桃李南下，柑橘北上，江、浙、贛、湘一帶成為北方果樹園藝和南方果樹園藝的融合地。採取近親嫁接的有同屬的棠杜和梨，遠緣嫁接的有桑、棗、石榴和梨。在果樹經營方面，已能應用抑制果木其他部位生長的原理，促使果實加強發育；熏煙以防霜，裹草以越冬。至於種子的貯藏，則藏板栗，分乾栗和生栗兩種，乾栗採取浸灰水的殺蟲法，生栗採用砂藏法。

北魏賈思勰（青州益都〈治今山東壽光南〉人，生卒年未詳）撰《齊民要術》10 卷 92 篇，約 11.5 萬餘字，引用文獻 180 餘種——其中有書名可考者 155 種㊲、農諺 30 餘條，「起自耕農，終於醯醢，資生之道，靡不畢書」(《自序》)。這書第一至第五卷的 55 篇中，分別用專題論述了各種作物的耕種栽培方法；第六卷共 6 篇，是關於家禽、家畜和魚類的養殖方法；第七至第九卷計 30 篇是講農副產品的加工和儲藏。以上比較系統地總結了 6 世紀前黃河中下游地區農業和畜牧業、漁業等的生產經驗。第十卷只有 1 篇，記錄了當時南部中國的許多地域性植物，此卷所述，是只講產地、性狀、作用而罕言栽培技術。作者是北方人，他能做到這樣，已經很不錯

㊲ 胡立初《〈齊民要術〉引用書目考證》，刊齊魯大學《國學彙編》第二冊，1934 年。

了。在《齊民要術》裏，賈思勰實際上展示了生物變異的普遍性，同時考察了這種變異發生的條件，並分析了變異性向遺傳性的轉化，這些認識，對傳統農業生物的馴化、引種和育種工作的發展起了指導作用。

到了隋、唐，唐代有筒車。筒車在南方小溪流安設，當激流被迎入狹港時，括水板受水流的衝擊，筒車因之旋轉不已。而斜掛於木板的水斗，沒入水中盛滿溪水，隨輪旋轉上升，旋到180度，水斗已從水面升起至掌盤上，呈下傾位置，盛水即由水斗傾瀉掌盤。水輪旋轉，各斗相繼傾注，掌盤裏的水乃源源淌入槽中，流送農田。其構造簡單，大多以竹為之。後來又吸取筒車經驗，為足踏翻車，應用於關中農田。還有機汲，或以為就是高轉筒車，㊳也有認為是一種利用架空索道的轆轤汲水機械，㊴劉禹錫有《機汲記》，見《劉賓客文集》卷9。唐代的江東犁，有11個部分組成，鐵製部分：犁鑱（鏵）、犁壁；木製部分：犁底、壓鑱、策額、犁箭、犁轅、犁梢、犁評、犁建和犁盤。㊵江東犁淘汰了先前的犁衡，犁架重量為之減輕，曲轅和犁盤的出現，轉彎就方便得多了。使用時推進犁評，則犁箭向下而入土深；拉退犁評則犁箭向上而入土淺，深耕淺耕可以按要求進行調節。在操作上，做到所耕的寬度、深度保持一致，耕起的土壡整齊均勻，這就是所謂「端」（《陸龜蒙：《象耕鳥耘辯》）㊶。這個時期農業生產中的整地、播種、中耕除草、灌溉、收穫脫粒、農產品加工等方面都有了專用的工具。

南方水田也形成了以耕、耙、耖、耘、耥為中心的精耕細作方法，「耕而後有爬」，「爬而後有礰礋焉，有碌碡焉」。（《甫里先生文集・耒耜經》）㊷唐中葉以後，水稻栽培推廣秧田設置，從直接播種於大田，進而為先播種於秧田，再於稻秧長大後插種於大田，大大有利於節約用水量、擴大栽培面積和進行中耕管理。㊸當時江南個別地區實現了一年三熟，㊹對秧田、

㊳ 汪家倫、張芳：《中國農田水利史》第277頁，農業出版社，1990年。

㊴ 梁家勉：《中國農業科學技術史稿》第325頁，農業出版社，1989年。

㊵ 宋兆麟：《唐代曲轅犁研究》，《中國歷史博物館館刊》1979年第一期。

㊶ 《甫里先生文集》卷19。

㊷ 引自周昕《〈耒耜經〉校注》，《中國農史》1986年第一期。按碌碡原為北方旱地的碾打工具，隋唐以後移植到南方；礰礋則是在木製碌碡上加列齒，更加適用於南方水田。

㊸ 用插秧法種稻，東漢末年華北地區已經實行。參見石聲漢《〈四民月令〉校注》第43

冬閑田和旱地的耕作都提出了不同的要求，並且總結了水田耘田、烤田的經驗。

而荊楚多畬（shē，讀如奢）田，「畬田」本作「畬田」，後世畬田則特指採用刀耕火種方法耕作的田地。「畬田凡三年，不可復種」（薛夢符：《杜詩分類集注》卷 7）。畬田的造田程序包括：春初斫木，在雨候前焚燒草木跡地，藉其灰作肥料；雨後乘熱土下種。春種麥、豆，夏收麥、豆作餅餌以度夏；夏種粟，秋則粟熟，以度冬、春，農民糧食頗可周給。畬田標誌著農業開始上山的歷史記錄。

及至五代，吳越大興水利，完善了魏晉以來的圩田制度。所謂圩田，就是在地勢低洼的地帶築起圩堤，圍外蓄水，圍裏耕作。圩田必有灌溉渠系與之配套，其低級階段亦稱圍田。㊺圩田還向長江中游湖泊地區推廣，另有「垸田」之名。圩田能防澇抗旱，常保豐收。北宋後期浙東地區圍湖排水為田，叫湖田，其結構也與圩田相似；但很多湖田是湖水退落之後稍加改造而成，並沒有圩堤。又有沙田和塗田，沙田是將江河傍岸的沙灘和水流中的沙洲闢為農田；塗田亦稱「潮田」，則是圍海造田。此外還有櫃田，「似圍而小，四面俱置瀽穴，如櫃形制，順置田段，便於耕蒔」（《東魯王氏農書・農器圖譜・田制》），由於其面積小，對付水災比較容易。

唐代糧食作物有稻、麥、粟、雜糧等。經濟作物中，以桑、麻為紡織生產的間接或直接原料。當時飲茶之風普及全國上下，唐末五代韓諤的《四時纂要》首次對植茶技術作了較全面的記述。種茶採取「叢植」，掘穴為之，每叢每穴播茶籽若干粒，叢間距離視氣候條件、土地肥沃程度及本數多少而定。採茶標準亦有規定：「茶之芽者，發乎叢薄之上，有三枝、四枝、五枝，選其中枝穎拔者採焉。」（陸羽：《茶經・三之造》）甘蔗 (Saccharum spp.)，中國原產者為竹蔗 (S. sinense)。唐代甘蔗品種有杜蔗、西蔗、艻蔗、紅蔗，「紅蔗止堪生噉；艻蔗可作沙糖；西蔗可作霜，色淺……杜蔗紫嫩，味極厚，專用作霜」（王灼：《糖霜譜・第三》）㊻。蜀中杜蔗種自西域傳來。關於甘蔗的種植法，唐人仍未有詳細的介紹，所可知者不用連作，因其消耗

---

頁，中華書局，1965 年。

㊹ 《元和郡縣志・江南道五》。

㊺ 參見楊萬里《誠齋集》卷 32《圩丁詞十解》注文。

㊻ 叢書集成本，商務印書館，1935 年。

地力特多，所以常與糧食作物輪種，至北宋猶然。

中唐陸羽的《茶經》，共 3 卷，10 章，1000 餘字，對茶樹的原產地、茶樹的形態特徵、茶樹所適應的生態環境，以及茶葉的採摘和加工方法、製茶工具、飲茶器皿和飲用方法、茶的產地分布和品質鑒評等都作了形象生動的描述分析；對茶樹的栽培，亦已言及「凡藝而不實，植而罕茂，法如種瓜，三歲可採」(《茶經・三之造》)。不僅體現了豐富的人文內涵，其科技內涵也很深厚。

唐代北方原產及引進的果樹栽培，有棗、桃、櫻桃、李、梅、梨、栗、柰、石榴、橘、柑等，據劉恂《嶺表錄異》卷中記載，當時南方果樹栽培有荔枝、龍眼、橄欖、石栗 (Alcurites moluccana)、枸櫞子 (Citrus medica)、椰子 (Cocos nucifera)、波斯棗（海棗 Phoenix dactylifera)、偏核桃（即巴旦杏 Prunus amygdalus）等。㊼而柿、奈、葡萄、侯騷（疑為獼猴桃)、蠡蒼（疑為李)、齊墩果（即油橄欖 Olea europaea)、底稱實（即無花果 Ficus carica)、胡榛子（即阿月渾子 Pistacia vcra)，其間新品種，有從地中海沿岸國家、地區引進的。從撒馬爾罕傳入的金桃、銀桃，當時頗受宮廷青睞，不過這一品種在中國存活時間不長。蒔蘿子 (Anethum graveolens)、胡椒 (Piper nigrum)、豆蔻 (Amomum kravanh)、菠菜 (Spinacia oleracea)、萵苣 (Lactuca sativa)、素馨 (Jasminum officinale var. grandiflorum)、茉莉 (Jasminum sambac) 等都來自域外。果樹嫁接術和人工培養食用菌（其中如木耳 Auricularia auricula）以及利用溫泉的溫熱進行瓜、蔬等的促成栽培，也均起於這個時期。

原產非洲沙漠地區而唐初已傳入今新疆一帶的西瓜 (Citrullus lanatus)，五代時由回紇傳到遼地，金代傳到黃河中游的河南，南宋紹興十三年 (1143) 傳到江南，成為暑天最受歡迎的解渴名果。㊽

宋元時代，農業手工業機具據《東魯王氏農書・農器圖譜》記載，共

㊼ 《嶺表錄異》卷中尚列有山橘子、倒捻子等果品，但是否栽培物，疑莫能明；此外還有不是果品的朱槿花等。按朱槿即扶桑 (Hibiscns rosa-sinensis)，為著名觀賞植物，根、葉、花均可入藥。

㊽ 《新五代史》卷 73 引胡嶠《陷虜記》；洪皓：《松漠記聞》卷下。有斷言西瓜在西漢時期已傳入中原地區者（如李祥林：《西瓜始於五代嗎》，《中國烹飪》1990 年第十一期)，但其說似乎尚不足推翻以往的定論。

210 種，其中農業機具有 103 種之多，如墾耕整地用的劚刀，覆蓋種子用的砘車，中耕用的耘爪、耘蕩、耘耙、薅鼓、田漏，收割用的籠具、推鐮和晾曬用的摜稻簟、笐、喬扦等都是新增加的品種。農具所用鋼鐵質料，如鐮、鋤、鐵搭㊾等整體均係鍛製的熟鐵，刃部大都加鋼。當時發明的耕犁掛鉤和軟套組合的動力裝置，克服了唐犁犁身龐大、回轉不便的弱點，從而使耕犁不但可以使用於水田、平田，而且還可推廣到山區。在缺乏耕牛的地區，宋代和元代還廣泛使用一種用人力翻土的踏犁。此外，還有用於拔秧、運秧、插秧的簡便農具秧馬㊿和用於規範秧行的秧彈，大大減輕了農民的勞動強度，而且便於操作。51在灌溉工具方面，宋、元之際，又在唐代筒車和足踏翻車的基礎上，發明了用畜力轉動的高轉筒車和牛轉翻車、驢轉翻車，後來又發明水轉翻車、風轉翻車。從此中國傳統社會的農業機具基本定型。其實，在小農經濟下的小塊土地耕作，發展到這樣的地步，也已經到了盡頭了。而這在當時世界上，卻是居於遙遙領先的地位。

南宋發展梯田。所謂梯田，是在山坡上採用多條等高綫種植法，層疊如梯狀，梯山為田。梯田隨山形的環曲，做成彎環的畦塍，可以蓄水，有進水口、出水口。能保證水源的梯田，不但可以種植麥、粟等旱地作物，也可以種植水稻。至於西北黃土高原的梯田，則主要作用在於攔截，以防止水土流失。架田，也叫「葑田」，「若深水藪澤，則有葑田，以木縛為田坵，浮繫水面，以葑泥附木架上而種藝之」(《陳旉農書》卷上)，兩浙最多，不但種植糧作，還被用來種植蔬菜。又有所謂塘田，是開挖山塘造成的，塘與田的比例，大致在 2:8 至 3:8 之間。同時北方也大力推廣掘井種田的辦法，一方面提高了單位面積產量，一方面也為南方水稻北移創造了條件。元代形成南方稻、麥兩熟田的整地排水、水旱交替輪作（一年內，先變麥田為稻田，再變稻田為麥田）的新技術；並且對桑間種植的技術有了全面的把握，認為「若桑圃近家……其下徧栽苧，因糞苧，即桑亦獲肥益矣，是兩得之也。桑根植深，苧根植淺，並不相妨而利倍多」(《陳旉農書》卷

---

㊾ 即鐵齒耙，自 2 齒至 8 齒不等，多為 4 齒。戰國時期已經出現，但江南地區普遍使用，卻不早於唐代。參見董愷忱、范楚玉主編《中國科學技術史・農學卷》第 384 頁，科學出版社，2000 年。

㊿ 蘇軾：《秧馬歌引》，《蘇軾詩集》卷 38。

51 秧馬的功能之一，後世為秧凳所取代；秧彈則後世演進為秧繩。

下)。還有人總結了稻田蓄水深耕的經驗，又對中耕在調節水分和提高糧食品質方面的作用作了明確的說明。《東魯王氏農書・農桑通訣・墾耕》所記述的向外緻耕和向內緻耕相結合的方法，可以保證田面平整，避免漏耕，利用操犁回轉，減少地頭空走，這是了不起的技術革新，對後世有深遠影響。

宋元時代施用的有機肥料有堆肥、漚肥、餅肥、綠肥、人糞尿、骨汁和禽獸毛羽等7類，製肥方法集前人之大成，更創設糞屋和磚窖積肥保肥方法。《東魯王氏農書・農桑通訣》闢有《糞壤》一篇，其中提到的「火糞」就是熏土，南方用得較多；「泥糞」，即河泥。在施肥原理和技術上，強調一年兩熟栽培要施足基肥，首次提出追肥應結合中耕分多次施用，「宜屢耘而屢肥」(《陳旉農書》卷上)。這一時期又有「地力常新壯」(同上)的創造性理論的提出，認為合理施肥能使地力常新壯，成為此後中國土壤施肥的指導思想。

宋代引進了占城(今越南南方)稻，對水稻生產起了促進作用，尤其是一季早秈的普及，為後世雙季稻的發展奠定了基礎；而北魏時期已經種植的黃穋稻，因為具有耐澇、早熟的特點，特別適合南方水田的自然條件，宋以後，其實際影響更超過占城稻。宋代又引進了印度綠豆；[52]元代苧麻向北方發展；唐末五代，至晚發端於東漢時期的新疆地區種植一年生棉花(Gossypium spp.)的技術傳播到內地，[53]宋、元之際得到迅速的推廣，但止於陝西一帶。當時南方蠶農用魯桑枝條嫁接荊桑，培育成青出於藍而勝於藍的湖桑。而染料作物的藍(主要品種有蓼藍 Polygonum tinctorium、菘藍 Isatis indigotica、馬藍 Strobilanthes cusia、木藍 Indigofera tinctoria)、紫草(Lithospermum erythrorrhizon)，藥用作物的地黃(Rehmannia glutinosa)、枸杞(Lycium chinense)、蒼朮(Atractylodes chinensis)、黃精(Polygonatum sibiricum)、薄荷(Mentha haplocalyx[M. arvensis])、罌粟(Papaver somniferum)，油料作物的芝麻、油菜(Brassica spp.)[54]、蕓薹[55]，多用作物

[52] 釋文瑩:《湘山野錄》卷下。

[53] 《四時纂要》「種木棉法」條。

[54] 油菜的栽培始於新石器時代，經過漫長的歲月，至南宋始確立其地位，項安世《送董熠歸鄱陽》文云:「自過漢水，菜花彌望不絕，土人以其子為油。」元以後，油菜成為南方水田的重要冬作物。按:項安世《平菴悔稿》，今輯本據說存15卷，然未經目驗。所知《全宋詩》收項氏詩13卷，其中卷2372(《項安世三》)有與《送董熠歸鄱陽》文同名的詩一首，而《全宋文》收項氏文僅1卷，則未見此文。估計輯本

的紅花、百合、紫蘇、茴香 (Foeniculum vulgare) 等，亦都有一定面積的栽培。

水稻單位畝產，江浙地區上田 5～6 石，中田 3～4 石，下田 2～3 石；湖廣地區上田 3 石，下田 2 石。56

莧菜 (Amaranthus tricolor)、藍菜（結球甘藍 Brassica oleracea var. capitata、芥藍 Brassica alboglabra 等）、莙薘（即甜菜 Beta vulgaris）、甘露子 (Stachys sieboldii) 都已加入了蔬菜的行列，白菜品種已相當優良。白菜古稱「菘」，南北朝時已「最為常食」（《重修政和經史證類備用本草》卷 27）57，有白菘和紫菘，在栽培過程中，經歷了散葉類型、半結球類型，後來又出現了結球類型，這幾種類型直到現在還繼續並存。利用白菜加工成醃菜，是中國傳統社會流行的家常菜。宋代蘿蔔「南北皆通有之」，「河朔有極大者，而江南安州、洪州、信陽者甚大，重至五六斤，或近一秤，亦一時種蒔之力也」。（尚志鈞輯《本草圖經》卷 17）蘿蔔栽培時間長，種植地域廣。中國蘿蔔的品種很多，有一二兩重的四季蘿蔔，也有一二十斤重的太湖蘿蔔；有適宜於生吃的心裏美，也有供加工醃製的露八分等。在冬季挖掘韭根，移藏於地屋中，培以馬糞，用這種方法栽培的韭菜，「不見風日，其葉黃嫩，謂之韭黃」，「比常韭易利數倍，北方甚珍之」。（《東魯王氏農書・百穀譜・蔬屬》）

銀杏 (Ginkgo biloba)、楂子（山楂之類）、枇杷 (Eriobotrya japonica) 也有栽植。果樹嫁接已發展到 6 種辦法：「一曰身接，二曰根接，三曰皮接，四曰枝接，五曰靨接，六曰搭接。」（《東魯王氏農書・農桑通訣・種植》）嫁接技術還運用於花卉的繁育上。

牡丹 (Paeonia suffruticosa)、芍藥、菊花 (Chrysanthemum morifolium)、蘭花、梅花等花卉栽植既廣，種類亦繁。牡丹素有「花王」之稱，原產中國北方，唐代牡丹被譽為國色天香，而洛陽牡丹甲於天下。牡丹本為單瓣，在唐元和年間培育出重臺花。宋代洛陽牡丹的品種，僅周師厚《洛陽花木

《平菴悔稿》的收錄，應較《全宋文》為全，此文既多次被相關權威文獻所引用，當屬真實無疑，有可能就在該輯本中。

55 油菜的一種。

56 《續古今考》卷 18、《延祐四明志》卷 14、《越中金石志》卷 7、《滋溪文稿》卷 9、《雙溪集》卷 27。

57 此書係私著官修，原本為唐慎微撰《經史證類備急本草》，政和六年 (1116) 經北宋政府重修後，更今名。

記》就著錄了109個。「姚黃未出時，牛黃為第一；牛黃未出時，魏花為第一；魏花未出時，左花為第一。左花之前，唯有蘇家紅、賀家紅、林家紅之類，皆單葉花，當時為第一。自多葉、千葉花出後，此花黜矣，今人不復種也。」(《歐陽修:《洛陽牡丹記・花釋名第二》) [58] 芍藥在先秦時，為花中魁首，唐以後，遜位於牡丹，稱為「花相」。宋代揚州芍藥僅紅芍藥就有「冠群芳」、「點妝紅」、「醉西施」、「瑞蓮紅」、「霓裳紅」、「柳浦紅」、「綴珠紅」等名色。到後來明代，北京成了芍藥栽培的大本營。菊花在唐代已有黃菊、白菊、紫菊和少量紅菊。北宋劉蒙撰《菊譜》，成書於崇寧三年(1104)，記述有名的菊花品種35種，另有聞名而未親見的名菊4種和野生菊花2種。到清代，常見的菊花品種，不下於400個。蘭花被孔子讚為「王者香」(《琴操・猗蘭操》)，屈原也「既滋蘭之九畹兮，又樹蕙之百畝」(《楚辭・離騷》)，但屈賦中所說的「秋蘭」，卻屬菊科蘭草 (Eupa torium japonicum)，並非蘭屬植物。到宋代植蘭大為發展，有紫蘭和白蘭兩大類12種。後世常見的品種，尚有建蘭、墨蘭、蕙蘭、寒蘭等。梅花在梅、蘭、竹、菊「四君子」中居首位，其品格可想而知。漢初已有重瓣梅花。北宋梅花新品種不斷產生，當時江、浙之梅尤享盛名，蘇州鄧尉的「香雪海」亦始於宋代。此外，如薔薇（主要品種有香水花 Rosa odorata、黃刺玫 Rosa xanthina、粉團薔薇 var. catha-yensis、十姊妹 var. platyphylla)、月季（Rosa chinensis，其變種有月月紅 Rosa chin ensis var. sem-perflorens)、蓮花 [59]、杜鵑 (Rhododendron simsii)、玫瑰 (Rosa rugosa)、茉莉、水仙 (Narcissus tazetta var. chinensis) [60]、百合等名花，在宋代也競芳爭艷，出落得更加美麗。在栽培技術上，古人早就清楚地知道，牡丹、芍藥等人間富貴花，都是經過不斷的自然選擇和人工選擇而來的，良好的培育條件能促進新品種的形成。當時為數可觀的園藝植物專譜，不僅分別記述了各種園藝植物的歷史沿革、性狀特徵、品種和分類、栽培法，而且還記述了品種的形成和演變過程。唐代出現了盆花；到宋代，又出現了盆栽樹木。宋代還根據對花卉變異原

[58] 《居士外集》卷25。

[59] 中唐白居易住洛陽時，已在他的庭園裏種植了白蓮；而變異或人工栽培的黃蓮和青蓮也一再見於唐宋文獻的記載。

[60] 段成式《酉陽雜俎》前集卷18早有關於水仙花的描述，但不知他是否親眼見到過這種花。

理的認識，用熏蒸方法促使牡丹、梅、桃等花早放；用放置於深邃的石洞內讓涼風吹襲的方法使桂花早放。61在當時世界範圍內，這些科技成果都是非常領先的。

宋元時代農學著作大量涌現，其中元大司農司編修的《農桑輯要》7卷和王禎（山東東平人，生卒年未詳）所撰《東魯王氏農書》37卷，是繼《齊民要術》之後中國傳統社會的又兩部堪稱農學百科全書的重要著作。《農桑輯要》分典訓、耕墾、播種、栽桑、養蠶、瓜菜、果實、竹木、藥草、孳畜10篇，涉及的範圍，比《齊民要術》更廣泛一些，介紹的進步技術也更多一些。在蠶桑之外，還講了「木棉」（指從南方地區傳入的棉屬多年生海島棉 Goccypium barbadense，而不是攀枝花 Bumbax malabaricus）的栽培技術。又以苧麻、棉花、胡桃、西瓜、甘蔗、茗芽為例，明確批評了把「地宜」簡單化和絕對化的風土限制說，指出「中國之物，出于異方者非一」，關鍵在於「得其法」。62《東魯王氏農書》又稱《王氏農書》或《王禎農書》，現存36卷，計《農桑通訣》6卷、《農桑圖譜》20卷、《百穀譜》10卷。由於作者在安徽和江西做過地方官，所以對南方的農田水利情況比較熟悉，與《齊民要術》、《農桑輯要》對照，這是本書的特點。並且本書把各種田式、農具和其他有關機具一一繪製成詳圖，附上說明，注意到插圖的作用，也是現存其他古代農書所不及的。

明清時代，種植制度更趨完善。大、小麥在北方與黍、粟、豆、薯輪作；水稻在南方與大小麥、豌豆、蠶豆、油菜和其他綠肥作物輪作；豆類作物除在輪作制度中有一定地位外，又與糧食作物、經濟作物進行間作、套作。至於水稻與甘蔗、水稻與棉花63、水稻與大豆、水稻與煙草 (Nicotiana spp.) 等，也都另有比較複雜的輪作制度。年收兩次的雙季稻則發展到包括早晚連作的連作稻、早晚間作的間作稻、早晚混作的混作稻以及再生稻等幾個類型。在南方兩熟制地區，要由稻、麥兩熟進到棉、麥兩熟，於棉行中點播麥，次年春又於麥壟中點播棉，這種套種的辦法很能解決問題。清

61 《陔餘叢考》卷33引周密《齊東野語》卷16記馬塍藝花。

62 見該書卷2。

63 這種棉花為上文所述「木棉」的後裔，但經過改良，其性狀已與傳入初期大相逕庭，而由多年生逐漸呈一年生草棉狀。與此同時，西北地區原來流行1000多年的草棉，則終趨被淘汰的態勢。

代陝北農民運用套種，甚至同樣可達一年三熟。進行糧豆間作、糧桑間作、糧菜間作和棉豆間作、麻豆間作、桑豆間作，使這一時期間作方法施之四海而皆準。所謂間作，是指在同一塊地裏同時夾雜栽種不同的作物；而所謂套種，是指在一種作物的生長期中間，再栽種另外一種作物。當時南方水田插秧之後，講究「三耘」（張履祥：《補農書》卷下）[64]，「越數日曰頭薅，越十日曰二薅，又越十餘日曰三薅」（張潮：《檀几叢書》卷 42）。在清代，更發展和豐富了稻、麥兩熟田開壟作溝的經驗。此外，明、清兩代在棉花等經濟作物的中耕管理上，都已達到精細的地步。

明清時代綜合傳統區田法和代田法的某些特點，總結出了親田法的經驗——即在大塊土地上選出小塊土地，進行人力、物力的傾斜投資，來奪取小塊土地的穩產、高產，以後逐年輪換，還可以起到改良土壤的作用。

明清時代農民把基肥稱為「墊底」，把追肥稱為「接力」，墊底看地，接力看苗。當時農學家對「收多收少在於肥」的農諺深有體會，所以有「糞肥倍收法」的提出，把「時宜、土宜、物宜」作為施肥必須遵循的 3 條原則，認為只要符合這三宜，則「百穀自倍其收矣」（楊屾：《修齊直指》）[65]。「時宜」即看時施肥，「土宜」即看土施肥，「物宜」即看苗施肥，提倡三者兼顧，這是對中國傳統施肥實踐的科學總結。明代和清代又都特別重視糞肥，而且也認識到：「人糞力旺，牛糞力長，不可偏廢。」（《嘉慶嘉興府志》卷 32）農家養豬積肥，成為風俗，在浙江嘉興府，就有「種田不養豬，秀才不讀書，必無成功」（同上）的諺語。

「合天時、地脈、物性之宜，而無所差失」（馬一龍：《農說》）[66]，也被用來指導整個精耕細作的全過程。同時，明代承元人之緒，又知道可以用選擇的方法來提高作物的適應能力，如徐光啟就進行過很多試驗，「購得諸種，即手自樹藝，試有成效，乃廣播之」（《農政全書・樹藝》）。

糧食作物，主要是稻和麥，分布面幾乎遍於全國各地；雜糧方面有粟、

[64] 《張楊園先生全集》卷 49。

[65] 該書內容大多由著者另一部 10 卷本著作《知本提綱》簡化而來，其中述及農業技術，都能結合關中地區的實際，雖僅數則，但卻保留了原書的精華並有重要補充。參見李鳳岐《關中農學家楊屾》，《農史研究》第八輯，農業出版社，1989 年。

[66] 《農說》正文只有 600 餘字，另有自注 5000 餘字，具見宋湛慶《〈農說〉的整理和研究》，東南大學出版社，1990 年。

黍、高粱 (Sorghum vulgare)、大豆，其次則豌豆、蠶豆、蕎麥 (Fagopyrum esculentum)、燕麥 (Avena sativa)、芋頭，因地制宜，各得其所。(67)玉米 (Zea mays) 成書不晚於明代成化十二年 (1476) 的蘭茂所著《滇南本草》已予以著錄，稱「玉麥鬚」，之後嘉靖三十五年 (1556) 該書的范洪手抄本卷 5 又加稱「玉蜀黍」，嘉靖三十九年 (1560)《平涼府志》卷 11 則稱「番麥」，傳入路綫有多條，其中主要的一條大率從西亞、印度而西藏，而雲南，而四川，後來傳到杭州；17 世紀開始，華北平原、西南山地多有種植。花生 (Arachis hypogaca) 由福建、廣東的僑商從南洋一帶傳入，稱為「番豆」，時在明代嘉靖年間，此前元人賈銘的《飲食須知》曾有提及；從 17 世紀起，逐步推廣到華中和華北地區。(68)甘薯（番薯 Ipomoea batatas）(69)先後在明代萬曆三年 (1575) 和萬曆十一至十二年間 (1583～1584)，分別經不同渠道傳入福建的漳、泉地區，萬曆二十一年 (1593)，福建長樂商人又將其從呂宋引進到家鄉；約在萬曆十年 (1582) 年前後，廣東東莞也從越南引進了這一作物。由福建引進者 17 世紀初江南災荒，經徐光啟倡導，引種於松、滬等地，後來推廣及大江以北；由廣東引進者，清代乾隆七年 (1742) 後，華北地區民間也已有栽培。19 世紀中葉，又傳入了馬鈴薯 (Solanum tuberosum)。這 4 種作物，由於其耐旱性強而產量高，且又美味可口，營養豐富，因此深合中國國情。

經濟作物，棉花居首位。除棉花、油菜、煙草、芝麻必須用種子繁殖外，其他重要經濟作物，桑、茶、苧、蔗、薯，多用無性繁殖（營養繁殖），或用其根、莖，或用其枝、葉，以期快速育苗，適應生產發展的需要。14 世紀後，高幹或中幹的拳桑養成逐漸流行，後來更有低幹桑的出現。所謂「拳桑」，就是栽植後的第二年正月，在離地 2 尺高處剪去苗梢，留兩個芽，秋

---

(67) 高粱原產地在非洲大草原，魏晉時期傳入邊疆少數民族地區，元代以後受到內地的重視；蕎麥在《齊民要術・雜說》裏雖有提及，但《雜說》並非賈思勰所作，而出自唐代人之手，唐人詩文中提及蕎麥的不一而足，因此一般認為，唐代蕎麥已開始普及。

(68) 湖州錢山漾、修水跑馬嶺等新石器文化遺址都出土過花生，或以為中國很可能也是花生的原產地之一，但胡先驌等專家表示質疑。參見游修齡《花生起源與傳入中國的時間問題》，《農業研究文集》，中國農業出版社，1999 年。

(69) 晉嵇含《南方草木狀》所載「甘薯」，應為薯蕷類的甜薯 (Dioscorea esculenta)，與原產美洲的甘薯是不同的。

後長成兩個枝條。第三年正月，又在這兩個枝條的1尺多高處剪掉曲梢，並各留兩個芽，其餘的芽都抹去。以後每年如法剪留，至第五或第六年，在枝條基部連枝帶葉剪伐養蠶，經過數年在這一部位的剪伐，便成拳式。一株桑樹上可養成8～10個拳。拳桑的養成具有省工、便於採摘和保證雨天能讓蠶吃到乾葉的好處，所以是一項先進技術。當時人們總結桑樹的管理經驗為「非朝稽暮剔，則蠹不去；非旬鋤月壅，則色不肥」（汪曰楨：《湖蠶述》卷 1「栽桑」引明閔光德《東林山志》）。對桑樹害蟲認識到的有桑天牛 (Apriona germari)、桑毛蟲 (Porthesia simlis)、桑蟥 (Rondotia menciana) 等，對病害認識到的有萎縮病和病毒病，並且已有簡單的防治方法，百部 (Stemona japonica) 和煙精用於治桑天牛頗收效果。油料作物油菜、刺激性作物煙草的種植，值得注意。蕉麻 (Musa textilis)、席草（主要品種有藨草 Scirpus triqueter、水毛花 Scirpus triangularus、水蔥 Scirpus tabernaemontani）、蒲葵 (Livistona chinensis) 以及藥材作物茯苓 (Poria coccos)、姜黃 (Curcuma longa)、厚朴 (Magnolia officinalis)、黃連 (Coptis chinensis) 等的栽植亦逐步受到重視。

園藝作物，白菜領袖群菜。芥菜據《本草綱目・菜部一》說，除了辛辣可以入藥的之外，更有可以食葉的馬芥、石芥、紫芥、花芥等品種。最常見的則有葉用的大葉芥和雪里蕻 (Brassica juncea var. multiceps)。又有榨菜 (Brassica juncea var. tsatsai)，是芥菜的莖用變種；很早以來就有的大頭芥，也叫大頭菜，應是芥菜的根用變種。豆芽菜的生產，不僅用大豆，而且開始用綠豆。(70)原產中國的南瓜 (Cucurbita moschata)(71)、金針菜 (Hemerocallis spp.)、紫菜 (Porqhyra) 和南北朝以來陸續引進的絲瓜（有普通絲瓜 Luffa cylindrica、棱角絲瓜 L. acutangula）、扁豆 (Dolichos lablab)、刀豆 (Canavalia gladiata)、菜豆 (Phaseolus vulgaris)、茄子 (Solanum melongena)、辣椒 (Capsicum frutescens)、球莖甘藍 (Brassica caulorapa)、西紅柿（即蕃茄 Lycopersicum esculentum）等，皆是蔬菜大家族中引人矚目的成員。萊陽梨、秋白梨、上海水蜜桃都在明代培育成功，葡萄的夏季修剪也在明代開始出現。菠蘿（即鳳梨 Ananas comosus）從葡萄牙傳入，安

(70) 《農政全書・樹藝》引《種樹書》:「豆芽菜，揀綠豆……」

(71) 南瓜品種原產美洲的，公元前7000年左右，今墨西哥地區已有人工栽培；該地區在公元前5000～7000年間，蠶豆也得到了栽培。

家於臺灣、廣東、廣西、福建等地。南方亞熱帶水果香蕉 (Musa spp.) 地位蒸蒸日上。

對水稻選種，存優汰劣的單株或單穗選擇法由來已久，清初康熙帝在豐澤園用此法培育了一種「御稻」[72]，早熟，高產，氣香而味腴，即《紅樓夢》第四十二回、五十三回中所說的「胭脂米」，後來在江、浙一帶推廣，比其他稻種增產 1.7 倍。對水稻蟲害，也形成了初步的系列防治方法：一. 用石灰、桐油布葉上殺蟲；二. 鏟草根加新土殺滅越冬幼蟲及卵；三. 用蟲梳梳去稻苞蟲；四. 用藥物（如砒霜）拌種避免蟲蝕。對花卉、蔬菜的溫室栽培，吸收漢唐以來的經驗，發明了土牆、紙窗類型的溫室構造。對花卉進行有性雜交導致產生變異的技術，有了更深切的把握。

中國傳統社會農學著作，截止明清時代，累計約達 600 餘種。在其間，明末徐光啟編著《農政全書》，所取得的成就，是至高無上的。徐光啟 (1562～1633)，字子先，號玄扈，南直隸松江府上海縣徐家匯（今屬上海）人。他是當時通曉中外的大學問家，除《農政全書》外，還與利瑪竇合譯《幾何原本》、《測量法義》，熊三拔合譯《泰西水法》，又主編《崇禎曆書》。但使徐光啟在中國科學技術史上得以永垂不朽者，卻還是由於這部《農政全書》。《農政全書》共 60 卷，分 12 門，約 50 餘萬字，其中著者自撰者 6 萬餘字，崇禎十二年 (1639) 由其門生陳子龍等整理刊行，「大約刪者十之三，增者十之二」（《農政全書・凡例》）。著者一方面重視前人的成就，徵

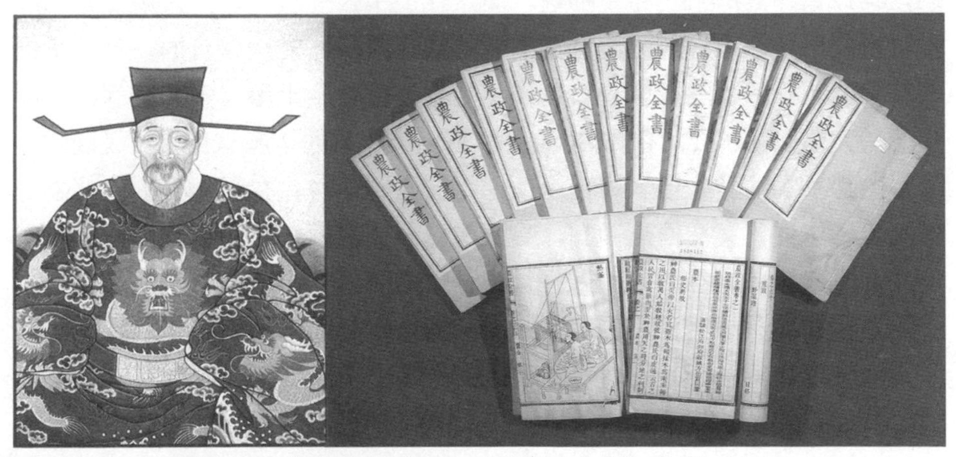


圖 115　徐光啟像（左）　《農政全書》書影（右）

[72] 《康熙幾暇格物編》下冊（下）。

引文獻 209 種，一方面又邊向勞動人民瞭解生產技術，邊自己實踐，所以能成功地完成這部巨著。此書對有關農業生產的一系列問題，從政策、制度，到生產技術諸如水利、肥料、土壤、選種、果木嫁接、植桑養蠶，還有治蝗等，都作了全面的論述，於南方旱作和甘薯的栽培，尤為詳盡精到。在《農政全書》中，徐光啟十分強調農業的作用。他有人定勝天的思想，提倡農作物的推廣，如主張在北方種水稻，在沿海地區種甘薯。這些都是極其寶貴的科學見解。

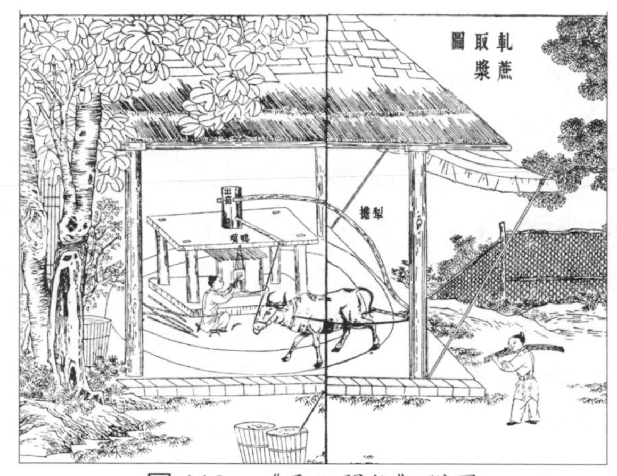


圖 116 《天工開物》附圖

與徐光啟同時的宋應星（生於 1587 年，卒年未詳），字長庚，江西奉新人，撰《天工開物》3 編 18 篇，是中國古代農業和手工業生產的科技綜錄。此書刊行於崇禎十年 (1637)，內容舉凡農業和手工業技術，如作物栽培，養蠶，紡織，糧食加工，冶金，製糖，釀酒，染色，以及衣服、用具、舟車、機械、陶瓷、紙墨、染料、兵器、藥物、鹽礬、丹青、珠玉、礦石等的製作、採集、鑒別……都有詳細記載和說明，並附有圖錄 123 幅。其文字說明又都是從調查研究中得來的實際情況，許多先進的科技成果，均以具體數據給予定量描述，而又注重引入理論概念。宋應星對未經實驗過的東西都持保留態度，他的研究很深入——在農學方面，他注意到環境的變異對作物的影響；對農作物品種、施肥、土壤、氣候等課題，此書的論述也相當精到。在中國科技史上，《天工開物》歷來都是與《農政全書》相提並論的。此書刊印後不久，就被傳到日本，在日本翻刻，廣為流傳。近代以後，又被傳到西方，受到世界各國的重視。

## 第二節　漁業、牧業、林業和副業（不包括家庭手工業）技術

在中國傳統社會農學體系中，漁業、牧業、林業和副業技術都是重要

的門類。

## 一　漁業技術

中國古代漁業，發端於遠古的漁、獵並重。當時使用網、罟（魚網的一種）、笱（一種竹製漁具，魚兒進去之後出不來）、罶（魚簍子）和魚鏢等原始工具捕魚，技巧熟練，有發必中，並已經開始在海洋上作業。夏商周時代，殷人食用的魚類水產品，現在可以確認的，鯰魚 (Silurus asotus)、鱖魚 (Siniperca chuatsi)[73]、黃顙魚 (Pseudobagrus fulvidraco)、鯔魚 (Mugil cephalus)[74]、中華鱘 (A. sinensis)[75]等皆榜上有名，還有來自遙遠海域的鯨[76]。殷、周之際，又有人工挖掘池沼養魚之舉。《詩・大雅・靈臺》云：「王在靈沼，於牣魚躍。」靈沼是周文王在豐京修的水池，故其中之魚當為人工養殖。中國是世界上人工養魚最早的國家。

《詩經》中涉及的捕魚方法有釣、網、梁（水中築堰，像橋梁一樣的捕魚設置）、笱（一種魚梁）、潛（人工魚礁）等，網具有罛（大拉網）、罩（竹魚罩）、九罭（有九囊，即百袋網）、汕（撩網）等，所載魚類則有鱣（即鰉 Huso dauricus）、鮪 (Euthynnus yaito)、鱒（赤眼鱒 Squaliobarbus curriculus）、魴 (Megalobrama ter-minalis)、鰥[77]、鱮（即鰱 Hypophthalmichthys molitrix）、鱨（即鮠 Leiocassis longiro-stris，或指毛鱨魚 Megalonibea fusca）、鯊[78]、鰋（也叫「鮎」，即鯰魚）、鯉 (Cyprinus carpio)、鱉 (Trionyx sinensis)、鰷（鰲鰷 Hemiculter leucisculus）等，足見當時捕魚業的繁榮。

春秋戰國時代，已懂得保護魚類資源，禁止帶有破壞性的捕魚活動，

[73] 彭錦華：《沙市周梁玉橋商代遺址動物骨骸的鑒定與研究》，《農業考古》1988 年第二期。

[74] 伍獻文：《記殷虛出土之魚骨》，《田野考古報告》第 4 冊，1949 年。

[75] 中國社會科學院考古研究所安陽工作隊：《1987 年安陽小屯村東北地的發掘》，《考古》1989 年第十期。

[76] 李濟：《安陽遺址出土之狩獵卜辭、動物遺骸與裝飾文樣》，《臺灣大學考古人類學刊》第九、十期合刊，1957 年。

[77] 李時珍《本草綱目・鱗部三》以為即鱤 (Elopichthys bambu-sa)，王引之《經義述聞》卷 5 以為即鯇（草魚）。

[78] 《詩・小雅・魚麗》：「魚麗于罶，鱨、鯊。」毛傳：「鯊，鮀也。」是古代生息在淡水裏的一種「吹沙小魚」（《爾雅・釋魚》郭注）。

如禁在夏季魚類繁殖時節捕魚、禁捕魚苗和未長成的小魚、禁竭澤而漁、禁以毒藥捕魚。據《說郛》卷15所錄《陶朱公養魚經》記載，當時池塘養鯉，獲利甚厚。其經驗為：一．池塘6畝，建立「九洲八谷」（凸者為「洲」，凹者為「谷」），使鯉魚既可以環繞游行，也可以休止隱避，有似處江湖的舒適；二．「谷上立水二尺，又谷中立水六尺」，淺水層有利於種魚在生殖季節的活動和幼魚的活動，深水層則便於鯉在氣溫過高或過低時的隱藏；三．讓種魚在池中自然繁殖，這是鯉的優越之點，後世草、青、鰱、鱅等魚皆不能如此；四．雌、雄魚作為種魚，均以3尺長為標準，當時3尺合今0.6米，適合配種之用；五．雌雄魚配合率為5:1，這個比例是合理的，因雌魚排卵不同時，而雄魚精子在生殖季節中又是陸續成熟的，所以受精有充分的機會；六．種魚「二月上庚日內（納）池中，令水無聲魚必生」，二月即當今農曆十二月，冬季運魚較為便利，魚亦習慣於池內水流靜緩的環境；七．第一年捕撈部分長1尺、2尺和3尺的成魚，第二年捕撈須留2尺長的成魚2000尾作為種魚，從第二年起實行大小混養，取食不同天然食料，發揮利用率。

至於野生魚類，則冀、魯、蘇、浙盛產鹹水魚類和各種海貨；鱉、黿(Pelochelys bi-broni)、鼉(Alligator sinensis)、鮊（主要包括：短尾鮊 Culter alburnus，翹嘴紅鮊 Erythroculter ilishaeformis)、鱭（主要包括：鳳鱭 Coiliamystus，刀鱭 C.ectenes，七絲鱭 C. grayi，短頜鱭 C. brachygnathus)、鰣(Macrura reevesii)、鯿(Parabramis peki-nensis)、鱘（主要包括：長江鱘 A. dabryanus，中華鱘 A. sinensis，東北鱘 Acipenser schrencki)、鱖(Siniperca chuatsi)、膾殘（即銀魚，常見的有：大銀魚 Protosalanx hyalocranius，太湖新銀魚 Neosalanx taihuensis，間銀魚 Hemisalanx prognathus)、鯝(Xenocypris argen-tea)、魴、鰍（如泥鰍 Misgurnus anguillicaudatus）等，產於相適的江河湖泊中；此外還有蝦（如中華米蝦 C. denticulata sinen-sis、日本沼蝦 M. nipponensis)、蚌（如無齒蚌 Anodonta)、螺（常見的有圓田螺屬 Cipangopaludina 和環棱螺屬 Bellamya)、蜆（河蜆 Corbicula fluminea）之類，也都是營養豐富的水鮮；東海之鯆[79]、吳中之蟹（河蟹 Eriocheir sinansis)、洞庭之鱄（即江豚 Neomeris phocaenoides)，都是著名的「魚之美者」（《呂

[79] 李賀《昌谷集》卷3《畫角東城》詩云：「淡菜生寒日，鯆魚濺白濤。」鯆是一種體型較大的海魚。

氏春秋・本味》)。

秦、漢時，出現了大面積養鯉。史載漢「武帝作昆明池，學水戰法，後昭帝年少，不能復征伐，於池中養魚以給諸陵祠，餘付長安市，魚乃賤」(《三輔故事》⑧⓪)。昆明池魚於供應諸陵祠之餘，出售於長安市場，竟使市價為之低落，足見其產量之多。當時人們對魚池環境也更加講究，侍中習郁居峴山（今襄樊南）依范蠡法作魚池，「列植松篁于池側」，又引池水於宅北作小魚池，「西枕大道，東、北二邊限以高堤，楸竹夾植，蓮芡覆水」，實在是周到。(《水經注》卷 28）東漢末年，四川郫縣開始有了稻田養鯉的新方法。

東漢許慎《說文解字》所載魚名達到 70 餘種。

到了唐代，朝廷因鯉與皇姓同音，嚴令不許殺食，致使鯉魚養殖無法繼續發展。在這種情況下，人們被迫試養其他魚類。唐後期，草、青、鰱、鳙 4 種魚的養殖獲得成功，從此中國的淡水養殖從單一養鯉發展到多品種混養。因為這些魚能在池水環境中長大，卻不能在池水環境中繁育，於是乃有捕撈、販運魚苗的業務。當時「新瀧（今廣東北部新興縣和羅定市境）等州山田，揀荒平處，以鋤鍬開為町畦。俟春雨丘中聚水，即先買鯇魚子散於田內，一二年後魚兒長大，食草根並盡，既為熟田，又收魚利，及種稻且無稗草，乃齊民之上術也」(《嶺表錄異》卷上)。

這一時期還推廣用馴養的動物來捕魚，一是水獺 (Lutra lutra)，其次是鸕鷀 (Phalacrocorax carbo sinensis)。水獺的馴養，大約始於南朝蕭梁，唐代才成功地將它用於捕魚；畜養鸕鷀捕魚，則始於東漢。

北宋蘇軾在《物類相感志・禽魚》中提出了魚虱的治療方法，比歐洲要早 350 年。

南宋時，由於青、草、鰱、鳙四大家魚的需求量日益增加，加上政府的扶植，養殖業發展勢頭越來越好。人們對這幾種魚的魚苗捕撈、運輸、飼養和成魚的技術總結出不少經驗。當時對草魚 (Ctenopharyngodon idellus) 食草、青魚 (Mylopharyngodon piceus) 食螺蚌已有認識，唯對於鰱、鳙 (Aristich-thys nobilis) 食性有所誤解，認為「鱮（指鰱魚和鳙魚）乃食鯇（草魚）矢，宜其味之不美耳」(《爾雅翼・魚類》「鱮」條)，而不知鰱、鳙是靠食浮游生物生長的。

⑧⓪　張澍《二酉堂叢書》輯本。

在觀賞魚類方面，金魚的培育也始於北宋。[81]這是基於對野生鯽魚(Carassius auratus)的考察，掌握其生態，改變其環境而獲得的發明創造，在世界上並無先例，後來受到英國大生物學家達爾文(Charles Robert Darwin, 1809～1882)的高度稱許。

宋代已有人工育珠技術的發端。[82]

聲響捕魚發展到明代，除了人工製造聲響外，還知道探取水下魚群發出的聲音進行捕撈。

淡水魚的養殖，從副業性質的生產發展為商業性或專業性的生產。

魚苗的採集：當雌、雄種魚於四、五月間於一定場地完成產卵受精後，卵乃順流而下，漸次孵化，沿岸漁民就安置漁具進行採集。漁具主要有網，用網架固定於岸上以繫網，網具懸於架下，網口逆流向以迎取卵粒，尾端則連於收受魚卵的撈箱；有檄子，為以粗麻布及竹圈製成的圓篩，上裝長木柄，用以從撈箱中撈取魚卵；有孵化箱，以麻布或細紗布製成，將採捕到的魚卵放在箱內孵化。大約明、清之際，為流動性的乘潮布網取苗和固定性的循岸安網取苗的並存時期。後者於固定地點進行網具的安排，採集魚苗的效率勝於前者，所以得到廣泛應用。

魚苗的購運：交易時，首先將部分魚苗放入白瓷碗內，借白色的反光作用，鑒別附著於碗底上面的魚苗種類、數量而估定其成色，鰱魚苗的比率大則價格高，青魚苗的比率大則價格低。盛貯魚苗的容器有缸、桶、藤簍、篋簍等，以篋簍最為普遍。篋簍式樣上圓下方，用三黃夾一青的竹篋編成，糊以柿油或桐油塗過的綿紙2～3層，以防水漏苗逸。其他用具有竹篋編成的「出水」，周圍縫綴夏布，具孔目，使出水容易而稚魚不易逃亡。又有用白鐵製成的唧筒、笸籮，用木材做架和箱腳、並用夏布縫製的仔箱，以及用夏布縫製的溶蛋袋。運輸除短程沿用肩挑法外，凡有船舶可通達者，則用一種大沙缸分盛魚苗置於民船上裝運。在運輸途中以蛋黃飼魚苗；保持晃動，不使水定，並經常換新水以供溶氧。[83]

為了掌握每類魚苗放養的概數，就利用容器內溶氧降低，進行「分魚」作業。耗氧量較高的魚苗最先浮頭分出，主要為鰱、鳙及野魚苗，也夾雜

---

[81] 《能改齋漫錄》卷15，《程史》卷1，《夢粱錄》卷18。

[82] 龐元英：《文昌雜錄》卷1。

[83] 《癸辛雜說・別集》卷上「魚苗」條。

少許青魚苗；其次主要為青魚苗，也夾雜少許鰱、鱅魚苗；剩下的主要為鯪 (Cirrhina molitore-lla) 魚苗，也夾雜少許青魚苗。此為兩廣的撇魚法。浙江菱湖分魚的做魚法也是利用溶氧降低，目的在於消除野魚苗。

明代淡水魚飼養，主要是內塘養殖。「池之正北，濬宜特深」(黃省曾:《五岳山人集・養魚經》)，使魚聚此而受陽光，並可進行定點投餌。有二池法和三池法，三池法鑿大、中、小 3 池，分別飼養不同生長階段的魚，較二池法只鑿大、小兩池，尤為考究。

魚池用黏土築堤，堤高 4～8 尺，堤基比堤面闊 2.5～3 倍；堤岸傾斜度在黏土為 1.5:1，在沙土為 2:1 乃至 3:1；堤底全寬在黏土質地為高度的 3～4 倍，在沙土質地則多到 5～6 倍，亦視所用材料為土、石或三合土而異。又設魚溜於水溝末端的排水部分附近，設水門於排注池水的地方，用於杜絕水流通和魚的出入；設水管於地上或地下，設調節裝置調節上、中、下層水的排出、注入。其他尚有堰桶、用水溝及剩水排出口等裝置。

魚池在飼養前，要乾涸池底，把積水全部車乾；接著翻轉泥土，將野魚、害蟲等覆入泥土使窒息死亡；再灑入巴豆漿，消滅未除盡的害敵（如烏鱧 Ophicephalus ar gus、黃鱔 Fluta alba 等能在濕泥中存活的肉食類野魚，均在必除)。然後等魚苗送到，灌注新水。

魚的飼養，小池放養草魚 200 尾，鰱魚 600 尾，實行搭配；並隨魚的成長而減少單位放養量。其後放養數量，又隨給餌、施肥以及起捕魚類遲早而有差別。福建養魚法的換池是從農曆二月將魚苗在小池裏養起，稍長移到中池，到尺餘再移到大池，當年養成，九月就起水出售。小池魚苗「飼之以雞鴨之卵黃，或大麥之麩屑，或炒大豆之末」(同上)，其後擴展到糖糟、酒粕、糯米粉、豆漿等。如池草肥美，浮游生物孳生繁盛，可以不給或少給人工餌料。中池所用餌料，有賴於農曆二三月間在池中培育的水草，以供應草魚，不足則投放不連根的水草莖葉。青魚給以豆渣、糖糟、蠶蛹、田螺等。鰱、鱅、鯿 (Parabramis peki-nensis) 魚則除嗜食浮游生物外，日分 2 次或 3 次給予豆渣、糖糟或磨碎的豆餅。大池粗料為連根老草或苧麻葉之類，精料初用豆漿、酒糟、糖糟等，候水色轉濃再投放敲碎、浸透的豆餅。草魚池加給各種水萍，青魚池加以小螺螄和細螺螄。給餌定時定點；到農曆十一月水溫降至 14°C 以下，即停止投餌。

對於魚病的防治，浙江菱湖和紹興一帶，除注灌新鮮河水外，兼用大量茄子葉取汁，灑撒池中，功效很大。

明代廣東地區，「諸大縣村落中，往往棄肥田以為基，以樹果木，荔枝為最，茶桑次之，柑橙次之，龍眼多樹宅旁，亦樹亦基，基下為池畜魚。歲暮涸之，至春以播稻秧，大者至數十畝」（《廣東新語》卷 22），這種基塘形式在對水利資源的利用上有了突破。清代江南水鄉由上述果基魚塘發展到桑基魚塘，將種稻、栽桑與養魚進一步結合起來，形成一種更加良好的生態循環，如「九江地狹小而魚占其半，池塘以養魚，堤以樹桑，男販魚花，婦女餵愛蠶，其土無餘壤，人無敖民」（《道光南海縣志》卷 4），漁業也十分自然地融入了傳統的農桑經濟。

清代又興起外蕩養魚，係進行大水面飼養，只給一些肥料和水草，甚至不給，任魚類自營生活。外蕩實行粗放養殖，是對內塘集約養殖的有力補充。

通過長期的漁業生產活動，對海洋魚類，已知「鯊胎生」（郁永河：《採硫日記》卷上）；鯀魚「雄者為雌者放卵口中，故類繁」（《廣東新語》卷 22）；比目魚「身扁，喜貼沙上」（同上）。並利用飛魚的趨光性，用燈光進行誘捕，「漁人伺夜深時，懸燈以待，乃結陣飛入舟中」（黃叔璥：《臺海使槎錄》卷 3）；根據河豚以三月從鹹海入者可食，以冬十一、十二月從淡江出者不可食」（《廣東新語》卷 23）的生活規律和生理特點，確定適宜的捕撈時間。自康熙中葉開放海禁以後，每年四月，福建寧德、福安、霞浦捕撈石首魚（主要有大黃魚 Pseudosciaena crocea、小黃魚 Pseudosciaena polyactis、梅童魚 Collichthys lucidus、鮸 Miichthys miiuy 等品種）的船隻來往如織，遠近漁商連宵達旦，燈火輝煌，數日方散。而帶魚 (Trichiurus haumela) 的捕撈亦大獲豐收，「各漁隨得隨醃……魚鮮故味腴」（郭柏蒼：《海錯百一錄》卷 2），保鮮措施同時到位。

## 二　牧業技術

中國遠古新石器時代，就獲得了馴養馬 (Equus caballus)、牛（主要品種有黃牛 Bos taurus domestica、水牛 Bubalus bubalis）、羊（主要品種有山羊 Capra hircus、綿羊 Ovis aries）、雞 (Gallus domestica)、犬 (Canis familiaris)、豕（即豬 Sus scrofa domes-tica）等禽畜的成功，其中犬和豕最早，而豕的飼養，一直在畜類中占多數。[84]史前從距今 6000 多年以來，黃

河中上游地區居民的肉食資源中，家豬所占比例越來越大，甚至占到 80% 以上，黃河下游地區則占 50～60% 上下；而長江中上游地區出現家豬，距今已 7000 年左右，長江下游地區出現家豬，更早至距今 8200 年前，當然除良渚文化外，長江流域史前飼養家豬的數量並不足稱。[85]夏、商、周三代，後世的主要家禽家畜基本上都已具備。當時「邑外謂之郊，郊外謂之牧，牧外謂之野，野外謂之林，林外謂之坰」(《爾雅・釋地》)，牧馬於坰，牧牛、羊於牧、野。蓋馬性強烈，宜遠牧；牛、羊性溫馴，宜近牧，以順適其天性。馬有廄，牛、羊有牢，雞有塒（牆洞）、有桀（架起來的木棍），則家畜家禽的居處設備，亦漸有所安排布置。對牧畜的選種、配種、閹割等技術也積累了許多有益的經驗。狗的飼養數量特多，應是狩獵的得力助手和主要肉食品種。相傳商湯的七世祖王亥作服牛，[86]十一世祖相土作乘馬，[87]可見牛和馬成為代替人力的役畜，由來是很早的。

春秋、戰國，家禽家畜的飼養是農民的主要副業。儘管「諸侯無故不殺牛，大夫無故不殺羊，士無故不殺犬豕」(《禮記・王制》)，但各諸侯國在祭祀中動用的禽畜，往往數以千百計。當時秦國的《廄苑律》，是現存世界上最早的畜牧業法規。伯樂[88]以相馬著稱，寧戚以相牛聞名，這些相畜專家能根據馬、牛的外形來判斷馬、牛優劣，其技神乎其神。這一時期人們對牲畜的配種越來越重視，懂得「頒馬」(《大戴禮記・夏小正》)，牝牡分群放牧；嚴格管束幼駒，使其不得混雜於牝馬之間；牝、牡頭數也有一定的比例，「凡馬，特居四之一」(《周禮・夏官・校人》)；並已認識到陽春三月為牧畜配種期，「是月也，乃合累牛騰馬遊牝于牧」(《禮記・月令》)。《周禮・天官》記載「獸醫掌療獸病（即內症）、療獸瘍（即外症）」，制度相當嚴密，須有真才實學才能勝任。青州地，多牛、羊、豕、雞、狗；雍州地，多馬、牛、羊。至遲不會晚於戰國，家禽的人工孵化也出現了。

[84] 參見袁靖《略論中國古代家畜化進程》，《光明日報》2000 年 3 月 17 日。

[85] 參見袁靖《黃河與長江流域史前居民獲取肉食資源方式的差異》，《光明日報》2008 年 9 月 21 日。

[86] 《呂氏春秋・審分》。

[87] 《世本・作》。

[88] 據文獻記載，伯樂有二：一為春秋中期秦穆公之臣，認為相千里馬必須「得其精而忘其粗，在其內而忘其外」，見《淮南子・道應訓》；一為春秋末年趙簡子之臣，亦善相馬，見《韓非子・說林下》。

秦代和漢代，所謂「六畜」——馬、牛、羊、雞、犬、豕，惟馬、牛、雞、豕為盛，比較著名的雞種有魯雞和長鳴雞。當時內江豬已經培育成功，另有華南豬、華北豬、大倫莊豬和貴州豬也都是良種，[89]並基本上發展為圈養，或圈養與放牧相結合。圈養有利於豬的肥育，《淮南萬畢術》記載「麻鹽肥豚法」云：「取麻子三升，擣千餘杵，煮為羹，以鹽一升著中，和以糠三斛飼豕，則肥也。」（《齊民要術・養豬》引）犬因為狩獵業萎縮和繁殖率低，飼養之風漸衰，養犬僅供祭祀而已。羊以放牧為主，漢武帝推廣河南人卜式的養羊法：「以時起居，惡者輒去，毋令敗羣。」（《史記・平準書》）。外來牧畜之著者，如駱駝（雙峰駝 C. bactrianus），已從匈奴和西域輸入，然尚不為內地人所習用。

由於戰事頻繁和驛傳等原因，養馬業更加發展了起來。漢武帝太初元年（公元前 104），貳師將軍李廣利征大宛，「漢軍取其善馬數十匹，中馬以下牝牡三千餘匹」（《漢書・西域傳》），內地馬匹之混有西域馬和蒙古馬的血液，殆始於此時。而富有營養價值的牧草苜蓿，亦隨大宛「天馬」而俱來。東漢建武二十年 (44)，馬援（扶風茂陵〈今陝西興平東北〉人，公元前 14～49）總結前人相馬經驗，鑄造銅馬一匹，高 3 尺 5 寸，圍 4 尺 4 寸，作為良馬的標準模型。在西方，直到 18 世紀以後才有此舉。但在中國，銅鑄馬式的出現事實上還要早得多。[90]對馬的飼餵，除粗料外，還有精料。餵養方法規定須惕其好惡，順其寒溫，量其勞逸，慎其飢渴；普遍實行鍘細飼草，供給夜料。在管理方面，重視調教。[91]蹄鐵的造裝，能提高馬的工作效率，矯正肢勢，防止蹄病，這門技術也流傳了開來。西漢獸醫提出的馬病名有傷水、傷寒等，藥劑有丸方、膏方、外敷方和內服方等；並指出如果治內寄生蟲病，要預先一夜斷絕飼餵，藉以發揮藥效。

漢代有關馬的種類的詞彙已經相當豐富，說明當時人們在繁育馬的技能方面，的確很早就達到了較高的水平。[92]

戰國時期的著作已有「駃騠」和「騾」(Equus asinus × Equus caballus

---

[89] 參見張仲葛《我國豬種的形成和發展》，《北京農大學報》1980 年第三期。

[90] 參見張廷皓《論西漢鎏金銅馬的科學價值》，《西北大學學報》1983 年第三期。

[91] 《吳子兵法・治兵》。

[92] 參見〔美〕謝弗著、吳玉貴譯《唐代的外來文明》第 141 頁，中國社會科學出版社，1995 年。

orientalis) 的記載，漢代對之作了明確的解釋：「駃騠，馬父驢子也」；「騾，驢父馬母」。(《說文・馬部》) 馬、驢 (Epuus asinus) 雜交不僅是中國古代畜牧業上的創舉；在遺傳學方面，也是一項重大成就。

漢代還發明水騸法為馬去勢，此法比以前的火騸法更安全保險。東漢末，名醫華陀將閹馬的騸馬術應用於閹雞，始創閹雞法。

漢代又有了鵪鶉 (Coturnix coturnix japonica) 的畜養，世界上各國養鵪鶉，始於此。

在漢代，古人對梅花鹿 (Cervus nippon) 和觀賞鳥如鴛鴦 (Aix galericulata)、鸚鵡 (Psittacula)、鶴類等早已開始了馴養，家兔 (Oryctolagus cuniculus domestica) 的飼養稍晚，象（亞洲象 Ele-phas maximus）的役用僅限於西南邊境地區。

魏晉以降，《齊民要術》記錄了培育騾的方法和有關技術原則，並且對馬、牛、驢、羊、豬、雞、鴨 (Auas domestica)、鵝 (Anser domestica) 的選種經驗都作了總結：如豬的選種，「母豬取短喙無柔毛者良」(《養豬》)；雞的選種，「雞種取桑落時生者為良」(《養雞》)。該書已經注意到牲畜的相關變異現象：「相馬五藏法——肝欲得小，耳小則肝小，肝小則識人意；肺欲得大，鼻大則肺大，肺大則能奔；心欲得大，目大則心大，心大則猛利不驚……」(《養牛馬驢騾》) 在外形學術上，則明確了重要的鑒定部位，提出了先找失格的淘汰法。對馬、牛等的鑒定從役用觀點出發，而對豬、雞的鑒定則從肉用觀點出發。馬、牛、驢、騾的飼養管理，掌握勤役勤息的原則，防止使役過度，同時定時給食，保證畜體的消化功能正常。豬、羊等肉用畜，生後 3 日，便要掐去尾尖，因尾尖有害無益；然後「去勢」（即割去牡畜的睾丸和牝畜的卵巢）以利肥育。採取精料供應而又限制其運動的方法（屯肥），以催雞的速肥。《齊民要術》還記載了病畜隔離防止傳染的經驗和用「跳瀆」(《養羊》) 判別羊的健康情況的辦法。

隋唐時代，自唐太宗貞觀後，今陝、甘、寧部分地區皆劃為養馬區。「馬之駑良皆有籍，良馬稱左，駑馬稱右」(《新唐書》卷 48)，並逐年在馬的相應部位打上標誌強弱的印記，馬籍、馬印制的建立給相馬術提供了進一步的依據。李石《司牧安驥集》內容雖以獸醫方劑為主，但其第一卷輯錄的豐富的相馬經驗，也部分地反映了這一時期家畜外形學的成就。畜體解剖學已經形成，家畜針灸學的成就引人注目；又總結出 16 種蹄病的病

圖 117 北宋李公麟《臨韋偃牧放圖卷》反映了唐宋時期中國養馬業的盛況 圖為該畫局部

因、病機、病變、症狀及治療方法，所施「焊藥療法」和「冷敷理療法」至今仍有一定的實用價值；摘除化膿淋巴結的手術操作，與現代獸醫外科基本相同。唐以金帛市突厥馬，更得吐谷渾的青海驄、安息的波斯驢、新羅的果下馬、康居的毛錦青黛等良種馬，與中國馬進行雜交，「既雜胡種，馬乃益壯」（《新唐書》卷 50）；並且還引進了哈薩克種羊，在陝西同州（治今大荔）一帶馴化為有名的同羊 —— 即苦泉羊。唐代還興養鴿（家鴿 Columba livia domestica）之風，供食用或玩賞，有的經訓練能傳送書信。

馬蹬的發明，使中世紀歐洲身著沉重鎧甲的騎士得以產生；而胸戴輓具的發明，則使馬告別了過去的頸環輓具，可以全力挽重物而不致被勒死。這都是具有深遠意義的重大科技成果。

宋代對耕牛的飼養、使用、保健和醫療措施都有改進。在喂飼方面，講究先粗後精，《農桑輯要》卷 7 云：「一頓可分三和，皆水拌，第一和草多料少，第二和比前草減少，少加料，第三和草比第二和又減半。」在使役方面，特別注意根據季節的寒暑不同，分別對待，「勿竭其力，以致困乏」，「至臨用不可極飽」。（《陳旉農書》卷中）元代驢、騾在北方大量繁殖，陝、甘的大騾，為北方大型公驢和母馬交配而生，是為馬產騾，身體強健，刻苦耐勞。幹重活，馬太嬌，驢太輕，牛太慢，騾子適當其選。但騾子不能繁殖，騾子的補充，需要經常從域外引進母馬。又有驢產騾，或稱「驢騾」，則為北方的公馬與中小型母驢雜交而生。原蒙古羊的一支落戶江南，形成湖羊，特別宜於舍飼。當時在家禽的人工孵化上創造了新技術，「凡鴨……

無雌抱者以牛糞漚而出之」(趙希鵠:《調燮類編・鳥獸》),這到後來直接導致了明清「火抱法」的產生。而因為鵝在五、六月產卵,不利於孵化,所以「拔去兩翅一二翮以停之,積卵腹下,候八月乃下」(同上),這是用人工換羽的方法來控制家禽的產卵時間,可謂巧妙至極。《東魯王氏農書・農桑通訣・畜養》還總結了用發酵法製作飼料養豬的經驗。

明清時代,明初即鼓勵軍民畜馬,民牧按丁田受馬。洪武年間欽定馬政榜文,要點有:一. 種公馬的喂養須選擇身體強壯,並於配種期間除喂草料外加喂濃厚飼料;二. 種公馬與母馬的搭配數目有一定,平時實行分別放牧,至配種時月,將種公馬放入母馬欄內,任其自由交配,而母馬經交配後,不得再與其他公馬雜配,以保證其純潔性;三. 母馬交配後如仍有周期性發情情況,說明沒有受胎,如打踢不受配,說明已經受胎。這是對傳統馬匹配種技術的科學總結,也適用於其他家畜的配種。

陸川豬大者可達二三百斤。這個豬種骨質細緻,易熟易肥,耐粗飼,繁殖力高,抗病力強,18 世紀傳入英國,與當地約克夏地方品種雜育成為大名鼎鼎的大約克夏豬。

這一時期,屯肥技術得到了推廣,牛、羊、豬、雞、鴨、鵝皆用此法。並由屯肥進到填食育肥,如北京烤鴨所專用的「填鴨」,新鴨 45 天後開始填肥,乃是用穀實粉料加沸水調料,搓成「劑子」,如指頭大,放置數小時後,用手工填入鴨食道內,每日 2 次,約經半個月肥育結束。家禽家畜的肉品加工也空前發達。對懷孕的家禽,更樹立了防止流產的管理原則。一些西方家禽、家畜的引進,豐富了原有的種類。

而火抱法的產生,促進了大規模的人工孵化家禽的生產活動,尤有積極的意義。北方火抱法,分置坑、起溫、鋪卵、覆糠物、檢溫、轉卵、驗卵、出雛等 8 道工序,均有賴於人工的密切注意和熟練的操作技術。只要人工殷勤看守,溫和之氣不絕,不惟出齊,亦且速而無壞卵。若乍寒乍熱,不惟出之不齊,卵亦多腐爛。所謂「火抱莫功虧,功虧該倒灶」(紹興農諺),就是這個道理。至於育雛,亦有講究,北方「出齊時用小米煮成乾飯,不可黏了,飼二三頓。不可令出房外。室中常用火溫暖,不可使冷,以致凍死新雛。或置之坑上,日飼以生小米,飲以溫水,十餘日後,置園中放之,令其自食」(楊屾:《豳風廣義》卷 3)。

明代中葉以後,農民還逐步掌握了利用農害來養家禽的技術。如「廣東瀕海之田，多產蟛蜞，歲食穀芽為農害，惟鴨能食之。鴨在田間，春夏食蟛蜞，秋食遺稻，易以肥大，故鄉間多養鴨」(《廣東新語》卷 21)。又如清人陸世儀《除蝗記》❾所記養鴨除蝗，也是除了蝗而同時肥了鴨。

清代江南農家「豢猪於欄，極其肥腯……里俗歲終祀神，尤尚猪首，必選擇猪首如『壽』字紋者為佳，於是腌透風乾，至年外猶足充饌」(《吳郡歲華紀麗》卷 12)。而鵝的飼養在東南沿海沙塗地區更備受重視，據張履祥《補農書》卷下稱：「吾地無山不能畜牛，亦不能多畜羊；又無水澤，不能多畜鴨，少養亦須人看管，惟雞、鵝可畜。然多畜雞不如多畜鵝。雞多防攘竊，鵝不憂攘竊，雞食腥則長，鵝食草穀而已。雞畜一年不及五斤，鵝三月即有六斤。若非留種及家用，則六七斤即宜賣。」

## 三　林業技術

中國傳統林業，上節談園藝時已有涉及，這裏再系統地梳理一下，內容方面稍有側重，盡量避免重複。

早在上古三代，人們已提出了以適時砍伐為主要內容的保護山林的主張。如《逸周書・大聚》引禹禁令：「春三月，山林不登斧，以成草木之美。」又「修火憲」(《荀子・王制》)，禁止燒山；還設專職的「虞」和「衡」，主要負責管理山林。

從現有資料看，人工植樹始見於周代文獻，如《詩・小雅・巧言》云：「荏染柔木，君子樹之。」經濟林木桑、漆 (Toxicodendron vernicifluum)、桐(油桐 Vernicia fordii)、梓 (Catalpa ovata)、椅(即山桐子 Idesia polycarpa)、椒（花椒 Zanthoxylum bungeanum)、檀❿等，不少品種都可以栽植。種桑是為了養蠶，關於這一點，可參閱本章前後文的有關介紹。種漆則用於髹漆業，漆汁經爍製後具有透明、防腐、耐酸、耐鹼等特點，摻以荏油、桐油之類的稀釋劑，既可改善性能，又可降低成本，如果再調以顏料，可以製成各種色彩鮮艷瑰麗的顏色漆，有加固和美化器物的作用，中國古代是產漆和出口漆的主要國家。西周時期，漆樹的栽植已很常見。到了戰國，諸侯國更設置了專門的漆園，莊子就「嘗為蒙漆園吏」(《史記・老、莊、申、韓列傳》)。

---

93 《清朝經世文編》卷 45。

94 《詩經》中多處提到「檀」，似無定指，通常所說檀樹，指黃檀 (Dalbergia hupeana)。

春秋以來，全國林木資源及其分布，據《禹貢》及他書所述，雍州地，有鄠杜竹林、南山檀柘（柘 Cudrania tricuspidata）；荊州地，產箘簵（竹名）、楛（木名）、杶（即櫄）、杞（枸杞）、梓、栝（即檜 Sabina chinensis）、柏（柏木 Cupressus funebris）；揚州地，產竹箭；冀州地，產松（主要品種有油松 Pinus tabulaeformis、馬尾松 Pinus massoniana、油杉 Keteleeria fortunei 以及落葉松 Larax、雲杉 Picea、冷杉 Abies 等屬）、柏。

當時黃河中下游地區天然林破壞嚴重，僅採取保護措施已無濟於事，於是有人工栽植之興起。《周禮・天官・大宰》有「園圃毓草木」之語；《管子・山權數》則云「民之能樹藝者，置之黃金一斤，直食八石」，可見政府還有獎勵政策。為了使樹苗適應生產的需要，插條繁殖受到了重視。「惠子曰『楊（常見的有響葉楊 Populus adenopoda、銀白楊 Populus alba、毛白楊 Populus tomentosa 等），橫之即生，側之即生，折而插之亦生』」。（《莊子・雜篇・天下》）其要領是既插之後，不能動搖。林木的撫育，如在人工營造林內除草、中耕、灌溉、施肥等項工作，也都成為常識。

在不同土質的土地上栽不同的樹。灌溉田，由客土填充的悉徙適宜種楚（即牡荊 Vitex negundo var. cannabifolia）、棘、杜、松，又疏歷、又堅硬、又肥沃的赤壚適宜種赤棠，黑色黏壤土的黑埴適宜種白棠，棕色黏壤土的赤埴適宜種杞，沙質虛脆的黃堂適宜種櫄、榎（楸之細葉者）、桑。同時總結出一條經驗，要瞭解土壤的性質，應當觀察上面所生長的樹木。[95]

秦漢時代，木材用於建築、船舶、車輛、農具、弓箭和其他器具，而以建築用材量為最大。竹在北方受氣候條件的限制，生長不多，但在南方溫熱地區則頗為繁盛。時北方森林資源尚富，且有大規模用材林和特種經濟林的營造，如桐、楸 (Catalpa bungei)、桑、漆，都是大宗；南方檽[96]、梓、梗[97]、楠 (Phoebe zhennan)、楓楊 (Pterocarya stenoptera)、木蓮 (Manglletia fordiana)、香椿 (Toona sinensis) 等木，亦為消費者所愛好。

秦始皇二十七年（公元前 220），築馳道，兩旁植樹，鬱鬱蔥蔥，為大規模種植行道樹的先聲。《後漢書・百官志四》記載：將作大匠掌樹，桐、梓之屬列於道側，既以為蔭，且收其利。

---

[95] 參見夏緯瑛《管子地員篇校釋》，農業出版社，1981 年。

[96] 《後漢書・王符傳》李注引《爾雅》郭注：「檽似梢楸而痺（卑）小。」

[97] 《漢書・司馬相如傳》顏注：「即今黃梗木也。」

東漢時期已懂得採用埋條法繁殖，「二月至三月為止」；移栽樹木，「正月自朔暨晦」；修剪宜在正月、二月；採伐不可在正月至六月，[98]這些都是有益的教訓。如移栽在冬季舉行，能使受傷的根部得到很好恢復並發展新根，提高成活率；而採伐在下半年舉行，則能使成材避免生蠹，提高利用率。

魏晉南北朝時代，樹木繁殖除有性繁殖的播種和栽植外，無性繁殖已由單一的埋條法發展到埋條法、壓條法、插條法和嫁接法並存。埋條法是將樹木基部發生的枝條，略去其皮，埋於積成丘狀的肥土下面，便利它們的生根，適用於白楊等樹的繁殖；壓條法是將樹木的枝幹撓屈到地，削去其皮，用乾燥土壓之，讓它們逐漸生根，適用於桑、柰、林檎（即花紅 Malus asiatica）等樹的繁殖；插條法是將樹木健全的枝條切下插入土中，俟其生根發育後再移栽，或不再移栽，適用於柳（常見品種有垂柳 Salix babylonica、旱柳 Salix matsudana、杞柳 Salix purpurea）、石榴等樹的繁殖；嫁接法是將樹木接於他種樹木上，實合兩木的養料於果實上，有提早結實和提高產品質量的效果。當時嫁接法已積累了許多非常成功的經驗，如要求砧木高大粗壯，高大粗壯則養料豐富，是接穗迅速成長的重要原因；要求接穗是向陽階段上成熟的枝條，這種枝條生長勢強，能早結果實，且容易培養成好的樹形；嫁接時必須做到「木邊向木，皮還近皮」，砧木生葉要摘去，以集中養料供給接穗，又「勿令傷青皮，青皮傷即死」。（《齊民要術・種梨》）

東晉詩人陶淵明作《桃花源記》，他筆下的世外桃源，「夾岸數百步」[99]，遍植桃樹，應當說是有現實依據的。

隋唐時代，隋煬帝開大運河，在河堤上栽種楊柳。唐代柳宗元的《種樹郭橐駝傳》記載種樹專家郭橐駝的話，把植樹要點歸結為：「凡植木之性，其木欲舒，其培欲平，其土欲故，其築欲密。」[100]意思就是說，樹栽下去，根系的分布要順其自然，覆土要均匀，土壤要肥熟，要把根部周圍的土築實。這幾句話，直到現在，仍然是有實踐意義的。

到了宋、遼、金、元，金代創造了在林區山峰間架設滑道以運集木材的技術。元代總結植樹經驗，有一句概括性的諺語：「種樹無時，莫教樹知，多留夙土，記取南枝。」（《農桑輯要・竹木》）這話包括 3 項內容：一．栽

[98] 《四民月令》。

[99] 《陶淵明集》卷 6。

[100] 《柳河東集》卷 17。

植的季節，要在樹的休眠期間；二. 栽植要保留根系宿土，避免根部損傷；三. 栽植方向要確定，南枝朝南，北枝朝北，運至遠處，栽如前法。這是對郭槖駝法的發展。

宋吳懌撰、元張福補遺的《種藝必用》指出：「竹有花輒槁死。花結實如稗，謂之『竹米』，一竿如此，則久久舉林竹皆死。其治之法，於初米時擇一竿稍大者，截取近根三尺許，通其節，以糞灌而實之，則止。」[101]竹子開花的主要原因是缺乏營養，此書所說的這個方法很管用。

兩宋以降，由於樹種的特性和營林的不同目的，林木種植形成了不同的專門作業，如用於建築取材的用材林，採用喬林作業；用於供應燃料的薪炭林，採用萌芽林作業中的頭木林作業（取柳條）、矮林作業（櫟）；油茶、油桐等特種經濟林，採用樹藝作業。

明和清兩代，東北地區的松、柏、樅（冷杉屬樹種）、楸、梓、柞（柞木 Xylosma japonicum）、櫟、白樺 (Betula platyphylla)、黑樺 (B. dahurica)、新羅松等，蒙古地區的松、柏、椿（即香椿）、樺（除白樺、黑樺外，尚有紅樺 B. albo-sinensis 和亮葉樺 B. luminifera 等品種）、樅、柳等，西南地區的杉（杉木 Cunninghamia lanceolata）、樟（香樟 Cinnamomum campho-ra）、桐、漆等，東南地區的杉、馬尾松、櫸 (Zelkova schneideriana)、楮（即構 Broussonetia papyri-fera）、樟、楠及竹等，都是建築和工業用材。對林產品的利用、加工除已往漆的加工製造及竹材造紙更有進步外，明代後期的樟腦製造和肉桂 (Cinnamomum cassia) 油的蒸餾，清代的松脂採取和桐油的新法榨取，皆為其時的創造發明。當時四川以及雲、貴、湘、鄂、浙等省的白蠟樹 (Fraxinus chinensis) 和江、浙一帶的烏桕 (Sapium sebiferum) 的經濟價值被進一步確認。而特種經濟林廣泛應用嫁接育苗法，大田造林則廣泛採用直播和條播的方法。明初還出現了記載植樹經驗的專著《種樹書》[102]，對林木種子的播種、苗木的移栽、插條的扦插、樹木的嫁接，還有建立苗圃、施用基肥、促進林木結實等方法都有介紹。所有這些，都標誌著中國傳統林業生產技術的趨於成熟。

自秦、漢以來，歷代政府對山林繼續奉行適時砍伐的保護方針，後來

[101] 轉引自白壽彝總主編《中國通史》第八卷（下）第 703 頁，上海人民出版社，1997 年；董愷忱、范楚玉主編《中國科學技術史・農學卷》第 577 頁，科學出版社，2000 年。

[102] 俞貞木撰，成書於洪武中期，分上、中、下 3 卷。

又進而發展到在一定時期內封山育林的做法。另一方面，則對人工植樹大加提倡，除栽種行道樹外，一是鼓勵士庶利用屋宅空地植樹，其果木材植可以自用又可以進入市場交換他物；二是要求農民利用耕地空隙植樹，這種樹一般是兼作地界的，南北朝以後更有行政命令，農民在田間植樹成了法定義務；三是在墓地和園苑中植樹，這主要是為了綠化。此外，專門為商業性目的而栽植大片林木的，亦受到法律的認可。到明清時代，雖然人口激增，但政府對保護山林，措施還是很有力的。像寧紹平原丘陵地帶，截止 20 世紀 50 年代，尚有老虎出沒，即可窺見其中消息。

## 四　副業技術

中國傳統社會的漁業、牧業和林業，都與農民的副業有關；大多數手工業也都是從農民的副業發展而來的。農民的副業還有從原始時期沿襲下來的狩獵、採集等。

狩獵有專業的「獵戶」，其所獲取的虎 (Panthera tigris) 皮、狐 (Vulpes vulpes) 皮、貂（紫貂 Martes zibellina）皮、孔雀（綠孔雀 Pavo muticus imperator）翎毛、熊（主要有狗熊 Selenarctos thibetanus、棕熊 Ursus arctos）掌等，都是珍稀之物。根據甲骨文的記載，中國古代直到殷商，田獵還很發達，有田有狩，有陷阱、逐射、羅網、焚燒，助獵有鷹（如蒼鷹 Accipiter gentilis schvedowi、雀鷹 Accipiter nisus nisosimilis 等）、犬。獵獸以麋鹿 (Elaphurus davidianus) 為最多，亦有虎、狼 (Canis lupus) 和野豬 (Sus scrofa)，還有兕象。春秋戰國時，荊州、揚州地出齒革、羽毛，梁州地出熊、羆（熊的一種）、狐狸，這些地方，狩獵業都占重要地位。而政府對野生動物也有保護禁令，如「不殺胎」、「不覆巢」、「不殀夭」、「不麛不卵」，（《禮記・王制》）即禁止殺害孕獸和覆巢取鳥卵，禁止獵取一切鳥獸的幼仔。

採集的主要對象，有藥材和各種野生食物。藥材以人參為最名貴，唐代人參的貢地有安東、檀、幽、平、營、潞、儀、并、澤諸州；野生食物則有蜂蜜、燕窩、木耳、香菇等。蜂蜜是古代的貴重食品，甲骨文中已有「蜜」字，[103]但中國古代養蜂業並不發達，人們食用所需直到明末主要還

[103] 《合》5854、22317、32929，《屯》307，《英》406，《周甲》136，甲骨文這些「宓」字皆通「密」，但不排除其中也有可以通「蜜」者。漢代的《說文》，有「密」字而沒有「蜜」字，無疑是提供了這方面很有力的啟示。

是靠採集。燕窩為金絲燕 (Collocalia vestita) 唾液凝固而成，是滋補良藥，明清時代成為時髦的佳饌。又有薺菜，大多野生，也是古人所喜食的，歷代詩人稱頌薺菜的文字很多，如辛棄疾《鷓鴣天・代人賦》詞云:「城中桃李愁風雨，春在溪頭薺菜花。」[104]因為薺菜好吃，所以愛屋及烏，頌及薺菜花，其實薺菜花是並不中看的。

在中國古代眾多的副業中，養蠶（主要是桑蠶 Bombyx mori）業特別值得重視，因為養蠶業除非單獨立項，否則很難不歸入副業，而在男耕女織的中國傳統社會裏，它的地位又十分重要。

中國古代養蠶業起源很早，商代後期已有發展，西周提倡益力，建有「公桑」、「蠶室」(《禮記・祭義》)，置有成套的蠶具設施「曲、植、籧筐」(《禮記・月令》)。「奉種浴于川」(《禮記・祭義》)，這是消毒防病措施；「風戾以食之」(同上)，這是對濕葉的處理。漢初「原蠶一歲再登」《淮南子・泰族訓》)。西漢開始採用人工加溫法,「蓄火以置之」(《漢書・張湯傳》顏注)，有利於蠶的早熟。東漢茨充為桂陽令，教民種桑、柘養蠶，可見養蠶業在南方也有發展。當時崔寔的《四民月令》，對掌握蠶室氣溫和防止鼠患等技術問題，都有明確的答案。經歷兩漢 400 年，蜀有蠶市，每歲二月，相聚貨蠶農之具，由此可以推知這一時期四川盆地養蠶業的發達。其次則東吳，雖蠶利未及北方，而桑樹品種則有改進。後來龍城慕容廆通晉（約當 289 年前後)，求種江南，遼東也有了蠶桑生產。

3 世紀時，南方已發明人工低溫催青制取生種，即控制蠶卵延期孵化，這樣，蠶在一年內可以連續孵化幾次。孫吳「南陽郡一歲蠶八績」(《太平御覽》卷 825 引《吳錄》)，晉人左思《吳都賦》中也有「鄉貢八蠶之錦」[105]的話。但直到唐初，南方養蠶技術尚不逮北方，從蕭翼喬裝北方出售蠶種商到越州，可見北地蠶種之得南人的信任。在南方，多化蠶的品質倒是已有提高。天寶中，益州（今成都）獻三熟蠶，白淨與常蠶不殊。北方亦有多化蠶出現，大曆年間，太原人韓景輝冬蠶成繭，詔給復終身。青州又有蠶一歲四熟，但這只是特殊變異現象。

由於多化蠶飼料不易得到保障，所以宋代和元代，北方仍多養一化性的三眠蠶，南方則多養一化性或二化性的四眠蠶。三眠蠶體小而抗病力強，

[104] 《稼軒長短句》卷 9。

[105] 《文選》卷 5。

但繭質差；四眠蠶體大而抗病力弱，但繭質優。明清時代，江、浙一帶終於培育出了兼有三眠蠶優點而無三眠蠶弱點的四眠蠶，這個重大的技術進步，大大促進了養蠶業的繁榮發展。

圖 118 《採桑圖》 清 焦秉貞繪

宋元時代育蠶技術，在選種方面，「繭種取簇之中向陽明淨厚實者，蛾出第一日者曰苗蛾，末後出者曰末蛾，皆不可用」（《東魯王氏農書・農桑通訣・蠶繅》）。在飼育方面，注意不飼風日所蔫乾葉和變質的臭葉；帶露的葉，晾乾後才飼；幼蠶飼細葉；室內備火，以調節蠶的體溫。南方備蠶做繭的蠶簇，稱為「屋簇」，用短草散布在蠶槃上，或用杉木做架子，再用無葉竹梢和蘆席等橫鋪而成。北方用外簇，有團簇；橫簇則用蒿梢、叢柴、苫席等做成。

浴種到了宋、元之際，已逐漸由消毒發展到與選種相結合，明清時則成為保存良種淘汰病弱卵的重要手段，嘉、湖地區有天露浴、石灰浴和鹽滷浴。對雜交優勢的認識，是明代蠶業的重大成就，「將早雄配晚雌者，幻出嘉種」，「若將白雄配黃雌，則其嗣變成褐繭」，有「一種不忌泥塗葉者，名為賤蠶，得絲偏多」。（《天工開物・乃服》）

明代以後，因蠶種改進，為把握生產季節，視桑已放葉，要「催青」，即穀雨節前後日夜取人體之熱作為孵化的溫度條件。蠶室制度亦相應嚴密起來，止開南、北窗，南風則蔽南窗，北風則蔽北窗，內設火坑，蠶姑以單衣為冷暖之節，覺寒則添火，覺熱則減火。育蠶時，不僅要注意蠶的寒熱飢飽和飼喂的緊慢，而且要注意蠶所呈現的光澤、所居處的空間地位，以及有關宜忌。生產經驗有十體、三光、八宜、三稀、五廣等法。十體：寒、熱、飢、飽、稀、密、眠、起、緊、慢。三光：白光，向食；青光，厚飼，皮皺為飢；黃光，以漸住食。八宜：方眠時宜暗；眠起以後宜明；蠶小並向眠宜暖，宜暗；蠶大並起時宜明，宜涼；向食有風，宜加葉緊飼；新起時怕風宜薄葉慢飼。三稀：下蛾、上箔、入簇。五廣：一人、二桑、三屋、四箔、五簇，要寬廣開廓。[106]

除了桑蠶，還有柞蠶 (Antheraea pernyi)。柞蠶主要吃柞葉，又叫「山蠶」或「野蠶」。用柞蠶絲製絲綿，起於膠東。西漢末年，今山東蓬萊、萊州一帶已放養柞蠶。明代山東蠶農已經有了一套比較成熟的放養柞蠶的方法，清初益都（今山東青州）孫廷銓撰《顏山雜記》，有《山蠶說》，專門介紹養柞蠶的技術。此後，放養柞蠶的方法先是傳到遼東半島，不久又傳到河南和陝西，甚至連雲、貴等地也得到了推廣。

至於中國傳統社會農民的養蜂業，則始於東漢末年，由甘肅南部，逐漸向花果眾多、蜜源可靠的江南、浙東、閩南發展。宋元農學著作《蜂說》、《農桑輯要》、《東魯王氏農書》對蜜蜂的生活習性、種群生態和飼養技術等都作了比較科學的記述和討論。

## 第三節　水利

中國傳統社會水利包括防洪治水、農田灌溉、航行運輸 3 大部分，其餘還有海塘、海堤、城市用水、水力利用等。本節主要談防洪治水和農田灌溉。

相傳堯、舜時，「湯湯洪水方割，蕩蕩懷山襄陵，浩浩滔天」（《尚書・堯典》）。先負責治水的有共工[107]和崇伯鯀，他們只知道用堤防攔阻洪水，結果都失敗了。鯀治水失敗，被處死刑，於是禹繼父業，其「決瀆也，因水以為師」（《淮南子・原道訓》），取得成功。關於禹治水的過程，本書導言已經作過簡單的介紹。《墨子・兼愛中》記禹西治黃河、渭水；北治汾、

[106] 《農桑輯要》卷 4。

[107] 《尚書・舜典》又記舜「流共工于幽洲（州）」，似也與治水有關。事實上這個「共工」，應在今遼寧、河北北部一帶，興衰皆因水。但其年代和地望，卻與堯舜時期中原地區那次特大洪災風馬牛不相及。那麼，堯舜治水為何要牽扯到共工呢？答案只能是，根據古老的五行思想和原罪的思維方式，居住北方而又「壅防百川，墮高堙庳」（《國語・周語下》）的共工，得對所有的洪災負責，雖然其人其事，早已成為過去。也因此，有關專家認為，舜的「流共工」，僅是象徵性地搞了個儀式而已。

滹沱等河；東治沼澤，開人工渠引水；南治漢、汝、江、淮及五湖等。《孟子・滕文公上》記禹疏九河，瀹濟水、漯水注於海；開汝、漢、淮、泗通於江，江、淮、河、漢等水系形成。《尚書・禹貢》記禹使河流通暢，沼澤不致泛濫，「九川滌源，九澤既陂」；還記他定出以黃河為中心的水運航道。這些記載，反映了遠古先民的治水業績。

歷史上大凡頭腦清醒的統治者，都深深懂得，比起治宮室來，治水遠為重要得多。

西周根據通水於田、泄水於川的原則，創為井田溝洫制度，從而把不穩定的農業生產進到穩定的農業生產。當時 100 畝為 1 夫，9 夫為 1 井，夫與夫之間有寬、深各 2 尺的遂；300 步是 1 里，1 井等於 1 方里，井間有寬、深各 4 尺的溝；方十里叫一成，成間有寬、深各 8 尺的洫；方百里叫一同，同間有寬、深各 16 尺的澮；由澮通川，川即天然河流。[108]

春秋戰國時代，因為溝洫農業蓄水量有限，在旱季水分大量蒸發時，不能滿足作物的需水量；並且隨著井田制的廢除，原來田間縱橫交錯的溝渠也不再適應了。這樣，就開始有了灌溉工程的修建。其中最著名的大型工程，除秦國的都江堰和鄭國渠外，有芍陂和引漳十二渠。

芍陂在今安徽壽縣南面，始建於公元前 613 年至公元前 591 年間，主持者為楚國令尹蔿（孫叔）敖（期思〈今河南淮濱東南〉人，生卒年未詳）。這是一個利用原有湖泊建成的水塘，塘堤四周設有若干道門、若干道涵，它接應六安山區流來的水，形成一座周圍 120 多里的蓄水庫，東漢時可以灌溉萬頃農田。經歷代維修，一直使用到近代。蔿敖還「決期思之水，而灌雩婁之野」（《淮南子・人間訓》），這個灌區在今河南省固始縣一帶。

引漳十二渠在今河北磁縣、臨漳一帶。魏文侯時，鄴令西門豹始建。「引漳水溉鄴，以富魏之河內」（《史記・河渠書》）。共是 12 條大渠，各渠均設有調節水量的水門，十二渠都有壩引漳河水，而且是多渠口取水，使原來狂暴不馴的漳河一變而為水利。其後大約過了百餘年，史起任鄴令，再次大興引漳灌鄴工程，把大批鹽鹼地改良成了水稻田。[109]漢末曹操續修，

---

[108] 《考工記・匠人》。

[109] 此事《漢書・溝洫志》則記引漳水溉鄴為史起所創舉。而中國古代治理鹽鹼地，除引淡水沖洗鹽鹼外，還有放淤壓鹼、深耕治鹽鹼等辦法，至明清時代更集其大成，皆行之有效。

仍是西門豹舊規。直到東魏時改建為天平渠，才改為一條渠引水。

芍陂是南方塘堰灌溉工程，引漳十二渠是北方引河流溉的渠系工程，還有智伯渠也在北方，白起渠居南、北之中。據《水經注》描述，這些大渠還串聯著一系列陂塘，組成了一個渠、塘結合的大灌溉區，現代水利史著作上，叫做「長藤結瓜式」。

秦滅東周殘餘政權，在未削平六國前，水利建設的重點在涇、渭流域和岷江上游。

都江堰位於岷江自峽谷進入沖積平原的交接點，在今四川都江堰市灌口鎮西側，秦昭王五十一年（公元前 256）始修，時李冰為蜀郡守。主要是穿二江過成都，灌溉兼航運，還鑿離堆，避沫水之害。堰早先叫「湔堋」、「湔堰」、「都安大堰」等，唐代改稱「楗尾堰」，宋代才有人叫都江堰，取名於成都江（成都江簡稱「都江」，包括穿過成都的府河及錦江）。現在看到的堰首布置結構是歷代整修、改進的結果，但基本技術原理古今無異。堰首由寶瓶口（引水口）、人字堤、飛沙（洩洪堤）、內外金剛堤、魚嘴（分水堤）、百丈堤等部分組成，其中樞紐工程為魚嘴、飛沙和寶瓶口。魚嘴下連金剛堤，分岷江為內、外兩江。外江仍循原來水道南流；內江則經人工渠道通過寶瓶口向東流向成都平原，起著灌溉、航運和分洪作用，由寶瓶口控制引水流量大小。寶瓶口左岸是玉壘山，右岸為離堆，現寬 20 米，高 40 米，長 80 米。飛沙長約 180 米，飛沙的高度，可使汛期入內江的洪水和大量砂石由堰頂溢入外江；水太大時，堰被沖毀，洪水砂石直接匯入外江，能確保內江灌溉區的安全。另外，飛沙堰構築於彎道岸，挾泥沙的底流向堰外排沙，亦可使流入寶

圖 119　都江堰

瓶口的水較清。大致江水少時，內、外江分流比例是內 6 外 4；水大時是內 4 外 6。而百丈堤的作用是導流和護岸，人字堤則護岸兼溢流，可以補飛沙堰溢洪之不足。這些堤堰在近代以前基本上都用竹籠裝石砌成，就地取材，施工簡易，費省效宏。自都江堰建成後，川西南很快成了「水旱從人，不知饑饉」的「天府」之國。（《水經注》卷 33）

鄭國渠稍後於都江堰，其渠首在今陝西涇陽西北，經今三原、富平、蒲城等縣進入北洛水，全長 150 餘千米。秦始皇元年（公元前 246）動工，歷時 10 多年才完成，工程由韓國水利專家鄭國主持。該渠渠首建於涇水流速最大的位置，保證渠道有足夠的進水量，「渠成而用溉，注填淤之水，溉舄鹵之地四萬餘頃，收皆畝一鍾」（《漢書・溝洫志》）。秦量 1 鍾合今 125 千克，4 萬餘頃總產量達 3.5 億千克左右，以人均年食 360 千克計算，可供應近百萬人全年的口糧，「秦以富彊，卒并諸侯」（《史記・河渠書》）。

秦、漢的統一消除了過去水利事業上各諸侯國以鄰為壑[110]的現象。

西漢時期，「用事者爭言水利，朔方、西河、河西、酒泉，皆引河及川谷以溉田。而關中、靈軹、成國、汻渠引諸川，汝南、九江引淮，東海引鉅定，泰山下引汶水，皆穿渠為溉田，各萬餘頃。它小渠及陂山通道者，不可勝言也」（《漢書・溝洫志》）。這裏提到的「成國」，就是鄭國渠。當時有白公者，又主持修建了另一引涇灌溉工程，名白公渠。渠首在鄭國渠之南，渠道向東至櫟陽（今陝西高陵東北）南入渭水，長 200 里，灌田 4500 頃。灌區與鄭渠相連，後人合稱「鄭白渠」，為今涇惠渠前身。又有召信臣（九江壽春〈今壽縣〉人，生卒年未詳），元帝時守南陽，勘查郡中水利資源，興工開渠，築水門堰堤數十處，引水灌溉，每年都有增加，灌田至 3 萬餘頃。他還訂立管理條例，規定用水制度，刻在田邊的石碑上，以免用水浪費和糾紛。[111]召信臣興建的「穰西石堨」，堨在穰縣（今河南鄧州）之西，攔斷湍水，開 3 水門引水灌溉。堨建於建昭五年（公元前 34），後來元始五年（5），另有人增開 3 個水門，共有 6 座引水石閘，因此稱「六門堨」，「溉穰、新野、昆陽三縣五千餘頃」。（《水經注》卷 29）

《淮南子・說林訓》云：「一頃之陂，可以灌四頃。」對灌溉用水量與田畝的比例，也有了粗略的估算標準。

[110] 《孟子・告子下》：「禹以四海為壑，今吾子以鄰國為壑。」

[111] 《漢書・召信臣傳》。

引水入渠，「激而行之，可使在山」(《孟子・告子上》) 的水工技術，在漢代應用更為普遍，「激」就是修建潛水壩來提高水位。

《水經注》卷 19 說漢長安縣（在今西安）西南有「飛渠引入城」，這是見於文獻的中國古代第一條渡槽。

在中國傳統社會水利事業中，治理黃河始終是個嚴重問題。可以斷言，兩漢之際王莽政權的垮臺，主要原因在於幾次黃河改道所造成的直接或間接影響，在當年絕非人力所能克服。黃河的流量並不算大，一般到兩三萬秒立方米就是不小的洪水了，只不過是長江流量的 1/4，但含沙量卻十倍百倍於長江，居世界河流的首位。這種液體徑流少、固體徑流多的河流，必然表現為泥沙淤積快、下游決溢頻率高，人工堤防修成後，很快形成地上河。歷史上有確切年份記載的黃河的最早一次改道為周定王五年（公元前 602)，可見黃河的決溢改道由來已久。[112]漢代黃河由於河床嚴重淤積和堤防過於狹窄，與先秦相比，決溢明顯增多，且不斷改道南侵。總計 2000 多年來，黃河決溢可能接近平均每年 1 次。至於黃河的改道，其實際變遷，大概可以分為 4 個時期，3 個流區，即：北流期，先秦至王莽始建國三年 (11)，下游幹流主要偏北，在今河北省境；東流期，自東漢永平十三年 (70) 至北宋慶曆八年 (1048)，下游幹流主要偏東，從今山東北部入海；南流期，自南宋建炎二年 (1128) 至清代咸豐五年 (1855)，下游幹流主要偏南，從今江蘇北部奪淮水故道入海；回東期，自咸豐五年到現在，下游幹流偏東，從山東大清河故道入海。除黃河外，華北海河水系的永定河、漳河也以多沙著稱，常有水災，但規模較小。長江和珠江的防洪治水，多為局部問題，且治理記載亦較晚。因為黃河洪水為災的頻繁是世界獨一無二的，所以治河實踐也不斷深入，積累了許多極其寶貴的經驗。

西漢武帝時，賈讓提出了「治河三策」，上策是決黎陽遮害亭，放河東入海，由於西面大山、東面金堤的約束，水勢不致擴大。他認為不過 1 年或幾個月，就會有效驗，自此可保千年無患。中策是於冀水沿河作水門，多開漕渠分洪水。開渠採取東邊築堤攔水，利用西邊山麓高地，導水北行 300 里入漳河的辦法。他指出開渠淤泥可以改良鹽碱地，旱地可以改為水田，且可以通船運。下策是繼續維修舊堤，「增卑，培薄」。他批評當時堤防的不合理，說人傍水為田廬，起堤自防，必然會有水災。[113]又有張戎，

[112] 參見王成組《中國地理學史》第 37 頁，商務印書館，1982 年。

得出黃河1石水有6斗泥的結論，[114]與近年實測大致符合。張戎並且還主張利用水勢沖刷河床，[115]這是對河流泥沙的運動規律有所把握而說的話。

東漢明帝永平十二年(69)，王景（琅邪不其〈今山東嶗山西北〉人，生卒年未詳）受命治黃，「修渠（汴渠），築堤自滎陽（今屬河南）東至千乘（治今山東高青高苑鎮北）海口千餘里」（《後漢書・循吏傳》）。王景和他的助手王吳在這一工程中充分發揮創造精神，據記載：「景乃商度地勢，鑿山阜，破砥磧，直截溝澗，防遏衝要，疏決壅積，十里立一水門，令更相洄注，無復潰漏之患，景雖簡省役費，然猶以百億計。明年夏，渠成。」（同上）雖然文獻上互相傳抄，只不過這幾十個字。但情況還是清楚的：這是一個河、汴分治而兼顧的非常科學的工程，從滎陽至千乘海口千餘里間修渠築堤，從而使河不侵汴，汴渠得安疏漕運；同時黃河受南北兩堤的約束，水勢足以沖刷沙土，通流入海。在河與汴之間的汴堤上，10里立一水門，共立水門9個，這樣，當河水漲時，含泥沙的濁水注入汴渠，汴水上漲，水由各水門注入河、汴兩堤之間，可保洪峰不致過高，不致危害堤岸；而河水連續通過9個水門後，流速變緩，潰決的事就不是那麼不可避免了。就這樣，黃河安流了800多年，沒有改道，水災大大減輕。[116]

從東漢開始，隨著經濟重心的逐漸南移，水利灌溉工程也逐步向南推進。東漢順帝永和五年(140)，會稽太守馬臻在山陰（今紹興）治鏡湖（北宋後改稱「鑑湖」），築大堤350多里，會合東南諸山泉流36源，貯蓄於湖內。湖高於田，田高於海，沿堤設斗門堤閘，水少則泄湖水溉田，水多則閉湖而泄田水入海，民田9000多頃均蒙其利，[117]此後千餘年這裏不受水旱影響。其設計的巧妙，使人嘆為觀止。後世踵其事者，則有明代紹興知府湯紹恩修三江閘，[118]當地人民，至今猶盛稱「馬太爺」、「湯太爺」。

隋唐時代，南北同時大舉興修水利，達到了水利灌溉事業全面發展的興盛時期。在北方，關中農田水利繼續發展，重要的有黃河、汾河河曲地

[113] 《漢書・溝洫志》。

[114] 同上。

[115] 同上。

[116] 參見譚其驤《何以黃河在東漢以後會出現一個長期安流的局面》，《學術月刊》1962年第二期。

[117] 《通典・州郡十二》。

[118] 《明史》卷281。

帶的水利開發和龍門下黃的灌田工程；南方則有江浙海塘、太湖湖堤和長江堤防，都相繼在這一時期完成。永泰元年 (765)，由潤州刺州韋損主持對練湖的整治，分練湖為上下兩部分，上湖高於下湖，下湖高於運河和農田，「湖水放一寸，河水漲一尺」（呂延楨：《覆練塘奏狀》）[119]，充分利用了地形上的優勢。

在重慶涪陵附近長江河床的白鶴梁上，刻有標誌長江枯水水位的石魚圖案，記錄了自唐代宗廣德二年（764）以來 1200 多年間 72 個年份的長江枯水水位，這是極其寶貴的水文資料。

唐代姜師度（魏州魏縣〈今河北大名北〉人，約 653～723）歷任易州、滄州、蒲州、陝州、同州等地的刺史，又做過司農卿和將作大匠。他在薊州（治今天津薊縣）沿海循曹操舊跡，開平虜渠運糧，避海運風險；在城北開水溝，加強邊防；在貝州經城縣（今河北鉅鹿東）開張甲舊河排水；在滄州清池縣（今河北滄州東南）引浮水開渠分別注入毛氏河和漳河；在陝西太原倉，由較高處的倉廩鑿洞和裝上木滑槽直接裝米入運船，省了搬運費和裝船時間；在華州華陰（今屬陝西）開敷水渠排水；在鄭縣（今陝西華縣）修利俗、羅文兩灌渠並築堤防洪；在蒲州安邑（今山西運城）疏濬渠道引水入鹽池，使乾涸的鹽池恢復生產；在同州朝邑、河西兩縣（今陝西大荔、韓城境）修渠引洛水和黃河水灌通靈陂，開稻田 2000 餘頃；在長安（今西安）城內開供水和運輸渠道等。所到之處，無不以水利為己任，他所興工程，多數是成功的。[120]

海塘（蘇北稱「海堤」）分布在沿海各省，以東南江、浙、閩、粵、桂各省為最主要。其中浙西錢塘江北岸的海塘，由於杭州灣涌潮的關係，為歷代修築重點。錢塘江口的海塘，可以追溯到秦、漢之際。魏晉以來，皆有維修。唐開元元年 (713) 重修浙西海塘 124 里。五代梁開平四年 (910)，吳越王錢鏐在杭州用「竹絡裝石」築塘，並在塘外臨水面打木樁十幾行，叫「滉柱」，起防浪消能作用。「由是潮不能攻，沙土漸積，塘岸益固」（范坰、林禹撰，一說錢儼託名范、林撰：《吳越備史・雜考》）。北宋大中祥符五年 (1012)，知杭州戚綸和轉運使陳堯佐「下薪實土」（《宋史》卷 284），開始有了柴塘。柴塘用土和薪柴築成，適用於地基較鬆軟的海灘和臨時搶

[119]　《全唐文》卷 871。

[120]　張芳：《唐代水利專家姜師度》，《中國水利》1985 年第五期。

險。景祐四年 (1037)，工部郎中張夏在杭州修石塘 12 里，是最早出現的塊石塘。7 年後轉運使田瑜、知杭州楊偕大修石塘，高 4 丈，寬 4 丈，是迎水面砌石逐層內收，形成底寬頂窄的塘型，塘腳以竹籠裝石防護；背水面加築土堤，用以防滲和加固。到元代又多採用石囤和木櫃裝石築塘。

唐宋城市水利亦甚可觀。唐代李翱家住洛陽定鼎門東第二街最北的旌善坊，他遠赴嶺南時，就在坊門外偕妻子上船首途。[121]白居易宅，在長夏門東第四街履道坊，宅地 17 畝，水面積居 1/5。[122]杭州西湖，李泌引水入城作六井供飲用，白居易、蘇軾都重修過。北宋首都東京（今開封）專供用水的河道是金水河，也叫「天源河」，上游是京索河（京水、索水）。建隆二年 (961) 開鑿，流經百餘里至京城西，架渡槽橫過汴河，設有斗門，尾水入城壕，匯於五丈河。後 4 年引水入皇城內苑，再後 10 年又鑿渠南引入晉王趙光義宅。後又分支入太廟。渠道用磚襯砌，兩側栽花木，上面多有覆蓋，禁私開。每隔一定距離有石井通入渠道，供官民汲取飲用。其排水，宋初以汴河為都城排水溝，後汴河淤高，遂北開白溝、南開永通河和自盟河排水，以陳州（治今淮陽）、潁州（治今安徽阜陽）為下游。而陳、潁排水工程亦不少。景德二年 (1005) 至三年 (1006) 開城壕，毀官水磑 3 處，於城內外開濬溝渠。後 4 年，治溝洫，導積水入陳留（在今開封東南）界，下入亳州渦河。

端拱元年 (988)，知雄州（治今河北雄縣）何承矩上疏，建議在宋、遼沿邊築堤屯田。這項工程實施之後，使「順安以東瀕海廣袤數百里悉為稻田」(《宋史》卷 273)。到熙寧年間，界河南岸洼地接納了滹沱、漳、淇、易、白（溝）和黃河諸水系，形成了 30 處由大小淀泊組合的淀泊帶，西起保州（今保定），東至滄州泥古海口，連綿約計 400 餘千米。

而北宋南方的水利灌溉工程，應推始建於治平元年 (1064)，經過 3 次營建、2 次失敗，至元豐六年 (1083) 方建成的福建莆田木蘭陂，它的堰石式陂首把引水和蓄水、蓄水和泄水統一了起來，既可備旱，又可排洪，收到了防洪、灌溉、航道、水產等多方面綜合利用的效果。首倡者為錢四娘，是一位女性。[123]

[121] 《李文公集》卷 18《來南錄》。

[122] 《舊唐書》卷 166。

[123] 事見《重刊興化府志》卷 29。

宋神宗時，用王安石變法，於熙寧二年 (1069) 頒布《農田水利約束》（又名《農田利害條約》）。其主要條目為：一．無論官、民，只要熟諳農業耕作技術或水利修建工程，都可向各級政府陳述自己的意見，經有關部門核準，如確屬有利，即由州縣實施。其中比較大的工程，可奏請朝廷決定。等到實施完畢，按功利的大小，對條陳意見者給予獎勵。興利極大的，加以量材錄用。二．各州縣須將所轄區域的荒田，以及需要濬修或可以興修的水利工程，都詳細調查清楚，繪製成圖，同時說明具體的針對性的辦法，呈報給上級官府。其中一州一縣不能單獨解決的，亦陳述己見，聽候裁決。三．興建工程，居民按戶等出工出料。如因財力不足，不能興修，官府應貸以利息較低、歸還日期亦較長的青苗錢；並可勸告家產富足的地主出錢貸予貧民，依例出息，官府為之督理。而私人能出錢鳩工興修水利的，則行計功論酬。這個立法極大地調動了當時人們興修農田水利的積極性，從熙寧三年 (1070) 到九年 (1076)，據《宋會要輯稿・食貨十六》記載，共興修農田水利 1.0793 萬處，灌溉民田 3611.7888 萬畝，官田 19.1530 萬畝。當時提出了大規模的灌溉計劃，其中汴河兩岸以及京索河、三十六陂可灌田萬頃以上，修濬陳州、潁州八丈溝和陂塘灌溉可開數百里稻田，修襄州（治今襄樊市漢水南襄陽舊城）古淳河可灌田 6600 餘頃，皆已收成效。

熙寧興農田水利，還掀起了歷史上唯一的一次放淤和淤灌高潮。在多泥沙河流下游引水放淤或淤灌農田，起源較古，但以利用洪水泛濫期為多。有較好人工控制引渾水的放淤或淤灌，最早見於唐代後期的汴河沿岸。熙寧放淤，則水源有黃河、汴河、涑水河、北洛河和海河水系的漳河、洛河、滹沱河、葫蘆河等以及山地溪澗，遍及今山西、陝西、河南、河北等省，始自熙寧二年 (1069)，10 年中見於記載的不下 30 餘處。當時上奏的淤田數近 700 萬畝，雖有重複、誇大，但無疑成績是不小的。

北宋分河水放淤，已有斗門、涵洞、溢流堰、引水渠、排水溝、田埂等工程，還由大面積漫灌進而為方格放淤。引山洪淤灌，後世也有堰、渠、引水口、護田堰等工程。淤田質量好的，糧食產量能提高 3～5 倍。

在治河方面，由於仁宗慶曆八年 (1048) 河決商胡埽（在今濮陽東北），王景河道遂斷絕不復。北宋河工就水文而言，立春後解凍，下游測水漲 1 寸，夏、秋可能漲 1 尺，叫做「信水」。其餘各月水勢漲落亦有專名，如二三月叫「桃花水」，春末叫「菜花水」，四月末叫「麥黃水」，五月叫「瓜蔓水」，六月中旬以後深山冰消、水帶礬腥叫「礬山水」，七月叫「豆花水」，八月叫「荻苗水」，九月叫「登高水」，十月水落叫「復槽水」，十一、十二月結冰叫「蹙淩水」。不按時期的暴漲叫「客水」。水勢橫衝直撞，亦有專名形容它與埽堤的關係，如「劄岸」、「抹岸」、「塌岸」等。河流所帶泥沙，因季節不同，也各有專名，如夏稱「膠土」，秋稱「黃滅土」，深秋稱「白滅土」，霜降後才都稱沙。工程中以埽工為最重要。宋代制度於頭年七月就預備修堵物料，叫做「春料」，有蘆葦、山木榆柳的枝條、木料、竹料、石和茭索等，共千萬餘。捲埽時，先打竹索和茭索——竹索長1～10丈；再找一寬平的埽場，密布茭索，上鋪山木榆柳的枝條，叫做「梢」，互相疊壓，再壓土和碎石，中間有一條大竹索，叫做「心索」。於是捲成大捆，再以大茭索捆上兩頭，又有大量竹索從埽內由旁邊引出。埽直徑至數丈，長加倍。下埽須用丁夫幾百至千餘，合力推拉到險工處，叫做「埽岸」。下埽以後，再打樁橛固定，又用長樁穿入。竹索都繫在大木樁上。埽要下多層才成岸。單個埽捆，後世叫做「埽個」，也簡稱「埽」，小的叫做「由」。埽大多用於護岸工和堵口工。堵口合龍用的埽，有專名叫做「龍門埽」。第一次回河堵商胡口，合龍用的龍門埽長60步，人力不能壓下墊實，河工高超建議分為3節，每節20步，各節間用繩索連繫，當時很成功。埽還可以用於做堰和壩等。後世埽工中用「梢料」（柳枝或其他闊葉樹、針葉樹的樹枝）製成的，專稱「梢工」；用「秸料」（高粱稈）和「葦料」（蘆葦）製成的，仍稱埽工。稻草、麥稈有時只用來填心，不能單獨使用。埽工用秸料和葦料，質輕易朽，且受壓後易沉陷，每年須培修，三五年後還要重換。填梢每層梢捆厚30～60釐米，包括進廂梢和退廂梢各1層，每層都用梢龍盤鑲和木橛籤釘。梢龍用細軟樹枝紮成，粗10～15釐米，長度視需要而定，一般不超過20米，每隔20～30釐米，用麻繩或鉛絲捆紮。木橛長約1.25米，根端粗5～6釐米。施工前在岸邊挖坑，埋沒梢根，籤釘盤鑲完畢，上加壓料，將梢端浮木撤去，即易下沉。以後再在上面做第二層、第三層，逐層向外伸展，到所需長度為止。填埽亦用此法。宋代河工尚有「約」、「馬頭」、「鋸牙」等名目——約類似後世之鉗口壩，馬頭是築堤壩未完成時的壩頭，鋸牙當是形似鑄齒的護岸工或排木短壩。這三者，可以用埽工築也可以用草土、木石等築成。宋代護岸尚有所謂「木岸」，通常用籤樁及梢料、草料修築。又有隨水浮動的木龍護岸，似是防浪裝置。堤有遙堤、月堤、縷堤、橫堤等區別，堰也有軟、硬之分。北宋後期堤防修守以距水之遠近緩急分為「向著」、「退背」2 類，每類又各分為 3 等。[124]

宋代對河湖水位的觀測內容更加豐富，在都江堰離堆石崖上刻有 10 個刻度的水尺，「水及六則，流始足用，過則從侍郎堰減水河泄而歸于江，歲作侍郎堰，必以竹為繩，自北引而南，準水則第四以為高下之度」(《宋史》卷 95)。南宋太湖地區的吳江縣立有兩座水則碑，左碑用來觀測記錄歷年的水位變化，右碑用來觀測記錄當年的水位變化，左、右兩碑合并使用，就可以瞭解當地長期和短期兩種水位變化情況。[125]

元代水利建設，《元史》卷 64 歸納與農業有關的主要項目有：導渾河，疏灤水，資治河，障滹沱；疏陜西之三白，泄江湖之淫潦，立捍海之橫塘。此外還有不少重要工程。

郭守敬 (1231～1316)，字若思，順德邢臺（今屬河北）人，擅長水利和天文曆算、儀象制度，是中國古代傑出的科學家。他一生共提出過 20 多條水利建議，治理河渠溝堰幾百所。元世祖至元二十八年至三十年 (1291～1293)，他負責設計和實施了通惠河工程，從勘查、選綫、布局到閘壩、斗門系統的設置，都反映了科學性、合理性和實用性的原則。如通州高麗莊西至紫竹院，長約 25 千米，水位高度差達 20 米，這一段運河，他就通過閘壩、斗門設置的巧妙調節，使漕船可以安抵。[126]為了規劃防洪、灌溉等水利，他還特意自黃河龍門以下，循黃河故道縱橫數百里測量地平，在世界上最早提出了「海拔」的概念。對於郭守敬的其他成果，本編以後有關章節還將多次提到。

不過郭守敬雖然曾溯黃河求河源，勘查過黃河航道，為規劃治黃做了很多工作，但元代治黃人物，最著名的，卻還數賈魯（澤州高平〈今屬山西〉人，1297～1353)。賈魯治黃所用方法是疏，即分流；濬，即濬淤；塞，即攔堵。整個工程分為 3 段：一. 疏濬故道；二. 堵塞故道上段各決口、豁口，修築北岸堤防；三. 堵塞白茅決口，把黃河勒回故道。他在堵口技術上有創新，如用石船堤擋住水勢等。[127]史載賈魯治河，伏秋汛期內不循

[124] 《宋史》卷 91～93。

[125] 黃象曦：《吳江水考增輯》卷 2。

[126] 蘇天鈞：《郭守敬與大都水利工程》，《自然科學史研究》1983 年第一期。

[127] 《元史》卷 66、187。

舊規，繼續施工，這不但需要有魄力，而且更需要有辦法。他的治河，從總體上看，成績是有的。只是因為當時元政權已經接近末日，沒有力量堅持到底，致使決溢接踵而來，所以後果也就不怎麼樣了。

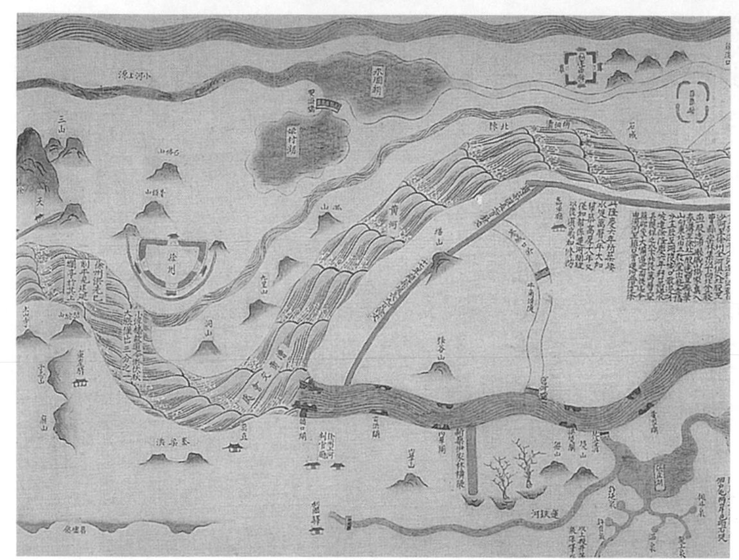

圖 120　潘季馴繪《河防一覽圖卷》(局部)

長期以來，中國傳統社會治黃沿襲使用的主要手段——修築堤防，只能起消極的防洪擋水作用。及至明代潘季馴（浙江烏程〈與歸安同治今湖州〉人，1521～1595）「束水攻沙」理論提出後，堤防終於成為積極的沖刷淤沙工程。潘季馴說「築堤束水，以水攻沙，水不奔溢於兩旁，則必直刷乎河底，一定之理，必然之勢。此合之所以愈於分也」(《河防一覽》卷 2)。由於要達到束水攻沙的目的，堤防的作用就更被強調了，黃河大堤因此有了進一步的發展和完善。以堤束水必須採用逼河而築的縷堤，而縷堤不能御洪水，因而需築遙堤以御洪。為了保護堤防，又得修滾水壩，減泄非常洪水。[128]但由於技術上的問題，如縷堤堤距無法決定，太寬不起作用，太窄易被沖毀；洪峰洪量無法估算，遙堤難以確保；再加上滾水壩大小無法確定，潘氏所築的 4 個壩是太小了。所以束水攻沙實施的結果還是不太理想。潘季馴另外設計的「以清刷黃」，用清水刷洪澤湖的淮水出口，也並沒有刷深。但他的這條思路，無疑是正確的。

清初靳輔（漢軍鑲黃旗人，1633～1692）任河道總督，他識拔並重用一個不知名無官職的陳潢（浙江嘉興人，一說錢塘〈與仁和同治今杭州〉人，1637～1688）協助治河。靳、陳批評了河性喜決的錯誤觀點，認為河患是可以防止的。他們繼承潘季馴的方略，更明確地逼淮注黃、蓄清刷渾，更多地修建黃河南岸減水閘壩，減出黃水，沿途澄清，下人洪澤湖助長清水。他們不同於潘的是主張黃、運統籌和寓濬於築上。[129]靳、陳治河雖為

[128] 《明史》卷 84。

前人所不及，但有兩個主要問題並未解決：一是攻沙入海而沙患依然存在，二是淮水無出路。對於沙患依然存在問題，乾隆年間有人提出在黃河上游遍設谷坊以阻滯泥沙的根治措施，但其實黃河泥沙，據河南陝縣站多年水文資料，平均每年不下於16億噸，堆成一米見方的大堤，可繞赤道27圈，那麼多的泥沙，造地之功，居全球第一，攔絕對不是好辦法，無疑也是根本行不通的。看來變患為利，助沙赴海，才是兩全其美的雙贏之策。

這裏提到靳、陳的「黃運統籌」，運指京杭大運河，本書「社會生活」編談「交通」的時候，已經作過簡單的介紹。現在需要補充的是，京杭運河自明代隆慶元年(1567)開南陽新河後，徐州以上航道受黃河沖淤次數減少。徐州以下至清口（在今淮安市清河區西南）段仍走黃河，由晚明至清兩次改道，才基本脫離黃河：一次為開泇運河，自夏鎮（今山東微山）至宿遷（今屬江蘇）境合黃河，醞釀多年，到萬曆三十二年(1604)方全部完工；另一次，是在靳輔主持下，從宿遷境至清口180里航道，在康熙二十七年(1688)開成中運河。這樣，運河與黃河僅在清口有幾里共同的航道。清代治黃保運，清口是個重點。直到近代，由於黃河改道、海運大興等原因，清口才不復成為問題，而同時京杭大運河黃河以北段也逐漸堵塞不通了。

除了大運河，還有興安運河，本書還沒有作過介紹，必須加以補敘。這條運河又叫「靈渠」和「秦鑿渠」，開鑿於秦始皇二十八年(公元前219)[130]，在今廣西興安縣境內。靈渠主要工程有3項：一. 鏵嘴，由巨石砌成，直伸南來的湘水，把湘水一分為二。二. 大、小天平，是兩條相交成人字形的石堤，其作用是分水、溢洪和平水。三. 北渠和南渠，北渠通入湘水，保持被截斷的湘水繼續通航；南渠就是通常所說的靈渠，經灕水到大溶江，轉而向南入桂江，到梧州入珠江，它溝通了長江水系的湘水和珠江水系的灕水，地位十分重要。湘水上源自興安縣海洋山，向北流，在縣城東，灕水上源始安水，向南流，在縣城北，二水最近處相隔只有兩三里距離，分水嶺高不過二三十米。但兩水落差大，開鑿者特意把運河開鑿成彎彎曲曲，延長流程至 35 千米，使水流緩慢，利於通航，這種設計是很有道理的。

而中國古代至今尚在發揮作用的最早的運河，據目前所知，應為在今

[129] 靳輔：《河道敗壞已極疏》、《經理河工（第一至第八）疏》，均見《靳文襄公奏疏》卷1。

[130] 《淮南子・人間訓》。

浙江紹興境內的山陰故水道，約開鑿於越王勾踐四年（公元前 493）後。該運河溝通了春秋時越國的主要生產基地，「全長 20.7 公里」(《紹興市志・交通・航道》)，後來成為浙東運河（即杭甬運河，也稱「西興運河」）會稽縣境段。稍後聲名更著者則有本書第十二章第二節已經提到過的邗溝、菏水和鴻溝。邗溝開鑿於吳王夫差十年（公元前 486），南起邗（在今揚州），北至末口（在今淮安市北），是隋代大運河山陽瀆段的前身。菏水開鑿於夫差十三年 (483)，是從今山東定陶東北接連濟水的荷澤，導水東流至湖陵（今山東魚臺北）附近注入泗水，在歷史上首次溝通了江淮流域和中原地區。鴻溝初始開鑿於魏惠王十年（公元前 360），稱「大溝」，魏惠王三十一年（公元前 339）又延伸至大梁（今開封），主要是引黃河水入圃田澤，然後引潁水入淮河，兼負水運和灌溉雙重任務，秦、漢之際，項羽、劉邦兩大軍事集團曾依此為界，實行對峙，故鴻溝又被引申為難以逾越的阻障。至於浙東運河，則極遲不晚於唐代，其西端已穿錢塘江上游，通過杭州城內水系，與大運河接上了。

明清時代，北起江蘇、南至閩粵的海塘海堤，不斷增修、加固。浙西海塘於嘉靖二十一年 (1542) 由黃光昇首倡五縱五橫魚鱗大石塘，在石塘後面順塘開「備塘河」，用以排水和防鹹潮滲入農田。這樣的重型石塘，當時每丈用銀 300 兩。[131]康熙五十九年 (1720)，浙江巡撫朱軾在海寧老鹽倉修築魚鱗大石塘 500 丈。到雍正中，海寧、海鹽、會稽等 9 縣塘堤雖經風災沖決，已大體修整完畢。乾隆五十五年 (1790)，杭州灣南岸，蕭山、會稽（與山陰同治今紹興）、上虞、餘姚等縣石塘相互連接；杭州灣北岸，西起錢塘縣（與仁和同治今杭州）的獅子口，向東經仁和、海寧、海鹽而與江蘇的松江（今屬上海）銜接，長達數百里皆為石塘。潮勢北去，從此浙西海塘，穩如泰山，達 40 年之久。

中國傳統社會水利，還包括對地下水的利用。開發地下水的工程為鑿建水井。古代鑿建水井的形制不拘一格。[132]其中方形木構井四壁建有 4 排木樁組成的方形樁木牆，排樁內頂套有一個方木櫃，可防止排樁向裏傾塌。戰國時有了陶井，鑿建的時候可能是先挖土，一直挖到接近水綫的流沙層，就把陶製的井圈放進去，再從圈內挖出沙土，井圈於是逐漸下沉，上面又

[131] 黃光昇《築塘說》，刊《乾隆海鹽縣續圖經》。

[132] 劉詩中：《中國古代小井形制初探》，《農業考古》1991 年第三期。

套加井圈，一圈一圈套下去，此法類似現在造橋墩時所採用的沉井法，是中國古代鑿井施工技術的一項重大創造。西漢以後水井多用磚砌，形式有弧形子母榫磚券、楔形磚券、五角形和八角形磚券等。

除了置井之外，中國古代西北地區，還鑿建坎兒井。所謂「坎兒井」，實際上是由許多立井和貫穿立井間的暗溝組成的地下水渠，也可稱為「井渠」，其技術始於西漢。因為坎兒井是順著地勢傾斜坡度挖掘的，所以愈向上游，直井愈深，可達百餘米；愈向下游，直井愈淺，淺到與平地相接。井渠的水流出平地，通過明渠，可以灌溉農田。

而地下水中的溫泉，灌溉農田，效果更好。唐人王建《宮前早春》詩云:「酒幔高樓一百家，宮前楊柳寺前花，內園分得溫湯水，二月中旬已進瓜。」[133]咏的就是用溫泉栽培瓜果。白居易記楊玉環入浴於溫泉，溫泉有益於人的身體健康，古人對此早有認識。

中國古代水利著作，《山海經》、《尚書・禹貢》、《周禮・夏官・職方氏》之後，有《史記・河渠書》、《漢書・溝洫志》、《水經》及《水經注》；唐宋以後，則有北宋郟亶的《吳門水利書》、郟僑的《水利書》、單鍔的《吳中水利書》，元代贍思的《河防通議》、李好文的《長安志圖・涇渠圖說》，明代謝肇淛的《北河記》，清代傅澤洪主編的《行水金鑑》、吳邦慶編輯的《畿輔河道水利叢書》以及清代官修《明史・河渠志》等，都很有價值。

水利法規和制度，西漢已有出現。北宋王安石的《農田水利約束》，相當有名。而唐代的《水部式》，現存殘卷29段35條，約2600餘字，發現於敦煌千佛洞中，有灌溉用水制度，有灌區行政組織的條款，有處理農業用水和其他用水之間矛盾的規定，為研究者所重視。後世水法漸趨詳備，內容不外技術管理和行政管理兩個方面，對於學習中國水利史的人來說，亦不可不讀。

[133]《王司馬集》卷8。

# 第二十五章

# 四大發明和染織、製瓷、冶金、造船技術

## 第一節　四大發明❶

迄明代為止，在世界 300 項左右重大科技成就中，有 175 項出自中國人之手，其中四大發明尤為舉足輕重。火藥、印刷術、指南針引起了難以數計的變化，❷為資產階級發展的必要前提。❸加上造紙術，事實上四大發明就其總體作用來看，是改變了世界的進程，在人類歷史上，時至公元第三個新千年已經開始，還找不到任何其他可以與之相匹敵的發明創造。

### 一　火藥和火藥武器

火藥及其原料可以治癬、殺蟲、避濕氣和瘟疫，因而被稱為「藥」。組成火藥的原料有炭、硫 (S) 和硝 ($KNO_3$)，早已為中國古人所認識。特別是硝，它與朴硝 ($Na_2SO_4 \cdot 10H_2O$) 等鹽類很難辨識，南北朝時期的陶弘景指出鑒別硝石的方法：「燒之，紫青煙起……，云是真消（硝）石也。」(《神農本草經集注》「消石」條）這與近代用焰色來鑒別硝酸鉀是相似的。

在道教的煉丹活動中，煉丹家們逐步瞭解到點燃硝石、硫黃、木炭的混合物，會產生異常激烈的燃燒。❹這一點，在唐代中期偽託藥物學家孫

❶ 關於四大發明，有質疑意見認為：在近現代西方歷史上起到重要作用的「黃火藥」系統的火藥與中國發明的黑火藥 (black powder) 完全是兩回事，中國自己發明的黑火藥沒有什麼大的用途；而中國又僅僅是發明了水羅盤，旱羅盤是歐洲發明的。因此應予新的客觀的評價。

❷ 參見弗・培根 (Francis Bacon, 1561～1662)《新工具》第 103 頁，商務印書館，1984 年。

❸ 參見《馬克思恩格斯全集》第 30 卷第 318 頁，人民出版社，1975 年。

思邈（京兆華原〈治今陝西銅川市耀州區〉人，581～682）所撰《孫真人丹經》卷5中已有明確的記載，該書雖偽，但與孫思邈多少有些關聯。❺

最早有年代可考的火藥配方，見於唐憲宗元和三年(808)清虛子撰《鉛汞甲庚至寶集成》中的「伏火礬法」❻條，其內容為：「硫六兩，消二兩，馬兜鈴三錢半。右為末，拌勻。掘坑入藥於罐內，與地平。將熱火一塊，彈子大，下放裏面。煙漸起，以濕紙四五重蓋，用方磚兩片捺，以土冢之，候冷取出。」

晚唐五代時期，火藥被傳到了軍事家手中，出現了火藥武器。

北宋開寶三年(970)，兵部令史馮繼昇進火箭法；咸平三年(1000)，神衛水軍隊長唐福，把他所製的火箭、火球、火蒺藜獻給朝廷。❼咸平五年(1002)，冀州團練使石普也製成了火球、火箭，當時的真宗皇帝把他召來，令其當眾表現，獲得成功。❽與此同時，研究和反映火藥武器製造的著作不斷問世。如曾公亮等在慶曆四年(1044)編著成書的《武經總要》前集卷11～12中，記錄了毒藥煙球、蒺藜火球和火炮等3種火器的不同配方。值得注意的是，當時火藥配方中硝的含量比唐代火藥的硝含量增加到兩倍甚至接近3倍，與後世黑火藥中硝占3/4的配方相接近，❾這說明火藥製造的不斷趨於成熟。

火藥應用於武器上，是武器史上一大革命。火藥武器在戰爭中顯示了前所未有的威力，兩宋之際宋、金雙方戰爭中使用的火炮「霹靂炮」和「震天雷」，火藥發作，聲如雷震，甲鐵皆透。南宋紹興二年(1132)，德安（治

❹ 東晉葛洪《抱朴子·內篇·仙藥》著錄「餌雄黃方」，其中第六方用「三物」（硝、元胴腸——即豬大腸、松脂）煉雄黃，就已經注意到如果超過一定的溫度，難免起火爆炸。

❺ 《道藏》「洞神部·眾術類」收宋孟要甫輯《諸家神品丹法》，現在經常被科技史著作不忘提到的引燒皂角子「令存性」為生成炭的無名氏「伏火硫黃法」列於「孫真人內伏硫黃法」後，顯然兩者各有面目，是不可混為一談的，研究者宜加以注意。

❻ 見《道藏》「洞神部·眾術類」。按：在煉丹術語中，「伏」兼有「控制」和「製得」雙重意義。

❼ 《宋史》卷197。

❽ 《續資治通鑑長編》卷52。

❾ 根據《武經總要》的記載，如果不計其他成分，則當時火藥硝、硫、木炭的配比，毒藥煙球硝占60%，蒺藜火球硝占61.54%。而近現代標準黑火藥硝、硫、木炭的配比，美國為74%：10%：16%；德國為75%：10%：15%。

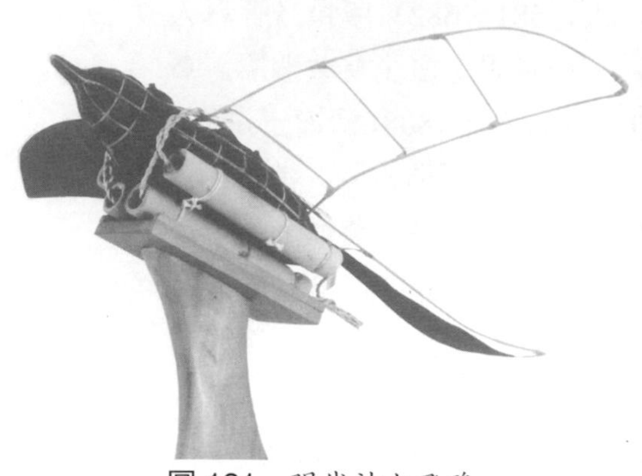
圖 121　明代神火飛鴉

今湖北安陸）知府陳規發明了竹竿火槍，能噴火，標誌著近代槍炮雛形的管形火器的出現。開慶元年 (1259) 壽春府（治今壽縣）創製的突火槍，內裝子彈，是人類軍事史上首次運用射擊原理而製成的射擊武器。到了元代，為增強槍炮筒子的承受力，改用銅鑄成筒式火炮，這類炮統稱「火銃」，又稱「銅將軍」，以表明其威力之大。1970 年在黑龍江省阿城縣（今哈爾濱市阿城區）半拉城子出土了一具銅火銃，長 34 釐米，重 3.55 千克，係元世祖至元二十四年 (1287) 平定乃顏叛亂時所用，這具銅炮是世界上已經發現的最早的金屬管形火器實物。約在元末，還出現了鐵火銃。至於後來明代的火藥武器，則更加厲害。明代軍隊中使用的火箭，其中「百虎齊奔箭」，一次可發 100 支火箭，而這還是單級火箭。另有幾種多級火箭，如「火龍出水」，共有兩級推進器，外縛推進器點燃後，推進火龍出水飛行，不久引燃火龍腹內推進器，發射事先裝在那裏的火箭，射程可達 0.5～0.75 千米路遠；又如「飛空砂筒」，發射出去後，先向敵方噴射火藥和細砂，「砂落傷目無救」（《武備志》卷 129），然後再依靠第二級火箭飛回，這已是開了現代多級火箭的先河。明代弘治、正德以後，火炮性能也在前代基礎上有較大的改進：一. 有了後裝火炮；二. 發明了炮車架；三. 在炮身上鑄造耳軸和垂直軸，便於隨時向不同目標射擊；四. 能發射爆炸彈；五. 先後引進了葡萄牙、荷蘭的後裝、帶瞄準具的火炮⑩。嘉靖年間出現的「千里銃」，平時懸掛於腰間，遇敵舉手可放，十分輕便。明代還創造了地雷、水雷和定時炸彈。⑪清初平定三藩時，戴梓（奉天鐵嶺人，原籍浙江仁和〈與錢塘同治今杭州〉，約 1649～1726）以布衣從軍，發明「連珠銃」和「沖天炮」。連珠銃「其機有二，相銜如牝牡，扳一機則火藥

⑩ 據朱炳旭考證，葡萄牙「佛郎機」炮的引進，在明代正德十六年 (1521)，最早引進該器的為時任閩、廣兩省兵備道的胡璉。見《胡璉與佛郎機》，《人民政協報》1999 年 8 月 3 日。

⑪ 地雷和定時炸彈見《淵鑒類函》卷 213《武功部八》引《兵略纂聞》，水雷見《天工開物・佳兵》。

鉛丸自落筒中，第二機隨之並動，石擊火出而銃發，凡二十八發乃重貯」(《清史稿》卷 505)；沖天炮炮身僅長 5/6 米，重 375 千克，彈道彎曲，炮彈形似瓜狀，威力大，射程遠，「敵人遇之無不糜爛」(《清稗類鈔・工藝・戴文開製軍用品》)。順、康、雍 3 朝，是中國傳統社會火藥武器的全盛時期，當時沙皇俄國和西方資本主義國家都仍然懾於中國的軍事威力而不敢大打出手。

中國古代火藥的發明，到南宋紹定三年 (1230)，經波斯傳入阿拉伯國家，以後又傳到歐洲。英、法各國直到 14 世紀中期，才懂得火藥和火藥武器。而日本開始仿製從中國傳入的火器，則更遲至 16 世紀 40 年代。⑫至於西方發明威力更大、功能更全的「黃火藥」系統的火藥，那是 18 世紀末葉以後的事情了。

## 二　造紙術的發明和改進

中國古代直至秦漢王朝，簡牘、縑帛仍然是主要的書寫材料，隨著物質文化生活的日益發展，簡牘的笨重和縑帛的昂貴越來越不能適應人們的需求，於是有了造紙術的發明。

《漢書・外戚傳下》提到「赫蹏書」，顏師古注引應劭曰：「赫蹏，薄小紙也。」現存灞橋紙顏色泛黃，質地鬆弛粗厚。1986 年，在甘肅天水附近的放馬灘，又出土了繪有地圖的麻紙。但包括上述在內，所有被有關人士所艷稱的「蔡倫以前的紙」，或根本不是紙，⑬或雖是紙，但其品質卻難以與後來蔡倫所造的紙相提並論。

圖 122　陝西洋縣龍亭鎮蔡倫墓

蔡倫 (生年未詳，卒於 121 年)，字敬仲，東漢桂陽郡 (治今湖南郴州) 人。他在工匠們的共同努力下，發明了用麻頭、破布、舊魚網等麻料和樹皮製造的「蔡侯紙」，於和帝元興元年 (105) 進呈朝廷，「帝

⑫　南浦玄昌：《南浦文集》卷 1《鐵炮記》，東京岩波書店，1998 年。

⑬　如果降低標準，則那樣的「紙」，外國早就有了。

善其能，自是莫不從用焉」(《後漢書・蔡倫傳》)。蔡侯紙採用常見、廉價的材料，技術工藝完備精細，除淘洗、碎切、泡漚原料之外，還用石灰進行鹼液烹煮。蔡侯紙的出現，標誌著紙張開始取代竹帛的關鍵性轉折。率先記載此事的同時代的權威文獻《東觀漢記・蔡倫傳》明確交代：「黃門蔡倫，典作尚方作紙。」在古籍中，「作」就是發明創造，否則就當不得「作」字。毫無疑問，蔡倫發明了蔡侯紙，一舉彰顯了造紙術的意義，他的歷史地位，在沒有新的強有力的證據前，是不容輕易加以否定的。1990 年 8 月，國際紙史協會 (IPH) 在比利時馬爾梅迪召開第 20 屆代表大會，與會專家一致進一步論定了蔡倫的偉大業績。⑭

造紙術發明後，歷代都有改進。西晉時期，人們用古藤造藤紙，用楮、桑皮造皮紙，這樣，造紙原料就更加多樣化了。部分晉紙纖維帚化度達到 70%，已接近機製紙。⑮東晉加工色紙，有青、紅、淺青、桃紅等多種。而唐、宋兩代是造紙業的大發展時期，瑞香皮、木芙蓉皮都被用來造紙。唐代造紙的主要原料是楮皮，以致「楮」從此以後成了紙的代稱，如元人張翥《題趙文敏公木石》詩云：「吳興筆法妙天下，人藏片楮無遺者。」⑯詩中「片楮」意即「一片紙」。唐代還利用野生麻類造紙，又開始生產竹紙，在造紙中加礬、施膠、填粉、塗蠟、灑金、染色等加工技術也大大超過了前代。所謂硬黃紙，經加蠟處理表面光滑，有一定的透明度，且能防蛀抗水，極便於勾填漢晉法帖。硬黃紙發展到北宋有金粟山藏經紙，為宋紙中的極品。紙張產地除了浙江、四川、廣東、江蘇、江西、安徽等地以外，其他各地也出現了造紙業。名紙中的宣紙，產於宣州府涇縣（今安徽涇縣西），用檀樹皮製造，特點是純白、細密、柔軟、均勻，質地堅韌，吸水力強，顏色經久不變，深得文人墨客的喜愛。另外如蜀紙中的薛濤箋，以木芙蓉皮為原料，煮爛以後加入芙蓉花汁，鮮艷絢麗，亦是供不應求的搶手貨。五代時，南唐李後主命工匠精工製造「澄心堂紙」，以楮皮為原料，「滑如春冰密如繭」(梅堯臣：《永叔寄澄心堂紙二幅》)⑰，質地特優，宋敏求

⑭ 在這次會議之後，中國又繼羅布淖爾、灞橋、金關、扶風中顏、馬圈灣、放馬灘等地，出土了懸泉置紙，據稱是西漢時期的遺物，說詳甘肅省文物考古研究所《甘肅敦煌漢代懸泉置遺址發掘簡報》，《文物》2000 年第五期。

⑮ 潘吉星：《中國造紙技術史稿》第三章，文物出版社，1979 年。

⑯ 《蛻菴集》卷 1。

曾以百幅贈梅堯臣，梅作詩答謝說早年他已獲歐陽修送兩幅，一直捨不得用，「我不善書心每愧，君又何此百幅遺」(《答宋學士次道寄澄心堂紙百幅》)，這份禮卻之不恭，但實在是太重了。北宋四川的布頭箋、冷金箋，歙州的凝霜、澄心，浙江的藤紙，溫州的蠲紙，也都是有名的品種。當時有人說：「有錢莫買金，多買江東紙，江東紙白如春雲。」(王令：《再寄滿子權二首》)⑱歙州長紙 50 尺，自首至尾，勻薄如一。⑲晉代始有簾紋紙，宋代簾紋紙完全取代了布紋紙。明代竹紙的應用廣泛性已躍居首位，其中連史、毛邊等品種，質優價廉，最受市場歡迎。宋應星《天工開物・殺青》記述其製造過程說：於芒種前後登山砍竹，截短五七尺長，在塘水中浸漚 100 天，加工捶洗後，脫去青殼和粗皮；再用上好石灰化汁塗漿，放在楻桶中蒸煮 8 晝夜，歇火 1 日，取出竹料用清水漂洗；又用柴灰水漿過，再放入楻桶蒸煮，用灰水淋下，經 10 多天，取出入臼，舂成泥狀，然後製漿造紙。⑳這是機器造紙以前最先進的工藝流程。而清代的宣紙不僅紙色潔白光艷，久不變色，而且韌性很強，久折不斷，有「紙壽千年」的盛譽。

中國古代先進的造紙技術於 7 世紀初經朝鮮傳入日本，8 世紀中葉經中亞傳入阿拉伯，10 世紀時又由阿拉伯世界傳入北非。在歐洲，造紙術是從北非和西亞兩條路綫先後傳入西班牙和義大利的。12 世紀，西班牙在以產亞麻著稱的薩蒂瓦建立了歐洲第一家紙廠；而義大利設廠造紙則是 13 世紀以後的事情了。直到 18 世紀中葉，西方國家仍在繼續學習中國的造紙術。㉑世界各國沿用中國傳統方法造紙，有長達整整千年以上的歷史。

## 三　雕版印刷和活字印刷

中國古代印刷術的發明，經歷了雕版印刷和活字印刷兩個階段，而活字印刷又由非金屬活字演變為金屬活字。當時發達的造紙業、製筆和造墨業為印刷術的問世準備了物質條件，而印章和石刻藝術實踐又給了人們以

⑰ 《宛陵集》卷 7；下引《答宋學士次道寄澄心堂紙百幅》，見同書卷 27。

⑱ 《廣陵集》卷 4。

⑲ 蘇易簡：《文房四寶》卷 4《紙譜》。

⑳ 這種造紙方法至今猶完整、真實地存活於廣西樂業縣同樂鎮把吉村的造紙作坊中，《光明日報》南寧 2004 年 4 月 23 日電，通訊員劉華、記者劉昆。

㉑ 王渝生：《造紙術是蔡倫發明的嗎》，《光明日報》2000 年 1 月 13 日。

足夠的啟示，所以印刷術的發明，決不是偶然的事情。

雕版印刷術的發明時間，確切年代尚無法斷定。明代胡應麟《少室山房筆叢》卷 4 云「雕本肇自隋時」，這個論斷的依據是 16 世紀 20 年代陸深《河汾燕閒錄》卷上誤讀隋人費長房《歷代三寶記》卷 12「廢像遺經，悉令雕撰」的一句話而所作的發揮，可謂以訛傳訛，但卻很可能歪打正著。事實上，南齊建武元年 (494) 至中興二年 (502) 的寫本《雜阿毗曇心論》背後的捺印佛像，與雕版印刷的區別，已經只有吹印與刷印的一步之差。㉒毫無疑問，中國雕版印刷的起源時間不應晚於隋代。因為唐初的印刷品實物，無論從刻工刀法和印刷效果觀之，都已顯示了印刷技術獲得一定發展的跡象。㉓雕版印刷一般選用紋質細密堅實的木材為雕版原料，較手寫傳抄優越百倍，因而得到迅速的傳播和推廣。

早期的雕版印刷活動主要是在民間進行的，大致用於以下 3 個方面：一是刻印佛像和佛典；二是刻印詩集、音韻書和教學用書；三是刻印曆法、醫藥等科學技術書籍。據馮贄《雲仙雜記》卷 5《印普賢像》記載：「玄奘以回鋒紙印普賢像，施於四眾，每歲五馱無餘。」數量相當大。

現存世界上最早的印刷品，是 1966 年在韓國發現的木刻《陀羅尼經》，刻印於武則天長安四年 (704) 至唐玄宗天寶十年 (751) 之間，經研究認定，翻譯和刻印地點均在長安。現存世界上最早標有確切年份的雕版印刷品是唐懿宗咸通九年 (868) 四月十五日由王玠出資刻印的《金剛經》(今藏英國不列顛圖書館)，其中有《金剛經》全文和釋迦牟尼說法圖，刻印清晰精美，技術已相當純熟。

民間印售書籍的興盛，促進了官方印售儒家經典的活動。五代後唐長興三年 (932)，經馮道（瀛州景城〈今河北滄州西〉人，882～954）等人倡議，政府開始大量印刷儒學典籍。

但雕版印書，大部頭書往往要花費幾年時間，存放版片又要占用很大的空間；印量少而又不重印的書，版片用後便成了廢物。這些明顯的缺陷，終於由活字印刷來彌補了。

活字印刷術的發明者是活動於北宋慶曆 (1041～1048) 前後的平民畢昇，這是一位具有世界意義的偉大發明家，他的這項偉大發明比 1456 年歐

㉒ 石雲里：《新公開的敦煌南齊寫本上的捺印佛像》，《中國印刷》1999 年第十期。

㉓ 潘吉星：《從考古發現看印刷術的起源》，《光明日報》1997 年 3 月 11 日。

洲最先用活字印刷《聖經》的德國人谷騰堡（Johannes Gensfleisch zum Gutenberg, 生年未詳，卒於 1468 年）要早 400 年，可惜有關他生平的其他事跡，已經不得而知了。㉔

據沈括《夢溪筆談》卷 18 記載，畢昇的活字印刷技術，其基本原理與現代鉛字排印方法大致相同：先用膠泥製成活字，每字作為一印，用火把它燒堅實，再設一塊鐵板，上面敷以混合松脂、蠟和紙灰等製成的藥品。要印的時候，先放一個鐵框子在鐵板上，框子嵌滿字印，排成一版，然後拿到火上去烤，等字印底下鐵板上的藥品逐漸熔化，再用一平板按壓在字印上，待藥凝固，字印全都壓平。印刷時，通常都用兩塊鐵板，一印刷，一排字。第一塊版才印完，第二塊版已排好，更換使用，甚為方便。每個字都有數印，有些常見字如「之」、「也」等，每字有 20 多個印，以備一塊版中需要重複。不用時把字印裝在木格子裏，按韻分類，並用紙籤標明。有些非常用字需要時可臨時刻製，用茅草火焙乾，轉眼即成。一版印完後，在火上一烤，藥熔後用手一掃，字印即可脫落，並不玷污。

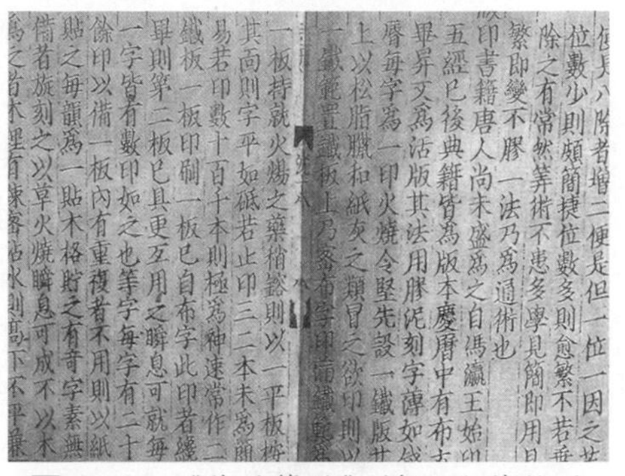
八階者增二便是但一位一因之
位數少則頗簡捷位數多則愈繁不若乘
除之有常然算術不患多學見簡即用見
繁即變不膠一法乃為通術也
印書籍唐人尚未盛為之自馮瀛王始印
五經已後典籍皆為版本慶曆中有布衣
畢昇又為活版其法用膠泥刻字薄如錢
脣每字為一印火燒令堅先設一鐵版其
上以松脂臘和紙灰之類冒之欲印則以
一鐵範置鐵板上乃密布字印滿鐵範為
一板持就火煬之藥稍鎔則以一平板按
其面則字平如砥若止印三二本未為簡
易若印數十百千本則極為神速常作二
鐵板一板印刷一板已自布字此印者纔
畢則第二板已具更互用之瞬息可就每
一字皆有數印如之也等字每字有二十
餘印以備一板內有重複者不用則以紙
貼之每韻為一貼木格貯之有奇字素無
備者旋刻之以草火燒瞬息可成不以木
為之者木理有疎密沾水則高下不平兼

圖 123　《夢溪筆談》詳細地著錄了畢昇的活字印刷術　圖為元大德九年 (1305) 東山書院刻本《夢溪筆談》

現存世界上最早的泥活字印刷品，是 1965 年在浙江溫州白象塔發現的《佛說觀無量壽佛經》，據考證距畢昇身後已約 50 年左右。泥活字印刷術，直到清代，還有人在使用。

畢昇發明泥活字印刷後，到南宋，有了木活字印刷。後來元代王禎進一步完善了木活字印刷術，他還創製轉輪排字架，採用以字就人的科學方法，既提高了排字效率，又減輕了排字工人的體力勞動。㉕

元順帝至元六年 (1340) 中興路（治今荊州）資福寺刻無聞和尚注解的《金剛經》，用朱、墨兩色套印。套印技術的發明，也是中國最早。南宋就已有彩色雕版套印的問世，但當時僅用於印刷紙幣。㉖

---

㉔ 1993 年，有報道說湖北英山發現了一塊畢昇墓碑，但墓主「畢昇」，究竟為誰，尚難斷定。參見張秀民《英山發現的是活字發明家畢昇的墓碑嗎》，《中國印刷》第 42 期。

㉕ 《東魯王氏農書・雜錄》「造活字印書法」。

㉖ 1974 年，在山西應縣釋迦塔內發現了遼代統和（983～1012）年間的彩色版畫，經確認，其彩色是印成後塗上去的，與套印技術無關。

除了泥、木等非金屬活字外，中國從南宋到元、明、清3代，又出現了錫、銅、鉛等所製造的金屬活字。錫活字發明於南宋，這是世界上最早的金屬活字。《御試策》則是中國現存早期銅活字印本，刊印年代，估計亦當在元順帝至正初年(1341～1345)。

明末用「餖版」和「拱花」技術彩印版畫，繪刻精美，施墨著色也很考究。所謂「餖版」，就是逐色由淺入深進行套印；所謂「拱花」，就是將雕版加力壓印在紙上。前者能表現原作的各種色彩，後者能使花紋凸起，效果都非常好。

從雕版印刷發展到活字印刷，充分反映了中國古代勞動人民的智慧和不斷進取的精神。中國印刷術創造人類科學技術史的記錄，以其領先的地位，先後傳播到亞洲和非洲、歐洲各國，㉗對世界文明作出了重大的貢獻。

## 四　指南針的發明和應用

中國古代四大發明中，指南針發明的年代最早。《韓非子・有度》篇裏有「先王立司南以端朝夕」的話，「司南」就是指南針的前身；「端朝夕」是正四方的意思。司南用磁石 ($Fe_3O_4$) 製成，樣子像勺，圓底，置於平滑的刻有方位的「地盤」上，其勺柄就指向南方。㉘中國在戰國時期就已經發明了指南針。

中國首先發明指南針，一是由於人們對磁石的指極性早有認識；二是因為雕琢技術一向高超，把磁石琢成形體輕巧的司南並不困難。司南雖已發明，但用天然磁石雕琢時容易因打擊、受熱而失磁，所以司南的磁性較弱，轉動時阻力又較大，難以達到預期的指南效果。

由於至今未發現司南實物，對司南究竟為何物表示質疑者頗不乏人。並且20世紀60年代中期，在墨西哥韋臘克魯斯地區聖洛倫索的奧爾梅克人遺址，出土了一塊長3.2釐米的雕鑿規整的條形天然磁石殘片，如果是指南針的雛形的話，更比中國的司南記載早1000多年。

㉗ 中國印刷術在唐代已傳入波斯，並較早傳入埃及，可惜後來中斷了；而其第二度西傳，卻已在13世紀末年以後。至於菲律賓和印度等亞洲國家，則要等到16世紀時，才開始由東來的歐洲人傳入印刷術。

㉘ 參見王振鐸《司南指南針與羅經盤——中國古代有關靜磁學知識之發現及發明》(上)，《中國考古學報》第三冊，1948年。

不過，無論如何，目前國際上仍占壓倒優勢地傾向於認為後世航海用指南針的發明權屬於中國。

北宋曾公亮主編的《武經總要》前集卷 15 中，載有製造指南魚的方法：「用薄鐵葉剪裁，長二寸，闊五分，首尾銳如魚形，置炭火中燒之，候通赤，以鐵鈐鈐魚首出火，以尾正對子位，醮（蘸）水盆中，沒尾數分則止，以密器收之。」從現代物理學的知識看，把鐵片燒紅，「正對子位」，可使鐵魚內部處於活動狀態的磁疇順著地球磁場方向排列，達到磁化目的；蘸入水中，可把磁疇的規則排列較快地固定下來；而魚尾略向下傾斜，可起增大磁化程度的作用，這顯然是經過反復試驗總結出來的較為有效的製作方法。但該法所得的磁性仍較弱，其實用意義還不大。

另一種人工磁化方法，載於沈括《夢溪筆談》卷 24：「方家以磁石磨針鋒，則能指南。」這種方法也是利用天然磁石的磁場作用，使磁針內部磁疇的排列規則化，從而使磁針顯示出磁性。這種方法既簡便又有效，為具有實用價值的磁石指向器的出現，提供了重要的技術前提。

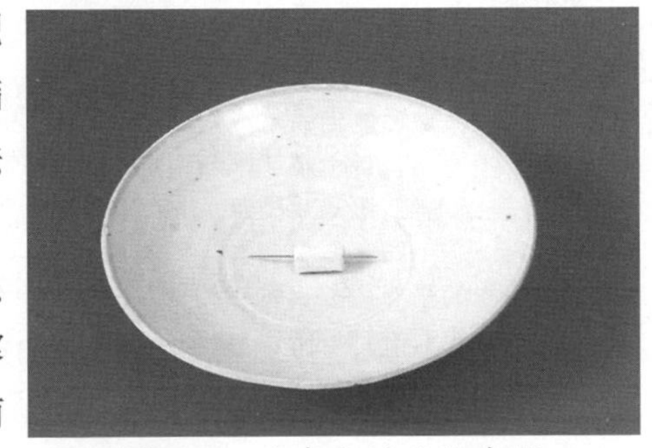

圖 124　北宋水浮法指南針

關於磁針的裝置，沈括提出了 4 種方法：把磁針橫貫燈芯浮於水上，架在碗沿之上，置在指爪之上，用縷絲懸掛起來。沈括認為第四種方法比較好。南宋陳元靚在所著《事林廣記》卷 10 中，還介紹了指南針的兩種裝置方法，即木刻指南魚和木刻指南龜。木刻指南魚是把一塊天然磁石塞進木魚腹裏，讓木魚浮在水上而指南。木刻指南龜也是把磁石安放在木龜腹裏，所不同的是在木龜腹部下方挖一小穴，然後把木龜安在竹釘子上讓它自由轉動。這種木刻指南龜的竹針支托法，就是後來旱羅盤安裝法的濫觴。實際上早在南宋慶元四年 (1198) 以前，中國已經發明了旱羅盤。㉙

明代中期以前普遍使用的是水羅盤，直到嘉靖年間才由西方製造的旱羅盤取代水羅盤。旱羅盤與水羅盤的區別在於：旱羅盤的磁針是以釘子支在磁針的重心處，使支點的摩擦阻力盡量縮小，磁針即可自由轉動。14 世紀初，義大利人還發明了字盤裝在磁針上、盤隨針轉的旱羅盤。顯然，旱羅盤比水羅盤具有更大的優越性，克服了水羅盤在水上游蕩的缺點，因而

㉙ 陳定榮、徐建昌：《江西臨川縣宋墓》，《考古》1988 年第四期。

更適用於航海。

指南針作為一種指向儀器，在中國傳統社會軍事、生產和日常生活中，尤其在航海事業上，都有重要的意義。北宋末年，在朱彧所著《萍洲可談》卷 2 中，就已經明確說到指南針用於航海事業。而在英國尼科姆 (Alexander Nackaqm, 1157～1217) 的著作中，也已經有了歐洲人將指南針用於航海的記錄。

乾隆三十一年 (1766) 敕撰的《皇朝禮器圖式》卷 3 中，有一幅裝置在陀螺內的指南針或羅盤圖，將指南針或羅盤與陀螺結合在一起，雖屬西方人的創造，但陀螺的最早設計者丁緩，卻依然是中國漢代長安的一位工匠。

指南針的應用，使人們在茫茫大海中獲得了航行的自由，從此以後，航程縮短，新航路不斷開闢，促進了世界各國間的文化、經濟交往。[30]

## 第二節　染織技術

中國古代染織技術，在絲織、麻織、毛織、棉織、印染等工藝上，均以歷史悠久、製作精美而飲譽於世界。

染織的織，就是指紡織。中國古代紡織業，紡起源於舊石器時代的製繩，至新石器時代已有陶紡輪；織起源於編席和結網，至河姆渡文化已有原始腰機。紡輪由輪盤和輪桿組成，使用時，在輪桿底拴紗，然後將紡輪下垂，並且轉動輪桿，由於輪盤較重，能使纖維拉直，加上旋轉時所產生的力偶，可以將纖維捻成麻花狀。腰機又稱「手經指掛」(《淮南子・氾論訓》)，這種紡織機已經有上下開啟織口、左右穿引緯紗、前後打緊緯密等 3 個運動方向。中國的機具紡織，就是從這兩件工具開始的。

中國古代號稱「絲綢之國」(Serica)，在紡織業中，絲織最為發達。絲織的原料是蠶絲，紡織之前，先要經過一道繅絲工藝，把蠶兒吐絲作繭的絲牽引出來。繅絲商代已用熱釜技術，西周發展為絲框繅絲，手搖繅車大約起源於戰國時期，漢代又發明了腳踏繅車（其普遍應用卻是在宋、元之際）。繅絲用水影響絲的品質，關係極大，如著名的「輯里絲」，就是取浙

[30] 指南針傳播到歐洲，通常被認為是通過阿拉伯人的中介才實現的；但也有意見認為，12 世紀時由陸路經西遼先傳入俄羅斯的可能性更大一些。參見《李約瑟文集》第 511～512 頁，遼寧科學技術出版社，1986 年。

江湖州南潯穿珠灣之水繅成，絲質堅韌，絲色晶瑩，向稱上品。

在湖州錢山漾遺址中，出土了一批約 4700 多年前的家蠶絲紡織品。絲帛的經、緯密度各為 48 根／釐米，絲的拈向為 S 拈；絲帶寬 5 毫米，用 16 根粗細絲綫交編而成；還有絲繩，拈度為 3.5 個／釐米，拈向亦為 S 拈。這些紡織物充分表明當時的絲紡織技術已有一定的水平，中國是世界上最早生產絲綢的國家。㉛

殷墟武官村大墓出土的銅戈上，有較細的絹紋；大司空大墓出土的銅器上，也有絹紋殘跡。通過對這些絲絹印痕中的回紋絹圖案的觀察分析，可以知道商代已掌握了提花及斜紋織花技術，能織出疏密相當、組織嚴密而富於樸素韻律美的暗花回紋四方連續圖案。在河南洛陽下瑤村殷墓，又曾發現絲織帳幔隨葬品，紅條紋地上還加飾以黑白綫。據《太平御覽》卷 815 引《太公六韜》說：「夏桀殷紂之時，婦人錦繡文綺之，坐食衣以綾紈常三百人。」又據《詩經》、《周禮》、《儀禮》、《帝王世紀》等書記載，商和西周，絲織物在品種方面，除羅、綃、紗、綾、紡、綺、紈、縠、縞、綈等之外，西周末年，錦也已出現了。《詩・小雅・巷伯》云：「萋兮斐兮，成是貝錦。」這是中國古代文獻中最早提到錦這種美麗的絲織品。關於絲織品的美術加工和色彩運用，《詩經》中也有很多記載，如《豳風・七月》云：「七月鳴鵙，八月載績。載玄載黃，我朱孔陽，為公子裳。」翻譯成現代詩，就是「七月裏來伯勞鳥叫，八月裏來紡織忙，染出絲來有玄也有黃，朱紅顏色最漂亮，專給公子做下裳」。

春秋戰國時代，紡織技術又有很大的進步。《尚書・禹貢》載兗州貢「織文」（一種非一色的絲織品），青州貢「檿絲」（柞蠶絲），徐州貢「玄纖縞」（一種玄色而細的絲織品），揚州貢「織貝」（一種有貝紋圖案的絲織品），荊州貢「玄纁」（一種玄色的絲織品），豫州貢「纖纊」（一種細綿），說明當時黃河流域和長江下游地區都生產絲織品。1982 年 1 月，湖北江陵馬山磚廠一號墓出土了戰國絲織品 20 多件。其中 N23 夾衣所用的絹，經密 158

㉛ 浙江省文管會：《吳興錢山漾遺址第一、二次發掘報告》，《考古學報》1960 年第二期。按：相傳蠶絲技術是黃帝正妃、古蜀部落西陵氏之女嫘祖發明的，但據《人民政協報》2006 年 9 月 7 日《六千年前發明蠶絲技術有實證》（記者：孫煒）報導，江蘇金壇三星村發現骨雕蠶鉞飾，如其屬實，則這項技術的發明至少要早於傳說中的嫘祖 1000 年。

根／釐米，緯密 70 根／釐米；N17 袷所用黃絹具「畦紋」，緯綫有規律地或鬆或緊，經緯紗綫條分均勻，並經壓光。有一件繡花龍鳳虎紋羅禪衣，羅的織法為三梭平織、一梭絞經，這種羅用作繡地，對花紋起明顯的反襯作用。

而馬山一號墓中出土的錦，就更加不簡單了。這些錦，古樸而富麗，有朱紅、暗紅、黃、深棕、淺棕、褐等色，單幅多為 2 色或 3 色，最多的有 6 種顏色。為解決織造困難，多色錦採用分區法，是把 2 根或 3 根不同顏色的經綫分成 2 組或 3 組，用提花方法織成，經組織基本上是三上一下或三下一上。有些經綫經過強化，使織物表面形成一道道凸起的織紋；有些經綫還另附掛經。雙色錦正反面呈現相同紋樣，顏色則不相同；三色錦只有正面呈現花紋。錦的紋樣以幾何圖案為主題，有菱形、棋格、S 形、六邊形等；動物紋有龍、鳳、虎、麒麟等；另外還有歌舞人物紋。就三色錦而言，N4 舞人、動物紋錦衾花紋由歌舞人物和龍、鳳、麒麟等瑞獸組成，每一小單元呈三角形排列，左右對稱，共有 7 個單元組成橫貫全幅的花紋。經向長 5.5 釐米，緯向寬 49.1 釐米，經緯密度為 156 × 52 根／平方釐米。這樣大的花紋單位出現在這個時代，真是奇跡。

圖 125　韓仁繡錦　漢

上述艷麗多彩、輕盈柔滑的絲織品，像早晨的彩霞、春野的繁花，醒目地揭示了中國傳統社會絲綢業發展的美好前景。

秦漢時代的紡織技術，在當時世界上不愧為最先進的水平。西漢絲織品，稱為繒帛，著名品種有紗（以經緯紗一上一下相互交織的平紋組織織成，密度較疏，表面分布有均勻的方孔）、縠（如紗而表面呈粟狀皺紋）、綃（與紗相類，但未經脫膠，故堅脆挺括）、紈（平紋組織，細密柔軟，渙然有光）、素（常與紈並稱互訓，潔白精緻）、縞（與素相類，但未經精練）、綈（平紋組織，厚實，富光澤）、縑（為并絲而織的重平組織，密不漏水，經練染）、纆（平紋組織，經緯紗粗細不同，或粗細緯交替織造，較厚實）、縐（運用組織結構和工藝條件的作用，織成後經練染，表面有皺紋效應）、綺（在平紋地上起經緯組織點構成斜綫的斜紋花，多為幾何形小暗花紋）、羅（以地經紗和絞經紗同 3 根以上奇數緯紗交織而成，表面分布有椒形排孔，質地細軟輕薄，手感滑爽）等。此外如紬（平紋，係抽引粗繭緒織成)、絓（與紬相類，用下腳料織成)，亦皆結實耐用。至於華麗的錦和明艷的綾，那是更為人們所熟知的。這些品種，很多是承前代而來，但其中有不少卻是新出現的。

1972～1974 年，在長沙馬王堆出土的一、二、三號漢墓中的絲織品，僅一號墓就有單幅絲織品 46 件(樣)，綢織衣物 68 件(樣)，共 114 件(樣)，絹、紗、羅、綺、錦、起毛錦（絨圈錦）都有，其中起毛錦是西漢時才有的新品種。據專家研究，馬王堆出土的素紗緯絲拈度，每米為 2500～3000 回，已接近現在電機拈絲每米 3500 回之數。特別是那件用素紗做成的禪衣，單絲條分僅 10.2～11.3 但尼爾，衣長 128 釐米，袖通長 190 釐米，重量為 49 克，1 平方米只重 15 克。又如起毛錦，在 4 組經絲中，除底經織造時可以用綜架提沉，其餘占 3/4 的 3 種經絲，經密每釐米有 150 根左右，最大的花幅 13.7 釐米，即需 2055 根經絲單獨運動，這樣就必須用提花綜束來管理升降運動，並且加兩片上開口的素綜。織造時，絨圈經如果要形成環狀，還必須使用一種起絨緯，以便織緯綫，織好再將其抽去。緯密每釐米 41～51 根，地緯與起絨緯成 2:1。這種工藝的複雜程度，誠然使現代人太吃驚了。㉜《西京雜記》卷 1 載漢宣帝時陳寶光妻（鉅鹿〈今河北平鄉西南〉人，生卒年未詳）所用綾、錦織機（即提花機）為 120 綜躡（躡即踏具）㉝，而馬王堆絲織品的織造年代則在漢文帝在位期間，比陳寶光妻還早 100 年左右。

紡車可能出現於殷商時期；漢代使用的紡車，已與後世所用大致相同。東漢織機的經面和水平的機臺呈一定的傾角，採取坐姿的織工可以一目瞭然地看到經綫張力是否均匀，有無斷頭；同時，用雙腳交替踩躡進行提綜變交的工作，騰出雙手可以更迅速地引緯和打緯。三國馬鈞吸取前人經驗，簡化了綾機的踏具，改造了綾機的綜綫運動機件，把舊綾機踏具都改成 12 躡，使生產效率提高了 5 倍。《論衡・程材》篇云：「齊郡世刺繡，恆女無

㉜ 魏松卿：《座談長沙馬王堆一號漢墓》，《文物》1972 年第九期。另據中國中央電視臺《探索・發現》欄目 2008 年 2 月 26 日《47 具神秘之棺》報導，江西靖安出土了 2500 多年前春秋徐國的珍貴絲織品，其工藝之精，比起晚了整整 5 個世紀的馬王堆絲織品來，竟頗多匪夷所思的亮點。

㉝ 按：存世此類織機至多為 72 躡，從經紗變形情況、綜框提升過程中的位移及踏桿排列寬度來分析，120 躡的可操作性是有疑問的。參見趙承澤主編《中國科學技術史・紡織卷》第 192 頁，科學出版社，2002 年。

不能；襄邑俗織錦，鈍婦無不巧。」當時齊郡（今屬山東，治所在今淄博市臨淄區）、襄邑（今河南睢縣）的絲織品飲譽全國。而「貝錦斐成，濯色江波」（左思：《蜀都賦》）㉞，蜀錦後來居上，尤受消費者的歡迎。

魏晉南北朝，孫吳在諸暨、永安（治今杭州市蕭山區）生產的絲因質量優異，被列為貢品，稱「御絲」（《太平御覽》卷 814 引《陸凱奏事》）。當時四川的織錦業逐漸發展而在全國占領導地位，蜀錦的織造技術傳到雲南、貴州和廣西等少數民族聚居的地方，對苗錦、侗錦、傣錦和壯錦的形成，具有決定性的意義。

唐代前期，絲織品的生產以定州為中心，揚州次之，後期則越州崛起。定州的細綾、瑞綾、兩窠綾、獨窠綾、二色綾、熟絲綾等，越州的寶花綾羅、白編綾、交梭綾、十樣花紋綾、生縠、花紗、吳絹等，都是名牌產品。宣州所產紅綫毯，有「一丈毯，千兩絲」（白居易：《紅線毯》）㉟的讚語，可見其厚重。蜀錦歷史悠久，唐代蜀錦花式品種仍不斷發展，代宗時，敕令禁織的貢品就有大張錦、軟錦及蟠龍、雙鳳、麒麟、獅子、天馬、辟邪、孔雀、仙鶴、芝草等 10 餘種。

錦是多色的多重織物（現在稱為「緞子織」），質地厚重，是絲綢中的上上絕品，人們常用「錦上添花」來形容那些美好的事物。唐代錦在技術上有經錦和緯錦的區別。經錦是漢魏以來的傳統技法，多係一種經畦紋組織，6 世紀末出現了二枚斜經紋織法，它是用 2 層或 3 層經綫提 2 枚、壓 1 枚的夾緯織法。緯錦是唐代的新創造，大約開始於武則天當政前後，它利用多重多色的緯綫織出花紋，紡機比較複雜，但操作方便，能織出比經錦更繁複的花紋及寬幅的織品。錦中加金的技法在唐代也已開始流行。唐代織錦遺物，新疆塔里木盆地拜城克孜爾石窟中所出有雙魚紋錦、雲紋錦、花紋錦、波紋錦等；新疆吐魯番阿斯塔那出土有幾何瑞花錦、獸頭紋錦、大吉錦、菱紋錦、規矩紋錦、對馬紋錦、鴛鴦紋錦、大鹿紋錦、小團花紋錦、豬頭紋錦、騎士紋錦、雙鳥紋錦、龜背紋錦、鸞鳥紋錦、對鹿紋錦、瑞花遍地錦等；日本正倉院所藏有獅子唐草奏樂紋錦、蓮花大紋錦、唐花山羊紋錦、狩獵紋錦、鹿唐花紋錦、蓮花紋錦、唐花紋錦、雙鳳紋錦、寶相花紋錦、花鳥紋錦、獅啃紋長斑錦、華紋長斑錦、唐花紋長斑錦、花鳥

㉞ 《文選》卷 4

㉟ 《白氏長慶集》卷 4。

紋暈繝錦等。

在武則天垂拱四年 (688) 的紀年墓中，還出土了雙面錦，過去一直以為雙面錦創始於明代。㊱

唐代綾、羅、紗、絹、綺、織成錦的織造技術，亦非前代可比。綾是在綺的基礎上發展起來的，屬以斜紋或變形斜紋為地起斜紋花而織成的織物，唐代綾織物生產趨於全盛，開始追求大花紋的藝術形式，其中今浙江一帶的「可幅盤絛繚綾」，花團循環與整個門幅相等，花紋複雜，交織點少，視感、手感和光澤都非常好，乃是名產中的精品。

唐代絲織品的圖案組成，有聯珠、對稱、散點、幾何形組織等形式，風格壯麗絢爛，既不同於漢代的質樸古拙，又有別於宋代的典雅清秀。色彩則鮮艷明快，寓莊重於諧調，寄靜穆於華美，這一點，在《虢國夫人遊春圖》、《簪花仕女圖》、《搗練圖》等唐畫的婦女裙衫上，都可以得到證實。

唐末宋初，為了完善綾的生產工藝，謀求擴展綾組織的長浮，減少交結，而終於形成了緞的織造方法。緞組織的結構，在紡織品的「三原結構」（平紋、斜紋、緞紋）中，複雜程度不可同日而語，其特點是經緯紗交織位置按一定的規律分散，且有較多的經紗或緯紗浮現於織物表面，外觀平整柔軟，富有光澤。根據宋初《雲仙雜記》卷 3 引唐、宋之際《摭拾精華》的記載，可以確認當年織造五枚緞和八枚緞，均符合現代編結五枚二飛、五枚三飛和八枚三飛、八枚五飛 4 種緞組織要求的 4 種口訣：1, 3, 5, 2, 4; 1, 4, 2, 5, 3; 1, 4, 7, 2, 5, 8, 3, 6; 1, 6, 3, 8, 5, 2, 7, 4。㊲

宋代絲織工藝比唐代更加發達，南方絲織業已超過北方，不少地區出現了專門從事絲織業的「機戶」。北宋時織錦，僅彩錦就有 40 多種，到南宋發展到 100 餘種，著名的「宋錦」、「雲錦」都是在宋代問世的，並且產生了在緞紋底上再織花式圖案的織錦緞。南宋在成都、杭州、蘇州設 3 個錦院，據元代費著《蜀錦譜》所載，在轉運司階段，成都錦院所織僅上貢錦、官告錦、臣僚襖子錦、廣西錦等 4 個項目，就有 20 多種。後來茶馬司管轄錦院，根據少數民族的愛好而織成的不同花式，已有 30 多種，其中宜

㊱ 夏鼐：《新疆新發現的古代絲織品——綺、錦和刺繡》，《考古學報》1963 年第一期；武敏：《新疆出土漢－唐絲織品初探》，《文物》1978 年第七、八期。

㊲ 參見趙承澤主編科學出版社 2002 年版《中國科學技術史・紡織卷》第 351～352 頁，但該書稱《雲仙雜記》係南宋人所撰，似尚非定論。

男百子、大纏枝青紅被面錦、寶照錦、毬路錦等，都是這一時期最流行的紋錦。宋代羅紋絲織物的生產也達到了歷史最高水平，名貴的品種有孔雀羅、瓜子羅、菊花羅、春滿園羅等。杭州所產有結羅、熟羅、花素、綫住等。「亳州出輕紗，舉之若無，裁以為衣，真若煙霧」(《老學庵筆記》卷 6)。尤其是遼地所出輕羅，質量更為上乘。但宋代風氣，崇尚厚重，與前代不同。

宋代絲織品的花紋，幾何紋有龜背紋、象眼紋、卍形或卍字紋、方勝（吉祥物）紋、四合紋、柿蒂紋、方棋紋、雪花紋、毬路紋、盤絳紋、曲水紋、六達暈（達天地東南西北）、八達暈（達八路）、寶照、錦群等，花鳥紋有纏枝花、串枝花、折枝花、鳥紋、龍紋穿花等。另外還有嬰戲紋、獅子紋、錦上添花（幾何紋上添花）、花中有花、葉中加花、樗蒲紋、燈籠紋等。

色彩淡雅柔和，很少飽和色，較多採用深淺不同的茶色、褐色和綠色。

橫州（治今廣西橫縣）地區用濃醋浸野蠶而擘取其絲，「就醋中引之，一蟲可得絲長六七尺，光明如煑成弓琴之弦」(《嶺外代答》卷 6《服用》)，這項技術也是很不簡單的。

在宋畫《耕織圖》上，繪有一架大型提花機。這架提花機有雙經軸和十片綜，上首一人挽花，下面一人織花。這樣的提花機，結構已比較完整，在當時世界上，尚屬絕無僅有。宋代還出現了大紡車，用水力推動的，「比陸車愈便且省」(《東魯王氏農書・農器圖譜・利用》)。

元代盛行加金織物，在弘州（今河南原陽)、蕁麻林（今河北萬全西北）都設有納石失局，織造納石失。納石失，也有寫作「納失失」、「納失思」或「納克實」的，可能是波斯語 nax(nagh) 的音訛，當時波斯也有叫做「納石失」的金錦。納石失有部分加金和全部織金兩類；技術上有捻金（搓金綫)、印金（泥金印花）和片金（縷金絲織)，以及用於少量刺繡上的平金、盤金和蹙金手法，其中片金占主要地位。花樣則由龜背紋、卍形或卍字紋、柿蒂、樗蒲、獨窠、連窠，到雲鳳、舞鶴、鹿壽、獅球、散搭花、生色花（寫生花)，無不具備。有一種單純用金、銀絲縷加綠藍綫織成的條子式閃光錦，其色彩效果之華麗，是後世絲織品中所少見的。

元代薛景石（萬泉〈今山西萬榮〉人，生卒年未詳)《梓人遺制》㊳的

㊳ 該書元代流傳並不廣，今傳祖本係由初刻本過錄，收入《永樂大典》卷 18245 之「匠」部，藏倫敦大英博物館。

「織具」部分，描述了「立機子」(立織機)、「華機子」(提花機)、「羅機子」(紗羅織機)、「小布臥機子」(織造絲麻織物的木機）等織機的具體形制、尺寸，並繪有各種織機的總體結構和零部件的詳圖，是研究中國傳統社會紡織機具發展史的寶貴資料。

明清時代，明代絲織品產地，首推江南，其次則山西、四川；清代蘇州、南京、杭州3地皆設織造局，絲織業重心在江、浙兩省。

明代錦緞分3類，出現了很多新產品：一．妝花，織造時用裝有許多不同色綫的小梭，邊織邊配色，花紋色彩異常豐富。完全用金綫作地的，稱為「金包地」；同一花紋用同一色彩，全幅分成不同色段的，因多用芙蓉為飾，稱為「芙蓉妝」。二．本色花，通稱「庫緞」，或稱「摹本緞」，是在緞地上起本色花，分亮花、暗花兩種，亮花浮於緞面，暗花係利用經緯組織的不同變化而形成。這種織物也有用彩色花，或用金綫織花的。三．織金或織銀，花紋由金綫或銀綫織出，以形成特殊的光澤效果。也有金、銀綫並用的，稱為「二色金庫錦」，則更為艷麗精美。

紋樣主要有神仙人物、動物形象、植物花草、幾何紋和日用器物造型、吉祥文字等。色彩大多以色相接近飽和程度的藍、紅、黃、綠等為主色，適當地用寒灰的中間色作襯托，色調爽朗明快而又沉靜閑雅。圖案的組織結構，往往使用網狀和散點相結合的四方連續圖案骨骼，把各種花紋平行或交叉地排列起來，做到比例恰當，層次分明，有主有從，富於節奏感。對於動植物的自然形態，則採取歸納提煉的手法，通過變形換色的藝術處理，使之服務於裝飾性而又不失其原有特點。

弘治年間，福建有林洪其人者，把原來的5層織機，改為4層經綫和兩層緯綫的織機，織出來的成品，質地薄，而且花紋兩面相同。[39]當時蘇州的「花樓機」，能在綾絹上提織各色花紋。萬曆時，嘉興濮院機匠改土機為新式的「紗綢機」。[40]明末，蘇州市場上有綾、絹、紗、綢、羅、布6種織機作為商品販賣。所織絲織品和棉布，「巧變百出，花式日新」(《崇禎吳縣志》卷 29)。到清代，南京「織緞之機，名目百餘」(陳作霖：《鳳麓小志》卷 3)；杭州的絲織業，「東北隅數萬千家之男女，俱需此為衣食之謀」，「機坊機匠，未見若此之盛者」。(張麗生：《杭州機神廟碑》)[41]

[39] 《萬曆福州府志》卷37。

[40] 胡琢：《濮鎮紀聞》卷首。

清代絲織品品種越來越多，錦有雲錦、宋錦、蜀錦、回回錦、壯錦等；緞有貢緞、提花緞、摹本緞、浣花緞、大雲緞、金絲緞、陰陽緞、粵緞、海通緞、民族緞等；綢有寧綢、宮綢、紡綢、水綢、川大綢、魯山綢、曲綢、汴綢、湖綢、萬壽綢、府綢、花綢、繭綢等；羅有金銀羅、熱羅、生羅、春羅等；紗有庫紗、宮紗、實底紗、芝麻紗、亮紗、粵紗、葵紗等；縐有綫縐、平縐、湖縐、川縐、洋縐、東縐等。由於製作精美，所以暢銷海內外。

康、雍以後進一步改進織造技術，採用多層經緯織法，使成品更能隨意變化。在配置色彩方面，突破以往限制，不僅原色和中間色同時並用，並且吸取工筆花卉畫暈色技法，使顏色可以由淡而濃。紋樣花形雖然寫實味很重，但多用黑色勾邊，既顯得調和，又增添了裝飾效果。織金加銀，花紋織成後不露痕跡，其中金絲、銀絲、片金3種尤為精美，華麗新穎，迥異於前代。而玫瑰花作圖案，在紅、白兩色的對比中強調明暗團塊的立體感，配置黃綠和深綠的寫生式花葉，則完全是向西方學的。這些都是引人矚目的創新。

圖126 清代《耕織圖》中的練絲場景

在清代中葉的絲織品中，還有一類絨織物，自明代發展以來，進入鼎盛階段。其中漳緞（實為絨）、漳絨產生於福建漳州，清代轉移到南京、蘇州地區生產，前者織造表面大部分係緞地，而以經起絨來顯示花紋，後者則不露或很少露出織地。又有建絨，產生於南京，是用棉紗作經緯綫織地，以黑色或棕色的經絲在表面起絨，絨毛細緻而挺立，質感柔滑舒爽。

中國傳統社會卓越的紡織技術，對世界紡織技術的發

㊶ 引自《光緒仙居縣志》卷10。

展起了重大的促進作用。尤其是張騫通西域以後，中國的絲織品沿著絲綢之路源源不絕地運往中亞、西亞、阿拉伯和歐洲，許多精美的絲織品使當地人視為無上珍品，必欲得之而後快。中國獨創的用花本控制的提綜程序原理，經過 1000 多年的流傳，到 18 世紀中葉，被法國工匠嘉卡 (Jacquard, 1752～1834) 消化吸收，造出嘉卡提花機，從而開創了產業革命絲織大工業生產機械程控提花機的新時代。

除了絲紡織，中國傳統社會的麻紡織（原料包括麻和葛）、毛紡織、棉紡織，還有混紡和交織[42]，也都很發達。特別是在棉紡織方面，據《後漢書・南蠻、西南夷傳》載，哀牢夷「有梧桐木華，績以為布，幅廣五尺，潔白不受垢汙」，今雲南保山地區早有此業。元代著名女革新家黃道婆（約生於 1245 年，卒年未詳），松江烏泥涇（今上海市閔行區東灣村）人，她改革、推廣軋花車，用來取代原來「用手剖去子」的去除棉籽的方法；改革、推廣彈棉椎弓，用來取代原來用手指撥弦的「線弦竹弧」的小彈弓；改革、推廣三錠腳踏棉紡車，用來取代原來流行的單錠手搖紡車。她還發展了棉織的提花工藝技術，使普通的棉布能呈現各種花紋圖案。[43]黃道婆的聰慧和熱心，她的一系列卓有成效的技術革新，使她成為任何一部中國文化通史都必須為之立傳的人物。由於她的篳路藍縷之功，後來明清時代，松江布衣被天下，著名優質品種有尤墩布、三梭布、標布、飛花布、紫花布等。至今在她的家鄉，還流傳著「黃婆婆！黃婆婆！教我紗，教我布，二隻筒子二匹布」的歌謠，[44]可見人們對她的懷念。黃道婆的事跡，本書第四十章第二節亦有述及。

圖 127　上海豫園內清咸豐 (1851 ～ 1861) 年間建立的跋織亭供奉黃道婆像

中國傳統社會紡織業的發達，使印染工藝也相應地跟了

[42] 1978 年發掘的擂鼓墩一號墓——即曾侯乙（公元前 463 年前後至公元前 433 年或稍後在位）墓，就出土有絲、麻交織物。

[43] 參見《東魯王氏農書・農器圖譜・纊絮》、陶宗儀《南村輟耕錄》卷 24、王逢《梧溪詩集》卷 3《黃道婆祠并序》、褚華《木棉譜》（「昭代叢書」本）、包世臣《齊民四術》卷 5。

[44] 《松涇棉布，衣被天下——黃道婆紀念館開館》，《晚晴報》2003 年 5 月 28 日，喬力鎮報導。

上去。中國古代紡織品使用的染料，大都是天然的礦物和植物染料，而以植物染料為主。如原色紅，植物染料有紅花、茜根和蘇木心材等；原色黃，植物染料有黃櫨、荩、槐花芽和黃檗的內皮、黃梔子的果等；原色藍，植物染料有菘藍葉、蓼藍葉和馬藍的莖、葉等。㊺古代原色還有白和黑。用原色混合可以得到間色，西漢馬王堆絲織品所用顏色有36種之多，其中主要是朱紅、深紅、絳紫、墨綠、香、黃、藍、灰、黑等色，色澤都深入纖維，當為多次浸染所致。此外，還有多種印花工藝。而吐魯番出土的中唐絲織品，單就紅、黃兩項而言，就有銀紅、水紅、猩紅、絳紅、絳紫、鵝黃、菊黃、杏黃、金黃、土黃、茶褐等間色，達11種。元末陶宗儀在《南村輟耕錄》卷11寫像秘訣中敘調合服飾顏料部分，羅列褐色名目至20種。明代色譜和染色方法，僅《天工開物·彰施》記載，有26種。清代的繡綫色澤，發展到變不可窮、色不易名的程度，共計704色。㊻

至於印染技術的主要工藝，染，很好理解，就是全部上色。《考工記·畫繢之事》記載：「三入為纁，五入為緅，七入為緇。」這是以茜草為色素作為紅色媒染料染絳色為底色，再以青礬石等交替媒染而成青赤色或黑赤色，說明早在周代，中國染色已應用了化學反應的原理。印，也很好理解，就是局部上色。具體方法，則有：一. 敷彩。是在織物或衣裳上用調製的顏料循花紋塗繪，又稱「彰施」和「畫繢」，後世叫做「畫花」。長沙馬王堆出土的敷彩印花紗袍，按7道工序塗繪成枝蔓、蓓蕾、花、葉、蕊及苞片等，組成藤本科植物的花紋，這種敷彩藝術，至今仍有實用價值。二. 版印。是在有花紋的型版上塗刷色漿，然後按定位在布帛上印刷規正的花紋，亦稱「型版印花法」。最早的型版印花實物，具有敷彩的特徵。隨著型版印花和靛藍染色技術的發展，早在秦漢時代，人們已利用夾板、蠟封、紮結等防染技術，又創製了夾纈、蠟纈、絞纈3種纈印新方法。夾纈又稱「藍白印花法」，是用兩塊對稱的花版夾持織物進行印染，歷來為民間所廣泛使用。複色夾纈可以染出五彩的效果來，但從北宋以來，為宮廷所專。《唐語林·賢媛》載唐玄宗柳婕妤的妹妹發明夾纈法，但夾纈法的出現，事實上要早得多，大概柳婕妤的妹妹，對夾纈法有所改進，也是說不定的。

㊺ 中國古代礦物染料有丹砂、石黃、粉錫、鉛丹、大青、空青、赭石、絹雲母、硫化鉛等，媒染劑有白礬、黃礬、青礬、綠礬、皂礬、絳礬、冬灰、石灰等。

㊻ 參見陳維稷主編《中國紡織科學技術史》(古代部分)第251頁，科學出版社，1984年。

三. 印金。前面介紹元代盛行加金飾物的時候已有提及，是在絲織物上用金銀粉末和極薄的金、銀箔等粘覆印刷出特有的金銀閃光花紋。宋代印金工藝全面發展，有泥金、描金、貼金和撒金印花等，有的還與敷彩工藝相結合，琳琅滿目，金碧輝煌。但印金花紋不耐摩擦，牢度不如拈金綫和片金綫製成的織金錦和妝花緞。因此，明清時，織物上的印金工藝技術，逐漸轉移到漆器等日用品上去。此外還有介質印花，發明於唐代，其要領是在染料中添加助染劑，不是直接進行印染而是根據染料的性能進行浸染，通過有關技術的調節，使花紋和地色產生不同的色澤效果，更加多彩奪目。

中國古代染織技術，還包括刻絲工藝和刺繡工藝，因本書前面「社會生活」編在談到工藝美術的時候已經作過介紹，茲不贅。

## 第三節　製瓷技術㊼

製瓷是中國古代的獨創技術，瓷器 (China) 的聲譽不亞於絲綢。

在新石器時代遺址中，發現了大量的陶器。㊽無論彩陶還是黑陶，都經過淘洗、製坯、裝飾和燒製 4 道工序，掌握了每道工序的要領，特別是高嶺土的使用和燒製後期對窰溫及窰內含氧量的控制，為後來瓷器的出現奠定了基礎。

商代出現了原始青瓷。早商原始青瓷一般較陶器細膩堅硬，胎色以灰白居多，燒成溫度高達 1100～1200°C 以上，胎質基本燒結，吸水性較弱，器表施有一層石灰釉，敲擊起來也有清脆的金屬聲。這些特徵都與瓷器應具備的條件相符合。

2005 年，浙江省文物考古部門在杭州市蕭山區進化鎮席家村安山發掘了 3 座距今 2000 多年的戰國龍窰，其所反映的原始瓷燒製水平已接近於東漢的成熟瓷器。㊾

---

㊼ 本節這次修訂，獲熊寥《中國陶瓷與中國文化》一書之教益甚多，該書由浙江美術學院出版社於 1990 年 11 月出版。

㊽ 從考古發掘看，陶器在中國的歷史可以追溯到 1.5 萬年以前。參見項隆元《中國物質文明史》第 277 頁，浙江大學出版社，2008 年。

㊾ 2007～2008 年，有關部門又在浙江省德清縣的火燒山和亭子橋發掘了多座西周晚期至春秋晚期的龍窰，其中亭子橋二號窰保存有完整的窰爐遺跡。從大量出土瓷片看，燒成溫度達 1290°C 的標準，吸水率為 2%，估計其精選成品的吸水率也可達小於 1%

東漢時期，瓷器的燒製工藝得到一次飛躍的進步，燒製出了完全符合瓷器標準的青釉瓷器。魏王曹操使用過的器物，據西晉文人陸雲的《與兄平原書》(第一首) 說，有「琉璃筆一枝」(50)。琉璃是青瓷本名，這種工藝品後來向兩極分化，其精品，發展成為越窰瓷器，而後世普及化的琉璃瓦，卻也與青瓷同源。事實上，浙江德清、杭州（蕭山區)、上虞等地都是中國瓷器的發源地，東漢中晚期，上虞的上浦四峰窰群已發展成瓷窰。上虞小仙壇和帳子山的東漢晚期青瓷釉的厚度約為 0.1～0.2 毫米，釉面平滑均勻，有少量細裂紋，透明度和釉質都已較好。上虞小仙壇瓷窰青瓷，經現代科學手段測試，燒成溫度達 1310°C，顯氣空率 0.62%，吸水率 0.28%，0.8 毫米的薄片，可透光，釉色發亮，猶如一潭清水，胎釉結合也好，幾乎達到近代瓷的標準。(51)當時還有一種黑釉瓷器，質量及工藝都不及青瓷，但頗受民間歡迎。

魏晉南北朝時代，今浙江紹興、上虞、諸暨、餘姚、杭州（蕭山區）一帶越窰的青瓷，在堅實的胎質上，通體施釉，釉層較厚，顯青綠色，是為上品。其次則溫州、金華及江蘇宜興和江西、湖南、四川、福建、廣東等地所產青瓷，也都很有名。西晉潘岳《笙賦》有「傾縹瓷以酌醽」(52)之句，縹瓷為青瓷中的青白色瓷，瓷質不透明，但陶煉得很純，當時東甌（溫州）縹瓷，堪與越窰所產爭雄長。

這一時期南方青瓷常見的有各種生活用具和明器，其中最突出的製品是流行於三國至晉代的明器穀倉罐，器身周圍雕塑許多人物、鳥獸、樓閣。浙江紹興出土的一件帶有孫吳永安三年 (260) 銘文的穀倉罐，已顯現較深的綠色，很受研究者重視。因為這種釉色的燒成，在技術上比起早期青瓷來，是大大地跨前了一步。而早期青瓷的釉色，是自然形成的。

北方河南安陽、河北內丘的白瓷，於青瓷外別開生面。白瓷與青瓷不同，青瓷的顏色，主要是由釉中所含的金屬元素決定的，其中鐵元素的含量起著關鍵的作用。而白瓷的呈色劑，主要是氧化鈣，要求鐵的含量越少越好，否則會影響其白度，因此白瓷的燒製說明了對瓷土篩選技術的提高。

---

的成熟瓷器的標準。

(50) 《陸士龍集》卷 8。

(51) 李家治:《我國瓷器出現時期的研究》,《中國古陶瓷論文集》, 文物出版社, 1982 年。

(52) 《文選》卷 18。

黑瓷的生產，地域也不斷擴大。主要成品有壺、罐、香熏、唾盂等，釉色已趨穩定，光澤很好。

魏晉時期，瓷器的器類和造型已經擺脫了陶器的影響。

在晉代文獻中，開始出現了「瓷」字。

到了唐代，隨著材料的精選、氧化亞鐵含量的控制以及火候掌握等技術水平的提高，青瓷的燒製，質量遠勝於前代。其中越窰青瓷胎質薄，且有漂亮的裝飾，雅致瑰麗，光澤晶瑩，馳名於中外。陸羽在《茶經・四之器》中評越瓷之優云：「碗，越州（治今紹興）上，鼎州（治今常德）次，婺州（治今金華）次，岳州（治今長沙）次，壽州（治今壽縣）、洪州（治今南昌）次。或者以邢州（治今河北內丘）處越州上，殊為不然。邢瓷類銀，越瓷類玉(53)，邢不如越一也；若邢瓷類雪，則越瓷類冰，邢不如越二也；邢瓷白而茶色丹，越瓷青而茶色綠，邢不如越三也。晉杜毓（杜預）《荈賦》所謂『器擇陶揀，出自東甌』。『甌』，越也。甌，越州上，口脣不卷，底卷而淺，受半開已下。越州瓷、岳州瓷皆青，青則益茶，茶作紅白之色。邢州瓷白，茶色紅；壽州瓷黃，茶色紫，洪州瓷褐，茶色黑，悉不宜茶。」陸羽從茶道的角度來評價越瓷，可謂是越瓷的知音。當時詩人許渾的《晨起》詩，有「越甌秋水澄」之句(54)，韓偓的《橫塘》詩，也有「越甌犀液發茶香」之句(55)，說明用越瓷來沏茶，於色於香都能有托起的作用。陸龜蒙《秘色越器》詩云：「九秋風露越窑開，奪得千峯翠色來，好向中宵盛沆瀣，共嵇中散鬭遺杯。」(56)把越瓷青翠欲滴的釉色，形象地寫了出來。越瓷稱「秘色瓷」，蓋源本於此。「秘色」者，碧色也。後世宋代浙江龍泉青瓷和杭州出產的青瓷，也都稱為秘色瓷。

而陸羽所說「邢不如越」的邢州白瓷，實際上也並不比越瓷差。李肇《國史補》卷下云：「內丘（時為邢州屬邑，即邢瓷產地）白瓷甌，端溪紫石硯，天下無貴賤通用之。」邢瓷像銀一樣閃光，像雪一樣潔白，刻上字和紋樣，使人更加愛不釋手。

在越州青瓷、邢州白瓷發展的同時，唐高祖武德四年(621)，於饒州鄱

(53) 類玉，謂越瓷外表面的青綠色寶石釉。下文類冰，謂越瓷內壁面的無色透明玻璃釉。

(54) 《全唐詩》卷528《晨起二首》，此句作「越瓶秋水澄」。

(55) 《全唐詩》卷683。

(56) 《全唐詩》卷629。

圖 128　1957 年西安鮮于庭誨墓出土的唐三彩馬

陽縣昌南鎮置新平縣，「詔新平民霍仲初等製器進御」，霍仲初所燒製的瓷器，色素質薄，「佳者瑩縝如玉」，時人稱為「霍器」。又有「鎮民陶玉者，載瓷入關中，稱為假玉器，且貢於朝，於是昌南鎮瓷名天下」。（藍浦著、鄭廷桂補輯：《景德鎮陶錄》卷 5）昌南鎮如本書第二章第一節所交代，即後世之景德鎮。早期昌南鎮有青瓷，也有白瓷。近年景德鎮勝梅亭發現了唐代白瓷，經化驗後得知，瓷胎潔白度已達 70%，接近於清代細瓷的水平。盛唐大名士顏真卿和陸士修的聯句「素瓷傳靜夜，芳氣滿閒軒」（《五言月夜啜茶聯句》）57，咏的正是早期昌南鎮的白瓷。

唐代岳州瓷，胎骨灰白，以豆綠色釉為最多，也有米黃色釉，但製作粗糙，不及越州瓷之精緻。在長沙銅官鎮附近的瓦渣坪、石堵湖、長坡壠、廖家坡一帶也有窰址發現，因地屬長沙，史稱長沙窰，與岳州窰本屬同一體系，生產青瓷，兼燒少量褐色瓷、醬色瓷和綠色瓷，因瓷土不純淨，所以尋求創新，燒製出釉下彩繪瓷，以與當時的名瓷競爭。其工藝特點，是能在青釉下燒出褐綠色彩的斑點，還可以在白釉或青黃釉下畫綠彩花鳥，燒成後彩繪不再褪色。這是瓷器燒造技術上一項突破性成就，為多彩繪畫技法運用到製瓷工藝上開闢了先河。

唐代邛州大邑（今屬四川）燒造的邛瓷也很精美，杜甫有詩讚美道：「大邑燒瓷輕且堅，扣如哀玉錦城傳，君家白碗勝霜雪，急送茅齋也可憐」（《又於韋處乞大邑瓷碗》）58。

唐代河南鞏縣（今鞏義）的窰工，還在白瓷和唐三彩陶發展的基礎上吸取釉下彩繪工藝，創製成白底青花的青花瓷器。59 青花瓷是以鈷藍為顏料，在胎坯上繪花紋，然後塗上一層透明釉，在 1200°C 的高溫下一次燒成。唐代青花瓷雖然還比較原始，但青花瓷卻是後世瓷器生產的主流。

57 《全唐詩》卷 788。

58 《杜少陵集詳註》卷 9。

59 張志剛等：《唐代青花瓷與三彩鈷藍》，《景德鎮陶瓷學院學報》第 7 卷第 1 期，1986 年 10 月。

唐代在燒瓷技術方面，出現了雕瓷、鏤空、開方等方法；在火候方面，能把還原焰改變為氧化焰，從而燒製出黃釉瓷器。

從整個唐代瓷器的燒造來看，青瓷和白瓷，都有空前的發展。尤其是白瓷，由於瓷土的選煉逐漸成為純白，同時釉汁逐漸施薄，釉藥中鐵的成分也逐漸減少，使胎骨的白色反映於表面，這樣，由青釉瓷器過渡到白釉瓷器的過程基本完成。正是這一完成，為後世宋、元、明、清瓷器製造的全盛局面打下了堅實的基礎。

五代有柴窰，相傳在鄭州，係後周世宗柴榮所燒，其器有「雨過天青」（謝肇淛：《五雜俎・物部四》）之譽，「青如天，明如鏡，薄如紙，聲如磬」（張應文：《清秘藏》卷上《論窰器第六》），實為集往昔諸窰之大成。但柴窰實物，早已不可確認。

宋代瓷器，工藝達到了驚人的高峰。其色或純或駁，變化無窮，美不勝收。在裝飾方面，則有劃花⑥⓪、刻花、印花、錐花、堆花、暗花、鏤花、嵌花、釉裏紅、釉裏青、兩面彩等。北宋前期瓷器，坯胎稍厚，釉上現蠟淚痕及現胎骨，至晚到政和 (1111～1118) 以後，則胎薄如蛋殼，釉薄如紙，扣之有玉磬聲，且有胎和釉融成難分之瓷。

宋代著名的瓷窰，明人有定、汝、官、鈞、哥五大窰之說。

定窰中心窰址在今河北省曲陽縣澗磁村和東、西燕山村一帶，宋代屬定州。該窰創燒於唐，極盛於北宋及金。受唐代邢窰影響，產品以色白而滋潤者為正，土脈細膩，質薄有光，其釉白中透黃，頗具粉的質感，故稱之為「粉定」，亦名「白定」。又生產綠瓷，稱為「綠定」；黑瓷，稱為「黑定」；褐紅瓷，稱為「紫定」，皆傳世極珍，惟不為當時所重。其碗、碟等器，均經覆燒而成，這是一種新工藝，使瓷器入窰裝燒所占的空間減去 4/5 以上，效率大大提高。定窰白瓷，緣邊因覆燒之故，釉所不及，所以鍍金、銀、銅以保護之，顯得更加美觀。花紋多作牡丹、萱花、飛鳳、蟠螭、雙魚之類，仿自古銅鏡，典雅絕倫；以劃花者為上，堆花、印花者次之。至於紅瓷，雖然蘇軾《試院煎茶》詩盛讚云：「定州花瓷琢紅玉。」⑥①但實物

⑥⓪ 「劃花」始於北宋早期，與「堆花」、「印花」並行，其工藝特點為用竹、骨、鐵製針狀或篦狀工具，在尚未乾透的坯體上劃出花紋，紋飾呈陰紋綫條狀。或又稱「劃紋」、「凹雕」。既不同於「刻花」的用刀刻，更不同於「彩繪」、「青花」的用筆畫。

⑥① 《蘇軾詩集》卷 8。

一直很難覓見，堪稱「珍」、「稀」二字全占。[62]北宋後期，定窰曾一度為宮廷和官府燒造過瓷器。在殘存的瓷片中，有「尚食局」、「尚藥局」及「五王府」等字樣，就說明了這一點。

汝窰中心窰址在今河南省寶豐縣大營鎮清涼寺村，宋代屬汝州。該窰之器，近於五代柴窰，胎骨薄堅，其釉勻淨淡雅，為純正的天藍色（包括淡天青和深天青）。多為素面，或有冰裂紋，又稱「蟹爪紋」，底又有芝麻花，細小掙釘者，尤稱佳品。也有未上釉的，叫做「銅骨」，呈茶末色，後來發展為著名品種「茶葉末」，在暗綠色中閃現黃色星點，釉潤而光弱，宛如茶葉細末的黃綠色，蒼翠幽雅，古樸清麗。這是以生坯掛含鐵、鎂氧化物的釉料，經高溫還原焰燒成時析出的晶體。明、清時的單色釉瓷器（清代稱「顏色釉瓷器」），如色調偏黃的「鱔魚黃」、色調偏青的「蟹甲青」等著名品種，都是由此繁衍出來的。汝窰對還原火焰的控制極為成功，配料精細，標誌著宋代燒造青瓷的最高水平。產品主要有盤、碟、碗、三足樽、盞托、橢圓形四足盒等，皆為內廷御用之物，民間很難得到。在汝窰周圍的北宋汝州政區轄縣內的窰場，亦稱汝窰，實際上應稱「臨汝窰」，其器胎體較粗，釉層薄，顏料青綠發黃，產品有碗、盤、瓶、壺、罐等，有的裝飾用刻花或印花工藝，作出各種圖案、花卉、人物等。汝窰應該就是從臨汝窰發展起來的。陸游《老學庵筆記》卷 2 云：「定器不入禁中，惟用汝器，以定器有芒也。」「有芒」可能是指定瓷的純白光芒刺目，而對比之下，汝瓷的天青色，確實是不刺目的。

官窰在河南開封，徽宗大觀、政和年間置。[63]該窰產品土脈細潤，胎與釉俱薄如紙。初以月白色為上，後來則以粉青色為上，而白色次之，粉紅、大綠又次之，油灰色最下。開片以冰裂為上，梅花片次之，細碎紋最下。釉斑以鱔血為上，黑紋次之。有鼎爐、蔥管、空足、沖耳、乳爐、貫耳、壺環、耳壺、尊等器式，俱供進御之用。又仿古銅器，製鼎、彝、爐、瓶、觚、筆筒、筆格、水中丞、雙桃、臥瓜、茄子、硯滴、四角和八角的印色池等，皆屬精品。南渡後，另置官窰，澄泥為範，極其精緻。其土略帶赤色，故足色若鐵，器口上仰，釉水下流，只有稀薄的釉留在口上，所以口上微露紫色，當時稱為「紫口鐵足」，為人所重。偶有裂紋，與汝瓷一

[62] 參見云森《走近宋代「琢紅玉」美人》，《中國收藏》2004 年第八期。

[63] 也有人提出：北宋沒有官窰；如果有的話，也不在開封。

樣，亦以蟹爪形者最為珍貴。釉色崇尚粉青；除粉青外，還有粉紅色，濃淡不一。兩宋官窰所出之器，時有紅斑，與四周之釉色相映，光彩輝耀，頗耐觀賞。特別是發生「窰變」(64)，其斑且作蝴蝶等生物之形，或於本色外另變他色，尤為可愛。南宋官窰，有郊壇下窰（在今杭州市烏龜山附近）和修內司窰（在今杭州市鳳凰山老虎洞）兩處，過去有關專家將兩窰混為一談是錯誤的(65)。

鈞窰中心窰址在今河南禹州鈞臺八卦洞，宋代屬鈞州。該窰創燒於唐代，歷經宋、金至元代，專造顏色單一而精純的彩色釉。其著名者，首推胭脂紅、玫瑰紫、海棠紅等，總之以紅紫為貴，稱「鈞紅」；其次則蔥翠青和墨色，以及窰變之各種顏色。其特徵，是在青釉中加銅、鐵等元素作呈色劑，多次施釉，或將呈色金屬配入釉中，或在器物釉層上塗抹銅紅，利用還原火焰的高溫使釉彩滲透熔融，呈現出一種變幻莫測的藝術效果來。鈞窰獨特的「蚯蚓走泥紋」，惟厚釉之器有之。其「紫口鐵色」現象，則係採用了褐色有光的「護胎釉」所致。北宋後期，曾為宮廷燒製供種植奇花異草用的各式花盆和盆托。(66)後來清代景德鎮御器廠唐英督造的 57 項產品，其中第六項玫瑰紫、海棠紅、茄花紫、梅子青、驢肝馬肺等 5 種，都是對鈞窰產品的仿製，堪稱瓷中極品。

哥窰產地至今未明，傳世的哥瓷，其胎有黑、深灰、淺灰及土黃多種，黑灰胎有鐵骨之稱。其釉均為失透的薄乳濁釉，釉色主要為灰青色，其次則炒米黃色、淺灰青、淺炒米黃色。以網狀碎紋著名，叫做「百圾碎」。偶見魚子紋，有的大紋片呈黑色，小紋片呈黃色；也有僅一色紋片的。器型多仿商周青銅器式樣，產品有碗、碟、洗、瓶、爐、盤、罐等。宋墓中未發現哥窰器，宋人著述中亦未提及哥窰。元、明以來哥窰之名大著，明宣宗即位之初，禮部尚書呂震奉命編《宣德鼎彝譜》(67)，哥窰已見著錄。據多種資料轉述嘉靖四十年 (1561) 刊《浙江通志・物產》的記載，哥窰為北

(64) 「窰變」歷來可遇而不可求，到清代唐英才摸索到它的規律，使之成為一門可以操作的技藝。

(65) 唐俊杰、鄧禾穎：《撲朔迷離的修內司官窰》，《收藏》2009 年第三期。

(66) 參見趙青雲《河南禹縣鈞臺窰址的發掘》，《文物》1975 年第六期。

(67) 在該書卷 1 中，列舉了「柴、汝、官、哥、均（鈞）、定」等 6 窰名目，哥窰隨汝、官之後，居鈞、定之前。

宋前期處州（治今浙江麗水西）人章生一所燒，本來叫琉田窰，其弟生二，亦擅燒瓷，窰名「龍泉」，相對於哥窰來說，即稱弟窰。[68]龍泉窰中心窰址在今浙江省龍泉市大窰一帶，實際上可溯源到南朝，而極盛於南宋，由於發明了石灰碱油，因此燒製成著名的粉青釉和胎薄釉厚的梅子青釉。到後來元代和明前期，又在燒造大件器物上取得了很大成就。[69]明中葉後，始衰落。哥窰和龍泉窰，是繼越瓷而代興的青瓷窰系。

除了上述五大窰，宋代景德鎮窰、磁州窰、耀州窰、吉州窰、建窰，也都很有特色。景德鎮在北宋時，燒造瓷器，品種中已有青花，真宗曾命景德鎮製器進御，器底書「景德年製」4 字，一時海內爭效其法，後世亦沿襲不衰。其印花紋飾多仿定窰。宋室南渡後，景德鎮窰採用並改進了定窰的覆燒方法，產品有「南定」之稱。其中青白瓷（即影青瓷）釉色青中有白，白裏泛青，無論白度和透光度都接近了現代水平。磁州窰在今河北磁縣觀臺鎮和彭城鎮一帶，興於唐，極盛於宋、遼、金，造劃花、剔花、綠斑、褐斑及珍珠地劃花之白瓷，間亦用黑釉，其中白釉釉下黑彩、褐彩劃花器等，是當家產品。圖案內容除一般的花鳥禽獸外，還有各種富於生活氣息的題材，清新活潑，頗具民間色彩。耀州窰在今陝西銅川的黃堡鎮，始燒於唐而終於元，生產青瓷、白瓷和黑瓷。北宋耀州瓷以刻花青瓷著稱，工藝上影響深遠。吉州窰在今江西吉安永和鎮，又稱「永和窰」，創燒於晚唐，極盛於南宋，以玳瑁釉、木葉紋、剪紙貼花和窰變花釉為最難得。玳瑁釉是黑、黃兩色混合似玳瑁骨的釉色，燒製時，需充分掌握氧化亞鐵結晶、硅酸釉藥的化學變化，在控制火力和冷卻溫度方面下特別的工夫。建窰在今福建建陽的水吉鎮，亦稱「烏泥窰」，所製墨瓷，胎體紫黑，釉層很厚，於光燦的黑色中透出金色或銀色的光芒，如兔毫狀。建窰茶具兔毫盞，受到宋徽宗的喜愛。又有釉面呈油滴結晶狀的，宋人稱「鷓鴣斑」，亦極名貴，後世山東博山雨點釉，即是對它的仿製。

---

[68] 嘉靖《浙江通志》國圖、上圖、南圖、津圖皆有藏，惟不易索觀。而據乾隆元年 (1736) 出版的雍正《浙江通志》卷 107《物產七》引《龍泉縣志》，則稱章氏兄弟為「不知何時人」；又引郎瑛《七修類稿》(續編，1566)，卻另稱「南宋時有章生一、生二弟兄」。總之，由於資料欠缺，章氏兩兄弟的生活年代，至今尚難斷言。

[69] 《龍泉窰發現元明時期大量青瓷精品　「龍泉窰明代走向衰落」觀點被顛覆》，《光明日報》2007 年 1 月 29 日訊，通信員吳瓊法，記者陸建、潘劍凱。

這個時期在窰室方面，普遍採用的是依山坡而建的狹長形的龍窰。宋代創製的大龍窰具有容量大的特點，可以增加裝窰的坯胎數量，提高單窰的產量。宋代對龍窰的另一重大改進，是分室窰的出現——分室窰有一定坡度，自然抽力大，熱效應好，能節省大量燃料；同時分室窰就每個窰室而言，都是饅頭窰，火焰流速較之普通龍窰要慢得多，有利於控制火候，調節燒造氣氛，保證釉色質量。

到了元代，世祖至元十五年 (1278)，在景德鎮設置浮梁瓷局，對當地製瓷業實行官辦。元人蔣祈的《陶記》⑰，既是中國歷史上記述景德鎮窰業情況的第一篇專文，也是世界上最早的瓷器論著。該文開頭就說，景德鎮的瓷器「其視真定紅磁，龍泉青秘，相競奇矣」。可見當時景德鎮製瓷，已有奪魁全國之望了。元代景德鎮的白瓷、青白瓷和青花瓷器都極有名；此外，還發展了釉裏紅、紅釉、藍釉和藍釉描金等新品種。釉裏紅屬釉下彩，是以氧化銅為呈色劑在胎上彩繪，然後施透明釉，經高溫焙燒而成，白地紅花，色彩鮮艷明快。但元代釉裏紅的燒造技術，還不夠成熟。

元代龍泉青瓷，頗多氣魄宏大的產品，製作規整，光潔無疵，盛行劃花、印花、貼花、堆花、鏤孔、點彩等技法進行裝飾。當時福建德化瓷和同安窰系的劃花篦紋青瓷也迅速發展了起來。

中國青花瓷雖然在唐代就出現了，但出土實物表明，直到元代中期以前，青花瓷尚處於草創階段，其產品的花面色澤都帶灰，覆蓋青花色料⑱的是影青釉，而不是透明釉。到了元代後期，這個問題得到了解決。元代後期青花的藝術魅力，除了釉下彩所具有的優點外，在裝飾繪畫方面，追求似與不似的意蘊之美，表現手法亦甚為多樣。就畫面而論，往往選用卷草、藤蔓、蕉葉、菊花、蓮花、葵花、流水、海濤、卐形或卐字等作邊框，而以流雲、雜寶、牡丹點綴或填補空白。主題裝飾則繼承漢、唐以來的傳統，注意從客觀現實，特別是從大自然中選取素材。植物題材，除了宋代常見的牡丹、蓮花、菊花、寶相花、牽牛花、萱草外，還新增了松、竹、梅、靈芝、蕉葉、棗花、梔子花、山茶、月季、浮萍、葡萄、薔薇、西瓜等。動物題材，除了宋代常見的魚、雁、鵝、鴨、鴛鴦、龍、鳳外，還出

⑰ 刊康熙二十一年 (1682)《浮梁縣志》卷 4，這是目前所知該文所有版本的終極源頭。

⑱ 元代青花用料有國產和進口之分，進口料繪出的青花濃艷明淨，但時有黑斑點；國產料無明顯黑斑，但色澤較灰淡。

現了孔雀、白鶴、麒麟、鷺鷥、獅子、海馬、蟋蟀、螳螂、異獸等。元代青花的裝飾畫面，更有「蕭何月下追韓信」、「昭君出塞」等流行戲曲故事。[72] 元代青花裝飾藝術的所有這些特點，也是元瓷裝飾藝術的共同特點。

及至明代，全國有近半數省份燒製瓷器，景德鎮已執全國瓷業之牛耳。建文四年 (1402)[73]，成祖命建御窰廠於景德鎮之珠山麓，設大龍缸窰、青窰、色窰、風火窰、匣窰、大小熿窰等 6 種，共 20 座。以後嗣君，相繼增修。凡官窰產品，上面都有年號款識。從明代開始，青花瓷的生產，在瓷業中占了絕對優勢。

景德鎮永樂窰和宣德窰生產的青花瓷，青料使用元代中期以來一直從波斯輸入的「蘇泥勃青」，[74]發出深藍蒼翠之色，大方雅致，經久不褪。成化窰因蘇泥勃青供應有困難，改用平等青（亦稱「陂唐青」），顏色淡雅。嘉靖窰的重色回青，幽菁可愛。萬曆以後，浙青取代了回青，但景德鎮青花的燒造，已積累了豐富的經驗，鈷藍顏色灰淡安靜，仍不失為上乘之作。

明代景德鎮的白瓷亦遠遠超過了前代名窰。精緻白釉的燒成，是明代製瓷工藝劃時代的成就。永樂窰的甜白釉，柔和悅目，其薄者，幾乎只見釉不見胎。永樂窰所產影青，暗雕龍花，表裏俱可映見。德化的建白，釉中鐵含量低，鉀含量高，外觀甜淨溫潤，白如凝脂，在光照下，胎釉透亮，隱現粉紅或乳白色，傳到歐洲後，法國人稱其為「中國白」(Chine Blanc)。

昔人評明代瓷器，總是推舉宣德窰和成化窰作為代表，並由此確立明瓷在中國製瓷史上的地位，這是很有見地的。論青花，宣窰的成就，可謂空前絕後。宣窰的青花紅彩，承明初之緒，濃艷熱烈，更為前代所未有。鬥彩和五彩，亦為宣德時期所發明。所謂「鬥彩」，是把釉下彩和釉上彩同時結合使用，使其爭艷；所謂「五彩」，是言其彩多，並非專指 5 色，前身是宋代的紅綠彩。還有於黑白等地畫綠、黃、紫 3 色之素三彩，或用窰變紅、綠、紫 3 種之天然三彩，也都出現於宣德時期。宣窰的祭紅（霽紅），色甚鮮麗，且帶寶光；祭藍（霽藍），青翠宜人，亦甚精妙，這 2 種都是顏

[72] 一說以為景德鎮比較精細的器物中出現此類漢族人物故事題材，是在明初才有的事情。參見丁山《元青花無人物》，《收藏家》2009 年第六期。

[73] 明成祖在奪取政權後，秋七月壬午朔，詔「今年以洪武三十五年為紀」（《明史》卷 5），故有關史料或稱該年為「洪武三十五年」。

[74] 蘇泥勃 (samarra) 青，又作「蘇麻離青」，原產地在伊拉克。

色釉珍品。而以往釉裏紅大件，往往紅色暈散而不太鮮艷，宣德窰始予以改進，獲得完全的成功。至於成窰，只有青花因為不用蘇泥勃青，差於宣窰，其餘鬥彩、五彩則較宣窰更加精益求精。《乾隆浮梁縣志・陶政》引郭子章《豫章陶志》云：「成窰有雞缸杯，為酒器之最，上繪牡丹，下畫子母雞，躍躍欲動。」雞缸杯為鬥彩，相傳其主導創意是在這方面有特殊稟賦的成化帝親自完成的。神宗（1572～1620 在位）時，尚食御前，成杯一雙，值錢 10 萬，此杯之貴重，一至如此。

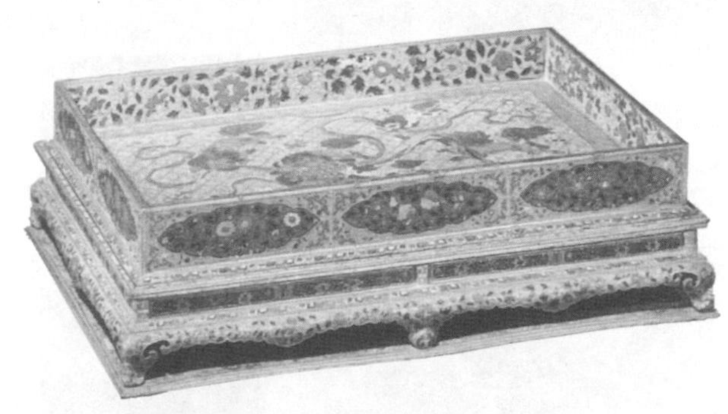

圖 129　明御用景泰藍雙陸棋盤

明代紅釉和黃釉的燒造水平，亦皆有不同程度的提高。

又有銅胎掐絲的景泰藍，景泰 (1450～1457) 年間開始廣泛流行，產品多以藍色釉料作底色。其中彩釉金銀絲瓶是特別品種，係用「白笈」粘結金銀絲，將石頭和金、銀、銅、鐵、錫的粉末與瓶胎同入爐內冶煉，取出後水浸、石磨、鍍金而成。後來到清代中葉，花式、品種增多，有紅、黑、白、淺藍、深藍、米黃、綠等多種釉料；清末以後，在國際市場上漸負盛名。景泰藍雖是金屬工藝，但其製作流程類似瓷器，顯然受瓷器的啟發和影響，與瓷器堪稱一脈相承。

長江後浪推前浪，正是在明代的基礎上，清代前期康、雍、乾 3 朝，終於迎來了中國傳統社會製瓷工藝的頂峰期。早在元代晚期，景德鎮窰場已使用附近高嶺村的優質瓷土（現在通稱瓷土為高嶺土，即以此）摻和瓷石製胎，但當時並未認識到高嶺土（其組成成分是 $Al_2O_3$、$2SiO_2$、$2H_2O$）和瓷石（其組成成分是石英、白雲母及少量長石、方解石）的理化性能，也未掌握高嶺土摻和瓷石的製胎配方。但到明代中後期，情況有了轉變。清初隨著二元（即高嶺土摻和瓷石。過去大都只用瓷石，因高嶺土即使在 1400°C 的高溫下，也難以使它緻密燒結，在往古，純高嶺土只能燒成陶器）配方製胎工藝的不斷完善，景德鎮瓷器不僅燒成率空前提高，而且其胎質也達到了現代硬質瓷的水準。[75]

[75] 周仁、李家治：《景德鎮歷代瓷器胎釉和燒製工藝的研究》，《硅酸鹽》1960 年第二期。

①

④

⑤

②

⑥

③

⑦

圖 130 ①宋玳瑁釉盞 ②明宣德青花折技花果紋葵口碗 ③明正德珊瑚紅釉碗 ④明嘉靖青花嬰戲碗 ⑤清康熙藍地黃彩趕珠龍紋碗 ⑥清康熙綠地紫雲龍紋碗 ⑦清嘉慶粉彩製瓷圖折腰碗

雍正六年 (1728)，唐英（奉天〈今瀋陽〉人，1682～約 1755）以內務府員外郎駐景德鎮御器廠，協理陶（瓷）務，乾隆即位後，擢遷為養心殿總監造，督理江西陶政。在唐英主持下，景德鎮御器廠不但遍仿歷代名窰，維妙維肖，神韻畢現；並且仿中有創，還善於吸取和融匯外國傳入的新技法和新裝飾。他又編撰了專著《陶冶圖說》，對景德鎮瓷器，從原料鑒別到瓷器燒成的生產流程、工藝規範、技術指標、操作要點等，都作了較為詳盡而科學的總結，其中有些技術一直沿用至今。

清初景德鎮窰場烏金釉的發明、金彩裝飾技藝的成熟、青花分水技法的出現，在中國製瓷史上，都有劃時代的意義。

康熙年間的青花瓷器，用國產青料，提煉很純，蔥翠明豔，不比明代宣窰遜色。同時的五彩，通常稱為「古彩」，又稱「硬彩」，色彩以單綫平塗為主，紅綠鮮明，對比強烈。在歷代五彩瓷中，當時用五彩畫出的人物故事畫藝術價值是最高的。

清代琺瑯瓷，是用石英、長石等原料加入純碱、硼砂及多種氧化物、氟化物，經熔融、冷卻、研磨等工序製成。康熙時創燒，其過程分作兩段，先在景德鎮燒好精細白瓷，然後在內務府造辦處琺琅作經彩繪再燒。所用彩料在雍正六年 (1728) 以前，均為進口的琺琅料，此後則宮廷自製琺琅彩料。康熙年間，多在器外壁未上釉處，以黃、藍、紅、豆綠、絳紫等色作底，彩繪纏枝牡丹、月季、蓮、菊等花卉圖案。由於新料較厚，有堆料凸起之感，且出現細小冰裂紋。雍正後除少數仍如舊製外，大多描繪花鳥、竹石、山水等各種畫面，並配以書法極精的題詩，成為製瓷工藝和書、詩、畫相結合的藝術珍品。[76]琺琅瓷上的圖畫，也有出自歐洲畫師的手筆，人物形象有天使、聖嬰和西洋美女等，乃是中外文化交流的範例。

清代粉彩瓷，是受琺琅瓷影響而製成的一種釉上彩新品種。彩繪人物衣服或花果時，先用含砷的「玻璃白」打底，再以彩料暈染作畫。所用彩料有很多也都是進口的，如洋紅、洋黃、洋綠、洋白等色。焙燒溫度較五彩低，色彩則較五彩更為豐富，淡雅柔麗，感覺上比五彩軟，因此又有「軟彩」之稱。這種瓷器胎薄透體，釉白如玉，畫筆纖細有力，畫面工整而富於立體感。創燒於康熙晚期，乾隆以後仍盛行。

清代的鬥彩瓷器，已普及到生活用品上去。乾隆時期，又發明了很多製瓷新工藝，如仿木製之器，木的理紋色彩，均極肖似。又如瓷摺扇，以瓷片貼絹，束紐裝訂，恰似細工象牙扇子。此外，還燒製成功了大型雕刻的轉心瓶和轉頸瓶。更有鏤孔填釉的玲瓏瓷，坯體花紋透雕後，通體施薄釉，洞眼亦得以墁平，光照下花紋呈米粒狀拼綴而成，稱為「米花」或「米通」，俗稱「玲瓏眼」。乾隆後，玲瓏眼的釉色由單色發展到紅、黃、綠、藍等多色，成為彩色玲瓏瓷。

清代在燒製單色顏色釉方面，也取得了重大的突破。在清代以前，顏色釉多以含有金屬氧化物的天然礦物作為著色劑，著色原素主要是：鐵，在還原氣氛下呈現青色，在氧化氣氛下呈現赤褐；銅，在還原氣氛下呈現赤色，在氧化氣氛下呈現青色；錳，在還原氣氛下呈現褐、黑褐色，在氧化氣氛下呈現赤色或褐色；鈷，在還原氣氛下呈現青藍，在氧化氣氛下呈現青色。清代則增用：鈦，在還原氣氛下呈現橙或暗黃色，在氧化氣氛下呈現橙或黃色；鉻，在還原氣氛下呈現青綠，在氧化氣氛下呈現黃綠；銻，在還原氣氛下呈現紫色，在氧化氣氛下呈現薔薇色或紫色；金，在還原氣氛下呈現薔薇色，在氧化氣氛下呈現薔薇色或紫色；鎳，在還原氣氛下呈現灰色，在氧化氣氛下呈現綠色。

瓷器屬工藝化學產品，中國古代的精美瓷器，在世界上是無與倫比的。唐代已經輸出瓷器，11 世紀時，中國的製瓷技術傳到了波斯，後來又傳到了阿拉伯、土耳其和埃及。到 15 世紀傳入義大利後，歐洲才開始生產瓷器。

另外，在瓷器發展的同時，中國古代的製陶成就也依然是不容忽視的。

[76] 琺琅彩於康熙五十九年 (1720) 始獲正式燒製成功，乾隆中期以後終因成本昂貴、且費時費工等諸多原因而停燒，總計康、雍、乾三朝，宮廷燒製時間不過 40 多年。

殷商的刻紋白陶，很珍貴，是貴族的專用品；印紋硬陶，燒成溫度已接近原始青瓷。兩漢的釉陶色彩純正，已懂得以鉛為助燃劑，加入金屬氧化物和掌握火候等技術。北魏的鉛釉器花色品種增加，施釉方式也增多了，或白地加綠彩，或黃地加綠彩，或黃、綠、褐 3 色並用。唐代三彩陶經素燒定形冷卻後施以釉彩，再次入窰燒至 900°C 即可。所謂「三彩」實為多彩，形成於武則天當政時期。這種三彩的人物俑和動物俑雄渾絢爛，體現了唐代前期典型的時代精神，對此，本書後面第三十三章第一節有專門的交代，茲不贅。而宋、元、明、清以來，陶器的製作，更始終保持著充足的後勁。事實上，陶器和瓷器，本來就是一對姊妹花。如唐三彩，後世各種彩瓷，大部分都是借鑒了它的工藝特點；而三彩陶應用鈷料取得成功，也有力地呼喚了元代以後青花瓷的全面崛起。[77]

再附帶談一下中國古代的玻璃製造術——在出現原始青瓷的商代，中國的玻璃製造也有了萌芽。《論衡・率性》云：「隋侯以藥作珠，精耀如真。」可是中國傳統社會製造的玻璃質地一直沒有過關。西方製造玻璃，也是用鋁、硝和石膏等原料，但西方加入了南硼砂，[78]中國傳統社會玻璃製造卻始終沒有進到這一步。看來中國古代由於瓷器生產太發達了，人們對玻璃器的需求相應顯得並不迫切，這應當是中國古代玻璃製造技術落後於西方的重要原因之一。

## 第四節　冶金技術

在世界歷史上，中國古代冶金技術的起步是不算早的，中國於公元前 2000 年左右進入青銅時代，比古代埃及和古代印度晚 3000 年左右；而中國進入鐵器時代是在公元前 500 年左右，則比古代埃及晚 500 年左右，比古代印度晚 300 年左右。古代美索不達米亞地區大約在公元前 4000 年左右開始進入青銅時代，公元前 1200 年左右進入鐵器時代；古代愛琴海地區大約在公元前 3300 年左右進入青銅時代，公元前 1000 年左右進入鐵器時代。這兩個地區使用銅、鐵等金屬的年代，也不但比中國早，而且比印度早；

[77] 三彩的燒造工藝分兩次完成，先是在 1300°C 左右的高溫下燒成素坯，然後施釉，再經 900°C 的窰溫燒成；其中藍彩是加氧化鈷而形成，具有開創性。

[78] 趙汝适：《諸蕃志》卷下。

美索不達米亞地區的使用鐵器，甚至更早於埃及。但是到後來，中國突飛猛進，躍居世界的前列，把上述幾位老大哥都拋到後面去了。

根據考古資料，在距今 4000 多年前的齊家文化和馬廠類型文化以及龍山文化遺址中，皆發現有紅銅器。紅銅質地鬆軟，可以直接捶打成各式工具和裝飾品。而 1973 年在西安臨潼姜寨半坡類型遺址中出土的半圓形銅片，為含鋅量較高的黃銅，1975 年甘肅東鄉林家馬家窰類型遺址中出土的青銅刀和青銅鏡，含錫在 6% 以上。如果這些冶煉銅器確實是遺址中原來就有的，那麼，便足以說明，至晚在公元前 3 千紀初葉或 4 千紀末葉，中國已掌握了冶煉澆鑄銅器的技術。

可以肯定，二里頭文化已有冶鑄青銅的專門作坊。青銅較之紅銅，具有熔點低、硬度大、適宜於鑄造和化學性能穩定的優點。

不消說，最初的青銅和黃銅，都是利用多金屬共生礦一次煉成的，因為中國單質錫和單質鉛的冶煉都較青銅為晚，單質鋅的冶煉則較黃銅為更晚。但商代單質錫已經出現，商代青銅冶煉技術經過前期的發展，到後期很快就達到相當成熟的水平。著名的青銅器司母戊大方鼎，器高（連耳）133 釐米，長 110 釐米，寬 78 釐米，重 832.84 千克。當時一般坩堝只能盛溶液 12.5 千克，鑄造這樣的巨型器物，要用七八十個坩堝一齊熔銅澆注，需有二三百人的密切協作。[79]商和西周青銅器品種繁多，常見的禮器、酒器和其他器具，除鼎之外，尚有：鬲、甗、簋、彝、卣、罍、尊、瓿、觶、觥、觚、爵、斝、角、盉、盂、鐃等，各種器物大小各異，式樣不同，造型都非常美觀。

圖 131　司母戊鼎　1939 年安陽武官村出土　現藏中國歷史博物館

春秋戰國時代，器薄形巧、紋飾纖細的青銅器大量涌現。當時普遍應用器身和附件分別鑄造的方法，接合時或將先鑄好的

---

[79] 經光譜定性分析和化學的沉澱法所作的定量分析，證明司（亦釋「后」）母戊鼎青銅合金含有銅、錫、鉛 3 種元素。參見楊根、丁家盈《司母戊大鼎的合金成分及其鑄造技術的初步研究》，《文物》1959 年第二期。

附件嵌入器身和範中，然後灌注銅液，使之連成一體；或用合金焊接。另外，還先後發明了錯金工藝和鎏金工藝。

這一時期青銅兵器的製造也十分發達，「干將」、「莫邪」等名劍的鑄造，留下了動人的故事。《吳越春秋》卷4記載：「干將者，吳人也，與歐冶子同師，俱能為劍。越前來獻三枚，闔閭寶之。以故使劍匠作為二枚：一曰干將，二曰莫邪。莫邪者，干將之妻也。」歐冶子亦甚有名，今江蘇、浙江、福建、河南等地均傳有他的淬劍池，既云以池水淬劍，則所鑄當然是鋼劍了，可惜現在尚無實物為證。相傳當時韓國龍淵出產的重劍能夠水斬蛟龍，陸斷犀兕。據說，龍淵是水名，在汝南平西縣境內，唐避高祖李淵諱改稱龍泉，歐冶子亦曾淬劍於此。

1965年，湖北江陵望山一號墓出土的越王「鳩淺」（勾踐）劍，長55.7釐米，出土時寒光閃閃，仍極鋒利。經質子X熒光真空分析，測定其表面黑色部位是經過硫化處理而形成的，說明中國早在2500年前，就已經有了這項驚人成果。[80]

在青銅冶煉的基礎上，春秋末年人們還總結出有關合金配置的理論，《考工記・輈人》說：「金有六齊。六分其金而錫居一，謂之鍾鼎之齊；五分其金而錫居一，謂之斧斤之齊；四分其金而錫居一，謂之戈戟之齊；參分其金而錫居一，謂之大刃之齊；五分其金而錫居二，謂之削殺矢之齊；金、錫半，謂之鑒燧之齊。」此即所謂「六齊（劑）論」，是世界上最早的關於銅合金的科學配方。

秦始皇陵出土的銅車馬，不僅反映了當時高超的冶鑄技術，也展示了各種機械聯接方式，如鑲鑄、鑄焊、對焊、鐵焊、過盈聯接、銷聯接、鉚接以及精確的孔加工技術和裝配技術。[81]

《考工記・㮚氏》還記載：「凡鑄金之狀，金與錫，黑濁之氣竭，黃白次之；黃白之氣竭，青白次之；青白之氣竭，青氣次之，然後可鑄也。」這是後世化學中火焰鑒別法的濫觴，成語「爐火純青」即由此引申而來。

---

[80] 參見馬肇曾《越王勾踐劍與歷史上最早的金屬表面硫化技術》，《光明日報》1999年6月22日。

[81] 參見秦俑考古隊《秦始皇陵二號銅車馬初探》，《文物》1983年第七期；王學理《秦陵彩繪銅車馬》72～86頁，陝西人民出版社，1988年。

圖 132　銅車馬　西安（臨潼區）秦始皇陵西側出土

到了宋元時代，由於濕法煉銅的被大規模應用，使中國銅的產量又得到大大的提高。濕法煉銅，也叫「膽銅法」，早在西漢時已有萌芽。這種煉銅技術，是把金屬活動性比銅強得多的鐵放在膽礬（硫酸銅 $CuSO_4 \cdot 5H_2O$）溶液（俗稱「膽水」）裏，使膽礬中的銅離子被金屬鐵所置換，而成為單質銅沉積下來（其實也不限於硫酸銅，只要是可溶性的銅鹽，就會與鐵起置換反應）。這種產銅方法，可以就地取材，在膽水多的地方設置銅場，設備比較簡單，技術操作容易，成本低，只須把鐵薄片和碎塊放入膽水槽中，浸漬幾天，就能得到金屬銅的粉末；並且可以在常溫下取銅。正因為不一定需要高溫，不必考慮燃料的耗損問題，所以含銅少的貧礦也能應用。世界上其他國家應用同類技術，都遠遠落後於中國。歐洲到 15 世紀 50 年代，人們把鐵片浸入硫酸銅溶液，偶而看見銅出現於鐵表面，還感到十分驚訝，更談不上應用這個原理來煉銅了。

中國古代鐵的發現和開始使用是在商代。1972 年在河北藁城臺西村殷墟發現了一把與早期殷墟文化年代大體相當的鐵刃青銅鉞，儘管鐵是隕鐵，但也可說明當時中國已經使用鐵製器具了。當然，這種「天降之金」，帶有神秘性，因此貴不可言，與後世視為「賤金」的鐵的廣泛應用，是不可同日而語的。

在新疆地區，已發現公元前 1000 年左右的鐵器，係用塊煉法鍛製而成。[82]

《左傳・昭公二十九年》云：「遂賦晉國一鼓鐵以鑄刑鼎。」按：魯昭公二十九年為公元前 513 年，這是中國古代文獻上首次明確用鐵的權威記載。

[82] 陳戈：《關於新疆地區的青銅時代和早期鐵器文化》，《新疆文物》1990 年第四期。

鐵分生鐵和熟鐵兩種。包括鋼在內，都是鐵和碳的合金。純鐵是很難提煉的，就是用電解方法得出來的鐵，也還是含有少量的碳。而且純鐵很軟，用處不大。現代標準一般把含碳量小於 0.05% 的叫熟鐵，含碳 0.05%～2% 的叫鋼，含碳 2%～6.67% 的叫生鐵。

人類早期煉得的熟鐵通常叫塊煉鐵，是礦石在 800～1000°C 的條件下，由木炭還原直接得到的。塊煉鐵在出爐的時候，呈海綿狀的固體塊，不能從爐裏流出。所以取鐵塊，爐膛要受到破壞，生產不得不停頓下來。並且鍛造成形比較困難，夾雜太多，由於含碳量低，也很軟。而生鐵就不是這樣了。生鐵是在 1150～1300°C 的條件下冶煉出來的，雖然還未達金屬鐵的熔點 —— 1537°C，但出爐的時候產品卻已呈液態，可以連續生產，可以澆鑄成型，非金屬夾雜少，質地比較硬，使冶煉和成形效率以及產品的產量、質量都大為提高。所以由塊煉鐵到生鐵，是冶鐵技術史上的一次飛躍性進步。而歐洲生鐵姍姍來遲，14 世紀以前，尚不知生鐵為何物。

春秋戰國時代，中國在掌握塊煉法後不久，不僅已經掌握了生鐵冶鑄技術，而且鐵製工具的種類日益增多，生產規模也逐漸擴大。

而與生鐵發明幾乎同時，鑄鐵柔化術也出現了。[83]人們知道，在常溫下，碳在鑄鐵中主要有兩種存在形式，一是化合態，主要是滲碳體；二是自由石墨態，有條狀、團絮狀、球狀等。碳的存在形式不同，同一成分的鑄鐵性能也就不同。白口鐵中，碳全部以滲碳體的形式存在，滲碳體硬度很高，而塑性極低，所以，白口鐵硬而脆。鑄鐵柔化術則是針對這種情況而產生的一項熱處理脫碳技術，可以克服生鐵（多為白口鐵）容易斷裂的缺點，使之成為麻口鐵或灰口鐵。灰口鐵脆性小，硬度比白口鐵低得多，具有良好的耐磨性和潤滑性能，其耐腐性也高於一般的鐵。[84]麻口鐵則是灰口鐵與白口鐵的混合。依照熱處理條件的不同，這項技術又可以分為白心鑄鐵和黑心鑄鐵兩種。前者以脫碳為主，又叫「脫碳可鍛鑄鐵」，是在氧

---

[83] 參見南京博物院《江蘇六合程橋二號東周墓》，《考古》1974 年第二期；北京大學歷史系考古教研室《商周考古》第 236 頁，文物出版社，1979 年；中國科學院考古所《長沙發掘報告》第 66 頁，科學出版社，1957 年。

[84] 對河北滿城二號漢墓出土的西漢中期的生鐵錠和另外幾件漢魏時期的鐵器進行化學分析，表明其含硫量在 0.03%～0.28%，含磷量在 0.15%～0.47% 之間，即使用現代標準來衡量，也已達優質鐵的要求。參見華覺明《中國古代金屬技術》第 333 頁，大眾出版社，1999 年。

化氣氛下進行；後者以石墨化為主，又叫「石墨化可鍛鑄鐵」，是在中性或弱氧化氣氛下進行。白心鑄鐵，歐洲要到 1722 年方首次記述；黑心鑄鐵，則美國更遲至 1831 年才在西方世界中剛剛研製成功。中國在這方面，比歐、美早 2000 多年。

南陽瓦房莊出土的西漢鐵釜則是高磷灰口鑄鐵，磷的成分增高，使鐵水流動性改善，適用於薄壁大型容器的鑄造。

隨著鑄鐵熱處理柔化技術的漸趨成熟，這一時期，類似現代球墨鑄鐵的球狀石墨組織的鑄件也有問世。球墨鑄鐵因所含的石墨呈球狀而得名，它的性能在自由石墨態中，是最理想的。自有鑄鐵以來，無論中外，都試圖用白口鐵退火的辦法來達到以球墨代替絮狀石墨的目的，但是難度極大。中國古代生產生鐵含硅都偏低，在低硅情況下，中國古代不但成功地、大規模地利用退火的辦法生產了具有良好絮狀石墨的可鍛鑄鐵，而且還生產了部分具有球狀石墨的可鍛鑄鐵，這在人類冶金史上簡直是個奇跡。[85]而現代球墨鑄鐵，是直到 1947 年才研製成功的。

早在戰國初期，中國已有了鑄鐵脫碳鋼，其工藝過程是先製取白口生鐵鑄件，然後在氧化氣氛中脫碳退火，使它的含碳量降低到鋼的成分範圍而不析出或很少析出石墨，金相組織與近代的鋼相似。在世界上，古代一般沒有鑄鋼，只有鍛鋼。中國古代利用生鐵容易成型、含夾雜較少的優點，通過脫碳退火的辦法得到鑄鋼，這也可以說是個奇跡。到漢代，鑄鐵脫碳鋼的技術已經相當成熟，可以由生鐵經熱處理直接生產低、中、高碳的各種鋼材。

西漢時，中國鐵農具和工具已經普遍取代了銅、石、骨、木製用具。在西漢中期以後，鐵兵器也逐步占了主要地位。到東漢時期，主要農具、兵器已全部為鋼鐵所製。當時中國的鋼鐵產品已經出口到周邊各國和中亞、西亞、阿拉伯地區。

大約在西漢中後期，炒鋼技術也問世了。炒鋼技術把本來平行發展的鑄鐵技術和製鋼技術溝通了起來，進一步發展了生鐵的長處。關於炒鋼的記載，最早見於東漢《太平經》卷 72。炒鋼是把生鐵加熱後加以炒煉，使之脫碳成鋼。炒煉時，先把生鐵在空氣中加熱，讓它處於半融熔狀態。加熱到 1200°C 時，含碳總量 3% 的生鐵，由約 60% 的含碳量 1.7% 的奧氏體

[85] 參見李眾《從澠池鐵器看我國古代冶金技術的成就》，《文物》1976 年第八期。

和 40% 的含碳量 3.7% 左右的液體組成，通過不斷地攪拌（形似炒菜，「炒鋼」因而得名），增加氧氣與鐵的接觸面，使液體中的碳氧化。隨著溫度升高，奧氏體中含碳逐漸下降，鐵中硅錳氧化後與氧化鐵生成硅酸鹽夾雜。如果在半固體下繼續攪拌，借助空氣中的氧把所含的碳再氧化掉，就可以成為低碳熟鐵。也可以在它不完全脫碳時，控制所需要的含碳量，終止炒煉過程，獲得中碳鋼或高碳鋼。這種鋼由於含碳較高，氧化程度較低，與低碳熟鐵相比所夾雜物自然較小較少，經反復鍛打，即成優質鋼材。類似的技術，在歐洲，要到 18 世紀中葉才由英國人發明。英國發明炒鋼法，馬克思 (Karl Marx, 1818～1883) 說不管怎樣讚許也不會誇大這一革新的重要意義，而中國的發明，卻比英國要早 1900 年左右。

中國傳統社會最享盛名的煉鋼技術是「百煉鋼」。百煉鋼肇始於西漢早期的塊煉滲碳鋼，其工藝要點是將塊煉滲碳鋼在高溫下反復加熱鍛打，進一步滲碳，除去雜質，緻密內部組織。後來百煉鋼又以炒鋼代替塊煉滲碳鋼，工藝更趨成熟。百煉鋼是煉鋼技術史上的重要革新，直到現代，生鐵仍為煉鋼的主要原料。這項技術要點在於控制含碳量，在古代缺乏科學分析的條件下，只能靠熟煉的技巧和豐富的經驗，關鍵是「工良師巧」（《論衡・率性》），否則就會失敗。東漢時，百煉鋼已有一定的工藝標準，因而有「三十煉」、「五十煉」和「百煉」的區別。在煉製刀劍時，用生鐵炒成的鋼為原料，可以用同一種鋼料反復折疊鍛打，也可用數層成分略有不同的原料疊打，然後加熱折疊再鍛，反復多次。所謂三十煉即加熱、鍛打、折疊 30 次；五十煉是 50 次，百煉是 100 次。曹操曾令「國士」造「良金」。漢獻帝建安二十四年 (219)，曹丕又煉成百辟寶劍 3 把、寶刀 3 把、匕首 2 把、露陌刀 1 把，他在《典論・劍銘》中盛稱當時的百煉鋼利器，說寶劍有的「光似流星」，有的「色似彩虹」；寶刀有的「文似靈龜」，有的「采似丹霞」；匕首有的「理似堅冰」，有的「曜似朝日」；露陌刀則「狀如龍文」。可見這些器械的精美、鋒利，已經到了巧奪天工的程度。

南北朝時期，梁代陶弘景最早明確記載了用生鐵和熟鐵合煉而成的灌鋼技術。陶弘景說：「鋼鐵是雜煉生（生鐵）、鍒（熟鐵）作刀鐮者。」（《重修政和經史證類備用本草》卷 4 引）所謂「雜煉生鍒」，就是把生鐵和熟鐵混雜起來冶煉。「洪爐鼓鞴，火力到時，生鋼（鐵）先化，滲淋熟鐵之中，兩情投合，取出加錘，再煉再錘」（《天工開物・五金》），這樣就煉成了質量較純的鋼鐵。這種煉法，費功較少，成本較低，因此產品不獨可以製刀劍，也可以製鐮刀，對發展農業生產更是有積極意義的。北朝高歡（渤海蓨〈今河北景縣〉人，496～547）政權下的信州（今重慶奉節一帶）刺史綦毋懷文也用這種方法煉鋼，製成「宿鐵刀」（《北齊書》卷 49），一刀砍下去，可斷疊了 30 多層的鎧甲。當時用尿淬火，所得鋼較硬；用牲脂淬火，所得鋼較韌。灌鋼法在宋以後又繼續改進。沈括在《夢溪筆談》卷 3 裏說：「世間鍛鐵所謂鋼鐵者，用柔鐵屈盤之，以生鐵陷其間，泥封煉之，鍛令相入，謂之團鋼，亦謂之灌鋼。」把柔鐵盤屈起來，是為了增加生熟鐵的接觸面，提高灌鋼的效率，並促使碳分分布更均勻；封泥則有利於造渣、去除雜質，並起保護作用。由於採取了這些措施，因此當時灌鋼，灌煉次數就可以減少下來，以致一次煉成。明代又把柔鐵盤屈改為薄熟鐵片，進一步增加了生、熟鐵的接觸面，同時泥封也改為草泥混封。灌鋼後來又發展為「蘇鋼」。蘇鋼是先把料鐵放到爐裏鼓風加熱，後把生鐵的一端斜放到爐口加熱，繼續鼓風，使爐溫升高。當爐溫升到 1300°C 左右的時候，爐裏的生鐵塊慢慢往下滴鐵水，料鐵也已經軟化，然後鉗住生鐵塊在爐外的一端，使鐵水均勻地淋到料鐵上，並且不斷地翻動料鐵，這樣就產生劇烈的氧化作用。接著把淋過生鐵的料鐵夾到礅上鍛打，除去熔渣。一般第一次淋過，要淋第二次，其所得的鋼，內外部成分相差很微，含渣很少，磷、硫也有顯著的降低，除了錳、矽含量低外，其他成分完全符合碳素工具鋼的標準。蘇鋼的冶煉方法，相傳是江蘇的煉鋼工人所創造的。其高明之處主要有兩點：一是料鐵組織疏鬆，含有大量的氧化夾雜，硅、錳、碳含量也比較高，灌煉的時候氧化劇烈，造成一定的渣、鐵分離；二是料鐵中氧化物氧化了生鐵中的碳之後，鐵便被還原出來，這樣就提高了金屬的收得率。以往灌鋼用熟鐵片，組織比較緻密，不可能有這種效果。在 1740 年坩堝煉鋼發明以前，灌鋼法既能高效地生產，又能得到高碳鋼，並能造成一定程度的渣、鐵分離，無疑是當時世界上最先進的煉鋼工藝。

中國古代對於鋼鐵最重要的機械處理方法是「鍛」。鍛，一方面能使鋼鐵的組織比較勻稱細緻，性能因而提高；另一方面，是為了鍛成所要求的形狀。而中國古代對於鋼鐵的最重要的熱處理方法則是「淬」。淬，明代以後又稱為「健」，就是將已經鍛好的鋼鐵用高溫燒紅，放到水和其他液體裏去一浸，使其質量更加堅硬，穩定下來。

冶煉青銅、鋼鐵技術的發展，與冶煉爐、鼓風設備和燃料等大有關係。在冶煉爐方面，中國春秋時已用豎爐煉銅；用高爐煉鐵，中國也是居於創始者的地位。西漢冶煉爐使用多種耐火材料，對材料的配置符合不同的工藝要求；對礦石整理，已普遍使用破碎、篩分和均勻礦石粒度的技術措施。至遲在漢武帝時期，已有意識地使用石灰石作為熔劑。古滎冶鐵遺址的一號高爐爐缸呈橢圓形，在古代鼓風器風量、風壓都較小的技術條件下，這是擴大爐容的有效辦法。該爐面積 8.5 平方米，高約 5～6 米，估計日產量有 0.5～1 噸，處於當時世界上絕無僅有的領先水平。宋代蒸礦爐爐口向上縮小，爐膛大，可以避免造成懸料事故；同時因為上口小，底部又形成爐缸，便於集中熱量，實現了豎爐發展史上的關鍵性重大改進。而元代化鐵爐，每化 1 斤鐵，只須用一斤炭，這在當時條件下同樣是非常不容易的。明代反射式炒鐵爐，將燃燒室和熔池分了開來，可以直接用煤作燃料；生熟煉鐵爐，將煉鐵爐和炒鐵爐串聯起來，可以提高效率，減少能耗，在工藝思想上也都是非常先進的。在鼓風設備方面，中國古代最早是皮囊，後來為風扇，接著又為風箱，並由人力鼓風而畜力鼓風。到東漢初年，南陽太守杜詩（河內汲縣〈今河南衛輝〉人，生年未詳，卒於 38 年）又發明利用水力鼓風的「水排」[86]，要先於歐洲 1300 年。宋、明繼續發展，相繼採用活門式木風扇和活塞式木風箱，比歐洲早 1 個多世紀。在燃料方面，先用木炭，後來又用煤。中國冶鐵用煤的文獻記載最早見於北魏酈道元的《水經注》卷 2。但煤仍有較多的缺點，一是含硫、磷等有害雜質高，容易導致生鐵熱脆或冷脆；二是渣多，容易使爐子發生故障；三是氣孔度小，熱穩定性不好，容易爆裂。不過煤可以乾餾成為焦炭，焦炭避免了煤的短處，保留了煤的長處。中國至晚在明末已開始將煤煉成焦炭再供冶鐵使用，比英國於 1713 年才開始使用焦炭要早 100 多年。

中國冶煉白銅的記錄同樣很早；[87]到了清代前期，雲南優質的鎳白銅始引起西方人士的注意，法國耶穌會士杜赫德 (Jean Baptiste du Halde, 1674～1743) 在雍正十三年 (1735) 說這種銅色澤與銀沒有差別，只有中國才能生產。

中國古代的冶金技術，其他如金、銀、錫、鉛、汞、鋅等金屬的冶煉，

[86] 一座爐子用好幾個皮囊，皮囊排在一起叫排囊或排橐，用水力推動排囊就叫水排。

[87] 見《華陽國志・南中志》。

也都達到了相當成熟的水平。其中鋅的煉製是中國首先發明的，中國先秦

圖 133　新莽始建國二年 (10) 銅鏡（左）　唐鑲嵌螺鈿人物花鳥鏡（右）

青銅器中已有鋅的成分，歷史上以單質鋅配製黃銅用來鑄錢的時間大約可定為始於明代天啟元年 (1621)，當然這還有待於進一步尋找證據，但銅、鋅合金的廣泛使用，確實又是中國人著了先鞭，歐洲要到 16 世紀才知道鋅是一種金屬。⑱金，從四川三星堆出土的金器來看，早在古蜀國時代，中國已掌握使用金箔的技術，金箔的使用應該比鑄造更為先進。⑲而甘肅玉門火燒溝墓葬出土的金鼻飲和銀鼻飲，距今為 3890 ± 120 年。⑳唐代金銀平脫天馬鸞鳳鏡，鏡背面的鳳翅鳳尾，馬鬃馬尾，金光鋥亮，馬身和鳳身，又銀白如雪，在褐色漆底的襯托下更顯得鮮艷奪目，充分反映了當時金銀器皿冶鑄製作技術的高超。㉑宋代普遍推行「吹灰法」提煉白銀，在冶煉時加入鉛，利用鉛與銀的相互溶解，讓鉛把礦石中的銀攜出，再利用銀、鉛比重不同，鉛重銀輕，加熱使之熔化，鉛重滲下，銀輕留在上面，從而提取銀。這種煉銀技術，初步形成於唐代。㉒宋代金銀器造型富於變化，構圖別致，採用雙層、重瓣、高浮雕等工藝，技術上比唐代更加成熟。

至於中國傳統社會的鑄造工藝，則以泥範、鐵範和熔模鑄造為最主要，

---

⑱ 周衛榮：《中國古代使用單質鋅黃銅的實驗證據》，《自然科學史研究》1994 年第一期。

⑲ 張子高：《中國化學史稿》第 114 頁，科學出版社，1964 年。

⑳ 參見龔國強《與日月同輝——中國古代金銀器》第 25 頁，四川教育出版社，1998 年。

㉑ 陝西省博物館：《唐金銀平脫天馬鸞鳳鏡》，《文物》1966 年第一期。

㉒ 一冰：《唐代冶銀術初探》，《文物》1972 年第六期。

被稱為古代三大鑄造技術。

泥範是在製陶術發達的基礎上發展起來的，商代早期以河南偃師二里頭遺址為標誌，已經用泥範鑄造銅錛、銅鑿等小型生產工具和銅鈴、銅爵等日用器具。到了商代中期，已從單面範、雙面範鑄造發展到能用多個型、芯組成複合鑄範鑄造重達百斤以上的大型鑄件。西周擺脫商代工藝，發明了一模翻製數範的方法。而春秋中晚期分鑄法進一步發展，實行了器身與附體分別單獨作模，除使產品趨於規範化外，還便於創造形制極為複雜的藝術作品。泥範常用耐火泥和火磚屑等製成，特點是澆出的鑄件表面較光潔。後世泥範多用於鑄造形狀較簡單的鑄件，如薄壁鐵鍋等。中國古代泥範鑄造還應用了疊鑄法，是把多個範塊或成對範片疊合裝配，由一個共同的澆道進行澆注，一次得到幾十個甚至上百個鑄件。這種方法在歐洲，是近代隨著大機器生產的出現，需要大批小型鑄件（如活塞環、節等）才發展起來的。而中國最早的疊鑄件是戰國齊刀幣；到了漢代，泥範疊鑄已廣泛應用於錢幣、車馬器的生產。在近代砂範鑄造以前，泥範鑄造一直是中國最主要的鑄造方法。

鐵範與泥範相比，優點是可以重複使用很多次，而且鑄件規格齊整。由於鐵範冷卻速度較快，易於得到白口鐵組織，也便於鑄鐵柔化處理，所以鐵範自戰國時問世以來，很快得到推廣，普遍應用於農具、手工業工具、生活日用品和兵器等的鑄造。戰國鐵範已有比較複雜的複合範和雙型腔，範壁厚薄均勻，收縮一致。為防止鑄件變形，還採用了加強結構——金屬型芯。後來在發展中，又進一步形成了一套操作規範，如最初澆注的若干件作為廢品或次品處理，澆注以後及時打箱，除使用金屬芯外還使用泥芯等，都是合乎科學原理的。除鐵製金屬範外，戰國和漢代，已採用銅範鑄造銅幣，如傳世和出土的五銖銅範等。

熔模鑄造古代稱為「失蠟法」或「撥蠟法」。《唐會要・泉貨》記載，開元通寶錢使用蠟模，現在傳世和出土的開元錢，還有一種是帶指甲痕的，據說就是用蠟模鑄造留下的痕跡。南宋趙希鵠在《洞天清祿集・古鐘鼎彝器辨》中說：「古者鑄器，必先用蠟為模。」這「古者」，可以追溯到公元前7世紀左右。[93]根據趙希鵠的記述，失蠟法是先用蠟刻畫成模，放在桶狀容

[93] 參見河南省文物研究所等《淅川下寺春秋楚墓》第379～388頁，文物出版社，1991年。

器裏，經用澄泥漿多次澆淋後，撤去桶板，加敷含有鹽和紙筋的細泥，做成鑄模，再出蠟澆鑄。失蠟法適宜於鑄造大型和複雜的藝術鑄件，但如五代後周廣順三年 (953) 所鑄滄州大鐵獅，長 6.3 米，高 5.4 米，寬 3 米，重達 40 噸，從獅足至脊部共分 15 段，用範 344 塊，[94]就不是失蠟法鑄造的，因為失蠟法都是整鑄，沒有分段的必要。據《天工開物・冶鑄》記載，有用失蠟法來鑄「萬鈞鐘」的，它採用地坑造型，蠟料由牛油、黃蠟調製，比例為 10:8，蠟料中加入炭末以減少收縮，增加透氣性，並且使表面光潔，每 1 斤蠟料，配銅 10 斤。

## 第五節　造船技術

在中國傳統社會，關於船的發明，有很多說法：《墨子・非儒》曰「巧倕作舟」，《世本・作》則說「共鼓貨狄作舟」。到底船是誰發明的，這個問題並不重要。事實上，古人「見竅木浮而知為舟」（《淮南子・說山訓》），先創製把若干根樹幹或竹竿並排地拴在一起的漂浮的筏子，然後再「刳木為舟，剡木為楫」（《周易・繫辭下》），挖獨木以為舟，割整木做成槳，這個過程，乃是很自然的。

獨木舟的造法，是選擇一段粗大的樹幹，先用火燒法燒去準備做船艙部分的裏心，然後用石斧砍製成形；或者燒一層，砍一次，直到最後成形為止。從浙江跨湖橋遺址出土的實物來看，中國至晚大約在 8000 年前，已經開始使用獨木舟。[95]

與獨木舟同時，尚有獸皮舟、樹皮舟之類，但其重要性皆不及獨木舟。由於獨木舟是用單根木頭造成的，嚴整無縫，不會漏水，結構堅實，不會鬆散，而且加工簡單容易，因此即使在後世木板船時代，仍然沒有被淘汰。

在獨木舟的基礎上，隨著金屬的出現，人們創造了木板船。早期木板船是由 1 塊底板和 2 塊舷板組合而成的「三板船」，「三板」也寫作「三版」。在商代甲骨文中，關於「舟」字的寫法有：「[甲骨文]」（《續》5.11.1）、「[甲骨文]」（《後》上 15.8）、「[甲骨文]」（《甲》1032）、「[甲骨文]」（《粹》901）等。這些「舟」字，形態

[94] 諸家數據有出入，茲暫從白壽彝總主編《中國通史》，見該書第七卷（上）第 586 頁，上海人民出版社，1999 年。

[95] 《光明日報》杭州 2002 年 11 月 30 電，記者潘劍凱。該電所稱「小木船」，即獨木舟。

逼真，略似實物，從中可以看到當時木板船的形制——平底、方頭、方尾，首尾上翹且有出角；已加橫梁，提高了船體結構的整體性，使它更加堅固，用作乘坐，也比較方便、舒適。這類船，實際上已不是由 3 塊木板所構成的了。

商代尚未有鐵釘和油漆，三板船的製造，只能用搭接方法並用繩子捆牢，板縫則用草稈、麻絲、竹茹之類的纖維物質堵塞。

三板船是後世各類舢板船的祖先。這類船由於結構簡單，製造不困難，加之體積小，划行便捷，所以一直盛行不衰。不但用於交通運輸和打漁，而且還用於軍事活動，在數量上，遠遠超過其他各種類型的船舶。

1974～1978 年，在河北平山戰國中山國一號墓的南側出土 3 條大船和兩條小船，這 5 條船是目前所見中國古代最早的木板船實物。

最初發展起來的舢板船還很小，不大平穩，也運載不了多少人和貨物。於是人們從筏的構造中得到啟示，把船合并成舫。《說文・舟部》稱：「方，併船也。」這個「方」即「舫」，也稱「枋」、「方舟」、「方船」、「枋船」，有時則寫作「航」。舫起初大概是用繩索把兩隻船捆在一起。後來，又演進為用木板或木梁架在兩隻船上，用釘釘住，兩隻船之間也保留一定距離。舫在必要時還可以分成單體船。除了兩隻船合并的舫外，歷史上還出現過由多隻船合并的造舟和維舟等。周代規定，天子乘造舟，諸侯乘維舟。造舟由多隻船合并而成，維舟用 4 隻船合并而成，這種船行駛平穩，上面可以建造廬舍，是周王和貴族出遊時的專用船。

到了春秋時期，專用的戰船也登上了歷史舞臺。戰船是從民用船發展起來的，在早期沒有水軍的時候，戰爭中徵調民用船，只用來渡河。《史記・周本紀》記載武王伐紂，率領軍隊渡過盟津（在今河南孟津東北），周軍曾借調大批民船，預先進行過一次渡河演習。據《左傳・襄公二十四年》記載，周靈王二十三年（公元前 549）夏，「楚子為舟師以伐吳」，這是中國古代有文獻可徵的最早水戰。有了水戰也就有了戰船。戰船既要配備進攻手段，又要防御敵船攻擊，所以其結構和性能均非民用船可比。毫無疑問，戰船在各個時期，都是當時造船技術水平的最高體現。

當時吳國水軍的戰船威名遠播，品種也最齊備，有艅艎、三翼、突冒、樓船、橋舡等。艅艎又稱「餘皇」、「王舟」，船首繪鷁鳥圖案，是國君乘坐的大型戰船，在實戰中，則作為主要旗艦。三翼包括大翼、中翼、小翼，體型瘦長，槳手眾多，航速很快，戰時擔任主要作戰任務。《越絕書・逸文》云：「大翼者當陵軍之重車，小翼者當陵軍之輕車，突冒者當陵軍之衝車，樓船者當陵軍之行樓車，橋舡者當陵軍之輕足驃騎也。」「陵」即陸，從這條資料來看，春秋吳國水軍的編制是仿照陸軍的車戰法的。

秦漢時代，造船業突飛猛進，船隻因用途不同，在製造形式上也劃分為許多種類。其中戰船方面，主要有樓船、蒙沖、鬥艦、走舸、先登、斥侯、赤馬等。樓船是水軍的主力船艦，本身大小不等，層數也不等，有兩層的，第二層稱「廬」；有 3 層的，第三層稱「飛廬」；有 4 層的，第四層稱「雀室」、「翟室」或「爵室」。作戰用的樓船大都為 3 層，每層都有防御敵方矢石的「女牆」。船上還蒙上皮革，以防敵方火攻。「旗幟加其上，甚壯」（《史記・平準書》）。樓船也被作為皇帝的遊船，漢武帝曾經乘樓船巡幸汾河，作《秋風辭》，有句云：「泛樓舡兮濟汾河，橫中流兮揚素波，簫鼓鳴兮發棹歌。」[96]

漢代民用船有艑、艇、舸、艭、舲、舫等；舫有時用來載運士卒，一舫能運 50 人左右。

漢船的推進工具有篙、槳、櫓、帆等——

篙與筏子同時問世，是時代最早、形制最簡單的推進工具，實際上就是一根長竹竿或木棒，用它支撐水底或岸邊，使船向推力的反方向前進。後世通常在篙的下端包上鐵製的尖篙頭，這是為了增加篙的壽命。在篙頭上安裝鐵鉤，則可以鉤住別的船或岸邊的物體而使船移動。由於篙很實用，所以後世對篙的使用相當普遍，即使是長途航行的大河船和海船，也都裝有篙，以便在淺灘行駛或靠岸時候使用。中國的大河船和海船的船舷或尾部一般都修建有撐篙用的走廊，實為中國船舶結構的獨有特徵。

槳又稱「楫」或「札」、「棹」、「橈」，其問世比篙稍後。早期船隻使用的都是短槳，隨著船體的增大、幹舷的增高，又出現了長槳。長槳是短槳的延伸，槳桿和槳板兩部分都相應加長。由於長槳很難用手把持，因此利用槓桿原理，在船舷上設置槳座，把長槳架在槳座上，划起來既省力又方便。槳越多，船行速度就越快。在長沙的一座西漢墓中，曾經發現過木船的模型，上面有 16 支長槳。南北朝時，侯景軍中使用的一種叫做「鵃舠」的快艇，共有槳 160 支，是歷史上船槳最多的軍用船隻。

[96] 《古詩源》卷 2。

櫓或作「艣」、「艪」、「樐」、「櫨」，外形像長槳，但比較大，支在船尾或船側的櫓擔上，入水的一端剖面呈弓形，另一端繫在船上，用手搖動，使伸入水中的櫓板左右擺動，形成推力，推動船隻前進，就像魚兒擺尾前進一樣。櫓從槳的間歇划水進到連續划水，大大提高了功效。《釋名・釋船》云：「在旁曰櫓。」在船舶的發展過程中，櫓的位置由在船旁演變到放置在船尾，成為尾櫓。櫓的數量也增加了，有多達 36 櫓的，不但有尾櫓，而且仍用旁櫓。與此相應，後世更有了 2 人搖、6 人搖、甚至二三十人搖的大櫓。櫓的發明是中國古代對世界文明所作出的又一項重大貢獻。18 世紀中葉，英國海軍首先對櫓加以關注，近現代普遍使用的螺旋推進器，其發端，就在於從中國的櫓裏得到了啟示。

帆或作「帆」、「颿」，有時「篷」字也表示帆。有帆必有桅，桅又稱「桅杆」、「棖」、「檣」。帆張掛在桅上，利用風對帆幕的壓力推動船前進。帆的出現大約在商代。[97]早期帆是固定裝置的方形帆，只能利用順風。後來改變兩邊對稱的正裝方式為兩邊不對稱的斜裝方式，這種斜裝方式，由於兩側的受風面積不同，形成了一個壓力差，可以接受側後方的來風。這樣過了一段時期，又通過帆索結構的改進，使原來只能作固定方向張掛的帆幕，可以隨風向的改變而改變張掛方向。因此，帆從只能利用順風和側後風，逐步進到八面風中只有頂頭風不能利用。到最後，更摸索出「調戧」的辦法，在遇到頂頭風的時候，只要用調戧來改變船頭的方向，走「之」字形，就可以把頂頭逆風變成傾斜風，使船前進了。為了觀測風向，在桅杆頂端一般都設有三角形的「定風旗」，從定風旗的方向，就能知道颳的是什麼方向的風。12 世紀初，中國航海已經做到只有頂頭風不可行，而西方帆船卻要到 16 世紀才達到這個水平；但正是在此時，中國又進一步能夠逆風行船了。帆的利用，從數量來看，早期只有單桅單帆，後來發展到多桅多帆。宋元時代的海帆，一般都是 3 帆、4 帆，在一根桅上還經常掛多張帆幕。可以起倒的可眠式桅杆，這一時期也廣泛應用。人們並且發現帆掛桅頂最有效，可以提弔船身輕快。同時又發現，在帆的兩邊加「插花」（小帆），可使船身不攲側；在帆的下部加「篷裙」，更可有效地減弱風的升力，避免風翻船。但帆多了，也增加了操作的複雜性，如遇風暴突然來臨，來不及收帆，後果就不堪設想。所以 15 世紀以後，帆又逐步簡化，通常一桅只掛

[97] 金秋鵬：《中國古代的造船和航海》第 17 頁，中國青年出版社，1985 年。

一帆，只是採用加大帆幕的辦法，使之既充分利用風力，又方便操作，節省勞力。在帆的結構方面，中國古代很早就使用的平衡式梯形斜帆，是用竹條平衡橫向安置在帆幕上，成為橫向的加強材料。竹條取材容易，自身輕，不會使帆架過重，又有很好的韌性和強度，能夠經得住大風的吹颳，不容易折斷。並且由於有了竹條這種加強材料，每條之間相隔又不大，因此對帆幕的強度要求不高，竹葉和其他植物葉子都可以編織成帆幕，帆幕不一定要求用強度比較高的織物來做。再是因為竹條上都有繩子繫結，使船帆既能夠整幅折疊，也可以作梯級性縮折，桅頂又有滑輪與帆索結成一有機整體，所以升降只要轉動傳動裝置的絞車，既快速便捷；又可以根據風力大小和航行需要來調整帆的張掛程度，「調勻和暢順風則絕頂張篷，行疾奔馬，若風力洊至，則以次減下，狂甚則只帶一兩葉而已」(《天工開物・舟車》)。不像其他國家的船帆，要麼全部張掛，要麼全部收起，而且張、收都得靠人爬上桅杆去作業，既危險又費力。

漢代船隻的定向工具有舵。舵在古籍中，又寫作「柁」、「䑨」、「柂」。舵由在商代已經使用的尾舵槳發展而來。正式的舵的問世時間，現在還搞不清楚，但可以肯定，在漢代，舵已經開始使用。[98]《釋名・釋船》云：「其尾曰柂，柂，拖也，在後見拖曳也，且言弼正船使順流他戾也。」早期的舵舵柱斜伸出船尾，在船後形成一個比較長的凸出。後來人們把舵柱從船尾斜伸出改為垂直伸進水中；舵面跟舵柱的聯接位置，也由舵面中部移到邊上。這種舵稱作垂直舵。而中國船隻尾部起翹，正好便於垂直舵的裝置。舵有舵樓，便於操作人員的工作。由於航綫上的水有深有淺，舵逐步演進成可升可降的升降舵，可以依據水的深淺隨時調節舵的高低。停泊的時候還可以把舵弔上，放置在舵樓中。大型船舶的舵是很大的，非人力所能提拉升降，因此在舵樓中還安裝轆轤，用來升降船舵。一般的大船都有幾個舵，如宋代客船就有大小兩個主舵，深水用大舵，淺水用小舵，同時舵上還有副舵，配合主舵控制航向。又如明代出使琉球的海船設有 4 副舵具，其中 3 副都是備用的。海上航行遇到大的風浪，還可以把大主舵放到船底下，因為那裏的水流不受船尾所產生的亂流和漩渦的影響，這樣做既能提高舵的效能，又能減弱船舶的橫向漂流。唐代發明了披水板，裝置在

[98] 據金秋鵬考證，舵最先是由兩廣地區的越人發明的，年代應在西漢或西漢以前。見《淩波至寶——舵》，《中國科技史料》1998 年第三期。

船舷的兩側，當受到側風或斜風吹颳的時候，在下風方向放下披水板，可以減弱船隻的橫向漂流和偏移。明清時又發明了梗水木，就是在船底增設兩條中插板，與船尾升降舵配合，能夠有效地減弱船隻橫向漂流、偏移。又有平衡舵，出現於宋代，把一部分舵面積分布在舵柱的前方，可以減少轉舵力矩；同時把舵面做成扁闊形狀，可以提高舵控制航向的能力。另外，還有開孔舵，不但轉舵時省力，而且由於水表面的張力作用，更不影響舵的性能。關於舵的作用原理，《天工開物・舟車》云：「凡舵力所障水，相應及船頭而上，其腹底之下，儼若一派急順流，故船頭不約而正，其機妙不可言。舵上所操柄，名曰關門棒，欲船北，則南向捩轉；欲船南，則北向捩轉。」這段精闢的論述，基本上符合現代力學原理。中國是最早發明舵的國家，大約到10世紀，舵在阿拉伯世界才開始使用，歐洲直到12世紀末才開始使用；平衡舵在中國，宋代已開始使用，而類似這樣的舵，歐洲要到19世紀才開始使用。

漢代船隻的停泊工具有碇。碇，又寫作「矴」、「椗」。《三國志・吳書・董襲傳》說的「繫石為碇」，即是用繩索縛石，沉於水底，利用石頭的重量來固定船隻。所以停船也叫做下碇，開船則可稱啟碇。碇放在船頭上；又有副碇，設在船側。在海中或比較開闊的江湖水面，可根據風浪和水流速度的大小來決定是否兼下副碇。碇後來演進為木爪石碇，木爪石碇不但有碇石自身的重量，而且木爪可以扎入泥層，跟木樁的作用一樣。與石碇同時並行的還有木碇，木碇是用比較重而堅硬的木頭製成的，有兩個爪，功用相當於木爪石碇。而中國古代鐵錨的出現，則也在6世紀以前，南朝顧野王的《玉篇》中，已有「錨」字，可以說明這一問題。但錨的普遍使用，還是在明代。由於錨自身很重，又有4個爪，儘管加工不容易，終於逐步取代了石碇和木碇。大型船舶上的錨很大，因此拋錨和起錨，皆採用絞車作業，「風息開舟，則以雲車絞纜提錨使上」(《天工開物・舟車》)，「雲車」就是指立式絞車。

西晉王濬（弘農湖縣〈今河南靈寶西北〉人，206～286）造連舫，每舫可載2000人，舫上可以馳馬來往。

南朝祖沖之「造千里船，於新亭江試之，日行百餘里」(《南齊書》卷52)，這是中國古代最早的車船——即輪船。中國出現輪船，比歐洲早1000多年。

自漢代以後，經歷魏晉南北朝，到了唐代，中國傳統社會四大航海船型之一的沙船已經定型。沙船的特徵是平底、多桅、方頭、方尾，體寬而扁，尾部有出艄。沙船的形體特徵，使它具備了以下優點：一. 船形寬大，船身扁淺，不易傾覆，又有披水板、梗水木、太平籃等設備，穩定性居諸船之首；二. 因為是平底，吃水淺，不怕擱淺，可以在淺灘上航行；三. 吃水淺還彌補了方頭跟水接觸面大阻力也大的缺陷，駕駛起來靈活方便，快航性也比較好；四. 多桅多帆，可以充分利用風力，適航性強，逆風頂水也能航行；五. 尾部出艄，便於安裝升降舵，舵面積大，海水深的時候可以把舵葉降到船底下面，這些都有利於發揮舵的定向功能。此外，沙船大欖（兩舷前後縱通材）特別多，川口（艙口前後縱通材）特別粗，結構強度也比同級船大。沙船在宋代稱「防沙平底船」，元代稱「平底船」，明代中葉後始通稱沙船。

唐代沙船已開始設置水密隔艙。所謂「水密隔艙」，就是用隔艙板將船艙隔成數間，並予以密封。這樣做，首先在航行中，即使有一二個船艙破裂漏水，其他船艙也不致漏水，從而大大提高了船舶的抗沉性；其次，隔艙板與船殼板緊密釘合，增加了船舶的橫向強度，可以取代加設肋骨的工藝；同時船上分艙，貨物的裝卸和管理也比較方便。水密隔艙中還有過水眼的裝置，過水眼可以使隔艙底的水互相流通，自動調節船舶的穩定和船首船尾的吃水深淺，頗有現代雙層底結構一樣的效果。由於過水眼不大，在需要的時候容易堵塞，所以不會影響水密隔艙的抗沉能力。水密隔艙的發明也是中國古代對世界造船技術的一項貢獻，其他各國直到 18 世紀末，才開始吸收這種先進技術。

唐代的「海鶻」戰船頭低尾昂，前大後小，舷的兩側都置有浮板，起著平衡船身的作用，在狂風惡浪中仍能繼續作戰。船左右還包生牛皮防護，戰鬥力極強。

唐代也有車船。《舊唐書》卷 131 云：「挾二輪蹈之，翔風鼓疾，若挂帆席。」

當時「賈人船不用鐵釘，只使桄榔鬚繫縛，以橄欖糖泥之，糖乾甚堅，入水如漆也」（《嶺表錄異》卷上）。利用桄榔鬚縛船板而造大型賈人船，這是中國傳統社會民間造船史上就地取材的絕妙範例。

宋元時代的船舶，以海船為最有代表性。1973 年，在福建泉州灣後渚

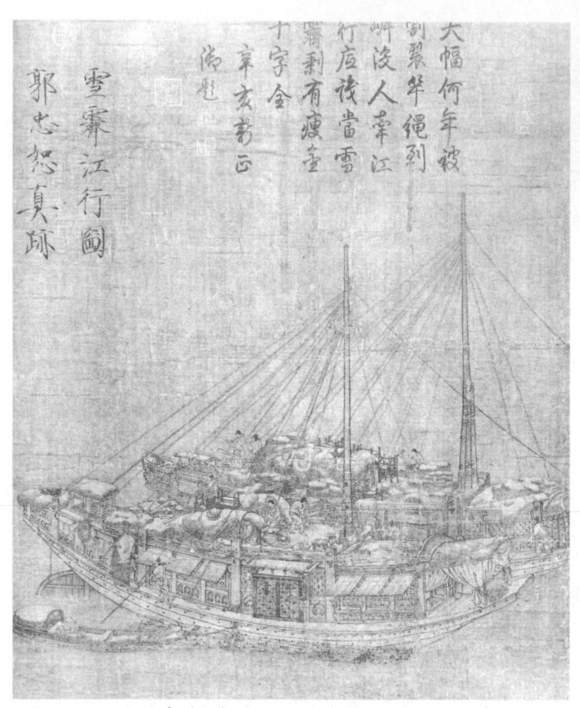

圖 134　北宋郭忠恕繪《雪霽江行圖》中的船

港出土了一隻南宋海船，殘長 24.2 米，殘寬 7.15 米，殘深 1.98 米。中央由主龍骨、首龍骨、尾龍骨構成，主龍骨用粗大的方型樟木製造，是船體的中堅骨幹，船底呈「V」形，同時整個船體頭尖尾方，首尾上翹，具有優良的負載和破浪性能。底部分 13 個水密隔艙。底板有兩重，共厚 12 釐米；舷板有 3 重，共厚 18 釐米。這種多重板結構，是有一定的講究的：大型海船要求有比較高的強度，但尖頭尖底船外殼彎曲變化程度大，用厚木板加工相當困難，分成幾層薄板就容易了，並且薄板結合成一體仍能滿足強度的要求。而 1982 年，在泉州法石又出土了一隻南宋海船，也是上尖下闊型，卻已採用單層厚木板加工而成。單層厚板省去了把木材加工成薄板再釘合起來的工序，在技術上無疑是個進步，明、清以來船舶都採用這種結構，多重板結構逐步被取代了。[99]

泉州出土的這隻多重板結構的海船，如復原，船身總長可達 35 米左右，較之宋代文獻所載，尚屬小型海船。徐競《宣和奉使高麗圖經》卷 24 描述了北宋宣和四年 (1122) 朝廷出使高麗的船隊情況。其中「客舟」6 條是臨時從民間雇募改裝而成的，均「長十餘丈，深三丈，闊二丈五尺。可載二千斛粟」。更有兩艘「神舟之長闊高大，什物、器用、人數，皆三倍於客舟」。航行時「巍如山岳，浮動波上」，以致當它抵達高麗國的時候，引起「傾國聳觀，而歡呼嘉嘆」，中國海船之大，在當時世界上是罕有其匹的。

唐初，往來於南洋的海船，還大都是外國製造的。而到了中唐以後，特別是宋元時代，中國的造船水平已全面超過了外國，往來於南洋、印度以及中國與日本、朝鮮之間的商船已經主要是中國製造的海船了。

宋代和元代，海船的附屬設備，更增添了竹橐，即懸置在中部兩舷側的竹捆，可以消浪和減緩船隻左右搖擺。至於宋、元以來乃至明、清海船

[99] 福建省泉州海外交通史博物館:《泉州灣宋代海船發掘與研究》，海洋出版社，1987 年。

上測量深水的設備和導航設備，本書第十二章第二節已有述及，這裏尚需稍作補充：一. 測量深水的設備，叫做測深砣，是繫有長繩的鉛砣，可以測知海底的情況；二. 導航設備還有航標，如建於南宋紹興 (1131～1162) 年間的泉州關鎖塔，就是當時進港的導航標誌。在杭州，六和塔也被當作導航標誌，該塔是宋太祖開寶三年 (970) 淨慈寺智覺禪師在吳越王錢俶（948～978 在位）的贊助下始建的，當時塔身 9 級，高 50 餘丈，夜間僧人在塔內燃燈光為識，以方便於外航來船。

宋元時代的戰船又有不少創新和改進，並在船上裝置了火藥武器。南宋乾道五年 (1169)，水軍統制馮湛造成一種新式多槳船，採用「湖船底」、「戰船蓋」、「海船頭尾」相結合的辦法，這種船行動便捷，江河湖海都可以航行。另有一種叫做「海船」的戰船，分大、中、小 3 等，大的闊 2 丈 4 尺以上，底闊只有 2 尺 4 寸，上面配置望斗、前隔、鐵撞、硬彈、石炮、火炮、火箭和其他兵器，銳不可當。又有一種無底船，中部無底卻豎有旗幟，軍士站在兩舷的站板上，可以誘敵跳進船中落水溺死。當時的「鐵壁鏵觜平面海鶻戰船」，兩側加裝鐵板，船首加裝鐵尖，戰鬥力也很強。

宋代造船、修船都使用船塢，比歐洲早 500 年；宋代工匠還能根據模型和畫出來的船圖施工，比歐洲早三四百年；宋代楊么農民軍的車船吃水一丈多，有二三層樓，可載千餘人，「以輪激水，其行如飛」(《宋史》卷 365)，已很容易使人聯想到近代的輪船了。

明代造船工場分布之廣，規模之大，配套之全，達到了中國傳統社會造船業的最高水平。其中南京龍江船廠、淮南清江船廠、山東北清河船廠是 3 個最大的造船廠。龍江船廠建於洪武初年（1380 年左右），廠址在南京下關三叉河，長 354 丈，寬 138 丈，占地約 8100 餘畝，分作前、後兩廠，年產超過 200 艘，有巨大的船塢，船造成後，可直接在長江下水。著名的鄭和寶船就是該廠承造的。

鄭和所乘大綜寶船，「長四十四丈四尺，闊十八丈[100]」(《鄭和家譜》「下西洋船舶」條）[101]，「張十二帆」（費信：《星槎勝覽》卷 1《占城國》），船

[100] 據對寶船長寬比例及適航性能的分析，這裏「闊十八丈」或為「闊于八丈」之誤，也有可能「十」為衍文。但《明史》卷 304《鄭和傳》亦載「廣十八丈」，問題就更加複雜了。

[101] 李士厚《影印原本〈鄭和家譜〉校注》，雲南少年兒童出版社，2005 年。

上篷帆鐵錨，「非二三百人莫能舉動」（鞏珍：《西洋番國誌・自序》）[102]。在近代歐洲資本主義國家的鋼鐵輪船問世之前，無論載重量、穩性和航行速度，都是各國莫能望其項背的。[103]

鄭和寶船屬福船，明、清時又有廣船，都相當有名。戚繼光抗倭，台州一役，福船「大勝小」，廣船「堅勝脆」，（周鑒撰、李盤增訂：《金湯借箸十二籌》卷 11）都大顯神威。

福船肇始於北宋，「上平如衡，下側如刃，貴其可以破浪而行也」（《宣和奉使高麗圖經》卷 34）。兩側有護板，並有貫通首尾的龍骨，吃水深，穩定性好，還有防火設備。船頭高昂，結構甚堅，能夠乘風下壓而犁沉敵船。明代大福船可載士兵 100 人，舵樓 3 層，中部分作 4 層，下層裝土石壓艙，二層住士兵，三層是主要操帆及餐事場所，上層為露臺，作戰時可居高臨下發射火器矢石。

廣船首尖體長，下窄上寬，狀若兩翼，吃水較深，利於破浪。梁栱小，甲板脊弧不高，有較好的遠航性和較大的續航力。比福船更加龐大和堅固，火力配備也更強，既可施放火炮，又可拋擲火球。但「廣船若壞，須用鐵力森 (Mesua ferrea) 修理，難乎其繼」（《武備志》卷 116），且造船之費倍於福船，故數量較少。

當年戰船，主要還有海滄船、艟𩝐船、沙船，以及兩頭船、鴛鴦槳船、子母船、火龍船、聯環舟等，[104]總計數十種。

另外還有烏船，頭小身肥，船身長直。除設桅、篷外，兩側有櫓 2 隻，有風揚帆，無風搖櫓，篷大櫓快，船行水上，有如飛鳥。

魯迅筆下的烏篷船，為明、清以來紹興一帶的內河船。有明瓦船、小划船等多種。紹興內河船又有所謂白篷船，屬貨船性質。

至於中國古代的船舶設計，則方法簡便，但十分巧妙，例如清初福船系統的趕繒船龍骨縱剖面圖的設計。趕繒船的龍骨是有彎度的，設計時，先由船主（或船長）決定龍骨長短，再按比例決定 3 段龍骨，接著決定龍

[102] 《西洋番國誌》一卷，見《續修四庫全書》第 742 冊，上海古籍出版社，2003 年。

[103] 如 1492 年橫渡大西洋到達美洲的哥倫布船隊，其中旗艦「聖瑪麗亞號」不過 250 噸，僅為鄭和寶船的 1/10。

[104] 參見《紀效新書》卷 18、《武備志》卷 117 和朝鮮李舜臣《李忠武公全集》卷 7 所收李氏日記。

骨兩端的起翹，根據前後起翹就決定了龍骨的彎度。眾所周知，三角形已知兩邊和高是不難畫出的，以前起翹作高，前龍骨和中龍骨作兩邊，畫出一個三角形，再用後起翹、中龍骨和後龍骨又畫出一個三角形，把兩個三角形相同的一邊（中龍骨）重合起來，再描繪平滑曲綫，便準確無誤地繪出了龍骨縱剖面圖。這種設計方法，是很容易掌握的，可是效果卻極其良好，深合船舶設計的原理。

# 第二十六章

# 數學和天文、曆法

## 第一節　數學

數學是在生產和生活實踐中產生的。中國古代結繩記事，契木為文，數字的發端，不會晚於其他文字。《世本・作》云:「黃帝使隸首作數。」隸首其人其事，難以稽考，但古人很早就掌握了數的概念，則是可信的。

從河南舞陽賈湖遺址出土的骨笛的製作和龜腹石子可以看出，賈湖人已有百以上的正整數概念，並認識了正整數的奇偶規律，掌握了正整數的運算。

商代甲骨文能記 10 萬以內的任何自然數。

中國古代對形的認識也很早。石器時代製作的工具和陶器，有圓形、橢圓形、方形、菱形、弧形、三角形等各種形狀，當時對幾何圖形的認識已達到一定的水平。《史記・夏本紀》說，夏禹治水時「左準繩，右規矩」，說明規矩、準繩作為測量器具由來已久。中國古代忽視幾何證明，在實際生活中遇到幾何問題，也都用數字計算的方法去進行解答，但開始的時候，中國的幾何學並不落後。

春秋戰國時代，《九九歌》乘法歌訣已為人們所熟知，築城也都能預先算好城牆的長、寬、高，以及人工、土石方量和所需糧食。

古四分曆法和樂律計算中的「三分損益法」，更用到分數 1/3、2/3 和 1/4。

籌算的熟練和普及是這一時期數學發展的突出表現。「籌」是一種計算用的小竹棍，也有用木、骨和銅等金屬材料製作的。用籌進行計算，叫做籌算。籌算的「算」，古代寫作「筭」，《說文・竹部》釋「筭」:「筭，從竹，從弄。」就是說，筭字是由「竹」字和「弄」字合成的，也就是擺列竹棍進行計算的意思。中國古代以籌計算，可以用縱、橫兩種排列形式，十、百、千、萬都可以表示出來，這種算法與現在的筆算基本相同，當時是比較先進的計算法。

春秋戰國時代數學發展的又一表現是十進位值制的進步。如前所述，十進位起源很早，而用籌計算，不論橫式還是直式，都是採取「逢十進一」的辦法，這使十進位值制固定了下來。所謂位值制，也就是地位制。《墨子・經下》有「一少於二而多於五」的話，即是對十進位值制的具體說明，「一」因為在十位，所以它就多於「五」了。十進位值制的記數法和在此基礎上的各種運算，當時已經相當熟練，而印度要到 7 世紀時才採用十進位值制記數法。現在通用的「印度–阿拉伯數碼」，很可能是受到中國記數法的啟發而產生的。

《莊子・天下》云：「一尺之棰，日取其半，萬世不竭。」已經涉及到關於一定長度可以無窮二分的數學概念。

《考工記・冶氏》還記載了勾股定理的最早實例。

在闡述春秋、戰國的數學成就時，不能忘記《墨子》中的《墨經》，《墨經》所提出的圓、直、點、綫、面、平行等概念，無疑都可以與歐幾里得（Euclid, 約公元前 330～公元前 275）幾何學的相關定理和命題媲美，是不應予以忽視的。《墨經》還說「倍，為二也」（《經上》），給出了數學上「倍」的定義。

而秦漢時代的《九章算術》，則奠定了中國傳統的數學體系。此書是經由許多人修改和補充，才逐步發展完善起來的。至遲在公元 1 世紀，《九章算術》的內容與現在流傳的本子已基本相同了。在其後的一千幾百年中，它一直被作為數學的教科書，並且傳到了朝鮮、日本、越南、印度、阿拉伯世界和歐洲，同樣被作為教科書使用。

《九章算術》是採取問題集的形式編寫的。全書共收錄 246 個問題，分為 9 章：第一章講「方田」（分數四則算法和平面形求面積法），第二章講「粟米」（糧食交易的比例算法），第三章講「衰分」（比例分配的算法），第四章講「少廣」（開平方和開立方法），第五章講「商功」（立體形求體積法），第六章講「均輸」（管理糧食運輸均勻負擔的計算法），第七章講「盈不足」（盈虧類問題解法及其應用），第八章講「方程」（一次方程組解法和正負術），第九章講「句股」（句股形解法和一些測量問題的解法）。此書的分數四則運算和比例算法是當時世界上最先進的；對面積和體積問題的各種算法以及應用勾股定理進行測量，也是古代世界長期未得到圓滿解決的問題。書中的盈不足術經阿拉伯傳入歐洲，在西方數學領域起了重要作用。此書記載的開平方、開立方和在此基礎上求解一元二次方程、聯立一次方程的解法，也比歐洲同類算法早 1500 多年。與此同時，書中率先引進了負數概念，而印度要到 7 世紀才做到這一步，歐洲更晚至 12 世紀才對負數有初步的認識。特別是，此書既重視理論，更注意實際問題的運算，對中國和世界後世數學都具有不可估量的影響。

所謂「周公制禮而有九數，九數之流則九章是矣」（劉徽：《九章算術注・序》），《九章》的名稱無疑是由《周禮》九數演變而來的。

1984 年 1 月，湖北江陵張家山出土了抄寫於西漢初年（約公元前 2 世紀左右）的《算術書》殘簡。此書採用問題集形式，共有 69 個小標題，90 多個算題，包括整分數四則運算、各類比例問題、各類面積和體積問題。其中有些內容（如「合分」、「少廣」等）與《九章》相近，有些內容（如「相乘」、「增減分」等）是《九章》所沒有的。此書是目前所見中國傳統社會最早的數學著作，它與巴比倫的泥板算書、古埃及的紙草算書、古印度半島的白沙瓦算書交相輝映，共同構成了人類數學史上一道亮麗的風景綫。

這裏還必須特別提到《周髀算經》這部書。此書包括一大部分天文學方面的內容，是當時主張蓋天說一派的代表性著作，約出現於公元前 1 世紀左右，其所涉及的數學知識，同樣很能反映當時的數學水平：一. 此書記載了許多比較複雜的分數計算問題，例如 $354\frac{348}{940}\times13\frac{7}{19}\div365\frac{1}{4}$ 之類，這說明當時對分數的計算已經十分熟練。二. 此書記載了周初的勾股術，已展示勾平方加股平方等於弦平方的公式，比古代希臘畢達哥拉斯（Pythagoras, 公元前 580 至公元前 570 之間～約公元前 500）發現勾股定理早好幾百年。三. 此書測量太陽高遠的陳子測日法，是勾股測量術的發展，又是重差術的先驅，其成就不下於西方「測量之祖」泰勒斯（Thalēs, 公元前 624～公元前 547）的測量金字塔，陳子也可能是公元前 7～6 世紀的人。

魏晉時，活動於曹魏和西晉時期的劉徽在景元四年 (263) 把圓的內接正六邊形依次分割到 192 邊形，得到圓周率 $\pi=\frac{3927}{1250}$（相當於 3.1416）。這個圓周率值雖然只求到小數點以後的第四位，但劉徽知道可以用「割圓術」繼續推算，「割之彌細，所失彌少，割之又割，以至於不可割，則與圓合體，而無所失矣」（《九章算術注・方田》），從而為計算圓周率和圓面積建立了嚴密的方法。劉徽撰有《〈九章算術〉注》和《海島算經》。在這2部書中，劉徽還明確了「出入相補，各從其類」(《〈九章算術〉注・句股》)的原理，這個原理的內容是幾何圖形經分合移補所拼湊成的新圖形，其面積（或體積）不變；並通過9個實例，對重差術作了系統的總結，提出根據二次觀測、三次觀測至四次觀測，以解決複雜的測量問題。

南朝祖沖之(429～500)，字文遠，范陽遒(今河北淶水北)人，是中國歷史上有傑出貢獻的偉大科學家。他在數學、天文曆法、機械製造等方面都有卓越的成就。在數學領域，他應用劉徽的割圓術繼續推算，求得了精確到第七位有效數字的圓周率：3.1415926< $\pi$ <3.1415927，遠遠地走在當時世界的前列。直到千年之後，阿拉伯的阿爾・卡西（al-kashi, 生年未詳，卒於1429年）於1427年、法國的維葉特(Vie-te, 1540～1603)於16世紀後半葉，才求得更精確的數據。為了計算的方便，祖沖之還求出用分數表示的兩個圓周率數值：一個是$\frac{355}{113}$，稱為「密率」；另一個是$\frac{22}{7}$，稱為「約率」。密率是分子、分母都在1000以內的分數形式的圓周率最佳近似值，後世稱為「祖率」，而德國鄂圖(Otto, Valentinus, 1527～1607)要到1573年才達到這個水平，也比祖沖之晚了1000多年。祖沖之的兒子祖暅，曾修訂《大明曆》，與祖沖之共同求得球體積的正確公式為$V=\frac{11}{21}d^3$。祖暅又提出祖氏公理，「冪勢既同，則積不容異」(《九章算術・少廣・開立圓術》李淳風注)，即兩立體如果在等高處截面的面積相等，則體積也必然相等。在西方，它通常被稱作卡瓦列里（Bonaventura Cavalieri, 1598～1647）公理，那是在整整10個世紀之後，祖家可謂有其父必有其子。祖沖之父子還撰有《綴術》，可惜到北宋中葉，這部很有價值的科學著作竟失傳了。

圖135　祖沖之像　現長沙嶽麓山科普園群雕

這個時期，另外還出現了一大批數學名著。其中《孫子算經》共3卷，卷上敘述算籌計數的縱橫相間制和籌算乘除法則，卷中舉例說明籌算分數算法和籌算平方法。而卷下則選取幾個「物不知數」問題，如「今有物不知其數，三三數之賸二，五五數之賸三，七七數之賸二，問物幾何?」「答曰：二十三。」這個問題用整數論裏的同餘式符號表達出來，是設N=2(mod3)=3(mod5)=2(mod7)，求最小之數N，答案是N=23。諸如此類，頗有猜謎的趣味，並且解法也很巧妙。流傳到後世，有「秦王暗點兵」、「鬼谷算」、「大衍求一術」等名稱，作為科技文娛節目，極受人們歡迎。因為它符合德國數學家高斯 (K.F.Gauss, 1777～1855) 的相關定理，所以在西方數學史上將這一定理命名為「中國剩餘定理」。又有北魏《張丘建算經》，共保存了 92 個算題，其最後一題曰：「今有雞翁一，直錢五；雞母一，直錢三；雞雛三，直錢一。凡百錢買雞百隻，問雞翁、母、雛各幾何?」設 X、Y、Z 分別為雞翁、母、雛隻數，根據題意，可以列出以下兩個方程：$X+Y+Z=100$、$5X+3Y+\frac{1}{3}Z=100$。兩個方程有 3 個未知數，所以是不定方程組。本題有 3 組答案：雞翁 4，雞母 18，雞雛 78；雞翁 8，雞母 11，雞雛 81；雞翁 12，雞母 4，雞雛 84。這是世界上關於解不定方程組的最早表述。另有《五曹算經》，是為地方軍政人員所寫的應用算術書；《五經算術》，是對五經中需要用數學計算的地方作了注解。這 2 部算書，均為北魏甄鸞所撰。

隋唐時代，由於經濟發展和天文學進步的需要，數學研究在前代取得的巨大成就的基礎上，又有所發展。隋文帝開皇二十年 (600)，劉焯（信都昌亭〈在今河北武邑〉人，544～608）首創二次差內插法（即「招差術」)，被馬上應用於曆法的制定工作。唐代一行為推進交食計算法而獲得諸多成果，他由此還編製了太陽天頂距與 8 尺圭表影長關係的數據表格。❶從隋代開始，在國家開辦的學校中設置了「算學」一科。唐初李淳風（岐州雍〈治今陝西鳳翔〉人，602～670）審定和注釋了 10 部數學書作為教材，這就是「算經十書」，除上文提到過的《周髀算經》、《九章算術》、《海島算經》、《綴術》、《孫子算經》、《張丘建算經》、《五曹算經》、《五經算術》外，還包括《夏侯陽算經》和《緝古算經》。《夏侯陽算經》是北魏夏侯陽所撰，原書後來失傳，現存「算經十書」中的《夏侯陽算經》共 3 卷，有 83 個例題，概括地敘述了乘除法則、分數法則，並解釋了「法除」、「步除」、「約除」、「開平方除」、「開立方除」等法則，是唐代宗時人韓延託名撰寫的偽書，但保留了許多唐後期實用數學發展的珍貴史料，仍然很有價值。至於《綴術》失傳後，後世即以《數術記遺》一書充數，內容淺陋，本不足觀，但其介紹「珠算」時說：「刻板為三分，其上下二分，以停游珠；中間一分，以定算位。位各五珠，上一珠與四珠色別。其上別色之珠當五，其下四珠，

❶ 劉金沂、趙澄秋：《唐代一行編成世界上最早的正切函數表》，《自然科學史研究》1986 年第四期。

珠各當一。」後世的算盤，可能是由這種珠算改進發展而來的。在十書中，王孝通的《緝古算經》是唯一的唐人新著。王氏這部書介紹了建造堤防、勾股形和從各種棱臺的體積求其邊長的方法等 20 個問題，其中開帶從立方法（即求三次方程的正根），成功地解決了土木工程中上下寬狹不一、前後高低不同的壩體或溝渠的施工計算問題，這在當時是非常前沿的。

北宋賈憲（籍貫未詳，約活動於 11 世紀）的《開方作法本源圖》，是指數為正整數的二項式定理係數表，從商除、平方、立方、四次方一直到六次方的係數形成一個圖，後世稱「賈憲三角形」，比西方同樣的帕斯卡❷三角形要早約 600 年。他還發明了增乘開方法（求高次冪的正根法）。商除是一次，平方是二次（面積），立方是三次（體積），這都好理解，可以在實際生活和生產中找到其原型。再進一步四次是什麼？完全是數學自身內在發展的產物，要解決這個問題，就難了。開四次方可以，則開多次方便可類推。他的計算程序大致與 19 世紀義大利數學家魯斐尼 (Ruffini, 1765～1822) 在 1804 年和英國數學家霍納 (WilliamGeorge Horner, 1786～1837) 在 1819 年先後提出的方法相同，而比他們要早 700 餘年。

賈憲之後，沈括 (1031～1095)❸，字存中，北宋錢塘（與仁和同治今杭州）人，他研究「會圓術」，從已知弓形的弦和圓徑求弧長，在中國數學史上首次提出弦綫與直綫的關係。沈括還提出「隙積術」，開始了對高階等差級數求和的研究。他又發明了指數相乘的法則。物理學上凹面鏡成倒像的解釋，沈括說算家叫「格術」（《夢溪筆談》卷 3）；測量學上的審方面勢，沈括說算家叫「害術」（同上卷 18）；天文學上推算五星運動的順逆留合，沈括說算家叫「綴術」（同上卷 8）。當時對待數學與其他科學的關係，就是這樣。❹

邵雍在《先天圖》中自覺運用「加一倍法」，比德國的萊布尼茨 (Gottfried Wilhelm von Leibniz, 1646～1716) 發明「二進制」早 600 多年。二進制是基為二的位值記數系統，只需利用兩個數碼，按逢二進一的進位法以及數碼在不同位置表示不同的值的規定，就能像十進制那樣，對所有自然數表示

❷ 布萊瑟·帕斯卡 (Blaise Pascal, 1623～1662)，法國數學家、物理學家、哲學家。

❸ 關於沈括的生卒年，暫據胡道靜說，見其所著《夢溪筆談校證》下冊第 999 頁，古典文學出版社，1957 年。

❹ 參見蔡美彪等著《中國通史》第七冊第 545 頁，人民出版社，1983 年。

其大小、次序並進行計算，現代電子計算機使用的正是二進制，其通用數碼為「0」和「1」。❺

南宋秦九韶（普州安岳〈今屬四川〉人，生卒年未詳）著《數書九章》18 卷 (1247)，對「大衍求一術」（整數論中的一次同餘式解法）和「正負開方術」（即增乘開方法），都有深入的研究。他的正負開方術適用於解各種方程，能解十次方程，代表了中世紀世界數學發展的主流和頂級水平。楊輝（錢塘〈與仁和同治今杭州〉人，生卒年未詳）著《詳解九章算法》12 卷 (1261)、《日用算法》2 卷 (1262)、《乘除通變本末》3 卷 (1274)、《田畝比類乘除捷法》2 卷 (1275)、《續古摘奇算法》2 卷 (1275)，記錄簡易乘除法，對後世省算工作的推廣作出了巨大貢獻。

與南宋對峙的金，發明了「天元術」。天元術以「元」代表未知數，以「太」代表常數項。列式時把元字寫在算碼的右側，如𝍡元即表示 2X，或單寫太。寫了元便不寫太，寫了太便不寫元。方程式的各項是太在元下，太是常數項，元是 X 項，元上是 $X^2$ 項，再上是 $X^3$ 項等等；太下是 $\frac{1}{X}$（即 $X^{-1}$）項，再下是 $X^{-2}$ 項等等。也有記法恰恰相反的。在用算籌排列時，正數用紅色籌，負數用黑色籌；用算碼時，正負數也用紅黑色區別。但為了書寫方便，可在算碼的個位數加一斜撇，如 –2 作 𝍡̸，–231 作 𝍡𝍢𝍠̸。其法先立天元一為所求的未知數 (X)，依問題所給的數據列出兩個數量相等的多項式，然後相減，構成一端為零的方程，如 $2X^3+3X^2-243=0$，於是解方程得數。天元術的出現，解決了一元高次方程式列方程的問題。

金末李治（或作李冶，真定欒城〈今屬河北〉人，1192～1279）著《測圓海鏡》12 卷 (1248)、《益古演段》3 卷 (1259)，對天元術加以總結。

元初朱世傑（生卒年未詳），字漢卿，號松庭，河北燕（今北京附近）人，他的數學成就在當時世界上是無人可及的。❻朱氏著《算學啟蒙》3 卷 (1299)、《四元玉鑑》3 卷 (1303)，把天元術發展到「四元術」。四元術以天、地、人、物表示 4 個未知數，天在下，地在左，人在右，物在上，中間是太。與天元術的表示法相類，常數項太下面是天的一次方、二次方等等，

---

❺ 參見姜廣輝《邵雍的「加一倍法」就是嚴格意義的「二進制」》，《光明日報》2007 年 3 月 22 日。

❻ 參見羅士琳《續疇人傳・朱世傑傳》；G. Sarton：《Introduction to the History of Science》類三，第 701、703 頁。

左邊是地的一次方、二次方等等，右邊是人的一次方、二次方等等，上面是物的一次方、二次方等等。如果天與地相乘則放在左下方各位置，地物、物人、人天相乘則以此類推，只有不相鄰的天物（上下）、地人（左右）相乘各項，則放在相應的夾縫內。四元術的計算方法用四元消法，最後剩下一元。這個元如果不是天元，可以易位，於是照天元術的解法，求得答案。朱世傑的這種可以表示四元高次方程組的四元術，比法國貝佐 (Étienne Bézout, 1730～1783) 早 400 多年。他還把計算近似值的招差術（即有限差分法）運用到高階等差級數的計算上去，此法中國傳統社會用於曆法計算和垛積計算，隋代劉焯已用到二次差，比朱世傑稍早的王恂、郭守敬等在編製《授時曆》時，已用到三次差，朱氏則用到四次差並給出正確的公式，比英國牛頓 (Isaac Newton, 1642～1727) 早近 400 年。❼由於招差術與垛積術是密切相關的，兩者可以互相推演，因此朱世傑同時還提出了著名的三角垛公式：

$$\sum_{r=1}^{n}\frac{1}{p!}r(r+1)(r+2)\cdots(r+p-1)=\frac{1}{(p+1)!}n(n+1)(n+2)\cdots(n+p)$$

宋末元初，中國數學著作中出現了「0」的符號，這是一件大事。在這以前，中國算碼的初步形體是〡、〢、〣、〤、〥、〦、〧、〨、〩、十，這就是後世所說的蘇州碼子字。在阿拉伯數碼字沒有推廣之前，中國數學上的演算、商業上的會計，都使用這種算碼。

明清時代數學的研究，較多地向商業數學方面發展，這與當時商品經濟的繁榮有著密切的關係。

明代景泰元年 (1450)，吳敬（杭州人，生卒年未詳）寫成《九章算法比類大全》一書，是當時商業數學取得進展的重要標誌。此書共彙集了 1329 個應用題的解法，在這許多應用題中，有不少是與商業有關的新課題，如計算利息、合伙經營、就物抽分、商品成本核算等等。這些都是商品經濟發展在數學研究中的反映。

明清商業數學發展的更重要的標誌是珠算的廣泛應用。元代著名文人劉因的《靜修先生文集》卷 11 有《算盤詩》；陶宗儀在元末所著《南村輟耕錄》卷 29 裏，引當時俗諺，把婢僕比作算盤珠，要撥才能動；元劉君錫雜劇《龐居士誤放來生債》，其中第二折，也提到「去那算盤裏撥了我的歲

❼ 牛頓的高次招差公式給出於 1676～1678 年間。

數」等話。從這些記載中，可以認為珠算在元代中葉已經流行。事實上珠算的發明最晚也在東漢時期，❽現今的算盤和計算方法北宋已經有了。❾到明代，珠算術的四則方法逐漸代替了籌算的加減乘除運算法。明代的珠算術稱加法口訣為「上法訣」，減法口訣為「退法訣」，乘法和除法口訣為「九九口訣」、「九歸口訣」和「一歸口訣」等。這些口訣在珠算中使用起來非常方便。隨著珠算的通行，珠算著作也多了起來。程大位（安徽休寧人，1533～1606）的《新編直指算法統宗》17 卷，發行量之大，是歷史上任何一部數學著作都難以相比的。珠算的出現，其意義極其深遠，這種攜帶方便，使用方法簡單的計算工具，現在看來只有微型電子計算機才能取代它。

朱載堉 (1536～約 1610)，字伯勤，號句曲山人，明太祖九世孫。他首創珠算開方之法，又創造了以珠算進行律度方面十進制與九進制的小數換算，正是這兩項對世界數學史作出重大貢獻的成就，對他創立十二平均律的理論及樂率的計算，起到了決定性的作用。❿

明神宗萬曆以後，隨著傳教士的紛紛來到中國，歐氏幾何、三角函數、筆算（記數和計算使用漢字）、對數等西方數學知識傳入了中國。

清聖祖康熙六十年 (1721)，朝廷編成《數理精蘊》53 卷，收錄當時傳入中國的各種西算和有傳本的中算精華，實為一部帶有總結性的數學百科全書。

清初梅文鼎（宣城〈今屬安徽〉人，1633～1721）接受西方傳來的科學知識，著書 88 種，其中算學書 26 種，曆學書 62 種。他在數學方面的成就尤其突出。中國古代雖然有發達的勾股術，但對角的概念卻比較缺匱，而「三角法異於句股者，以用角也」(《平三角舉要》卷 1)。梅文鼎的《平三角舉要》，系統闡述了三角的定義、定理、三角形的解法以及在測量中的應用；《弧三角舉要》、《環中黍尺》對球面三角學作了詳細闡發，並創造了球面三角形的圖解法。他用勾股定理證明了《幾何原本》卷 2、卷 3、卷 4、卷 6 中的許多命題。他對「理分中末線」(即黃金分割綫) 的作用也作了多年探索，找到了此綫在量各種多面體體積中的用途。他通過獨立思考，得

❽ 凌廷堪：《書程大位〈算法統宗〉後》，《校禮堂文集》卷 32。

❾ 參見金肇鵬《求是齋叢稿・算盤的發明》，巴蜀書社，2001 年。

❿ 馮文慈：《朱載堉的落漠坎坷及其啟示》，《人民音樂》1986 年第六期。

出若干四等面體、八等面體、十二等面體、二十等面體的各種幾何性質，訂正了西方羅雅各等人的錯誤。

卒於乾隆四年 (1739) 的年希堯，著《視學》，主要論述了量點法、雙量點法、截距法、仰望透視法和陰影作法等，其中有些內容早於西方畫法幾何的奠基人法國數學家蒙日 (Gaspard Monqe, 1746～1818)。⑪

又有明安圖（蒙古正白旗人，1692～1765）⑫，用幾何連比例的歸納法，證明了法國傳教士杜德美 (Pièrre Jartoux, 1669～1720) 帶來的格里哥里 3 公式，即「圓徑求周」、「弧背求通弦」、「弧背求正矢」（亦即三角函數展開式和 $\pi$ 的無窮有數式的公式），並進一步推導出另外 6 個新公式，即「弧背求正弦」、「弧背求矢」、「通弦求弧背」、「正弦求弧背」、「正矢求弧背」、「矢求弧背」，總稱「割圓九術」，為三角函數展開式的研究開闢了新途徑。

此外，陳世仁研究了高階等差級數求和的方法，焦循提出了加減乘除的交換律，汪萊和李銳對方程根的性質以及根與係數的關係等進行探討，也都作出了創造性的貢獻。

## 第二節　天文、曆法

中國古代天文學發達很早。在新石器時代中期，先民已開始觀察天象，並用以定方位、定時間、定季節了。「女媧補天」的神話，反映的實際上是遠古一次規模非常的隕石雨撞擊現象。陶唐實行朔政制度，以便「敬授人時」（《尚書・堯典》），對後世有很大的影響。到了商代，甲骨文中已有 2 次日食記錄，⑬月食記錄更不少，並且還出現了世界上最早的新星記錄⑭。《易經》豐卦的《彖傳》有「月盈則食」之語，這是對月食規律的認識和把握。周代天象觀測，已發現了二十八宿的若干星系。

曆法是中國古代天文學的核心內容，古人觀象授時，以太陽出沒的周期為 1 日，月亮圓缺的周期為 1 月。至於年，甲骨文中「年」字作「[illegible]」，

⑪ 參見白壽彝主編《中國通史》第十卷（下）第 989 頁，上海人民出版社，1996 年。

⑫ 關於明安圖的生卒年，暫據戴逸主編《清史》，見該書第二冊第 309 頁，人民出版社，1984 年。

⑬ 《京》3965、《佚》374。

⑭ 《前》7・14・1。

象人頭上有一把禾，這是收穫時的勞動景象，因此年本來是指莊稼成熟。卜辭有「受年」的說法，指從老天爺那裏獲得好收成。《說文・示部》釋年為「穀孰也」，穀熟 1 次，就是 1 年。可見「年」這個由地球繞太陽公轉造成的時間單位，古人首先是從物候變化的周期中得到的，隨後才是對某些星象的觀測。

古人早有「四時成歲」（衛湜：《禮記集說》卷 112）的概念，但商代和周初仍實行二時制，四時制發生在西周末年。⑮

中國現存最早、含有夏代豐富物候知識的《大戴禮記・夏小正》把天象同相應的物候糅在一起，構成了物候曆和天文曆的結合體。⑯其物候觀察內容，植物方面，對木本和草本植物都有觀察；動物方面，凡鳥、獸、蟲、魚都有所注意。而《詩・豳風・七月》幾乎可以算是一首物候歌，如「四月秀葽」（四月遠志結子囊），「五月鳴蜩」（五月知了叫），「六月莎雞振羽」（六月蟈蟈兒抖翅膀），「十月蟋蟀入我牀下」（十月蟋蟀到我床下藏）等，都是關於物候的記載。《禮記・月令》也是這樣，「月令」一辭，後來甚至漸漸帶有表示時間物候的意味了。

《夏小正》是一種不考慮月相變化的純陽曆，⑰對指導當時的農業生產起過一定的作用。當時已有天干記日法，即用甲、乙、丙、丁、戊、己、庚、辛、壬、癸 10 個天干周而復始地記日。用十進位的天干來記日，也就有了「旬」和「浣」的概念，10 天為 1 旬，一月分上浣、中浣和下浣。

商代曆法在夏曆基礎上加以修正，把十天干與子、丑、寅、卯、辰、巳、午、未、申、酉、戌、亥十二地支配合起來，組成「甲子」、「乙丑」等六十干支，用來記日，60 日為一循環，即兩個月。當時也有兩個月只有 59 天的，則大月為 30 天，小月為 29 天。大、小月制度，可以調整朔、望，使曆法符合月的運行周期。當時又把太陽曆和太陰曆相參差的天數合并為一月，置於一年之末，稱為「十三月」。這種置閏的方法，已經大體上掌握了日月運行的規律，為中國傳統曆法的發展奠定了基礎。

殷商晚期利用往昔僅用於釐定方位的圭表來測定日影，可以確定冬至

⑮ 參見于省吾《歲、時起源初考》，《歷史研究》1961 年第四期。

⑯ 參見日本能田忠亮《東洋天文學史論叢・〈夏小正〉天象論》，《中日文化》第 2 卷，1942 年。

⑰ 陳久金：《論〈夏小正〉是十月太陽曆》，《自然科學史研究》1982 年第四期。

和夏至。⑱西周的月首實現了從新月日到朔日的轉變，從而使曆法的精確度又提高了一步。《詩・小雅・十月之交》云：「十月之交，朔日辛卯，日有食之，亦孔之醜。」這是中國古代文獻中「朔日」兩字的最早出現。

《尚書・胤征》記載有一次日食：「乃季秋月朔，辰弗集于房，瞽奏鼓，嗇夫馳，庶人走。」新近的研究認為，公元前2250～公元前1850年間洛陽地區共有：次日食可能是這次記載的日食。⑲而《竹書紀年》卷下：「懿王元年天再旦于鄭。」⑳這裏實際上是記錄了一次日全食，因每次日全食，全食帶的西端點附近產生這種現象是很正常的。

春秋戰國時代，齊人甘德和魏人石申夫觀測到了火星和金星的逆行現象。行星自東往西，叫做逆行，逆行時間少，不作長期觀察，是難以發現這種現象的。甘德有可能確實發現了木衛二，早於西方近2000年，㉑石申夫又指出了「月行乍南乍北……或進退朓朒」（《開元占經》卷 11），符合月亮運動的真切狀況。由《開元占經》的引文中得知，甘、石還測定了金星和木星的會合周期的長度，並定火星的恆星周期為1.9年（實際應為1.88年），木星為12年（實際應為11.86年），這距離實際周期已經很近。這一時期，二十八宿體系已經完備。㉒二十八宿就是把天球黃赤道帶附近的恆星分為28組，其名稱依次為東方蒼龍：角、亢、氐、房、心、尾、箕；北方玄武：斗、牛、女、虛、危、室、壁；西方白虎：奎、婁、胃、昴、畢、觜、參；南方朱鳥：井、鬼、柳、星、張、翼、軫。每一宿中取一顆星作為這個宿的量度標誌，這樣就建立起了一個便於描述某一天象發生位置的較正確的參考系統。當時對異常天象的觀測成績也很顯著，如日食，僅《春秋》一書就記載了37次，經近人研究，其中有33次是可靠的。這些日食記錄的數量之多和準確度之高，在世界各國中絕無先例。㉓又據《春秋・

---

⑱ 參見蕭良瓊《卜辭中的「立中」與商代的圭表測景》，《科技史文集》第10輯，上海科學技術出版社，1983年。

⑲ 《夏商周斷代工程・1996～2000年階段成果報告》（簡本）第81頁，世界圖書出版公司，2000年。

⑳ 周懿王元年為公元前899年，當時的鄭在今陝西華縣一帶，據有關專家斷言，這次「天再旦」發生在該年的4月21日凌晨5時28分。

㉑ 席澤宗：《伽利略前二千年甘德對木衛的發現》，《天體物理學報》1981年第二期。

㉒ 參見潘鼐《我國早期的二十八宿觀測及其時代考》，《中華文史論叢》1979年第三輯。

㉓ 張培瑜、陳美東等：《中國天文學大系・曆法卷》第77頁，河北科學出版社，2002年。

莊公七年》載:「夏四月辛卯夜,恆星不見,夜中星隕如雨。」莊公七年為公元前 687 年,這是世界上關於天琴座流星雨的最早記錄。㉔《春秋・文公十四年》載:「秋七月,有星孛入于北斗。」文公十四年為公元前 613 年,這是關於哈雷彗星的最早記錄。㉕

春秋末期,產生了中國歷史上第一部成文曆法——《古四分曆》。《古四分曆》取回歸年長度為 $365\frac{1}{4}$ 日,並採用 19 年 7 閏為閏周,這一回歸年的數值比真正的回歸年長度只多了 11 分鐘,而 19 年 7 閏的根據是朔望月的平均時間為 $29\frac{499}{940}$ 日,與理論值之差僅約 23 秒。㉖《古四分曆》這 3 個基本數據是當時世界最先進的制曆依據。

到了戰國,冬至、小寒、大寒、立春、雨水、驚蟄、春分、清明、穀雨、立夏、小滿、芒種、夏至、小暑、大暑、立秋、處暑、白露、秋分、寒露、霜降、立冬、小雪、大雪等二十四節氣逐漸完備。㉗其中奇數統稱為「中氣」,偶數統稱為「節氣」。二十四節氣分別標誌著太陽在一周年運動中的 24 個大體固定的位置,又能較好地反映一年中寒暑、雨旱、日照長短等變化的規律,既具有天文的意義,也具有曆法的意義。

與此相應,人們對物候的零星觀察也逐漸系統化,形成後世流行的七十二候應。七十二候最早見於先秦古籍《逸周書・時訓解》,它以 5 天作為 1 候出現的時間,把物候按二十四節氣和七十二候應依次敘述,使物候觀察與季節氣候的變化結合得更為緊密。古人物候研究的成果主要用於曆法編撰和指導農業生產,不少曆書都收入了七十二候應。古代人們對待七十二候應的原則是:一. 十分重視其實用性;二. 注意因時因地制宜,不拘泥於成說;三. 警惕反常現象。

陰陽家倡導四時十二月政令理論,既以特定的星象作為一年 12 個月起始或月中的標志,事實上其所釐定的曆法就是十二月恆星曆,也就是十二月太陽曆,儘管這種曆法並沒有得到應用。

《山海經》的《大荒北經》和《海外北經》都記載了極光現象。㉘

㉔ 莊天山:《中國古代的流星雨記錄》,《天文學報》1966 年第一期。

㉕ 朱文鑫:《中國史之哈雷慧星》,《天文考古錄》,商務印書館,1933 年。

㉖ 新城新藏:《東洋天文學史研究》第 14 頁,中華學藝社,1933 年。

㉗ 完整的二十四節氣名稱,是在西漢《淮南子・天文訓》中首次出現的,與現今通行的完全一致。

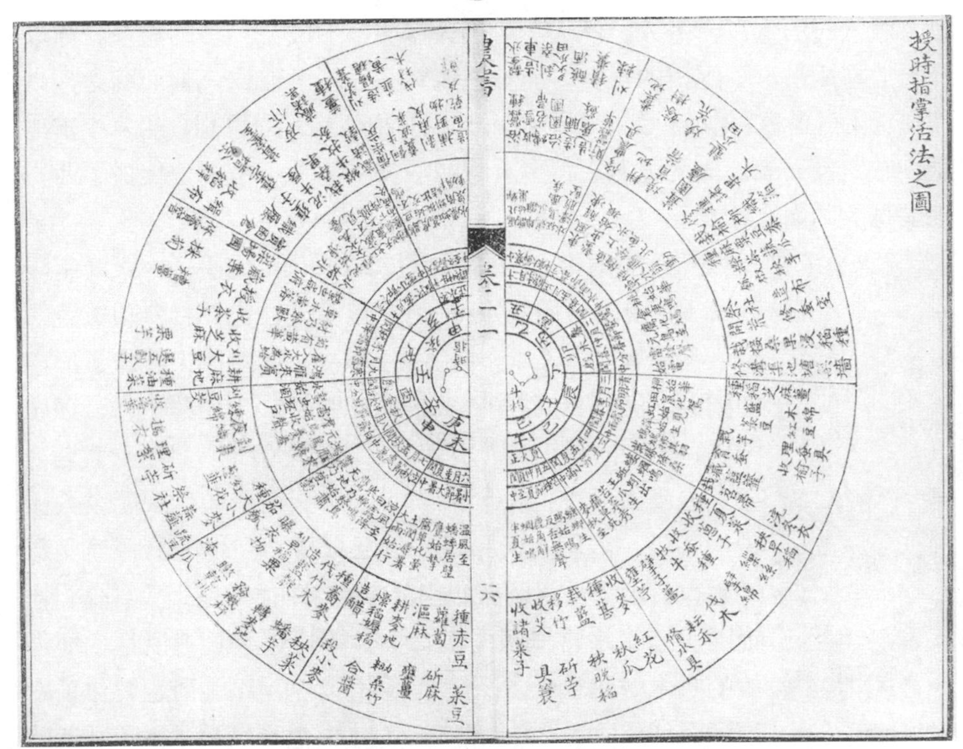


圖 136　《七十二候應圖》

秦漢時代，對各種天象的記錄趨於完備和精細。當時出現了準確的太陽黑子記錄，《漢書・五行志下之下》記載：「河平元年（公元前 28）……三月己未，日出黃，有黑氣，大如錢，居日中央。」對黑子出現的時間、形象、大小和位置均作了明確的記敘。新星和超新星的明確記載也見於漢代，「元光元年（公元前 134）六月，客星見于房」（《漢書・天文志》），這是中外歷史上都有記載的第一顆新星，但以中國的記載為最簡明、準確。同書又記載：「中平二年 (185) 十月癸亥，客星出南門中，大如半筵，五色喜怒，稍小，至後年六月消。」這是世界上最早的超新星記錄。對日食的記錄，則不但有發生日期，還標明食分、方位、虧起方向和初虧、復圓的時刻。西漢末劉向在《五經通義》中說：「日食者，月往蔽之。」已經明白了日食的原因。關於彗星記錄，有運行路綫、視行快慢及相應時間。對於極光的記錄，其數量和質量，均較前增加、提高。

漢代學術界對探究宇宙奧秘表現了濃厚的興趣。到漢代，自春秋戰國

㉘ 參見張明華《燭龍和北極光》，刊《學林漫步》第八集，中華書局，1981 年。

以來就流行的宣夜、蓋天、渾天 3 種論天學說都形成了完整的體系。尤以渾天說在兩漢占了絕對的優勢。而宣夜說闡明「天了無質，仰而瞻之，高遠無極」(《晉書》卷 11 引東漢郗萌記其先師相傳語) 的思想，認為宇宙無限，較之渾天說，無疑更徹底得多。宣夜說後來傳入了歐洲，促成了西方水晶球說的崩潰。

圖 137 張衡像 現長沙嶽麓山科普園群雕

渾天說的集大成者張衡 (78～139)，字平子，東漢南陽西鄂 (今南陽石橋鎮) 人，是中國傳統社會具有多項成就的偉大科學家。在《渾天儀圖注》㉙中，他對渾天說作了詳盡的闡述：「渾天如雞子，天體圓如彈丸，地如雞子黃，孤居于內，天大而地小，天表裏有水，天之包地，猶殼之裏黃。天地各乘氣而立，載水而浮。」這裏張衡形象地闡明了天與地的關係，指出了大地是一個圓球體。在他的另一篇文章《靈憲》中，他又明確指出「宇之表無極，宙之端無窮」，從而表達了宇宙無限的觀念。張衡的這些論述概括了渾天說的基本觀點。為了形象地解釋渾天思想，張衡還製作了水運渾象儀 (又稱「漏水轉渾天儀」)，通過儀器的宣示，使渾天說得到廣泛的傳播，對後世產生了很大的影響。

張衡更明確指出了朔望現象取決於月亮和太陽之間的相對位置，知道月食的原因是「地」遮蔽了日光。在科技史上，這些都是很重要的發現。

張衡還測得日、月的視直徑為 365.25/730 度 =29.6，這與今測值已相去不遠。

張衡所製，為渾象。而用於觀測天象、測量角度的渾儀，據記載，西漢落下閎 (巴郡閬中〈今屬重慶〉人，活動於公元前 100 年左右) 已有創造，「武帝徵待詔太史，於地中轉渾天」(《史記・曆書》司馬貞索隱引《益部耆舊傳》)。

秦在全國頒行《顓頊曆》，以十月 (亥月) 為歲首，稱「建亥」，建亥不同於以十一月 (子月) 為歲首的「建子」、以十二月 (丑月) 為歲首的「建丑」和以正月 (寅月) 為歲首的「建寅」等所謂「三正」。對這幾種曆，詳情現在不清楚了。漢武帝太初元年 (公元前 104)，因《顓頊曆》已不適用，詔令改定新曆，後來根據「治歷」(《漢書・律曆志上》) 鄧平和民間曆法專

㉙ 《張河間集》卷 6。下引《靈憲》同。

家落下閎、唐都等人的方案，嚴格貫徹以實測、合天為本的原則修成了《太初曆》。《太初曆》以正月為歲首，採用有利於農事的二十四節氣，依氣候冷暖插入閏月，朔望晦弦都較為準確。由於歲首確定在正月，人們的歲時活動逐漸由以天文節點為依據轉向以月度為時間主幹的方向發展，有利於人文時間與自然時間的協調。㉚隨著天文學的不斷發展，曆法日求精密。成帝（公元前 33～公元前 7 在位）時，劉歆又依據《太初曆》改訂為《三統曆》(公元前 7)，規定 1 年為 365.245614 日，1 月為 29.530496 日，這是當時最精密的曆法，它首次提出以沒有中氣的月份為閏月的原則，把季節與月份的關係調整得十分合理。這個方法在農曆中一直沿襲了下來。東漢元和二年 (85)，章帝命編訢、李梵等造《四分曆》，後經繼續其事者反復改進，首創黃赤道度數變換、二十四節氣昏明中星、晝夜漏刻和晷影長度的計算等方法。而東漢末年，劉洪（泰山蒙陰〈今屬山東〉人，約 140～206）根據月視運動不均勻性的原理，在認真推算交食數據的基礎上，編製了《乾象曆》(184)。《乾象曆》把回歸年的長度值改為 365.24618 日，這又是一大進步。㉛

魏晉南北朝時代，天文學的成就主要表現為對歲差現象的研究，對太陽、五星運動不均勻的發現和天文圖象儀器的創製等 3 個方面。東晉虞喜（會稽餘姚〈今屬浙江〉人，281～356）計算出來的歲差值── 50 年差 1 度，儘管比古希臘依巴谷（Hipparchus, 生年未詳，卒於公元前 127 年）晚了 400 年，但顯然是經由不同的方式和途徑得到的，並且其精確度已略優於依巴谷，實為具有中國特色的再發現。北齊張子信（清河〈今屬河北〉人，生卒年未詳）測定和解釋太陽、五星運動的不均勻以及月亮視差對日食的影響，無疑大大開啟了人們的天文學視野，他的成功預示著曆法發展新時期的到來。而孫吳陳卓繪製的圓型蓋天式星圖，共收 283 官，1465 星，一直為後世所沿用。孫吳時，又有葛衡創製過一架大於人體的渾象儀，是個空心球，在球面上布列星宿，各星均穿成孔竅。當人居於空心球內時，可以看到從孔竅中透過來的光，就宛如看到天上星星一般，亦可形象地演示星宿的出沒運行，這是近代天象儀的雛形。

南朝祖沖之首先在曆法中引進歲差概念，他測得冬至點在斗 15°，用於

㉚ 參見鍾敬文、蕭放主編《中國民俗史・漢魏卷》第 206 頁，人民出版社，2008 年。

㉛ 陳美東：《劉洪的生平、天文學成就和思想》，《自然科學史研究》1986 年第二期。

《大明曆》(463)。《大明曆》規定 1 年為 365.24281481 日，與今測值只差 6／萬日（即 46 秒)。《大明曆》又對閏法作了新的調整，將古法 19 年 7 閏改為 391 年 144 閏，這無疑更為精確。在《大明曆》中，祖沖之還第一次明確地指出了交點月（月亮相繼兩次通過同一個黃白交點的時間間隔）的長度值為 27.21223 日，誤差只有 1 秒左右；近點月（月球中心在繞地球運行的軌道上相繼兩次通過近地點所經歷的時間）為 27.554688 日，與今測值相差不到 1.4／萬日。他更得出木星每 84 年超辰一次的結論，這相當於求出木星公轉周期為 11.858 年，與今測值相同。對於五星會合周期，祖沖之也進行了重新測量，得木星 398.903 日（誤差 0.019 日)，火星 780.031 日（誤差 0.094 日)，土星 378.070 日（誤差 0.022 日)，金星 583.931 日（誤差 0.009 日)，水星 115.880 日（誤差 0.002 日)。所有這些，其精確度都是前所未有的。

北魏《太平真君二十年曆日》曾預報了兩次月食，據中科院紫金山天文臺張培瑜提供的數據，這一年只有兩次月食發生，而且正是曆書上記載的這兩次，兩次都是月偏食。太平真君十二年 (451) 是當時所用《景初曆》行用的最後一年，其對月食的預報仍如此準確。㉜

圖 138 僧一行像 現長沙嶽麓山科普園群雕

隋唐時代最有成就的天文學家是僧一行 (683～727)，俗姓張名遂，魏州昌樂（今河南南樂）人，一說生於 673 年，鉅鹿（今屬河北）人。他和梁令瓚聯手製作了黃道游儀，用來觀測日、月、五星的位置和運動情況，發現了恆星位置移動的現象，比英國天文學家哈雷 (Edmund Halley, 1656～1742) 在 1718 年提出恆星自行的觀點早了近 1000 年。他倆又製作了水運渾象，裏面附有自動報時裝置，是不折不扣的近代鐘表之祖。一行還倡議在全國北到北緯 51° 左右、南至約北緯 18° 的 24 個地方測量北極高度和冬夏至日、春秋分日的日影長度，並設計了「覆矩圖」，供測量之用。㉝他從這次測量中算出南北兩地相差 351 里 80 步，合現在 131.11 千米，北極高度相差 1 度。這個數據就是地球子午綫 1 度的

㉜ 《中國最早月蝕（食）預報載於北魏曆譜》，新華社蘭州 2002 年 6 月 23 日電（王朝霞、茆琛）。

㉝ 梁宗巨：《僧一行發起的子午線實測》，《科學史集刊》1959 年第二期。

長度，它與近代測量子午綫的結果 110.94 千米相比，雖然還有較大的誤差，但這是世界上用科學方法進行的第一次子午綫實測。一行還通過丈量白馬（今河南滑縣，北緯 35°3′）、浚儀（今開封西北，北緯 34°8′）、扶溝（北緯 34°3′）、上蔡（北緯 33°8′）等 4 個差不多在同一條經度綫上的地點之間的距離，獲得南北相距 526 里 270 步，同一時刻日影相差 2.1 寸的數據，從而否定了自《周髀算經》以來「日影千里差一寸」的臆斷之說。

開元年間的王希明撰《唐步天歌》㉞，開創了星空劃分的新體系。王氏只按二十八宿劃分星空，有時還用黑色表示甘氏星、黃色表示咸氏星，不加顏色說明的就是石氏星，但減弱了對三家星的強調。他又明確劃分了三垣——紫微垣、太微垣和天市垣，並充實了圍在三垣內的恆星的命名。這一體系一直沿用到近代。

早在隋代，劉焯於仁壽四年 (604) 撰成《皇極曆》，率先把張子信的天文學成果引入曆法，又成功地解決了其中尚待解決的具體計算和合理應用問題。他還測得 76.5 年差 1 度的新歲差值，這一科學業績也是不可小覷的。並且，《皇極曆》繼承南朝何承天、祖沖之等的正確主張，採用定朔法來決定朔日，即把日月同時出沒的這一天定為朔日，儘管有可能導致 4 個大月相連和 3 個小月相連的情況，但卻指示了曆法進步的方向。㉟

而到了唐代開元十五年 (727)，一行在初唐李淳風編製的《麟德曆》(665) 的基礎上，完成《大衍曆》的初稿，共分步中朔術（計算節氣、朔望）、步發斂術（計算七十二候等）、步日躔術（關於太陽運動的計算）、步月離術（關於月亮運動的計算）、步軌漏術（計算日影及晝夜漏刻長度）、步交會術（日月交食的計算）、步五星術（關於五星運動的計算）等 7 篇，其曆法成就更遠在劉焯之上。在《大衍曆》中，一行根據實測資料，對太陽視運動的規律作了比前人合乎實際的描述，對日月食和五星運動的計算方面也有意識地應用了三次差內插法的近似公式，㊱直到明末吸收西方曆法為

---

㉞ 《唐步天歌》一卷，有清抄本，藏國家圖書館善本部；入編《四庫全書存目叢書》第 55 冊，齊魯書社，1997 年。一說此歌為隋丹元子所撰。

㉟ 《皇極曆》因遭有權勢者的反對，終未頒行。入唐後，傅仁均獻《戊寅曆》(619)，是中國傳統社會第一部採用完整的定朔法並被正式頒行的曆法。但武德九年 (626) 亦遭攻罷。

㊱ 嚴敦杰：《中國古代數理天文學的特點》，《科技史文集》第 1 輯，上海科學技術出版社，1978 年。

止，後世曆法幾乎都是按照它的結構來編寫的。一行深得唐玄宗器重，他主要是在其生命的最後6年中完成了上述天文曆法領域的一系列突破的。

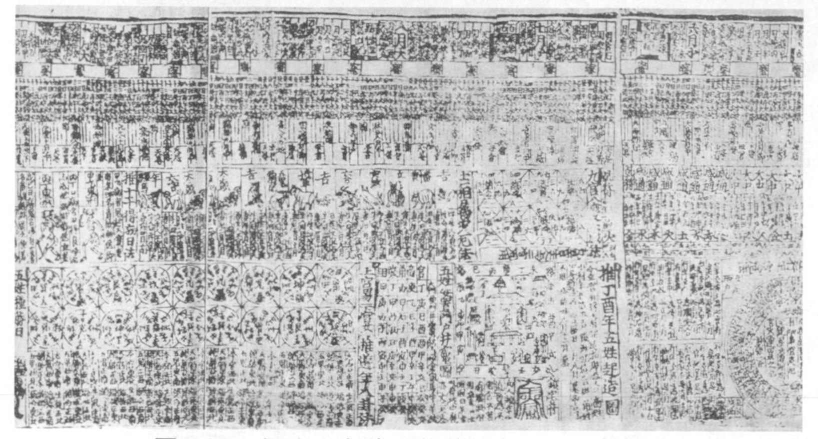

圖139 敦煌石室藏唐乾符四年(877)曆書

但科技營壘也並非一片淨土，一行死後，開元二十一年(733)，時任司天監的瞿曇譔拿出其父所翻譯的天竺《九執曆》，上書告狀，硬說一行抄襲《九執曆》，並且還抄錯了。當時與一行共事過的南宮說、陳玄景等也跟著起哄，妄圖否定一行的成績。結果唐玄宗命進行嚴格的檢驗，優劣是非，才有公論。此事幸虧碰上早年的唐玄宗，是個英明皇帝，否則就糟了。

稍後又有曹士蔿，撰成《符天曆》(780～783)，採取近距曆元取代傳統的上元法。所謂上元法，要求一系列天文現象同起始於一點，這實際上是不可能的，強求之，就不能不失真。曹的改革，正是針對這種弊端的有效措施。又，傳統曆法的天文數據，大都以分數表示，曹士蔿則選用了萬分法，即取分母為1萬，這既使各天文數據呈一目瞭然的形式，還能使計算便捷。曹士蔿更首創以二次函數算式替代日躔表加二次內插法的傳統方法來計算太陽運動不均勻改正值，他所給出的算式為：$V=M+\frac{(182-M)M}{3300}$ ㊲。式中，V為太陽距冬、夏至的實際行度，M為與之相應的平均行度，這一算式開拓了有關曆表公式化和數理化的嶄新途徑。

宋元時代，中國天文學的研究進入了高峰階段。當時涌現了許多造詣很高的天文學家，其中沈括和郭守敬，後世學者都仰之如泰山北斗。

沈括堅持「月本無光」、「日耀之乃光耳」(《夢溪筆談》卷7)的觀點，無疑走在世界的前列。治平元年(1064)，他對隕星進行觀察，㊳歷史上以隕星為隕鐵的解釋，他是第一人。熙寧七年(1074)，他又在燕肅蓮花漏的

㊲ 中山茂：《符天曆在天文學史上的地位》，《科學史研究》第71號，1964年。

㊳ 《夢溪筆談》卷20。

基礎上，製成了能保持複壺漏水流量穩定的新的漏壺，使古代計時器漏壺的結構更趨合理和完善。他還對渾儀作了重要改進，對圭表作了一系列改進。沈括並且著有《夢溪筆談》26 卷、《補筆談》3 卷、《續筆談》1 卷，總共 30 卷。此書內容除天文曆法外，另外涉及數學、地理、地質、氣象、物理、化學、冶金、兵器、水利、建築、動植物及醫藥等廣泛領域，其中記載了灌鋼技術（卷 3）、水工高超巧合龍門的三埽施工法（卷 11）、淮南漕渠的複閘（卷 12）、蘇州崑山淺水築堤法（卷 13）、喻浩的《木經》、畢昇的活字印刷（卷 18）、冷鍛瘊子甲（卷 19）、磁針裝置四法（卷 24）和濕法煉銅（卷 25）等，都是關於手工業技術方面的，如果沒有此書的記錄，這些技術很可能會失傳。尤其是工匠畢昇的活字印刷術，要不是此書把它記錄下來，後世根本無法得知 11 世紀的中國有過這位作出如此驚人創造的了不起的發明家，《夢溪筆談》的重要性也就可想而知了。[39]此書是中國科技史上的里程碑。[40]

圖 140　沈括像

郭守敬在天文學領域，則於至元十三年 (1276) 進行了一次恆星位置觀測，把北宋觀測二十八宿距度誤差曾達到絕對值平均只有 0.15° 的精確度又提高了近 1 倍，這是當時西方天文學界所不敢夢想的成就。除此之外，他更組織了一次空前規模的天文測量工作，當時計選擇了 27 個觀測點，實測範圍「東至高麗，西極滇池，南逾朱崖，北盡鐵勒」（《元史》卷 164），其最北的北海測驗所，據推算設在北緯 64°4′，已在北極圈附近。無論就觀測點數量還是分布範圍來說，都超過了唐代一行的同類工作。他還測定了黃赤交角為 23°90′30，同理論值相比，僅差 1 分多，是中外歷史上前此最精密的測定數。郭守敬又創製了許多天文儀器，進行了精確度超過前人的恆星觀測工作。

宋代和元代，中國傳統的天文儀器，都發展到了無以復加的完美程度。北宋蘇頌（泉州人，1020～1101）和韓公廉在元祐三年 (1088) 至七年 (1092)

[39] 據浙江古籍出版社 2006 年版張秀民著《中國印刷史》率先披露，知在北宋，《夢溪筆談》之後，鄧肅（南劍沙縣〈今屬福建〉人，1091～1132）所作詩也有關於畢昇活字印刷的記載，惟長期以來不為世所注意而已。

[40] 李約瑟：《中國科學技術史》第 1 卷第 140 頁，科學出版社、上海古籍出版社，1990 年。

圖 141 郭守敬於元世祖至元十六年(1279)設計的簡儀在當時世界上是最先進的

製成的水運儀象臺，是這一時期出現的大型綜合性天文儀器的代表作。臺高約 12 米，寬約 7 米，從外觀上看是一座上狹下寬的塔形木結構建築物。在一漫流式漏壺流水的推動下，通過齒輪系統的傳動，臺中的渾象可以自動地演示天象，渾儀可以自動地跟蹤天體，報時機構可以通過撞擊鐘、鼓、鉦或出現木人等聲像形式，自動地顯示時、刻、更、漏的推移。㊶僅此 3 項，就創造了 3 個世界記錄。李約瑟指出:「蘇頌把時鐘機械和觀測用渾儀結合起來，在原理上已完全成功了，因此可以說，他比羅伯特・胡克㊷先行了六個世紀，比方和斐㊸先行了七個半世紀。」(《中國科學技術史》第 4 卷第二分冊第 456 頁)㊹同時該臺的臺頂還有 9 塊便於隨時開啟的屋面板，作用與現代望遠鏡觀察室的活動屋頂相同。又裝有圭表，可以用來測量日影。而元代郭守敬創作的大明殿（七寶）燈漏，是中國傳統社會第一架與天文儀器相分離的獨立的計時器。

留存至今的蘇頌星圖和南宋淳祐七年 (1247) 蘇州石刻《天文圖》碑，均係採用北宋元豐年間的恆星觀測結果繪製而成,具有重要的科學價值。㊺

南宋《統天曆》以 365.242 日為 1 回歸年，與地球繞太陽的周期實際相比只差 23 秒，早於現行公曆採用同一數值 384 年。金代大定二十一年（1181）重新頒行的《大明曆》，定朔望月長度為 29.53059 日，更是在吸收中原曆法的基礎上又有發展。北宋沈括在《補筆談》卷 2 中，還提出了徹底改革舊曆法的主張：按節氣定月，以立春為元旦，不管月亮圓缺，只

㊶ 蘇頌:《新儀象法要・進儀象狀》。

㊷ 羅伯特・胡克 (Hooke Robert, 1635～1703)，英國物理學家、天文學家。

㊸ 方和斐，德國光學家，是「方和斐綫」的發現者。

㊹ 科學出版社、上海古籍出版社，1990 年。

㊺ 蘇頌星圖一共 5 幅，原圖今已不可得見，由於傳抄或印刷上的失誤，現傳本星圖二十八宿距度的寬窄與圖中注明的實際度數多不成比例，尤以第二、第三兩幅為甚，但可以推定，原圖是相當精細的。

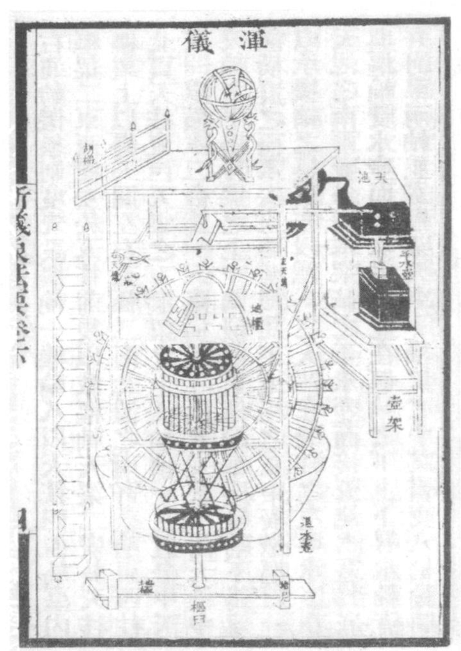


圖 142　蘇頌《水運儀象臺圖》

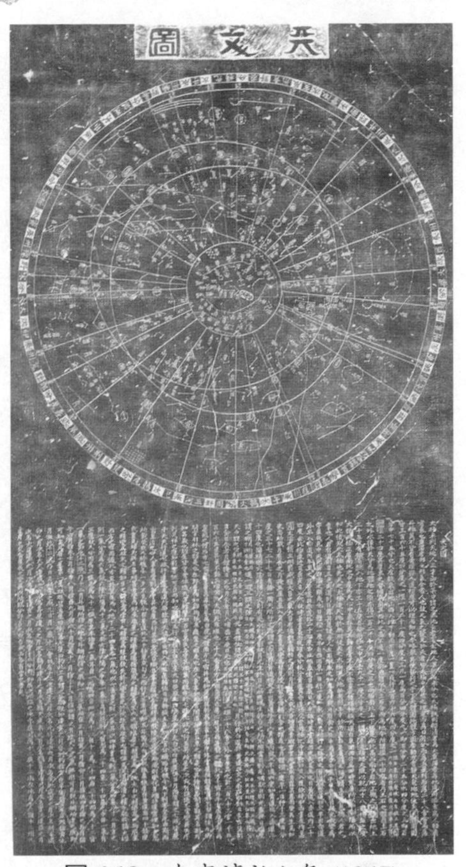


圖 143　南宋淳祐七年 (1247)《天文圖》碑拓片　全圖共刻 1434 顆[44]恒星

照時令節氣；大月 31 日，小月 30 日，大小月相間，不管閏月。這種把四季 24 個節氣與 12 個月份完全統一起來的曆法，很適宜農業生產的需要。20 世紀 30 年代英國氣象局開始用於農業氣候統計的耐普爾・肖曆，與沈括的「十二氣曆」大體相同。

元代郭守敬、王恂（中山唐縣〈今屬河北〉人，1235～1281）等於至元十七年 (1280) 在研究前代曆法的基礎上，運用當時數學研究的新成就，編製了《授時曆》。《授時曆》進一步證實了回歸年長度逐漸縮小的規律；在計算方法方面，主要特點有：一．廢除上元積年，二．以萬分為日法，三．發明了三次差內插公式，四．採用了與現今球面三角學公式一致的弧

[44] 杜石然主編的《中國科學技術史・通史編》統計為 1436 顆，見該書第 593 頁，科學出版社，2003 年；王春瑜主編的《中國文化小通史》統計為 1431 顆，見該書第 5 卷第 47 頁，福建人民出版社，2006 年。原圖約繪製於紹熙元年 (1190)，繪製者為黃裳，而刻石者則為王致遠。

矢割圓術。

明中葉以後，歐洲天文學知識傳入中國。

崇禎二年 (1629)，朝廷命徐光啟主持修曆工作。徐聘請傳教士龍華民、鄧玉函、羅雅各等參與其事，編成了《崇禎曆書》。新曆採用第谷 (Tycho Brahe, 1546～1601) 的宇宙體系和幾何學計算方法，引進了明確的地球概念和地球經緯度概念，引進了平面三角和球面三角，引進了西方較精確的天文數據和一些通行的度量單位，但由於守舊派的反對和明王朝的衰亡而未能實施。清初，傳教士湯若望將新曆法獻給順治帝，因新法預測日食比舊法精確，被順治帝採納，改名為《時憲曆》。康熙時，又吸收西方自然科學成果，編製了中國傳統社會登峰造極的《永年曆》(俗稱萬年曆)，共 100 卷，在其後相當長的歷史時期內，一直被遵奉不衰。

清初王錫闡（吳江〈今屬江蘇〉人，1628～1682）終生不仕，專心致力於天文曆算。他「考古法之誤而存其是，擇西法之長而去其短」(《推步交朔序》)，首創計算金星凌日和水星凌日的凌始和凌終的方位角的方法，同時還提出了精確計算日、月食和五星凌犯的初、終時刻的方法，比過去的中西曆法都要先進。㊺

王貞儀（江寧〈在今南京〉人，1768～1797)，著有《歲差日至辨疑》、《地圓論》等傳世，她是一位民間女天文學家，這在中國整個古代是很少見的。

而民間世代積累的物候知識，作為天文曆的有力補充，到了宋元明清時代，亦愈益精熟。當時流傳「二十四番花信風」(《歲時廣記》卷 1 引《東皋雜錄》) 的說法，「自小寒至穀雨，凡四月、八氣、二十四候。每候五日，以一花之風應之。小寒之一候梅花，二候山茶，三候水仙；大寒之一候瑞香，二候蘭花，三候山礬；立春之一候任春，二候櫻桃，三候望春；雨水一候茶花，二候杏花，三候李花；驚蟄一候桃花，二候棣棠，三候薔薇；春分一候海棠，二候梨花，三候木蘭；清明一候桐花，二候麥花，三候柳花；穀雨一候牡丹，二候酴醾，三候楝花。花竟則立夏矣」（王逵：《蠡海集・氣候類》）㊻。又有許多「九九歌」，其中一首道夏至以後天氣加熱以及由熱轉涼的過程云：「一九、二九，扇子不離手；三九二十七，吃茶如蜜

㊺ 席澤宗：《試論王錫闡的天文工作》，《科學史集刊》第 6 期，1963 年。

㊻ 《蠡海集》一卷，入編《四庫全書》「子部十・雜家類三」。

汁；四九三十六，爭向路頭宿；五九四十五，樹頭秋葉舞；六九五十四，乘涼不入寺；七九六十三，夜眠尋被單；八九七十二，被單添夾被；九九八十一，家家打炭墼。」又有一首與之相反，道冬至以後天氣增寒以及由寒轉暖的過程云：「一九、二九，相喚不出手；三九二十七，籬頭吹觱篥；四九三十六，夜眠如露宿；五九四十五，太陽開門戶；六九五十四，貧兒爭意氣；七九六十三，布衲兩擔尬；八九七十二，貓狗尋陰地；九九八十一，犁耙一齊出。」（《五雜俎・天部二》）據說這兩首歌括，是北宋以前就已經有了的。

圖 144　由正南正北方向平放的尺子圭和與圭相垂直的表組成的圭表（左）　北京故宮太和殿前的日晷（右）

至於中國傳統社會對時間的確定和記錄，則也有一個日趨精密的過程。殷商把一日分為若干段落，並給予特定的稱呼，如清晨稱為「旦」，晚上稱為「夕」，黎明稱為「明」，黃昏稱為「昏」等。周代已用十二地支來記時，把 1 日分為十二時辰。《詩・小雅・大東》云：「跂彼織女，終日七襄。」「七襄」即指從清旦看見織女星隱沒直到昏暮時再見織女星出現的 7 個時辰。白晝為七辰，晚間就是五辰，這五辰也是後世夜間實行五更制的來歷。宋以後又把每個時辰平分為初、正兩個小時，這樣，1 日就被分為 24 個小時了。測時的儀器，有漏壺、圭表等。漏壺上文已介紹過沈括所製的那種。古代漏壺的計時原理是使水勻速地從壺中漏出，然後根據刻度計算單位時間水位高低的變化來確定時間，這種儀器不管陰雨夜晚都可以使用。古代「漏凡百刻，春、秋分，晝夜各五十刻。冬至，晝則四十刻，夜則六十刻。夏至，晝六十刻，夜四十刻」（《周禮・夏官・挈壺氏》賈疏）。明代為了換算的方便，提出了九十六刻制，1 日 96 刻，1 小時就是 4 刻，這種記時法一直沿用到現在。圭表不同，圭表是用一根竿子立在地上，根據影子的長短和方向來判斷季節和一天內的時刻。到漢代，由圭表發展起來的測時晷儀已經做得很精細，1897 年和 1932 年，在內蒙古、河南、山西先後出土了 3 塊秦末漢初的日晷，上有 69 條刻綫，占盤面的 2/3，其餘部分沒有刻綫，當為黑夜見不到日影的部分。

此外，中國傳統社會早在先秦，對於月相的變化，也已有專門的描述。後世稱初三、初四之月為「蛾眉月」，初七、初八為「上弦」，以後為「凸月」，十五、十六之月為「望月」、「滿月」，以後為「殘月」[47]，再以後為「下弦」，廿六、廿七則是「下蛾眉月」，非常形象、切貼。

---

[47] 一說「殘月」指「下蛾眉月」，而「滿月」之後為「凹月」。

# 第二十七章

# 地學和物理學

## 第一節　地學

中國古代地學富有自己的特色，在不少領域內，都留下了光輝的業績。

**在地理、地貌知識方面：**

甲骨卜辭中，記載有不少地名和與地理環境相關的風、雨、雪等自然現象。西周時，人們對地理環境的變遷已有深刻的認識。大約在戰國晚期，出現了系統的地理著作《禹貢》和《山海經》的《山經》❶部分。《禹貢》對於本書讀者已經不陌生了。《山海經・山經》以山岳為綱領，把全國分為南、西、北、東、中等5個大山系，分別記敘了山脈走向、河川源流、礦產和動植物分布情況，所記共山460座、水道300條、湖澤27處。

西漢已清楚認識到寒溫燥濕對大地的影響：「燥勝則地乾，暑勝則地熱，風勝則地動，溫勝則地泥，寒勝則地固。」（《內經・素問・五運行大論》）

「滄海桑田」這個概念，是中國傳統社會表達海、陸變遷思想的生動術語。晉代葛洪在《神仙傳》卷3中，就以神話的形式表達了這種認識。他寫道：「麻姑謂王方平曰：『自接待以來，見東海三為桑田。向來蓬萊，水乃淺於往昔略半也。豈復將為陵陸乎?』方平笑曰：『聖人皆言，海中行復揚塵也。』」到了唐代，顏真卿在《撫州南城縣麻姑山仙壇記》中說，麻姑山「東北有石崇觀，高石中猶有螺蚌殼，或以為桑田所變」。❷顯然，他已經認識到這裏發生過滄海桑田的變化。北宋沈括的《夢溪筆談》卷24云：「予奉使河北，遵太行而北，山崖之間，往往銜螺蚌殼及石子如鳥卵者，

---

❶ 《山經》即《五藏山經》，計5卷26篇，在《山海經》中，其成書早於另外兩部分，《海經》和《大荒經》則皆為西漢時期的作品。

❷ 《顏魯公文集》卷13。

橫亙石壁如帶。此乃昔之海濱，今距東海已近千里。所謂大陸者，皆濁流所湮耳。堯殛鯀于羽山，舊說在東海中，今乃在平陸。凡大河、漳水、滹沱、涿水、桑乾之類，悉是濁流。今關、陝以西，水流地中，不減百餘尺，其泥歲東流，皆大陸之土，此理必然。」他既比較全面地闡明了華北平原的形成，又有力地論證了海陸變遷現象。他在論述滄海桑田過程中所提出的沉積地形形成原理，以及他在同書另外提到的關於雁蕩山等地的流水侵蝕地形形成原理，在西歐，直到 18 世紀末才由英國人郝登 (James Hutton, 1726～1797) 首次提出。

顏真卿和沈括還對化石作出地質學意義的解釋和利用化石來解釋地殼變化（如海陸變遷）現象。與歐洲相比，雖然歐洲古希臘的著作中也有關於化石和對化石認識的某些零星記載，但是這種研究要到文藝復興時期才逐漸發展起來，顏真卿比他們早 700 年，而沈括也比他們早 400 年。

沈括又用分段築堤、逐段測量的方法實地測量了汴渠沿岸各地的水平高低，無論希臘和羅馬，「地形測量在括以前則未之聞」(竺可楨:《北宋沈括對於地學之貢獻與記述》) ❸。

與此相應，自秦、漢以來，各種專門的地理著作也大量涌現。這些著作按性質和內容，可以分成下列 4 大類:

一　地理總志

司馬遷的《史記・貨殖列傳》，敘述全國各地區的人口、經濟、物產、交通、貿易、城市情況和各地區的地區差異，實開中國傳統社會經濟地理著作的先河。

而歷代正史除《史記》、《三國志》等少數幾部外，都有地理志（或州郡志、地形志）的編撰。如果這種傳統可以稱為體系的話，那麼這個體系的形成是從班固《漢書・地理志》開始的。在《漢書・地理志》以前，「地理」一詞的含義是指地表的形態而言，並且常與「天文」放在一定的關係上相提並論。《漢書・地理志》由 3 個部分組成，但第一和第三部分都是轉錄前人著述，只有第二部分才是班固的著作。這部分以疆域政區為綱，依次敘述了 103 個郡、國及所轄 1587 個縣、道、邑、侯國的建置沿革。在郡、國項下，都記有戶口，部分郡、國還附記某些重要的自然和經濟情況；在縣、道、邑、侯國項下，則根據地區特點，分別選擇有關山川，水利，特

❸ 刊《科學》第 11 卷第 6 期，1926 年。

產，官營工礦，著名的關塞、祠廟、古跡等情況，以極簡潔的文字記載下來。全書記錄了周、秦以來許多寶貴的地理資料，如記水道，都在發源地所在的縣、道、邑、侯國項下說明它的發源和流向，較大的水道還記有所納支流和經行里數，這就為瞭解古今水道的沿革情況，提供了可靠的依據。

除了正史地理志，還有很多記載全國地理的著作。其中唐代李吉甫著《元和郡縣圖志》42 卷❹，「分天下諸鎮，紀其山川險易故事，各寫其圖於篇首」(《舊唐書》卷 148)。李氏鑒於以往地理著作所存在的欠缺，「尚古遠者或搜古而略今，採謠俗者多傳疑而失實，飾州邦而敘人物，因丘墓而徵鬼神，流于異端，莫切根要」(《自序》)，他從國家政治、經濟和軍事管理的需要出發而撰寫此書，《四庫全書總目提要》「史部五・地理類一」稱其為此類書中「最古，其體例亦為最善，後來雖遞相增益，無能出其範圍」。可惜此書的淮南道和江南道的一部分以及篇首的附圖，都亡佚了。

而元、明、清 3 代，更纂有一統志，其中清代的《大清一統志》，共 560 卷，內容精詳豐富，尤稱用力之作。

元初至元十七年 (1280)，招討使都實奉命實地考察了河源，真正發現了黃河的源頭。延祐二年 (1315)，潘昂霄根據都實之弟闊闊出的口述，寫成《河源志》，這是中國傳統社會關於黃河之源的第一部專著。稍後，元代還出現了另兩部關於河源的專著。3 書互有詳略，相得益彰，不僅記載了河源，還記載了有關河源地區的地理情況；並且對以往「伏流重源」的錯誤說法，作了有力的反駁。

二　邊區、域外地理及遊記

漢代張騫、班超通西域，《史記・大宛列傳》、《漢書・西域傳》根據他們的報告，詳細地記述了西域的地理情況。歷代正史大都有西域傳、外國傳，其中有大量邊區及域外地理的記載。魏晉南北朝以後，佛教興盛，一些佛教徒西行求法，以親身經歷撰寫遊記，如東晉法顯的《佛國記》等。唐代玄奘的《大唐西域記》，記述了他親身經歷的 110 個地區和國家，以及傳聞中 28 個國家的有關情況，以行程為經，「推表山川，考採境壤，詳國俗之剛柔，繫水土之風氣」(《大唐西域記・跋》)，至今仍是研究中亞、印度和巴基斯坦等地區歷史地理的重要文獻。此書卷 12 還述及波謎羅（帕米

❹ 這 42 卷，包括正文 40 卷、目錄 2 卷，現殘存 34 卷。《舊唐書》本傳則記本書為 54 卷，另有記作 40 卷和 30 卷的。原書有圖，北宋時圖佚，改名《元和郡縣志》。

爾）「其地最高」，這是中國古代地理著作中首次提到帕米爾這個名稱和地理概念。❺宋明以來，海上交通發達起來，特別是明初鄭和下西洋之後，又有不少記載今東南亞、南亞、西亞及東南非沿海各國地理情況的著作出現。

清代徐松（直隸大興〈今屬北京〉人，1781～1848）的《新疆識略》和《西域水道記》，更是進一步奠定了西北邊疆史地學研究的基礎。

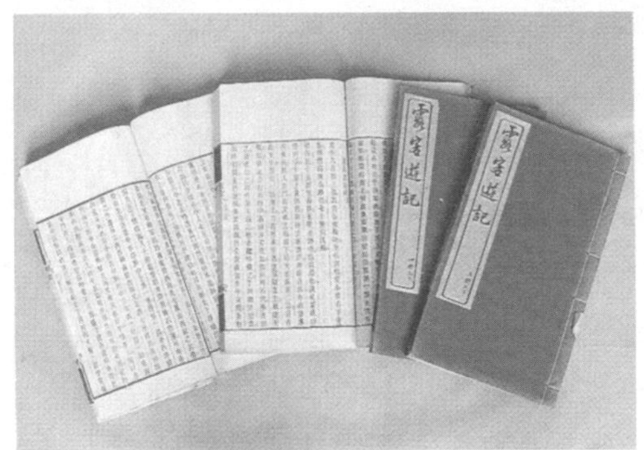


圖 145 江蘇江陰徐霞客故居的「崇禮堂」正廳（上）《徐霞客遊記》書影（下）

至於內地的遊記，則首推《徐霞客遊記》。徐弘祖（1587～1641），字振之，號霞客，明末南直隸江陰（今屬江蘇）人。他擯棄仕途，立志遨遊天下，自 23 歲時出遊，「歷東南佳山水，自吳越之閩、之楚，壯歷齊、魯、燕、冀、嵩、雒，登華山而歸。旋復由閩之粵。又由終南背走峩嵋，訪恆山。又南過大渡河至黎雅尋金沙江，從瀾滄北尋盤江，復出嘉峪關數千里，窮星宿海而返」（《四庫全書總目提要》「史部六・地理類四」）。足跡遍及今江蘇、浙江、山東、河北、山西、陝西、河南、安徽、江西、福建、廣東、湖南、湖北、廣西、貴州、雲南等省、區和北京、天津等地，對地貌作了系統的考察，對岩石、水道、植物、氣候、人文地理等作了多方面的描述。尤其是，他認真研究了岩溶和洞穴的分布、類型、成因和農業利用，對鐘乳石的結構和成因提出了獨具慧眼的見解。從時間上他使中國在岩溶地貌學和洞穴學領域領先西方世界 150～200 年；❻從考察的廣度和深度說，他的成就在世界地學史上也是空前的。❼「他的遊記讀來並不像是 17 世紀的學者寫的東西，倒

❺ 參見鄺隸彬《大唐西域記・前言》，上海人民出版社，1977 年。

❻ 朱德浩、朱學隱：《徐霞客對岩溶學和洞穴學的貢獻及其在世界岩溶科學史中的地位》，《徐霞客研究文集》，江蘇教育出版社，1986 年。

❼ 唐錫仁、楊文衡：《徐霞客及其遊記研究》第 249～258 頁，中國社會科學出版社，1987 年。

像是一位 20 世紀的野外勘測家所寫的考察記錄」(李約瑟:《中國科學技術史》第 5 卷一分冊第 62 頁) ❽。據說徐霞客之父潔身自好,不結交官府,因此常遭鄉里豪強欺淩和劫盜光顧,較早離開了人世。他的母親目光遠大,勤儉持家,堅決支持兒子的事業,73 歲了,還和兒子一道出遊,路上有意走在前頭,以示身體健康,目的在於解除徐霞客出遠門時對她的牽掛。徐霞客的成功,與這位偉大的母親的支持是分不開的。今存《徐霞客遊記》約 60 餘萬字,祖本初刻於清代乾隆四十一年 (1776),對照崇禎十五年 (1642) 季夢良整理的抄本,已佚「滇遊日記首冊」。

三　河渠水利和潮汐志

《史記》有《河渠書》,《漢書》有《溝洫志》,《宋史》以下各正史都有河渠志,記載河渠水利。

專門記載水系的著作,有約成於三國時的《水經》和北魏酈道元(范陽涿縣〈今河北涿州〉人,生年未詳,卒於 527 年)編著的《水經注》。《水經注》不是對《水經》的簡單注疏,而是頗具匠心的再創作。該書計 40 卷,約 30 萬字,引用文獻 437 種,記述的河流達 1252 條,對河流流經地區的地質、地貌、物產、農業、工業、運輸、民族、地理沿革和地名等都有介紹,還涉及朝鮮、越南、柬埔寨、印度、伊朗、鹹海和蒙古沙漠等域外的地理知識。其致力處,當然更在河流分布、渠堰灌溉等情況。於黃河、運河的記載特別詳細,記黃河共 5 卷,記運河則春秋末年的邗溝,戰國時期的鴻溝,三國曹魏時期的白溝、利漕渠、平虜渠等都賴此書才使後人得以瞭解。書中有清楚的方向、道里等方位和數量的觀念。

清代齊召南(浙江天台人,1703～1768)的《水道提綱》,成書於乾隆二十六年 (1761)。全書共 28 卷,約 30 萬字,所記河流數目為 5980 條,是《水經注》的 4 倍。該書在寫法上純以自然水系為準,從源頭到河口,歷歷在目,脈胳清晰,凡河流會合點、河曲和峽谷,又不僅注明地名,而且還注明經緯度,學術質量很高。

唐代竇叔蒙(浙東人,生卒年未詳)的《海濤志》,又名《海嶠志》,共 6 章,成書於 8 世紀中葉。該書對潮汐成因和變化規律,已有科學的定性認識,對來潮時間也有較精確的定量認識。竇叔蒙指出:「月與海相推,海與月相期,苟非其時,不可強而致也,時至自來,不可抑而已也」;潮汐

❽ 科學出版社,1975 年。

相應月球運動而變化，「輪回輻次，周而復始」。在《海濤志》中，他記述了每日有兩次潮汐漲落，每月有兩次大潮出現於朔望時期、有兩次小潮出現於上下弦時期；在 1 年之內也有兩個大、小潮期。竇氏通過精密的計算，得出一個潮汐循環所推遲的時間為 50 分 28.04 秒，這個數據與現代科學計算正規半日潮每日推遲 50 分鐘極為相近。❾竇叔蒙的潮汐理論，在後世得到不斷的繼承和發展，近代以前，中國對潮汐現象的瞭解和研究興趣，總的說來是多於歐洲的。❿

四　方志

東漢以後，一些地區有風俗傳、異物志、風土記等出現。另外還有圖經，形式是地圖配合文字，⓫內容多為一地區的政區疆界、戶口兵事等。這些著作對方志的形成有一定的影響。東晉常璩的《華陽國志》，全書 12 卷，約 11 萬字，資料頗為豐富，是中國現存最早的一部比較完整的方志。⓬方志統合古今，無所不載，舉凡一地疆域、建置、山川、名勝、水利、物產、戶口、賦稅、職官、人物、風俗、藝文和祥異等，皆有所錄。一般以各級行政區劃為單位，省有通志，府有府志，州有州志，縣有縣志，以及都邑志、鎮志、道志、衛志、鄉村志等。此外還有專記山水、海塘、古跡、寺觀等的志書。方志定型於宋代，而大盛於明、清。清代乾嘉學派的章學誠深入研究方志理論，使方志成為一門獨立的學問。

**在地圖繪製方面：**

根據大禹「鑄鼎象物」（《左傳・宣公三年》）、「陲為規矩準繩」（《尸子》卷下）等傳說，中國有可能在夏代或早於夏代的時候，就已經有了表示山川等內容的原始地圖和基本的測繪工具。

率先提到地圖的現存中國古籍，是《尚書・洛誥》：「伻來以圖及獻卜。」這裏所說的「圖」，是指為營建雒邑（在今洛陽）而特別繪製的規劃圖。

---

❾ 唐人封演《說潮》也準確記載了潮水漲落的逐日推遲，「早潮翻為夜潮」、「夜潮翻為早潮」的輪轉情況。見《全唐文》卷 440。

❿ 李約瑟：《中國科學技術史》第 4 卷第 757～786 頁，科學出版社、上海古籍出版社，1990 年。

⓫ 地圖有文字說明，是中國古代地圖的特色之一。

⓬ 東漢建武二十八年 (52)，袁康撰《越絕書》，反映當時包括今浙江和江蘇一部分地區的地理沿革、城市建設、生產生活等等情況，雖然還不夠系統全面，但已具方志的雛形。

戰國時期，各諸侯國都備有詳細而保密的本國地圖，所以荊軻刺秦王，「獻督亢地圖」（《史記・燕召公世家》）以為誘餌，獻地圖等於獻江山。

1986 年甘肅天水市放馬灘一號秦墓出土了 7 幅秦國木版地圖，有方位、比例尺和統一的圖例，是經實地測量後繪製的，相當準確。這是目前所見中國最早並且又已經成熟的地圖。⑬

《管子・地圖》說：「凡兵主者必先審知地圖，轘轅之險，濫車之水，名山通谷經川陵陸丘阜之所在，苴草林木蒲葦之所茂，道里之遠近，城郭之大小，名邑廢邑困殖之地，必盡知之。地形之出入相錯者，盡藏之。然後可以行軍襲邑，舉錯知先後，不失地利，此地圖之常也。」在中國傳統社會，軍事家們早就知道利用地圖來作戰了。

秦代繪有各類地圖，只是沒有保存下來。

中國古代大比例尺地圖十分精確，地形表示也有很高水平。1973 年在長沙馬王堆三號漢墓中出土了 3 幅地圖，其中一幅是地形圖。如果把此圖與現代南嶺地區的地形簡圖進行比較，可以看到深水（今瀟水）和它的支流水道大部分已經接近於現在的地圖。對於山脈，如峰巒起伏的九嶷山和南北走向的都龐嶺，都表現得很出色。圖中深平（今湘西鳳凰沱江鎮）與桂陽的方位角為 119°，今測亦為 119°，誤差為「0」；⑭其他各縣城如營浦（今湖南道縣）、南平（今湖南藍山）、舂陵（今湖南新田）、泠道（今湖南寧遠）等的位置也是準確的。南嶺一帶的地形非常複雜，這樣複雜的地形，測量地物的距離不能以人行的路程為準，需要求出水平直綫距離才能成功地繪製地圖，中國古代運用數學中的「重差術」來解決這個問題，在世界上是沒有先例的。此圖圖例：居民點、縣治用方框表示；鄉里用圓框表示；水道用上游細下游粗的曲綫表示，對深水和泠水還注明了水源；山脈用閉合曲綫表示山體和延伸方向，對九嶷山又用細綫畫成魚鱗狀層層重疊表示峰巒起伏；主要山峰用柱狀符號表示，而且符號高度不等；道路用細直綫表示。另一幅駐軍圖對山脈的表示不及地形圖，但用彩色突出水文和軍事要地等地理要素，又是地形圖所不具備的。2 世紀時，希臘地圖學家托勒玫（Claudius Ptolemaeus, 約 90～168）在《地理學》一書中繪製的世界地圖，一直被西方文化引為驕傲，不僅其準確性難以與馬王堆漢墓地圖

⑬ 曹婉如：《有關天水放馬灘秦墓出土地圖的幾個問題》，《文物》1989 年第十二期。

⑭ 參見張修桂《馬王堆古地圖作者》，《中國歷代地理學家評傳》，山東教育出版社，1990年。

相比，而馬王堆漢墓地圖又比它早了 300 多年。

西晉裴秀（河東聞喜〈今屬山西〉人，224～271）及其門客京相璠總結了繪製地圖必須遵守的 6 項原則：一．分率，即比例尺；二．準望，即方向；三．道里，即人行路徑；四．高下，即高取下；五．方邪，即方取斜；六．迂直，即迂取直。⓯這 6 項原則互相聯繫、互相制約，把繪製地圖的主要問題都考慮到了，由此奠定了中國地圖學的理論基礎。中國傳統地圖的繪製是視大地為一平面，在理論上，這是個嚴重的缺點，但在繪製小範圍的地圖時，這個缺點的影響也就無所謂了。

唐代賈耽（滄州南皮〈今屬河北〉人，730～805）編製《關中、隴右及山南九州等圖》和《海內華夷圖》，後者兼及外域，還用朱、墨區分今古地名，這個辦法，為後世繪製沿革地圖所遵循。

北宋沈括繪製《守令圖》，地物之間所取的距離，都是「飛鳥之數」，即水平直綫距離；並把前人只記「四至八到」增為「二十四至」。他認為有了二十四至的飛鳥之數，即使以後地圖亡佚了，也可以按 24 個方向所到之處的水平距離布置郡縣，很快繪製成精確的郡縣分布圖。⓰沈括還創製了立體地形模型圖，比歐洲立體圖的始造，早 600 多年，規模也大得多。⓱

流傳至今的宋代刻石《禹跡圖》、《華夷圖》、《九域守令圖》、《地理圖》、《平江圖》、《靜江府城圖》等，都是當時世界上傑出的地圖。《禹跡圖》和《華夷圖》是同年 (1136) 刻石的，而且刻在同一石碑的兩面。但是二者的圖形有一定差別，說明兩幅圖根據的實測資料不同。《禹跡圖》比例尺採用「計里畫方」的方法在圖上繪小方格，注明「每方折地百里」。計里畫方與現代地圖上的方里網格相仿，此法沿用 1500 多年；與之並行的，則還有一種山水畫式的形象畫法。

元初至元四年 (1267) 問世的「苦來亦阿兒子」儀，「其制以木為圓毬，七分為水，其色綠；三分為土地，其色白。畫江河湖海，脈絡貫穿於其中，畫作小方井，以計幅圓之廣袤，道里之遠近」（《元史》卷 48），水陸分布

⓯ 或謂「製圖六體」的知識產權應當屬於京相璠，參見陳橋驛《裴秀與京相璠》，《酈學札記》，上海書店出版社，2000 年。

⓰ 《夢溪筆談・補・雜誌》。

⓱ 李約瑟：《中國科學技術史》第 5 卷第一分冊第 220 頁，科學出版社、上海古籍出版社，1990 年。

比例同今測比例基本一致，這是中國歷史上第一個地球儀，在地圖學上也有重大意義。

元代朱思本（江西臨川人，1273～1333）核對前人地圖，花費 10 年時間，根據大量材料編繪了一幅精確度很高的「長廣七尺」的《輿地圖》，惜今已不傳。

明代羅洪先（江西吉水人，1504～1564）以朱思本計里畫方的輿地圖為基礎，增補編繪了有畫方的廣輿圖 45 幅，此圖集問世後，對國內外學者在地圖的編製方面，產生過積極影響。

明初《鄭和航海圖》包括航行圖 40 幅、「過洋牽星圖」4 幅，圖中明確標示使用了地文導航、指南針導航、天文導航、測程及測深等技術。這是中國現存最早的航海圖，也是中國第一張關於海洋地理的世界地圖，具有極高的文獻價值和科學價值。

除表現整個國家疆域的地圖外，傳統的中國地圖，絕大多數沒有地理座標定位，其所採用的方位，是當事人從使用目的定下來的，因此具有相當明確的服務性。

清代康熙四十七年（1708）至五十七年（1718），朝廷禮聘傳教士白晉(Joachim Bouvet, 1656～1730)、雷孝思 (Jean-Baptiste Régis, 1663～1738)、杜德美等負責繪製《皇輿全覽圖》，當時重視西方製圖技術，進行大規模的三角測量和圓柱投影經緯度測量，其所得數據，足以證明地球是扁圓形的，較西方類似成就早 27 年。⑱乾隆二十五年 (1760) 又完成《十三排圖》，兩年後加以修訂，內容更為豐富詳密，全圖由 104 塊銅版組成。自此以後，中國傳統的製圖理論，又被結合到新法中去。

**在地質礦學方面：**

中國發現石油很早，《漢書・地理志下》上郡高奴縣條注曾以「有洧水，可難」的記載，把石油的性狀和可燃特點，描述得清清楚楚。東漢時又在酒泉郡所屬延壽縣南山流出的泉水中發現了石油。由於這種液體有如漆狀，所以當地人稱之為「石漆」。這種石漆「然（燃）之極明，與膏無異；膏車

⑱ 據《清聖祖實錄》卷 283 等史料，應邀參加這項工作的法國人白晉、雷孝思、杜德美、湯尚賢、馮秉正、德瑪諾，日耳曼人費隱，葡萄牙人麥大成，都是耶穌會傳教士，法國人山遙瞻則屬奧斯定會。中國學者何國棟也參加了江南各省的測繪，其他參加實測的中國人不在少數。這是一次中外人士合作的成功典範。

及水碓缸甚佳」(《水經注》卷 3 引《博物志》)。北魏和唐代，在新疆庫車和甘肅玉門關一帶，也相繼發現了石油，當時叫做「石脂水」。後來北宋沈括經過認真考察，斷然給石油命了一直沿用到現在的這個科學的名稱。⑲

至遲在西漢，今延安一帶的高奴縣已將石油用作燃料。北周武帝宣政元年 (578)，突厥攻酒泉，酒泉人以石油為燃料，焚燒突厥攻城器械，突厥用水撲火，火反而越燒越旺，突厥於是大敗。⑳這個戰例，在中國軍事史和石油應用史上都有極其重要的地位。隋唐五代時，石油已廣泛應用於軍事。到了北宋，汴梁軍器監中設有「猛火油（石油）作」，專門製造火器，當時發明了一種用石油產品瀝青控制火藥燃燒速度的方法，這個重大發明比國外早了近 1000 年。南宋時期，用石油凝固製成的石燭問世。明代又初步掌握了從石油中提煉燈油的技術，還廣泛採用石油作藥治療小兒驚風、箭傷和疥癬等疾患。

中國油井的開鑿之早，也堪稱世界之最。明代正德十六年 (1521) 在四川峨眉山下的嘉州（今樂山）鑿成的一口石油豎井，深度達幾百米，比北美和歐洲早 300 多年 (美國到 1859 年才鑽成一口深 21 米多的油井)，是當時世界上任何其他國家都無法企及的。

除了石油，還有煤，主要也是用作燃料的。中國古代對煤的使用，最初是選用質地細密堅韌、黝黑發光、沒有紋路的「煤玉」即煤精來雕成工藝品和裝飾品。西漢時，河南等地的煤田已經開始開採，《史記・外戚世家》記載了河南宜陽一處煤窰洞穴的坍塌事故。關於用煤冶鐵和用煤煉焦炭作燃料等，本書前面第二十五章第四節已經作過介紹，茲不贅。

而對於石油和煤的認識、使用，在整個中國古代礦學中，只不過是旁宗偏支而已。中國早在舊石器時代，就已經認識了 13 種礦物和岩石。此後著名的彩陶文化、黑陶文化、青銅文化，也都是因陶土、銅、錫等礦物的被利用而產生的。㉑迄今出土史前玉器最多的是浙江的良渚文化，良渚玉料採用解玉砂切割琢磨，到商代，肯定已經使用了能很好發揮解玉砂作用

⑲ 《夢溪筆談》卷 24。

⑳ 《元和郡縣志》卷 4。

㉑ 據 20 世紀 80 年代的一次統計，在史前，中國先民已初步認識了 12 種礦物、32 種岩石和 6 種土。詳見李仲鈞、王概之《我國史前人類對於礦物岩石認識的歷史》，《科學通報》1975 年第五期。

的專門工具——砣。轉動砣來製玉，這種技術直到現在仍沒有過時。春秋戰國時代，鐵器代青銅器而興，加速了中國社會發展的步伐。當時對於各類鐵礦物的知識，自然也成了熱門。先秦古人的礦學水平，在《山海經・山經》和《周禮・考工記》中有比較集中的反映。《山經》記載了礦物 89 種，包括金屬礦、非金屬礦和各種怪石、堊土；並記載了產地 400 餘處。對礦產出處的描述也比較詳細，如「山上」、「山下」、「山陰」、「山陽」、「水中」等。該書已經知道根據礦物的硬度、顏色、光澤、透明度、粗糙或平滑的程度、敲擊聲音、磁性、醫藥性能、集合體的狀態（土狀、塊狀、卵狀、米粒狀……）等等性質來識別礦物，部分地瞭解了礦物的可熔煉性，有時就根據這些特性來給礦物命名；又把礦物分為金、玉、石、土 4 大類。該書還反映了近代礦床學上的所謂共生、伴生現象，如赤銅—礪石、鐵—文石、銀—砥礪、鐵—美玉—青堊、金—銀、白金—鐵、金—銀—鐵、金—玉—赭石等。㉒礦物的共生、伴生現象，是古人探礦的重要依據。對此《管子・地數》也有兩條內容大體上相同的記載，其中一條云:「上有丹砂者，下有黃金；上有慈石者，下有銅金；上有陵石者，下有鉛、錫、赤銅；上有赭者，下有鐵。」至於《考工記》，則進一步認識到礦物質量與地氣有關，已涉及到礦床的成因了。

秦、漢以後，由於礦業、冶金業日趨發達，社會需要大量各種各樣的礦產，人們在長期的生產實踐中不斷豐富礦學知識。從《漢書・地理志》開始，歷代正史和地方志都記載礦岩資料，把這些看成是國計民生不可缺少的內容。如上文所交代，該志就帶頭記載了當時全國礦產的分布情況，還對礦物形狀、性質及共生伴生現象進行了描述。

蕭梁陶弘景不但對石灰的原料已有正確認識，而且對石灰的燒製技術更有科學全面的總結:「石堊……近山生石，青白色，作灶燒竟，以水沃之，即熱蒸而解。」（《本草綱目・金石部二》「石灰」條引）他的《神農本草經集注》記載礦物 43 種，大部分礦物名稱至今仍在使用。

南宋紹興三年 (1133)，杜綰著《雲林石譜》3 卷，彙載石品 116 種，各記其產地、採法、形狀、光澤、品評高下等，反映了當時人們對礦物認識

㉒ 就岩礦知識而論，《山經》與古希臘狄奧弗拉斯特（Theophrastos，公元前 371～公元前 285）的《石頭記》同時，但內容卻豐富得多，《石頭記》只記載礦物 16 種，分金、石、土 3 類，而沒有玉。

的新水平，是中國古代一部重要的礦物學代表作。該書也曾談到風化作用和侵蝕作用，這是繼沈括以後對某些地質現象形成原因的明確敘述。該書對化石的記載和研究，也較前人更為深化。卷中記述的魚龍石（魚化石）、零陵石燕兩條，在中國古代地質學和生物學上，都有重要的意義。如他解釋魚化石的成因，不但合理地推斷了往昔的自然地理環境，還闡述了魚化石的形成過程和埋藏條件。他又指出：「永州零陵出石燕，昔傳遇雨則飛，頃歲余涉高岩，石上如燕形者頗多，因以筆識之，石為烈日所曝，遇驟雨過，凡所識者，一一墜地。蓋寒熱相激迸落，不然（能）飛爾。」（卷中）

另外，古代醫藥學和煉丹術，也積累了很多礦學知識。特別是歷代醫藥學著作，從醫療保健功效的角度記述了大量礦物知識。如李時珍的《本草綱目》，指出水精出於南方者白，北方者黑，信州水晶則濁，對地球化學分區現象已有所注意。此書除記述各種礦物藥的產地、色澤、鑒別、採取外，還寫到勘探礦苗、礦物生成、用硅質岩作試金石的比色法以及植物指示找礦等。

關於植物探礦，早在《荀子・勸學》裏，就有「玉在山而草木潤」的說法。晉張華（范陽方城〈今河北固安南〉人，232～300）《博物志・物產》云：「有穀者生玉。」這句話，可以說是中國傳統社會發現植物能夠指示礦藏的開始。南北朝時期的《地鏡圖》，把礦藏和具體草木結合起來，大大發展了這方面的知識。唐代段成式（臨淄〈今為淄博市轄區〉人，約 803～863）的《酉陽雜俎》前集卷 16《廣動植一》篇記載：「山上有蔥，下有銀；山上有薤，下有金；山上有薑，下有銅錫；山有寶玉，木旁枝皆下垂。」應是站在他的時代對植物指示礦藏的傳統經驗的總結。此後植物指示找礦的記載仍有發現，至李時珍又重新加以整理和強調。

上述都長期走在世界的前列。

中國傳統社會採礦，除開鑿鹽井、天然氣井和石油井外，其他礦產的開採，凡不宜露天開採的，多用掘進開採。據考古工作者近年來的重大發現，早在商代中葉，人們開採銅礦，已經露天開採和掘進開採並用了。

而鹽井則創於四川，從秦昭王到北宋慶曆年間的 1300 多年中，所開鹽井多是大口井。大口井如何加固井壁，可以唐代陵州的陵井（在今四川仁壽境內）為例，「其井上土下石，石之上凡二十餘丈，以楩柟木四面鎖疊，用障其土」（《玉壺清話》卷 3）。後來出現了口徑小而深度大的卓筒井（蘇軾稱「筒井」，明以後則稱「竹井」），據《東坡志林》卷 4 介紹：「自慶曆、皇祐以來，蜀始創筒井，用圜刃鑿如碗大，深者數十丈。以巨竹去節，牝牡相銜為井，以隔橫入淡水，則滷泉自上。又以竹之差小者，出入井中為桶，無底而竅其上。懸熟皮數寸，出入水中，氣自呼吸而啟閉之，一桶致水數斗。凡筒井皆用機械，利之所在，人無不知。《後漢書》有水鞴，此法惟蜀中鐵冶之用，大略似鹽井取水筒。」此處所說「圜刃」，即是圜鑿式的鑽鑿器，依照現代鑽井工程學的標準來衡量，中國傳統社會使用圜刃的鑽井法，基本上是屬於頓鑽鑽井法，就是用鋒利的鑽頭把岩石衝擊成碎末，然後將鬆碎的岩石用汲筒取出，再繼續衝擊，如此反復，使鑽頭慢慢深入，最後達到鑽挖深井以開採液體、氣體礦物或其他礦物的目的。這種頓鑽鑽井法，具有設備簡單的優點，11 世紀左右傳入西方，在世界採礦史和鑽井工程史上都是值得大書一筆的事情。此處所說「水鞴」，即是水排，四川鹽、鐵俱產，把冶鐵鼓風設備的水排移用於汲取滷水的機械裝置，算是最便當也沒有了。必須指出，鑿竹筒井的關鍵，在於「卓筒」要下得恰當，既達到滷水層，又能封閉井壁各處的淡水層，要求有豐富的地質知識和精熟的鑿井技術。

從鹽井汲出滷水後，要送到有火井的地方去熬煮。清代發明「置梘」技術，「竹梘，整竹中通，外敷油灰，束以麻……注鹽水由此達彼，多行地中。有沿山置架，高下紆折，行一二十里者；有置河底，覆以石槽，潛注彼岸者。運用絕巧」（《民國富順縣志》卷 5）。

至於天然氣井和油井的開發，則與鹽井的開鑿有關，往往因開鑿鹽井，鑿穿了含氣層或含油層，氣、油冒出而得氣井或油井。漢、晉之際，中國已有「火井」（天然氣井），深 200 多米，用來煮鹽㉓，「火井沈熒於幽泉，高爓飛煽於天垂」（左思：《蜀都賦》），比英國在 1668 年開始使用天然氣早 13 個世紀以上。明代萬曆年間，四川自流井地區對天然氣進行工業性開發，

㉓ 中國傳統社會井鹽、池鹽、海鹽的生產，一直採取煮法。唐、宋之際，解州池鹽始用「畦曬法」。而海鹽生產的曬鹽法則創自元代，這是一項重大革新，所以明末崇禎三年 (1630) 徐光啟曾上奏欲「江淮、兩浙盡行此法」（《增訂徐文定公集》卷 2《欽奉明旨條畫屯田策》）。但事實上，據《光明日報》2009 年 1 月 13 日《這些發現將改寫中國鹽業歷史——山東壽光雙城鹽業遺址考古發掘探秘》（記者趙秋麗，通訊員呂善錕、張兆民）報道，早在殷商，渤海南岸的人們已懂得利用日曬等自然力來提高滷水的濃度了。

形成了一定規模的天然氣田，為歐洲所望塵莫及。清代道光十八年 (1838)，今自貢大安長堰塘附近，又鑿成一口深達 1001.42 米的燊海井，鑿穿三疊系雷口坡組，這是世界天然氣井和石油井中最早突破千米的深井，在世界鑽井技術發展史上具有令人矚目的里程碑意義。㉔

掘進開採發展到春秋時期，已知道選擇斷層接觸帶中礦體富集、品位較高的地段掘進，並有效地採取豎井、斜井、平巷、斜巷相結合，運用多中段的開拓方法，初步解決了井下通風、排水、提升、照明和巷道支護等一系列複雜的技術問題。斜井、斜巷的掘進施工和支護技術都是難度較大的，但其作用不僅可以沿礦體傾斜延伸採挖富礦，節省工程，而且還可以探到新的礦床。宋代掘進開採煤礦，率先運用了先內後外逐步撤退的「跳格式」採掘法，比較安全。㉕

《天工開物・燔石》云:「凡取煤……初見煤端時，毒氣灼人。有將巨竹鑿去中節，尖銳其末，插入炭中，其毒煙從竹中透上。」這裏介紹用竹筒排毒氣的辦法，既簡單，又科學。類似這樣的辦法，北宋孔平仲也提到過:「役夫掘地而入，必以長竹筒端置火先試之，如火焰青，即是冷煙氣也，急遁之，勿前，乃免。」(《談苑》卷 1)

而《天工開物》篇目所謂「燔石」，其語源蓋出於先民曾用火燒水潑的辦法來開採石料，因為岩石暴熱之後繼以驟冷，熱脹冷縮，造成崩裂之後自然較易採取了。

**在地震研究、測報和防震抗震方面:**

中國地震載籍可考者，計達 3500 餘次；記載完備的，有 200 餘次。晉代出土的《竹書紀年》記載了帝舜時「地坼及泉」的現象，這是目前能夠查到的世界上最早的一次地震記錄。同書又載:「帝發七年陟，泰山震。」這一記載，更有具體的時間和地點，在世界上，類似這樣的記載，這也是第一例。《呂氏春秋・制樂》云:「周文王立國八年，歲六月，文王寢疾五日，而地動東、西、南、北，不出國郊。」與前面 2 次記載相比，對這次地震記載的可靠程度提出質疑者，至今尚未見其人。

對於地震這一不尋常的自然現象，歷代統治者都很重視，認為是關係政權興衰存亡的徵兆。但古人解釋地震原因，也另外還有許多說法，其中

㉔ 參見白壽彝主編《中國通史》(上) 第十卷第 574～575 頁，上海人民出版社，1996 年。

㉕ 河南省文化局文物工作隊:《河南鶴壁市古煤礦遺址調查簡報》，《考古》1960 年第三期。

主要有 3 種：一是陰陽元氣說，即認為地震是地內陰陽兩氣失去平衡而引起的；二是天文因素說，即認為天體運動出現流星雨，引起地震；三是海水相搏說，即認為海水流波相搏，引起了地的震動。

東漢張衡在陽嘉元年 (132) 發明了觀測地震的「候風地動儀」。這臺儀器「以精銅鑄成」(《後漢書・張衡傳》)，內部設有發動機關，外部鑄著 8 條龍，分別朝著東、東南、南、西南、西、西北、北、東北 8 個方向，嘴裏含著小銅珠，地上對龍嘴蹲著 8 個銅蛤蟆，仰著頭，哪個方向發生了地震，儀器上相應方向的龍機就會震動起來，龍嘴裏吐出銅珠，落到銅蛤蟆嘴裏。這臺儀器安置在雒陽 (今洛陽)，曾經成功地觀測到了永和三年 (138) 在隴西發生的一次 6 級以上的地震，開創了人類使用科學儀器觀測地震的歷史記錄，西方要到 1700 年後，才造出同類儀器。

中國傳統社會預報地震，還掌握了根據地聲、地光、前震、地下水異常、天氣異常和動物異常等前兆進行測報的方法。如成書於清代乾隆二十年 (1755) 的汪鐸辰撰《銀川小志》，記載清初一位在官府服務的炊事員和他的幾個老鄉共同總結出了預報地震的前兆，說寧夏地震「大約春冬二季居多，如井水忽渾濁，炮聲散長，群犬圍吠，即防此患。至若秋多雨水，冬時未有不震也」㉖，已經有了綜合多種前兆現象來預報地震的思想。這種思想是極其難能可貴的。因為地震是很複雜的自然現象，要對地震作出準確預報，就必須採取多途徑、多手段，從各個不同的角度，把各種觀測方法所獲得的資料進行綜合的分析研究，這樣才能避免失誤。

中國傳統社會對防震、抗震，也積累了不少經驗。防震，主要是使用耐震建材，加固建築物地基和房屋的建築整體性，借助斗拱和榫卯工藝以柔克剛，都能起到削弱甚至消弭地震破壞力的作用。古人在這方面有很豐富的知識。抗震，則主要是指出在地震已經發生的情況下，應當怎樣做，如露處或搭席棚棲身等等。倘若地震突然發生，來不及跑出屋外，就躲在堅實的家具下，「縱有覆巢，可冀完卵」(《地震記》) ㉗，明代嘉靖年間的秦可大已提出了這個應急辦法。

**在氣象觀測方面：**

---

㉖ 轉引自梁延剛《地震可測》，《文匯報》2000 年 4 月 14 日。按：《銀川小志》寧夏圖書館有油印本。

㉗ 見康熙七年 (1668) 刊《咸寧縣志・藝文》。

中國古代早在殷商時，就對氣象現象有了記載，文丁時期（公元前 13 世紀）的卜辭中，已出現連續 10 天的氣象記錄。㉘

到後來，《內經・素問・陰陽應象大論》提出了水分循環和雲雨形成的理論。說雲是地氣上升而形成的，雨是天氣下降而形成的。雨雖然是從天下降，卻來自地氣上升所致；反之，雲的根本，又在天氣下降的雨。東漢王充也有相似的見解。王充認為雨雪來源於地上，雲雨是通過冷凝作用而形成的，這些看法基本上與現代雲雨形成的理論是符合的。

關於雪的形成，除王充外，中國古代還有許多人（如董仲舒、許慎等）都提出了很好的意見，歸納起來，有「氣體形成說」、「液體形成說」和「固體形成說」3 類，從現代科學有關雪的形成理論來看，依舊有這 3 類意見。

關於霧的形成，《爾雅・釋天》云：「地氣發，天不應，曰霧。」這是說地面水分無法向上面充分擴散，就凝結為霧。北宋蔡卞進一步明確指出：「水氣之在地成霧。霧，雲之類也。」（《毛詩名物解》卷 2）應當說是完全正確的。

關於雷電的形成，中國古代有「摩擦生電說」，首創者為慎到；又有「爆炸起電說」，是王充等所主張的。王充說：「雷者，太陽之激氣也。何以明之？正月陽動，故正月始雷；五月陽盛，故五月雷迅；秋冬陽衰，故秋冬雷潛。」（《論衡・雷虛》）他解釋雷電現象的季節性，也是很有道理的。

關於虹的形成，唐初孔穎達就描述了虹產生的條件，是薄雲、日照和雨滴。8 世紀中葉，以寫《漁歌子》詞著名的詩人張志和進行了一次人工造虹的試驗，證實了虹是日光照射雨滴所產生的自然現象。他並且指出，要看到虹必須背日，如果面對太陽就看不到。㉙沈括在《夢溪筆談》卷 21 中，又重申了這一觀點。

關於桂雨的形成，李時珍指出，因為桂只有南方才有，所以南方雨桂，是自然現象，而月中桂樹，「乃山河之影爾」（《本草綱目・木部一》），桂雨並非來自月球。

商代已有四方風名，東風叫劦，南風叫完，西風叫彝，北風叫攺。㉚後來逐漸發展到 24 個方位，如唐代李淳風的《乙巳占》卷 10 占風圖中，

㉘ 董作賓：《殷文丁時卜辭中一旬間之氣象記錄》，《氣象學報》第17卷1～4合期，1943年。

㉙ 《玄真子・濤之靈》。

㉚ 《合》14294。

就列出了 24 個風向名稱，它們是由 8 個天干、4 個卦名和十二地支組合而成的，「子」指北方，「午」指南方，「卯」指東方，「酉」指西方。

古代測風器，在西漢《淮南子》中，已有關於「俔」的記載。《淮南子・齊俗訓》說，俔在風的作用下，沒有一刻是平靜的。漢代測風器還有銅鳳凰和相風銅烏，銅鳳凰安裝在建章宮裏；相風烏後來改為木製，形狀如烏，置於竿上，可以測風向。又有羽占，是用雞毛編成的測風器，所用雞毛重約 5～8 兩，後世「五兩」就作為各種形式的簡便測風器的通稱了。

中國傳統社會除觀測水平各向的風外，也觀測旋風和方向混亂的亂風，把自上向下吹的旋風叫做頹風，也叫「焚輪風」；又把自下向上吹的旋風叫做飆風，也叫「扶搖風」。

並且至晚到唐代，人們已用樹的動態作標準，來判斷風力的大小了。當時定出 8 個風級：一級動葉，二級鳴條，三級搖枝，四級墜葉，五級折小枝，六級折大枝，七級折木飛砂石，八級拔大樹及根。㉛如果再加上「無風」、「和風」，共成 10 級，這比 1805 年所定沿用至今的英國蒲福 (Francis Beaufort, 1774～1857) 風力等級要早 1100 多年。

雨量器和濕度器，也是中國最早使用。

中國傳統社會預報天氣的工具是天氣諺語，其要領是看雲、看風、看天象、看生物。《詩・小雅・信南山》云：「上天同雲，雨雪雰雰。」表示彤雲密布，大雪就要降臨。《開元占經》卷 98 云：「虹蜺見，雨即晴，晴即雨」；「久雨虹見即晴，久旱蜺見即雨」。這是根據虹霓現象來預占晴雨。天氣諺語大多來自實踐，所以行之有效。古代把天氣諺語彙集起來的書是很多的。元末婁元禮編的天氣諺語專輯《田家五行》上、中、下 3 卷，收錄有關天氣、氣候、農業氣象、物候等方面的諺語 500 多條，其中用天象、物象預測天氣的有 140 多條，中、長期天氣預報 100 多條。這些諺語適用於長江下游地區，許多內容至今仍然屢試不爽。另外又有一類預報天氣的書，就是「古雲圖集」。這類書的文字部分，一方面說明圖中雲的特徵，一方面則說明出現這種特徵的雲的時候，風雨或其他壞天氣將在什麼時候到來，惡劣程度大體如何。

---

㉛ 《乙巳占》卷 10。

## 第二節　物理學

西方科學史家一般對中國古代物理學評價不高，認為中國古人缺乏物理理論探討和實踐的精神。這種批評並非無的放矢，但卻有其片面性。事實上，中國古代物理學重視對自然現象的觀察和生產經驗的總結，儘管在力學、光學方面，缺少來自理性的數學推演，但在聲學——特別是樂律學方面，中國古代應用數學的程度，卻超過同時期的西方，而在磁學和電學、熱學方面，東、西方的方法亦基本相同，㉜中國古代物理學知識很豐富，並取得了許多具有世界意義的成就。

關於中國古代學者對物質的構成和變化的認識如何，本書前面「學術」編已經談到了不少。這裏打算再著重談一下中國古代的力學、光學、聲學和磁學——

**在力學上：**

中國先民早在 2.8 萬年前，就發明了弓箭，山西峙峪遺址出土的石鏃，形制已便於射擊。到了新石器時代，人們把石斧、石錛、石鏟、石鑿等磨製得背厚刃薄，這符合尖劈越尖越有力的力學原理。中國對重心的實際應用也非常早，西安半坡出土的仰韶文化期的提水壺，空壺在水面上會傾倒，裝滿了水就恢復平衡狀態，說明古人在實踐中很早就知道利用重心和定傾中心的相對位置與浮體穩定性的關係。這種壺後來經修改又成為所謂「欹器」，欹器空的時候是傾斜的；裝水不多不少就直立；水多了，又會翻倒。「虛則欹，中則正，滿則覆」（《荀子・宥坐》）。至於對浮力的最初認識，則可在原始人泅水和製造原始的水運工具中得到說明。

春秋戰國時代，《墨經》提出了力重相當的概念，認為用多大力就舉起多大物，而物體受到力的作用時，也會產生反作用力，例如兩質量相當的物體碰撞後，就會各自朝相反的方向運動。在討論槓桿平衡問題的時候，此書考察到距離的因素，認為若要使不等臂秤「相衡」的話，必須「本（重臂）短標（力臂）長」（《經說下》），即重物至支點的距離短於權至支點的距離：重×本＝權×標。墨家比古代希臘的阿基米德（Archimedes, 公元前 287～公元前 212）更早知道距離與平衡的關係。《墨經》對於浮力原理也

㉜ 參見戴念祖主編《中國科學技術史・物理學卷》第 6 頁，科學出版社，2003 年。

有相當精彩的論述，已經懂得浮體所排開的液體與浮體的關係。關於應力，《墨經》發表了著名的毛髮引重只要結構均勻就不會被拉斷的觀點，成語「一髮千鈞」就是由此發展而來的。任何材料都有極限強度，超過這個極限，材料就會斷，這是一方面；但另一方面，材料結構均勻可以承受更大重力，這種認識，應當說是極其正確的。《墨經》還分析了固定材料的形變問題，指出梁木負載重量而不彎曲，這是因為它能勝任重量；而繩子不加重量也會彎曲，這是因為它只能抵抗拉伸。

這一時期，儒家的代表人物荀子還研究了外力取消以後材料的形變會保留下來的問題，指出筆直的木材經火烤加工，彎成輪子以後，即使枯乾了也不會挺直。《考工記・鮑人》則對彎曲和強度問題作了細緻的考察，指出在選用皮革的時候，要拉伸以後皮革各方面都是直的才好。如果有不直的，那一定是一方緩一方急的緣故。如果一方緩一方急，那用不了多久一定是急的一方先裂開。《考工記・輈人》又記述了慣性現象，說馬拉車，馬停止不動了，車卻還繼續往前走一段路。後來漢代的張衡正是利用慣性原理設計和製造候風地動儀的。《考工記・矢人》在談到箭的製造的時候，更強調箭幹、鏃頭、後羽要有一定的比例，指出箭幹前輕後重或前重後輕會影響箭飛行的高低，箭幹中間過輕或過重會影響箭飛行的穩度，箭尾羽毛的多寡又會影響箭飛行的速度和準確度。這種符合實際情況的分析，比歐洲中世紀物理學認為拋射體沿直綫前進的理論要高明得多。

到了漢代，槓桿支點的重要性成為常識。《淮南子・主術訓》說，5 寸長的門閂，能拴住開闔的房門，這是因為它所處的位置很關鍵。如果把門閂安在門的上方或下方，那就是另外一碼事了。移動物體所需之力比舉起物體所需之力少，「夫舉重鼎者，力少而不能勝也；及至其移徙之，不待其多力者」（同上）。東漢時，王充指出力的作用是導致工具的運動，並區別了內力和外力的不同，已接近近代力學概念的邊緣。王充還指出，物體形狀影響物體的運動，截面積的大小與壓力成反比，這些也都是發前人所未發的論述。晶體是格子構造的固體，中國古代對晶體的力學、光學等特徵都有認識。兩漢之際，已發現雪花是六角形的。[33]在西方，直到 1611 年，開普勒 (Johannes Kepler, 1571～1630) 才發現了這個奧秘。

關於運動，漢代有人說：「地恆動不止，人不知，譬如人在大舟中，閉

[33] 《藝文類聚》卷 2《天部下》引《韓詩外傳》。

牖而坐，舟行，不覺也。」（《太平御覽》卷36引《尚書緯・考靈曜》）這段話清楚地表明了地動思想和運動相對性思想。事實上，早在先秦，古人對運動的相對性的認識已經不含糊了。《呂氏春秋・貴因》有一則「刻舟求劍」的寓言故事，「舟已行矣，而劍不行，求劍若此，不亦惑乎!」顯然，故事的編纂者是知道如何找到劍的，關鍵在於要選擇靜止的河岸作為參照物而不是行駛著的船。

先秦《孫子兵法・勢》提出了「勢」的概念，此概念包含有物理學中的動能和勢能。漢代對勢也多有論述，如「是故得勢之利者，所持甚小，其存甚大，所守甚約，所制甚廣」（《淮南子・主術訓》）；「矢之於十步，貫兕甲；及其極，不能入魯縞」（《淮南子・說林訓》）。

東漢末年出現的「渴烏」，是應用了虹吸的物理現象。對此，成書於南北朝時期的《關尹子・九藥》率先作出了明確的解釋：「瓶存二竅，以水實之，倒瀉；閉一則水不下，蓋（氣）不昇則不降。」「不昇則不降」，就是說虹吸是由於大氣壓力造成的。

據《世說新語・巧藝》記載：「淩雲臺樓觀精巧，先稱平眾木輕重，然後造構，乃無錙銖相負揭。臺雖高峻，常隨風搖動，而終無傾倒之理。魏明帝登臺，懼其勢危，別以大材扶持之，樓即頹壞。論者謂輕重力偏故也。」淩雲臺的建成，反映了曹魏的建築師已能充分應用力系平衡的知識了。

漢代的《淮南萬畢術》㉞云：「首澤浮針。」其後晉代葛洪加以發揮道：「頭垢猶足以使金鐵浮水，況妙於茲乎。」（《抱朴子・內篇・登涉》）至遲到宋代，人們已應用發生在液體表面各部分之間互相作用的張力現象，發明一種方法，來檢驗桐油質量的好壞了。其法為，用竹篾的一端做成圈狀，執住另一端，使竹篾圈蘸上桐油。如果桐油毫無雜質，就會像鼓面一樣附著在竹篾圈上；否則，就不會。這是因為桐油含的雜質多，其表面張力就小，要在竹篾圈上形成一層鼓面狀薄膜，自然就困難了。

唐代用金屬製成的魚洗或龍洗，在器底鑄有魚或龍，如果用手有節奏地摩擦器邊的兩耳，器就會振動起來，裏面盛的水還會從魚或龍的口溝沿器緣向上噴出。㉟這種魚洗或龍洗的製作，無疑涉及到固體振動在液體中的傳播和干擾問題。

---

㉞ 馮孫翼輯，刊商務印書館《叢書集成初編》。

㉟ 何薳：《春渚紀聞》卷9。

《酉陽雜俎》前集卷 19 云：「蓮入水必沈，唯煎鹽鹹滷能浮之。」這裏涉及的實際上是一個物體的比重問題。中國傳統社會鹽業生產備受重視，檢測鹽滷濃度是很重要的事情，人們早就懂得，根據蓮子在鹽滷中的浮沉情況，便可知道鹽滷的濃度。而清初梅瑴成主持測定了赤金、紋銀等 32 種物質的比重，其測定值與今值相當接近。㊱

北宋李誡（鄭州管城人，生年未詳，卒於 1110 年）在《營造法式》中把八等材的斷面高寬比定為 3:2，具有很高的力學價值，比義大利科學家伽利略 (Galileo Galilei, 1564～1642) 提出的 2.8:2 的相近數據早了近 600 年。㊲《營造法式》還反映了當時已能分辨受力和非受力構件，對梁的受力彎曲狀況也已有所認識。

明代《天工開物》的《舟車》篇，對分力和合力的實際應用，有很精闢的分析。書中詳細分析了在順風、搶風和逆風中帆的張合度和方向對於船速的影響，以及舵的長短和掌舵情形對於船的方向的影響。

時間和長度這兩個物理量，首先是作為力學量進入物理學的。清初以工部營造尺為標準，定 1800 尺為 1 里，200 里合地球經綫 1 度，確定了與地球經綫 1 度長相一致的長度標準，這比法國憲政會議以地球經圈 1/4000 萬弧長作米的定義要早 80 年。

**在光學上：**

中國古代很早就已經認識到光不是人眼中發出來的，這種對光源和視覺的正確認識，促進了古代光學的發展。而中國古代製造和使用銅鏡，正是基於對光在前進方向上遇到物體就會發生反射的現象的深刻把握。在利用平面鏡的同時，人們又發現了球面鏡的奇特現象，球面鏡有凹面鏡和凸面鏡兩種。凹面鏡可以向日取火，中國古代稱為「陽燧」，意思就是利用太陽光來取火的工具，這是對太陽能的最初利用，本書前面「社會生活」編裏已經作過介紹。凸面鏡也有講究，中國古代利用凸面鏡的成像特性，在鑄鏡的時候，如果鏡小，就把鏡面做成微凸，這樣鏡面雖小，也能照全人的臉。現在汽車上的反光凸鏡和拐彎路口所立的凸鏡，就是利用這個原理。

春秋、戰國之際，《墨經》論光之直綫進行問題，曾經做過這樣一個實

㊱ 《增刪算法統宗》卷 1。

㊲ 參見郭黛姮《從近現代科學技術發展看中國古代木結構建築技術成就》，《自然科學史研究》1983 年第四期。

驗——在一間黑暗的小屋朝陽的牆上開一小孔，人對著小孔站在屋外，屋裏相對的牆上就出現了倒立的人影。對這一現象，墨家解釋說，人的頭部遮住了上面的光，成影在下邊，人的足部遮住了下面的光，成影在上邊，所以人影變為倒立的了。這是人類歷史上對光直綫傳播的第一次科學解釋。

《墨經》還利用光的這個特性，解釋物和影的關係，揭開了影在某一特定瞬間是不動的秘密。墨家指出鳥的影子是由於直綫行進的光綫照在鳥身上，被鳥遮住而形成的。當鳥在飛動時，前一瞬間光被遮住出現影子的地方，後一瞬間就被光所照射，影子便消失了，新出現的影子是後一瞬間光被遮住而形成的，已經不是前一瞬間的影子。因此，墨家得出了「景不徙」的結論。那麼，為什麼影子看起來是活動的呢？這是因為鳥飛動的時候，前後瞬間的影子是連續不斷地更替著，並且變動著位置，所以看起來就覺得影是隨著鳥在飛動的樣子。在2500年前，墨家能這樣深入地研究光的性質，解釋影的動與不動的關係，確實是難能可貴的。

墨家研究凹面鏡，發現當物體放在球心之內，得到的是立正的像，距離球心近的像小，距離球心遠的像大。當物體在球心之外，得到的是倒立的像，距離球心近的像大，距離球心遠的像小。當物體在球心處，像與物體就重合。墨家已經區分了焦點和球心，把焦點稱為「中燧」。

墨家對凸面鏡也進行了研究，認識到物體不管是在凸面鏡的什麼地方，都只有一個立正的像。像在鏡面的另一側，就是虛像，並且總是比原物體小，距中心遠的像則越顯得小。

在古代希臘，柏拉圖[38]學派提出的光學理論要比墨家晚，水平也沒有超過墨家。[39]

秦漢時代，又有透光鏡的問世。透光鏡能通過反射映出鏡子背面的美麗圖案，後世稱為「魔鏡」。

漢初齊少翁用紙剪的關節能夠活動的人、物在白幕後表演，用光照射，人、物的影像就映在白幕上，這就是皮影戲。皮影戲後世採用驢皮或牛、羊皮颳薄，再行雕刻，並施以彩繪，傳到西方，曾引起轟動。

光從空氣中進入透明的物質，會折射，中國古代對此現象也有認識。

---

[38] 柏拉圖（Platon, 公元前427～公元前347），古希臘哲學家。

[39] 李約瑟認為墨子的光學研究「比我們任何所知的希臘為早」，「印度亦不能比擬」。見《中國之科學與文明》中譯本第7冊第147頁，臺北商務印書館，1980年。

《淮南萬畢術》云：「削冰令圓，舉以向日，以艾承其影，則火生。」以冰取火，這看起來似乎是不可思議的，但事實卻正是如此，說明當時人們對凸透鏡的折射聚焦性能也已經很清楚了。

《淮南萬畢術》又云：「高懸大鏡，坐見四鄰。」注：「取大鏡高懸，置水盆於其下，則見四鄰矣。」這種平面鏡組合的裝置，其原理與後世潛望鏡完全相合。

東漢王符《潛夫論·釋難》云：「偶燭之施明於幽室也，前燭即盡照之矣，後燭入而益明，此非前燭昧而後燭彰也，乃二者相因而成大光。」這是關於兩個光源照度疊加「而成大光」的科學論斷。

西晉束晢認為日出日中與人距離是相等的，他從生理、亮度、比襯 3 個方面解答了日出日中的視差問題；[40]後秦姜岌還進一步指出日出日入時所呈現的赤色是由於「地有游氣」作用的結果，實際上他所認識的是關於大氣的吸收和消光問題。[41]

唐代和宋代，關於日光通過水滴和晶體會產生色散現象的論述多了起來。17 世紀中葉，英國的牛頓通過三棱鏡把日光分成紅、橙、黃、綠、青、藍、紫 7 色光，說明了白光是由這 7 色光複合而成的。雖然牛頓的研究取得了更大的成就，但中國發現日光 5 色，卻比牛頓要早 1000 年左右。

宋代沈括表述了凹面鏡成像的原理，他把凹鏡聚光的焦點稱為「礙」（《夢溪筆談》卷 3），指出物體在焦點處不成像；超過了焦點，像就倒了過來。關於透光鏡的機理，沈括寫道：「鑄時薄處先冷，唯背文上差厚，後冷而銅縮多。文雖在背，而鑑面隱然有跡，所以於光中現。」（同上卷 19）這為現代揭開魔鏡之謎提供了有益的啟示。

元初趙友欽（江西德興〈一說江西鄱陽〉人，生卒年未詳），著有《革象新書》5 卷，計 32 篇。他進一步詳細考察了日光通過牆上孔隙所形成的像與孔隙之間的關係，發現當孔隙相當小的時候，儘管孔隙的形狀不是圓的，所得的像卻都是圓形；日食的時候，像也有缺，與日的食分相同，孔的大小不同，但是像的大小相等，只是濃淡不同；如果把像屏移近小孔，所得的像變小，亮度增加。對於這一現象，趙友欽經過精心思索和實驗，

---

[40] 王錦光等：《中國光學史》第 128～129 頁，湖南教育出版社，1986 年。

[41] 薛道遠：《大氣吸收、消光和蒙氣差現象在我國的發現》，刊《科技史文集》第 3 輯，上海科技出版社，1980 年。

得出了關於小孔成像的規律。趙氏認為「是故小景隨光之形，大景隨空之象」（卷 5《小罅光景》）——當孔相當小的時候，不管孔的形狀怎樣，所成的像是光源的倒立像，這時孔的大小只不過與像的明暗程度有關，不改變像的形狀；而當孔相當大的時候，所得到的像才是孔的正立像，像的形狀才與孔的形狀有關。趙友欽正確地說明了光源、光源與小孔間距離、像三者之間的關係，他的方法，正是 300 年後近代實驗科學的奠基人伽利略所採用的方法。

清初才女黃履莊（江蘇人，生於 1656 年，卒年未詳）在西學東漸的學術氛圍中，截至康熙二十二年 (1683) 已有製作和仿造 27 種，她受西方光學理論的啟發，發明「瑞光燈」，其「大者徑五六尺，夜以一燈照之，光射數里」（張潮：《虞初新志》卷 6），這是世界上最早的探照燈。

**在聲學上：**

中國古代很早就注意到共振、共鳴等現象，《莊子・雜篇・徐无鬼》云：「為之調瑟，廢（置）一於堂，廢一於室。鼓宮宮動，鼓角角動，音律同矣。夫或改調一弦，於五音無當也，鼓之，二十五弦皆動。」這段話，既描述了基音的共振現象，也描述了基音和泛音的共振現象，後者在聲學史上，比西方要早得多。古代城守中用於防止進攻者挖掘地道的「地聽」，是在城牆根下每隔幾尺挖一深坑，坑裏埋置陶瓮，瓮口蒙上皮革，伏在瓮上聽，就可以發覺敵人挖掘地道的聲響，並可以根據各個坑裏陶瓮的響度情形確定來敵的方向和位置，這更是應用共鳴現象來作為偵探敵方的手段。《墨子・備穴》篇就記載了 3 種此類方法。

《考工記・鳧氏》記有「鐘大而短，則其聲疾而短聞；鐘小而長，則其聲舒而遠聞」的話，這裏講的是鐘的結構與發聲響度、傳聲距離的關係。對於用石頭作成的磬一類的樂器，中國古代早就知道怎樣才能保證它的音高低準確。如同書《磬氏》又說：「磬氏為磬……已上則摩其旁，已下則摩其耑㊷。」尤其值得注意的是，古代的樂鐘都鑄成像兩片瓦合起來的樣子，而不採取圓形。因為鐘的振動類似板的振動，圓形板面振動的連續性比任何其他形狀的振動連續性都要強；加上圓鐘受擊之後，裏面的空氣渦流發生迂回作用，因而在鐘口形成的空氣的壓縮和稀疏延續的時間比較長。這樣，一方面聽到的聲音比較長；另一方面，在快速旋律中，聲波就會互相

㊷ 「耑」，一本或作「端」。

疊加和干擾，導致不成音律。中國古代正是有鑒於此，所以把樂鐘鑄成像兩片瓦合起來的樣子，從而避免了這個問題。

東漢王充提出人發聲是「氣括口喉」所致，並說明「簫笙之管，猶人之口喉，手弄其孔，猶人之動舌也」(《論衡・論死》)；他還指出聲音是由空氣傳播的，解釋了聲音大小與傳播遠近的關係。這些都是世界上對聲波的最早認識。

唐代已掌握消除聲共振——即共鳴的方法。韋絢《劉賓客嘉話錄》記載：「洛陽有僧，房中磬子，日夜輒自鳴」，是因為敲擊齋鐘引起的，「此磬與鐘律合，故擊彼應此」，於是銼磬數處，使之改變質量，磬的固有頻率同時發生改變，也就不再與鐘共鳴了。㊸

圖 146　北京天壇回音壁

北宋沈括曾經做過用紙人測定共振的實驗。剪紙人放在絃綫上，彈動發生共振的絃，紙人就跳躍顫動；彈動別的絃，紙人就不動。㊹這個實驗比歐洲人所做的同樣實驗要早好幾個世紀。

南宋趙希鵠在《洞天清祿集・古琴辨》中，分析指出了琴聲的傳播效果在很大程度上受環境的影響。

中國古代還常常應用聲音的反射、共振等原理來營造特殊的建築物，如建於 15 世紀初的北京天壇回音壁、三音石和圜丘，就是著名的例子：回音壁具有優良的聲音反射功能，使相距比較遠的兩個人可以小聲對話；三音石能變 1 聲為 3 響；圜丘是一圓形平臺，人在臺中心叫一聲，他自己聽到的聲音比平常聽到的聲音響，而且感到好像是從地下傳上來的一樣。這些都是對聲學效應的利用，而這樣的建築物在當時世界上是並不多見的。

對聲波的認識，明代宋應星已明確地用可見的水面波來比喻聲波在空氣中的傳播。當然，水波是橫波，聲波是縱波，兩者是有很大差別的，但

---

㊸ 見「說庫本」。宋王讜《唐語林》卷 2 有轉述，宋李昉等編的《太平廣記》卷 203 也有這個故事，則轉引自唐無名氏《國史異纂》，該書已佚。

㊹ 《夢溪筆談・補・樂律》。

宋應星的這種認識，在他的時代，還是走在世界的前列。

中國古代對音律的研究功夫獨到，除上文已有涉及外，可參考本書第三十二章第一節。其中明代朱載堉對樂器上的樂音進行數學研究，他在萬曆十二年 (1584) 以公比 $12\sqrt{2}$ 的等比級數的方式完成了十二平均律的計算，為近現代鍵盤樂器的製造打下了理論基礎。這個重大發明，受到 19 世紀後半葉德國物理學家赫爾姆霍次 (Hermann Ludwig Ferdinand von Helmholtz, 1821～1894) 的高度評價。

**在磁學上：**

中國古代關於磁石的記載始見於《管子・地數》：「上有慈石者，下有銅金。」「慈石」即磁石。由於磁石具有吸鐵的特性，當時人們把這種特性比作母子相戀，認為「石，鐵之母也。以有慈石，故能引其子；石之不慈者，亦不能引也」(《呂氏春秋・精通》)。因此，漢初以前，都把「磁石」寫成「慈石」。

相傳秦始皇為防刺客，特設計用磁石建造阿房宮的北闕門，以使身懷鐵製利刃的人經過此門會被磁石所吸引。阿房宮雖說並未造峻，但用磁石建造宮門，這種辦法秦始皇應當是完全想得出來的。[45]

西漢時，人們已把握到磁能吸鐵，但不能吸銅等物質的特性；並且對磁極同性相斥、異性相吸的現象也有初步的認識。《淮南萬畢術》稱：「取雞血與針磨搗之，以和磁石，用塗棋頭，曝乾之，置局上，即相拒不休。」這是世界上關於人造磁體的最早記載。

中國古代很早就發現了磁體的指極性，並藉此發明了對世界文明作出重大貢獻的指南針 (見本書前面第二十五章第一節)。指南針由指南魚發展而來，從北宋曾公亮主編的《武經總要》所記載的關於指南魚的製法和用法中，可以看到當時已發現地磁傾角的存在。相隔不久，沈括又發現地磁偏角的存在。據推算，當時沈括居住的長江中下游地區，磁偏角僅 3～4°，他竟能觀察到這微小的偏角，真是了不起。磁偏角、磁傾角和地磁場的水平分量稱為地磁三要素。歐洲對磁偏角的發現是在哥倫布海上探險途中的 1492 年，磁傾角的發現還要晚一些，與中國發現磁傾角和磁偏角的順序正好相反。沈括還發現了磁體極性的不同，並且正確地把鐵針指南指北的原因歸結為磁石性質的不同。這一時期，在曾公亮和沈括的書中分別記載了

[45] 現在所謂的磁石門遺址，年代在戰國時期，是秦國上林苑中的建築，與阿房宮並無多大關聯。

兩種人工磁化法（即製指南魚法和用天然磁石磨針法，均見本書前面第二十五章第一節），其中第一種磁化法，完全是憑經驗得來的，還比較原始，但比歐洲用同樣方法，要早 400 多年。

到了南宋，對磁偏角因地而異的情況有了更明確的記載，並且被應用到堪輿羅盤上。如曾三異《因話錄》「子午針」條云：「天地南北之正，當用子午。或謂江南地偏，難用子午之正，故以丙壬參之。」㊻這就是說，在江南一帶，地磁子午綫與地理子午綫有一夾角，除用子午正針外，還應參用丙壬縫針，否則就會發生偏差。元、明以來，堪輿羅盤也都設有縫針，而且不同時期不同地域所製羅盤的縫針方位也都不一致，這可以看成是中國古代關於磁偏角因時因地而變化的原始記錄。

清代鄭復光（安徽歙縣人，生於 1780 年，卒年未詳）在道光二十二年 (1842) 問世的《費隱與知錄》㊼有「地脈」說，由於建基於中國的元氣說和脈絡學說，所以一開始就滿足連續性的場的特點，因此有可能他比 1831 年揭示磁致旋光效應的法拉第 (Michael Faraday, 1791～1867) 更早接近了地磁場的思想。㊽

對「磁石引針，琥珀拾芥」等靜磁、靜電現象，東晉郭璞就認為是「氣有潛通，數亦冥會」的緣故。(《山海經圖讚・北山經》) 明末劉獻庭也持此說。劉氏在他的《廣陽雜記》卷 1 中，還記述了磁屏蔽現象：「或問余曰：『磁石吸鐵，何物可以隔之?』猶子阿孺曰：『惟鐵可以隔之耳。』」這些都代表了當時的世界水平。

中國古代對磁石的使用是多方面的，除了本節上文已經提到的之外，瓷工在燒白瓷時，常用磁石從釉水缸中吸取鐵屑，以保證瓷坯免受鐵屑的沾污；磁石還被用來治病，有關磁石治病的實例在古代文獻中屢見不鮮。

下面附帶談一下中國古代的機械發明：

運動是物質的基本屬性，遠古時代，中國先民對運動——特別是機械運動已有一定的認識，如日月的東升西落、江河的奔騰流逝、門扉的啟閉、

㊻ 見涵芬樓本《說郛》卷 19。按：「正針」標示磁子午方向；「縫針」在壬子、丙午兩縫之間，標示臬影方向。還有「中針」，標示地理子午方向。

㊼ 《費隱與知錄》一卷，見《續修四庫全書》第 1140 冊，上海古籍出版社，2003 年。

㊽ 參見厚宇德《鄭復光與法拉第誰更早具有地磁場思想》，《光明日報》2004 年 12 月 3 日。

矢石的飛行等。先秦墨家給機械運動下的定義是「動，或從也」(《墨子·經下》)。「或」，域也；「從」，徙也。「或從」即指位置的移動。墨家給物質靜止的定義是「止，以久也」(同上)。靜止表現為物體在某一位置上停留了一段時間。因為運動必須在時空中進行，春秋戰國時代，中國先民對時空問題也已有一定的認識。《管子·宙合》說：「天地，萬物之橐，宙合又橐天地。」「宙合」就是宇宙，「有實而無乎處者，宇也；有長而無本剽者，宙也」(《莊子·雜篇·庚桑楚》)，宇宙即無限空間無限時間的總稱。

圖 147 水車

中國古代機械製造的水平，從先秦到宋元時代，一直領先於世界。從動力利用的情況來看，中國古代很早就知道利用各種力，對此，本節上文談力學的時候已具體講到很多，這裏只補充著重或總結性的談幾點：一. 中國古代的射遠利器弩，已能做到把人力儲存起來使用；鑿井工具錐井機，亦能做到把彈力儲存起來使用。二. 對畜力的利用很早，並且畜力始終是中國古代機械最重要的動力資源，各類役用牛、馬等畜力的機具應有盡有。三. 中國古代對水力的利用也相當早，先是利用浮力；西漢末年，已開始利用水力作原動力，元代的水轉連機磨、水轉大紡車、水轉龍骨水車，工作能量極大。四. 對風力的利用，主要是製作了臥軸式和立軸式兩類風車，立軸式風車可能是由船帆發展而來的。五. 熱力方面，最初是發明了施放熱氣球，用作軍事信號；宋代出現的走馬燈㊾，則是利用熱氣流上升產生機械旋轉運動，就其原理而言，已具備近代氣輪機的雛形；此外，各種火箭的發射，都是利用熱力。從傳動機械裝備的情況來看，中國古代的傳動機械類型很多，比較常見的有齒輪傳動、繩帶傳動和鏈條傳動。齒輪傳動的出現時間不晚於西漢，西漢的指南車㊿、記里鼓車及東漢張衡的水

㊾ 《武林舊事》卷 2、《帝京景物略》卷 2、《醉翁談錄》卷 3、《夢粱錄》卷 13 等皆有記述。

力天文儀器，都應用了相當複雜的齒輪傳動系統。這一類齒輪強度要求不高。而另一類應用於生產機械上的齒輪，因為要傳遞較大的動力，強度要求就高了，如進行提水、糧食加工等工作的各類牛車、馬車、水車和風車，一般都應用強度高的齒輪。繩帶傳動的出現時間也不晚於西漢，西漢的手搖紡車是典型的繩帶傳動，通過繩索帶動紗綻，用手搖大繩輪旋轉一周，紗綻能旋轉數十周，紡紗效率較高。東漢的水排，用於冶金鼓風，也是通過大繩輪帶動小的繩輪，可以抵得幾百匹馬，堪稱發達的機械。鏈條傳動的出現時間稍晚，但至遲不會晚於東漢。史載靈帝中平三年 (186)「掖庭令畢嵐……作翻車渴烏，施於橋西，用灑南北郊路，以省百姓灑道之費」(《後漢書・宦者傳》)，後來三國時馬鈞將它改造，用於農業。這「渴烏」，就是靠鏈條傳動的。中國古代還有不斷改進的原始機器人，有的是玩具或裝飾品，有的具備一定的實用價值。如晉代大章車（即記里鼓車）上的木人，車行 1 里，木人就擊一聲鼓，車行 10 里，木人就敲一聲鐘。又如清初黃履莊製「自動木人，長寸許，置桌上，能自動行走，手足皆自動，觀者以為神」(《虞初新志》卷 6)，這比瑞士鐘表匠皮埃爾・雅凱－德羅茲 (Pierre Jaquet-Droz, 1721～1790) 和他的兩個兒子於 1768～1774 年間製造的號稱歐洲最早的 3 個動力主要是發條的機器人仍然要早得多。當西方還沒有關於機器人的記載的時候，中國諸如此類的機器人就已經紛紛登臺亮相了。

而同時，中國很早就開始對機械的軸承進行潤滑，《詩・邶風・泉水》篇有「載脂載舝」的詩句，一再為許多古籍所引用，不難看出，中國先民對潤滑的重要性的認識是多麼明確。古代最早的潤滑劑，可能主要是羊油；羊油在使用時要先行熔化。到公元前 3 世紀時，中國已應用石油作為潤滑劑。還有，中國古代金屬軸瓦的應用也值得注意。現代軸承大都使用軸瓦，這種結構的軸承中國在春秋、戰國之際就已經有了。就車輛而言，安裝在輪圈上的稱為釭，釭的內壁，力求勻整和光潔；西漢在用釭加固輪圈的同時，車軸上也開始裝鐧，鐧具有較好的耐衝擊性能，摩擦阻力也較小。車輪上既有金屬的釭和鐧，又施以潤滑的油劑，車輛行駛就更加輕快了。除此之外，古人還從其他方面採取措施減少摩擦和磨損。《考工記・輪人》將選材原則歸納為 3 條，即均勻無節、堅韌耐磨和摩擦小。在結構設計方面，

㊿ 指南車與指南針很容易相混，其實指南車是利用機械裝置來實現定向的，而指南針定向則是利用磁鐵的指極性，兩者的原理和構造根本不同。

《輪人》也指出，根據車輛不同的載重需要和車輪直徑大小，軸承也應保持一定比例的長度和直徑。這些看法，與現代物理學軸承設計的原則幾乎完全一致。元代郭守敬在製作天文儀器簡儀時，發明了「圓軸」以減少機械的摩擦阻力，圓軸即滾柱軸承，它比達・芬奇 (Leonardo da Vinci, 1452～1519) 設計的早了 200 多年。

截至明代前期，中國機械工程技術依然保持著較高的水平，宋應星《天工開物》的有關記述集中反映了這方面的事實。其中提花機，通過結花本，使成千上萬根經綫按設計圖案的要求有規則地交互上下提綜，幾十種結綫有序地橫空排列，從而構成一整套花紋記憶裝置。結好花本，上機起織，織工和挽花工互相配合，就能織出合乎設計要求的複雜圖案和紋飾。它的進一步發展，便是打孔操作和現代程序控制，可以說是夠先進的了。

# 第二十八章

# 醫藥學、化學和生物學

## 第一節　醫藥學

中國醫藥學是一個偉大的寶庫，歷代醫家慘澹經營，薪火相傳，其所形成的完整體系，一直到今天仍保持著獨立發展的後勁。

傳說神農嘗百草，「一日而遇七十毒」（《淮南子・務修訓》），反映了早在原始社會，中國先民對天然植物的藥用性能已經有所認識。而按摩療法、體育療法和針灸療法的起源，也都在石器時代。

夏、商、周三代，開始出現從事醫療的職業。商代醫與巫不分家，稱為「巫醫」；西周巫、醫實行了分家。《周禮》「醫師」列於「天官」，當時醫分為「食醫」、「疾醫」、「病醫」、「獸醫」4 類，這是中國最早的醫學分科。金文已有「藥」字。❶《周禮・天官・醫師》云：「以五味、五穀、五藥養其病，以五氣、五聲、五視眡其死生，兩之以九竅之變，參之以九藏之動。」說明五行學說在周代已被應用於臨床實踐。此外，醫藥和衛生保健知識，在商周時代也不斷豐富，商代已懂得燒煮「湯液」❷，並將酒廣泛應用於醫藥；1973 年河北藁城臺西村出土的商代藥物有桃仁、李仁、杏仁等，醫具有石製砭鐮。商、周兩代，人們也都已很注意環境衛生了。

《周禮・天官・醫師》又云：「凡療瘍以五毒攻之。」鄭注曰：「今醫人有五毒之藥，作之合黃堥，置石膽、丹砂、雄黃、礜石、慈石其中，燒之三日三夜，其煙上著，以雄雞羽掃取之以注創，惡肉破骨則盡出。」這是現存中國古代文獻中最早的丹藥配方，在醫藥史和化學史上都有重要的地位。

---

❶　容庚《金文編》第 30 頁，科學出版社，1959 年。

❷　即「酏」，這種「湯液」除以食物為主要原料外，與後世湯劑不同的是，在加工過程中，對水、火、木的取材及煎煮方法均有特殊的要求。

《詩經》涉及的疾病名稱多達數十種，有困苦之病，有憂思之病，有傷痛之病，有疫癘之病，以及瘨、狂、矇、瞍、瞽等其他疾病。各種疾病名稱的術語化，顯然與人們對疾病現象的分析性認識、實際治療經驗的積累，均有密不可分的內在聯繫。❸

春秋戰國時代，由於社會動亂使患病者日益增加，人文主義思潮又使鬼神治病等迷信的市場逐步縮小，人們迫切寄希望於醫藥學，這就大大促進了醫藥學的進步。《禮記・月令》云：「孟春……行秋令，則民大疫」；「季春……行夏令，則民多疾疫」；「仲夏……行秋令……則民殃於疫」；「仲冬之月……地氣沮泄……民必疾疫」。《左傳・昭公元年》云：「陰淫寒疾，陽淫熱疾，風淫末疾，雨淫腹疾，晦淫惑疾，明淫心疾。」這些精闢的病因病理論斷，標誌著春秋時期醫學與巫術拉開了距離。據《史記・扁鵲、倉公列傳》記載，有個叫秦越人的，號扁鵲，齊國渤海郡鄚（今河北任丘北）人，他能使用砭石、針灸、湯液、按摩、熨貼、手術、吹耳、導引等多種療法為人治病，並且又「隨俗為變」，有時作婦科，有時作五官科，有時又作小兒科。他的醫術高明，曾應召為春秋末年晉國的正卿趙鞅視疾。相傳他行醫到虢國，聽說虢太子剛死，就主動找上門去，經過望色、問症、切脈，確定太子是「尸厥」（類似休克、假死）之症，於是按步驟進行綜合治療，結果使太子恢復了知覺。後「入來咸陽」，因遭秦太醫令李醯之嫉，為其所害，而「天下言脈者由扁鵲」。實則司馬遷在這裏是合兩人之事為一而未加區分，傳中「扁鵲」有二，其中「天下言脈者由扁鵲」的扁鵲，應是戰國中、後期人，不可能碰上趙簡子和虢太子。當時醫者皆世專一技，不能兩工，❹這個扁鵲卻是多面手，看來太史公也有糊塗的地方。

《山經》記載了 160 多種植物，其中 49 種是藥用的；又記載了動物名稱約 260 多種，其中可供藥用的有 64 種。此書一共記載了 117 種藥物，除動、植物外，還有無機物 4 種。這 117 種藥物中，給人治病的有 103 種，給牲畜治病的有 2 種，實為後世藥物學著作的肇端。

馬王堆三號漢墓出土的《五十二病方》，反映了先秦醫藥學在治療內科、外科、婦產科、兒科、五官科等方面疾病的豐富經驗。此書所載醫方 280 多

❸ 參見杜石然主編《中國科學技術史・通史卷》第 106～107 頁，科學出版社，2003 年。

❹ 參見陳直《璽印木簡中發現的古代醫學史料》，《文史考古論叢》，天津古籍出版社，1988 年。又，《史記・秦始皇本紀》亦載：「秦法不得兼方，不驗輒死。」

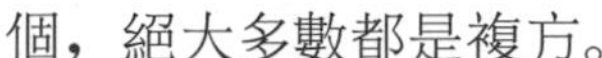

個，絕大多數都是複方。

安徽阜陽漢墓出土的醫藥殘簡，經整理後定名為《萬物》，抄成時間在西漢初，成稿可能要早得多，書中有「燔牡蠣」、「煮陳蒲」等許多與藥物炮製相關聯的內容。

《漢書・藝文志》依《七略》「醫經」類著錄有《黃帝內經》十八篇，漢、魏醫家提到《素問》、《針經》（或稱《九卷》）時卻未及《內經》書名。而今本《內經》包括《素問》、《針經》（唐以後稱《靈樞經》）兩部分，各9卷81篇，是先秦至兩漢之際長時期內由許多人參加編寫而完成的。但今本《內經》雖亦18卷，卻不一定就是《七略》所著錄的《內經》，這個問題尚待更深入的研究。此書一方面強調指出了人體某部位發生病變，都可以影響到整個身體或其他器官，而全身的狀況又可以影響到局部的病理變化；另一方面，又把人體放在一定的外部環境中進行考察和研究，論證了四季變化、地理水土、社會生活、思想情緒等因素對人的健康的影響。這種整體觀念成為中國傳統醫學指導診治的主要思想方法。此書還對臟腑、經絡學說作了比較系統和全面的論述。除此之外，此書還表述了心臟與血脈的關係和血液循環的概念。在解剖學方面，此書已有病理解剖思想的萌芽；在治療學方面，此書發揮了未病之前要採取防範措施、得病之後要及早治療的卓越見解；在病因研究方面，此書運用陰陽學說，說明陰陽失調，就會產生疾病。此書還說：「拘於鬼神者，不可與言至德。」（《素問・五臟別論》）總之，這部書初步建立了中國傳統醫學的理論體系。

秦漢時代，人們已有主動預防傳染病的意識，并建立了發現病例應及時報告的制度。據《睡虎地秦墓竹簡・封診式》記載，秦代對傳染病患者的診斷很謹慎，一旦確診，就由專門機構負責立即實行強制隔離。

這個時期，名醫輩出。漢初淳于意（臨淄〈今為淄博市轄區〉人，約生於公元前205年，卒年未詳）「少而喜醫方術，高后八年（公元前180），更受師同郡元里公乘陽慶。慶年七十餘，無子，使意盡去其故方，更悉以禁方予之，傳黃帝、扁鵲之脈書，五色診病，知人死生，決嫌疑，定可治，及藥論甚精，受之三年，為人治病，決死生多驗」（《史記・扁鵲、倉公列傳》）。他並且留下了25例病歷記錄，對治愈和不治都有客觀的分析，在中國古代醫學史上，具有創始的意義。而漢末華佗（沛國譙〈今亳州〉人，生年未詳，卒於208年）則已能使用麻醉劑進行複雜的外科手術。據記載：

「若疾發結於內，針藥所不能及者，乃令先以酒服麻沸散，既醉，無所覺，因刳破腹背，抽割積聚。若在腸胃，則斷截湔洗，除去疾穢，既而縫合，傅以神膏，四五日創愈，一月之間皆平復。」（《後漢書・方術傳下》）熱敷的應用，也是華佗發明的，史載他用暖酒熱敷，治療毒蝎的咬傷，取得了很好的效果。他還提倡用五禽戲來防治疾病，五禽戲本書第十五章第三節已經作過介紹，「五禽」即虎、鹿、熊、猿、鳥 5 種動物，模仿動物的活動姿態進行體育鍛煉，這也可以說是世界上最早的健身操。❺

中國古代養生，講究性、命雙修，養形之外，更強調養性。

1927 年在甘肅武威東漢早期墓出土的《治百病方》，在用藥方面反映了西北畜牧地區的特點，動物藥比內地使用的為多；在治療傷寒、內傷等疾病方面，已開始重視辨證論治，對張仲景辨證論治思想之形成不無影響。

圖 148　南陽張仲景墓地醫聖祠

張仲景（約 150～219）❻，名機，漢末南陽人。由於他對中國傳統醫學的發展作出了具有里程碑意義的貢獻，所以後世尊之為「醫聖」。他所撰《傷寒雜病論》，共 16 卷。此書運用「四診」（望、聞、問、切）分析病情；對於傷寒一類疾病，又根據具體症狀區分為太陽、陽明、少陽、太陰、少陰、厥陰六大症候群，每一症候均有不同的治療法，這就是「六經辨證」。同時，此書又已具備了陰、陽、表、裏、虛、實、寒、熱等診斷學上的「八綱」雛形。這些都為論治提供了依據。此書還總結出汗、吐、下、和、溫、清、消、補等 8 種治療法，「八法」概括性強，實用價值高，可以根據不同的病情，或單獨使用，或互相配合應用。此書並且主張勤求古訓，博採眾方，共選收 300 多劑藥方，它們大都具有用藥靈活和療效顯著的特點，後世稱為「經方」。書中多數藥物已採取煎煮服用法，對加工方式只是作為更好地發揮藥

❺ 「五禽戲」的動作要領，陶弘景《養性延命錄》卷下有很詳細的介紹。

❻ 張仲景的生卒年，諸史皆付闕如，茲暫從白壽彝總主編《中國通史》，見該書第四卷（下）第 701 頁，上海人民出版社，1995 年。

效的一種輔助手段，也已有明確的認識。《傷寒雜病論》在晉代被整理成《傷寒論》和《金匱要略》2 書，前者專門論述傷寒一類急性傳染病，後者則以論述內科、外科、婦科等疾病為主要內容。

西漢和東漢，又出現了許多藥物學著作，其中《神農本草經》是中國現存最古老的藥物學專著。此書寫成於東漢初年，❼共收錄藥物 365 種，分上、中、下 3 品，上品大都是滋補藥物，中品是兼有滋補和治病兩種性能的藥物，下品是專門治病的藥物，這為中國後世的藥物分類法提供了一定的借鑒。並且此書對每一味藥的產地、性能、採集和主治的病症，都有詳細的記載。更為可貴的是，書中記載了許多特效藥物，如麻黃 (Ephedra sinica) 可以治咳喘，大黃 (Rheum officinale) 可以瀉下，常山 (Dichroa febrifuga) 可以療瘧，黃連可以止痢，海藻（馬尾藻 S. enerve 或羊棲菜 Sargassum fusiforme、海蒿子 Sargassum pallidum、三角藻 Sargassum tortile 等的乾燥葉狀體）可以療癭瘤（甲狀腺肥大）……這些都被現代科學所證實。

正式出現於戰國末期的針灸療法在漢代也得到發展，兩漢之際有「涪翁，乞食人間，見有疾病，時下針石，輒應時而效」（《後漢書・方術傳下》）。東漢前期成書的《黃帝明堂經》，初步構建了傳統的腧穴學，使之服務於針灸臨床。屍體的保護和防腐技術在漢代更達到驚人的水平，20 世紀 70 年代在長沙馬王堆漢墓發現的女屍以及在湖北江陵漢墓發現的男屍，在地下存放了 2000 多年，仍基本完好。

漢代法醫在活體損傷檢驗和屍體檢驗方面都有許多精彩的實例。如《漢書・薛宣、朱博傳》記載：「長陵大姓尚方禁，少時嘗盜人妻，見斫，創著其頰。府功曹受賂，白除禁調守尉。（朱）博聞知，以它事召見，視其面，果有瘢。博辟左右問禁：『是何等創也?』禁自知情得，叩頭服狀。」這就是法醫學上的活體損傷檢驗在實際中的運用。又如東漢時嚴遵任揚州刺史，一天他去下面視察，忽聽有婦女哭聲，原來哭者的丈夫死了，據說是被火燒死的。嚴遵從婦女的哭聲中發覺事有可疑，就命人前去檢查，看到許多蒼蠅聚集在死者頭部，於是打開髮髻，果然有鐵釘子釘進頭部。在事實面前，那個婦女不得不服罪，原來正是她謀害了自己的親夫。

與《黃帝明堂經》同時問世的《難經》，提出了「命門」的新說，進一

❼ 參見趙璞珊《中國古代醫學》第 30 頁，中華書局，1983 年。按：「本草」名稱大約出現於西漢，《漢書・郊祀志》記載建始二年（公元前 31）有「本草待詔」的官職。

圖 149 《足臂十一脈灸經》 長沙馬王堆漢墓出土

步確立了陰陽五行學說對傳統醫學理論的指導地位。

魏晉南北朝時代，中國傳統醫學進入了廣泛總結和整理的階段。晉代王叔和（高平〈今鄒城一帶〉❽人，生卒年未詳）的《脈經》10 卷 98 篇，是中國現存最早的脈學專著。此書列舉浮、芤、洪、滑、數、促、絃、緊、沉、伏、革、實、微、澀、細、軟、弱、虛、散、緩、遲、結、代、動等 24 種脈象，並一一作了簡明扼要的介紹，基本上符合現代科學對血液循環系統特性的認識。晉代皇甫謐（安定朝那〈今甘肅靈臺❾〉人，215～282）的《針灸甲乙經》12 卷 128 篇，是中國現存最早將以經絡學說為主體的針灸學理論同腧穴學緊密結合在一起的針灸學專著。此書記述穴位名稱 351 個，其中單穴 48 處，雙穴 303 處，總計 654 處，分布在全身 14 條經脈綫上，是謂「經穴」，糾正了以往經穴紛亂的現象；同時又對針灸的適應症和禁忌作了詳細的說明。晉代葛洪的《附後方》3 卷，內容包括各種急性傳染病、寄生虫病、內科雜病、外科兒科眼科和六畜病的治療法。對書中所收疾病的起源、病狀均有描述，特別是對傳染病已有較清楚的認識，並附有各種疾病的治療方法和藥方，實用意義很大。此書對天花和恙蟲病的明確記載，更遠遠領先於世界各國；而此書提到用狂犬腦髓外敷被咬傷口以預防狂犬病發作的方法，其所包含的免疫思想的萌芽，也是極其難能可貴的。此書不言針道，只錄灸術，反映了當年灸法備受重視並獨立發展之勢。劉宋雷斅的《炮炙論》，❿是中國最早的藥物炮炙技術的專著。藥物經過炮炙，可以降低毒性，增加療效，便於保存。此書原著已經散佚，但從後人引用的內容看，此書至少提出了 17 種藥物的炮炙方法，如炮、炙、煨、炒、煅、水飛等，後世中藥的炮製大體上是在此基礎上進行的。蕭梁陶弘景的《神農本草經集注》，除整理和校訂了《神農本草經》7 卷的 365 味

❽ 參見朱鴻銘、廖子仰《王叔和籍貫考察》，《中華醫史雜誌》1985 年第四期。

❾ 參見杜斗城《皇甫謐籍貫之考證》，《光明日報》2006 年 3 月 11 日。

❿ 此書北宋《圖經本草》始見引用，故或以「其為五代末至宋初人採用唐以前炮炙和燒煉之說而成」。參見范行准《中國醫學史略》第 78 頁，中醫古籍出版社，1986 年。

藥物之外，又增補了 365 味藥物。此書把藥物分為玉石、草木、蟲魚、禽獸、果菜、米食和有名無用等 7 大類，這種分類比原書的分類法又進了一步。

據《晉書》卷 85 記載，東晉縫合先天性唇裂，已達到比較理想的效果。

隋唐時代經濟的繁榮，使國家有條件對醫藥研究進行投資。隋代巢元方等奉命編寫《諸病源候論》，全書 55 卷，計分 67 門，1720 論，論述了內、外、婦、兒、五官等各種疾病的原因、病理和症狀。此書不僅是歷代臨床經驗的彙集，而且提出了不少新的見解，如疥瘡等病的病因，巢元方通過臨床觀察，確認是疥蟲所引起；再如對流行性傳染病，此書指出它的蔓延很快，這些見解至今仍未過時。而唐代《新修本草》則是中國歷史上第一部由國家頒布的藥典。此書由蘇敬等 22 人參加編寫，於高宗顯慶四年 (659) 正式頒布，作為國家藥典，它比西歐首創的義大利佛羅倫薩藥典 (1494) 要早 835 年。此書共 54 卷，附有插圖，收載藥物 844 種，「本經雖闕，有驗必書，別錄雖存，無稽必正」(孔志約序)，其中不少外來藥物，如胡椒、阿魏、安息香、龍腦香，都是第一次被記載。書中還介紹了用白錫、銀箔、水銀組成汞合金以填補蛀牙，使用這個方法，也比歐洲早 1200 年。⓫

隋、唐之際甄權長於針灸，有魯州刺史狄嶔，患手風痹病，不能拉弓，甄權給他診治，「針其肩隅一穴，應時即射」(《舊唐書》卷 191)。甄權撰有《脈經》、《針方》、《明堂人形圖》各 1 卷。甄權弟甄立言，也很有名，撰有《本草音義》7 卷、《古今錄驗方》50 卷。

唐代孫思邈認為「人命至重，有貴千金」(《千金要方・自序》)。他把自己的著作取名為《千金方》──包括《千金要方》和《千金翼方》。此書總結了唐以前歷代醫家的醫學理論和治療經驗，對婦科和兒科特別重視，主張獨立設科；對地方性甲狀腺腫大、夜盲、急性黃色肝萎縮、營養缺乏症和腳氣病、糖尿病、免疫、咽部異物剔除、正骨、針灸等，尤有精到的見解，在當時是非常先進的。此書又突出複方，論證一方治多病或多方治一病。孫氏被後世推為「藥王」，在藥物的採集和應用方面，此書共收載藥物 800 餘種，還對其中 200 餘種藥物的採集和炮製作了專門的論述。孫思

⓫ 唐代另一部重要本草著作為陳藏器的《本草拾遺》，旨在搜採《新修本草》之闕遺，訂正其錯誤，共 10 卷。此外，還有一部《重廣英公本草》，也是在《新修本草》基礎上再加增廣，則為後蜀孟昶所修，後世稱「蜀本草」。

邈更十分強調醫德，指出行醫必須精通業務，赤誠待人，他認為上醫醫國，醫未病之病，中醫醫人，醫欲病之病，下醫醫病，醫已病之病。⑫他在這方面的垂訓，完全可以與西方希波克拉底（Hippocratēs, 約公元前 460～公元前 377）的《誓言》和邁蒙尼提斯 (Maimonides, 1135～1204) 的《禱文》相提並論。

此外，唐代王燾（郿〈今陝西眉縣〉人，約 670～755）的《外臺秘要》40 卷，共 1104 門，為後世保存了很多已佚方書的內容。凡《外臺秘要》引用者，皆一一注明出處，開創了中國古代醫學文獻強調詳注引文出處的學風。而藺道人的《仙授理傷續斷祕方》，是現存中國最早的骨傷科專書。當時少數民族的醫療技術也有顯著的發展，尤其是藏醫，著名藏族醫學家宇妥・元丹貢布（約生活於 8 世紀時）編成《四部醫典》，由此奠定了藏醫學的基礎。與此同時，印度、波斯等域外醫藥學的傳入，更使唐代醫學別開生面。

宋元時代，中國傳統醫學最引人矚目的發展趨勢是分科越來越細。北宋醫學已分 9 科，即：大方脈（內科）、小方脈（兒科）、風科、眼科、產科、瘡腫兼折傷（外科）、口齒兼咽喉、針灸、金鏃兼書禁（金鏃也屬外科，書禁指祝由科之類）。在宋代，兒科的成績相當突出。北宋中葉，錢乙專研兒科 40 多年，著有《小兒藥證直訣》3 卷，對兒科常見病辨析極其到位，已能鑒別痘疹和其他發熱病的不同。南宋初，劉昉等編《幼幼新書》40 卷，對嬰兒保育、新生兒病和小兒發育異常都有詳細的記載。同時還有《小兒衛生總微論方》20 卷，收集兒科病例也比較全面，並舉出小兒臍抽風與成人破傷風屬同一種病，在診斷學上是很大的發明。此書又介紹駢指的切斷技術，可謂是填補了一項空白。婦產科在宋代也有進展。哲宗時，楊子建著《十產論》，記載了橫產（手先露）、倒產（足先露）、偏產（額先露）、礙產（臍帶攀肩）等不同類型的難產，並說明如何使胎位轉正的各種方法，在後世產科臨床實踐中，曾經長時期地被奉為指南。南宋陳自明著《婦人大全良方》24 卷，也是一部婦產科的重要文獻。這個時期研究針灸，同樣取得了可喜的成果。中國傳統針灸學雖有悠久的歷史，但對經絡腧穴部位的研究，諸說紛紜，不能不說仍然是個薄弱的環節。北宋天聖四年 (1026) 王惟一⑬編輯出版了《銅人腧穴針灸圖經》3 卷，他鑄有銅人，刻畫經穴傳授，

⑫ 《千金要方・治病略例》。

對統一穴位、提高針灸療效，起了重要作用。⑭元順帝至正元年 (1341)，滑壽（祖籍襄城〈今屬河南〉，先遷居江蘇儀真（今儀征），後移居浙江餘姚，生卒年未詳）撰《十四經發揮》，記載腧穴 651 個，與王惟一「銅人經」相同，但傳到日本，其影響大於「銅人經」。

南宋陳言著《三因極一病證方論》18 卷，他所說「三因」，指內因（因情感關係）、外因（因氣候影響）、不內不外因（因飲食不當或外傷引起）。病因學的研究，雖然古已有之，但專著的出現，卻是這個時期的新生事物。

當時又有宋慈（建陽〈今屬福建〉童游里人，1186～1249）獨闢蹊徑，總結前人法醫學知識，於淳祐七年 (1247) 寫成《洗冤集錄》5 卷。此書對於自殺、他殺或病死的鑒別十分精到，書中所記載的洗尸、人工呼吸法、夾板固定傷斷部位、迎日隔傘驗傷，以及銀針驗毒、明礬蛋白解砒霜等都是合乎科學原理的。過了 300 多年後，義大利人 F・費代萊才於 1602 年寫成了西方最早的同類著作。

而金代前期，成無己（聊城〈今屬山東〉人，約 1063～1156）開研究醫學的風氣，中期有劉完素和張從正，後期有李杲，均稱老師宿學。劉、張、李 3 家，又與元代朱震亨齊名，這 4 位各有專長，後來形成了四大醫學流派。劉完素（河間〈今屬河北〉人，約 1120～1200）提出了一整套治療熱性病的方法，「好用涼劑，以降心火、益腎水為主」（《金史》卷 131），對寒涼藥物的應用具有獨到的研究，被稱為寒涼派；張從正（睢州考城〈今河南民權西南〉人，1156～1228）指出凡風寒初感邪在皮表者應用汗法，繼而風痰宿食在於胸膈上脘的用吐法，寒濕痼冷或熱在下焦的用下法，他「起疾救死多取效古醫書」（同上），力主去邪而用攻法，遂有攻下派之稱；李杲（真定〈今正定〉人，1180～1251）是當時易州名醫張元素⑮的學生，著有《內外傷辨惑論》和《脾胃論》，建立了以脾胃立論、以升舉中氣為主的治法，分別補益三焦之氣，而以補脾胃為主，後人稱之為補土派（脾於五行屬土）或溫補派；朱震亨（婺州義烏〈今屬浙江〉人，1281～1358）多受劉完素和李杲的影響，但並不拘泥於他們的學說，著有《格致餘論》和《局方發揮》，認為陽常有餘而陰常不足，因而多用滋陰降火之劑，所以

⑬ 王惟一的名字有不同說法，茲暫從《續資治通鑑長編》的記載，見該書卷 105。

⑭ 魏稼：《王惟一對針灸學的偉大貢獻》，《中醫藥學報》1982 年第三期。

⑮ 《金史》卷 131 亦有傳。

後世稱養陰派、滋陰派。四家之外，另有危亦林（江西南豐人，1277～1347），是元代傷科專家，著有《世醫得效方》20 卷 (1343)，書中「用麻藥法」，是世界上用麻醉藥治病的較早的配方記錄。

在藥物學方面，宋元時代本草學的發展迎來了前所未有的高潮，尤其是北宋，更為突出。開國之初，即組織編修《開寶新詳定本草》，有一定醫學知識的宋太祖⓰親為之序。哲宗元祐年間，唐慎微（蜀州晉原〈今四川崇州〉人，生卒年未詳）編寫的《經史證類備急本草》除目錄 1 卷外，正文計 31 卷，共收錄藥物 1748 種，比唐《新修本草》又增加了 1 倍半，它受到政府的重視，數次為之翻刻印行，在李時珍《本草綱目》問世前，是公認的本草學範本。政和六年 (1116) 寇宗奭所撰《本草衍義》20 卷，對前人記載的 472 種藥物進行了重點辨證，其中不乏獨到的見解，更與《證類本草》有相互補充發明之功。《太平惠民和劑局方》10 卷初刊於元豐年間，大觀後迭經修訂增補，分傷風、傷寒、一切氣、痰飲、諸虛等 14 門，共載方 788 首，每方除詳列主治和藥物外，對有關藥物的炮製、藥劑的修治等，均有具體翔實的說明，因為是官修的成藥處方配本，流傳極廣，所以影響也很大。⓱宋代本草學不僅是藥物學，而且還包括了植物學、動物學和礦物學等方面的知識。如在植物學方面，已知苗莖是同類。對於莖，已能分別纏繞莖、攀緣莖和直立莖。對於葉，已能區別對生葉序、輪生葉序、叢生葉序和互生葉序，對葉緣也予注意。對於花，則花的顏色說得最為詳細；另外，對花萼、花托、花蕊、子房、花序等都有詳略不同的記載。對於果，或叫做「莢子」和「子」，子又叫「人」(仁)，大都是對種子而言；還有「角」(果)、「核」(果)、「莢果」等名稱。在動物學方面，已經觀察到烏賊（常見的有金烏賊 Sepia esculenta 和無針烏賊 Sepi-ella maindroni）八足兩須，與近代定為十腕類相符。又記載動物的生活情況，如穿山甲 (Manis pentadactyla) 的食蟻、牡蠣 (Ostrea) 的「蠣房」以及螳螂（常見的有中華綠螳螂 Paratenodera sinensis 和斑小螳螂 Statilia maculata）的產子等，都很生

⓰ 相傳宋太祖曾用了哥王（南嶺蕘花 Wikstroemia indica）治療外傷，效果甚佳，因為這種藥材可結成繩子繫在腰間以備不虞，故他為推廣起見，特賜名「紫金鞭」。該故事在民間廣泛流行，當非空穴來風。

⓱ 無疑，過分迷信局方是不對的，所以後來朱震亨在《局方發揮》裏指出，應當「因病以製方」，而不可「製藥以俟病」，見人民衛生出版社 1956 年版該書第 56 頁。

動而具體。還斷定河豚（常見的有蟲紋東方魨 Fugu vermicularis、弓斑東方魨 F. ocellatus 和暗色東方魨 F. obscurus）有大毒，校正了《神農本草經》的錯誤。並且已知道通過解剖來觀察動物的食性。在礦物學方面，也已記有採朱砂時對礦床的認識，並有岩石斷口特徵的描寫，還載有動物化石的資料。⑱

元代忽思慧撰《飲膳正要》3 卷，計 3.12 萬餘字。此書著重論述了有病先以食養，不愈再取藥療，及「保養之道，莫如守中」等食療理論；又以主要篇幅記載了宮廷飲食譜 153 種，藥膳方 61 種，食物本草 230 餘種；並附本草圖譜 168 幅，另有精美插圖 21 幅。書中首先使用了「食物中毒」這一術語，又列舉了許多有效的解救方法。此書奠定了中國傳統食療在醫藥學上的地位。

明清時代，本草學進一步發展。明代李時珍 (1518～1593)，字東璧，晚年號瀕湖山人，蘄州（治今湖北蘄春）人，撰《本草綱目》52 卷，是中國科學技術史上的偉大文獻。全書 190 萬字，分水、火、土、金石、草、穀、菜、果、木、服器、蟲、鱗、介、禽、獸、人 16 部，62 類，收錄藥物 1892 種，其中新增加的有 300 多種，如馳名中外的雲南白藥，其主藥三七 (Panax pseudo-ginseng) 就是此書最早給以詳細記錄的；莎草（即香附子 Cyperus rotundus）也一樣。李時珍認為古今藥物「興廢不同」，「蓋有隱於古而顯於今者」（《本草綱目・凡例》）。書中附有插圖 1000 多幅，對每種藥物的名稱、性能、用途和製作過程等都作了詳細的闡述。有些還訂正了歷代相沿的錯誤，如天南星 (Arisaema consanguineum) 和虎掌，原是一種植物，舊本草卻誤認為是兩種藥，萎蕤（即玉竹 Polygonatum odoratum）和女菀 (Turczaninowia fastigiata)，本是兩種植物，舊本草卻混為一談；在分類上，舊本草把有毒的水銀說成無毒，把許多蟲類列入木類，此書都糾正了過來。李時珍抱著獻身科學的精神，

圖 150　湖北蘄春李時珍墓前塑像

⑱ 參見蔡美彪等著《中國通史》第七冊第 555～558 頁，人民出版社，1983 年。

親自飲用曼陀羅花湯，以取得其引致麻醉的最適劑量。所以，這是一部既帶有總結性又富於創造性的著作。並且此書繼承前代本草學的傳統，內容涉及植物學、動物學、礦物學等，保存了極其豐富的珍貴資料。如此書對不少動、植物藥材的形狀和顏色，都作了細緻的描述，又肯定了動植物有一定的變化、發展順序，同時還指出了環境對動植物的影響和動植物對環境的適應以及遺傳和相互變異現象，從動植物形態學、生態學、生理學的角度來看，學術價值也很高。而此書所反映的動植物分類系統，在中國傳統生物學史上，亦是一項重要成就。此書收載的真菌數量，創歷代文獻之最。至於《本草綱目》對中國傳統礦物學的貢獻，本書上章第一節已經作過介紹，這裏就不再重複了。李時珍在《進本草綱目表》中說:「行年三十，力肆校讎，歷歲七旬，功始成就。」此書化去了他大半輩子的心血。他死後不久，萬曆二十四年 (1596)，此書首次在南京刊印出來，不久就傳往日本，17、18 世紀又傳到歐洲，對世界醫藥學的發展產生了積極的影響。

清代趙學敏（錢塘〈與仁和同治今杭州〉人，約 1719～1805）撰《本草綱目拾遺》，共收錄藥物 921 種，其中 716 種是《本草綱目》所未曾收載的新藥。在分類方面，此書增加了「藤」和「花」兩部，刪去「人」部，並將「金石」一分為二，共為 18 部，較《本草綱目》更為合理。此書還對《本草綱目》的某些錯誤作了訂正。趙氏對所收藥用動植物的形態、生態描述，其準確程度，比之前人也有過之而無不及。趙學敏之後，吳其濬（河南固始人，1789～1847）撰《植物名實圖考》，是一部藥用植物學專著。全書共 38 卷，收錄植物比《本草綱目》增加了 519 種，總計達 1714 種，分 12 類。書中每種植物都詳記形色、性味、產地、功用，重點說明藥用價值；對同物異名或異物同名作了考訂，還對歷代本草中的某些謬誤有所匡正，頗具創見。此書的附圖，大部分都是在植物新鮮狀態下畫就的，所以非常逼真，許多現代植物分類工作者在考慮植物中名時往往要參考它，可見此書在生物分類學上，也有重要的地位，並且已顯示了近代的意義。

明、清兩代，總結性的醫學著作有明代《普濟方》和清代《醫宗金鑑》。《普濟方》426 卷，朱橚、滕碩、劉醇纂，書成於明成祖永樂四年 (1406)，原書 168 卷，清修《四庫全書》時重新編定，凡前古醫書所載及民間所傳單方，均盡量收入。許多宋、元失傳的方劑，亦保存於其中。《醫宗金鑑》90 卷，吳謙等主持編著，書成於清高宗乾隆七年 (1742)，是一部以「經方」

為主、彙集各家學說寫成的簡明中醫手冊。

而明代和清代醫藥學上足以與本草學相提並論的成就，卻還數溫病（包括傳染性和非傳染性的多種熱性病）學說的創立。明代以前，醫家對於治療熱性病的認識，實際上都沒有超出《傷寒論》的範圍。明、清許多醫家在臨床實踐中深入研究熱性病的發病原因、特點和治療方法，提出了新的理論、新的療法和預防措施，寫出了一大批富於創見的專著，其中著名的有：明代王履（南直隸崑山〈今屬江蘇〉人，生於1332年，卒年未詳）的《醫經溯洄集》、吳有性（南直隸吳縣〈與長洲、元和同治今蘇州〉人，1592～1672）的《溫疫論》和清代葉桂（江蘇吳縣〈與長洲、元和同治今蘇州〉人，1667～1746）的《溫熱論》、薛生白（江蘇吳縣〈與長洲、元和同治今蘇州〉人，1681～1770）的《醫經原旨》、吳鞠通（江蘇淮陰人，約1758～1836）的《溫病條辨》、王孟英（浙江海寧人，1808～約1867）的《溫熱經緯》等。他們創立溫病學說，進一步豐富和發展了中國的醫學體系。如吳有性（又可）認為，傳染病的病因，非風，非寒，而是由於「癘氣」由口鼻而入。癘氣不止一種，能使人病的癘氣，牛羊可以不病；能使牛羊病的癘氣，雞鴨可以不病……這種洞察力，真是透徹極了。[19]而事實上，吳有性認為溫病就是瘟疫，但葉天士和吳鞠通則將瘟疫納入溫熱病的範疇，故前者對辨證施治勉為之，後者卻專注於辨證之法的研究。明清的溫病學說，總起來講不外這兩大派。

明代隆慶(1567～1572)年間南直隸太平（今安徽省黃山市）一帶民間發明人痘接種法，儘管理論上並不具備正確的解釋，卻行之有效，在1796年英國琴納(Edward jenner, 1749～1823)發明牛痘接種法之前，這種防治天花的方法傳遍亞歐大陸。明代陳實功（東海通州〈今江蘇南通〉人，1555～1636）著《外科正宗》，是後世外科醫生的必讀書。明、清之際思想家傅山（山西陽曲人，1607～1684）擅長婦科，於病有定見，於藥有專方，其《傅青主女科》，為後人所輯，乃是婦科之圭臬。清初王維德（江蘇吳縣〈與長洲、元和同治今蘇州〉人，約1669～1749）確認「癰疽無死證，癰乃陽實，氣血熱而毒滯；疽乃陰虛，氣血寒而毒凝。皆以開腠理為要，治者但當論陰陽虛實」(《清史稿》卷502)，其論為前人所未發。清初徐大椿（江蘇吳江人，1693～1772）醫術與葉桂相伯仲，有一時瑜亮之目。清代夏鼎著《幼

[19] 史常永：《試論傳染病學家吳又可及其戾氣學說》，《醫學史與保健組織》1957年第三期。

科鐵鏡》，陳復正著《幼幼集成》，均對兒科疾病作了全面的論述，前者論兒科各症寒熱虛實，辨析甚明；後者論痘科，尤有真知灼見。而撰寫《本草綱目拾遺》的趙學敏，另外還撰寫了《串雅》內、外編，把過去一直視為是「醫中小道」的外治法整理成專著，賦予其新的生命。清代陳念祖（福建長樂人，1753～約 1823）志在濟世救民，編成《陳修園醫方七十二種》，風行一時。清代王清任（直隸玉田〈今屬河北〉人，1768～1831）的活血化瘀法和補氣還瘀法臨床使用範圍非常廣泛，療效很好。他敢冒被目為「異端」的風險，根據 42 年的觀察繪製《親見改正腑臟圖》25 幅，正確地解決了諸如橫膈膜的形狀、位置等許多問題，連同其他研究心得，編成《醫林改錯》一書，為傳統解剖學和醫學思想的向近代發展，跨出了決定性的一步。

而隨著明末基督教耶穌會士的東來，西方近代醫藥學也逐步傳入了中國。這方面的專門著作，最早有《泰西人身說概》2 卷，題鄧玉函撰，畢拱辰譯；《藥露說》1 卷，為熊三拔所著。

中國古代藥材資源非常廣泛，貴重的如人參、鹿茸、麝香、犀角、珍珠，一般的如雞肫皮、烏賊骨、癩哈蟆（大蟾蜍中華亞種 B. bufo gargarizans），難得的如靈芝 (Ganoderma lucidum)、雪蓮 (Saussurea involucrata)，俯拾即是的如野艾（艾 Artemisia argyi）、瓜皮等等，都可以入藥。有些毒物，如蛇（主要有蝮蛇 Agkistrodon halys 和蝰蛇 Vipera russelii siamensis）、蜈蚣（主要有少棘蜈蚣 S.subspinipes mutilans）、蝎子 (Buthus martensi) 等，皆被利用成為以毒攻毒的良藥。許多藥材的名稱都很有趣，也都有一定的來歷和意義，有的以形狀而得名，有的以氣味而得名，有的以顏色而得名，有的以功效而得名，「冬蟲夏草」(Cordyceps sinensis) 則是由被害蟲草蝠蛾 (Hepialusarmoricanus) 等幼蟲冬季鑽入土內，逐漸變成菌核，夏季在蟲體或菌核上生出有柄的子座而形成的藥材。不少藥材取自動物的特殊部位。

著名的地道藥材有東北人參、鹿茸，雲南三七，山東阿膠，甘肅當歸 (Angelica sinensis)，寧夏枸杞，黑龍江刺五加（刺楸 Kalopanax septemlobus），山西黨參 (Codonopsis pilosula)，廣西蛤蚧 (Gekko gecko)、黃芪 (Astragalus membranaceus)，四川黃連，陽春砂仁 (Amomum villosum)，浙貝 (Fritillaria thunber gii) 和川貝 (F. cirrhosa)，杭菊和滁菊，江蘇濱海白首烏 (Cynanchum bungei)。此外還有川芎 (Ligusticum wallichii)、天麻 (Gastrodia elata)、甘草 (Glycyrrhiza uralensis)、山藥、羅漢果 (Momordica grosvenori)、烏藥 (Lindera aggregata)、杜仲 (Eucommia ulmoides) 等，都是馳名中外的土特產藥材。

成藥則有北京烏雞白鳳丸、雲南白藥、山西太谷龜齡集、山東至寶三鞭丸、蘇州和上海生產的雷允上六神丸、南通王氏保赤丸、福建漳州片仔癀等。

河北安國有「藥都」之稱；北京同仁堂的前身，是清代供奉藥材的御藥房。

## 第二節　化學和生物學

### 一　化學

「元謀人」已知用火，「北京人」已知保存火種，後來又掌握了人工取火，支配了火這種自然力，從而使許多重要發明的出現成為可能。《國語・齊語》云：「以土與金、木、水、火雜，以成百物。」五行學說是中國傳統物質理論的肇端，在化學發展史上具有舉足輕重的作用。事實上中國古代化學側重於發展實用技術，是與冶金術、煉丹術同步發展起來的。

在人類冶金史上，中國曾一馬當先，長期為各國所望塵莫及。這種明顯的優勢，大大有利於中國古代化學的發展。

而煉丹術在中國大約發端於秦代，它與後來出現的本草學一起，構成了中國古代化學研究的基本內容。在中國的煉丹術和本草學中，含有關於無機強酸、有機酸、植物鹼、無機鹽、鉛、汞、硫及其化合物等方面的豐富的化學知識。煉丹術的本意雖然是荒謬的，它企圖通過化學變化，把草木和礦物煉製成長生不老藥及變賤金屬為貴金屬，這肯定是不可能實現的。但煉丹家碰到事情不成時，總是歸咎於自己的某種失誤而毫不灰心，他們在長期的煉丹實踐中，用鉛、汞、硫和其他物質一起燃燒，採取各種手段實現了許多化學轉變和無機合成，卻為化學的發展積累了相當豐富的科學資料。2 世紀時，中國煉丹家把紅色硫化汞（丹砂）加熱分解成汞（水銀）和硫，汞和硫又化合為黑色硫化汞，經過加熱而升華，回復成紅色硫化汞，如此反復多次，煉成「九轉還丹」，雖然服食之後，往往會送人性命，可是在整個人類化學史上，應當說是具有劃時代的意義。煉丹家們確信「變化者，乃天地之自然」(《抱朴子・內篇・黃白》)，這個認識無疑也是十分卓絕的。

1999 年，在秦俑二號坑第二階段的清理發掘中，發現跪騎俑的彩繪顏料成分有一種紫色矽酸銅鋇，為自然界所未見，20 世紀 80 年代有關專家在合成超導材料時才偶然製得。秦俑的這種顏料如何製備，看來與煉丹術不無關係!

現存最早的中國古代涉及煉丹的著作，為西漢的《三十六水法》⑳。此書記述有 34 種礦物和 2 種非礦物的 54 個方子，已知利用硝酸（在醋酸這種弱酸中加入硝）來溶解金屬或礦物，有時則加入石膽。其中第一方為「礬石水」方，方中說礬石水（含有銅鹽）「以華池（盛有濃醋的溶解槽）和，塗鐵，鐵即如銅」，這就是《淮南萬畢術》所謂：「曾青得鐵則化為銅。」㉑曾青是天然硫酸銅，其溶液與鐵接觸，鐵離子能置換出硫酸銅中的銅離子，表明了漢代以前煉丹家已進行了置換反應的實驗，時間之早令人驚嘆。這一發現，直接開啟了後世濕法煉銅的先河。

東漢魏伯陽的《周易參同契》，全書 6000 字，以韻語寫成，對煉丹理論和方法作了較系統的闡述，當時的煉丹術士已經知道了不少物質的化學性能，甚至已經注意到發生化學變化時各種物質有一定的比例。狐丘的「煉石膽取精華法」㉒，實際上就是乾溜石膽，接取餾分，冷凝所得乾餾液即為硫酸。該反應為：

$$CuSO_4 \cdot 5H_2O \xlongequal{650°C} CuO+SO_3\uparrow +5H_2O\uparrow$$

$$SO_3+H_2O \xlongequal{\quad} H_2SO_4$$

是用乾餾法製取硫酸的世界最早記錄，比西方早五六百年。狐丘又在《五金粉圖訣》中介紹說：「雄黃 ($As_2S_2$) 功能變鐵，雌黃 ($As_2S_3$) 功能變錫，砒黃 ($As_2O_3$) 功能變銅，硫黃功能變銀化汞，四黃功亦能更鐵為銅，反銅為銀，反銀為金。」㉓此處「反銅為銀」的「銀」，當為藥銀，顯然是砷白銅，即含砷量在 10% 以上的銅砷合金，中國早在東漢時已製得砷白銅。

⑳ 見《道藏》「洞神部・眾術類」。

㉑ 說詳孟乃昌《關於中國煉丹術中硝酸的作用》，《科學史集刊》第 9 期，1966 年。

㉒ 見《出金礦圖錄》，《黃帝九鼎神丹經訣》卷 9。

㉓ 見《黃帝九鼎神丹經訣》卷 12。

晉代的葛洪繼承早期的煉丹理論和實踐，加以發展，對後世中外煉丹家有很大的影響。他的《抱朴子・內篇》，其中《金丹》、《仙藥》、《黃白》3 卷專講煉丹，如《金丹》卷記煉「金液」（膠態金）方、《仙藥》卷記煉「白如冰」（人工製取的純淨砒霜）方、《黃白》卷記煉彩色金 ($SnS_2$) 方等，都是為中外學者所樂道的。

南朝陶弘景是一位大煉丹家，他曾經記載汞能溶解多種金屬形成汞齊的性質，並指出「黃丹」和「胡粉」這兩種鉛化合物——黃丹是「熬鉛所作」，胡粉是「化鉛所作」，（《重修政和經史證類備用本草》卷 3 引陶弘景語）都不是天然產物，而是由人工製造的。

唐代煉丹家也有不少新的發現和發明，他們在煉製藥金、藥銀的過程中，煉出了不少黃色和白色的合金。唐代孫思邈的《太清丹經要訣・伏雌雄二黃用錫法》，是目前世界上最早的關於製得二硫化錫（彩色金）的明確而詳實的記載；㉔陳少功的《九還金砂妙訣》所介紹的竹筒式抽砂煉汞法，操作簡便，效率較高，成本很低；署名「楚澤先生」的《太清石壁記》著錄有「水銀霜法」，是中國現存古籍對製得升汞 ($HgCl_2$) 的率先披露；《黃帝九鼎神丹經訣》中的「假別藥作石膽法」，其實質與現代無機化學合成方法幾乎完全一致；署名「金陵子」的《龍虎還丹訣》對用砒霜點化白銅製取砷白銅的技術作了詳盡具體的敘述，乃是中國古代煉丹家的又一項重大貢獻。㉕凡煉丹家大都是醫藥學家，唐代不但已應用汞合金補牙，具有開創性；而且還用劇毒的汞、砷等化合物來殺滅病原虫和細菌，治療皮膚病、回歸熱和瘧疾等疾患，在醫藥史上，亦非等閑之舉。

元代用蒸餾法生產汞，「每兩（朱砂）可取七錢」（吳繼：《墨娥小錄》卷 11）。當時製煉甘汞 ($Hg_2Cl_2$) 和升汞，用料簡明，工藝更為成熟。元代分離金銀，在過程中金、銀成分無任何損失，已經做到了定量分離，如果沒有對金、銀化學性質的切實把握，是難以想像的。㉖

明末徐光啟的《造強水法》㉗，介紹了西方製配硝酸的方法，但其實

---

㉔　《雲笈七籤》卷 71。

㉕　以上丹訣均收入《道藏》「洞神部・眾術類」。

㉖　參見郭正誼《明代〈墨娥小錄〉中的化學知識》，刊趙匡華主編《中國古代化學史研究》，北京大學出版社，1985 年。

㉗　《徐光啟手迹》，中華書局，1962 年。

中國古代完全有可能製得無機酸（硝酸、鹽酸和硫酸），只是沒有留下明確的文字資料而已。

而清代《本草綱目拾遺・正誤》引明末《白猿經》有關製取烏頭鹼的記載，「此物上箭最快，到身，走數步即死」。烏頭鹼是一種生物鹼，在歐洲，德國F・W・A澤爾蒂納於1806年製得嗎啡鹼，㉘被認為是世界上最早發現的生物鹼；歐洲提取烏頭鹼，則更晚至19世紀中葉才實現。毫無疑問，中國在這方面又創造了一項世界記錄。

大家都知道，現代化學是在歐洲中世紀煉金術（即煉丹術）的基礎上發展起來的，而歐洲煉金術則導源於阿拉伯煉金術，阿拉伯煉金術又是從中國傳去的，這一點，在李約瑟的科學史研究中已得到了確證。如中國煉丹術很早就使用硝石，在阿拉伯和埃及都叫「中國雪」（thalj ṣīnī 或 thalj al-ṣīn），在波斯叫「中國鹽」(namak-i cīni)。此外，阿拉伯和波斯煉金家都在7種金屬中列入白銅，稱之為「中國金屬」(Khar ṣīnī) 和「中國銅」(Xār-cīni)。所以，中國不折不扣地是世界化學的最重要的發源地之一。

由於化學知識的積累和不斷豐富，反過來又促進了中國古代的冶金術和本草學，這是不消說得的事情，上文已有舉例。並且中國傳統社會在製瓷、髹漆、釀造、染色、鑄幣、製造器械等方面所取得的技術成果，也莫不得力於化學。尤其必須看到的是，四大發明中的火藥和造紙術，都是中國化學的寧馨兒。化學為創造中國燦爛的古代文明，作出了不可磨滅的貢獻。

## 二　生物學

至少就目前來說，中國是被國際生物學界公認為世界上第一朵花綻放、第一隻鳥起飛的地方。㉙

中國古代生物學的最基本的知識，開始於對生物進行分類。

本來殷商時人們已把植物分為草、木兩大類，動物分為蟲、魚、鳥、獸4大類。從文字結構看，獸類又分犬類、豕類、牛羊類、馬類和虎豹類。

㉘ 參見《簡明不列顛百科全書》第5卷633頁，中國大百科全書出版社，1986年；1981年臺北光復書局企業股份有限公司出版的《大美百科全書》第19卷第301頁則載澤氏此舉在1805年。

㉙ 參見畢玉才、苗家生《遼西：見證億萬年前的鳥語花香》，《光明日報》2007年3月29日。

漢初《爾雅》記載了1000多種動植物的名稱和約600種動植物的性狀，於《釋蟲》、《釋魚》、《釋鳥》、《釋獸》外，另立《釋畜》一篇，則進一步把飼養動物和野生動物區別了開來。在《爾雅》的分類中，還包含有生物之「屬」和「科」的分類概念，如把山韭、山蔥和山蒜放在一起，相當於蔥蒜屬；把蜩、蚻、蛁、蜺等不同的蟬放在一起，相當於蟬科。

另一種分類法，據《周禮・地官・大司徒》記載，則分植物為皂物（柞栗之屬）、膏物（楊柳之屬）、核物（李梅之屬）、莢物（薺莢王棘之屬）、叢物（萑葦之屬），共5類；動物為毛物（貂狐貒貉之屬）、鱗物（魚龍之屬）、羽物（翟雉之屬）、介物（龜鱉之屬）、贏物（虎豹貔貐之屬），也是5類。這種分類法，是明顯地受了五行學說的影響。㉚

對生物形態特徵的觀察和認識，是中國古代生物分類學的基礎。春秋戰國以來，人們的生物形態知識不斷深入擴大。如《韓非子・解老》提到「樹木有蔓根，有直根」，已經區別了直根具有支持植物使之挺然聳立的功能，蔓根則具有吸收養料供應植物形體使之持續生長的作用。而20世紀末在馬王堆出土的帛書《相馬經》，在銀雀山出土的簡書《相犬經》，都可以說是中國早期的動物形態學著作。

《周禮・考工記》云：「橘踰淮而北為枳，鸜鵒不踰濟，貉踰汶則死，此地氣然也。」這裏率先提出了天然動植物有地理分布界綫的思想。

《管子・地員》云：「凡草土之道，各有穀造，或高或下，各有草土（物）。」這話有兩層意思：一是植物的生長與土壤的性質有關；二是植物的分布與地勢的高下有關。在生物學上，這是極可寶貴的植物生態學知識。

古人談時令節氣的書，如《夏小正》、《月令》等，都是根據鳥獸的活動、蟲魚的出沒、草木的榮枯、瓜果的生長來判定四時的，說明中國在很早的年代裏，便已經對生物的習性有所掌握，由此形成了一項專門的學問。

孫吳陸璣的《毛詩草木鳥獸蟲魚疏》，較系統地描述了《詩經》中部分習見的動植物，今存羅振玉輯本，分上、下兩卷，共記載草類54種，木類36種，鳥類23種，獸類12種，蟲魚類29種。（各家統計數字略有不同）這些動植物的分布區域已遍及全國各地，甚至涉及現在的朝鮮和越南，可見其視野之廣。魏晉南北朝時代，尚有郭璞的《爾雅注》、沈瑩的《臨海異

㉚《禮記・月令》、《管子・幼官》對動物的分類皆同此；《考工記・梓人》分「天下之大獸五，脂者、膏者、贏者、羽者、鱗者」，分法有異，「五」不變。

物志》、徐衷的《南方草物狀》、戴凱之的《竹譜》和舊題永興元年 (304) 嵇含撰的《南方草木狀》，也都是中國古代早期的生物學專著。

《詩・小雅・小宛》云：「螟蛉有子，蜾蠃負之。」陶弘景通過實地觀察，發現這原來是一種昆蟲寄生現象，蜾蠃擄走螟蛉的幼蟲，是將其作為自己下一代成長時的食物，對於後人進一步研究昆蟲的生活，此項成果的意義是顯而易見的。

8 世紀時，中國的藏族醫學精確地指出人體胚胎需經過 38 周的發育過程才達到成熟，這個過程經歷了魚期、龜期和豬期 3 個不同階段，形象地表達了人體在胚胎時期重演了魚類、爬行類、哺乳類這 3 個不同的進化階段的歷史。這在生物進化的思想史上，是很濃重的一筆。

關於生物遺傳和變異、雜交育種以及動物外形學方面有關生物學的知識，還有後世的生物分類學，本書前面有關章節在談種植、養殖和本草學的時候，都已作過介紹，茲不贅。

《淮南子・墬形訓》云：「窔生海人，海人生若菌，若菌生聖人，聖人生庶人，凡窔者生於庶人……」這段文字比較長，全錄不便，總之是勾畫了一幅生物界以一個原始祖先開始，由簡單到複雜，由低等到高等的逐步演化發展的圖景，儘管是憑空臆測出來的，但也反映了中國古代 2000 多年前的樸素的生物進化觀念，在古代世界是絕無僅有的。[31]可惜這種觀念後來並沒有得到很好的重視和發展。

中國古代在生物學上的成就和貢獻，還表現在對昆蟲和微生物的利用方面。在對昆蟲的利用上，除了養蠶繅絲外，中國是最早利用五倍子、紫膠和蟲白蠟的國家。五倍子、紫膠和蟲白蠟都是重要的工業原料，直到現代還是如此。在北宋嘉祐七年 (1062) 問世的《本草圖經》卷 9 中，就已經記載了螟子寄生在鹽膚木 (Rhus chinensis) 樹背陰處生產五倍子的現象。[32]有關紫膠蟲 (Laccifer lacca) 分泌紫膠的記載，則首見於唐蘇敬的《新修本草》。[33]南宋開始人工飼養白蠟蟲 (Ericerus pela)，並有關於白蠟蟲生活史的記載；[34]而《元和郡縣志》卷 38 更早明確著錄了唐嶺南道用白蠟蟲作貢品

[31] 參見苟萃華《再談〈淮南子〉書中的進化觀》，《自然科學史研究》1983 年第二期。

[32] 實為鹽膚木等樹葉上五倍子蚜蟲所形成的乾燥蟲癭。

[33] 據北宋《重修政和經史證類備用本草》卷 13「紫鉚」條。

[34] 《癸辛雜說》續集（下）「白蠟」條。

的史實。在對微生物的利用上，中國古代製麴釀酒，可以上溯到上古夏、商、周三代以前。中國古代雖然沒有給微生物命名，但對麴中微生物的生命活動已有一定的認識，晉代已在麴中加入中草藥，目的就是為了有助於麴中微生物的生長。

中國古代所謂「菌」，主要是指茯苓之類肉眼可見的大型真菌。《圖經本草》卷 10 云：「茯苓出大松下，附根而生，無苗、葉、花，實作塊如拳，在土底。」這不僅說明了茯苓是附生植物，具有生長在松樹下面的習性，還描述了它是由堆積成團的菌絲組成的形態特點。此書更記有如何發現和採掘茯苓的方法。成書於南宋淳祐五年 (1245) 的《菌譜》是中國古代最早的菌類專著，此書記載了產於浙江的松蕈、竹蕈等兩種真菌，並較詳細地介紹了這些可供食用的真菌的形狀、習性、生態，另記有誤食毒菌的中毒症狀及治療方法。毫無疑問，中國古代對大型真菌的認識和利用，在生物學上，是有重要地位的。

宋神宗元豐五年 (1082)，周敘在《鄞江周氏洛陽牡丹記》中提到：「間金，千葉紅花也，微帶紫而類金繫腰。開，頭可八九寸。葉，間有黃蕊，故以間金目之。其花蓋黃蕊之所變也。」這是世界生物學史上對於雄蕊可以變成花瓣的首次揭示。㉟

《農桑輯要》卷 5 引《博聞錄》云：「銀杏，有雌雄。雄者有棱，雌者有二棱，須合種之。」這裏「棱」指的是果實的棱道。這一記載是現在已知發現銀杏有雌雄兩性及其判別方法的最早資料。

《齊民要術》「種麻子」、「種棗子」等篇說明了植物有性繁殖是通過授粉來完成的，在歐洲，同類論述要到 17 世紀 90 年代才開始出現。

在對古生物的研究上，中國 5 世紀時對魚化石已經有了比較詳細的記載。北宋時發現一塊化石，實物保存在江西武寧，上面有黃庭堅的題詩，黃庭堅說它是筍石，經考定為中華震旦角石，是一種動物化石。北宋沈括對螺蚌化石的形成，也有了比較正確的認識，他還曾注意到植物化石與古地理、古氣候的聯繫，他認為化石是滄海桑田的見證，這在本書上章第一節裏已經有過介紹。南宋杜綰也對化石作過研究，本書上章第一節同樣作過介紹。

㉟ 姚德昌：《從中國古代科學史料看觀賞牡丹的起源和變異》，《自然科學史研究》第 1 卷第 3 期，1982 年。

《南方草木狀》卷下有一則記載云:「交趾人以席囊貯蟻，鬻於市者。其窠如海絮，囊皆連枝葉，蟻在其中，并窠而賣。蟻赤黃色，大於常蟻。南方柑樹，若無此蟻，則其實皆為羣蠹所傷，無復一完者矣。」這是世界上利用天敵進行生物防治的最早記錄。後來《舊五代史》卷 141 也記載：後漢乾祐元年 (948)，開封府「陽武、雍丘、襄邑等縣蝗」，「尋為鸜鵒食之皆盡」，當地官府就下令「禁羅弋鸜鵒」；乾祐二年 (949)，蝗蟲蔓延到宋州（今河南商丘)，「蝗一夕抱草而死」，當地官府就舉行祭草活動。這些都是有見於生物防治的特別效用而採取的行政措施。

隋唐時代，人們在動植物形態和生態方面的知識積累已經非常豐富。如《酉陽雜俎》前集卷 17 記載:「鯉脊中鱗一道，每鱗有小黑點，大小皆三十六鱗。」這一觀察是多麼細緻，無疑也是正確的。著者又同時指出，烏賊釋放墨汁是為了「以混其身」，出於防衛的需要；而「蛇色逐地，茅兔必赤」,動物界普遍存在著有利於生存和發展的保護色。對於鯨魚的自殺行為，柳宗元解釋道，是由於追捕食物「貪而不能止」(《設漁者對智伯》) ㊱所致，雖然似嫌過於簡單，卻也不無可能。《嶺表錄異》卷下則記載了水母（蛇，即海蜇 Rhopilema esculentum）和蝦的共棲現象：水母「常有數十蝦寄腹下，咂食其涎，浮泛水上。捕者或遇之，即欻然而沒，乃是蝦有所見耳」。在唐代不少著作中，還提到蟹與貝類、螺類動物的共生現象。

明代朱橚撰《救荒本草》4 卷，初刊於永樂四年 (1406)。全書分 5 部，共著錄可食植物 414 種——其中包括須經過加工處理後才能食用的有毒植物，計草部 245 種、木部 80 種、米穀部 20 種、果部 23 種、菜部 46 種。描述都根據直接的觀察，文字簡潔、確切，每描述一種植物，都附一插圖，圖文配合相當緊湊。此書開創了中國傳統社會對野生可食植物的全面研究。㊲

清代已經知道植物缺鐵，葉片便會萎黃；缺鈣，甚至會導致潰爛壞死；使用硫磺，則能促進開花，㊳這是基於對植物生理特點和生命活動的切實

㊱ 《柳河東集》卷 14。

㊲ 此類著作，單是在明代，比較著名的有王磐的《野菜譜》，收錄可食野菜 60 種，刊行於正德十六年 (1521)；又有姚可成的《救荒野譜》，在前書基礎上續補野菜 60 種，刊行於崇禎十五年 (1642)。兩書皆附圖說明其採集和食用方法。

㊳ 參見陳淏子《花鏡》「變花催花法」條。

圖 151　貓熊

圖 152　丹頂鶴

把握。

中國有很多珍稀生物，現存的有：貓熊（即大熊貓 Ailuropoda melanoleucus）、金絲猴 (Rhinopithecus roxellanae)、白鰭豚 (Lipotes vexillifer)[39]、東北虎 (P.t.amurensis)、華南虎 (P.t.amoyensis)、雪豹 (Panthera uncia)、朱䴉 (Nipponia nippon)、黑頸鶴 (Grus nigricollis)、丹頂鶴 (Grus japonensis)、褐馬雞 (Crossoptilon mantchuricum)、白唇鹿 (Cervus albirostris)、麋鹿 (Elaphurus davidianus)、羚牛（即扭角羚 Budorcas taxicolor）、北山羊 (Capra-ibex)、羚羊（主要種類有原羚 Procapra picticaudata、藏羚 Pantholops hodgsoni、鵝喉羚 Gazella subguttu-rosa、斑羚 Naemorhedus goral）、揚子鱷 (Alligator sinensis)、鱷蜥 (Shinisaurus crocodilurus)、白鱘 (Psephurus gla-dius)、大鯢 (Megalobatrachus davidianus)、水杉 (Metasequoia gly-ptostroboides)、銀杉 (Cathaya argyrophylla)、珙桐 (Davidia involucrata)、望天樹 (Parashorea chinensis)、人參、金花茶（山茶科 Theaceae 山茶屬 Camellia，是一種名貴的山茶）等。如貓熊，古代稱「貔

[39] 據新華社武漢 2006 年 12 月 13 日電（記者沈翀），白鰭豚種群現已極度瀕危，有可能成為第一個被人類消滅的鯨類動物。

貅」；金絲猴，古代稱「狨」；白鰭豚，《聊齋誌異》卷 11《白秋練》篇虛構了有關它與人間男子戀愛的動人情節，現在都是沒有市場價格的無價之寶。儘管這可以歸之於是大自然之所賜，但其實也反映了中國傳統社會在保護自然資源、維持生態平衡方面早已積累了相應的生物學知識。對此，本書第二十四章第二節已多有述及，必要時可以回顧一下。總之，中國古代早就懂得，不能對大自然作過度的索取，否則會得到報應。《商君書・算地》云：「凡世之患，用兵者不量力，治草萊者不度地」，所以「為國任地者，山林居什一，藪澤居什一，谿谷流水居什一，都邑蹊道居什四，此先王之正律也」。

# 第八編

# 文　藝

# 第二十九章

# 詩歌和散文

## 第一節　詩歌

中國傳統文化對祖先的史跡很重視。在藝術領域，詩和散文因為與史有著密切的聯繫，所以最早發達了起來。尤其是詩，儼然是中國古代一切藝術文化的總代表。事實上，就特定意義而言，整個中國文化，都毫無疑義地可以包容在「詩性」這一理念之內。中國是詩的國度，中國文化就是詩性文化。

在《易經》的卦辭、爻辭中，可以看到一些優美的上古歌謠，那是中國古代詩歌的濫觴。❶但詩雖然源於歌，其實與歌是有本質上的區別的，「詩」從「言」從「寺」，《說文・寸部》釋「寺」為「有法度者」，詩在中國是「有法度者」之言。

孔子所編儒家六經中有《詩經》，關於《詩經》，本書前面「學術」編已作介紹，這裏再著重談一下《詩經》的藝術特色。在表現手法方面，《詩經》用得最多的是賦、比、興，「賦者，敷陳其事而直言之者也」；「比者，以彼物比此物也」；「興者，先言他物以引起所詠之詞也」。（朱熹：《詩集傳・周南・關雎》）❷此外《詩經》還熟練地運用了誇張、映襯、示現、呼告、設問、擬人、借代等修辭技巧，都使讀者留下深刻的印象。在句式和章法

---

❶ 林庚：《漫談中國古典詩歌的藝術借鑒》，《社會科學戰綫》1985 年第四期。據《呂氏春秋・季夏紀・音初》記載，上古歌謠有更早的塗山氏之女作《候人歌》、有娀氏之女作《燕燕歌》，或以為分別是後世南、北曲之始，惟其真實性有待商榷。

❷ 賦、比、興均為巫文化的產物，最初都與祭祀行為有關——賦重在通過獻上物品以求人神的交通，比重在藉樂舞獲取人神相親的效果，興重在進入人神同一的境界。賦、比、興既以歌、樂、舞為必要手段來構成祭祀儀式，又因歌、樂、舞的不同顯示出各自的特點。參見劉懷榮《賦比興與中國詩學研究》，人民出版社，2007 年。

方面，句式雖以四言為主，但到詩人情緒激昂時，也會突破通常的格局，有從1字句到9字句的變化，後世各種詩體，在《詩經》中都有萌芽；章法則以回環複沓為特色。在語言方面，《詩經》音律優美和諧，富於表現力，有雙聲、疊韻之妙，疊字、複句之用，頂真、排比、對偶之變，還有大量的語氣助詞，如「兮」、「矣」、「只」、「思」、「斯」、「也」等，用韻也是既複雜而又自由；至於詞彙的豐富多彩，更不待言，許多詞彙，至今仍覺很新鮮，有些句子已成為千百年來人們日常應用的成語。

除了藝術上的成功經驗，《詩經》的那種關懷國家命運、同情民生疾苦的現實主義創作方法，❸更對後世中國文學的發展具有積極的意義。《詩經》還昭示後世，文學的源泉在於生活，詩人、作家要向民間文學學習。

詩經的精華是風詩，所謂「風、騷」，乃是先秦詩壇耀眼眩目的雙子星座，而「騷」，指的就是屈原的《離騷》，以《離騷》為代表作的楚辭，到戰國後期，遙承相隔3個多世紀的《詩經》的輝煌，又奏出了時代的最強音。楚國的民間歌謠是楚辭的主要形式，楚國的社會習俗是楚辭的重要素材，楚國的地方音樂孕育了楚辭別致的情調，楚國的方言決定了楚辭獨特的語言風格。楚辭最基本的特點，在於它的鮮明的地方特色。楚辭句式相當自由，在詩歌的形式上，也是一次大解放。

屈原（約公元前340～約公元前278），名平，楚人，是楚辭的領軍作家，也是中國歷史上第一位享有盛名的大詩人。他的故里相傳在丹陽之秭歸（今屬湖北）❹，一說在郢都，即今湖北荊州。❺《離騷》是屈原的主要作品，全詩373行，共2490字，「好色而不淫」，「怨誹而不亂」，（王逸《楚辭章句》引「班孟堅序云」，語出西漢淮南王劉安敘《離騷傳》）是中國古代最稱文情並茂的長詩。在《離騷》中，屈原以高潔的情操、巧麗的才思、博

圖153　屈原像　現程十髮繪

❸ 《詩經》成書的時代使命「是追求諸夏部族的團結」。說詳朱東潤《詩三百篇探故》第127～135頁，雲南人民出版社，2007年。

❹ 《水經注》卷34引《宜都記》。

❺ 張中一：《屈原故鄉覓蹤》，《雲夢學刊》2007年第九期。

洽的見聞、無拘無束的想象，以及春蠶吐絲般的執著，調遣著許許多多的神話、傳說、史事，把天地、日月、風雲、雷電、雨雪、山川、神鬼、龍鳳、賢士美人、香花芳草都寫了進去，構造出獨特的境界。敘事紀遊，抒情言志，無不開闔多變，跌宕生姿。不但有進步的思想內容，並且這思想內容，又是透過一個異常豐富的心靈和個性而表現出來的。《天問》則是屈原的又一力作，「懷疑自遂古之初，直至百物之瑣末，放言無憚，為前人所不敢言」（魯迅：《墳・摩羅詩力說》）❻。

屈原的愛國熱情，他的導致自身悲劇的獨立不群的堅貞品格，加之恢宏瑰麗、光華四射的篇章，以及在詩體改革上的貢獻，從多方面鑄造了他在後人心目中的形象。他更繼《詩經》之後，另闢蹊徑，為中國文學開創了積極浪漫主義的傳統，其「衣被詞人，非一代也」（劉勰：《文心雕龍・辨騷》）。

楚辭作家歷史上向來「屈、宋」並稱，「宋」就是「風流儒雅」（杜甫：《詠懷古跡五首其二》）❼的宋玉（戰國末期楚國人，生卒年未詳），他始標賦名，「與詩畫境」（《文心雕龍・詮賦》），對詩歌的表現形式也有發展和創造。

到了漢代，開始出現了一批專門從事文學活動的文人，他們最拿手的文體是賦，這種文體介乎詩、文之間，從形式上看，是由楚辭演變而來的。漢賦不同於魏、晉以後專門追求字句上的工整對偶、音節上的輕重協調的俳賦和適應唐宋科舉考試對音韻有所限制的律賦、以及受唐宋古文運動的影響而產生的文賦。典型的漢大賦多採用主客對話的方式構成賦文。賦文的前面往往有序言。賦文本身開頭部分起的是引子的作用。中間部分是假設的「主」或「客」的高談闊論。有的作品則以主、客各人的大段誇談自成一個單篇，然後再將兩個單篇合為一賦。結尾部分，在主客問答的賦中，必以一方向另一方的誠服而告終，有的還在最後加上若干小詩。另外，還有一些賦不採取主客問答的方式，其開頭則由作者寫一小序，結尾往往用楚辭的「亂曰」或「辭曰」。漢代大賦的韻散構成，就問答體而言，首尾多用散文，中間則為韻文；非問答體除序文以外，全用韻文。韻文以四、六言為主，雜以三言、五言、七言以及更長的句子；並且也常常使用楚辭的

❻ 本書引魯迅著作，凡未加特殊注明者，悉依人民文學出版社2005年版《魯迅全集》。

❼ 《杜少陵集詳注》卷17。

「兮」字句；在節與節之間，多用散文性質的連接詞，如「於是乎」、「若夫」、「豈必」之類。

漢大賦的作家，「材極富，辭極麗，而運筆極古雅，精神極流動」（王世貞《藝苑卮言》卷2讚司馬相如《子虛》、《上林》賦語）。他們以「視天都若蓋、江河若帶」（《淮南子・泰族訓》），「莫我也大」（張衡：《西京賦》）的氣概，展示出兩漢統一、繁榮、燦爛、恢宏、擴張、進取的時代風貌。傳世名作有枚乘（淮陰〈今為淮安市轄區〉人，生年未詳，卒於公元前140年）的《七發》和司馬相如（成都人，生年未詳，卒於公元前118年）的《子虛》、《上林》等篇。《七發》尚多騷味，而《子虛》、《上林》則是典型的漢大賦。

儘管「賦者，敷陳之稱」（《藝文類聚》卷56《雜文部二》引摯虞《文章流別論》），是從古詩派生出來的❽。但漢大賦散文的意味重，如果說古詩大體上是時間藝術的話，那麼，漢大賦則有幾分更近於空間藝術。

漢代還有很多篇幅較短的小賦，是通篇押韻的韻文。韻文句式，大多是單一的四言；也有以四言為主，並用三言、六言、七言的；而以楚辭句式加四言構成全篇的，亦復不少。咏物小賦產生於西漢，抒情小賦產生於東漢。東漢抒情小賦帶來鮮活的話題，是較之漢大賦更有生命力的清新文體。

而當時又有樂府民歌，給漢代詩壇爭得了極高的榮譽。所謂漢樂府，就是指漢代被作為國家樂舞管理機關的樂府所收集的民歌。這些民歌皆「感於哀樂，緣事而發」（《漢書・藝文志》），具有濃厚的生活氣息，細緻而深入地反映了社會下層民眾日常生活的艱難和痛苦，表現激烈、直露的感情。

漢樂府繼承《詩經》的現實主義傳統，其敘事性的加強，有可能表現更廣闊的生活領域和更複雜的社會內容，標誌著詩歌表現手法的重大進步。尤其是，漢樂府採用以五言為主的雜言體，五言詩可以比較方便地容納雙音詞，也可以容納單音詞以至三音詞，在詩的節拍上有奇有偶，顯得靈活多樣，錯落有致，比起四言詩來是大大改進了，比起楚辭來則又有一定的規則。這些，都對後世詩歌的發展產生了深遠的影響。

兩漢的樂府詩，見於宋代郭茂倩所編《樂府詩集》，不過40首左右，分別歸於「相和歌辭」、「鼓吹曲辭」、「雜曲歌辭」3大類。另有不少民謠，

❽ 賦最直接的精神傳承仍然是《詩經》。說詳方銘《賦的內涵與外延》，《光明日報》2004年7月28日。

收入「雜歌謠辭」一類，雖不入樂，但與樂府民歌性質相近。因為樂府詩都是入樂的歌辭，所以在體制上，也還有其他一些特點，如：一. 往往形成重聲不重辭的情況；二. 每一段落稱為「解」，解指音樂曲調上的反復；三. 樂調中的襯聲字也被記錄了下來；四. 題目多用「歌」、「行」、「曲」、「引」、「吟」、「謠」來命名，這與當時的樂調有關係。

漢代尚有文人五言詩的興起。《文選》中的《古詩十九首》，概括起來，可以分為兩大類，一是離人相思之辭，二是傷時失意之作。前一類較多，成就也較高。當時還有散見於《文選》和《玉臺新詠》等書中的幾首五言詩，都與「十九首」不相上下。這一批詩，曾被劉勰譽為「五言之冠冕」（《文心雕龍・明詩》），具有長於抒情的特色，生動自然，沒有絲毫雕飾之跡，卻能將複雜的思想感情委婉含蓄地表達出來。其中《孔雀東南飛》，情節是：漢末建安 (196～220) 中，廬江府小吏焦仲卿娶劉蘭芝為妻，但焦母容不得這個兒媳，逼迫兒子休妻。仲卿無奈，只得把蘭芝暫送回家，希望伺機再作後圖。不料蘭芝回家後，其兄又逼她改嫁。蘭芝不從，投水自盡，仲卿聞訊，也自縊而死。倆人合葬後，精魂化作一對鴛鴦，飛鳴於墳塋梧桐松柏之間。作品通過對焦、劉婚姻悲劇的描寫，淋漓盡致地揭露了封建禮教和家長制的罪惡，熱情洋溢地歌頌了劉蘭芝夫婦忠於愛情、寧死不屈的叛逆精神，表達了青年男女爭取婚姻自由的信念。作品塑造了幾個性格鮮明的人物形象，善於運用個性化的對話，也擅長刻畫動作和心理，顯示人物的性格特徵。至於結尾意味深長的優美想象，則進一步充實了作品的思想內容，增添了作品的藝術光輝。這首五言詩，長達 353 句，計 1765 字，是中國詩歌史上不可多得的瑰寶。

魏晉開始了中國「文學的自覺時代」（魯迅：《而已集・魏晉風度及文章與藥及酒之關係》）。這個時期文學思想的特徵，是不再把文學當作經史的附庸和教化的工具，重視文學的特殊本質，探求創作的內部規律，逐步更新了文學的觀念。在這方面，曹丕的《典論・論文》❾和陸機的《文賦》，都是確有見地的力作。

魏、西晉的詩繼承了漢樂府和「古詩十九首」等的傳統。蔡琰（陳留圉〈今河南杞縣南〉人，生卒年未詳）所作《悲憤詩》，開中國歷史上文人

❾ 曹丕作《典論・論文》，應當說也還有政治上的居心。說詳汪春弘《關於曹丕〈典論・論文〉的重新解讀》，《人民政協報》1998 年 12 月 7 日。

長篇五言敘事詩之先河。詩中寫到自己流落南匈奴的一節，感情強烈，氣氛沉重，有遇贖的歡欣，有別子的心酸，有高度的概括，也有入微的描寫。此詩大體上可認定是建安時期的作品。❿在曹操當權的建安年間，曹操、曹丕和曹植（曹丕弟，192～232）三曹父子的詩，都達到非常高的水平。曹操的詩古直厚重，曹丕的詩清麗和婉，曹植的詩骨氣奇高，辭采華美，尤為傑出。在他們周圍，形成了所謂建安七子的詩人集團。建安詩的總的風格是慷慨悲涼，悲涼是表現了現實的苦難，慷慨是表現了對正常的社會政治秩序的嚮往和激情。建安文學的主題，曾對正始玄學發生過積極的影響。其後阮籍以五言著，嵇康以四言專，阮籍「使氣以命詩」（《文心雕龍·才略》），聽任感情馳騁縱放，嵇康詩作不多，憤世疾俗，清新超逸。西晉太康之世，有以寫婦女題材的樂府詩見長的傅玄；張華所作，「兒女情多，風雲氣少」（鍾嶸：《詩品》卷中）；三張（張載、張協、張亢）、兩陸（陸機、陸雲）、兩潘（潘岳、潘尼）、一左（左思），都致力於對詩歌「新變」（《南齊書》卷 2）的追求。⓫在這一大群詩人中，最有代表性的當推潘岳和左思。潘岳（滎陽中牟〈今屬河南〉人，243～300）《悼亡詩》、《七哀詩》，情真意切，不是深深浸沉在悲痛之中，是斷然寫不出來的。左思（臨淄〈今為淄博市轄區〉人，約 250～約 305）曾構思 10 年，寫成《三都賦》，「豪貴之家，競相傳寫，洛陽為之紙貴」（《晉書》卷 92），他的《詠史》8 首，再現了建安風骨。而永嘉詩人，值得稱道的又有劉琨和郭璞。劉琨（中山魏昌〈今河北無極東北〉人，271～318）的《重贈盧諶》，充滿了壯志未酬、英雄失路的感慨；郭璞（河東聞喜〈今屬山西〉人，276～324）的《遊仙詩》，「是坎壈詠懷，非列仙之趣也」（《詩品》卷中）。

東晉陶淵明（365 或 372 或 376～ 427），名潛，字元亮，潯陽柴桑（今九江）人，是中國歷史上上承屈原，下啟盛唐李白、杜甫的偉大詩人。陶淵明的詩，表現了對現實社會的不滿、對人民群眾的同情以及對美好生活的嚮往，同時通過他自己的真實感受，描述了農村的自然景色和農民的起居作息。他為人豁達，其藝術境界，就在於把委運任化、悠然自得的平淡

❿ 也有持不同意見者，如北宋蘇軾即認為：「東京無此格也。」見《東坡題跋》卷 2。

⓫ 「新變」即不願一味沿襲舊的形式、題材、風格，而力求創造具有新鮮特點和個性特徵的美。參見章培恒、駱玉明主編《中國文學史》上卷第 300 頁，復旦大學出版社，1997 年。

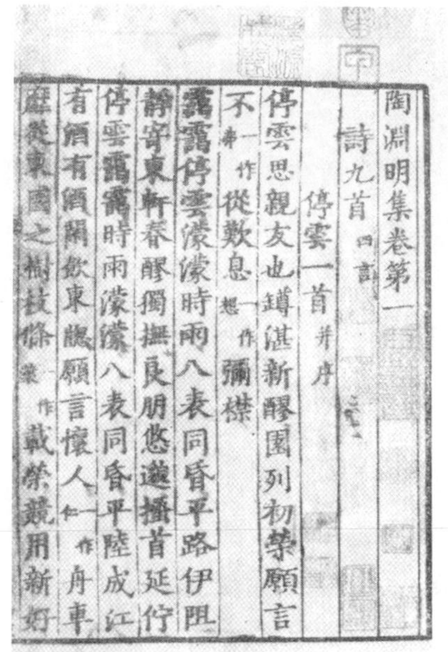
陶淵明集卷第一
詩 九首 四言
停雲 一首 并序
停雲思親友也罇湛新醪園列初榮願言
不 一作 從歎息 一作 彌襟
靄靄停雲濛濛時雨八表同昏平路伊阻
靜寄東軒春醪獨撫良朋悠邈搔首延佇
停雲靄靄時雨濛濛八表同昏平陸成江
有酒有酒閑飲東窗願言懷人 一作 舟車
靡從東園之樹枝條 一作 載榮競用新好

圖 154 宋刻遞修本《陶淵明集》 北京圖書館藏

心態寫出來，這就與當時的玄學和佛學所要解決的人生解脫問題聯繫了起來，因而使得這種藝術境界寓有深刻的哲理意味。後世初唐以後乃至整個宋代，陶淵明大受重視。但歷代學陶的雖然不少，卻極少真能得陶詩的精神的。唐、宋人學陶，都染上了禪宗空幻的色彩；南宋范成大的田園詩，看上去很接近陶淵明的風格，但已失去了對人生艱難的深切體驗，這正是陶淵明不可企及之所在。

陶淵明之後的南北朝時期，由於轉讀佛經時，聲音優美的印度梵文促進了中國音韻學的發展，蕭齊周顒首先揭開了漢字四聲的秘密。沈約（吳興武康〈今屬浙江，為湖州市德清縣府駐在地〉人，441～513）又根據漢字四聲和雙聲疊韻研究詩句中的「韻」與「和」的問題，總結出詩歌創作應該避免的 8 種聲病（即平頭、上尾、蜂腰、鶴膝、大韻、小韻、旁紐、正紐），對以往詩人們「暗與理合，匪由思至」（《宋書》卷 67）的經驗作了理論上的概括。同時鍾嶸（潁川長社〈今河南長葛東〉人，466 至 471⓬～約 518）著《詩品》，反對用典和過分拘泥於聲律，而強調「怨」的情感的抒發，充分肯定了藝術的特殊性。此外還有劉勰和蕭綱、蕭繹兄弟，也都在詩學上發表了重要見解，他們都是中國詩學史上的關鍵人物。

劉宋詩人，謝靈運（陳郡陽夏〈今河南太康〉人，385～433）的山水詩，如「池塘生春草，園柳變鳴禽」（《登池上樓》）⓭，融會玄理，生趣盎然，人與自然泯然兩忘。同時的鮑照（東海〈郡治在今山東蒼山南〉人，約 414～466），汲取民歌營養，大膽靈活地交錯五、七言句，又變逐句用韻為隔句押韻，而且伴隨情緒起伏自由換韻。他在藝術形式上的這一獨創，為後來七言詩的發展打下了基礎。到了齊梁時期，由於謝朓（陳郡陽夏〈今河南太康〉人，464～499）等人的倡導，講究聲律對偶便於入樂的永明體詩雄踞了詩壇。永明體思想感情平庸膚淺，生活視野局促狹窄，文思失於繁細，刻畫傷於綺碎；由永明體發展而來的宮體，「清辭巧製，止乎衽席之

⓬ 據卞孝萱《「鍾嶸序」辯偽》，《光明日報》2007 年 4 月 26 日。

⓭ 《謝康樂集》卷 3。

間，彫琢蔓藻，思極閨闈之內」（《隋書》卷 35），更流於冶蕩淫艷。可是齊梁時期的詩對於文學吟咏情性這一主要特徵的認識，自覺學習民歌以改革語言的努力，各種詩歌新體裁的形成，樂府舊題的改製和新題的創造，構思轉向含蓄雋巧，寫景注重象外之意，表現愈益細緻具體等方面，都有不可抹煞的貢獻。⓮以後唐詩的革新正是在取其精華、去其糟粕的過程中完成的。而陳時北朝詩人庾信（南陽新野人，513～581），則已開始把南朝詩歌的豐富遺產和北方文化中比較健康的精神結合起來，創造了新的風格。從庾信七言近體詩《烏夜啼》、《秋夜望單飛雁》、《代人傷往二首》等的句數、章法、對仗來看，可以說就是唐人七言律、絕的先驅。

南北朝時期南方的民歌，大都形式短小，以五言 4 句為最常見，內容只是男女的相愛，青春期的熱戀，而歡娛之辭所占比例很小。其中「吳歌」「並出江南」（《晉書》卷 23），「西曲」則產生於四川一帶。吳歌艷麗而柔弱，以《子夜》、《讀曲》篇目最多，風格清新活潑，語言稚氣天真；西曲浪漫而熱烈，洋溢著水上船邊的情調，其中有一首《西洲》，長 32 句，辭采清麗，聲調婉轉，優美地表達了思婦執著的情懷。吳歌和西曲，都喜歡用雙關的隱語和問答的形式，這可以說是南朝民歌體制上的總特點。南朝民歌，在《樂府詩集・清商曲辭》中，保存得較多，合計總數近 500 首。

北朝的民歌，以收錄在《樂府詩集・梁鼓角橫吹曲》為主，今存 60 餘首，內容偏重於反映社會生活，在題材方面，比南歌要廣泛得多。北歌爽朗剛勁，情感格外活躍而有力量。北歌也表現戀愛，但手法不像南歌那樣委曲細膩。北歌中的《木蘭詩》，最早見於陳代釋智匠所編《古今樂錄》。⓯「木蘭」是鮮卑複姓，詩中的木蘭，應該是一位鮮卑姑娘，在鮮卑人急劇漢化的歷史背景下，她有鮮卑女子的勇健，又有漢家女兒的倫理。木蘭代父從軍，等到戰爭結束，卻不要求論賞，而只想回家去過和平生活，反映了戰亂年代廣大下層民眾的願望，她是勇敢善良的化身。《木蘭詩》運用民歌常見的複疊排比的手法，全詩那些淺近輕快的敘述句子和口語化的對話，造成了活躍的氣氛；歸來後一節，又寫出了她的美貌和富於生活情趣。與上文所述《孔雀東南飛》異曲同工，後先輝映，堪稱中國古代無名氏詩歌

⓮ 參見葛曉青《齊梁詩的功過》，《文史知識》1986 年第八期。

⓯ 《木蘭詩》的最後寫定應在隋代或唐初。說詳王仲犖《魏晉南北朝史》下冊 987 頁，上海人民出版社，1979 年。

作品的雙璧。

隋和初唐詩仍沿齊、梁餘風，並最後完成了齊、梁以來的近體詩運動。與古體詩對照，近體詩在形式上的特徵是：一．字數和句數有嚴格的要求；二．按規定的韻部押韻，只押平聲韻，押韻的位置固定，而且不准換韻；三．平、仄配置有一定的規矩；四．某些句子必須對偶。而古體詩就比較自由。很顯然，近體詩的格律，在詩歌體制的發展史上，是一個重大的進步。

唐代興起的近體詩，從句式上說，有五言、七言兩大類；從句行的數目上說，又可分為絕句、律詩、長律 3 大類。絕句為 4 行體，律詩為 8 行體，長律為 10 行以上的長篇體。這幾種體式，其中主要是律詩。事實上，絕句只是律詩的一半，長律也只是律詩的延展；而七言律詩，又不過是在五言律詩的每句開頭，增加兩個與五言律詩開頭字聲調相反的字。因此講近體詩的體制特點，只要以五言律為例就可以了。

五言律有 4 種平仄格式：一．仄起仄收、首句不押韻式；二．仄起平收、首句入韻式；三．平起仄收、首句不押韻式；四．平起平收、首句入韻式。其基本句型，共為 4 個有序排列的單句：一．㊀仄平平仄；二．平平仄仄平；三．㊁平平仄仄；四．㊀仄仄平平。（加〇者表示可平可仄）這裏還有對與黏的講究，所謂「對」，就是如果出句某個位置上用的是平聲字，那麼對句同一位置上就必須用仄聲字，反之亦然；所謂「黏」，就是後聯出句的第二個字的平仄要與前聯對句的第二個字的平仄相同。另外還有兩項重要的避忌，一是忌「犯孤平」，一句詩，除了韻腳的平聲字外，只剩下 1 個平聲字，就叫犯了孤平；二是忌「三平調」，一句詩，在句尾一連出現 3 個平聲字，平平平，就叫犯了三平。所有這些講究和避忌，都是為了造成律詩抑揚頓挫的音樂美。

還有，律詩頷、頸兩聯（即第二、第三 2 聯），必須對仗。

唐初流行上官儀的宮體詩⑯。李世民的《帝京篇》，辭采繁華，內容雅正，格律有致，訓誡良深，「有唐三百年風雅之盛，帝實有以啟之焉」（《全唐詩》卷 1 編者評語）。接著王勃（絳州龍門〈今山西河津〉人，650 或 649～676）、盧照鄰（幽州范陽〈今河北涿州〉人，約 630～680 後）、楊炯（華陰〈今屬陝西〉人，650～693 後）、駱賓王（婺州義烏〈今屬浙江〉

⑯ 宮體創自梁簡文帝（549～551 在位）蕭綱，其中五言是對永明體的發展，七言輕快流轉，具有民歌風格，至晚唐、五代以後猶有餘韻。

人，約生於638年，卒年未詳）相繼登上詩壇，號稱「初唐四傑」，初步洗去了前人的淫靡和庸俗。而影響更大的，則莫過於「奪魏晉之風骨，變齊梁之俳優」（王士禎：《帶經堂詩話》卷 4）的陳子昂（梓州射洪〈今屬四川〉人，659～700），他的《登幽州臺歌》，將時間和空間放到一起來思考，愴然而對自然產生敬畏之心，表露了詩人闊大的胸懷和奮發上進的精神。當時尚有沈佺期、宋之問的沈宋體，在音韻對仗等方面下過一番功夫。劉希夷（汝州〈今屬河南〉人，651～679）的《代悲白頭翁》，呈現為美麗的青春惆悵；而張若虛（揚州人，生卒年未詳）的《春江花月夜》，則洋溢著濃郁的青春氣息。

盛唐孟浩然（襄陽〈今屬襄樊〉人，689～740）、王維（太原祁〈今山西祁縣〉人，約701～761）詩派，以描寫退隱生活和田園山水見長。孟詩清辭麗句，風格明朗，感情純摯，其《春曉》一首，儘管是惜花傷春之作，但所表現的仍然是一幅愉快幽美的春晨圖畫；王詩精練而不雕飾，明淨而不淺露，自然而不拙直，融情於景，神韻天成，空靈蘊藉，善於描繪山村的靜態之美。高適（渤海蓨〈今河北景縣〉人，約700～765）、岑參（江陵〈今荊州〉人，約715～770）詩派，以描寫邊塞風光和戰爭生活著稱。高詩「多胸臆語」（殷璠：《河嶽英靈集》卷上評語），雄渾壯美，淋漓酣暢，擅寫沙場的荒寒，征夫的疾苦，思婦的情懷；岑詩峭拔爽利，熱情奔放，反映出詩人積極樂觀的人生態度和熱愛祖國邊疆的思想感情。

圖 155　李白像
見南薰殿舊藏《聖賢畫冊》

李白 (701～762)，字太白，祖籍隴西成紀（今甘肅靜寧西南），先世因罪徙居西域，出生於碎葉城（在今吉爾吉斯斯坦境內），武后時才隨父遷回綿州昌隆（今四川江油）的青蓮鄉，因自號青蓮居士。他的詩揭露了上層統治集團的腐朽和黑暗，發掘了社會生活中多種多樣的人情美，反映了對人格尊嚴和自由解放的要求，表現了自己的政治理想和懷才不遇的憤慨，歌頌了祖國的錦繡河山和自然風貌。李詩氣勢磅礴，豪情滿懷，雄偉如崑崙江河，壯美如初日朝霞。正因為他要表達的情感是那樣熾熱，所以他的詩想象豐富，善於用誇張、比喻和象徵的手法。他主張詩歌語言要像「清水出芙蓉」那樣地「天然去雕飾」，（《經亂離後天恩流夜郎憶舊遊書懷贈江夏韋太守良宰》）⑰重視向漢、魏以來的民歌學習。「蜀道之難難於上青天」（《蜀道難》）、「黃河之水天上來，奔流到海不復回」（《將進酒》），這類詩句是多麼活潑自然，真好像隨口道出來的一樣。

李白的浪漫主義創作方法，他的愛國熱情和強烈的正義感以及在藝術方面的巨大成就，不僅在當時和中、晚唐有巨大影響，而且一直為後世所崇敬和學習，宋代的蘇軾、陸游等，都對他推崇備至。

圖 156 杜甫像 清 上官周繪

杜甫（712～770），字子美，晚年號少陵野老，河南鞏（今鞏義）人。他經歷了玄宗、肅宗、代宗祖孫 3 代，這正是唐帝國由盛而衰的轉折時期。他的後半生，整個社會長年在戰爭和飢餓的威脅中，杜甫的作品，就成了這個時代的鏡子。杜詩具有描寫的具體性、客觀性和高度概括性的特點，「善陳時事」（《新唐書》卷 201），一向有「詩史」之稱。如果說李白的思想，是偏向於道家，導致了他的浪漫主義基調；那麼，杜甫的思想，更側重於儒家，他是現實主義大詩人。杜甫非常重視作品的思想內容，他說「法自儒家有」（《偶題》）⑱，「應須飽經術」（《又示宗武》），這是杜家作詩的法門。但同時，他又極端注意作品的藝術性，他的詩以簡潔凝練而又頓挫有致的語言，精確細膩而又逼真生動的描繪，單純自然而又謹嚴多變的結構，表現憂念國家前途和民生疾苦的主題，形成了沉鬱的風格。他講求詩句的苦功鍛煉，體會物情，卻沒有雕琢刻削的痕跡。他轉益多師，擇善而從，所以兼備眾體，並推出了成熟的七律詩。杜甫的代表作有《兵車行》、《麗人行》、《自京赴奉先縣詠懷五百字》、「三吏」、「三別」、《茅屋為秋風所破歌》、《秋興八首》等，都是千古絕唱。

杜甫在詩歌創作上，一方面是集前人之大成，另一方面，他的詩的美是一種純粹意義的人工美。人工美不是自然美，是可學而至、可習而能的。所以杜詩成了後人競相學習的範本，以致出現了千家注杜的局面，杜甫也就被奉而成為「詩聖」，這種殊榮，借用稍後元稹在《唐故工部員外郎杜君

⑰ 《李太白全集》卷 11；下文引《蜀道難》、《將進酒》，皆見同書卷 3。

⑱ 《杜少陵集詳注》卷 18；下文引《又示宗武》，見同書卷 21。

圖 157　白居易手跡（左）　廬山白居易草堂（右）

墓係銘並序》中的一句話，可謂「詩人以來未有」⓳也。

李白和杜甫，有大眼光，具大格局，集中地體現了清明開放、悲壯雄渾的盛唐氣象。盛唐氣象積極進取，充滿著自信，即使是寫愁，如「抽刀斷水水更流，舉杯消愁愁更愁」（李白：《宣州謝朓樓餞別校書叔雲》）⓴，「一片花飛減卻春，風飄萬點正愁人」（杜甫：《曲江二首》）㉑，也愁得來氣派，愁得來有力，是浩蕩之愁，健康之愁，依然不失其時代的風采。㉒

中唐白居易 (772～846)，字樂天，號香山居士，原籍太原，後遷居下邽（今陝西渭南北）。他的詩境不及李、杜，但為後來的所有詩人所共仰。他提出了「文章合為時而著，歌詩合為事而作」(《與元九書》) ㉓的主張，這是對儒家美學的發展。白居易寫了 170 多首諷喻詩，其中《新樂府》50 首和《秦中吟》10 首為他自己所最看重。這些詩無情地揭露了當時統治者形形色色的弊政；廣泛地反映了民眾的痛苦，並對之表示了極大的關切和同情；宣揚了愛國主義和反對擴邊戰爭的思想。主題單一明確，語言通俗易懂。白居易的敘事兼抒情的感傷詩《長恨歌》和《琵琶行》，也都富於悲劇性的藝術魅力，歷來膾炙人口。而他注意到專制制度壓迫下的婦女命運，

⓳　《元氏長慶集》卷 56。

⓴　《李太白全集》卷 18。

㉑　《杜少陵集詳注》卷 6。

㉒　參見袁行霈《盛唐詩歌與盛唐氣象》，《光明日報》1999 年 3 月 2 日。

㉓　《白氏長慶集》卷 45。

對婦女問題發表了很好的意見，在那個時代，更屬難能可貴。

中唐詩人，走平易一路的，稱為元白詩派，除了白居易，還有元稹（河南〈今洛陽〉人，779～831）等。他們的詩流傳甚廣，婦孺爭誦。走奇險一路的，有韓愈、孟郊（湖州武康〈今屬浙江，為德清縣府駐在地〉人，751～814）為代表的韓孟詩派。韓愈著意用奇字怪句，追求異乎尋常的詩境，所作有散文化傾向；孟郊的詩蕭索內斂，寒儉艱澀，讀來使人享受到一種淨化的美感。

到了晚唐，杜牧（京兆萬年〈與長安同治今西安〉人，803～853）和李商隱（懷州河內〈今河南沁陽〉人，約 813～約 858）並為詩壇領袖。杜牧的濟世思想和高度自負與現實形成尖銳的矛盾，他只有故作曠達，縱情聲色，由於他的視野比較開闊，所以其詩尚能做到簡練渾括，明麗俊爽。李商隱咏史，對傳統道德型政治的觀念盲區和機制缺陷已有清醒的認識，他的詩文字、音節均甚美，但很難懂，要求讀者投入更積極的參與，發揮更多的聯想。這個時期的時代精神已不在世間，而在心境，不是對人世的拓展進取，而是從人世逃遁退避，在詩人細膩的官能感受和情感色彩的捕捉追求中，愛情詩和山水詩取得了較高的成就。

在整個唐代，第一流的詩人，尚有王昌齡（京兆萬年〈與長安同治今西安〉人，生年未詳，約卒於 756 年）、王之渙（晉陽〈今太原市晉源區〉人，688～742）、李紳（潤州無錫〈今屬江蘇〉人，772～846）、劉長卿（河間〈今屬河北〉人，生年未詳，約卒於 789 年）、韋應物（京兆萬年〈與長安同治今西安〉人，約 737～約 791）、顧況（海鹽〈今屬浙江〉人，約 730～806 以後）、賈島（范陽〈今河北涿州〉人，779～843）、柳宗元、劉禹錫、李賀（福昌〈今河南宜陽〉人，790～816）、聶夷中（河南人，一作河東〈今山西永濟西〉人，生於 837 年，卒年未詳）、皮日休（襄陽〈今屬襄樊〉人，約 838～約 883）、杜荀鶴（池州石埭〈今安徽石臺〉人，846～904）等，總計不下數十人，都是足以垂名後世的。

由於唐詩的空前繁榮，所以唐末司空圖（河中〈治今山西永濟西〉人，837～908）就在這個基礎上，發展前人的理論，著成專門討論詩歌風格的《二十四詩品》。司空圖用「采采流水，蓬蓬遠春」（纖穠）、「不著一字，盡得風流」（含蓄）、「天風浪浪，海山蒼蒼」（豪放）、「可人如玉，步屧尋幽」（清奇）[24]這樣形象性、概括性的評語，傳達出多種多樣風格的獨特精神。他論詩，以韻味為主，強調「韻外之致」和「味外之旨」，(《與李生論詩書》)㉕他比白居易更懂得詩之所以為詩。但也有學者對《二十四詩品》是否出於司空圖之手，持存疑態度。

北宋開國後，流行片面仿效李商隱而又有濃厚貴族趣味和明顯娛樂傾向的西崑體。後來歐陽修、梅堯臣（宣城〈今屬安徽〉人，1002～1060）、蘇舜欽（綿州鹽泉〈今四川綿陽東〉人，1008～1049）等發起革新運動，力圖用新意象新句法來糾正陳腐圓熟的舊詩風。兩宋詩壇，王安石、蘇軾、黃庭堅（洪州分寧〈今江西修水〉人，1045～1105）、陸游（越州山陰〈與會稽同治今紹興〉人，1125～1210）皆為大手筆。王安石的詩有魄力，有風骨；蘇軾的詩氣勢縱橫，猶如行雲流水；黃庭堅的詩峭拔瘦硬，新穎奇崛，形成江西詩派。南宋陸游作詩9000多首，就數量而言，非常驚人，他的詩雄放清空，張揚國格意識，呼喚社會責任性和歷史使命感，躁動的是一顆以天下為己任的拳拳之心。如《示兒》:「死去元知萬事空，但悲不見九州同；王師北定中原日，家祭無忘告乃翁。」㉖彌留之際，還是懷著恢復的壯志，實為感人至深。與陸游同時，楊萬里（吉水〈今屬江西〉人，1127～206)、范成大（吳縣〈與長洲同治今蘇州〉人，1126～1193）亦稱作手。宋詩的社會視野較前有所拓展，切入生活力度有所深化，總的特點是俚俗、多議論和散文化，「世味唯存詩淡泊」(歐陽修:《病告中懷子華、原父》)㉗，儘管有太多沉甸甸的政治關懷和道德說教，但在中國詩歌史上，還是占有頗為重要的一席之地。

南宋時期開始在民間流傳的王氏（佚名）的《妾薄命嘆》㉘，共500句，2534字，250韻，一韻到底。全詩從主人公被棄於荒野說起，先是回憶往事，接著傾訴無家可歸的悲哀，她以春蘭秋菊芳草香花來比擬自己，在痛苦中她始終眷戀著夫君，眷戀著那個曾經給她幸福的家。識者以為這首中國古代最長的詩的浪漫神奇的藝術風格、對青年女性內心世界的精細刻畫和對民族道德型心理的深刻表現，都是十分罕見的。

---

㉔ 見《全唐詩》卷634附錄。

㉕ 《司空表聖文集》卷2。

㉖ 《劍南詩藁》卷85。

㉗ 《居士集》卷13。

㉘ 見清無名氏輯《鬼董》卷1。

如果說宋代的詩不足以與唐詩比肩，那麼宋代的詞卻彌補了這個不足。詞，起源於隋唐燕樂，㉙稱「曲子詞」，還有「詩餘」、「樂府」、「琴趣」等別稱。由於句式長短不齊，所以又叫「長短句」。詩莊，詞媚；詩闊，詞幽。「簸弄風月，陶寫性情，詞婉於詩。」（張炎：《詞源》卷下）古樂府和近體詩雖然多半可以合樂歌唱，但都是先有成篇而後配曲，詞則反之。詞分為 3 類：58 字以內的稱「小令」，91 字以上的稱「慢詞」，介於小令和慢詞的稱「中調」。另外，不分段的叫「單調」，分兩段的叫「雙調」，分 3 段的叫「三疊」，分 4 段的叫「四疊」，三疊和四疊不多見。每首詞都有詞牌，原先都是曲調名稱，後來詞與音樂脫離，詞牌便成了填詞的格式，因此詞牌不是標題，作者可以填進任何內容。詞的格律要求，如詞牌「憶江南」，是：平㊀仄，㊀仄仄平平。㊀仄㊁平平仄仄，㊁平㊀仄仄平平。㊀仄仄平平。（加〇者表示可平可仄）27 個字，句號前一字用韻。詞用韻比近體詩寬（有 19 個韻部），但一定要嚴格遵守平仄規定。至於對仗，詞裏就不那麼講究了。詞牌據說有 800 多種，常見的則不過幾十種而已。

唐末溫庭筠（太原祁〈今山西祁縣〉人，生年未詳，卒於 866 年）和花間派的詞，已具有高度的抒情技巧，但內容簡單，體制短小。北宋初年詞風依舊，不過李煜（南唐後主，937～978）入宋後的作品，意境已趨博大深沉，胸中真情一瀉而出，不再有過分的雕琢和過分的羅列，「遂變伶工之詞而為士大夫之詞」（王國維：《人間詞話》卷上）㉚。後來晏殊（撫州臨川〈今屬江西〉人，991～1055）、張先（烏程〈與歸安同治今湖州〉人，990～1078）、晏幾道（晏殊子，約 1040～約 1112）、范仲淹、歐陽修等推波助瀾，宋詞新紀元拉開序幕。到了柳永（福州崇安〈今福建武夷山市〉人，生年未詳，約卒於 1053 年㉛），由於傾其全力而終成氣候。從此以後，慢詞（也叫「長調」）才成為一種流行的體式，而大開大闔、一氣流轉的手法也多為詞人所普遍採用；並且所用詞牌也為之大增，現存《樂章集》就達 130 調。柳永的詞，將當時中下層市民的生活，加以廣泛的表現，尤其擅長描寫旅況鄉愁和離情別意，情緒真摯，刻畫細膩，音律諧婉，辭意妥

㉙ 夏承燾：《唐宋詞敘說》，《浙江師範學院學報》1955 年第一期。

㉚ 該詞話 1908 年發表於《國粹學報》上，今通行本分上、下兩卷。

㉛ 柳永卒年暫取唐圭璋說；但薛瑞生認為唐說「決不可信，當在嘉祐三年 (1058) 之後別求其解」，見《樂章集校註》第 14 頁，中華書局，1994 年。

貼，其《望海潮》、《雨霖鈴》、《八聲甘州》等作，使人百讀不厭。柳永之後有蘇軾。蘇詞把詞從專寫艷意別情中解放出來，開創了詞的豪放風格。在語言上，蘇軾善於提煉前人詩文語言和口語入詞，他不願剪裁內容去俯就音律。蘇軾的《念奴嬌》，以雄健的筆調，描寫了如畫的山川，表現了弔古傷今的感情；《水調歌頭》想象豐富，從天上寫到人間，深入淺出，回味無窮；《江城子》追念亡妻，感慨濃重，情致深婉。北宋末年，秦觀（高郵〈今屬江蘇〉人，1049～1100)、賀鑄（衛州〈今河南衛輝〉人，1052～1125)、周邦彥（錢塘〈與仁和同治今杭州〉人，1056～1121），在詞的創作上，也都有一定的成就。周邦彥極端重視詞與音樂的配合，詞的聲律模式被進一步規範化、精密化。女詞人李清照（齊州章丘〈今屬山東〉人，1084～約1155或稍後㉜)，慣用白描的手法、深入淺出的字句、流美圓轉的音律，婉約中帶豪放，表現知識婦女的悲歡幽怨之情，但她的傳世名篇，主要是南渡以後的作品。而宋徽宗遭亡國之痛，寫的詞很哀惋。

南宋辛棄疾（歷城〈今山東濟南市郊〉人，1140～1207）以熾烈的感情和崇高的理想來擁抱人生，全面繼承蘇軾開創的詞風，把這種詞風推向了更新的階段，有不可一世之概。他由蘇軾的以詩為詞，進而到以文為詩。他注重內容，不拘泥聲律，在他的詞裏無論什麼題材，什麼意境，都可以自由地表達出來。辛詞慷慨縱橫，其基調，是對國家前途的憂慮。但除了豪放、壯烈，也還注意到剛柔兼顧，如《摸魚兒》，他用象徵的比興手法，借著傷春惜別的情緒，暗寫那種國勢危弱，有如春殘花謝一般的悲痛和哀愁；再以蛾眉遭妒，佳期無望，透露出抗戰派在權奸壓迫排擠下的憤激傷感心情，層層深入，曲折回旋，意義遠遠地超越了通常的抒情詩。辛棄疾還有不少描寫農村景物和農民生活的作品，都能給人以清新淡雅之感；他的愛情詞，也寫得含蓄蘊藉，非常不錯。毫無疑問，辛詞所表現的人生欲望和情感，要比可以與之相提並論的陸游的詩複雜得多，豐富得多。㉝

辛棄疾詞中有很多富有愛國思想的作品。而南宋愛國詞的寫作，初期有張元幹、張孝祥等，也都是抗戰派中有影響的人物。民族英雄岳飛的《滿江紅》詞，音調激昂，氣勢磅礴，表達了收復失地的雄心壯志。在辛棄疾

㉜ 李清照的卒年，依王仲聞《李清照集校註・附錄・李清照事迹編年》，人民文學出版社，1979年。

㉝ 原注已遭劫持者毀去。總之，這一觀點並非著者所首先發明。

同時和之後，詞風與辛棄疾相近的詞人，文學史上稱為「辛派」或「豪放派」的，如陳亮、劉過、劉克莊、劉辰翁等，他們也創作了大量的愛國詞。

當時另有所謂「婉約派」，繼承二晏、周邦彥以來的傳統，乃是詞的正宗，代表作家有姜夔、吳文英、周密、張炎、王沂孫等，風格或清空騷雅，或博麗含蓄，或悲苦愁怨，皆能做到文情與聲情的協調。

南宋嚴羽（邵武〈今屬福建〉人，生卒年未詳）的《滄浪詩話》，從禪悟上體會到詩歌的構思和欣賞都與邏輯思維不同，詩歌的語言，在根本上不是說明性的，而是暗示性的，對後世明清時代的詩歌理論和創作實踐都有較大的影響。

金末元好問（秀容〈今山西忻州〉人，1190～1257）的詩任情率真，其強烈的感情源於遼文學以來的傳統，在金、元之際頗負重望。

元代詩、詞的創作都衰落下來，取而代之的是散曲。散曲是與劇曲相對存在的，劇曲用於劇本，散曲則只是用於清唱。從形式看，散曲與詞很相近，不過在語言上，詞比較典雅含蓄，而散曲要求通俗活潑，「便是牡丹花下死，做鬼也風流」（珠簾秀㉞：《正宮醉西施・無題》），這種話，用到詞裏就非常不像樣了；在格律上，詞還是嚴格的，而散曲就更自由些。散曲有北曲、南曲，㉟體式分小令和套曲兩類。小令又叫「葉兒」，通常只是一支獨立的曲子；套曲則由多支曲子組成，不過也要一韻到底。散曲曲牌的名稱很俚俗，這也說明散曲比詞更接近民歌。散曲可以襯字，可以使用幾十個字的長句，而且平、上、去 3 聲可以互叶，因此散曲更能盡長短句變化之能事，更適宜於自然音韻的旋律。元曲（包括散曲和劇曲）突破了傳統的平水韻，初步形成了現代音韻的先聲。從詩到詞到曲，總的趨勢是漸近口語。

元散曲現存小令 3000 餘首、套曲 400 餘套。

元代散曲作家成就最高的，數前期的馬致遠（大都〈今北京〉人，約 1251～1321 以後）。他的長處，是能適應各種題材的特性，表現多種多樣的風格。其《天淨沙》一曲，在短短 28 個字裏，刻畫了一幅淒楚動人的秋郊夕照圖，由蒼涼的景色，反映出旅人漂泊的情懷，作者將許多孤立的自然現象精巧地組織起來，情景交融，進入了審美的理想境界。

---

㉞ 即朱簾秀，元初著名女演員，隋樹森《全元散曲》錄存其小令一、套數一。

㉟ 鄭振鐸：《中國古典文學中的詩歌傳統》，《鄭振鐸文集》（七），人民文學出版社，1988年。

明代和清代，詩、詞、曲的創作，數量上非常可觀，佳作很多，但都跳不出前人的圈子，這裏就從略不談了。

## 第二節　散文

散文是實用性最強的文學形式，產生於文字發明以後。

在甲骨卜辭中，已經有了中國古代散文的雛形。甲骨文雖是殷王占卜所用，但內容豐富，涉及當時社會生活的方方面面，並不只是簡單地記載吉凶而已，其中最長的一篇記事卜辭，長達100餘字。金文篇幅有所拓展，像《毛公鼎銘》、《令鼎銘》、《虢季子白盤》等，比甲骨文無疑更多一些文采。《易經》的卦辭、爻辭，有的記殷商祖先故事，有的記西周初年史實，文句雖然也簡短，但出現了比較形象的描寫，又多用韻，可以被看作是詩，也可以被看作是散文。《尚書》的《盤庚》篇，有一些很好的比喻句和格言，反映了複雜深刻的思想，估計應是經過周初史官加工寫定的。《周誥》的語言形式和結構，同《盤庚》很類似，都是屬於中國古代最早的散文類型。《尚書・秦誓》是春秋初年秦穆公的自責之辭，用了不少語氣詞，讀起來上口，也很傳神，散文到此又邁進了一步。但總起來看，從商代到春秋初年，散文的發展並不充分。

春秋中期以後，社會政治經濟發生了劇烈的變化，由於記載歷史事實和表現學術思想的需要，散文勃興了起來。毫無疑問，迄戰國結束，這個時代的散文可分為歷史散文和諸子散文兩大類。

在歷史散文方面，主要著作有《春秋》、《左傳》、《國語》和《戰國策》。這些書，本書「學術」編已有介紹，這裏只談它們的藝術特色和文學成就。《春秋》記事精確，格式謹嚴，語言樸素簡潔，比起《尚書》的《秦誓》來更暢通了許多。至於《左傳》、《國語》和《戰國策》，則完全是一種平淺流暢的新興散文。《左傳》能夠通過組織剪裁史料，描寫情節，刻畫人物，達到生動活潑，像小說一樣對讀者有感染力。所寫戰爭，多能寫出戰爭的過程、因果、參戰各方的想法和武力，以及戰爭的性質等；所寫人物，又多能寫出他們所處的地位和思想，精彩地構築他們的辭令，勾畫出鮮明的個性形象。《國語》語言總的風格是質樸簡明，《周語》、《齊語》、《鄭語》長篇大論，《魯語》小巧精緻，《楚語》、《吳語》、《越語》流暢而有氣勢。

《晉語》的寫驪姬之難，《吳語》、《越語》的寫吳越爭霸，記述當事人的言論，都極具個性，可與《左傳》相參證。《戰國策》記載了許多策士游說的情況，這些策士憑三寸不爛之舌，口若懸河，說起話來縱橫淩厲，有一種不可抗拒的煽惑力。該書能恰到好處地再現他們的聲口，使讀者如見其人。

在諸子散文方面，主要著作有《老子》、《論語》、《墨子》、《孟子》、《莊子》、《荀子》、《韓非子》等。這些書，本書「學術」編也已有過介紹，這裏談它們的藝術特色和文學成就。《老子》是語錄體，全書雖只有寥寥5000字，但淵深奧博，表現了一個完整的思想體系，就文字體裁而言，其間雜有許多韻文，對後來楚辭的形成很有影響。《論語》也是語錄體，在記人物的言語時，常同時記下說話人的神情語態，有助於顯示他們的性格特徵，書中還有一些言簡意賅的句子，不僅含蓄雋永，而且表現形式也很優美。《墨子》開創了論辯的體裁，文章質樸無華，條理清楚，層次分明，邏輯性很強。《孟子》體裁雖仍是語錄體，但充滿論辯性，與《老子》、《論語》大不相同，其政論文氣勢雄健，詞鋒咄咄，善於在說理中包蘊個人感情，很有鼓動性。《莊子》為分篇寫作，述意如蜻蜓點水，旋點旋飛，造境則迷離恍惚，汪洋恣肆，㊱不少篇章音調鏗鏘，富於詩的節奏音韻之美。《荀子》形成完整的篇章，造語簡練，多用鋪陳手法和排比句式，有時還用駢偶，謹嚴綿密，剖析事理，非常透徹。《韓非子》發展了《荀子》的優長，謀篇布局，形式完美，說理深刻明切，鋒利無比，具有生動活潑、嚴峻峭拔的雙重風格。

在先秦各類散文中，還保存了很多寓言故事，作家們借助寓言故事來表情達理，自己也有意識地進行創作，因而使寓言故事特別發達起來。現在廣為人知流傳不衰的寓言篇目，「畫蛇添足」、「狐假虎威」、「鷸蚌相爭」、「亡羊補牢」等見於《戰國策》，「揠苗助長」、「弈秋誨弈」等見於《孟子》，「庖丁解牛」、「痀僂承蜩」等見於《莊子》，「自相矛盾」、「鄭人買履」、「濫竽充數」、「守株待兔」、「郢書燕說」等見於《韓非子》。這些寓言故事大多包含著深刻的思想哲理和生活經驗，能給人深長啟示；又都充滿詼諧意味和幽默感，足以引發讀者的會心。魯迅曾高度評價《莊子》的運用寓言故

㊱ 如果說屈原的詩風和莊子的文風都明顯受到神話影響的話，那麼屈原是受崑崙系統神話的影響，而莊子則是更兼受蓬萊系統神話的影響，並且後者的影響遠遠大於前者。

事，說是「著書十餘萬言，大抵寓言，人物土地，皆空言無事實，而其文則汪洋闢闔，儀態萬方，晚周諸子之作，莫能先也」(《漢文學史綱要》第三篇)。先秦散文中的寓言故事，從形式到表現技巧，都深深啟發了後世文學，後來唐代柳宗元學習先秦寓言，更使寓言成為一種獨立的文學樣式。

章學誠說:「至戰國而文章之變盡，至戰國而著述之事專，至戰國而後世之文體備。」(《文史通義》卷 1《詩教上》) 先秦傳神肖物的歷史散文和風格各異的諸子散文，將美和智融為一體，構成了中國散文史上的黃金時代，提供了後世學習的楷模，其影響是異常深遠的。

秦代是中國歷史上文學消沉的時期,散文方面當然沒有什麼成就可言。在秦沒有統一全國以前，呂不韋曾組織門客編纂過一部《呂氏春秋》，李斯有一篇《諫逐客書》，在中國古代散文史上，倒是有一定的地位的。《呂氏春秋》又稱《呂覽》，其中保存了不少優秀的寓言作品，著名的故事有「刻舟求劍」、「掩耳盜鈴」等。《諫逐客書》善用比喻，排比鋪陳，很有氣勢，史載秦王讀了此文，立即收回逐客之令，可見這篇文章的說服力。

「漢代文章兩司馬」，漢大賦的巔峰之作是司馬相如的《子虛賦》和《上林賦》，兩賦實為一賦。其藝術特點是：包括宇宙，總攬人物，窮形極相，觸目驚心；並且在文章字形的排列上也都別出心裁，一連串幾十個「山」字頭，一連串幾十個「水」字邊，接著又是幾十個「草」字頭和幾十個「木」字邊，給讀者以強烈的視覺刺激。㊲

司馬遷《史記》的高度成就，表現為思想性和藝術性的完美結合。著者有深厚的修養、強烈的事業心和自信心，政治上的多見多聞，殘酷的命運和對社會生活的豐富體驗，山川景色的陶冶和民間語言的滋補，培養了他的觀察力和藝術傳達力。《史記》的語言具有概括性和形象性，詞彙豐富，各當其用，精練含蓄，生動活潑，氣勢雄偉，變化有力，文白互補，渾然無跡，朝著規範化和通俗化的方向，將中國古代的散文語言藝術推到了高峰。《史記》既善於記述事件，更善於描寫人物，著者能採用不同的筆調和語言，多種多樣的手法去刻畫人物性格和面貌，使他們無不個性分明，神情逼露，栩栩如生，具有典型意義。如《項羽本紀》和《高祖本紀》分別寫早年的楚霸王項羽和漢高祖劉邦目擊秦始皇出遊的盛況，項羽作豪言稱：「彼可取而代也!」劉邦則喟然嘆曰:「大丈夫當如此也!」開篇伊始，項羽

㊲　參見韓兆琦《漢代文章兩司馬》，《光明日報》1999 年 5 月 3 日。

的直率和劉邦的深沉就躍然現於紙上。明代茅坤評論《史記》的人物傳時寫道:「今人讀《游俠傳》,即欲輕生;讀《屈原、賈誼傳》,即欲流涕;讀《莊周》、《魯仲連傳》,即欲遺世;讀《李廣傳》,即欲立鬥;讀《石建傳》,即欲俯躬;讀《信陵》、《平原君傳》,即欲養士。若此者何哉?蓋各得其物之情而肆於心故也,而固非區區字句之激射者也。」(《與蔡白石太守論文書》)㊳魯迅稱《史記》為「史家之絕唱,無韻之《離騷》」(《漢文學史綱要》第十篇),所指正是《史記》有著詩一般的激情。

過去歐洲人稱普盧塔克(Plutarchos, 約 46~約 120)為世界傳記之父,但普盧塔克所著《列傳》比起《史記》來,幾乎要晚出兩個世紀。

《史記》對後世文學的影響是多方面的。唐宋八大家,明代歸有光,清代桐城派、陽湖派都仰之如泰斗;《史記》的塑造形象、描寫性格的經驗,被後來許多小說家所吸取;這部書中的動人的戲劇性故事,元、明以來也成了戲曲的題材。

班固的《漢書》,文學成就也較高。《漢書》文章結構謹嚴,敘事細密;語言崇尚藻飾,傾向排偶,入於艱深,是明顯地受了漢賦的影響。不少人物傳記摹聲繪影,寫得很工緻。如《李廣、蘇建傳》沉鬱頓挫,慷慨生色,寫蘇武持節不屈,單于迫降不成,先後讓降將衛律、李陵前往勸降,儘管李陵動之以情,誘之以利,言辭娓娓動聽,但蘇武卻寧死不降,使得李陵相形之下,自慚形穢,不得不觸及靈魂地「嘆曰:『嗟乎,義士!陵與衛律之罪上通於天!』」這段文字有聲有色,迴腸蕩氣,傳中人物,呼之欲出。

漢代還有一些政論文,大都關懷國計民生,直抒政見,語言樸實,內容豐厚,暴露現實,指訐時弊。如賈誼的《過秦論》、《治安策》(一稱《陳政事疏》),詞藻富麗,感情強烈;鼂錯的《論貴粟疏》,邏輯嚴密,沉實深透;劉向的《諫營昌陵疏》,舒緩平易,說理暢達,都各有特色。

王充的散文也寫得很好,他能夠想到什麼就寫什麼,㊴過去有人評他的文章過於呆滯,無疑是一種偏見。

魏、吳、蜀三國鼎立時,曹丕的《與吳質書》,悼念亡友,淒楚傷懷;《典論・論文》則是古代文論中的名篇。蜀漢諸葛亮的《出師表》,表達了這位政治家光明磊落、誠摯負責、兢兢業業、任勞任怨的品格,「鞠躬盡瘁,

㊳ 《茅鹿門集》卷 1。

㊴ 參見施蟄存《漫談古典散文》,《語文教育通訊》1980 年第六期。

死而後已」成為千古傳誦的名言。嵇康的《與山巨源絕交書》，是人品的美和文品的美的有機結合，談古論今，亦諧亦莊，既峻切通脫，又豪邁壯麗，標誌著當時散文的最高成就。

「漢魏風骨，晉宋莫傳」(陳子昂:《與東方左史虬〈修竹篇〉序》)[40]，西晉以來，文風漸弱，而有「文」、「筆」之分，文以抒情，筆以應世。齊梁時期劉勰（東莞莒縣〈今屬山東〉人，約 465～約 532）著《文心雕龍》50 篇，除總論外，又有文體論、創作論、批評論，評論了 200 多個作家，總結了 30 多種文體。該書詳細探討文章的作法，在風格論的基礎上，提出了具有積極入世精神的風骨論，包含著對藝術中「情」和「理」的關係的深刻認識。「故情者文之經，辭者理之緯，經正而後緯成，理定而後辭暢」(《情采》)，既強調情，又重視理，是中國古代文論中體大慮周、空前絕後的傑作。劉勰還借用先秦政治學意義上的「勢」字，來說明文勢無定、隨體而成、由於自然的道理，進而涉及到文學發展的規律問題，可謂卓絕之至。但劉勰主要是批評家，他自己寫的文章，也仍然是這個時代的產物。整個東晉南朝，都盛行駢四儷六的文體，即上一句四言，下一句必須是六言，其相對的第三句和第四句，也是四言和六言。這種文體特別講究排偶、辭藻、音律、典故，於正當的表情達意，頗多妨礙。雖然其間也出了不少「綺縠紛披，宮徵靡曼，唇吻遒會，情靈搖蕩」(蕭繹:《金樓子・立言》)的抒情小品，具有一定的文學價值。但無論如何，四六文的局限性是很明顯的。

東晉王羲之的《蘭亭集序》，抒發對人生的感慨，文字清雋平易；其後陶淵明留存下來的散文雖然也不多，卻幾乎每一篇都很出色，例如《桃花源記》，虛構了一個烏托邦 (Utopia) 式的理想社會，語言優美而樸素，還有《五柳先生傳》，用語淺，含蘊深。這些不受當時風氣所牢籠的佳製，無疑更為後世所稱道。

梁昭明太子蕭統（南蘭陵〈今常州西北〉人，501～531）編《文選》，選周秦以來文章 700 餘篇，分 38 類，計 30 卷，唐顯慶 (656～661) 年間李善加注時析為 60 卷。此書略古詳今，所收大多富於文采，不少優秀的作品得賴以保存了下來。

蕭統弟蕭綱主張「立身先須謹重，文章且須放蕩」(《誡當陽公大心

[40] 《陳拾遺集》卷 1。

書》）㊶。這是從理論角度率先明確地將文學創作與其社會功能分離開來，是洗滌舊識而發表新見，反映了時代的趨向。

隋代和初、盛唐，駢文在文壇上的地位仍然沒有動搖。毫無疑問，這種文體的核心部分是從《詩》、《騷》發展演變而來的，其句型也有突破四言和六言的，它的功能和作用，更有不可替代的地方，所以直到中唐韓愈、柳宗元出來領導古文運動，提倡恢復單行散句、句子長短不齊、抒寫自由的古文，「破駢入散」、「散中寓駢」仍不失為散文寫作的一項重要手法。

本來唐初姚思廉（萬年〈與長安同治今西安〉人，557～637）承其父姚察未竟之業，撰《梁書》和《陳書》，已有意使用古文，特別是紀、傳中的論贊。韓、柳「文起八代之衰」（蘇軾《潮州韓文公廟碑》讚韓文語）㊷，則開始了散文寫作的新紀元。韓愈的論說文，或婉曲深邃，或鋒芒畢露，無不持之有故，言之成理，說服力很強；在記敘文方面，特別是寫人，都非常注意選取具有典型性的事件來刻畫人物性格。北宋蘇洵說它「如長江大河，渾浩流轉」（《上歐陽內翰書》）㊸，是不錯的。韓文氣勢雄偉，條理通暢，吐辭造語之精工，很少有人能夠比得上，如《進學解》一篇中，就有「業精於勤」、「刮垢磨光」、「貪多務得」、「含英咀華」、「佶屈聱牙」、「同工異曲」、「動輒得咎」、「俱收並蓄」、「投閒置散」等等，到後來都成為廣泛流行的成語。而柳宗元的政論文，則突出地表現了他的進步的政治主張和樸素的唯物主義思想。他的寓言小品，諷刺當時腐敗的社會現象，寓意很深刻。他的山水遊記，有的情景交融，把自己的思想感情融化於自然景物之中；有的則以寫景取勝，顯山露水，柳暗花明，讀之如行山陰道中，使人應接不暇。他的傳記文也寫得非常到家，大都取材於下層人物，反映民眾的悲慘生活。柳文警策清麗，含蓄深沉，與韓文並駕齊驅，韓、柳文章在唐人心目中，甚至可以匹敵李、杜的詩歌。

圖 158　韓愈像　見南薰殿舊藏《聖賢畫冊》

晚唐小品文的創作很繁榮。皮日休所作，指斥時政，

㊶ 《藝文類聚》卷 23《人部七》引。

㊷ 《蘇軾文集》卷 17。

㊸ 《嘉祐集》卷 11。

往往三言兩語就擊中要害。此外代表作家，尚有陸龜蒙和羅隱。

圖 159　蘇軾像　見南薰殿舊藏《聖賢畫冊》

北宋歐陽修的文學主張上承韓愈，提倡一種素淡而不質拙、明暢而不滑俗、平易淺近而不失文采、句式駢散相兼而富於變化、語脈流貫的文風。這種文風自然具有更廣泛的適應性，㊹後起的蘇洵（眉州眉山〈今屬四川〉人，1009～1066）、曾鞏（南豐〈今屬江西〉人，1019～1083）、王安石、蘇軾、蘇轍（蘇洵子，蘇軾弟，1039～1112）等繼續前進，經過 30 多年的努力，終於完成了韓、柳古文運動所沒有完成的任務，「文風一變，時人競為模範」（《三朝名人言行錄》卷 2），從而確立了「唐宋八大家」㊺的散文系統。所謂「自秦以下，文莫盛于宋」（宋濂：《蘇平仲文集序》）㊻。唐宋八大家，宋代占 6 家，其中歐陽修之文說理暢達，抒情委婉；曾鞏之文紆徐簡奧，通達質樸；王安石之文筆力雄健，富於感情；蘇軾之文波瀾橫生，舒卷自如。唐宋八家的共同點是「詞必己出」，「文從字順」，（韓愈：《南陽樊紹述墓誌銘》）㊼語言準確、生動、鮮明，切於實用。但八大家比起司馬遷來，還是遜色多了。尤其是因為韓愈和歐陽修都主張把「文統」納入「道統」，嚴重地桎梏了散文發展的機運。韓、柳在這方面的姿態，對照六朝，已是退步；歐、蘇對照韓、柳，則更見拘謹。而宋明理學家又完全取消了文學的獨立地位，㊽這對散文的發展，無疑是當頭一棒，其後果是可想而知的。

元、明、清 3 代是戲劇和小說的時代，在散文的創作方面，明代前後七子、唐宋派、歸有光（崑山〈今屬江蘇〉人，1507～1571）、永安派和清代桐城派、陽湖派的成就和意義，均在韓、柳、歐、蘇的古文運動之下。從中國古代文化的總機制來看，詩歌和散文都與歷史學有密切的聯繫，隨

㊹ 參見章培恒、駱玉明主編《中國文學史》中卷第302～303頁，復旦大學出版社，1997年。

㊺ 明初朱右選韓、柳、歐、曾、王、蘇之文為《八先生文集》，「八家」之名，實始於此。

㊻ 《文憲集》卷 7。

㊼ 《昌黎先生集》卷 34。

㊽ 如周敦頤就提出了「文以載道」說，見《通書・文辭》，而二程更變本加厲。

著歷史學的衰落，詩歌衰落了，散文自然也跟著衰落了。

但這個時代，中國古代散文的文體卻臻於完備。與此相應，對文體的分類之學也空前地健全了起來。據清代桐城派巨子姚鼐（安徽桐城人，1732～1815）《古文辭類纂》裏的分法，古代散文文體有論辯、序跋、奏議、書說、贈序、詔令、傳狀、碑誌、雜記、箴銘、頌贊、辭賦、哀祭等 13 類。這樣的分類，得到多數人的承認，是比較權威的。㊾

論辯：即論說文，是古代散文中的大宗，古代凡題作「論」、「辯」、「議」、「解」、「原」的文章，都屬於此類。先秦諸子書，如《墨子》、《孟子》、《莊子》、《韓非子》等，皆是論辯類的文集；後世則盛行單篇論文，以漢代賈誼的史論《過秦論》為最早。論辯可以正面提出自己的主張，也可以反面駁斥別人的言論。其中論和辯一般採用散體，少數也用駢文，論是論斷事理，包括論政、論史、論學；「辯」與「辨」古代通用，乃辨別、辨析的意思，唐、宋以後，辯成了批駁文字。議，又稱「私議」，不包括公牘文性質的奏議，大都為不在其位者對某些政治問題發表意見，寫法上與奏議體差不多，是由奏議體發展而來的。解，往往假設問答，如韓愈《進學解》，有自我解嘲的性質；又有一類，除用解名篇外，也多用「釋」，則為純學術性的小文。原，是推本尋源，其命名大約是由《易傳・繫辭下》的所謂「原始要終」而來。

序跋：是一部書、一篇文章、一首詩或一幅畫的序言。序，又稱「敘」和「引」。先秦時代未見有序文，序的正式出現在漢代，初期序文往往置於書的末尾，內容還包括全書的目錄和提要。徐師曾《文體明辨》卷 44 說，序「為體有二：一曰議論，二曰敘事」。實則這兩種類型的序文沒有絕對的界限，只能說有的近似論說文，有的近似記敘文。而跋，原指題文字於書卷之後，所以又稱為「跋尾」、「書後」。始於唐代。宋代題、跋並稱，書於前者為題，書於後者為跋。跋文大致可分兩類，一類是學術性的，其中包括讀後感和考訂性質的短文；另一類是文學性的，大都為一些散文小品。

奏議：是傳統社會臣下向君主上書言事的公文的統稱，奏即進，就是向皇帝進言。魏晉時代，照劉勰的說法，有章、奏、表、議的區別，「章以謝恩，奏以按劾，表以陳情，議以執異」（《文心雕龍・章表》）。唐以後章

㊾ 本節以下談古代文體，主要參考資料為褚斌杰《中國古代文體概論》（增訂本），北京大學出版社，1990 年。

較少見，常用的是表，其次是疏。表不同於章和奏的公文性強，不容有表現情采的餘地，而是允許訴說心曲，故往往更多文學色彩。表的程式，開端皆作「臣某言」，結尾常作「拜表以聞」或「臣某頓首」之類。疏是漢代才開始有的名稱，本義是條陳，就是逐條的陳說。唐初魏徵的《諫太宗十思疏》，提出 10 項具體要求，提醒皇帝時刻對照反省，被唐太宗置於座右。宋、元兩代，有時稱表、疏為「箚子」。明代和清代用摺紙寫奏表，所以又稱奏表為「摺子」。對策的文章，也屬於奏議，《文心雕龍・議對》篇云：「對策者，應詔而陳政也。」此外還有啟、箋、封事等。封事也稱「封章」，是機密的奏議，進奏時要加以密封。又有彈文，專門用於對高級官吏的彈劾。奏議文體，漢魏用散文，南北朝隋唐多用駢文，中唐以後駢、散兼用，明清時代仍恢復用散文。

書說：包話書和說。書指一般的書信，或稱為「書牘」、「書札」、「書簡」等，由其所用載體而得名。在所有文體中，書信所可容納的內容是最為廣泛多樣的，因而在寫法上，也就最為靈活，可以敘事，可以說理，可以言情；可以長，也可以短。《文心雕龍・書記》說：「詳總書體，本在盡言。」「盡言」，就是把要想說的話盡情地傾吐出來。書信與其他文章比較起來，首先是更加帶有個人的以至私人的色彩，在書信中，可以更多地看到生活的真實和思想感情的真實；其次，書信對象的具體性，決定著書信寫法、語氣和款式的不同，這與其他文體，也是不一樣的。中國傳統社會最早的書信，是春秋時期諸侯國之間外交辭令的書面化。到了漢代，書信憑藉紙張而迅速普及開來。魏晉南北朝時代的書信，加強了藝術色彩。唐、宋兩代出現了不少有政治意義和學術價值的書信作品。明代和清代，書信酬酢應答的比較多，干預現實的少見了。當時家書盛行，家書通常說的是家中瑣細之事，信筆寫來，自有一種親切之感。說，本指戰國策士游說之辭，漢以後的說，就是說明文，與論辯沒有大的區別，只是較為簡短，行文也不像論辯那麼慎重其事。

贈序：是專為送別親友而作的。晉代始見，唐以後大行。在文體分類上，過去長期與序跋合為一類，姚鼐才把它單獨列出。姚認為贈序文乃古代「君子贈人以言」的遺意，與序跋類的序文，是不可混為一談的。贈序雖與序跋之序有別，但卻是由詩序演變而來的。傳統社會文人餞別設宴，往往在席上賦詩，詩成，則由在場的某人為之作序。後來發展到雖然無詩，而送別者也要寫一篇表示惜別、祝願或勸勉之文來相贈，這樣贈序就割斷了與序跋之序的關係。而韓愈的贈序，除敘友誼、道別情外，還述主張，議時事，咏懷抱，勸德行，極大地充實了贈序文的思想內容。贈序文有書信性質。又有賀序，等於賀信；壽序，就是祝壽的文章。

詔令：戰國時有令，秦始皇改令為詔，所謂詔令，是通稱朝廷自上而下發布的文告。詔與令本無大異，但自秦以後，只有皇帝可用詔、用令，皇后和臣下的文告，則稱令不稱詔。漢代的詔、敕、制、策，都是皇帝的詔令。詔，以告百官；敕，以誡州郡；制，以施教令；策，以封王侯。[50]但情況並非一成不變，其間頗有出入。皇帝的詔令還有叫做「誥」、「諭」、「教」、「德音」等等的。隋文帝開皇八年 (588) 三月，詔伐陳，這道詔書共抄寫了 30 萬份，遍諭江南各地，此是史無前例地對敵進行大規模宣傳攻勢。詔令多數為文學侍從之臣所代擬，如王安石、蘇軾的文集中，就有很多這類文章。漢、魏之際，長官對下屬發布的指示、命令，也叫做「令」或「教」。至於歷史上官府的一般文告，則叫做告示。軍事告示叫做露布，這當然是指公開張貼的。詔令類的文章，追本溯源，實由《尚書》的誓和誥發展而來。所以後世用於曉諭或聲討罪惡的檄文，雖不一定是皇帝所發，但也可以算是詔令類的一個附類。唐代駱賓王的《討武曌檄》(即《代李敬業傳檄天下文》)，其中名句「一抔之土未乾，六尺之孤安在」、「請看今日之域中，竟是誰家之天下」[51]等，出意新穎，頗富感情。檄文實際上應屬平行公文。傳統社會平行公文，還有用於非軍事性批評指責的移文和用於同級地方官員之間互相照會的咨文。詔令文早期用散文；南朝以後多用駢體，有時也模仿《尚書》的文體；元代詔令用白話，相傳明太祖朱元璋也曾用白話自作詔令。

傳狀：傳，指傳記，起源於《史記》中的人物列傳和本紀、世家。但姚鼐認為正史中的傳不算傳狀類，他所編選的傳，多為文人所作的散篇。正史中的傳，以人物描寫為中心。史書以外的傳記文，可以上溯到漢代劉向所編寫的《說苑》、《新序》和《列女傳》等著作。單篇的傳記，如家傳、小傳、別傳、外傳和自傳等逐漸多起來，是從唐代開始的。中國古代自傳文，也不一定都是以第一人稱來寫的，著名的陶淵明的《五柳先生傳》，就

[50] 《後漢書・光武紀上》李注引《漢制度》。

[51] 《駱臨海集》卷 10。

不是採用第一人稱。自傳文往往偏重於自敘理想和抱負，抒寫對人生和社會的某些感慨。狀，指行狀，也是一種傳記文章。行狀即德行狀貌，又稱「行述」、「行略」、「事略」等。行狀本來是提供給禮官為死者定諡號或提供給史官採擇立傳的。另外，傳統社會請人寫墓誌銘、碑表之類的文字時，也往往提供行狀。行狀的特點，一是篇幅較長，記事較詳；二是有褒無貶。又有逸事狀，僅記死者的逸事軼聞。至於模仿史傳筆法的小說家言，那是另一碼事，不屬於此類。

碑誌：包括碑銘和墓誌銘，「誌」（或寫作「志」），是記識、記載的意思。碑銘的範圍很廣，有記功封禪碑文、宮室廟宇工程碑文、墓碑文 3 大類。墓碑文有一類神道碑文，往往附有讚頌性銘文或哀辭。立神道碑要有一定的官品，唐代以後規定五品以上立碑，以下至七品立碣。碑、碣在石刻形狀、高低上有區別，文章體式是一樣的。而墓表，則不論死者生前入仕與否都可樹立，但從宋代起，墓表通常是沒有銘文的。墓誌銘本書「社會生活」編已經提到過，實際上就是墓碑文，只不過墓誌銘埋於地下而墓碑文立於地上。墓誌銘大都序文用散，銘文用韻，也有全用散文的，文字較簡約。因為安葬時埋在墓壙裏，所以又稱為「埋銘」、「壙銘」、「壙誌」、「葬誌」，任何人都可以使用。

雜記：除傳狀、碑誌以及書牘以外的一切記敘文，皆為雜記文。有刻石的，也有不刻石的，按內容分，大致有山水遊記、臺閣名勝記、書畫雜物記、人事雜記 4 大類。其中山水遊記，南宋以後出現了日記體。雜記的內容和寫法都是十分多樣的，因而常與其他體類的文章發生交叉關係。孫梅在《四六叢話》卷 21 中說：「竊原記之為體，似賦而不侈，如論而不斷，擬序則不事揄揚，比碑則初無誦美。」雜記體文就是這樣，畢竟有其自己的特點的。

箴銘：箴者，若鍼（「針」的異體字）之療疾，是用於規誡的文章。箴有官箴和私箴，官箴類於規諫，以資警誡，其原始含義，見於《左傳・襄公四年》「昔周辛甲之為大史也，命百官官箴王闕」之句，後來才發生演變，對象不再是帝王了；私箴用以自勵，其中有不少道德經驗方面的教訓。而銘，則除用於警誡外，還有頌讚的作用，有座右銘、山川銘、器物居室銘。銘的寫作要求在內容充實的基礎上，做到文句簡約，而又出語溫和圓潤。箴、銘都是韻文，以四言句為最常見。

頌贊：用於歌頌讚揚。頌較莊重；贊最初因為要配樂，所以多為韻文。贊除了用於讚美外，還用於評述，有補充前文的，也有概括前文的。還有史贊，非常重要，如《史記》中的「太史公曰」。

辭賦：上節已經作過介紹。總之，這種文體是比較特殊的，在其發展演變過程中，往往受同時代詩歌或散文的影響。有時是散文的成分加多，詩歌的成分減少，有時是詩歌的成分加多，散文的成分減少，一直保持著半詩半文的性質。

哀祭：包括哀辭和祭文，都是哀弔死者的文章，只不過前者多用於身遭不幸而死或童稚夭殤者。祭文一般是在祭奠時宣讀的，有一定的格式，如祭亡友的祭文，開頭大抵寫「維某年某月某日，某某謹以清酌（酒）庶羞（美食）之奠祭於亡友某某之靈」，結尾則寫「嗚呼哀哉，尚饗!」祭文常用韻文，只有少數用散文，也有用騷體、駢體或駢散結合體的。這類文章多致哀思，以抒情為主。祭文也有用於祭告山川靈物或憑弔古人古跡的：祭告山川靈物的，又稱「謁文」、「祝文」；憑弔古人古跡的，則另稱「弔文」。還有告文，專門用於告祭先祖先師。誄，也屬哀祭類文體，內容很像碑誌，但不刻石。古代哀祭文，有的還用「告某」、「哭某」、「悼某」、「葬某」、「奠某」、「悲某」等名稱，性質都是一樣的。只是「告某」，主要適用於晚輩對先輩的祭禱；「哭某」，是祭關係密切的親友，表現出更強烈的思想感情。

中國傳統社會專門用於考試的文體，有策論、判辭和八股文。策論，策即對策，論就是議論文。判辭以四六行文，崇尚簡當，因為科舉中式，要作官辦案，得寫判決書，所以考試要考判辭，這是題中應有之義。八股文，也叫「時文」、「闈墨」、「制藝」、「試帖」、「四書文」、「八比文」。始於明代，盛行於清代。這種文體格式上由破題、承題、起講、入手、起股、中股、後股、束股 8 個部分組成。「破題」共兩句，說破題目的意義。「承題」承接破題的意義而加以說明。「起講」概說，是議論的開始。從起講起，皆須以「聖人」口氣行文，此即所謂「代聖人立言」。「入手」則為起講後入手之處。「起股」以後是正式議論，其中「中股」是全篇的軸心。在「起股」等 4 個段落中，每個段落又有兩股兩相排比對偶的文字，每股少則 4 句，多至 20 句，合共 8 股，所以稱為「八股文」。八股文又有排比對偶不是 8 股而是 6 股或 16 股、18 股的變格，每篇字數在 300～700 之間。其出題，一律用「四書」、「五經」中的現成話。內容闡釋須以程朱學派的注釋為準。句子長短不拘，不用四六，不求押韻，不講究藻飾，禁止使用誇張華麗的辭語，不許引證古文，不許巧設比喻。試卷要求點句、勾股、繕寫整潔，嚴禁犯諱。八股文作為文體來說，仍然有可取之處，但由於設條件者的限定，[52]後來越來越死板，就只能起到束縛思想、摧殘人才的作用了。

此外，中國古代還有筆記、語錄、連珠、對聯等文體。筆記是隨筆而錄、雜談瑣語性質的散文，內容廣泛，不拘形式，肇始於魏晉，而宋明以後最為繁富。語錄是直接記錄講學、論政以及傳教者言談口語的一種文體，在中國古代散文發展中，其出現可算是最早的，如《尚書・盤庚》篇，就是語錄體的始俑。連珠，「連」即連貫，「珠」是形容語言之精妙，猶言妙語如珠，一般用駢偶、排比句，篇章短小而押韻，實際上就是駢體文，但要求對讀者有啟發、借鑒意義。對聯的形成得益於駢文和五、七言詩中的對句，可用於勸勉、評論、慶賀、哀悼、咏嘆、諷刺，具有廣泛的社會功能，[53]「對對子」「能表現中國語文特性之多方面」(陳寅恪:《金明館叢稿二編・與劉叔雅論國文試題書》)。

以上文章體裁，包括八股文在內，皆有名篇傳世。

---

[52] 《啟功叢稿・論文卷》第334～335頁，中華書局，1999年。

[53] 說詳程千帆《關於對聯》,《閑堂文藪》，齊魯書社，1984年。

# 第三十章

# 戲劇和小說

## 第一節　戲劇

談中國古代的戲劇，不能離開曲，雖然曲是一種詩體，但中國戲劇的生命是與曲緊緊地連在一起的，離開曲，也就談不成戲了。

中國戲曲起源很早，它融合了歌舞、說唱以及古代俳優的詼諧、諷刺等藝術形式，經過漫長的孕育發展，到宋金時期才形成比較完整的體系。

歌舞在原始社會，本來是祀神用的，同時也娛樂人們自己，進入文明社會後，這一傳統仍被保留了下來。屈原所作《九歌》，就是祀神歌舞的歌辭。後來雖然有些歌舞有了特定的角色，如北朝以來的《蘭陵王》、《踏搖娘》，但一直到北宋，歌舞中還沒有進一步形成完整的戲劇性故事。

說唱影響戲曲唱腔的形成，也孕育著日後的戲曲劇本。漢樂府有部分作品是配合管絃歌唱故事的。南北朝時期的大曲，以一支曲子反復演唱，可以用來敘述一個完整的故事。隋唐時代，受印度文化的影響，又有可以邊唱邊講的變文出現。至北宋，變文間接演變為諸宮調，諸宮調可以根據故事情節的需要而選用不同曲子來演唱，為中國古代成熟的戲劇藝術在文學和音樂方面鋪平了道路。

俳優在周幽王的宮廷裏就已經有了他們的蹤跡。楚國的優孟，用俳優的獨特方式解決了孫叔敖之子的貧困問題，流傳有「優孟衣冠」（《史記・滑稽列傳》）的典故。作為君主和貴族的弄臣，俳優專以諷刺調笑為職務。後趙時，俳優的表演已發展到兩人合作的參軍戲。唐代後期的參軍戲已結合歌唱形式，伴以絃管鼓樂，並有女演員參加演出。五代後唐莊宗（923～926 在位）與優伶關係至密，號稱「李天下」（《新五代史》卷 37），被後世戲曲藝人尊為戲神。

歌舞、說唱、俳優等藝術形式，細分起來種類很多，但都被列入「百戲」。秦、漢以來，百戲有集中表演的傳統，西漢角抵戲《東海黃公》已顯露出獨立於其他百戲之外的更接近戲劇的特徵，❶中國古代戲曲藝術就產生於這樣的環境之中。

北宋時，都城東京開封府商業繁榮，藝人們在瓦舍的勾欄裏演出，互相競爭吸收，促進了戲劇的形成和發展。

宋雜劇是中國最早的比較穩定的戲劇形態，大體上由 3 個部分組成，即艷段、正雜劇（兩段）和雜扮。艷段為開場，目的在於招徠觀眾，安定劇場；正雜劇為主體，是寓警誡和諫諍於滑稽表演的雜劇正文；雜扮為正雜劇後面的玩笑段子，用以送客。宋雜劇的角色，通常有 5 個：末泥、引戲、副淨、副末、裝孤。宋末元初周密的《武林舊事》卷 10 列舉的雜劇名目有 279 種，大都嬉笑怒罵皆成文章，或抨擊統治者的倒行逆施，或針砭嘲諷醜惡的世態人情。宋雜劇中有不少劇目是以歌舞為主體來敘事的，所用曲調有大曲、法曲、曲破、諸宮調、詞調等。另外還有以「爨」為名的簡短的歌舞段子，表演時，先演爨，再演正劇。連臺本宋雜劇《目連救母》，元、明以來發展成為專門的目連戲，至今仍有單折演出。

金院本與宋雜劇相似，但受到北方少數民族風俗和音樂的影響，是宋、金對峙時期宋雜劇在北方的直接發展。所謂院本，即是供「行院」（指妓院等）演出的本子。

諸宮調唱詞往往兼有代言體特徵，便於敘事和對人物性格、心理作細緻的描繪；曲子則聲情各異，亦頗利於營造戲劇氛圍。金末董解元的《西廂記諸宮調》，通過形象概括的詩歌語言，刻畫出青年男女愛情生活上的痛苦和抗爭，把抒情、敘事、寫景緊緊地融合起來，結構宏偉，情節曲折，達到了較高的藝術水平。諸宮調已經發展得更為成熟。

在金院本——特別是諸宮調的基礎上，元代中國的戲劇藝術進入成熟階段，其標誌是元雜劇出現在中國北方。中國戲劇藝術的成熟期所以如此之晚，是因為它歷來受到上層社會的輕視、冷落、壓抑和摧殘的緣故。尤其中國的士大夫，向來以尊重經術、鄙薄詩文自命，他們認為：經和史，是資治之大要；詩和文，是雕蟲之小技。❷但如本書上一章所述，對詩和

---

❶ 鍾敬文、蕭放主編《中國民俗史・漢魏卷》第 480 頁，人民出版社，2008 年。

❷ 《法言・吾子》：「或問：『吾子少而好賦?』曰：『然。童子雕蟲篆刻。』俄而曰：『壯

文，他們還是予以厚愛的。他們真正鄙薄的，乃是戲劇和小說。讀過《紅樓夢》的人都知道，大觀園裏的小姐、少奶奶們，可以堂而皇之地起什麼詩社，但是，要她們堂而皇之地讀《西廂記》和《牡丹亭》，那就不行了。中國古代戲劇在這種文化氛圍中，當然是很難走在詩文前頭的。不過話得說回來，元雜劇在世界範圍內，卻仍然居於遙遙領先的地位，這是由於當時教坊大興，又一度停止了科舉考試，正是大批教坊官妓和「名第卑微，職位不振」(鍾嗣成:《錄鬼簿・序》)的落魄知識分子，保證了元代戲曲藝術大幅度崛起的人力資源。而這個時期，歐洲還處在中世紀的末葉，西方文學除但丁 (Dante Alighieri, 1265～1321) 的《神曲》、彼德拉克 (Francesco Petrarca, 1304～1374) 的抒情詩、薄伽丘 (Giovanni Boccàccio, 1313～1375) 的《十日談》外，整個來說水平低下。

一般情況，元雜劇每本 4 折，也有 5 折和 6 折的。「折」，相當於現代戲劇的「幕」。從內容來看，一折是故事情節發展的自然段落；從音樂來看，一折之內是一支完整的套曲。元雜劇各折使用的宮調，大致有一定的格局：第一折多用仙呂宮，第二折多用南呂宮，第三折多用中呂宮，第四折多用雙調。每折的套曲也有大致的次序，曲牌可以重複使用，叫做幺篇。元雜劇實際使用的宮調共 9 個，即：正宮、中呂宮、南呂宮、仙呂宮、黃鐘宮、大石調、雙調、商調、越調。每一宮調常用的曲牌約一二十個。除 4 折外，對劇情比較複雜的，常加 1 個或 2 個楔子。楔子放在開頭，能起序幕作用；置於劇中，則有承上啟下的功能。元雜劇多數為一本，但也有不止一本的。為概括全劇主要情節，點明人物故事，元雜劇還有「題目正名」，或 2 句，或 4 句，皆為韻語。演員的行當，男主角叫正末，女主角叫正旦，配角有副末、沖末、外末、小末、副旦、貼旦、外旦、小旦、大旦、老旦、花旦、色旦、搽旦和淨、雜（包括孤、卜兒、徠兒、邦老、孛老、細酸）等。整本戲由一人主唱，正末主唱的劇本稱為末本，正旦主唱的劇本稱為旦本。道白叫做賓白，往往用「云」字來提示，分為獨白、背白、旁白、帶白等類，有無韻的散白，也有押韻的韻白。表演動作、表情和舞臺效果叫做科，道具稱為徹末。演員多數屬於教坊或樂籍，與雜技演員一樣，也有路歧和社火，在都市裏公開演出的場所也叫勾欄。

元雜劇在體制格局上循規蹈矩，在文思語意上暢所欲言，❸化雅為俗，

---

夫不為也。」」

圖 160　《感天動地竇娥冤》
明崇禎刻本《酹江集》插圖

又點俗成雅，主要是以歌詞文采和音樂曲調取得戲劇效果，形式是敘事詩，基調則是抒情的。其中大部分作品，往往以「大團圓」收場。劇作家在悲劇中堅持尋求圓滿自足的解釋，體現了傳統文化精神追求節制、折中、調和的趨向。其實這也正是整個中國古代戲劇的共同特徵。

元雜劇的代表作家有關漢卿和王實甫。

關漢卿（金、元之際中都〈今北京市宣武區〉人，約生於金末，卒於宋亡 (1279) 之後）的《竇娥冤》，對黑暗的社會現實，進行了強烈的譴責和大膽的抨擊。竇娥是個善良柔弱的女子，3 歲喪母，7 歲被賣到蔡家當童養媳，19 歲死了丈夫。她本想做個安分守己的寡婦，但流氓張驢兒竟在光天化日之下逼她成親。後來分明是張驢兒自己失手藥死了他父親，卻惡人先告狀，借機誣陷不肯滿足他淫欲的竇娥。而地方官姚杌又把告狀人當成「衣食父母」，貪贓枉法，使竇娥屈打成招，判處死刑。遵從傳統的節、孝等道德規範，反而落得身敗名裂。在劇中，實際上所有人物，包括她生身的父親和她所孝順的婆婆，都或多或少或直接或間接地陷她於苦難。殘酷的現實擦亮了竇娥的眼睛，她終於覺醒了，臨刑前，竇娥發出了撕裂人心的控訴。全劇曲辭明白如話，而又鋒利蒼勁，沒有一點故作文雅雕琢的地方。對白大都是純粹的口語，對於每一個不同的人物都給以適合身分的聲口。尤其是竇娥，她在刑場上痛快淋漓地指天罵地，說是「天地也，做得個怕硬欺軟，卻元來也這般順水推船!」（第三折〔滾繡球〕）在她那個時代，連天地神明都敢詛咒，不是仇大恨深，孰能有此膽量？竇娥為了表明她的冤枉，曾發了 3 樁誓願：要血濺白練，六月飛雪，三年亢旱。後來果然一一應驗。感天動地之悲，顯示了積極浪漫主義的藝術魅力。關漢卿另外還有《望江亭》、《救風塵》、《調風月》、《拜月亭》、《單刀會》等作品，風格多樣，藝術上也都各有千秋。

王實甫（金、元之際中都〈今北京市宣武區〉人，生卒年未詳）的《西

❸　郭英德：《元雜劇：中國古代劇曲藝術的奇葩》，《光明日報》1999 年 5 月 10 日。

圖 161 明凌氏刻本《西廂記》插圖

廂記》，是對董解元《西廂記諸宮調》的改寫。王《西廂》的故事並不複雜，寫的是洛陽書生張生赴京趕考，途中遊蒲州普救寺，邂逅扶靈歸葬、借宿寺中西廂的相國小姐崔鶯鶯，倆人一見鍾情，開始默默相愛。後因叛將孫飛虎逼婚之事，鶯鶯之母老夫人許下諾言，誰能解得此圍，便招誰為女婿。張生投書駐守附近的故交白馬將軍，一舉滿足了老夫人的招婿條件。但老夫人卻在酒宴上賴婚，堅持將鶯鶯許配給侄兒鄭恆，讓張生和鶯鶯以兄妹相稱。此事後來幾經周折，在聰明能幹的丫環紅娘的熱情幫助下，再得白馬將軍出面，總算有了圓滿的結局。《西廂記》的故事原本唐代詩人元稹的《鶯鶯傳》（又名《會真記》）。在《鶯鶯傳》裏，崔鶯鶯的形象富於悲劇性，她以傳統禮教來克制自己，內心深處卻熱烈渴望著愛情，終至成為封建勢力和自私男子的犧牲品。董解元《西廂記諸宮調》對崔、張故事進行了徹底的改造，但董《西廂》枝蔓過多，人物性格統一不起來。王《西廂》後來居上，讓劇中人物更加明確地堅守各自的立場，不僅加強了劇情的緊張性和吸引力，也使全劇的主題更為突出。作者以熱烈的同情，表達了「願普天下有情的都成了眷屬」(《張君瑞慶團圓雜劇》第四折〔清江引〕) 的美好理想。作為悲劇藝術，王《西廂》並沒有把衝突推到尖銳對立導致雙方毀滅的程度，在中國古代，這是很有代表意義的。劇中人物，都極其性格化。尤其是崔鶯鶯，她深沉、含蓄，既有外在的凝重，又有內在的激情。封建家庭的教養，無法完全窒息她內心的青春情感，她一出場就情不自禁地嘆息：「花落水流紅，閒愁萬種，無語怨東風。」(《張君瑞鬧道場雜劇》楔子〔么篇〕) 正是這種「閒愁」使她對張生一見傾心。還有紅娘，則是正義、智慧和力量的化身，通過紅娘這個形象，寄託了作者對崔、張戀愛的支持和歌頌。王《西廂》文字工麗，無論敘事抒情，都富於概括性和形象性，細膩而沒有纖弱之病，雍容而仍具本色之美。在以韻文寫成的中國愛情文學中，王《西廂》的語言是無與倫比的。此劇一共 5 本，總計 20 折，是元雜劇中少有的長篇。劇文結構謹嚴，組織完密，變化曲折，波瀾迭起，作者對於戲劇寫作技巧的掌握，已經臻於精熟的程度。但第五本有一折中數人對唱的情況，明顯不合元劇體例，不知道是什麼緣故。

元雜劇與《西廂記》屬於同類題材的，尚有白樸的《牆頭馬上》、鄭德輝的《倩女離魂》、曾瑞的《留鞋記》，都是著名的愛情劇。此外又有李好古的《張羽煮海》、尚仲賢的《柳毅傳書》，則是神話愛情劇。還有白樸的《梧桐雨》、馬致遠的《漢宮秋》，以表現帝妃之戀享有盛譽。

元代政治黑暗，因此還出現了許多公案戲和水滸戲，這也是時代的產物。前者如《魯齋郎》、《緋衣夢》、《生金閣》、《灰欄記》、《盆兒鬼》、《合同文字》、《陳州糶米》等，都以包拯為主人公，歌頌了他不畏強暴、為民請命的精神和超凡的智慧；後者如《雙獻功》、《燕青搏魚》、《李逵負荊》、《黃花峪》、《爭報恩》、《還牢末》等，塑造了眾多的水滸英雄形象，集中地體現了當時人民的反抗鬥爭精神。

雜劇在元代後期，由於藝術創造的停滯和因襲，加之又難以在廣大經濟發達的南方地區立足，發展到明代中葉，終於日趨衰頹，但王九思的《杜子美沽酒遊春》，康海的《中山狼》，徐渭的《四聲猿》、《歌代嘯》，梁辰魚的《紅綫女》，陳與郊的《昭君出塞》，王衡的《一文錢》、《真傀儡》，孟稱舜的《人面桃花》，卓人月的《花舫緣》等，也都還是比較可讀的作品。

而除了雜劇，宋元時代，另有產生於溫州一帶的南戲，又稱「戲文」或「溫州雜劇」和「永嘉（溫州的別名）雜劇」，是在南方民間歌舞戲的基礎上，融合南諸宮調和宋雜劇的部分要素發展起來的。事實上，南戲萌芽於北宋末年，盛行於南宋，至元代廣泛流傳開來，所以不少文學史家甚至認為中國最早成熟的戲劇不是雜劇而是南戲。❹南戲較多反映家庭倫理問題的作品，民間色彩比雜劇更濃。每一場戲為一齣，長的劇本可達 50 多齣，開頭大抵有「題目」和「家門大意」，介紹劇情和作者的意圖。正戲從第二場開始，場次劃分以人物上場下場為界，主要角色一般盡先露面，然後圍繞劇情主綫，根據「腳色行當」的勞逸、場子的大小冷熱進行調節，還要在生旦戲之外穿插淨、丑、末插科打諢的情節。南戲腳色行當有生、旦、淨、丑、外、末、貼 7 種，各行腳色都可以唱，而且還可以接唱和合唱，這種演唱方式比雜劇由一人主唱的形式要合理得多，加之曲調、唱詞格式

❹ 參見趙景深《中國戲曲的起源和發展脈絡》，《中國文學史百題》（下），中華書局，1990 年。

南北合套，變化較多，更利於表達複雜的故事內容和人物性格、情感。至於其曲韻，因受南方土音的影響，有平、上、去、入四聲。

早期南戲的演出劇目有《趙貞女》、《王魁》等，均已佚失。明《永樂大典》收錄宋、元南戲 33 種，八國聯軍入侵時，劫後餘灰，戲文僅存《張協狀元》、《宦門子弟錯立身》、《小孫屠》3 種。

南戲的代表作是荊、劉、拜、殺、琵，即《荊釵記》、《劉知遠》（也叫《白兔記》）、《拜月亭》❺、《殺狗記》、《琵琶記》5 大本。其中元末高則誠（溫州瑞安〈今屬浙江〉人，生卒年未詳）的《琵琶記》，演蔡邕、趙五娘夫妻故事，全劇 42 齣，由蔡邕辭考不得、辭婚不得、辭官不得步步陷入功名富貴的羅網和趙五娘的遭遇如水益深如火益熱兩條綫索錯綜交叉，刻畫出蔡邕和趙五娘的不同心境、性格，使人對趙五娘產生無限的同情。趙五娘善良、溫柔、勤勞、樸實、任勞任怨、堅韌不拔的優秀品質，她的那種自我克制的犧牲精神，受到著力的渲染。況且劇本語言樸素、本色，以口頭語寫心間事，委婉盡致，描摹物態，亦能做到維妙維肖。因此歷來被評為是南戲中領袖群芳的傑構。

明代南戲廣泛流傳，形成了弋陽腔、海鹽腔、餘姚腔、崑山腔等 4 種主要唱腔。弋陽腔善於與各地方言土調相結合，高亢喧闐，只以鑼鼓掌握節奏，而不用管絃，風格粗放豪邁；海鹽腔多用官話，體局靜好，清柔婉折；餘姚腔俚詞膚曲，雜白混唱，為士大夫所鄙夷；而崑山腔早在元末就有了，傳說是顧堅在民間樂曲的基礎上創造的，但只是散曲清唱，未與戲劇結緣。到了嘉靖、隆慶年間，經魏良輔（豫章〈今南昌〉人，生卒年未詳）改革後，才發生了根本性的變化。崑山腔的唱腔流麗悠遠，委婉動聽。當時梁辰魚（崑山〈今屬江蘇〉人，約 1521～約 1594）依崑山新聲創作了傳奇《浣紗記》，獲得演出成功，使崑山腔迅速擴大了影響。後來海鹽腔、餘姚腔逐漸衰落，弋陽腔亦退避三舍。

由於崑山腔等唱腔的崛起和傳播，推動了明代傳奇的創作，使之在保持南戲傳統的基礎上，吸取雜劇的優點，形成明代戲劇藝術的新體系。傳奇之名，起於唐代，但當時僅指短篇小說。在宋元時代，因南戲、雜劇、諸宮調等所演唱的故事，多取材於唐人傳奇，所以也有稱南戲等為傳奇的。到了明代以後，則專指由南戲發展起來的長篇戲劇為傳奇。與南戲相比，

❺ 故事情節與關漢卿雜劇基本相同，但更加曲折、複雜、緊湊，也叫《幽閨記》。

傳奇每齣都有齣目，由於有了齣目，南戲原有的題目就失去了作用；在傳奇中南北曲合套的形式得到更加普遍的運用，而且曲律更為嚴格，腳色體制也更趨成熟完善，分工更細。

初期傳奇的傳世之作，有《寶劍記》、《鳴鳳記》、《浣紗記》值得注意。而到了湯顯祖（臨川〈今為江西省撫州市轄區〉人，1550～1616）的《臨川四夢》出來，傳奇創作進入了全面繁榮的極盛期。《臨川四夢》又稱《玉茗堂四夢》，包括《紫釵記》、《還魂記》、《南柯記》、《邯鄲記》。《四夢》中，以《還魂記》（即《牡丹亭》）的成就為最高。作者自己也說，「一生四夢，得意處惟在《牡丹》」（王思任：《批點玉茗堂牡丹亭敍》）❻。此劇取材於話本《杜麗娘慕色還魂》，又充實了許多新的內容，共55齣，其組織形式和語言特色，頗受王實甫《西廂記》的影響。此劇的獨創性在於借助天地鬼神和皇權的力量來肯定人欲，禮讚愛情，充滿著豐富的幻想、誇張的描寫。人物各有個性，「杜麗娘之妖也，柳夢梅之癡也，老夫人之軟也，杜安撫之古執也，陳最良之腐也，春香之賊牢也，無不從筋節竅髓，以探其七情生動之微也」（同上）。尤其是女主角杜麗娘，她發現自己的生命是像春天一樣美好，但她不惜以生命為代價，來反抗專制勢力對她夢中之愛的壓制，「這般花花草草由人戀，生生死死隨人願，便酸酸楚楚無人怨」（第十二齣《尋夢・江兒水》），表現了她的女性的青春的覺醒。此劇生旦訴情遣詞造句多宛轉清麗，描寫戰爭和鬼怪時，則間或插入北曲，潑辣粗獷，而用韻多任意處❼。湯顯祖表示，寧願拗折天下人嗓子，也不能增減他的作品一二字，❽於此可見這位藝術家對藝術的執著程度。當時有吳江派的沈璟、王驥德等人，精通音律，「懸完譜以俟當代之真才」（馮夢龍：《〈曲律〉序》），湯顯祖顯然與他們迥然異趣。

湯顯祖的《牡丹亭》本來是為宜黃腔而作的，後來被人改作崑山腔。在湯顯祖的時代，崑山腔集南北曲之大成，重視服飾、化妝和臉譜的作用，演員們致力於綜合唱、念、做、打等各種藝術手段來塑造多種多樣的藝術形象，為雅俗所共賞。

明、清之際，傳奇創作進入調整、總結階段。在當時稱為「蘇州群」

❻ 見祖本為清暉閣本的清翻刻明暖紅室覆刻冰絲館重刻本。清暉閣主人即王思任。

❼ 沈德符：《萬曆野獲編》卷25。

❽ 湯顯祖：《玉茗堂尺牘之六・與宜伶羅章二》。

的劇作家中，李玉的《一笠庵四種》(《一捧雪》、《人獸關》、《永團圓》、《占花魁》) 刊印於崇禎 (1628～1644) 年間，頗為風行。李玉尚有《清忠譜》和《千忠戮》等政治歷史劇，亦負盛名。李玉之外，朱皭的《十五貫》、朱佐朝的《漁家樂》、葉時璋的《琥珀匙》、張大復的《天下樂》和《如是觀》、邱園的《虎囊彈》等，皆不失為成功之作。

與李玉同時的李漁 (浙江蘭溪人，1610～1680)，著《閒情偶寄》，其中「詞曲部」論述了傳奇創作和崑曲藝術的特殊規律和技巧，主張戲文「貴淺不貴深」，強調「立主腦」、「減頭緒」、「密針綫」、「脫窠臼」、「審虛實」等重要的結構原則。在「演習部」，則特別針對許多傳奇鬆散、冗長的毛病，提出了「縮長為短」、「變舊為新」的處理辦法。他是中國傳統社會不可多得的戲曲理論家。

李漁並且還指出「傳奇原為消愁設」(《風箏誤》劇末詩)，一語道破了中國古代戲劇作家的審美追求。在中國古代戲劇中，不僅喜劇多，而且喜劇的種類也多，喜劇是中國古代戲劇的主流，這是因為「吾國人之精神，世間的也，樂天的也。故代表其精神之戲曲小說，無往而不著此樂天之色彩」(王國維:《紅樓夢評論・紅樓夢之美學上之價值》) ❾。

繼李漁之後，孔尚任 (曲阜人，1648～1718) 著《桃花扇》，在這部不朽的劇本的《小識》和《凡例》中，他對戲劇理論也作了重要的闡述。孔尚任認為戲劇傳奇，應當傳國家興亡之大奇，並且戲劇除內容、文辭外，還必須注意情節的安排，重視賓白的作用。

至於《桃花扇》本身，則全劇以復社文人侯方域和秦淮名妓李香君的愛情故事為綫索，「借離合之情，抒興亡之感」(試一齣「先聲」)，真實地反映了南明王朝的崩潰瓦解和當時人們的思想感情。作者的目的，是要通過對史事的實錄，再現典型的歷史環境，把許多歷史人物搬到舞臺上去。在這裏，《桃花扇》取得了非常的成績。尤其是李香君的形象，作者對她竭盡頌揚之能事，她不僅色藝非凡，而且更有關心國家大事的頭腦，為了愛情和理想，她終於以血濺扇，在扇上染成了永遠鮮艷的桃花。那把桃花扇，一方面糾結著侯、李的愛情，另一方面又聯繫著時代的風雲，真是「南朝興亡，遂繫之桃花扇底」(《雲亭山人:《〈桃花扇〉本末》) ❿，可謂匠心獨

❾ 引自一粟《古典文學研究資料彙編・紅樓夢卷》卷3，中華書局，1963年。

❿ 《桃花扇》卷首。

運。此劇對語言的運用，時而慷慨激昂，時而纏綿悱惻，均能適應劇情的變化和發展需要，也是很圓熟的。

清初尚有洪昇（錢塘〈與仁和同治今杭州〉人，1645～1704）的《長生殿》，又名《沈香亭》，敷衍李隆基、楊玉環的愛情悲劇和天寶遺事，與《桃花扇》齊名。這兩部作品之後，中國傳統社會再也沒有偉大的劇作出現了。中國傳統社會藝術文化史上最有成就的文學形式，不是與工商業城市和資本主義因素相聯繫的戲劇。

但這並不等於說，中國傳統戲劇藝術的發展到清初已經山窮水盡。事實上，只是沒有高水平的文人參加創作劇本而已。清初地方戲普遍滋生，諸多的聲腔，除了由以熾烈粗獷的風格吸引觀眾，伴奏以打擊樂器為主，唱時字多音少、一泄而盡，整體上高昂奔放的弋陽腔在各地派生的高腔腔系和北崑、湘崑等崑腔腔系外，還有梆子腔系、絃索腔系、皮黃腔系和亂彈⓫腔系。這種種聲腔系統是同一戲曲聲腔在不同地區不斷繁衍的結果，而不同聲腔在同一地區演出又產生了兼包並蓄的新劇種，於是而有花部——即各種地方戲和雅部——即崑曲爭勝的格局。所謂花部，既有花樣繁多的含義，又有非正統的色彩。花部可以說是無腔不備，無戲不有。乾隆初年，花部弋陽腔進京；之後花部秦腔進京。到了乾隆五十五年 (1790)，為祝清高宗八十壽辰，花部四大徽班之首的三慶班進京，接著許多徽班跟踪進京，經過反復比較，終於取代了崑腔獨尊的地位，發展成為後來的京劇。京劇的形成標誌著花、雅之爭的結束，花部贏得了勝利的王冠。

徽班本來由徽州鹽商徵集蘇州名伶組成，四大徽班指三慶、四喜、和春、春臺 4 個著名的徽戲班社，興起於安慶，活躍於揚州，技藝精湛，各有看家戲。道光八年 (1828) 以後，又與本來就有血緣關係的漢戲互相融匯吸收，薈萃了程長庚、張二奎、余三勝等表演藝術家，因而深受北京觀眾的歡迎。毫無疑問，京劇是以徽調的深沉柔和的二黃和漢調（即湖北調）的明朗流暢的西皮為主要腔調，以不同於以往宋、元、明及清前期的曲牌聯綴體的對稱的上下句作為唱腔基本單位，吸納京腔、崑腔、秦腔的曲調、劇目和表演方法，以及許多民間曲調——特別是梆子腔中新出現的一種以板式變化為特徵的更為單純、通俗、靈活的腔樂結構形式，逐漸融合變化

⓫ 「亂彈」有多種含義，或為花部之異名。此處「亂彈」指以「二凡」、「三五七」等曲調為主的地方戲曲，如「紹興亂彈」、「溫州亂彈」等。

圖 162　京劇旦角　①武旦　②小旦　③花旦

而來的。京劇專以做工和唱工取勝，最初的腳色行當分為生、旦、末等 10 行，每行都有一套完整的表演程式，講究虛實結合，舞臺效果極佳，曲文反而不受重視了。⓬

## 第二節　小說

在《山海經》、《淮南子》、《列子》、《楚辭》中，保存著較多的原始神話故事，如女媧補天、后羿射日、鯀禹治水、精衛填海、夸父逐日等。中國原始神話故事充溢著強烈的現實性和自強不息的宏大氣魄，還具有鮮明的人民性，深刻地影響了後世文學的創作，中國古代的小說藝術，即由此脫胎而來。

《左傳》、《戰國策》、《史記》等歷史文學，給了中國小說的演進和發展以積極的影響。中國古代小說對人物命運的關注，對人物一生始末的完整交待，對情節的高度重視，以及第三人稱的敘事方式，喜歡抓住主角不放而很少採用從生活橫斷面切入的寫法，這些都是受了《史記》紀傳體筆法的啟迪。

「小說」之名，徵諸文獻，首見《莊子・雜篇・外物》：「飾小說以干

⓬ 京劇在做工和唱工方面，無疑是中國傳統戲劇文化的集大成者，有過輝煌的歷史。但任何事物都會走向反面，京劇也不可能例外，現在海峽兩岸都在採取措施保護和扶持京劇，應當說，這是很有必要的，傳承薪火，責無旁貸。不過從長遠看，接下來進一步的做法不是單純為了使之成為千年不老的美人，而是認真地加以挖掘、總結、吸取和更新，俾國粹愈益發揚光大。

縣令。」但其實指，則僅謂卑瑣無價值的言談而已。

或以為戰國時期的《穆天子傳》就是小說，漢代有無名氏的《雜事秘辛》，也是同類性質的著作。事實上嚴可均輯《全上古三代文》卷15錄汲塚所出《師春》，其產生當與《穆天子傳》同時，已經採用了將現實世界與神奇幻想相融合的敘事模式。⑬至於署名作者為東方朔的《神異經》、《十洲記》，班固的《漢武帝故事》、《漢武帝內傳》，郭憲的《洞冥記》，卻可能是後人偽作，不足徵信。當時班固述劉歆之言云：「小說家者流，蓋出於稗官，街談巷語，道聽途說者之所造也。孔子曰『雖小道，必有可觀者焉，致遠恐泥，是以君子弗為也』。然亦弗滅也。閭里小知者之所及，亦使綴而不忘。如或一言可採，此亦芻蕘狂夫之議也。」（《漢書・藝文志》）代表了中國古代正統派文人對小說的一般意見。

但班、劉所謂「小說」，大概唯有滑稽神怪的故事影響到後世，⑭中國古代真正的小說藝術，應當是從魏晉才開始繁榮起來的。魏晉的志怪小說，流傳下來的有張華的《博物志》、王嘉的《拾遺記》、干寶的《搜神記》等。其中干寶的《搜神記》，較多引人入勝的篇什，如《李寄殺蛇》一篇，語言簡樸，敘事生動，結構完備，情節豐富。李寄的清醒、機智以及為民眾除害和以勇敢鬥爭贏得生存的精神，寫得非常鮮明。此外，尚有據說是葛洪託名劉歆所作的《西京雜記》，開軼事小說一門。⑮

南北朝時期，志怪小說有蕭梁任昉的《述異記》。而與當時士大夫的清談風尚相聯繫，劉宋臨川王劉義慶（彭城〈今徐州〉人，403～444）著《世說新語》，屬軼事小說。此書主要是掇拾漢末以來士族階層人物的軼事，按內容分為德行、言語、政事、文學等36個門類，廣泛地反映了士族階層的生活面貌，尤詳於東晉。對於豪門顯貴的荒淫腐朽和虛偽的醜態，有所暴露；對於各類卓異人物的言行，予以不拘一格的認可。文字簡明而有風致，往往通過一些細小的情節，不加議論，就把一個人的思想面貌勾畫出來，且保留了當時的一些口語，對後世筆記文學有極大的影響。蕭梁劉孝標曾

⑬ 伏俊璉：《戰國早期的志怪小說》，《光明日報》2005年8月26日。

⑭ 參見俞平伯《談中國小說》，《雜拌兒》，中國青年出版社，1995年。

⑮ 《西京雜記》所記皆西漢人故事，因此是否葛洪作品尚有待進一步研究，但總之其著作年代有可能提前而不會退後。參見王季思《中國筆記小說略述》，《戰時中學生》1940年第二期。

為之作注，廣徵博引，所據古書今多亡佚，因此《世說新語》及其注文，更具有不可多得的史料價值，其意義又非尋常小說可比。

唐代小說，承六朝志怪之緒，把小說從只記神怪引向反映豐富的社會生活。六朝志怪，都很簡短。到唐代，小說意識趨於成熟，文章都寫得較長，並且有曲折的描寫。宋趙彥衛《雲麓漫鈔》卷 8 說：「唐之舉人，先藉當世顯人，以姓名達之主司，然後以所業投獻，踰數日又投，謂之溫卷，如幽怪錄、傳奇等皆是也。蓋此等文備眾體，可以見史才、詩筆、議論。」開元、天寶以後，投獻小說成了風氣，所以小說作者一時大盛。由於這類文章在唐末被裴鉶編為《傳奇》3 卷，後世即以「傳奇」稱唐人小說。

唐代傳奇的人物是多方面的，有知識分子，有官僚，有名媛貴婦，有商賈，有歌兒妓女……作品的傾向性，是對人性的呼喚和張揚。在創作方法上，則為現實主義和積極浪漫主義的結合。唐代傳奇的形式，一定程度地受有變文的影響，如《遊仙窟》、《周秦行紀》等作，還可以看到那種韻、散夾雜的體裁。再如當時流行的《一枝花話》，成為《李娃傳》的題材。由於古文運動把文體從駢文中解放了出來，這就間接促進了小說的發展；同時由於傳奇文學的發展，對於古文運動，也起了一定的推動作用。

唐代傳奇，除《任氏傳》、《柳毅傳》、《離魂記》、《東城老父傳》、《杜子春傳》、《周秦行紀》、《東陽夜怪錄》和早期的《古鏡記》、《補江總白猿傳》、《遊仙窟》等，內容上仍可歸入志怪小說外，在愛情小說方面，有《離魂記》、《霍小玉傳》、《李娃傳》、《鶯鶯傳》、《步飛煙傳》等；在諷刺小說方面，有《枕中記》、《南柯太守傳》等；在歷史小說方面，有《長恨歌傳》、《李衛公別傳》、《高力士外傳》、《安祿山事跡》、《開元、天寶遺事》、《明皇雜錄》等；在劍俠小說方面，有《謝小娥傳》、《虬髯客傳》、《紅綫傳》、《劉無雙傳》、《聶隱娘傳》、《吳保安傳》、《馮燕傳》、《崑崙奴傳》等。代表作家有陳玄佑、沈既濟、許堯佐、李朝威、李公佐、杜光庭、牛僧孺、蔣防、白行簡、元稹、陳鴻、沈亞之、裴鉶等。大名鼎鼎的韓愈作《毛穎傳》，柳宗元作《河間傳》、《李赤傳》，這是他們嘗試著用散體古文寫小說。這些作品比較注意人物的描寫，也重視結構布局，在藝術上比起前代的小說來確實是大大地進步了。

唐代傳奇中的故事，後世大多被敷衍成為戲曲題材，經過戲曲家的傳播，又演變成為流行廣泛的民間故事。

到了宋代，盛行始於唐代的所謂「說話」，也就是「說書」，南宋尤盛。說話分為 4 類：小說、講史、說經、合生。小說又叫「銀字兒」，內容主要講煙粉（愛情）、靈怪、傳奇和公案。講史又叫「平話」，即「說大書」，多取材於歷史事件。說經又叫「說參請」，係講說佛經。合生又叫「說諢話」，略如今日的相聲，或以為就是參軍戲。而所謂話本，通常就是指小說和講史、說經的底本。唐代已有話本，從僥倖在敦煌留存或殘存下來的幾種來看，語言文白相雜，但都比較通順，顯然是經過文人整理的。

宋刊話本今已無從見到，目前所知宋、元話本都不早於元刊。

宋元小說話本，夾雜著大量的詩詞和駢文，這種體裁，是直接從唐代的變文演變而來的。與唐代話本的出於文人之手不同，宋元小說話本則是民間藝人（說話人和「書會才人」）的創作。創作的目的，只是為了職業，所以要盡量迎合當時市民階層的趣味。因此內容虛虛實實，婦女的狀貌、戀愛的情節、戰爭的場面、神鬼的恐怖等，都用口語描摹得相當細膩。後來由於進入了宮廷，受到宮廷的愛好，故文字上自然也更加講究起來。宋元小說話本原是不少的，據元初羅燁《醉翁談錄》記錄就有 100 多篇，但大部分都已散佚，保留到現在的宋、元小說話本，總計二三十篇。其中《十五貫戲言成巧禍》，題材是訴訟事件，描寫很有功夫，特別是對話，相當生動地表現了人物的性格和心理活動。《碾玉觀音》、《志誠張主管》、《鬧樊樓多情周勝仙》，大抵屬於煙粉、志怪一類。《一窟鬼癩道人除怪》和《崔待詔生死冤家》等篇，則結構嚴謹，語言非常漂亮，但有可能是明代人加工的結果。又有《簡帖和尚》，最早見於明代嘉靖年間洪楩編刻的《清平山堂話本》，亦名《錯下書》。馮夢龍把它收入《古今小說》（即《喻世明言》），改名為《簡帖僧巧騙皇甫妻》。作者很善於製造懸念，藝術上頗有特色。

宋元講史話本，今存《新編五代史平話》、《宣和遺事》、《全相平話五種》等多種；說經話本，今存《大唐三藏取經詩話》。語言技巧較差，是淺近的文言和不十分成熟的白話混合使用。但在內容和結構上，因專門演述長篇故事，須一回一回地連續講許多次，對後來章回體小說的出現，具有重大的意義。

中國古代戲曲、小說發展得較晚，其趨勢正好與詩文作逆反的對照。如果說瑰麗璀璨的戲曲是元代文壇的寵兒，那麼，極摹人情世態的小說藝術則是明清時代文學史上得天獨厚的驕子了。明代由於白話文體的發展，對於小說教育意義的理解及其對社會背景、時代意識的反映功能的把握，小說的創作空前地繁榮了起來。有名的長篇小說《三國演義》、《水滸傳》、《西遊記》、《金瓶梅》和《封神演義》等，皆先後問世。

《三國演義》是中國古代長篇小說的開山之作，現在所能見到的最早的本子刊於明代嘉靖壬午 (1522) 年，叫做《三國志通俗演義》，題署「晉平陽侯陳壽史傳，後學羅本貫中編次」，全書 24 卷，240 則。在羅貫中（太原人，一說東平〈今屬山東〉人，也有說錢塘〈與仁和同治今杭州〉或廬陵〈今江西吉安〉人，約 1330～約 1400）編撰此書之前，已有元人《三分事略》、《全相三國志平話》，大體具備了三國故事的基本輪廓。羅本問世後，清初又有毛宗崗在羅本基礎上再作修訂。但此書主要的創作勞動，自羅本問世以來，應歸於羅貫中。不過也有人認為，北京國家圖書館所藏明代黃正甫刊本《三國志傳》早於羅本，這個版本用南方方言記錄故事，並且自始至終未題寫作者姓名，故此書是否主要為羅貫中編撰尚有待證明。⑯《三國演義》的思想主題，學術界眾說紛紜，見仁見智，也無比較一致的定論。此書所演述的內容，雖是魏、蜀、吳鼎足三分的故事，卻反映了千百年來輾轉在惡勢力壓迫下人民的精神痛苦和悲涼的情緒。書中的曹操，並不等於真實的魏武帝的藝術再現，而只是歷史上奸詐、兇殘、貪怙、狡猾的統治者的化身。與曹操相反，劉備和諸葛亮，則是一對仁君賢相的形象，在他們身上，寄託了作者的政治理想。作者把許多歷史題材巧妙地組織了起來，虛構和事實大致三、七開，生動活潑，精彩紛呈，展開著不同的政治、軍事和謀略的鬥爭，頗能吸引讀者。在塑造人物形象方面，如張飛、趙雲、黃忠、孫權、魯肅、周瑜、董卓、呂布、司馬懿等，都是相當成功的。尤其是曹操，雖然惡，卻雄才大略，敢作敢為，善於引納人才，顯得真實而富有生氣。對於關羽，更「特多好語，義勇之概，時時如見矣」(魯迅:《中國小說史略》第十四篇)。此書的語言，不是純粹的白話，但半文半白寫得這麼好，也就不足為病了。

《水滸傳》一說是施耐庵作，一說是羅貫中作，一說是施、羅合作，以第一說擁護的人較多。施耐庵，約與羅貫中同時，關於他的生平，至今缺乏可靠的史料。此書由《大宋宣和遺事》、《癸辛雜識》、《覓天脞語》的有關內容和眾多的水滸戲以及民間傳說改寫加工而成，深刻地揭示了在社

⑯ 張志和:《〈三國演義〉的最初寫定者應是南方人》,《光明日報》2000 年 12 月 27 日。

會黑暗政治局面中亂自上作、官逼民反、各階層急劇分化和重新組合的必然規律，從多方面生動地描寫了梁山泊好漢替天行道的英雄本色。梁山英雄的成分，有公子王孫、富豪將吏，並三教九流，乃至獵戶漁人、屠兒劊子，卻幾乎沒有真正的農民。小說在標榜「忠義」的同時，表現為對「大塊吃肉，大碗喝酒，大盤分金銀」的物質占有的熱烈嚮往。主角宋江，字「公明」，從反面來理解，實寓「瘟神」之義，《宋史・徽宗本紀》、《侯蒙傳》、《張叔夜傳》皆記有其人。不過《水滸傳》只是取史中一點一滴，開展擴充完全不為史傳所拘，而更加接近歷史的真實，所以具有深廣的思想基礎和概括的歷史意義。在藝術上，「《水滸》所敘，敘一百零八人，人有其性情，人有其氣質，人有其形狀，人有其聲口」（金聖嘆：《第五才子書施耐庵水滸傳卷之一・序三》）。如李逵、魯智深、武松這 3 位，他們雖然都以忠勇俠義著稱，路見不平，縱兩肋插刀，在所不辭，但其中仍有區別——李逵近於魯莽，魯智深是粗中有細，武松則相當精明。作者善於把人物放在具體的歷史環境中，通過人物自身的活動來寫人物。又常常運用誇張和想象的手法，來表現英雄們異乎尋常的智慧和神勇。此書語言通俗而不流於庸俗，洗練明快，酣暢活潑，只要三言兩語，就能把人物或事件寫得有聲有色。小說波瀾起伏，環環相扣。前 70 回，每個人物的故事都可以單獨成篇；71 回後，則以事件為中心。在開端安排高俅的發跡，起到開宗明義的作用。末尾為 108 個好漢接受招安，效力朝廷，從體制外回歸或進入體制內。作者只反貪官，不反皇帝。現在流傳的《水滸傳》，100 回本，在宋江受招安以後，有征遼和鎮壓方臘等情節；120 回本，又插入鎮壓田虎和王慶的故事；70 回本是金聖嘆的刪改本，刪去了宋江受招安和招安後事，而改以盧俊義一夢結束。

《西遊記》，魯迅、胡適皆認為是吳承恩（山陽〈治所在今楚州區〉人，約 1504⑰～約 1582）所著，也是根據宋、元以來的民間故事和有關作品加以提高的再創作。此書在三教兼容的文化背景下，以唐僧取經為故事綫索，主要是通過對神魔世界的描寫，曲折地暴露作者所生活的那個時代的政治現實。作者既揶揄神，也嘲笑魔，對神魔一視同仁，不存偏見。神魔之間，你中有我，我中有你。而作者傾注莫大熱情的孫悟空，在他身上，則魔性分明勝於神性。這個孫悟空上鬧三十三天，下鬧九幽十八界，他對如來佛

⑰　關於吳承恩的生年，暫從人民文學出版社 2000 年版《西遊記》前言。

宣稱「皇帝輪流做，明年到我家」（第七回），分明是大逆不道的反叛者。但不容懷疑，《西遊記》的主體工程，卻正是孫悟空的故事。全書熔神話、傳奇、志怪、演義、童話、寓言於一爐，構思之妙，大率在八十一難中，有許多斬妖除魔、神奇怪異的情節，卻窮盡了人間眾生相，使讀者感到既遠離現實，又貼合現實。在對人物形象的塑造上，孫悟空機智、勇敢、樂觀、幽默，野性不馴，蔑視困難，法力高強，神通廣大，但也經常遭遇局部的失敗，寓涵著人生必須歷經磨難才能得到淨化和完成的哲理。作者往往把超自然的神性、社會化的人性和某些動物的特徵結合在一起，幻中有真，呼之欲出。行文則縱橫恣肆，每於敘述恐怖的場面，雜以詼諧和滑稽，化緊張為輕鬆；並且散、韻並用，人物對話口語化，流暢明快，生動活潑，在迄今為止的同類作品中，是最為成功的。

《金瓶梅》的成書年代，約在隆慶至萬曆三十年 (1602) 以前。作者為蘭陵笑笑生，蘭陵即今山東棗莊（也有說在河北），但笑笑生究竟是誰，現在還不能考定。此書從《水滸傳》中取出西門慶和潘金蓮的有關情節，敷衍成洋洋大觀的長篇，可以說基本上是屬於作者個人的創造，這一點與以往的《三國》、《水滸》大大不同了。《金瓶梅》揭露了這個時代官商勾結、錢權交易下社會的混亂無序，以及人性的普遍墮落。「作者之於世情，蓋誠極洞達，凡所形容，或條暢，或曲折，或刻露而盡相，或幽伏而含譏，或一時並寫兩面，使之相形，變幻之情，隨在顯見，同時說部，無以上之」（魯迅：《中國小說史略》第十九篇）。各類婦女是《金瓶梅》著意描寫的對象，潘金蓮、李瓶兒、龐春梅 3 人名字各取一字構成書名，就可見她們在書中的地位。作者細緻地描寫了她們的苦難、無助和異化，傾向性是明顯的。正因為如此，所以這部小說首屈一指的藝術形象，不是西門慶，而是潘金蓮，在她身上，美麗的外貌、聰明的才智與醜惡的靈魂、陰毒的手段融成了一體。李瓶兒和龐春梅也是如此。這種寫實的作風，為後來《紅樓夢》的產生，提供了足資借鑒的經驗。由於受當時社會風氣的影響，《金瓶梅》對性欲的描寫，表現出強烈的興趣，往往有過分誇張的筆墨，似乎顯得多餘。[18]不過作者之意，先揚後抑，或在警示性自由之足以葬送一切。而如果換一視角，則作者把靈與肉、心理與生理的多重狀態寫得如此多姿多彩，把性安放在人類生存的基礎位置，大膽地肯定了情欲的社會性和自

[18] 參見趙景深《〈金瓶梅〉的題材、主題與人物》，《中國小說叢考》，齊魯書社，1980 年。

然性，不掩飾不回避，也就顯得特別有意義了。⑲但書中充滿了冷酷和絕望，作者用這樣的態度來對待人生，卻顯然是不可取的。《金瓶梅》的版本，有可能是初刻本的卷首刊萬曆四十五年 (1617) 東吳弄珠客序和欣欣子序的《金瓶梅詞話》、康熙乙亥 (1695) 皋鶴草堂張竹坡批點的《第一奇書金瓶梅》和崇禎本《新刻繡像金瓶梅》；還有《古本金瓶梅》，為翠微山房所藏。

《封神演義》的前身是宋元話本《武王伐紂平話》，其成書約在天啟年間，據明刊本題記，作者初為鍾山逸叟許仲琳，後來寫定者為李雲翔。全書 100 回，以武王伐紂和姜太公封神的故事、傳說為題材。小說突破君臣觀念的束縛，肯定以有道伐無道的正義戰爭，表現了進步的思想傾向。作者的想像力極其豐富，使全書充滿了神話色彩。但此書宣揚宿命論和女人禍水論，多數人物缺乏人性，有些情節過於荒誕，對戰爭場面的描寫也流於程式化，這些都削弱了作品應有的思想性和藝術性。

除了上述名著和其他同類長篇，明代後期以來還有一種才子佳人的戀愛小說，篇幅不長不短，數量也很可觀，雖不免「千部一套」之譏，但其中如清初的《平山冷燕》、《玉嬌梨》、《好逑傳》等作，故事情節曲折、浪漫，不僅盛行於江南地區，還曾被多個西方國家翻譯，廣播海外。

晚明馮夢龍（長洲〈與吳縣同治今蘇州〉人，1574～1646）編《喻世明言》、《警世通言》、《醒世恆言》，分別刊於天啟元年 (1621) 前後和天啟四年 (1624)、天啟七年 (1627)，總稱「三言」，共收宋、元、明話本和擬話本 120 篇。所謂擬話本，就是文人對話本的擬作。「三言」「極摹人情世態之歧，備言悲歡離合之致」(笑花主人:《〈今古奇觀〉序》)，語言幽默、新鮮，既傳神而又切實，內容包括市民、妓女、義士、秀才、帝王、權貴、官吏、商販、僧徒、仙道等各種各樣人物的故事，成為世俗風習的畫廊，表現了鮮明的市民意識和嚴肅的人生思考。其中《賣油郎獨占花魁》、《玉堂春落難逢夫》、《杜十娘怒沈百寶箱》、《金玉奴棒打薄情郎》、《沈小霞相會出師表》、《蔣興哥重會珍珠衫》等篇，塑造了一系列青年女性形象，描寫力求逼真，心理刻畫也很細緻，情節曲折，而又富於真實感，都是具有中國古典小說獨特風格的成功之作。又有淩濛初（烏程〈與歸安同治今浙江湖州〉人，1580～1644）刊《拍案驚奇》初、二刻，共收擬話本小說 79 篇，總稱「二拍」，題材與「三言」相彷彿，情節生動，語言流暢，其所反映的市民

⑲ 參見《王汝梅解讀〈金瓶梅〉》，時代文藝出版社，2007 年。

意識，比「三言」更為強烈。作者在肯定「情」的同時，還進一步肯定了「欲」，對性愛多作正面的描述；在《硬勘案大儒爭閒氣》一篇中，又把當時官方奉為偶像的理學家朱熹描繪得極其不堪，這些都是使人耳目一新的。「三言」、「二拍」後來有選本《今古奇觀》，採錄「三言」29 篇、「二拍」11 篇，為清初抱瓮老人編，是得到廣泛流傳的擬話本讀物。此外還有陸人龍的《型世言》，明末以來湮沒無聞，孤本存韓國首爾（漢城）大學奎章閣，筆調清新，也有較強的藝術感染力。

明末清初的金聖嘆（吳縣〈與長洲同治今蘇州〉人，1608～1661），總結《水滸傳》和《西廂記》的創作經驗，著重指出《水滸傳》在寫 108 人時，善於塑造人物的形象，描繪人物的性格，有各得其妙的特點，標誌著中國古代小說意識的熟透。

清代前期小說在那注重經典考據的學術空氣裏大展雄風，竟造就了中國歷史上最傑出的小說家，他們是蒲松齡、吳敬梓和曹雪芹。

蒲松齡（淄川〈今為淄博市轄區〉人，1640～1715）的《聊齋誌異》，是一部用淺近的文言寫成的短篇小說集，現在收集到的最完整的本子，共 491 篇，其中半數左右不具有故事情節，並非真正意義上的小說。此書以談狐說鬼的形式，對當時社會的黑暗現實頗多暴露。作者筆下的狐狸鬼魅大多心地善良，而所謂「人」，倒反面目可憎。蒲松齡在《自誌》裏說：「浮白載筆，僅成孤憤之書。」坦然地表白了他寫作此書時的悲憤情緒。其中《紅玉》、《竇氏》、《梅女》、《書癡》、《夢狼》等篇，寫盡人間的不平和醜惡；而《席方平》一篇，賦予主人公的反抗性格以進攻的鮮明特點，更有積極的意義。由於作者一生深受科場蹭蹬之苦，故書中涉及科舉的地方特別多，對試官的貪殘和狗屁不通，乃至由此引發的種種其他惡果，此書均予以淋漓盡致的刻畫。同時，在《聊齋誌異》中，反映愛情、婚姻和家庭問題的作品占大多數，戀愛故事以男性作家的綺思豔想為動機和情節基礎，無不寫得動情而優美，作者無意於謀求使建立在愛情基礎上的事實婚姻得到合法的結局，恰恰反映了他的思想的深刻。此書題材不

圖 163　清人繪《聊齋圖冊》書影

拘一格，還有另外一些篇什，或是描寫底層自食其力者的勤樸品質，或是記敘民間藝人的優秀雜技，都是別開生面的。而《勞山道士》、《畫皮》一類故事，則頗富寓言意味，其哲理蘊涵皆足啟人心智。全書情節真幻交織，變化莫測，引人入勝；人物很少雷同，還善於渲染環境氣氛，借以烘托人物的性格，傳達人物的情緒；加之語言夾帶群眾性的方言口語，兼具文言的典雅精練和白話的清新活潑，狀貌傳神，韻味盎然。自問世以來，一直受到讀者的普遍歡迎。相傳蒲松齡除此書之外，在中國小說史上上承《金瓶梅》下啟《紅樓夢》的長篇巨製《醒世姻緣傳》，也是出自他的手筆，但其說已經受到多方面的質疑。

圖 164　吳敬梓像

吳敬梓（安徽全椒人，1701～1754）的《儒林外史》，把書中故事年代假託在明代，實際寫的是清代。全書 55 回，30 餘萬言，主要是用諷刺的筆調，描繪了一群知識分子的各種醜態和可笑的表現，並由此入手，對封建科舉制度作了無情的抨擊和揭露。作者透過喜劇性的形象，直接逼視到了悲劇性的社會本質。他把讀書人所追求的功名富貴當作毒害人的東西來予以否定，在書中，以「熱中」與否作為裁量人物的唯一標準。由於「熱中」，導致心態失衡，誘發種種墮落。從第三十一回起，《儒林外史》更陸續寫出了一些正面人物，如杜少卿、遲衡山、莊紹光、虞育德，這些人性格不同，生活態度也不盡相同，但卻有一個共同點，就是對功名富貴都看得很淡。作者寫人物最有意思的是，他所許可和讚美的人物形象，絕大多數都是「儒林」以外的市井小民，因為他們都不「熱中」。一部《儒林外史》只是要「叫人覺得，『人』比『官』格外可貴，學問比八股文格外可貴，人格比富貴格外可貴」（亞東本《儒林外史》卷首胡適《吳敬梓傳》）。此外，作者反對對婦女的偏見和不公正待遇，第四十、四十一回寫沈瓊枝，把她那敢作敢為的性格作了畫龍點睛的描繪，顯然是對傳統觀念的挑戰。作者把握人物性格的準確和敘述態度的冷靜，比之多少有些浪漫色彩的《紅樓夢》更接近現代小說。並且此書所寫人物，大都有所影射，作者秉持公心，故能毫無顧慮，這一點也是極難得的。《儒林外史》的語言，有口語化、性格化和形象化的特點，修辭造句，簡練純淨，而又時雜冷雋，不動聲色卻實為皮裏陽秋，表現出幽默的特色。但在結構上,「全書無主幹,僅驅使各種人物,行列而來,事與其來俱起,亦與其去俱訖,雖云長篇,頗同短製」(魯迅:《中國小說史略》第二十三篇)。不過因主題突出,情節層層遞進,故事的前章後節之間,仍有一定程度的聯繫。也許可以說,這竟是一種沒有結構的結構,是實現了小說結構的散文化。⑳在版本方面,此書過去的通行本,回數都是56回,其中第五十六回的回目叫做《神宗帝下詔旌賢,劉尚書奉旨承祭》,這一回沒有情節,為原書所無,是後人加進去的。

曹雪芹(1715或1724～1763㉑或1764),名霑,字芹溪,一字芹圃,滿洲正白旗人,是中國傳統社會空前絕後的偉大小說家。他的不朽巨著《紅樓夢》,是一部反映專制制度壓迫下婦女問題的小說。因為婦女問題是社會最根本的問題之一,涉及面很廣,所以這部小說獲得了對中國傳統社會的負面積澱進行全盤批判的意義。小說以賈府盛衰為背景,以賈寶玉、林黛玉、薛寶釵的戀愛婚姻悲劇為主綫,毅然為著錄在「十二金釵」正冊、副冊、又副冊裏的「閨閣立傳」,描寫了她們的青春的人的美——包括人體的美、人生的美、人性的美、人格的美和這種美的被毀滅,對專制社會提出了血淚的控訴。

中國傳統文化心理造成了小說人物性格的自我壓縮,小說家為了強化某一方面的審美理想,往往較多地突出與倫理道德相聯繫的性格特徵,賦予人物以明確的善惡是非形態,抑制了人物性格其他側面的表現,即使寫了性格的多樣化,也是一種平面的並列結構,次要性格只是主要性格的陪襯。《紅樓夢》開始打破了傳統的寫法,在曹雪芹筆下,形象所概括的生活,具有生活的複雜性和豐富性,那種靠倫理判斷的外在規範和直接干預來左右典型性格的塑造的傳統寫法遭到了排斥。

《紅樓夢》的人物形象,「叛逆型」的林黛玉和「迎合型」的薛寶釵是書中眾女子的總代表。雙性氣質㉒的男性主角賈寶玉姓「賈」名「寶玉」,

⑳ 說詳楊義《〈儒林外史〉的時空漂移策略》,《光明日報》2002年1月23日。

㉑ 此1763年說新近又有進展。參見馮其庸《重議曹雪芹的卒年》,《光明日報》2006年8月15日。

㉒ 雙性氣質指男性在氣質上向女性靠攏,女性在氣質上向男性靠攏。現代心理學研究成果表明,雙性氣質對自身性別角色的超越,為成就第一流卓越人物提供了不可或缺的心理要素。

圖 165　賈寶玉和林黛玉在共讀《西廂記》　選自頤和園長廊彩畫

「賈」通「假」，有「代理」義；「寶」是「寶釵」之「寶」，「玉」是「黛玉」之「玉」，為「諸艷之冠」（《乾隆庚辰脂硯齋重評石頭記》第十七、十八回回前批語），具有概括書中所有「水做的骨肉」（第二回、第十七回）的女子的象徵性意義。賈寶玉「沒上沒下」（第六十六回），有一種朦朧的但又是急切的念頭，就是憧憬著從傳統的人際關係中解放出來，反映了「人」的覺醒——其中主要是女性的「人」的覺醒，滲透了時代的新鮮氣息。

除了賈寶玉，《紅樓夢》的主要描寫對象，首推「體格風騷」（第三回）、「算盡機關太聰明」（第五回）的榮國府管家奶奶王熙鳳，她是《紅樓夢》女性人物群中與男性世界關聯最多的人物；其次則林黛玉、薛寶釵、探春、晴雯、史湘雲、秦可卿、尤三姐等等。作者用的是工筆，是水磨工夫，精雕細琢，刻畫入微，顯示了一絲不苟的創作精神。

尤其是，書中全部重要人物，均是兩兩相對的，深合對稱原則；並安排了有關副角，作為性格描寫的補充手段。如林黛玉和薛寶釵是一對，晴雯和襲人是一對，而晴雯和襲人，則又一向被認為分別是林黛玉和薛寶釵的影子。這種精心的有機處理，大大加強了小說的傳達和感染力量。

小說幹壯枝繁，波瀾疊起，精彩不斷。

作者巧妙地設置了現實背景語境和虛幻背景語境的重疊滲透，使作品的「真假」問題獲得了極其非常的意義，產生了越是逼真就越是虛幻、越是美就越是悲、越是繁華就越是淒涼的藝術效果。㉓

此書語言平淡而含蓄，通俗而典雅，自然流暢，簡潔明淨，色彩鮮麗。書中人物對話，幾乎純用口語，生動傳神。

作者的知識異乎尋常的豐富，使《紅樓夢》的內容幾乎覆蓋全部中國

㉓　謝剛、李梅英：《從語境看〈紅樓〉的「真假」》，《光明日報》2001 年 1 月 29 日。

傳統文化。這部小說博大精深，是世界文學中名列前茅的精品，是人類共享的財富，是中國文化的驕傲。

《紅樓夢》最初流傳的時候，只有 80 回，早期鈔本如「甲戌本」、「己卯本」、「庚辰本」等，均題《脂硯齋重評石頭記》。乾隆五十六年 (1791)，程偉元（蘇州人，生年未詳，約卒於 1818 年）用活字排印 120 回本——即「程甲本」，次年又增刪程甲本印成「程乙本」，從此 120 回本流行。120 回本的後 40 回是乾隆進士高鶚（漢軍鑲黃旗人，約 1738～約 1815）續補的，後半部與前半部結合成為一個不可分割的整體，續補者的勞績同樣是值得重視的。

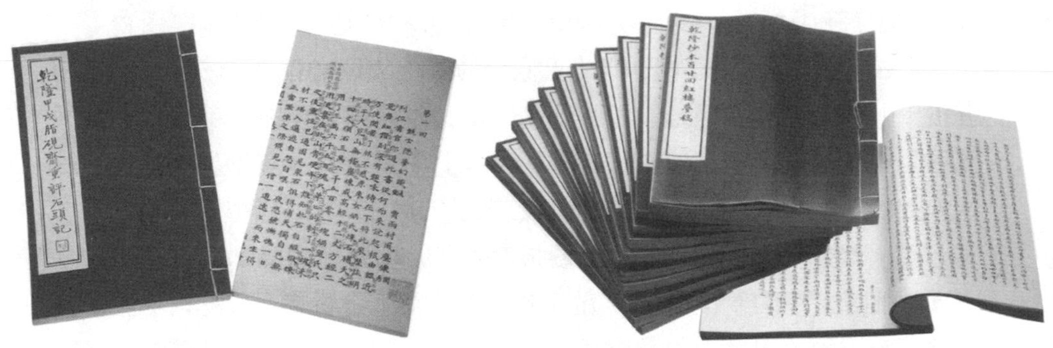


圖 166 《乾隆甲戌脂硯齋重評石頭記》書影（左）《乾隆鈔本百廿回紅樓夢稿》書影（右）

《紅樓夢》問世後，雖然還有李汝珍的《鏡花緣》、文康的《兒女英雄傳》、李海觀的《歧路燈》和題為「石玉崑述」的《三俠五義》等長篇小說，紀昀的《閱微草堂筆記》等志怪小說，以及《天雨花》、《榴花夢》等彈詞小說，都堪稱不刊之典。但總起來看，中國傳統社會小說創作的鼎盛期已經過去了。

# 第三十一章

# 繪畫、書法和篆刻

## 第一節　繪畫

除了文學，代表中國藝術最高成就的是繪畫。中國古代以「神似」取勝的繪畫藝術，特別是山水畫和花鳥畫，是自然之美的升華，是審美之情的結晶，在世界藝術史上，足以與希臘的雕刻、德國的音樂媲美。

早在新石器時代，中國先民就製作了古樸的岩畫和多姿的陶繪。

夏、商、西周和春秋的繪畫，據文獻記載有伊尹畫九主，武丁畫夢、畫繢之事和明堂、宗廟內的壁畫，實物則有彩繪陶器和青銅器上的紋飾。青銅器上的紋飾和後來漢代的畫像石、畫像磚之類，在形式上看雖是雕刻，但雕刻的第一步，須是畫，所以這類作品，在繪畫史上的地位與在雕刻史上的地位，可以等量齊觀。

從長沙楚墓出土的《人物夔鳳》和《人物御龍》兩幅帛畫中可以看到，中國以綫為主要造型手段的繪畫傳統在戰國時期已經形成。其簡括活潑的造型、圓轉流暢的綫條，富有濃厚的裝飾風味，反映出早期中國繪畫的水平。

《韓非子・外儲說左上》記載有客向齊王剖析畫犬馬難而畫鬼魅易的道理，是一則得到廣泛流傳的寓言故事。

秦漢時代，繪畫有了進一步的發展。近年來在長沙馬王堆和山東臨沂金雀山出土的西漢彩繪帛畫，表現墓主人生前的闊綽生活及死後祈求升天的主題，勾綫勁利嫻熟，造型準確生動，畫面鮮麗絢爛，這些都比戰國帛畫顯得成熟。漢代壁畫尤稱發達，武帝於甘泉宮繪神鬼圖像，宣帝於麒麟閣繪功臣圖像，獻帝（189～220 在位）於周公禮殿繪三皇、五帝、三代君主、孔子及七十賢圖像，都見於文獻記載。漢代貴族地主崇尚厚葬，因而墓室壁畫十分考究，題材內容包括現實生活、歷史故事、神話傳說、祥瑞

圖 167　四川漢畫像磚

迷信等。1972 年在內蒙古和林格爾發現的漢墓壁畫，保存畫面 50 多組，代表性作品如《車馬出行圖》、《樂舞百戲圖》和《牧馬圖》，或先著色後用墨綫勾勒，或只用單綫勾描，或直接用色染畫而成，風格與帛畫完全一致，顯示了漢代繪畫藝術的時代特點。另外，河北望都、河南新密、遼寧遼陽等地都有重要的漢代壁畫。在魯蘇皖、豫南鄂北、陝西和晉西北、四川等地的墓室和祠堂中，還發現大量畫像石和畫像磚，刻畫誇張而簡括，賦予形象以強勁有力的生命感和音樂般的節律，向後世表露了許多被歲月掩去的歷史真象。如上文所說，也同樣是漢代繪畫的遺珍。漢代政府設置畫官，元帝時，畫官毛延壽繪王昭君像以通匈奴，為歷史上有名的故事。漢代許多知名人士，如張衡、蔡邕等皆善畫。蜀郡守劉褒，據說他畫的《雲漢圖》，人見之覺熱，又畫《北風圖》，人見之覺涼，說明漢代繪畫作品已具有了一定的感染力。從漢代曾設專門造就書畫方面人才的鴻都門學來看，畫風之盛，也就可以想見了。

魏晉南北朝時代，隨著佛教的流傳，寺觀、廟堂、石窟內的壁畫盛行，無論規模和成就，都遠遠超過了漢代。其中新疆拜城克孜爾石窟壁畫，主要是 5～6 世紀時的作品，內容多為小乘佛教故事，菱形格，厚重絢麗，富於裝飾效果。而甘肅敦煌莫高窟從前秦開鑿到元代，歷時 10 個世紀，現存 492 個洞窟，2000 餘尊塑像和 4500 多平方米的壁畫，是世界上榮居榜首的佛教藝術寶庫。在這一時期的敦煌壁畫中，以《尸毗王本生圖》和《鹿王本生圖》等為代表，反映了中國傳統畫風在吸收融合外來藝術基礎上的豐富和提高。

當時出現了一大批獻身繪事的大畫家，如曹弗興、衛協、戴逵、顧愷之、陸探微、謝赫、張僧繇、宗炳、楊子華、田僧亮、曹仲達等，其中最著者推東晉顧愷之（晉陵〈今無錫〉人，約 345～406）、劉宋陸探微（吳〈今蘇州〉人，生年未詳，約卒於 485 年）、蕭梁張僧繇（吳〈今蘇州〉人，生卒年未詳）3 人。就造型而論，顧、陸、張 3 家，「張得其骨，陸得其肉，顧得其神」(張懷瓘:《畫斷》)❶。

顧愷之，字長康，小名虎頭，世稱「虎頭三絕」: 畫絕、才絕、癡絕。❷今傳《女史箴圖》、《洛神賦圖》、《列女仁智圖》，皆為唐、宋人的摹本。人物面目衣紋無纖媚之態，氣味古樸；綫描如春蠶吐絲，又如春雲浮空，流水行地；薄染以濃色，微加點綴，不求暈飾，十分典雅。他為裴楷畫像，「頰上加三毛」，頓「覺神明殊勝」；他尤其重視對眼睛的描繪，認為「傳神寫照，正在阿堵」。(《晉書》卷 92) 他的畫在中國繪畫史上起了劃時代的作用，後世對他推崇備至。顧愷之要求畫家「遷想妙得」(《論畫》)❸，把思想感情與客觀事物有機地聯繫起來，「以形寫神」(同上)，活靈活現地去刻畫對象，也是百世不易的精到之見。

陸探微在綫條的運用上，連綿不斷，前筆與後筆之間表現為恰如其分的節奏感，稱為「一筆畫」(《歷代名畫記》卷 2)，風格近於顧愷之，被南齊謝赫評為當代之冠，居於第一等。張僧繇畫花卉，用朱及青綠，遠望眼暈如凸凹，就視乃平，在當時算是新興的事物；其畫人物衣服褶紋，到唐代又有「張家樣」之美稱。

相傳張僧繇作畫，筆才一二，像已應焉，有些像後世的速寫法。畫史上將張的這種畫法與顧、陸加以比較，分別謂之「疏體」和「密體」。

東晉時期，山水畫開始成為獨立的畫種，並且出現了山水畫論。南齊謝赫提出「六法」❹，首重「氣韻生動」和「骨法用筆」，(《古畫品錄》前言) 表現了從生命和精神的生生不息的運動中去尋求美的思想，對後世中國畫的發展，產生了深遠的影響。

隋、唐繪畫，尤其是唐畫，以色彩燦爛、富貴華麗、恢宏壯觀為其特色。這個時代，壁畫仍占主要地位，唐代敦煌壁畫的成就是空前的，也為後世的佛教壁畫所不及。畫面上「飛天」上下飛騰的身姿，借助兩根飄帶的一轉一折，便瀟灑自如地表現了出來。這種方法十分簡潔巧妙，又非常

❶ 據張彥遠《歷代名畫記》卷 5 引。

❷ 《晉書》卷 92。

❸ 顧愷之傳世有 3 篇畫論:《論畫》和《魏晉勝流畫贊》、《畫雲臺山記》,《論畫》係後人從《歷代名畫記》中輯得，並非原作，卻集中反映了顧愷之主要的繪畫美學思想。

❹ 六法:「一曰氣韻生動，二曰骨法用筆，三曰應物象形，四曰隨類賦彩，五曰經營位置，六曰傳移模寫。」

富於想象力。由於題材的花樣翻新，要畫出佛教經典的「變相」，即所謂「經變」，故在藝術上，對複雜的故事內容的處理，有了相應的手法，其特點是場面巨大，結構謹嚴，配置勻稱，變化多姿。無論用綫和著色，既有磅礴的氣勢，又具濃厚的意趣。並且雖然是佛教題材，卻又明顯地出現了向世俗化發展的傾向，在佛的形象造型的準確、鮮活、完美中，寄託著對現實生活的要求。

吳道子（生卒年未詳），又名道玄，陽翟（今河南禹州）人，有「畫聖」（《歷代名畫記》卷2）之譽，擅畫人物、山水，遠師張僧繇。他的佛畫，把張僧繇的張家樣發展成為嶄新的「吳家樣」，所謂「吳帶當風」（郭若虛：《圖畫見聞誌》卷1），就是筆勢圓轉，衣帶表現出當風飄舞的狀態。當時尚有「周家樣」和「曹家樣」。❺周家樣詳後；曹家樣則為北齊曹仲達所創，「曹衣出水」（同上），這種畫法衣服緊貼身體，宛如剛從水中出來的樣子。吳道子平生曾畫壁300餘堵，相傳他畫佛像圓光，一筆揮就，不用規矩，形象生動，即使是數仞巨幅，仍合整體比例，而富於立體感。畫人物，亦如燈下取影，逆來順往，橫斜平直，各相乘除，得自然之數，不差毫末。吳道子喜用焦墨勾綫，敷以淡彩，有超出縑素的自然美，世稱「吳裝」（同上）。他早年作畫，比較工細，中年行筆如蒓菜條，曲折粗細變化無窮，雖點畫之間，或見缺落，然有筆不周而意周之妙，有時只見墨蹤，意態已足，後人不能加彩。吳道子的真跡也已不可得見，今傳《送子天王圖》，是宋人摹本，描寫釋迦降生後，其父淨飯王抱他去拜謁天王的情景，筆意生動，充分表現了各個人物不同的心理狀態，估計當去原作不遠。

除了吳道子，唐代人物畫家尚有閻立本、尉遲乙僧、張萱、周昉等。閻立本（雍州萬年〈與長安同治今西安〉人，生年未詳，卒於673年）的作品，具有強烈的現實性和政治意義，在藝術表現上，注重人物個性精神的描繪。如果說六朝人物畫已從漢魏的「跡簡意澹而雅正」（《歷代名畫記》卷1），向「細密精緻而臻麗」（同上）境界發展的話，那麼閻立本則是在此基礎上又將人物畫向盛唐的「煥爛而求備」（同上）推進了一步。他早於吳道子近1個世紀，是顧愷之以來畫風的殿軍畫家，以後便是吳道子的時代。❻今傳閻立本《步輦圖》，或云係北宋摹本；《歷代帝王圖》，或云係初

❺ 參見魏承思《中國佛教文化論稿》第245～246頁，上海人民出版社，1991年。

❻ 內藤湖南：《中國繪畫史》第21～24頁，中華書局，2008年。

唐另一畫家郎餘令所作;《職貢圖》,是宋代摹本;《蕭翼賺蘭亭圖》,有北宋摹本和南宋摹本。尉遲乙僧(西域于闐〈今新疆和田〉人,生卒年未詳)用筆緊勁如屈鐵盤絲,作大幅則灑落有氣勢,曾在長安(今西安)慈恩寺前畫千手千眼觀音圖,設色沉著,凹凸顯然。張萱(京兆〈治今西安〉人,生卒年未詳)和周昉(京兆〈治今西安〉人,生卒年未詳)的仕女畫,在畫法、風貌上有相似之處,人物形象皆曲眉高髻,豐頤健體,衣著富貴,儀態雍容,綫條工整而不煩瑣,設色濃麗而不俗艷。但在氣質和情調上,卻有明顯的差異,張萱表現的是盛唐景象,周昉反映的,則是安史之亂後唐帝國迅速走向衰落時人們的心理狀態和精神面貌。周昉所繪佛像,「衣裳勁簡,彩色柔麗,菩薩端嚴,妙創水月之體」(《歷代名畫記》卷10)——即周家樣。今傳張萱《虢國夫人遊春圖》、《搗練圖》,皆為宋代摹本;周昉《揮扇仕女圖》是否底本,尚待深入研究;周昉《簪花仕女圖》,自南宋以來,即認為是真跡,但也有專家表示懷疑。

隋代展子虔(籍貫、生卒年未詳)作《遊春圖》,用青綠重著色畫貴族春遊情景,圖中山水空勾無皴,局部有金綫勾斫,桃紅柳綠,青山白雲,陽光和煦,給人以輝煌明麗之感。近景樹木畫法已漸趨寫實,遠山上以花青作苔點,也開了點苔先聲。人和馬雖小如豆,但一絲不苟,形態宛然。畫面的空間感加強了,山水從此由作為人物畫背景的附庸地位逐步蔚為大國。但從畫中人物的衣著、坐式諸方面看,一說此畫未必出於展子虔手筆,至少恐得下移至晚唐、五代較合適。❼

唐代山水畫家,有吳道子、李思訓、王維、王洽等。吳道子據朱景玄《唐朝名畫錄・神品上》記載,曾1日畫成嘉陵江300里的風光,而與他同時的大畫家李思訓畫嘉陵江風景,則用了幾個月時間,唐玄宗都很欣賞,認為「皆極其妙也」。❽於此可見他的簡體畫的風格。李思訓(成紀〈今天水〉人,651~716),世稱「大李將軍」,他繼承展子虔的畫法,強調勾畫山石形狀,皴法不明顯,樹木多雙勾填色,有時用金銀複勾,金碧輝煌。作品風格遒勁,雲霞縹渺,時睹神仙之事。今傳《江帆樓閣圖》,為宋人摹本,畫中江天空闊,風帆遠揚,院落幽靜,比之《遊春圖》,氣勢之雄深,非後者可及。其子李昭道,世稱「小李將軍」❾,畫法更趨精細艷麗,今

❼ 沈從文:《讀展子虔〈遊春圖〉》,《花花朵朵罎罎罐罐》,江蘇美術出版社,2002年。

❽ 原文記此事在「天寶中」,但李思訓卒於開元初年,「天寶中」當是誤記。

傳《明皇幸蜀圖》，有宋代摹本。王維是著名詩人，創破墨山水畫，所作《輞川圖》，面目像吳道子，而風標突出，筆力勁爽。他與李思訓是互相對立的畫派，在當時，李是正宗，王是旁支。但王維「畫中有詩」（蘇軾：《書摩詰藍田煙雨圖》）⑩，他用詩的印象主義、抒情性和對氣韻的絕對追求來作畫，開後世文人畫之端。宋以後，文人畫作者日眾，勢力日盛，李思訓一派的重彩工筆反而不受重視了。今傳王維《雪溪圖》、《江山雪霽圖》和《濟南伏生像》，均非真跡；《濟南伏生像》，定名亦可疑。王洽（籍貫、生年未詳，卒於貞元〈785～804〉末年）酒酣作畫，將墨潑於絹素，用手抹之，為山、為水、為石、為雲，無不如意。後北宋米芾父子、元代高克恭皆師其法而承其意。

唐代花鳥禽獸畫，也很有成績，其中韓幹和戴嵩聲名相埒，稱為「韓馬戴牛」。韓幹畫馬師承曹霸，尤重寫生，杜甫《丹青引贈曹將軍霸》說「幹唯畫肉不畫骨」⑪，其實韓幹不唯畫肉，也能畫骨，壯健神駿，窮其殊相。今傳《牧馬圖》，有宋徽宗題「韓幹真跡」；《照夜白圖》，自米芾《畫史》以來，亦迭經諸書著錄。戴嵩為韓滉弟子，韓、戴傳世的名作，今存韓滉《五牛圖》，此圖打破了很早以來畫牛只畫牛側面和平面的裝飾性格局，生動地表現了牛的各種動態。又，凡唐畫大都為絹本，《五牛圖》卻為紙本，紙適宜發揮用筆的長處，畫中粗厚多變的綫條，在唐代是極為少見的。戴嵩則專擅水牛，能窮其野性筋骨之妙。

盛唐張璪，相傳可雙手握管，同時作畫，一為生枝，一為枯枝，他的「外師造化，中得心源」（《歷代名畫記》卷 10 引《繪境》）的名言，為後世畫家奉為座右銘。晚唐張彥遠（河中猗氏〈今山西臨猗南〉人，約生於 815 年，卒年未詳）的《歷代名畫記》，成書於大中元年 (847)，開創了百科全書式的畫史編寫體例，不僅是中國傳統社會第一部完整的繪畫通史，又對繪畫的社會功能加以明確的肯定，並且發揮了「骨氣、形似皆本於立意」（卷 1）的觀點。另外如「書畫用筆同法」、「運墨而五色具」（卷 2）等有關中國畫特點的議論，亦最早見於此書。此書為後世各類繪畫論著的出現

⑨ 此稱蓋因「大李將軍」而來，其實李昭道從未做過將軍，他父親李思訓則官至武衛大將軍。

⑩ 《蘇軾文集》卷 70。

⑪ 《杜少陵集詳注》卷 13。

開拓了廣闊的領域。張彥遠之時，展子虔、吳道子所作「屏風一片，值金二萬」（《歷代名畫論》卷 2）。

五代兩宋，是中國傳統社會繪畫登峰造極的時期。如果說唐以前的中國繪畫意識是人類一切早期繪畫所共有的，其差別主要來自技術性，那麼宋代畫家的審美追求，卻完全是自覺的，中國傳統社會的繪畫審美意識已經成熟了。宋代仿西蜀、南唐制度，設立了翰林圖畫院，形成了以典雅、精緻、工細為特色的院體畫風，對當時的繪畫起了很大的推動作用。與此同時，由於蘇軾和文同（梓州永泰〈今四川鹽亭東〉人，1018～1079）、米芾（世居太原，遷襄陽〈今屬襄樊〉，後定居潤州〈今鎮江〉，1051～1107）等的提倡，專門寫意的文人畫⓬勃興了起來。據米芾《畫史・唐畫》「五代國朝附」記載，蘇軾有一次畫墨竹，竹竿從地起一直到頂，不畫竹節，問其何故，他回答：「竹生時何嘗逐節生!」這種創作態度，只是強調個性的發揮。蘇軾把王維推崇到吳道子的上面去，說「吳生雖妙絕，猶以畫工論，摩詰得之於象外，有如仙翮謝籠樊」（《鳳翔八觀・王維、吳道子畫》）⓭，他對王維畫所作的評價，代表了宋代文人對畫的理想。

當時畫家大多是文學修養很深的知識分子，這些人每喜與山水自然作伴，因為這個緣故，所以人物畫便逐漸衰微，其地位為山水畫取而代之。但五代周文矩、顧閎中，北宋武宗元、李公麟和南宋馬和之、梁楷等所作人物，仍然不容等閑視之。周文矩（句容〈今屬江蘇〉人，生卒年未詳）的仕女師承周昉，於繁富尤工，用筆瘦硬戰掣而多屈曲。今傳《重屏會棋圖》，雖未必底本，但充分反映了周文矩的畫法面貌。顧閎中（江南人，生卒年未詳）善於描摹人物的神情意態，用筆柔勁，設色鮮麗。今傳《韓熙載夜宴圖》，或以為是宋代摹本。此畫真實地描繪了南唐中書侍郎韓熙載縱情聲色以排遣愁緒的夜生活，表現了主人公政治上不得志的複雜心情。武宗元（白波〈今河南孟津〉人，生年未詳，卒於 1050 年）的《朝元仙仗圖》，為絹本白描，畫有天帝及其部眾 80 餘人，綫條遒勁流動，人物神采飛揚，衣袂飄舉處，猶存吳帶當風的遺意。世所傳《八十七神仙卷》⓮，與此圖

⓬ 在蘇軾、米芾的著作中，多稱「士人畫」或「士夫畫」。

⓭ 《蘇軾詩集》卷 3。

⓮ 《八十七神仙卷》，徐悲鴻、張大千、謝稚柳定為唐畫，黃賓虹、潘天壽定為宋畫，此後論者多是黃、潘兩先生說。

畫法基本相同，二者容有某種特殊的淵源關係。李公麟（安徽舒城人，1049～1106）雖是文人畫家，但他除山水、花鳥之外，更能畫人物、鞍馬和道釋。其傳世作品，如《臨韋偃放牧圖》，卷中有牧人134名，駿馬1286匹，布局嚴謹而多變化，綫條流暢而無滯澀，表現了嫺熟的技巧。馬和之所作《詩經圖》，用筆飄逸，綫條不拘於形似。他的《後赤壁賦圖》，畫蘇東坡夜遊赤壁，一葉孤舟，飄蕩於江心，水天空闊，極富詩意。梁楷的《潑墨仙人圖》、《六祖破經圖》、《秋柳飛鴉圖》等，「精妙之筆」，「皆草草」。（夏文彥：《圖繪寶鑑》卷4），其中《潑墨仙人圖》，以大筆蘸墨畫人物衣著，如墨潑紙，人物形象奇古，尤為前代所未有。

五代山水畫家，有荊浩（河南沁水〈今屬山西〉人，生卒年未詳）、關仝（長安〈與萬年同治今西安〉人，生卒年未詳）、董源（江南鍾陵〈今江西進賢西北〉人，一說北京人，生年未詳，約卒於692年）、巨然（江寧〈今南京〉人，生卒年未詳），均承王維破墨之緒。荊、關是北方人，善於描繪崇山峻嶺的北國風光；董、巨是南方人，善於表現擁翠浮嵐的江南景色。荊浩畫松數萬本，囊括了唐人用筆、用墨的經驗。傳世真跡有《匡廬圖》，描寫廬山及其附近一帶景色，雜高遠、平遠兩法，上聳巍峰，下瞰窮谷，氣勢宏大，結構嚴謹。畫法似先以突出的輪廓綫和結構綫確定山石形體凸凹，再以短條子皴其質感，然後用水墨渲染，因而石質的堅凝、空氣的清白，依稀可見。關仝早年師法荊浩，晚歲善畫秋山寒林、村居野渡、幽人逸士、漁市山驛。他的畫風，筆簡景少，但意壯氣長，能使觀者流連忘返。傳世真跡有《關山行旅圖》和《山溪待渡圖》。前者於峰巒下遠畫深谷，近寫茅店，旅客往來，商賈停驂，雜以寒林雞犬，富於生活氣息；後者突出山川之雄壯以襯托人物之和平生息，寓意亦深刻。董源曾任南唐北苑副使，創細長圓潤的披麻皴，亦時用點子描繪鬱茂的叢樹苔草。傳世真跡有《溪岸圖》，水墨類王維；《龍宿郊民圖》⑮，著色如李思訓。又有《夏山圖》、《瀟湘圖》、《夏景山口待渡圖》，通體皆用短條子和小墨點的組合狀寫景物，最能體現所謂「北苑風範」。巨然師承董源，筆墨清潤，工畫煙嵐氣象，山

⑮ 《龍宿郊民圖》著錄於臺北故宮博物院編《故宮名畫三百種》，亦稱《龍綉交鳴圖》、《龍袖驕民圖》等，啟功認為《龍袖驕民圖》是，見《啟功叢稿》第283～287頁，中華書局，1981年；高木森則認為應作《龍獸交鳴圖》，見《五代北宋的繪畫》第31～32行，臺灣文史哲出版社，1982年。

頂畫礬頭，山間畫奔流，樹木多屈曲，以破筆焦墨點苔，並在水邊點綴風蒲，風格雄秀奇逸。傳世真跡有《秋山問道圖》、《萬壑松風圖》、《山居圖》和《溪山圖》等，明潔高曠，酣暢爽朗，皆為他成熟時期的作品。

謝赫《古畫品錄》曾將繪畫分為6品，唐人朱景玄《唐朝名畫錄》重定繪畫的品級為神、妙、能、逸4級。荊浩著《筆法記》，則易能品、逸品為奇品、巧品，偏重於寫實，旨在突出繪畫求真的重要性；而黃休復的《益州名畫錄》卻反其道將逸品置於神品之前，該書解釋「逸格」的意思是「筆簡而形具」(「孫位」條)。但長期以來，占主導地位的書畫品評，神品總是被排在逸品的上頭，因為神品是「出於天成，人莫窺其巧者」(《輟耕錄》卷18)。

北宋初期的李成（長安〈與萬年同治今西安〉人，後遷居青州營丘〈今屬山東〉，919～967）和范寬（華原〈今陝西銅川市城區〉人，生卒年未詳）繼承荊浩的傳統，與關仝一起，被認為是「三家鼎跱，百代標程」(《圖畫見聞誌》卷1）的大師。他的山水畫「神化精靈」(同上卷6)，惜墨如金，⑯不但表現出山川形勢的變化，而且還特別強調了時令氣候的特點，其中最主要的成就，是他創造了「平遠寒林」的形象。李成的真跡在宋代已不多見，今傳《讀碑窠石圖》，描寫一位騎士在古碑前駐足仰觀，人、騎為當時另一畫家王曉所作，背景則為李成親筆。空曠的原野，荒寒苦瘠的土地，圍繞石碑有幾株老樹，糾結盤曲，枝枯葉散，然而卻頑強地生長著，背景與人物相結合，使人聯想到無情歲月的流逝。而范寬的作品，則「千巖萬壑，恍然如行山陰道中，雖盛暑中，凜凜然使人急欲挾纊也」(《宣和畫譜》卷11)。所以在當時即為天下所重。今傳《溪山行旅圖》，迎面矗立雄壯渾厚的大山頭，山間瀑布如練，直落千仞；山下空濛一片，襯托出怪石箕踞的岡丘，丘上雜樹叢生，樹巔露出樓閣；山腳流水潺潺；山路上有一隊馱馬經過。整幅畫表現了對祖國氣勢磅礴的自然景色的讚美，誠辟易萬人之作。

熙寧、元祐之際的郭熙（河陽溫縣〈今屬河南〉人，生卒年未詳），亦是獨步一時的山水畫家。郭熙並且對山水畫理論也很有研究，他認為畫山水者，必須飽遊飫看，才能「奪其造化」(《林泉高致・山川訓》)。郭熙提出了高遠、深遠、平遠的「三遠」(同上）透視法，加上後來韓拙在《山水

⑯ 凌叔華：《我們這樣看中國畫》，《凌叔華散文選集》，百花文藝出版社，1986年。

純全集・論山》裏所補充的闊遠、迷遠、幽遠，成為「六遠」，總結出中國繪畫在經營位置方面的經驗，一直為後世畫家所遵奉。

與郭熙同時或稍後，有王詵（太原人，1048～1104），所作多江上雲山、幽谷寒林，筆意清潤挺秀，不今不古；米芾、米友仁（1074～1153）父子，畫南徐風雨，點滴雲煙，稱為「米點山水」。又有釋惠崇作湖山小景，蘇軾的名句「春江水暖鴨先知」（《惠宗〈春江晚景〉》其一）⑰，即為他題畫而作；郭忠恕作界畫樓臺，「以毫計寸，以分計尺，以寸計丈，增而倍之，以作大宇，皆中規度，曾無小差」（李廌：《德隅齋畫品・樓居仙圖》）⑱。更有王希孟（籍貫、卒年未詳，生於1096年）作《千里江山圖》，縱51.5釐米，橫1191.5釐米，用的是一匹整絹。畫面上峰巒岡嶺，奔騰起伏，江湖河港，煙波浩渺，其中巉岩邃谷，飛瀑鳴泉，綠柳紅花，長松修竹，漁村野市，水榭亭臺，草庵茅舍，水磨長橋，應有盡有。並描繪了眾多的人物活動，有捕魚、趕腳、幽居、觀景等，充滿了濃厚的生活氣息。所有這一切都安排得有條不紊，虛實得體。在技法上，用筆極為精細，人物雖細小，而形態栩栩。作者著意於在單純的青綠色調中尋求變化，以赭色作為襯托，收到了強烈的對比效果。這是中國繪畫史上不可多得的長卷巨製。王希孟在政和三年（1113）之前完成了此畫，⑲相傳未幾死，年僅20餘歲。

山水畫發展到南宋，又有了新的突破和變異。南宋四大家，李唐（河陽三城〈今河南孟州〉人，1066～1150）、劉松年（錢塘〈與仁和同治今杭州〉人，生卒年未詳）突破全景式構圖，多取近景，兼善人物；馬遠（祖籍河中〈治今山西永濟西〉，生長錢塘〈與仁和同治今杭州〉，生卒年未詳）、夏圭（錢塘〈與仁和同治今杭州〉人，生卒年未詳）則脫胎於青綠，而參用水墨，調和兩派，筆法蒼勁，水墨淋漓。另外還有趙伯駒、趙伯驌兄弟，也是在傳統青綠畫法的基礎上，適當融進董源、米芾的水墨技法。

五代花鳥畫家，有徐熙（金陵〈今南京〉人，生卒年未詳）和黃筌（成都人，生年未詳，卒於965年）。「黃家富貴，徐熙野逸」（《圖畫見聞誌》卷1），入宋後，徐、黃兩家仍各樹門戶，但後來就日趨融合了。徐熙善畫花木、禽魚、蟬蝶、蔬果，多選材於田野自然景象，畫法則落墨為格，雜

⑰ 《蘇軾詩集》卷26。

⑱ 此書又稱《畫品》，一卷，入編《四庫全書》「子部八・藝術類一」。

⑲ 據北京故宮博物院藏原圖蔡京題跋。

彩副之，著色後幾乎不見筆跡。這種畫法後來經他孫子徐崇嗣總結，演變為沒骨法，影響很大，可惜他的真跡今已不存。黃筌及其子居寀、居寶，多畫珍禽瑞鳥、奇花異石，勾勒填彩，旨趣濃艷。今傳黃筌《寫生珍禽圖》，描繪飛禽、昆蟲、龜介等20餘種，造型準確，頗能亂真，可惜他的真跡至今亦僅此一件了。⑳

北宋開國90餘年，較藝者視黃氏體制為優劣去取。神宗時，趙昌（廣漢〈今屬四川〉人，生卒年未詳）、易元吉（長沙人，生年未詳，卒於1064年）、崔白（濠梁〈今安徽鳳陽東〉人，生卒年未詳）出，畫風才開始轉變。趙昌輒於「每晨朝露下時，遶欄檻諦玩，手中調采色寫之，自號寫生趙昌」（范鎮：《東齋記事》卷4），喜畫折枝花卉，極有生意，著色尤見功力，識者以為曠代無雙。易元吉善於描寫猿猴獐鹿的天性野逸之姿，為了積累寫生素材，他常常寓宿山家，動經累月，深入到山澤林藪中去觀察野生動物的生活情況。所以他的畫被評為「徐熙以後，一人而已」（《圖繪寶鑑》卷3）。崔白所作清淡疏通，活潑自然，對野景野趣，傾注了更多的熱情。他作畫不打草稿，「凡臨素多不用朽，復能不假直尺界筆為長弦挺刃」（《圖畫見聞誌》卷4）。其弟崔慤，畫風亦相近。以上3家，今傳趙昌《杏花（一作「粉花」）圖》，崔白《雙鳥戲兔圖》、《寒雀圖》、《竹鷗圖》；易元吉相傳有《百猿圖》，今已不可見。

當時文同畫竹，胸中有成竹。㉑在具體技法上，「以深墨為面，淡墨為背，自與可始」（《畫史・唐畫》「五代國朝附」）。文同與蘇軾為中表兄弟，蘇軾亦愛畫竹，蘇軾、文同、米芾，還有書法家黃庭堅，他們追求「入神」㉒，共同確立了梅、蘭、竹、菊㉓的文人畫傳統題材。南渡後則有揚補之以墨梅擅天下，「清淡閒野，為世一絕」（《圖繪寶鑑》卷4）；趙孟堅善水墨白描水仙、竹石、梅蘭；倪濤善水墨蟲草。

宋徽宗趙佶(1082～1135)寄情書畫，他的作品在工整之中，形神兼備，

⑳ 中華書局2008年版日本內藤湖南《中國繪畫史講座》「五」著錄有黃筌《竹鶴圖》，風格與明初邊昭景的同名作品一般無二，是否真跡，尚難遽定。

㉑ 《蘇軾文集》卷11《文與可畫篔簹谷偃竹記》。

㉒ 葉・查瓦茨卡婭著、陳訓明譯：《中國古代繪畫美學問題》第108頁，湖南美術出版社，1987年。

㉓ 明末黃鳳池輯《梅竹蘭菊四譜》，陳繼儒題稱「四君」，所謂「君子畫」，傳統題材常見的還有松和水仙。

畫鳥多用黑漆點睛，高出於縑素，晶瑩欲動，實為宋代花鳥畫之冠冕，惜其為亡國之君，向來未受到正確評價。其實宋徽宗不僅畫畫得好，而且他的提倡院畫，功勞也正自不小。院畫的出現，與文人畫一樣，都有其歷史的必然性，任何過分抬高文人畫、過分貶低院畫的觀點都是不全面的。

相傳徽宗時，畫院曾組織一次考試，題為「竹鎖橋旁賣酒家」，一善畫者但於橋頭叢竹掩映處畫一酒帘，畫面並無酒家出現，於是其人被擢為魁首，因為他善體題中「鎖」字之義。可以想像，這幅畫之所以中式，它的好處，不就正是文人畫家們理想的「逸」和「空靈」嗎？是生動而伴之以意象的經營嗎？㉔院畫與文人畫最初並非水火不容。

宋代出現了以廣大社會生活為題材的風俗畫。今傳張擇端（東武〈今山東諸城〉人，生卒年未詳）《清明上河圖》，縱 24.8 釐米，橫 528.7 釐米，以全景式的構圖，嚴謹精細的筆法，描繪了北宋都城汴京清明時節汴河一帶的風光。全圖從右至左可分 3 大段：首段寫市郊寂靜的原野，薄霧尚未散盡，漸而有村落田疇，嫩柳初放，有掃墓回城的轎、馬和人群。畫面進入中段，順著波光閃閃的汴河看去，有巨大的漕船，或往來於河上，或停泊於碼頭。橫跨汴河的木拱橋，形制優美，宛如飛虹，俗名「虹橋」，正名應是「上土橋」。橋兩端連接著街市，行人熙攘，車水馬龍。穿過巍峨的城門樓，便來到了街道縱橫交錯，店舖鱗次櫛比，貨船五光十色，士農工商、男女老幼摩肩接踵的市區，這是畫面末段展示的景象。作者採用了傳統的手卷形式，從鳥瞰的角度，以不斷推移視點的手法來攝取景物。全圖總計人物 815 個㉕，牲畜 50 餘，船隻、車轎各 20 餘，繁而有秩，布置得宜，各式人等，一應俱有，勞逸苦樂，對比鮮明；落筆兼工帶寫，著色清淡典雅。不但是研究宋代城市的寶貴資料，也是藝術上的稀世之珍。問世以後，權貴勢要爭相巧取豪奪，至明代嘉靖年間，還因此釀成冤獄，株連了不少無辜。㉖

除了張擇端，宋代尚有蘇漢臣，善於描寫兒童生活題材；李嵩、祁序、

---

㉔ 《林語堂文集》第八卷第 285 頁，作家出版社，1996 年。

㉕ 新華社消息：《〈清明上河圖〉人數應為 815 人》，《人民政協報》1999 年 7 月 8 日。

㉖ 相傳《清明上河圖》原作在此後遭竊被毀，而現藏北京故宮博物院的這一幅，是張擇端南渡後重新繪製的，蓋其時因靖康之難，原作隨之北上，已非宋室所有了，故張氏為之重新繪製了一幅。

閻次平等，著重表現農村生活題材，也是著名的風俗畫家。

從宋代開始，畫家在身分上有「畫士」和「畫工」的嚴格區別，民間畫工，也有了行會組織。但宋代民間繪畫，為院畫和文人畫所掩，顯得不那麼重要了。尤其是當時的敦煌，為趙宋國力所莫及，所以莫高窟的壁畫，非特遠遜於唐代，並且也不及五代時期的饒有唐人遺風，這是宋代繪畫史上相形見絀的薄弱點。

元代雖只有短短的 90 餘年，但中國繪畫藝術在此期間卻發生了重大的變革和轉折。這個時期的畫論，強調畫法即書法所在，要求詩、書、畫密切配合，反映了文人畫家自宋代以來，在突破院體繪畫上取得了決定性的勝利。

在山水畫方面，元代文人畫家處在蒙古貴族統治下，往往以筆墨發抒胸中的鬱結，他們滲透了佛道的思想，這就使山水畫趨向清逸和荒寒。㉗趙孟頫（吳興〈今浙江湖州〉人，1254～1322）由宋入元，他的清遠的畫風，可以上追北宋山水畫成熟時的格局，但已是下啟整整一代元人的逸韻。他是個全才畫家，所作均「悉造微，窮其天趣」（楊載：《大元故翰林學士承旨、榮祿大夫、知制誥兼修國史趙公行狀》）㉘，無論工筆、寫意、青綠、水墨都十分精妙。他強調繪畫用筆的書法趣味，並提出「作畫貴有古意」（張丑：《清河書畫舫・松雪論畫》）、「到處雲山是吾師」（《題蒼松疊岫圖》）㉙的主張，其傳世山水畫精品，主要有《幼輿丘壑圖》、《鵲華秋色圖》、《水村圖》、《重江疊峰圖》和《吳興清遠圖》等。㉚

但元代山水畫的正式代表，卻還數元末四大家㉛。黃公望（常熟人，本姓陸，出繼永嘉〈今浙江溫州〉黃氏為子，因改姓，1269～1354）的山水畫有水墨和淺絳兩種，傳世精品《富春山居圖》、《溪山雨意圖》、《九峰

㉗ 事實上這種趨向，在宋代已見端倪。參見方豪《宋代佛教對繪畫的貢獻》，《現代學苑》第 7 卷第 11、12 期。

㉘ 《楊仲弘集》卷 8。

㉙ 《松雪齋集》卷 5。

㉚ 對於趙孟頫的藝術，欣賞趣味大相徑庭的明末董其昌和明、清之際的傅山都巧合地在 26 歲時斥其為甜媚無骨，但到了 70 歲後，卻一致改了口，嘆為「不可及也」。這是一個值得深思的文化現象。

㉛ 元四家之說，明中葉前已經流行，董其昌《容臺別集・畫旨》為提升趙孟頫，才易以倪瓚，於是成為「元末四大家」。

雪霽圖》、《剡溪訪戴圖》屬於前者，《丹崖玉樹圖》、《天池石壁圖》屬於後者。《富春山居圖》描繪富春江兩岸初秋景色，採用傳統的三遠構圖法，出入董、巨而重在創新，似平而實奇，是他晚年最得意的傑作。㉜吳鎮（嘉興〈今屬浙江〉人，1280～1354）所作多幅《漁父圖》，在平靜的湖面上，漁父或鼓棹，或垂綸，給人以遠離塵俗之感。筆法凝練堅實，水墨圓潤蒼勁，又大都配以「漁父辭」之類的題詞，書法秀勁、瀟灑，可謂詩、書、畫相得益彰。其《竹譜》冊，用筆簡潔蒼勁，似更能代表他的風格。王蒙（吳興〈今浙江湖州〉人，1308～1385）以多種方法表現江南的溪山林木，特點是筆墨繁而不亂，構圖滿而不臃，結構密而不塞，總體風格鬱蓊華滋。其《青卞隱居圖》，山石用牛毛皴，筆墨乾濕互用，部分樹葉用焦墨破筆點捽，層次分明，氣勢充沛，被董其昌評為天下第一，後世奉作範本，影響至今不絕。倪瓚（無錫人，1306 或 1301～1374）山水竹石，每以水墨為之，初宗董源，後參荊、關法，首創「折帶皴」，畫樹木則兼師李成。好作疏林坡岸、淺水遙嶺之景，景境蕭散，簡中寓繁，自謂「逸筆草草」（《答張仲藻書》）㉝。傳世作品有《水竹居圖》、《安處齋圖》、《漁莊秋霽圖》、《江岸望山圖》、《紫芝山房圖》、《贈周伯昂溪山圖》、《幽澗寒山圖》、《春山圖》等。其中《春山圖》是他去世前 2 年所作，畫岡岫白雲，湖坡幽亭，長松、碧梧、垂柳，山石白雲全用乾筆枯墨空勾，而不加渲染。他還善畫竹，往往超乎形似之外。元末四家鄙視刻意構思，只憑興會作畫，所謂寫胸中丘壑，這種精神支配了後來的幾個世紀。

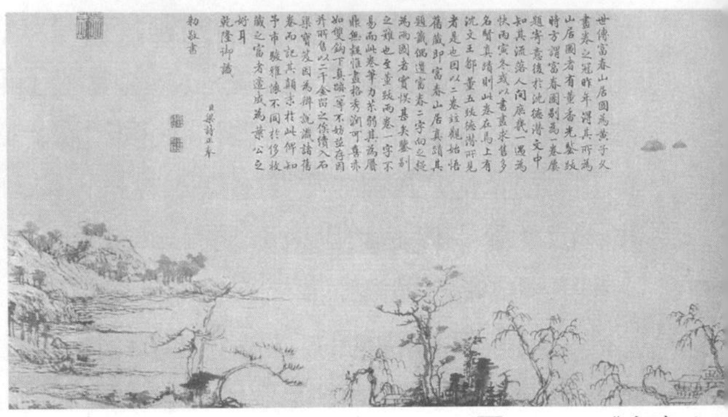

圖 168 《富春山

元代花鳥畫家，與趙孟頫同時，有錢選（吳興〈今浙江湖州〉人，約

㉜ 《富春山居圖》後來分為兩段，前段重新定名為《剩山圖》，縱 31.8 釐米，橫 51.4 釐米，現藏杭州浙江博物館；後段稱「無用師卷」，縱 33 釐米，橫 636.9 釐米，現藏臺北故宮博物院。

㉝ 《清閟閣集》卷 10。

居圖》(局部)

1239～約 1300)，晚年多作水墨寫意花卉，體現了元代花鳥畫發展的總趨勢。趙孟頫夫人管道昇（吳興〈今浙江湖州〉人，1262～1319)，則以善畫墨竹著稱。而李衎（薊丘〈今北京市西南〉人，1245～1320)畫竹繁而不亂，疏密有致，深淺濃淡都掌握得恰到好處。高克恭（維吾爾族，籍貫大同，居大都〈今北京〉，晚年寓錢塘〈與仁和同治今杭州〉，1248～1310）工山水，又工墨竹，「妙處不減文湖州」(鄧文原:《故太中大夫刑部尚書高公行狀》) ㉞。後來又有王冕（會稽諸暨〈今屬浙江〉人，生年未詳，卒於 1359 年）長於沒骨花卉，其《墨梅圖》，用淡墨點染花瓣，再用濃墨勾點蕊蕚，顯得極為清潤；《南枝早春圖》，畫倒垂老梅一枝，萬蕊千花，爍爍如玉。他在《梅譜》中說：「古人以畫為無聲詩，詩乃有聲畫，是以畫之得意猶詩之得句，有善樂憂愁而得之者，有感慨憤怒而得之者，此皆一時之興耳。」㉟他對繪畫思想意義的認識，是非常明確的。當時還有柯九思（台州仙居〈今屬浙江〉人，1290～1343）和顧安（淮東人，家崑山〈今屬江蘇〉，1289～約 1366）善畫竹石，有很高的聲譽。柯九思畫墨竹，幹用篆法，枝用草法，葉用八分法，或用顏真卿撇筆法，點綴樹石、荊棘、野卉，極饒生趣；顧安善作風竹新篁，大致綜合文同、趙孟頫、李衎、柯九思諸家的優長，且得溪山之助，自成面貌。

元代人物畫進展不大，但山西永樂宮壁畫，卻是精彩的道教畫。其中三清殿中的《朝元圖》，發展了吳道子的傳統，全圖人像多至 286 個，造型生動，用綫挺進，色彩豐富，備極壯觀。至於元代敦煌的壁畫，則有採用濕壁畫法的，可能與西方文藝復興時期的畫法有些關聯，也很值得注意。

明、清兩代的繪畫主要是繼承和發展元畫傳統，山水畫、花鳥畫更加成為大宗，在不少重要的工商業城市，畫家雲集，形成了各種不同風格的畫派，如明代，有以戴進（錢塘〈與仁和同治今杭州〉人，1388～1462）

㉞　《巴西文集》卷下。

㉟　《竹齋集》卷 8。

為代表的浙派，沈周（長洲〈與吳縣同治今蘇州〉相城人，1427～1509）、文徵明（長洲〈與吳縣同治今蘇州〉人，1470～1559）、唐寅（長洲〈與吳縣同治今蘇州〉人，1470～1523）、仇英（太倉〈今屬江蘇〉人，居蘇州，生卒年未詳）為代表的吳派和以董其昌（松江華亭〈今上海市松江區〉人，1555～1637）為代表的松江派；在浙派後期，又分出以藍瑛（錢塘〈與仁和同治今杭州〉人，1585～1664 尚在）為代表的武林派。清代則有清初四僧、江左四王、新安派、金陵派、揚州派。著名畫家，除上面已經提到姓名的幾位外，尚有徐渭（山陰〈與會稽同治今紹興〉人，1521～1593）、陳洪綬（浙江諸暨人，1598～1652）、弘仁（徽州歙縣〈今屬安徽〉人，1610～1664）、髡殘（常德人，1612～約 1692）、龔賢（崑山〈今屬江蘇〉人，1618～1689）、朱耷（南昌人，1626～約 1705）、王翬（常熟人，1632～1717）、吳歷（常熟人，1632～1718）、惲格（武進〈與陽湖同治今常州〉人，1633～1690）、王原祁（太倉〈今屬江蘇〉人，1642～1715）、石濤（原籍桂林，僧籍廣西全州，約 1642～約 1718）、華喦（福建臨汀〈今上杭〉人，1682～1756）、鄭燮（江蘇興化人，1693～1765）等，都是為人們所熟知的。

明前期，豪放蒼健的浙派占據重要地位，以致當時與浙派並駕齊驅的院體畫也深受其影響，一改兩宋謹嚴的風格。中葉以後，院畫勢力日微，浙派也漸趨末流，代之而起的，是婉約的吳派。嘉靖以後，徐渭突破成規，縱橫揮灑，水墨淋漓，表現了鮮明的個性。至末年，董其昌一派風格秀潤，提倡仿古。他又開宗說法，論畫家南、北宗，以為南宗是文人畫，有書卷氣，富於天趣；北宗是行家之畫，只重苦練，是不應學的。[36]董氏的說法不盡符合歷史事實，他崇南貶北，建立以米芾為中心的南宗系統，對近古北宗繪畫的發展，產生了一定的阻礙作用。當時陳洪綬和崔子忠以人物著稱於世，被目為「南陳北崔」；又有曾鯨善作肖像，注重墨骨和暈染。[37]

清代與詩壇上的神韻派詩互為聲援的南宗畫[38]膠結文人畫日益占據畫

[36] 《容臺別集》卷 4；陳繼儒：《偃曝餘談》卷下。

[37] 肖像畫在唐代已經興起，王維、白居易等人都用到「寫真」這個詞，即是指肖像畫。而專業的肖像畫家大約出現於唐末宋初，所作肖像面向正前方，僵硬如泥塑，故後來肖像畫的總體水平遠遠低於唐代，一向不受重視。

[38] 錢鍾書：《中國詩與中國畫》，《中國社會科學院研究生院學報》1985 年第一期。

壇主流，更多的畫家追求筆情墨趣。康熙時，以王時敏、王鑑、王翬、王原祁為首的四王畫派，接過董其昌的餘緒，受到皇室的扶植，成為畫壇的正宗。他們功力頗深，善於運用視覺上的多種對立因素去營造怡然自得的空間次序，他們的山水畫風影響了整個清代。當然，清代文人畫也是流派紛呈，自清初四僧以來，以弘仁為旗幟的新安畫派、以龔賢為旗幟的金陵畫派和以鄭燮為代表的揚州畫派，無不有自己的特色。這些畫派的作品，思想感情都較深刻熾熱，形式上也不拘一格，鬥奇爭艷，頗為可觀。尤其是不作奴才、自作主人的鄭燮，一生多畫蘭、竹、石，形象生動，風格爽明，令人刮目。

但總起來看，明代和清代，中國繪畫的發展趨勢，是保守的，不足以與宋、元相提並論。

不過明清時代的民間繪畫，卻大有起色。蘇州桃花塢、天津楊柳青、山東濰坊、廣東佛山、四川綿竹的木版年畫，色彩明快，對比強烈。藝術性較高的作品對人物表情的刻畫，既簡潔，又生動，樂觀地表現了生活；同時也鼓勵人們積極進取，給當時畫壇帶來了一股生機蓬勃的朝氣。

明、清畫工所作風俗畫，從明初的《皇都積勝圖》、《南都繁會圖》和描繪嘉靖三十一年 (1552) 浙江太平（今溫嶺）倭寇之亂情景的《太平抗倭圖》來看，技法已相當全面。這類作品的特點是內容真實生動，場面巨大，描繪細膩，其價值是不言而喻的。

明代中國傳統的版畫藝術也空前地繁榮了起來，許多著名的畫家都參與為書籍作插圖，使版畫的藝術水平得到大大的提高，如唐寅為《西廂記》，仇英為《列女傳》，陳洪綬為《離騷》、《西廂記》等所作插圖即是其突出的代表。明末安徽休寧人胡正言寓居南京，刻《十竹齋書畫譜》、《十竹齋箋譜》，前者完成於明天啟七年 (1627)，後者完成於清順治二年 (1645)，這兩部套色水印木刻，不僅在複製繪畫上逼真，而且還具有木趣刀味。清初由畫家王概主編的《芥子園畫傳》，於畫、刻、印 3 方面亦皆取得了卓越的成就。清代蕭雲從的《離騷圖》、《太平山水圖》，上官周的《晚笑堂畫傳》，改琦的《紅樓夢圖詠》，費丹旭的《陰騭文圖經》，這些版畫作品，更深得時人好評。

# 第二節　書法和篆刻

## 一　書法

中國書法的產生可以追溯到原始的圖畫和符號，先民在創造用圖畫、符號記錄語言的同時，也自然本能地不斷追求實用性以外的東西，即具有欣賞價值的藝術性的美。

因為書法以結體為形質，筆勢為情性，一方面追求一種純形式的美，另一方面又有著表現情感的高度自由，而且所書寫的文字內容經常與政治、倫理、哲學、文學直接關聯，這就使得書法藝術在抽象的形式裏集中地表現了中華民族的審美特徵。可以說，如果不懂書法，也就不會真正理解中國的藝術文化。書法是中國特有的抽象畫、朦朧詩和意象藝術。

作為一門寫字的藝術，書法的發展與字體的演進、書寫工具的變化有密切的關聯。拿字體來說，漢文字從甲骨文算起，以後大篆、小篆、隸書相繼出現，又逐漸演變成為現在通用的楷書，書法藝術就在這過程中發育成熟。

甲骨文是先用朱砂或黑墨寫在龜甲、獸骨上，然後再用刀將筆畫刻出；也有直接用刀契刻而成的。筆畫尖利瘦勁，較少圓轉；布局或則謹密嚴整，或則疏落錯綜。今日所見甲骨文，大部分屬於商代，也有少量西周的，其雕刻的精美，是現存中國最早的成章成篇的書法珍品。

大篆出現於西周，可能由於周宣王時的太史籀對這種文字有整理定型之功，所以又叫「籀文」。商周時代的王室貴族製作了許多金屬鐘鼎彝器，上面鑄刻銘文，後人稱為「金文」或「鐘鼎文」。金文往往字數較多，每個字都不能獨立發展，要顧全整體，自然產生一種和諧之美。周初金文趨於沉鬱凝重，字畫綫條比較流暢。東周的石鼓文雖是刻石，亦可視為金文，字體雄強渾厚，樸茂自然，相當工整，這是標準的大篆。而戰國末年的金文又不同了，由於隨意的簡化，形成關中秦國文字和關外六國文字的顯著差異。金文的變化指示從甲骨文到大篆、小篆的演化軌跡。

小篆是從先秦秦國民間醞釀發展起來的，書寫比大篆便捷得多。秦始皇的丞相李斯所書小篆，風格婉通，於簡易中有渾樸之氣，後世稱為玉筯篆。據《史記・秦始皇本紀》記載，秦始皇東巡6次7處刻石，都是出自李斯的手筆。這些刻石也就成了秦代推行新字體的範本。所以從字體演變來看，秦代「書同文」是極其重要的時期；從書法發展來看，秦以小篆光耀史冊，同樣是值得大書特書的。而秦、漢刻石，剝落鏽蝕，透出一股金石味，亦為後世鑒賞家所稱道。當時毛筆早已產生，書寫材料主要是竹木簡和縑帛，較之刀刻文字，自然具有不同的風貌。又有鳥蟲篆、殳篆[39]和繆篆，則是篆書中的變體美術字。繆篆之興，已是漢代的事情了。漢代還有蝌蚪篆，起源於用竹梃點漆書竹上，竹硬漆膩，畫不能行，故頭粗尾細，狀如蝌蚪。

隸書也始於秦代，秦代的隸書稱為秦隸。隸書之「隸」即奴隸之「隸」，據說這種字體本來流行於下層社會中，有個叫程邈的罪犯在監獄裏加以整理，後來才進一步推廣開來的。漢代注重隸書，東漢順帝時，隸書達到成熟階段。後世所謂八分書，因其字型如八字之分背，故得此名。這種隸書結體上有俯仰之勢，字畫上有波磔之美，比傳統的秦隸更講究藻飾。而傳世的漢隸，主要見於漢末桓靈之世的一批石碑。這些石碑所刻隸書有的古拙樸茂，厚重雄渾，遒壯宏大；有的縱橫自如，放逸舒展，清勁秀麗；有的規矩森嚴，中正典雅，剛健精緻。其中第三類立漢碑風範，代表作為蔡邕（陳留圉〈今河南杞縣南〉人，132或133～192）的《熹平石經》，是經朝廷認可的標準書體。隸書的定型變化過程，稱為「隸變」。隸變使結體由圓轉趨向方折，把小篆中的一點象形遺意逐漸取消了。隸變上承篆書，下啟草、楷，是中國書法史上劃時代的偉大變革。漢代又有瓦當文、印璽文，後世治印者，皆宗漢印；學書者，多從漢隸起。

而楷書，則是隸變的必然結果，出現於漢、魏之際。在結構上，楷書與隸書基本相同，兩者主要的差別在於點畫用筆及形態。點，楷書點點似桃，隸書則點如木楔；撇，楷書無論長短，均為同一形態，隸書則有變化；豎，楷書或作懸針，或作垂露，隸書則或作藏頭懸針，或作波挑，或不出針；橫，楷書多藏頭護尾，短橫有時回鋒，隸書則短橫藏頭而收筆不重，長橫作波磔；捺，楷書捺腳似刀，向左出鋒，隸書則仍為波磔；右鉤，楷書有鉤挑，隸書則為波磔筆畫，無鉤挑；左鉤，楷書一律有挑，隸書則或

[39] 「殳篆」又稱「雲篆」，也可以歸入鳥蟲篆，但已不見鳥首、蟲尾之類的標誌，也沒有這方面形態的暗示，只是綫條婉轉如卷雲，多用於治金屬印。

作慢彎波挑，或彎而無挑，或垂而無挑；折，楷書為頓筆切下的斜方角，隸書則是方折而下。

在漢代，又有章草的產生。章草保存隸書的筆意，但狂縱奔逸，突破了隸書的規矩，相傳為史游所首創。

字體在漢、魏之際已基本完成，[40]當時紙張的使用已較普遍，這為書法藝術的發展提供了極大的便利。而稍後，又有今草和行書的出現。今草直接脫胎於楷書，不同於章草，不但字畫沒有波磔，並且字與字之間每每勾通牽連，相傳為張芝所首創。後來更有狂草，是「草中之草」。「草」有草創的意義，所以不少字形體無定，往往因人而異。行書則介於一筆不苟的楷書和狂放自適的今草之間，其特點是起筆如楷，運筆如草，點畫應接，筆斷氣連，主筆沉著，連筆輕細，相傳為劉德昇所首創。打個比方，如果說楷書像人的坐，草書像人的跑，則行書就像人的行走。因為行書比楷書寫得快，又比草書容易認，所以最受人們歡迎。行書向楷書靠攏，叫做行楷；向草書靠攏，叫做行草。

中國最初的書法家們，都是社會上的思想家和精神領袖，他們從起始就為書法藝術奠定了崇高博大的價值基礎。在中國，沒有哪一種藝術類型，能夠像書法這樣與文化模式有密切的關聯。甲骨文的筆法規矩而變化有致，彌散著濃郁的「敬鬼神、畏天命」的神秘氣氛，這正是殷商巫術文化的生動表現。大篆沉鬱凝重，與青銅器獰厲的饕餮紋飾交相映襯，從而反映了宗周森嚴的宗法統治秩序。小篆那簡易渾樸的形式美，無疑是秦代中央集權的真實寫照。漢代的隸書雖然流派紛呈，但其共同的內涵還是儒雅渾厚、婉約典秀的，這是「獨尊儒術」的政治背景在文化上的折射。從此中國的書法藝術的發展就擺脫不了儒家學術的制約和影響。

與繪畫、舞蹈、雕塑、建築相比，中國書法藝術較早有了理論上的總結，東漢後期的書論已相當系統。漢人論書，主要是發揮儒家經典《周易》的思想，圍繞書法的「形勢」問題，講了「象」和「意」的關係，提出書法形象決非自然的簡單模擬，只有當感性形式的美顯示較高的道德精神時，才算達到了書法所要求的境界。這種書法理論，在古代，也為中國的一切造型藝術所遵奉。

魏晉時書法又有了驚人的發展。魏國鍾繇（潁川長社〈今河南長葛東〉

[40] 說詳林尹《文字學概說・字形的演進》，臺北正中書局，1971年。

人，151～230）書學劉德昇，有銘石之書、章程之書、行押之書，[41]共 3 體，其共同的特點是瘦勁。他的「真書（楷書）絕世，剛柔備焉，點畫之間，皆有異趣」（張懷瓘：《書斷》卷中），可謂建立了楷則的典範，但其真跡據蕭梁陶弘景說，早已渺不可尋。當時書家極多，如胡昭、索靖、衛瓘等皆享大名，其間形成了衛氏書法世家和王氏書法世家。書聖王羲之的啟蒙老師衛鑠（河東安邑〈今山西夏縣西北〉人，272～349），世稱「衛夫人」，即出於衛氏世家。大概因為她是一位女書法家的緣故，前人評其字如紅蓮映水，碧沼浮霞。北宋《淳化閣帖》、《絳帖》、《大觀帖》三叢帖中，選入了她的《急就帖》一件，後世持疑問者頗不乏人。

東晉王羲之，字逸少，累遷至四品右軍將軍或三品右將軍，琅邪臨沂（今屬山東）人，渡江後居會稽山陰（今紹興）。對他的生卒年有多種不同的說法，一說是 303～361 年，一說是 306～364 年，一說是 307～365 年，一說是 321～379[42]年，以上 4 說說他總共活了 58 歲是一致的。他備精諸體，無所不工。可是直到唐太宗親撰《晉書・王羲之傳》的論，指出他的書法「煙霏露結，狀若斷而還連；鳳翥龍蟠，勢如斜而反直」，變化多端，剛柔、虛實、動靜的結合已經爐火純青，他才受到應有的重視。王氏楷書《樂毅論》斂鋒不發，自成一家。而其代表作則為行書《蘭亭序》，玄淡清雅，遒媚飄逸，鐵畫銀鉤，今傳唐摹諸墨跡本和宋代定武原石本，彼此對照，互有出入。[43]另有《姨母帖》和《初月帖》，硬黃紙勾填，出自武周朝羲之裔孫王方慶家藏，似比較可靠，僅下真跡一等；《快雪時晴帖》、《行書千字文》、《上虞帖》，皆為唐代廓填本。《快雪時晴帖》清乾隆時內府配以王獻之《中秋帖》、王珣《伯遠帖》，庋藏於養心殿西暖閣，專門為此設「三希堂」，目為希世珍寶。又有《曹娥誄辭》，絹本，小楷書，或以為是王羲之同時代人的墨跡。

羲之子獻之 (344～386) 突破家法，在筆勢的飛動、雄武、神縱上超過

---

[41] 張彥遠：《法書要錄》卷 1。

[42] 此說福建人民出版社宋志堅編審認為難以成立。據他考證，如果是這樣的話，則王羲之比謝安還小 1 歲，羲之既與王述齊名，曾因恥居王述位下而辭去會稽內史之職，那麼，比羲之年長的謝安卻與王述之子王坦之齊名，如何講得通呢？見宋撰《王羲之生於何年》，《大公報》2006 年 11 月 1 日。

[43] 參見啟功《蘭亭帖考》，《啟功叢稿・論文卷》，中華書局，1999 年。

乃父。今傳王獻之《鴨頭丸帖》，絹地，行草一筆書，宋趙構、元柯九思等一直認為是真跡，但亦有可疑處；《二十九日帖》，行楷，出自王方慶家藏；《中秋帖》，硬黃紙，行草，或疑是米芾所仿摹；《新婦帖》和《送梨帖》，可能是唐代廓填本。又，羲之從侄王珣 (350～401)，書法削勁挺拔，鋒棱畢現，結體寬可跑馬，密不通風，今傳行書《伯遠帖》，乃是乾隆所藏「三希」中的唯一晉人真跡。

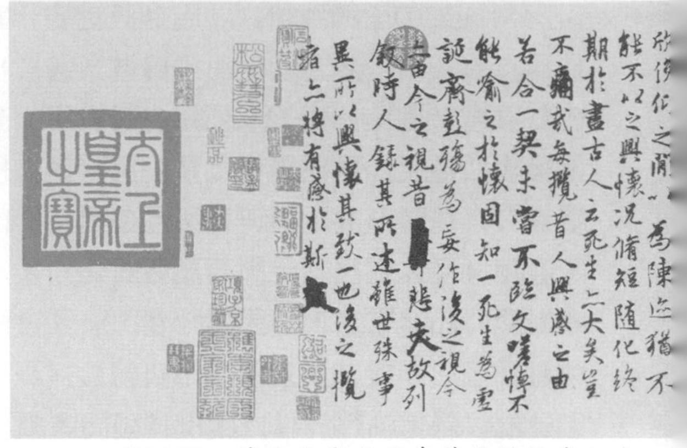

圖 169　傳為唐代馮承素摹的神龍半印本

魏晉的鍾、王書法，最為完美地體現了衝破儒家禮教、崇尚玄禪本體論和玄禪語境的魏晉風度，同時又未流於狂放，仍然保持著漢人的文質彬彬之美，符合儒家的「中和」理想，所以為後人稱道不衰。

魏晉人論書，講「筋」和「骨」，在本質上都是要探求書法如何才能表現生命運動的力之美——即「韻」，顯示了魏晉書論思想的深刻。因為中國書法可以稱之為綫的藝術，骨和筋突出了綫的運動感和立體感，所以是中國書法藝術創造中的根本，魏晉人正是抓住了這個根本的所在。

進入南北朝後，書法的發展更上一層樓。在繁花似錦的書壇上，南北兩大派競芳爭艷，而以無名書家為其中堅。南方重視感官愉悅，以流美㊹為能。南齊王僧虔（琅邪臨沂〈今屬山東〉人，426～485）提出「神采為上，形質次之」(《筆意贊》) ㊺的書論，也很重視書法的精神美。本來東晉《爨寶子碑》字體在隸、楷之間，而劉宋《爨龍顏碑》楷書方筆，筆畫起止處猶存隸意，皆為淵源有自。北方則以方嚴為尚，尤其是北魏的碑體，風格豐富多彩，所謂「凡魏碑，隨取一家，皆足成體，盡合諸家，則為具美」(康有為:《廣藝舟雙楫・備魏》)。著名的《龍門二十品》，端莊大方，剛健質樸，對後世有很大的影響。

㊹ 劉熙載《藝概・書概》引鍾繇《筆法》:「筆跡者，界也；流美者，人也。」「流美」就是通過書跡寄託書家自己的生命情思和追求。

㊺ 引自蘇霖《書法鉤玄》卷1。

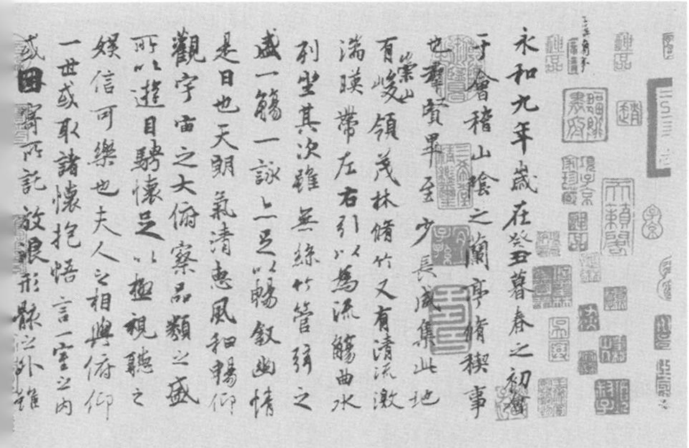

《蘭亭集序》　現藏北京故宮博物院

隋代篆隸衰退，行草不富，楷書大盛。釋智果的《真草千字文》，書風偏於疏淡，古雅遒美，歷來視為真跡，原件流入日本；刻石最早者為「關中本」，刻於北宋大觀年間，在通行刻本中為最佳，原石則已佚。他還有書論《心成頌》，提出「回展右肩」、「長舒左足」、「峻拔一角」、「統觀連行，妙在相承起復」的經驗之談，由結字到章法，由章法到氣韻，把書法的基本原理都清楚地揭示了出來。

唐代開始採用高案書寫，這就帶動了執筆、運筆方式的變化。唐人對書法用筆提出了新要求，即必須做到「四面停均，八邊具備」（歐陽詢：《傳授訣》）。[46]

唐初崇尚王羲之。歐陽詢（潭州臨湘〈今長沙〉人，557～641）初學右軍，後來吸收碑體的峭拔，有龍蛇戰鬥之象，雲霧輕籠之勢；虞世南（越州餘姚〈今屬浙江〉人，558～638）為王派嫡傳，內含剛柔，以韻度勝；褚遂良（錢塘〈今杭州〉人，一說陽翟〈今河南禹州〉人，596～658 或 659）融合歐、虞，用筆強調虛實變化，節奏感較強；薛稷（蒲州汾陰〈今山西萬榮西南〉人，649～713）得於褚遂良者為多，字體更為纖瘦，是後來宋徽宗「瘦金書」的前源。以上並稱初唐四家。又有鍾紹京，真書字畫妍媚，遒勁有法，其代表作《靈飛經》，為著名的小楷範本。

盛唐時期的張旭（吳郡〈治今蘇州〉人，生卒年未詳），草書縱逸飛動，一氣呵成，窮天地事物之變，氣勢博大而不失矩度。這種狂草完全是時間的藝術，具有不可逆性，相傳他往往於大醉中呼喊狂走，然後落筆，所作尤佳。傳世墨跡有草書《古詩四帖》，或疑為晚唐釋亞栖所書；又有真書石刻《郎官石柱記》，原石已佚，僅存傳拓孤本。張旭之後有釋懷素（長沙人，725～785），其字如「飄風驟雨」、「落花飛雪」（李白：《草書歌行》）[47]。

---

[46] 參見冠克讓《唐代草書淺析》，《光明日報》1999 年 4 月 2 日。

[47] 《李太白全集》卷 8。

與張旭比較，張妙於肥，超忽變滅，若無跡可尋；他則妙於瘦，馳驟回旋，莫不中節。傳世墨跡有《論書帖》、《自敘帖》、《苦筍帖》、《小千字文》、《食魚帖》等，僅存刻本者有《藏真帖》、《聖母帖》等。

開元以後至晚唐，「顏筋柳骨」，顏即顏真卿（京兆萬年〈與長安同治今西安〉人，708～784），柳即柳公權（京兆華原〈今陝西銅川〉人，778～865）。顏真卿的真書雄壯端秀，天骨開張，結字由初唐的瘦長變為方形，方中見圓，正而不拘，莊而不險，具有向心力。善用中鋒筆，得金釵股、屋漏痕、錐畫沙、印印泥之意。就點畫的粗細對比和鈍銳對比而言，顏楷大都橫畫略細，豎畫、點、撇與捺稍粗，粗筆中畫飽滿，出鋒又強調鋒芒。這一書風，蠶頭燕尾，多力豐筋，具有盛唐氣象，也顯示了書家正直、質樸、倔強和內美外溢的個人風格，被後世奉為正宗。他的行書和草書，遒勁鬱勃，真情流露，亦屬別開生面。顏真卿作品極多，碑刻尤夥，亦有真跡傳世。柳公權書風遒媚勁健，結構多相向，是向顏真卿學的。但能於端正中見清媚舒展，用筆則出筋留骨，結合歐陽詢的風格以求爽健森挺。他的真書碑刻，其中最著名者，除《金剛經》外，有《玄秘塔碑》和《神策軍碑》[48]兩種。又有行書《蒙詔帖》，為真跡。

唐代孫過庭著《書譜》[49]，著重論述了書法的「質」和「文」的問題，把書法的內在美作為書法最關鍵的要素。張懷瓘著《議書》[50]，明確提出品評書法的標準，「以風神骨氣者居上，妍美功用者居下」，其理論意義和實踐意義，都遠遠超越了書法的範疇。唐人意象在胸，提倡通過神遇、心悟、無為的途徑，達到書法的化境，見解是很精闢的。

五代楊凝式（華陰〈今屬陝西〉人，居洛陽，873～954）行草如橫風斜雨，落紙雲煙，淋漓快目，法古開新，卓然成家。南唐李後主擅行書，喜作顫筆樛曲之狀，遒勁如寒松霜竹，被稱為「金錯刀」（《宣和畫譜》卷17）；他作大字不用筆，捲帛而書，又被稱為「撮襟書」（《宣和書譜》卷12）。

[48] 《神策軍碑》原碑不知毀於何時；傳世《神策軍碑》為北宋拓本，原有上、下兩冊，下冊早佚，上冊清乾隆年間尚完整，後缺失2頁，存54頁，今藏北京國家圖書館。

[49] 《書譜》原為2卷6篇，現存其手跡一卷，題「《書譜》卷上」，《宣和書譜》則將其題作「《書譜》序」。

[50] 張懷瓘另有《書斷》3卷，為其主要書論，這些著作和上文曾經引及的《心成頌》、《傳授訣》等，皆見唐人張彥遠所編《法書要錄》，該書除孫虔禮《書譜》等部分篇目外，唐中葉以前書法論著40餘篇俱賴之以存（包括少數僅存其目者）。

他曾編《昇元帖》和《澄心堂帖》，奠定了後世帖學的基礎。

自北宋以降，書法的發展由唐人尚法進到尚意。作為宋四家之首的蘇軾，他的行書《黃州寒食詩帖》，書於元豐五年 (1082)，時當他意氣方爽，忽然遭遇打擊，身心極度疲憊。帖的內容是一首詩，其書隨著詩情的起伏而變化，時大時小，忽長忽短，徐疾參差，楷草錯落，盡寫意之能事。如果說蘇軾的字是肉豐骨勁，藏巧於拙的話，那麼四家中第二家的黃庭堅則追求側險為勢，橫逸為功。黃的行楷，結字內緊外鬆，筆法渾圓，出筆一波三折，氣勢開張，昂藏有態；其草書隨心所欲，奔放不羈，恣肆縱橫，如馬脫韁。而所謂「蘇、黃、米、蔡」，「米」就是指米芾，他中年所作《苕溪詩卷》，瘦不露骨，肥不剩肉。晚年行書大字，運筆具奔騰之勢，中多飛白，筋雄骨毅，結字又自由放達，傾側之中含穩重，因而既端莊而又婀娜多姿。宋四家，蔡襄（興化仙遊〈今屬福建〉人，1012～1067）屈居末位，其實他年資最高，書亦不弱，不知當年是根據什麼標準來排列名次的。[51] 蔡字行筆結體，嬌嬈緩慢，多飾繁華，有一種溫婉閑雅的女性美。其《自書詩卷》，由行而草，在和諧的旋律中，起伏跌宕，從中可以欣賞到作者書寫時的感情變化。四家蘇字超逸，黃字清勁，米字奇倔，蔡字嫵媚，各造其極。除四家外，北宋尚有徽宗趙佶，「行草正書，筆勢勁逸，初學薛稷，變其法度，自號瘦金體」(陶宗儀:《書史會要》卷 6)。這種書體極瘦硬，精神外露，沒有可以遮醜的肥筆，於中國繪畫練習骨法用筆非常相宜，所以尤為畫家所重視。

元初趙孟頫提倡直接取資晉、唐，他廣泛涉獵古代名跡，刻苦臨學，轉益多師，「遂以書名天下」(《元史》卷 172)。他的遒麗的書風不僅左右了有元一代，而且對明代、清代乃至近、現代都有深刻的影響。他不論書寫什麼內容，採用何種書體，無不能用相應的筆法揮灑自如，而體現鮮明的時代特色和個人風貌。在元代，書法與趙孟頫齊名的鮮于樞（漁陽〈今天津薊縣〉人，一說大都〈今北京〉人，1256～1301），多用回腕中鋒，落筆不苟，點畫所至，皆有儀態。其草書雄偉放縱，淋漓酣暢，不可多得。當時康里巎[52]（康里〈在今新疆〉人，1295～1345），善以懸腕作書，行筆

[51] 據說「蘇、黃、米、蔡」，「蔡」原指蔡京，乃徽宗朝「六賊之道」(《宋史》卷 472)，後人惡其奸邪，才易以蔡襄。

[52] 從故宮典藏「元人雜書」所收真蹟款識，《元史》本傳作「巙巙」。

迅急，光彩飛動，自稱1日能寫3萬字。他是少數民族書法家，而藝精如此，更屬難能可貴。

明代書法家多善作行草。祝允明（長洲〈與吳縣同治今蘇州〉人，1460～1526）早年楷法精謹，有晉、唐人遺意；晚年草書奔放雄健，自成風格。文徵明法度嚴謹純熟，筆鋒挺秀，80歲後所作蠅頭小楷，尤見功力；其行草，清勁文秀。董其昌擅長行楷，圓勁秀逸，平淡古樸；布局疏朗勻稱。他寫出了大量傳世書法珍品，清代康熙、乾隆諸帝，都學他的字。明、清之際，王鐸的行草，筆勢勁險雄快，講究方圓曲折、輕重頓挫的變化；字形奇險，或東倒西歪，或頭重腳輕；章法大小錯落，疏密相間，不平衡的字通過字與字之間和諧的安排求得平衡，縱而能斂，險中見正。他是南明弘光政權的東閣大學士，入清後官至禮部尚書，論者謂其「人品日下，書品亦日下」（《閱微草堂筆記》卷2引王漁洋語）。

清初書法尚不脫宋、元遺風，盛行帖學。康、雍、乾3朝，趙孟頫、董其昌的字被奉為圭臬。以後金石出土日多，人們摹拓流傳，碑學代替了帖學，唐碑、魏碑的相繼盛行，使書法藝術有了新的起色。乾隆時期，崇尚帖學的名家，北方有翁方綱、劉墉、永瑆、鐵保4家；南方有與翁、劉並稱的梁同書、王文治。更有張照，常為乾隆代筆，居館閣體首位。鄭燮寫字如作蘭，自創六分半體，疏密相間，正斜相揖，有「亂石鋪街」之喻。碑學興起後，鄧琰（安徽懷寧人，1743～1805）的篆書稍參隸意，沉雄渾樸；隸書則以篆意入分，古樸遒麗，享譽都極高。而伊秉綬（福建寧化人，1754～1815）的隸書大字，規正而不刻板，凝重而有韻致，方中有圓，拙中見巧，愈大愈佳。他與鄧琰一道，為開創以雄強的北碑為基礎的新書風，作出了卓有成效的貢獻。

總起來說，從宋、元到明、清，書法的發展勢頭，是保持了後勁。至於這個時期的書論，則在尚意、尚態。其中蘇軾膽敢獨創，勇於革新，把繪畫用筆用墨的技法試用於書法，自出新意，不踐古人，最為可貴。清人將書法意象的含義剖析得淋漓盡致，並強調人品決定書品，都是很有特色的。

這個時期書法史上還有一件大事，就是宋哲宗元祐二年(1087)，呂大忠領陝西轉運副使，主持奠定了西安碑林，原為保存唐《開成石經》[53]而

[53] 又稱《唐石經》，原先在長安務本坊國子監太學。唐天祐元年至三年(904～906)，祐

建，以後代有碑石入藏，稱為「關中金石之家」、「書法故鄉」。西安碑林那林立的碑石，以精美的書法藝術昭示天下後世，中國書法的真正傳統就是如此。在這裏，有許多民間刻字藝術家的勞績，他們精湛的刀工，也是足為中國書法增添光彩的。

## 二　篆刻

篆刻就是鐫刻印章(54)的通稱，因為古代印章多用篆文，所以謂之篆刻。篆刻的藝術性首先表現在書法方面，其次才是鐫刻。

商代把文字刻在龜甲或獸骨上，與篆刻多少有些淵源關係。20世紀30年代，在安陽殷墟出土了3顆銅質璽印，這大概是現在所知最早的印章實物。(55)早期印章通常記刻某一專用符號圖形，或圖騰，或族徽，主要用在按壓於陶器或烙印於竹木上，裝飾是其主要功能。但「印，執政所持信也」（《說文・印部》），既然如此，所以也有論者認為，其產生絕不可能是被上帝觀和氏族先王觀所籠罩的殷商乃至西周時期，而只能是歷史上第一次思想大解放的春秋戰國時代。易言之，並不存在殷代璽印。(56)

戰國印地域特色非常顯明，齊印粗獷，燕印蒼莽，楚印奇詭，趙、韓、魏印精麗，秦印古拙率意；而私印與官印比較，如果說後者頗具陽剛之氣，則前者大都刻畫纖毫不爽，布局平整端莊，更多展示了陰柔之美，體現了承諾、責任和義務。

秦代以前，不論官、私印章，都稱為「坽」，或寫作「鉩」、「尒」。坽印大的幾寸見方，小的只有幾分。印質有銅有玉，印紐狀壇、臺、龍、虎等，字體用大篆。坽印以方為正，顯示出公正、莊重、嚴肅、穩定，這種形制在後世得到最廣泛的認可和延續。但坽印除方形外，特別是數量遠大

國軍節度使韓建始著手將其由縮建後的長安城外遷入城內尚書省之西隅；後梁開平三年(909)，永平節度使劉鄩竣其事。

(54) 「印」，甲骨文作「抑」字解，《淮南子・齊物訓》所謂「抑埴」，就是後世所說「印印泥」的意思；「章」從「音」從「十」，本義為音樂段落，可引申為「條理、法度」。《史記・孝武本紀》云：「官名更印章以五字。」在司馬遷筆下，「印章」一詞已經組成。

(55) 參見孫慰祖《西周璽印的發現與璽印的起源》，《孫慰祖論印文稿》，上海書店出版社，1999年；李學勤《試說傳出殷墟的田字格璽》，《中國書法》2001年第十二期。

(56) 張辛：《論中國印璽的起源以及流變》，《人民政協報》1999年6月9日。

於官印的私印，也有其他各式多姿多態的非方形的。「坅」即「璽」(通「鉨」)的古字，秦代規定，「天子獨以印稱璽，又獨以玉」(《獨斷》卷上引衛宏語)，其餘官、私所用都稱印。到漢代，印又稱「章」或「印章」。唐以後，帝王印信也稱「寶」；官、私用印又有「記」、「朱記」、「圖章」、「關防」、「花押」、「條戳」等名稱。

秦印多鑿款白文，鑄印較少。官印通常都是二三釐米見方，有的略長一些，也有不足 2 釐米見方的。私印多作長方形，方形的較少見，間有圓形、橢圓形印。秦印文字自然風趣，與書法上的秦篆稍有不同，謂之「摹印」。「摹者，規也。規度印之大小、字之多少而刻之。」(段玉裁：《說文解字注・竹部》) 事實上，「摹」字就是由篆刻而來的。通常情況下，秦印正方官印多加田字格，低級官吏所用長方形的「半通」印多加日字格。

漢代以印質和印鈕、印綬區別印主地位高低。皇帝玉璽虎鈕，皇后金璽虎鈕，太子、列侯及丞相以下分別為金印龜鈕、銀印龜鈕、銅印鼻鈕[57]，印綬也有紫綬、青綬、墨綬、黃綬的等差。太初元年 (公元前 104) 定制，「凡秩比二千石以上之印，數特用五，文特用章」(王獻唐：《五燈精舍印話・漢魏六朝印章字數例證》)[58]，如「丞相之印章」，「章」字之前，加「之印」2 字，是為了湊字數。漢代鑄印，主要用翻砂和撥蠟兩種方法來澆鑄；現在看來，大量鑄印風格的印，其實也都是用刀刻成的。而所謂「鑿印」，漢代尚無其目，鑿印中有一類急就章，是軍中為應急需，在印坯上即時鑿成的。漢印用繆篆，對摹印印文在拋棄界格進一步由緊而寬從細到肥變圓為方的基礎上加以填滿、簡略、挪讓、穿插，力求布局的均勻，具有樸拙平正、自然醇醪的特點，更具藝術性。漢印以內容分，除帝璽、官印、私印外，又有吉語印、臣妾印、肖形印、烙馬印等。從形制上看，私印有兩面都有印文，左右有空，可以穿帶的穿帶印；也有大小兩個，或 3 個、4 個，可以套合的套印，即子母印；也有加邊框的，但限於白文印；還有朱白相間印，大抵印文筆畫少的用朱文，多的用白文。當時官府設有專門的製印工官，民間又有佩印的風尚，所以治印精工典雅，鬥奇爭巧，形成許多不同的風格，其共同點在於渾厚。漢代還通行玉質私印，多採用鳥蟲篆，存

---

[57] 《漢書・百官公卿表上》顏注引《漢舊儀》云：「六百石、四百石至二百石以上皆銅印鼻鈕，文曰印，謂鈕但作鼻不為蟲獸之形，而刻文云某官之印。」

[58] 齊魯書社，1985 年。

世約 500 方左右，其中一類結字方角銳出，絲絲入扣，峭麗生姿，另一類刻劃細勁簡率，體疏神密，凝練古拙，均表現了與金屬製官印異趣的特殊風韻。漢代的印——新莽時期為其極致——達到了書法和鐫刻互相彰顯的完美境界，所以後世治印宗法漢印並不是偶然的。

魏晉官印，在製作和文字的整齊上遜於漢代，劉宋孔琳之奏請除官換人不換印，「眾官即用一印，無煩改作」(《宋書》卷 56)，這是後世公章制的濫觴；私印多為 2～4 釐米見方，鈕制開始有辟邪。魏晉的六面印，鼻端和其餘 5 面都刻有印文，其文有長腳，下垂作懸針狀，不似漢篆的平正，叫做「懸針篆」。六面印皆為私印。魏晉時私印，有所謂「總印」者，除刻姓名外，還刻郡望、字號等，其制古樸，為後世所尚法。據葛洪《抱朴子·內篇·登涉》記載，有「黃神越章之印」，一面刻字竟達 120 個之多。又有所謂「回文印」者，取雙名不相離之義，把「印」字排在姓的下面，印文「姓印某某」應讀「姓某某印」，也始見於魏晉。

隋唐官印尺寸比漢印大約 3 倍，這是為了追求氣派堂皇。由於印大了，於是出現了以小篆為基本形狀、筆畫盤曲足以填補空白的九疊篆，九疊篆極難認，兼有防奸辨偽的作用。所以後世從北宋到元、明，官印一直採用這種篆字別體。

篆刻史上有所謂「篆書三十二體」，但繆篆在外，九疊篆也不在其內。

隋文帝平陳後，規定官印「並歸於官府，身不自佩」(《隋書》卷 12)，後世成為定制。

宋代諸司皆用銅印，官位高低以印的尺寸大小來區別，官越大，印越重，因此就把印鈕改為在印背當中鑄一直柄，以便拿著鈐印。

明代官印印背皆有年款，印鈕逐漸增高。明太祖為防止群臣預印空白紙作弊，將方印左右對分，各執半印，以便拼合驗核。明代所行長方印的關防，即由半印的形式發展而成。

清代官印的印文用滿、漢對照，滿文本來用楷書，乾隆十三年 (1748) 開始用滿文篆書入印。凡臨時派遣的官員，皆用關防，關防不上印泥而沾紫紅色水，所以俗稱「紫花大印」，地方一級的督、撫原為臨時派遣性質，故沿用關防。

印章最初只是作為持信之物[59]和權力的象徵，與社會政治、經濟活動

---

[59] 參見黃賓虹《古印概論》，《東方雜誌》第 27 卷第 2 號，1920 年 1 月。

有密切的關聯。當時官、私文書都用刀刻或用漆寫在竹簡和木札上，封發時裝在一定形式的斗槽裏，用繩捆好，在打結的地方，填進一塊膠泥，然後在膠泥上打璽印；如果簡札較多，則用口袋裝起來，在紮繩的地方填泥打印，作為信驗，以防私拆。這種鈐有印章的泥塊稱為「封泥」。古代對封泥的使用有嚴格的規定，皇帝封檢璽書時用紫泥，舉行封禪典禮時用金泥；士庶一般只能用青泥。因為白文——即陰文打在泥上顯明醒目，所以印章原本以白文為主。隨著簡札的被廢，青泥封印失去了效用，南北朝時期，蘸色鈐印於紙帛，已形成普遍的用印習慣，因為打在紙帛上的印色反以朱文——即陽文更為清晰，所以官、私朱文印章多了起來。隋唐以後，官府用印就不再採用白文印。但朱文官印，就其藝術價值而言，是難以與秦漢白文官印相提並論的。而「出於印」（陳介祺：《秦前文字之語・致吳雲書》）❻❿的秦漢封泥，自然地將原印的白文轉換成朱文，綫條藏鋒斂鍔，加上在其形成過程中所造就的迷離撲朔之美，自晚清大量出土以來，則為近現代朱文印的創作，更多提供了借鑒。

所謂朱文、白文，這是因為上等印色，是用朱砂、艾絨、油料拌和而成的，打在紙帛上，凸狀的印文自然呈朱色，凹狀的印文自然呈白色。至於印色，則最初多用墨色，後來才通行朱色，也有用赭色或青色的；其調製方法，宋代用蜜，元代用水，明代開始用油，用油發生在中國篆刻史的轉折期之後。[61]

從唐代起，出現了作為獨立的藝術品的書畫收藏鑒賞印。唐太宗有「貞觀」2字連珠印，玄宗有「開元」2字連珠印，即開風氣之先。但這兩方印章的真偽程度如何，目前尚無定論。[62]北宋「宣和裝」書畫，都押有「御書」葫蘆形印，雙龍圖案方印，「宣」、「和」連珠印，「政和」、「宣和」騎縫印，「政」、「和」連珠印，九疊篆「內府圖書之印」大方印，世稱「宣和七璽」。清代乾隆朝，凡入選《石渠寶笈》和《秘殿珠林》正編的鈐5璽：右上「三希堂精鑑璽」、「宜子孫」2印，中上「乾隆御覽之寶」1印，左方「乾隆鑑賞」和「石渠寶笈」（或「秘殿珠林」）2印。選入重編的精品加鈐2印：「秘殿新編」、「珠林重定」（或「石渠定鑑」、「寶笈重編」），稱「七

[60] 齊魯書社，1991年。

[61] 參見趙昌智、祝竹《中國篆刻史》第4～5頁，上海人民出版社，2006年。

[62] 參見王以坤《古書畫鑒定法》第二章第四節，江蘇古籍出版社，1997年。

璽」。藏於乾清宮、養心殿、重華宮、御書房、寧壽宮 5 處者再加鈐 1 印，如藏於乾清宮即加鈐「乾清宮寶」(63)。有時也減至一璽、三璽，有時則又加鈐「壽」、「古稀天子」、「五福五代堂古稀天子寶」、「八徵耄念之寶」等。宋、元以後，私人鑒藏書畫之風日盛，士大夫亦往往喜歡治藝用印，仿唐、宋內府的辦法，鈐蓋於書畫作品上，使書畫和篆刻相得益彰。如米芾收藏書畫，凡精品，皆用姓名字印、「審定真跡」印、「神品」印、「平生真賞」印、「米姓秘玩之印」。又有白文玉印 6 枚──「辛卯米芾」、「米芾之印」、「米芾氏印」、「米芾印」、「米芾元章」、「米芾氏」，著此者則為精品之上的絕品。玉印原則上不著於書帖。其餘用「米姓清玩之印」者，都是下於精品的次品。又如趙孟頫，通常用的有「趙子昂氏」朱文方印、「趙孟頫印」朱文方印、「松雪齋」朱文長方印，有時也鈐「大雅」、「趙」朱文長方印、「水精宮道人」朱文大長方印等。趙孟頫開始了朱文印在藝術上的振興，但其印文不採取平直方正的摹印而著意於對圓轉的小篆的改進，所謂「元朱文」，流行歷六七百年，至今不衰。

除了收藏鑒賞印，又有閑章，也叫「閑文印」，印文有詩句、成語、俗語、趣話、牢騷話等，從中可以窺見印主的思想感情和處世態度。一般長方形、圓形的閑章蓋在書畫作品上方，稱為「引首印」；較大的閑章蓋在書畫作品的下角，稱為「壓腳印」。清初林皋所作「杏花春雨江南」印，篆刻綫條精細光潔，風格秀麗，正好與印文內容相輔相成，寄託了印主閑適淡雅的風神情操，是以詩句入印的典範。

另有齋館、別號印，如上引「松雪齋」印、「水精宮道人」印，前者是趙孟頫的齋館印，後者則是趙的別號印。

以上 3 類印章，製作的目的，都主要不是為了實用，而是為了欣賞。

元代盛行花押印，源於民間由來已久的手書花押，形式多種多樣，其中士大夫以楷體入印者，往往疏宕生姿，頗「有魏晉遺意」（楊守敬：《〈印林〉序》）(64)。

五代楊凝式書《盧鴻草堂十志圖跋》鈐「凝式」一印，真跡現藏臺北故宮博物院。北宋歐陽修的「六一居士」、「修」、「醉翁子孫其永保之」等

(63) 乾隆帝一生共擁印璽 1800 餘方，內容重複者甚多，據有關文獻著錄，乾清宮用於鑒藏書畫的，尚有「乾清宮鑑藏寶」印。

(64) 《印林》，楊守敬輯於光緒三年 (1877)，計 14 冊。

印章，皆由他自己篆寫。從傳世墨跡和法帖中，可以見到蘇軾的款印近 10 例。米芾則不僅篆印，而且還刻印。徽宗政和以前，開始有了印譜。(65)到元代，篆刻論著也出現了，吾丘衍有《學古編・三十五舉》，力主回歸秦漢。米芾治印，已用石材，趙孟頫又進而選用燈光（凍）石，但都未形成風氣。元末王冕始創以花乳石刻印，由於這種石材得之不難，更易於奏刀，這就改變了以往書畫家只篆印不刻印的狀況，於是迎來了篆刻史上明、清兩代流派紛呈的格局。

明代書畫家文徵明善治印，他的長子文彭 (1498～1573) 喜用雙刀刻行書邊款，提倡復古，筆意秀潤，刀法光潔，被後世尊為「篆刻之祖」。當時有何震與文彭為師友，刻印奇逸猛利，不假修飾，比文氏更勝一籌，創黃山派；蘇宣從文氏學印，始於摹擬，終於變化，卓然獨立，創泗水派；宋珏善用漢隸入印，深受文、何影響，創莆田派；汪關力追漢人，章法平正蒼秀，不落俗套，創婁東派。到清代，更有如皋派、雲間派、齊魯派相競而起。至乾嘉時期，丁敬（錢塘〈與仁和同治今杭州〉人，1695～1765）承明末與汪關齊名的朱簡之緒，行刀細如掐，開出浙派，作品蒼勁古樸，靜穆安詳，其碎刀切刻法，尤為世所重。鄧琰遠師何震，重振徽派，他的朱文印以書入，以刀出，表現了剛健婀娜的美感；白文印則用鐵鉤鎖法，勢圓體方，於寬厚中見流動。丁、鄧突破秦、漢以來的傳統，對近現代趙之謙、吳昌碩、齊白石的治印藝術，有直接的啟發作用。

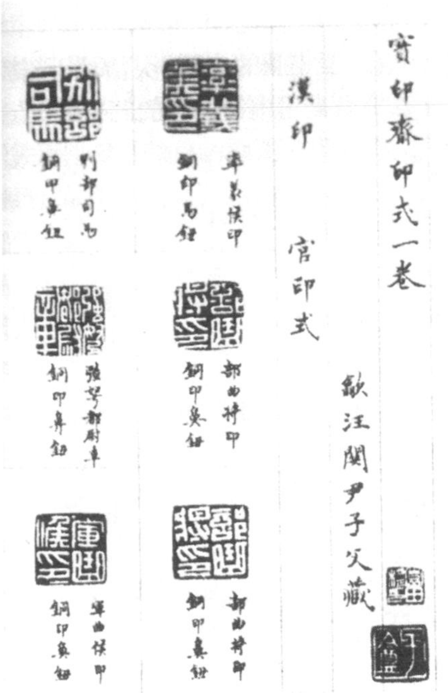

圖 170　明汪關《寶印齋印式》卷首

附帶介紹一下，自元末以來，治印用石，主要有壽山石、昌化石和青

(65) 元代盛熙明《法書考》卷 8 附錄《印章》中，著錄「楊克一《圖書譜》，又名《集古印格》」，據考證，其成書至遲不晚於政和二年 (1112)，惜今已不傳，然南宋薛尚功《歷代鐘鼎彝器款識法帖》卷 18 尚錄存該書的考釋一條，還有一段序文。

田石等品種。壽山石產於福建壽山，柔若肌膚，嫩如春筍，色彩豐富，其中田黃凍質地細膩，半透明或更透明，[66]有若隱若現的蘿蔔紋，以橘皮色者為難得的上品。昌化石產於浙江昌化，以灰白色居多，也有紅色、黃色和褐色的，其中含有鮮紅斑塊的雞血凍，純淨者極珍貴。青田石產於浙江青田，多數都呈青色，石質溫潤，便於受刀，其中燈光凍，微黃，半透明，價值不減於壽山石中的田黃凍和昌化石中的雞血凍。而所謂凍石，則是泛指優質印石。

[66] 透明者極珍稀，謂之「晶」。

# 第三十二章

# 音樂和舞蹈

## 第一節　音樂

先秦典籍中存在著「樂」和「音樂」兩個不同的名詞概念，前者包含音樂、舞蹈和詩歌等內容，後者所指則同於現代意義的音樂。❶但在中國上古，音樂卻通常是由「樂」這一概念來表示的，當時音樂、舞蹈、詩歌都不足以成為獨立的藝術門類，唯有互相依賴才能獲得生命。從原始社會的《葛天氏之樂》到夏代的《大夏》、商代的《大濩》、周代的《大武》，音樂基本上就是在樂舞形式中發展起來的。

商代有「巫樂」和「淫樂」，巫樂屬於民間音樂範疇，淫樂屬於宮廷音樂體系。所謂「淫樂」，當然不是商宮廷自己的認定，並且商代同樣有後世意義的雅樂。

西周雅樂，是指在祭祀天地、神靈、祖先等典禮中所演奏的音樂。據記載，當時雅樂包括「六代之樂」，其中黃帝時期的《雲門大卷》，用於祭天神；堯時的《大咸》，用於祭地祇；舜時的《九韶》，用於祭四望；其餘則《大夏》用於祭山川，《大濩》用於祭先妣，《大武》用於祭先祖。或以為《詩經・周頌》中的《我將》、《武》、《賚》、《般》、《酌》、《桓》等6篇，原是《大武》中的6章。

中國古代樂器，原始社會主要有土鼓、石磬、陶鐘、骨哨、骨笛、陶角、陶塤等，屬於打擊樂和吹奏樂，大都兼作生產工具，音響比較接近自然聲源。新石器文化時期的舞陽賈湖遺址，1984～1989年間共出土了16支骨笛，係鶴骨作料製成，多為7個音孔，經鑒定已具備六聲或七聲音階結構，發音準確，音質優美，至今仍可吹奏樂曲，應為現今管樂器的祖制。❷

❶ 吉聯抗：《音樂與樂》，《民族民間音樂》1985年第二期。

殷商出現了青銅樂器，如鐃，形如鈴鐸而無舌，持以敲擊，大小 3 枚為一套。這時彈絃樂的琴也出現了，琴有散音、泛音、按音、撮指、撥剌、雙絃等技巧和手法，是中國古代樂器的主要代表。早期琴五絃至十絃不等，到秦漢時代，定型為七絃。與琴同時出現的，還有二十五絃的瑟。在《詩經》中，曾多次提到琴和瑟。《詩經》明確提到的樂器尚有：簫、管、籥、塤、篪、笙、鼓、鼛、賁鼓、應（鼓）、田（鼓）、縣鼓、鼉鼓、鞉、鐘、鏞、南、鉦、磬、缶、雅、柷、圉、和、鸞、鈴、簧等，共計 29 種，約占見於文獻記載的周代樂器總數的 40% 強。所有這些上古樂器，由於都不外乎由金、石、土、木、匏、革、絲、竹等 8 種材料製成，音樂史上稱為「八音」。在八音中，皮革類的鼓和竹類的吹管品種最多，而銅製鐘類更居特殊地位，它們以富於穿透力的音色、精密的音律和寬廣的音域，體現了上古人們對音樂文化的追求。八音早在先秦就成為中國傳統音樂的同義詞，八音所包含的樂器，也為後世正宗雅樂所專用。

從上古樂器陶塤的發展序列中，可以推知，中國古代的五聲音階在母系氏族社會後期已經形成。五聲音階就是根據五行思想，把音分為宮、商、角、徵、羽 5 個音級，合稱「五音」。五音相當於現代簡譜中的 1、2、3、5、6。在中國的傳統音階形式裏，無論是先秦的古音階，還是晉至隋、唐普遍使用的新音階，以及南北朝之後出現的清商音階，都分別包含這 5 個音階。還有變徵和變宮，加起來就是「七音」，「變」，表示低半音。七音中的變徵，比徵低半音，近似於簡譜中的 4；變宮比宮低半音，近似於簡譜中的 7。《管子・地員》篇運用數學方法，計算五音的精密高度。其法是把律管分為 3 節，減去 1 節，則其所發的音會比原先全長所發的音高純 5 度，這叫三分損一；反之，三分益一，即增加律管長度的 1/3，則其所發的音會比原長的音低純 4 度。《地員》明確交代了五音的具體算式：「凡將起五音，凡首，先主一而三之，四開以合九九，以是生黃鐘小素之首，以成宮；三分而益之以一，為百有八，為徵；不無有三分而去其乘，適足以是生商；有三分而復於其所，以是成羽；有三分去其乘，適足以是成角。」即宮音為 $1\times3^4=81$，徵音為 $81\times\frac{4}{3}=108$，商音為 $108\times\frac{2}{3}=72$，羽音為 $72\times\frac{4}{3}=96$，角音為 $96\times\frac{2}{3}=64$。這五音，其相對音高唱名分別為 do(1)、sol(5)、re(2)、la(6)、mi(3)。根據這種三分損益法，把在 8 度內的音分為「十二律」，每個律約等

❷ 參見馬樹奇《最古老的樂器——骨笛和龜鈴》，《人民政協報》1999 年 1 月 8 日。

圖 171　湖北隨州戰國

於半個音。十二律把音定下來，從低到高，依次為黃鐘、大呂、太簇、夾鐘、姑洗、仲呂、蕤賓、林鐘、夷則、南呂、無射、應鐘。奇數六律為陽律，叫做「六律」；偶數六律為陰律，叫做「六呂」。合稱則為「律呂」。用五音或七音配律呂，用律呂中的任何一律作宮音，以構成不同的調式，此即所謂旋宮。而所謂調式，則主要有宮調式、商調式、角調式、徵調式、羽調式，如《孟姜女》，屬五聲徵調式，主音是徵，五聲音階為 67123，主音徵不但為全曲的核心，並且曲尾的收縮，也在這個主音上。

據估計，中國古代的三分損益法至遲不會晚於西方的五律相生法。歐洲最早的五聲音階理論是由希臘的「數論之祖」畢達哥拉斯（Pythagoras, 公元前 580 至公元前 570 之間～約公元前 500）的五律相生法奠定的。五律相生法以純 5 度音列連續向上或向下而生出各律，基本原理與三分損益法相通，而具體現象則有差異：一. 兩者雖同樣產生七聲音階，但第四度音有 f 和 #e 的區別；二. 兩者雖同樣產生十二律，但有 6 個律是不同的。

在三分損益法形成的年代——即春秋時期，有一批著名的宮廷音樂家登上歷史舞臺，如師曠、師涓、師襄等。中國先秦宮廷音樂家，如傳說中舜時的夔，畢竟尚待證實，而師曠等，卻是真實可信的。師曠等的名字皆冠以「師」稱，他們都是宮廷的樂師，他們又都是雙目失明的盲人，這是因為在記譜手段還不完善的當年，盲人得天獨厚的音樂記憶力可以被利用的緣故。

但春秋以來，禮崩樂壞，鄭衛之音❸亂雅樂，魯國八佾舞於庭，卻也引起了孔子極度的憂慮和憤慨。他整理《詩經》，重視樂教，確立盡善盡美的審音標準，其目的，都是為了挽狂瀾於既倒。當時圍繞音樂問題，諸子

❸ 鄭衛之音繼承殷商巫樂的傳統，其特點是熱烈奔放、優美活潑，富於情趣，因此深受當時人們的歡迎，以致造成對雅樂的嚴重衝擊，但在中國歷史上，卻蒙了 2000 多年的冤。

曾侯乙墓出土編鐘

百家還進行了一場大辯論，儒家提倡音樂，墨家和道家則反對音樂。

當然，音樂的發展，有其自身的規律。1978 年 6 月，隨州發掘了一座戰國曾侯乙墓，其中室和東室，擺滿了舉世罕見的樂器，計有編鐘 65 件、編磬 32 件、十絃琴 1 件、五絃琴 1 件、二十五絃瑟 12 件、鼓 4 件、篪 2 件、排簫 2 件、笙 5 件，總共 124 件。❹這個樂器群，可以分為 2 組，陳列於中室的，為「鐘鼓之樂」；陳列於東室的，為「琴瑟之樂」。鐘鼓之樂主要用於祭祀禮儀，琴瑟之樂主要用於休息娛樂。曾侯墓編鐘總重量 2567 千克，鐘鉤、鐘體上有錯金銘文 3755 字，絕大部分都有具體的音樂內容，分別記錄著當年楚、齊、晉、周、申等國與曾國的各種律名、階名、變化音名的對照情況。經敲擊，每個鐘都可以發雙音，而這雙音都構成小 3 度關係。將銘文與出土後的實際科學測音對照，全套編鐘的音色優美，音律準確，基本音階結構與現今國際通用的 C 大調七聲音階相同，總音域達 5 個 8 度以上，中心音域 12 個半音齊備，可以自己轉調，能奏出五聲、六聲或七聲音階構成的各種樂曲。這一套壯觀的編鐘，演奏時須 5 人合作。可以想見，在編鐘宏大樂音飄揚的時刻，配上磬敲擊的清脆和聲，鼓擊打的複雜節奏，琴瑟彈奏的輕快旋律，排簫、笙、篪吹奏的悠揚曲調，眾聲齊發，交響疊鳴，那是一種怎樣的動人場面啊！曾侯乙墓當之無愧地可以稱作一座地下音樂寶庫，它雄辯地展示了中國古代春秋、戰國之際的音樂成就。

雙音編鐘西漢早期仍然流行。❺

戰國時，齊都臨淄，「其民無不吹竽鼓瑟，彈琴擊筑」（《史記・蘇秦列傳》）。南方楚國，「客有歌於郢中者，其始曰《下里巴人》，國中屬而和者

❹ 隨縣擂鼓墩一號墓考古發掘隊：《湖北隨縣曾侯乙墓發掘簡報》，《文物》1979 年第七期。

❺ 參見趙秋雨、胡思永《千年古樂響泉城——濟南洛莊漢墓出土驚世人》，《光明日報》2001 年 2 月 11 日。

數千人」(《新序》卷 1)。這種景象真是前所未有的。據《呂氏春秋・本味》記載，當年「伯牙鼓琴，鍾子期聽之。方鼓琴而志在太山，鍾子期曰:『善哉乎鼓琴！巍巍乎若太山。』少選之間，而志在流水，鍾子期又曰:『善哉乎鼓琴！湯湯乎若流水。』鐘子期死，伯牙破琴絕絃，終身不復鼓琴，以為世無足與鼓琴者」。高山流水，結成知音，千百年來，一直被人們傳為美談。

而與《詩經》一樣，先秦光耀史冊的《楚辭》，也是與音樂密不可分的。《楚辭・九歌》在未經屈原整理前，本來就是南楚的民歌，其音樂基礎是沅、湘之間的巫音。《呂氏春秋・侈樂》云:「楚之衰也，作為巫音。」這裏把楚國衰亡的原因歸咎於巫音，顯然是不公正的。

不過，在中國古代藝術文化中，與政教關係最密切的確實是音樂，這一方面是由於上古的傳統，另一方面也是由於儒家的提倡。《禮記・樂記》云:「樂也者，聖人之所樂也，而可以善民心，其感人深，其移風易俗，故先王著其教也。」這可以代表儒家對音樂的一貫看法。儒家提倡音樂，根本原因就在於此。

秦代設立樂府。❻在秦代，沿襲西戎之樂的秦聲和流行於江淮一帶的楚歌，都具有鮮明的地方色彩。

漢襲秦制，設樂府。西漢初年，先秦雅樂已嚴重失傳，但民間音樂在上層社會中卻植根頗深。他們尤好楚歌。「力拔山兮氣蓋世，時不利兮騅不逝，騅不逝兮可奈何，虞兮虞兮奈若何」，高祖五年（公元前 202），西楚霸王項羽（下相〈今江蘇宿遷西南〉人，公元前 232～公元前 202）英雄末路，對著他的虞美人唱出這首《垓下歌》，深知大勢已去，當時劉邦用來震懾他的，正是「四面楚歌」。(《史記・項羽本紀》)

儒家制禮作樂，而尤以樂為根本❼，給音樂塗上一道神聖的光圈，音樂受到了特殊的重視，是幸事，但音樂被當作了政治的附庸，卻是大不幸事。可喜的是，就在漢武帝獨尊儒術的當年，張騫通西域，把西域的摩訶兜勒曲和蒙古的北狄樂帶了回來，其時樂官李延年（中山〈今河北定州〉人，生年未詳，約卒於公元前 87 年）據以製成「新聲二十八解」，❽聞者

❻ 1976 年 2 月，西安臨潼秦始皇陵出土了一口錯金銀紐鐘，銘有篆書「樂府」2 字，可見秦代已有樂府的設置。

❼ 朱光潛:《樂的精神和禮的精神》，《思想與時代月刊》第 7 期，1942 年 2 月。

❽ 《古今注・音樂》。

莫不感動。從此，中國的音樂在民間音樂和外來音樂的推動下更加蓬勃地發展了起來。也從這個時期開始，中國音樂有了古樂和胡樂之分。古樂指上古以來傳統的本土音樂，胡樂則指從外族胡人那裏吸收來的音樂，包括佛教音樂。李延年「為新變聲」(《漢書・佞幸傳》)，就是用新樂去改編古樂。在南北朝時期，南朝還能保存大部分的古樂；北朝因為地域的關係，加上少數民族的大量移居中原，胡樂就特別興盛。其中天竺樂，是前涼張重華 (346～353 在位) 時傳入的；龜茲樂，是前秦末呂光 (後涼的建立者，386～399 在位) 傳入的；西涼樂，是後涼、北涼時在龜茲樂基礎上形成的。這 3 部樂的傳入，時間上要早一些。到了隋、唐，中國古代音樂進入全盛期。隋煬帝曾把當時所有供宮廷娛樂的音樂加以整理，共成九部樂，即清樂、西涼、龜茲、天竺、康國、疏勒、安國、高麗和禮畢，相對於典禮所用的雅樂，統稱之為燕樂。九部樂只有首尾兩部來源於南朝。從九部樂來看，其中所用樂器為中國固有者，幾乎絕無僅有。實際上所謂胡樂，已成了國粹，於此可見中國文化固有的開放吸納精神。

漢、魏樂府的郊廟歌曲和燕射歌曲，屬於雅樂範疇，音樂風格大致是平緩呆板的。當時樂府所取得的成就，在於大規模地進行了民間歌謠的採集工作和外來樂曲的吸收工作。樂府歌曲中的鼓吹曲，以鼓、排簫和笳為主奏樂器，起源於北方邊境地區，鳴笳以和簫聲，有悖傳統是不消說得的。樂府歌曲中的橫吹曲，其始亦謂之鼓吹，它的特點是以鼓和角為主奏樂器，於軍中馬上奏之，李延年的新聲二十八解，即屬此類。樂府歌曲中的相和歌原是民歌，常用的樂器有節、笙、笛、琴、瑟、琵琶、箏等，由歌者擊節而唱。其中「相和大曲」的結構包括「艷」、「趨」、「亂」3 部分；又有「解」，是每段歌唱後器樂伴奏下的跳舞部分。艷有前奏，音樂、舞姿都很優美；趨速度比較急促，是尾聲；亂是結束性的段落。至於樂府歌曲中的清商曲，則是沿襲相和三調而來的，所用樂器有鐘、磬、琴、瑟、擊琴、琵琶、箜篌、筑、箏、節鼓、排簫、笙、笛、篪、塤等 15 種。清商樂保存了不少秦、漢以來的民間俗樂，自曹魏開始，就受到宮廷的高度重視，隋代編為清樂，隋、唐之際又入為雅樂。

樂府歌曲中還有舞曲歌、琴曲歌和雜曲歌，這都是根據宋代郭茂倩的分法。在郭茂倩編的《樂府詩集》中，又有「近代曲」一類，則是隋、唐兩代的雜曲歌；另有「雜歌謠」和「新樂府」，與音樂的關係就不很密切了。

琴曲《廣陵散》，至晚出現於東漢末年。此曲以先秦俠士聶政的事跡為題材，全曲旋律激昂、慷慨，充滿著干戈殺伐的戰鬥氣氛，極其成功地表現了中國古代音樂的陽剛之美。琴曲《胡笳十八拍》，相傳詞和曲都為蔡琰所作。此曲敘述蔡琰的不幸身世，漢、蒙音調糅合一起猶如水乳交融，旋律富於起伏，洋溢著非常濃郁的抒情氣息，風格質樸，感人至深。《廣陵散》和《胡笳十八拍》，現存曲譜雖經後人不斷加工，但基本上保持了原來的特點，這一雙中國音樂史上的奇葩，應當是與世永存的。

魏晉時期孫吳名將周瑜精通音樂，在宴會中，雖然喝了許多酒，「其有闕誤，瑜必知之，知之必顧，時人謠曰：『曲有誤，周郎顧。』」（《三國志・吳書・周瑜傳》）曹魏的阮籍，善於彈琴；阮籍的朋友嵇康，將刑東市，還從容不迫地彈奏了《廣陵散》。他們雖然不以音樂為職業，但都有很高的音樂造詣，嵇康認為「若夫鄭聲，是音聲之至妙」（《聲無哀樂論》）❾，與儒家的觀點大相徑庭。❿

因為由三分損益法產生的十二律，兩律之間的音程並不均等，旋宮無法周而復始，仲呂不能還生黃鐘，所以從西漢到南北朝，論樂者 78 家，絕大多數都在苦苦思索，以求解決這個問題。其中漢代京房（東郡頓丘〈今河南清豐西南〉人，公元前 77～公元前 37）一生有兩大發明，一是在三分損益十二律的基礎上繼續相生至六十律，後世稱為「京房六十律」，他認為在六十律中，可以實現「周而復始」的旋宮轉調；二是採用絃律，創造了十三絃律準，後世稱為「京房準」，於律管定音之外，另闢絃上定音。⓫西晉荀勖於泰始十年 (274) 製成一套 12 支的笛律，每笛適用於吹奏一律，正應十二律。荀勖制笛的音律之所以比較準確，在於他找到了「管口校正」規律，以計算的校正數來確定各笛的長度以及笛上各孔之間的距離。這個校正數，就黃鐘笛而言，正好是黃鐘律的長度和姑洗律的長度的差數，即相當於黃鐘長度減去姑洗長度，其他各笛的管口校正數據以此類推，如大呂笛的管口校正是大呂律的長度減去仲呂律的長度等等，這在世界上屬於首創。劉宋何承天（東海郯〈今山東郯城西南〉人，370～447）不同意京房六十律的加律辦法，他的「新律」是根據假設黃鐘的振動體長度為 9 寸，

❾ 《嵇中散集》卷 5。

❿ 參見孔繁《魏晉玄學和文學》第 92 頁，中國社會科學出版社，1987 年。

⓫ 參見陳應時《為「京房六十律」申辯》，《藝苑》（音樂版）1986 年第一期。

用三分損益法推算，仲呂還生「變黃鐘」為 8.8788 寸，與正黃鐘相比較，相差 0.1212 寸，於是將它分為 12 個差值，各 0.0101 寸，按三分損益順序，每生一律，疊加 0.0101 寸，這樣，至十三律時，加 0.1212 寸，恰成 9 寸而還生黃鐘。這個新律，雖然不是按頻率比來計算的，但就其實際效果而言，已經相當接近於十二平均律了。⓬

南北朝時，繼「伊州大曲」的率先傳入中原地區，西域音樂風靡南北。從北魏末年到北齊，原籍中亞塔什干、撒馬爾罕一帶的曹妙達祖孫 3 代久居中原，以琵琶世傳其業，乃至封王開府。北周蘇祇婆，龜茲人，從突厥皇后入國，他曾將西域的「五旦七調」樂律理論傳授給北周內史上大夫鄭譯，「五旦」指以黃鐘、太簇、林鐘、南呂、姑洗五律為宮的音階，五旦按七聲旋宮，在理論上可以得到 35 個宮調。正是在五旦七調的基礎上，後來到隋代，鄭譯、萬寶常又推演出了「八十四調」的旋宮理論。⓭

而面臨幾個世紀以來外來音樂的傳播，在禮樂制度上如何恢復華夏正統，隋初為此興師動眾，展開了歷史上有名的「開皇樂議」。「是時競為異議，各立朋黨，是非之理，紛然淆亂」（《隋書》卷 14），鬧得烏煙瘴氣。其結果，由於不懂裝懂的隋文帝的粗暴干預，決定廢棄雜有塞外之音的北周雅樂，甚至不惜否定傳統樂律的「旋相為宮」，這種愚昧無知使得隋代雅樂日趨沒落。

但這只是雅樂，事實上，在整個隋、唐樂壇，雅樂⓮的沒落，猶九牛之亡一毛。隋代「合胡部者為宴樂」（《夢溪筆談》卷 5）的俗樂空前發展。唐初承襲隋煬帝的九部樂，增「燕樂」刪「禮畢」，又加上「高昌」一部，共成十部樂。唐代宮廷俗樂，坐、立部伎絕大部分都是新創作出來的樂舞。唐玄宗時，正式用坐、立部伎取代了原來的九、十部樂。

唐燕樂⓯形式結構的最高發展是大曲。大曲由「散序」、「歌」和「破」3 個部分組成。散序為引子，大都是用樂器演奏的純器樂曲；歌又叫「中序」、「拍序」、「排遍」，為節拍規範的歌唱，速度較慢，用樂器伴奏，有時還加入舞蹈；破又叫「舞遍」，為繁音急拍的結束部分，以舞蹈為主，用樂

⓬ 參見繆天瑞《律學》第 121～123 頁，人民音樂出版社，1983 年。

⓭ 參見向達《龜茲蘇祇婆琵琶七調考原》，《唐代長安與西域文明》，三聯書店，1957 年。

⓮ 唐初雅樂經祖孝孫協調吳楚之聲和周齊之音，集南、北之大成，面貌已有改觀。

⓯ 「燕樂」在唐代專指十部樂之首部，此處泛指唐代所有宮廷俗樂。

器伴奏，有時也加入歌唱。據記載，大曲《秦王破陣樂》的音調是以漢族清樂為基礎，又雜有龜茲樂的成分，在立伎部表演，擂大鼓，聲振百里，動蕩山谷，具有慷慨豪壯的氣概。⑯

唐代大曲尚有《霓裳羽衣曲》、《玉樹後庭花》等，計 60 餘部。其中《霓裳羽衣曲》，又是唐代法曲的典範作品。法曲以聆聽為主要欣賞手段，往往集中大曲音樂的精華部分來進行演奏。《霓裳羽衣曲》相傳為唐玄宗所作，曲中頗多佛教音樂的成分。白居易在詩中曾多次提及「曲愛霓裳未拍時」⑰，可見此曲的散序部分，一定是更為精彩的。

唐玄宗李隆基 (685～762) 擅長作曲。他還十分熱衷於音樂演奏，他演奏羯鼓，「頭如青山峰，手如白雨點」(《唐語林》卷 5)，有著極為高超的技巧。他又常教太常樂工為絲竹之戲，音響齊發，有聲誤者，「必覺而正之」(《舊唐書》卷 28)。唐代由太常寺下面的大樂署管雅樂和燕樂，鼓吹署管鹵簿和軍樂；前者還主管對音樂藝人的訓練考核。此外宮廷又有教坊。教坊之制，始於隋代，但屬太常寺管轄。由於唐玄宗對音樂特別愛好，開元二年 (714)，又加以擴建，內、外共 5 處，自是不隸太常。唐全盛時，內外教坊共有 2000 人，其中宜春院內人，亦曰「前頭人」，她們有資格經常在皇帝面前表演，享受優厚的待遇。唐玄宗還在擴建教坊的同時「選坐部伎子弟三百人，教於梨園」(《新唐書》卷 22)，隸內廷，以教習法曲為主要任務，如名歌手永新娘、名樂手李龜年等，皆為「皇帝梨園弟子」。梨園歷時 65 年，也從側面反映了燕樂的興衰。在唐玄宗統治下的唐代開元、天寶盛世，由於他的倡導力行，「六幺水調家家唱，白雪梅花處處吹」(白居易:《楊柳枝詞八首》) ⑱，人們普遍陶醉在音樂中。

隋唐時代，水平與唐玄宗不相上下的音樂家，尚有隋代的萬寶常（籍貫未詳，約 556～約 595)，他「應手成曲，無所礙滯」，「損益樂器，不可勝紀」，還撰《樂譜》64 卷，「具論八音旋相為宮之法，改絃移柱之變，為八十四調，一百四十四律，變化終於一千八百聲」。(《隋書》卷 78) 八十四宮調理論的確立，當然還有其他人的功勞，但主要的成績是屬於他的。這裏必須加以說明，八十四宮調在實踐上尚有待努力，在整個隋唐時代，

⑯ 參見何昌林《關於〈秦王破陣樂〉》，《山東歌聲》1984 年第六期。

⑰ 《白氏長慶集》卷 21《霓裳羽衣歌・和微之》、卷 23《重題別東樓》。

⑱ 《白氏長慶集》卷 31。

從來也沒有用全過八十四調，唐代雅樂只用 1 宮 7 調，燕樂亦只用 4 宮 28 調。在民間俗樂中，「琵琶宮調八十一，旋宮三調彈不出」（元稹：《琵琶歌》）⑲，彈出了 81 調，這可能還是詩人誇張的說法。

在隋唐樂壇上，唐代的「音聲人」，屬賤民，但「依令『婚同百姓』」（《唐律疏議・戶婚》），他（她）們以絢麗多彩的歌唱技藝，留下了曠古未有的赫赫聲名。玄宗開元年間的永新娘，吉州永新（今屬江西）縣人，本名許和子。玄宗曾讓名笛手李謨為她伴奏，結果曲終管裂，她的聲腔的委婉激越由此可見。還有一次，玄宗在勤政樓設宴招待百官，「觀者數千萬眾，喧嘩聚語，莫得聞魚龍百戲之音，上怒，欲罷宴。中官高力士奏請：『命永新出樓歌一曲，必可止喧。』上從之。永新乃撩鬢舉袂，直奏曼聲，至是廣場寂寂，若無一人，喜者聞之氣勇，愁者聞之腸絕」（《樂府雜錄・歌》）⑳。又有何滿子、念奴和張紅紅，亦皆獨步一時。

唐代公卿士大夫，大都畜養歌伎，如詩人白居易有歌伎樊素。當時以詩歌入樂的情況相當普遍，許多詩人的名作被譜入歌章，在宴會上爭相傳唱，白居易曾以此感到自豪，他說「席上爭飛使君酒，歌中多唱舍人詩」（《醉戲諸妓》）㉑，唐宣宗（846～859 在位）也稱讚他「童子解吟《長恨曲》，胡兒能唱《琵琶》篇」（《弔白居易》）㉒。但唐詩入樂流行最廣、傳唱最久的還數王維的《送元二使安西》詩，此詩被譜成《陽關三疊》，蘊含著極其豐富的感情，一遍一遍地反復咏唱，能使人回味無窮，沉醉在依依惜別的意境中，詩與音樂珠聯璧合，是中國音樂史上的上乘之作。不過唐代的《陽關三疊》曲譜，入宋後便已失傳。目前所見《陽關三疊》，是在琴歌的形式中保存下來的。清代張鶴所編《琴

圖 172　「此曲只應天上有」《神曲》　現　王美芳、趙經國繪

⑲ 《元氏長慶集》卷 26。按：「旋宮三調彈不出」一語沈括《夢溪筆談》卷 6 轉引作「三調絃中彈不出」。

⑳ 《樂府雜錄》一卷，入編《四庫全書》「子部八・藝術類四」。

㉑ 《白氏長慶集》卷 23。

㉒ 《全唐詩》卷 4。

學入門》(1867),《陽關三疊》的歌辭已發展成包括長短句的多段作品了。

《陽關三疊》本來是琵琶曲,唐代琵琶曲盛行不衰,相對之下,傳統的琴曲似頗受冷遇。但琴曲依然表現極其旺盛的生命力,它遠離觥籌喧鬧的宴席,在山林、清庭、寺廟、道院之中悄然發展。高適《別董大》詩云:「千里黃雲白日曛,北風吹雁雪紛紛,莫愁前途無知己,天下誰人不識君!」㉓這董大,即董庭蘭,就是唐代著名的琴師。唐代琴曲《梅花三弄》和《離騷》,有著廣泛深遠的影響。

中國古代不知從何時起有了自己獨特的記譜形式,目前所見中國最早的曲譜是唐人手抄本《碣石調·幽蘭》,注明為六朝時人丘明的傳譜。這是一首用文字記譜法保存下來的古代琴曲。古琴的文字譜,借助文字的說明指出彈琴兩手的位置和指法,因而相當煩瑣。唐代曹柔發明了減字譜,其特點是用減筆字拼成某種符號作為左、右兩手在古琴音位以及各種手法的標記,而不記音名,比較簡便;又可以通過對「絃次」與「徽分」交匯點的簡略示意,記出音高的細微差異,並用手法及不同徽分的標記來記錄音過程,同時體現出一定的音色變化和力度變化,在原有音樂信息的忠實貯存方面,顯示出一定的優越性。㉔減字譜的出現使唐代晚期的陳康士、陳拙得以整理大量琴譜傳於後世,並且基本上沿用至今。唐代還流行燕樂半字譜,分絃索譜和管色譜兩個系統,前者以唐琵琶譜和五絃琵琶譜為主體,後者則是宋代俗字譜的前身。流傳至今的《敦煌曲譜》,就是五代後唐明宗長興四年 (933) 用燕樂半字譜抄寫的一份琵琶曲譜。唐琵琶譜能夠貯存多種信息,如在選擇正確的定絃法的前提下,琵琶的「二十譜字」、五絃琵琶的「二十六譜字」可以準確重現古曲的音高等。但唐代減字譜至今未發現;唐代燕樂半字譜的讀譜法亦久已失傳,現在只能通過推斷和解譯來認識了。

從秦、漢到隋、唐,這個時期從西域傳來大量樂器,上文已有涉及。其中影響最大的是琵琶。中國傳統樂器中也有琵琶,最早見於秦代,是長頸圓形音箱的,因西晉音樂家阮咸擅長彈奏這種樂器,後世稱為「阮咸」,簡稱「阮」,現在的秦琴、素琴、三絃,即是這種琵琶的後裔。而現在一般使用的琵琶則源自美索不達米亞,由魏、晉之際從西域傳入,尤其適應隋、

㉓ 從國家圖書館藏《唐詩選》殘本。按:此詩在《全唐詩》和「四庫」本《高常侍集》中,「千里黃雲」語「千里」均作「十里」,分別見該二書的卷214、卷5。

㉔ 何昌林:《古譜與古譜學》,《中國音樂》1983年第三期。

唐歌舞藝術的發展，所謂「大絃嘈嘈如急雨，小絃切切似私語，嘈嘈切切錯雜彈，大珠小珠落玉盤」，白居易在《琵琶行》㉕中描寫的，無疑就是這種曲頸梨形音箱琵琶。唐代坐、立部伎中還有一種五絃，也用「推手前曰『批（琵）』，引手卻曰『把（琶）』」（《釋名・釋樂器》）的彈挑奏法，同樣是從西域傳入的。唐代樂器，經歷代的積累、吸收、發展，竟達三百幾十種之多，可謂盛況空前。

宋代曲子詞崛起，曲子詞的音樂成分大致包括傳統古曲、外來樂曲、民間小曲和自度新曲 4 個方面。如本書第二十九章第一節所述，曲子詞每種皆有詞牌。而同一詞牌，又可以有不同體的變化，如「減字」、「偷聲」、「攤破」、「犯調」等。在音樂上，減字是以多音配一字，將某些字的節拍拖長；偷聲是分割少數的音，用以配合多數的字；攤破是增加新的樂句或擴展原有樂句；犯調是轉調，或是把屬於幾個不同詞牌的樂句聯接起來。詞牌都伴有工尺譜，更發明打拍子的板眼，欣賞的人隨歌擊拍，即可與表演者共同進入角色。因此，曲子詞就被當時新興的戲劇藝術所吸取了。

當時的工尺譜，是由俗字譜發展而成的。歷代各地所用者互有出入，常見有用上、尺、工、凡、六、五、乙依次記寫七聲，高 8 度各音加「亻」旁以為標記，如仩、伬、仜等，低 8 度各音除六、五、乙分別改為合、四、一外，其餘均以末筆帶撇作為區別。節奏則用板眼記號，強拍擊板稱為「板」，次強拍和弱拍以鼓籤擊鼓或用手指按拍，分別稱為「中眼」、「小眼」。樂曲節拍由一板三眼構成者，稱為「三眼板」，即「四拍子」。在四拍子中，前一弱拍稱「頭眼」，後一弱拍稱「末眼」。而無固定板眼者則稱「散板」，有板無眼者通稱「流水板」。工尺譜中所用板眼記號不一，通常用「、」或「×」代表板，用「。」或「・」代表眼。此外還有各種表示變化節奏的板眼記號，如表示後半拍起唱的腰板「∠」和腰眼「△」等。

南宋姜夔（饒州鄱陽〈今屬江西〉人，約 1155～1209）的《白石道人歌曲》中，有《鬲溪梅令》、《杏花天影》、《揚州慢》等 14 首自度曲，突破了傳統曲子詞上、下闋強求一致的規格，不受音樂形式的束縛，表達思想更為自由，是不折不扣地由作曲家自己寫定的當代樂譜。

在姜夔之前，律學家蔡元定（建陽〈今屬福建〉人，1135～1198）提出了十八律理論。十八律是用三分損益法生成十二正律之後，繼續往下生

㉕　《白氏長慶集》卷 12。

變黃鐘、變林鐘、變太簇、變南呂、變姑洗、變應鐘等 6 個變律，其意義在於解決十二律旋宮後的音程關係和黃鐘宮調不盡相同的弊病。若用現在國際通用的音分值來衡量，如果平均律的半音音程為 100 音分，那麼三分損益律的大一律有 114 音分，而小一律只有 90 音分，其間相差 24 音分。由於蔡元定十八律中的 6 個變律，都比同名正律高 24 音分，因此很自然地與次一律構成小半音關係（90 音分），這樣，就在理論上合理地解決了三分損益律的轉調問題，雖然律數上有限制，卻有一定的實用價值。在中國古代音樂史上，不能不說這是很大的突破。

宋代流行由曲子詞組成的「唱賺」，分為兩類：「有引子、尾聲為纏令，引子後只以兩腔互迎循回間用者為纏達。」（灌園耐得翁：《都城紀勝・瓦舍眾伎》）㉖

曲子詞的演唱，可以稱為詞曲音樂。除了詞曲音樂，宋代還有鼓吹音樂，沿襲唐代舊風，用打擊樂器和吹奏樂器合奏，多有歌詞配合。從宋代起，宮廷雅樂越來越追求復古，越來越僵化。南宋乾道 (1165～1173) 年間趙彥肅傳播的《風雅十二詩譜》，偽託唐音，實為宋人所作，從這個「詩譜」中，可以瞭解到宋代雅樂的特點。

由於曲子詞被戲劇藝術所吸收，因此元、明、清 3 代，中國傳統樂曲，主要是在戲曲、曲藝形式中發展的。

元代北曲共有 6 宮 11 調：正宮、中呂宮、道宮、南呂宮、黃鐘宮、仙呂宮、大石調、小石調、南平調、般涉調、歇指調、商角調、雙調、商調、角調、宮調、越調。明、清南曲用 5 宮 8 調，而最常用者不過 5 宮 4 調。

當時伴奏的樂器，居於首要地位的是中國化的胡琴。胡琴原意為「胡人之琴」，本來如琵琶、豎箜篌、忽雷等彈絃樂器，都被稱為胡琴，後來才專指拉絃樂器。中國古代樂器分吹、打、彈、拉 4 大類，吹、打、彈 3 大類在上古時代已經問世，只有拉絃樂器姍姍來遲。據說唐代才出現由彈撥樂器箏演變而成的軋箏，是拉絃樂器，但只流行於局部地區。唐代由奚族傳入的奚琴，南宋時叫做嵇琴，與後世胡琴的形制特徵基本相仿，應是胡琴的前身。據沈括《夢溪筆談》卷 5 記載，北宋西北地區兵營中已流傳馬尾胡琴，唯不知其具體形制究竟如何。胡琴的廣泛流行，充分標誌著中國拉絃樂器的成熟。後來由於地方戲聲腔風格的需要，胡琴又逐漸分化出許

㉖ 《都城紀勝》一卷，入編《四庫全書》「史部十一・地理類八」。

多不同的品種，如板胡、二胡、京胡、四胡、粵胡、椰胡等。與此同時，北方曲藝發展了性格樂器大三絃，南方評彈又發展了南三絃。三絃的特點在於琴桿就是按音指板，左手可以在琴桿上隨意滑動求音，換把和轉調都很自由靈活，這就能夠貼切地與腔調變化多端的說唱曲調配合。所以從宋元起到近、現代，一直被各種曲藝採用為主要伴奏樂器。

明代波斯、阿拉伯、土耳其的嗩吶和羅馬尼亞等地的揚琴傳入了中國，並成為中國軍樂和民間婚喪樂中的主角；明清時代，希臘、羅馬的管風琴和擊絃古鋼琴也傳入了中國宮廷，受到了重視。

除了戲曲音樂和曲藝音樂，宋元以後，獨立的器樂曲和民歌也較前代有所發展。中國現存最早的琴曲集譜是成於明代洪熙元年 (1425) 的《神奇秘譜》。此書由明太祖第十三子朱權輯成，收有《廣陵散》、《梅花三弄》等 63 首作品，用譜完整地記錄了當時流傳和遺存的七絃琴音樂。其中南宋音樂家郭沔（永嘉〈今浙江溫州〉人，生卒年未詳）的琴曲《瀟湘水雲》，全曲波瀾壯闊，情景交融，風格質樸而不粗野，細膩而不呆板，是歷史上浙派琴曲的代表作。中國現存最早的琵琶譜集是刊於清代嘉慶二十三年 (1818) 的《華秋苹㉗琵琶譜》，收有北派大曲《十面埋伏》及其他樂曲 13 首，南派《昭君怨》等小曲 49 首、《將軍令》等大曲 5 首，編者參照古琴的減字譜法，創造性地訂立了較為完整的琵琶指法符號，對後世琵琶譜集的編訂，起了規範的作用。此書所收琵琶套曲《海青拿鵝》㉘，產生於元代，描寫海青捕捉天鵝時激烈搏鬥的情景，具有風趣、緊張的音樂情緒。全曲多用彈、挽、輪、挑、拼絃、掃等技巧，不僅為明、清以來各派琵琶演奏家共同的保留曲目，而且還透露了中國古代彈撥琵琶藝術由外來形態向民族形態的過渡至晚在元初已告完成的消息，在中國古代琵琶演奏史上的地位至為重要。

明清時代，各類民間絲竹曲，如《春江花月夜》等；嗩吶鑼鼓曲，如《淘金令》等；十番鑼鼓曲，如《下西風》等；福建南曲，如《梅花操》等；廣東音樂，如《雨打芭蕉》等，既有風雅的標題，又有相應的內容，絃外之音，撩人情思。

而明清時代的民歌，如《孟姜女》、《月兒彎彎照九州》、《鎖南枝》、《山

㉗ 華秋苹（1784～1859），江蘇無錫人，音樂家。

㉘ 此曲又名《海青拿天鵝》，沈浩初《養正軒琵琶譜》改名為《平沙落雁》。

坡羊》、《茉莉花》、《繡荷包》、《走西口》、《川江船夫號子》等，音調生動形象，通俗易唱，並有濃郁的生活氣息，普遍表現全民族審美心理的積澱。就拿流行於江、浙一帶的《孟姜女十二月歌》來說，曲調流暢柔麗，感情細膩委婉，表現深切，結構嚴謹，落音分別為 2、5、6、5，是典型的起承轉合式。此歌大江南北、長城內外各地都有，那哀怨的唱辭、淒絕的唱腔，在中國，幾乎無人不曉，這是最能體現中國氣派和民族風情的東西。

元代燕南芝菴著《唱論》，共 31 節，不分卷，凡 1172 字。㉙作者十分推重聲樂藝術的作用，強調「絲不如竹，竹不如肉」。作者同時對歌唱的技巧、方法作了較為深入的探討，尤其在咬字運腔上，提出「字真，句篤，依腔，貼調」、「聲要圓熟，腔要徹滿」的聲樂美學標準，真乃要言不煩。作者又指出，唱者聲口不同，各有所宜，得之於此，難免失之於彼，不可求全求備，而應當避短揚長。作者對歌唱時常見的種種毛病，也作了針對性的羅列。作者還認為，「詞山曲海，千生萬熟」，他把藝術實踐放到首位，這更是極其精闢的經驗之談。《唱論》在中國古代其他同類性質的論著中，無疑是最有代表性的。

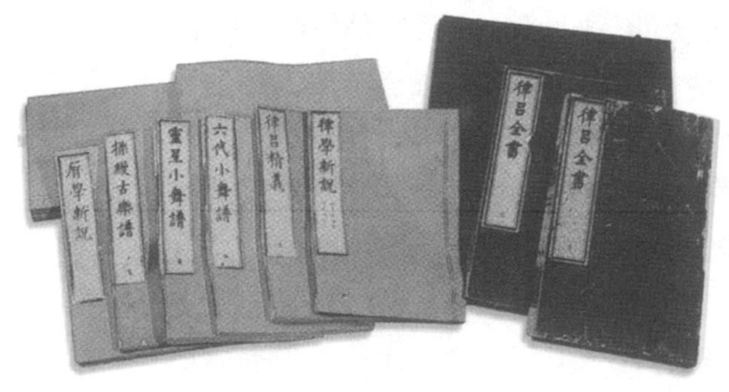

圖 173 朱載堉《律呂全書》書影

明代朱載堉的新法密率（即十二平均律，或稱十二等程律），徹底解決了中國律學史上長期不能解決的黃鐘還原問題。他用 81 檔的大算盤，開平方，開立方，在 2（黃鐘倍律）和 1（黃鐘正律）之間，求出 11 個數，形成了 13 個數的等比數列。他的計算法，從現在的算法看來，等於先把 8 度開二方，$\sqrt[2]{2}$，得 1.414213 ……為 8 度的一半，即十二平均律中 6 個半音處的 #f。再開二方，$\sqrt[2]{1.414213}$，得 1.189207 ……為 8 度的 1/4，即 3 個半音處的 #d。如果從 #f 算起，則為 a。再開三方，$\sqrt[3]{1.189207}$，得 1.059463 ……為 8 度的 1/12，即半音的 #c，亦即任何律的高一律。這個數，實際上就是將 2 開十二次方所得到的「頻率倍數」($\sqrt[12]{2}$=1.0595)，把這個數連續自乘 12 次，就分別產生十二平均律各律的頻率倍數，而乘到第十二次，就達到 2

㉙ 見《南村輟耕錄》卷 27。

(8度)。朱載堉所稱倍律，比正律低8度。他在《律呂精義》中把各律的數字一直寫到第二十五位，如平均律半音的「頻率倍數」寫作十寸零五分九釐四毫六絲三忽零九纖四三五九二九五二六四五六一八二五，即1.059463094359295264561825，計算之精確，令人驚奇不置。他所得出的數據，與現在的平均律完全相同。只不過現代律學表示律高不再應用長度，而是改成頻率，兩者的各自比值互為倒數，這是因為振動體長度與頻率適成反比的緣故。朱載堉新法密率的計算成果，形成於1567年至1581年2月6日之間，而最早記載於他在萬曆十二年(1584)完成的《律學新說》一書中，比法國默森(Marin Mersenne, 1588～1648)在1636年取得同樣的結果早半個多世紀，有跡象表明，正是他的這項偉大的成就啟發了歐洲的律學家，從而開創了人類音樂史上的新篇章。[30]可悲的是，該成果當年奏進後，竟被打入冷宮，直到清代，還不斷有自命正統者對其進行非議和否定。

## 第二節　舞蹈

舞蹈起源於原始人對狩獵、生產場面的模擬和對異性表示愛慕的動作，在中國遠古，它與音樂、詩歌等藝術形態三位一體，是密不可分的。到後世，舞蹈與音樂，也仍然是一對孿生姐妹。

《呂氏春秋・古樂》云:「昔葛天氏之樂，三人操牛尾，投足以歌八闋，一曰載民，二曰糸鳥，三曰遂草木，四曰奮五穀，五曰敬天常，六曰建帝功，七曰依地德，八曰總禽獸之極。」葛天氏之樂反映了原始先民進入農業定居階段後的願望和意識。《呂氏春秋・古樂》還提到了陶唐氏之樂，說是「昔陶唐氏之始，陰多，滯伏而湛積，水道壅塞，不行其序，民氣鬱閼而滯著，筋骨瑟縮不達，故作為舞以宣導之」，這是古老的健身舞。

先秦文獻記載的原始樂舞還有很多，其中《九韶》，由編管樂器簫作為主要伴奏樂器，所以又叫《簫韶》。這部樂舞的風格是「溫潤以和，似南風之至」(《樂緯・動聲儀》)，在古代很受重視。西周時被編入「六代之樂」(《通典・樂一》注)，並於漢高祖六年（公元前201）更名為《文始》，是

[30] 在歐洲，荷蘭數學家斯特芬(Simon Stevin, 1548～1620)於1585年（一說為1595～1596年間，又一說為1600年或1605～1608年間）也創立了十二平均律的數學表示，但其手稿卻遲至1884年才得以發表，此前一直默默無聞。

歷史上真實存在過的作品。

進入文明社會後，夏代的《大夏》，據說是一部富於變化的多段體樂舞，在編管樂器籥的伴奏下，由64個頭載皮帽、下著白裙、光著脊梁的人共舞，主題在於宣揚禹的治水功績。商代《大濩》威武雄壯，《墨子・三辯》說：「湯放桀於大水，環天下自立以為王，事成功立，無大後患，因先王之樂，又自作樂，命曰《濩》。」商代宮廷「淫樂」則輕柔嬌美，是漫無節制的。

從夏代到商代，專業化的舞蹈表演，促使舞蹈本身由簡單到複雜，由少樣到多樣，由粗糙到精緻，舞蹈的審美功能因之大大提高了。同時，貴族表演舞和自娛性的民間舞蹈也開始分化了。

在甲骨文中，舞字有寫作「𠘧」的，這也是「巫」的古字。㉛夏代尚巫，歌舞風靡全社會；商代巫風熾烈，歌必酣，舞必恆。當時的巫，自然也是舞蹈專家，也因此，有著濃郁的宗教巫術氣息的巫舞，在當時備受重視。

西周初年，遠古的舞蹈得到了有選擇的繼承和較為系統的整理。與此相應，統治者強化了舞蹈的祭祀和教化性質。周代雅樂主要分文舞和武舞兩種：文舞歌頌文德，左手執籥，右手秉翟；武舞歌頌武德，舞者手裏拿的是朱干（盾）、王戚（斧）之類的兵器。所謂「六代之樂」，除《九韶》、《大夏》、《大濩》外，還有黃帝的《雲門大卷》、堯的《咸池》㉜、周的《大武》，即是文、武舞的集大成之作，又稱「大舞」，是雅樂的核心內容，居於正統。此外，還有《帗舞》、《羽舞》、《皇舞》、《旄舞》、《干舞》和《人舞》，稱為「六小舞」，它們或被用來作為貴族子弟演習禮儀的教材，或被用於宗教活動中。

六代之樂，只有《大武》是當代的新創作。《大武》共分6段，「始而北出；再成而滅商；三成而南；四成而南國是疆；五成而分，周公左，召公右；六成復綴以崇」（《樂記・賓牟賈》）。這是孔子所見《大武》演出的情景。孔子還把《大武》和《九韶》加以比較，說《韶》是盡美盡善，《武》則盡美，而未盡善。可見《大武》是上古的著名武舞，在孔子心目中，其地位僅下遠古著名文舞《九韶》一等。後來秦始皇二十六年（公元前221），曾將《大武》更名為《五行》。

周代雅舞由於帶有教化和禮儀性質，音樂和平中正，歌詞典雅純正，

㉛ 參見劉再生《中國古代音樂史簡述》第30頁，人民音樂出版社，1989年。

㉜ 據《禮記・樂記》鄭注說《咸池》亦為黃帝所作，但經過堯的「增脩」。

所以與之相應，舞蹈動作也都是極其緩慢的。根據西周禮制的規定，不同的舞用在不同的場合，不得混用。舞者人數按級別各有定制，「天子八佾，諸侯四佾，所以別尊卑」(《白虎通・禮樂》)。所謂「佾」，即是樂舞行列，八佾為 8 行 64 人。春秋戰國時代，禮樂制度逐漸失去了對新興勢力的制約，如魯國大夫季桓子竟敢在自己的庭院裏演出天子方能享用的「八佾之舞」，孔子雖大聲疾呼，認為此舉「是可忍，孰不可忍也」(《論語・八佾》)，但到底拿他沒有辦法。而此時雅舞的內容和形式也日趨僵化，不能適應貴族們的享樂需要，倒是「桑間濮上之音」(《禮記・樂記》) 的民間歌舞由於與生活密切相關，蓬勃發展了起來，終於被引進宮廷和貴族生活，取代雅舞而成為舞蹈的主流。

但是中國舞蹈的真正繁榮，卻已經是漢代的事情了。漢初高祖劉邦作《大風歌》:「大風起兮雲飛揚，威加海內兮歸故鄉，安得猛士兮守四方。」㉝相傳他回故鄉，在酒宴上乘興歌此，於是起舞於席間。這個開國皇帝，不算能歌善舞，對歌舞總算不是門外漢了。上行下效，於開闢風氣，不為無益。據《史記・五宗世家》裴駰《集解》「引應劭曰」:「景帝後二年諸王來朝，有詔更前稱壽歌舞，定王但張袖小舉手，左右笑其拙，上怪問之，對曰臣國小地狹，不足迴旋。帝以武陵、零陵、桂陽屬焉。」從這個故事裏可以看到，長沙定王劉發因舞技不稱，竟致為左右所「笑」、皇帝所「怪」，當然他那樣做是有目的的。漢代舞蹈突破了傳統的規範，它與武術、雜技等人體運動形式融匯起來，並不斷與異域舞蹈交流溶合，更多地表現為一種市俗的娛樂形式。漢人善舞，甚至到了遇事必舞的程度，豪門貴族畜養了大批女樂，表演伎樂舞，對後世影響很大。所謂女樂，即是樂舞女奴，其制始於夏后啟宮廷，她們是中國傳統舞蹈的主力軍。當時國家更承秦制，設立了樂舞管理機關，這就是歷時 106 年的漢代樂府，樂府主管音樂和舞蹈，樂府的設置，可以說是漢代舞蹈藝術繁榮的標誌。漢代的文獻、繪畫、石刻、詞賦之中，舞蹈成為被反復記述和表現的對象，說明了漢代舞蹈意識的熟透。漢舞突出了舞蹈表演人們思想感情的作用，在強調表現的基礎上，注重了舞蹈媒介的特徵。尤其是，通過對人體動作姿態的掌握，強調了藝術規律。袖和巾的被利用，這一創作也是在漢代完成的。現今各種舞蹈的體裁、樣式在漢舞中幾乎都已出現，流傳下來的許多傳統舞蹈也都可

㉝　《史記・高祖本紀》

以在漢舞中尋見其淵源所在。

很多人都知道漢代有個趙飛燕（籍貫、生年未詳，卒於公元前 1 年）。據《三輔黃圖・池沼》記載：趙飛燕常在秋日與漢成帝泛舟於上林苑太液池，「每輕風時至」，飛燕乘興起舞，如香草之不勝吹拂，以致成帝發生錯覺，生怕她被風吹落池中，故「以翠纓結飛燕之裾」，由此可以推見其舞姿之輕盈。趙飛燕幼年父死家敗，流落陽阿公主家作婢女，充當女樂，她為了出人頭地，鑽研舞蹈藝術，十分勤奮，連飯也顧不上吃。從趙飛燕的故事中，不難推斷，漢代舞者需要經過嚴格的專門訓練，舞蹈藝術的專業性已經很強了。

趙飛燕出身於女樂，她所表演的伎樂舞，具有擰、傾、圓、含的動律，輕衣長袖的服飾，旋轉跳躍的舞姿，修眉流眄的風韻，飄梁動木的清音，含剛健於婀娜，寓神韻於婆娑。這些特色，是古板莊重的中世紀歐洲宮廷舞蹈所無法比擬的。

漢代伎樂舞蹈家，在趙飛燕之前，尚有高祖時的戚夫人、武帝時的李夫人，也都是非常有名的。戚夫人是漢高祖的寵姬，「善為翹袖折腰之舞」（《西京雜記》卷 1），從「翹袖」、「折腰」的特點來看，無疑是典型的楚舞。楚舞、楚歌在漢初宮廷中風靡一時，看來與高祖和戚夫人的躬為表率大有關係。李夫人是漢武帝的寵姬，其兄李延年稱讚她的「妙麗善舞」，說是「北方有佳人，絕世而獨立，一顧傾人城，再顧傾人國。寧不知傾城與傾國，佳人難再得」（《漢書・外戚傳》）。後世「傾國傾城」之語，即本於此。

圖 174　漢代畫像石上的折腰舞

漢代宮廷每到臘日前一天，輒行驅鬼驅疫的大儺儀式。屆時選 10～12 歲的中黃門子弟 120 人，稱為「侲子」，赤幘皂製，表演儺舞。儺舞原是模仿人獸角鬥的舞蹈，周代儺舞在歲除日舉行，由方相氏領頭表演，漢以後歷代宮廷儺舞沿襲漢制而略有不同，民間也舉行這類舞蹈。民間儺舞古樸粗獷，健康風趣，後世也用以娛人。

漢代民間舞蹈有《七盤舞》、《建鼓舞》等，常見於百戲。其中最有代表性的是《七盤舞》，此舞表演時先在地上排列盤若干隻（大多為7隻，也有五盤、六盤或九盤者），鼓若干隻，舞者著長袖衣，在盤、鼓之上，或盤、鼓之間跳躍徘徊，「軼態橫出，瑰姿譎起」（傅毅：《舞賦》）㉞。伴奏的樂器有鐘、鼓、磬、琴、簫等，不僅樂、舞結合，而且與雜技力度熔於一爐，剛柔相兼，十分動人。《七盤舞》後來向純舞蹈發展，但舞姿更加飄逸瀟灑。《建鼓舞》則舞姿雄健，僅見於出土文物造型，文獻沒有記載。漢代民間又有《鞞舞》、《鐸舞》、《巾舞》、《拂舞》，後來用於宴享；到隋代，合稱「四舞」，但已不執鞞、鐸、巾、拂等道具；唐代仍流行，並歸入清商樂中。漢代《蹴鞠舞》，是腳踢足球而舞，山東曲阜漢畫像石上有女子3人蹴鞠舞圖，上方的舞者側首俯視，一足向後踢起，下面兩人相對而舞，動作皆極為優美。漢代《靈星舞》，係模仿諸般田作而舞，生動活潑，至明代猶見流傳。

漢代承上古傳統，尚有《優舞》，漢初尤盛，舞者多為侏儒，既以娛人，也以娛神，歷魏、晉、南北朝，至隋文帝時，以其非正典而罷之。又有《沐猴舞》，「為沐猴與狗鬥」（《漢書・蓋寬饒傳》），也是滑稽樂舞，現在陝北橫山地區秧歌小場子節目有《猴騎羊》、《猴子耍老虎》等，可能就是《沐猴舞》的遺存和發展。

漢代《巴渝舞》用鼓伴奏，曹魏時改名為《昭武》，西晉為避司馬昭諱，又改為《宣武》，都用作祭祀文武舞。梁代恢復《巴渝》舊名，隋文帝加以廢止。唐代列入清商樂，白居易《郡中春讌因贈諸客》詩云：「蠻鼓聲坎坎，巴女舞蹲蹲。」㉟正是唐代巴渝舞表演場面的真實寫照。

面對漢舞多樣性的現實，漢代舞蹈理論對再現性的具備故事和戲劇因素的舞蹈作品採取忽視的態度，譜寫了中國傳統舞蹈觀念的主題旋律。東漢傅毅的《舞賦》，堪稱是這方面的赤幟。《舞賦》強調以「容」表「志」，以「舞」明「詩」，舞蹈不僅應給人以感官的享受，還要以舞姿體現優美的情操和理想，這是當時舞蹈向更高境界發展的反映。

魏晉南北朝時代，長江流域在經濟和文化上的開發，使中國樂舞基地得到擴大。南方主要是繼承了漢魏以來的樂舞，並逐漸採集民間舞蹈，有

---

㉞ 《文選》卷17。

㉟ 《白氏長慶集》卷11。

所發展，品種有用於郊廟朝饗的比較正宗的雅舞和用於宴享的兼容並蓄的雜舞。北方則好「胡戎之伎」，西北各民族的樂舞因而大舉傳入中原，天竺、龜茲等音樂舞蹈，上自宮廷，下及閭巷，盛極一時。潑寒胡戲，「志遊大梁」（周捨：《上雲樂》）㊱，甚至有向南方發展的趨勢。這一時期的舞蹈傾向於追求舞蹈自身的技巧和形式美。

西晉石崇的愛妾綠珠善舞《明君舞》，明君，即王昭君，因舞蹈表演「昭君出塞」故事，故有此名。東晉謝尚善舞《鴝鵒舞》，曾在司徒王導座前表演，俯仰屈伸，旁若無人。此舞氣勢奔放，有淩雲之慨。又有前溪舞，起源於南前溪村（在今浙江德清縣），纏綿柔婉，聲容動人，抒發了牽腸掛肚的思念，至五代列入清商樂中，屬軟舞類。當時伎樂舞的造詣越發高超，南齊東昏侯潘妃，能步舞金蓮花上，這是高難度的舞蹈。南陳著名的《春江花月夜》、《玉樹後庭花》等艷曲，都有相應的舞蹈與之配合，宮廷女樂輕歌曼舞，把個陳後主（582～589 在位）弄得顧此失彼，竟忘記了自己做皇帝的責任，再也不把江山放在心裏了。

北齊「蘭陵王長恭，才武而貌美，常著假面以對敵，嘗擊周師金庸城下，勇冠三軍」（《舊唐書》卷 29），齊人以此為題材編成歌舞，號《蘭陵王入陣曲》。唐代稱此舞為《大面》，又稱《代面》，表演者是戴著面具的，對後世戲劇中臉譜勾繪的演化，有極重要的影響。北齊又有人「姓蘇，鮑鼻，實不仕，而自號為『郎中』。嗜飲，酗酒，每醉輒毆其妻。妻銜怨，訴于鄰里。時人弄之，丈夫著婦人衣，徐步入場，行歌。每一疊，旁人齊聲和之曰：『踏搖，和來！踏搖娘苦，和來！』以其且步且歌，故謂之『踏搖』，以其稱冤，故言『苦』。及其夫至，則作毆鬥之狀，以為笑樂」（崔令欽：《教坊記》㊲）。這是一齣諷刺喜劇，叫做《踏搖娘》，也是歌舞形式。這些有故事情節的歌舞，是後世中國戲劇載歌載舞表演形式的歷史源頭。後來在唐代列入「歌舞戲」的，尚有《撥頭》，又叫做《缽頭》，「出西域，胡人為猛獸所噬，其子求獸殺之，為此舞以象之也」（《舊唐書》卷 29）。《撥頭》有 8 段音樂，演員披頭散髮的表演，其出現，雖無明確的年代記載，但估計當屬北朝後期的產物，乃是中國古代的早期悲劇。以上 3 齣歌舞戲，題材均取自現實生活，體現了中國古代民間歌舞的現實主義傳統。

---

㊱ 《樂府詩集》卷 51。

㊲ 此書入編《四庫全書》「子部十二・小說家類一」。

中國傳統舞蹈發展到唐代，勢如赤日中天，它伴隨著音樂一道臻於頂峰期。唐初九部樂和十部樂，在舞蹈史上的地位與在音樂史上的地位同等重要。後來十部樂又轉化為坐、立兩大部，坐部在堂上表演舞蹈，絲竹合奏，比較貴重；立部在堂下，擊鼓吹笙，並作雜戲。坐部有《讌樂》㊳、《長壽樂》、《天授樂》、《鳥歌萬歲樂》、《龍池樂》、《小破陣樂》，立部有《安樂》、《太平樂》、《破陣樂》、《慶善樂》、《大定樂》、《上雲樂》、《聖壽樂》、《光聖樂》。從九、十部樂到坐、立部伎，前者以地名、國名命名，因其基本上保持原舞風貌；後者則依不同內容命名，說明已是新創作了。由此可知唐舞的發展過程。當時「太常閱坐部，不可教者隸立部，又不可教者，乃習雅樂」(《新唐書》卷 22)，坐部伎等級高，是最受重視的。

唐代無論在讌樂、雅樂的演出中，還是在九、十部樂和坐、立部伎的節目中，都有《破陣樂》的存在。它本是隋末的一種軍歌，頗雜龜茲音調。武德三年 (620)，秦王李世民擊敗叛將劉武周，軍人便作新詞填入《破陣樂》舊曲，於凱旋慶功時歌唱。貞觀初宴群臣，始奏《秦王破陣之曲》。李世民既以武功定天下，又思文德綏海內，因命呂才（博州清平〈今山東臨清東〉人，600～665）協音律，魏徵、虞世南等改製歌舞，乃進稱《七德舞》。至貞觀七年 (633)，李世民親繪《破陣舞圖》，由呂才依圖教樂工 128 人披甲執戟而舞。舞有 3 變，每變 4 陣，共 12 陣；伴以大鼓，進退有節；戰鬥擊刺，皆合歌聲。此舞以「發揚蹈厲，聲韻慷慨」(《舊唐書》卷 29）著稱，是唐舞中數一數二的佳作。後來改名《神功破陣樂》，規模小多了，成為整個唐王朝所保留的祭祀節目。玄宗時坐部伎中的《破陣樂》和《小破陣樂》，均用 4 人，但有的則改編成數百宮女齊舞的軟舞。㊴

唐代《霓裳羽衣舞》，全舞分散序、中序（歌）、曲破（破）3 大段共 36 疊。散序 6 疊，為器樂演奏，不歌不舞；中序 18 疊，始有拍，且歌且舞；曲破 12 疊，繁音急節，結束時長引一聲，舞而不歌。舞者「虹裳霞帔步搖冠，鈿瓔纍纍珮珊珊」(白居易：《霓裳羽衣歌・和微之》)，舞姿有時像風捲雪花輕盈地旋轉，有時像游龍受驚倏然翻身回顧，有時垂袖像柳枝招展，有時曳裙像雲霞飄去。據《碧雞漫志》卷 3 記載：「宮妓佩七寶瓔珞舞此曲，曲終珠翠可掃。」此舞初為楊玉環（蒲州永樂〈今山西芮城西南〉

---

㊳ 包括《景雲》、《慶善》、《破陣》、《承天》4 種樂。

㊴ 參見陳四海《從〈秦王破陣樂〉看音樂的傳承》，《光明日報》2000 年 12 月 8 日。

人，719～756㊵）獨舞，她曾自誇即使漢代的趙飛燕也比不上她；後有雙人舞；中唐時發展成為人數眾多使觀眾為之眼花繚亂的群舞。

唐代教坊還有專為娛人的小型舞，分健舞和軟舞兩大類，都很講究藝術的表現性。健舞動作爽朗快捷，大都來自少數民族地區，如《阿遼》、《柘枝》、《拂林》、《阿連》、《劍器》、《胡旋》、《胡騰》、《達摩支》等；軟舞姿態輕柔安詳，以漢族自創的民間舞蹈居多，如《垂手羅》、《回波樂》、《春鶯囀》、《半社渠》、《烏夜啼》、《蘇合香》、《綠腰》、《涼州》、《甘州》等。後來因新作不斷增加，難於歸類，就不再作健舞、軟舞的區分。

唐代《白紵舞》，舞者身著白紵縫製的長袖舞衣，動作以舞袖為主，舞姿流暢，節奏由徐緩到急促，那曼姿秀骨的舞人，翩翩起舞，猶如白衣仙子，更象徵著少女純潔的心靈，一再受到詩人們的熱情讚揚。《白紵舞》屬清商樂，清商樂用清商三調，本為魏晉宮廷所編製，晉永嘉之亂後流落民間。北魏孝文、宣武（宣武帝：499～515在位）時，清商樂包括中原舊曲和江南吳歌、荊楚西曲。但發展到隋唐時代，清商樂已為清樂所取代，無論音樂和舞蹈，都已經趨於衰落，而《白紵舞》卻還大有人在表演，可見此舞不同尋常。

唐代皇帝每逢元宵節，都要與民同樂，屆時由宮廷主持盛大的遊樂演出活動。先天二年(713)正月十五，玄宗命在長安安福門外，樹立20丈高的大燈輪，上點萬盞燈，形如大花樹，燈輪下有盛裝婦女上千人踏歌3日夜。這支隊伍裏有宮中女子，但更多的是從長安、萬年兩縣選去的民間年輕婦女。開元、天寶年間，這類活動更加頻繁，場面也更熱鬧，人們手牽著手，表演邊歌邊舞的自娛性的民間舞蹈《踏歌》。這種盛況，是唐代舞蹈超過前代的社會基礎。

因此就連唐代的雅舞，也不同於前代。唐代三大雅舞——除《七德舞》已見上文，還有《九功舞》、《上元舞》，也都是規模宏大的作品，人數分別為64人和180人，與立部伎的表演不相上下。唐代雅舞能夠把民間舞蹈、外來舞蹈和傳統舞蹈結合起來，這確實是開明的行為。

唐代《淩波曲》，為女子獨舞。新豐女伶謝阿蠻曾在清元小殿舞此曲，由玄宗打羯鼓，貴妃彈琵琶，寧王吹玉笛，馬仙期擊方響，李龜年吹篳篥，

㊵ 關於楊玉環的卒年，兩《唐書》皆記為是年，茲從之。但「馬嵬坡下泥土中，不見玉顏空死處」（《白氏長慶集》卷12《長恨歌》），對這個問題民間尚有多種傳說。

張野狐彈箜篌，賀懷智拍板。伴奏陣容如此顯赫，謝阿蠻猶如「萬綠叢中一點紅」，她的風頭也算出足了！

唐代舞蹈家，謝阿蠻——還有楊玉環，都是排得上號的。但聲名更為顯赫者，卻莫過於善舞劍器的公孫大娘。劍舞初見於《史記・項羽本紀》，鴻門宴中，項莊舞劍，意在沛公（劉邦），從此劍舞流傳後世。或以為劍舞所用劍器類似流星，即兩個圓鐵球繫以丈餘彩帛之屬，其實劍器即是雙劍。公孫大娘舞劍器，據杜甫描寫，實為氣象宏大，驚心動魄。他寫道：「昔有佳人公孫氏，一舞劍器動四方。觀者如山色沮喪，天地為之久低昂。㸌如羿射九日落，矯如群帝驂龍翔。來如雷霆收震怒，罷如江海凝清光。」（《觀公孫大娘弟子舞劍器行》）[41]難怪當時書法家張旭看了，書藝為之大進。

宋代以後，舞蹈逐漸式微。宋舞在很大程度上是唐舞的再現，宋人不但發展了唐代已經出現的隊舞，他們還使舞蹈出現了綜合化的趨向。但與此相應，宋舞太追求情節化，這就把中國傳統舞蹈引向了歧路，舞蹈竟至淪為戲劇的附庸。因為在本質上，舞蹈的觀念應是表現性的觀念，這種表現性的觀念，在具體的作品中並不體現為對敘事因素的斷然排斥。如《霓裳羽衣舞》，這個舞從它的全過程來看，自然是非常抒情的，可是其中的歌辭，還是帶有敘事的成分。不過無論如何，舞蹈畢竟是長於抒情而短於敘事的，如果刻意要舞蹈以敘事為首要目的，用其所短而棄其所長，這對於舞蹈來說，就是莫大的悲劇。

另外，在相當長的歷史時期裏，處於統治地位的儒家思想，給了中國傳統舞蹈以積極的影響，這主要體現在儒家對人的正常情感表現的肯定之中。儒家的抒情論傾向，是造成中國傳統舞蹈表現性形態的重要哲學依據。宋、明以降，理學盛行，舞蹈的情之所至，手之舞之，足之蹈之，當然就成了理學所要壓抑的對象，這也給中國傳統舞蹈帶來了災難。

圖 175　宋代甘肅安西壁畫上的舞蹈形象

[41]　《杜少陵集詳注》卷 20。

而裹足陋習更嚴重制約了廣大婦女的舞蹈天賦。

但這只是經典舞蹈。至於中國傳統的民間舞蹈，宋以後雖然一再遭到禁止，致使女角大多改由男子扮演，實為釜底抽薪，大煞風景。但如《秧歌》，似與南宋燈節之《村田樂》一脈相承，為表現農村生活之舞，元、明、清 3 代，一直流傳了下來，表演時有女角。又如《花鼓舞》，流行於中國很多地區，比較著名的有《鳳陽花鼓》、《山東花鼓》、《山西花鼓》等，通常也有女角，為男女兩人表演。這些舞蹈仍然是健康、活潑的。還有邊遠兄弟民族的舞蹈，不免依舊故我，發展的勢頭就更好些。

# 第三十三章

# 雕塑和建築

## 第一節　雕塑

人類的雕塑藝術，可以追溯到原始人的製造工具。因為原始人製造工具，當然也有他們的審美標準，從審美標準出發而製作的工具，就很難不帶有藝術性。

中國遠古原始社會，已具備現今所說淺浮雕、高浮雕和圓雕等所有雕塑形式，除了有爭議的齊家文化的紅銅、青銅外，石、骨、玉、牙、木、泥、蚌等，在當時都是人們雕塑的材料。其中浙江河姆渡遺址出土的《雙鳥朝陽》象牙蝶形器，雕刻技術熟練，形象逼真，內容耐人尋味，反映了河姆渡人崇日愛鳥的觀念。而整個新石器時代的陶塑，基數極大，雖經幾千年歲月的淘洗，這種易碎易毀的藝術品，至今仍有相當數量遺存下來。原始陶塑的主題不外乎對最起碼的愉情娛性的要求，對生存的祈福，對物種延續的期望。表現手法自由、隨意、稚拙，藝術效果相當強烈。在人物造型方面，大都鼻子飽滿，雙眼空陷，嘴巴微張，但由於眼睛的形狀及位置的不同，鼻子長短的變化，嘴巴開啟的大小，又使得每一件塑品都具有自己的個性和特色。這些陶塑人物的面部表情略顯驚奇，眼神又多是凝視而迷惑不解的。也許，面對許許多多無法理解的大自然現象和人類自身現象，原始人只能作出這樣的表情來。

進入文明社會後，融溶於由法器❶而禮器的青銅器鑄造的雕塑藝術，率先取得了巨大的成就。商和西周前期的青銅器，重要遺物有司母戊方鼎、四年方鼎、大盂鼎、大克鼎等，都是細部生動精美、整器雄奇輝煌的作品。

❶ 青銅禮器通稱「彝器」，「彝」的金文字形，象手持頭被砍掉、頸中滴血的雞，可見其本義應為巫師所用法器。

這時青銅器的主題紋飾，皆為中浮雕的瞪著大眼、張著大口的夔紋和饕餮紋。在主題紋飾的周圍，用淺浮雕的雲雷紋作襯托；而在主題紋飾的平面上，再陰刻許多細緻的雲雷紋，形成 3 個層面的雕刻，即所謂「三層花」。

西周後期，青銅器上大量出現銘文，宣王時毛公鼎的銘文，有 497 字，由於要表達的內容在文字上已做到了，無需再借助於紋飾，所以這個時期的青銅器不甚重視外表裝飾，素面和僅飾幾道弦紋的青銅器占了很大比例，具有神秘感和威嚴感的夔紋、饕餮紋逐漸被淘汰了。

春秋以後由於發明了花紋印模，青銅器的紋飾，又一次形成了精雕細作的風氣。這時的精雕細作，主要不是表現在立體層次的多少上，而是表現在平面紋飾的繁複細密上。蟠螭紋和蟠虺紋取代了昔日的夔紋和饕餮紋，竊曲紋、瓦紋、環帶紋、重環紋等幾何圖案流行了起來，不乏卐形紋，還有反映動物、山林、人事活動的畫像工藝出現。河南新鄭出土的一對蓮鶴方壺，蓮瓣盛開，立鶴展翅，頗具動勢，是春秋晚期的銅鑄傑作。

戰國時，青銅器上人事活動的內容增多，其他紋飾則又趨於簡化，總的特點是變莊重為輕鬆，變呆板為活潑。在鑲嵌飾方面，當時除採用傳統的綠松石、玉、瑪瑙、彩漆和純銅絲片外，又借鑒春秋錯金的經驗，發明了錯銀和金銀並用的金銀錯，應用範圍遍及禮器、容器、兵器、樂器、車飾、帶鉤、銅鏡、博山爐、燈具、符節、錢幣等實用器。除了嵌錯銘文外，更多的是富於變化的流雲紋和雲雷紋，以及動物造型上的五官鬚毛斑紋。其代表作為平山戰國中山國墓出土的四鹿四龍四鳳方案，動物和案架上均有錯金銀紋飾，生動別致，巧奪天工。這個時期，鎏金工藝也出現了，鎏金工藝和鑲嵌工藝把青銅器點綴得格外繁縟華麗而光耀奪目，使青銅器雕塑藝術如錦上添花。

青銅器發展到秦漢時代，走下廟堂，回到了生活中。這些日用青銅器基本上不再附麗紋飾，所以被稱為素器。漢代的素器，重視器形的造型，同樣受到後世的推崇，如河北滿城西漢中山靖王劉勝妻竇綰墓出土的長信宮燈，為現實生活中的日用品。整個造型作一宮女跪坐持燈狀。宮女通體鎏金，五官清晰，面龐飽滿，神情安閑。全器分頭部、身軀、右臂、燈座、燈盤和燈罩 6 部分。宮女左手托燈盤，右臂高舉，手捏燈蓋。燈盤可以轉動，燈罩可以開闔，因此能隨意調節光照方向和照度大小。宮女右臂和身軀中空，燈火的燈灰通過右臂進入體內，從而有利於保持室內的清潔衛生。

這是實用和審美的完美結合，是設計很精巧的藝術品。在漢代青銅器中，銅鏡也很值得注意。漢鏡承先漢鏡而來，加飾銘文是漢鏡劃時代發展的標誌——西漢鏡銘文內容豐富多彩，書法則顯示著漢篆、漢隸和八分體的美的魅力；東漢鏡大大發展了博局鏡，又大量出現了姓氏銘。漢鏡鏡面光潔明亮，鏡背浮雕精美，乃是集簡繁二式於一體，更有一種獨特的美。漢代銅鏡的浮雕，就構圖而言，已能表現複雜紛紜的場景。當時鏡上的金銀錯、鑲嵌琉璃以及唐代鏡上的金銀平脫、螺鈿等特種工藝，尤為後世所盛稱。

但秦、漢雕塑的主流，卻不是青銅器，而是俑像和墓葬石刻。其中滲透著對「氣韻」和「風骨」的追求，突出地顯現了中國古代雕塑藝術的基本風格。

圖 176　兵馬俑

西安臨潼秦始皇陵的兵馬俑，被稱為「世界第八大奇跡」。在人類雕塑史上，實屬「絕無僅有」。❷據考古探察，1974 年發現的一號坑和 1976 年發現的二號坑、三號坑，3 個坑加起來，共有陶質兵馬俑近 8000 件。❸這許多與真人真馬等高或稍大於真人真馬的陶塑兵馬俑，所展現的軍陣場面井然有序，莊嚴肅穆，顯示了包舉宇內、一匡天下的氣勢，❹是秦帝國強大的武裝力量在藝術上的再現。❺兵馬俑中的兵俑，無論立式和跪式，均作持弩狀；將軍俑和武官俑直立陣後，鎮定自若；馬俑則噴鼻張口，奮鬃揚尾，匹匹似一觸即發，形象地顯示了臨戰氣氛。而兵俑千人

❷ 參見范揚主編《中國美術史》第 70 頁，西南財經大學出版社，2003 年。

❸ 參見蕭苑《秦陵兵馬俑發掘始末》，《光明日報》1999 年 8 月 23 日。

❹ 陳根遠：《古俑鉤沉》（一），《收藏》2002 年第七期。

❺ 其中一號坑部署右軍，是主力部隊；二號坑部署左軍，是混合部隊；三號坑則為統領右軍和左軍的指揮部所在。

千面，不同的髮髻、不同的髭鬚、不同的披戴、不同的相貌等，又充分體現了這些俑的製造者們的藝術觀察力和概括力。這些能力也體現在其他方面，如所有將軍俑額頭都有幾道皺紋，這與《漢官舊儀》的秦國五大夫以上「次年德為官長將軍」的記載相符。又如馬俑，則處處按良馬的標準來塑造。就連馬的牙齒也沒有忽略，馬長牙到6顆時，正當青壯年期，秦始皇陵馬俑口內，皆為6顆牙，可謂是藝術寫實的典範。

漢俑的創造，以數量大、分布廣、內容豐富、材質多樣為其特色。漢代車馬俑，尤其是馬俑，造型生動，製作精美，如武威雷臺所出奔馬，從藝術構思到具體的形象處理，都非常完美。人物俑，則西漢關中一帶的，身體都很高大，製作也工細；東漢四川一帶的，身體高大的不多，製作有粗有細，動態大，形象渾厚而整體效果強烈，把漢俑的成就，推向了頂峰。由於對製作材料質地的深切把握，漢代許多動物俑往往是形象特色與材料特色相互補充，相得益彰。漢俑往往採取誇張和變形的手法，較之秦俑更能展現俑的藝術魅力。

中國現存古代雕塑品種中，要數陵墓雕塑的雕塑性最為突出，而石闕、石獸、畫像石、畫像磚就是陵墓雕塑的4種主要形式。秦漢時代帝王陵墓的雕塑，其實物，至今還沒有發現。現在已經發現的中國早期墓葬雕刻，年代最久的，乃是兩漢貴族墓葬的地面石刻，但即此一端，也就足以在這個時期的雕塑史上大書一筆了。

石闕是融雕刻和建築為一體的藝術品。漢石闕現存約40座，較完好的占半數左右，其中四川綿陽平陽府君闕，雅安高頤闕，渠縣馮煥闕、沈府君闕，蘆山樊敏闕；梓潼李業闕，夾江楊公闕；重慶忠縣丁房闕、無銘闕——石刻或透雕，或浮雕，或綫刻，都非常精美。石闕主要是墓闕，也有少數是廟闕，如嵩山三闕。墓闕在當年，除表明是進入墓區的入口外，還帶有旌表性和祭祀性等功用。石闕是仿木闕建造的，從這個意義上說，它本身就是一個大型的石雕。

石獸是大型圓雕的代表。西漢霍去病墓前的石獸組雕，運用循石造型的手法雕成，主題鮮明，風格古樸，氣勢雄大。尤其是「馬踏匈奴」，這匹馬，給人以渾雄有力的感覺，而匈奴軍人在垂死掙扎中，還將手中的長矛刺向馬腹，無疑更加顯示了他的頑抗和兇惡，這與不為所動的卓立著的馬的神武的姿態，形成鮮明的對比。整個石雕群聳立在漢武帝為霍去病所建造的祁連山式的墳墓前，表現了典型環境，極富浪漫主義色彩，這是中國傳統紀念碑性質的雕塑傑作。

畫像石有可能興起於西漢昭、宣之際，而東漢時期臻於極盛，在銜接先秦青銅器和魏晉南北朝佛教造像上，有極重要的意義。「畫像」一語源自金石學，主要指拓片上的圖畫。現在沿用這一用語，內涵上已有相當大的不同。畫像石盡情發揮傳統以來的浮雕、彩繪手法，用石頭這種材料，將天上、人間、地下三界的萬事萬物，以藝術的形象記錄下來，這就比商、周青銅器局限在圖案或紋飾的表現上豐富和成熟得多了。這些雕塑內容，都圍繞著死者未來的生活和死者生前值得紀念或追求的事件來展現。除為死者服務之外，還有就是祈求死者對生者的蔭庇。畫像石的載體主要有石闕、石祠、石棺（槨）、石室墓、崖墓等。山東畫像石以有完整的年代序號和雕刻技法高超為特點，南陽畫像石以有完整的石室墓序列和雕刻綫條古樸、奇艷、富於運動感為特點，四川畫像石以有豐富的民俗內容和雕刻形式多樣為特點，陝北畫像石以有濃烈的裝飾風格為特點，徐州畫像石以有許多場面巨大、內容豐富的巨幅作品為特點。這幾個地區的石材，有花崗石、石灰石、青石、片石、砂石等，在對這些石材的反復使用中所積累下來的技法和經驗，直接使東漢以後的佛教雕刻獲益匪淺。

畫像磚戰國時期已經出現，後來隨漢代的起始而發達，隨漢代的終結而式微。畫像磚多用模印法，除日常生活中的磚和瓦當外，墓室用的占相當數量。這種磚畫面內容涉及社會生活的各個方面，百科全書式地反映了漢代生活。從造型手段上看，陰刻綫、陽刻綫、淺浮雕、高浮雕、彩繪等都在磚面上得到發揮。從畫面結構上看，不僅有多個畫面的組合，更多地是出現了獨幅畫面，這對促成繪畫逐漸成為一門成熟而獨立的藝術形式具有積極的意義。畫像磚的分布幾乎遍及全國，最重要的分布地區，是四川、河南、陝西 3 省。在畫像磚藝術發展的過程中，重要的轉折體現在河南省的洛陽磚、鄭州磚和南陽磚上，而集大成者，則為四川磚。洛陽磚都是空心大磚，全部使用陰綫，這些陰綫粗獷、瀟灑、豪爽、雄健，盡痛快淋漓之能事；鄭州磚都用同一小模或幾種小模重複地在磚坯上密集地印上模樣，在鄭州畫像磚上，可以看到畫像磚最早的西王母、東王公形象和最早的《長袖舞》、《建鼓舞》形象；南陽磚在內容上增加了過去從未有過的題材，如「戲車」、「六博」、「二桃殺三士」等，其中新野磚，畫面精美，浮雕的形體反映得恰到好處，綫條極為凝練勁健。四川畫像磚遍布全省，凡上述畫像磚所使用的各種手法，四川磚無不具備，而且往往是交叉綜合地使用。在四川磚上，刻綫所體現的繪畫之美和淺雕所體現的雕塑之美，被相得益彰地結合了起來。題材多樣，畫面生動，特別是那些獨幅畫面的畫像磚，更能傳達出特有的情趣來。

魏晉南北朝時代，由於佛教的流行，帶來了外來藝術的刺激和影響，使中國古代雕塑在繼承秦、漢傳統的基礎上，而更上一層樓。當時因為統治者的提倡，為宣揚佛教教義服務的石窟雕刻藝術，漸漸風行起來，幾乎占據了中國雕塑藝術的全部領域。北魏時期的甘肅敦煌莫高窟❻、山西大同雲崗石窟、河南洛陽龍門石窟和甘肅天水麥積山石窟❼，規模都非常巨大。北魏前期的石窟藝術，佛教造像多受印度犍陀羅 (Gāndhāra) 藝術及其後的笈多 (Gupta) 藝術的影響，高鼻深目，衣飾通肩或偏袒右肩，刀法平直，「雕飾奇偉」(《魏書》卷 114)，頗具獷勁之氣。以後佛教雕塑逐漸與傳統風格融合，北魏後期和北齊、北周，有的佛像照皇帝的面貌來塑造，褒衣博帶，風神爽朗，佛面由雄健可畏轉變為含著微笑，微妙地反映了時君世主力圖爭取人心的政治背景❽。飛天在佛國，只是輔助性的神，但這些神來到中國，卻引起了中國雕塑藝術家的激情，成為熱門的塑造對象。雲崗飛天從形狀短胖而作匍伏狀，發展到後來身體拉長、各組成部分伸展開來，實際上是一個外來形象逐漸中國化的過程。麥積山飛天的巾服飄舉，乃是魏晉文士風度在佛教雕塑中的直接反映。這一時期浮雕銳減，流行的主要是圓雕，泥塑具有新興的意義。此外還有錘鍱、夾紵、鑄銅、木雕、石刻等。錘鍱是在製好的模型上包以銅片錘打而成；夾紵是在泥胎上加貼數層苧麻布再塗髹漆，然後除去泥胎。這兩種造像都很輕便，宜於攜帶，所以又稱「行像」。特別值得指出的是，南朝和北朝的雕塑，與漢代相比，造像都已沒有頭重腳輕之病。著名的雕塑家，如戴逵（譙郡銍縣〈今安徽宿州西南〉人，後徙會稽之剡縣〈今浙江嵊州西南〉，生年未詳，卒於 396 年），

❻ 俗稱「千佛洞」，始鑿於前秦建元二年 (366)。

❼ 雲崗石窟始鑿於北魏興安二年 (453)，龍門石窟始鑿於北魏孝文帝太和十八年 (494) 前後，麥積山石窟始鑿於後秦。

❽ 如雲崗的「曇曜五窟」(第 16～20 窟)，每窟中都有一尊大佛，就象徵著北魏的 5 個皇帝。

同時也是一代大畫家。他曾製無量壽木像，「積思三年，刻像乃成」(《歷代名畫記》卷 5)，態度異常嚴肅認真。相傳夾紵雕塑法，亦為他所首創。❾他的兒子戴顒，「時宋世子鑄丈六銅像於瓦官寺。既成，面恨瘦。工人不能治，乃迎顒看之。顒曰：非面瘦，乃臂胛肥耳。既錯減臂胛，瘦患即除。無不歎服焉」(《宋書》卷 93)。

魏晉南北朝時代，俑的製作，也有發展，涌現了一大批高度寫實的作品。文吏、武士、騎兵、貴族婦女、伎樂和奴僕等，從比例、結構、形象、動態，直到衣飾的品種、衣紋的變化都表現得非常準確、細膩。如南京砂石山出土的女俑，身材苗條柔美，秀麗的臉上笑容可掬，傳神極了。

隋代雕塑，仍以佛像為多。煬帝令鑄刻佛像 4000 餘尊，其中彌陀坐像，高達 130 尺。天台山智者大師，更一生督造佛像 80 萬尊。隋佛像具有頷首挺立的姿態、長而圓潤的臉型，在風格上，是南北朝向唐代的過渡。

唐代繪畫藝術突飛猛進，在繪畫藝術的推動下，雕塑造像的技巧亦突飛猛進。大畫家吳道子的吳家樣，也被應用到雕塑上。這一時期所塑人像，可加以彩飾，稱作「繪塑」，繪塑對象遍及社會各階層。「塑聖」楊惠之（籍貫、生卒年未詳），主要活動於玄宗開元年間，先曾學畫，後專攻雕塑，流傳有「道子畫，惠之塑，奪得僧繇神筆路」(《全唐詩》卷 876「時人為楊惠之語」) 之說。他在南北各寺院作過許多塑像，並著有《塑訣》一書，惜均已不傳。相傳他於京兆府（今西安）塑優人留杯亭像，放置大街上，行人從後背看，竟誤以為真了。

當時佛教雕塑，尤其是佛、菩薩的形象，都進一步呈現世俗化的傾向。模仿伎女來捏塑菩薩，是唐代的一大創造。❿唐人很崇拜觀音，崇拜的結果，是促成了觀音形象的女性化，期間造出了各種各樣的觀音菩薩，如白衣觀音、楊柳觀音、魚籃觀音、臥蓮觀音、送子觀音等，她們身段秀美，薄薄的衣裙飄飄欲動，袒露著臂膀，面龐圓潤，嘴角洋溢著嫵媚的微笑，都是美女和慈母的複合型女神。

唐代泥塑以敦煌藝術為代表，石雕則應推龍門諸石刻為代表。龍門奉先寺的盧舍那大佛像似帝王，兩菩薩似妃嬪，迦葉、阿難似文臣，金剛、

---

❾ 參見周幼濤編著《紹興名人傳略・藝術家卷》第 41～42 頁，寧夏人民出版社，2007 年。

❿ 道誠：《釋氏要覽》卷中。

圖 177　盧舍那大佛

神王似武臣，形象端莊，氣質渾厚，這個格調，集中體現了唐代佛教雕塑的共同特點。據開元十年 (722) 銘記，「佛身通光座高八十五尺，二菩薩七十尺，迦葉、阿難、金剛、神王各高五十尺」⓫，這樣巨大的工程，前後只用了 4 年時間，可見唐代雕塑技術力量的雄厚。「唐代宗教美術之情緒，賴此極偉大之形象，得以包含表顯，而留存至無極，亦云盛矣。」(梁思成:《中國雕塑史・唐》) ⓬

而俑的發展，到唐代也形成了最後的一次高潮。唐俑主要有粉繪陶俑、青瓷俑、白瓷俑。但真正能體現唐俑成就的，還是三彩俑。唐三彩女俑有貴族俑、侍俑和伎樂俑。貴族俑或坐或立，動態都比較悠閑，衣飾也精美華貴；侍俑多為恭立、勞作或下跪，衣飾樸實無華；伎樂俑通常都手捧樂器，或舒袖起舞，衣飾除樸實無華外，也多為廣袖。三彩女俑比較常見的是臉部豐滿而身材苗條的一類，南方出土的，又多為清秀瘦削型，富態的不過是極少數。過去學術界普遍認為，唐代喜歡肥胖的婦女，楊玉環就胖得很。其實「燕瘦環肥」，楊玉環善舞，她的胖，只是與漢代可作掌上舞的趙飛燕相對而言，她肯定是屬於那種臉部豐滿而身材苗條的婦女，否則全身福團團的，唐玄宗絕對不會迷上她。因為據李德裕《次柳氏舊聞》⓭記載，玄宗命選太子妃，標準是「頎長潔白」。另據《唐詩紀事》卷 16 記載，玄宗長兄讓皇帝李憲寵愛一賣餅者之婦，此婦也是長得「纖白明媚」。有了三彩女俑的佐證，這一點，當是毫無疑義了。應當說，中國自古以來的審美標準是一脈相承的，對於婦女，都要求她健康而又苗條，高躰豐滿是可以的，但肥胖不行，唐人自然更不例外。除了女俑，三彩俑中，

⓫ 據實測，盧舍那大佛結跏趺坐於八角束腰仰蓮座上，通高 17.14 米，頭部 4 米，耳朵 1.9 米；兩菩薩約高 13.25 米，迦葉、阿難 10.65 米，金剛 9.75 米，神王 10.5 米。

⓬ 百花文藝出版社，2007 年。

⓭ 此書入編《四庫全書》「子部十二・小說家類一」。

還有馬俑、駱駝俑和鎮墓俑，也為後世所特別重視。唐三彩馬大多綫條流暢，骨肉勻停，神氣充足，用內在的勁而發外在的形。三彩安史之亂後衰落，後來延續至宋代，又有發展和創新。⑭

唐代陵墓雕刻也發展到了頂峰。唐高宗和武則天合葬的乾陵，原來四門都有石雕，現在唯有南門（朱雀門）外的石雕保存完整。在幾千米長的神道上，從遠到近排列了石柱 1 對，翼馬 1 對，朱雀 1 對，石馬及牽馬人 5 對，文臣、武將 10 對，「述聖紀碑」和「無字碑」各 1 方，番酋長 61 人，蹲獅 1 對，通過高低錯落、橫陳豎立、疏密有序的石刻隊列，使走上前去的人們心潮起伏不已，在肅穆的氣氛中，強烈地感受到陵主不可一世的威儀。這種充分利用時間來完成空間結構的組合之美，以及在空間結構中充分調動一切有效手段來實現節奏感的巧妙設計，就陵墓雕塑的角度而言，此後唐代各陵及宋、元、明、清所有帝陵，再也沒有超過它的了。

唐代法門寺地宮所藏彩繪石獅子，獅子的後股著地，前足直立，仰首挺胸，張目怒視，儼然有欲搏之勢。這種造型很別致，更著重神態的表現，亦為罕見的精品。⑮

唐代銅鏡，花紋出現了瑞獸、鳳凰、鴛鴦、蜂蝶、花鳥、團花、寶相花、葡萄等，銘文書法則變成了楷體，給人的印象是中國銅鏡從天上回到了人間。

五代兩宋，寺院宮觀盛行泥塑、木雕。

有人說中國古代雕塑自宋代起開始衰落，這話是不客觀的。事實上，就木雕的技術而言，雖然殷商在雕花木胎上髹漆，使漆器表面呈現出浮雕式的美麗花紋，技術已相當不錯，但正是到宋代，才有驚人的發展。相傳北宋真宗時，有嚴姓婦女，能在檀香木上刻瑞蓮山，透雕五百羅漢及其侍者。宋版《列女傳》，上半是圖，下半是文字，這是由木刻發展到版畫。就漆雕的技術而言，中國漆器藝術，大致可分為兩大類，一類是畫漆，

圖 178　北宋木雕觀音菩薩跏坐像　慈祥端莊　身段勻稱　面容姣好　為傳世觀音諸像中之特別傳神者　（美）陳哲敬原藏

⑭ 參見《三彩並非失傳唐末，後又延續三四百年——鞏義市首次發現宋三彩窰址》，《光明日報》1992 年 7 月 17 日頭版頭條。

⑮ 參見雒長安《法門寺與地宮文物》第 18 頁，陝西人民出版社，1988 年。

一類是雕漆，唐以前，畫漆之風盛行，唐以後，雕漆之術特精。應當說，宋代對漆器進行雕刻，其中「剔紅」，宮中所用者多藏鋒不露，用朱極鮮，漆極厚而無翹棱，剔出山水人物、花草翎毛，備極精杇，這為後來明清時代剔紅的鼎盛打下了基礎。就玉雕的技術而言，製玉工藝在中國是隨著使用快輪製陶之後，石器有了新的發展，而與金屬製造同時出現的。玉器——如璧、圭、琮、璋、琥、璜等「六瑞」，在上古三代，僅作為禮器來使用。《詩經》中常用玉來比擬人的品格，如「言念君子，溫其如玉」(《秦風·小戎》)。古人在理念上重視的是玉的天然質地，但在實踐上卻更傾向於施以雕琢之功，璞玉「雖萬鎰，必使玉人雕琢之」(《孟子·梁惠王上》)，玉不琢，不成器。殷商玉器除以渾樸取勝外，多半經過雕刻，有深刻、淺刻、立體和半立體雕，手法應有盡有。戰國時，重玉之風益甚，至藺相如甘冒生命危險以完璧歸趙。漢玉趨於實用，雕琢精美，很有藝術價值。而宋代對於玉的加工更加重視，宮中設有玉院，當時的玉工，能就玉材的色澤而施以適宜的雕琢，叫做「巧色玉」，實為前此所未有。這都可以說明宋代在中國雕塑史上的地位。

另外，宋代玩石形成風氣。米芾玩石，見石下拜，稱為「石兄」。[16]蘇軾玩石，除追求盡善盡美之外，更追求石中特有的情致。宋徽宗甚至特為搞了個「花石綱」，專門徵集江南奇花異石，一時攪得天下沸騰。《周易》豫卦第二爻爻辭「介于石」、「以中正」之語，雖是以石比附人事，用於修養和處世，但作為對石的品質的認識，是極其深刻的，因而在後世得到不斷的共鳴。宋人玩石繼承這一傳統，往往從狀物肖形向抽象的觀念發展，推演出種種道德內涵，在其間，米芾和蘇軾都起了倡導風氣的作用。米、蘇玩石的審評標準是：一．含造化之功；二．賞心悅目；三．寄情寓性。這些標準，如果移來審評傳統的雕塑藝術，不是很適宜嗎？當然，符合這些標準的，並非一定都是雕塑藝術品。但毫無疑問，米芾、蘇軾所說之石，如「九曜石」、「雪浪石」等，恰好正是中國雕

圖 179　晉祠侍女塑像

[16] 米芾所拜之石，原物現仍完好存放在安徽省無為縣圖書館內。

塑史必須加以研究的重要對象。這種特殊的雕塑藝術品的搜集、加工和供養，高峰期就在宋代，在這方面，沒有任何朝代可以與之匹敵。

宋代雕塑富於人情味。宋以前的觀音，露體較多。宋以後，觀音普遍出現在瓷塑、牙雕、玉雕、木雕之中，多稱為「大士」，以袍服為其基本裝飾，這些袍服非常富於流動的美、綫條的美。宋代蘇州保聖寺的羅漢塑像，不僅是真實人的寫生，並且沒有半點庸俗的氣味；太原晉祠聖母殿中的 42 尊侍女塑像，體態修長，嫻雅纖秀，形象逼真，各具性格。而重慶大足石窟，現存造像大多為宋人所作，其中北山佛灣第 136 號轉輪經藏窟的普賢菩薩刻像，面貌清秀靜好，肌膚細膩滋潤，是已有定評的「東方『維納斯』(Eastern Venus)」。

元代雕塑藝術曾受尼泊爾藝術家阿爾尼格（Aring, 舊譯「阿尼哥」，1245～1306）的影響，阿爾尼格弟子劉元（寶坻〈今為天津市轄區〉人，約活動於 1264～1320 年間）所作佛像，以細腰、高髻、寬肩為特徵。⑰

到明清時代，宗教雕刻仍有不少傑作，如北京雍和宮的佛像，用楊木雕成，含有歐洲藝術成分。圓明園雖非宗教建築，但石欄和屏風上的雕刻，也多有義大利天主教藝術的風格。

圖 180 蘇州留園冠雲峰（太湖石）

而宋元明清時代，盆景藝術也迅速發展起來，盆景是景、盆、架三位一體的組合。景、盆、架作為單位的形式，都要經過藝術的構思和製作。當景、盆、架巧妙組合後，這 3 樣作品同時也都得到了升華。盆景之製，古已有之，但在宋代，盆景本來還只是玩石的附庸，後來很快脫穎而出，越來越顯示出自己獨特的藝術品格。這種組合雕塑，體現的是回歸自然的思想。它所展示的濃縮、變形的人工美，可以有相當豐富的精神內容。盆景的主體是景，按景分，有樹木景、山水景兩大類，其中山水景又分為山石和枯木兩種。各類盆景，皆貴含蓄，以引而不發為上乘，在這個時代都有代表作。

宋、元以來，與原始雕塑一脈相承的各種民間雕塑也大有發展，因本

⑰ 參見常任俠《佛教與中國雕刻》，刊張曼濤主編《佛教與中國文化》，上海書店，1987 年。

書前面第十五章第四節已作過舉例介紹，這裏就不多談了。

## 第二節 建築

建築與住俗有密切的聯繫，凡本書第十二章第一節已經談到的內容，本節概不重複。

中國古代建築不僅服務於實用的需要，而且還以其外部形式傳達和表現出一定的情緒、氣氛、格調、風尚、趣味，使物質經由象徵變成相似精神生活的有關環境。

早在新石器時代，方形或長方形的建築已經出現。仰韶文化住房的居住室，用石灰做成，堅硬光滑，比簡單的草泥土地面不僅更為適用、清潔，而且也美觀得多。商代「四阿重屋」(《考工記・匠人》)，已有 4 坡 2 層的複雜建築形式。宮室多建築在高大的夯土臺上，沿著與子午綫大體一致的縱軸綫，有主有從地組合為較大的建築群，而且殿堂宏大，有雕飾，內部的陳設很考究。周天子的宮殿是「如翬斯飛」(《詩・小雅・斯干》)，這種造型輕盈的翬飛式宮殿，配以厚重的臺基，兼具端莊活潑的風格，符合民族中庸個性的審美心理。另外，後世均衡對稱、每以廊廡和圍牆繫連起來、封閉性較強的四合院的雛形也出現了。

據現代航空遙感技術測定，古周城遺址呈長方形，南北向分布，南北長約 1.2 千米，東西寬約 700 米，面積共約 0.84 平方千米。遺址的北城牆在今岐山縣京當鄉朱家村南，南城牆在京當鄉賀家村與董家村之間，東城牆在劉家溝西岸，西城牆在賀家溝東岸。1976 年發現的鳳雛村大型西周建築遺址正位於城內中心地段。

傳說春秋時期魯國的公輸般，曾造攻城雲梯和其他精巧的器物。到了戰國，鐵工具斧、鋸、錐、鑿等的使用，對製作複雜的榫卯和花紋雕刻，提供了有利的條件，從而大大提高了木結構建築的藝術和加工質量。當時，各國因險為塞，競築長城，還興修了不少大型的水利灌溉工程。而對建築物的裝飾藝術也日趨講究，有了彩繪。春秋戰國時代流傳的《考工記・匠人》認為宮殿的基本制度應該「方九里，旁三門，國中九經、九緯，經涂九軌，左祖右社，面朝後市」，這種規劃設想，後世不斷地被歷代統治者所附會和沿用。當然，要完全照搬，事實上也是不可能的。

瓦當的運用，起源於西周，都是用陶範製成的，大體上經歷了由半圓形到圓形、由陽刻到浮雕的發展過程。戰國時期的瓦當為半圓形，紋飾以鳥獸紋和幾何紋為主；秦、漢瓦當半圓形漸少，多為圓形，紋飾大多帶有文字，從 1 字到 10 餘字不等。現在所能見到的漢代以前的瓦當，其中關中瓦體例繁多，千姿百態，選料精良，鏗鏘有聲，最負盛名。此外尚有齊故城瓦當和燕下都瓦當，均以戰國時期的半瓦為常見，齊瓦小巧精緻，圖案注重寫實，燕瓦則圖案怪誕，多抽象變形。⑱

秦代大興土木，單是宮殿，關中有 300 所，關外有 400 所。秦始皇二十七年（公元前 220），建新宮；三十五年（公元前 212），又建朝宮。朝宮的前殿相傳就是有名的阿房宮。《史記・秦始皇本紀》稱：「先作前殿阿房，東西五百步，南北五十丈，上可以坐萬人，下可以建五丈旗。周馳為閣道，自殿下直抵南山。表南山之顛以為闕，為復道，自阿房渡渭，屬之咸陽。」唐人杜牧《阿房宮賦》亦云：「六王畢，四海一。蜀山兀，阿房出。覆壓三百餘里，隔離天日。驪山北構而西折，直走咸陽。二川溶溶，流入宮牆。五步一樓，十步一閣。廊腰縵回，檐牙高啄。各抱地勢，鉤心鬥角。盤盤焉，囷囷焉，蜂房水渦，矗不知其幾千萬落。」又云：「楚人一炬，可憐焦土。」⑲其實「始皇既歿，胡亥極愚，驪山未畢，復作阿房」（《史記・秦始皇本紀》附「漢明帝訪班固評賈、馬贊中論秦二世亡天下之得失有云」），阿房宮並未完全建成，⑳也並非毀於「一炬」。但據考古發掘，知其遺址夯土臺東西長 1.27 千米，南北寬 426 米，面積達 54.102 萬平方米，卻仍然是迄今所知中外古代歷史上規模最大的夯土臺。㉑而驪山陵墓，則平面呈南北長、東西窄的長方形，南高北低，南北落差 87 米，有內外兩重夯土圍牆，內牆長 1.355 千米，寬 580 米，外牆長 2.165 千米，寬 940 米，牆基厚 8 米。圍牆總長 12 千米，與西安的明代城牆相近。墳丘在內圍牆中部偏南處，覆斗形，夯土築造，底部每邊長 350 米左右，現存高度 76 米。墳丘底下是地宮，地宮平面近方形，四周以磚坯砌築宮牆，南北長 460 米，東西寬 392 米。

---

⑱ 參見居未央《美哉瓦當——中國古代瓦當知識趣談》，《人民政協報》1999 年 7 月 17 日。

⑲ 《樊川文集》卷 1。

⑳ 北宋宋敏求《長安志》卷 12：「秦阿房宮……西、北、（東）三面有牆，南面無牆。」這一記載現在已經得到了考古發掘的證實。

㉑ 《阿房宮漸露真相》，《光明日報》西安 2003 年 12 月 5 日電，記者楊永林。

牆體高、厚各約 4 米，四面有門。內城、外城，連同邊圍，占地面積 56.25 平方千米。地宮內的構築和埋藏，據記載：「始皇初即位，穿治驪山，及并天下，天下徒送詣七十餘萬人，穿三泉，下銅而致槨，宮觀百官、奇器珍怪徙臧滿之。令匠作機弩矢，有所穿近者輒射之。以水銀為百川江河大海，機相灌輸，上具天文，下具地理。以人魚膏為燭，度不滅者久之」。始皇下葬後，又「樹草木以象山」。(《史記・秦始皇本紀》) 其所投入的人力和物力可想而知！至於萬里長城，則更為舉世無匹的偉大工程，本書導言和其他有關章節都已經作過介紹。現在的長城，是經過歷代的努力才建造和完善起來的。長城的城牆平均高 3 丈，寬 1 丈 5 尺，可容 5 匹馬在牆上並走，這個基礎奠定於秦代。秦代的長城，聯結原來戰國秦、趙、燕 3 國長城，就長度而言，比現在經過歷代復修的長城還要長得多。長城穿越崇山、峻嶺、溪谷、流沙等險惡的遼闊地域，修築方法大都因地制宜，就地取材——平地夯土築造；山上石塊壘砌；在陡峭的崖壁處，利用崖壁作牆身，或稍加修築而成；在兩山夾峙的山口，則採用土石混合構築。長城本是防衛用的，但長城與中國古代其他城池一樣，除防衛作用外，莊嚴肅穆，點綴在錦繡河山上，也是一種很好的景觀。所以說，秦代雖然統治時間短暫，但在中國文化史上，卻有很多建樹，尤其是秦代氣象闊大的建築藝術，實在足以雄視千秋。

漢代在中國古代建築史上，是一個承前啟後的時代，在藝術方面，已是具備了中國傳統社會建築藝術的所有重要特點：一．布局和結構均勻、對稱、疏朗；二．門窗變化自由，多種多樣；三．頂部舒展而優美，基部氣派而穩固；四．充分利用其他造型藝術，使繪畫、雕塑等服務於建築；五．木料的框架總是顯露著，指示出建築物的基本輪廓；六．城市規劃嚴謹方整；七．園林布置活潑靈動。

漢代宮殿，據現存資料看，最高已達到 5 層。在梁柱上再加梁柱的造架技術，已經成熟。漢武帝在上林苑建栢梁臺，臺高 20 丈，臺上有銅柱高 30 丈，柱上雕有一個仙人托著的承露盤。帝王的威嚴專制、以及追求享樂和長生不老等思想，在這裏得到了集中的反映。但東漢後高臺建築不多見了。

事實上，中國傳統建築物，都是直綫和曲綫的有機結合體，其基本精神，是保持與自然的諧調。建築物必須融入自然，同周圍的環境相得益彰，成為風景的一分子。它願意謙遜地、幽靜地挨近樹蔭的下面，讓樹的柔軟

的枝條輕拂檐際，而絕不作劍拔弩張之勢。縱然是帝王所居的宮殿，對於蒼穹，一樣沒有挑戰性的姿態。㉒

漢代木結構建築承戰國以來的發展趨勢，其平面組合和外觀，雖多數採用對稱形式，以強調中軸部分的重要性，可是為了滿足建築的功能和藝術要求，已形成了多樣化的風格。常見的第一種形式，縱深的庭院，以門與回廊相配合，襯托後面的主體建築更顯得莊嚴重要；第二種形式，以低小的次要房屋和縱橫參差的屋頂以及門、窗上的雨搭等，襯托中央的主體部分，使整個組群呈現有主有從和富於變化的輪廓；第三種形式，用斗栱承托腰檐，其上置平座，將樓閣分為數層，同時各層腰檐和平座有節奏地排出和收進，使樓的外觀既穩定又有變化，並產生各部分虛實明暗的對比作用。這 3 種形式，其中第一種和第二種，到魏晉南北朝時代得到更大的發展；第三種形式，則創造了中國樓閣式建築的特殊風格，後來南北朝時期雨後春筍般的木塔就是在此基礎上發展起來的。

漢代組群建築，在宮殿、陵寢、祠廟和墳墓的外部建闕，以加強整個組群建築所要求的隆重感。闕為建築式雕刻品，本章上節已經作過介紹，這裏再從建築藝術的角度，補充談幾句。闕是在臺基上用磚石或磚石木混合的結構方法建成的。闕身上覆單檐和重檐層頂，或在左右再附加子闕。兩闕之間，一般為道路，也有子闕與圍牆相連的。這種左右對立中間斷開的闕，在唐宋時代的陵墓中仍然使用。另外還有在左右兩闕之間建門屋或樓，使之連為一體的闕，經魏晉南北朝到唐代，主要用於宮殿及其他組群建築的前部。闕，實際上就是後世午門和牌坊的先制。

屋檐下用斗栱和具有卷殺的檐椽以外，每多在檐下用一層向外挑出的斜面，使檐部挑出更長，並將檐部顯著地提高。斜面上有些浮雕斗栱，在轉角處以斜柱支載挑檐枋，有的僅浮雕垂直的支條，有的則浮雕人物，但此類做法僅見於闕和望樓。

東漢已使用成組的斗栱。斗栱是中國木構架建築的特有構件，位於柱頭、額枋和屋頂之間。「斗」是斜方形的墊木，「栱」是彎長形的拱木。斗栱的複雜程度，往往是屋主人身分等級的象徵和建築物本身重要性的標誌。

在漢代，中國後世房屋的基本形制已經定局。當時屋脊的兩端每每以瓦當 3 枚疊起或向上曲起，這是後世鴟吻的雛形；瓦當有塗朱的現象，則

㉒ 《林語堂文集》第八卷第 297 頁，作家出版社，1996 年。

是後世釉瓦的濫觴。

漢代建築的花紋題材大量增加，人物紋樣包括歷史事跡、神話和社會生活等，幾何紋樣有繩紋、齒紋、三角、菱形、波形、卐形或卐字紋等，動植物紋樣有龍、鳳、蟠螭、卷草、蓮花等。這些紋樣以彩繪和雕、鑄等方式應用於地磚、梁、柱、斗栱、門窗、牆壁、天花和屋頂等處。在色彩上，宮殿的柱塗丹色，斗栱、梁架、天花施彩繪，牆壁界以青紫或繪有壁畫，官署則用黃色，雕花的地磚和屋頂瓦件也都因材施色。

魏晉南北朝時代的匠工在繼承秦漢建築成就的基礎上，吸收少數民族和外來文化的若干因素，豐富了中國的建築藝術。在麥積山、南北響堂山和天龍山的石窟外廊上，石工們不但以極其準確而細緻的手法雕造了模仿木結構的建築形式，而且體現了當時木結構建築的藝術風格。

魏晉以來，高大的臺榭建築已經很少；除宮殿外，闕的使用範圍已不及漢代的廣泛；在宮殿、寺廟和大型住宅的組合中，回廊卻盛行一時。這個時期的建築構件更為多樣化，形象也朝著比較柔和精麗的方向發展。如柱礎出現覆盆和蓮瓣兩種新形式，八角柱和方柱多數具有收分，而梭柱的問世，使柱的柔和效果更多地發揮了。斗栱的形制、卷殺及其藝術效果，應用於石窟建築，表現得更加明顯突出。而不出挑的人字形補間鋪作，或單獨使用，或與一斗三升相結合，或在斗下加短柱，用以填補兩柱頭鋪作之間的空檔，其形式也由直綫逐步改為曲綫。當時屋頂的組合，也增加了勾連搭及懸山式屋頂加左右庇的兩種形式，歇山式的屋頂則更常見了。此外，四坡頂、卷棚頂、四角攢尖頂等式都是由來已久的。尤為重要的是，至遲到東晉，屋角起翹的新式樣中有了舉折，使體量巨大的屋頂顯得輕盈活潑。同時鴟尾的使用，也使正脊的形象進一步強調起來。北魏平城的宮殿已開始使用疏璃瓦，北齊皇宮的正殿在青瓦上塗核桃油，光彩奪目，瓦當紋樣以蓮瓣為最多。

北朝石窟為後世留下了極其豐富的建築裝飾花紋，其中火焰紋、蓮花、卷草紋、瓔珞、飛天、獅子、金翅鳥、卐形或卐字紋等，不僅用於建築方面，後來還應用於工藝美術方面，特別是蓮花、火焰紋和卷草紋的應用範圍相當廣泛。蓮花是南北朝佛教建築中最常見的裝飾題材，盛開的蓮花用作藻井的「圓光」，蓮瓣用作柱礎和柱頭的裝飾，柱身中段也用蓮花作成束蓮柱；火焰紋往往用作各種券面的雕飾；卷草紋是在連續不斷的枝條兩側岔出彎卷的枝葉，後來發展為唐代盛行的卷草。

從魏晉開始，由於佛教和道教的影響，還出現了許多宗教建築，如佛寺、佛塔等等，關於這，可以參考本書「宗教」編的有關介紹。

隋唐時代，外來建築藝術的影響被進一步吸收融化，自周、秦以來頂部五脊重檐、四角起翹的翬飛式宮殿建築，風格上更顯成熟。

隋代建造了規劃嚴整的大興城，又營東都洛陽，還開鑿了偉大的水利工程大運河，這些本書前面有關章節都曾經詳略不一地提起過，現在需要著重介紹的是隋煬帝大業年間名匠李春領導修建的世界上最早的敞肩券大石橋——趙州橋。

中國橋梁的建造，開端於新石器時代。橋有梁橋、懸橋、浮橋、遊覽橋、立交橋和拱橋等類型。梁橋的結構較簡單，中國古代著名的梁橋首推灞橋，灞橋在長安東，跨水作橋，漢人送客至此橋，折柳為別，本書前面第十四章第一節已有述及；懸橋又稱「索橋」，包括溜索橋、雙索橋、三索橋、多索網狀橋、並列多索橋等形制；浮橋中比較特殊的，如廣東潮州的利川橋，橋身首尾兩段為固定式橋梁，中段近百米為活動浮橋，船隻通過時，浮橋就讓出水道，可以說是國外活動橋梁的先聲；遊覽橋多見於園林建築中，不少遊覽橋或作七曲，或作九曲，頗有曲徑通幽之趣；立交橋很少，但不是沒有，座落今浙江省紹興市城區的八字橋，為南宋寶祐四年 (1256) 重建，在中國古代橋梁史上的地位極為重要。而中國古代最有代表性的橋梁則是拱橋。拱橋是受了當時拱式結構墳墓建造技術的啟發，漢代已有興造。後世拱橋，如蘇州的寶帶橋，連續 53 孔，宛如寶帶；吳江的垂虹橋，有 15 個舟型橋墩，長 300 尺，蘇軾、米芾皆有詩讚之[23]。又如《清明上河圖》上的汴梁虹橋，是以木構件縱橫相架自成穩定的木拱結構，至今在國外橋梁史上尚未有此先例。這種橋過去學術界一直認為是已經失傳了，但實際上現在僅浙南泰順境內就有 15 座之多，都是這種橋的變異。其中泰順泗溪之溪東廊橋，建於清代乾隆十年 (1745)，飛檐重樓，也頗壯觀。

趙州橋又叫「安濟橋」，俗稱「大石橋」，也是一座拱橋。該橋位於河北省趙縣城南 5 里洨河之上，橋主拱券淨跨 37.02 米，拱矢 7.23 米，矢跨比為 1:5.12。拱腹綫的半徑為 27.31 米，拱中心夾角 85°20′33″。橋總長 50.83

[23] 參見徐靜柏主編《吳江風情——小橋流水人家》第 44～45 頁，上海畫報出版社，1997 年。

圖 181 趙州橋

米，總寬 9 米，主拱券並列 28 道，拱厚 1.03 米，拱肋寬各道不等，自 25～40 釐米，拱石長約 1 米，最大拱石每塊重約 1 噸。在主拱券之上，伏有自拱腳處厚度為 24 釐米、拱頂處厚度為 16 釐米的變厚度護拱石。護拱石在空腹段為滿鋪，實腹段僅鑲於橋寬的兩側。大拱之上，兩側各伏有兩個小拱。靠近拱腳處的小拱，淨跨為 3.8 米，另一小拱淨跨為 2.85 米，券石厚 65 釐米。每個小拱券的東西兩外側，各鋪設一塊厚約 16 釐米的護拱石。小拱亦為並列砌築，除南端為後世修繕時所致，只有 27 道並列之外，其餘均為與大拱一律的 28 道。這一首創性的坦拱、敞肩橋式，橋面坡度相當緩和，氣度從容，橋身卻又顯得輕盈利索。而欄板上刻工精細的浮雕，神態飛躍，想象豐富，與橋身在藝術上更起到互相提升的妙用。

現在回過頭來談中國傳統社會的都城布局。中國傳統社會都城布局，早在春秋戰國時代，就已經形成棋盤形格局；魏晉南北朝時代，又從簡單的棋盤形格局進到對稱軸綫封閉式棋盤形格局；隋唐時代，隨著中央集權制的加強，都城布局就更加以嚴謹的封閉式棋盤形格局出現。當然「城郭不必中規矩，道路不必中準繩」(《管子·乘馬》)，量情度勢，進行規劃，這種思想也是與之並行不悖的。其著名的實例，有漢長安城、明金陵城。而自北魏洛陽城建立了單體宮城之後，漢代以來的南、北二宮制不復存在。

隋的大興城，是傑出的建築設計家宇文愷（朔方〈治今陝西靖邊北白城子〉人，555～612）設計的，由郭城、皇城和宮城 3 部分構成，規劃嚴整，三面臨水，南對終南山，環境十分秀麗。唐初長安城承大興城舊規，沒有什麼改作。從太宗起到玄宗朝，隨著大明宮和興慶宮的修建以及其他實際情況，宇文愷過分理想化的都城街道坊市平面布局陸續發生了一些變化。隋唐長安城面積達 84.1 平方千米，郭城長方形，東西寬 9.721 千米，南北長 8.6517 千米；皇城長方形，東西寬 2.8203 千米，南北長 1.8436 千米；宮城也是長方形，東西寬與皇城同，南北長 1.4921 千米。㉔主要宮殿區居郭城的北部中央，宮城南設官署區，宮城和官署區——即皇城左右及南部設 108 坊和東、西兩市，為居民區。整個郭城有 13 座城門，南面正門明德門最大，有 5 個門道，其餘皆為 3 個門道。依照文獻，郭城內有南北向街 11 條、東西向街 14 條，經勘察和復查，皇城以南，共發現南北向街 11 條，東西向街 10 條。經南門明德門到皇城朱雀門的一條大街為中軸綫，萬年縣領街東 54 坊及東市，長安縣領街西 54 坊及西市，東市和西市占地各為 1 平方千米左右。全部縱橫街道形成十分整齊的棋盤形網格，每格為 1 坊，每坊都有高牆封閉。坊大小不等，隋初設計時就分為 5 級。其中面積較小的兩級坊都在皇城正南，東西各開有一個坊門；其餘的坊則東西南北四面都開有坊門。坊門和市門每天早晚定時啟閉。每個坊內連接兩個相對坊門的街道，小坊有東西橫街，大坊有十字街。除了這條橫街和十字街，其餘街道，稱為「巷」或「曲」。城內外還有漕渠、夾道、曲江芙蓉園等設施。㉕總的說來，隋唐長安城的布局，追求氣派和完美，乃是中國傳統城市建築的典範。

如果列舉世界古代 10 座最大城市的面積進行比較：一. 隋大興城（唐長安城），583 年建，面積 84.1 平方千米；二. 北魏洛陽，493 年建，面積約 73 平方千米；三. 明清北京，1421～1553 年建，面積 60.2 平方千米；四. 元大都，1267 年建，面積 50 平方千米；五. 隋唐東京（洛陽城），605 年建，面積 45.2 平方千米；六. 明南京，1366 年建，面積 43 平方千米；七. 漢長安（內城），公元前 202 年建，面積 34.4 平方千米；八. 巴格達，800 年建，面積 30.44 平方千米；九. 羅馬，300 年建，面積 13.68 平方千米；十. 拜占庭，447 年建，面積 11.99 平方千米。那麼，隋唐長安城在世界古代建築史上的地位是空前絕後的。㉖

隋東京洛陽城也是宇文愷負責營建的。此外，他又奉命修築長城，創製了 3 項活動性建築物：大帳、觀風行殿、行城，反映了他在機械製造方

㉔ 參見楊鴻勛《建築考古學論文集》第 208 頁，文物出版社，1987 年。

㉕ 參見陝西省文物管理委員會《唐長安城基初步探測》，《考古導報》1958 年第三期；中國社會科學院考古研究所西安工作隊《唐代長安城明德門遺址發掘簡報》，《考古》1974 年第一期；宿白《唐長安城和洛陽城》，《考古》1978 年第六期。

㉖ 《中國建築史》編寫組：《中國建築史》第 36 頁，中國建築工業出版社，1982 年。

面也有很高的造詣。

隋唐長安城和洛陽城，都採用以宮城之長、寬為模數的規劃方法，這種方法可以簡化設計，快速完成規劃任務。[27]

至於太宗貞觀初年增建的永安宮，後改大明宮，則座落在宮城外東北隅，是突了出去的。這座宮殿「北據高原，南望爽塏，每天晴日朗，南望終南山如指掌，京師坊市街陌，俯視如在檻內」（《長安志》卷 6）。正因充分利用了地形上的優勢，顯得殊為氣派，後來唐廷以大明宮作為正式朝會之所，實在並非偶然。

從考古實物來看，唐代留下來的許多讚美唐九成宮的詩文書畫，應當說大都是寫實之作。

隋唐時代組群建築組合方式，不但主次分明，而且高低錯落，具有宏偉而富於變化的輪廓，各座建築的裝飾和色彩也都十分華麗。在建築構件方面，臺基的地栿、角柱、間柱、階沿石等都飾以雕刻或在其上加彩繪，踏步面和垂帶石亦如是，但也有鋪砌花磚的。初唐櫨斗上已出挑水平栱，盛唐則有雙抄雙下昂出挑的斗栱；補間鋪作初唐時多用人字形栱，盛唐時出現了駝峰，並且在駝峰上置二挑水平栱承托檐端——這些，再加上開間較窄、柱身較矮和斗栱雄大、出檐深遠、外牆素雅等因素，都體現了簡潔雄渾的風格。槅扇已分上、中、下 3 部，而上部較高，裝直欞，從唐末到五代後周，窗欞已由龜錦紋發展為花紋繁密的球紋。屋頂形式，坡度較遠，重要建築物多用廡殿頂，甚者用重檐，其次是歇山頂和攢尖頂。紋樣的使用，除蓮瓣以外，窄長花邊上常用卷草構成帶狀花紋，或在卷草紋內雜以人物。此外，還常用半團窠及整團窠相間排列，以及回紋、連珠紋、流蘇紋、火焰紋、卐形或卐字紋和百仙等富麗豐滿的裝飾圖案。

宋代是中國傳統建築的轉變時期。在城市布局上，由於城市中手工業者和商人的倍增，宋代從仁宗朝開始，逐步改變了唐代封閉式的里坊制度和市場制度，而建成開放式的街巷制度。北宋汴京大街小巷到處可以開設店鋪，從而構成了中國傳統社會後期城市的基本格局。

這個時期上層社會建築的總體布局是組群沿著軸綫排列若干四合院，加深了縱深發展的程度。另有一些組群建築，則是以四周較低的建築，簇擁中央高聳的殿閣，組成富於變化的外觀。而四合院的回廊已不在轉角處

[27] 傅熹年：《隋、唐長安、洛陽城規劃手法的探討》，《文物》1995 年第三期。

加建亭閣，卻在中軸部分的左右建造若干高低錯落的樓閣亭臺，使整個組群的形象不陷於單調。並且組群中每一座建築物的位置、大小、高低與平座、腰檐、屋頂等所組合的輪廓以及各部分的相互關係，都經過精心處理，又善於利用地形，饒有園林情趣。如晉祠聖母殿，重建於北宋天聖（1023～1032）年間，東向，面闊7間，進深6間，重檐歇山頂，四周施圍廊，前廊深兩間，殿內無柱，使用通長3間（6架椽）的長栿承載上部梁架荷重。此殿斗栱用材較大，室內採用徹上露明造，顯得內部甚為高敞。在外觀上殿角柱生起頗為顯著，上檐柱尤甚，這樣整座建築就具有了柔和的外形。而殿前方形的魚沼上一架十字形的橋——即飛梁，四面通向對岸，對於聖母殿來說，又起著殿前平臺的作用，這正是善於利用地形的設計手法。[28]

北宋木構架單體建築，房屋越大，屋頂坡度越陡峻。房屋面闊一般從中央明間起向左右兩側逐漸減小，形成主次分明的外觀。同時柱身比例增高，開間成為長方形，而斗栱相對減少，補間鋪作加多，因而藝術形象不同於唐代。由於大量使用可以開啟的、欞條組合極為豐富的門窗，不僅改變了建築的外貌，並且也改善了室內的通風和採光。而室內空間加大，簡化了梁、柱節點上的斗栱，又給人以開朗明快的感覺。柱礎的形式和雕刻趨於多樣化。建築內部出現了成套的精美家具和統一和諧的小木作裝修。各種構件為了避免生硬的直綫和簡單的弧綫，普遍使用卷殺的方法。建築裝飾絢麗多彩，如欄杆花紋發展為各種複雜的幾何紋樣。彩畫隨著建築的等級差別，有五彩遍裝、青綠彩畫和土朱刷飾3類。其中梁額彩畫由「如意頭」和枋心構成，盛行退暈和對暈的手法，使彩畫顏色的對比，經過「暈」的逐漸轉變，不至過於強烈。

如果說唐代建築規模宏大，氣魄雄渾，格調高邁，整齊而不呆板，華美而不纖巧。那麼，由眾多的實例和李誡所著《營造法式》及各種繪畫中都可以看到，宋代建築的風格，是朝著秀麗絢爛的方向轉變了。

《營造法式》成書於宋哲宗元符三年（1100），正文共34卷，357篇，3555條。內容涉及當時土木建築工程的各個方面，從宮殿樓亭到城牆壕寨，從木、瓦、石、磚、泥、竹到雕刻、彩畫等工程的制度，此書都對之作了規定和說明。並且圖文並茂，使用者可以一目瞭然，便於施工的順利進行。此書所總結的大木作制度，對於構架的側向穩定性、縱向穩定性，以及結

[28] 參見林徽音、梁思成《晉汾古建築預查記略》，《中國營造學社彙刊》5卷3期，1935年。

構整體性的增強，都予以了極大的重視和認真的討論，並提出切實的處理意見，充分反映了中國傳統木構建築的構架體系，到北宋已達到完美的程度。當歐洲對科學的製圖學還一無所知的時候，中國人卻已經登堂入室，由朝廷正式頒行了這樣一部珍貴文獻。事實上，這書也是當時世界上最完備的建築學巨著。

遼代建築頗饒唐風；金代建築在藝術處理方面，糅合了宋、遼建築的特點。

元和明、清，在建築技術上有程度不等的創造和發展，在建築的類型、布局和外形方面也都有一定的變化，鎏金、玻璃的使用更豐富了裝飾手法。

元代以來的大額式殿堂，採取增添大額來承擔建築物上部的重量，達到移柱或減柱的目的，使殿堂內部空間得以擴大，這種做法的雛形可以上溯到遼金時期。

元代的大都（今北京），規劃者是劉秉忠（邢州〈治今河北邢臺〉人，1216～1274）和也黑迭兒（大食人，生卒年未詳）。城的平面接近方形，南北長 7.4 千米，東西寬 6.65 千米，北面 2 門，東、西、南 3 面各 3 門，城外繞以護城河。皇城在大都南部的中央，皇城的南部偏東為宮城。城中主要幹道都通向城門；主要幹道之間有縱橫交錯的街巷，寺廟、衙署和商店、住宅分布在各街巷裏面。全城分為 60 個坊，但所謂坊，只是行政管理單位，不是漢、唐長安（今西安）那樣的封閉式里坊了。日中坊一帶是當時漕運的終點，也是繁華的商業區。排水系統由郭守敬設計，全部用磚砌築，幹道與支道分工明確，計劃性很強。

大都雖然是嚴格按照漢族傳統的都城布局建造起來的，但是隨著各民族的文化交流，喇嘛教和伊斯蘭教的建築藝術也在這裏深深地扎了根，同時中亞各族的工匠還帶來了許多外來因素。大都宮殿的牆壁上掛氈毯和毛皮、絲質帷幕等，這是由於蒙古皇室仍然保持著游牧生活的習慣。

明清時代的北京沿襲元大都的布局形式，呈凸字形，分外城、內城、皇城、宮城 4 重。外城包內城之南，轉抱東西角樓，東西 7.95 千米，南北 3.1 千米，有永定、左安、右安、廣渠、東便、廣寧、西便 7 門。內城東西 6.65 千米，南北 5.35 千米，有安定、德勝、東直、西直、正陽、崇文、宣武、朝陽、阜成 9 門。皇城呈不規則的方形，東西 2.5 千米，南北 2.75 千米，周 9 千米有奇，有大明、東安、西安、北安、長安左、長安右 6 門。

圖 182 北京故宮三大殿

宮城亦稱「紫禁城」，居於全城的中心位置，有天安、端、午、東華、西華、神武（康熙前稱「玄武」）6 門，其中午門為南面正門，東華門、西華門、神武門分別為東、西、北門。整個宮城南北長 961 米，東西寬 753 米，占地面積約 0.72 平方千米，外圍有高達 10 米的宮牆，四隅有角樓，環繞有寬約 52 米的護城河。它在起自外城最南端的永定門、終於皇城外鼓樓、而後將重心平穩地分配給左邊的安定門和右邊的德勝門、全長達 7.5 千米的南北中軸綫㉙上依次布列了天安門、端門、午門、太和門、太和殿、中和殿、保和殿、乾清門等 5 門 3 宮殿。乾清門後面中路是乾清宮、交泰殿和坤寧宮，乃帝、后起居的內廷；乾清宮的養心殿並不寬敞，不像西方的凡爾賽宮；東、西兩路為妃嬪和皇子的住處，各建六宮、五所。太和、中和、保和三大殿，起名突出了一個「和」字，足見命名者對傳統文化精神的深切把握。太和殿初建於明永樂十八年 (1420)，本來叫奉天殿，嘉靖時改名皇極殿，俗稱「金鑾殿」，清順治二年 (1645) 改今名，康熙三十四年 (1695) 重修，高 35 米，東西長 64 米，南北寬 33 米，面積 0.002377 平方千米，為皇帝舉行重大典儀的地方，不僅占據了最核心的建築空間，而且在布局上還調動種種手段來襯托它。全部建築組群使用白色的臺基、紅色的牆柱和門窗，覆以黃綠各色的琉璃屋頂，在檐下用金、青、綠等色彩繪，色彩極其鮮亮強烈，突出了帝王至高無上的權威和地位。㉚而自大明門（清稱

㉙ 這條以永定門為端點的南北中軸綫由逆時針方向與子午綫形成一個 2 度多的夾角，向北延伸直指距北京 270 多千米的元上都遺址（在今內蒙古自治區錫林郭勒盟的兆奈曼蘇默），因此並非正南正北。

大清門，今稱中華門）到天安門，一起一伏，一伏又一起，這中間千步廊御路的長度和天安門前的寬度，則是最大膽的空間處理。[31]

與此相應，明、清皇帝的陵墓建築也登峰造極，如位於北京城北約 45 千米的天壽山麓的十三陵，是明代 13 座皇帝的陵墓組群。整個陵區的北、東、西 3 面由山嶺環抱。13 座陵墓皆分別依據著一個山巒，其中成祖的長陵是這一陵墓群的主體，另外 12 陵各依地勢分布於它的東南、西北和西南等處山谷中，彼此相距自四五百米至千餘米不等。山麓前（南）的緩坡上，距長陵約 6 千米處崛起的兩座小山被利用為陵區的入口。在一個南北約 9 千米、東西約 6 千米的地區內，結合自然地形，陵區的總體布局嚴謹而有氣勢。入口外的石牌坊的中心綫，正對著 11 千米外的天壽山的主峰。牌坊北約 1.3 千米，位於兩座小山間微微隆起的橫脊上的大紅門是陵區的大門。大紅門內 600 餘米處有碑亭和華表。自此往北至龍鳳門，在長約 1.2 千米的神道兩旁，排列著 18 對整石的文臣、武將、大象、駱駝和馬等雕像。長距離的神道和巨大的雕像，有效地烘托了人間統治者死後的赫赫威風。龍鳳門以北，地勢漸高，約 5 千米到達長陵的陵門。長陵建成於永樂二十二年 (1424)，由空頂、方城明樓和它前面的祭殿——棱恩殿等組成。長陵棱恩殿規模略似皇宮中的太和殿，內部使用 32 支整根的優質楠木柱，最高的約 12 米，而中央明間的 4 根大柱，直徑達 1.17 米，是中國古代木構架遺物中所僅有的。

圖 183　天安門前的華表

這裏提到牌坊和華表兩種建築物，也很有加以介紹的必要。這兩種建築物，與闕一樣，實際上也同時都是雕刻藝術作品，本來在本章上節就應該著重談到的。牌坊又名「牌樓」，是一種承漢闕而來的門洞式紀念性建築物，多建於陵墓、廟宇、祠堂、路口和園林中，用以紀念死者、宣揚禮教、標榜功德等。一般用木、石、磚等材料建造，規模大小不等。十三陵入口處的石牌坊，建於明代嘉靖年間，有 5 間門洞，重檐巨石，結構典雅莊重，氣派宏大，是牌坊中的上乘之

[30] 參見單士元《故宮》，《文物參考資料》1957 年第一期。

[31] 參見《林徽因講建築・北京的城市格式》，陝西師範大學出版社，2004 年。

作。華表上古名「謗木」，原是部落首領為納諫而置的。「堯有欲諫之鼓，舜有誹謗之木」(《呂氏春秋・自知》)。後世所指華表，則是宮殿、陵墓、城垣和橋梁前面作為標幟和裝飾用的柱形建築。用巨石建造，有的環以圍欄，下有柱礎，柱身往往雕刻蟠龍紋飾，柱身頂端裝蹲獸，有的柱身上部還飾有雲形板。設在陵墓前的叫「墓表」，如南京的梁蕭景墓表，很有名。北京天安門前後的兩對華表，雕刻精美，是古代宮殿華表中的精品。其設計者叫陸祥，石工出身，他對天壇的建成，也有不小的功勞。此前更有蒯祥，自永樂至天順——特別是「正統以來，凡百營造」(焦竑:《國朝獻徵錄》卷 51)，都由他負責，官至工部侍郎，則是木工出身。

天壇在北京外城南部永定門內大街的東側，始建於永樂十八年 (1420)，嘉靖九年 (1530) 形成現在的規模，是明清壇廟建築的代表作，明、清皇帝都在這裏祭天和祈年。天壇的整個組群由內外兩重圍牆環繞，總面積 2.73 平方千米。圍牆的平面接近正方形，但北面的兩角採用圓形，是附會古代「天圓地方」之說而設計的。由於禮制的關係，天壇主要入口設在西面。天壇的建築，按使用性質分為 4 組，其中圜丘和祈年殿是全部建築的主體，它們之間以長約 400 米、寬 30 米、高出地面 4 米的磚砌大甬道——丹陛橋相聯繫。天壇的設計，其思想要求，主要是在藝術上表現天的崇高、神聖和皇帝與天之間的密切關係。除附會「天圓地方」等之外，為了明顯地突出主體，首先用高出地面的丹陛橋構成軸綫，貫穿南北。同樣地，軸綫上的各組建築也採取突出主體的手法。如圜丘外面兩層矮牆的處理，有助於空間的延展，使圜丘顯得比真實尺度更高大些。又如祈年殿門前布置狹長的庭院，與後面的大庭院形成懸殊的空間對比，也加大了祈年殿的尺度感。此外，在天壇中，大片的柏林在製造肅穆、靜謐的環境方面更發揮了巨大的作用。

明清時代園林建築的勢頭也不錯，還出現了總結造園經驗的專著《園冶》[32]。中國傳統園林建築可以追溯到商周時代的「囿」；其後秦漢皇帝的上林苑以真山真水稱雄長，西晉石崇的金谷園以天然水景顯特色，此外尚有寫意園、叢林園等格局。這些園林有著如畫般直感的風景形象，更有著詩一樣的節奏、旋律和意境，這種詩、畫結合的境界，以無言之美，傳遞出沉靜幽雅的情調，是中國古代藝術精神的多維表現。隋唐園林在空間布

[32] 此書又名《園牧》，明造園家計成（吳江人，生於 1579 年，卒年未詳）著，3 卷。

局和細部處理上更加成熟，隋洛陽西苑和唐華清宮磅礴而不失委曲，粗獷而不失婉轉，豪邁而不失雋麗；㉝中唐白居易的廬山草堂，體現了淡逸樸野的審美追求。事實上，中國園林的妙處，就在「有情」兩個字上。㉞而明清園林建築則集園林藝術手法之大成，因本書前面第二章已具體介紹了不少園林傑作，其中大部分都是屬於這一時代的，茲不贅。總之，明清時代的園林，如皇家的圓明園、避暑山莊等，固然可嘆觀止；就是江南私家園林，亦往往變化有致，室內普遍陳列著各種字畫、工藝品和精緻的家具，為文人雅集、陶冶情性的理想之所。

應當指出，明清時代的官式建築，由於斗栱的比例縮小了，出檐的深度減少了；柱的比例細長了，生起、側腳和卷殺不再採用了；梁、枋的比例沉重了，屋頂柔和的綫條輪廓消失了，因而總的說來，呈現著一種比較拘束而又比較嚴謹的風格。㉟雍正十二年 (1734)，清廷頒布了《工部工程做法則例》，統一了宮廷建築構件的模式和用料標準，同時也導致了結構的僵化；只有室內裝飾性的木間隔限制較少。清代中葉以後，裝飾走向過分煩瑣，這更加深了個體建築風格上的拘謹程度。但民間建築和少數民族的建築，就不能一概而論了，所以明清時代各地區建築的地方特色和各民族建築的民族特色反而更加顯著起來。

---

㉝ 參見王毅《園林與中國文化》第 125～136 頁，上海人民出版社，1990 年。

㉞ 參見陳從周《中國的園林藝術與美學》，刊《中國名人論中國》，安徽人民出版社，1995 年。

㉟ 劉敦楨：《中國古代建築史》第 410～411 頁，中國建築工業出版社，1984 年。

# 第九編

# 語言文字和圖書文獻

# 第三十四章

# 語言文字

## 第一節　詞彙

中國古代主體民族漢族使用的語言，屬漢藏語系。其特點是：在語音上，每個音節都有固定的聲調；在詞的構造上，大體都是單音節詞根，沒有什麼附加成分；在語法上，一般都以詞在句子中的位置和虛詞來表達語意。本章談古代漢語，先談詞彙。

語言的要素有三：語音、詞彙、語法。其中尤以詞彙最直接、最及時、最豐富多彩地反映了人世間的種種動態，詞彙是語言的核心組成部分。古代漢語的詞彙，既有隱定的一面，又有發展變化的一面。就發展變化的一面而言，舊詞的消亡，有兩種情況：一．詞所代表的客觀事物消亡了，這個詞往往也就隨著消亡了；二．有些詞所表示的事物和概念雖然還繼續存在，但改換了說法，原來的詞也就過了時。當然舊詞的消亡不是簡單地一下子就完成的，不少詞在口語和「通話」（一定歷史時期的「普通話」）中消失了，但在書面語和方言中卻還保留著。

而新詞的增加則比舊詞的消亡速度要快得多，數量要大得多。據統計，甲骨文時代用來表達衣、食、住的只有 15 個字，金文時代增加到 71 個字，而「說文」時代已經增加到 297 個字，幾乎等於甲骨文時代的 20 倍。

至於詞義，當然也有演變，有些詞，詞形相同，但前代和後世，所表意義卻迥然有異。不過這種詞數量並不很多，大多數詞總是萬變不離其宗的。其演變，主要有 4 種方式：一．詞義擴大，通常是由詞的本義出發，通過詞義引申的途徑，由小到大，由個別到一般，由具體到抽象地擴展開去；二．詞義縮小，情況與詞義擴大相反；三．詞義轉移，新義產生後，舊義就不再使用，之所以能產生這種轉移，還是由於新、舊義之間原有一定的聯繫；四．詞義的色彩和程度變化，這一類變化，其中極少數，可以導致所表意義迥然有異。

古代漢語詞彙發展演變的重要表現，在於語音形式上的由以單音節詞為主變為以複音節詞為主。單音詞在古代漢語中占優勢是很明顯的。不過，這一事實，並不排斥古代存在著複音詞，而且這種複音詞數量還不少，如《詩經》中就有 300 個以上。

古代漢語的複音詞大體有聯綿詞、重言詞、附音詞、複合詞 4 大類。聯綿詞由兩個以上的字構成一個語音單位，不可分割地表示一個意思。其中有雙聲聯綿詞，如「彷彿」、「參差」等；又有疊韻聯綿詞，如「逍遙」、「窈窕」等；還有其他聯綿詞，如「扶搖」、「芙蓉」等。重言詞也叫「疊音詞」，由兩個相同的音節構成，通常用於摹寫物態、模擬聲音、增強語氣和調節語調。其中有不重不能用的，如「蚩蚩」、「坎坎」等；又有不重也能用的，如「家家」、「人人」等。附音詞是在單詞的前後附著一個助詞，這個助詞是用來表示詞的性質的，是構成多音詞的輔助成分，如「阿母」、「突然」等。附音詞所附助詞，也叫「詞頭」或「詞尾」。至於複合詞，則是由兩個單獨有意義的詞素組合而成的，主要有聯合式的，如「賓客」、「年歲」等；又有主從式的，如「君子」、「野人」等；另外還有動賓式和動補式的，前者如「革命」，後者如「撲滅」，不過在古代漢語中，這類複合詞極少見。對義複合詞的意義有時只是它的引申意義，如「骨肉」，應當理解為親屬，如理解為原義，就錯了；有時則只是它的偏義，如《史記・扁鵲、倉公列傳》「緩急無可使者」，這裏的「緩急」，實為「急」，並非全義。

由於單音詞是不能無限地發展的，單音詞增長到一定數量後，如不節制，會造成過多的同音詞，這對交流是有妨礙的。而用雙音節來構造新詞，就能在不增加音節的基礎上造出大量新詞來，解決同音詞泛濫的問題。同時，一個單音詞如果包含的義項太多，肯定會導致使用時的混亂。因此單音詞必然要逐漸向雙音詞發展。事實上，唐、宋以後，新詞的增加主要就是雙音詞的增加。

單音詞向雙音詞的發展，大致情況有 3 種：一．在原有的單音詞上添加一個意義相關連的單音詞，即組合兩個單音詞為一個複音詞；二．將本來用單音詞表達的概念，改用相應的雙音詞表達，多義單音詞則分別用不同的雙音詞表達不同義項；三．附加虛詞，形成附音詞。

詞有本義和引申義。詞的本義是指一個詞能找得到字形依據或文獻考證依據的最早意義，但不一定就是這個詞的原始意義，也不一定是常用義。而詞的引申義，就是指從詞的本義出發而引申發展派生出來的意義，可以是一個，也可能是幾個甚至更多。詞義引申的基本規律是由具體到抽象，由個別到一般，由實到虛；但不排除逆反的現象。詞義引申的方式有並列式引申，也可以稱作「放射式引申」或「輻射式引申」；又有連環式引申，也可以稱作「鏈條式引申」或「連鎖式引申」；還有綜合式引申，往往是以上兩種方式的結合。

詞並且又另有假借義。假借義是從音同音近的字假借而產生的意義，同本義和引申義沒有任何聯繫。如「旦日，不可不蚤自來謝項王」(《史記・項羽本紀》)。這裏「蚤」是「早」的意思，蚤的本義是跳蚤，由於它與早同音，所以可以假借為早。

而古代文獻上的通假現象，除假借外，還有通用。通用是凡兩個讀音相同或相近、意義也相通的詞，可以寫這個，也可以寫那個，如「知」通「智」、「反」通「返」。

通假都由於聲音，有音同通假，或聲符相同，如「湯」通「蕩」；或聲符不同，如「壺」通「瓠」。又有音變通假，或雙聲關係，如「栗」通「裂」；或疊韻關係，如「流」通「求」。

在古代漢語詞彙中，同義詞很多。同義詞的類別，從詞義相同的角度來分，有意義完全相同的同義詞，某一點上意義相同的同義詞，意義近似的同義詞；從詞的形、音、義的角度來分，有同形符同義詞，同聲母或同韻母同義詞，同詞性同義詞和以上 3 類交叉疊合的同義詞；從詞的本義、引申義的角度來分，有本義相同的同義詞，此詞的本義與彼詞的引申義相同的同義詞；此外，還可以由方言詞和通義詞組成同義詞。有些詞在上古是同義詞，到了後世卻不是同義詞了；也有些詞在上古本不同義，而後世則成了同義詞。

同義詞產生的原因，主要由於：一. 語言表達功能的要求，導致詞彙具有意義的多樣性，為同義詞的產生提供了條件；二. 人們對客觀事物的認識不斷深化，通過語言表現出來，就使各種具有微細差別的同義詞不斷湧現；三. 詞義的發展變化，使多義詞的義項之間很容易構成同義詞，而以某一單音詞為詞根而構成的若干雙音詞，它們也往往存在著同義關係；

四. 社會等級意識對語言的影響，也造成大批同義詞，如明明是「死」，但在傳統社會，皇帝的死就有不少特殊的說法。同義詞可以連用，如「疾病」、「恥辱」等，也可以對用，如「移風易俗」、「追亡逐北」等。

古代漢語的詞義，通常還受上下文意義和語法地位的制約。

中國古代解釋詞義——即所謂訓詁，其方式，有形訓、聲訓和義訓。形訓是按詞形來推求詞義，聲訓是從詞音來推求詞義，義訓則是直接說明詞的含義。義訓又可分為直訓，即利用詞的同義關係釋義；義解，即用直述的文字形式對詞語作解說；描述，即以描寫事物形貌或特徵的方式說明詞語的意義；反訓，即用相反的詞義來解釋詞義。在解釋詞語中，還形成了許多術語。如說義的術語，主要有「猶」，用於本義不同，輾轉相通，或以今喻古；「之言」，用於音義相通；「貌」，用於形容；「屬」、「別」，用於明其類別；「辭」、「辭也」，用於說明某字是助詞。此外擬音的術語，有「讀如」、「讀若」等；改字的術語，有「讀為」、「讀曰」和古字某同、古聲某同等；正誤的術語，有「當作」、「當為」等。

中國傳統社會極端強調語言的作用，不朽有三：立德，立功，立言；❶孔門四科：德行，言語，政事，文學。❷孔子本人說話時，非常注意關鍵詞彙的斟酌，始終遵循著「君子於其言，無所苟而已矣」（《春秋繁露・深察名號》）的原則。

事實上，先秦諸子在探索哲學奧秘的同時，已經叩開了訓詁學的大門，因為哲學的中心課題是「名」、「實」問題，即語詞、概念與客觀實在的關係問題，這也恰恰正是訓詁這門學問的主攻方向。

不消說，訓詁的主要體例，如「說」、「解」、「詁」、「傳」之類，均萌發於先秦。所謂子夏「發明章句」❸，就是指他為古書作「傳」而言。《左傳・宣公十二年》載楚莊王之言「夫文，止戈為武」，這就是形訓。《大戴禮記・誥志》載虞史伯夷所說「明，孟也；幽，幼也」，這就是聲訓。《老子》第十四章云「視之不見名曰『夷』，聽之不聞名曰『希』，搏之不得名曰『微』」，這就是義訓。由此可見，後世訓詁的基本方式，先秦也早已具備了。當然，先秦的語言研究，是以名實關係的探索為主，文獻語言的考

❶ 《左傳・襄公二十四年》。

❷ 《論語・先進》。

❸ 《後漢書・徐防傳》：「《詩》、《書》、《禮》、《樂》，定自孔子；發明章句，始於子夏。」

釋僅居次要地位，而確立於漢代的訓詁學，其致力處，卻完全在考釋文獻語言方面了。

中國古代解釋詞義的書，以《爾雅》為最著稱。《論衡・是應》說「《爾雅》之書，『五經』之訓故」；鄭玄《駁五經異義》❹說「《爾雅》所以釋六藝之旨」；唐陸德明《經典釋文・序錄》說「《爾雅》居經典之後，在諸子之前」。事實上，《爾雅》是保存了大量周、秦以來的訓詁，但正式成書，已在西漢。❺此書以標準語釋俗語，以當時語釋往昔語，以常用語釋偏僻難懂的非常用語，對研究瞭解古代文獻語言很有參考價值。在內容安排上，分為 19 篇，前 3 篇是詞義的解釋，以後都是名稱的解釋，包括人文關係、器物建築、天文地理和動物植物等等方面的。可見《爾雅》並沒有對詞語的意義進行完整的分類，而只是分出了物類。《爾雅》後來因為被定為儒家的經典，注本很多。

《爾雅》而下，辭書用聲訓來解釋詞義的比例日見增加，漢末劉熙（北海〈郡治在今山東濰坊西南〉人，生卒年未詳）著《釋名》8 卷 27 篇，則作出了純用聲訓來探求詞源的嘗試。當然這樣做難免出差錯。但此書及時反映了漢代社會生活中出現的新生事物，解決了大量「百姓日稱而不知其所以」（《釋名・序》）的問題，卻是值得重視的。並且劉熙以音近音同的同根語互相訓釋，雖非無往而不準，畢竟八九不離十，有其很大的合理性。

曹魏張揖有《廣雅》，取推廣《爾雅》之意，《爾雅》漏收的古訓，以後新出的詞義，均在此書搜羅範圍之內。西晉郭璞有《爾雅注》和《方言注》，正確地解決了古詞與今語的關係。此書又實行《爾雅》和《方言》的互相證發，多方探求語詞得名的原委，並且已有朦朧的語境意識。唐初陸德明（蘇州吳〈今蘇州〉人，約 550～630）撰《經典釋文》30 卷，不但解釋經典，還疏通經典。此書體例：一．是依經文先後的順序編次疑難的詞語；二．是對疑難的詞語有時採取集注的方式；三．是所釋詞語，首列字音，其次字義，有一部分也作文字校勘。孔穎達的《五經正義》恪守疏不破注的原則，在字義訓詁上，對漢魏舊注作了詳盡的發揮，同時也提供了一些新的東西。顏師古的《匡謬正俗》，長處在於知字義有古今，更注意把

❹ 見《玉函山房輯佚書》。

❺ 也有學者認為《爾雅》當成書於戰國末年，見何九盈《中國古代語言學史》第 17 頁，河南人民出版社，1985 年。

詞語的歷史演變與文物制度的更革結合起來加以考察。後來李善的《文選注》，還較為全面地揭示了文字通假的規律，特別致力於求索典故的原始出處。而釋惠琳（俗姓裴，疏勒國〈今新疆喀什〉人，736～820）的《一切經音義》（即《惠琳音義》）100卷，則「皆兩漢之緒言，經師之訓詁」（丁福保：《一切經音義提要・補輯逸書》），旁徵博引，以釋佛經的梵語音譯詞和佛教的抽象名詞，從音求義，探本尋源，就佛教音義書而言，真正做到了後來者居上。

北宋出現了王安石的《字說》和王子韶的「右文說」，《字說》是以形求義，「右文說」則進到以音求義。南宋羅願的《爾雅翼》32卷，釋鳥獸草木，尤致力於辨別類似之物。明末方以智的《通雅》，依據當時社會文化發展水平，對《爾雅》的體例進行了合理的揚棄，考辨詞語，左右逢源，時有創獲。

清代康熙四十三年(1704)至五十年(1711)，康熙帝親自動手，與上書房行走、南書房行走等編修了以字韻為綱目的《佩文韻府》。全書444卷，附拾遺112卷，分韻為106，按平、上、去、入四聲排列，把詩賦中經、史文句的某辭的下一字屬於某韻的，錄於其韻其字之下。如從陶詩「悠然見南山」(《飲酒二十首》) ❻句中取出「南山」一辭，收入十五刪韻的「山」字條。其辭屬於某一詩句，詳其原句及作者；如屬某掌故，就詳解其原事及出處。這樣記得某一詩文斷句，記不得作者及全詩全文，可以由斷句之辭查得其原詩原文；記得典故，也可以從中找出所需要的詞彙。而且一辭下面，備刊同辭其他詩文句及典故，以供選擇，極便使用。這是一部前所未有的文學辭典。

乾、嘉之際，戴震倡導「轉語」說，表現出通過古音追溯詞與詞的淵源關係的旨趣。程瑤田（安徽歙縣人，1725～1814）的《果蠃轉語記》，旨在推明雙聲疊韻的複音詞的聲音組織以求轉語。戴所說轉語，是指音近義通的單音字，程指的卻是複音詞。王念孫（江蘇高郵人，1744～1832）的《釋大》，確能「示聲義相通之理，使學者推而用之」(王國維：《觀堂集林・藝林八・高郵王懷祖先生訓詁音韻書稿敘錄》) ❼，無疑是近代章太炎「語根」說的先聲。❽

---

❻ 《陶淵明集》卷3。

❼ 中華書局，1959年。

又有《經籍纂詁》和《經傳釋詞》，都非常有用。《經籍纂詁》，阮元（江蘇儀徵人，1764～1849）、臧鏞堂（江蘇武進〈今為常州市轄區〉人，1767～1811）主持編纂，共116卷，初刊於嘉慶三年（1798）。此書收羅完備，注意吸收了當時乾嘉學派的學術成果。所收都是單字，但注釋有許多雙音詞。在編排上，按平、上、去、入四聲，分為106部，集中有關材料於每一字下。排比詞義，都先考本義，次及引申義，一字有幾個讀音的，都按韻分入各部，並因字義的不同，各作注釋。《經傳釋詞》，王引之（王念孫之子，1766～1834）撰，共10卷，成書於乾隆五十四年（1789）。此書解說虛詞160個，訂正前人的誤解，補充舊說之所不及，「比例而知」（《自序》），把每個語詞的各種用例，加以歸納比較，從而得出新的結論，有許多富於創造性的見解。在編排次序上，以七音為依據，每卷字數不多，檢查起來非常方便。

至於現在讀者所熟知的《辭源》、《辭海》、《辭通》、《詞詮》等書，則是近代以後才出現的。《辭源》和《辭海》都是用來查詞語的音義、出處以及其他知識性詞目的工具書；《辭通》是連語辭典；《詞詮》是古代虛詞字典，古代虛詞叫做「詞」，這書是詮釋虛詞的，所以叫做《詞詮》。

## 第二節　語法和修辭

### 一　語法

古代漢語雖然遲遲沒有建立起完整、系統的語法學，但語法規律早已形成，並且表現了極大的優越性。

漢語缺少詞形變化，而以詞序和虛詞作為詞與詞組成的重要手段。先秦時代，子夏門人公羊高和穀梁赤為《春秋》作傳，最早看到《春秋》句法的詞序問題。公羊高認為詞序的先後與觀察事物的程序相一致，❾這就道出了用字造句的一條原則；穀梁赤則對數詞和名詞在修飾關係上的不同位置及作用，已經瞭然於心。❿同時，《公羊傳》和《穀梁傳》還對虛詞的

❽　齊佩瑢：《訓詁學概論》第126頁，中華書局，1984年。

❾　《公羊傳・僖公十六年》。

❿　《穀梁傳・僖公十六年》。

意義有所覺察，能辨清語氣辭的輕重緩急之分。⑪《公羊傳》更探討了《春秋》的詞法，重點落在區別動詞的內動和外動上；⑫並且又發現了「美惡同辭」（《公羊傳・隱公七年》）現象，這也是一個很重要的揭示。

自秦漢以降，古人語法觀念的滋長，主要依附於訓詁學，部分也得力於辭章學。元代盧以緯（永嘉〈今浙江溫州〉人，生卒年未詳）著《語助》，分析單音虛詞和複音虛詞共 120 多個。全書以辨析字義的差異見長，或沿用葛洪的方法，以聲音的不同去探求；或接受劉勰的啟示，從句中分布位置的不同去考察；或由於柳宗元的影響，從語氣的不同去分析。並且還開了以口語解釋文言虛詞的先河。更有個別條目，發前人之所未發，如「于」和「於」，作者認為「于」比「於」意義略重。此書的問世，值得重視。而近代以前，清人劉淇（確山〈今屬河南〉人，生卒年未詳）的《助字辨略》，王引之的《經傳釋詞》等專著，奠定了文言虛字研究的基礎，再由虛詞研究過渡到辭例的探索，中國嚴格意義的語法學已經躁動於母腹之中了。⑬

事實上，中國古代漢語語法規律與現代漢語一樣，是由詞法和句法兩大部分組成——詞法實虛配套，虛實相濟；句法則有句子成分、結構方式、句子種類等 3 方面的內容。

實詞的分類，有：名詞，表示人、具體事物和抽象事物、時間、處所、方位的名稱；動詞，表示人或事物的動作、行為、變化、存在、意念、使令、能願、判斷；形容詞，表示人事的性狀或行動變化的狀態，還用於模擬聲音；數詞，表示量數和序數；量詞，表示物量和動量。

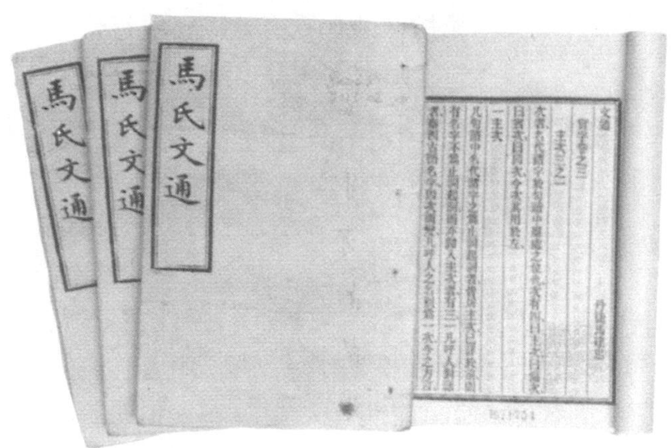


圖 184　中國第一部系統的語法書——馬建忠著《馬氏文通》的出版　已是在近代了　圖為清德宗光緒二十四年 (1898) 商務印書館初版《馬氏文通》

虛詞的分類，有：代詞，代替詞、詞組、句子或段落，包括人稱代詞、指示代詞和疑問代詞；

⑪　《公羊傳・宣公八年》、《定公十五年》，《穀梁傳・宣公八年》、《定公十五年》。

⑫　《公羊傳・僖公元年》。

⑬　參見楊樹達《詞詮・序例》。

副詞，修飾或限止動詞、形容詞以及任何其他副詞；介詞，介紹時地、方式、原因、目的、方向；連詞，用來連接詞、詞組、分句、句子或段落；助詞，附著在詞、詞組或句子上，表示某種語法意義；嘆詞，表示強烈感嘆以及呼喚應答。

古代漢語虛詞很多，同現代漢語的虛詞比較起來，差別也很大。許多虛詞存在著多義現象：或一詞多類，或一類多義。所謂一詞多類，就是一個虛詞分屬幾種詞類，如「以」字分屬於介詞、連詞、副詞、助詞、代詞等類；所謂一類多義，就是一個虛詞同一類中具有幾種意義，如助詞「也」，可以用在句末表陳述、祈使、感嘆語氣，又可以用在句子中間表提頓語氣。

詞類的活用，動化有非動詞性詞語用作一般動詞語的一般動化和使得賓語動的使動、覺得賓語動的意動、為賓語而動的為動；狀化有名詞用作狀語的名狀、動詞用作狀語的動狀、數字用作狀語的數狀。

句子成分有主語、謂語、賓語、定語、補語、狀語、同位語、獨立語。結構方式有主謂結構、謂賓（單賓、雙賓）結構、介賓結構、謂補結構、定心結構、狀心結構、聯合結構、連謂結構、兼語結構、數理結構，「者」字結構、「所」字結構、方位結構、凝固結構、同位結構、複句結構等。句子種類按謂語性質劃分，有敘述句、判斷句、描寫句；按結構劃分，有單句（包括主謂句和非主謂句）、複句；按語氣劃分，有陳述句、疑問句、祈使句、感嘆句。特殊語序有謂語前置、賓語前置、定語後置。

古代漢語中還有許多熟語，在使用時一般不能任意改變其組織，包括成語、諺語（諺語也是民間文學的一種形式）、格言和慣用語（尤以所謂「行話」為最具特色）、歇後語等。

古代舊體詩詞的語法與散文不盡相同。舊體詩分古體和近體，古體詩的語法與散文出入不大，出入較大的是近體詩和詞。在詞法方面，實詞的活用為散文和詩詞所共有，但散文往往利用代名詞或連介詞來顯示詞的活用，而近體詩詞卻不使用；利用駢句顯示詞的活用是散文的許多方法之一，而在近體詩詞裏卻變成了主要方法；有些虛詞，用在詩詞裏，有特殊的意義，如晏幾道《小山詞・鷓鴣天》詞「今宵賸把銀釭照，猶恐相逢是夢中」⑭，這裏「賸」作「儘」解，「『剩把』，『儘把』也」（張相：《詩詞曲語辭匯釋》

⑭ 張草紉：《二晏詞箋注》第310頁，上海古籍出版社，2008年。下引張相《詩詞曲語辭匯釋》，據同書第311頁。

卷 2)，若按散文通義解作「剩」，便不好理解了。在句法方面，突出表現為散文中的判斷句，多用「也」字放在句末，也有用「乃」、「是」、「則」等字放在主語後面的，也有不用這些字的句子，而詩由於格律的關係，卻以後一類句型為多；並且詩詞中常見只有幾個名詞排列在一起的「獨詞句」，如「枯藤、老樹、昏鴉，小橋、流水、人家，古道、西風、瘦馬」(馬致遠：《越調・天淨沙・秋思》) ⓯，對於散文來說，這樣的句法就顯得彆扭了。此外，詩詞的句讀除意義的句讀外，還有聲律的句讀，詩詞中的倒裝現象和省略現象也比散文多。

## 二　修辭

修辭以貼切為準則，孔子修《春秋》已作出榜樣，「《春秋》辨物之理，以正其名，名物如其真不失秋毫之末」(《春秋繁露・深察名號》)。繼孔子之後，歷史上許多學者，也十分注意有關修辭的問題。

戰國時期，孟子就曾提出了「不以文害辭，不以辭害志，以意逆志」(《孟子・萬章上》) 的修辭主張。漢代王充的《論衡》，其中《藝增》、《語增》、《儒增》3 篇，都討論到修辭中的誇張問題，儘管他對誇張的修辭現象，是反對的，但他寫出專篇來論述誇張，這在漢語修辭史上應當說是個創舉。其後陸機作《文賦》，首先提出了「警策」的修辭功用，並開始指出文章音節必須和諧的問題。梁代劉勰的《文心雕龍》，對文章的體裁和作文的方法，談得非常精到，其中重點尤在選詞造句和音節問題。此書《比興》篇所談是譬喻的事，《誇飾》篇所談是誇張的事，《事類》篇講用典，《隱秀》篇講含蓄和警策，這些都是重要的修辭方法。北齊顏之推的《顏氏家訓・文章》曾經談到用詞的避忌、用典的不確切和藏詞的修辭現象。唐代劉知幾的《史通》，在《言語》篇中，批評了「怯書今語勇效昔言」的用詞偏向，在《敘事》篇中，又對「省字」、「省句」和「用晦」等修辭現象進行了討論。劉知幾所說用晦，即《文心雕龍》所說的「隱」，也就是後世所說的含蓄或婉曲，是一種極其重要的修辭方法。宋代沈括的《夢溪筆談》卷 14，首次討論了「相錯成文」的修辭格，所謂「相錯成文」，就是現代漢語修辭學上所說的錯綜。又有陳騤，著《文則》上、下兩卷，上卷丙把譬喻歸納為直喻、隱喻、類喻、詰喻、對喻、博喻、簡喻、詳喻、引喻、虛喻等 10

⓯ 引自元楊朝英編、內蒙古人民出版社 2008 年版《元曲三百首》第 218 頁。

類，這種歸納分類法，是相當科學的。清代汪中的《述學》內篇卷 1《釋三九上》論古人文章中的「三」和「九」兩個數字，往往表示虛數；汪中《釋三九中》還談到「曲」和「形容」，曲即現在所說的婉曲，形容即現在所說的誇張，他在這方面的論述，至今仍有新鮮感。

詞句的選擇是修辭的根本，這一點，早在南北朝時，劉勰就已經指了出來。他說：「夫人之立言，因字而生句，積句而成章，積章而成篇。篇之彪炳，章無疵也；章之明靡，句無玷也；句之清英，字不妄也。振本而末從，知一而萬畢矣。」（《文心雕龍・章句》）這無疑是非常正確的。古代漢語修辭對詞的選擇，在詞義方面，強調兩個標準，一是意義分明，二是恰到好處；在聲音方面，做到動聽和協；在形貌方面，注意避怪字，省去偏旁相同的字，不讓雷同的字重出，盡可能肥字瘦字交錯參伍地使用。古代漢語修辭對句的選擇，則講究奇偶、複省和常變。奇偶就是奇、偶句選用，常用的偶句有對偶、排比⑯和層進。複省，複謂重複，省謂省略，複的主要形式是反覆，省的主要形式是省略和跳脫。常變注意常句式和變句式的搭配，變句式有詞序的倒裝、句序的倒裝，還有錯綜的格局。

漢語修辭分消極修辭和積極修辭。消極修辭是抽象的、概念的，在內容上做到明確、通順，在形式上做到平勻、穩密。積極修辭則是形象的、具體的，在內容方面強調經驗的融合，在形式方面追求語感效果。而借用現代漢語修辭學術語，所謂「辭格」，便是積極修辭對這兩方面的綜合利用；所謂「辭趣」，就比較側重於後者——即辭的意味、音調和形貌了。本節述及的，僅限於辭格部分。

下面對譬喻、映襯、引用、借代、雙關、稽古等屬於材料類別和比擬、誇張、婉曲、諷喻、諱飾、倒反等屬於意境類別的古代漢語比較常用的辭格（有的在上文已經提到過），作較為全面的扼要介紹。

譬喻是用類似的事物來比方。其中明喻是顯明地用類似的事物來比譬所說的事物，也叫做「顯比」，正文和譬喻兩個成分不但非常明顯，而且很有區別，兩者常用「若」、「猶」、「如」、「似」等比喻辭來結合，如「人比黃花瘦」（李清照：《醉花陰》）⑰。至於略式，往往不用比喻辭，只把所說

⑯ 朱自清認為「排比在古文學中甚占地位」，而新文化運動中胡適的文章大家都說好，與其喜用排比不無關係。見《朱自清全集》第 8 卷第 357 頁，江蘇教育出版社，1993 年。

⑰ 《李清照集校註》卷 1。

的事物和比譬的事物寫成對偶、排比等句式，排列的次序，通常是喻語在前，正文在後，但也有喻語在後正文在前的。比喻辭有的由於叶韻或調聲的緣故，往往倒裝起來；有時一喻難以達意，每每連用數喻，如蘇軾《百步洪》（其一）詩云：「有如兔走鷹隼落，駿馬下注千丈坡，斷弦離柱箭脫手，飛電過隙珠翻荷。」⑱又有暗喻，與明喻的區別是，明喻不過表出兩者的相似點，暗喻卻進而把它們混而為一。暗喻不用比喻辭，卻用「也」、「為」、「是」等字來表明它們的關係，如「趙衰，冬日之日也」（《左傳・文公七年》）。但略式就不用也、為、是等字。至於借喻，則是借譬喻的事物來代替所說的事物，它不說正文，就以譬喻事物作它的代表。如果明喻的公式是「甲如乙」，暗喻的公式是「甲是乙」，那麼借喻就是用乙來代甲。

映襯是把兩種相反的看法和事物，比並在一起來敘述。其中把對同一事物的矛盾看法並敘在一起，使它們彼此相形，以見說者的真意來，叫「反映」；而把相反的兩種事物並敘在一起，使它們互相對照，從極端矛盾中，顯示是非曲直，則叫「對襯」。映襯就包括反映和對襯這兩種形式。對襯與對偶頗有交錯的地方，但對偶側重點在形式，對襯的側重點卻在內容。

引用是用他人之語或熟語來說明所要表達的內容。其中明白說出所引內容是引用的，叫「明引」法，反之叫「暗引」法。引用源於先秦的引經據典，先秦引經據典主要限於《詩》、《書》、《易》3 種，到漢代，已發展到可以引用董仲舒的著作，如楊惲《報孫會宗書》：「董生不云乎……」⑲

借代是用甲來代替乙。在甲和乙中間，要有一種相依的關係，憑著這種關係，借代之後讀者自然能夠聯想到所代的是什麼。事物的名稱，通過借代的方法來表述，往往容易給讀者以生動別致的感覺，因而說話的效果也就加強了。借代的方式很多，通常分為旁代和對代兩大類：旁代又叫「伴名」，是借某事物所伴隨的、或所附屬的事物的名稱來代替某事物，有借事物的特徵或標記來相代的，如「朱門酒肉臭」（杜甫：《自京赴奉先縣詠懷五百字》）⑳，這裏以「朱門」代顯貴；有借事物的所在或數量來相代的，如「四海之內，皆舉首而望之」（《孟子・滕文公下》），這裏以「四海之內」代四海之內的人；有借事物的作者或產地來相代的，如「人懷盈尺，和氏

⑱ 《蘇軾詩集》卷 17。

⑲ 《文選》卷 41。

⑳ 《杜少陵集詳注》卷 4。

無貴矣」（曹植：《與吳質書》）㉑，這裏以「和氏」代和氏璧；又有借事物的材料或工具來相代的，如「織辭魚網之上」（《文心雕龍・情采》），這裏以「魚網」代紙，因為舊魚網是造紙材料。對代又叫「類名」，在對代中，相代的事物和被代的事物在意義上必須有些相似，可以部分與全體相代、特殊與通稱相代、具體與抽象相代、結果與原因相代。

雙關是說話同時關聯兩種不同事物，用來雙關的語詞叫「雙關詞」。這種辭格的成立，以語音能夠關聯表面的和隱藏的兩種事物為必要條件，重心在乎語音。有音的雙關和義的雙關：音的雙關，如「楊柳青青江水平，聞郎江上唱歌聲。東邊日出西邊雨，道是無晴卻有晴」（劉禹錫：《巴歈竹枝二首》之一）㉒，這裏「晴」諧「情」，字面上是晴，骨子裏卻是情。義的雙關，如「始欲識郎時，兩心望如一；理絲入殘機，何悟不成匹」（《子夜歌》）㉓，這裏「匹」雙關布匹和匹偶。

稽古是援引古人的事跡來論證自己的觀點。稽古有明有暗，暗的稽古是假定讀者通曉古人事跡，因而略去事主姓名，明的則反之。稽古可以敘述正面的事跡，也可以敘述反面的事跡。歷史上秦始皇和他的丞相李斯所深惡而痛疾之的「道古以害今」（《史記・秦始皇本紀》），看來正是稽古惹出來的禍事。

比擬是用虛擬的說法來暢發說者的情意。其中擬人即擬物為人，把沒有知覺沒有感情的物類，虛擬做有知覺有感情的人來描寫，如「陽春召我以煙景，大塊假我以文章」（李白：《春夜宴從弟桃花園序》）㉔。擬物即擬人為物，把有德性有意識的人，虛擬做沒有德性沒有意識的物類來描寫，如「妾作溪中水，水流不離石」（景翩翩：《怨詞》）㉕。又有賦體，即把無體質的東西虛擬做有體質的東西來描寫，這種修辭方式也叫「拈連」，如「只恐雙溪舴艋舟，載不動許多愁」（李清照：《武陵春》）㉖，這裏「愁」被虛擬做有體質的東西了。

---

㉑ 《陳思王集》卷 7。

㉒ 《劉賓客文集》卷 27。

㉓ 《樂府詩集》卷 44。

㉔ 《李太白全集》卷 27。

㉕ 錢謙益輯《歷朝詩集》閏集第四「景翩翩五十二首」。

㉖ 《李清照集校註》卷 1。

誇張是鋪張揚厲，使所說過於客觀事實。有向大、長、強、多、速等方面的誇張，也有向小、短、弱、少、緩等方面的誇張。誇張的產生，是源於異乎尋常的感受，但誇張雖然言過其實，卻不至於使人信以為真。如「力拔山兮氣蓋世」（項羽：《垓下歌》）㉗，項羽自命不凡，他可以當得這句話，但這句話並不是說他真有拔山的力氣，能拔得動山，否則豈非成了吹牛和扯謊。

婉曲是說話時，故意不明白地直說，又叫「微婉」或「微辭」。其中一種不直說本意，如「新來瘦，非關病酒，不是悲秋」（李清照：《鳳凰臺上憶吹簫》）㉘，這裏要說的是相思之苦，卻用「非關病酒，不是悲秋」去烘托。還有一種用隱約的話來暗示本意，所謂「閃爍其辭」，就是使用這種修辭方法。

諷喻是用虛構的故事寄託教育諷刺等意思，有把本意說出來的，也有不把本意說出來的。諷喻可以獨立成篇的，就是寓言。

諱飾是不願或不忍直說，說了要觸犯人家的忌諱，改用旁的話來裝飾美化，也叫「婉辭」。諱飾的用途，在於避免對方聽了不快。

倒反是正面文章反面做，讓聽者自己去領會它的正面的意思，也叫「舛辭」。包括倒辭和反語。倒辭把正意倒過來說，不含嘲弄諷刺的成分，如《西廂記》裏的多處「可憎」，實際上都是「可愛」的意思。反語是把正意反過來說，含有嘲弄諷刺等成分，《史記・滑稽列傳》中，迭見這類佳例。

古代漢語的修辭方法，尚有回文、仿擬、拆字、飛白等 4 種手法，多用於遊戲文章中。回文順倒都能讀，前秦女詩人蘇惠的《璇璣圖》，將 841 個字織於錦上，排成縱橫各 29 字的方圖，反復回環可讀成 3752 首詩。

## 第三節　音韻

先簡單介紹一下古代韻書《切韻》、《廣韻》和古代《切韻》、《廣韻》系統的韻圖。

現存最早的韻書是《廣韻》，《廣韻》的前身是《唐韻》，《唐韻》的前身是《切韻》，《廣韻》基本上保存了《切韻》的語音系統。《切韻》為隋代陸法言（臨漳〈今屬河北〉人，生卒年未詳）所著，書成於仁壽元年 (601)。

㉗　《史記・項羽本紀》。

㉘　《李清照集校註》卷 1。

此書並不代表一時一地的語音系統，陸法言自己說：「江東取韻與河北復殊。因論南北是非，古今通塞，欲更捃選精切，除削疏緩。蕭顏多所決定。」（《〈切韻〉序》）因此有很明顯的存古性質，對於研究古代漢語的音韻，價值就特別大。

韻圖是聲母、韻母的配合表。現存最早的韻圖是鄭樵《通志略》中的《七音略》；後來有張麟之的《韻鏡》，問世於南宋嘉泰三年（1203）；又有託名司馬光的《切韻指掌圖》以及無名氏的《四聲等子》、元代劉鑑的《經史正音切韻指南》；還有明萬曆年間徐孝的《重訂司馬溫公等韻圖經》和清初的《字母切韻要法》等。韻圖可以分為 3 派：第一派以《七音略》、《韻鏡》為代表，這一派韻圖把《切韻》的每一個字音都放進圖表裏，共有 43 個圖。第二派以《切韻指掌圖》、《四聲等子》、《切韻指南》為代表，這一派韻圖實際上已以宋元時代的語音為標準，共有 64 個圖。第三派以《重訂司馬溫公等韻圖經》、《字母切韻要法》為代表，這一派韻圖則更為趨時，《等韻圖經》的 13 攝，與現代北京音系十分接近，《切韻要法》只有 12 個圖，而且音節的排列也與前兩派明顯不同。

方塊漢字代表音節。早在東漢時期，由於印度文化的傳入，梵文及聲明學也隨之而來，梵文以拼音文字有別於作為表音文字的漢字，聲明學正好補中國前此文字學、訓詁學之不足。他山之石，可以攻玉，在不同語文的比較中，從服虔（河南滎陽人，生卒年未詳）到鄭玄，再到鄭玄的弟子孫炎（樂安〈今山東博興〉人，生卒年未詳）撰成《爾雅音義》㉙，經過幾代人的探索，一些學者對漢語音節的構成，就已經有了明確的認識——能把每個字音分為聲和韻兩部分，韻同時兼表聲調；還能進而把漢字當作標明聲和韻的特殊符號來構成反切。而《切韻》集其大成，在《切韻》和中古的韻圖中可以看到當時每個漢字聲、韻、調俱全，如「黨」，聲是瑞，韻是蕩，調是上。

聲母、韻母，是漢語音韻學專用的術語。音節起頭的第一個音素叫聲母，其餘單個音素或音群叫韻母。漢語聲母一般由氣流受到阻礙的輔音構成。而韻母的情況則較複雜，當韻母由單個氣流自由通過的元音充當時，

---

㉙ 《爾雅音義》已佚，但書中反語，分別為《經典釋文》、《初學記》、《詩經正義》、《晉書音義》、《文選》李善注、《太平御覽》等書所引，不下百餘條，則其面目猶存。說詳近人劉盼遂《文字音韻學論叢・反切不始於孫叔然辯》，北平人文書店，1935 年。

韻母與元音是一致的，但韻母還可以由複合元音充當，或在元音之後加上輔音結合而成。正因為韻母成分複雜，所以韻母可以分析為韻頭、韻腹和韻尾。韻頭是介於聲母和韻腹之間舌位很高的元音，韻腹是主要元音，韻尾是韻母的收尾。韻腹與聲母一樣，是每個音節中不可缺少的；而韻頭、韻尾，則可有可無。

脣音幫、滂、並、明、非、敷、奉、微，舌音端、透、定、泥、知、徹、澄、娘，齒音精、心、清、從、邪、照、審、穿、牀、禪，牙音見、溪、群、疑，喉音影、曉、匣、喻，半舌音來，半齒音日等 36 個字母，是漢語聲母的代表字。在唐末守溫（籍貫、生卒年未詳）以前，就有人照雙聲的原則，從當時所有漢字中歸納出 30 個字母。㉚守溫把「三十字母」中的「不」、「芳」改為「非」、「敷」，並增加「幫」、「滂」、「奉」、「微」、「娘」、「牀」等 6 個字母。從此這 36 個字母就被廣泛運用。

根據成書與《切韻》相距不遠的南陳陸德明的《經典釋文》(583) 和唐初貞觀年間釋玄應的《一切經音義》(《玄應音義》) 的反切來考證，可知在《切韻》問世前後，已有 33 個聲母，這與魏晉南北朝時代的聲母的名稱、數目和音值是完全相同的。而魏晉南北朝時代聲母的名稱和數目又與先秦完全相同，只是音值稍有改變。一.「照」、「穿」、「神」3 母的音值由「ȶ」、「ȶʻ」、「ȡ」變為「tɕ」、「tɕʻ」、「dʑ」；二.「喻四」的音值由「ʎ」變為「j」。後來到中唐，聲母實為 36 個，其中「知」、「徹」、「澄」是天寶時由「端知」、「透徹」、「定澄」分化出來的。當然這些話，乃是後人研究的結論，不過由此也可以印證守溫三十六字母的科學性。

字母又叫做「紐」、「聲紐」、「聲類」。至於發音部位，則有「五音」、「七音」之稱，五音指脣、舌、齒、牙、喉音，七音是在五音之上加半舌音、半齒音，這在中國古代音樂理論上也有反映。發音方法分全清、次清和全濁、次濁，清音發音時聲帶不顫動，濁音發音時聲帶顫動。

韻書中的韻，與韻母概念不同，它要求韻腹、韻尾相同，而不論韻頭的有無異同。韻部比韻大，只要韻腹、韻尾相同就歸為一部，不僅不計韻

㉚ 據中華書局 1999 年版署王力主編的《古代漢語》第二冊「附錄四・上古聲母常用字歸類表」歸納，上古有 32 個聲母，分別為喉音影、曉、匣，牙音見、溪、群、疑，舌音端、透、定、泥、來、余、章、昌、船、書、禪、日，齒音精、清、從、心、邪、莊、初、崇、山，脣音幫、滂、並、明。

頭，而且不計聲調。上古韻，常稱韻部或部；中古韻，常稱韻，也有稱部的。先秦有 29 個韻部（戰國時多冬部，計 30 個），它們是：之部、職部、蒸部、支部、錫部、耕部、魚部、鐸部、陽部、侯部、屋部、東部、宵部、沃部、幽部、覺部、（冬部）、微部、物部、文部、脂部、質部、真部、歌部、月部、元部、緝部、侵部、盍部、談部。㉛漢代也有 29 個韻部，但與先秦對照，音值有所變化；並且許多韻部所包括的字與先秦韻部不盡相同或大不相同。魏晉南北朝有 42 個韻部，較之前代，有分，有合，有轉移，總的來說，已接近《切韻》音系。隋到中唐，有模部、沃部、冬部、魚部、侯部、屋部、東部、覺部、江部、歌部、豪部、咍部、鐸部、曷部、合部、陽部、寒部、覃部、麻部、肴部、皆部、黠部、洽部、刪部、咸部、廢部、陌部、月部、業部、庚部、元部、嚴部、宵部、祭部、薛部、葉部、仙部、鹽部、微部、職部、物部、蒸部、文部、脂部、錫部、質部、緝部、青部、真部、侵部等 50 部，這 50 部，是從《經典釋文》和《一切經音義》中歸納出來的，但應當說基本上符合《切韻》的實際情況。

宋、元音韻學家將韻書中的韻部再歸并為大類，稱為「韻攝」。單韻成攝的，有 3 攝；韻腹、韻尾發音相近的韻合成 1 攝；韻腹相近而韻尾相同的韻部歸納成攝，共 12 攝。以上總計 16 攝，為：遇攝、流攝、通攝、江攝、果攝、假攝、蟹攝、效攝、宕攝、梗攝、山攝、臻攝、咸攝、止攝、曾攝、深攝。16 攝是韻攝之始，另外還有 13 攝、12 攝、20 攝等。

《詩經》四聲分押的押韻單位，在全部押韻單位中占 82.2%；《楚辭》四聲分押比《詩經》更為嚴密。四聲「出行（巷）閭間」（遍照金剛（空海）《文鏡秘府論》天卷引北齊李槩《音韻決疑序》）。先秦四聲分為舒聲和促聲兩類：舒聲包括高長調的平聲和低短調的上聲，促聲包括高長調的長入聲和低短調的短入聲。漢代還有長入一類的聲調，而「去聲備於魏、晉」（段玉裁：《六書音均表・古四聲說》）。《南史》卷 48 載，周顒㉜以平、上、去、入為四聲。魏晉時代的去聲，陰聲韻的多數由長入聲轉來，少數由平

㉛ 王力：《漢語語音史》第 33～34 頁，中國社會科學出版社，1985 年。中華書局 1999 年版署王力主編的《古代漢語》，其第二冊「附錄三・上古韻部及常用字歸部表」，則改「沃部」作「藥部」，「盍部」作「葉部」。

㉜ 戴震認為「周顒」是「周捨」之誤，見《戴東原集》卷 4《書盧侍講所藏宋本〈廣韻〉後》。

上聲轉來；陽聲韻的則均由平上聲轉來。當時沈約還專門撰著了《四聲譜》，討論四聲現象。自此直到中唐以前，四聲調類沒有變化。至於調值，則唐人的描述是：「平聲哀而安，上聲厲而舉，去聲清而遠，入聲直而促。」（處忠：《元和韻譜》）㉝

中國古代對韻母細加分析的術語有「呼」和「等」。呼是指按介音或主元音發音時嘴唇的形狀來區分韻母，有開口呼和合口呼。等是指按介音或主元音開口度大小來區分韻母，每呼分 4 等，兩呼共 8 等，一、二等稱洪音，三、四等稱細音。宋、元韻圖在開合圖中都按 4 等排列韻部，所以韻圖也叫「等韻圖」。音韻學家還用「等」的觀念來區別三十六字母的等列，表明了當時聲母和韻母相拼合的實際情況，如聲母「幫」可與一、二、三、四等的韻母相拼合，而聲母「日」只能與三等的韻母相拼合。「等韻之學，為反切設也」（勞乃宣：《等韻一得・外篇》）㉞，等韻是承反切而來的。

漢語中的雙聲字和疊韻字，當然是分別指同聲、同韻的字。但古代聲母不同，發音部位相同，也算雙聲；韻母相同，聲調不同，也算疊韻；而韻頭不同，韻腹、韻尾相同，同樣算疊韻。

在注音字母出現以前，古人漢語注音諸法，莫善於反切法。反切與四聲一樣，也來自民間，前身是民間反語㉟，其上下兩字拼讀的原則是「上字與所切之字雙聲，下字與所切之字疊韻。上字定其清濁，下字定其平、上、去、入」（陳澧：《切韻考》卷 6）㊱。因此任何字都可以用反切注出音來。不過，由於反切上字有 476 個，下字有 1227 個，再加上語音的演變，後人越來越難於拼出與當時口語相合的讀音來，結果反切法終於還是被淘汰了。

如本節開頭所交代的那樣，《切韻》具有明顯的存古性質，而《廣韻》則基本上保存了《切韻》的語音系統。《廣韻》顧名思義，就是對《切韻》的增廣，因此《廣韻》中的聲母，應當受到重視，是不言而喻的。但直到

㉝ 轉引自林燾、耿振生《音韻學概要》第 59 頁，商務印書館，2008 年。按：字調的區別，自然應以音調高低的變化為主要的依據，但音勢的強弱和音量的長短卻也足以影響音調的變化，古人正是有見及此，所以才作出這樣的描述來。

㉞ 光緒九年 (1883) 刊本。

㉟ 反語隨拈兩字，皆可成音。

㊱ 廣東高等教育出版社，2004 年。

清代後期，《廣韻》的聲母，才由陳澧（廣東番禺〈今為廣州市轄區〉人，1810～1882）用繫聯法從《廣韻》反切上字中初步歸納出來。與守溫字母比較，陳澧認為，正齒音「照」、「穿」、「牀」、「審」，應分為兩類；「喻」母也應分為兩類；「微」母、「明」母應當合并。所以陳澧提出了40聲類的結論。後來，另外還有41聲類、51聲類、54聲類、59聲類等不同分法。為什麼聲母比聲類少呢？這是因為音位相同的反切上字，為了與不同的反切下字相和協，產生了音讀流變。所以，從音位角度歸納出來的聲母，與聲類相比，數量必然要少些。而遵照近人羅常培的分析，《廣韻》的聲類為33類，它們是：見類、溪類、群類、疑類、端知類、透徹類、定澄類、泥娘類、幫非類、滂敷類、並奉類、明微類、精類、清類、從類、心類、邪類、照類、莊類、穿類、初類、神類、牀類、審類、山類、禪類、影類、喻類、于類、曉類、匣類、來類、日類。[37]

中古音的韻母系統，在《廣韻》中也有明確的反映。《切韻》分韻193類，《廣韻》在《切韻》的基礎上，再分韻增字，因而有206韻之數。韻書是正韻的依據，《切韻》在唐代被朝廷定為作文楷式，但由於分韻繁多，唐人已難於掌握，「屬文之士共苦其苛細」（《封氏聞見記》卷2）。不過當時學者並非完全不能辨別《切韻》。《大宋重修廣韻》則不然，已在韻目中注明了「獨用」、「同用」的規定，這就表明當時實際語音系統已與《切韻》音系有一些明顯的差異了。

《廣韻》206韻，前人根據韻尾的不同，作了陰聲韻、陽聲韻、入聲韻的劃分。206韻中，平聲57韻，分上平和下平，上平為：東、冬、鍾、江、支、脂、之、微、魚、虞、模、齊、佳、皆、灰、咍、真、諄、臻、文、欣、元、魂、痕、寒、桓、刪、山，下平為：先、仙、蕭、宵、肴、豪、歌、戈、麻、陽、唐、庚、耕、清、青、蒸、登、尤、侯、幽、侵、覃、談、鹽、添、咸、銜、嚴、凡；上聲55韻，為：董、腫、講、紙、旨、止、尾、語、麌、姥、薺、蟹、駭、賄、海、軫、準、吻、隱、阮、混、很、旱、緩、潸、產、銑、獮、篠、小、巧、皓、哿、果、馬、養、蕩、梗、耿、靜、迥、拯、等、有、厚、黝、寢、感、敢、琰、忝、豏、檻、儼、范；去聲60韻，為：送、宋、用、絳、寘、至、志、未、御、遇、暮、霽、祭、泰、卦、怪、夬、隊、代、廢、震、稕、問、焮、願、慁、恨、

[37] 參見王力《漢語語音史》第4～5頁，中國社會科學出版社，1985年。

翰、換、諫、襉、霰、綫、嘯、笑、效、號、箇、過、禡、漾、宕、映、諍、勁、徑、證、嶝、宥、候、幼、沁、勘、闞、艷、㮇、陷、鑑、釅、梵；入聲 34 韻，為：屋、沃、燭、覺、質、術、櫛、物、迄、月、沒、曷、末、黠、鎋、屑、薛、藥、鐸、陌、麥、昔、錫、職、德、緝、合、盍、葉、怗、洽、狎、業、乏。平、上、去 3 聲中各韻基本上是相配的。入聲韻與陰聲韻也相配，與平、上、去 3 聲，差別只在韻尾。平、上、去、入四聲韻中，平聲韻是基本的，記住了平聲韻母的擬音，相配的上、去、入韻母的擬音也就可以類推而知。如果舉平以賅上、去、入，那麼，《廣韻》的實際韻部只有 61 個，即平聲 57 韻，再加上不與平、上相配的祭、泰、廢、誠 4 韻。如果再將入聲韻 34 個也算進去，《廣韻》韻部就是 95 個。206 韻是大韻，有些韻部包括 2 個、3 個甚至 4 個實際韻母，即所謂「真韻母」。61 個韻部有真韻母 90 個，入聲韻 34 部有真韻母 49 個，合起來共 139 個。按調計算，真韻母總數有 290 個。

而所謂「平水韻」，則首見於金《平水（平陽——即今山西臨汾的別稱）新刊禮部韻略》，是將《廣韻》注明同用之韻悉數合并，又原來不同韻的上聲「迥」、「拯」及去聲「徑」、「證」亦各合并為一部，共 106 韻，其中上、下平皆十五，上聲二十九，去聲三十，入聲十七，為元、明、清以來作近體詩者押韻的依據。還有一種，上聲「迥」、「拯」不并，為 107 韻。

中古的聲調系統，從《切韻》、《廣韻》系統的韻書、韻圖中都可以見到是平、上、去、入四聲。但後來一些全濁上聲字，如「蕩」、「皓」等，都成了去聲字；而同時入聲字也開始發生了歸并到平、上、去 3 聲中去的變化。

作為中古標準語的《切韻》、《廣韻》音系，到後來發展成了近古音系。元代周德清（江西高安人，1277～1365）著《中原音韻》，書成於泰定元年(1324)，就是近古音系的代表。《中原音韻》所反映的聲調，分陰平、陽平、上聲、去聲 4 個調門，與現代漢語聲調一樣。入聲字，書中載明分別派入以鼻音收尾的陽聲韻的陽平和上聲、去聲，不派入陰平。韻部都是大韻，有：東鍾、江陽、支思、齊微、魚模、皆來、真文、寒山、桓歡、先天、蕭豪、歌戈、家麻、車遮、庚青、尤侯、侵尋、監咸、廉纖，共 19 個。聲母據近人王力所擬，則有：幫、滂、明、吳、非、微、精、清、心、端、透、泥、來、耳、紙、齒、史、日、照、穿、審、喻、見、溪、曉，共 25

個。㊳《中原音韻》是現代普通話音系的歷史源頭。

明代有 21 個聲母，較之元代，少「耳」、「紙」、「齒」、「史」、「喻」母，多「影」母；清代前期有 20 個聲母，「微」母并入了「影」母；後期有 23 個聲母，增加了「tɕ、tɕ‘、ɕ」，這 3 個聲母是從見系「K、k’、X」分化出來的。明、清共有 15 個韻部，為：中東、江陽、支思、衣期、居魚、姑蘇、懷來、灰堆、人辰、言前、遙迢、梭波、麻沙、乜邪、由求。明、清兩代入聲的分配與元代入聲的分配相比，主要的區別是，元代入聲都轉為上聲，明、清入聲多轉為去聲；元代入聲沒有轉入陰平的，明、清入聲字則有 16 例轉入陰平。明、清入聲的轉化比較有規律，一般是清音字歸去聲，濁音字歸陽平，白話字歸陰平。至於次濁字一律歸去聲，則是元、明、清和現代共同的規律。

漢語語音的發展，如加以綜合分析，則不外 4 種情況：一. 無變化，發展意味著變化，無變化即無發展，上古的聲母，有一些是富於穩定性的，如「端」、「透」、「定」、「泥」4 母，一直保存了下來，今北京話和蘇州話均有這 4 母。韻部的穩定性較差，只有上古的陽部先秦到漢代由「aŋ」變「ɑŋ」，後來又變了回去，一直保存在今天的北京話和其他許多方言裏。二. 漸移，是向鄰近的發音部位轉移，或一步步向前走，或一步步向後走，或一步步高化，或一步步低化。漸移一般不走回頭路，但也有先退一步再前進，先進一步再後退的，如月部一等「曷」類字，由先秦的「at」到兩漢、南北朝、隋、唐、五代的「ɑt」是退，到宋代的「at」是進，到元、明、清的「ɔ」是退，到現代北京話的「ə」是進。三. 分化，有聲母的分化、韻部的分化、聲調的分化等。分化絕大多數都是有內因的變化，如聲母對韻母的影響，韻母對聲母的影響，等呼對韻母的影響，聲母對聲調的影響等；但也有少數是不規則的變化，其原因，或受文字讀音訛誤的影響，或由方言和普通話互相影響，或為其他偶然性因素所影響。四. 合流，有兩個以上的聲母、韻部、聲調合流，形成一個新聲母、新韻部、新聲調的；也有兩個以上的聲母、韻部、聲調合流，實際上是甲聲母并入乙聲母，甲韻部并入乙韻部，甲聲調并入乙聲調的。兩種合流，尤以後者更為常見。合流和分化是互相為用的，有分化而無合流，語音系統會變得太複雜，不利於交際；有合流而無分化，語音系統會變得太簡單，同樣不利於交際。

㊳ 王力：《漢語語音史》第 308～309 頁。

漢語語音的變化，其中不受任何條件制約的自然演變，有輔音的變化、元音的變化和聲調的變化。輔音的變化，表現為4種情況：一．發音方法的變化，如濁音的清化；二．發音部位的變化，如韻尾「m」、「n」、「ŋ」的交替；三．長入韻尾的消失，魏晉南北朝時代，長入韻尾「t」、「k」脫落了，變為去聲；四．短入韻尾的消失，元代短入韻尾「p」、「t」、「k」在北京話和多數北方方言裏，轉變為平、上、去聲。元音的變化，表現為3種情況：一．發音部位的變化，包括高化、低化、央元音的前後化、前後元音的央化；二．發音方法的變化，即元音的鼻化；三．韻母構成的變化，包括元音的複合化和單化、四呼的轉化、韻頭的消失、鼻輔音的元音化和陰陽聲的對轉。聲調的變化，《康熙字典》卷首所載《字母切韻要法》有「分四聲法」云：「平聲平道莫低昂，上聲高呼猛烈強，去聲分明哀遠道，入聲短促急收藏。」㊴這是明清時代標準音的調值，與本節上文所述唐人對四聲調值的描述對照起來，差別還不很明顯。但其實漢語聲調的調值變化最快，如有些方言在調類上有入聲，在調值上沒有入聲，因為它已經變為不是「短促急收藏」的聲調了。而整個入聲在標準語中的消失，更是雄辯地說明了這個問題。

## 第四節　方言

方言是語言的變體。東漢王充說：「經傳之文，聖賢之語，古今言殊，四方談異也。」（《論衡・自紀》）他明確地指出了語言有歷時的古今變化，又有共時的方言差異。方言又可分為地域方言和社會方言兩大類：地域方言是語言的地域變體，一般說來，同一種地域方言集中分布在同一個地區，也有移民把它帶到遠離故鄉的地方去的，如流布在海外的閩南話和粵語；社會方言是語言的社會變體，使用同一種語言的人因職業、階層、年齡、性別等的不同，口音、措辭、言談也會有差異，如過去常州方言有街談和紳談的區別。街談是城裏大多數人說話的型式，紳談則或多或少局限於上層社會。此外，語言的個人變體叫個人方言，個人方言本質上是屬於社會方言的範疇。

這裏所談方言，是指地域方言。

㊴ 即《直指玉鑰匙門法歌訣》，明釋真空撰。

中國現代境內的語言，分屬漢藏語系、阿爾泰語系、南島語系、南亞語系和印歐語系。其中漢語是漢藏語系中最重要的語言，它包括官話、吳語、湘語、粵語、閩語、贛語和客家話七大方言。因為人們說話的時候，使用的總是方言，就是標準的普通話，也是以北京語音為標準音，以北方話為基礎方言的，所以分布面最廣的官話也應統計在方言之內。

在七大現代漢語方言中，北方方言（即官話㊵），可以粗略地看成是古漢語數千年來在廣大北方地區發展的結果，其餘六大方言則是由於歷史上北方居民的不斷南遷在南方逐步形成的。秦、漢以前，江南地帶主要還是古越族的居住地，他們所使用的古越語和古漢語屬於兩個民族的語言，相差很遠，基本上是不能通話的。後來北方的漢族一次又一次地大規模地南下，帶來了不同時期不同地區的北方古漢語，分散到南方不同的地域，這就是漢語各南方方言的歷史淵源。

據專家研究，吳語可以追溯到3000年前吳太伯的南遷，其所帶來的語言，是吳語的基礎。不過吳語歷史雖然久遠，在形態上卻一直受到不斷南下的北方話的強烈影響，比較原始的吳語特徵反而保留在閩語中。

湘語源於古楚語，其形成晚於吳語。隨著歲月的推進，在湖南境內的古楚語逐漸發展為古湘語。古湘語和古吳語比較接近，至今湘語和吳語還是保持著這種關係。

粵語晚至秦代才形成。戰國時，楚國南疆只到五嶺，由於秦人攻占嶺南地區，是花了很大的力氣，為了防止得而復失，所以留下戍卒約10餘萬人駐守其地。㊶這約10餘萬戍卒所使用的語言就成為日後粵語的先聲。

閩語的形成比粵語更晚。從漢末到晉代，來自江南、浙北的移民分別從海路和陸路大批湧入福建，閩南沿海地帶相繼新設了羅江（今福鼎）、原豐（今福州）、溫麻（今霞浦）、東安（今泉州）、同安（今廈門市轄區）等5縣，閩西北也出現了漢興（今浦城）、建安（今建甌）、南平、建平（今建陽）、邵武、將樂等6縣，這些是古閩語形成的基地。由於移民來自兩條不同的路綫，所以閩語自古就存在著沿海閩南話與內地閩西北話之間的歧異。

---

㊵ 官話尚有西南官話，分布於四川、雲南、貴州和湖北的大部分以及湖南西部、廣西的小部分地區；下江官話，分布於江蘇北部、安徽中部兼及湖北和江西的一小部分地區，均與北方方言屬於同一系統。

㊶ 林劍鳴：《秦漢史》上冊第65～66頁，上海人民出版社，1989年。

贛語和客家話的形成最晚。今江西地區古稱「吳頭楚尾」，應當是古吳語和古楚語的交匯處。漢代楊雄的《方言》，於此地留下空白，想來是有原因的。東晉南朝，有部分北方移民進入贛北和贛中，他們帶來的北方話，對形成贛語和客家話，是個決定性的因素。

以上追溯了各大南方方言的最初源頭，這些方言實際上都是不同時代不同地區的北方話和南方土著語言交融的產物。南方方言由於受到北方南下移民的不斷影響，形成了層次積壓關係，在每種方言內部都可以找到其他方言的某些特徵。方言的地域差異實際上表現為時代之間的差異，不同的時代都給原有的方言添上不同的層次。例如粵語就不是秦代出現的古粵語在後世的獨立發展，相反地，粵語歷來都受到北來漢語的影響，尤其在戰爭年代，北方人民長驅直下比較容易。所以粵語在形態上不比閩語古老，以至任何現代歌曲都可以用粵音演唱。而閩語卻不行，本字無考的讀音很多，許多用普通話填詞的歌曲都很難改用閩音演唱。其原因就是福建僻處一隅，長期以來與外界交往較少，受北方方言的影響相對來說不多，所以保留了較多的古代語言的特色。

歷史上移民的大方向主要是從北到南，其中只有吳語侵入江北南通、啟東、海門、靖江、如東等 5 縣、市，這樣的情況很少見。

方言總是先普通話而吸收外來詞，有些外來詞只流行於方言區。一般說來，只流行於方言區或帶有方言特徵的外來詞，多是通過口頭傳入的。反之，通過口頭傳到域外去的漢語外借詞，也有一些只是方言。至於朝鮮語、日本語、越南語這 3 種語言，曾受漢語的極大影響，以致有「域外方言」之稱。這種域外方言的說法，反映了中國文化與這 3 個國家的文化之間的特殊關係。

語言是文化的化石，文化史濃縮在語言史中，通過對方言詞的研究、比較，可以發現文化傳播的信息。如北方人炒菜用「鍋」，浙江人用「鑊」，福建人用「鼎」，其實三者異名而同物，「鑊」就是「鼎」，「鼎」就是「鑊」，古代北方官話，都曾以指「鍋」，可知「鑊」和「鼎」——即「鍋」是從北方傳到南方來的。又如玉米在各地方言中的叫法形形色色，這從側面說明玉米的起源地並不在中國，所以沒有統一的稱呼。而某類地名在其他地區絕少或完全見不到，地名的方言現象也透露了文化史上的一些重要內涵。方言集中體現地方的文化風貌，對民歌、戲劇、小說等通俗文學創作尤有直接的影響。

有時候方言中同一個成分的不同表達法並不反映移民的歷史層次，而只是反映文化浪潮的層次。如「紙幣」這個概念，在浙南吳語中用「鈔票」、「銅鈿」、「番鈿」3 個詞都可以表示。這 3 個詞代表不同的歷史層次：「銅鈿」顯然是還沒有紙幣的時候產生的，「番鈿」是開始流通紙幣的時候產生的，「鈔票」則是晚近產生的。

《詩經》時代，周室王畿一帶的方言，稱為「雅言」，「雅」字借為「夏」，雅言是諸夏（華夏族）共同使用的語言。《論語・述而》：「子所雅言，《詩》、《書》，執禮，皆雅言也。」孔子平時說話用魯語，講學、贊禮則用雅言。根據《左傳・文公十三年》記載，當時秦國和魏國的方言不能相通。其他方言不能相通的具體情況，現在尚無法確指。

秦、漢之際，原來有很大差別的秦、晉方言已經糅合為一，成了全國最重要的方言，後世的北方漢語，就是以這一帶的方言為基礎而逐漸定型的。

魏晉以降，漢語方言大抵可以分為河北、東齊、關中、中原、巴蜀、吳和楚幾個大區。

南宋末年，除北方方言區外，南方方言，有吳語區、粵語區、湘語區和閩語區。

明清時代，方言分布的情況已經與現在沒有什麼大的差別了。北方官話，分布於整個中國的北部和長江以南的四川、雲貴、西藏，以及江蘇、安徽、江西、湖北、湖南沿江的部分地區；吳語，分布於蘇南、浙江大部分地區及江西與浙江比鄰的幾個縣；湘語，分布於湖南洞庭湖以南的大部分地區；粵語，分布於廣東大部分、廣西東南部地區；閩語，分布於福建（除閩西客家話區以外）、廣東東部和海南島及雷州半島一部分、臺灣大部分、浙南與福建比鄰的小部分地區；贛語，分布於江西的北部和中部；客家話，分布於江西南部、廣東北部、福建西部和臺灣的新竹、苗栗等地。

由於方言是歷史地形成的，下面介紹現代吳語、閩語、粵語、客家話的聲母、韻部、聲調情況，來說明上述方言的語音差異，而這些差異，無疑乃是歷史發展的積澱。

現代吳語（以蘇州話為代表），有 27 個聲母，它們是：幫、滂、並、明、非、奉、精、清、心、邪、端、透、定、泥、來、疑、見、溪、群、曉、姑、枯、狂、我、影、呼、匣；有 19 個韻部，它們是：姑蘇、麻沙、泰邪、迢遙、言前、桓歡、由求、居魚、衣期、支思、落拓、白石、辣達、月雪、一七．中東、康莊、相羊、人辰；有7個聲調，它們是：陰平、陽平、陰上、陰去、陽去、陰入、陽入。

現代閩語（以廈門話為代表），有18個聲母，它們是：幫、滂、明、毛、精、清、日、心、端、透、泥、來、見、溪、疑、午、影、曉；有27個韻部，它們是：魚、歌、模、麻、齊、脂、肴、咍、鐸、覺、昔、術、曷、質、合、緝、唐、江、清、魂、寒、真、談、侵、奴、熬、泥；有7個聲調，它們是：陰平、陽平、陰上、陰去、陽去、陰入、陽入。

現代粵語（以廣州話為代表），有20個聲母，它們是：幫、滂、明、雲、非、端、透、泥、來、照、穿、審、喻、見、溪、吳、君、群、安、曉；有49個韻部，它們是：姑、歌、靴、麻、遮、支、魚、模、肴、侯、蕭、灰、咍、居、佳、齊、微、屋、鐸、藥、白、德、職、末、曷、術、發、質、屑、月、狎、緝、葉、東、唐、陽、耕、庚、清、桓、寒、諄、刪、真、先、元、覃、侵、鹽；有9個聲調，它們是：陰平、陽平、陰上、陽上、陰去、陽去、陰入、中入、陽入。

現代客家話（以梅縣話為代表），有18個聲母，它們是：幫、滂、明、文、非、精、清、心、端、透、泥、來、日、喻、見、溪、吳、曉；有37個韻部，它們是：模、歌、麻、雞、衣、思、豪、侯、尤、咍、泰、屋、鐸、麥、物、曷、黠、薛、質、昔、合、澀、執、緝、東、唐、庚、文、寒、刪、先、真、欣、談、森、深、侵；有6個聲調，它們是：陰平、陽平、上聲、去聲、陰入、陽入。

而現代北京話的聲母，與清代後期大體一致；韻部，則比明清時代多了「車遮」(ə) 一部。

中國古代在先秦時，君王常派使者到民間去採錄方言俗語，予以登籍珍藏，但可惜這些著錄並沒有流傳下來，而且此風漢代以後也已經廢止。西漢揚雄的《方言》，在記錄口語詞彙、比較各地詞彙異同、反映漢代方言地理方面都有貢獻，是世界上第一本方言詞彙集，早於歐洲同類著作整整17個世紀。此書原名《殊言》，全稱《輶軒使者絕代語釋別國方言》，這個全稱有3層意思，「輶軒使者」暗示全書的資料來源，「絕代語釋」和「別國方言」為全書所包括的內容，所謂「考九服之逸言，標六代之絕語」（郭璞：《〈方言〉序》），即是指此。《方言》在訓詁上，有兩大發現：一是《爾雅》裏的不少同義詞，實際上就是古代不同的方言詞；二是古今語、方言詞的差異，是由「語之轉」（即音轉）所致。《方言》的不足之處是：只限於記錄部分詞彙，缺少對語音的敘述，所謂僅「考名物之同異，不顯聲讀之是非」（《顏氏家訓・音辭》），不能反映漢代方言的全貌。晉代郭璞不僅注釋《方言》所錄的詞語，並且常拿當時的方言與之比較，因此郭注成了研究晉代方言的寶貴資料。元末周德清的《中原音韻》，對於瞭解和研究元代北方的語音系統是極為重要的文獻。清代在考據學影響下，出現了不少考證方言本字和詞義的著作。其中翟灝的《通俗編》，「五鄉風土，靡所不涉」（周天度：《〈通俗編〉序》），能以俗語作為考察社會文化的窗口；錢大昕的《恆言錄》，釋義確切，評注出處，把俗語的考釋與社會歷史的研究結合在一起；郝懿行的《證俗文》，在寫法上，許多注文簡直就是專題論文，已與現代百科全書條目有些接近。

## 第五節　文字

漢族使用的文字，屬自源類，其形狀和體系都是獨創的。漢字組成的文獻是中國文化的主要載體之一，不能設想沒有漢字的中國文化。這種文字，漢代以前，稱為「文」。秦始皇《琅邪刻石》有「書同文字」[42]之句，在秦代，「字」也是指文。到了漢代，文與字才有了區別。東漢許慎《說文解字・敘目》云：「蓋依類象形，故謂之文；其後形聲相益，即謂之字。文者物象之本，字者言孳乳而浸多也。」按照許氏的說法，文和字在時間上有先後之分，在結體上有「依類」（獨體）、「相益」（合體）之別，文是記載事物的本源，字則是在文的基礎上派生出來的愈來愈多的符號。因為文的產生在前而字的產生在後，所以，文又叫「初文」。

漢字一方面可以起到規範語言的作用，一方面更能滿足語言發展變化的需要。

就文學角度而言，文字既為書面文學提供基本條件，也勢必從某些方面決定文學的特點，中國文學重駢偶的現象，即是從漢文字的特點中產生的。

傳統的文字學古代稱「小學」，其定名，始於劉向和劉歆父子，他們稱周秦以來的字書及辯識通貫古文、奇字、篆書、繆篆、蟲書諸體之學為小

[42] 秦代「書同文字」，據權威專家估計，被廢除的單字約占總數的25%。

學，時間大約在公元前 26 年到公元前 7 年之間。在《漢書・藝文志》裏，保存著關於小學定名的最早記錄。小學把通古今字放在首位，包括以文字形體為主要研究對象的文字學，以音韻為主要研究對象的音韻學，以意義為主要研究對象的訓詁學。宋代王應麟的《玉海》明確地把小學分為體制、訓詁、音韻 3 門。在歷史上，小學走的是一條由音韻文字通諸子百家的道路，是古人學習文化的基本功。而到了清末，章太炎等才單稱文字學為小學，界定其研究對象主要是文字的形體。

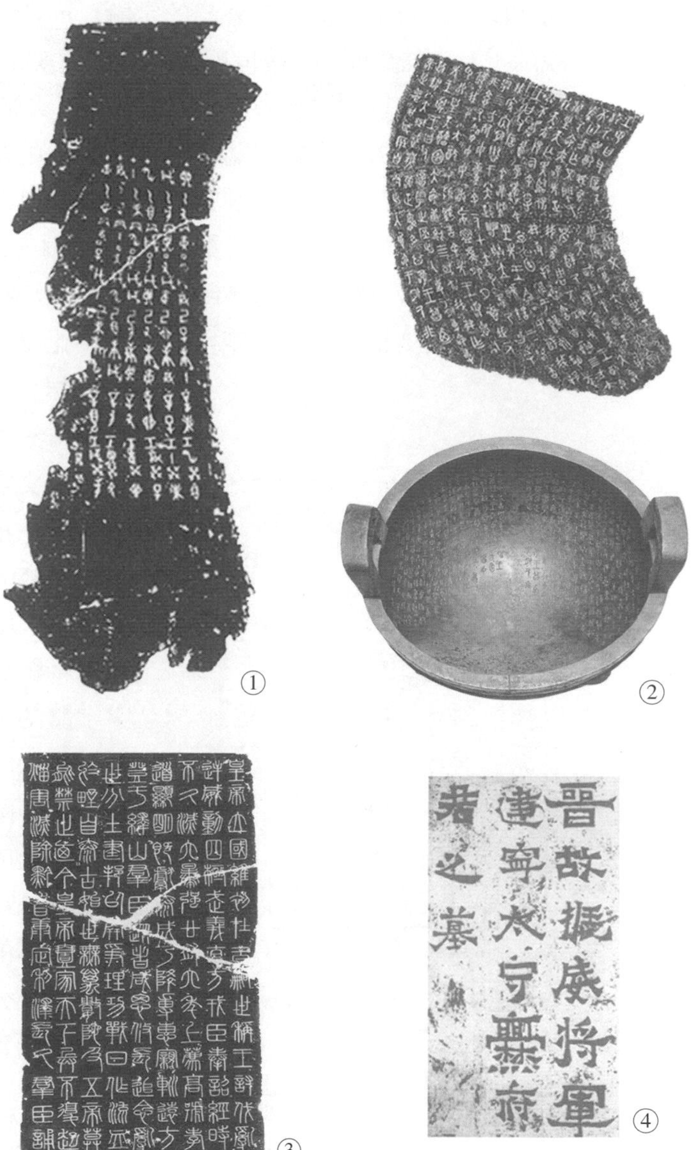

圖 185　①甲骨刻文　②毛公鼎青銅器銘文　③秦篆嶧山刻石文　④爨寶子碑文

關於漢文字的起源，古代有河圖洛書說，謂書畫同源，「河出圖，洛出書」(《周易・繫辭上》)；結繩說，謂「上古結繩而治，後世聖人易之以書契」(《周易・繫辭下》)；八卦即字說，謂文字是從八卦演進而來的；起一成文說，謂所有的字，都是由「道生一」、「一生二」(《老子》第四十二章）的「一」所派生；倉頡作字說，謂字是倉頡其人所造，《荀子・解蔽》、《呂氏春秋・審分覽・君守》、《韓非子・五蠹》等均有這種說法。事實上，上述諸說都有一定的道理，但應當認為，其中結繩說合理的成分更多一些，因為文字起源於結繩、契刻和圖畫，乃是後世學者公認的定論，而所謂結繩和契刻，正是結繩說所說的「上古結繩而治，後世聖人易之以書契」。但結繩和模仿結繩的一類契刻只能解決指事字的起源問題；象形字則肯定起源於圖畫；會意字的起源，也可能與原始的連環畫有關。結繩、契刻的符號和圖畫，一旦有了比較固定的意義、固定的讀音、固定的形體，並且為使用這一語言的人們所共同理解時，就具有了文字的性質，「由是率爾著形之符號，始為約定俗成之書契」（章太炎：《檢論・造字緣起說》）[43]，成為文字了。

中國用刻畫符號記事產生於仰韶文化早期，距今約 7000 多年；圖畫文字最早見於大汶口文化晚期，距今約 5000 年左右。很可能夏代以前已有真正意義的文字。[44]據新近消息，山東昌樂出土了一批用於記事的骨刻文，距今約 4000～4500 年，比甲骨文還要早。[45]已認定有「龍」字；「鳳」字則較多，至少在 10 個以上。至於從甲骨文[46]算起的漢字字體的演革，本書前面「文學藝術」編談書法時已有清楚的介紹，茲不贅。

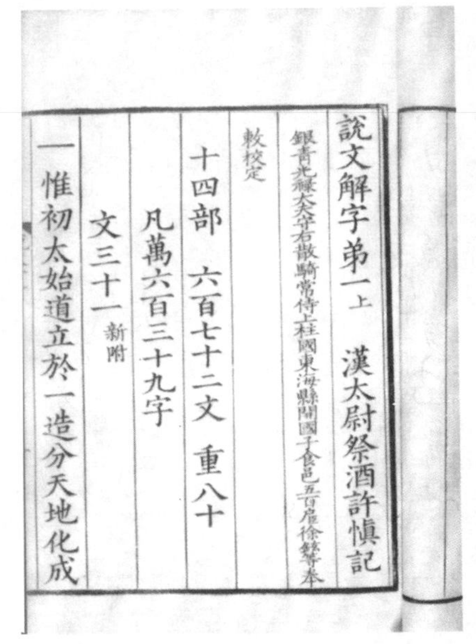
說文解字第一上　漢太尉祭酒許慎記
銀青光祿大夫守右散騎常侍上柱國東海縣開國子食邑五百戶徐鉉等奉
敕校定
十四部　六百七十二文　重八十
凡萬六百三十九字
文三十一　新附
一惟初太始道立於一造分天地化成

圖 186　清毛氏汲古閣刻本《說文解字》書影

在中國古代文字學史上，漢代的古文經學大師張敞、爰禮、揚雄、杜林、賈逵都是功不可沒的。《漢書・杜鄴傳》盛讚杜林的文字學造詣，說是「故世言小學由杜公」；而賈逵的傳授，則給許慎打下了紮實的經學基礎。[47]歸根到底，

[43] 引自王元化編《章太炎學術論著》，浙江人民出版社，1998 年。

[44] 參見裘錫圭《漢字形成問題的初步探索》，《中國語文》1978 年第三期。

[45] 《考古專家：昌樂骨刻文早於甲骨文》，記者趙秋麗、通訊員呂善銀，《光明日報》2008 年 10 月 28 日。

[46] 據胡厚宣 1984 年 8 月在西安古文字學會第 5 屆年會上公布的《八十五年來甲骨文材料之再統計》：目前中國內地藏甲骨 97611 件，港臺藏 30293 件，國外藏 26700 件，總共 154604 件。而據新華社西安 2009 年 1 月 21 日電（記者馮同），在陝西岐山縣周公廟遺址部分區域，2008 年 9～12 月，又共計出土西周甲骨文 7000 餘片，在可辨識的 1600 多字中，有「王季」、「文王」等周王稱謂。專家認為，這使發現的西周甲

這裏舉足輕重的關鍵人物，是本節開頭提到的許慎。許慎（汝南召陵〈今屬河南，為漯河市轄區〉人，約 58～約 147）的《說文解字》，簡稱《說文》，撰成於和帝永元十二年 (100)。其說解，有的採自當年通行的《爾雅》、《方言》、《倉頡解詁》之類的字書，有的採自前人的經傳注釋，有的採自同時代通人的研究心得。共收字 9353 個，重文 1163 個。全書計 15 卷，除最後 1 卷為敘目，其餘 14 卷都是文字的解說。此書首先闡發了象形、會意、轉注、指事、假借、形聲的「六書」理論，為字形龐雜的漢字確立了規範化的標準和依據。在編排上，將漢字分為 540 部，是此書的獨創。分別部類，就中國古代的字書來說，可以以形為準，可以以音為準，可以以義為準；《說文》是以形為準的㊽。許慎根據五行說，從「一」開始排列到「亥」，並且把形體相近的部首排列在一起。在解釋上，《說文》的釋字，次序常常是先釋義，次析形，末標音。釋義有時候對一個字作多義的解釋，對疊韻聯綿詞等，都把兩個字放到一起來解釋。析形針對不同的結構，有不同的述語。標音運用了「形聲」和「讀若」兩種方法。《說文》以小篆為正體，上通古籀，下啟漢隸，其中也有變例。變例先敘古籀，後述小篆，這是為了建立某一部首的需要，不同於通例。許慎治學態度極為嚴謹，他對那些一時搞不清楚的問題，都付「闕如」，絕不強不知以為知。

後世研究《說文》，號稱精博的，數南唐徐鉉（廣陵〈今揚州〉人，917～992）、徐鍇（鉉弟，921～975）和清代的段玉裁（江蘇金壇人，1735～1815）、桂馥（曲阜人，1736～1805）等。徐鉉有對《說文解字》的校定，徐鍇則有《說文解字繫傳》，前者稱「大徐本」，後者稱「小徐本」。大徐本於正文增補了 19 個字，又以經典相承及時俗通行而為《說文》所不載者 402 字附於正文後，以孫星衍平津館叢書本為好，小徐本已注意到形聲相生、音義相轉之理，以祁嶲藻刻本為精，現在通行的是大徐本。段玉裁有《說文解字注》，根據古書闡述許慎的說解，以聲音為關鍵實行形、音、義的互相推求，體大思精。桂馥有《說文義證》，融會群經，力窮根柢，援引浩博，不輕易下論斷。此外，清代尚有王筠的《說文句讀》、《說文釋例》和朱駿聲的《說文通訓定聲》，都是研究《說文》的重要書籍。

---

骨文達到 2100 餘字。

㊼ 參見王國維《觀堂集林・藝林七・兩漢古文學家多小學家說》。

㊽ 參見劉師培《中國文字流弊論》，《劉申叔先生遺書》第46冊，寧武南氏排印本，1936年。

《說文》闡發的「六書」，其中象形、指事、會意 3 種造字法，都有無聲旁字的特點。象形是基本的造字方法，指事是能產性最弱的造字法，會意的能產性僅次於形聲字，是無聲旁字發展的頂峰。六書原則的齊備可以上溯到甲骨文時代，迄目前為止，甲骨文共發現單字 4700 餘個，其中可以隸定或與現代漢字有明確相沿關係的約 1700 字左右。[49]

所謂「象形」，就是「畫成其物，隨體詰詘」(《說文・敘》)。但它強調形體的符號性和簡易性、概念的明確性和穩定性、讀音的社會性和固定性，因此又不同於圖畫。象形是造字的基礎，指事、會意、形聲等造字法，都離不開象形法，從這個意義上來說，上古的漢字，基本上應當算是一種象形文字。但用象形字來記錄語言，適應性不大。

所謂「指事」，就是「視而可識，察而可見」(同上)。指事因為「事無形」，所以要求「創意以指之」，故在表意上，指事不同於象形，卻類似於會意；但在構形上，情況正好相反。由於指事字容易引起表意的含混，因此真正的指事字是很少見的。

所謂「會意」，就是「比類合誼，以見指撝」(同上)。「比類」的材料是「字類」、「字羣」，所以會意字是複體字。「合誼」的方法有形象顯義，即通過排比組合的字類的具體形象來顯示詞義；又有意念顯義，即通過排比組合的字類的意念聯繫來顯示詞義。比類能擴大象形字、指事字作為書寫符號的作用，但帶來字體結構複雜的弱點；合誼的好處是經過會合字義的引申，不管多麼抽象的意義都可以表達，缺點是引申字義不免產生較大的主觀隨意性。

而六書所謂「形聲」，即「以事為名，取譬相成」(同上)。形聲字的一半是形旁，又叫「形符」；一半是聲旁，又叫「聲符」，形符表意而聲符表音。象形、指事、會意字，是表意字，前兩者是獨體字，後者雖是合體字，卻沒有表音的成分，形聲字則是有表音成分的合體字，這是形聲字在結構上不同於表意字的地方。形聲這種造字法，非常能產字。因為反映客觀事物的每一個語詞都有與之相同或相近的語詞，不論是抽象的還是具體的事物，都不難用形聲的方法造出字來。而形聲字實行音標化，使文字十分密切地依附於語言，在體現文字記錄語言的功能上，傳統的六書中，沒有比形聲更好的了。形聲字能適合古代漢語音節有限、勢必出現大量同音詞現

[49] 參見金開《殷墟三寶》，《光明日報》2006 年 7 月 21 日。

象的特點，用自己的形旁來區別同音詞；並且所有的字還包括後來的形聲字都可以用來作形聲字的聲旁。所以，在甲骨文中，形聲字還只占 20% 左右；㊿在《說文》中，形聲字竟占了 80% 左右；隨著時間的推移，形聲字越到後來，更越來越多。

形聲字產生的途徑，有假借、轉注和增益 3 種。結構特點除半形半聲外，還有省形省聲。其部位系統有左形右聲、右形左聲、上形下聲、下形上聲、外形內聲、內形外聲、一角表形、一角表聲等 8 類。早在秦代，形聲字的形旁和聲旁就開始固定了下來。形聲字的形旁有很大的概括性，聲旁有純表音聲旁和兼表義聲旁。形聲字的局限性，表現在形旁、聲旁有不少難以辨認，形旁、聲旁未必能準確地表達字義、字音；並且容易造成大量的異體字。

《說文》關於六書的說解，僅限於上述 4 書，是因為轉注和假借的字形仍不出這 4 種結構。

《說文》的部首，是字形結構部類之首。部首不等於偏旁，部首也不等於形旁。因為《說文》的部首分得太細，數目太大，有些字歸部也未見得十分合理，所以歷代都有歸并。直到明代梅膺祚（宣城〈今屬安徽〉人，生卒年未詳）的《字彙》問世，終於改并成了檢字法部首，其特點是：一.依據楷書，簡化部首；二. 部次字序均以筆畫多少為序。自《康熙字典》以降，至今沿襲不衰。

漢末的《通俗文》，相傳為服虔所編，從其輯本來看，往往能為探求俗文字的本義提供珍貴的歷史資料。

晉呂忱有《字林》，大抵承襲《說文》而有所補充；北魏陽承慶有《字統》，「詮釋字義，新而不詭於理」（馬國翰：《〈字統〉序》）。《字林》和《字統》，現皆僅存輯本。

蕭梁顧野王（吳郡吳〈今蘇州〉人，519～581）有《玉篇》。全書以楷體漢字為收字對象，共收字 1.6917 萬個，超過《說文》7564 字，將近一倍。在部首上，《玉篇》刪去了《說文》的「哭」、「教」、「眉」、「后」等 12 部，增加了「父」、「桒」、「処」、「兆」等 14 部，因此比《說文》多了兩部；在釋字上，《玉篇》只釋音義，不再像《說文》那樣用「六書」條例去分析字

㊿ 參見李孝定《中國文字的原始與演變》上篇「甲骨文的六書分析」節，《中央研究院歷史語言研究所集刊》第四十五本，1974 年。

形。可以說，從《玉篇》開始，中國的字書已正式向字典的方向發展了。

唐代顏師古的《字樣》，大約成書於太宗貞觀七年 (633)。後其四世從孫顏元孫又據以編定《干祿字書》，堪稱出藍之作。當時字樣書蜂出，連唐玄宗也編了一部《開元文字音義》。此類字書的涌現，使楷書體成了漢字字體的正宗，也使正字法成了歷代文字工作的傳統，對後世的影響是深遠的。

清代《康熙字典》起初叫《字典》，是一部官修字典。從康熙四十九年 (1710) 開始編寫，到康熙五十五年 (1716) 才完成。全書 42 卷，其正文的前面部分，有序、凡例、檢字、辨似、等韻、總目等。在編排方面，全書所收的字，按字形分為 240 部，分屬子、丑、寅、卯等 12 集，每集再分上、中、下。由於《康熙字典》是在梅膺祚《字彙》和張自烈、廖文英《正字通》的基礎上編寫的，對這兩書未收的字，均作增字處理。在說解方面，注音是用反切和直音，反切採自《唐韻》、《廣韻》、《集韻》、《韻會》、《正韻》等書，也有採用《玉篇》、《類篇》、《五音集韻》的，再不然，就注經傳、史漢、老莊中的音釋。注音之後，隨即解釋字義，每義通常都引古書作證。字有別音別義的，先釋正音本義，後釋其他音義。字有數形，或在本字下注明，或在另一字下解說。而正文後面部分，有補遺和備考──「補遺」是按部首彙集有音義而正集沒有收入的字，「備考」是按部首彙集無從考據、有音無義、音義全無的字。全書總計收字 47043 個。但此書為集體編修，成書又較匆促，實際上仍頗多謬誤。後來道光十一年 (1831) 王引之撰《字典考證》36 卷，改正達 2588 條。[51]

至於漢字字形的變易，則有古今字、異體字、繁簡字等 3 類情況。古今字，指古體字和今體字，如「佑」字，古代作「又」。又有一類狹義的古今字，古字和今字形體上有著共同點，如「影」，古代作「景」，景在古代，既代表光景的景，又代表形影的影，後來的影，則取景為聲符，另加意符，以區別於光景的景，可見影是承景而來的，景是影的古字。異體字，指寫法雖然不同，但所表示的意義完全相同，在通常情況下都可以互相代替的字，如「淚」和「泪」、「詠」和「咏」、「捶」和「搥」、「群」和「羣」，就是異體字。異體字的構成方式有 4 種：一. 用不同的造字法，二. 改換意義相近的意符，三. 改換聲音相近的聲符，四. 改換各成分的位置。繁簡

[51] 道光七年 (1827)，王引之受命對《康熙字典》進行校改，不過此後百餘年坊間通行的，卻依舊是原先的那個本子。

字，指繁體字和簡體字，早在戰國時期的鐘鼎上，就已經出現了簡體字，說明漢字簡化，是符合客觀規律的。多數繁體字和簡體字的關係都是一對一，但也有同音代替的現象，如「只」代替「隻」，這兩個字，本來意義是毫不相干的；又如「后」代替「後」，這兩個字，本來意義上有關連，但意義範圍不同。

# 第三十五章

# 圖書制度和文獻整理

## 第一節　圖書制度

圖書兼指圖和書，主要指書，即書籍。

先有文字，後有書籍，書籍的「書」字就是書寫的「書」字。其實，書籍不過是記載文字（包括符號）的工具（如紙等）和傳播文字（包括符號）的手段（如印刷術等）的結合。書籍可以說是無聲的語言，因為語言藉文字而記錄，而文字則藉書籍以行遠。

早期記載文字的材料有木石、陶器、皮革、甲骨和金屬物等。中國古代在殷商時，就已經有了廣義的書籍（包括圖書、文書、檔案等）。商代的史官，有意識地收藏甲骨，必要時撿出使用，應當說，這是中國傳統社會書籍制度的起源。

周代設專職管理圖書館的守藏史，著名思想家老子，就曾擔任過此職，為「周守藏室之史」（《史記・老、莊、申、韓列傳》）。中國古代圖書館的成型，並不晚於西方學者所公認的世界上最早的古代巴比倫圖書館和埃及圖書館。

簡牘是中國古代早期具有完備形態的書籍形式。簡，是指竹木製成的簡策；牘，是指木板製成的版牘。簡牘在書寫前要經過修治。竹簡要用火烘乾，名曰「汗青」，目的在於預防蟲蛀朽腐，然後「殺青」削去青皮，以便利於書寫。至於木版，則只須將書寫的一面打磨光滑就可以了。

簡本意「謂一片而言」（鄭玄：《論語注》❶），簡編連起來便成為策，策即「冊」。木版，也稱「方」，方寫上文字，就是牘。《儀禮・聘禮》云：「百名以上書於策，不及百名書於方。」意思是說超過百字以上的長文，寫

---

❶ 見《玉函山房輯佚書》。

在簡冊上；不足百字的短文，便寫在木版上。

簡至晚出現於商代，而傳世實物則以漢簡為最多。漢簡寬度有 1 釐米左右和 2 釐米左右兩種，前者只抄一行字，後者可抄兩行字。漢簡最長當漢尺 3 尺，漢代的法律就是寫在這種簡上的，所以有「三尺法」之稱。簡冊一般編兩道繩，有的編到 5 道。簡冊編好後，以最後一根簡為軸，將書寫面捲攏，這是中國書籍稱「卷」的緣由。簡冊形制的書，如果內容太多太長，抄寫、閱讀和收藏都不方便，因此就需要分成若干篇，每一篇往往是若干支簡編成的一冊。《漢書・藝文志》著錄圖書，所說的「篇」就是簡冊。簡冊之篇，內容上或是一意相貫，或是以類相從，大多自成段落，這正是後世書籍、文章分篇的歷史原因。同樣，後世的長編巨帙分成若干冊，也正肇始於簡冊各篇之「冊」。簡冊篇名的書寫形式有很多種，對後世影響亦極大。並且用許多簡編連成冊，書寫文字也就有了天然的界欄，可以保持整潔、清晰，後世各類書籍形制無疑都莫不受其影響。當然，簡冊容易散斷，不免發生「脫簡」、「錯簡」的情況，也給後世的文獻整理工作帶來了許多困難。簡冊制度直到東晉末年桓玄稱帝，才下令廢止。

中國古代寫在木版上的文字，大多是官方文書、戶籍、告示、信札等；木版也用來畫圖。由於用途不同，木牘各有專名，如用在軍事上的稱為「檄」；用於告示，稱為「榜」。用於信札，又有不同的名稱，信札的內容寫在木版上，然後再加上一塊板，這板叫做「檢」，在檢上寫寄信人和收信人的姓名地址叫做「署」，這就是信封。由於寫信用的木版，通常是 1 尺長，所以信函又叫「尺牘」。再如古代的地圖也是畫在木版上的，所以至今習慣上仍把國家的疆域稱為「版圖」。

中國古代早期另一種具有完備形態的書籍形式是帛書。帛書的載體為縑帛，縑帛包括帛、縑、素、繒等，所以帛書有時也稱「縑書」、「素書」、「繒書」等。《論語・衛靈公》有「子張書諸紳」的記載。《周禮・夏官・司勳》也有「凡有功者，銘書於王之大常」的記載，「紳」、「大常」都是縑帛製成的衣物，說明春秋時期已有文字記其上。《墨子》一書中曾多次提到「書於竹帛」，大概帛書晚於竹書出現，但至晚在墨子的時代已經比較普及。縑帛的長短不一，在漢代，標準長度是 40 尺，所以在 40 尺以內的帛書不需縫接。寬度古籍記載以 1 尺為常度，但從現在所能見到的實物來看，帛書的寬度也是經常根據需要來裁截的。有時有餘幅，則抄寫其他文字。有時在整幅上抄幾種書，每書的開始，塗有標識，書名寫在正文後面，並標以字數。帛書的裝飾很漂亮，中畫有界行（也有預先織成的），用紅色的稱為「朱絲欄」，用黑色的稱為「烏絲欄」。帛書的收藏，也是卷的形式，用竹木條做軸心；有些或是來回折疊起來，這大概都是用整幅的縑帛書寫的。帛書用縑帛來作為書寫材料，克服了簡策所存在的種種缺點，但縑帛價格昂貴，所以在竹帛並行的年代，帛書仍不及竹書的流行廣泛。

戰國時期百家爭鳴，私人著述成風，民間藏書也很多，這都是新生的事物。《莊子・雜篇・天下》記載：「惠施多方，其書五車。」《戰國策・秦一》亦記載蘇秦游說失敗，回家後「陳篋數十，得太公陰秘之謀」。由於民間藏書，學者各挾所見，頗不利於國家的專制統治，故早在秦孝公時，政府就採取了「燔詩書而明法令」（《韓非子・和氏》）的措施。

秦始皇三十四年（公元前 213），丞相李斯奏請禁絕《詩》、《書》百家語，「所不去者，醫學、卜筮、種樹之書」（《史記・秦始皇本紀》），這就導致了焚書坑儒事件。但由於許多民間藏書家的努力，不少書籍仍被保存了下來。

在官府藏書方面，秦代以丞相、御史大夫掌管圖籍，明堂、石室、金匱藏玉版正本，副本則藏宮廷，丞相、御史大夫等處，亦有副本，供民間查閱。可見秦代書籍制度，具體情況還比較複雜。

漢初注意對書籍的收集和整理，漢高祖在未央宮建天祿閣和石渠閣，先後藏入關所得秦之圖籍，另外還有麒麟閣，其所收藏，主要都是圖書。漢武帝「建藏書之策，置寫書之官」（《漢書・藝文志》），同時廣開獻書之路，❷設置太史，命天下計書，先上太史，副上丞相。當時皇室和政府機構藏書，「外則有太常太史博士之藏，內則有延閣廣內秘室之府」（《漢書・藝文志》注引「如淳曰」）。漢成帝更派謁者陳農出使四方，求遺書於天下。東漢政府藏書機構有蘭臺、東觀等處，仁壽閣則屬皇室藏書；稍後又有辟雍、宣明、鴻都等，皆藏圖書。東漢明帝永平五年 (62)，班固任校書郎，又遷蘭臺令史，事見《後漢書・班彪傳上》，這是中國古代關於政府藏書管理官員的最早正式記載。東漢桓帝延熹二年 (159)，置秘書監，事見今本《東觀漢記・紀三・威宗孝桓皇帝》，這是中國古代關於政府藏書管理機構的最早正式記載。

❷ 《文選》卷 38 注引劉歆《七略》。

漢惠帝四年（公元前 191），朝廷正式解除挾書禁令，從此民間藏書成為合法之事。武帝時河間獻王劉德好藏書，史稱其「得書多，與漢朝等」（《漢書・河間獻王傳》）。東漢學者蔡邕藏書也很多，其女蔡文姬曾稱：「昔亡父賜書四千許卷。」（《後漢書・列女傳》）由於書籍需求量的增大，西漢末年出現了「書肆」，即賣書的市場。史載王充到雒陽（今洛陽）書肆，閱所賣書，輒能憶誦。

中國古代書籍制度，簡牘笨重，縑帛昂貴，後來由於紙的發明和推廣使用，才逐步改變了這種局面。從南北朝到隋唐時代，絕大部分書都是用紙來抄寫的。古代紙大都有一定的尺寸，漢紙每張約漢尺 1 尺，晉紙「高一尺許，而長尺有半」（《洞天清祿集・古翰墨真跡辨》），敦煌卷子紙一般寬 30 釐米左右，比晉紙略寬，長度在 41～48 釐米之間，約等於漢尺 2 尺。古人說，二尺之紙用以抄書，這話是可信的。

紙寫本的形制襲用古代分卷編連的方式，人們把紙粘連起來，在卷末接上軸，用軸作心捲成一卷；高級的卷子還用襯裱。因為卷子右端露在外面，容易損污，所以往往再粘接一層紙，或裱糊其他絲織品加以保護，這個附加物叫做「褾」，也名「玉池」，俗稱「包頭」。褾的前端中間繫有一根絲帶，用來捆紮卷軸。卷軸書在庋藏中為了便於抽出和插入，是以軸頭一端向外平放在書架上的，稱為「插架」。插架時，要在軸頭掛一個牌子，簡單地標明書名、卷次等記號，以便識別存取，這就是「籤」。籤用牙、骨、玉等材料製成，大都很考究。

紙寫本的興起，在魏晉南北朝；而到了隋唐時代，則臻於極盛。

三國曹魏設置掌管圖書的官吏，「採掇遺亡，藏在秘書中外三閣」（《隋書》卷 32）。同時蜀、吳兩國也仿漢制設置了東觀，典藏經籍。西晉建立後，不僅直接繼承了曹魏的官藏，而且還不斷地擴大。晉武帝咸寧五年 (279)「冬十月戊寅……汲郡人不準掘魏襄王冢，得竹簡小篆古書十餘萬言，藏于秘府」。太康元年 (280) 三月，王濬攻建鄴（今南京）石頭城，孫皓降，於是又「收其圖籍」。（《晉書》卷 3）後來東晉在聚集圖書方面，也作出了一些努力，使得「中朝遺書，稍流江左」。當時北方「文教之盛，苻、姚而已」。（《隋書》卷 32）宋武帝平後秦，又將其藏書悉數收歸南朝。在整個南北朝時期，南朝的圖籍收藏工作，是比較有可談的地方的。尤其是蕭梁，在平東昏侯時，就已注意圖書的收集，「命呂僧珍勒兵封府庫及圖籍」（《梁書》卷 1)。「梁初，秘書監任昉躬加部集，又於文德殿內列藏眾書，華林園中總集釋典。」(《隋書》卷 32) 蕭梁以華林園典藏佛教經籍，在中國圖書制度史上還是首次，這與梁武帝尊崇佛教是分不開的。而北朝到了孝文帝時，官府藏書也得到了充分的發展。孝文帝雖嚴禁讖緯之書，但對官府藏書極為重視，遷都洛陽後，曾向南齊借書抄錄，接著又詔求天下遺書，凡秘閣所無，有益時用者加以優賞。

魏晉南北朝的秘書監制，在收集、整理、編纂圖籍方面起到的作用是顯著的。但後來秘書監官員，往往更替頻繁。史稱「宋齊秘書郎皆四員，尤為美職，皆為甲族起家之選，待次入補，其居職例十日便遷」(《通志・職官四》)。這些職官大多僅是徒有虛名罷了。

魏晉南北朝私家藏書，北方是由盛而衰，又由衰而盛；南方則自東晉以後，一直得到發展。曹魏王弼擁書將近 1 萬卷，西晉張華擁書有 30 乘之多。南朝「梁武敦悅詩書，下化其上，四境之內，家有文史」(《隋書》卷 32)。很多藏書家都是一邊藏書一邊著述，有的提供社會服務，把書借給人家。私家藏書還成為官藏的來源，如蕭梁任昉「聚書至萬餘卷，率多異本，及卒後，武帝使學士賀縱共沈約勘其書目，官無者就其家取之」(《南史》卷 59)。至於藏書家將書籍奉獻於官藏、或提供官藏校書藍本的，那就更加舉不勝舉了。

當時佛、道經典也由少而多，廣被於世。從晉代開始，佛、道經典的收藏漸漸分別集中到佛教的寺院和道教的宮觀中去。蕭梁鍾山定林寺有佛經 4000 餘卷；北周的通道觀，收藏道書將及萬卷。

到了隋唐時代，早在開皇三年 (583)，隋文帝就接受秘書監牛弘的建議，詔求天下遺書。在求書過程中，民間凡獻出異本書 1 卷者，就賞賜絹 1 匹作為報酬，這就是所謂「引之以微利」(《隋書》卷 49)。並且獻出的書待朝廷校定繕寫後，仍將舊本發還原主。這種收聚圖書的方法，自然是非常行之有效的。而與此同時，隋代對讖緯之書大加禁毀。隋煬帝即位之後，禁讖緯之書的活動更為高漲，「乃發使四出，搜天下書籍與讖緯相涉者，皆焚之，為吏所糾者至死」(《隋書》卷 32)。

隋煬帝思大有為，他發展官藏圖書的措施首先是大肆抄書，「秘閣之書，限寫五十副本」，且「分為三品，上品紅琉璃軸，中品紺琉璃軸，下品漆軸」。又在洛陽觀文殿內東西廂建造房屋，「東屋藏甲乙，西屋藏丙丁」(同上)。

當時觀文殿窗戶、床褥、廚幔，咸極珍麗，而且設有一系列自啟裝置，都是前所未有的。除洛陽外，長安（今西安）藏書更多，「嘉則殿書三十七萬卷」(《新唐書》卷 57)，這個數字是歷史上官府藏書的最高記錄。煬帝還聚集自魏以來的古跡名畫，在觀文殿後設二臺典藏，「東曰妙楷臺，藏古跡；西曰寶（跡）❸臺，藏古畫」(《隋書》卷 32)。在當時官府專藏中，佛、道經典也很受重視。

唐代開國後諸帝，也都致力於藏書事業。武德四年 (621)，高祖平王世充，就命將隋洛陽的圖籍全部收歸唐所有。接著令狐德棻「奏請購募遺書，重加錢帛，增置楷書令繕寫，數年間，羣書略備」(《舊唐書》卷 73)。太宗貞觀年間，「購天下書，選五品以上子孫工書者為書手，繕寫藏於內庫」(《新唐書》卷 57)。迄玄宗朝，「開元文物最備，所藏至七萬卷，學士張說等四十七人分司典籍」(《古今圖書集成・理學彙編・經籍典》引《集賢注記》)。❹官府藏書機構有既相對獨立又緊密聯繫在一起的秘書省、弘文館、集賢院、史館、崇文館等。政府充分注意對藏書的利用，主要表現在 3 個方面：一．利用藏書作為政事參考；二．利用藏書編纂史書、類書；三．利用藏書注釋、校訂儒家「五經」。

隋唐時代由於官府藏書的極大豐富，秘書監（省）制也相應發生了深刻的變化。隋煬帝「增校書郎員四十人，加置楷書郎員三十人」(《隋書》卷 28)，反映了秘書省職責的趨重。唐代秘書省有「監一人，少監二人，丞一人，秘書郎四人，校書郎八人，正字四人，主事一人，令史四人，書令史九人，典書八人，楷書手八十人，亭長六人，掌固八人，熟紙匠十人，裝潢匠十人，筆匠八人」(《唐六典》卷 10)，其中不少職官都是前代所沒有的。唐代秘書省建立起如此完善的職官體系，正是官府藏書制度發展的結果。

隋代私家藏書人數不多；唐代藏書家人數已比較可觀，多集中於長安（今西安），其次是洛陽。許多私家藏書可與官藏媲美，如王涯「家書多與秘府侔」(《新唐書》卷 179)；又如張弘靖，「家聚書畫，侔秘府」(同上卷 127)。後者則是表現在專藏方面，實為唐代私家藏書的一大特色。唐代私

❸ 據《歷代名畫記》卷 1 補。

❹ 另據《新唐書》卷 57 序稱：開元藏書，「其著錄者，五萬三千九百一十五卷，而唐之學者自為之書者，又二萬八千四百六十九卷」。

家藏書的管理較之前代，也漸趨完善，如柳仲郢家「有書萬卷，所藏必三本，上者貯庫，其副常閱，下者幼學焉」(同上卷 163)；又如吳兢家「聚書頗多，嘗目錄其卷第，號《吳氏西齋書目》」(《舊唐書》卷 102)。

隋代佛教藏書，寺院例用官費從事寫經事業。唐代佛寺除收藏佛典外，還收藏道書、俗經史、醫方、圖符等類。隋唐時代佛門圖書更採取秘藏方法，或於深山洞窟中鑿刻石經，或把佛經藏於佛閣密室之中。隋、唐道教藏書依然以宮觀為主，唐玄宗天寶二年 (743) 三月，詔改天下諸郡玄元廟為紫極宮。這一年，西京有太清宮，東都有太微宮，諸州皆有紫極宮，無論道觀稱作什麼，其藏書不廢。

隋、唐是紙寫本的極盛時代。紙寫本書籍原料充足，價格不高，但仍然需要一部一部地抄寫，既費時又費工，而且傳抄時魯魚亥豕，很容易抄錯。這些問題要到印刷術發明之後才得到解決。於是就出現了「版本」這個詞。所謂版本，「雕版謂之版，藏本謂之本，藏本者，官私所藏，未雕之善本也」(葉德輝：《書林清話》卷 1)，版本就是兼指寫本和印本。

中國古代刊印書籍，唐代已開始。但唐和五代的刻書流傳甚少。

而宋代自真宗後，木版雕印就呈現了風起雲涌的局面。宋刻書籍，就地方而言，「杭州為上，蜀本次之，福建為下」(《石林燕語》卷 8)。中央官刻書，以國子監為首，大部分都是在杭州刻的，不但翻刻了五代時已經刊印的儒家經典，而且還大規模地校刻了許多史書、子書、醫書、算學書和本朝新編的大部頭書，其中包括《佛藏》和《道藏》這兩部宗教性的大叢書。地方官刻書，主要有公使庫本。公使庫為招待所性質，經費有積餘，即用以刻書，庫內設有印書局，專營刻書事宜。公使庫本可依其官署不同具體分為茶鹽（提舉）司本、轉運司本、安撫司本、提刑司本等。此外，各府、州、軍、監、縣學和各處書院，亦皆從事刻書。而兩宋私家刻書，號稱「家塾本」，則尤以精美著稱。至於坊刻之書，有建陽麻沙本，極具特色。麻沙本書，其字畫起筆、轉筆，上筆都帶有棱角，比他處刻的明顯不同。

下面對中國古代印本書的版式和結構略作介紹。

先談版式。印本書是由一葉一葉的印頁雙面折疊組成，每一印頁有一定的格式，這就叫「版式」。版式上每一事項都有特定的名稱，包括：一. 版面，指一塊版所占的面積，也叫「匡郭」。版面四周的黑綫叫「版框」，也叫「邊欄」、「欄綫」，簡稱「綫」。四周印雙綫的叫「四周雙邊」，或叫「雙邊欄」。雙綫一般是外粗內細，故又稱為「文武邊欄」。也有僅左右印雙綫的，叫「左右雙邊」或「左右雙夾綫」。此外還有一種總稱「花邊」的，如「卍」字欄、竹節欄、博古欄等。版框上下距離稱為「高」，左右距離稱為「寬」或「廣」。二．界行，指版面內分行的直綫，也叫「邊準」。也有不分界行的，稱為「白文」。三．天頭、地腳，指每張印紙上版面以外的部分，在上的稱為「天頭」，在下的稱為「地腳」，合稱「天地頭」。左、右部分各稱「邊」。四．版心，指版面的中心，也叫「版口」或「版中縫」、「中折行」，是對折的標準。五．魚尾，指版心中間距離上邊約 1/4 的地方一個魚尾似的圖形，有時版心下方與上方對稱的地方也有魚尾，前者稱「單魚尾」，後者稱「雙魚尾」。雙魚尾又有方向相隨的「順魚尾」和方向相對的「對魚尾」之分。黑色的魚尾（▼）稱「黑魚尾」，空白的魚尾（▽）稱「白魚尾」，由兩綫組成的（▽）稱「綫魚尾」，帶有花紋的（▼）稱「花魚尾」。魚尾將版心分為 3 個部分，中間一般用來題寫書名、卷次、葉數；上面原是刊刻葉數的，後來把書名移此，也有刊刻出版家名稱的；下面原記刻工姓名，後多記出版家名稱或叢書總名。六．象鼻，指版心魚尾上下到版框之間的部分。象鼻中印有黑綫的稱為「黑口」，黑綫較細的稱為「細黑口」或「小黑口」，黑綫較粗的稱為「粗黑口」或「大黑口」、「闊黑口」、「寬黑口」，上面的黑口稱「上黑口」，下面的黑口稱「下黑口」，上下都是黑口的稱「上下黑口」。其中刻有文字的稱「花口」或「口題」，沒有黑綫和文字的，則稱「白口」。七．書耳，指版框兩邊邊欄外的上角，有時刻一小方格，也叫「耳子」、「耳格」。上面多記書的篇名，在左的稱「左耳題」，在右的稱「右耳題」。

再談結構。其外在形式，包括下列組成部分：一．書衣，指書的前後封皮，也叫「書皮」或「護封」。二．書籤，指書衣上的書名，往往是另紙貼上去的，在書衣左上方。除題寫書名外，有時還題寫冊次及題籤人姓名，蓋有題籤人圖章。因為是貼上去的，所以也叫「浮籤」，以區別於卷軸書的「掛籤」。三．護葉，指書衣內所加的一張空白襯紙，也叫「副葉」。其作用在保護書葉不受損害，因此常用特別的防蟲防潮的紙，也講究美觀。四．封面頁，指護葉之後的扉頁，也叫「內封」或「內封大題」。其上題有書名，多為名家手筆，有的只有半頁，有的是一整頁的；有的還題有著者、出版者和出版時間等。五．書脊，指書裝訂的一邊，也叫「書背」。六．書口，指與書脊相對的一邊。七．書腦，指書裝訂一邊打眼穿針的部分。八．書頭，指書上端的切口，也叫「書首」。九．書根，指書下端的切口，也叫「書足」，上面通常寫有或印有該書的書名、卷數、冊數及本書冊次。至於書的內容結構，則除正文外，大多數情況，尚有序跋、凡例、目錄、注釋、卷末等組成部分。

宋刻書，當初都是白口單邊，後來演變為左右雙邊，也有四周雙邊的；南宋刻的有黑口。宋刻行款，行數自 4～20 行、字數自 8～27 字不等，字之中又有大小及雙單行之分。所謂雙行，是在每一行格中，印兩行字。字體肥者學顏真卿，瘦者學柳公權。又有一種整齊方正的字形，可能是當時書工所寫，稱為宋匠體，❺到明代發展成為橫輕豎重的明匠體，又稱「仿宋體」，這種字體被固定了下來，至今仍沿用。此外，宋刻書墨色香淡，紙質白而堅；私刻坊刻，皆有牌記，記刻書者堂名人名，年月或有或無，詳略不一；官刻本避諱極嚴。

在裝幀方面，宋刻書採取蝴蝶裝，簡稱「蝶裝」，是將書葉反折，有字的紙面相對，而將中縫的背口粘連，❻再以厚紙作前後封皮，翻閱時，狀如蝴蝶展翅，所以得名。這種裝幀，有利於保護版心，因為四周外向，即有鼠嚙，僅四周損壞，版心可不受損傷。但蝴蝶裝在閱讀的時候，卻帶來不便。由於書葉都是單層，紙質較薄，印刷面容易粘連，往往透見紙背；而且每讀一葉，必須連翻兩葉才能繼續讀下去，頗使人感到厭煩。於是蝴蝶裝就進到包背裝。包背裝是將書葉正折，有字的紙面向外，以紙捻裝訂成冊，用一整張紙對折包背粘連，兼作前後封皮。包背裝在元代很流行，由於這種裝幀把版心變作了書口，不宜豎立排架，而改為平放，所以封皮也由硬變軟，不再用硬的厚紙了。包背裝有許多優點，可是紙捻一斷，書葉散開，拼攏來就比較費事。於是包背裝又進到綫裝。綫裝是把包背裝的整封皮改為兩張半葉的封皮，再把它們連同書身一起，打孔穿針訂起來。打 4 孔的，稱為「四針眼綫」；打 6 孔的，稱為「六針眼綫」；也有少數開本大的書，打 8 孔。珍貴的書，還用綾、絹包角，主要是為了美觀。綫裝

❺ 一說為秦檜所創，因其賣國求榮，謀害忠良，惡行昭著，故無緣命名。

❻ 蝶裝粘葉而能歷久不脫，古人於選紙調糊方面亦有特別的辦法，兩者結合，書葉相粘便可做到如膠漆之固。參見陸游《老學庵筆記》卷 2、陶宗儀《南村輟耕錄》卷 29 引《王古心筆錄》。

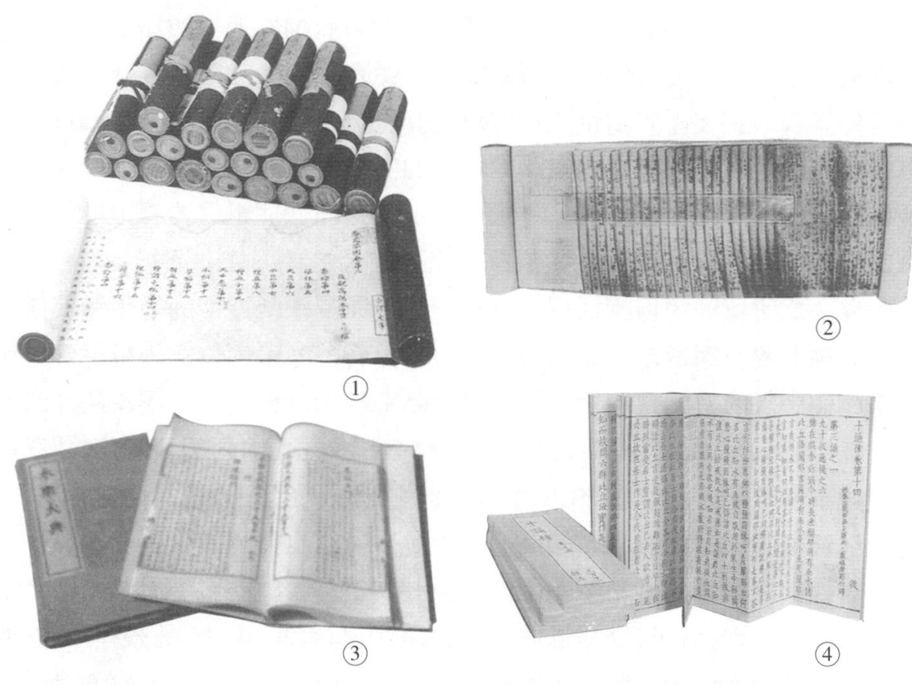

圖 187　①卷子裝　②旋風裝　③包背裝　④經折裝

書對使用和保存都很方便，自明代出現以後，至清代風行一時，並且一直沿用至今。

說到宋人蝶裝，就要連帶著提起唐人的旋風裝。旋風裝一說是將卷子折疊成冊，兩折一張褾紙，粘於冊的首尾，翻閱時，宛轉如旋風，故稱旋風裝。又有一種說法，旋風裝是在卷軸式的底紙上，將書葉鱗裝，收卷時，書葉鱗次朝一個方向旋轉，有如旋風。而冊頁制度的蝶裝，正是由旋風裝發展而來的。歐陽修《歸田錄》卷 2 云：「唐人藏書皆作卷軸，其後有葉子，其制似今策子。凡文字有備檢用者，卷軸難數卷舒，故以葉子寫之。」

至今仍在沿用的還有一種經折裝，佛教徒稱之為「梵夾裝」，多用於宗教性書籍。它是將長幅卷子一正一反折疊成長方形的書本形式，前後粘以封面。但書邊容易磨損，造成散開和扯斷，要用硬殼套來保護，其實用性反不及旋風裝。應當說，經折裝的出現在旋風裝之前，它只是比卷軸裝前進了一步，人們可以直接翻閱某一葉，而不需要展開全卷了。

隨著印刷術的普及和發展，宋代也開始出現了盜版書。北宋前期的李覯（南城〈今屬江西〉人，1009～1059）可能是歷史上第一位遭遇盜版的人，他曾在《皇祐續稿・序》中說：「慶曆癸未 (1043) 秋，錄所著文曰《退居類稿》十二卷，後三年復出百餘篇，不知阿誰盜去，刻印既甚差謬，且題《外集》，尤不韙。」這位「不知阿誰」，實乃中外盜版者之祖師爺。

南宋時，兩浙轉運司於嘉熙二年 (1238) 為祝穆《方輿勝覽》所發布的《榜文》和淳祐八年 (1248) 行在國子監發給段昌武開雕《叢桂毛詩集解》的《執照》，可以被目為是中國最早的比較成熟的著作權和版權保護法規。這兩件公文所反映的保護法規比 15 世紀後期英王所授予的著作權僅僅是「印刷權」要全面得多，完整得多。所不足者，上述兩個文告只是針對個別書籍而制訂的部門性或地方性法規，尚不具備普遍適用的國家法律的意義。❼但據「眉山程舍人宅刊行」王稱《東都事略》上的長方牌記：「已申上司，不得覆板」，說明當年申請版權保護的事例很可能已非個別。

遼代刻《大藏經》和字書《龍龕手鏡》，很有名。

金代刻書較多的地方首推中都 (今北京)，其次則南京 (今河南開封)、山西平陽 (治今臨汾)。金刻佛典《趙城 (今山西洪洞) 經藏》，現存 4000 餘卷，與敦煌遺書❽、《永樂大典》、《四庫全書》並為今國家圖書館鎮館之寶。

元初，刻書必經中書省審定下所司，乃許刻印。歷代開國之初，制度往往如此，官府控制都是很嚴的。元代官刻書，大體上由興文署❾掌握；其他地方刻書，多由書院領其事。當時「書院本」質量之精，數量之多，每為後世所稱道。至於私刻本，則平陽書坊中的代表作品，其中有不少是受私家委託而刻的，質量也很不錯。

元刻書最主要的特點有二：一是版式多黑口；另一是字體學趙孟頫。元刻書常用的是竹紙，比宋紙稍黑，皮紙則極薄而粗黃，但也有極好的。另外，元刻無諱字，私刻、坊刻，大都有牌記。

明代內府刻書，由司禮監負責，稱「經廠本」，黑口、白紙、趙體字，很容易辨認。經廠本形式頗為美觀，惜校讎不甚認真，故不為後世所重。

---

❼ 參見祝尚書《論南宋的兩件圖書出版保護法規》，《人民政協報》2000 年 11 月 10 日。

❽ 1900 年 6 月 22 日，甘肅敦煌莫高窟發現了藏經洞，保存有數萬件 4～11 世紀的文獻資料，稱「敦煌遺書」，其中 1.6 萬餘件，現歸北京國家圖書館，專藏於長年恆溫恆濕的地下室。

❾ 興文署初建於至元十一年 (1274)，隸秘書監；至元十三年 (1276) 并入翰林院；至元二十四年 (1287) 與國子監皆屬集賢院。其後至元二十七年 (1290) 復立，「掌經籍板及江南學田」(《元史》卷 16)。

此外各部院及南京國子監，亦有刻，而尤以南京國子監刻為最多。各直省所刻，首推蘇州府，其次淮安府。藩府刊刻亦甚盛。嘉靖年間，吳中刻書最精，這是與刻工技術的精巧分不開的。明中葉以來，徽州多巨商，饒於財，條件優越，所以刻書有特別精美的。當時坊刻濫惡，但不可一筆抹煞，其中佳者，流傳下來，亦能獲得好評。

明代印書紙，以永豐綿紙為上，常山柬紙次之，順昌紙又次之，福建紙最下。綿紙白而且堅，但嘉靖以後，綿紙印的書不多見了。與此同時，字體氣派也漸趨狹小。

到了清代，政府經營的活版印刷，規模巨大。如雍正四年 (1726) 用新造的銅活字排印了 64 部《古今圖書集成》，每部 5020 冊；又如從乾隆三十八年 (1773) 起，武英殿用木活字出版了《武英殿聚珍版叢書》，一共 130 多種。清代有許多私家刻本，刻印不計工值；坊刻本在種類和數量上都超過了前代。

明清時代又大興印「套印本」書。套印本者，同一頁的版，至少須 2 塊，多則 3 塊、4 塊、5 塊，所以頗不經濟。但套印本確實是便於誦習的。還有「百衲本」，是精選不同書版拼湊起來的，衲是和尚所穿經過補綴的衣服，百衲意為補綴很多。百衲本書不排除手寫本。

此外中國古代印本書尚有所謂「修補本」、「三朝本」、「邋遢本」、「巾箱本」、「書帕本」⑩者。

明代和清代更在宋元時代以手寫本上版的基礎上，刻印了大量寫刻本，並因此出現了許多影刻宋、元體的本子，即「翻刻本」。而同時，大規模的手寫書籍並沒有消亡，明代用手寫方式抄錄了 2 部《永樂大典》，清代用手寫方式繕寫了 8 部《四庫全書》，這都是中外空前的大書。

現在再回過頭來談宋元明清時代的官、私藏書。

宋初皇室有書萬餘卷，建國 10 餘年後，朝廷藏書增至 8 萬卷之多，這些書，大部分是軍事征戰的勝利果實。宋太祖在對民間圖書的搜集方面，更另出新招，詔令凡有書來獻者，其書如為館閣所無，即將獻書人送至學士院試問吏理，堪任官職者俱以名聞。宋太宗繼位，不到 1 年，國家藏書的新館舍便落成了，並於太平興國三年 (978) 二月正式賜名崇文院，「輪奐

⑩ 書帕本是明代中期官吏刻印的書本，當時習俗，官吏奉使出差返京或外放任滿回朝，必刻一書，以一書一帕作為饋贈的禮品，這種書大都潦草粗疏，故轉手即成廢品。

壯麗，冠於內廷」(《玉海》卷 168)。崇文院（三館）的藏書是允許出借的，為防借書不還和盜竊，特抄成黃紙大冊本，使私家不敢收藏。⑪端拱元年(988)，又始建秘閣，是特藏書庫，藏精本、禁書和書畫真跡。此外尚有太清樓和龍圖、天章等 6 閣，皆為宮廷藏書之所。北宋秘書監只是擺設而已，但元豐改制，曾恢復秘書省職能。而館閣職務則是肥缺，長官學士大都為榮譽性的兼領銜頭；其下直學士、待制等，則具體做一些文字整理、典籍保管的工作；下面是校理，最下面是正字、檢閱等，這類低級的館職，亦為士人所求之不得者，通常下層京官和州縣官要經過嚴格的挑選才得入館任職。宋代館閣藏書為公、私著述提供資料，並為官方出版圖書提供底本，有力地促進了皇朝的文治盛事。

遼代皇室藏書機構是統治區域內藏書最豐富的地方。

金代於太宗天會五年 (1127)，將北宋皇室大批圖書文物押運至北方。後來金與南宋議和，金對「明堂九鼎觀之不取」，「止索三館文籍圖書、國子書板」，(〔宋〕佚名:《靖康要錄》卷 15) 可見金統治者對圖書是很重視的。

元代皇室藏書在承襲金代遺留典籍和接收宋室藏書的基礎上也有較大的發展。大都興文署，藏書甚多；他如奎章閣、崇文院，亦擁有豐富的藏書。

從北宋開始，私家藏書現象終於衝出士大夫階層，波及鄉紳、豪門、商賈乃至普通的讀書人家。兩宋著名藏書家有江正、宋敏求、王欽若、司馬光、李公擇、葉夢得、晁公武、鄭樵、尤袤、陳振孫等，他們都很注意圖書的校讎和保藏。金代的元好問，藏書也極講究質量。元代藏書家以漢人為多，莊肅聚書 8 萬卷，元修遼、金、宋 3 史時，曾派危素購其書 500 卷；其次則周恕，也達數萬卷；孫道明生平無他嗜，但以抄書為樂；倪瓚藏書處名清閟閣。蒙古人闊里古斯，闢萬卷堂以藏書。

明初開國前二年，即元順帝至正二十六年 (1366) 夏六月，朱元璋命有司訪求古今書籍，藏之秘府。洪武元年 (1368) 建都南京後，徐達等北伐，全部接管元皇室藏書；又詔求遺書於民間。同年十一月辛丑，「建大本堂，取古今圖籍充其中」(焦竑:《國史經籍志・序》)。洪武三年 (1370) 三月，置秘書監，掌內府書籍。此後，續有收書和修葺國子監舊藏書版之舉。明代官府藏書在成祖時得到更迅速的發展，他曾說:「士庶家稍有餘資，尚欲

---

⑪ 宋版書今存者雖極珍貴，但並非絕無僅有，只有此種本子渺不可尋，這是因為官藏本反而易遭兵燹的緣故。參見《余嘉錫文史論集・書冊制度補考》，岳麓書社，1997 年。

識書，況朝廷乎！」（《明史》卷 96）乃派員到各地訪購，表示書籍不可計價，只要有奇書，應盡量滿足持書者的要求。永樂六年 (1408)，《永樂大典》編成，貯於文淵閣。永樂十九年 (1421)，「修撰陳循取文淵閣書一部至百部，各擇其一，得百櫃，運致北京」（同上）。但明代中後期，官府藏書管理不善。正德十年 (1515)，主事李繼先奉命查對，監守自盜，精本善本損失嚴重。萬曆間，張萱等編《內閣藏書目錄》，視前所錄，十無二三，所增益者僅近代文集、地志，其他唐、宋遺編，悉歸子虛烏有。在這裏，透露了明帝國即將覆亡的消息。明代官府藏書，大致提供皇帝閱讀，並利用培養上層社會的人才，也為修撰史書和編輯《永樂大典》等類書服務。文淵閣主要是朝廷的中樞機關，雖有大量藏書，但並不是專門的藏書之所。翰林院官員，其中「典籍」是專門從事藏書具體事務的。

清代不斷收集前代遺書，廣泛搜羅四方典籍，內閣、翰林院、國子監皆有藏書；康熙時宮廷藏書處為昭仁殿。⑫乾隆四十九年 (1784)，《四庫全書》編成，先抄寫 4 部，分藏於宮廷四閣，即文華殿後的文淵閣、圓明園中的文源閣、避暑山莊的文津閣、盛京（今瀋陽）的文溯閣。在這以前，乾隆四十七年 (1782)，已命於江南建立藏書閣。清代江南三閣——揚州大觀堂之文匯閣、鎮江金山寺之文宗閣、杭州聖因寺行宮之文瀾閣，皆藏《四庫全書》。這 3 閣的圖書，是允許公開借閱的。為滿足詞館諸臣和北方文士的需求，又抄成副本一部，貯於北京翰林院，也是允許公開借閱的。⑬清代還有其他宮廷和官府藏書，如武英殿刻書處，亦收藏各類圖書。清代的文淵閣職，是官府藏書的管理機構。文淵閣領閣事，滿漢各 1 人，以大學士、協辦大學士、翰林院掌院學士兼任。文淵閣領閣事與內閣之文淵閣大學士等頭銜是不同的，下面有提舉閣事 1 人，是實際負責者；直閣事滿、漢共 6 人，是具體負責者；校理 16 人，掌注冊點驗之事；檢閱 8 人，掌排次清釐之事。清代的官府藏書體系和管理機構，都是中國地主制封建社會中最完善的。

⑫ 昭仁殿藏宋、明舊本典籍，乾隆四十年 (1775) 編成《天祿琳琅書目》10 卷，嘉慶二年 (1797) 又編成《後編》20 卷，總計前後編共登錄珍貴典籍逾千部，其中宋版書近 1/3。

⑬ 《四庫全書總目提要》卷首乾隆四十二年 (1777) 八月十九日上諭。按：「副本」亦即後來乾隆五十五年 (1790) 六月初一日上諭所稱之「底本」，說詳鄧之誠《骨董三記》卷 4。

明清時代私家藏書之風蔚為大觀。明室諸藩，如周定王、晉莊王、寧獻王等都在府第積累圖書。寧波天一閣，原是明兵部右侍郎范欽的藏書樓，始建於嘉靖四十年 (1561)，有書 7 萬多卷。毛晉的汲古閣，積書 8.4 萬多冊，多宋、元善本。祁承㸁的澹生堂，亦達 8 萬卷之數，其子彪佳、孫理孫，均能恪守所藏，隨時增益。清初錢謙益的絳雲樓、錢曾的述古堂和黃宗羲的續鈔堂，皆是藏書的名樓。私家藏書通過藏書樓的設置和命名、藏書印的使用和印文內容的含義，以及繪圖、徵詩、賽書等有關形式，來表達他們對典籍的敬意和愛惜之癖，積書而讀，樂在其中。迄乾嘉之世，私家藏書事業更加發展，從而形成了不同的類型，洪亮吉歸納為：「藏書有數等：得一書必推求原本，是正缺失，是謂考訂家，如錢少詹大昕，戴吉士震諸人是也；次則辨其板片，注其錯偽，是謂校讎家，如盧學士文弨，翁閣學方綱是也；次則搜採異本，上則刻石室金匱之遺忘，下可備通人博士之瀏覽，是謂收藏家，如鄞縣范氏天一閣，錢塘吳氏瓶花齋，崑山徐氏傳是樓諸家是也；次則第求精本，獨嗜宋刻，作者之旨意縱未盡窺，而刻書之年月最所深悉，是謂賞鑒家，如吳門黃主事丕烈，鄔鎮鮑處士廷博諸人是也；又次則於舊家中落者，賤售其所藏，富室嗜書者，要求其善價，眼別真贋，心知古今，閩本、蜀本，一不能欺，宋槧、元槧，見而能識，是謂掠販家，如吳門之錢景開、陶五柳，湖州之施漢英諸書估是也。」(《北江詩話》卷 3) 情況基本上就是這樣。

圖 188 黃丕烈「百宋一廛」藏書樓

宋、元、明、清以來，各地書院的藏書，介乎官府和私家之間，無論在數量上和質量上都不容忽視。

圖書除了書籍圖冊之外，還包括報紙。中國傳統社會原始形態的報紙，起源於唐代武則天當政時，叫做「報狀」。其後名稱不一而足，因為都是書手謄寫的，似可通稱為「抄報」。現藏英國不列顛圖書館的唐僖宗光啟三年 (887) 的《進奏院狀》，是今存世界上最早的報紙。凡「抄報」，相當於現今的「內參」，實際上不具備公開性。宋代「謄報天下」(《宋史》卷 161) 的抄報要經過進奏院的審查，當時還有民間經營的報紙。明、清兩代的《京報》，崇禎年間已有活字印刷，則是中國古代報紙向近代報紙的過渡。

中國傳統社會圖書制度，尚有編書、校書等內容，留待本章第二節再述。而繼漢魏六朝翻譯佛經以來，明、清之際，中國又開展了頗著成績的翻譯西書的活動，參加者有很多是西方傳教士。同時在鴉片戰爭前，西方傳教士還著手在中國境外編印中文報刊，其中《東西洋考每月統計傳》，道光十三年 (1833) 初創於廣州，後來才遷新加坡。

寫到這裏，還應當附帶介紹一下中國傳統社會的「文房四寶」，因為文房四寶與圖書是有密切關係的。文房四寶指紙、筆、墨、硯。關於紙，本書讀者已不陌生，茲從略。筆在仰韶文化彩繪陶器時已經有了，秦代蒙恬（齊國人，生年未詳，卒於公元前 210 年）在戰國毛筆的基礎上加以改良造就秦筆；唐代用宣城（今屬安徽）兔毫製成的紫毫筆，精緻絕倫；元代湖州路善璉鎮（今屬浙江）馮應科、陸文寶所製「湖筆名於時」(《光緒歸安縣志・輿地略・物產》引舊志)。筆講究尖、齊、圓、健，符合這 4 條標準的優質筆，書寫起來，直能中繩，曲能中勾，方圓能中規矩，舒斂稱意，揮灑自如。墨，上古有石墨，東漢時出現了松煙墨。宋代除生產松煙墨外，還生產油煙墨，高級墨中常常加入香料，更致力於造型美。明代製墨業以南直隸徽州（治所在今歙縣）的歙派和休寧派為代表；清代徽墨則曹素功、汪近聖、汪節庵、胡開文 4 家平分秋色，馳譽中外。硯臺在先秦都是一般石料製成的。1980 年夏，西安臨潼姜寨出土了一塊新石器時代的石硯。漢硯多係玉石或陶質，圓形，有 3 足。魏晉時代出現了瓷硯、銅硯、銀硯、漆硯和鐵硯。唐代相傳為柳公權所作《論研》說「蓄硯以青州石末為第一，

圖 189　六朝四足辟雍歙硯（左）　清長虹端硯（右）

絳州次之，後始重端、歙、臨洮」⓮。宋代以後，端硯等名硯成了文人墨客的心愛之物。端硯創始於唐初，細膩滋潤，體重而軟，叩之無聲，呵氣可研墨；歙硯創始於唐開元中，紋理瑩潔，蓄水歷寒不冰，發墨似油；洮硯亦創始於唐代，有紅、綠兩種，滑不拒墨，澀不滯筆。此外還有澄泥硯，創始於漢，盛於唐、宋，乃以澄泥為之。⓯

## 第二節　文獻整理

中國古代書籍，如果從其內容的來源方面來分析，可以分為 3 大類：一. 是著作，著作並非前無所承，而是以富於創造性為其特色，「作者之謂聖」(《禮記・樂記》)，「作」是對感性認識的理性升華；二. 是編述，編述是將前人成果加以改造組織的工夫，編為適應於客觀需要的本子，如果沒有這種編述，前人的成果很可能湮而不彰；三. 是抄纂，抄纂是用新的體式排比、撮錄過去繁多複雜的材料，使之分門別類，其工作，相當於王充所說「論者，述之次也」(《論衡・對作》) 的「論」。如果按時代順序來分析這 3 大類書的發展情況，那麼，漢以前的書籍，著作為多；從漢到隋 800 年中，編述的書籍比較興盛；唐以後，抄纂的書籍便多了起來。

所以，應當說中國古代書籍大部分皆成於眾手，真正完全是由個人一手寫成的著作只占極少數，當然這極少數往往是最有價值的上乘之作。至於歷代大型的分類纂集的類書和將許多書籍彙編在一起的叢書，這些書的修成，則更非集體的力量不辦。

而中國古代書籍的散亡率極大。自漢哀帝時劉歆編定《七略》，官府藏書開始有了統計數字，到南朝蕭梁普通四年 (523) 編《七錄》，相去不過 500 年，「《七略》書三十八種，六百三家，一萬三千二百一十九卷，五百七十二家亡，三十一家存」(《廣弘明集》卷 3)。這種散亡率，誠然是太驚人了。

書籍的散亡，秦以前的，始皇要負很大的責任，但也不見得可以全部算在他的賬上。因為「焚書之令，但燒民間之書，若博士所職，則《詩》、《書》、百家自存。夫政、斯焚書之意，但欲愚民而自智，非欲自愚；若並

---

⓮ 原文已無考，迭見宋以後諸家引述，現通行本，「青州石末」缺去「石末」二字，茲據李之彥《硯譜》、王世貞《委宛餘編》等比較權威的資料，復其舊。

⓯ 《洞天清祿集・古硯辨》。

祕府所藏、博士所職而盡焚之，而僅存醫藥、卜筮、種樹之書，是秦並自愚也，何以為國?」（康有為:《新學偽經考·秦焚六經未嘗亡缺考》）⑯秦始皇和李斯是不會這麼幹的。至於秦以後 2000 年間書籍的散佚，除了兵燹之外，也還有其他原因。其中很多書籍是被士大夫視為小道異端而排斥毀棄了；不少書籍則是被自然淘汰的；當然，由於編著者在政治上倒了霉，因人廢言，書籍遭冷遇而終至湮沒的，也應當是個很大的數目。另外，收藏家們對孤本、珍本的視為奇貨可居，同樣給書籍帶來了災難。如此等等，不一而足。但最重要的原因，恐怕還在於歷代統治者的有意的摧毀。如清代編《四庫全書》，固然是件大好事，然而凡統治者，總是容不得異端的，乾隆帝又豈能免俗，他明確指示，要借此機會，一網打盡那些「詆觸本朝」（《東華錄》乾隆朝卷 80）妨害人心風俗的書籍，據說當時被銷毀的書籍計全毀 2453 種，抽毀 402 種，另毀書版 50 種、石刻 24 種，⑰加起來「將近三千餘種，六七萬卷以上，種數幾與四庫全書相埒」(章太炎:《訄書⑱·哀焚書》)，這與秦始皇的焚書，本質上沒有什麼兩樣。⑲

但散亡雖多，增加卻更快，唐初書籍，承隋末喪亂，已是漢代的 4 倍多。中國古代書籍流傳至今的，為數仍相當可觀。有人曾根據《中國叢書綜錄》、《四庫全書總目提要》和《販書偶記》正、續編 3 種目錄的子目，進行分類統計，結果表明，收入以上 3 書的地方志書有 1835 種，占全部子目的 2.87%。而近年來的普查表明，中國現存地方志書達 8200 餘種，若按此比例推算，則現存中國古代書籍總數應在 30 萬種上下。⑳

---

⑯ 三聯書店，1998 年。

⑰ 參見陳乃乾《禁書總錄》，鉛印本，1932 年。

⑱ 為《檢論》的前身，光緒二十六年 (1900) 刊本。

⑲ 中國歷史上書籍遭到兵燹和文化專制的浩劫，隋牛弘歸納為「五厄」(《隋書》卷 49)；之後明胡應麟將隋至宋末的情況歸納為「續五厄」（《少室山房筆叢》卷 1），近人祝文白《兩千年來中國圖書之厄運》，又將元代至民國的情況歸納為「再續五厄」（《東方雜誌》1945 年第 19 號），特其大端而已。

⑳ 原注已被劫持者毀去。而據胡道靜《古籍普查和情報工作問題》，知 20 世紀 80 年代有關權威人士對存世古籍的初步粗略統計為約 10 萬種左右。見《國學今論》，遼寧教育出版社，1991 年。另據《中華讀書報》第 412 期（2002 年 8 月 14 日）報導，在《清史稿藝文志》著錄圖書 9633 部（13.8078 萬卷）、《清史稿藝文志補編》輯補清人著述 1.0438 萬種的基礎上，王紹曾主編、中華書局 2000 年出版的《清史稿藝文志拾遺》又增補清人著述 5.488 萬種，則清人著述知多少，已有最新答案。

如此眾多的書籍，在積存過程中，給了歷代的文獻整理工作大可用武之地。

「文獻」兩字聯成一詞，在中國古籍上，首見於《論語・八佾》：「宋不足徵也，文獻不足故也。」古代學者所謂徵文考獻，就是說要瞭解過去的歷史，是既要取徵書本的記載，又要探索耆舊的言論。㉑書本的記載和耆舊的言論，是文獻的全部內容。

中國古代早在殷商時期，史官在收集甲骨的同時，就對之進行了整理。春秋時期，孔子整理《詩》、《書》、《禮》、《樂》、《易》、《春秋》等六經，這是集當時文獻之大成。到了戰國時期，學者們整理先代遺文成書，一時編述之多，堪與著作匹敵。

西漢末年，成帝命劉向、劉歆父子整理官府藏書。據《漢書・藝文志》記載，當時按圖書內容和性質分成 6 個組，光祿大夫劉向管經傳、諸子、詩賦 3 組，步兵校尉任宏管兵書組，太史令尹咸管數術組，侍醫李柱國管方技組，這些人都是專門家。組織專家對圖書進行分類整理，這種辦法是非常可取的。劉向等整理圖書的工作程序，大致分作 3 個步驟：一．搜集眾本；二．校正字句；三．排定篇章，然後再加以謄清。劉向等並且又根據這次整理圖書的具體實踐，寫成圖書解題彙編性質的比較詳細的目錄學著作《別錄》。各種圖書的解題，通常包括：一．該書篇目；二．校書經過；三．書的內容提要。劉向死後，其子劉歆繼承劉向的遺志，編成圖書分類目錄的《七略》。

《別錄》和《七略》早已散佚，但其基本內容卻保留在《漢書・藝文志》裏。應當說，《漢書・藝文志》關於圖書的門類條規，完全是依照《七略》的。《七略》中有《輯略》，是綜述學術源流的緒論，所以實際登錄書名的只有「六略」。《漢書・藝文志》所載「六略」類目為：一．六藝略，有《易》、《書》、《詩》、《禮》、《樂》、《春秋》、《論語》、《孝經》、《小學》9 種；二．諸子略，有儒家、道家、陰陽家、法家、名家、墨家、縱橫家、雜家、農家、小說家 10 種；三．詩賦略，有賦一、賦二、賦三、雜賦、歌詩 5 種；四．兵書略，有權謀、形勢、陰陽、技巧 4 種；五．術數略，有天文、曆譜、五行、蓍龜、雜占、形法 6 種；六．方技略，有醫經、經方、房中、神仙 4 種。這是從圖書發展的實際情況來處理問題的，既重視圖書

㉑ 張舜徽：《關於歷史文獻的研究、整理問題》，《古籍整理研究》1986 年第一期。

作用方面的聯繫性，又重視圖書性質方面的距離性。並且部類之下，又分子目，分類的細密也是開風氣的。

《漢書・藝文志》著錄西漢「『劉向所序』六十七篇」，包括《新序》、《說苑》、《世說》、《列女傳》等圖書 4 種；同時著錄「『揚雄所序』三十八篇」，包括《太玄》、《法言》、《樂》、《箴》等圖書也是 4 種。如果「劉向所序」、「揚雄所序」是總書名的話，那麼它們應當是中國古代個人彙輯自著叢書之祖。但很可能，「劉向所序」、「揚雄所序」僅為班固的敘述用辭，而並非叢書書名。不過無論如何，到了東漢，《熹平石經》彙刻 7 部儒家經典於石碑上，卻完全符合「總聚眾書而為書者，謂之叢書」（汪闢疆：《目錄學研究・叢書之源流類別及其編索引法》）㉒的基本條件。可見至晚在東漢熹平四年 (175)，中國圖書史上已出現初始形態的叢書，當然《熹平石經》——或稱《漢石經》、《一字石經》之名，係後世追加上去的。

而魏文帝曹丕「使諸儒撰集經傳，隨類相從，九千餘篇，號曰《皇覽》」（《三國志・魏書・文帝紀》），則開創了中國傳統社會官府編纂類書的先例。明帝時鄭默主管藏書，還編製了藏書目錄《中經》，使得魏的官府藏書，「而今而後，朱紫別矣」（《晉書》卷 44）。而西晉初，荀勖和張華「依劉向《別錄》整理記籍」（《晉書》卷 39）；後來，荀勖又與束皙等人整理汲塚書。荀勖通過直接參與這 2 次整理藏書的活動，就在《中經》基礎上，「總括羣書」，編纂了《中經新簿》，分群書為甲、乙、丙、丁「四部」。（《隋書》卷 32）東晉李充更編纂了《四部書目》，以五經為甲部，史記為乙部㉓，諸子為丙部，詩賦為丁部，確立了經、史、子、集 4 部，後世秘閣「以為永制」（《晉書》卷 92），從此經、史、子、集的分類通行了一千數百年之久。但在四部分類法盛行時，也仍然有仿照《七略》體例來編排書目的。蕭梁天監二年 (503) 以後，任昉任秘書監，他與秘書丞殷鈞等共同編纂了《文德殿書目》，此目錄將術數之書，更為一部，因此梁代又出現了「五部目錄」。梁昭明太子蕭統曾招聚文學之士編集《文選》30 卷，以傾向於典雅華美為標準，收錄歷史上大量優秀散文，對後世文學頗有影響，本書第二十九章第二節已有述及。北魏孫惠蔚領導的藏書整理工作，有四門博士及在京儒

㉒ 華東師範大學出版社，2000 年。

㉓ 在中國圖書史上，經、史本來不分家，至荀勖始實行分家，列於丙部，此時又獨立成為乙部，後來的史實證明，這種編排是具有前瞻性的。

生 40 人參加。北齊文宣帝天保七年 (556)，詔校定群書，這次整理圖書的活動，採取了借私家藏書參校官藏的作法。

隋煬帝令柳䛒等對西京嘉則殿藏書進行了整理，所得「正御本」均「納於東都修文殿」(《文獻通考・經籍一》)；又令沙門智果於內道場撰諸經目，分別條貫，對佛、道專藏進行了整理。唐太宗貞觀三年 (629)，魏徵為秘書監，上奏請求學者校集四部群書，置讎正 30 員、書工百員整理書籍，於是「數年之間，秘府圖籍，粲然畢備」(《舊唐書》卷 71)。當時整理《易》、《詩》、《書》、《左傳》、《禮記》，編撰「正義」和「定本」，事詳本書第十七章第二節，這裏不贅述。自魏徵以後，虞世南、顏師古繼續領導秘書省的藏書整理工作。顏師古還注釋了《漢書》，「一遵軌轍，閉絕歧路」(《漢書敘例》)，力求恢復《漢書》原貌。他在另一著作中提出：「君子於其所不知，蓋闕如也，苟不明練，豈宜臆說，以誤將來。」(《匡謬正俗》卷 5) 他的示範和意見，無疑是值得重視的。後來高宗、玄宗朝，又對秘書省的藏書進行了大規模的整理。唐代弘文館，高宗儀鳳 (676～679) 年間設置詳正學士校理眾書。唐代集賢殿書院「掌刊緝古今之經籍，以辯明邦國之大典。凡天下圖書之遺逸、賢才之隱滯，則承旨而徵求焉。其有籌策之可施於時，著述之可行於代者，較其才藝而考其學術，而申表之。凡承旨撰集文章，校理經籍，月終則進課于內，歲終則考最於外」(《舊唐書》卷 43)。

唐初貞觀三年 (629) 閏十二月，罷著作郎史職，自是官修紀傳體正史和宰相監修成為歷代修史的定制。

北宋初年朝廷重視編纂新書，於是有《太平御覽》、《太平廣記》、《文苑英華》、《冊府元龜》4 大類書的問世。《太平御覽》是從 1690 種圖書中摘錄下來的，全書包羅萬象，共 55 部，5363 類（有些類又有附類，總計 63 個附類，合類與附類共 5426 類），1000 卷。此書自宋太宗太平興國二年 (977) 春李昉（真定〈今正定〉人，一作深州饒陽〈今屬河北〉人，925～996）等奉命編撰，到八年十二月（984 年 1 月），歷時 7 年始告完成，初名《太平總類》，太宗花了 1 年時間讀完，因此改稱《太平御覽》。《太平廣記》則與《太平御覽》同時受命編修，第二年書成，可以說是《御覽》的外編。此書專收從漢代到宋初的野史、傳記、小說等書內的故事，引用圖書達 475 種，共 500 卷，另有目錄 10 卷，按題材分為 92 大類，150 多個小類，小類之下又分若干目，總數約 3000 多個細目。《文苑英華》從太平興國七年

(982) 開始編修，雍熙四年 (987) 告成，是《文選》的續編。《文選》所收止於蕭梁初年，而《文苑英華》所收，則起自梁末而至於唐，共採錄 2200 餘位作家的詩文 2.3 萬餘篇，按文體分 38 大類，共 1000 卷。《冊府元龜》太宗時已有意命儒臣編修，但直到真宗繼位，才授命著手，始於景德二年 (1005)，至大中祥符六年 (1013) 書成進奉，原名《歷代君臣事迹》，內容幾乎概括了全部十七史，其中記唐五代史尤為詳細。真宗親題《冊府元龜》。此書取材極為嚴格，只限於「正經」、「正史」和部分子書，共 1000 卷，另有目錄和音義各 10 卷（音義今已失傳）。

宋代在圖書整理方面，還有其他許多成績。如慶曆年間，由歐陽修等人參與編成《崇文總目》㉔，復興了書籍的解題。

元代官府編書，除編成宋、遼、金 3 史外，沒有什麼可談。

明清時代官府編書，以明代的《永樂大典》和清代的《古今圖書集成》、《四庫全書》最為著稱。

《永樂大典》是中國歷史上最大的一部類書。永樂元年 (1403) 七月，明成祖命解縉（江西吉水人，1369～1415）等編修《文獻大成》，一年後奏進，成祖嫌其簡略，又增派姚廣孝（即釋道衍）等協助解縉重修，於永樂五年 (1407) 十一月告成，改賜名《永樂大典》。凡經、史、子、集、天文、地志、陰陽、醫卜、僧道、技藝之書，全行採入；而以詩韻韻目檢索。此書參加編纂和繕寫工作的共 2169 人，從七八千種圖書中輯成 2.2877 萬卷，加凡例、目錄 60 卷，共 2.2937 萬卷，裝成 1.1095 萬冊；全部由手工書寫。嘉靖四十一年 (1562) 至隆慶元年 (1567) 又派員在正本之外錄成副本，藏皇史宬。清高宗乾隆初年，正本猶在乾清宮中，以後就渺不可尋。而乾隆初年，皇史宬藏本亦「闕失幾二千冊」（全祖望：《鈔〈永樂大典〉記》）㉕；到光緒二十年 (1894) 清點時僅存 800 餘冊；光緒二十六年 (1900)，八國聯軍攻陷北京，該書大部分被焚，其餘被搶掠運走。據統計，現存《永樂大典》散落在 10 多個國家 30 多個單位，約 400 冊、800 卷㉖左右；國內清末民初，則僅存 64 冊 128 卷，收集至今亦不過 225 冊，其中 163 冊在大陸，

㉔ 《崇文總目》原書 66 卷，著錄藏書 30669 卷，已佚；今通行本是在《四庫全書》輯本的基礎上編成的，共 6 卷，其中一卷為補遺。

㉕ 《鮚埼亭集外編》卷 17。

㉖ 1984 年中華書局出版的影印本共收錄 797 卷。

62 冊在臺灣㉗。

圖 190　雍正初年銅活字版《古今圖書集成》書影

《古今圖書集成》，原名《古今圖書彙編》，是中國傳統社會繼《永樂大典》之後又一部大型類書。原編纂為陳夢雷（福建閩縣〈今福州〉人，1650～1741）等。初稿完成於康熙四十五年 (1706)；雍正時，又命蔣廷錫（常熟人，1669～1732）等重新增訂。全書計分曆象、方輿、明倫、博物、理學、經濟 6 個彙編，編下又分典，其中曆象編分乾象、歲功、曆法、庶徵 4 典，方輿編分坤輿、職方、山川、邊裔 4 典，明倫編分皇極、宮闈、官常、家範、交誼、氏族、人事、閨媛八典，博物編分藝術、神異、禽蟲、草木 4 典，理學編分經籍、學行、文學、字學 4 典，經濟編分選舉、銓衡、食貨、禮儀、樂律、戎政、祥刑、考工 8 典，共 32 典，典下又分部、分卷，總計 6109 部，1 萬卷，約 1 億字。此書基本上彙集了清代康熙以前的古代文獻，圖文並茂，康有為稱該書為「清代第一大書，將以軼乎宋之《冊府元龜》、《太平御覽》、《文苑英華》，而可與明之《永樂大典》並競弘富」(《申報》1934 年 4 月 15 日)。

《四庫全書》是中國古代無與倫比的大叢書。從乾隆三十七年正月初四 (1772.2.7) 下詔徵書，到乾隆三十八年 (1773) 二月正式開四庫全書館，到五十二年 (1787) 江南三閣四庫書抄成，16 年中任職於館者 360 餘人；若加上擔任繕寫、裝訂的人數在內，最多時達到 4500 餘人。此書由紀昀（直隸獻縣〈今屬河北〉人，1724～1805）任總裁，當時著名學者于敏中、金簡、陸錫熊、任大椿、陸費墀、戴震、姚鼐、邵晉涵、余集、周永年、朱筠、朱珪、翁方綱、王念孫、程晉芳、門兆應、王燕緒、王太岳、曹錫寶、彭元瑞等皆襄其事，分為經、史、子、集 4 部，故名《四庫全書》。是在全國範圍內徵集、訪求書籍的基礎上編成的，包括古籍 3503 種，7.9337 萬

㉗　《兩岸中華古籍：期待「合璧」》，《光明日報》臺北 2006 年 9 月 21 日電，記者邢宇皓。而據《光明日報》該記者北京 2009 年 6 月 11 日電，新近又有一冊《永樂大典》(「模」字韻「湖」字冊) 從海外回歸，將入藏國圖。

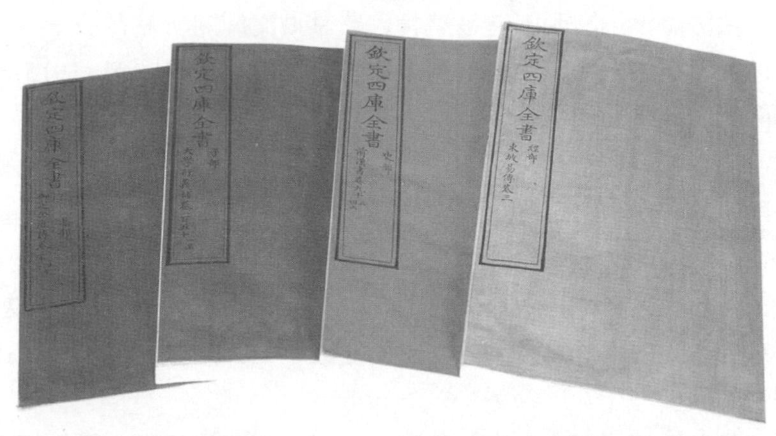


圖 191　手抄本《四庫全書》書影

卷，[28]凡視野所及少數民族及域外人士的著述，亦莫不收輯入內，字數為西方狄德羅 (Denis Diderot, 1713～1784)《百科全書》的 30 幾倍。先於《全書》竣工的還有兩部《四庫全書薈要》，每部 1.2 萬冊，於乾隆四十三年 (1778)、四十四年 (1779) 分藏於皇宮大內摛藻堂和圓明園味腴書屋，乃是《四庫》中的精華。全部《四庫全書》均用浙江開化特製的上等開化榜紙書寫，這種紙潔白堅韌，假如不慎弄皺，只須稍作處理即能恢復平整。書皆紙捻壓釘包背裝，書皮絹面，按經、史、子、集分為淺綠、朱紅等色，以象徵春、夏、秋、冬四季。書手多為秀才，也有舉人，故字跡工整，一律都是殿閣體。每紙對折 8 行，共 16 行，朱絲欄，行 21 字，如有注文，則在行內寫雙排小字。插圖也筆到意足，十分精美。由於多種原因，《四庫全書》各部之間容有差異，如從 1991 年年底開始，北京國家圖書館組織專家進行核對，發現乾隆四十九年 (1784) 十一月抄竣的文津閣本與乾隆四十六年 (1781) 十二月率先成書的文淵閣本實為異本，差異相當大，可以互相補充，並不能互相替代。可惜 7 部《四庫全書》，鎮江文淙、揚州文匯兩閣所藏在太平天國戰爭兵火中被毀去，文源閣所藏和味腴書屋所藏《薈要》

[28] 這裏兩個數據，皆暫從《辭海》。有關《四庫全書》的幾個基本數據，諸家統計頗不一致。據不久前面世的綫裝本《四庫全書》總發行人劉鶴然稱，乾隆欽定《四庫全書》共收錄圖書 3461 種、7.9309 萬卷，每部原書版面 540 萬頁，3.6 萬餘冊，7 億 7 千萬字；（見《人民政協報》2004 年 10 月 24 日）而據商務印書館《文津閣〈四庫全書〉出版前言》稱，全書共 3.6283 萬冊，6144 函，收書 3474 種，7.9039 萬卷，每套抄成 230 餘萬頁，總字數近 8 億。（見《光明日報》2006 年 4 月 26 日）

亦在英、法聯軍火燒圓明園時被燒掉，紫禁城文淵閣所藏在庚子八國兵搶劫下亦散失不少，而翰林院所藏副本亦毀於是役。民國四年 (1915)，將熱河文津閣所藏移至北京，存於北京圖書館（今國家圖書館）㉙；清內務府抄補文淵閣本，所據也是文津閣本，而抄補齊全後的文淵閣本則北京古物南遷時南移，現在臺北。㉚瀋陽文溯閣所藏，東北淪陷時被劫往日本，抗戰勝利後繳還。㉛杭州文瀾閣所藏咸豐十一年 (1861) 閣圮書散，後得藏書家丁丙、丁申兄弟全力搶救，大體上恢復了原樣，且其補抄部分有些是按幸存下來的早先的本子為依據的，當初竄改、刪節之處已獲糾正，因此更有其獨特的價值。

而清代在編纂《四庫全書》的同時，又在紀昀主持下，編纂了《四庫全書總目提要》200 卷。其意在於反映《四庫全書》的內容概況，綱記群籍，指示治學門徑。《四庫總目》構建起中國傳統社會最為完備的圖書分類體系，並且還廣泛地繼承了前人學術批評的成果。紀昀在《進〈四庫全書〉表》中稱《四庫全書》具有「源流之大備」及「會歸」的特質，正好表明了以他為首的四庫館臣對《四庫全書》及其《總目》總結文化意蘊的自覺認識。紀昀等又另編《〈四庫全書〉簡明目錄》20 卷，只載已經著錄的書名、卷數（不收存目），注明某朝某人撰，並略作簡短的介紹，與總目同時刊行。兩書一詳一略，比之漢代的《別錄》和《七略》，很相類似。

除了官府編書，中國傳統社會私家編書，自孔子以來，亦復不少，有些本書已經提到過，有些則沒有提到過。如南宋晁公武撰有《郡齋讀書志》20 卷，收入圖書達 1492 部，基本上包括了宋代以前各類重要的典籍，是中國古代現存最早的具有提要內容的私藏書目，本書前面在為正文作腳注時曾提到過；但如陳振孫撰有《直齋書錄解題》56 卷，著錄圖書 3039 種，5.118 萬卷，數量與當時官府藏書相比也毫不遜色，這部在中國文化史上有一定地位的目錄學著作，本書卻不曾提到過。另如王應麟編輯《玉海》，計

㉙ 文津閣藏本現仍原架、原函、原書一體存放，共 128 架，6144 函。

㉚ 文淵閣本《四庫全書》全部有多少冊，紫禁城出版社 2008 年版鄭欣淼著《天府永藏》提供了兩個數據，可資參考：一. 3.6537 萬，見該書第 25 頁；二. 3.6381 萬，見該書第 282 頁。

㉛ 此書雖經劫難，倒是沒有損失，1966 年 10 月，因中國與前蘇聯關係緊張，為避免可能發生的戰爭的禍害，由遼寧調甘肅保管，至今仍藏甘肅。

200 卷，21 門，徵引完整，有關宋代史事，都錄自「實錄」和「國史日曆」，為後來史志所未詳，本書曾引及其中文字，卻沒有專門提到過。再如明代王圻編輯的《三才圖會》，共 106 卷，分裝成 100 冊，有圖有說，分天文、地理等 14 門，內容幾乎無所不包，實為又一部百科全書性質的圖書，本書也沒有提到過。限於篇幅，諸如此類，只好不多作介紹了。

以上簡單地回顧了中國古代文獻整理中編目和編書的大體情況。而應當認為，中國古代無所謂文獻學，文獻整理的工作，通常都由校讎學家來擔負。自孔子整理「六經」以後，漢代劉向、劉歆父子，實為這門學科的發揚廣大者，「校讎」這個詞兒，即是劉向所首創。東漢鄭玄在這方面也有重大貢獻，他注明錯簡，考鏡遺篇，敘次篇目，條理經書，這些都是艱巨的工作。但他治學以綜合為旨，不免造成許多誤會。唐初陸德明「研精六籍，采摭九流，搜訪異同，校之蒼雅」（《經典釋文・序錄》），他的訓詁學名著《經典釋文》，引漢魏六朝 230 餘家之說，服務於校理儒家經典，是鄭玄以後第一人。明代胡應麟（浙江蘭溪人，1551～1602）和清代顧炎武、錢大昕、紀昀、阮元、顧廣圻（元和〈與太湖廳和吳、長洲兩縣同治今蘇州〉人，1070～1839）等，都在這門學問上卓有建樹。清代王念孫運用音韻訓詁學作為手段，校理所涉範圍極廣。

因為校讎需要把許多不同的版本放在一起來對校比勘，所以校讎學與版本學的關係十分密切；而校讎書籍又要條理書籍的篇目部類，這樣校讎學又與目錄學緊緊地聯繫了起來。[32]但校讎學畢竟有其自身的特點、範疇和規律。

校讎一般採用 4 種方法：一. 對校法，就是用同書的祖本和別本對校，遇有異同之處，就注於其旁；二. 本校法，就是用本書前後文互證，而抉摘其異同；三. 他校法，就是用他書校本書，改正其中的謬誤；四. 理校法，就是根據書的內在邏輯，發現問題，釐定是非正誤。

關於校讎成果的處理，大致說來有 6 種形式：一. 根據校勘結果，寫成定本；二. 定本附校勘記，說明其校定的依據和理由；三. 底本附校勘記，以見眾本異同；四. 寫成單行的校勘記；五. 寫成與注釋混合的校勘

[32] 可以說，凡是真正讀書的人，都不能不涉及這兩方面的學問。參見屈萬里《讀古書為什麼要講究版本》、余嘉錫《目錄學之意義及功用》。兩文皆收入《國學大師論國學》下卷，東方出版中心，1998 年。

記；六. 在讀書筆記中寫校勘記。㉝

除了版本學和目錄學，與校讎相關的主要學科還包括文字學、音韻學、訓詁學、辨偽學、輯佚學和避諱學。事實上，擔任校勘工作的人，必須是通才。

訓詁：本書第三十四章第一節已經作過專門的介紹，這裏再作必要的補充。訓詁學在文獻整理領域，不妨更確切地稱之為注釋學，範圍也有所延伸，可以不拘一格。《文心雕龍・論說》云：「若夫注釋為詞，解散論體，雜文雖異，總會是同。若秦延君之注《堯典》，十餘萬字；朱普之解《尚書》，三十萬言，所以通人惡煩，羞學章句。若毛公之訓《詩》，安國之傳《書》，鄭君之釋《禮》，王弼之解《易》，要約明暢，可為式矣。」劉勰提出了對注釋的要求，就是「要約明暢」4 個字。注釋包括「注」和「疏」兩大類：注是對古籍中文字、語彙的解釋說明，事實上先秦的「傳」、「解」，後世的「章句」，都屬此類；疏是對注文的疏通。注釋發揮意義，也考證、介紹相關作者的生平事蹟、思想傾向、創作意圖和背景，辯析史實，徵引典故，交代文章出處，品賞文學作品的藝術特點。歷史上如馬融、鄭玄、何晏、王弼、皇侃、陸德明、孔穎達、賈公彥、邢昺、朱熹等之注經，高誘、鄭眾、賈逵、應劭、服虔、徐廣、裴駰、裴松之、韋昭、司馬貞、張守節、顏師古等之注史，趙岐、郭象、劉孝標、楊倞、蘇轍、葉夢得、焦竑等之注子，王逸、郭璞、李善、吳棫、陳第、蔣驥等之注集，都各自取得了重大成就。對此，其中不小部分，本書前文多有述及，茲不贅。

先秦注釋，有關字、詞的注釋多散見於正文中。注釋的重點在於追加材料，闡發思想，前者的代表，應推《左傳》傳《春秋》；後者的代表，則推《易傳》傳《周易》。西漢注釋儒經，無論在內容的完備方面還是方法的靈活方面，都當數毛亨《毛詩故訓傳》。東漢注釋對象已擴展到史書、諸子和文集，出現了對「傳」的注釋和集注形式，產生了馬融、鄭玄那樣的大注釋家。馬融（右扶風茂陵〈今陝西興平東北〉人，79～166）是鄭玄的老師，他對《周易》、《尚書》、《毛詩》、「三禮」、《論語》、《孝經》和《老子》、《淮南子》等書都作了注釋；而鄭玄是漢學的標幟，著述之富和成就之大更非馬融可及。魏晉注釋在範圍和方法上較前代有所突破，但採用「忘言」、「忘象」來解釋義理，不免頗多流弊。隋唐注釋經部多總結而少開創之作，

㉝ 參見程千帆《校勘略說》，《閑堂文藪》，齊魯書社，1984 年。

史部《史記》、《漢書》和《後漢書》都有了質量不錯的注釋，對保守的「疏不破注」原則有所不顧；子部崇尚注釋老、莊；集部注釋形成了「文選學」，而以李善的《文選注》集其大成。文獻整理史上昔人習稱的所謂「漢唐舊注」，說明唐人注釋是繼承了漢代的傳統。宋代經部注釋很重視對義理的闡發，同時不廢傳注和考據。朱熹的《四書章句集注》，用力至深，後世受到推崇絕非偶然。疑辨之風促進了《詩經》的注釋革新，集部洪興祖的《楚辭補注》、郭知達的《九家集注杜詩》都享有盛譽。對詩文進行評點是這一時期崛起的注釋方法，而對金石書畫進行考釋擴大了注釋學的範圍。但宋儒過於自信，導致在考證還不充分時就妄改古籍，自然十分有害。元代注釋多承兩宋餘緒。明代史部、集部類注釋極少。清代注釋既重視語言文字的訓釋，又重視思想內容的分析；秉持樸學——即考據學㉞嚴謹求實的精神，一反以往的空疏迂腐，依賴基礎學科研究的深入和繁榮，高度肯定了「疑於義者以聲求之，疑於聲者以義正之」（戴震：《轉語二十章・序》）的經驗，明確提出了本義、引申義、假借義的概念，又糾正了前人誤虛為實和拆駢為單的錯誤注釋方法，甚至一字之釋，博及萬卷，使長期以來許多難以解決的問題、無法判斷的懸案，基本上都有了可供參考的答案和結論。綜觀清人注釋成就，古文經學占主導地位，今文經學也有貢獻，可謂碩果累累，令人目不暇接。

辨偽：所謂偽書，情況非常複雜。有的本無其書，或雖有其書，但早已亡佚，後人託名假造，這是全偽；有的一書中或書名、或著者、或某些章節，出於後人假造，這是部分偽。歷史上厚古薄今、唯古是崇的學風，是偽書產生的根源。中國古代學者對偽書的危害性早有明確的認識，孟子

㉞ 考據學在本書第十八章第四節介紹乾嘉學派的時候已有述及，清代考據學據梁啟超總結，有十大特色：①凡立一義，必憑證據；無證據而臆度者，不取也。②選擇證據，以古為尚。以漢唐證據難宋明，不以宋明證據難漢唐；據漢魏可以難唐，據漢可以難魏晉，據先秦西漢可以難東漢。以經證經，可以難一切傳記。③孤證不為定說。其無反證者姑存之，得有續證則漸信之，遇有力之反證則棄之。④不隱匿證據或曲解證據。⑤喜搜羅事項之同類者作比較研究，而求得其通則。⑥凡採用舊說，必明引之，決不因襲別人的言論以為己說。⑦所見不合，雖弟子駁難本師，亦所不避。⑧辯詰以本問題為範圍，詞旨務篤實溫存。⑨喜為「窄而深」的鑽研。⑩強調文體樸實簡潔，反對「言有枝葉」，拖泥帶水。參見朱維錚校注《梁啟超論清學史二種・清代學術概論》第36～39頁，復旦大學出版社，1985年。

就曾說過「盡信書，則不如無書」(《孟子・盡心下》) 的話，儘管孟子此言，首先是針對《尚書・武成》篇記武王伐紂有「血流漂杵」之語而發的，但其所指的「書」，肯定不排除偽書。西漢劉向已開始對古籍進行嚴格意義的辨偽工作，如對《晏子春秋》的第八卷，他就舉出了懷疑的理由，而又予以保留，這種審慎的治學態度體現的無疑正是中國古代校讎學的基本精神。魏晉辨偽之風略衰。隋唐時代的釋法經、劉知幾、柳宗元分別對佛、儒諸家的某些典籍提出大膽的懷疑。宋代理學家把辨偽推向高潮。明代胡應麟的《四部正譌》㉟系統論述了辨偽的 8 條方法:「覈之《七略》，以觀其源」;「覈之羣志，以觀其緒」;「覈之竝世之言，以觀其稱」;「覈之異世之言，以觀其述」;「覈之文，以觀其體」;「覈之事，以觀其時」;「覈之撰者，以觀其託」;「覈之傳者，以觀其人」。其中根據歷代書目來查考書的源流，以事實、文句來核對書的時代，都成為後世辨偽所遵奉的常法。《四部正譌》在結尾部分又從宏觀上分析了偽書的範圍，指出「凡四部書之偽者，子為盛，經次之，史又次之，集差寡。凡經之偽，《易》為盛，緯候次之。凡史之偽，雜傳記為盛，瑣說次之。凡子之偽，道為盛，兵及諸家次之。凡集，全偽者寡，而單篇別什借名竄匿甚眾」，對後來的辨偽工作具有重要的指導意義。

清代在考據學影響下，辨偽成果大大超越了前代。康熙時閻若璩(太原人，遷居淮安山陽〈今楚州區〉，1636～1704) 以「一物不知，以為深恥;遭人而問，少有寧日」(江藩:《漢學師承記》卷 1) 為座右銘。他的《尚書古文疏證》8 卷，從文字句讀、典章制度、地理沿革等 99 個問題論證了流傳 1000 多年的古文《尚書》和孔安國的《傳》，都是後人的偽作，從而判決了「古文尚書」的死刑。但自郭店楚簡出土以來，對閻氏此項成果持否定意見者亦一浪壓過一浪㊱，有可能古文不偽，孔傳不偽，這段公案尚有待重新作出結論。㊲當時姚際恆(仁和〈與錢塘同治今杭州〉人，1647～約

㉟ 見《少室山房叢書》卷 30～32。

㊱ 參見國學網「閻若璩的古文《尚書》證偽工作受到當代學者的全面否定」專題。有專家借助現代計算機技術，對 25 篇古文《尚書》進行了「字頻統計」，認為作偽成本太大，不會有這種不可思議的「奇才」來做這等蠢事的。而閻著注水成分占全書篇幅的 56% 猶在其次，因為他的思路是「有罪推定」，許多客觀存在的東西都被忽略或隱去，打出來的王牌絕大部分僅為可能或可疑，但可能不等於事實，可疑不構成證據。遺憾的是，從黃宗羲到顧頡剛，皆沒有予以發覺，反而著迷似地為之推波助瀾。

1715）的《古今僞書考》，則考僞書 91 種。還有胡渭（浙江德清人，1633～1714）的《易圖明辨》，對宋代理學家所謂的「河圖洛書」提出了挑戰。乾嘉時期崔述的《考信錄》，本書第二十章第四節已經作過介紹——包括《上古考信錄》、《豐鎬考信錄》、《洙泗考信錄》等 10 餘種，對先秦的歷史和文獻進行了系統的考訂，力圖恢復古文原貌。崔述以治經而專攻古史，別具一格，其疑古辨僞，餘風所及，對 20 世紀 30 年代的史學研究影響頗大。而劉逢祿（常州人，1776～1829）的《左氏春秋考證》兩卷，指出今傳《春秋左氏傳》是漢代劉歆增竄原本比年依經而成，其說直接啟迪了近代康有為的《新學僞經考》，㊳成為戊戌變法運動的思想資料。

輯佚：就是根據其他書籍所引用的材料，把佚書重新搜輯整理出來。輯佚的工作，是宋代學者才開始動手的。㊴清代的樸學家們精於考證，輯佚工作又上了新的臺階。乾隆三十八年 (1773)，由於安徽學政朱筠（直隸大興〈今為北京市轄區〉人，1729～1781）的倡議，朝廷開館輯《永樂大典》中的佚書，結果共輯出經、史、子、集佚書 516 部。其中最有價值的，如李燾的《續資治通鑑長編》520 卷、薛居正的《舊五代史》150 卷、郝經的《續後漢書》90 卷，都是散佚很久的書。另外如《春秋繁露》、《水經注》等書，雖說世有傳本，但錯亂不可卒讀，也通過輯佚訂正頗多。此風一開，仿效者群起，當時凡可輯之書，幾乎全被搜輯殆盡。其結果，有馬國翰輯《玉函山房輯佚書》、黃奭輯《漢學堂叢書》、孫馮翼輯《向經堂叢書》以及八家所輯《世本》等，都是優秀的讀物。而嚴可均（浙江烏程〈與歸安同治今湖州〉人，1762～1843）輯《全上古三代秦漢三國六朝文》，以《漢魏六朝百三十家集》、《歷代文錄》為基礎，旁徵博引，共得 3497 家，747 卷，唐以前有本之文，大致吸收其中，確是有裨於學術不淺。與之同類性質的大書，尚有清代康熙四十一年 (1702) 敕修的《全唐詩》、嘉慶十九年 (1814) 編成的《全唐文》和南明陳子龍等所輯的《皇明經世文編》（書名今稱《明

---

㊲ 2008 年 7 月 15 日，有一批流失海外的戰國竹簡入藏清華大學，總計 2388 枚。據初步檢視所知，其中最重要的內容之一，是發現了失傳的《尚書》篇章，如所謂《保訓》等。不過，若欲以此來證僞「古文《尚書》」，則恐怕依然不是一件可以打包票的事情。何況這批竹簡是否可靠，也還是很成問題的。

㊳ 參見錢玄同《重印〈新學僞經考〉序》。

㊴ 蔣伯潛：《搜輯佚文》，《校讎目錄學纂要》，正中書局，1946 年。

經世文編》)、清代賀長齡等所輯的《皇朝經世文編》(書名今改《清朝經世文編》)等。但這些書的書名，均非原來所有，如其說是「輯佚」，不如說是編纂新書，但無論如何，這些都是與輯佚分不開的。

大抵輯佚用力的途徑和方法，不外乎：取之唐、宋類書，以輯群書；取之子、史和私人箋注，以輯周、秦古書；取之唐人義疏，以輯漢、魏經師遺說；取之諸史及總集(如《文苑英華》之類)，以輯歷代遺文；取之《經典釋文》、《一切經音義》，以輯小學訓詁書。

清代章學誠著《史籍考》，書成未刊，遂致散亂。存者有《論修史籍考要略》[40]等篇，其中提出整理史籍的原則15條，如古逸宜存、剪裁宜法、方志宜選、譜牒宜略、考異宜精、採摭宜詳等，甚為近世所重。章學誠把「古逸宜存」放在首位，同時還強調「逸篇宜採」，可見輯佚工作在他心目中的分量。

[40] 《章氏遺書》卷13。

# 第十編

# 少數民族

# 第三十六章

# 匈奴、鮮卑和突厥

## 第一節　匈奴

史載黃帝時，曾北逐葷粥；殷商時，武丁伐鬼方；西周時，宣王多次出征玁狁。葷粥、鬼方、玁狁都是屬於先秦北狄部族集團。先秦「北狄」見於載籍的，尚有皮服島夷、土方、舌方、御方、肅慎、山戎、犬戎、北戎、赤狄、白狄、樓煩、林胡、東胡等。春秋、戰國之際，北方戎狄「各分散居溪谷，自有君長，往往而聚者百有餘戎，然莫能相一」（《史記・匈奴列傳》）。到戰國後期，北方開始出現了若干部落聯盟，而以匈奴為大。趙孝成王元年（公元前 265），趙國良將李牧「具選車得千三百乘，選騎得三千匹，百金之士五萬人，彀者十萬人」，且「多為奇陣」，才得「破殺匈奴十餘萬騎」。（同上）匈奴在今內蒙古河套及大青山一帶。當秦國勢力危及燕國時，燕太子丹的老師鞠武曾建議聯絡匈奴以對付秦國，說明匈奴為燕所重視。「匈奴」是自稱，匈奴除自稱匈奴外，又自稱「胡」。據考證，匈奴與葷粥、鬼方、玁狁和戎狄等，有淵源上的關係。❶

匈奴中也有來自西方的歐羅巴人。

隨著秦王朝的建立，匈奴也發展成為雄踞北方的強大國家，以致使秦始皇相信「亡秦者胡」（《史記・秦始皇本紀》）的政治謠言。於是三十二年（公元前 215），他派蒙恬率領 30 萬大軍北伐匈奴，奪取匈奴的河南（今內蒙古河套以南區域）、高闕（今內蒙古杭錦後旗東北區域）、陽山（今內蒙古狼山區域）、北假（今內蒙古河套以北、陰山以南夾山帶河區域）等地，使之「不敢南面而望十餘年」（《鹽鐵論・伐攻》），並修建萬里長城，作為

❶ 王國維：《觀堂集林・史林五・鬼方、昆夷、獫狁考》，中華書局，1959 年；梁啟超：《飲冰室合集・專集四十二附・史記匈奴傳戎狄名義考》，中華書局，1936 年。

防禦設施。

蒙恬北擊匈奴，正值匈奴頭曼單于在位時期。頭曼的單于庭，就設在陰山下的頭曼城。該城漢代屬五原郡所轄，頭曼城名的由來，當是與頭曼單于有關。「單于」，意為廣大，是匈奴最高統治者的稱號。單于庭亦稱「龍庭」或「龍城」，是單于駐牧的地方。

秦末頭曼單于寵其後妻，欲廢其子冒頓（生年未詳，卒於公元前 174 年），冒頓經過長期的準備，終於殺父自立，時當秦二世元年（公元前 209）。《史記・匈奴列傳》記其事云：「冒頓乃作為鳴鏑，習勒其騎射。令曰：鳴鏑所射而不悉射者，斬之。行獵鳥獸，有不射鳴鏑所射者，輒斬之。已而，冒頓以鳴鏑自射其善馬，左右或不敢射者，冒頓立斬不射善馬者。居頃之，復以鳴鏑自射其愛妻，左右或頗恐不敢射，冒頓又復斬之。居頃之，冒頓出獵，以鳴鏑射單于善馬，左右皆射之，於是冒頓知其左右皆可用。從其父單于頭曼獵，以鳴鏑射頭曼，其左右亦皆隨鳴鏑而射殺單于頭曼，遂盡誅其後母及弟，及大臣不聽從者。冒頓自立為單于。」冒頓所作鳴鏑，是弓箭史上的一大創舉。鏃矢鑄成中空，發射時就會發出音響。鳴鏑淩空，隨著響聲，戰士們朝鳴鏑之所向，萬箭齊發。冒頓不僅射死了他的父親，也由此摧毀了匈奴單于之位要由部落大人會議推選的制度。匈奴就這樣進入了奴隸社會。

冒頓立為單于後，其強鄰東胡求寶馬，冒頓予之；又求閼氏，冒頓予之；復求「甌脫外棄地」（《史記・匈奴列傳》）千餘里，冒頓認為「地者，國之本也」（同上），乃盡斬主張與東胡妥協的群臣，發兵攻滅東胡。他極力向外擴張，繼之又破月氏，并樓煩，服丁零，使匈奴的轄境東起遼河，西至蔥嶺，南抵長城，北達貝加爾湖，幅員萬里，軍事戰鬥力超過秦、漢帝國。這時匈奴的國家體制已經初具規模。單于之下有左右屠耆王（亦作「左右賢王」）、左右谷蠡王、左右大將、左右大都尉、左右大當戶、左右骨都侯。並以十進制將部眾分為 24 個萬騎。自左右屠耆王以至大當戶，大者領萬騎，小者領數千騎。萬騎長既是軍事首領，又是行政長官和生產的組織者。萬騎之下，又設千長、百長、什長。匈奴尚左，單于以下，即以左屠耆王為貴，左屠耆王是單于的「儲副」，故常以太子為之。

冒頓時期，每歲「正月，諸長小會單于庭，祠；五月大會龍城，祭其先、天地、鬼神；秋，馬肥，大會蹛林，課校人畜。計其法，拔刃尺者死，坐盜者沒入其家；有罪，小者軋，大者死。獄久者不過十日，一國之囚不過數人」（同上）。

匈奴奴隸的來源，除買來的和因罪罰充的之外，主要是在戰爭中獲得的俘虜。「故其戰，人人趣利。善為誘兵以冒敵。」（同上）所謂「善為誘兵以冒敵」，就是把敵人引誘到預定的埋伏區，然後突然包圍襲擊。這種戰術，不但能克敵制勝，更能掠奪對方的人口來解決奴隸的來源問題。

匈奴的漢族奴隸數量相當多。其實在匈奴的漢族人也頗多自願去的。這些自願去匈奴的漢族人，既有「聞匈奴中樂」的邊人奴婢，也有在內地無法生活下去的「盜賊」、「羣輩」，（《漢書・匈奴傳下》）更有大量流散在匈奴的秦、漢軍人及其家屬，總數超過 30 萬人❷。他們把漢族鑿井、築城、治樓、藏穀、冶鐵、鑄銅等技術傳到了匈奴。

同時在匈奴統治集團上層亦有漢人。西漢高祖時，韓王劉信「亡走匈奴」（《史記・韓信列傳》），冒頓單于仍讓他將兵，其子頹當、孫嬰，俱官至匈奴相國。盧綰「將其眾亡入匈奴，匈奴以為東胡盧王」（《史記・盧綰列傳》），至其孫仍為東胡王。文帝時，燕人中行說傳公主至匈奴，乃「教單于左右疏計，以計課其人眾畜物」（《史記・匈奴列傳》）。武帝時，降附匈奴的將領有李陵、李緒、李廣利等。他們皆貴用事，出入匈奴單于庭。

匈奴休屠王子金日磾（公元前 134～公元前 86），武帝時從匈奴渾邪王歸漢，謹慎未有過失，得到信任。昭帝（公元前 87～公元前 74 在位）登極，與霍光、桑弘羊等同受遺詔輔政，後霍光僅以身免，其餘皆族滅，只有金日磾子孫貴盛。

西漢與匈奴有和有戰。衛青（河東平陽〈今山西臨汾西南〉人，生年未詳，卒於公元前 106 年）、霍去病（河東平陽〈今山西臨汾西南〉人，公元前 140～公元前 117），都是漢對匈奴作戰的名將。蘇武（杜陵〈今西安東南〉人，生年未詳，卒於公元前 60 年）出使匈奴，被整整扣留 19 年，流傳有著名的蘇武牧羊的故事。

漢初對匈奴主要奉行婁敬（齊〈治今山東淄博東北〉人，生卒年未詳）所首創的和親政策。和親是在漢弱匈奴強的情況下實現的。史稱匈奴「本北地之狄，五帝所不能臣，三王所不能制，其強難離，其和難得」（《漢書・匈奴傳下》）。漢向匈奴提出：「長城以北引弓之國，受令單于；長城以內冠

❷ 邢莉、易華：《草原文化》第 24 頁，遼寧教育出版社，1998 年。

帶之室，朕亦制之。」（《史記・匈奴列傳》）當時匈奴所以願意與漢約結和親，完全是因為和親既可使漢「奉宗室女為單于閼氏」（同上），又可每年得到一定數量的絮、繒、酒、米和食物。❸同時，和親是與通關市聯繫在一起的。匈奴以畜牧業為主，不只需要漢地的農產品和手工業品，以解決其生產和生活的困難，而且也需要將他們生產的牲畜和皮毛運到漢地出售或交換，正如《新書・匈奴》所說：「夫關市者，固匈奴所犯滑而深求也。」而漢自高祖以來，與匈奴單于結為姻親，基本上免除了干戈之苦。

由於從惠帝三年（公元前 192）到武帝建元六年（公元前 135），漢與匈奴協議的修改不下於 9 次，每次都被要求增加禮物，雙方的邊界又從來沒有得到明確的劃定，後來漢與匈奴之間大規模的軍事衝突又開始了。「及王恢設謀馬邑，匈奴絕和親，侵擾北邊，兵連而不解」（《史記・匈奴列傳》），西漢幾乎每年都要出動數萬騎攻擊匈奴。經過漢軍深入窮追 20 餘年，「北至寘顏山趙信城」，「封於狼居胥山」，（《漢書・匈奴傳上》）匈奴方面固然失去了水草豐茂的陰山河套地區，「幕南無王庭」，「孕重墮殰，罷極苦之」；（同上）西漢方面卻也「徵發煩數，百姓貧耗」（《漢書・刑法志》），陷入了財政的困難。

漢宣帝時，匈奴發生 5 單于的紛爭。甘露三年（公元前 51），單于呼韓邪（生年未詳，卒於公元前 31 年）率所部 5000 餘眾來歸，漢宣帝寵以殊禮，封其為「位在諸侯王上，贊謁稱臣而不名」（《漢書・匈奴傳下》）的藩屬，恢復了漢、匈斷絕已久的友好關係。元帝建昭元年（公元前 38），呼韓邪的政敵郅支單于為漢所誅。呼韓邪聞訊後，入朝表示願

圖 192　呼和浩特南郊的昭君墓

❸ 不言而喻，在古代條件下，「和親」對於遠嫁異國他邦的女性個人來說，是需要作出巨大犧牲的。《漢書・西域傳下》錄有漢細君公主《悲秋歌》一首：「吾家嫁我兮天一方，遠託異國兮烏孫王。穹廬為室兮旃為牆，以肉為食兮酪為漿。居常土思兮心內傷，願為黃鵠兮歸故鄉。」鬱鬱衷腸，愁昔悽惶，這種不能解脫的痛苦有多麼深沉！

娶漢家女，身為漢家婿。宮女王昭君「請掖庭令求行」(《後漢書・南匈奴傳》)。呼韓邪歡喜，上書求為漢防守陰山，請罷邊塞吏卒，以休天子人民。昭君出塞以後，匈奴號其為「寧胡閼氏」，「寧胡」者，使匈奴得以安寧之意也。漢每次送給呼韓邪的禮物，包括黃金、錢幣、錦繡、綺縠、帛絮等和大量的糧食，還有笙、竽、箜篌等樂器。匈奴回贈的有馬匹和駱駝等。時「邊城晏閉，牛馬布野」(《漢書・匈奴傳》贊)，漢、匈兩族皆得安居樂業。

東漢光武帝建武二十四年 (48)，呼韓邪子孫爭奪單于繼承權，其長孫比率漠南八部內附，從此匈奴分裂為南匈奴和北匈奴（漠北匈奴)。建武二十六年 (50)，朝廷在原西漢西河屬國都尉駐地美稷（治今內蒙古自治區准格爾旗西北）設使匈奴中郎將，負責監護南匈奴，並處理與北匈奴的關係。史稱北匈奴單于庭為「北庭」，其實不被視為是法律上的政治實體。和帝永元九年 (97)，北匈奴被東漢和南匈奴的聯軍所瓦解。部分北匈奴部眾逃至烏孫西北的悅般（約 97～約 160)，後又西遷至康居（約 160～約 260)，經粟特時期（約 260～約 350）和阿蘭時期（約 350～374)，輾轉進入東歐。5 世紀中葉，其著名的首領「上帝之鞭」阿提拉（Attila, 約 406～453)，建立了勢力所及東起黑海、西至萊茵河、北達波羅的海、南迄多瑙河的匈奴大帝國，促成了持續 80 多年的東歐、中歐、西歐、北非民族大遷徙。阿提拉死後，匈奴帝國瓦解，餘部有許多人在今匈牙利定居下來，但在 791～795 年間，又被法蘭克王國加洛林王朝國王查理曼（Charlemagne, 742～814）趕回東方。❹另一部分北匈奴人南移入居塞內，而留居漠北者後來多融合於鮮卑和柔然等族。漢代南遷的匈奴人，到後來大多移居汾水流域，曹魏分其為 5 部。晉初今山西境內成了匈奴的大本營，從中派生出屠各胡等支系。十六國時期，屠各胡等匈奴先後在北方建立了漢、前趙、北涼和夏政權，並逐步完成了漢化歷程。南北朝之後，匈奴之名不復見於史冊。

今河南浚縣等地尚有匈奴赫連氏的後裔，但除了姓氏外，已沒有匈奴族的任何特徵了。

這裏有必要附帶介紹一下中國古代西北地區與匈奴有關的各族。西北地區古稱西域，相傳周初穆王，曾「西巡狩」(《史記・秦本紀》)，抵達群玉之山以西 3000 里，得見西王母，受到盛情的款待，這個故事儘管虛構的

❹ 參見齊思和《匈奴西遷及其在歐洲的活動》，《歷史研究》1977 年第三期。

圖 193　漢中張騫墓

成分很大，但其間所透露的信息卻是實實在在的——西域邊陲令人神往。此地 2 世紀中葉後至 10 世紀，曾先後流行或局部使用過佉盧文、焉耆－龜茲文、于闐文等著名的古文字。在漢代，玉門關內河西走廊，玉門關外西域諸國，都是漢與匈奴勢所必爭的地區。漢武帝建元三年（公元前 138），張騫應募率 100 餘人的使團出使西域，去聯絡原先居住今甘肅敦煌一帶、後來為匈奴逼迫西遷的大月氏部落，途中被匈奴扣留了 10 年多，但仍得居留西域 1 年多時間，終於抵達大月氏，並親歷了大宛（在今費爾干納）、大夏（在今阿姆河南）、康居（在今烏茲別克東境塔什干一帶）等地。他這次出使「鑿空」（《漢書・張騫傳》），廣泛傳播內地的情況，也獲得大量前所未聞的西域資料。元狩四年（公元前 119），張騫再次出使西域，開啟了西域各國與漢頻繁交往的時代。其後東漢班超自永平十六年 (73) 起，在西域活動了 31 年，他幫助平定了西域城邦諸國的內亂，抵禦了匈奴的侵擾，使漢與西域的經濟文化交流得以繼續發展。張騫和班超所做的工作，在中國歷史上的意義非常深遠，本書前後有關章節多有述及，茲不贅。而西域各族根基深固，上古生活在岷山和積石山以西直到今新疆境內的織皮、崑崙、析支、渠搜均屬於西戎，是後來氐、羌諸部的祖先。春秋、戰國之際，西戎中「義渠、大荔最強，築城數十，皆自稱王」（《後漢書・西羌傳》）。周貞定王八年（公元前 461），大荔為秦所并，其地改名臨晉；周赧王四十五年（公元前 270），義渠又為秦攻滅，秦置隴西、北地、上郡。氐、羌一般不被視為西域民族，但西域各族中有氐、羌的血統，則是無疑的。西戎中又有允姓之戎，原游牧於今敦煌一帶，後來為操印歐語西支吐火羅語的月氏迫逐，西遷蔥嶺。❺而月氏居住敦煌、祁連之間，戰國末年即被匈奴擊走。後月氏迫逐操印歐語系東伊朗語支塞語

❺　參見《廣弘明集》卷 7 錄荀濟《論佛教表》引《漢書・西域傳》。

的塞人，西遷伊犁河流域，駐足未久，又被操突厥語的烏孫驅逐。此外，在西漢或更早時期，今新疆塔里木盆地的南緣和西側，除氐、羌之外，也有塞人生息，如于闐尉遲氏和巴楚一帶講圖木舒克語的部族。❻塔里木盆地北緣和東側有操吐火羅語的另一些民族，其中如今焉耆地區的焉耆人、今庫車地區的龜茲人。今吐魯番地區的車師人，也操印歐語，但與吐火羅語有別。今羅布泊地區的樓蘭（鄯善）人，據保存完好的「樓蘭美女」古屍，淺色頭髮，眉弓發達，鼻骨挺直，很明顯具有高加索人種（即白色人種，亦稱「歐羅巴人種」或「歐亞人種」）的特徵。至於新疆北部阿爾泰山區、額爾濟斯河上游以南直到今準噶爾盆地一帶，則其居民有原始的蒙古種，有塞人，也有部分氐、羌的苗裔。這些民族，匈奴均曾與它們發生過關係。

東漢時期，在匈奴西遷過程中，曾在西域北部留下了與匈奴有關的獪胡等部族。晚至 4、5 世紀，匈奴西遷過程中留下的悅般國還在活動。兩晉交替時期，匈奴後裔或立國於河西，或將勢力伸展於西域，都有利於促進內地與西域的聯繫。南北朝時期，北魏滅匈奴族政權北涼，北涼沮渠無諱（443 年後短時期內在位）率戶萬餘奔車師前部王故地高昌，對高昌地區的開發，具有積極的意義，後來高昌的麴氏王朝 (497～640)，成為西域的主要城邦之一。

匈奴政教風俗，與漢族相類者極多。漢族敬天而尊祖，匈奴亦然。匈奴稱單于為撐黎孤塗，「撐黎」，天也，「孤塗」，子也，亦猶漢稱天子。呂思勉認為：匈奴父死，妻其後母，兄弟死，皆取其妻妻之；貴壯健，賤老弱，壯者食肥美，老者食其餘；利則進，不利則退，不羞遁走，苟利所在，不知禮義……「若返諸夏殷之前，則我國之俗，且可資彼以為借鏡也」。（《中國民族史・匈奴》）❼

匈奴極重漢物，對漢文化頗為嚮往，匈奴墓葬中，有許多漢式絲綢服裝、銅鏡、馬具、漆器等。其人不弛弓，馬不解勒，正是北方健兒的本色。在中國古代，匈奴對開發中國北疆、促進北方民族的融合和北部中國的統一作出了重大貢獻。

匈奴雖無文字，但詞彙相當豐富，匈奴的語言直接影響後來的北方民

❻ 參見季羡林等《大唐西域記校注》第 997 頁，中華書局，1985 年。

❼ 中國大百科全書出版社，1987 年。

族。如匈奴「單于」稱號與後世鮮卑、柔然、突厥、蒙古等族的「可汗」稱號意思完全一致。有些匈奴詞彙，至今尚存在於蒙古語中，如「撐黎」，讀音相近，詞義也相同。

匈奴的政權機構，其中左、右翼的劃分和十進制的軍事行政組織，一直被後起的北方民族所沿用。以馬上戰鬥著稱的匈奴族，積累了豐富的軍事知識，是中國古代軍事科學遺產的重要組成部分。匈奴「詳敗走」、「誘兵以冒敵」(《史記・匈奴列傳》) 的戰術，就被後來蒙古族軍隊加以繼承和發揚。匈奴用兵，「常隨月盛壯以攻戰，月虧則退兵」(《漢書・匈奴傳上》)，後來突厥人、党項人和蒙古人也同樣如此。

匈奴有可能已開始應用十二生肖紀年，當然時間不會很早，因冒頓單于的屬相並不清楚。❽

匈奴興起時，對於鐵器的製造和使用，已廣泛深入到生產、生活和軍事活動等各個領域。匈奴的鑄銅業、製陶業、木器製造業也很發達。

除與漢通關市外，匈奴也與其他北方民族進行商業貿易，如兩漢之際，「時天下擾亂，唯河西獨安。而姑臧 (今武威) 稱為富邑，通貨羌胡，日市四合。每居縣者不盈數月，輒至豐積」(《後漢書・孔奮傳》)。這裏所說的「胡」，主要指匈奴。

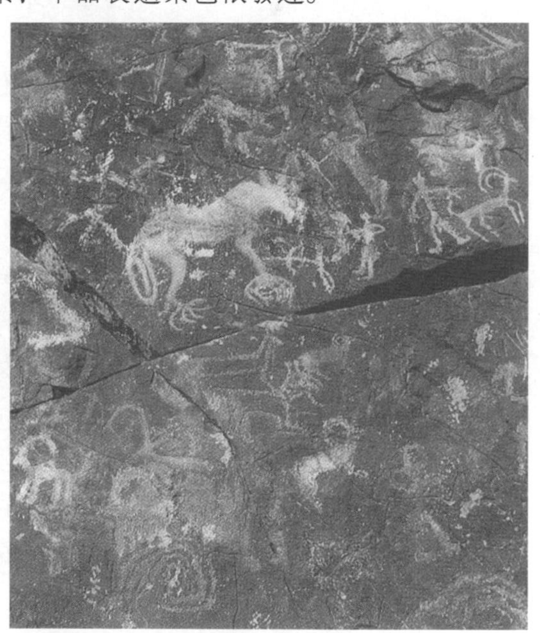
圖 194　陰山西段狼山的匈奴人狩獵岩畫

匈奴人牧養的橐馳、驢騾、駃騠、騊駼、驒騱等用於交通運輸的大牲畜和養馬技術的傳入，對內地社會生產力的發展有很大的作用。製氈、造車、製造弓箭以及乳製品的製作，都是匈奴的傳統手工業或家庭副業，這些對後世中國許多民族都有極其深遠的影響。

匈奴人男子梳椎髻，婦女梳辮髮。❾

匈奴人很愛美，他們就地取材，採集焉

❽ 參見蓋山林《內蒙古陰山以北草原上的古代藝術畫廊》，《內蒙古社會科學》1985 年第七期。

❾ 《漢書・李廣、蘇建傳》記李陵入匈奴後「胡服椎結」，顏注：「結讀曰髻，一撮之

支山上一種叫「𦫳支」的草本植物的花，製成婦女化妝品的「焉支」(𦫳支)，並稱單于的妻子為「閼氏」(音同焉支)，意思是說她像焉支一樣美麗。焉支本為粉狀物，後來發展成為稠密潤滑的「胭脂」，再後來原料也改用蘇方木、石榴花之類，但「胭脂」之名一直沿用至今。

匈奴人能歌善舞，他們的民歌優美動人。《史記・匈奴列傳》張守節《正義》引《西河故事》有一首匈奴民歌：「亡我祁連山，使我六畜不蕃息；失我焉支山，使我婦女無顏色。」不僅辭句樸實無華，而且唱出了他們對失去故土祁連山、焉支山的懷念心聲。匈奴的樂器有胡笳、鞞鼓等，能兼奏遼遠、豪放和粗獷、悲涼的曲調。唐代的塞上、塞下曲，即淵源於此。匈奴人的造型藝術也很有水平，他們做的動物形象，栩栩如生。匈奴有賽馬、鬥駱駝、摔跤等娛樂活動，這些傳統始終為中國北方民族所繼承。

## 第二節　鮮卑

鮮卑是東胡的一部，因居住鮮卑山（大致在今大興安嶺北部內蒙古鄂倫春自治旗境內⑩）而得名。東胡的淵源，可以上溯到唐虞之世，下迄春秋時期的山戎，包括許多部落。當時東胡曾與燕、趙等諸侯國以及匈奴爭雄，後為燕所敗，卻走千餘里，燕於其故地置上谷、漁陽、右北平、遼西、遼東等 5 郡；並築起了燕長城，以防東胡卷土重來。秦、漢之際，匈奴勢力在北方所向無敵，由於匈奴的進攻，東胡部落聯盟被瓦解。

當戰國後期，與東胡、匈奴同時活動於北方地區而以「胡」著稱的民族，尚有林胡、樓煩和代赤狄而興的白狄中山⑪等。這些民族習於騎射，出入溪澗，如履平地。趙武靈王提倡胡服騎射，主要目的就是為了學習北方民族的這一優長，以濟中原內地的欠缺。當時趙國毗鄰林胡、樓煩和東胡，趙國學騎射，如史籍所明確記載，固然是向林胡、樓煩學，但不排除東胡對趙國的影響。

東胡破滅後，東胡之一部退居烏桓山(在今內蒙古阿魯科爾沁旗附近)，

---

髻，其形如椎。」

⑩ 參見米文平《大興安嶺北部發現鮮卑石室遺址》，《光明日報》1980 年 11 月 25 日。

⑪ 中山，原稱鮮虞，屬白狄，本已湮沒無聞。20 世紀 70 年代在河北平山發現了中山王陵，出土精美器物 1.9 萬件，形象地展示了當年已經華夏化的北方白狄民族的風采。

成為匈奴奴役的對象，稱為「烏桓」，亦作「烏丸」。其俗「婦人能刺韋，作文繡，織氀毼，男子能作弓矢、鞍勒，鍛金鐵為兵器」(《後漢書・烏桓、鮮卑傳》)。漢武帝元狩四年（公元前 119)，霍去病打敗匈奴左賢王，將匈奴左地的烏桓人遷至遼東及上谷等地的塞外，「為漢偵察匈奴動靜」(同上)。同時置護烏桓校尉，以監護烏桓各部。從此直到東漢初，烏桓人幾次大規模內徙，分布於遼東（治今遼陽)、遼西（治今遼寧義縣西)、右北平（西漢治今內蒙古寧城西南，東漢移治今河北豐潤東南)、漁陽（治今北京市密雲西南)、上谷（治今河北懷來東南)、代郡（西漢治今代縣，東漢移治今山西陽高西北)、雁門（西漢治今山西右玉南，東漢移治今代縣西北)、太原（治今太原市晉源區)、朔方（西漢治今內蒙古杭錦旗北，東漢移治今磴口北）等郡。東漢重新設立烏桓校尉府，其公署在上谷郡寧城縣（治今內蒙古自治區赤峰市南部)，不但負責烏桓事務，並且也負責鮮卑事務。東漢末年，烏桓首領蹋頓總攝遼東、遼西、右北平 3 郡烏桓。後曹操征烏桓，殺蹋頓，「帥從其侯、王、大人、眾與征伐，由是三郡烏丸為天下名騎」(《三國志・魏書・烏丸等傳》)。此後，沿邊諸郡的烏桓人也多逐漸由北而南，與內地漢人融為一體，相傳後世的太原郝氏、代郡王氏、南皮張氏，均出自烏桓。留居塞外的烏桓人，則由於其語言、習俗與鮮卑相同，因而大都附於鮮卑。西晉以後，烏桓「微弱不足云矣」(《通典・邊防十二》注)。

而鮮卑則繼烏桓而起，漢武帝時烏桓南遷，鮮卑也跟著向西南推進，移居於今西拉木倫河流域。東漢建武二十五年 (49)，才開始與漢發生官方關係。從明帝永平元年 (58) 起，漢每年賞付敦煌、酒泉以東鮮卑各部首領錢 2.7 億枚，幾乎是同一時期給予南匈奴錢的 3 倍。承烏桓制度，鮮卑風俗習慣貴少而賤老，妻後母，報寡嫂，死則歸其故夫。姓氏無常，以大人健者名字為姓。其嫁娶，先略女通情，或半歲百日，然後送牛馬羊畜，以為聘幣。婿隨妻還家，為妻家僕役，一二年間，妻家乃厚遣送女，居處財物，一皆為辦，所以其俗從婦人計。只有戰爭之事，才由男子決定。婚姻儀式，先髡頭，以季春月，大會饒樂水上，飲宴畢，然後配合。推勇健、能理決鬥訟者為大人。邑落各有小帥，不世襲。自檀石槐（生年未詳，卒於 181 年）以後，大人始世襲。數百千落，自為一部。大人以下，各自畜牧營產，不相傜役。有所召呼，刻木為信，邑落傳行，雖無文字，而部眾不敢違犯。其約法，違大人言者，罪至死。盜不止死。若相殘殺者，令部落自相報。不止，詣大人告之。有罪者聽出馬牛羊以贖死。其自殺父兄無罪，殺母則有罪。若亡叛，為大人所捕者，邑落不得受之。大人把罪犯徙到丁令東南烏孫西北的雍狂之地，其地多蝮蛇，讓蝮蛇來咬死罪犯。敬鬼神，祠天地、日月、星辰，及先大人有健名者。祠用牛羊，畢，皆燒之。有病，知以艾灸，或燒石自熨，燒地臥其上。或隨痛病處，以刀決脈出血，及祝天地、山川之神。無針藥。貴作戰陣亡者，斂屍以棺，有哭泣之哀。至葬，則歌舞相送。並取死者所乘馬、衣物，皆燒而送之。

圖 195　嘎仙洞　位於黑龍江省大興安嶺地區首府加格達奇附近　即《魏書》卷 108（一）所記「石室」　太武帝太平真君四年（443）鮮卑族政權曾在這裏舉行盛大的祭祖儀式

2 世紀中葉，北匈奴西遷，鮮卑檀石槐乘虛居大漠南北，他設庭於高柳（今山西陽高）北 300 餘里的彈汙山歠仇水上，「南鈔漢邊，北拒丁令，東劫夫餘，西擊烏孫，盡據匈奴故地」（《三國志・魏書・烏丸等傳》裴注引王沈《魏書》），包括今內蒙古、蒙古的大部，東北三省以及北京、河北、山西、新疆的一部分。當時匈奴餘眾尚有數十萬口，因見鮮卑勢力強盛，皆自號鮮卑，這更大大增強了南下鮮卑人的實力。由於鮮卑與匈奴長期錯居雜處，因此雙方互相婚媾是很自然的，這就形成了所謂鮮卑父匈奴母的拓跋鮮卑（與之相應的則有匈奴父鮮卑母的鐵弗匈奴）。在進入匈奴故地以後，檀石槐招誘漢人，採集鐵器，發展生產，加強兵力；但他早死，鮮卑勢力一度衰落。

檀石槐分鮮卑為東、中、西 3 部，以上谷（治今河北懷來東南）以西至敦煌為西部，而拓跋氏世為西部大人。鮮卑拓跋部的歷史，是從拓跋毛開始的，他為「遠近所推，統國三十六，大姓九十九，威振北方，莫不率服」（《魏書》卷 1）。拓跋毛五傳至拓跋推寅，正值東漢初年；九傳至拓跋力微，據說在位 58 年，活了 104 歲。力微很有作為，因此被拓跋部推為始祖。力微曾明確指出：「前世匈奴、蹋頓之徒，苟食財利，抄掠邊民，雖有所得，而其死傷不足相補，更招寇讎，百姓塗炭，非長計也。」（《魏書》卷

1）這種高瞻遠矚，確實是非凡的。

魏晉南北朝時代，鮮卑包括慕容氏、宇文氏、段氏、乞伏氏和拓跋氏等支系，曾先後在北中國建立前燕、後燕、西燕、南燕、西秦、南涼、代、北魏、西魏、北周等政權，其中北魏「南夷荷擔，北蠕削跡，廓定四表，混一戎華」(《魏書》卷 4 下)，與南朝對峙，開創了北方民族統一中國北部並以強大實力壓倒南方漢族政權的先例。

另一支慕容鮮卑人，建號「吐谷渾」，所屬大部分是羌族。其俗「男子通服長裙帽，或戴冪䍦，婦人以金花為首飾，辮髮縈後，綴以珠貝。其婚姻，富家厚出聘財，竊女而去，父卒妻其羣母，兄亡妻其諸嫂」(《晉書》卷 97)。西晉末從今遼寧西部遷今內蒙古陰山一帶，繼而徙於今甘肅、青海間，歷 300 餘年，為吐蕃所滅，部眾散居西北和北方各地。

北朝時，尚有一支拓跋鮮卑人，自號「柔然」，亦稱「蠕蠕」、「芮芮」、「茹茹」，初居今鄂爾渾河和土拉河流域，以放牧為生，有殺敵頭作酒器的風俗。5 世紀初征服敕勒諸部，疆域「西則焉耆之地，東則朝鮮之地，北則渡沙漠、窮瀚海，南則臨大磧」(《魏書》卷 103)，歷時 150 年左右，西魏廢帝元年 (552)，亡於突厥。

鮮卑拓跋氏自力微十二傳至什翼犍 (320～376)，東晉咸康四年 (338)，曾建立代國，在位 38 年，後為前秦所滅。但到他的孫子道武帝拓跋珪 (371～409)，拓跋部很快恢復了獨立。當北魏開國之初，拓跋珪就對四方諸部採取了「散諸部落，始同為編民」(《魏書》卷 113）的措施。占領中原後，更毅然決定「離散諸部，分土定居，不聽遷徙」(《魏書》卷 83 上)，徹底解散了部落組織，以排除部落遺俗對集權政治的制約。他又勸課農桑，實行計口授田，並親耕籍田，為百姓作表率。所有這些，不僅加速了拓跋鮮卑向封建制轉化的進程，同時也促進了各族之間的融合。

鮮卑拓跋氏政權還十分注意延攬人才，太武帝拓跋燾 (408～452) 沿襲魏初以來的方針，「虛心求賢」(《魏書》卷 4 上)，不遺餘力。擢用漢族范陽盧玄、博陵崔綽等，對各州郡所遣漢族數百人，也都「差次敘用」(同上)，這更有利於拓跋貴族與漢族地主的聯盟。

天興二年（399)，北魏在代郡（治平城，即今大同）建畿內牧場；神䴥二年（429)，北魏建漠南牧場；始光四年（427）至太延五年 (439)，建河西牧場；太和十八年（494)，再建河陽牧場。北魏這 4 個官營牧場，在中國畜牧史上占有異常突出的地位，漢、唐亦不能與之相比，唐代天寶年間，全國馬數總計約 30 萬匹，不及北魏河西牧場全盛年份的 1/7。⓬

在中國文化史上，鮮卑族的最大貢獻，莫過於是在北方實現了各少數民族與漢族的民族大融合。魏孝文帝拓拔宏 (467～499)「雅好讀書，口不釋卷，《五經》之義，覽之便講，學不師受，探其精奧，史傳百家，無不該涉，善讀莊、老，尤精釋義，才藻富贍，好為文章，詩、賦、銘、頌，任興而作，有大文筆，馬上口授，及其成也，不改一字」(《魏書》卷 7 下)。他自太和十八年 (494) 因平城 (今山西大同) 人口承載力有限等原因遷都洛陽後，模仿漢族政權的禮儀，作明堂，建太廟，正祀典，迎春東郊，親耕籍田，祭舜、禹、周公、孔子，養國老、庶老，允許群臣守三年之喪。積極提倡鮮卑人漢化，禁止鮮卑人著鮮卑服、講鮮卑話；又令鮮卑人生稱洛陽人，死葬邙山上，不得還葬北土。為了實行全盤漢化，孝文帝自己改姓元，其他鮮卑姓，一律改為類似漢人的姓，如皇族拓跋氏改為長孫氏，達奚氏改為奚氏。孝文帝還提倡鮮卑人與漢人通婚，自己娶擁有清望的漢族名門盧、崔、鄭、王及隴西李氏女入宮，又強令他的 6 個兄弟都做漢族的女婿，原來的正妃降為側室。北魏永安二年 (529) 梁將陳慶之入洛陽，戰敗逃歸，對人說，我從前認為大江以北，無非是戎狄所居，這次到了洛陽，才知道衣冠人物，全在中原，江東及不了它。可見遷洛的鮮卑人，前後不過 30 多年，已完成了漢化的歷程。⓭至隋唐之世，鮮卑已盡改其舊俗，基本上融合於漢族或其他民族之中。

元代胡三省注《資治通鑑》卷 108 的時候曾經說：「自隋以後，名稱揚于時者，代北之子孫十居六七矣，氏族之辨，果何益者!」從姓氏來源看，隋唐時代的重要人物，固然很多是鮮卑人，連隋文帝和唐太宗，都有明顯的鮮卑血統；但從文化水準看，他們卻已經是卓越的漢族士人了。

其實也不光鮮卑人是這樣。在魏晉南北朝時代，歷史潮流所趨，凡有志逐鹿中原的民族，一旦登上競爭舞臺，就莫不立即放棄本族舊有的生產方式，改變本族原來的生活方式，仿效漢族封官設爵，建立和完善地主封建制的國家組織，從各方面吸收漢族文化之所長，以利與包括漢族在內的

⓬ 《魏書》卷 110 記載：「世祖之平統萬，定秦隴，以河西水草善，乃以為牧地。畜產滋息，馬至二百餘萬匹……」

⓭ 范文瀾：《中國通史簡編》第二編第 534 頁，人民出版社，1964 年。

各族政權決一雌雄。如羯族，源於小月支，曾附屬匈奴，魏晉時，散居上黨郡（東漢末治今山西長治市北，其後屢有遷移，轄境亦漸小），從事農業；氐族，喜穿青絳色衣服，殷、周以來，分布於今陝西西南、甘肅東南、四川西北地區，從事畜牧業和農業。氐和羌，是兩個關係密切的民族。十六國時期，關中之羌，還大量的是營戶，營戶身分比作為編戶民的氐來要差一些，但也已經是封建性的身分。⑭在當時民族大同化的歷史潮流中，也都很快就漢化了。他們稱王道帝，往往以戰國諸侯後裔自居。十六國的國號多襲用趙、秦、燕、魏等戰國之號。匈奴冒頓單于的後人劉淵（生年未詳，卒於 310 年）還以漢高祖曾嫁公主於冒頓為由，改姓劉，自認是漢王朝正統的繼承者。五胡（鮮卑、匈奴、羯、氐、羌）帝王非常仰慕漢文化，大倡尊孔讀經，並照漢族制度與辦學校，尤其重視《史記》、《漢書》等歷史典籍，從中吸取政治、軍事經驗和智慧。史載劉淵「幼好學，師事上黨崔游，習《毛詩》、《京氏易》、《馬氏尚書》，尤好《春秋左氏傳》、孫吳兵法，略皆誦之；《史》、《漢》、諸子，無不綜覽」（《晉書》卷 101）。石勒（上黨武鄉〈今山西榆社北〉人，274～333⑮）本來是個連自己姓名都寫不得的羯族流浪漢，其後卻努力補習漢族文化知識，史稱他「雅好文學，雖在軍旅，常令儒生讀史書而聽之，每以其意論古帝王善惡，朝賢儒士聽者莫不歸美焉」（《晉書》卷 105）。氐族苻堅（略陽臨渭〈今天水東〉人，338～385）更是對漢族儒士王猛言聽計從，氐人樊世手握重兵，聲言要砍王猛頭掛長安城下，苻堅聞之大怒，說「必須殺此老氐」（《晉書》卷 113）。他派呂光都督西域軍事，臨行告誡之曰：「西戎荒俗，非禮義之邦，羈縻之道，服而赦之，示以中國之威，導以王化之法。」（《晉書》卷 114）這已完全是儒家政治家的面目了。羌族姚興（祖籍南安赤定〈今甘肅隴西西〉，366～416）也是每於聽政之暇，與耆儒講論通藝，當時教授於長安的姜龕、淳于岐、郭高和教授於洛陽的胡辯等有生徒萬數千人，儒風甚盛。而拓跋魏青出於藍勝於藍，竟以後來者居上，所以更為後世所稱道。

## 第三節　突厥

⑭ 參見馬長壽《氐與羌》第 21 頁，上海人民出版社，1984 年。

⑮ 石勒卒年，從《太平御覽》卷 120、《資治通鑑》卷 95 所載。

操突厥語的古代民族，隋唐時代總稱「鐵勒」。鐵勒共有40餘部，分布於大漠南北及中亞廣大地區。據《魏書》卷103記載：「蓋古赤狄之餘種也，初號為狄歷，北方以為敕勒，諸夏以為高車、丁零。」

古代敕勒人質樸無華，富於反抗精神。他們衣皮食肉，飲乳酪。牧養的牲畜有馬、牛、羊、駝，捕獵的主要對象是貂。製車業相當有名，還善於製弓矢、進行毛皮加工、製革和製氈。敕勒人乘高輪大車，在無垠的草原上放牧。每逢喜慶節日，他們圍坐於穹廬前，從早到晚飲酒作樂，入夜，則點燃篝火，男女老少拔刀起舞。當秋高氣爽牛壯馬肥的季節，他們還隆重地祭天祈福。《樂府詩集》卷86保存有一首《敕勒歌》：「敕勒川，陰山下，天似穹廬，籠蓋四野。天蒼蒼，野茫茫，風吹草低見牛羊。」這首民歌不加雕飾，卻韻味酣暢，讀之使人回腸蕩氣，心胸開闊，是中國文學史上的名篇。

其中阿史那部落原本活動在今葉尼塞河上游，後來遷徙到高昌的山北（今吐魯番盆地天山北麓地區）。5世紀中葉，柔然攻占高昌，阿史那部淪為給柔然鍛鐵的種族奴隸，徙居金山（今阿爾泰山）南麓，「金山狀兜鍪，俗稱兜鍪為突厥」（《冊府元龜》卷956），因之遂以「突厥」為族號。西魏大統十二年(546)，突厥首領阿史那土門（生年未詳，卒於552年）擺脫柔然的束縛，建突厥汗國於漠北地帶。此前北方西魏政權於大統十一年(545)派酒泉胡安諾槃陁使突厥，突厥認為：「今大國使至，我國將興也。」（《周書》卷50）大統十七年(551)，西魏以長樂公主嫁土門。次年土門大敗柔然於懷荒（懷荒鎮，故址在今河北張北）之北，「遂自號伊利可汗，猶古之單于也，號其妻為可賀敦，亦猶古之閼氏也」（《北史》卷99）。土門二傳至木杆可汗（生年未詳，卒於572年），北周武帝以木杆可汗女為妻。木杆盛時，破吐谷渾，後又敗嚈噠，降契丹、結骨等部，轄地東至遼海，西達裏海（一說咸海），南抵阿姆河南，北逾貝加爾湖。

突厥「大官有葉護，次特勒⑯，次俟利發，次吐毛發，及餘小官，凡二十八等，皆世為之」（同上）。木杆在位期間，尚「無文字，其徵發兵馬及諸稅雜畜，刻木為數，并一金鏃箭，蠟封印之以為信」（同上）。突厥文字，大約是在7世紀時才創造和開始使用的，字母計35個左右，其中5個

⑯ 此「特勒」諸史皆沿之，錢大昕引碑刻之文為證，審定實乃「特勤」之誤，見《十駕齋養新錄》卷6。

元音，兩個半元音，輔音分硬性、軟性和流性。每個字母各有幾種不同的寫法，字與字之間介以一個或兩個點，通常由右向左橫寫，也有由左向右橫寫的。

突厥向北朝輸入的，有鐵器、棉布、馬匹，北朝送給突厥的，主要是繒、絮、綿、緞，北周每年送幾十萬段。

隋文帝開皇三年(583)，突厥分為東、西兩部，東突厥為西突厥所迫，遷於漠南，東、西突厥大抵以阿爾泰山為界。東突厥啟民可汗（生年未詳，卒於609年）娶隋宗室女安義公主為妻，在隋的支持下，對爭取和統一漠北諸部作了許多努力。隋幫助啟民可汗經營陰山腳下的白道川（今呼和浩特平原），修築大利（在今內蒙古和林格爾縣北）、金河（在今內蒙古托克托縣北）和萬壽戍（在今呼和浩特西北）3 城鎮。當時白道川及其附近地區相對穩定，社會生產力迅速發展起來。隋煬帝大業三年(607)，啟民一次就向隋貢獻良馬3000匹，其殷實情況可見一斑。而居住在大利、金河的漢人，大多從事農業，「由是收穫歲廣」，使得「邊戍無饋運之憂」。(《隋書》卷74)

啟民可汗卒，東突厥與隋的關係開始惡化。大業十一年(615)，隋煬帝被東突厥圍困於雁門（今代縣）。

唐初，為改良馬匹品種，曾從突厥引進大群良種馬，當時在西北邊境實行馬、絹交易，以內地的絲絹換取突厥馬匹。據記載，從突厥引進的良種馬，有焉耆馬、疏勒馬、骨利幹馬、結骨馬、葛邏祿馬等。而內地的織工，則專為突厥特織有民族紋飾和「胡」字樣的錦緞，以滿足對方的需求。⓱

隋時突厥莫何可汗（生年未詳，卒於588年）率眾來歸，其部屬特勤大奈（史大奈）入唐封竇國公，是唐初開國名將。突厥籍的阿史那彌射和阿史那步真，分別拜左、右武威大將軍，在東征中有功，受到太宗的優遇。貞觀十九年(645)，太宗授突厥降人阿史那思摩以化州都督，令率舊部返其故土。阿史那後從太宗伐遼，中流矢，帝為之吮血，卒贈兵部尚書，陪葬昭陵，並為刊布其功績，在化州立碑。

唐代開國後不久，東突厥頡利可汗翻覆無常，一再來犯。貞觀四年(630)，在唐軍的全綫進攻下，東突厥宣告滅亡。頡利乞降，唐軍並俘獲投靠東突厥的原隋煬帝蕭皇后。後頡利死，太宗仍贈其為歸義王。累計東突

⓱《資治通鑑》卷193。

厥自武德（618～626）以來，降唐者達數十萬人，唐廷把他們安置在舊夏州（治今陝西靖邊東北白城子）、代州（治今代縣）之地。貞觀四年，太宗又接回去突厥的漢人 8 萬餘口，使之重返家園。「蕃漢非常快活」，「彼此豐足，皆有便宜」。（《冊府元龜》卷 980）太宗朝擔任五品以上官職者，突厥人竟占了半數左右。

50 年後，東突厥餘部復起，史稱「後突厥」。天寶四年 (745)，後突厥白眉可汗為回紇所殺，後突厥汗國不復存在。其後裔西去阿富汗、土耳其等地建國。

後突厥國建國初期，割據性質較明顯。後來至少有 210 人接受唐廷的封官和賜爵，其中封單于者 1 人，特別是毗伽可汗、苾伽骨咄祿可汗和登立可汗時期，與唐關係尤為密切。而隱藏在政治上的隸屬關係背後的，乃是經濟上對中原的依賴性。

西突厥則盡有今新疆及中亞大部分地區，自沙鉢羅可汗叛唐破滅後數十年間，因十姓兩可汗（即阿史那彌射、阿史那步真）內訌、後突厥國的寇侵和別部突騎施的崛起，「遂亡」（《新唐書》卷 215 下）。在西突厥衰亡過程中，曾於武則天天授元年 (690) 十月和唐玄宗開元二年 (714) 九月至次年四月有兩次較大規模的內徙。西突厥別部處月種，唐初居金莎山（今尼赤金山）之陽、蒲類海（今新疆巴里坤）之東，即漢時烏孫故地。境內有大磧（今古爾班通古特沙漠），所以號「沙陀突厥」。五代唐、晉、漢 3 朝，皆為沙陀突厥所建。這 3 個王朝遵循中原地區王朝的傳統模式，由沙陀貴族和漢族上層集團聯合統治，軍隊也是如此，婚姻上沒有禁忌，沙陀人與漢族已經達到相忘相化、不易識別的程度。

在唐代，操突厥語的割據政權，尚有薛延陀、回紇和黠戛斯等。

薛延陀由薛和延陀兩部合并而成，其首領夷男於貞觀二年 (628) 建汗國於鬱督軍山（今杭愛山東支），接受唐的冊封，旋於貞觀二十年 (646) 因與唐關係惡化，為唐所滅。薛延陀存在的時間雖然不長，但它作為唐的帶有一定特點的地方政權，不僅協助唐軍擊潰了驕橫的東突厥，還繼匈奴、柔然、突厥之後再次統一了漠北，對維護漠北地區的相對穩定、進一步密切漠北與中原的關係，是作出了很大努力的。

回紇又稱「袁紇」、「韋紇」等，初為九姓。唐初與僕骨、渾、拔野古、同羅、思結等部結成聯盟。後回紇君長菩薩聯合薛延陀攻打突厥，在馬鬣山用騎兵5000擊潰突厥10萬之眾，因此威震北方。貞觀二十一年(647)，唐太宗在回紇駐牧地區置瀚海都督府，拜大酋長吐迷度為都督、懷化大將軍（647～648 在職），對回紇實行了較為有效的管轄。當時唐在漠北設六府七州，回紇即為其中的一府。唐的目的之一，顯然還在於分散漠北鐵勒部落聯盟，取消回紇的盟長地位。但這實際上也有利於回紇的發展。當年正月，朝廷明詔宣布這項決策，各部首領莫不歡欣鼓舞，回紇大酋長吐迷度當即上奏，請於回紇以南、突厥以北，開一道，稱為「參天可汗道」，以方便於各族與中原的往來，唐太宗馬上答應了下來。「天可汗」是回紇等各部對唐朝皇帝的尊稱，表示唐朝皇帝是各族各部的共主。

回紇軍隊勇敢善戰，摧堅破陣，無不所向披靡。天寶三年(744)，唐玄宗封回紇君長骨力裴羅（生年未詳，卒於747年）為懷仁可汗，回紇汗國正式成立，建牙於烏德鞬山和崑河之間（今蒙古共和國哈爾和林北），其後悉有十一姓⑱之地。轄境東起興安嶺，西至阿爾泰山，最盛時曾達中亞的費爾干納盆地。安史之亂發生後，回紇葛勒可汗（747～759在位）於至德元年(756)八月遣使至靈武（今屬寧夏）朝見唐肅宗，主動要求共赴國難。正當叛軍主力在宛（今南陽）、洛（今洛陽）疲於奔命之際，回紇輕騎直搗安祿山、史思明的老巢范陽（治今北京城西南），有力地配合了唐軍正面戰場上的鬥爭。但與此同時，回紇同羅部眾反唐，深入河曲，不僅嚴重威脅唐的臨時首都靈武，而且也牽制唐的兵力。於是回紇太子葉護率回紇主力，在榆林河北（今呼和浩特西南）一舉大敗同羅軍，消除了唐廷的肘腋之患。「北土不寧，有唐封而固之；中原多難，可汗義而赴之」(《唐大詔令集·冊回紇英武威遠可汗文》)，回紇曾兩次幫助唐收復京城。通過唐與回紇的一段並肩戰鬥的過程，雙方友好關係得到了進一步發展。乾元元年(758)，應回紇之請，唐肅宗將幼女寧國公主嫁給葛勒可汗，這是唐代皇帝首次將親生女兒嫁給邊疆少數民族領袖，充分反映了唐帝國對回紇友好的真誠願望。

當然，後來唐與回紇間，也發生過不愉快的事情。但回紇內部顧大局、識大體之士頗多，雙方終能排除阻力，挽回危局。永泰元年(765)，回紇兵至涇陽（今屬陝西），唐軍主帥郭子儀（華州鄭縣〈今陝西華縣〉人，697～781）免冑解甲拋槍，從容步入回紇軍營，他的誠意感動了回紇將士。更為

⑱ 包括回紇本部「內九姓」和後突厥餘部拔悉蜜、葛邏祿兩姓，見《新唐書》卷217(上)。

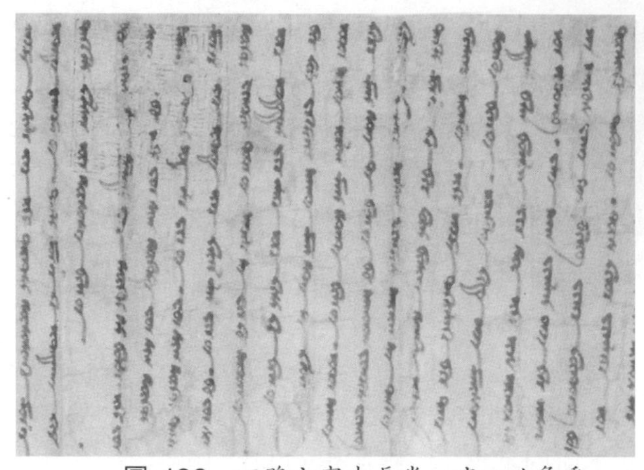
圖 196 回鶻文寫本長卷 唐 吐魯番出土

難得的是，回紇將士顧念舊情，在握手言和之餘，又表示願「擊吐蕃以謝過」，協助唐軍共同對付吐蕃的進犯。回紇合骨咄祿毗伽可汗（780～789 在位）堅信「唐，大國也，無負於我」（《資治通鑑》卷 226），由於他的努力，多次避免了唐與回紇之間可能引起的大糾紛。合骨咄祿毗伽可汗不愧為回紇歷史上的傑出人物。貞元四年 (788)，回紇又請朝廷批准改漢文族名為「回鶻」（取「迴旋輕捷如鶻」之意）。

回紇汗國存在 96 年，13 名可汗中有 12 名接受了唐的冊封。開成五年 (840)，回紇為黠戛斯所破。其部眾一支遷吐魯番盆地，稱「高昌回鶻」；一支遷蔥嶺西楚河一帶，稱「嶺西回鶻」；一支遷河西走廊，稱「甘州回鶻」。這時唐帝國已是強弩之末，但各支回鶻仍與唐保持著友好的關係。北宋初年，甘州回鶻向東部延伸，甚至還到達賀蘭山等地。⑲

回紇人通過軍功賞賜、冊封饋贈、公主陪嫁和互市貿易等途徑，從唐帝國得到大量的財富。中原的物資，特別是紡織品源源不絕地流往回紇，據統計，單是絹一項，回紇本部平均每人每年可得半匹，這在以往北方游牧民族中確實是少有的現象。⑳回紇人清楚地認識到，唐以巨額財富和優厚的物資懷柔他們，使他們得到的實惠，遠比過去匈奴、突厥用戰爭手段求取的多，因此他們非常珍視與唐的友好關係。而回紇拓疆平亂、屢建殊勛的事實，是唐帝國所不能忘懷的，所以對回紇較差的軍紀、偶然的反戈以及巨大的經濟需求，都基本上能做到寬容。正是因為這樣，唐與回紇的友好關係就更加經得起考驗。

當時回紇人所居的地理位置很重要。天寶十四年 (755)，吐蕃占領河西，使唐與西域的往來受到阻礙，因此東西交通綫不得不移到回紇汗國的境內。

---

⑲ 程朔洛：《甘州回鶻始末與撒里畏兀兒的遷徙及其下落》，《西北史地》1988 年第二期。

⑳ 參見《中國北方民族關係史》編寫組《中國北方民族關係史》第 198 頁，中國社會科學出版社，1987 年。

為了使道路暢通，回紇與吐蕃多次交鋒，付出了很大的代價。唐與西北諸族的友好往來，既得力於回紇；而回紇也因此增加了獲得財富的途徑，即向過往商隊作高額的索取，這在過往的商隊來說，大抵也還是受得了的。另外，回紇自身的商業也發展了起來，回紇商人的足跡，遍布於汗國境內、西域和中原。

「契丹舊為回紇牧羊，韃靼舊為回紇牧牛」（王明清：《揮塵前錄》卷4），回紇畜牧業的規模由此可以想見。

就文化現象而言，突厥人拜狼頭纛的風俗，在回紇人中很盛行。敕勒人所用的氈車，回紇人普遍使用。匈奴、突厥遇有大喪，就以剺面表示哀悼，回紇人繼承了這種風俗。回紇人使用突厥文，但又使用粟特文，大約在回紇西遷後，還採用粟特文字母創製了古回紇文。古回紇文是後來契丹小字的源頭，古蒙古人也曾採用過古回紇文字母。回紇人最初信仰薩滿教；寶應元年 (762)，牟羽可汗（759～780 在位）在洛陽接觸到摩尼教，後來摩尼教就傳入了回紇，而且被定為國教。由於經濟的發展，回紇出現了一批草原城鎮，城鎮中還頗多中原風格的建築物，這反映了回紇的經濟文化受到中原的影響。根據文獻記載，當時漢化的回紇人很多，當然也有回紇化的漢人。

黠戛斯，漢代稱「堅崑」，南北朝時稱「結骨」或「紇骨」。原駐劍河（今葉尼塞河）上游。唐太宗於貞觀二十二年 (648)，授其首領失缽屈阿棧為左屯衛大將軍、堅崑都督。黠戛斯自認是西漢被匈奴封為右賢王的李陵的後裔，與唐出於同祖，因此對唐「鄰壤情深，宗盟義重」（李德裕：《賜黠戛斯書（進狀附）——奉宣撰》）㉑。在長期的交往中，黠戛斯的文化深受漢族影響，連有些官職名稱都來自中原，如「宰相」、「都督」等（這方面回紇也一樣）。黠戛斯原來使用的曆法，3 個月為一時，1 年分春、夏、秋、冬四時，用十二屬紀年，這些都帶有中原文化的特色。後來就索性完全使用了唐帝國所頒布的曆法。在攻滅回紇後，於 10～12 世紀，黠戛斯大部遷至天山西部，現在新疆的柯爾克孜族和中亞的吉爾吉斯人，基本上是由黠戛斯人發展而來的。柯爾克孜族的史詩《瑪納斯》，長達 8 部，約 20 多萬行，流傳至今已有七八百年的歷史。

遺存於大漠南北和遷居中原的突厥族系的部眾，後來大多融合於漢族和契丹、蒙古等族中。

---

㉑　《會昌一品集》卷 6。

至於回鶻的西遷，則實際上是中國西北地區後來成為維吾爾等突厥語系的民族聚居地區的最重要的發展階段。嶺西回鶻喀喇汗王朝 (840～1212)㉒詩人尤素甫・哈斯・哈吉甫的長篇敘事詩《福樂智慧》，全詩用突厥語寫成，共 82 章，1.2 萬多行，全面地反映了當時回鶻社會經濟文化發展的水平。與此同時，喀什噶爾人馬赫穆德完成了洋洋大觀的《突厥語辭典》，搜集了大量珍貴的資料，是研究古代突厥人的歷史、語言、文化等方面的很有價值的重要文獻。敦煌發現的回鶻文木活字應屬 12 世紀末葉，最遲不晚於 13 世紀前葉，這批木活字當為世界上現存最早的木活字實物。回鶻的織金工藝很有特色，並於宋代傳播到中原地區。12 世紀中葉，契丹支裔耶律大石進入新疆，征服了高昌回鶻汗國。等到後來蒙古勢力崛起，元太祖四年 (1209)，高昌回鶻歸順於成吉思汗，《元史》稱「畏兀兒」，「畏兀兒」即「維吾爾」之音轉。畏兀兒因很早就主動依附蒙古，其首領巴而木・阿而忒・的斤，成吉思汗使與諸皇子齒，列第五，並許嫁以皇女也立安敦，故有元一代，畏兀兒人的地位很高。

元代畏兀兒人主要聚居在以哈剌火州（今吐魯番）和別失八里（今新疆吉木薩爾）為中心的今新疆東部地區。在畏兀兒人中，可以清楚地劃分出地主、自耕農、佃農等階級。水對經管農業的畏兀兒人來說，等於是命根子，所以水利權是由官府壟斷的。畏兀兒的亦都護，擁有世襲的統治權，畏兀兒人除向亦都護納稅外，還要向大汗和諸王納稅。畏兀兒首府哈剌火州後來雖屬察合台汗國，但仍有義務向朝廷貢獻葡萄酒，年年不斷，訂有長例。畏兀兒人用實物和貨幣繳納賦稅，其中，主要是實物稅，尤以葡萄和酒為最常見。

畏兀兒族以擅長種植葡萄、瓜果、棉花著名，使用的農具也較複雜，如菜園、葡萄園用月鋤耕耘，大田用犁耕；收穫莊稼用鐮刀，割草則用大鐮刀。天山南北乾旱少雨，畏兀兒族的水利事業也頗能因地制宜，如把融化的雪水從天山引出，人工挖掘城河，又利用地下水，修築坎兒井來灌溉田園。畏兀兒人善於用金、銀、銅、鐵等金屬製造工具和器物，能生產布、帛、絲等各種紡織品。葡萄酒是畏兀兒的特產，玉也是畏兀兒的特產。畏

㉒ 該王朝統治者自稱「桃花石汗」，意即「東方與中國之王」，後來分為東、西兩部，東部亡於喀什噶爾貴族的暴動，時在元太祖六年 (1211)；西部亡於花剌子模的占領，時在元太祖七年 (1212)。

兀兒還出產硇砂，可以鞣皮、作藥物。此外，藥用和食用鹽、紅鹽、星礬、琥珀、金剛鑽、瑪瑙、翡翠、珍珠等，畏兀兒也都有出產。畏兀兒人除使用陶器外，還製造瓷器和玻璃器。印刷業也是畏兀兒的一項出色的手工業，畏兀兒刻印佛教、摩尼教、景教、祆教㉓等文書和典籍，有畏兀兒、漢、梵、西夏、藏、蒙古、突厥、敘利亞、波斯等至少 17 種文字。畏兀兒的城市建築也已有相當規模，哈剌火州故城在今吐魯番市東約 20 餘千米，城牆用夯土築成，高 16 米，城周約 5 千米。全城分外城、內城和宮城，布局略似唐代的長安。畏兀兒有許多商人到世界各地去做生意，棉布、馬、駝、葡萄酒、葡萄乾和玉是他們經營的主要商品。

畏兀兒人原來信仰摩尼教，西遷以後，又接受了當地早已盛行的佛教；還有景教、祆教也在畏兀兒人中傳播。早在北宋建隆元年 (960)，嶺西回鶻就有 20 萬帳皈依伊斯蘭教。元末，察合台後王改奉伊斯蘭教，其他宗教被排斥，畏兀兒人也信奉了伊斯蘭教。由於畏兀兒語和蒙古語同屬阿爾泰語系，而蒙古文又是畏兀兒人塔塔統阿採用畏兀兒字母所創造，所以畏兀兒人比其他民族更容易掌握蒙古的文字，元代掌管「譯寫一切文字及頒降璽書」的蒙古翰林院，擔任翰林學士承旨等要職的主要是畏兀兒人。14 世紀初，畏兀兒國師搠思吉斡節兒著論述蒙古文語法的《心箍》一書，為奠定蒙古文的正字法和正音法作出了貢獻。畏兀兒人曾主持編寫蒙古宮廷的實錄，參加纂修《遼史》和《金史》。畏兀兒文士貫雲石 (1286～1324) 精於用漢文寫作詩詞，浙江海鹽的歌調海鹽腔就是由他傳授發展起來的。畏兀兒學者也鑽研漢族傳統的科學技術，並有農學和醫學著作傳世。

內地西瓜和陝甘地區北路棉的種植技術，應當溯源於畏兀兒族。雖然葡萄和葡萄酒中原早先就有，但山西太原、平陽（治今山西臨汾）一帶成為葡萄乾、葡萄酒和燒酒的著名產地，卻是與畏兀兒人的傳授分不開的。因為在元代，察合台系宗王兼有西北和太原、平陽一帶兩處封地，太原、平陽的葡萄戶在技術上受畏兀兒的指導。至於內地交流給畏兀兒人的，則多為糧食作物的種植經驗。畏兀兒人以瓶取水，提水量有限。漢人傳授中

㉓ 瑣羅亞斯德教 (Zoroastrianism) 的舊譯。該教傳習《波斯古經》，要求人們棄暗投明，從善避惡，認為火是光明和善的代表，故以禮拜聖火為主要儀式。約在 6 世紀初隨粟特商人的足跡傳入中國。唐武宗會昌滅佛，該教亦在被破除之列，但歷五代至兩宋之際，汴梁（今開封）和鎮江一帶仍有信眾活動，畏兀兒地區情況就更特殊一些。

原的汲器，提水灌溉也就方便得多。㉔

元代畏兀兒族農學家鐵柱，著《農桑衣食撮要》，「分十二月令，件繫條例……使種藝斂藏之節，開卷了然，蓋以陰補《農桑輯要》所未備」(《四庫全書總目提要》「子部・農家類」)，刻印於元仁宗延祐元年 (1314)，要言不煩，極便於民間應用。

明代畏兀兒族地區經過了 200 多年的分散割據，最後才逐步統一於喀什噶爾汗國政權下，統治者仍是蒙古察合台的後裔。值得注意的是，這時的蒙古察合台的後裔們已經畏兀兒化了。喀什噶爾汗國，因都葉爾羌（今新疆莎車)，故又稱「葉爾羌汗國」。

清代維吾爾（元、明通譯「畏兀兒」）族在漢文字著作中，稱「回部」、「回子」、「回人」等，主要聚居在天山南路；康熙十七年 (1678) 後，開始接受厄魯特蒙古準噶爾部的殘酷統治。乾隆二十年 (1755)，清廷出兵解決了準噶爾的問題。乾隆二十二年 (1757)，維吾爾族反動勢力大、小和卓木兄弟波羅尼都和霍集占發動暴亂，旋被平定。乾隆二十七年 (1762)，清政府在惠遠城設伊犁將軍，下轄都統和參贊大臣、辦事大臣或領隊大臣等分駐烏魯木齊、塔爾巴哈臺（今新疆塔城)、喀爾喀什（今喀什)、葉爾羌等地，負責天山南路的駐防。同時在喀什噶爾等 8 城設阿奇木伯克總管各項事務，伊什罕伯克副之，下面還有分管地畝、糧賦、司法、治安、水利、商業、宗教的伯克和各級伯克。嘉慶二十五年 (1820)，生長於浩罕國㉕的大和卓木的孫子張格爾在浩罕統治者的唆使下，率叛軍竄入天山南路，以後不斷到邊界進行騷擾。道光六年 (1826)，叛軍占領喀什噶爾等地。次年，清軍粉碎了這次叛亂，張格爾被押解北京正法。在上述兩次變亂中，維吾爾族人民深明大義，對維護中華民族的團結和國家主權作出了重大貢獻。㉖

維吾爾族語言屬阿爾泰語系突厥語族西匈語支。

維吾爾族的《阿凡堤故事》，發端於 13 世紀前半葉，經過在信仰伊斯蘭教和通用突厥語的各民族間的不斷流傳、豐富和發展，到清代，阿凡堤留著長長的鬍子，戴著大包頭，穿著條紋長袍，騎著小毛驢的詼諧、幽默、

㉔ 李志常：《長春真人西遊記》卷上。

㉕ 為烏茲別克人於 18 世紀初所建封建汗國，地處中亞費爾干納盆地，光緒二年 (1876)，俄羅斯軍隊在斯珂培萊夫統率下將其攻滅。

㉖ 參見魏源《聖武記》卷 4。

滑稽的形象，已日益跨越廣泛的空間，成為國內外眾多人們的良師益友。維吾爾族的民間歌舞套曲《木卡姆》，共有12套，全部連續演唱需要20多個小時，可以溯源於4世紀時對中原地區的音樂、舞蹈乃至後世的詞曲、戲劇都發生過深遠影響的西域龜茲樂、高昌樂、伊州樂、疏勒樂和于闐樂。[27] 維吾爾族依山傍崖的石窟裏保存下來的大量古代彩色壁畫，為研究古代西域的民族、文化和經濟提供了寶貴的形象資料。

維吾爾族編織的著名的和田地毯，富有彈性，防蛀防潮，十分耐用。喀什噶爾地區的印花土布，質地柔軟，印有精美的花卉植物和幾何圖案，利用當地出產的靛藍、茜草、梔子等染色，久洗而不褪。

維吾爾族肉食以牛羊肉為主，其宴會總以多殺牲畜為敬，主食以麵食中的乾饃和米食中的抓飯著稱，飲料以馬奶酒為上品。

維吾爾族的美麗的穹窿建築，小型的可直接建在方形的土坯牆上，較大型的就把土坯牆改為單拱肋，再大時常用抹角的辦法使方形牆變成八角形、十六角形或三十二角形，以便與圓形接近。在砌法上，要求每層的水平方向都是正圓，垂直方向能鬥合即可，不一定成正圓。在用單拱肋承重時，拱角處常加圓形的墩子以增加剛度抵抗推力，這種墩子在外形上就構成了伊斯蘭教特有的建築形式。民間住宅多為平頂，有天窗或屋頂花園，室內設火爐和壁龕。遵照伊斯蘭教的習慣，維吾爾族住宅的大門忌向西開，因為伊斯蘭教的聖地在西方。維吾爾族愛好種植果木花草，普通人家都有庭院，主人喜歡在庭院裏用葡萄和哈密瓜招待客人。花帽、袷袢和連衣裙是維吾爾族典型的民族服裝。花帽中的「奇依曼朵帕」色彩斑斕，鮮艷奪目，多為青年人所選用；另有一種「巴旦姆朵帕」則比較淡雅素淨。袷袢是無領無扣寬袖的男子長外衣，腰繫帶子，胸前可存放食物及零星用品。連衣裙外罩緊身背心，是女子專用的。婦女喜歡的裝飾品有項鏈、耳環和戒指。維吾爾族人敬老，走路讓老年人先走，說話讓老年人先說，坐席請老年人坐上座。

---

[27] 參見鐵木爾・達瓦買提《東方音樂文化的一大奇迹——論維吾爾十二木卡姆》，《光明日報》1999年12月23日。

# 第三十七章

# 吐蕃和南詔

## 第一節　吐蕃

唐代漢族稱藏族為「吐蕃」。《新唐書》卷216（上）云：「吐蕃本西羌屬，蓋百有五十種，散處河湟江岷間，有發羌、唐旄等，然未始與中國通，居析支水（黃河上游）西。祖曰鶻提勃悉野，健武多智，稍并諸羌，據其地。蕃、發聲近，故其子孫曰吐蕃。」是吐蕃為古代西羌的一部分遷入西藏後所形成，發羌是吐蕃的祖先。應當認為，這話只說對了一小半。事實上，卡若文化以及西藏地區其他新石器文化乃至舊石器文化的發現，說明吐蕃的祖先，另有古代藏區土著居民的成分，❶古代藏區的孟族、發羌、唐旄，還有越嶲羌（牦牛部），都是吐蕃的直接族源；並且吐蕃之名與發羌無關。

鶻提勃悉野即第一代藏王聶赤，無疑出自吐蕃本土，❷他七傳至止貢，止貢之子布德貢甲，始建窣勃野吐蕃。包括聶赤在內，自此而「七天座王」，而「中二丁王」，而「六地善王」，而「八德統王」，而「五贊王」，到赤業松贊、卓業德烏、達日業斯、朗日松贊，共是32代贊普。❸「中二丁王」標誌著西藏原始社會的開始解體，「五贊王」標誌西藏已發展到奴隸制社會。

朗日松贊在位60餘年，由於他的經營，西藏山南諸部落趨於統一，「贊普」（意為雄強丈夫）正式成為吐蕃國王的尊號。

到了7世紀前半葉，第三十三世贊普棄宗弄贊——即松贊幹布（生年未詳，卒於650年），將國都從山南的瓊結遷到原蘇毗政權的根據地邏些（今

---

❶ 參見何耀華《古代羌人與藏區土著居民的融合》，《中國藏學》1988年第三期。

❷ 參見哈白・次旦平措《聶赤贊普是蕃人》，《西藏研究》1986年第四期。

❸ 藏文史書中有關吐蕃先王世系的記載十分豐富，這裏根據敦煌出土的P.T. 1286號中的《贊普世系表》。

拉薩），挫敗蘇毗的復國活動，攻滅羊同，臣服多彌、白蘭、党項等部，統一了整個今西藏地區、青海南部、四川西北部。他用每年一小盟、3 年一大盟的方式來緩和統治集團內部王族（稱為「論」）和宦族（稱為「尚」）之間的矛盾，並使大相（即宰相，又稱「大論」）職位為王族所確保，規定事無大小，必出於大相，然後報請贊普批准後執行，從而鞏固了王權。後來松贊幹布還進一步在大相之外，增設「宰相同平章事」若干名，與大相共掌軍政和民政。同時把全國分為 4 個如，每如分為上下兩分如，每個分如各有 4 個千戶所，每個如又各有 1 個下千戶所。此外，另有 4 個禁衛軍千戶所分鎮 4 如。這些行政組織實際上就是軍事組織。松贊幹布並且頒布法律，還注意發展經濟，更創製了吐蕃文字。這些措施，有力地推動了吐蕃奴隸制國家臻於強盛。

吐蕃文字共 30 個字母，都是輔音，利用輔音重疊或在輔音上加注符號的方法構成重輔音，另外又有 4 個元音符號，加在字母上下，用以拼寫藏語。

松贊幹布死後，大相祿東贊專掌國政，龍朔三年 (663) 滅羌族大國吐谷渾，完成了羌族各國的統一。至唐高宗調露二年 (680)，吐蕃的勢力已向東北擴展到甘隴之南，東接四川，東南及雲南西北部，不但進入半農半牧地區，甚或進入農業地區，而與唐帝國展開了激烈的爭奪。後來西部四鎮（龜茲鎮，在今庫車；于闐鎮，在今和田；焉耆鎮，在今焉耆；疏勒鎮，在今喀什）雖曾為唐所收復，今青海、甘肅南部，川西的部分地區和雲南的西北部，則長期在吐蕃的管轄下。「漢魏以來，西戎之盛，未之有也。」（《舊唐書》卷 196 上）

吐蕃進入雲南西北部之後，就在今雲南香格里拉縣西南塔城關修築鐵橋城，設神川都督府。天寶十年至十三年 (751～754)，雲南南詔地方勢力反唐，吐蕃即從神川都督府出兵幫助南詔，此後又以神川都督府為據點對南詔進行控制。從貞元十年 (794) 起，南詔反過來與唐結成聯盟，對吐蕃發起了一系列主動出擊，加上內部奴隸不斷起義，吐蕃國力逐步下降。在五代和兩宋，原吐蕃統治下的藏族地區陷於分裂。

吐蕃松贊幹布非常愛慕唐的文化，貞觀八年 (634)，他派出第一批使者訪問長安。貞觀十四年 (640)，他命忠於職守的大相祿東贊攜黃金 5000 兩、寶物珍玩數百件來長安（今西安）向唐太宗求婚。第二年，唐宗室女文成公主（生年未詳，卒於 680 年）出嫁到吐蕃。自此松贊幹布以唐室子婿自居，為了照顧文成公主的生活習慣，他「別築城郭宮室而處之」，自己還改服漢族的「紈綺」。(《資治通鑑》卷 196）貞觀二十二年 (648)，唐使臣王玄策赴中天竺，適逢中天竺發生叛亂，王玄策逃到吐蕃西境，松贊幹布立即派出精兵由王玄策率領前往中天竺，迅速平定了叛亂。貞觀二十三年 (649)，唐高宗即位，授松贊幹布為駙馬都尉，封海西郡王。松贊幹布欣然表示接受，並致書唐的顧命大臣長孫無忌等，重申願盡臣屬的義務。松贊幹布有誠意對唐和好，又派遣貴族子弟赴長安入國學，並且聘請唐人掌其表疏，為漢、藏民族的友好交往樹立了典範。

文成公主很有才能，她熟讀經史，通達禮儀，虔信佛教，入藏時，帶去不少有關醫藥和生產技術等方面的書籍，還有穀物、蔬菜（蕪菁）種子以及手工業製造品。更有一支人數眾多的隨從隊伍，其中包括公主奶媽一家，公主的官屬、侍女、衛士和其他專業服務人員，他們是最早進入西藏高原的內地漢族人。當時吐蕃還沒有曆法，以麥熟為一年的開始，文成公主就開始推行曆法。唐又不斷送去蠶種，派去養蠶、釀酒、製碾磨和造紙墨的工匠，支援吐蕃發展各項手工業生產。吐蕃的農業本來比較落後，漢族農業技術傳入後，開始挖畦溝，大大提高了產量。內地贈送的水磨，深受吐蕃人歡迎。文成公主和她的侍女們還把紡織和刺繡技術傳授給了吐蕃婦女。

西藏高原著名的「唐柳」，又叫「公主柳」，也是文成公主帶去的，祖本為唐太宗徐惠妃折贈文成公主的長安灞橋柳。

繼文成公主之後，景雲元年 (710)，唐金城公主（生年未詳，卒於 739 年）又出嫁吐蕃。開元十九年 (731)，金城公主派專使來請《毛詩》、《禮記》、《左傳》、《文選》各一部。這些詩書的傳入，對吐蕃的語文乃至整個文化發展起了決定性的作用。據傳此時吐蕃的文物制度，多從唐制，漢文、漢語，亦頗盛行。由此可以知道，漢藏語所以構成一個語系是有其歷史淵源的。開元二十一年 (733)，金城公主還促成唐、蕃雙方在赤嶺（今青海湟源日月山）立碑分界。

從松贊幹布在位的時期起，佛教開始傳入吐蕃。吐蕃原來流行的宗教是本教，本教與漢族地區的原始巫教頗為相似。松贊幹布先娶尼泊爾赤貞公主，再娶唐宗室文成公主，正是這兩位公主把佛教帶到了吐蕃。松贊幹布為兩位公主分別建造了惹摩伽寺和大昭寺，他還組織力量，用藏文翻譯佛經。但終松贊幹布之世，吐蕃還沒有出家的人。後來赤熱巴金（約 815～838 在位）繼任贊普，王室興佛才達到頂點。僧人參預吐蕃政治，大小朝政由佛教上層人士決定。行政制度也以佛教經律為準則。還規定了 7 戶百姓供養 1 個僧人的政策，對於侮慢佛、法、僧三寶的人，處以重刑。

赤熱巴金的極度崇佛，引起了本教勢力的不滿，唐文宗開成三年 (838)，本教貴族縊殺了赤熱巴金，擁立達瑪執政。達瑪在位 5 年，大事滅佛，佛教尤其是顯宗受到極其沉重的打擊，吐蕃佛教前弘期終結。

達瑪滅佛後，吐蕃王朝土崩瓦解。10 世紀末葉，在各地割據勢力的扶植下，佛教在吐蕃再度復興，是為藏傳佛教的後弘期。吐蕃王朝後裔拉薩王系的察那意希嘉參於北宋太平興國三年 (978) 派人前往多康（今西寧地區）求法取經，這一年，被佛教徒定作後弘期的開始。關於後弘期佛教的基本情況，因本書「宗教」編已有介紹，茲不贅。

吐蕃有尊崇貴族的傳統，「緒出贊普之後」（《宋史》卷 492）的唃廝囉 (997～1065) 為眾所擁，在北宋大中祥符八年 (1015) 建立唃廝囉政權。旋移首府至青塘（今西寧），受宋封為「保順、河西等地節度使」（《宋大詔令集》卷 239）。其子孫歷受宋封，政權延續約百年。唃廝囉製造的甲冑十分精良，沈括《夢溪筆談》卷 19 有記載。

元代藏族的書面記錄名稱仍作「吐蕃」；明代作「西蕃」，稱藏族主要聚居區的西藏為「烏思藏」，而稱雲南西北部的藏族為「古宗」；清代稱西藏的藏族為「藏蕃」，因其地在西部，所以稱為「西藏」。直至近代，藏族居住在後藏地區的人自稱「藏巴」，居住在前藏地區的人自稱「衛巴」，居住在阿里地區的人自稱「兌巴」，居住在昌都地區的人自稱「康巴」。另外各地藏族還有許多自稱，如居住在西藏北境和四川西北部、甘肅南部、青海地區的人自稱「安多娃」。稱藏族，乃是取藏巴而統稱其全體。

元代把過去分裂的藏族地區統一在中國的版圖內，中央設宣政院，下轄三道宣慰使司都元帥府，直接進行管理，並封宗王分鎮，帝師統領。明代對藏族地區原有土司予以重新襲官授職，而且繼續執行元代利用喇嘛進行統治的政策，但不再獨尊薩迦派。清代在全國統一的形式下，進一步使地主制封建中央集權與西藏地方自治結合了起來，有利於西藏政局的穩定。

元、明、清 3 代，西藏的土司衙門，多係漢官和藏官參治，元代宣政院由西藏大喇嘛主持，明、清大規模的朝貢與賞賜，以及茶馬互市等，都大大加強了藏族與內地及其他各地民族間的接觸。西藏董卜韓胡土司向明廷請求詩書，河州（今甘肅臨夏）藏民耕種漢族土地，闡化、護教、贊善諸王與朵甘諸藏族修建康、藏間的驛道，這些表明了漢、藏民族關係的融洽。當時人們頻繁往來於從四川、青海、雲南和南疆進入西藏的幾條大道上，沿途形成了不少城市，如清代的打箭爐（今四川康定），為「漢、夷雜處，入藏必經之地，百貨完備，商務稱盛」，「常年貿易不下數千金」。（《清稗類鈔・農商・打箭爐商務》）

分布在各地區的藏族，都是既從事農業，又經營畜牧業的。在青海一帶，則有一部分藏族直到清代仍然較多地從事畜牧業。從甘、青經川西至西藏，乃至雲南西北部的藏族地區，在政教合一或政教結合、土地大體上不能買賣的政治體系下，上層喇嘛、地方政府官員和原來的部落首領成為封建領主，廣大勞動人民相應做了農奴。而清代所謂「臭古宗」，在這一部分藏族中，顯然還出現了靠從事商業活動而富裕起來的地主階級。清人余慶遠《維西聞見錄》稱其「善治生，甚靈慧，耕耘之暇，則行貨為商，所製鋈銀、鐵器精工，雖華（漢族）亦不能為」❹。

藏族格魯派僧侶嚴格執行禁婚制度，據 18 世紀中葉的統計，藏族共有寺院 3477 座，僧侶 31.6230 萬人，幾乎每戶都有人出家，這些人都是禁止婚姻的。❺而西藏地區流行的婚姻形式，則有一夫多妻制、一妻多夫制，極重門戶，否則寧可送入寺院，這是貴族的婚俗。至於民眾，通常都是過著一夫一妻的生活。另外，還存在雜婚現象。

元初藏族學者布頓 (1290～1364) 整理大藏經，編纂《語寶目錄》，分為：《教說（一稱「教藏」）翻譯》，即《甘珠》；《論著（一稱「論藏」）翻譯》，即《丹珠》。藏語「甘」，意為教，「丹」，意為論，「珠」，意為翻譯。《教說》是佛講說的記錄，《論著》是菩薩發揮經義教誡信徒的議論。布頓對於《論著》的解釋分析特別詳細，其中屬於「聲明」的《波膩尼經》、屬於「醫方明」的《八分心要論》、屬於「工巧明」的《煉金論》，對西藏的文學、醫藥衛生和工藝等各方面都起了一定的推進作用。

藏族醫學很發達，在中國古代少數民族中是最突出的，本書「科技」編已經作過介紹。而清代康熙二十八年 (1689)，西藏刊印了桑傑加措編著

❹ 轉引自尤中《中國西南民族史》第 588 頁，雲南人民出版社，1985 年。

❺ 《聖武記》卷 5。

的《藍琉璃》，這是藏醫名著《四部醫典》的注釋本。康熙四十三年 (1704)，又出現了包羅藏醫學全部內容的彩色掛圖 79 幅，則也是醫學史上的創舉。在《藍琉璃》和彩色掛圖中所描述或描繪的人體結構，如動脈、靜脈等血液循環系統、神經系統及各器官，都大體上與實際相符。

藏族自己系統的歷史著作，如《布頓史》，其內容為佛教歷史的敘述；如《青史》，其內容雖以佛教為重但兼及藏族與其他民族間的政治、軍事關係。又如《藏王世系明鑒》，其敘述的年代，從西藏史前到元末；《西藏王臣記》，其敘述的年代，從西藏史前到明末。這兩部歷史著作，內容主要為政治人物和大喇嘛的活動事跡。

藏族曆法，大抵「繞迴」紀法同於漢族夏曆的干支周甲紀法（藏以陰陽五行代替天干）；而紀月則用「胡曆」。❻所謂胡曆，小月、大月、閏月基本上仍與夏曆相同，亦用干支紀法，只是兩者往往相差 1 月，如藏曆正月值夏曆二月，此或與邊地氣候有關。

此外，以藏傳佛教為中心內容的建築、雕塑、印刷和酥油花藝術，也很有成就。拉薩布達拉宮是世界聞名的雄偉建築物，它於 7 世紀時依普陀山建成，高達 178 米，共 13 層，東西長 400 餘米，牆厚 3～5 米，全部用紅白相間的條石壘砌。群樓重疊，氣勢雄偉。宮內有廳、堂、殿、室共 2000 餘間，金碧輝煌，又有許多獨具風格的壁畫。始建於唐太宗貞觀二十一年 (647) 的拉薩大昭寺，供奉著松贊幹布和文成公主的塑像。

圖 197　拉薩布達拉宮

宋末元初蒙古貴由汗二年 (1247)，薩迦派薩班——即薩斯伽班智達公哥監藏 (1182～1251) 應闊端王子代表汗庭之邀到西涼（今武威），商議烏思藏地方歸附蒙古國事宜，後來依照畏兀兒文創製蒙古字。忽必烈當政，薩迦五世祖八思巴依據藏文字體，創製方形蒙古字。❼後來元成宗時，又命

❻　參見黃明信、陳久金《藏曆的原理與實踐》第 306 頁，民族出版社，1987 年。

薩迦喇嘛搠思吉斡節兒依據薩班創製的蒙文，稍加增訂，通行起來。新、舊蒙古文字的創製，均出於西藏喇嘛之手，可見藏族文化對蒙古文化的影響之大。

藏族語言屬漢藏語系藏緬語族藏語支。

藏族著名的長篇史詩《格薩爾王傳》是群眾創作，可能形成於元代，已被譯成許多民族的文字，卷帙之多，為世界文學所僅見。西藏詩學在元初已正式建立。17 世紀後半期，藏族的詩歌文學逐漸發展起來，形式有山歌、鍋莊、絃子、雜曲數種。第六世達賴桑央嘉措（1683～1707 在世）受到不被承認的歧視，所作多是富於反映下層民眾願望的現實主義篇章，後來廣泛流傳於藏族社會。藏族的雜曲擁有一些專門的詞彙，具有特殊的格調，婦女們特別愛唱，歌詞可以隨口編出，來表達自己的所思所想。小說文學《猴鳥的故事》，反映民族反壓迫的鬥爭，是清代的作品。

藏族人民的舞蹈，是與他們的歌唱密切聯繫著的。鍋莊、絃子和雜曲多是集體的歌舞表演。年終跳神，秋中演劇，也都是歌舞的重要形式。

藏族民間的傳統畫「唐卡」，又名「卷軸畫」，多畫在棉布和綢子上面，也有用針綫繡成或用絹編成甚至用珊瑚、珍珠、翡翠綴成的。唐卡內容上又分黑、紅、藍 3 種，黑唐卡大都描繪佛教降妖鎮魔的故事，紅唐卡描繪理想人物的活動場面，藍唐卡則描繪世俗生活。

早在唐代，吐蕃的金器就以美觀、珍奇及其精良的工藝著稱於世，贊普們貢獻給唐廷的禮品，最為奪目耀眼的莫過於一件又一件的大型黃金製品。例如唐顯慶二年十二月（658 年初），松贊幹布之孫芒松芒贊（650～679❽在位）上貢給唐高宗的一座精工製作的金城，城上飾有獅、象、駝、馬、原羝等，並有人騎，即受到史家的一再艷稱。

藏族日常生活中使用的坐墊、靠墊、拜墊、馬鞍墊等，都是羊毛編織的，色彩鮮艷，多有花卉圖案，式樣應有盡有。

藏曆年初一，男女老少見面都要互道「扎西德勒」（吉祥如意）、「洛薩爾桑」（新年好），家家戶戶都要擺設 2 寸多高的青苗、「竹素琪瑪」（五穀斗，斗內裝滿用酥油拌成的糌粑、炒麥粒、炒蠶豆、人參果等食品，上面

---

❼ 《佛祖歷代通載》卷 21 引王磐《拔思發行狀》。

❽ 王森《西藏佛教發展史略》則記芒松芒贊卒於676年，見該書第 5 頁正文、第 22 頁附表，中國社會科學出版社，1997 年。

還插有麥穗和其他裝飾）以及花式繁多的「卡賽」（油炸果子）之類，這些都有預祝豐收的意義。年初一是家人團聚的日子，過了年初一，才開始走親訪友，互相拜年。

在藏族家庭中，婦女地位較高。

藏族農業地區的住房，多是用磚石砌成的平頂房屋，牆壁很厚，適應高原氣候的寒冷乾燥；屋頂用當地特有的「亞哎」土抹成，這種土富有黏性，捶平以後屋頂平滑而又堅固，可供曬糧食用。貴族通常住樓房，承重大都為木構架，室內陳設華麗，天花板上掛著華蓋。牧民住的帳房，不同於蒙古包的圓形，而是長方形或橢圓形的，帳房用黑色的牦牛毛織成的氈子覆蓋，所以有「黑帳房」之稱。帳房便於遷徙流動；半永久性的帳房，還常常用草皮或牛糞在四周壘成矮牆，以遮避風力。藏族家門口，如果插上樹枝或倒立木杆，表示家裏有人生病或婦女生育，忌諱客人進入。藏族男子穿無領、無扣、右開襟的長袍，袖筒長出手面 10 多釐米，穿時將衣服頂在頭上，腰間束長帶，然後伸出頭來，衣服就自然地在胸前形成一個凸起的口袋，可以放日常用品。晚上解開腰帶，長袍正好蓋住全身。婦女亦穿長袍，但在領沿、袖口、下襬鑲以紅、黑、綠色的寬邊，或以裘皮鑲邊。藏族婦女的彩色圍裙，藏語叫「邦單」，鮮麗奪目。婦女們愛將頭髮結成許多小辮，然後再紮成一條或兩條大辮子，胸前喜歡掛寶石、珊瑚、玻璃珠等飾物。婦女胸前掛的金銀小盒「格烏」，內裝小佛像等神物，以為護身符之用。糌粑和酥油茶是藏族溫飽人家每天必不可少的食品，糌粑是炒熟的青稞面用茶水或酥油調和後捏成的團狀食物，酥油茶是濃茶、酥油和鹽攪拌而成的飲料。

清代在藏族地區聚居的，尚有門巴族，主要分布在今西藏自治區南部；珞巴族，主要分布在今西藏自治區東南部；羌族，主要分布在今四川省阿壩藏族、羌族自治州境內。門巴族婦女以白色氆氌（羊毛織品）作圍裙，在背上披一塊小牛皮，據說這是為了紀念文成公主，相傳文成公主進藏時，就是背披牛皮的。珞巴族嗜辣，喜煙酒，夏季飲酸奶，採用 10 和 20 進位制，有自己的度、量、衡。羌族尚白，崇拜白石；擅長砌石牆，近代以前，所住房屋都用石頭砌成，所壘石碉，歷經上百年的風雨而不會倒塌。

## 第二節　南詔

中國古代西南地區，青銅器的使用相當普遍，而尤以銅鼓最具特色，其鑄造之精，雕鏤之美，圖案之豐富，均世所罕見，此即所謂「銅鼓文化」。目前已知中國早期銅鼓產生於春秋初年，直到秦漢時代，集中分布在今雲南中部和全省，北及四川南部，東至貴州、廣西，進入湖南、廣東境內。在古代，這一地區及其周邊各族聚居，「羣蠻種類，多不可記」（《新唐書》卷 222 下）。歸納起來，主要可以分為氐羌系統部落、百越系統部落、百濮系統部落和苗瑤系統部落 4 大群體。

古代氐羌部落源於先秦西戎部族集團。堯、舜時曾融合遷居今敦煌附近三危山一帶的三苗，❾夏代的崑崙、析支、渠搜，商代的崑夷、氐羌，周代的眾戎和氐羌，都是西戎的成員。西戎本來居住在黃河上游及其以西以北地區，過著游牧生活。後來西戎中東遷或居住中原者，春秋戰國時代逐漸融合於華夏族；北遷的西戎，融合於匈奴；另有南遷的一支，則翻過大雪山和邛徠山脈，除發羌和唐旄外，進住今川西和西藏東部的，為牦牛種越巂羌；進住今川北的，為白馬種廣漢羌；進住白龍江流域的，為參狼種武都羌。有一部分還進住到成都平原及其周圍地區生息繁衍，經營農田桑麻，與苗瑤的一支一道，都融合到古蜀族中。今四川省廣漢市境內的三星堆是距今 5000～3000 年之間的古蜀國的中心遺址。此地在 3000 年前曾相當繁榮，並形成了一條連接波斯、埃及等國的國際通道，這條通道比著名的南絲綢之路還早 1000 多年，既迎來了朝聖者，也迎來了世界各地的商人，孕育了燦爛而又獨特的三星堆文明。古蜀文化以小平底陶罐、高圈足盆、鳥頭把勺、高柄豆、圈足盤為典型器物。❿所謂「巴有將，蜀有相」（《華陽國志・巴志》），蜀人溫良精敏。在蜀族中，神仙故事特別流行，故後來道教發源於蜀地。

漢代氐、羌承先秦氐、羌而來，形成了許多支系。漢武帝元鼎六年（公

❾ 《後漢書・西羌傳》。

❿ 三星堆文化的前身是距今 4000～5000 年的寶墩文化，其後則發展成為金沙文化，遺址發現於今成都市西郊金沙村，離三星堆遺址不遠。金沙器物有一部分表現了尋求細緻和精美的創新，但大體上仍保留著三星堆文化打造龐大和壯美的激情。

元前 111），司馬遷奉命前往西南地區考察，他自今四川西昌地區行至今雲南大理地區，從文化上著眼，把居住在這一帶的民族分為 3 大類：夜郎、滇、邛都等，屬於農業文化；巂、昆明等，屬於游牧文化；徙、筰都、冉駹等，屬於農牧兼營文化。他認為「皆氐類也」（《史記・西南夷列傳》），當然夜郎不是。⓫晉代這裏的氐羌民族有僰、叟、摩沙、昆明等。其中僰族為羌種，⓬居住在滇中一帶，東北從僰道縣（今宜賓）往南至今雲南的紅河哈尼族、彝族自治州，同漢族的交往最早，關係最密切，經濟、文化發展水平也最高，在公元前 5 世紀左右曾建有滇國。這些民族除了有自己相對的集中居住地外，彼此又交錯雜居，不斷分化和組合。南北朝以降，有白蠻、烏蠻、和蠻（河蠻）、盧蠻（即施蠻、順蠻）、摩些蠻和尋傳蠻等。而白蠻，實際上是遷入雲南定居的漢族與原來的僰族、叟族融合而成的。白蠻分東、西部，東部在今滇池周圍地區，西部在今洱海周圍地區。

古代百越部落源於先秦南蠻部族集團。夏、商、周三代，夏時卉服島夷、有苗（三苗）、和夷、裸國，商時荊蠻、庸、濮（非百濮）、蜀、髳、微、越，周時荊蠻、越、閩、庸、濮（非百濮）、巴、蜀、僬僥等，皆為南蠻。秦和西漢初年，「越有百種」（《呂氏春秋・恃君覽》高誘注），「百越」為越族各部的總稱。其文化特點主要是斷髮紋身，契臂為盟，多食海產，巢居，善使舟及水戰。古越族本來分布於今江西、皖南、蘇南、浙江、福建、兩廣及越南、雲南的局部地區，他們中的先進部分，在春秋戰國時代有吳、越等國。「越」之名，由於越王勾踐的強大而始著。戰國初年越滅吳、戰國後期楚滅越之後，越族的一部分就被融合於楚人和華夏族了，大部分作為百越或揚越繼續存在、發展。秦漢時代，百越有居住今浙江永嘉縣一帶的東甌、居住今福建閩江流域的閩越（後改稱「東越」）、居住今兩廣地區的南越，以及分布於今廣西西南部和越南北部的西甌駱越（雒越）。或以為東甌即東越；西甌與駱越有區別，西甌居今廣西西南部，駱越居今越南北部。

---

⓫ 司馬遷《史記・西南夷列傳》所記，大多為「國名」或部落名，作為民族名稱的只有「巂」、「昆明」和「徙」。「巂」、「徙」與「叟」同聲，實皆叟族。而「夜郎」並非「氐類」，這是他未曾深入瞭解。參見尤中《中國西南民族史》第 40 頁，雲南人民出版社，1985 年。

⓬ 關於僰族的來源問題，從司馬遷「羌僰」說，見《史記・主父偃列傳》。

漢初，越族地位再次上升，趙佗於高祖十一年（公元前196年）受封為南越王，他「定百邑之地，東西南北數千萬里，帶甲百萬有餘」(《漢書·西南夷、兩粵、朝鮮傳》)，「用漢法，比內諸侯」(《史記·南越尉佗列傳》)，歷5世，近百年，元鼎六年（公元前111年）為漢攻滅。漢因其地置儋耳（治今海南儋州）、珠崖（治今海南瓊山東南）、南海（治今廣州）、蒼梧（治今廣西梧州）、鬱林（治今廣西桂平西故城）、合浦（治今廣西合浦東北）、交趾（治今越南河內西北）、九真（轄境相當於今越南河內以南順化以北的清華、又安一帶）、日南（治今越南平治天省廣治河與甘露河合流處）等9郡。東漢以後，百越有分布於今江、浙一帶的山越，有分布於今兩廣地區的烏滸、俚人和泛稱的溪峒蠻、僚。僚在漢、晉之際，是今四川境內的主體民族，自巴西、犍為一帶向夜郎發展。除僚之外，古代百越部落聚居西南地區的，主要還有鳩僚和濮（非百濮），鳩僚在永昌郡（今保山）南部、東南部和西南部的廣大地區，濮在牂柯郡（今貴陽）西南延伸到今雲南紅河中下游一帶。唐以後，形成了僚與烏蠻、白蠻、和蠻交錯雜居的狀況，分化組合成金齒、銀齒、黑齒、白衣等族，另一部分仍統稱僚。這些民族分布在今滇西南、滇南、桂北、黔西和川南一帶。

古代百濮部落和苗瑤部落亦源於先秦南蠻部族集團。百濮——《史記·楚世家》正義引「劉伯莊云」:「濮在楚西南。」早期有「江漢之濮」，後其地漸為楚所據。自漢代至晉代，則有苞滿居住在葉榆（今大理）西部，閩濮居住在永昌郡內。唐代的樸子蠻和望蠻，即由苞滿、閩濮發展而來，分布在今西雙版納、德宏、思茅、保山和臨滄一帶。苗瑤有九黎、三苗等，其先進部分，早被捲進了先秦楚民族形成的主流之中。秦漢時代，苗瑤多聚居在湘西和黔東一帶，或稱「五溪蠻」。他們自居為槃瓠的後代，頭頂梳著尖錐形的髮結，以獸皮為衣，赤足，精於弩射，兵器上常飾以金銀。3世紀時，有一部分五溪蠻沿烏江西上，進入黔北和川南；5世紀時又有一部分進入川東（約當今重慶市轄區）和鄂西；後來另有一部分進入雲南。

戰國末年，楚頃襄王（公元前298～公元前263在位）曾使將軍莊蹻率兵循沅江而上，經略黔中（郡治在今湖南沅陵）、且蘭（今貴州貴定、黃平一帶）、夜郎（今貴州西部），直抵滇池。他本欲歸報，「而秦奪楚黔中地，無地（路）得返，遂留王滇地苴蘭，為牂柯國」(《古今圖書集成·職方典·遵義府·記事》引《府志》)，從事農、牧、漁、紡織，並經營採礦。⑬

在古代北起漢水、南至鄂西清江流域、東至宜昌、西達川東的地區，還有上文提到過的巴族，為廩君後裔，春秋時建有巴國，與蜀國並稱，也很有名。《華陽國志・蜀志》云：「後有王曰杜宇，教民務農……巴亦化其教而力農務。」說明巴族接受了蜀族先進的農業經驗。西漢初，「巴蜀民或竊出商賈，取其筰馬、僰僮、髦牛，以此巴蜀殷富」(《史記・西南夷列傳》)。巴族熟悉水性，男子髮式為雙結，婦女則用頭巾，稱為「冒絮」，「巴蜀頭巾」是很有名的。他們的發祥地大致位於漢水上游陝東南地區與大巴山之間，原先居住在武落鍾離山（在今湖北長陽土家族自治縣境內），後來擴展到川東，又擴展到湘西。在川東的巴人（主要為巴國統治時期的賨民，出自氐羌）被稱為「板楯蠻」，東漢軍中常用板楯蠻，號為「神兵」(《華陽國志・巴志》)；在湘西的巴人組成武陵蠻的一部分；留在鄂西的巴人先後被稱為「江夏蠻」和「五水蠻」。

自漢武帝開發西南夷後，兩漢的政治、經濟、文化有力地滲入西南地區，但上述民族各自為政，在漢族勢力自顧不暇的時候，越近邊陲，便越呈一盤散沙的狀態。唐玄宗開元二十六年 (738)，雲南成立南詔國，逐步兼并周邊很大地區，才在一定範圍內改變了這種局面，有利於推動西南各族的發展。

早在東漢時期，金沙江南北兩岸的白族、彝族⑭先民地區，就出現了土著化的漢族南中大姓集團。蜀漢諸葛亮平定南中，聽取部下的建議，「服其心而已」(《三國志・蜀書・馬謖傳》注引《襄陽記》)，對建寧郡大姓爨習，朱提郡大姓孟琰、孟獲等都予以重用。兩晉以來，爨氏大姓勢力進而稱王於一方，表明爨、漢兩族的融合已經完成。據唐代樊綽《蠻書》卷 4 記載，爨氏統治地區有西爨和東爨。西爨約為今曲靖、昆明以西，洱海以東，北抵金沙江，南至建水的地區；東爨約為今昭通、東川、尋甸以東至滇、黔、桂交界，北抵四川涼山東部，南至紅河的地區。在西爨居住的，主要是白蠻；在東爨居住的，主要是烏蠻。烏蠻婦女著黑色衣，衣長曳地；白蠻婦女著白色衣，長不過膝。烏蠻主要從事畜牧業，無拜跪的禮節，有些語言要經過 4 次翻譯，才能與漢語相通，大部落有鬼主，百家置小鬼主。

---

⑬ 關於莊蹻，文獻記載又多以他與盜跖並舉，但王滇事實，基本一致。

⑭ 彝族是該地土著。說詳劉堯漢《中國文明源頭新探》第 26～29 頁，雲南人民出版社，1985 年。

而白蠻，則設兩爨大鬼主統治東、西爨，從傳世的《爨寶子碑》和《爨龍顏碑》的書法文章來看，白蠻文化的水平是相當高的。

但歷史的發展，往往出乎人們的意料之外，後來崛起的南詔國，卻是源於魏晉時期昆明部族的哀牢夷「烏蠻之別種」（趙呂甫：《雲南志校釋》卷 4）經營起來的政權。當然在這個政權裏，白蠻的地位也非常重要，照范文瀾的說法，南詔是以「白蠻大姓為輔佐」的國家。⓯

7 世紀初，洱海地區分布有蒙舍詔（據有今巍山南部及南澗部分地區）和蒙嶲詔、越析詔、浪穹詔、邆賧詔、施浪詔等 6 個地方性政權，所謂「詔」即大首領、大酋長。由於蒙舍詔地處其他 5 詔以南，所以史書又稱之為「南詔」。後來五詔和河蠻部落受吐蕃的威脅，常棄唐歸附吐蕃，只有南詔始終服從唐王朝，因而得到唐的支持。南詔國王姓蒙，其始祖名舍龍，五傳至皮邏閣 (697～748)，開元初，被唐廷授為特進，封越國公。開元二十五年 (737)，唐玄宗冊皮邏閣為雲南王，於是南詔就名正言順地完成了統一洱海地區的事業。南詔政權的建立，是雲南白族、彝族先民和其他各族先民奴隸制長期發展的必然結果，是符合歷史潮流的。南詔以陽苴咩（今大理）為都城，善闡府（今昆明）為別都，勢力最強盛的時候，其疆域據《新唐書》卷 222（上）記載：「東距爨（今雲南東部），東南屬交趾（今越南北部），西摩伽陀（在今印度境內），西北與吐蕃接，南女王，西南驃，北抵益州（以大渡河為界），東北際黔巫（今貴州東北部）。」是當時西南各少數民族活動的主要場所。

皮邏閣傳閣邏鳳 (712～779)，唐代宗大曆十四年 (779)，閣羅鳳卒，傳其孫異牟尋（754～808），異牟尋在位 30 年，聯合唐軍，屢破吐蕃，為內地和西南民族的融合作出了貢獻。

南詔的各項制度，都是在閣邏鳳時期建立的，王以下有清平官 7 人，「曰坦綽，曰布燮，曰久贊」(《新唐書》卷 222 上)，「所以決國事」(同上)。統治機構初設兵、戶、客、法、士、倉六曹，與唐州府官制基本相同。後來改六曹為九爽，「爽」是唐王朝中央官署「省」的譯音。九爽實為十爽，與六曹比較，增設了管禮的慈爽、管手工業的厥爽、管貿易的禾爽、管馬牛畜牧的督爽，督爽還管倉廩，應是從管財政的萬爽中分出來的。南詔盛時，共有 6 節度、2 都督和 10 瞼，「瞼」是土語，實際上就是州的意思。

⓯ 范文瀾：《中國通史》第三編第二冊第 527 頁，人民出版社，1965 年。

南詔的地方行政長官，同時也是軍事長官，又是當時大規模奴隸生產的總監督者。對自由農民，則實行軍事編組，每個丁壯都有服兵役的義務，稱為鄉兵。鄉兵出征，必須自帶武器，有馬者為騎兵，出境後完全依靠擄掠以供軍需。戰鬥時，前面受傷者可休養，背後受傷或退卻者則皆處以死刑，並按戰功定黜陟。刑法大抵分杖、徙和處死，死刑可以用錢贖，又多用徙法，目的在於將自由民降為奴隸，以擴大奴隸的來源。

南詔的土地資源和奴隸主要為南詔政權所有。對邊遠地區和高寒山區的部落，南詔只徵收貢賦，基本上保留各部落原有的社會經濟制度。9 世紀以後，南詔採取大規模武力移民的政策，迫使各族人民完全喪失土地，然後重新組織他們參加奴隸制生產。所有國有土地，都由所在地方政權派田官負責管理經營。在佃人生產的時候，田官又派監守督促，其收穫品除扣去佃人的最低口糧外，其餘悉數歸奴隸主政權所有。而監守如失職，往往死於杖下，佃人所受的待遇，自然可想而知了。對大小奴隸主實行授田制度，「上官授與四十雙，漢二頃也」；自由農民「不繇役，人歲輸米二斗」，但須服兵役。（同上）飼養柞蠶的柞林和食鹽等主要礦產，都是國有的。

南詔烏蠻之所以能建立南詔政權，在經濟上，主要依仗的是農業和畜牧飼養業的發展。南詔能普遍地製造鐵劍，當然也能製造各種鐵質生產工具。鐵劍是生產向前發展的標誌，也是南詔貴族用以劫掠財富從而進一步發展奴隸制生產的武器。為了防止鄰近部落對自己財富的劫掠，南詔築起了許多城池。又為了使私有財產確定不移地傳授給自己的子孫後代，烏蠻出現了父子連名制。

烏蠻和白蠻原來都信仰巫鬼教，後來白蠻改信了佛教。在白蠻的思想中，還有儒家的政治理論。白蠻早已直接使用漢文，唐代初年又在借用漢字的基礎上結合白族語言創造出白文來。用白文寫成的作品今存最早者有南詔王隆舜和清平官趙叔達的詩，就形式而言，與當時內地漢族流行的五言詩完全相同。南詔時期，白蠻所雕保山東郊的臥佛，係於崖間依原石雕刻而成，橫臥，長 1.6 丈，睡眼矇矓，服飾指爪間刀痕遒健，技術細膩，形象非常逼真。白蠻所繪《南詔圖傳》，連幅繪述南詔王族建立政權活動的歷史故事，堪稱南詔歷史的形象記錄。

唐昭宗天復二年 (902)，南詔滅亡，共 8 主，凡 154 年。

南詔蒙氏失國後，繼之而起的鄭、趙、楊、段氏，除鄭氏仍為烏蠻外，餘皆為白蠻⑯。五代後晉天福二年 (937)，在南詔故地，白蠻段思平（893～944）建立了封建領主制的大理國。北宋政和七年 (1117)，宋廷正式冊封大理段和譽為「金紫光祿大夫、檢校司空、雲南節度使、上柱國、大理國王⑰」（《宋史》卷 488)。大理傳國凡 23 主、317 年，後為元世祖忽必烈所滅。

南詔國都陽苴咩——即大理，始建於西漢元封二年（公元前 109)，初名「葉榆」，屬益州郡，蜀漢時改隸雲南郡。大理的《南詔德化碑》，為唐大曆元年 (766) 所立，刻 3800 餘字，是現存南詔時期的重要史料。又有元世祖平雲南碑，所載史實，可以校正《元史》及其他文獻資料。大理千尋塔，約高 70 米，塔內保存著大量的銅佛和寫經。

宋代以後，元、明、清 3 代，西南地區氐羌系統的民族，有白爨（或稱「白人」、「民家」)、黑爨（或稱「羅羅」、「倮羅」)、摩些（即摩沙)、傈僳、倮黑、斡泥（或稱「禾泥」、「倭尼」)、鍋銼、阿昌、裸形等，白爨即西爨地區的白蠻和烏蠻，黑爨即東爨地區的烏蠻和白蠻，傈僳即盧蠻，斡泥即和蠻，阿昌即尋傳蠻，其分布情況基本上與南北朝以來一脈相承；另有保羅，是清代才開始出現的，分布在今雲南的鳳慶、耿馬、西盟、瀾滄等地，這些民族是構成現今漢藏語系藏緬語族的白、彝、納西⑱、傈僳、哈尼、拉祜、苦聰、基諾、阿昌、景頗、獨龍等兄弟民族的先民。百越系統的民族，有金齒、銀齒、黑齒、白衣等，被統稱為「金齒百夷」，仍分布在原來的地區；而僚已明顯地分衍為僮、儂、沙、仡伶、仲家、土僚等，分布在滇、桂、黔的交接地帶和滇東、滇東北、滇南、滇東南的廣大地區，這些民族是構成現今漢藏語系壯侗語族的壯、傣、侗、水、布依、仫佬、毛南、仡佬（語族尚未定）等兄弟民族的先民。百濮系統的民族，有蒲人、崩龍（以上由樸子蠻分衍而成)、古剌、哈剌、哈瓦、卡瓦（以上由望蠻分衍而成）等，都與金齒百夷雜居在同一地區之內，這些民族是構成現今南亞語系孟－高棉語族的佤、布朗、崩龍等兄弟民族的先民。苗瑤系統的民族，有苗、瑤等，跨越湘、黔、川、渝、滇數省、市，這些民族是構成現

⑯ 參見李紹明《巍山文物與南詔歷史——南紹統治者係出彝族新證》，《中央民族學院學報》1978 年第四期。

⑰ 1108～1147 在位。

⑱ 納西族的祖先為在金沙江兩岸麗江地區的摩些和六詔時代的越析詔；而摩些在大小涼山地區的，後來發展成為今涼山彝族。

今漢藏語系苗瑤語族中苗族和瑤族的先民。至於巴族發展到近代，則板楯蠻稱為土家族；武陵蠻、江夏蠻或五水蠻，分別融合到苗族和瑤族中去。

在上述各族中，白爨和黑爨仍然舉足輕重。元代雲南寸白軍，即由該兩族壯丁編成。

白爨和和蠻的一部分就是後來的白族。元代白族文化的風格和水平更加接近漢族，元初郭松年旅行大理，看到當地的宮室樓觀、言語書數等，已與漢族差不多。⓳

白族語言屬漢藏語系藏緬語族白語支。

有關漢字型白文的最早記載見雲南昆明筇竹寺中的《大元洪鏡雄辯法師大寂墖銘》:「師俗姓李氏……以僰人之言為書，於是其書盛傳，解者益眾。」而其孕育形成過程則起於漢代。

繞三靈，亦稱「繞山林」，是大理白族的傳統盛會，每年夏曆四月二十三日，白族人民身著民族服裝，從點蒼山五臺峰下的喜洲聖源寺出發，次日到洱海邊的河溪村，第三日沿洱海邊到大理三塔附近的馬久邑。3 天內曉行夜宿，串繞聖源、崇聖、金奎三寺（「三靈」），吹吹打打，邊歌邊舞；入夜，青年男女還常有約會。

鶴慶縣白族夏曆七月中旬的漂河燈節，等夜幕降臨後，人們把一盞盞精心製作的紙燈放到河水中，長河流彩，火樹銀花，不計其數，壯觀極了。

圖 198　白族門樓

白族飲用的烤茶，分早茶和午茶兩次，每次飲 3 道，頭兩道是清烤茶，第三道加紅糖、米花或乳扇，非常考究。

白族以「六」為重，送禮必以六計。民間傳說唐代六詔給朝廷送禮品，各詔 1 份，就是 6 份，朝廷回贈也是 6 份，各詔得 1 份。因此，以六為重是祖宗傳下來的遺俗。

黑爨和其他眾多烏蠻——包括摩些的一部分，就是後來的彝族。直到 20 世紀 40 年代，彝族地區還同時分別存在著原始公社制殘餘、完整的奴隸占有制、封建領主制、地主制以至官僚資本主義等諸種社會形態，這種

⓳ 郭松年撰《大理行記》，見《雲南史料叢刊》第三卷，雲南大學出版社，1998 年。

現象在世界文化史上也是極其罕見的。在實行封建領主制的地方，土地歸土官所有，農民以「百姓」身分隸屬於土官。在實行地主制的地方，土地可以自由買賣，地主以地租剝削農民。居住在今雲南省境內的彝族，早在明代，領主制經濟就已經衰落，與此相應，土司政權也逐步被流官政權所代替。但在偏遠的山區，情況就不一樣了。在大、小涼山，彝族社會成員被劃分為 4 個等級：諾伙有「黑色」或「彝族主體」的意思，又稱「黑彝」，是統治等級；曲諾有「清白人」的意思，又稱「白彝」，是被統治等級中最高的等級；阿加意思是「主人門裏門外的人」，又稱「安家娃子」，社會地位在曲諾之下，可以隸屬於諾伙，也可以隸屬於曲諾；呷西意思是「鍋莊旁邊的手足」，又稱「鍋莊娃子」，處於奴隸等級的最低層，有的甚至為富裕的阿加所占有。

圖 199 貴州大方縣水西大渡河石橋建於明萬曆二十年 (1592) 橋上刻有碑記 是研究彝族社會歷史、風俗習慣的珍貴資料

雲南彝族自稱「納蘇」、「聶蘇」、「改蘇」等，涼山彝族自稱「諾蘇」。「蘇」，彝語謂族或人，「納」、「聶」、「改」、「諾」皆是「黑」的意思，彝族尚黑。

彝族語言屬漢藏語系藏緬語族彝語支。

彝族的文字叫做「爨文」或「韙書」，流行於今雲南、貴州、四川 3 省彝族地區，3 省寫法略有不同，現存文獻大部分屬於明代。彝文《西南彝志》、《彝族古地名志》等古籍，對研究古代哀牢彝的歷史文化、人文地理有重要價值。

彝族的火器很厲害，早在 18 世紀，哀牢山彝族創製的兜拋葫蘆飛雷已應用於狩獵生產。這種飛雷後來被彝族發展成為手投長頸葫蘆飛雷，這是近代手榴彈的先制，在人類兵器史上有一定的地位。⑳

彝族撒尼人的長篇敘事詩《阿詩瑪》，敘阿詩瑪這個聰明美麗的姑娘為反抗封建婚姻而進行了不屈不撓的鬥爭，情節十分動人，現在已被許多國家翻譯了

⑳ 參閱劉堯漢《彝族的火器——「葫蘆雷」》，見《中國古代科技成就》，中國青年出版

過去，推為是文學上的傑作。在昆明東南80餘千米的著名的路南石林，有一座石峰，峰頂呈淡紅色，好像一位頭戴紅紗巾、背負竹簍子的少女，體態逼真，神情宛然，相傳就是阿詩瑪變的。

彝族的漆器用黑色生漆作底色，再用黃色、紅色繪以人物、花鳥、山水、動物等各種圖案，實用美觀。因為彝族人民愛酒，所以盛酒的漆器特別精緻，款式也很多。

火把節是彝族和白、傈僳、拉祜、蒙古、納西、基諾等族的傳統節日，時間多在夏曆六月二十四日，亦有在二十五日的。[21]節日裏，男女老少點燃火把奔馳田間，飲酒歡聚，進行賽馬、鬥牛、鬥羊、摔跤、射箭、拔河、打秋千、歌舞等活動。彝族的火把節，還是小伙子和大姑娘談情說愛的好時機。

涼山彝族左耳佩紅、黃色珠，頭前部正中蓄有一小綹長髮，將其編成一個辮，再用頭帕豎立包著，稱為「天菩薩」。人們認為天菩薩是天神的代表，能逢凶化吉，但不可觸摸，這是男子。至於婦女，則穿鑲邊或繡花的上衣，下配多色布製成的百褶裙，頭上頂有瓦式布帕，並喜愛佩戴耳環、穿珠、銀排花和手鐲等。彝族的羊毛披氈「擦耳瓦」，白天可以御風寒，晚上還可以當被蓋。

彝家人有酒便是宴，大家圍成圓圈，依次飲酒，叫做「飲轉轉酒」。逢年過節，彝家妹子抱著一罎酒，插上幾支麥稈，站在家門口請過往行人飲酒，所謂「甜不過彝家的稈稈酒，好不過彝家人的心」，這在彝族地區是很流行的一句話。

彝族煮飯待客的地點是在火塘周圍，火塘上支有三腳架。到彝族家庭去作客，主客圍火塘而坐，客人一般坐在火塘右方或上方，或男左女右，切忌坐錯，更不可移動三腳架和衝火塘吐痰，否則會引起主人極大的不愉快。

---

社，1978年。

[21] 或謂火把節係承南詔時期的星回節而來，這是弄錯了。星回節乃南詔歲終之節，南詔國亡，此節亦廢，兩節有伏臘炎涼之別。說詳游國恩《火把節考》，《旅遊雜誌》1942年第十一期。

# 第三十八章

# 契丹和党項

## 第一節　契丹

契丹同鮮卑一樣，也是東胡族的後裔。傳說中比較近的始祖叫奇首，最初包括白馬和青牛兩個氏族；後來族屬漸盛，至北魏時，「契丹八部」已經有了明確的記載。北魏登國三年 (388)，契丹和與之相依的奚為拓跋珪所破，遂於「逃迸」後「分住」，（《北史》卷 94）契丹分布於潢水（今內蒙古西拉木倫河）流域東部，奚則居其西邊。北齊天保四年 (553)，契丹南下，被文宣帝（550～559 在位）高洋俘獲 10 餘萬人，同時又受到突厥的侵擾，由是「部落離散，非復古八部矣」（《遼史》卷 32)。他們住在帳篷裏，拜祭太陽，「逐寒暑，隨水草畜牧。有征伐，則酋帥相與議之，興兵動眾合符契」，有時「諸部相攻擊，久不止」。（《隋書》卷 84）唐太宗貞觀二年 (628)，契丹大賀氏摩會率領各部落依附於唐王朝。武則天神功元年 (697)，契丹李楷固來歸，因功拜為左玉鈐衛大將軍、燕國公，賜姓武氏，其子李光弼，後來成為唐室平定安史之亂的名將。繼大賀氏八部、遙輦氏前八部之後，唐玄宗開元二十五年 (737)，契丹組成了新八部，舉遙輦氏阻午為首領，其下設軍事酋長夷離堇。唐哀帝天祐三年 (906) 十二月，契丹八部酋長會議罷免了沒有實權的遙輦氏痕德堇可汗，推舉迭剌部耶律阿保機為新可汗，旋於次年正月十三日（907 年 2 月 27 日）正式即位。五代後梁貞明二年 (916)，耶律阿保機（872～926，即遼太祖）在任可汗的第九年，斷然擺脫可汗之職每 3 年要重新推選的舊制，置八部酋長於不顧，依靠手下文武的擁戴，登上皇帝寶座。他組成二十部，以后族蕭氏世襲北府宰相❶；神冊❷六年

❶ 后族蕭敵魯始任北府宰相，事在遼太祖四年——即後梁開平四年 (910)。

❷ 一說歷史上是否真實存在過「神冊」年號尚存疑問，這個年號很可能是後來追加的。

(921) 又以皇弟蘇為南府宰相——兩府宰相皆有所統，❸並且各部都規定了固定的「鎮駐」範圍。契丹「后妃往往長於射御，軍旅田獵，未嘗不從」(《遼史》卷 71)，可以預政，這也是中國歷史上北方民族政權的共同特點。這個王朝自大同元年 (947) 起改號為遼，統和元年 (983) 至咸雍二年 (1066) 間又曾復稱契丹，在全盛時期，疆域東臨日本海，南至今河北省中部和山西省北部，北抵外興安嶺和石勒喀河，近貝加爾湖。全國分置五京——上京臨潢府（在今內蒙古巴林左旗），北為皇城，住契丹族，南為漢城，住漢族和其他民族；另有中京大定府（在今內蒙古寧城縣）❹，東京遼陽府（在今遼陽），南京析津府（在今北京），西京大同府（在今大同）。

遼在上京設鹽鐵使司，中京設度支使司，東京設戶部使司，南京設三司使司，西京設轉運使司，合稱「五京計司」，負責掌理財賦。在對土地的占有和使用方面，則南京、西京地區以地主制為主，東京地區的地主制受到契丹貴族的衝擊，上京、中京地區為牧區和半牧區。到後來，南京、西京地區的地主制繼續發展，東京地區租佃制、莊園制並重，上京、中京地區變化較大，總的趨勢是部落制殘餘日益減少，封建領主制逐漸向地主制過渡。

遼政權雖有五京的建置，但遼帝和他的主要朝臣卻並不常住京城，他們每年四季都在外面巡幸，皇帝「居有宮衛❺，謂之斡魯朶，出有行營，謂之捺鉢」(《遼史》卷 31)，許多重大事務都在捺鉢裏決定，依然保持著游牧行國的特點。

遼與後梁境土不相接，不過常有聘使來往；與後唐和戰不定，互有勝負。歷後梁、後唐兩代，遼與南方的吳越也建立了通聘交易關係。遼天顯十一年 (936)，後晉的創立者石敬塘為了奪取後唐天下，不惜割獻給遼燕雲十六州（幽、薊、瀛、鄚、涿、檀、順、新、嬀、儒、武、雲、應、寰、朔、蔚）之地，又許諾每年進貢帛 30 萬匹，還自稱「兒皇帝」。當時南唐、

---

❸ 北府盛時統 28 部，南府則統 16 部。

❹ 遼後期，自聖宗統和二十五年 (1007) 開始，儘管沒有正式宣布遷都，但事實上的政治中心已從上京遷到中京。參見譚其驤《遼後期遷都中京考實》，《遼金史論文集》，遼寧人民出版社，1985 年。

❺ 《遼史》卷 31 云：「天子踐位置宮衛，分州縣，析部族，設官府，籍戶口，備兵馬。」有遼一代，共有 12 宮 1 府，因革替代，宮衛不去。

閩、楚、南平諸國競相與遼通好，其中與遼關係較密切的是南唐。會同元年 (938)，遼把羊 3 萬隻、馬 300 匹賣給南唐，而以其價值買羅、紈、茶、藥等物。❻此後雙方通過水、陸兩路，交往頻繁。而當時，閩遣使浮海與遼通聘，遼賣給閩的馬匹，是通過後晉、南唐、吳越，長驅而南的。會同九年 (946)，遼太宗（927～947 在位）耶律德光率軍入大梁，滅後晉，次年改元，以契丹嗣聖皇帝即遼帝之位，他雖有久居中原之志，但懾於內地人民的反抗，只好仍然退回「上國」。後漢的國祚只有 4 年，繼之而起的是後周。後周顯德六年 (959)，周世宗柴榮（邢州龍崗〈今河北邢臺〉人，921～959）大舉伐遼，未經與遼軍主力交鋒，就占領了寧、瀛、鄚、易 4 州和瓦橋、淤口、益津 3 關。

北宋太平興國四年 (979)，宋太宗滅北漢，曾乘勝麾師東進，圍幽州（今北京）。但這時遼景宗（969～982 在位）在皇后蕭綽（即蕭燕燕，953～1009）輔佐下，「任人不疑，信賞必罰」（《遼史》卷 9），政局穩定，軍力強盛；宋君臣不齊心，將士不用命，指揮不得當。高梁河之役，宋軍大潰。雍熙三年 (986)，宋軍再次伐遼，主力 3 路齊出，結果東路軍覆滅於岐溝關（在今河北涿州西南）；中路軍由飛狐口（在今河北淶源境內）攻占蔚州（今河北蔚縣），後來被迫放棄；西路軍連克寰州（在今山西朔縣東）、朔州（今山西朔縣）、應州（今山西應縣）、雲州（今山西大同），終因孤軍深入，奉命撤退，名將楊繼業（麟州〈今陝西神木北〉人，生年未詳，卒於 986 年）為遼軍所俘，不屈而死。契丹武士發明連鎖陣，便於在平原地帶作戰，使用鐵馬鐙，足踏其上，箭無虛發；訓練有素，極具耐力，非內地步兵可及。3 年後，遼軍重新占領易州。從此，遼對宋由防禦轉為相持，再由相持轉為進攻。統和二十二年 (1004)，遼軍南下，進逼澶淵（今河南濮陽西），宋真宗為宰相寇準（華州下邽〈今陝西渭南北〉人，961～1023）和其他主張抗戰的大臣所說服，下詔親征。當時戰局多變，雙方各有顧忌，於是議和。宋許諾每年助遼軍旅之費絹 20 萬匹、銀 10 萬兩；遼聖宗耶律隆緒答允稱宋真宗為兄，史稱「澶淵之盟」。自從訂了澶淵之盟，遼、宋間的友好關係延續了近 120 年，在中國歷史上，應當說很少有這樣的先例。總之，遼的力量，擾宋有餘，滅宋不足；宋的力量，事遼有餘，擊遼不足。正是在這樣的歷史條件下，雙方既然已經約為兄弟之國，就不願輕啟戰端了。

❻ 陸游：《南唐書》卷 18。

遼建立了蕃、漢合作的體制，所謂「蕃」，是指以契丹為主的少數民族；所謂「漢」，自然是指漢族。遼開國前後，契丹貴族在戰爭中擄掠了不少漢人，同時也有許多漢人投奔契丹。在契丹地區，土地問題比較緩和，對漢族流亡者頗有吸引力。遼太祖耶律阿保機和夫人述律氏，以及長子耶律倍、次子耶律德光（即遼太宗），對漢族有一技之長者都極為重視。曾任燕王參軍的韓延徽，「始教契丹建牙開府，築城郭，立市里」（《契丹國志・太祖大聖皇帝》），「凡營都邑，建宮殿，正君臣，定名分，法度井井，延徽力也」（《遼史》卷 74）。曾任蘇州衙校的康默記入遼後，「一切蕃、漢相涉事，屬默記折衷之，悉合上意」（同上）。布衣韓知古被俘後，也為耶律阿保機所器重，當時契丹「儀法疏闊，知古援據故典，參酌國俗，與漢儀雜就之，使國人易知而行。」（同上）契丹「既盡得燕中人士，教之文法，由是漸盛」（《舊五代史》卷 137）。「遼官功臣無世襲，而有世選之例。蓋世襲則聽其子孫自為承襲，世選則於其子孫內量材授之」（《廿二史箚記》卷 27）。這是契丹族從部落聯盟過渡到文明社會後所殘存的原始痕跡。遼曾規定「庶孳雖已為良，不得預世選」（《遼史》卷 17），反映了契丹社會漢化的過程。契丹文的創製，也與漢人的幫助分不開。契丹文有大字、小字兩種。據說「漢人教之以隸書之半增損之，作文字數千，以代刻木之約」（《新五代史》卷 72），這是大字。小字比大字晚出數年，是拼音文字，約有 300 多個表音符號，其拼音方法受回鶻字和漢字反切注音的影響，「數少而該貫」（《遼史》卷 64），使用起來較大字方便。

在經濟上，隨著南北的通好，北宋在宋、遼邊境開設雄州（今河北雄縣）、霸州（今屬河北）、安肅軍（今河北徐水）、廣信軍（今河北徐水西）等「河北四榷場」（《宋史》卷 186），其影響和意義遠在歲幣之上。通過榷場貿易，宋方輸出的商品有香藥、茶、瓷器、漆器、繒帛、麻布、犀角、象牙、南珠、蘇木、銅、錫以及特許出口的秔糯和九經書疏等。遼方輸出的商品有鹽、布、羊、馬、駝、北珠、玉器等。貨價大致合理，宋對遼經常採取「稍優其直予之」（《宋史》卷 186）的政策。遼、宋雙方在榷場貿易中都獲得了大宗稅收，宋每年可獲 40 餘萬，以致每年交納遼的歲幣，都從這裏收了回來。遼、宋一方面是友邦，一方面又敵意未盡消失，因此對榷場貿易雙方都訂有某些禁例。但是，民間的私販還是彌補了禁例造成的空白，他們雖為牟取法外之利而鑽營，卻為溝通契丹、漢兩個民族經濟交流的渠道起到了官方所不願起的作用。

北宋書禁雖嚴，但收效甚微。蘇轍說：「本朝民間開版印行文字，臣等竊料北朝無所不有。」（《北使還論北邊事劄子五道》）❼看來，遼的政治學術情報工作做得很好。遼採用中原的曆法，太宗時，引進了《乙未元曆》；聖宗時，又引進了《大明曆》。北宋著名文人如歐陽修、蘇軾等的作品，在契丹都傳誦一時。契丹、漢兩個民族之間原有的壁壘，隨著遼、宋政治、經濟、文化交流的發展而逐漸消除了。在遼的統治集團中，漢族成員日益增加。其中韓知古的孫子韓得讓（薊州玉田〈今屬河北〉人，941～1011），聖宗統和（983～1012）年間的軍政大事，幾乎都由他參與決策。韓德讓官至大丞相，兼領北、南樞密使，封晉國王，位親王之上，賜姓耶律，名隆運，擬諸宮衛例，置一府，成為遼臣中輔政最久、集權最多、寵遇最厚、影響最大的一人。韓氏兄弟 9 人，無不封王。另外還有劉氏、馬氏、趙氏，也都出了不少政治上的風雲人物。遼聖宗具有開放的心態和廣闊的胸襟，他曾說「五百年來中國之英主，遠則唐太宗，次則唐明宗，近則宋太祖、太宗也」（《契丹國志》卷 7）。

遼代漢人在長城以北的分布愈來愈廣。一方面，固然是遼俗深深地影響了這一大部分漢人的生活習俗。如駝車本是契丹人和奚人所用的，但有些漢人也使用駝車了。而另一方面，在漢人接受契丹某些文化因素的同時，契丹人更多地接受了漢族的文化因素。在遼代契丹壁畫中，出現了飛天導引、出遊、歸來、狩獵、宴飲、舞樂等場面，這顯然是遠襲唐代，近仿北宋，而又與契丹生活實際相結合的產物。遼代契丹墓的青龍、白虎、朱雀、玄武及門神圖像，孝義友悌的畫像故事，雲龍圖案和牡丹圖案等，也反映了契丹人在意識形態上與漢人接近乃至開始融合的事實。契丹人既有獨特的節日，也有與漢人相同的節日；既有蕃樂，也有漢樂。有趣的是：皇后生男時，舉蕃樂，皇帝與契丹近臣飲酒；皇后生女時，舉漢樂，皇帝與漢族近臣飲酒。❽遼帝和南面官著漢服，遼后和北面官著胡服。

當時漢語已成為契丹境內各族通用的語言，通曉契丹語文的漢人固然不少，但通曉漢語文的契丹人更多，契丹貴族有漢文著作的不勝枚舉，自耶律倍以下，遼聖宗、興宗、道宗皇后蕭觀音和天祚帝文妃蕭瑟瑟等，都

❼ 《欒城集》卷 41。

❽ 《遼史拾遺補》卷 4。

能以漢文作詩。金末元初的契丹族大政治家耶律楚材 (1190～1244)《懷古一百韻寄張敏之》詩云「遼家遵漢制」❾，這話是言之有據的。耶律楚材自己，就因為浸染漢文化很深，所以得為一代名相，他輔佐成吉思汗和窩闊台，堅持發展內地的農業，建議廢除屠城舊制，對中華民族的團結和發展，作出了重大貢獻。他逝世的時候，「蒙古諸人哭之，如喪其親戚。和林為之罷市，絕音樂者數日，天下士大夫莫不涕泣相弔」（《中書令耶律公神道碑》）❿，實現了儒家政治家所追求的人生價值。

遼太宗於會同三年 (940)，詔「契丹人授漢書者皆從漢儀，聽與漢人婚姻」(《遼史》卷 4)，這是對民族通婚和民族同化的認可。後經韓紹芳獻議，遼興宗（1031～1055 在位）准許契丹、奚、渤海、漢 4 姓通婚，連「授漢書者」這個條件也不要了。據說今雲南保山地區的阿、莽、蔣姓土著，雖然相去不啻天南地北，竟也有契丹族的血統。

保大五年 (1125)，遼天祚帝（1101～1125 在位）為金兵所得，遼亡。遼共 9 帝，凡 218 年。此前皇族耶律大石 (1087～1143) 率部西去，乃重建遼政權，史稱西遼 (1124～1211)。西遼存在 88 年，凡 5 帝，後政權為乃蠻王屈出律奪取，仍用西遼國號，不久亡於蒙古 (1218)。

契丹的「屬部」、「屬國」有：一．奚。奚與契丹同源，蓋烏丸之後，但如果說契丹可以稱為准蒙古族的話，則奚更多突厥血統。唐時奚與契丹同叛服，共進退。契丹先後以奚置 13 部。奚人的畜牧業遜於契丹，而種植業與契丹相比，發展較早，也較快。製作馬具不如契丹人，但製作牛具則超過契丹人。奚的獨特樂器奚琴，曾傳入中原，後來沿變為馬尾琴，即現在二胡、四胡和京胡的前身。二．渤海。渤海在唐武后時建國，民眾以靺鞨人居多，制度大抵仿效唐，一時稱海東盛國。遼太祖天贊五年 (926)，契丹改渤海政權為東丹國。三．室韋。室韋分布在契丹的北面，語言、服飾、喪俗與契丹相近，所以有的文獻說「蓋契丹之類」(《北史》卷 94)。在契丹政權下，室韋分 8 部。四．阻卜。阻卜即韃靼，分布在契丹與回鶻之間，地域遼闊，部落眾多，主要為向西向南遷徙的室韋，但在遼初尚未形成統一的部落聯盟。五．烏古、敵烈。皆屬室韋八部。烏古的先世，在北朝為烏洛侯，在唐代為烏羅渾；敵烈的先世，可能是北朝的地豆于。六．萌古。

❾ 《湛然居士文集》卷 12。

❿ 《元文類》卷 57。

亦屬室韋八部，僻處今鄂嫩河及貝加爾湖東南，大康十年 (1084) 向遼進貢，接受遼廷的封授。此外還有回鶻和党項、女真、高麗，也都臣服於契丹。

高麗進給契丹的有紙、墨、米、銅、人參、粗布等。

契丹「城郭相望，田野益闢」(《遼史》卷 48)，經濟上是取得了很大成就的。其中農業越來越占據首要地位，境內有粟、麥、稻、穄等糧食作物，契丹人不但借鑒和學習中原的農業技術，引進作物品種，而且還從回鶻引進了西瓜、回鶻豆等瓜果品種，同時結合北方氣候特點形成了一套獨特的作物栽培技術。此外，畜牧業也仍然保持發展的勢頭，《遼史》卷 24 稱大安二年 (1086)，「牧馬蕃息，多至百萬」，這個數字容有誇大，但應當是能夠說明問題的。

契丹人以車馬為家，鉤魚擊兔。男子上衣多為圓領窄袖左衽長袍，下穿連褲長靴；女子則著直領團衫，下身一般穿裙子。食肉採取放血、剝皮、去掉內臟、放在鐵鍋裏加清水烹煮的辦法。婚姻允許子妻庶母、侄娶寡嬸，「姊亡妹續」——即妻姐妹婚在契丹也是禁而未絕。⑪

遼前期在合江、後期在混同江（今北流松花江）每年正月舉行的鉤魚活動，由遼帝親自主持「頭魚宴」，是遼朝的盛大節日。還有「頭鵝宴」，「頭鵝，元鵝也，以首得之，又重過三十餘斤，且以進御膳，故曰『頭』」(《南村輟耕錄》卷 1)。頭魚宴和頭鵝宴，兩宴到元代，仍沿襲不廢。

契丹「同姓可結交，異姓可結婚」(《遼史》卷 71)，有「耶律」和「蕭」二大姓。他們「隨陽遷徙，歲無寧居」(同上卷 31)；男女皆佩戴耳環，有髡髮的習尚，其髮式不一⑫；追念死者有焚化酒食之俗；節日多與宗教信仰有關。契丹人信仰以原始崇拜為內容的薩滿教⑬，也信仰佛教和道教。遼太祖曾親謁孔子廟，並命皇后、太子分謁佛寺、道觀，以定三教位次。

遼所生產的羅紋織物，標誌著中國古代紡織史上的領先水平，在遼、宋民間貿易中，很受宋人歡迎。⑭遼瓷在器型、紋飾和燒造技術上均有獨

---

⑪ 參見張國慶《考古資料與契丹社會史研究》，《光明日報》2000 年 5 月 12 日。

⑫ 劉冰：《遼代契丹族髡髮管窺》，《昭烏達蒙族師專學報》「北方民族文化增刊」，1992 年。

⑬ 薩滿教 (Shamanism) 是原始巫教的通稱。此名最早的漢譯見於南宋徐夢莘所著《三朝北盟會編》政宣上帙卷 3：「珊蠻者，女真語巫嫗也。」清代通譯作「薩滿」，其基本信仰是萬物有靈。

⑭ 參閱王丹華《契丹女屍的絲織品》，見《契丹女屍》，內蒙古人民出版社，1985 年。

圖 200　遼清寧二年 (1056) 所建應縣木塔

到之處。契丹的鑌鐵，質量僅次於低級鋼。契丹鞍轡有「天下第一」(《遼史拾遺》卷 22) 的美譽。契丹的玫瑰油，「其色瑩白，其香芳馥」(張邦基：《墨莊漫錄》卷 3)，每次送給北宋的只有 1 盒，可見其名貴。契丹的骨刷，製作極似現代的標準牙刷。契丹畫家的作品，描繪了草原風光、游牧生活和射獵情景，後世的《胡笳十八拍圖意》等名畫，所畫實際上是契丹畫家作品的翻版。契丹的雕塑造型渾厚，比例適當，大同西郊佛字灣的觀音立像神態端莊，充溢著生活氣息，頗能不顧宗教藝術的禁忌。契丹的中京，比初期所建上京更多地模仿了中原都城的制度；而其南京城，又為金的中都城、元的大都城奠定了基礎。契丹建築大抵構造精巧，氣象宏偉，應縣釋迦塔始建於清寧二年 (1056)，八角九層（其中包括 4 個暗層），總高 67.31 米，900 餘年來，歷經多次強烈地震，至今屹然不動。契丹的雕版印刷，字體秀麗，刀法圓熟，行款疏朗，紙墨精美；其出於民間畫工之手的版畫，綫條功力亦極深。契丹的彩繪星圖，圖中既有中國的二十八宿，又有巴比倫的黃道 12 宮，可謂綜合了中外天文學的成果。⑮

契丹族建立的遼政權，使長城以北遼闊的土地得到廣泛開發，長城以南燕雲地區得到穩定的發展，又加強了北方少數民族與漢族的聯繫，並且以橫長的疆域溝通了當時國際上東方和西方經濟文化交流的渠道，其所起到的歷史作用是積極的。這個政權存在的時間雖然不算很長，但契丹聲名遠播，因此國外和國內有些民族的語言至今仍把中國或漢人叫做「契丹」。

而其後繼西遼王國，在中亞歷史上傳播與漢文化同步的遼文化，「頗尚文教」(《湛然居士文集・懷古一百韻寄張敏之》詩注)，也是做出了突出的業績的。

⑮ 河北省文物管理處等：《河北宣化遼壁畫墓發掘簡報》，《文物》1975 年第一期。

# 第二節　党項

党項是標誌著部落聯盟的若干大小部落的部族總名，通稱「獼猴種」，屬羌族。羌，甲骨文已有記載，《說文・羊部》釋為「西戎牧羊人也」，其自稱則為「芊」、「綿」、「瑪」。春秋末年，居住在河湟一帶的羌人在以無弋爰劍為代表的首領的統率下，完成了向父權制的過渡。但直到東漢，大部分羌人仍舊「氏族無定，或以父名母姓為種號。十二世後，相與婚姻，父沒則妻後母，兄亡則納釐嫂，故國無鰥寡，種類繁熾。不立君臣，無相長一，強則分種為酋豪，弱則為人附落，更相抄暴，以力為雄。殺人償死，無它禁令。其兵長在山谷，短於平地。不能持久，而果於觸突，以戰死為吉利，病終為不祥」(《後漢書・西羌傳》)。在塞外者，多居戶帳；在塞內者，則兼以農為業。天山南路的婼羌早知用鐵器，婼羌的首領稱「去胡來」，意即「棄胡投漢之王」。西漢武帝元鼎六年（公元前 111）置護羌校尉；宣帝時，羌族先零部擅渡湟，當地郡縣無法阻止，朝廷用趙充國（隴西上邽〈今天水〉人，公元前 137～公元前 52）策，誅有罪，釋無辜，實行屯田，以逸待勞，眾羌不攻自亂。東漢的衰落和崩潰，涼州羌起了非常關鍵的作用。魏、晉之際，「關中之人，百萬餘口，率其少多，戎狄居半」(《晉書》卷 56)，其中羌族很占勢力。十六國時期，羌人中的燒當部（又稱「研種羌」）曾入主中原，建立後秦政權，旋與漢族融合。而居留在西北的羌人，卻依然保持自己獨特的民族風貌，其中岷江上游的一支一直延續至今，主要分布在今四川省綿陽市的北川羌族自治縣和阿壩藏族、羌族自治州的茂縣、汶川、松潘、黑水、理縣以及甘孜藏族自治州的丹巴等縣。⑯至於党項，則各部落分居在 3000 里長的山谷地區，以姓別為部，一部又分為若干小部落，大部落近萬騎，小部落則千餘騎，中有拓跋部，原本鮮卑族流入後而形成。當北周滅宕昌、鄧至諸羌時，党項開始顯露頭角。⑰

隋唐時代，党項「東接臨洮、西平，西拒葉護」(《隋書》卷 83)，其東界後來又擴至松州（治今四川松潘）。

自貞觀元年 (627) 起，党項諸部相繼內屬，大都被安置在靈（治今寧夏

⑯ 在未被定為羌族前，他們以「爾瑪」、「日昧」等自稱，而被更上游的同族視為漢人。

⑰ 參見唐嘉弘《關於西夏拓跋氏政權的族屬問題》，《四川大學學報》1955 年第二期。

靈武西南)、慶（治今甘肅慶陽)、銀（治今陝西橫山東，元豐時移治今陝西米脂西北)、夏（治今陝西靖邊東北白城子）4 州境內。而拓跋部首領拓跋赤辭曾與吐谷渾伏允通婚，後投歸唐太宗，賜姓李，時在貞觀九年 (635)。唐末，其後人拓跋思恭據夏州，稱平夏部，這是西夏國的由來。

宋太宗淳化二年 (991)，賜西夏李繼遷姓名為趙保吉。趙保吉周旋於遼、宋之間，伸縮自如，頗獲實惠。保吉子德明，遼、宋均封為西平王，後來又被加封，遼封夏國王，宋封夏王。他攻占靈州，進駐興州（治今銀川)，地盤由陝北擴展到寧夏。

西夏建國前，党項社會已進入封建化，宗族封建制成為西夏的統治基礎，土地制度大體上是國家所有制和貴族、寺院、小土地占有制並存。

趙德明傳趙元昊，宋仁宗寶元元年 (1038)，趙元昊 (1003～1048) 改姓嵬名氏，考量到「未建大號，不足以服眾」(吳廣成:《西夏書事》卷 12)，故自稱皇帝，國號大夏，建元天授禮法延祚，疆土奄有夏、銀、綏（治今陝西綏德)、宥（在今內蒙古鄂托克旗東南)、靜（在今陝西米脂境)、靈、鹽（治今陝西定邊)、會（治今甘肅靖遠)、威（在今寧夏同心東北）以及河西回鶻的甘（治今張掖)、涼（治今武威)、瓜（治今甘肅安西東南)、沙（治今敦煌西)、肅（治今酒泉）等州，即今寧夏、陝北、甘肅東南部、青海北部和內蒙古部分地區。他仿照唐、宋制度，設中書省和樞密院，分掌文、武兩班；設御史臺，由御史大夫司監察。自中書令以下，分命羌、漢人員充當。次年 (1039) 又增設總理庶政的尚書省，下轄 16 司，分理六曹。中央有皇帝侍衛軍、都城戍衛軍；地方有左右廂十二監軍司，委任豪右貴族分別統率部眾。特種部隊有擒生軍、強弩軍。擒生軍把旋風炮置於駱駝鞍上，發射石彈攻擊敵方，以俘獲人口為職責。每出兵以銀牌召各部長，面授機宜。又率各部長打獵，獵獲的東西，大家環坐飲酒割食，各問技巧，互學所長。騎兵謂之「鐵鷂子」，步兵謂之「步跋子」，作戰採取伏兵包圍、鐵騎重點突破的戰略。元昊還特別注意招攬由宋入夏的漢族失意知識分子，如華州人張元、吳昊在宋屢舉不第，投奔元昊後即被倚為謀主，凡立國規模，寇宋方略，多兩人導之。

宋康定元年 (1040)，范雍鎮延安，與元昊戰於三川口（今延安西北)，被元昊擊潰。元昊的部隊沒有投降的士兵，夏兵被俘，雖遭嚴刑審問，不則一聲。慶曆元年 (1041)，宋將任福與元昊戰於好水川（今寧夏隆德東)，兵陷重圍之中，發現道旁有幾個銀泥盒，包封緊密，任福啟封，一群軍鴿從盒中飛起，盤旋在宋軍上空，於是夏兵四合，任福戰死。慶曆二年(1042)，宋軍又敗於定川寨（今寧夏固原市城區西北），從此宋軍不敢與夏兵接戰。幸有名臣范仲淹、韓琦等守邊，才得維持局面。范仲淹《漁家傲・秋思》詞「羌管悠悠霜滿地，人不寐，將軍白髮征夫淚」⑱的句子，就是反映了當時宋軍與西夏僵持的情況。

慶曆四年(1044)，宋與西夏和議成功，夏對宋稱臣；宋每年給夏銀 5 萬兩，絹 13 萬匹，茶葉 2 萬斤，另在各節日和元昊的生日送銀 2 萬兩，銀器 2000 兩，絹、帛、衣著等 2.3 萬匹，茶葉 1 萬斤。後 4 年，元昊子趙諒祚（即夏毅宗，1048～1068 在位）嗣立，上書自願改從漢族禮儀，並請求宋太宗御製詩文、草隸書石本、九經、唐史、《冊府元龜》，又請大藏經、工匠，更進一步仿宋制在中央官制系統設立尚書、侍郎、南北宣徽使、中書學士等官。

夏仁宗（1139～1193 在位）仁孝時，西夏達到全盛，「州郡凡二十有二」(《宋史》卷 486)。

南宋理宗寶慶三年(1227)，在成吉思汗金戈鐵馬的橫掃下，西夏亡於蒙古，前後共 10 主，凡 189 年。

畜牧業是西夏的傳統生產部門，西夏的畜牧業地區主要在銀、夏、鹽等州及其以北的鄂爾多斯高原、阿拉善和額濟納一帶。此外，涼州有「畜牧甲天下」(《金史》卷 134）之稱，瓜、沙諸州，畜牧業也是民生所繫。牧畜有馬、駝、牛、羊，還有驢、騾、豬、狗等。西夏建國以後，兼并了鄰境廣大的農業區，部分党項人向農業過渡，牧民可以得到糧食和牲畜的冬儲飼料，有利於畜牧業的發展。狩獵業在西夏的山區、沙漠和半沙漠地區仍然很重要，李繼遷一次向契丹進貢沙狐皮 1000 張，可見獵獲物數目不小。

西夏的農業區在洪、宥、靈、興等州和河西走廊一帶，興州的水利灌溉事業很發達，有漢、唐以來修築的渠道，漢（漢源）渠長達 250 里，唐（唐來）渠長達 320 里，其他支渠幾十條，可以引黃河水灌溉。西夏很重視這些水利設施，訂有制度，嚴格規定使用水利設施和使用水的辦法。漢人在西夏農業居民中占相當比例，特別是沿邊地區，蕃、漢雜處，可以直

⑱ 《范文正集・補編》卷 1。

接交流生產經驗，所以西夏的農耕技術，基本上與宋西北地區是同步發展的。西夏興、靈諸州，宜種稻、麥，其他地區，主要種植小麥、大麥、蕎麥、粟、稻、豌豆、黑豆、蓽豆、青麻子等作物。⑲西夏蔬菜有芥菜、香菜、蔓菁、蘿蔔、茄子、胡蘿蔔、蔥、蒜、韭等，也有果樹的栽培。西夏長期使用宋廷頒布的農曆，並根據當地氣候確定農時。

手工業在西夏以畜產品加工為其特色，如鞣皮，紡毛綫，織造氆氇、毛褐、氈毯等。馬可・波羅曾盛讚西夏製造的駝毛氈，認為是世界上「最麗」的；他又盛讚西夏製造的白氈，認為是世界上「最良」的。⑳西夏也有專業的木匠、泥匠、瓦匠、石匠等。西涼府（即涼州）護國寺感應塔，碑文形容說：「眾匠率職，百工效技，朽者績者，是墁是飾，丹雘具設，金碧相間，輝耀日月，煥然如新，麗矣壯矣，莫能名狀。」看來應當是有事實依據的。西夏神臂弓用優質木材製成弓身，以鐵為鐙、銅為機、麻索繫紮絲為弦，能洞穿百札。西夏鍛鐵使用豎式雙木扇風箱，這是當時最先進的鼓風設備，「夏國劍」鋒利無比㉑。西夏戰甲經冷鍛製成，堅滑光瑩，為宋人所重。西夏鹽州有鹽池，盛產青白鹽，質量甚好，每年有畦伕數千人從事生產，「數州之地，財用所出，並仰給青鹽」（包拯：《論楊守素》）㉒。

西夏的商業貿易，以鹽和馬為出口大宗。宋廷始終不答應西夏銷鹽的要求，又無法割斷沿邊熟戶與夏人的歷史聯繫，因此鹽的交易，都在民間私市上進行。景德四年 (1007)，宋在保安軍（治今陝西志丹）置榷場，此前延州（治今延安）已置，實行與西夏正式通市，宋方收購的有駱駝、馬、牛、羊、氈、毯、毛褐、翎毛、蜜、蠟、麝臍、羱羚角、玉、硇砂、甘草、柴胡、蓯蓉、紅花等；輸出的有繒、帛、羅、綺、香藥、瓷器、漆器、薑、桂等。西夏每年派員以羊、馬在邊界與宋貿易，規定按交易數量為賞罰，有時甚至對貿易不力的使人處以死刑。在宋方輸出的商品中，糧食是個大項目，但主要通過邊民以貨易貨的方式進行輸出；茶也是大項目，大多通

⑲ 西夏漢文本《雜字》所收穀物名有：粳米、糯米、秫米、黍米、大麥、小麥、小米、青稞、赤穀、赤豆、豌豆、綠豆、大豆、小豆、豇豆、蓽豆、紅豆、蕎麥、稗子、黍稷、麻子、黄麻、稻穀、黄穀等。見史金波《西夏漢文本〈雜字〉初探》，《中國民族史研究》（二），中央民族學院出版社，1989 年。

⑳ 馮承鈞譯：《馬可波羅行紀》第 72 章《額里哈牙國》，中華書局，1957 年。

㉑ 《遼史拾遺》卷 22。

㉒ 《包拯集》卷 9。

過歲賜和交換馬的方式輸出。西夏很需要宋的金屬品（銅、鐵、錫、錢幣等），但宋方常加以限制。西夏同宋貿易有多種形式，一是通過進貢，換取宋的回賜；二是在官方設立的榷場上進行；三是邊民私下交易，日以繼夜，法所難禁。西夏來使，宋方允許其出入民間市肆，或在館舍內進行交易。

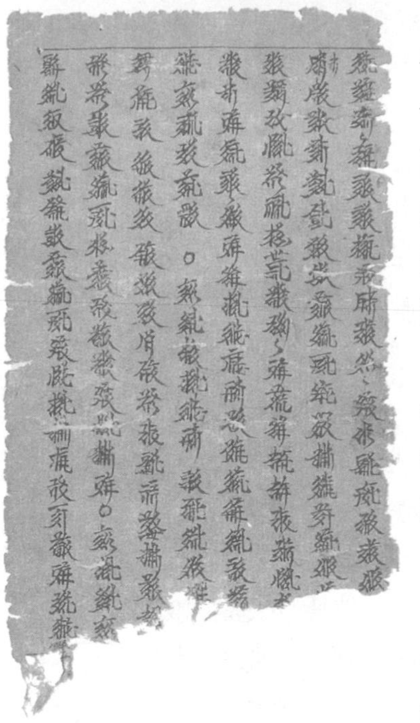

圖 201　1972 年武威出土的西夏文醫書

西夏對遼的貿易規模比對宋小得多，市場由遼設在遼西京西北的東勝（治今內蒙古托克托）、天德（治今內蒙古烏拉特前旗東北）、雲內（治今呼和浩特西南）、銀甕口（在今內蒙古土默特右旗薩拉齊西北）等處，後來金也繼續開放這些市場。在關隴地區，金還開設了環州（治今甘肅環縣）、保安（治今陝西志丹）、蘭州、綏德等榷場。

西夏同回鶻貿易，回鶻的商品主要是珠玉，還有棉織物、絲毛織物、藥材、香料、鑌鐵刀、烏金銀器等。這些貨物通過西夏販往宋、遼和金境內，西夏收取過境稅。

西夏與吐蕃也有頻繁的商業貿易關係。

西夏自景宗（1032～1048 在位）元昊起開始鑄錢。仁宗天盛 (1149～1169) 年間鑄的元寶錢傳世較多，鑄錢技術也不錯。

夏景宗時，野利仁榮創西夏文字，㉓字形方整，字體也有草、隸、篆等。文字結構有全、左、右、幹、頭、下等區別。字體的創製，多用漢字六書的會意法，也有以類相從法，如屬於絲織品的字自成一類。西夏文中有時還直接借用漢字，如「聖」字，字義和讀音都與漢字一般無二。但西夏文字多用左撇，無直鉤，這又與漢字不同。正德六年（1132）問世的《音同》，依聲母分音為重唇、輕唇、舌頭、舌上、牙、齒頭、正齒、喉、流風等 9 類，共收 6100 餘字。乾祐二十一年 (1190)，骨勒茂才編《蕃漢合時掌中珠》，按天、地、人「三才」分類，收編西夏常用詞，用漢字注音義。漢字注音難以準確，《掌中珠》採用了反切法，同時旁注「合」（合口）、「輕」（輕呼）等以表示發音部位，是一部

㉓　《續資治通鑑長編》卷 119、《夢溪筆談》卷 25。《遼史》卷 115《西夏傳》則載此事在趙德明時期。

優良的夏漢字典。

夏崇宗（1086～1139 在位）積極提倡漢文化，特在「蕃學」之外，設立專門教授漢文化的「漢學」；夏仁宗「尊孔子為文宣帝」(《宋史》卷 486)，並仿宋制，實行科舉。用夏文譯成的儒家經典有《論語》、《孟子》、《孝經》等。《論語》和《孟子》都有西夏人自己作的注釋。還有一種無題書，內容全是《禮記》、《左傳》、《毛詩》的引文輯錄。《孫子兵法》、《太公六韜》、《黃石公三略》和諸葛亮的《新書》，都有西夏文譯本。記錄唐太宗貞觀之治的《貞觀政要》被部分譯成西夏文，題為《貞觀要文》。

多種西夏文活字版文獻——包括總計 9 冊 10 萬字的獨一無二的西夏文佛經《吉祥遍至口和本續》，都是世界上現存最早的活字印本。西夏雕版技術精湛，《阿毘達磨順正理論》、《妙法蓮華經觀世音像普門品》等，圖文並茂，畫面繁複，綫條極富韻律。

1907 年 12 月 25 日至 1909 年 7 月 26 日，俄羅斯皇家地理學會會員科茲洛夫上校率「蒙古四川探險隊」對西夏黑水城故址（在今內蒙古自治區額濟納旗）進行了考古發掘，很多西夏文典籍該故址皆有出土，不少已佚漢文古籍也可以藉黑水城文獻窺見或恢復其原貌，如北宋呂惠卿注的《孝經》、唐代于立政編的《類林》。

西夏統治區域過去大部分曾受吐蕃王朝管轄，留下不少寺院和僧侶，所以佛教在西夏受到普遍的信奉。西夏首創帝師制度。

此外，在律令的彙編，國史的修纂，天文、曆法、醫學和文學藝術方面，西夏都有不小的成就。西夏建都興慶府（興州），對後來銀川市的形成和發展，作出了不可磨滅的歷史貢獻，現在銀川的承天寺塔，就是西夏遺留下來的古跡。

西夏人剃光頭頂，穿耳戴環；盛行收繼婚制，同姓不婚，良賤不婚，特別講究相貌的俊醜；重視復仇，婦女赴仇家縱火，仇家唯有走避，因為「敵女兵不祥」（張鑑：《西夏紀事本末》卷 10）；迷信巫師，在戰場上施行巫術。他們的交通工具，除馬、牛、橐駝外，還有「渾脫」，即羊皮筏子，在水流險惡的大河裏是十分管用的。

夏帝「衣白窄衫，氈冠紅裏，冠頂後垂紅結綬」(《宋史》卷 485)，融和了唐宋皇帝（白窄衫取唐制「白袷」之「白」、宋制「窄袍」之「窄」)、吐番贊普（氈冠）和回鶻可汗（垂紅）的服制特點。

西夏亡國後，元代稱党項族為「唐兀氏」，列為色目人，他們多在原居地，或被派往各地做官、戍守和屯田。後來在民族大同化的浪潮中，大部分都漢化了。尚有從事畜牧業的一支向南跋涉，在今四川省甘孜藏族自治州的木雅地方定居下來，建立西吳政權，明代為土司，直到清康熙三十九年 (1700) 才停止世襲，前後經歷了近 5 個世紀，逐漸藏化了。㉔

㉔ 吳天墀：《西夏史稿》第 127～128 頁，四川人民出版社，1983 年。

# 第三十九章

# 女真－滿洲和蒙古

## 第一節　女真－滿洲

女真世居東北地區。中國古代東北地區的少數民族，傳統觀點認為大致可分 3 大系：一．肅慎族，最初居於北部之東；二．濊貊族，最初居於北部之中；三．東胡族，最初居於北部之西。濊貊所屬扶餘（夫餘）戰國時期已為華夏所知，從西漢武帝開始，扶餘國不斷向漢朝貢。東漢順帝永和元年 (136)，扶餘王曾來雒陽（今洛陽）。後其部高句麗日趨強大，漢邊軍退至西蓋馬（今遼寧撫順），但扶餘仍親漢，西與鮮卑、南與高句麗對抗。「出名馬、赤玉、貂狖、美珠，珠大者如酸棗」，「土地宜五穀」。「邑落有豪民，名下戶皆為奴僕」。（《三國志・魏書・烏丸、鮮卑、東夷傳》）東晉義熙六年 (410)，東扶餘亡於高句麗；北魏太和十八年 (494)，西扶餘又被勿吉（沃沮）驅逐，一部分遺民遷居朝鮮，現在的朝鮮族，就有扶餘人的血統。而高句麗雄踞東北 700 餘年，存國時間最長，亦屬濊貊。肅慎族即女真族的祖先，自肅慎迄女真這一系，是中國古代東北地區的主要民族。上述云云，幾乎已成定論，但其中肅慎族居北部之東和肅慎族即女真族的祖先的說法，卻有待檢討，因為肅慎的具體地域不清楚，其他有關情況也不可考。

據說遠在舜、禹之世，肅慎人就已經與中原地區建立了聯繫。西周武王時，肅慎貢獻過「楛矢石砮」（《國語・魯語下》），成王時，又貢獻「大麈」（《逸周書・王會》），周室已把肅慎人居住的地方認作是王朝的「北土」（《左傳・昭公九年》）。漢代以後，有「挹婁」，主要從事農業，善養豬。曹魏時，「挹婁貂」成為內地民眾的御寒珍品。但史載挹婁「法俗最無綱紀」（《三國志・魏書・烏丸、鮮卑、東夷傳》），大概尚徘徊於原始社會末期。

挹婁與肅慎相隔千年，究竟是否一家子，應當說很成問題。而北朝的「勿吉」和隋唐以來的「靺鞨」，實為同音異譯，從考古資料來看，挹婁至靺鞨、女真間確實有一定的親緣傳承關係。隋唐時代，靺鞨已發展為粟末、白山、伯咄、安車骨、拂涅、號室、黑水等 7 大部，分布於東臨濱海、西至嫩江、南抵今吉林市、北達黑龍江以北的遼闊地區。武則天聖曆元年 (698)，粟末部首領大祚榮（生年未詳，卒於 719 年）據東牟山（在今瀋陽東北），自號「震（振）國」。唐玄宗先天二年 (713)，大祚榮受封為左驍衛大將軍、渤海郡王，於是震國改稱「渤海國」，有編戶 10 餘萬。渤海盛時，其國土有今吉林、遼寧兩省的東部，黑龍江省的東北部，南至今朝鮮的北部，東至今烏蘇里江以東迄於日本海。全國共置 5 京、15 府、62 州，五京各領一府，府皆領州。上京龍泉府，地處最北，府治在今黑龍江寧安西南；中京顯德府，位於上京之南，府治在今吉林敦化北；東京龍原府，為濊貊故地，府治在今吉林琿春；南京南海府，為勿吉故地，府治在今朝鮮咸興；西京鴨綠府，為高句麗故地，府治在今朝鮮慈城東北鴨綠江南岸。渤海國的農產品有稻、粟、豆、麥；手工產品有布、紬，所製陶器、瑪瑙器十分精美；礦業出產金、銀、銅、鐵等；馬匹、土特產是向唐王朝的貢品。所謂「海東文化」，是很有特色的。

後來渤海為契丹所滅，但靺鞨七部之一的黑水部繼之而興，《遼史》稱「女真」，此後女真這個稱呼就逐漸取代了靺鞨。從 11 世紀 30 年代起，遼為避興宗耶律宗真諱，又改女真為「女直」。遼人把女真分為生、熟兩部分，其中生女真分布在松花江北岸、黑龍江中下游，東達海岸，社會發展還處於較落後的階段。生女真始祖函普，從今朝鮮的咸鏡北道來到居住在僕幹水（今牡丹江、鏡泊湖附近）之涯的完顏部，因立約解決了完顏部與其他部族的哄鬥，為眾所信服，後來被推擔任首領。從此完顏部便出現了宗室完顏、同部完顏、同姓完顏和白姓完顏、黑姓完顏等幾個婚姻集團，形成宗室完顏掌軍事，而其政治輔佐則由同部完顏中人擔任的二府制格局。函普三傳至綏可，時當 10 世紀末，生女真完顏部遷徙於按出虎水（今阿什河）畔，開始種植五穀，砍伐木材，製造車船，修建房屋，又掌握了燒炭、冶鐵等技術。完顏部輸出砂金、東珠、馬匹、貂皮、人參等，換回武器，擴充軍備，勢力逐漸強盛。綏可二傳至烏古迺，「自白山、耶悔、統門、耶懶、土骨倫之屬，以至五國之長，皆聽命」（《金史》卷 1)。經過激烈的鬥爭，

「始建宮屬，統諸部以專征伐，嶷然自為一國」(《金史》卷 55)。通常議事，有內、外庭，內庭決策，外庭通過，凡族眾都可預外庭之會。其後生產力迅速發展。烏古迺又五傳至阿骨打（1068～1123，即金太祖)。收國元年 (1115)，在阿骨打領導下，以完顏部為核心的生女真人建立了金國奴隸主政權。太宗天會三年 (1125)，金俘虜了遼天祚帝。明年冬（1127 年初)，金軍入開封，滅北宋。金全盛時，疆域東北至外興安嶺和日本海，南至淮河、秦嶺，西南至今甘肅東部和寧夏南部，西至河套，西北大抵與今內蒙古北界相合而稍有出入。南與南宋為鄰，西與西夏為鄰，北與蒙古、韃靼為鄰。首都在上京會寧府（今哈爾濱市阿城區境)，後遷中都大興府（今北京)，貞祐二年 (1214)，再遷南京開封府（今開封)。此外尚有東京遼陽府，治遼東京；北京大定府，治遼中京；西京大同府，治遼西京。

阿骨打初起時，曾通告全軍:「有功者，奴婢、部曲為良，庶人官之，先有官者敘進，輕重眂功。」(《金史》卷 2) 這是一個很能鼓舞人心的政策。先前女真沒有自己的文字，經阿骨打授意，由完顏希尹創製了女真字，於天輔三年 (1119) 頒行。在處理與熟女真人、渤海人、契丹人、奚人、漢人的關係問題時，阿骨打實行區別對待的辦法——他派人以同族之情招諭熟女真，使熟女真迅即成為金的臣民；又以渤海、女真同出一源為辭，招諭渤海人，也收到了一定的效果。至於契丹人、奚人和漢人當時所受到的待遇，則不如渤海人。

女真倏然而起，勢如狂飆，從組成部落聯盟到建立王朝，只有 70 年左右。從起兵反遼到麾師入汴，不過 12 年半時間。如此迅速地從僻處東北一隅到奄有發達地區的半壁河山，是先行的北魏所望塵莫及的。

金皇統元年 (1141) 與南宋達成和議，雙方以淮河為界，宋向金進誓表稱「世世子孫，謹守臣節」(《建炎以來繫年要錄》卷 142 引《紹興講和錄》)，並納歲幣銀 25 萬兩、絹 25 萬匹，史稱「紹興和議」(「紹興」為南宋高宗年號)。這一年，南宋抗金名將岳飛以「莫須有」罪名，慘遭投降派殺害。岳飛勇敢善戰，曾於郾城一舉殲滅金軍精銳「鐵浮圖」和「拐子馬」❶，深為金軍所畏懼。金人對岳飛的評價是很高的。金大定五年 (1165)，金、

❶ 「鐵浮圖」和「拐子馬」皆以 3 人為聯，「鐵浮圖」是貫以皮索的主力親軍，「拐子馬」是貫以葦索的兩翼鐵騎，宋金時期，組織一支由「鐵浮圖」和「拐子馬」配套的騎兵，往往先聲奪人，可制敵命。

宋修改和約，宋帝對金帝不再稱臣，改稱為侄，歲幣也減為銀、絹 20 萬兩、匹。原因是金剛剛發生過內亂，雙方國力的對比有所升降。南宋開禧 (1205～ 1207) 年間，韓侂冑（安陽人，1152～1207）主持北伐，兵敗被內部主和派所殺。於是金泰和八年 (1208)，金、宋又修改和約，宋帝稱金帝為伯，歲幣增至銀 30 萬兩、絹 30 萬匹，另送犒軍錢 300 萬貫。金、宋對峙 109 年，民族關係的總趨向是由緊張到緩和。

金貞元元年 (1153)，海陵王遷都中都。中都在金代，其原屬遼南京城範圍內的街道，仍保存著唐代街坊的形式，而金代新擴展的部分，則改為沿大街兩側平行排列。這種規劃特點，充分體現了女真民族的品格。

金初對輸誠來歸的漢族官員，一律加以錄用。尤其是原先仕遼的漢官，民族意識本來就比較淡薄，當金軍推進之際，他們就望風而降。其中如韓彥宗，仕金為同中書門下平章事，知樞密院事，加侍中，位在一人之下，萬人之上。對河北、河東的漢族農民，其家屬有流寓河南被俘掠為奴隸的，金太宗令：「官為贖之，俾復其業。」還有「避役之民，以微直鬻身權貴之家者」，金太宗也特許「悉出還本貫」。(《金史》卷 3) 這所謂「避役之民」，大部分當然都是漢族。太宗天會十一年 (1133) 九月，金左副元帥宗翰悉遷女真土人散居漢地，「令下之日，比屋連村，屯結而起」(《大金國志》卷 8)。海陵王時，又遷女真宗室貴族於中都、山東、河間。上述政策和措施，有利於漢族與女真族接觸面的擴大。金熙宗早有「四海之內，皆朕臣子，若分別待之，豈能致一」(《金史》卷 4) 的思想，他於天眷元年 (1138) 頒布新定官制，糅合遼、宋制度自成一體，突破了遼設北面官和南面官的雙軌體制，反映了女真貴族與漢族官僚地主階級加強合作的願望。金熙宗還制定取士之制和勛封之制，在繼續依靠女真官的同時，為漢官的大批起用開闢了門徑。熙宗更頒行女真小字，規定「女真、契丹、漢人各用本字，渤海同漢人」(《金史》卷 4)，讓 3 種民族文字都作為朝廷通用的文字，這是史無前例的。天眷三年 (1140)，他還立孔子廟於上京，並於次年親往祭祀，表示對漢族傳統文化的認同。金中期，原先靠軍功起家的猛安謀克戶和更多的女真平民破落下來，成了經濟上的失敗者，這使漢人與他們之間原先的敵對情緒大大削弱。何況當時宋、金貿易，金有求於宋的，比宋有求於金的要多，漢人與女真人互通有無，這種經濟聯繫，在通常情況下，也起著改善金內部民族關係的作用。因為飲水思源，愛屋及烏，這也是人之常情，畢竟金境內的漢人與南宋境內的漢人，都是同族。金世宗曾提倡恢復女真舊風，自唱女真俗曲，這是怕女真喪失勇悍的品性。事實上，金世宗是漢文化的愛好者。至於女真人與漢人通婚，則終金一代，從來沒有明令禁止過。金世宗以後，朝廷更予以積極的倡導。❷早在金開國初年，已有女真改漢姓的事例，如改完顏姓王、赤盞姓張、那懶姓高等，據《南村輟耕錄》卷 1「氏族」條記載，金、元之際，已有 31 個女真姓改稱漢姓，而事實上女真改漢姓者尚不止於此。❸所以到金末，女真人與漢人在動亂中加速融合，以致沒有加以區別的必要了。

金的農作物種類，主要有粟、麥、豆、稻、蕎麥、稗等，而以粟、麥為大宗，稻次之。章宗明昌三年 (1192) 全國常平倉共積粟 3786.3 萬餘石，可備官兵 5 年的食用；米 810 餘萬石，可備 4 年食用。金的畜牧業，在其頂峰期為大定二十八年 (1188)，馬發展到 47 萬匹，牛 13 萬，羊 87 萬，駝 4000 頭。

女真人早期以肉食為主，隨著農業的發展，糧食在主食中占有更重要的地位。他們喜歡用野白芍藥花和麵煎成脆美而易於保存的食品，秋、冬之際醃製鹹菜和酸菜，調味品有鹽、醋、醬、油等。「凡番官平居著上領褐衫，無上下之辯（辨），富者著褐色毛衫，以羊裘狼皮為帽」(徐夢莘：《三朝北盟會編》靖康中帙卷 35 引范仲熊《北記》)。發明破冰船，可破冰而行。男女訂婚，女家不分大小坐在炕上，婿黨羅拜其下，謂之「男下女」(《松漠紀聞》卷上)。「自擇佳辰」（同上）為生日。死後實行土葬、火葬或土、火葬結合的葬法。尚騎射，把打獵看作是最快樂的事情。信仰薩滿教、佛教和道教。

女真建立金政權，實現了東北地區和中原地區的共同進步，使原來絕少城堡，沒有學校，只能用刻箭、結繩等原始方法紀事的生女真地區的經濟、文化迅速發展起來；從熙宗到章宗，又在逐步變革奴隸制完成封建化的過程中，創造了一元化制度下形式多樣的民族合作經驗，如用女真、契丹、漢 3 種文字一項，❹都是很有歷史意義的。應當指出的是，金政權並

---

❷ 參見劉精義、張先得《北京市通縣金代墓葬發掘簡報》，《文物》1977 年第十一期。

❸ 參見陳述《女真漢姓考》，《金史拾補五種》，科學出版社，1960 年。

❹ 在這方面，西夏已率先作出榜樣，西夏官方認可的語言，有西夏語、漢語和吐蕃語，也有 3 種。而明昌二年 (1191) 起，契丹文終遭金廷下令停止使用。

不滿足於「北朝」的稱謂，確信自己可以與漢族一樣「據天下之正」(《金史》卷 28)，在中國文化史上，這種思想雖說由來已久，但明確地加以強調，卻是特別不尋常的。

金的紡織工藝、陶瓷工藝，發展了北宋和遼的傳統；❺印書業的水平，足使南宋自嘆弗如；建於明昌三年 (1192) 的盧溝橋，長 166 米，寬 7.5 米，共 11 孔，延至 1975 年，尚能使 429 噸重的平板車安全通過；❻所製火炮、火槍，威力超過北宋；山西繁峙巖上寺的壁畫，廣泛、生動地反映了當時的社會生活；❼而金雜劇則為元雜劇的先河。

總之，金文化繼承遼和北宋，與南宋平行，形成了自己的特色，「上掩遼而下軼元」(《廿二史箚記》卷 28)，其歷史地位是早有定評的。

金傳國凡 119 年，哀宗天興三年 (1234)，為蒙古所滅。包括還未及建立年號的末帝在內，前後共 10 帝。

金亡以後，留居在東北的女真人，到明初分為建州、海西和東海女真 (即「野人女真」) 3 大部。明代中葉以後，建州、海西女真人從黑龍江、松花江等地南遷至輝發河和渾河流域定居，經濟文化迅速發展，在各部中居於先進水平。16 世紀末，愛新覺羅努爾哈赤開始崛起。

努爾哈赤 (1559～1626)，明初建州左衛都督猛哥帖木兒六世孫，祖覺昌安、父塔克世，均襲明建州左衛指揮使。他自幼愛讀《三國演義》和《水滸傳》，成年後又經常到撫順馬市貿易，因此熟悉漢族習俗，瞭解漢族社會經濟情況，深受漢文化薰陶。明神宗萬曆十一年 (1583)，覺昌安和塔克世為明軍誤殺，於是努爾哈赤以祖、父遺甲 13 副起兵。他重用賢者，厚待功臣，順者以德服，逆者以兵臨，由近及遠，先弱後強，積極爭取蒙古，避免過早地與明帝國發生正面的衝突，並於明神宗萬曆二十七年 (1599) 命額爾德尼和噶蓋等根據蒙古字母創製十二字頭，結合滿洲語音，發明滿洲文字。萬曆二十九年 (1601)，努爾哈赤對女真人長期以來的牛錄制進行了改革。萬曆四十三年 (1615)，正式編立了正黃、正白、正紅、正藍、鑲黃、

❺ 參見趙光林、張寧《金代瓷器的初步探索》，《考古》1979 年第五期。

❻ 北京市文物處等：《金代蘆溝橋進行超限大件通過的載重試驗取得成功》，《文物》1975 年第十期。

❼ 張亞平、趙晉樟：《山西繁峙巖上寺的金代壁畫》，《文物》1979 年第四期；潘絜茲：《靈岩彩壁動心魄——巖上寺金代壁畫小記》，同上。

鑲白、鑲紅、鑲藍等八旗，規定 300 丁為一「牛錄」，5 牛錄為一「甲喇」，5 甲喇為一「固山」，固山即「旗」。牛錄、甲喇、固山均設「額真」以統領之，自固山額真（漢稱「都統」）以下，皆隸屬旗主。八旗婦女不得纏足，男子必須剃髮留辮。旗既是軍事單位，又包含了財、政、刑各方面的職能。八旗總隸於聰睿汗明廷冊授正二品龍虎將軍努爾哈赤。八旗制的確立，標誌著女真各部已經統一。萬曆四十四年 (1616)，努爾哈赤稱「英明汗」於赫圖阿拉（今遼寧新賓舊城），改元「天命」，建立了後金政權。天命六年 (1621)，努爾哈赤遷都遼陽；天命十年 (1625)，又進一步遷都瀋陽。天命十一年 (1626)，努爾哈赤第八子皇太極 (1592～1643) 繼立。天聰元年 (1627)，皇太極令國中之人皆自稱「滿洲」❽，禁止再稱「諸申」❾，他力革其父晚年長期以來逐漸形成的種種弊政，乃是清帝國真正的締造者。崇德元年 (1636)，皇太極稱帝，改國號為「清」。順治元年 (1644)，清兵入關，定都北京，從此統治中國達 268 年之久。清代疆域西至今巴爾喀什湖、楚河、塔拉斯河流域、蔥嶺，北至唐努烏梁薩彥嶺，東北至外興安嶺、鄂霍次克海，東至海——包括今臺灣及其附屬島嶼等，南至南海諸島，西南至西藏、雲南以外。❿另有朝鮮、琉球及中南半島、印度半島、南洋群島諸國和中亞諸國等藩屬，聲威之盛，超過漢、唐王朝。

在中國歷史上，清代大張旗鼓地推行了「一國兩制」或「一國數制」。

對漢族，清初入關之前，就隆重宣布：朝廷「率遵漢制」（《清太宗實錄》卷 4），以資號召；凡在後金統治下淪為「包衣」和奴隸地位的漢族知識分子，通過考試，一律予以任用。又厚待歸降人員，組成智囊團，充分注意發揮他們的能量。入關時，更以聲討李自成農民軍為藉口，倡言「兵以義動」（《八旗通志・范文程傳》）。清初攝政王多爾袞（努爾哈赤第十四子，1612～1650）於進入北京後的次日，就用順治帝名義，以「奉天承運」的姿態，下令為弔死煤山的明思宗發喪，造陵寢禮葬。同時布告天下，對前明宗室，「一切故封，不加改削」（《清世祖實錄》卷 6），「各衙門官員，俱照舊錄用」（同上卷 8）。又詔諭「凡文武官員軍人等，不論原屬流賊，

❽ 清代「滿洲」簡稱「滿」，辛亥革命後，「滿」成為通稱。

❾ 這是女真貴族以下、奴僕以上平民階層的舊稱，亦為「女真」族號的另譯，明人記載作「朱先」。

❿ 清代疆域在中國歷史上僅遜於元代，居第二位。

或為流賊逼勒投降者，若能歸順我朝，仍准錄用」；有剃髮前來歸順者，「各昇一級，軍民各仍其業」。(《東華錄》順治朝卷 2）更嚴禁搶掠，一度停止剃髮。並沿襲明代開科取士，網羅漢族士人。大力宣揚「滿洲、漢人俱屬吾民」(《清世祖實錄》卷 44)，標榜滿、漢一家；且允許滿、漢通婚。為了與漢族進一步在文化上認同，順治二年 (1645)，多爾袞還親登泰山，朝「先師孔子廟行禮」，加孔子以「大成至聖文宣先師」的謚號。順治帝則更強調重用漢官，再三要求「會議政事……不拘滿、漢皆可具稿」(同上卷 141)，不許出現「滿、漢兩議」(同上卷 143）現象。又翻譯明太祖《洪武祖訓》，由順治帝作序後頒布，表示願與天下共遵明代制度。後來還對漢族抗清的民族英雄史可法、鄭成功等進行表彰。所有這些措施，都對調整滿、漢關係起到了積極的作用。

對蒙古族，清初入關前，就卓有遠見地與蒙古封建主建立了聯盟。努爾哈赤和皇太極都聘蒙古科爾沁部之女為妃，清太祖不止一次地向蒙古各部首領們表示:「滿洲、蒙古，語言雖異，而衣食起居，無不相同，兄弟之國也。」(《滿洲志檔秘錄上編・喀爾喀遣使問介賽罪狀》）為了削弱蒙古各部首領的權力，俾使易於控制，清太宗將蒙古各大部落分為若干旗，旗主封札薩克，世襲罔替，直隸於清廷。又有總管旗，設總管，由清廷派遣的將軍、都統等統轄。清代通過對蒙古封建主的封爵、賞賜、賑恤及聯姻等手段，使他們的利益與滿洲統治者更加緊密地結合了起來。其中尤以科爾沁部在後金肇造之初，「從龍佐命，世為肺附，與國休戚」，為清室之梁柱。科爾沁部「設札薩克五，賜親王、郡王、鎮國公爵有差」，並享受雙俸等優待。自是清宮「孝端文皇后、孝莊文皇后、孝惠章皇后，皆科爾沁女」。(《聖武記》卷 3）以科爾沁為首的漠南蒙古各部，是與有清一代命運與共、利害攸關的。清代又通過多倫諾爾（治今內蒙古多倫）的會盟，加強了內、外蒙古的團結。倚蒙古為干城，是清代的一項基本國策。

對西南地區的少數民族，清代繼續推行明代的土司制度，一方面將「化外」之民盡量納入土司的統治，擴大朝廷的統治面；另一方面逐步改土歸流。從雍正四年 (1726) 起，雲貴總督鄂爾泰（滿洲鑲藍旗人，1677～1745）在湖廣、貴州、雲南、四川、廣西 5 省大規模地實行改土歸流，將土官「富強橫暴者漸次擒拿，懦弱昏庸者漸次改置」(《聖武記》卷 7)，10 年之間，縣、長官司以上被改流的有 60 餘處。改流的同時，也添設了不少土司。清代土司所負的職責與流官沒有根本上的區別，標誌著中央集權政治的深化。

對藏族，西藏拉藏汗政權是得到清廷承認的。康熙五十六年 (1717)，漠西蒙古準噶爾部策妄阿拉布坦襲擾西藏，殺死了拉藏汗，並將拉薩洗劫一空，清廷聞訊之後，迅即發兵予以驅逐，維護了西藏地區的安寧。雍正六年 (1728)，清廷正式在西藏設立了駐藏辦事大臣衙門，管理駐藏清軍。乾隆五十六年 (1791)，發生尼泊爾廓爾喀人大舉入侵後藏事件，清廷得到八世達賴（1758～1804 在世）和七世班禪的奏報，又義不容辭，派大將軍福康安率滿、漢、蒙、藏軍隊 1.7 萬人予以痛擊，在藏族各界的支援下，旋於次年五月迫使廓爾喀軍前乞降，全部撤退。為確保西藏政局的穩定，乾隆五十八年 (1793)，清廷頒布《欽定藏內善後章程》，全面加強駐藏大臣的職權，規定駐藏大臣領有綠旗兵，並對藏軍有督察、校閱之責，地位與達賴喇嘛平等，西藏事無大小，均須稟明駐藏大臣辦理。又規定包括達賴、班禪在內的黃教呼圖克圖（活佛）的轉世，須在駐藏大臣的監督下，採取金瓶抽籤的方法來決定，這就是所謂「金奔巴」制度。這些政策，加強了清廷對西藏的統治。

對維吾爾族，因前面第三十六章第三節已有相當篇幅的述及，茲不贅。

在滿族形成之後，當時還有一部分處在邊遠地區的女真部落，並沒有被納入滿族共同體，其中主要是「索倫」⓫部鄂溫克人、鄂倫春人和赫哲人。索倫部中同樣舉足輕重的達斡爾人，則是契丹人的後裔。明思宗崇禎五年 (1632)，沙俄始知有黑龍江的存在。清初崇德八年 (1643)，沙俄勢力已開始向黑龍江北岸擴張，由於沙俄的不斷侵擾，他們被迫越過黑龍江，南遷到小興安嶺的原始森林地區和嫩江流域。在康熙二十三年 (1684)、二十四年 (1685) 清軍兩次抗擊沙俄入侵者的雅克薩戰役中，這些民族密切配合滿、漢八旗英勇戰鬥，還擔負運送軍事物資、當嚮導和偵察敵情等艱難任務，為保衛祖國邊疆作出了積極的貢獻。不久，清政府即將鄂溫克、達斡爾等族的精壯騎兵編為齊齊哈爾駐防八旗。

清代入關後諸帝，清聖祖玄燁（1654～1722，即康熙皇帝）的政績是最足稱道的。他在位期間，在維護多民族國家的統一方面，也做了大量的工作。如他指揮若定，組織了有情有節的抵抗，與沙皇俄國簽訂了《尼布

⓫ 「索倫」意為「生活在山林裏的人們」，原是達斡爾人對鄂溫克人的稱呼。因為他們都英勇善戰，清初就用以統稱達斡爾、鄂溫克、鄂倫春等族。

楚條約》，儘管使沙俄得以牢固地占有西伯利亞，對沙俄更有利，但卻從法律上肯定了中國對黑龍江、烏蘇里江流域的主權，解決了中、俄的東段國界問題；他又擊退、平定在沙俄煽惑下的漠西蒙古準噶爾部噶爾丹的進攻和叛亂，並且使漠北喀爾喀蒙古三大部盡釋舊怨，歡聚一堂。他認識到「守國之道惟在修德安民，民心悅則邦本得，而邊疆自固，所謂眾志成城者是也」(《清聖祖實錄》卷 151)。後來清高宗弘曆（1711～1799，即乾隆皇帝）在這方面亦頗能踵事增華。如他在妥善安置從沙俄返回的西蒙古土爾扈特部後，面對沙俄的武力恐嚇，明確表示：「或以兵戈，或守和好，我天朝惟視爾之自取而已。」(《清高宗實錄》卷 194）諸如此類，文武相濟，不失體統，都是值得肯定的。從康熙二十一年 (1682) 玄燁出巡東北起，到乾隆二十七年 (1762) 在西北設立伊犁將軍止，清代為捍衛祖國領土主權的完整，作出了極其可貴的努力。在這段時間內，清代在北疆行使了行政區劃分和行政管理，這個歷史貢獻是永遠不可磨滅的。

而在清代統治下，不僅蒙古草原的動亂消除了，並且中國歷史上草原游牧民族政權（或部落聯盟）與中原王朝多次發生的對抗和戰爭也不再重現。玄燁曾說：「朕閱經史，塞外蒙古多與中國抗衡，溯自漢、唐、宋至明，歷代俱被其害。而克宣威蒙古，並令歸心於我朝者，未之有也。」(《清聖祖實錄》卷 180）清代統治者善於借鑒歷代王朝處理民族關係的成功經驗和失敗教訓，制定和實施了中國傳統社會最有成效的民族政策，使昔日征戰之區，變為人民的休養生息之地。當然，清代的民族政策，高壓是主導的一面，猜忌、歧視和殘酷的鎮壓始終是與懷柔相輔並行的。⑫清代還用文字獄來鉗制漢族知識分子的民族思想，這也可以說是一個創舉。在明清時代，明太祖曾大興文字獄，但明太祖對付的並不是民族思想。

在清代前期，當西歐殖民勢力在華南猖獗的時候，清政府對臺灣實行了有效的管轄。臺灣島南北長約 394 千米，東西寬 15～144 千米，連同蘭嶼、綠島（火燒島）、琉球島、龜山嶼、彭佳嶼、釣魚島、赤尾嶼等附屬島嶼 22 個和澎湖列島 64 個在內，總面積 3.59897573 萬平方千米，其中臺灣本島面積 3.57880908 萬平方千米，⑬自古以來就是中國的領土。古生物化

⑫ 其實這也並非清代如此，只不過清代和它以前的金代、元代等以少數民族統治人口眾多的漢族和其他民族，就更加捉襟見肘而已。所以從整個中國古代的歷史進程來看，少數民族入主中原之際，往往是民族矛盾比較尖銳的時期。

石研究表明，距今3～1萬年間，臺灣曾與大陸相連。⑭古代最早提到臺灣的文獻是《漢書・地理志下》：「會稽海外有東鯷人，分為二十餘國，以歲時來獻見云。」三國時吳大帝（229～252在位）孫權曾於黃龍二年（230）派將軍衛溫、諸葛直率萬餘人的船隊到夷洲（即臺灣）。隋煬帝大業五年（609）遣虎賁郎將陳稜由義安（今潮州）入流求（臺灣）訪問民情風俗，獲得當地部落和住民的積極配合。宋代臺、澎地區使用大陸鑄造的銅錢，上面有「太平興國」、「天禧」、「元祐」等年號字樣。元代在澎湖設巡檢司，便於對臺灣進行管理。明代嘉靖十三年（1534），陳侃作為琉球冊封使者，他在五月八日出海，「十日，南風甚速，舟行如飛……過平嘉山，過釣魚嶼（釣魚島），過黃毛嶼（黃尾嶼），過赤嶼（赤尾嶼）……在後十一日夕，見古（古）米山（久米島），乃屬琉球者」（《使琉球錄》⑮），歷史上臺灣與琉球的界綫，就在赤尾嶼和久米島之間。⑯萬曆十八年（1590），葡萄牙商船經過臺灣海峽，見臺灣山川秀麗，就稱之為福爾摩斯（Formosa），這是西方知有臺灣的開始。清代於康熙二十二年（1683）重新統一臺灣後，在臺灣設臺灣府，並派駐步兵和水師，加強了臺灣與祖國大陸的血肉聯繫。當時臺灣召民墾耕，「所出之米，一年豐收，足供四五年之用」（連橫：《臺灣通史・農業志》引閩浙總督高其倬奏）。臺灣的米和蔗糖運銷國內外各地，而從內地運回布匹、綢緞、瓷器、鐵器、雜貨等。

不僅如此，清代對南海諸島的管轄也較之以往任何時期都更有效了。東漢時期，中國官員已經視察了南海諸島一帶的海域。到了宋元時代，南海諸島附近的海域，已被列為中國的海疆範圍。清初康熙年間，廣東副將吳陞曾經到南海諸島「躬自巡視」（《乾隆泉州府志》卷56）。在清代官方的多種重要地圖中，均把南海諸島明白無誤地標繪在中國的海防區域之內，確認中國對於這些島嶼擁有不可爭辯的主權。當然，清代盛世對「天朝」的富足過分自信，安於現狀，在西方資本主義國家竭力擴張、爭先恐後地

⑬ 以上數據，更新時間為2005年1月30日。

⑭ 參見《古生物化石研究表明　臺灣曾與大陸相連》，《光明日報》三明2006年11月20日電，記者齊芳。

⑮ 見明刊《紀錄彙編》卷66。

⑯ 日本天皇御筆，歷經14年時間於安政四年（1857）已五月手工繪製而成的《日本古地圖》，圖中日本列島包括本州、九州、四國、北海道4個大島和3900個小島，亦可證明釣魚島（日本稱「尖閣列島」）不屬日本領土。

尋求海上霸權的歷史關鍵時刻，不是積極地奮起應對，面向全球，而是實施海禁，閉關自守，使中國失去了同世界文明接觸的機會，教訓也是沉痛的。

清代在改革賦役制度、興修水利工程方面，如本書前面有關章節所述，也都很有成就。此外，清代鼓勵墾荒，僅康熙二十四年 (1685) 至雍正二年 (1724) 不到 40 年間，耕地面積就驟增 116 萬餘頃。清代還除賤為良，雍正元年 (1723)，開豁了山西、陝西的「樂戶」，紹興的「惰民」；雍正五年 (1727)，開豁了湖北麻城、安徽寧國一帶的「世僕」，徽州（治今歙縣）的「伴當」；雍正七年 (1729)，廣東的「疍戶」可以「聽其在船自便」（《清世宗實錄》卷 81）；之後，江西的「棚民」、蘇州的「丐戶」也都被削去賤籍，從而廢除了法律上對他們的歧視。所有這些，歷史已經予以充分評價。

從康、雍、乾到道光初年，清代在經濟上保持了長期的穩定。就物價而言：米，重慶涪陵雍正十三年 (1735) 是每斗 200 文，道光六年 (1826) 是每斗 800～900 文；⑰布，據有關專家統計，清初每尺是 10 餘文至 20 文之譜，道光時每尺約 30～40 文。⑱這樣的漲幅，老百姓基本上是能夠接受的。

毫無疑問，清代完成了中國多民族國家在古代的最後形態，康乾盛世，文治武功，從雍正開始，庫銀長期保持在五六千萬兩以上，最多時達 7800 餘萬兩，⑲一個強大的中國屹立在東方，在其間，滿族是起了很大的作用。

與之相應，清代更在對傳統文化進行歷史性總結的同時，加強了各民族之間文化的相互交流和影響。

清代統治者作為多民族統一國家在政治上的代表，很注意利用各民族的語言文字來推行自己的意志，這對提高整個中華民族的文化素養也很有裨益。

關於清代在文化事業方面的其他建樹，要目大端，本書有關章節已談得很多。

清代滿族知識分子把漢族名著《三國演義》、《水滸》、《西遊記》等譯成滿文，有力地推動了漢、滿兩族間的文化交流。北京雍和宮，承德避暑山莊和外八廟建築群，瀋陽努爾哈赤的昭陵、皇太極的福陵和河北遵化、易縣的清東陵、西陵，都是多民族建築藝術的結晶，而又集中地體現了滿

⑰ 《夏氏宗譜・年歲記》，存重慶市涪陵區志辦公室。

⑱ 白壽彝主編：《中國通史》第十卷（上）第 674 頁，上海人民出版社，1996 年。

⑲ 《聖武記》下冊第 473 頁，中華書局，1984 年。

族傳統的建築風格，具有滿族古老文化的濃郁特徵。每年夏、秋之際，清帝都要到熱河木蘭獵場（在今河北省圍場滿族、蒙古族自治縣境）行圍，屆時蒙古諸王皆來覲見。在此期間，除表演滿族的《喜起舞》、達斡爾族的《慶隆舞》外，還表演蒙古的馬術、摔跤和回部（維吾爾族）的繩技。這些北方民族的優美精湛的表演，當時還普遍流行在民間。滿族書法家成親王永瑆，風格兼有趙孟頫的秀整和歐陽詢的勁健。而繼靳輔（見本書第二十四章第三節）之後，滿族水利工具專家麟慶，奉命督導治理洪湖等水利工程，於道光十六年 (1836) 編寫了《河工器具圖說》一書，為興修漢族地區的水利事業，同樣貢獻出了智慧和辛勞。

滿族語言屬阿爾泰語系滿—通古斯語族滿語支。

清代滿族春節，紅、黃、藍、白各旗人分別在門前貼上相應顏色的掛旗，象徵一年的吉祥開端。滿族在五月初，用杜鵑花上的露水洗眼睛，並摘杜鵑花防治氣管炎，此俗流傳至今。

滿族先世信仰薩滿教，天聰五年 (1631)，皇太極下令禁止，從此由多神信仰轉為尊奉佛教。

清代滿文化的基本內涵首在國語（滿語）、騎射和服飾。

滿族非常注重保持騎射之風，「經過婦女多騎射，遊戲兒童解射雕」（楊賓：《柳邊紀略》卷 5)。

滿族女式旗袍，緊身合體，莊重文雅，後來成為漢族婦女日常選用的服裝。

滿族民間製作的餑餑，有蘇葉餑餑、豆餡餑餑、黏糕餑餑等，可以油煎或蘸糖吃，香甜可口。滿族的薩其瑪、艾窩窩等甜食，早已傳入漢族地區。至於清代宮廷糕點，作工精細，配料考究，造型美觀，那就不用多說了。

圖 202　鑲滾滿繡旗裝

## 第二節　蒙古

蒙古族源於東胡族系，經過長期錯綜複雜的民族發展過程，於 13 世紀初開始形成。蒙古最初只是眾多蒙古語族部落之一，始見於唐，為室韋的一支，屬「三十姓 Tatar」（《闕特勤碑》）⑳，《舊唐書》卷 199（下）稱之為「蒙兀室韋」，由額爾古納河以東黑龍江以南地區遷騰汲思海（今呼倫池，即達賚湖）附近。遼金時期，再度向西擴展到了今克魯倫河、鄂嫩河、土拉河 3 河源頭的肯特山一帶。早先，他們以黑車白帳為家，牛、馬、羊是他們的主要財富，牲畜屬全部落所有。他們還兼營狩獵，氏族制度下的游牧單位稱為「古列延」，無論游牧到那裏，都按古列延幕居，列成環形，首領的氈帳位於中央。後來出現了私有財產，集體游牧的古列延才逐漸為個體游牧的「阿寅勒」所取代。

五代時，「其人髦首，披布為衣，不鞍而騎。大弓長箭，尤善射。遇人輒殺而生食其肉」（《新五代史》卷 73 引胡嶠《陷虜記》），並且「無君長所統，亦無耕種，以弋獵為業，不常其居」（《契丹國志》卷 22）。盛行收繼婚，直至入主中原前，此俗不改。

根據拉斯都丁 (Rashid al-Din Fadl Allah, 1247～1318) 所著比較權威的《史集・部族志》的分類，蒙古族原先有 3 種類型：一．尼魯溫蒙古人，他們是成吉思汗的親族；二．迭列列斤蒙古人，他們很早以來就是尼魯溫的附庸；三．先不稱為蒙古人的其他蒙古語族部落或非蒙古語族部落。以上第一、第二兩類是蒙古族的主體，可以互通婚姻。第三類，皆為成吉思汗所征服，其中斡亦剌部主動歸附，被特許以原部民組成四千戶，明初發展成為西蒙古瓦剌部族。此外，尚有克烈、乃蠻、汪古等突厥部落集團，雖《史集》未列其名，到後來也都蒙古化了。

在史籍中，有關蒙古各部向遼、金王朝入貢的記載是很多的。而且每次貢品的數量都相當可觀。如遼聖宗時，蒙古每年貢馬一千七百、駝四百四十、貂皮 1 萬、青鼠皮 2.5 萬。遼興宗時，一次入獻的馬、駝竟達 2 萬匹。遼、金對蒙古的進貢，也量行答賜，實際上具有互市貿易的性質。除了朝貢貿易之外，蒙古各部與內地之間的私人貿易也很活躍，遼代嚴禁鬻生、熟鐵給蒙古，金代鐵禁鬆弛，河東、陝西之鐵錢遂由天德（治所在今呼和浩特東白塔鎮）、雲內（治柔服，今內蒙古土默特左旗東南）流入蒙古，這對蒙古地區社會經濟的發展顯然是有利的。遼代對蒙古各部有事則遣使徵兵，或下詔專征；金代蒙古軍隊直接被編入金的乣軍之中，稱為「萌古

⑳ 漢、突厥雙文碑刻，唐玄宗開元二十年 (732) 立，清光緒十五年 (1889) 發現於鄂爾渾河上游喀拉和林遺址附近。

糺」。蒙古各部同時還接受金的封號，如孛兒只斤鐵木真就曾被金封為「扎兀惕忽里」，即蒙古諸部的總首領和軍事統帥之意。

鐵木真就是成吉思汗（1206～1227 在位）。其十世祖宗端察兒，《元史・宗室世系表》列為「始祖」，相傳他 4 個兄長把家私（牲口和糧食）都分了，不給他一份子。傳至拜姓忽兒，再二傳至真拿斯，遼道宗（1055～1101 在位）授以「詳穩」，地位相當於節度使。後來，拜姓忽兒的兒子葛不律罕繼真拿斯統轄了全蒙古，其時正值遼亡金興。葛不律罕即成吉思汗的曾祖父，他的子孫以遠古氏族的名號為標榜，稱「乞顏氏」。但成吉思汗「方幼沖」（《元史》卷 1），父親也速該就被世仇塔塔兒人毒死，從此在嚴酷的鬥爭環境中，他頑強拼搏，因而養成不畏艱難險阻的堅韌性格。呼倫貝爾草原土地肥沃，水草豐美，鐵木真就在這裏發展壯大蒙古的勢力。南宋開禧二年（1206），在斡難河畔召開的部落首領大會上，他被推舉為全蒙古的大汗。所謂「成吉思」，來源於古突厥語 Chingis，意為「可怕的」、「強健的」。他於是代表蒙古貴族的利益，設置大斷事官，分封子弟，建立起奴隸制的蒙古汗國。建國後，他制定了初步的成文法律「扎撒黑」，用畏兀兒字母書寫蒙古語，為蒙古民族的形成奠定了基礎。成吉思汗以善於用兵著稱，他把蒙古所屬各部的牧民按十戶、百戶、千戶、萬戶編制起來，使生產組織和軍事組織相結合。他還在原有怯薛組織的基礎上，組建了一支護衛軍，包括箭筒士 1000 名，宿衛 1000 名，散班 8000 名，憑此「制輕重之勢」（《元史》卷 99）。他的騎兵踏遍了東自黃海、西至多瑙河的廣大亞、歐地區。成吉思汗認為，蒙古人的擴張是神的安排，所以他勇往直前，義無反顧，往往加倍報復一切不識時務的抵抗。

成吉思汗的兵力，總計有 95 個千戶，加上「四怯薛護衛軍」，大約 10.5～12.9 萬人。㉑戰士必要時可以依賴所騎牝馬的乳汁維生，支持上幾天甚至幾個星期。其進軍，必先發精騎四面探哨，探明左、右、前、後虛實；其駐營，一定前置邏騎，分番警戒，諸部疏朗有序，以便互相接應；其野戰，則用騎兵的 1/3 摧堅陷陣，三五騎一組，決不簇聚，來如天墜，去如電逝，極為靈活，或布疑以恐敵，或設餌以誘敵，往往能爭取主動，以少勝多；其攻堅，常先掃清外圍，然後集中兵力團團困住，輪番攻打，而採取種種戰術，出奇制勝，鮮有不克。特別是心理作戰被廣泛應用，例如驅使難民

㉑　資料顯示，到成吉思汗逝世的一年（1227），蒙古諸部可以徵調的千戶已達 129 個。

經行於隊伍之前，藉以散播恐怖性謠言，造成震懾效果，事先瓦解敵方的抵抗意志。

成吉思汗特別著重軍隊的紀律，戰地指揮官被嚴格要求按事先的布置行動，如果一支軍隊沒有在指定的時、地出現，那麼它的指揮官就只好自認倒霉，因為無論任何理由都不能使他免受致命的處罰。

成吉思汗的成功，適逢其時的機遇也幫了他的忙，假如他碰到的是漢武帝或唐太宗，那麼，他就不會如此順暢了。

從成吉思汗開始，蒙古陸續攻滅西遼、西夏、金、大理，並在吐蕃建立行政機構，進行直接統治。南宋理宗開慶元年 (1259)，當時的蒙哥汗（1251～1259 在位）親自領兵攻打宋合州，遇到頑強抵抗，蒙哥死於軍中。次年，忽必烈即汗位於開平（今內蒙古正藍旗東閃電河北岸）。中統四年 (1263) 五月，正式定開平為「上都」，而不再把汗廷遷回原來的首都和林（即喀拉和林，今蒙古國哈爾和林）。至元元年 (1264) 八月，又改燕京為「中都」，從此確立了兩都制度。至元八年 (1271)，忽必烈建立元朝。九年 (1272)，進中都為「大都」，立為首都。十六年 (1279)，元滅南宋。忽必烈就是元世祖（1260～1294 在位）。元代疆域東至海——包括今臺灣及其附屬島嶼，南至南海諸島，西至今新疆，西南包括西藏、雲南、中南半島北部一隅，北面包括西伯利亞大部，東北至鄂霍次克海。此外，蒙古在西北的遼闊領域，尚有欽察、察合台、伊利 3 個汗國，當忽必烈稱帝時，實際上已經分立，不過忽必烈和他以後的元代皇帝，名義上仍是蒙古大汗，各汗國的君主，有權處理本國的大事，但須向元廷奏報，汗位的繼承，也要得到元廷的認可。欽察汗國統治區域東起也兒的石河（今額爾濟斯河），西至斡羅思（今俄羅斯），北達北極圈一帶，南越太和嶺（今高加索山）直至伊朗之地；察合台汗國統治區域東起今吐魯番，西及阿姆河，北接花剌子模（「火尋」）㉒和塔爾巴哈臺山，南臨印度；伊利汗國全盛時統治區域東起阿姆河和印度河，西臨地中海，北至太和嶺和花剌子模，南瀕波斯灣和阿拉伯海。另有窩闊台汗國，是忽必烈的一大敵對勢力，忽必烈多次厚加賞賜，以示優容，直到成宗大德十年 (1306)，才為元和察合台汗國所兼并。

元代蒙古族各支宗王——即各封地的君主下面的階層是「那顏」，包括

---

㉒ 阿姆河下游古地區名，中心城市為玉龍杰赤（今譯烏爾堅奇），清代同治十二年 (1873) 後屬俄羅斯。

諸千戶長、百戶長以及怯薛執事官等。那顏在身分上都是親王的臣民，通常也須像普通老百姓一樣承擔差發，但那顏的職位是世襲的，不少權力和管轄範圍穩定的那顏有可能轉化為領主。那顏下面是亦兒堅，也就是白身人，白身人不得脫離所歸屬的主君，不得擅離所在的千百戶，宗王和那顏們也不許收留不屬於自己和不在自己管轄內的白身人。白身人上升，即為那顏，下降，即為奴隸。而所謂兀納罕・孛斡勒，來源於被征服的氏族，則是領主的附屬人口，但並非奴隸，因為他們有財產權，享有部分的人身自由，實際上是農奴。奴隸處於最底層，大都用於放牧、手工業生產、頂替主家不願幹的苦役和其他家內勞動。

蒙古在南下以前，手工業已經有木工、鐵工等，雖能製造車輛和箭、鐵甲、槍、刀等，但應當說還是很落後的。當時金和西域（花剌子模）的手工業較發達，工匠數量也較多，蒙古軍隊攻城略地，凡工匠得免死，目的在於帶回蒙古本土，從事各種手工業生產——特別是武器的鍛作。因此金哀宗（1223～1234在位）說：蒙古之所以常勝，是「恃北方之馬力，就中國之技巧」（《金史》卷119）。蒙古在成吉思汗前是否有農業，史籍存在著不同的記載。但即使有農業，也是不足稱的。後來，成吉思汗十一至十三年(1216～1218)，令鎮海屯田於阿魯歡（一譯兀里羊歡），建稱海城（在今蒙古國科布多省東部宗海爾罕山北），有契丹、女真、只溫、唐兀、欽察、回回等族人從事耕種。㉓克魯倫河瀕河之民，蕃、漢雜處，以農為業；住在和林川的蕃、漢人等亦多事耕稼，悉引水灌溉，並且還有菜圃。可見漠北農業的發展曾借助於各族勞動人民的努力。據《蒙古秘史》㉔第182節記載，早在成吉思汗還未被舉為蒙古大汗的時候，就有回回人阿三，自汪古部（遼時稱「黑車子室韋」）處來，帶有羯羊1000隻、白駝1匹，順著額洏古涅河易換貂鼠和青鼠。彭大雅撰、徐霆疏《黑韃事略》㉕也說：「大率韃人止欲織絲、鐵鼎、色木，動使不過衣食之需，漢兒及回人等人販入草地，韃人以羊、馬博易之。」說明蒙古與中原的商業關係由來已久。儘管

㉓ 許有壬：《圭塘小稿》卷10《元故右丞相怯烈公神道碑銘並序》。

㉔ 《蒙古秘史》是用畏兀兒體蒙文寫成的關於蒙古族先民到窩闊台汗時期歷史的著述，這部書也有被譯作《元朝秘史》者，誤。

㉕ 《黑韃事略》共分「其主」、「其子」等48條，以1925年王國維箋證本最為通行，見《海寧王靜安先生遺書》第十三冊，長沙商務印書館，1940年。

畜牧業是蒙古族最主要的生產部門，但蒙古本來還比較缺乏駱駝，在征服西夏的過程中，西夏盛產的駱駝大量輸入蒙古，西夏馴養駱駝的技術也隨之傳入蒙古。而成吉思汗進攻金桓州（今內蒙古錫林郭勒盟正藍旗），僅此一州之地，就獲得金監馬近百萬匹，蒙古從金獲得的馬匹總數必然更加可觀。《黑韃事略》說蒙古草原的「牧者，謂之兀剌赤，回回居其三，漢人居其七」。這些事例對蒙古畜牧業的發展和軍事力量的增強，無疑都起了如虎添翼的作用。在科學文化方面，蒙古原來「其正朔用十二支辰之象，如子曰鼠兒年之類」，後得「漢人、契丹、女真教之，乃用六甲輪流」。（《黑韃事略》）成吉思汗「於金國往來，卻用漢字」（同上）行文，這也是金叛亡降附之臣教的。

總之，蒙古在其興起過程中，受到契丹、女真、西夏、回回、漢族的影響是明擺著的事實。

蒙古前四汗（成吉思汗、窩闊台、貴由、蒙哥）對被征服地區的統治，都是通過自上而下的蒙古制度與自下而上的當地制度之間相互交叉滲透式的結合來實現的。在其間，自然較多地保留了草原舊制。元世祖忽必烈則順應歷史潮流，他深知治漢民必須用漢法的道理，所以他即位後就馬上從漢制稱皇帝，並始建年號。而國號為「元」，「元也者，大也。大不足以盡之，而謂之元者，大之至也」（趙世延、虞集主持纂修：《經世大典・敘錄・帝號》）。他下詔說：「稽列聖之洪規，講前代之定制。建元表歲，示人君萬世之傳。紀時書王，見天下一家之義。法《春秋》之正始，體大《易》之乾元。」（《元史》卷 4）表明他所統治的國家是中原王朝的繼續。因此，在進攻南宋時，他曾「不欲渡江，既渡江，不欲攻城，既攻城，不欲并命，不焚廬舍，不傷人民，不易其衣冠，不毀其墳墓，三百里外，不使侵掠」（同上卷 157）。入宋境後，他又曾「分命諸將毋妄殺，毋焚人廬舍，所獲生口（俘虜）悉縱之」（同上）。儘管史書記載難免溢美，實際上元兵的破壞仍然是相當嚴重的，並發生許多令人慘不忍言的事件，但至少他的作風與乃祖成吉思汗崛起漠北時，確實是不可同日而語了。這就難怪漢族地主官僚擁護他，說他「甚得夷、夏之心，有漢、唐英主之風」（郝經：《再與宋國丞相論本朝兵亂書》）㉖。忽必烈很懂得重用漢族的降官降將，南宋民族英雄文天祥（吉州廬陵〈今江西吉安〉人，1236～1283），耿耿孤忠，誓

㉖ 《陵川集》卷 38。下引《立政議》，見同書卷 32。

死不二，被關押3年餘，在拒絕了忽必烈的親自勸降後，終於英勇就義。但忽必烈因此更加敬重文天祥，文天祥的《正氣歌》、絕命詞，以及「人生自古誰無死，留取丹心照汗青」(《過零丁洋》)㉗等錚錚鐵言，在元代廣泛流傳。

元代的建立，結束了中國自唐末以來長達數百年的分裂割據狀態，並且使西藏也正式納入了中國的版圖，其疆域「有漢、唐之地而加大」(郝經:《立政議》)。當時，以往所謂「羈縻之州」的漠北廣大地區，已與內地一樣，成為中央政府直接派員治理的行省；對西藏和其他邊遠地方，元代亦實行了有效的管轄，為國內各民族的和平友好往來創造了條件。而同時，元宗室在西方建立欽察等汗國，與元保持著密切的聯繫，也大大促進了中、西經濟文化的交流和彼此之間的瞭解。「遠者萬里，近者數百里，航川輿陸，自東南西北而至者，莫有為之限隔」(危素:《送夏仲信序》)㉘。

作為元代「肇基之地」的漠北，少林木，多大沙，水源缺乏。元代在漠北地區打井、開渠、濬河，興修了不少水利，使原來水源缺乏的荒漠變成了有水草的牧場。元代還在漠北屯田，隨著漠北地區農業的發展，不只可以解決口糧問題，而且牧畜的飼料也可以仰賴「田禾」(《經世大典・政典・站赤六》)。即使有時候「田禾不收」(同上)，還可以得到內地接濟。這些都改善了漠北畜牧業的生產條件，使漠北畜牧業經濟得到相應的穩定發展。

漠北的手工業，也在原來的基礎上有了進一步的發展，特別是臚朐河（即克魯倫河）上游、薩里川哈老徒、禿剌河之合剌屯、乃滿等地的發展更為顯著。至元二十四年(1287)，元置「隨路諸色民匠捕鷹房都總管府」，秩正二品。從管理官員的品級可以看出，這個衙署所掌握的製作規模不小，工匠數目也一定很多。和林燒造的陶器底部，多落漢族製作工匠的名款，說明從事陶器生產的大多是漢族工匠，而漢族先進的製陶技術也已傳到了漠北。

成吉思汗時，蒙古還沒有城市建築。後來修築了和林。該城有萬安閣宮殿，四周有諸王的府第和若干衙署，還有西域商人聚居的回回街和漢族工匠聚居的漢人街，以及佛寺、清真寺、基督教堂等宗教建築。大德三年

㉗ 《文山先生全集》卷14。

㉘ 《危太樸集》卷5。

(1299)，對和林加以擴建，和林有了學校，延寓士之知經者講授經史。諸王府設僚屬及說書官，這些僚屬或說書官多為漢人。和林兵馬使周斡臣任職期間，曾捐俸創建龍沙書院，㉙當時民間也有興辦學校的人。這都有利於發展漠北的文化。

元代在經濟方面，不僅蒙古草原的牲畜和皮毛可以暢通無阻地運到內地，並且漠北的生產技術也在全國各地傳播了開來。元代內地飼養的馬匹，除了供軍用之外，還大量用於交通運輸事業和農業耕作；內地的皮毛業也相當發達，氈毯的花樣品種非常之多，御寒的皮衣，其「柔治之方，裁製之巧，則又非昔人之所及也」(《經世大典・工典・皮工》)。這些都與蒙古族的內徙有直接的因果關係。

元代全國各地幾乎都有蒙古族軍民從事農業，尤其是山東、河北等地，還有蒙古軍隊「與民雜耕」(虞集:《曹南王世勳碑》)㉚，「以資軍餉」(《元史》卷 4)。蒙古軍隊屯田的效果是好的，耕作技術也相當不錯。在興修水利中，蒙古族對內地也同樣作出了重大貢獻。如元順帝至元元年 (1335) 重修四川都江堰，當時動用石工、金工各 700 人，木工 250 人，徒 3900 人，有蒙古軍 2000 人參加了這項工程。㉛

元代的戲曲和散曲都很有名，蒙古族作家楊景賢的雜劇《西遊記》，是後來明代吳承恩創作小說《西遊記》的藍本，唐僧師徒的形象在《西遊記》雜劇中，都已大致定型。元代蒙古族詩人很多，英宗（1320～1323 在位）碩德八剌、文宗（1328～1332〈中間除去 1329 年上半年的 7 個月〉在位）圖帖睦爾和順帝（1333～1368 在位）妥懽帖睦爾㉜都能作詩。這 3 個元代皇帝的書法，筆力雄健縱逸，也非一般淺學者所能企及。

蒙古族學者除用本民族文字寫成《蒙古秘史》外，順帝時，中書右丞相脫脫 (1314～1355) 主持編修了宋、遼、金 3 史。他雖然沒有親自參與執筆，但力排眾議，確立對 3 史平等看待、各與正統的原則，這種一槌定音，具見其學養之深厚，是符合歷史事實、順應歷史潮流的，因而也是功不可沒的。仁宗（1311～1320 在位）愛育黎拔力八達，嗜讀書，知史事，尤悉

㉙ 蘇天爵:《滋溪文稿》卷 17《元故正議大夫僉宣徽院事周侯神道碑銘》。

㉚ 《道園學古錄》卷 24。

㉛ 揭傒斯:《揭文安公全集》卷 12《大元敕賜脩堰碑》。

㉜ 即元惠宗，卒於 1370 年，「順帝」之號，為明太祖所追贈。

蒙古史。他側重於用儒術來加強皇權，澄清吏治，強化中原式官僚政治運作程序，傾向至為鮮明。皇慶二年 (1313)，他詔令恢復科舉考試，並指定以朱熹集注的「四書」為士子的必修教材，具有超出元代本身的意義。

在元代政府的重視下，很多蒙、漢經籍得以刊行。早在元世祖時，就曾令趙璧用蒙古文翻譯了《論語》、《孟子》、《大學》、《中庸》和《大學衍義》等書，令相威翻譯了《資治通鑑》。元代有不少漢文書籍譯成蒙文，也有不少蒙文書籍譯成漢文，促進了蒙、漢學術文化的交流。

圖 203　載於元至順 (1330～1332) 年間刊行的《事林廣記》的《八思巴字百家姓》

元代蒙古族人民還與全國各族人民一起共同反抗了當局的暴虐統治。如至正十一年 (1351)，當紅巾軍起義爆發以後，第二年，兀魯兀台、忙兀、札剌兒、弘吉剌、亦乞烈思等蒙古部人起而響應，配合紅巾軍給元代統治者以沉重的打擊。

元代對宗教採取兼容並蓄政策，本族古老的薩滿教仍是其基本信仰，但佛教、道教、基督教也都受到尊崇。伊斯蘭教被伊利汗國合贊侯宣布為國教，欽察汗國、察合台汗國也都接受了伊斯蘭教，但對元境內的蒙古人影響並不大。

此外，元代詔禁捕殺天鵝等飛禽[33]，這應當說是人類保護鳥類的首次法令。

關於元代文化領域的其他重要成就，其中包括當時中外經濟文化交流方面的許多具體情況，因為本書各有關章節都有涉及，這裏就不多作介紹了。

至正二十八年 (1368) ——即明太祖洪武元年，明軍攻大都，元順帝敗走蒙古故土。元亡。

明代蒙古族分布於大漠南北的稱「韃靼」，又稱「東蒙古」；分布於韃靼西部的稱「瓦剌」，又稱「西蒙古」；還有兀良哈部，在今吉林、遼寧一帶。韃靼首領為元室後裔，有「蒙古大汗」之稱，被蒙古族視為正統。瓦剌游牧於札布汗河、科布多河流域及額爾濟斯河、葉尼塞河上游一帶，以

[33]《元典章》卷 38《兵部卷之五》。

經營畜牧業為主，兼營狩獵、手工業和少許農業，初使用回鶻式蒙文，17 世紀後創製托忒文。瓦剌諸部原來信仰薩滿教，17 世紀後多信奉格魯派喇嘛教，也受到伊斯蘭教的一些影響。

瓦剌曾統一東、西蒙古，當也先 (1407～1454) 時，臻於全盛。明正統十四年 (1449)，土木堡（在今河北懷來官廳水庫附近）之役，瓦剌全殲明軍主力 50 萬人，連明英宗（1435～1449、1457～1464 在位）也為其所俘。後來由於明兵部侍郎于謙受命於危難之際，積極布置軍事行動，才得以扭轉局面。

明孝宗（1487～1505 在位）時，韃靼部的達延汗（巴圖蒙克，1474～1517）曾再度統一蒙古，並進行了分封。明穆宗隆慶五年 (1571)，掌握蒙古實權的俺答（阿勒坦汗，1507～1582）與明廷通好，被封為順義王。俺答給明廷上貢表，稱「北狄新封順義王臣俺答等謹叩頭百拜奏謝，大明仁聖皇帝陛下，方今普天率土，天朝皇明為尊，實上天之元子，為華夷之正主，九夷八蠻，各受封賞」（《北狄順義王俺答等臣貢表文》）[34]。神宗萬曆九年 (1581)，俺答及其妻三娘子 (1550～1612)[35]在古豐州川地方修建了呼和浩特城，明廷命名為「歸化」。呼和浩特是美麗的草原城市，遠望一片青色。城南大黑河岸，有王昭君墓。又有遼代建造的萬部華嚴經塔，塔高 7 層，塔壁的天王、力士等浮雕，造型生動，不失為藝術珍品。

明代統治新疆地區的基本上仍是蒙古察合台後裔，察合台汗國的西部則逐漸發展成為帖木兒帝國。在這個時期，除了從回鶻發展起來的維吾爾族之外，在新疆和中亞先後形成了與現在新疆地區哈薩克、烏孜別克、柯爾克孜等民族有歷史淵源的部落。16 世紀後，察合台蒙兀（蒙古）逐漸被維吾爾族所同化。明末西蒙古人 —— 瓦剌部主宰了西域的政治舞臺。清代瓦剌稱「衛拉特」或「厄魯特」，分 4 部：和碩特在烏魯木齊一帶，土爾扈特在塔城，杜爾伯特在額爾濟斯河流域，準噶爾在伊犁。準噶爾強大，迫使土爾扈特遠徙伏爾加河下游，和碩特遷往青海。18 世紀中葉，清高宗弘曆平定準噶爾部，原徙居伏爾加河下游的土爾扈特部接受祖國的召喚，在首領渥巴錫 (1742～1775) 的統率下，歷盡千辛萬苦，於乾隆三十六年 (1771) 返回了北疆，受到清政府的熱烈歡迎。

---

[34] 轉引自《玄覽堂叢書・一》。

[35] 三娘子先後輔佐 3 代順義王，在民族友好的史冊中，似可與王昭君媲美，故明清以來稱頌她的詩文不一而足。

清代漠南蒙古稱「內蒙古」，漠北蒙古稱「外蒙古」，內蒙古與清代統治集團結成牢不可破的聯盟，外蒙古亦為清政府懷柔的主要對象。康熙二十七年 (1688)，外蒙古受漠西厄魯特蒙古噶爾丹的進攻，其宗教領袖哲布尊丹巴呼圖克圖第一世（1635～1723）拒絕沙俄的誘降，認識到沙俄與蒙古殊方異俗，必難相容，只有「投誠大皇帝（指康熙）可邀萬年之福」（張穆《蒙古游牧記》卷 7 引松筠《綏服紀略圖》詩注），毅然率領軍民數十萬內徙，康熙三十年 (1691) 在多倫諾爾會盟時，被清聖祖封為大喇嘛。哲布尊丹巴呼圖克圖第一世是元室後裔達延汗的五世孫，該法號為達賴五世於順治七年 (1650) 所授。當時蒙古族領主擁有親王、郡王以至輔國公等世襲的爵位和身分；公之下，成吉思汗及其兄弟的子孫稱「台吉」，成吉思汗妹妹的子孫稱「塔布囊」，無論執政與否，在政治上均處於統治地位，在經濟上享有特權。旗是他們的共同領土，旗內的牧民和農民是他們的共同私屬，不經他們許可，牧民和農民不能離開領地。他們被豁免賦稅和徭役，執政的台吉、塔布囊和爵位在輔國公以上的都有俸祿。此外，他們根據地位的高低，還占有一定數量的「隨丁」，隨丁免去對國家的賦役負擔。除隨丁外，旗內牧民和農民大部分是「前丁」，前丁不為領主私人服役，但必須擔負賦役攤派。隨著經濟的發展，富裕的前丁、隨丁中，也產生牧主和地主，他們與領主一樣，都是世俗的封建勢力。

蒙古族喇嘛的上層，擁有專供自己役使的「廟丁」和一定數量的領地，實際上也是一種領主。駐庫倫（今屬內蒙古）的哲布尊丹巴，掌管外蒙各寺廟；駐多倫諾爾匯宗寺的章嘉活佛，掌管內蒙各寺廟。蒙古有專門的喇嘛旗，地位與札薩克旗平行，其一切事務，均由寺院自專。喇嘛旗的屬民除廟丁外，其餘也被編為前丁。

旗之上設盟，盟沒有常設機構，規定每 3 年會盟一次，屆時執行比丁、練兵、檢查財務、清理民事刑事案件等職權。

自清初實行編旗劃界後，蒙古領主更樂意將土地出租給農民耕種。至清聖祖康熙年間，陝西神木、府谷、榆林、靖邊、定邊一帶漢民率先越過長城去口外進行開墾種植，並逐漸打破禁令，改變春出秋返的常規，成為永久居民，草原上出現了欣欣向榮的「塞外江南」景觀。

明清時代，蒙古族文學受藏族文學的影響很深，藏族史詩《格薩爾王傳》在蒙古族地區流傳，得到不斷的充實，可以說《格薩爾王傳》是藏、蒙兩族人民的共同創造。清代中葉,「安代」舞開始在內蒙古東部的哲里木、昭烏達盟(前者即今通遼,後者并入今赤峰市)等地盛行。在安代的唱詞中,既有民歌、好來寶,也有祝讚詞、咒語和諷刺歌謠,當時蒙古族和達斡爾族等北方民族常用安代的形式來安慰和「治療」年輕婦女因愛情和婚姻不幸而帶來的疾患。㊱

蒙古族很愛好音樂,他們說「沒有音樂,如同草原上沒有鮮花;沒有音樂,如同氈房裏沒有奶茶」。長調民歌是蒙古音樂中最富代表性的藝術形式,體制宏大,往往採用複式結構。其旋律的特點是字少腔長;為了便於抒情,還往往使用襯腔。㊲

清初康、雍之際,在欽天監任職的蒙古族明安圖,創造計算割圓術的6個新公式(見本書第二十六章第一節),在當時世界上居於領先地位。明安圖在天文曆法、地圖測繪方面也有成就。17世紀蒙古族醫學家綽爾濟,姓墨日根,善外科正骨。清代政府機構中有「蒙古醫生」的設置,蒙醫傳統的外科學在清代極受重視。蒙古族學者松筠(正藍旗人,1754~1835),歷任邊疆軍政要職,是清廷倚重的西北封疆大員。他熟諳邊情,著有《西招圖略》和《西陲總統事略》等書。

蒙古族的敖包多為錐形,大小高低不一,由土石和樹枝組成。祭敖包起源於氏族社會,具有祭祀祖先留下來的這片天地、這方水土的意義。祭典在五月或七月的某一天,時當紅日方升,人們跪拜、躬首,獻上哈達、馬奶酒和糖果,向天神、地神等祈求福佑。隨後舉行「那達慕」大會。

蒙古族的「那達慕」大會,也是達斡爾、鄂溫克等族的傳統節日。大會期間,有賽馬、射箭、摔跤等競技活動。參加大會的牧民和農民還帶來土特產,進行集市貿易。屆時遠道而來的,必有山西幫和北京幫的商人。

「藍藍的天上白雲飄,白雲下面馬兒跑」,蒙古族倚馬為伴當。有了馬的縱橫馳騁,蒙古健兒才能叱咤風雲,雄姿英發,聞名於天下。馬還提供

㊱ 安代舞韻律優美,唱詞生動,通常能吸引眾多的人參加。一般情況下,當持續經久的舞蹈結束時,無論是所思不遂的「失戀安代」,還是抑鬱成疾的「纏魔安代」,精神狀態都會有明顯的好轉。

㊲ 長調民歌2005年11月25日被聯合國教科文組織公布的第三批《人類口頭和非物質遺產代表作名錄》列入,同時被該名錄列入的中國這一領域的遺產代表作尚有新疆維吾爾木卡姆藝術。此前2001年5月18日公布的第一批,中國列入的為昆曲;2003年11月7日公布的第二批,中國列入的為古琴藝術。

鮮美可口的馬奶，蒙古有以馬奶命名的專門的馬奶宴和馬奶節。

蒙古族居住的氈帳，亦稱「穹廬」，今稱「蒙古包」。氈帳四周的圍牆是圓形的，帳頂和圍牆之間搭著傘狀的沙柳木杆支撐。在綠色的草原上，用駱駝毛繩綁紮、安裝和拆卸都比較省事的帳頂蓋著白色羊毛氈子或白帆布的氈帳，遠遠望去猶如點綴在草原上的朵朵白花。帳頂同時開有天窗，可以通煙和透光。蒙古族的皮製長袍，在領口、袖口和襟邊有紅布、黑布或圖案花紋裝飾。牧民和獵民頭戴皮帽，足蹬皮靴或氈靴，冬天再穿上皮褲和氈襪，以適應嚴寒天氣的需要。這種皮袍多寬鬆肥大，再束以腰帶，便於放牧和騎射。

蒙古族待客，以全羊席和酒為重。招待尊貴的客人，先送上酒一瓶，不給酒杯，酒瓶口糊有酥油，由上座客人開始用指頭蘸酒瓶口上的酥油往額上抹，等客人依次都抹上了酥油，主人才拿來杯子斟酒，這種禮節叫做「德吉拉」。

蒙古習慣，青草生芽後不許動土，哪怕挖一鍬泥也得舉行宗教儀式；洗衣物也要禁止。他們認為破壞和污染環境極不吉祥而且罪過。[38]

尚白，尚左，又尚「九」這個數字；迷信火可以淨化一切，袚除災邪。

[38] 參見金峰《游牧文明是中華文明寶庫中的寶貴財富》，《人民政協報》2001年3月11日。

# 第四十章

# 回族和其他少數民族

## 第一節　回族

回族，由「回回」而來，初步形成於元代，明、清文獻仍沿稱回回。「回回」之名，始見於北宋沈括在鄜延路經略使任上 (1080～1082) 所作凱歌詞中，但他指的是回鶻人。❶論者或把回回的族源追溯到唐代經過絲綢之路來中國經商和留居中國信仰伊斯蘭教的阿拉伯人和波斯人，「皆以中原為家，江南尤多，不復回首故國也」(《癸辛雜識・續集上・回回沙磧》)。但這些人並不能認為已形成民族，他們只是零散地僑居中國，仍屬原來的國家和民族。元代由於蒙古的西征，中西交通的發達，中國與中亞、西亞諸國政治經濟關係的密切，大批信仰伊斯蘭教的阿拉伯人、波斯人、突厥人和當地其他民族或為軍、或為官、或為商來到中國。為軍者是探馬赤軍的一部分，他們和為官為商者均被稱為「回回人」，也就是色目人中的一種，在政治上享有僅次於蒙古人的特權。回回本非同一民族，進入中國後，因共同信仰伊斯蘭教而開始融合起來，這是中國回族最初的存在。❷

元代隨軍的回回，主要分駐在甘肅河西、寧夏、河南、山東、河北一帶以及雲南等地鎮守屯田，從事農業和畜牧業。當時蒙古人所到之處，回回人常相伴隨。在官吏隊伍中，蒙古和回回往往參半，互為正、副。在整個元代，回回又是商業的壟斷者，凡「天下名城巨邑，必居其津要，專其膏腴」(許有壬:《西域使者哈扎哈津碑》) ❸。

回族長期定居在中國各地，與國內各族，特別是漢族密切接觸，他們

---

❶ 《夢溪筆談》卷 5《樂律一》。

❷ 參見楊志玖《回回一詞的起源和演變》,《元史三論》，人民出版社，1980 年。

❸ 《至正集》卷 53。

博取眾長，發揚廣大，加上先天的優勢，這個民族形成後不久，就在中國文化史上大顯身手，出現了一大批優秀的人物。其中最傑出者，有賽典赤・贍思丁 (1211～1279)，他於元世祖至元十一年 (1274) 任雲南行省平章政事，妥善處理與雲南各族和鄰邦的關係，修昆明六河，發展生產，立驛站，積極傳播中原文化，使雲南地區迅速得到了開發，是當時中國不可多得的政治家；又有也黑迭兒丁（也黑迭兒），至元三年 (1266) 奉命修築大都宮闕，對發揚中國的建築技藝作出過重大貢獻，事詳本書第三十三章第二節。此外，還有薩都剌，是著名詩人；高克恭，是著名畫家。

在元代，回回生產的「納石失」，質量上乘，是縫製宮廷「質孫」服的主要原料。元世祖時，伊利汗所遣回回炮匠阿老瓦丁（'Alā' al-Dīn，生年未詳，卒於 1312 年）、亦思馬因（Isma 'īl，生年未詳，卒於 1274 年）兩人所造回回炮，性能比中國原有的優良。元廷的廣惠司，秩正三品，掌調製御用藥物，並以和劑治療諸宿衛士及在京孤寒貧弱；元廷的回回司天監，秩正四品，掌觀象衍曆，集中了一批天文學家在裏面工作，這兩個機構，用的基本上都是回回人。回回愛薛（'Isã，1227～1308）通曉西域諸國語言和星曆、醫藥之學，在朝廷直言敢諫，多次被派出使遠域，創辦大都藥物院，頗有實績；札馬魯丁（Jamālal-Din，生卒年未詳）致力於把阿拉伯的天文曆法知識介紹到中國來，並發起編纂了《大元大一統志》，至元二十四年 (1287)，升任集賢大學士，成為管理中國傳統文化最高機構的長官。

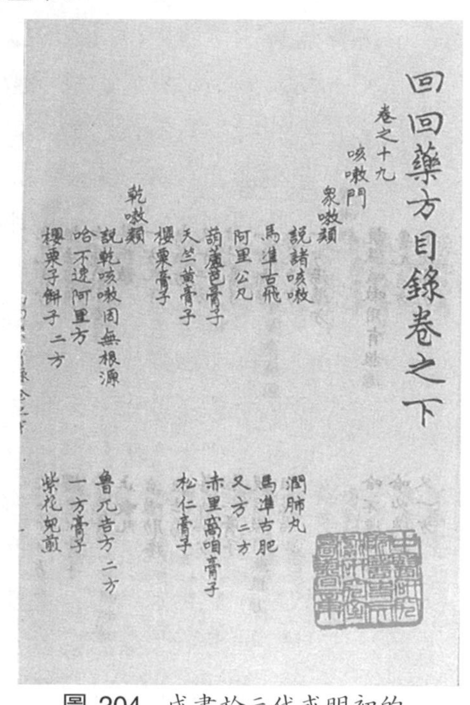
回回藥方目錄卷之下
卷之十九
咳嗽門
衆嗽類
說諸咳嗽
馬準古飛
阿里公凡
葫蘆芭膏子
天竺黄膏子
櫻粟膏子
乾嗽類
說乾咳嗽因無根源
哈不速阿里方
櫻粟子餅子二方
潤肺丸
馬準古肥
又方二方
赤里窩咱膏子
松仁膏子
魯兀吉方二方
一方膏子
紫花蚫煎

圖 204　成書於元代或明初的《回回藥方》是中國現存最早的回族醫學方書

經過元代到了明代，回回融合漢族和其他民族的部分成員，已成為穩定的人們共同體。明初開國元勛常遇春、沐英、藍玉和詩人丁鶴年、大名鼎鼎的航海家鄭和（為賽典赤六世孫，雲南昆陽州〈1958 年并入昆明市晉寧縣〉人，1371 或 1375～1433 或 1435）都是回回人。嘉靖年間的海瑞（瓊山〈今為海口市轄區〉人，1514～1587），立朝剛正，敢於直言，主張嚴懲貪污，不避權貴，在民間享有極高的聲譽，也是回回人。至於明末思想家李贄是回回人，其說詳本書後面第四十四章第三節。

明末回族農民起義軍領袖「老回回」馬守應，公開打出民族的旗號參加到以漢族人民為主的大起義中。他與其他農民起義軍領袖並肩戰鬥，互相支持，始終保持主動團結友軍共同對敵的優良作風。這種作風，在包括太平天國運動在內的整個近代以前的中國農民戰爭史上並不多見。❹

在與漢族、維吾爾族、蒙古族等兄弟民族的親密共處中，回族不斷得到發展，到清代，已是一個分布廣泛、人口眾多的民族了。回族的分布特點是「大分散，小集中」，有大小不等的聚居區，並且實行民族雜居，主要是與漢族雜居。回族的聚居處也叫「教坊」，與唐代宮廷內、外教坊的「教坊」同名而異實。每個教坊都設有禮拜寺，由教長主持宗教儀式和調解民事糾紛。有的教坊較大，禮拜寺有二三個。當時回族的聚居區，主要分布在陝西、甘肅、寧夏、青海、雲南等省。

回族的生產力發展水平在清代大致與漢族相仿，從事的經濟部門包括農業、畜牧業、手工業和商業。在寧夏，回民與漢族勞動人民等一起興修或整修了許多渠道，發展了水利灌溉事業。在雲南，許多銅礦、銀礦都有回族礦丁與漢族礦丁等共同從事開採和冶煉。皮毛業在回族的手工業中地位越來越重要起來，甘肅的蘭州、河南的孟州、山東的濟寧等地，都已發展成他們的皮毛集散場所。內地回民多飼養和販賣牛羊、屠宰牛羊和販賣牛羊肉，西寧回民則尤多馬販。在各大城市中，回民們經營著飲食業、珠寶業、香料業等商業活動。回族商人還積極開展同鄰國的貿易，不僅自身致富，也促進了中外經濟交流。

西北回族聚居區，在門宦制度下，占有大片土地的伊斯蘭教主被神化，享受種種特權，並且死後職位由子孫世襲。門宦制度的建立，加劇了回族上層對下層窮苦民眾的控制。但當時政府在回族聚居區設立鄉約之職，利用伊斯蘭教達到「以回治回」的目的，由於做法太赤裸，也曾經受到門宦勢力的武裝反抗。

清代回族在政治上備受歧視，回回犯罪，罪加一等，回民為擺脫政府和回族上層的壓榨，曾多次進行英勇的抗爭。乾隆四十六年 (1781)，甘肅循化（今屬青海）爆發了由「回王」蘇四十三領導的撒拉族人民起義；緊接著乾隆四十八年 (1783)，又爆發了由田五領導的回民起義。漢族以及其

❹ 孫祚民：《論明末農民起義軍回族領袖馬守應》，《齊魯學刊》1980 年第一期。

他兄弟民族對回族人民的鬥爭給予大力支持。

清代回族學者蔣湘南，著述頗豐；畫家改琦，擅長仕女。

回族沒有自己的語言，而是通用漢語。回族與漢族不同之處是保持著原有的宗教信仰和某些獨有的風俗習慣，如不食豬肉、葬不用棺等。回族強悍尚武，團結互助，這些精神，都是很突出的。

回族男子戴無沿平頂圓帽，除夏季為白色外，其餘秋、冬、春 3 季多為黑色；中、青年夏著白色對襟小褂，外套黑坎肩，冬穿青布對襟棉衣或皮衣。女子著各色大襟上衣、紅襖、青坎肩、白或花襯衫，配以青、綠色蓋頭——蓋頭從少女起出門必戴，上了年紀的婦女戴白蓋頭。

聖紀節 (Mawlid al-Nabī')、開齋節（阿 'Īd al-Fiṭr）和古爾邦節 ('Īd al-ḳurbān) 是回族的三大節日。聖紀節在伊斯蘭教曆太陰年 3 月 12 日。這一天，各禮拜寺（清真寺）裝飾一新，回民要到寺內聚會，相互祝福，做禮拜。寺內宰牛羊，備酒食，招待聚會者。相傳此節是為紀念伊斯蘭教創始人的誕生和逝世而形成的。開齋節是回民齋滿後慶祝齋功勝利的日子，時當伊斯蘭教曆 10 月 1 日。回民須沐浴，穿上清潔美麗的衣服，去禮拜寺參加儀式，互致問候。各家都備置佳肴，宴請賓客。古爾邦節又稱「宰牲節」，值伊斯蘭教曆 12 月 10 日。在這個節日裏，回民們都把房舍打掃乾淨，並宰殺牛羊，精製糕點，沐浴禮拜，舉行節日會禮，觀看宰牲儀式；還訪問親友，宴請賓客，歌舞娛樂。回族的這三大節日，也是中國所有信仰伊斯蘭教民族的共同節日。

回族的傳統節日還有花兒會，各地花兒會的日期不一，有的在夏曆四月初八，有的在六月初一、六月初六或六月十六。「花兒」，又稱「少年」，是流行於甘肅、寧夏、青海一帶的山歌。節日這一天，成千上萬的歌手從四面八方歡聚一起，打著大傘，搖著彩扇，見景生情，載歌載舞。歌詞內容分為抒情、敘事兩類，前者居多；有獨唱、對唱等形式。花兒班子由出口成章的「串把式」領導。對對唱中的優勝者，群眾贈以紅綾一匹，俗稱「掛紅」，以示獎勵。花兒會在當地藏、土、東鄉、保安、撒拉和漢族中也都很盛行。

回族的風味小吃在全國大小城鎮的集貿市場上是受歡迎的食品，其中尤為膾炙人口的有油香、饊子和羊肉水餃粉湯。油香外焦內嫩；饊子是將糅和的麵粉搓成繩條再繞成環狀入鍋，炸至棕黃色即成；羊肉水餃粉湯，則是在羊骨頭湯中燴入羊肉丁、涼粉、香菜、韭菜、雞蛋絲、辣椒油等，澆在羊肉水餃上，色、香、味俱佳。

## 第二節 其他少數民族

中國境內的少數民族，現在壯、苗、土家、布依、朝鮮、侗、瑤、哈尼等族，與本章前面有關各節已經有過較為詳盡的介紹的維吾爾族、藏族、白族、彝族、滿族、蒙古族、回族一樣，人口均在百萬以上，其中壯族達1300餘萬，遙遙領先於其他民族。玆將這些民族簡介如下：

### 一 壯族

壯族歷史悠久，周代有甌鄧、桂國、損子、產里、九菌，秦代有甌駱、駱越，都是壯族的遠祖；東漢以後至隋、唐的僚、俚和烏滸蠻則為壯族的直接族源。《隋書》卷80云：「譙國夫人者，高涼洗氏之女也。世為南越首領，跨據山洞，部落十餘萬家。夫人幼賢明，多籌略，在父母家，撫循部眾，能行軍用師……梁大同初，羅州刺史馮融聞夫人有志行，為其子高涼太守寶娉以為妻。……自此政令有序，人莫敢違。」高涼（今廣西茂名）世居俚人，洗氏當是壯族和黎族的先賢。從北宋慶曆元年(1041)起，壯族儂智高（廣源州〈治今越南高平省廣淵〉首領，生年未詳，卒於1055年）先後在壯族地區建立了大曆國、南天國政權，繼之又於皇祐四年(1052)自立為「仁惠皇帝」。儂智高失敗後，壯族地區發展為由宋王朝直接統治。壯族領種「份地」的農奴，須用一半的時間去服與其「份地」名稱相同的勞役，例如領種「伙夫田」的，要給土官當伙夫，領種「割稻田」的，要給土官割稻子。宋、元以來，壯族已普遍稱之為「撞」或「僮」，分布在今廣西和雲南、廣東部分地區。壯族為廣西的土著，居住的地理條件得天獨厚。明代中葉，中央政府開始對壯族地區推行改土歸流，但壯族改土歸流的過程特別緩慢，直至清末還未結束。清代壯族在水田裏種植水稻，在旱地裏種植雜糧，土地經營日益精細。壯族的文教事業也有進步，兩宋以來就設立的各類學校，這時數量更多了。

壯族語言屬漢藏語系壯侗語族壯傣語支，通用漢文。

壯族人民喜愛唱歌。據考證，春秋時期對後來楚辭的形成很有影響的《越人歌》：「今夕何夕兮，搴洲中流。今日何日兮，得與王子同舟。蒙羞被好兮，不訾詬恥。心幾煩而不絕兮，知得王子。山有木兮木有枝，心說君兮君不知。」❺就是壯族先民之所作。壯族的花山崖壁畫人物群像中，有腰掛刀劍發號施令的頭人，有敲擊銅鼓歡慶勝利的武士，也有聯袂歌舞的群眾場面。壁畫產生的年代，可以上溯到戰國之際，在距今 2370～2115 年左右。❻壯布重要品種，在印染方面，有斑布；在麻織方面，有練子❼；在棉織方面，有壯人布。這些織物美麗精緻，都有獨到的製作工藝。相傳起源於宋代的壯錦質地結實，色澤絢麗，可作床毯、被面、臺布、几墊、掛包、頭巾、背帶以及壁掛、錦屏等物，傳統的紋樣有「卍」紋、回紋、水紋、雲紋、花卉、動物等 20 餘種，非常具有特色。

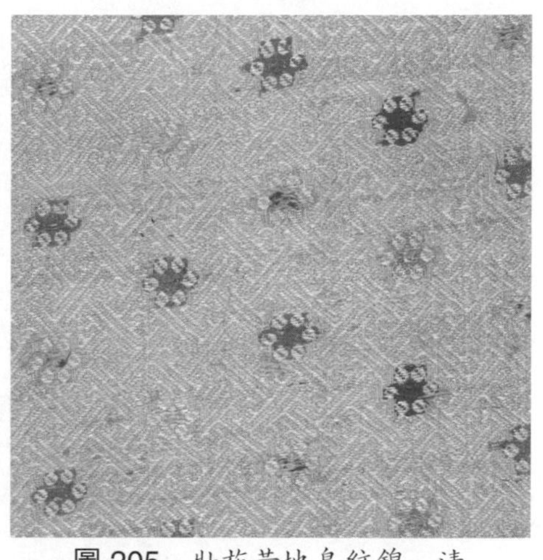
圖 205　壯族黃地鳥紋錦　清

歌圩是壯族的盛大唱歌活動，多在農閑時舉行，為期三四天。舉行歌圩的日子，方圓數百里內的群眾都趕來參加。人們成群結隊，互相對歌。這是壯族青年顯示聰明才智的好機會，民間傳說中的歌仙劉三姐，對歌無不勝。除了對歌，青年男女還拋擲彩球，接不到彩球的要表演節目，許多情侶都是在歌圩上結識的。

壯族以稻米、玉米、芋頭、紅薯、木薯、蕎麥為主食。每年「三月三」或清明節，壯族家家戶戶都要製作五色糯米飯和五色蛋，表示五穀豐登，預祝一年的豐收。

## 二　苗族

苗族的先祖，可以追溯到九黎和三苗；漢代的五溪蠻，則是苗族的直接族源。在歷史上，苗族有一種社會組織，稱為「合款」，集二三個乃至二三十個村寨為一小款，若干小款結成大款，大、小款首均由選舉產生，款

❺ 這是楚語譯文，原文為：「濫兮抃草濫予昌核澤予昌州州𩜱焉乎秦胥胥縵予乎昭澶秦踰滲惿隨河湖。」見《說苑·善說》。

❻ 花山崖畫究竟是代表了一段歷史，還是一種儀式，尚有待進一步研究和發掘。

❼ 練子「一端長四丈餘，而重止數十錢，捲而入之小竹筒，尚有餘地」。見《嶺外代答》卷 6《服用》。

有定期會議，有規約，款內各村寨有互助的義務。從元代到明代，今湖南西部至貴州全境都有苗族以村寨或合款為單位與其他兄弟民族交錯居住著；重慶、川南和湘西北、黔東北連接地帶，也有苗族。截止清代鴉片戰爭前，苗族主要分布在今貴州、湖南、四川、重慶、雲南、廣西、廣東、海南等地。各地苗族的發展水平很不一致，大體上說，離聚居中心較遠的苗族，由於與兄弟民族交往多，互相影響顯著，發展也就較快。清代苗族有些地區水稻的種植技術相當不錯，產量很高。據記載，黔東南的苗族，水稻畝產量上田是 5 擔。他們還經營畜牧業、紡織業以及養豬等家庭副業。商業交換方面，定期的集市更加普遍，黔東南和桂北一帶，有不少苗族商人販賣木材。

苗族語言屬漢藏語系苗瑤語族苗語支，多通用漢語、漢文。

圖 206　苗族編織

《苗族古歌》長達 8000 餘行，描繪了一群開天闢地的巨人，是苗族的創世史詩。苗錦、苗繡都富於民族風情。苗族和壯、瑤等族民間的蠟染能手，能信手點繪一百幾十種不同的圖案花紋。蠟染布除藍、白色外，有的還加染紅、綠、黃色，極為鮮艷奪目。

苗族平日主食，多以蕎麥、粟、米和薯、芋類雜糧為之，副食則尤嗜牛肉、狗肉，他們自製「醃菜」，飲用玉米釀造的「咂缸酒」。

苗族婦女喜穿繡花衣服，圖案多鮮紅色。髮髻式樣有類似雲髻者，也有紮成船形的。盛裝時，頭巾周圍或綴垂數十條珠鏈，還必須佩戴配套銀飾，全套配齊計達 60 餘件。

每年夏曆三月中旬，貴州清水江畔的苗家村寨要舉行為時 3 天的姐妹節，又稱「吃姐妹飯」。在姐妹節，通過跳蘆笙舞、鬥牛和唱歌，使青年們深深地浸沉在充滿甜情蜜意的幸福中。蘆笙是一種民族樂器，可以用於獨奏、合奏和伴奏。苗家後生對蘆笙情有獨鍾。苗族和布依、侗、土家、仡佬、仫佬、毛南等族都非常珍惜耕牛，每年「牛王節」要讓耕牛休息 1 天，用粑粑和米酒喂耕牛，有的地區還給耕牛披紅掛彩，燃放鞭炮，以示犒勞。

湘西苗族的婚禮中，新娘到達夫家時，夫家長輩須準備一盆放有一隻銀手鐲的清水，新娘要與丈夫一家人共用這盆水洗臉，叫做「洗和氣臉」。據說，洗了和氣臉，全家就能和睦相處。

## 三　土家族

土家族起源於古代的巴族，在四川省廣元市和重慶市巴南區發現用大木挖成舟形棺的墓葬，出土有銅劍、銅鉞等物，當是巴人遺留下來的，巴文化明顯受到秦文化和楚文化的影響。「巴」，或即《尚書・牧誓》所說的「彭」也未可知。在土家族的形成過程中，有一部分居住於湘、鄂西的苗蠻也是土家族的族源之一，其形成始於唐末五代。宋代「土」的稱謂正式產生，清代開始稱土家。清代土家族主要分布在今湖南湘西土家族、苗族自治州，其餘散居在今湖北鄂西土家族、苗族自治州。發展水平較高，主要從事農業，手工刺繡和編織都很精細。

土家族語言屬漢藏語系藏緬語族，多通用漢語、漢文。

土家族優美的音樂舞蹈，對漢族樂舞產生過極大的影響。土家族先民巴人的《巴渝舞》，本書第三十二章第二節曾經作過介紹，是漢代宮廷樂舞的一個重要組成部分。

圖 207　舞姿優美的土家族婦女　採自「中國郵政」1999年紀念郵票

土家族年節的特別之處，是他們過「趕年」，即將過年的時間提前一天。過「趕年」要吃大塊肉和雜拌式的合菜。過了「趕年」之後過大年，從節俗形態看，趕年是土家人原始的年節，大年則是對漢族歲時文化的接納。春節人們搶著開門放爆竹迎年，其意在迎回吉祥。春節期間，土家族還舉行隆重的擺手舞會。湘、桂邊境的土家族，春節姑娘們的頭一件事，就是要結伴到山上採摘杜鵑花，她們都給雄雞獻杜鵑花，以保一年的風調雨順，人畜平安。

土家族（六月六）的曬紅袍節，具有追懷民族英雄、溝通民族情感的特殊意義。牛王節也有這種意義。

土花鋪蓋是土家族的手工織物，歷史悠久，北宋時即成為朝貢之物，多用於美化民族服裝。土家族人民喜歡穿五色斑衣，土花鋪蓋紋樣豐富飽滿，色彩鮮明熱烈。民間歌謠說：「白布帕子四隻角，四隻角上繡雁鵝，帕子爛了雁鵝在，不看人才看手腳。」反映了土家族人衡量女性優劣的審美標準。

## 四　布依族

春秋時期為牂柯國主體居民的駱越人，經戰國，其在夜郎境內的部分，稱為「僚」，漢、魏以來，與從蜀地遷來的漢族大姓融合，到唐代，發展成為雄踞該地區六七百年的謝氏統治下的謝蠻。謝蠻是布依族的前身。宋代布依族領主稱「蕃主」，逐步形成龍、石、羅、方、張、韋、程、盧等「八蕃」。元、明和清，布依族普遍被稱為「仲家」。此外，「八蕃子」、「龍家」、「羿子」、「補籠」等，也是布依族的稱呼。清代布依族主要分布在今貴州南部和西南部。弘治《貴州圖經新志》卷 1 云：「仲家，皆樓居，好衣青衣，男子戴漢人冠帽，婦女以青布一方裹頭肩，細褶青裙多至二十餘幅，腹下繫五彩挑繡方幅如綬，仍以青布襲之。其語言嘔咿。居喪食魚蝦而禁鳥獸之肉。婚嫁則男女聚飲唱歌，相悅者然後論姿色妍蚩索牛馬多寡為聘禮。疾病不服藥，惟祭鬼而已。卜用茅或銅錢雞骨，通漢人文字。以十二月為歲首。」以上是明代布依族經濟文化生活的基本特點。乾隆《貴州通志》卷 7 記載布依族這方面的情況，大致與弘治《貴州圖經新志》相同，但改「通漢人文字」為「多有讀書識字者」，則清代布依族使用漢文的面有更進一步的擴大。

圖 208　布依族的青巖古鎮
（始建於明熹宗天啟末年）

布依族語言屬漢藏語系壯侗語族壯傣語支。

安順、鎮寧、關嶺、普定、六枝一帶的布依族，用當地盛產的石料建房，從房屋基礎到牆壁，全用石塊壘砌，屋頂也用薄石片當瓦蓋，俗稱「石板房」，很有特色。

布依族婚姻有戴假殼的習俗，青年婦女結婚後要過兩三年「不落夫家」的生活，然後夫家才悄悄擇定吉日，由婆母、妯娌或夫家親戚中的其他女眷溜進新婦家中，躲在角落裏等待時機，出其不意地摟住新婦，解開她的髮辮，給她戴上用竹筍殼製作框架而上面蒙著黑布的「假殼」，如若成功，新婦就要去夫家長住了。新婦離開娘家前，還要在娘家閉門痛哭幾天，對婚事不滿的新婦是真哭，即使樂意去夫家的，也要哭一番，這與漢族是完全一樣的。

在布依族和侗族地區，雞頭、鴨頭和雞爪是待客的上品，雞頭、雞爪敬客，表示這隻雞從頭到尾都獻給客人了，這時客人不能有嫌棄的意思，而是要推託再三，或遜讓給在座尊長，隨後就津津有味地把它吃掉，主人才會感到高興。

## 五　朝鮮族

朝鮮族明末清初已有極少數來中國定居，但大批遷入中國東北地區定居，已是在近代了。朝鮮族主要從事農業，擅長種植水稻，對後來東北水田的開發，有特別重要的貢獻。

朝鮮族有本民族的語言文字。

朝鮮族人民能歌善舞，最有特色的是頂水舞，動作舒展柔韌。朝鮮族婦女身著斜襟、無扣、以長帶在胸口打結的短衣，裙的長短視年齡大小有別，少女穿短至膝蓋的裙子，裙衣多細褶，翩翩起舞，更顯得婀娜多姿。

朝鮮族老人極受尊敬。老年人在家中單獨開飯；晚輩與老年人同席時，兒子不能當著父親的面抽煙喝酒；老人外出，全家都要鞠躬禮送。

## 六　侗族

侗族承襲駱越的風俗習慣甚多，說明駱越的一支是侗族的主要源頭。唐代以前，侗族也有合款組織，這種組織後世被長期保存了下來。宋代侗族自稱「仡伶」，而「峒人」或「侗家」，則是漢族對侗族的稱呼。侗族清代主要分布在貴州、湖南、廣西的毗連地帶，從事農業，兼營林業。婦女善紡織，侗錦、侗布皆精緻耐用。侗族與苗族雜居的黔東地區，是由湘西通向貴州、雲南的「咽喉之地」，元、明、清王朝為了有效地控制西南少數民族，都曾竭力經營黔東。明代衛所軍屯戶和移入的漢族民屯戶一起在這裏開展屯田墾殖活動，與侗族的接觸更多更直接，對促進侗族經濟、文化的發展是有積極意義的。清代侗族開展了對外的商品交換，發展變化更快。寫成於清代中葉的《黔南識略》卷 12 說，鎮遠府的侗族「風俗與漢人同，婦女亦漢裝。婚葬俱循漢禮」。

侗族語言屬漢藏語系壯侗語族侗水語支。

圖 209 侗族風雨橋

侗族善歌。侗族大歌侗語稱「嘎老」或「嘎瑪」，多在節日或招待賓客時演唱，有齊唱和多聲部合唱兩種形式。演唱時，一領眾和。起頭帶有朗誦或戲劇性咏嘆風格，中間樂句隨歌詞的吟誦進行，曲調悠揚婉轉。

侗族的鼓樓，為寶塔式，飛閣重檐，層層而上，有的高達四五丈，多至 13 層，全部是杉木結構，不用一釘一鉚。下層為方形大廳，可容納數百人。鼓樓是侗族村寨聚眾議事和休息娛樂的場所，一般每個族姓都有一座鼓樓，族姓多的寨子，有三四座。侗族的風雨橋，通常長 60～100 米，寬 4～5 米，用青石作橋墩，杉木鋪橋面，上建瓦頂長廊，長廊兩旁設欄杆、長凳，可供行人躲避風雨、觀賞歇息。長廊中段建有若干座樓亭，幽雅別致。長廊的瓦檐、柱頭、欄杆，大都有精美的雕飾。

侗族的「煮油茶」，法用炸米花、炸黄豆花生和糍粑等食物，泡入味濃的油茶水而成，操作上有嚴格的程序。這種茶吃在嘴裏，甜香可口，喝入肚內填饑解渴；還可以治療輕微感冒、瀉肚等疾患，起到提神溫腦消除疲勞的作用。

侗族和苗族、瑤族民間醃製的酸魚，味道鮮美。酸魚是將去掉內臟的鮮魚用鹽、辣椒粉、香料醃上，再撒上米粉或包穀粉，把魚封在罎子裏製成的，可以保存很長時間。俗語說「侗不離酸」，這句話反映了侗族在飲食上的特點。

## 七　瑤族

瑤族是從五溪蠻的一支發展演化而來的，唐代稱「莫傜」。宋初瑤酋秦再雄被太祖封為辰州刺史，他可以自辟吏屬，徵收賦稅，有武裝 3000 人。據調查，瑤族有很多自稱，其中以「勉」和「金門」最為常見，「勉」和「門」，實為漢語「蠻」字之音轉。清代瑤族主要聚居在廣西省境內，《清史稿》卷 516 說：「廣西為西南邊地……（瑤、僮）多于漢人十倍，盤萬山之中，踞三江之險。」他們布滿了整個廣西，普遍與土著的壯族交錯居住著。此外，清代湖南、雲南、貴州、廣東、江西等省，也都分布有瑤族。瑤族多在山區，以農業為主，也有部分從事林業。清代中葉，生活在湖南、廣西、廣東等地區生產條件較好、與漢族接觸機會較多的很大一部分瑤族，其生產技術、生產關係都已與漢族相近。由於生活環境的不同，各地瑤族經濟文化發展的水平，是不完全一樣的。

瑤族語言屬漢藏語系苗瑤語族，通用漢文。

湖南江永一帶的瑤族女書是中華非物質文化遺產中不可多見的瑰寶，本書第十章第二節曾有述及。

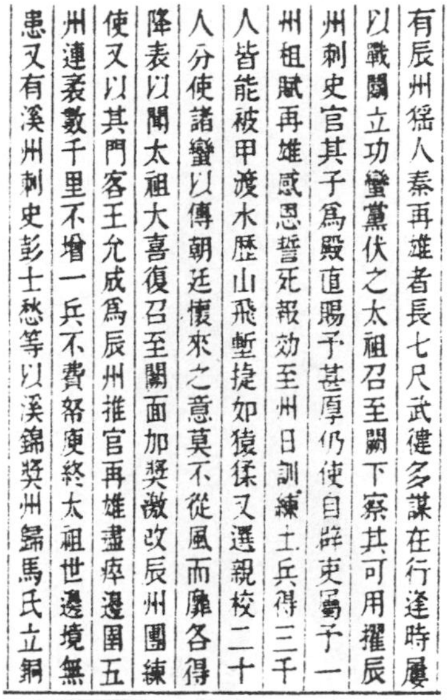

有辰州猺人秦再雄者長七尺武健多謀在行逢時屢以戰鬭立功蠻黨伏之太祖召至闕下察其可用擢辰州刺史官其子為殿直賜予甚厚仍使自辟吏屬予一州租賦再雄感恩誓死報効至州日訓練士兵得三千人皆能被甲渡水歷山飛塹捷如猿猱又選親校二十人分使諸蠻以傳朝廷懷來之意莫不從風而靡各得降表以聞太祖大喜復召至闕面加獎激改辰州團練使又以其門客王允成為辰州推官再雄盡瘁邊圉五州連袤數千里不增一兵不費帑庾終太祖世邊境無患又有溪州刺史彭士愁等以溪錦獎州歸馬氏立銅

圖 210　《宋史》卷 493 記太祖朝瑤族首領秦再雄事跡

廣西瑤族有「唱陪樓歌」的婚俗。姑娘出嫁前由同村小姐妹陪住幾天叫做「陪樓」，陪樓的姐妹們除幫助新娘做針綫活外，要唱陪樓歌，主要是與遠近趕來的小伙子們對唱，唱得越熱鬧，主家越高興。主家用油茶、酒肉款待她們。陪樓歌通宵達旦地唱，一連唱完好幾夜，姑娘才辭別父母鄉親，嫁到夫家去。瑤族婚俗還盛行「招郎上門」和「兩邊走」——招郎上門是把女兒留在家裏招郎，即使有兒子也要招郎上門；兩邊走婚姻所生的子女要「頂兩邊」，承繼父、母兩邊的世系。

中國少數民族民風古樸，路不拾遺，夜不閉戶，有著良好的社會道德。瑤族也是如此。在瑤族山區，群眾進山勞動或上街趕集，將備用的糧食、飯盒、衣物掛在路邊樹杈上，打一個草結作記號，絕不會被人拿走的。

## 八　哈尼族

哈尼族是漢、晉時叟、昆明、僰族的直接後裔，唐代稱「和蠻」。在南詔政權下，和蠻受制於金齒百夷，是被統治民族的被統治民族。宋代哀牢山區的和蠻因遠部，立國號曰「羅槃」；六詔山區的和蠻強現部，其領主龍海基更「素為諸夷所服」（《蠻書》卷 5）。到了元代，和蠻被寫作「斡尼」或「禾泥」。明代除沿襲元代而把「斡尼」寫作同音的「窩泥」外，又或寫作「和泥」和「倭尼」。由於明代窩泥與漢族的接觸較之元代有所增多，所以在名稱上又發現有稱為「果蔥」、「孔答」者，也是窩泥的一部分。清代發現的哈尼族名稱更多，除明代已有的幾種外，還有「卡墮」、「黑鋪」、「糯比」、「喇烏」、「羅緬」、「碧約」（必約）、「豪尼」（布部、布孔）等。而碧約又被稱為「白窩泥」，豪尼又被稱為「黑窩泥」。大體上說，居住在臨安府（治今雲南建水）紅河南岸的部分多稱為窩尼，散在元江、普洱、景東、鎮沅等府的則十有八九是稱為卡墮等的部分。名稱的複雜眾多，反映了哈尼族內部各支發展的不平衡。哈尼族在清代的分布區域，約當今雲南紅河哈尼族、彝族自治州和墨江、元江、江城、新平、瀾滄及西雙版納等地。當時臨安府南部（今紅河哈尼族、彝族自治州南部）及元江、他郎（今墨江）一帶的哈尼族，已普遍耕種梯田，農業生產比較發達；而他郎至寧洱縣（今普洱哈尼族、彝族自治縣）之間的一部分哈尼族，生產還相對落後，農業主要由婦女經營，男子往往從事畜牧和狩獵。

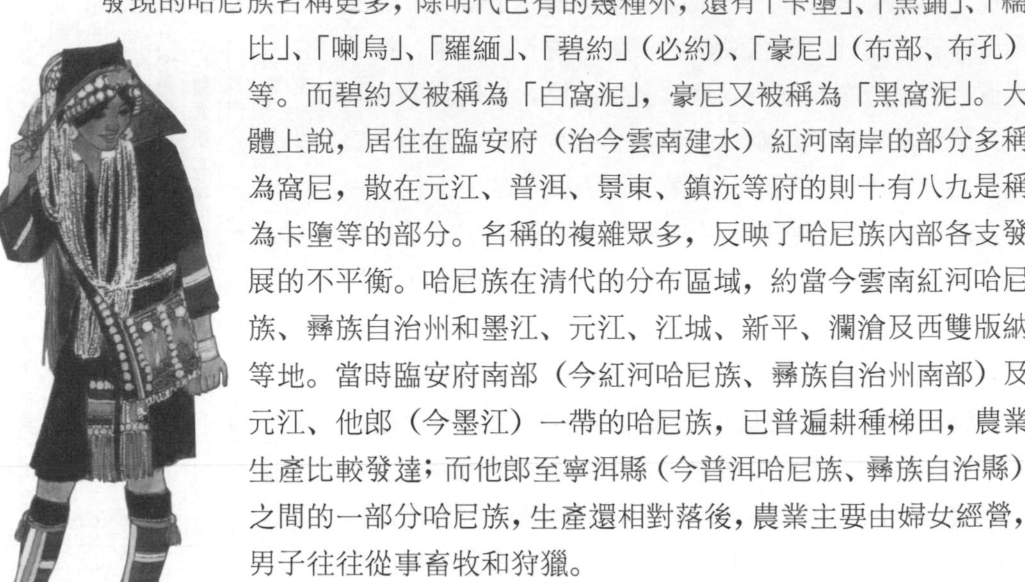

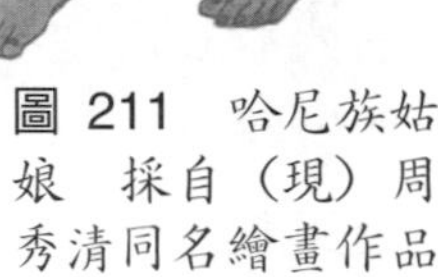

圖 211　哈尼族姑娘　採自（現）周秀清同名繪畫作品

哈尼族語言屬漢藏語系藏緬語族彝語支。道光年間，開始有哈尼族人接受了漢文。

哈尼族住房，以土木結構的「土掌房」為多見，但也有竹木結構的干欄式樓房。居住在南方的少數民族，借助南方的自然條件，住房採取干欄式的相當普遍。其中最具特色的傣族竹樓，多建在水邊湖畔，風光綺麗。下層作雜用，如飼養牲畜、堆放柴草之類；上層進門是堂屋，堂屋後面是臥房，一家幾代人分室而宿，席樓而臥，外人止於堂屋，不得入內。上層近梯處有圍著欄杆的露臺或走廊，可以曬衣晾物，乘涼休息，還可以憑欄眺望。哈尼族的樓房，也是下層作雜用，上層住人，前屋兼接待賓客之用，但男子住前屋，婦女住後屋，這一點與傣族竹樓略有不同。另外，哈尼族樓房取材兼用竹、木，多依山坡而築，這一點也與傣族竹樓略有不同。

清代元江哈尼族製作的竹器，「備極精巧，雖漢人不能過」（《康熙元江府志・人種》）。

寫到這裏，本節對前面各章節未及詳述而現在人口在百萬以上的少數民族，都已作了簡略的巡禮。其實生息繁衍在中華大地上的少數民族，不論人數多少，無一不是生氣勃勃的民族，也無一不是富於創造性和獨特色

圖 212　傣族竹樓

彩、獨特風情的民族。如傣族，有傣文，其中以傣仂文最為古老，保存下來的文獻也最多，現存最早的傣仂文文獻《泐史》，是南宋淳熙七年 (1180) 的著作。傣族民間敘事長詩《召樹屯》，敘召樹屯王子和孔雀公主的愛情故事，也有傣文記錄。傣族竹樓、傣錦製成的民族服裝、傣曆新年的潑水節（有潑水祝福、拜佛、堆沙、賽龍舟等活動）組合起來的風情畫面，那是非常令人神往的。連傣族的「召片領」（封建領主）制度，現今也成了中外文化人類學家探討研究的熱門課題。又如黎族的紡織技術，元成宗元貞 (1295～1297) 年間漢族婦女黃道婆把它帶回故鄉，將「崖州被」織成「烏泥涇被」，不僅立竿見影解決了當地群眾的生活出路，也大大促進了當時中國紡織業的發展。再如高山族——其中有一大部分人或自稱「原住民民族」，從臺灣新石器時代遺址出土的有肩石斧、有段石錛和印紋陶器等與大陸東南沿海出土的屬於同一類型來看，說明高山族主源於百越集團中的山夷，與大陸同胞早就有了密切的經濟、文化聯繫。❽孫吳時，「此夷各號為王，分畫土地人民，各自別異。人皆髡頭穿耳，女人不穿耳。作居室，種荊為蕃障。土地饒沃，既生五穀，又多魚肉。舅姑子婦男女臥息共一大牀。……能作細布，亦作斑文布。……其地亦出銅鐵，唯用鹿觡矛以戰鬪耳。磨礪青石，以作矢鏃刀斧，環貫珠璫」（《太平御覽》卷 780 引《臨海水土志》）。看來臺灣自淪為海島後，發展頗為緩慢。但從孫吳「浮海求夷洲」（《三國志・吳書・孫權傳》）以後，情況還是有了變化，迄 18 世紀，高山族的「耕種，如牛車、犁、耙與漢人同」（《臺海使槎錄》卷 5）。另外如逐水草而居的哈

❽ 據最新研究成果，發現遍布太平洋和印度洋的南島人的直接祖先是 3 萬年前活動於中國廣東沿海一帶的原始人，而原始廣東沿海人通過地峽向臺灣遷徙，臺灣族群開始形成，估計距今也已兩萬年左右。參見姜澎《復旦大學等研究單位通過染色體分析得出結論——一最新研究證實：南島民族源於大陸百越》，《文匯報》2008 年 6 月 13 日。

圖 213　東巴文石刻　見納西族《木氏歷代宗譜》

薩克族的有經濟和血緣上的密切聯繫的「阿烏爾」、以漁業為生的京族的互相幫助的「低晦」關係等等，都應該是中國傳統社會制度民俗的重要內容。哈薩克族並且有自己的文字，是用字母拼成的，創製於 15、16 世紀之交。歷史上納西族也曾有過一種叫「東巴文」的象形文字，主要用於記載卷帙浩繁的東巴教的經典，還有表音的哥巴文，為東巴後世弟子所創。❾凡此種種，一時難以盡述，只好等以後有機會再談了。

❾　《元一統志・通州人物傳》。

# 第十一編

# 中外交流

# 第四十一章

# 與朝鮮、日本的交流

## 第一節　與朝鮮的交流

《尚書大傳》卷 2 云:「箕子……走之朝鮮。」此事《史記・宋微子世家》、《三國史記》「本紀」、《三國遺事・紀異上》、《朝鮮史略》卷 1 等中、朝兩國其他權威文獻也都有這樣大體上相同的記載 —— 箕子是殷紂王的叔父，殷末率 5000 人去朝鮮，周武王滅殷，封箕子為朝鮮侯。箕子「走之」朝鮮，考古方面，迄今尚未有直接的印證，但古朝鮮的墓葬、陶器、青銅器和鐵器，確實與中國當時的遼寧、山東地區是一致的，殷商滅亡，箕子作為商族人，屬東夷，來到東夷地區的朝鮮，應當說不是沒有這種可能性。

西漢高祖十二年（公元前 195），燕王盧綰叛降匈奴。約在此後不久，其舊部衛滿入朝鮮，驅逐朝鮮王箕準，建立衛氏朝鮮，傳至其孫衛右渠時，因阻礙鄰近部族與西漢的通商，起到匈奴右臂的作用，❶於漢武帝元封三年（公元前 108）為西漢攻滅。漢武帝將其地改為直屬政區，置樂浪（治今朝鮮平壤市南）、玄菟（治今朝鮮咸鏡南道咸興）、真番（治今朝鮮禮成江和漢江之間）、臨屯（治今韓國江原道江陵）等 4 郡，4 郡包括半島的絕大部分；昭帝始元五年（公元前 82）并為 2 郡。從許多遺跡、遺物 —— 特別是樂浪墓葬群來看，衛氏朝鮮及其後的數百年，朝鮮文化基本上屬於漢文化。朝鮮特產檀弓、文豹、果下馬、班魚皮輸入中國內地；中國內地的銅鏡、漆器和鐵製生產工具輸往朝鮮。

在衛氏朝鮮故土上活動的部落有高句麗（驪）、濊和沃沮。「濊」即「貊」，複稱「濊貊」，早在漢武帝元朔元年（公元前 128），濊部落首領南閭率眾 28 萬餘內附，朝廷特為之建立蒼海郡，但在兩年後撤銷；沃沮即勿吉，東

❶　參見張蔭麟《中國史綱》第 187 頁，中華書局，2009 年。

漢光武帝曾封其首領為沃沮侯，後臣屬高句麗。

與此同時，朝鮮半島中部以南地區有馬韓、辰韓和弁韓，都處於部落聯盟階段，馬韓在三韓中居於主體地位，辰韓有一部分原是中國人，因避秦亂流亡到這裏。後來馬韓諸部落發展為百濟國，辰韓諸部落發展為新羅國。新羅於 6 世紀中葉統一弁韓諸部落，接著又於唐顯慶五年 (660) 藉唐軍的力量攻滅百濟，統一了原三韓族地域。

漢、魏之際，遼東公孫康政權在半島北部建立了帶方郡，治所在今朝鮮鳳山附近。

當 4 世紀初至 5 世紀初，高句麗先後占領帶方、樂浪、玄菟、遼東等地，建成地跨今中、朝兩國界河兩岸幅員遼闊的奴隸制國家。高句麗原是從濊貊族系的扶餘分出來的中國東北渾江流域的一個古老部族，漢代屬玄菟郡高句麗縣管轄。西漢建昭二年（公元前 37），高句麗稱王，建都紇升骨城（在今遼寧桓仁滿族自治縣境）；元始三年 (3) 遷都國內城（今吉林集安）；5 世紀初又遷都平壤。隋文帝開皇十八年 (598) 出兵高句麗，隋煬帝大業八年 (612)、九年 (613)、十年 (614) 又接連 3 次出兵高句麗，戰爭給雙方都帶來了慘重的損失，導致隋帝國黃河以北千里無煙，江淮之間鞠為茂草，不久即覆亡。唐高宗總章元年 (668)，唐軍在新羅的配合下攻滅高句麗，其故地，基本上都在後來靺鞨族所建渤海國的版圖內。

無論新羅還是百濟、高句麗，都大力全面地吸收漢文化。

在朝鮮三國時代，百濟的「婚娶之禮，略同華俗」(《北史》卷 94)，「有文籍，紀時月如華人」(《新唐書》卷 220)；高句麗的「種田養蠶，略同中國」(《舊唐書》卷 199 上)，「兵器與中國略同」(《北史》卷 94)；新羅「言語名物有似中國人」(同上)，「其文字甲兵同於中國」(《隋書》卷 81)。

百濟王在東漢建安中，迎公孫康之女為妃，得到公孫康的幫助，才逐漸強盛起來。東晉永和二年 (346) 至寧康三年 (375)，百濟國博士高興以漢文修成百濟國史《書記》。太元九年 (384)，胡僧摩羅難陀自東晉至百濟，次年百濟建佛寺於南漢山。義熙元年 (405) 或其前後，百濟學者王仁到日本講授《論語》，說明百濟還起到將大陸文化傳播日本的作用❷。當時百濟的教育事業，已經是以中國經史為主要內容了。南朝梁武帝時期，百濟屢遣使者來訪，並請《涅槃》等經義和《毛詩》博士、工匠畫師，梁廷全部滿

❷ 柳承國：《韓國儒學史》第 10 頁，臺灣商務印書館，1989 年。

足了百濟的要求。太清三年 (549)，百濟「不知京師寇賊，猶遣使貢獻，既至，見城闕荒毀，竝號慟涕泣」(《梁書》卷 54)，因而觸怒侯景，以致被囚禁起來。7 世紀中葉，百濟更進而派遣留學生入唐國學學習。百濟的墓葬，有取材於中原神話故事的壁畫，有來自中國的青銅器和青瓷器作為隨葬品，甚至墓磚形制和墓室結構，都與中國南朝的風格頗為近似。

高句麗自建國初期起，就用漢文撰修本國史籍。集安好太王碑，四面環刻漢字碑文，文義簡潔疏宕，字體遒渾，有海東第一瑰寶之譽。而好太王陵磚，隸書樸厚如兩漢人，又較好太王碑為精。❸東晉咸安二年 (372)，前秦苻堅遣使偕僧人順道等送佛像、經文至高句麗，這是佛教開始傳入高句麗。唐初，高祖派使者往高句麗傳播道教。貞觀十七年 (643)，高句麗大將蓋蘇文奏請遣使於唐，再求道教以訓國人。高句麗的教育事業，一向以漢學為主要內容。7 世紀中葉，高句麗也派留學生來中國。高句麗墓室壁畫，神靈題材，多畫青龍、白虎、朱雀和玄武；還畫駕鶴仙人王子喬，人首蛇身的伏羲、女媧像；日中畫三足烏，月中畫蟾蜍，都是來源於中原的神話傳說。唐玄宗時名將高仙芝，本是高句麗人，他鎮守安西，為維護唐西陲的安全，加強與西域的聯繫作出了貢獻。

新羅發展較晚，最初主要是通過高句麗和百濟間接地吸收中國文化。從 4 世紀後半葉起，王位開始單由金姓世襲，國家體制逐步得到完善。蕭梁大寶二年 (551)，新羅從高句麗手中攫取了漢江上游盆地，後來又從百濟手中奪取了漢江流域的下游地帶，這就在半島西岸獲得了一個可以直航中國的出海口。約當此時，新羅即以漢文撰成國史。新羅統一後，又由任強首和薛聰發明了「吏讀法」，利用漢字的音表示朝鮮的助詞、助動詞，夾在漢字中間，幫助閱讀漢文。這種方法，對朝鮮文化的發展起了促進作用。當然，由於「吏讀法」並不完善，朝鮮直至李朝末年，正式通用的文字仍然是漢文漢字。唐初貞觀末年，新羅伊餐（相當於宰相）金春秋之子文汪留唐宿衛，開新羅貴族子弟入唐宿衛之先例。新羅行中國年號，嚴格地以唐為樣板，❹其衣冠服飾、行政制度、典章律令和選拔人才的辦法都是對唐的仿照。8 世紀中葉，新羅大學監❺定《論語》、《孝經》為必修課，《禮

❸ 羅振玉：《唐風樓金石文字跋尾・好太王陵磚跋》，光緒三十三年 (1907) 鉛印本。

❹ 參見崔瑞德主編《劍橋中國隋唐史》第 33 頁，中國社會科學出版社，1990 年。

❺ 即新羅仿唐建置的「國學」，747 年，景德王（741～764 在位）改稱。

記》、《周易》、《左傳》、《毛詩》、《尚書》、《文選》為選修課；新羅還設講授中國算術、天文、醫學等方面知識的課程。新羅文武王（660～680 在位）❻《答唐行軍總管薛仁貴書》，堪稱朝鮮古代漢語的文章典範。唐文宗開成二年 (837)，在長安國學的新羅留學生竟達 216 人，其中崔致遠所著《桂苑筆耕》20 卷著錄於《新唐書・藝文志》，這是朝鮮流傳至今最早的個人詩文結集。新羅好中國書法，金生的行草，北宋學者甚至誤以為是中國書聖王羲之的真跡。佛教自前秦苻堅遣使至高句麗後，復由高句麗傳入新羅。隋初新羅僧圓光（生年未詳，卒於 630 年）在長安學成歸國，提出事君以忠、事親以孝、交友以信、臨戰無退、殺生有擇等五戒。不難瞭解，五戒係源於儒家的思想。新羅僧義湘 (625～702) 為華嚴宗二祖智儼（天水人，602～668）弟子，回國後創海東華嚴宗（浮石宗）；元曉（生於 617 年，卒年未詳）除弘布華嚴宗（芬皇宗）外，還宣傳阿彌陀佛淨土信仰；圓測 (613～696) 從唐僧玄奘受業，精通漢語、梵語，是玄奘得力的助手；慧超（生年未詳，卒於 780 年後）用中文所著遊記《往五天竺國傳》3 卷，殘本發現於敦煌，是中、朝、印 3 國友誼的見證。新羅僧信行 (704～779) 自唐傳入北宗禪；道義（居中國 42 年，824 年末或 825 年初回新羅）又傳入南宗禪，後來南宗禪在朝鮮大暢其流。中國佛教傳入朝鮮有「五教九山」之說，五教指律宗等 5 個宗派，不包括禪宗；九山單指禪宗。五教九山的開創，除九山中的須彌山在高句麗王朝初年外，其餘全在新羅時期。《景德傳燈錄》載中國禪門僧徒 1600 人，中有非漢人者 43 人，42 人為新羅人，這個事實實在是太雄辯了。新羅僧金喬覺（生年未詳，卒於 803 年）使九華山形成盛大的香火地，事詳本書第二章第二節。建於新羅景德王十年 (751) 的慶州石窟庵，雕像姿態健碩豐滿，與唐代藝術風格如出一轍。新羅時期遺存的一些石塔、磚塔、石燈、城郭建築、王陵、碑碣，也大體上都是依據唐代的規制建造的。

唐玄宗開元二十五年 (737)，朝廷派邢璹赴新羅冊封新王。邢璹臨行前，玄宗對他說：「新羅號為君子之國，頗知書記，有類中華，以卿學術，善與講論，故選使充此。到此宜闡揚經典，使知大國儒教之盛。」（《舊唐書》卷 199 上）毫無疑問，這是唐廷有目的地去朝鮮傳布中國文化。

❻ 本書注朝鮮、日本、越南 3 國歷史上君主在位年祚，悉依陳久金《中朝日越四國歷史紀年表》，群言出版社，2009 年。

在整個唐代，新羅共向唐遣使 126 次，唐向新羅遣使 34 次，雙方使節往來總計 160 次，幾乎平均每兩年稍多一些日子就有一次使節往來。

唐向新羅輸出各種絲綢、瓷器、茶葉、工藝品和書籍，從新羅輸入的有麻布、金銀、人參及其他藥材、毛皮和工藝品。據日本僧圓仁所著《入唐求法巡禮行記》，唐後期的登州（治今山東蓬萊）、萊州（今屬山東）、密州（治今山東諸城）、青州（今屬山東）、泗州（治今江蘇泗洪東南）、海州（今屬江蘇，為連雲港市轄區）、楚州（今屬江蘇，為淮安市轄區）、揚州和首都長安（今西安），都有新羅僑民的聚居地，分別叫做「新羅村」、「新羅院」、「新羅坊」、「新羅館」等。

唐末新羅分裂，後梁貞明四年 (918)，王建 (877～943) 建立了高麗王朝，❼定都松岳（今開城），並先後降服新羅殘餘和後百濟國，又不斷向北擴張。中國北方當時的契丹族政權認為高麗實際上是出身於三韓族的新羅，不應該侵蝕鴨綠江以南的高句麗、渤海故地，曾 3 次出兵與之相爭，但均未獲成功。女真族興起，高麗派兵在圖門江南岸女真地盤築起咸州（治今遼寧開原東北）等 9 城，後來女真反擊，高麗才將九城歸還女真。成吉思汗時，蒙古勢力已進入高麗。蒙古於 1258 年劃永興以北為雙城總管府，元世祖至元六年 (1269)，又劃慈悲嶺以北為東寧府，均由蒙古直轄，占據了半島北部基本上原屬高句麗、渤海的故地。至元二十七年 (1290)，元罷東寧府，將其地劃給高麗。元順帝至正十六年 (1356)，高麗乘元衰微，攻取了雙城總管府。元代高麗自忠烈王（1274～1308 在位）以下，凡嗣王朝廷皆授「駙馬高麗國王」(未成年者除外)，並授征東行省丞相，得自辟僚屬，原來的機構和制度基本不變。

高麗王朝「一代之制，大抵皆仿自唐。至於刑法，亦採唐律」(《高麗史・刑法志》)。自上至下所受正式教育，都以儒家經典為教材。國王一般定期舉行祭孔典禮，並多親臨國子監聽講儒學；官至門下侍中的崔沖在朝鮮首創私人講學，被尊稱為「海東孔子」。自後梁貞明 (915～921) 年間到北宋崇寧 (1102～1106) 年間，中國有不少專門人才去高麗做官，高麗實行重酬、重任。後周顯德五年 (958)，在後周冊封使者隨員雙冀的建議下，高麗始設科舉考試，用雙冀為主考官，以詩賦策頌取進士。同時高麗也有許多文士來中國。北宋末年，高麗遣進士權適等 5 人至宋入太學，後經徽宗親

❼ 參見邊眾《試論高句麗歷史研究的幾個問題》，《光明日報》2003 年 6 月 24 日。

試於集英殿，權適被特授中華之籍貫，其餘 4 人，也俱賜「上舍及第」。另外，宋與高麗之間，書籍的交流是經常性的，宋帝贈送給高麗王的書籍，內容涉及面很廣。宋商把有價值的書籍帶去高麗，高麗朝廷往往厚償其值。高麗重視對書籍的刊印，藏書齊全，且多「好本」。據《高麗史・宣宗世家》記載，宋哲宗曾向高麗求書，計開列書目 120 餘種，4980 餘卷，高麗方面以此為莫大榮耀。高麗文宗朝 (1046～1083) 大量引進中醫藥典籍，通過消化、吸收，為朝鮮本土醫學的形成和發展奠定了基礎。在藝術領域，宋與高麗雙方的交流也很頻繁，高麗宮廷樂舞分為唐樂和鄉樂兩大類，其中唐樂是從中國傳過去的，高麗是唯一傳入中國古典大晟樂的國家，傳入時間在宋徽宗政和四年 (1114)。高麗畫家李寧，宋時來中國，帶來高麗的繪畫風格，被宋人譽為「妙手」。高麗青瓷受宋越州瓷的影響；高麗金屬活字的發明，更受宋畢昇膠泥活字的啟發❽。元代高麗忠宣王（1308～1313 在位）是元世祖的外孫，他把王位傳給兒子後在大都置萬卷堂私邸，與元名士趙孟頫等交遊，李齊賢 (1288～1367) 是當時高麗的大儒，也被他招來大都，一道講論詩書。忠宣王有功於元武宗奪得帝位，後來元仁宗贈給高麗宋代秘閣藏書 4371 冊，共 1.7 萬卷，即與此有關。《楊輝算法》、《算學啟蒙》等宋、元算書，也在朝鮮刊刻，一直保存到現在。❾程朱理學在元代傳入高麗，對高麗的學術和政局的發展，都有不可低估的作用。自理學傳入後，高麗的佛教日趨沒落。棉花種植和棉布紡織也自元末傳入高麗，不 10 年而遍於半島。明代開國後，朱元璋即於洪武三年 (1370) 遣使到高麗，頒布《科舉條格》。明初與高麗友好，對火藥等重要軍事物資，也應高麗要求，允許交流。除官方渠道外，高麗儘管很早就傳入了火藥和火器的製作技術，但仍從中國民間得到關於火藥的新的配製方法。

高麗對外貿易的主要對象是中國。宋代中、朝兩國的海上交通綫，除傳統以來的渤海道外，又開闢了從明州（今寧波）到朝鮮全羅道的海路。自 11 世紀下半葉起，中、朝貿易中的私商貿易更為活躍，中國商人每年數

❽ 高麗發明金屬活字，約在 1234 年左右。其後李氏朝鮮太宗三年 (1403) 以後，鑄造活字 20 餘次，有銅活字二三百萬個，並於世宗十八年 (1436) 鑄成世界上最早的鉛活字，都是對畢昇活字印刷原理的推陳出新。

❾ 19 世紀初，當《楊輝算法》在中國已殘缺、《算學啟蒙》在中國已失傳之際，正是有賴於此，兩書才得以恢復往日面目。

次渡海前往高麗經商，每次人數幾十人至幾百人不等，中國運往高麗的商品，有各種綢緞、陶瓷、藥材、樂器；至於書籍，當然更是大宗；此外還有高麗官員所喜愛的各種文具和香料等。高麗運來中國的商品，則有人參、松子、花紋席子、紙張、筆墨、折扇等。高麗首都開城居住有數百名中國人，其中包括契丹、女真、蒙古和畏兀兒族人。

南宋初，池州（今屬安徽）引進了高麗的黃粒稻⑩，籽粒飽滿，是優良品種。

高麗王朝末年，土地兼并問題十分嚴重，鄭道傳（約 1337～1398）、權近 (1352～1409) 等理學家否定高麗社會秩序，標榜王道政治，擁戴軍隊統帥李成桂 (1335～1408) 推行新政。明太祖洪武二十五年 (1392)，李成桂借用中國古代的禪讓形式登上王位，他以古朝鮮遺民的後裔自居，所以定國號仍為朝鮮。史稱「李氏朝鮮」，簡稱「李朝」。李朝亡於日本與朝鮮的合并，時為清宣統二年 (1910)。

明、清兩代，中國和朝鮮一直友好相處。永樂二年 (1404)，李朝一次贈送中國牛 1 萬頭。那時，遼東屯田的耕牛主要靠朝鮮輸入。李朝進給明廷的貢品，除牛之外，有金、銀、各種蒲席、豹皮、海獺皮、素絲、各式染色亞麻布、大麻布、鑲真珠母的梳粧盒、白綿紙、拂塵、人參以及馬、棉布、製作武器的原材料、茶、胡椒、穀物等，兩者的關係，「他國不敢望也」（《明史》卷 320）。

李朝與中國除官方性質的「使行貿易」外，互市貿易始於 17 世紀。清初天聰二年 (1628)，李朝在義州中江（鴨綠江中的蘭子島）開設互市，稱為「中江開市」，本來只進行公家貿易。後來私商貿易發展起來，稱為「中江後市」。不久又由中江後市進至所謂「柵門後市」，這是朝鮮義州和開城的富商混入使臣隊伍，渡過鴨綠江到柵門（鳳凰城邊門）外進行貿易。柵門後市的主要商品是中國的綢緞、白皮、毛皮、藥材、寶石、眼鏡、文具以及朝鮮的人參、白銀、金子、耕牛、鐵鏵、食鹽、鐵鍋、麻布、皮貨等，其中人參、白銀為朝鮮的主要出口商品。

李朝推行「儒化政治」，全面移植中國政治制度。李朝開國功臣中，頗多中國文士，如偰長壽（畏兀兒族人，生卒年未詳），得賜「中興功臣」（《高麗史》卷 112）鐵券，曾 8 次出使來中國，所著《直解小學》，甚見稱於中

⑩ 亦稱「黃綠穀」，即黃穋稻。

國學者。朝鮮現行的拼音文字，是李朝王室學術研究機構集賢殿於明英宗正統八年 (1443) 仿蒙古「八思巴」文製訂出來的，其方案名為《訓民正音》，頒布於李朝世宗二十八年 (1446)，優點是能夠完滿地表記所有朝鮮語詞彙和漢字詞彙。《訓民正音》在製訂過程中，李朝集賢殿學士成三問、申叔舟等曾奉命 13 次前來遼東，訪問謫居其地的明翰林學士黃瓚，討論音韻和發音表記法。所以《訓民正音》是中、朝文化交流的結晶。明與李朝的書籍交流，尤為頻繁密切。對中國文化典籍，李朝除向明廷求贈和在中國採購外，有時也自行刊印。李朝的《東文選》，是用漢文寫作的朝鮮詩文集，幾百年來流傳中國，不少藏書機構均有收藏。李朝的繪畫，仍有宋人筆意，16 世紀中葉，李朝名畫家李上佐的《松下步月圖》，在布局上保持南宋院畫的空曠感，而氣勢接近於明初的浙派。在農、醫方面，中國農書經李朝朝廷推薦，曾被用以指導朝鮮的農業生產；李朝於明神宗萬曆三十八年 (1610) 撰成的《東醫寶鑑》，對漢方醫學的發展作出了不可磨滅的貢獻，歷來受到中、朝、日 3 國醫學界的好評。而由於理學的發展，李朝的學風，一開始就以經史為主，李滉 (1501～1570) 主理而李珥 (1536～1584) 主氣，都是朝鮮理學的集大成者。萬曆二十年 (1592) 爆發朝、日戰爭，中國派出援軍，與朝鮮軍隊並肩作戰，終將日本侵略軍擊敗。但由於戰爭的嚴重破壞，李朝民生凋敝，於是出現了實學思潮，以求匡時救世，這也是與中國學術有一定聯繫的。當明、清之際，正是中國實學思潮蓬勃發展的年代。清代乾、嘉年間，朝鮮使團來北京看到中國的繁榮昌盛，力主吸收中國的生產技術，擴大同中國貿易。因為北京的地理位置在李朝王都漢城（今首爾）之北，所以這種主張被稱為「北學」。清代李朝檢書官常作為使團的隨員來北京，他們在琉璃廠採購圖書，有機會結識中國名流，乃至成為莫逆之交。

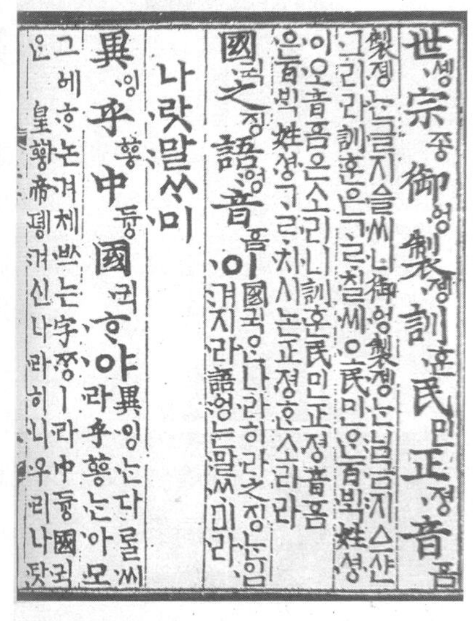
世솅宗종御엉製졩訓훈民민正졍音음
製졩는 글 지ᅀᅳᆯ 씨니 御엉製졩는 님금 지ᅀᅳ샨 그리라 訓훈은 ᄀᆞᄅᆞ칠 씨오 民민은 百ᄇᆡᆨ姓셩이오 音음은 소리니 訓훈民민正졍音음은 百ᄇᆡᆨ姓셩 ᄀᆞᄅᆞ치시논 正졍ᄒᆞᆫ 소리라
國귁之징語엉音음이
國귁은 나라히라 之징는 입겨지라 語엉는 말ᄊᆞ미라
나랏 말ᄊᆞ미
異잉乎ᅘᅩᆼ中듕國귁ᄒᆞ야
異잉는 다ᄅᆞᆯ 씨라 乎ᅘᅩᆼ는 아모 그ᅌᅦ ᄒᆞ논 겨체 ᄡᅳ논 字ᄍᆞᆼㅣ라 中듕國귁은 皇황帝뎽 겨신 나라히니 우리나랏

圖 214　《訓民正音》書影

一言以蔽之，中國文化和朝鮮文化，加上日本文化，共同組成了遠東文化，這是不爭的事實。

## 第二節　與日本的交流

日本當地質學上的第四紀，在大部分時間內，由於冰河的作用，其南、北兩端，皆以陸橋的形式與亞洲大陸相連結。考古學和人類學證明，日本列島上的最早人類，應是在狩獵中追逐動物群的大陸原始人。在距今 1 萬多年的全新世，冰期結束，海面上升，使得日本列島成為現在的狀態。日本進入新石器時代以後，創造了以漁獵為主的繩文式文化（因陶器上有繩紋而得名）。而在中國上古的漫長歲月中，大陸有南、北兩支人，包括北方通古斯族、中原漢人和浙、閩一帶的越人，由於戰亂等多種原因，一批一批地分別經由朝鮮半島和越海來到日本，與原住人不斷混血，這就形成了後來的日本民族。⓫

公元前 3 世紀，日本進入以農耕、畜牧為主要內容的彌生式文化期（以發現於東京都彌生町而得名）。當時中國戰國七雄中的燕國與日本有往來，日本幾乎是同時輸入青銅器和鐵器，其文化發展是由西而東，說明以幽燕文化為代表的中國先進文化對日本發生了相當的影響。秦滅燕時，燕國有一部分人逃亡日本。史書又有關於秦始皇遣徐福率童男童女東渡求長生藥，「得平原廣澤，止王不來」（《史記・淮南、衡山列傳》）的記載，徐福在日本被尊為彌生式文化的旗手，據說日本佐賀縣的金立神社，祭祀徐福可以追溯到 2000 年前。總之，戰國以後，中國人繼續大批去日本，是不容置疑的，他們必然有助於日本瞭解和吸收中國文化。

西漢時期，日本已形成 100 餘個原始部落國家，定期晉見漢王朝設在樂浪郡的官吏。1～2 世紀，日本的小國曾兩次遣使來朝，獻上「生口」（奴隸）作為貢品，並接受東漢朝廷授予的印綬⓬，中國的鐵器、銅器、絲帛

⓫ 1997 年，日本官方正式確認，一向被邊緣化的今日本北海道土著阿伊努人是「繩文人」的直接後裔。參見肯尼斯・韓歌爾《日本小史》第 17 頁，世界圖書出版公司北京公司，2007 年。

⓬ 日本江戶時代的天明四年（1784），在今福岡縣粕屋郡志賀町出土了一方「漢委奴國王」純金印，實測重 108.729g，體積 6.0625$cm^3$，高 2.236 cm，紐高 1.312 cm。印面呈正方形，上 2.341 cm，下 2.354 cm，左 2.349 cm，右 2.345 cm。經日本史學界鑒定，此印為東漢光武帝所賜。參見武斌《中華文化海外傳播史》第一卷第 183 頁，陝西人民出版社，1998 年。

傳入日本。景初二年十二月（239 年初），魏明帝封當時控制日本 20 多個小國的位於畿內大和（今關西奈良地方）或北九州的邪馬臺女王卑彌呼為「親魏倭王」，迄曹魏末，雙方使節往來共 6 次，還互有饋贈。邪馬臺國的貢品中，出現了紡織品，大概日本的紡織技術是中國傳過去的。卑彌呼生前擁宮室，死後作大墳丘，日本隨之逐步由彌生文化進入古墳文化，雖然中國和朝鮮半島並不存在日本形式的古墳，但日本的古墳文化無疑受到中國的影響。據《日本書紀・應神紀》記載，應神天皇十六年 (285)，百濟使者阿直歧薦博士王仁到日本，獻《論語》10 卷和《千字文》1 卷等⓭。這被認為是漢字傳入日本之始。其實，有漢人遷居日本，就有同時把漢字傳入日本的可能性，漢字的傳入日本，一定比較早。⓮

截至 4 世紀中葉，大和朝廷大體上統一了日本列島，接著參加對朝鮮半島的角逐。曾通過結納百濟，間接吸收大陸文化。

西晉泰始五年 (269) 至永嘉四年 (310)，日本應神天皇在位，朝鮮半島上有自稱秦始皇後裔的弓月君和自稱漢靈帝三世孫或四世孫的阿知使主率其屬去日本。秦氏到日本後，主要從事養蠶、製絲業；漢氏到日本後，主要從事武器和工藝品的製造。另外又有西文首氏，主要從事文牘工作。對中國移民，日本史家都習稱為「渡來人」或「歸化人」。5 世紀初，大和又在百濟的漢人中招聘優秀工匠到日本，稱為「新漢人」，按其經營的行業，分別編成陶部、鞍部、畫部、錦部等，皆為豪族的私有部民。另一方面，又與南朝直接交往，例如從劉宋永初二年 (421) 到蕭梁天監元年 (502) 的 80 多年中，曾有倭王贊、珍、濟、興、武多次遣使向中國南朝政權朝貢，請求授予封號，並從南朝帶回所贈的漢織、吳織及縫工兄媛、弟媛等，促進了日本紡織、縫紉技術的發展。此後不久，日本從中國獲得了《針經》；陳文帝天嘉三年 (562)，吳人知聰又攜帶《明堂圖》及各類醫書 160 多卷到日本，這些對日本醫學的影響，無疑是極其深遠的。

⓭ 此事有不同說法，見本章上節。要之，王仁所獻《千字文》，必非今傳蕭梁周興嗣本，而是另一種用千字寫成的蒙書，因為應神天王十六年，時當中國西晉武帝太康六年，距周興嗣本之問世，還隔著東晉和劉宋兩代。但也有可能，該本為周興嗣本的祖本。

⓮ 參見大野晉《假名文字・假名文的始創》，刊《岩波講座・日本文學史》第二卷，岩波書店，1958 年。而目前已知有關日本最早使用漢字的資料，為 1873 年從九州熊本縣玉名郡江田村船山古墳出土的大刀上的銘文，共有 75 個漢字，據推測，可能是 5 世紀前半葉的遺物。

南朝蕭梁普通三年 (522)，有司馬達等人到日本，在大和高市坂結庵奉佛，此為佛教傳入日本的起始。

在隋代以前，中國已有多種史籍記載日本的歷史。其中簡略提到日本的有《漢書・地理志下》、《山海經・海內北經》、《論衡・儒增》、《後漢書・東夷傳》等；記載較詳的有《三國志・魏書・倭人傳》，該傳全文 2000 餘言，是現存中外有關 4 世紀以前日本基本情況的唯一權威文字資料。

隋文帝開皇十三年 (593)，日本推古女皇（593～628 在位）效法中國，正式使用年號，開始了飛鳥時代 (593～710)⑮，初期由聖德太子 (574～622) 擔任攝政。聖德太子認為可以利用佛教來呼喚中央集權政治，也便於向普遍信仰佛教的東亞國家開展外交，進一步吸收大陸文化，因此他努力提倡佛教，主持營建了許多寺院。在這個過程中，日本曾不斷從朝鮮半島招聘僧侶和技術工人，自然也間接引進了中國的佛教文化和建築藝術。與此同時，聖德太子對儒學、道教和其他諸子百家之說也採取兼容並蓄的方針，他制定冠位十二階，用儒家的規範——德、仁、禮、信、義、智作為等級標誌；又制定《十七條憲法》，也明顯是採取移植的辦法，反映了作者在中國學術上的高深造詣。從大業三年 (607) 起，日本還 3 次派出小野妹子等擔任遣隋使來到中國，⑯跟隨遣隋使前來的還有留學生和學問僧，大部分都是渡來人的子孫，他們歸國後在日本著名的大化改新中起了舉足輕重的作用。從貞觀四年 (630) 開始，日本派出第一次遣唐使，總計日本正式遣唐使實際到達的共有 12 次。⑰遣唐使使團初期有 200 多人，後來擴大到 550 人左右，最多的一次達 651 人，分乘 4 艘船隻，由過去經對馬、壱岐到朝鮮半島，沿海岸北上，轉道遼東，然後南下的所謂北路，改走南路——即從九州的築紫起航，到平戶、五島列島等待順風時橫斷東海，到長江口登陸。或走南島路，即從九州出發後，沿西岸南下，經多村（今種子島）、夜久島

---

⑮ 飛鳥時代如以美術史來區分，則下限為 7 世紀前半葉，而從孝德天皇元年 (645) 起，習慣上又另稱「白鳳時代」。

⑯ 據《隋書》卷 81 記載，開皇二十年 (600)，日本曾遣使於隋，文帝命「所司」負責接待，「訪其風俗」，並有針對性的「訓言」，言之鑿鑿，絕無可疑。但這次來使的情況，日本史籍中卻隻字未提，看來此舉也許並非日本朝廷所為，故暫時不予計數。

⑰ 有關文獻亦有統計作 13 次、15 次——甚至 19 次者，則其中 1 次是日本遠道來迎唐使，2 次是日本陪送唐使團返國，又有 4 次是日本已任命人員而未成行、或已成行至百濟而中途退回。參見池步洲《日本遣唐使簡史》，上海社會科學院出版社，1983 年。

（屋久島）、奄美大島，折向西北，橫斷東海，到達長江口岸。遣唐使有大使、副使、判官、錄事，均由通曉經史和熟悉中國情況的官員擔任。日本朝野對遣唐使團寄予厚望，出發前夕，天皇要在宮內賜宴為大使、副使餞行；唐廷則亦待以殊禮，司儀加等，位在諸王侯上。使團成員除外交官、譯語和船匠、工匠、水手等等外，往往還有10餘名到20名左右的留學生和學問僧。使團到唐後一般要朝見皇帝，貢獻方物，參觀文物名所，瞭解藏書情況，習學經典，延聘去日人才。另外，還負責介紹留學生和學問僧的履歷，以便安排他們就學；待他們學業期滿，奏請唐廷同意，然後搭使船回國。由於他們具有國家推薦的性質，又兼李唐王朝執行與各國友好的政策，因而採取一切可能的措施為他們創造學習條件，包括供給衣糧。留學生在唐期間，大部分被安排入官方學校讀書，也有少數延聘私人為師。他們購置大批中國典籍，加上唐帝的賞賜，據統計，迄唐末為止，日本已大致攝取中國宮廷藏書的一半，計1800餘部，1.8萬餘卷，經、史、子、集各部均有——其中包括數學、天文學、醫學、建築和軍事技術等科技類書籍3000餘卷。這些留學生居留往往達二三十年，對中國文化濡染甚深，返國後都能有所作為，如吉備真備（693或695～775），在日本官至右大臣（相當於中國的副宰相）。也有個別因慕唐的文化而終身仕唐的，如阿倍仲麻呂（698或701～770），曾仕唐為安南節度使。阿倍仲麻呂漢名「晁衡」，與詩人李白、王維等交甚厚。天寶十二年(753)，由於回國途中遭船破之厄，被誤傳溺海而死，李白特作《哭晁卿衡》詩云：「日本晁卿辭帝都，征帆一片繞蓬壺。明月不歸沉碧海，白雲愁色滿蒼梧。」⑱表達了對他的深切哀悼。比留學生來唐人數更多的是學問僧，他們把唐代佛教各宗派介紹到日本，也把儒家經書、詩文集帶回日本去。其中最澄(767～822)留唐近一年，回日本後建立天台宗，後來謚稱「傳教大師」，為日僧享大師謚號之第一人；而後來謚稱「弘法大師」的

圖215　《送日僧策彥歸國圖》　明　王諤繪

⑱　《李太白全集》卷25。

空海 (774～835) 回日本後建立了真言宗，他不但精通佛理，還廣泛吸收中國文化，對中國的語文學和音韻學都有獨到的研究。除了留學生和學問僧，到唐代中後期，專就某些疑難問題來中國索取解答的請益生和請益僧逐步多了起來，他們大都已有相當的造詣，只需在唐停留很短時間。請益生中有很多是醫師、陰陽師、樂師和畫師等。請益生、僧的出現，反映日本在攝取唐文化上，水平有明顯的進步。

唐廷也常在日本遣唐使團回國時派人伴送。伴送的唐使有時達數十人，由於當時條件的限制，這些伴送者往往會失去渡海的機會而滯留日本，他們對傳播先進的唐文化同樣發揮了很大的作用。

此外，唐僧也有不少去日本而未能返回者，如本書第二十一章第一節曾有介紹的鑑真即為一例。鑑真在日本，除了弘法，還對日本的建築、雕塑、書法和醫藥作出了重大貢獻。

唐貞觀十九年 (645)，日本實行大化改新⑲，策劃人為中大兄皇子 (626～671) 和中臣鎌足 (614～669) 等。他們積極向曾經長期居留中國學習的學問僧南淵請安、僧旻，留學生高向玄理等請教，仿唐三省六部制，設二官八省制；仿唐道、州、縣制，設國、郡、里制；仿唐均田制，規定了班田收授法；學制也仿照唐代。在意識形態領域，新政權的施政和律令，莫不以儒家思想為出發點，⑳並於武則天長安元年 (701) 開始祭孔。當時日本佛教都有「鎮護國家」、「積福滅災」的色彩，「奈良六宗」的建立，奠定了日本後來佛教發展的基礎。平安時代 (794～1192) 日本所傳「台密」天台宗，是圓、密、禪、戒的融合；而「東密」真言宗認為佛教的終極妙義在於密教，與唐的密宗不完全相同。不過無論如何，這些都是日本佛教界向中國學習的結果。日本的佛徒也曾直接向印度求法，更有印度或其他國家的僧人東渡日本傳播佛教，也大都先到中國，中國起了橋梁作用。唐玄宗開元二十三年 (735)，司馬遷的《史記》被帶往日本；肅宗至德二年 (757)，天皇下令研究《史記》、《漢書》和《後漢書》。在中國史書的啟迪下，日本還撰修了《日本書紀》等 6 部史書，宣揚天皇一家萬世一系，其中記載，每

⑲ 大化改新使日本進入了封建社會；但日本史學界也有一種意見認為，大化改新只是完成了奴隸制。

⑳ 日本學者桑原騭藏指出：「奈良至平安時期，吾國王朝時代之法律無論形式與精神上，皆依據唐律。」見《中國古代之法律》，《學術月刊》1958 年第四期。

遇天災人禍，天皇就下「罪己詔」等等，許多詞句，都與中國史書上的套語大同小異。日本在相當長的時期內直接行用中國曆法，如《元嘉曆》、《麟德曆》、《大衍曆》、《宣明曆》等。日本的漢詩集《懷風藻》，充滿了中國六朝和初唐士大夫的情調，這是日本漢文學的開路先鋒，主要為奈良時代 (710～794) 的作品。後來白居易的詩集流傳到日本，日本出現了一些同情勞動人民遭遇、揭露時弊的詩篇。日本和歌集之祖——《萬葉集》，深受中國六朝、初盛唐詩歌及《詩經》、《文選》的影響。平安時代的著名長篇小說《源氏物語》，字裏行間可以看到白居易《長恨歌》的影子。另外在建築、繪畫、音樂、舞蹈和生活習俗等方面，日本都有程度不等的唐化。如平城京（今奈良）、平安京（今京都）的布局和東大寺三月堂、唐招提寺金堂的外觀內貌基本上就是唐式的。㉑

文化交流中影響最大的是語言和文字。7 世紀時，日本創製出以漢字的音和訓來表達日本語的方法，這種漢字便成為日本最初的「假名文字」，就是所謂「萬葉假名」。9 世紀以後，日本又利用一些楷體漢字的偏旁和一些表示一個音節的草體漢字，分別製成「片假名」（創製人為吉備真備）和「平假名」（創製人為空海）。日本字母文字的出現和傳播，推動了日本文化的發展。而長期使用漢字和中國文化的影響，也極大地豐富了日本的詞彙。

日本運用漢字造字法則自製漢字不多，但參酌漢字造詞法創製的漢字詞彙——即「固有語」卻為數眾多，現代漢語的「參觀」、「方針」、「解決」、「申請」、「想像」、「場所」、「敵視」、「服務」等，即借自日本的「固有語」。

9 世紀初，日本從中國引進了茶籽和茶樹栽培技術。日本的茶道源於中國，儘管日本茶道有別於中國式的寓茶事於一體的茶道。

日本民族積極、主動、認真、全面地學習和移植了唐的先進文化，但決不盲目照搬，而是根據日本國情，有所損益和變通，日本自古以來一脈相承的本土文化並沒有衰微。到了平安時代的後半期，隨著土地國有制和律令制統治的趨於瓦解，唐風文化終於為國風文化所取代。㉒

入宋後，雍熙三年 (986)，中國的雕版印刷技術由日本名僧奝然引入日本。

南宋乾道三年 (1167)，日本平氏執政，紹熙三年 (1192)，日本鐮倉幕府建立，通過雙方商賈、僧侶的互相往來，迎來了中、日文化交流的新高

㉑ 參見梁思成《唐招提寺金堂和中國唐代的建築》，《現代佛學》1963 年第二期。

㉒ 周一良：《中日文化關係史論》第 105 頁，江西人民出版社，1990 年。

潮。1930 年，日本學者統計列島 28 個地方出土的中國銅錢，自唐至明共 55.3 萬餘枚，其中北宋錢占 82.4%，絕大部分都是在南宋時期輸入的。當時，中國黃金的年產量只有數千兩，而慶元府（即明州，治今寧波）一年之間由日本商人輸入的黃金達四五千兩。蒙古崛起，成吉思汗家族在前四汗時期，對馬蹄所不及的海國日本沒有留意。元初忽必烈曾兩次派兵侵日，都以失敗告終。此後元帝國仍優遇日本的商船，雙方僧侶也常有往來。元代中、日貿易的規模之大，數量之多，是歷史上任何時期都無法比擬的。其主要港口是慶元，這裏置有市舶司，慶元路屬縣定海（今寧波市鎮海區）是日本商船停泊之所，「賈區市墟，陳列分錯，咿嚘爭奇，踏歌轉舞」（袁桷：《馬元帥防倭記》）㉓，非常繁榮。明代為對付由日本浪人為主或為輔所組織的倭寇，200 多年間有一半時間實行勘合貿易制度，即日本商船只能憑明政府發給的勘合符來中國按規定貿易。永樂初，成祖定議日本 10 年一貢，人不得過二百，船限兩艘。但實際上日本來中國貿易的人和船舶，都超過規定的數目，並且攜帶的私貨也特別多，甚至比貢品多 10 倍。從永樂二年 (1404) 到嘉靖二十六年 (1547)，日本共派出遣明船 17 次，輸出大量刀、硫磺、銅等商品，換取日本所急需的銅錢、綢緞、藥物、陶瓷、書籍等，獲利甚巨。而民間走私貿易，更是禁而不止，甚至出現「片板不許下海，艨艟巨艦反蔽江而來；寸貨不許入番，子女玉帛恆滿載而去」（謝杰：《虔臺倭纂》卷上）的現象。宋末和明末，由於蒙古和滿族將入主中原，有許多漢人受聘亡命日本，客觀上起了傳播中國文化的作用。如明亡後松江府學秀才朱舜水（餘姚〈今屬浙江〉人，1600～1682），博古通今，於清初順治十六年 (1659) 到日本，僑居日本 23 年，為日本造就了不少人才，都十分頂用，堪稱日本之福，其對日本的貢獻，據說是超過了唐代「雙目失明的鑑真和尚」。㉔清初日本在鎖國中允許中國商船去長崎貿易，後因日本在貿易中金、銀、銅大量外流而宣告停止。

16 世紀中葉，中國主要的白銀來源是日本。明神宗萬曆三十七年 (1609)，成立才 7 年的荷蘭東印度公司 (1602～1798) 在日本平戶開設了一家商館，思宗崇禎十二年 (1639) 起，日本實施鎖國，由於荷蘭東印度公司的運作，日本白銀仍不免流入中國，直到 17 世紀 50 年代後期清王朝禁止

㉓ 《清容居士集》卷 19。

㉔ 參見道端良秀《日中佛教友好二千年史》第 104 頁，商務印書館，1992 年。

海外貿易的旨令發生效力為止。

從五代、北宋以來，迄清代鴉片戰爭前夕，儘管這時期日本走上了與中國不同的發展道路，如鐮倉時代 (1192～1333) 的二元政治、室町時代 (1333～1573) 的大名割據、安土桃山時代 (1573～1600) 的織豐模式、江戶時代 (1600～1868) 的幕藩體制，但中、日畢竟有許多共同點，所以中國文化的春風依然不斷地吹拂著日本列島。就儒學而言，程朱理學、左派王學和乾嘉考據學都在日本扎了根，深刻地影響了一大批維新志士和國學家；就佛教而言，日本根據中國佛經創立的日本淨土宗，信徒很多，而中國的禪宗因為適合日本民族刻苦自勵、淡泊寧靜的性格，所以更加倍受歡迎。㉕所謂武士道，就是找到死之所在，精華與糟粕並存，其形成，宋學和禪宗都是因素。至於在文學、繪畫、書法、建築、醫學、數學、茶道、陶瓷器的燒製上，中國對日本的影響也是很明顯的，如 14 世紀日本著名詩人雪村友梅、義堂周信、絕海中津都是漢學家，15 世紀日本著名畫家雪舟也曾來中國研究水墨畫法。

日本足利學校在後花園天皇文安三年 (1446) 制定校規，除以「四書」、「五經」、《史記》、《文選》等為教材外，嚴禁研習其他典籍。學生在孔子肖像前攻讀，氣氛可想而知。

江戶時代，漢籍流傳日本的品種和數量都急遽增加，據日本學者大庭脩統計，從江戶中期的正德四年 (1714) 到末期的安政二年 (1855)，中國入港船共輸入書籍 6630 種，5.6844 萬部，這種規模在日本是史無前例的。

總的說來，在進入近代史以前，主要還是中國文化影響日本。日本人民非常清楚，中國是他們的希臘和羅馬。㉖但自中世紀以來，由於日本文化吸收外來影響的空間足夠大等因素，其某些突出的成果已經受到中國人的注意和讚譽。日本保存了許多中國的「佚書」，並且到明代，在有關領域，日本完全可以與中國媲美，甚至超過了中國，這些都使中、日之間的文化

㉕ 12 世紀後，日本淨土系佛教，除良忍 (1072～1132) 所創圓通念佛宗和法然 (1133～1212) 所創淨土宗外，尚有親鸞 (1173～1262) 所創淨土真宗、日蓮 (1222～1282) 所創日蓮宗、一遍 (1239～1289) 所創淨土時宗；禪宗有榮西 (1141～1215) 傳承的臨濟宗、道元 (1200～1253) 傳承的曹洞宗以及臨濟宗宋僧蘭溪道隆開創的大覺派、無學祖元開創的佛光派和 17 世紀中葉由明僧隱元 (1592～1673) 傳入的黃檗宗。

㉖ 賴肖爾：《日本人》第 462 頁，上海譯文出版社，1980 年。

交流，呈現若干反饋的現象。㉗應當認為，中、日文化大同小異，兩國歷史上的美好情誼，是居於主流的地位。

這裏還得補敘一下日本沖繩的情況：

日本的沖繩縣古稱「琉球」。明太祖洪武五年 (1372)，琉球中山王策度向明廷稱臣，由此明、清兩代琉球對中國朝貢近 300 次，而中國派遣冊封使到琉球共 23 次，其中明代 15 次，清代 8 次。㉘但由於琉球的地理位置比較接近日本，從明末萬曆三十九年 (1611) 開始，琉球逐漸形成了對中國和日本兩屬的局面。不過迄清代同治九年 (1870) 琉球正式被日本兼并之前，琉球與中國的關係始終比與日本的關係密切得多。琉球除尊孔崇儒外，在文學、繪畫、書法、造船、修橋、建築、織染以及陶器、漆器的製作等等方面都受中國的深刻影響；並且即使到了現在，沖繩的民俗還與中國南方地區的民俗保持著許多相同或相似的特點。

㉗ 如日本的刀「百煉清純」(《天工開物・五金》)，「不知用何錘法」(《天工開物・錘鍛》)，成為對明貿易中的搶手貨；又如日本的鳥銃，裝有照星和照門，發無不中，射程更非常遠，據納蘭容若《淥水亭雜識》卷 3 記載，清初也傳入了中國。

㉘ 黃枝連：《亞洲的華夏秩序——中國與亞洲國家關係形態論》第 220 頁，中國人民大學出版社，1992 年。

# 第四十二章

# 與越南、柬埔寨、老撾、泰國、緬甸的交流

## 第一節　與越南的交流

中國與越南山川相連，綿亙在四川、雲南兩省西部和西藏自治區東部南北走向的橫斷山脈，餘支伸入越南後，稱為「長山山脈」（也叫「安南山脈」），構成了越南地形的骨幹；發源於雲南洱海的紅河，貫穿越南北部，流入北部灣；流經泰國、老撾、柬埔寨，貫穿越南南方，注入南海的湄公河，其源頭在青藏高原，中國境內段稱「瀾滄江」。中、越兩國，歷史上向來是相依為命的。

史學界認為，越南最初的歷史和文化屬於中國文化圈。❶早在 5000 年以前，越南與中國巴蜀地區已有共同的文化；傳說堯時「宅南交」（《尚書・堯典》），舜亦「南巡守」（《尚書・舜典》），對方來聘，則有「越裳國以三象重九譯而獻白雉」（《尚書大傳》卷 1）的情節。這些都透露了中、越文化交流的曙光。

事實上，從覆蓋越南北方的早期東山文化以來，越南就一直受到中國的影響。❷戰國時楚相吳起「南平百越」（《史記・吳起列傳》），開始經略南方。秦始皇三十三年（公元前 214），秦在今越南北部和中部置象郡（治今越南廣南－峴港省維川南茶蕎地方，一說治今廣西崇左縣境）。秦二世三年（公元前 207），南海尉趙佗并桂林、象郡；後 3 年，自立為南越王，都

❶ 這一點，只有朝鮮和日本，可與之等量齊觀。

❷ 參見費正清、賴肖爾、克雷格《東亞文明：傳統與變革》第 262 頁，天津人民出版社，1992 年。

番禺（今廣州）。他採取郡縣制，在今越南境內置交趾（治今河內西北）、九真（轄今清化全省及義靜省東部地區）2 郡，派使者典駐其地，積極傳播漢文化。漢武帝元鼎六年（公元前 111）平南越，置 9 郡，其中交趾、九真、日南（治今平治天省廣治河與甘露河合流處）3 郡，今皆屬越南。

秦始皇時，用交州人李翁仲將兵臨洮（治今甘肅岷縣），聲震匈奴。

西漢元始元年 (1)，漢中人錫光任交趾太守，教當地人民種植莊稼，建立學校，宣揚禮義。東漢建武五年 (29)，南陽人任延任九真太守，教當地人民使用牛耕，鑄造鐵製農具，開墾荒地，同時還制定婚娶禮法及衣服式樣。越南史籍稱「嶺南文風始二守焉」(《大越史記全書・外紀・屬西漢紀》)，「二守」就是指錫、任兩位太守。

東漢初年，第一批交州貢使共 8 名留學雒陽 (今洛陽)，後來俱獲朝廷重用，其中李進官交州刺史，奏請交州依中州例貢士，得到許可。

建武十三年 (37)，蘇定守交趾，越史謂其貪苛。後 3 年，越南民族英雄徵側、徵貳姊妹發動起義。又 3 年，漢伏波將軍馬援率部進駐越南，「援所過輒為郡縣治城郭，穿渠灌溉，以利其民。條奏越律與漢律駁者十餘事，與越人申明舊制以約束之，自後駱越奉行馬將軍故事」(《後漢書・馬援傳》)。交趾的薏苡種仁碩大，馬援軍還，曾「載之一車」(同上)。❸

元和元年 (84) 春正月，「日南徼外蠻夷獻生犀、白雉」(《後漢書・章帝紀》)，寄託了越南人民對中國的傾慕之情。

漢末蒼梧（治今廣西梧州）廣信人士燮任交趾地方長官，凡 40 年，《三國志・吳書・劉繇等傳》讚揚他「學問優博」，「達於從政」，「保全一郡」，「疆埸無事」，交趾成為中原士人的避難所。士燮在越南被尊為「士王」，先入帝王廟，後改入孔廟。

孫吳黃武五年 (226)，士燮死，吳以交州懸遠，始分合浦（郡治在今廣西合浦東北）以北屬廣州，以南屬交州，實行交、廣分治，進一步加強了對交州的控制。時經學大師虞翻被貶於交州，「雖處罪放，而講學不倦，門徒常數百人」(《三國志・吳書・虞翻等傳》)，這是繼士燮之後又一次在交州大規模地傳播內地文化。

漢末，中國第一部自著的佛教典籍《牟子理惑論》的作者牟融（一作「牟博」）❹奉母流寓交趾，弘傳佛法。從 3 世紀起，中國高僧法顯等西行

❸ 這件事很有名，因為這一車薏苡，後來譖者以為皆明珠文犀，史稱「薏苡明珠」之謗。

求經，多取道交州。南朝陳時，印度毗尼多流支從廣州到達交州，為越南禪宗的始祖。隋文帝允許在交州建築寺院，印僧東來者，多在交州講經。煬帝大業元年 (605)，隋從今屬越南的占婆國取來佛經 164 莢，共 1350 餘部。占婆也不斷遣使來貢。唐代中國無言通禪師南下交州，對越南佛教禪宗的發展起了重要作用。屬於禪宗系統的無言通派、草堂派和竹林派，先後被後來越南李朝 (1010～1225) 和陳朝 (1225～1400) 定為國教。越僧無礙上人、逢定法師等精於漢學，在長安與王維、賈島等詩人過從甚密。據義淨《大唐西域求法高僧傳》記載，唐代僧侶去交州，或與交州僧侶同往印度、南海求法取經者為數眾多。

唐代在安南推行的文教制度和選拔人才的政策與內地基本相同，並專設南選司，遴選安南人擔任職官。愛州軍寧縣（今清化省安定縣）姜公輔仕德宗朝為同中書門下平章事，秉性忠鯁，是中唐時期有數的名相。

唐高宗調露元年 (679)，交州地區設安南都護府，屬嶺南道。交州是當時全國 4 條交通幹綫中的南路終點站，又與廣州、泉州、揚州並列為海上 4 大貿易港。

漢、唐之際，交州和廣州幾乎是同步發展的。

孫吳時，交州送技藝精良的手工業工人 2000 餘名到吳都建業，吳主孫亮還服用過交州的甘蔗湯。當時交趾有蜜香紙，質地甚佳；九真的竹疏布、交趾的蕉葛，都很馳名；產於交趾的龍眼、荔枝、柑橘也非常馨香可口。唐代安南上貢的珊瑚樹（Viburnum awabuki [V. odoratissimum]）、翡翠、珠璣等以及占城❺上貢的真珠、馴犀等，皆為珍稀之物，一再見於詩人們的歌咏；安南的絲已成為王朝的重要歲收。

唐代北方地區流行的三勒漿，長安市上有售，這種酒精飲料，加工方法傳自波斯，但其原料庵摩勒（梵 amalakl, 波斯 amola）、毗黎勒（梵 vibhitaki, 波斯 balila）、訶黎勒（梵 haritaki, 波斯 halila），雖說嶺南一帶也有出產，主要產地卻在越南。❻

---

❹ 一說牟融並非《理惑論》的作者，牟子已佚其名。

❺ 即占婆國，故地在今越南中南部，中國史籍上一向稱之為「林邑」，唐後期起改稱「環王」，宋代始稱占城，原本屬印度文化圈，但與中國有很密切的關係，1692 年後統一於越南。

❻ 參見謝弗著、吳玉貴譯《唐代的外來文明》第 314 頁，中國社會科學出版社，1995 年。

漢末出現的引水入田的重要農具——翻車，及時傳入了越南（後來 13 世紀時中國出現的引水農具筒車也是如此）。唐代將種麥和燒磚的方法傳授給了越南；越州和汝州的陶瓷製品，在越南受到普遍歡迎。

自漢代到晉代，越南京族所操的語言，吸收了大量的漢語；唐代越南有不少士人能熟練地使用漢語，漢字書面語言，已廣泛應用。

五代後梁開平二年 (908)，曲顥、曲承奕父子在越南建立自主政權。繼之而起者，有楊、矯、吳、丁 4 氏。石晉天福四年 (939)，吳權稱王，是為越南獨立之前奏。接著出現「十二使君」的角逐。北宋開寶元年 (968)，丁部領 (923～979) 建大瞿越國，都華閭（今寧平），從而結束了將近 11 個世紀的內屬或北屬關係。開寶八年 (975)，宋太祖封丁部領為「安南都護、開府儀同三司、檢校太師、交趾郡王」，郡王者，乃一郡之主，非國君也。其後李朝遷都昇龍（今河內），改國號「大越」。直到南宋淳熙元年 (1174)，宋廷才正式冊封李英宗為「安南國王」，上距丁部領建國已 206 年。

越南獨立後，構成千年來中、越兩國關係的主要內容有冊封與朝貢，其次則是邊釁或戰爭。在和平條件下，雙方開展了廣泛而深入的文化交流。

就貿易活動而言——

宋代中、越兩國貿易有所謂「大綱」和「小綱」。大綱是在朝貢形式下的官方貿易，小綱是在兩國接壤地帶的民間貿易。當時廣西欽州既是兩國使節的出入地，又是兩國的貿易中心。終宋之世，交趾的朝貢次數達 50 次以上，❼在東南亞地區首屈一指。朝貢所獻，無非是珍寶異物，回賜品大多為綾羅綢緞。民間富商進行貿易，或以蜀錦與交趾香互換，動輒值數千緡。至於用魚、蚌之類換取米、布、紙、筆的小商販，則更為活躍。除欽州外，邕州（治宣化，今南寧市南）右江永平寨與交趾僅一澗之隔，雙方民間貨物也皆來此地集散。南宋通過海道與交趾和占城進行市舶貿易，中國商船曾到達越南當時的重要港口雲屯（今廣寧省錦普）。

元代中、越曾 3 次開戰，雙方貿易遠遜於宋。

明初列安南為「不征之國」，越方也「奉正朔」。永樂四年 (1406)，成祖派兵入安南平定黎氏之亂，下詔改安南為交趾，設交趾布政司，這一做

❼ 日本山本達郎主編《バトナム中国関係史》所附「交涉年表」，計自北宋開寶六年 (973) 起至南宋淳祐十一年 (1251)，越南丁、黎、李、陳 4 朝先後向宋入貢達 57 次。東京，山川出版社，1975 年。

法直至宣德五年 (1430) 才得到糾正，從此兩國關係進一步發展。越南的紙扇做工相當精緻，是重要貢品。❽對於越南的來貢，朝廷一貫採取「兼貿易，薄來而厚往」（嚴從簡：《殊域周咨錄》卷 6）的政策。雙方使節除攜帶貢品、回賜品外，大都攜帶商品進行貿易。安南國王在政治上既求得封號以自重，在經濟上又獲實惠，頻頻增加朝貢的次數和人數。有明一代，越南遣使入貢達 100 多次，為前所未有。永樂年間，鄭和率艦隊下西洋，首達占城港口（今歸仁）。從西漢開始，「日南障塞」就是中國南海交通的第一站，可見在南海交通史上，越南的地位歷久未衰。

清代中、越貿易，陸路從廣西龍州平而關或水口關到達越南高平鎮的牧馬庸；或從寧明州到由村隘 50 千米，再行 37.5 千米到達越南諒山鎮的驅驢庸。水路從龍州到水口關，再行 200 千米到牧馬庸；或從龍州到平而關 75 千米，再行 180 千米到牧馬庸。越方於乾隆五十八年 (1793) 在諒山的花山市設立貿易點，給予從平而關入越的中國商人以方便。在雲南邊境，清廷准許商賈從開化府的馬白關入越進行交易。又有海路，主要從閩、廣的海港啟碇，駛抵越南南北各重要口岸。海上貿易往往數額較大。中國出口物以布匹、綢緞、紙張、瓷器、鐵鍋、顏料、煙、茶、藥材為大宗，進口者則有大米、檳榔、胡椒、冰糖、砂仁、竹木、香料及海產品等。越南貢使在清廷同意下，還在江寧（今南京）定製絲織袍服彩章，交易額有時候一次就達銀數萬兩。

在宋、元、明、清改朝換代的時候，先後有大批中國前朝遺民南下交趾，其中不少上層分子，得到越南政府的妥善安置。如上節提到過的明末學者朱舜水，也曾兩度僑居越南，為安南國王所禮遇。清初，越南廣南重要商港會安有「大唐街」，長 17 千米，住的都是福建人。從 18 世紀起，雲南人多由陸路到越南北部，廣東、福建人則多由海路趨越南南方。明清時代僑居越南的華裔稱「明鄉人」、「清鄉人」。阮福映 (1762～1820) 統治全越後，大多數華僑集中堤岸（後與西貢〈今胡志明市〉雙聯）經商。19 世紀初，堤岸成為越南最繁華的城市，華僑的會館、公所、同鄉會以及關帝廟、天后廟等到處可見，以致堤岸有「海外中華」之稱。

越南歷朝都推行崇儒政策，11 世紀初建立的李氏王朝，改變了以前儒、道、佛並立的局面，大大提高了儒學的地位。中國北宋神宗熙寧五年 (1072)，

❽　《永樂交趾總志》卷 2。

圖 216 建於 11 世紀的越南河內文廟

李朝在首都昇龍建文廟，開始了儒學在越南的儒教化。南宋寶祐元年(1253)，越南陳朝建立國學院，除了奉祀孔子、周公等中國聖賢外，還以歷代越南名儒從祀。後黎朝 (1428～1789) 是儒學在越南達到全盛的時期，開國伊始，便以太牢之禮祭祀孔子。至阮朝 (1802～1945) 時，尊孔活動更是有增無減，阮福映稱帝不久，嘉隆七年 (1808)「八月，文廟秋祭，帝親詣行禮」(《大南實錄》正編卷36)。

就其他文化交流而言——

在語言文字方面，越南建國後仍繼續沿用漢字，稱漢字為「貯些」(Chuta，意即「咱們的字」)。❾截至 19 世紀中葉越南陷為殖民地，越南重要的著作均用漢文撰寫。大約在 13 世紀初葉，越南採用漢字的結構和形聲、會意、假借等造字方法，創造出一種「俗字」來，叫做「字喃」(ChuNom)。李朝時，已有學者開始用字喃作碑銘，到 14 世紀，逐步系統化，後來盛行於 17、18 世紀，直到為拉丁化文字所代替。而漢字被殖民當局明令廢除使用，是在 1936 年。

在印刷技術方面，越南歷史上第一次記載的印刷品，是陳朝元豐(1251～1258) 年間木印的戶口帖子。此為中國印刷術在越南實用之濫觴。15 世紀中葉，越南開始刊印「五經」官定本。越南官刻書有國子監本、集賢院本、內閣本、史館本，現存者多為阮朝所刻。民間印本中也有仿中國題某堂、某齋或某地某氏藏版。後黎朝探花梁如鵠於明英宗正統、天順年間兩次奉使來中國，學習中國刻書的方法，歸國後傳授技藝，被尊為越南刻字行的祖師。19 世紀中葉，越南向中國購買木活字一套，開始用活字版印書。後來又套印彩色年畫，是中國年畫的翻版，但充滿南國情調，具有他們自己的風格。

在姓氏方面，越南的姓，都是從中國移植過去的。越南男子的名字，與中國沒有什麼兩樣，有所謂單名、複名、字名、別號等等。越南王室、

❾ 林明華：《越南文字淺談》，《中國東南亞研究通訊》1984 年第一期。

貴族、官僚，由於相信陰陽五行學說，因而起名所取字偏旁多象徵五行中某一行之「德」。此外，越南也講究避諱。越南婦女的姓氏也仿自中國，如黎氏玉、阮氏英等。「氏」，以示其為父系，但也有不帶「氏」字的。越南婦女結婚後不改從夫姓，這一點倒是與中國傳統社會大不相同的。

在音樂戲劇方面，宋代曾在越南找到中國已經失傳的杖鼓曲《黃帝炎》。越南陳朝時，樂歌有《莊周夢蝶》、《白樂天母別子》、《踏歌》等，樂器有琵琶、蓁箏、一絃等，都是從中國傳入的。後黎朝太宗御用音樂，亦係參照中國音樂而製定。元代有一位歌手李元吉，在戰爭中為越軍所俘，他在越南編的戲劇，據《大越史記全書》卷 7《陳紀》「裕宗」目記載，說是「感人令悲則悲，令歡則歡，我國有傳戲始此」。又有一位雜技家龐德，於至正十年 (1350) 南投越南陳朝，把緣竿技藝傳給了越南人。越南的舊戲與中國京劇十分相似，許多中國劇目，都為越南戲劇家所採用，過去越南的伶人，即奉中國漢武帝時的滑稽大家東方朔（平原厭次〈今山東陵縣東北〉人，公元前 154～公元前 93）為始祖。

此外，在刑律、科舉、官制、曆法、建築、醫藥、製瓷、手工藝、文學、史學、種植、珠算、數學等方面，越南無不受中國的深刻影響。越南李朝的《刑書》(1042)、陳朝的《刑律》(1230)，都基本上「遵用唐宋舊制」；後來黎朝的《鴻（洪）德法典》，「歷代遵行，用為成憲」，亦「參用隋唐」。（潘輝注：《歷朝憲章類志・刑律志》）。反之，越南人民對中國文化的發展也作出了重大貢獻，如北宋真宗時，從越南傳入了耐旱的占城稻，粒大而味甘，不僅迅速推廣於福建、兩浙、江淮一帶，還傳播到北方；元代越南治療瘧疾的藥方也傳入中國。又如越南的建築、造紙、絲織、火器製造、造船技術，雖說皆源自中國，但對中國都有反饋，明初越南建築師阮安曾參與當時北京的城池、宮殿、衙署等的規劃設計；而同時北京神機營的使用火器也得力於越南專家黎澄的指導。⑩

## 第二節 與柬埔寨、老撾的交流

### 一 與柬埔寨的交流

⑩ 參見張秀民《明代交趾人在中國之貢獻》，《學原》第 3 卷第 1 號，1950 年。

柬埔寨境內有高山、密林、湖泊、河流，平川萬頃，一歲三熟。金邊湖煙波浩渺，是高棉民族的文化搖籃；湄公河源遠流長，下游渠道縱橫，自古有「千江口」之稱。

中、柬的交往，開始於東漢章帝元和元年 (84)。近 2000 年來，兩國從未以兵刃相見，這在國家關係史上，是極其罕見的。

當中國魏、吳、蜀三國鼎立時，柬埔寨扶南王 3 次遣使與孫吳通好。吳大帝赤烏七年至十四年 (244～251)，孫吳派宣化從事朱應、中郎康泰回訪扶南⓫，這是中國歷史上外交官員、同時也是文化使者首次正式訪問柬埔寨。朱、康長期留居柬埔寨，除了努力探詢通往大秦的途徑外，還就當地居民的裝束，積極向扶南王提出建議，如柬埔寨人腰間圍橫幅（即今之紗籠 Sarong），就是從此時開始的。回國後，朱應撰寫《扶南異物志》，康泰撰寫《吳時外國傳》，惜均於唐以後湮沒。⓬康傳學術價值很高，是世界上最早介紹柬埔寨人文風情的一本名著。

從 2 世紀到 6 世紀，扶南始終在政治上、軍事上、經濟上執東南亞之牛耳。由於扶南正處於中國和印度、東方和西方的海上交通要衝，因此當時中、柬兩國的交往，其影響和作用遠遠超過了兩國本身的範圍而具有世界性的意義。

扶南樂從孫吳時傳入中國，新、舊《唐書》均志有扶南樂。《新唐書》卷 22 對扶南樂有生動的記載：「扶南樂舞者二人，以朝霞⓭為衣，赤皮鞋。」扶南樂的美妙旋律回蕩在吳都建業（今南京）的樂署和唐都長安（今西安）的宮廷裏，豐富了中國音樂的內容。

扶南有柚木 (Tectona grandis)，細胞纖維上含有脂液，對水的抵抗力頗強，且能防金屬之生鏽和白蟻之蛀蝕，是製造船隻的理想木材。《太平御覽・舟部二》、《南齊書・東南夷・扶南傳》等中國載籍具體描繪了「扶南大舶」

⓫ 「扶南」(Funam) 一度讀作 B'iu-nam，意即「山王」，是該國國王的稱號，史籍因以之代稱其國，轄境在今湄公河沿岸朱篤至金邊一帶。

⓬ 兩書內容，幸尚散見於酈道元《水經注》、虞世南《北堂書鈔》、歐陽詢《藝文類聚》、徐堅《初學記》、張守節《史記正義》、司馬貞《史記索隱》、杜佑《通典》、李善《文選注》、李昉《太平御覽》和吳淑《事類賦》等典籍中。

⓭ 「朝霞」或指絲織品輕綃，或指東南亞地區所產一種桃紅色的知名棉布，對照《舊唐書》卷 197 記載林邑王「夫人服朝霞古貝以為短裙」語，此處所稱「朝霞」，也許乃後者。

體積大、載量多、結構牢固、運轉自如等優點，為柬埔寨航海史、造船史保存了極為重要的資料。

晉代扶南不斷有使臣來中國。南北朝時期，扶南國王曾運商貨到廣州。南齊永明二年 (484)，扶南王又派印度高僧那迦仙為使臣向齊武帝贈送金鏤龍王坐像 1 軀、白檀像 1 軀、牙塔 2 軀、古貝 2 雙、琉璃蘇鉝 2 口、玳瑁檳榔柈 1 枚；齊廷回贈的禮物是絳紫地黃碧綠紋綾各 5 匹。

柬埔寨濡染印度文化很深，「為佛教東被之一大站」(馮承鈞：《中國南洋交通史》上編第四章《南北朝時往來南海之僧人》節) ⓮。梁武帝在位時，曾延聘扶南高僧，並在臺城建扶南館譯經道場。當時扶南多次來獻佛像、佛髮、婆羅樹葉、火齊珠、布金香、蘇合香等禮品。扶南王闍耶跋摩還曾派人來廣州進行貿易，由於他對促進兩國邦交有巨大貢獻，天監二年 (503)，武帝特授以「安南將軍」(《梁書》卷 54)。梁、陳之際，又有僧伽婆羅 (即僧鎧)、曼陀羅 (即曼陀羅仙)、須菩提 (即善吉)、真諦 (即親依) 等扶南高僧先後來中國弘法。

6 世紀中葉，扶南的屬國真臘兼并扶南。隋煬帝大業十二年 (616)，真臘使臣來中國，帝禮之甚厚。唐代前期，真臘分為兩部分：北部叫「陸真臘」，在今老撾和泰國與老撾接壤的部分地區；南部叫「水真臘」，即扶南舊境，在今柬埔寨和越南南方。唐中葉後，水、陸真臘復歸為一。北宋政和六年 (1116)、宣和二年 (1120) 和南宋建炎三年 (1129)，真臘王 3 次遣使入宋，宋廷授以檢校司空。南宋時，真臘合并占城 (今越南中部)，一度改名為「占臘」。元代仍稱真臘。《明史》卷 324 稱「其國自稱『甘孛智』，後訛為『甘破蔗』，萬曆後又改為『柬埔寨』」。「柬埔寨」這個譯名，一直沿用到現在。

在朱應、康泰出使扶南以後的 1050 多年，中國元代政府於元貞元年 (1295) 至大德元年 (1297) 出使柬埔寨的使團隨員周達觀 (永嘉〈今浙江溫州〉人，生卒年未詳) 寫下了中外學者一致推崇的《真臘風土記》⓯。周達觀訪柬期間，正值柬埔寨吳哥王朝 (802～1431) 鼎盛時期，周的書就是對吳哥時代的真實寫照，著者充分表達了對柬埔寨人民的深情厚意以及對吳哥古跡、柬埔寨古代文化的熱烈讚頌。全書雖僅 8500 字左右，但涉及範圍

⓮ 上海商務印書館，1937 年。

⓯ 今通行夏鼐校注本，中華書局，1981 年。

甚廣，從城郭、宮室、服飾、官屬到語言、文字、宗教、歷史乃至勞動生產部門，都一一據實記錄。此書的可貴之處還在於記載了當時中國去真臘的航路、貿易和大量唐人寓居其國的情況，列出真臘人喜愛的中國貨物，「以唐人金銀為第一，五色輕縑帛次之」，其次如真州之錫鑞，溫州之漆盤，泉、處之青瓷器以及水銀、銀硃、紙劄、硫磺、焰硝、麻布、雨傘、鐵鍋、銅盤、針等。柬埔寨有一座「中國荔枝山」，這山的荔枝種子，也是周達觀帶去的。為了紀念周達觀，據說後來柬埔寨藝術家還在吳哥地區塑造了他的像。

圖 217　建於 12 世紀前半葉的柬埔寨吳哥寺

吳哥古跡是很美的。吳哥之美，使人陶醉於純真的大自然之美、精湛的建築之美、精緻的雕刻之美、人類的智慧之美。吳哥古跡包括吳哥城（即大吳哥）和吳哥寺（即小吳哥）兩部分。在吳哥寺浮雕回廊的北廊東翼，有一幅「樂伎人」，鐫刻著一朵中國風格的雲；另一幅戰場圖，上面有一頭老虎，也完全是中國風格的。在巴戎寺浮雕中多次出現中國式的平底帆船和載有中國樂師的遊船。《真臘風土記》提到中國商人娶柬埔寨婦女為妻事，這在巴戎寺浮雕中也有反映。同時，中國的石窟藝術裏，也出現柬埔寨人的形象。

僑居柬埔寨的中國人，還充任柬王的衛兵。

明、清兩代移居柬埔寨的華僑比前代有所增加。明亡後，莫玖（雷州海康人，1655～1735）於康熙十年 (1671) 率眷屬及隨從 400 餘人乘戰船至柬埔寨，被柬王任命為「屋牙」(Okhna, 意即港主)，得坑銀致富。他披荊斬棘，開發不毛之地河仙，使昔日荒原一躍而為船舶雲集的大港口。莫氏父子建城築壘，開市場，修道路，屯積貨物，其宮室與中國無異。服物制度，仿效明代。又建孔廟，祀聖人，大力傳播儒家文化。莫氏所經營的七社村，除柴末（即河仙）、富國（即富國島）、迪石（即瀝架）、哥毛（即白甌）後來被劃歸越南外，其餘 3 地今仍屬柬埔寨。

康熙十八年 (1679)，原明總兵官陳上川（高州吳川〈今廣東湛江市坡頭區〉人，1626～1715）等率將士 3000 餘人、戰船 50 餘艘投真臘，駐紮於美萩（今定祥）、盤轔（今邊和），他們闢間地，構鋪舍，進行開發，後來此兩地亦劃歸越南。

無論柬埔寨和越南，至今當地仍有莫玖墓、莫玖廟、莫玖街、陳上川將軍祠、陳上川將軍廟等建築物，每年農曆十二月十二日莫玖誕辰、十月二十三日陳上川誕辰，群眾和華僑都紛紛前往祭祀。

中、柬兩國的朝貢貿易，早期貢品僅限於珍禽異獸、琉璃寶硯和香料、佛像等，回賜品多為綢、綾諸物。民間貿易，唐和北宋柬埔寨商船同中國的貿易主要在交州、廣州進行，南宋後則在泉州進行。從唐到明，柬埔寨供給中國的主要商品有：象牙、香料、黃蠟、生絲、顏料等；此外還有火齊珠、薔薇露、佛像、甘蔗、胡椒、抱香履、寶石、樹脂，甚至還有樂工、白頭人、象奴、番奴等。中國供給柬埔寨的商品則有金銀、錫鑞、漆盤、瓷器、縑帛、假錦、麻布、涼傘、水銀、銀珠、紙劄、硫黃、焰硝、鐵鍋、皮鼓、酒、糖、醯、醢之屬。當時柬埔寨貴族的儀仗用傘，都是用中國紅絹製成的。明初雖實行海禁，唯獨對柬埔寨的貿易仍照常進行。柬埔寨「市道甚平，不犯司虣之禁」（張燮：《東西洋考》卷 3「柬埔寨」條），對中國商船，先隆重接待，再洽談交易，足見風土人情之淳厚。

明代萬曆十五年 (1587)，柬埔寨真臘國勢衰微，被迫承認暹羅為宗主國，接著又是西方殖民者葡萄牙和荷蘭等相繼入侵，中、柬兩國的國家關係中斷了。但民間的往來仍很活躍。每年春、冬季節，中國商船利用東北信風從廣東、福建、浙江開往柬埔寨；夏、秋季節又利用信風回航。清代中國沿海商人仍不斷往柬埔寨進行互市。

## 二　與老撾的交流

老撾是多山之國，中、老兩國在歷史上的友好往來、經濟聯繫和文化交流以及老撾的風土人情，在中國許多史籍均有詳細的記載。

三國時，孫吳稱老撾為「堂明」或「道明」。黃武六年 (227)，堂明遣使來貢；在這以前，孫吳曾「遣從事南宣國化」（《三國志・吳書・賀齊傳》）。這樣一來一往，溝通了中國與老撾的聯繫。此後中、老交往時斷時續。

唐代文單國 4 次來朝，規格相當高，其中一次由王子率領，一次由副王率領。文單就是陸真臘。據考證，「文單為萬象」（黃盛璋：《文單國——老撾歷史地理新探》⑯），即老撾。對文單使者，唐廷均予以隆重的接待。但自唐末到南宋，中國與老撾幾乎沒有什麼交往。

元順帝至元四年 (1338) 八月，老撾遣王侄那賽齎象馬（即亞州象）來朝，元在「老告」（即老撾）設軍民總管府，以示羈縻，羈縻就是來去任便，彼此不相干涉。順帝至正十三年 (1353)，法昂統一老撾全境，建立瀾滄王國，《明史》稱之為「老撾」，《清史稿》稱之為「南掌」。從明代建文元年 (1399) 到萬曆四十一年 (1613)，老撾來使 34 次，明回使 9 次，明在老撾設軍民宣慰使司，亦屬羈縻性質。18 世紀中葉，老撾瀾滄王國分裂，而與中國清廷繼續往來的則是琅勃拉邦「瀾滄王國」蘇瑪喇薩提拉島孫。雍正七年 (1729)，島孫請求入貢，這是清、老交往的開端。清代亦對老撾採取羈縻政策，老撾遣使入清共 21 次。

老撾俗呼爲撾家古不通中國成祖卽位老撾土官刀
線歹貢方物始置老撾軍民宣慰使司永樂二年以刀
線歹爲宣慰使給之印五年遣人來貢旣而帝以刀線
歹潛通安南季犛遣使詰責諭其悔過六年刀線歹遣
人貢象馬方物七年復進金銀器犀象方物謝罪自是
連年入貢皆賚予如例帝遣中官楊琳往賜文綺十年
來貢命禮部加賜焉宣德六年遣使齎敕獎諭宣慰刀
線達九年老撾貢使還恐道中爲他部所阻給信符敕
孟艮車里諸部遣人護之景泰元年請賜土官衣服故
事無加賜衣服者命加賜錦幣㫖及其妻成化元年頒
金牌信符於老撾七年鑄給老撾軍民宣慰使司印以
皆爲賊焚燬也十六年貢使至會安南攻老撾鎮守內
官錢能以聞因敕其使兼程回并量給道里費明年安
南黎灝率兵九萬開山爲三道進兵破哀牢入老撾境
殺宣慰刀板雅及其子二人其季子怕雅賽走八百宣

圖 218 《明史・老撾傳》書影

自有史以來，中、老與中、柬一樣，亦始終和睦相處，從未以兵刃相見。

現今老撾的 3 大族系——老聽族、老龍族、老松族之中的大部分均起源於中國，在中國廣泛流傳的葫蘆創世紀的神話同樣流傳於老撾。

華僑在兩國人民的交往史上，曾作出積極的貢獻。他們與老撾人互通婚姻，親如一家，教以「製酒醴，養蠶絲」（《清史稿》卷 528）之法。明清時代，老撾瓷器形制有近似中國式樣者，可能在生產過程中，中國工匠曾前往協助或給予技術指導。老撾一些地區居民所使用的銅鼓也與中國嶺南各少數民族所使用的銅鼓是一路貨。到 18、19 世紀，華僑經濟在老撾已占據相當重要的地位，由於華僑的活動，打破了老撾與外界隔絕的狀態。在阿速坡，福建籍的華商主要從事金沙貿易。華僑中的行商，經營項目很多，有的搞採礦業。在富散山，華僑還採集野生茶葉，製成「鎮寧茶」，是老撾的名產。

⑯ 刊《歷史研究》1962 年第五期。

中、老之間的貿易主要也是朝貢形式下的官方貿易，而民間貿易則是有力的補充。

唐代文單遣使來朝，開元五年 (717)，玄宗曾頒給帛 500 匹，這是回贈品。大曆六年 (771)，文單帶來大象 11 頭，這是貢品。明代老撾貢品有象馬、象齒、犀角、龍涎香、緬席、金銀器和夷錦、土綢、土絹等方物，而回贈品則種類繁多，有鈔幣、彩幣、絨錦、金織文綺、羅、紵絲、襲衣、彩緞表裏、絹等。清代老撾貢品基本上未出原有範圍，而回贈品與明代相比，清廷送給老撾的絲織品增加了 6 倍，送給來使的絲織品增加了 1 倍，另外有瓷器、琉璃器、人參、銀，有時還回贈駱駝、馬、驢、騾等，其價值也遠遠超過明代。清代對南掌貢使來訪，都派要員陪送到京師，回國時仍陪送出境，優禮逾於前朝。

老撾使團在往返活動中，沿途通常受到中國人民的熱情迎送，地方官員殷勤接待。大象是來使必攜之物，使團還往往為沿途士庶進行馴象表演。當使團回國後，在本國也同樣受到隆重的歡迎。如清代雍正八年 (1730)，老撾使臣叭猛花一行回到琅勃拉邦城時，國王島孫派大叭目 4 員率 2000 人備金銀彩花龍船 40 餘艘，設龍亭香案，親出 50 里外迎接，君民舉手加額，全城歡聲雷動，充滿了節日氣氛。

歷史上中、老兩國邊民的貿易也十分可觀。中國民間定期組成馬幫商隊，跋山涉水，風餐露宿，為溝通雙方的物資交流做出了可貴的努力。運輸工具主要為牛車，車上載有中國的銅錫器、絨草、蠶絲、綢緞、金錢、瓷器、漆器、茶葉、煙葉、鹽等日常用品。馬隊往往深入老撾內地，帶回棉花、蠟、象牙、犀角、各種野獸皮骨、孔雀毛、鹿茸、乾蝦、金沙、豆蔻、安息香、藤等老撾土特產。老撾出產的竹製煙筒可以與中國雲南的產品媲美；紅木可以製精美家具；乳香、神品⓱、西木香（木香 Rosa banksiae Aiton; bank' srose)、鮮子、訶子、烏爹泥、樹頭酒（椰子）等，都深為中國人民所喜愛。

老撾邊民也常來中國進行貿易活動。他們用林產品換取各種物品，還從中國輸入驢、騾作為馱運、耕田工具。歷史上老撾與中國雲南地區一樣，一直使用海貝作為貨幣。

中國文化對老撾的影響是深刻的。老撾語與中國西雙版納的傣語對照，

⓱ 據檀萃《滇海虞衡志》卷 9 記載，神品蘭被移栽到揚州後，「人爭來看，門幾如市」。

同源詞占 70%，老撾語中還有許多漢語借詞。老撾的苗族和瑤族，至今還書寫漢字帖、漢字對聯，使用中國出版的辭書。中國古典長篇小說，如《三國演義》，在老撾一些城鎮，幾乎家喻戶曉。老撾的泰佬族，過去一直沿用中國的干支紀年法和用十二屬紀年，只是十二屬相具體內容略有不同。中國的大乘佛教，大約在 7、8 世紀時，就傳入老撾上寮地區。老撾邦費節所放火箭也傳自中國。

## 第三節　與泰國、緬甸的交流

### 一　與泰國的交流

泰國的主體民族泰族，至遲在公元之初，已定居在今泰國的北部。6 世紀時出現於湄南流域的墮羅缽底國，被統治的農民大半是泰族。南宋理宗嘉熙二年 (1238)，泰族坤邦克郎刀建立素可泰王朝（1238～1438，「素可泰」一譯「速古臺」，都城約在今宋家洛），《元史》稱「暹國」。13 世紀末至 14 世紀初，新的泰族國家紛紛出現。元世祖至元二十四年 (1287)，蘭那泰（元稱「八百媳婦國」）、素可泰、帕堯締結了友好條約。後來，帕堯被并入蘭那泰，簡稱清邁王國，後者於明世宗嘉靖三十五年 (1556) 以來斷斷續續處在緬甸統治下，其大部分地區今屬緬甸。而素可泰則於明洪武十一年 (1378) 臣服於南鄰羅斛國阿瑜陀耶王朝，這個崛起於 1350 年的泰族王朝已是一個封建國家，《明史》和《清史稿》皆稱「暹羅」。清代乾隆二十九年 (1764)，緬軍占領阿瑜陀耶城。後 3 年，暹羅人民在鄭昭領導下趕跑入侵緬軍，建立統巫里王朝。又 14 年，暹羅建立卻克里王朝，因拉瑪一世（Rama Ⅰ ,1735 或 1737～1809）建都曼谷，又稱「曼谷王朝」，一直延續至今。

自青銅時代至鐵器時代，中、泰兩國都有文化交流，其紐帶是發源於雲南的湄公河。泰國的青銅器是從雲南傳去的。從唐代到元代，中國雲南地區使用的貝幣，大部分由泰國運轉。後來隨著海上交通業的發達，元初至元二十九年 (1292)，廣東道宣慰司接到暹國國王蘭甘亨（Khun Rama Khamheng, 約 1275～1317 在位）所進金冊（國書），次年 (1293)，世祖遣使去泰國，開始了中、泰官方的正式交往。元代素可泰對與元交往持主動積極態度，前後遣使來訪，共有 12 次之多。元廷禮遇素可泰使臣，回贈品亦甚厚。明代向泰國阿瑜陀耶王朝派出使臣頒詔、賜印、贈禮。泰國亦向中國遣使，平均兩年 1 次，總計 112 次。⑱豐臣秀吉入侵朝鮮時，暹羅曾上書明廷，表示願派精兵直搗日本，斷其後路。清代泰國仍循例向中國朝貢，前後共 44 次。暹羅使團所乘坐的貢舶，無論在設計和製造方面，都模仿中國，並全由精通海船技術的華僑擔任駕駛。

元代泰族國家羅斛（都華富里），「其田平衍而多稼，暹人仰之」（汪大淵:《島夷誌略》「羅斛」條）⑲，至元二十六年 (1289)，遣使來「貢方物」。二十八年 (1291)，羅斛國王又「遣使上表，以金字書，仍貢黃金、象齒、丹頂鶴、五色鸚鵡、翠毛、犀角、篤縟、龍腦等物」。元貞二年 (1296)、大德元年 (1297)、大德三年 (1299)，皆遣使「來朝」、「來貢」。（以上均見《元史》本紀）羅斛向中國輸出香料、蘇木、犀角、象牙、翠羽等；由中國輸入的商品，主要有水銀、青花瓷器、青布、印花布、銅、鐵、金、錫、硝珠等。中國商人赴泰從事貿易活動者甚多，以致羅斛市場上形成了中國銀兩和羅斛貨幣的兌換比例，「每一萬准中統鈔二十四兩，甚便民」（《島夷誌略》「羅斛」條）。明前期厲行海禁，海禁實際上只是束縛了民間的海外貿易，而為官方貿易提供了條件，海禁愈嚴，朝貢形式下的官方貿易愈頻繁。鄭和下西洋，可以說是明代官方壟斷海外貿易的高峰期。鄭和除帶去部分絲綢、瓷器、鐵器作為禮物贈送給暹羅顯要人物外，絕大多數貨物俱用小船去做買賣，被收購的當地土特產有胡椒、穀米、香料等。作出對應措施的是暹羅宮廷的財政部設立帆船局，專門管理對中國的貿易，國王和貴族都參與其事。從全國各地徵收來的儲存於倉庫的貨物，幾乎全部用於朝貢。朝貢貿易當時規模相當大，例如洪武二十年 (1387)，暹羅一次就貢胡椒 1 萬斤、蘇木 10 萬斤。到了嘉靖年間，由於倭亂不止，朝貢貿易才日趨衰落。明末民間貿易成為中、暹經濟聯繫的主要形式。

清代暹羅派使者來中國，乾、嘉之際，幾乎隔一年就有一次，都是借朝貢之名而行貿易之實，清廷允許暹羅雇用華僑來駕駛皇家船隻，這是由於當時中國急需進口大量暹羅米，而實際營運大米者皆是旅暹華僑。康熙帝曾下詔禮部，與暹羅使臣議定，每年運米 30 萬石到廣東、福建和寧波 3

⑱ 中國方面遣使泰國，元代為 3 次，明代為 19 次。

⑲ 本書引《島夷誌略》，皆據中華書局 1981 年版蘇繼廎《島夷誌略校釋》，下引不復贅注。

地，免徵其稅。以後又制定獎勵辦法，暹羅商人來閩、粵等省貿易，凡帶米萬石以上的，免收5/10；帶米5千石以上的，免收3/10。如果民間米多，銷售有困難，則官府代為收購，務必保障暹羅米商的利益。中國方面於康熙五十九年(1720)開放廈門，使傳統的漳州和暹羅的貿易開始得勢。雍正八年(1730)，中、暹貿易逐漸轉向廣東省，特別是廣州的本港行和福潮行的成立，顯示出單獨處理日益擴大的中、暹貿易的傾向。原籍潮州的暹羅國王鄭昭即位後，給予紅頭船潮州商人特殊恩惠，並對潮州人移居暹羅從事農業、手工業提供方便。而潮州人在暹羅的社會經濟力量的增長，反過來又促進了中、暹物質文化的交流。從瓊州或海口到曼谷只需八九天時間，海南商人每年利用較小船隻乘東北季風沿柬埔寨海岸來到曼谷，比閩、浙兩省來的船隻要早到1～3個月。由於暹羅的大米和柚木可由中國人自由出口，因此潮州和閩南人去暹羅者日眾，19世紀30年代，中、暹貿易臻於全盛。但不久，傳統的中、暹商品交流終於衰落，暹羅接受了西方式的方頭船以代替中國帆船，朝貢貿易亦隨之結束，但民間不受控制的貿易仍有發展的勢頭。

中國的干支紀年法傳入素可泰。素可泰人、蘭那泰人還借用古漢語詞來稱呼干支，在干支22個讀音中，有13個明顯地來自古漢語，還有9個字的讀音也與古漢語有關係。14世紀素可泰石碑稱干支為泰族的傳統曆法，這是因為這種曆法在素可泰由來已久。⑳

明清時代，閩、粵籍移民大批遷徙泰國，帶去各種地方方言。泰語從漢語借用的詞彙量，估計每千字就有300個以上。泰國為學習中國語文，早在洪武四年(1371)就派出人員到中國國子監來留學。明廷對泰語也很重視，特在四夷館內增設暹羅館，培養翻譯人才。中、泰雙方還互換人員從事語言文字的翻譯工作。

中國絲、棉織品在泰國深受歡迎。元代皇帝給泰國貢使的回賜品是現成的衣服；明代既有衣服，也有絲織物。暹羅人還喜歡用中國絲綢製成的紗籠，暹羅農民常穿中國式的衣褲——特別是開襟衣。泰國宮廷中常用的幡帷白傘，僧侶的袈裟，都用中國的絲綢裁製而成。至於民間用的綢傘、綢扇，亦都從中國進口。

另外，中國的瓷器和製瓷技術、銅鐵器、度量衡、胡椒和甘蔗的種植

⑳ 謝遠章：《從素可泰碑使用干支看泰族族源》，《東南亞》1983年創刊號。

圖 219　泰國三保公廟

技術、手工藝技術和產品、中醫中藥、建築藝術、文學、戲劇以及大乘佛教等，都流行於泰國，無不給予泰國文化以較大的影響。

當然泰國在吸收中國文化時還是有選擇的，如明代賜給泰國的《大統曆》、《列女傳》，因不適泰國國情，就被淘汰了。

同時如上文所述，泰國對中國的貿易，也大大豐富了中國人民的物質生活。泰國還贈送稻種，移植胡椒、蜜橘等果樹，使中國農業增加了新的品種，提高了產量。

## 二　與緬甸的交流

緬甸漢稱「撣國」，唐稱「驃國」，宋稱「蒲甘」，元稱「緬國」，明始用今稱。中國喜馬拉雅山餘脈延伸入緬，形成緬甸西部的阿拉干山脈和東部的撣邦高原，緬甸自北向南的兩大動脈——薩爾溫江和伊洛瓦底江也都源出中國，兩國山水相連，有長達 2100 多千米的共同的國境綫。

緬甸在青銅器時代晚期和鐵器時代早期，主要受中國青銅文化的影響。現在定居緬甸的各民族，大部分都是在史前從中國西南高原地區遷入的；而緬甸族則源出中國西北今甘肅省一帶。㉑所以至今緬甸人一見到中國人，就親切地稱為「胞波」（意即同胞）或「瑞苗」（意即親戚），這並不是通常的客套。

秦漢時代，中國通往緬甸的渠道，有從今成都出發的陸路㉒，有從雷州半島起航的水路。這兩條都是通印度的絲路。秦和西漢，中、緬貿易僅以民間為主，規模也不大。東漢永平十二年 (69) 設永昌郡（治今雲南保山東北）後不久，今緬甸境內的一些部落、國家紛紛派使節來中國通好。永寧元年 (120)，撣國王雍由調獻樂及幻人，能變化吐火自肢解，易牛、馬頭，又善跳丸。次年漢安帝封雍由調為漢大都尉，這是中國政府首次授予緬甸國王以官職。

㉑　參見波巴信《緬甸史》第 12～14、20 頁，商務印書館，1965 年。

㉒　陸路至阿富汗與西域的絲綢之路的匯合點在木鹿（Meru, 今土庫曼斯坦境內的馬里）。

蜀漢建興三年 (225)，諸葛亮南征，把治山田的方法傳授給西南各少數民族，至今緬甸北部仍沿用這種操作法。緬甸流傳許多關於諸葛亮的傳說，還有諸葛祠、武侯廟、孔明城等紀念建築，充分表達了緬甸人民對諸葛亮的崇敬之情。

緬甸在印、中佛教的傳播史上，起過重要的橋樑作用。1 世紀時，印度高僧攝摩騰（亦作「迦葉摩騰」，Kasyapamatanga）和竺法蘭 (Dharmaratna) 兩人，就是取道緬甸來到中國的。中國雲南地區盛行的佛教密宗，7 世紀後由印度傳入，也是先由海路傳至下緬甸，然後再溯伊洛瓦底江傳到大理，對南詔文化發生了影響。緬甸與上座部佛教，有些小乘經典，曾從緬甸傳入中國。另一方面，中國的佛教文化也傳播到緬甸，緬文中不少佛學名詞，如「南無」、「羅漢」、「喇嘛」、「佛爺」、「涅槃」等，都與漢語有關。並且中國僧侶去印度取經，走緬甸還是一條捷徑。

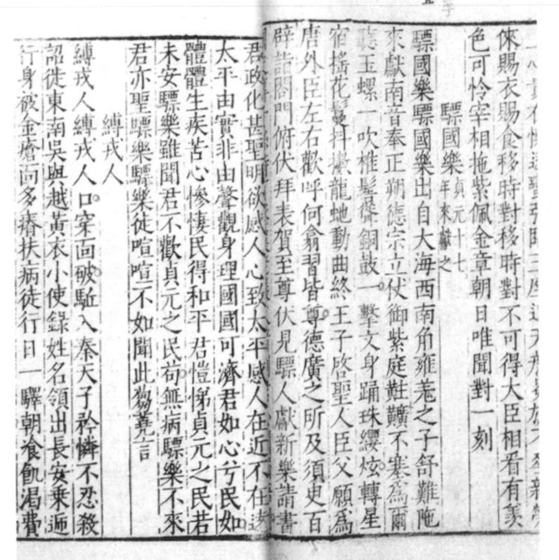
倈賜衣賜食移時對移時對不可得大臣相看有羨色可怜宰相拖紫佩金章朝日唯聞對一刻

驃國樂 貞元十七年來獻之

驃國樂驃國樂出自大海西南角雍羌之子舒難陀來獻南音奉正朔德宗立仗御紫庭黈纊不塞為爾聽玉螺一吹椎髻聳銅鼓一擊文身踊珠纓炫轉星宿搖花鬘抖擻龍蛇動曲終王子啓聖人臣父願為唐外臣左右歡呼何翕習皆尊德廣之所及須臾百辟詣閤門俯伏拜表賀至尊伏見驃人獻新樂請書……君政化甚聖明欲感人心致太平感人在近不在遠太平由實非由聲觀身理國國可濟君如心兮民如體體生疾苦心憯悽民得和平君愷悌貞元之民若未安驃樂雖聞君不歡貞元之民苟無病驃樂不來君亦聖驃樂驃樂徒喧喧不如聞此芻蕘言

縛戎人

縛戎人縛戎人耳穿面破驅入秦天子矜憐不忍殺詔徙東南吳與越黃衣小使錄姓名領出長安乘遞行身被金瘡面多瘠扶病徒行日一驛朝飡飢渴費

圖 220 《白氏長慶集》卷 3《驃國樂》書影

唐德宗貞元十八年 (802)，驃國「聞南詔內附而慕之」（《資治通鑑》卷 236），因派王子舒難陀率領使團訪問中國，隨團有樂工 35 人，帶來樂器 32 件，演奏了 12 支樂曲，在長安受到熱烈歡迎。日本學者林謙三認為，從驃國傳入的通兩均的兩頭笛，對唐代樂律的制定具有無比重要的效用。當時驃國受南詔勢力的控制，通過獻樂，直接同唐廷發生聯繫，於是南詔在唐西南地方長官韋皋（京兆萬年〈與長安同治今西安〉人，745～805）的斡旋下，解除了對驃國的威脅。這在驃國，是外交上的勝利，也是中、緬文化交流史上的一件大事。

北宋嘉祐二年 (1057)，緬甸蒲甘王朝 (1044～1287) 的建立者阿奴律陀 (Anawrahta, 1002～1077) 占領了地處東西方海上要衝的直通和丹那沙林沿海地區，就開始以海路為主，同中國發生貿易交往。宋徽宗崇寧五年 (1106)，蒲甘第一次正式遣使入宋，走的是海路。南宋紹興六年 (1136)，蒲甘第二次遣使入宋，這次是走陸路。第二次來使，蒲甘方面所進，計表兩匣，金藤織兩個，並繫大理國封號，金銀書《金剛經》3 卷，金書《大威德經》3

卷。宋廷計價優與回賜，尚書省言「今蒲甘乃大國王，不可下視附屬小國，欲與大食、交阯諸國禮。……從之」(《宋史》卷489)。蒲甘同中國大理地方政權，關係也很密切。早在阿奴律陀王時期，蒲甘王就曾親來大理，得到大理國王贈送的一尊碧玉佛像，一直被當作聖物供奉在蒲甘王宮裏。值得注意的是，蒲甘與宋廷之間的交往，大多是通過大理來進行的。蒲甘進給大理的，有犀象、香藥；向大理所求的，則有經籍、藥書等。在蒲甘的出土文物中，有漢文的碑銘等。蒲甘時期，還建造了中國形式的佛塔，留下酷似中國唐、宋人作品的壁畫。

元代中國與緬甸曾發生3次較大的戰爭，同時兩國的官方聯繫也比前朝增多。隨著中國軍事、行政、職官制度在緬甸的確立，中國的曆法天文如節氣、干支紀年、五行、七曜日和十二生肖、星相迷信等都曾在緬甸流行。與此相應，緬甸新年的潑水節風俗，也開始盛行於中國雲南邊境地區。當年元世祖想用宗教的力量去征服緬甸佛教信徒，而緬甸也於至元二十二年(1285)委派高僧信第達巴茂克作為出使中國和談的首席代表。㉓這也是兩國佛教文化的一次交流。「我元駐戍之兵，皆錯居民間。」(姚燧：《千戶所廳壁記》)㉔元成宗大德四年(1300)，開赴緬甸的元軍協助當地人民搶修了叫栖（今皎克西）一帶的水利工程，並挖掘了一條頂兌(Thintwe)運河，這些水利工程成為緬甸的經濟命脈。元軍撤離時，撣族首領僧哥速曾在慶功會上即席賦詩，詩中描述了元軍精於弓箭的情景。這首詩是緬甸文學史上的名篇。㉕元與緬甸的海上貿易也有新的發展。中國福建商人從泉州出發，到下緬甸孟族地區的針路、淡邈、都八馬、烏爹等海港城市進行貿易活動，以絲綢、瓷器、樂器、金、銀、銅、鐵去換取緬甸的象牙、胡椒、稻米。航海家汪大淵（南昌人，生於1311年，卒年未詳）的《島夷誌略》「烏爹」條詳細記載了元中統鈔與當地的通貨貝子和銀錢的比價，並特別提到，由於緬甸生活容易，「故販其地者，十去九不還也」。

明代緬甸撣族阿瓦王朝(1364～1555)與各土司割據政權常有紛爭，明廷冊封中、緬邊境一帶的土司，有所謂「三宣」（宣撫司)、「六慰」（宣慰

---

㉓ 此事《元史・緬傳》未有記載，而緬甸文獻《信第達巴茂克碑銘》卻有詳細的記述，該碑銘已由緬文譯成中文，刊《中外關係史譯叢》第一輯，上海譯文出版社，1984年。

㉔ 《牧庵集》卷6。

㉕ 參見姚楠譯哈威《緬甸史》第122頁，商務印書館，1957年。

司)。明太祖於洪武二十七年 (1394) 在阿瓦設緬中宣慰使司後，與阿瓦關係密切，為緬甸各方的和解做了大量的工作。明使錢古訓的《百夷傳》、張洪的《南夷書》和《使緬錄》，都如實把緬甸的情況介紹到中國。明廷在京設緬甸邸，又向各宣、慰司派出經歷和都事，以解決土司不諳中國文字的問題。永樂五年 (1407)，明廷設四夷館，其中有緬甸館，後來又聘請緬籍教師培養翻譯人才。緬籍教師被授予「序班」的中國官銜，有父死子繼的慣例。當時用緬、華對照的詞典作為課本，在法定的《華夷譯語》中，列為第二編。明代中國去緬甸經商的人數之多、規模之大，都是空前的。朱孟震《西南夷風土記》㉖「緬甸」條說緬甸的「器用陶、瓦、銅、鐵，尤善採漆描金，其工匠皆廣人」，「飲食蒸煮炙煿多與中國同」，「江海舳艫與中國同」，歲時「皆奉天朝正朔」，這些話道出了中國文化對緬甸的影響。緬甸的寶石，自古以來是輸入中國的主要商品。明代中國每年去緬北開採玉石的工人數以千計，年產量有時多達數千擔。緬甸玉佛傳入中國者不計其數，著名的五臺山大玉佛、峨眉山大玉佛和上海玉佛寺的大玉佛，都是明代緬甸佛教徒的贈品。明初還在雲南昆明開辦緬字館，外商來滇先到這裏，通過翻譯進行貿易，非常方便。中國的瓷器還從緬甸轉運到東南亞各國，在緬甸勃生河口發現明代青瓷，被認為是珍貴的文物。

清世祖順治十六年 (1659)，南明永歷帝（1646～1661 在位）敗走緬甸，據記載，入緬隨從共 1478 人，這些人中的大部分和後來流落緬甸的明將李定國（榆林人，一作延安人，1621～1662）等部，經百餘年生聚繁衍，稱「桂家」。桂家經營波龍銀廠，勢力雄厚。乾隆五年 (1740)，桂家領袖宮里雁曾與孟族流民一起發動了反抗緬王橫徵暴斂的起義。緬甸白果以僧侶為王的彌勒信仰也是由他們傳入的。接著清、緬發生戰爭，中國官兵因被俘和潰散羈留在緬甸的不在少數，他們把芹菜、韭菜、蕎麥、蠶豆、荔枝、紅棗、枇杷、梅子、桃子、柿子等蔬菜雜糧果木品種或其栽培技術傳入緬甸。而中國雲南種植的大腹檳榔、椰子、娑羅樹、訶黎勒、老緬瓜、緬茄等，則是由緬甸引進的。在手工業方面，緬甸的造船、建築、兵器製造、絲綢紡織技術，乃至服飾、漆器、牙雕、金銀器、絹傘、絹扇等，都鮮明地烙上了中、緬文化交流的痕跡。清、緬戰爭後，乾隆五十四年 (1789)，清高宗封緬甸國王金印重 10 磅，在緬甸被視為國寶。乾隆六十年 (1795)，

㉖ 朱孟震等著：《〈西南夷風土記〉及其他一種》，商務印書館，1936 年。

緬甸來使中有個名叫孟干的，多次訪問中國，曾把《康熙字典》、《淵鑒類函》、《朱子全書》、《本草綱目》等典籍帶回緬甸。

# 第四十三章

# 與印度、尼泊爾、斯里蘭卡的交流

## 第一節　與印度的交流

印度位於南亞次大陸，古稱「身毒」，或又稱「賢豆」、「天竺」，與中國大致以喜馬拉雅山為界。唐代玄奘的《大唐西域記》首次出現「印度」的譯名，中世紀的「印度」一詞乃是印度半島各國的總稱。在史前，印度東北部，直至恆河中、下游，都曾可能受中國西藏地區細石器文化的影響。印度河流域的古城哈拉巴（在今巴基斯坦旁遮普省境內）、摩亨佐・達魯（在今巴基斯坦信德省境內）出土的古陶，與中國甘肅省史前的彩陶頗有近似的地方，足以引發人們的某種聯想。古代中國和印度，在天文上都有所謂二十八宿的劃分。據竺可楨和日本學者新城新藏研究，印度的二十八宿起源於中國。印度古代是寓言、童話最發達的國家，中國先秦文學中，有很多來自印度的東西。

印度孔雀王朝（公元前 4 世紀末～約公元前 187）的開國宰輔憍底利耶 (Kau-ṭilīya) 所著《政事論》說到「支那產生絲與紐帶」❶，支那 (Cina)，一譯「秦那」❷，意即中國，這可能是西方最早提到中國的記錄。❸張騫出使西域，曾在大夏見到中國出產的筇竹杖、蜀布，而當地人說，這些物品來自印度，「從東南身毒國，可數千里，得蜀賈人市」（《漢書・西南夷、兩粵、朝鮮傳》）。

---

❶ 無論在波斯文或梵文中，「支那」均並非「秦」的對音，但「支那」之名還原譯為「秦」、「漢」、「晉」等中國朝代名，自然也是順理成章的，譯作「秦那」，亦可作如是觀。

❷ 引自方國瑜《中國西南歷史地理考釋》上冊第 6 頁，中華書局，1987 年。

❸ 印度的兩大史詩《摩訶婆羅多》和《羅摩衍那》中也都載有「Cina」之名，但其定型，可能稍晚。

西漢「武帝時，身毒國獻連環羈，皆以白玉作之，瑪瑙石為勒，白光琉璃為鞍，鞍在暗室中，常照十餘丈，如晝日。自是長安始盛飾鞍馬，競加雕鏤，或一馬之飾直百金」(《西京雜記》卷 2)。

曹魏明帝太和三年 (229)，魏以波調為親魏大月氏王，波調即貴霜王朝國王韋蘇特婆二世 (Vasudeva ll)。《三國志》於大月氏無專傳，《史記・大宛列傳》正義引《萬震南州志》稱：「在天竺北可七千里，地高爍而遠，國王稱天子，國中騎乘常數十萬匹，城郭宮室與大秦國同。人民赤白色，便習弓馬，土地所出及奇瑋珍物，被服鮮好，天竺不及也。」因為中國當時對印度（天竺）已有一定程度的瞭解，所以這裏介紹貴霜王朝的情況，就用印度來與之對照。

晉末宋初，中國高僧法顯西行求法，遍歷北、西、中、東天竺，他的《佛國記》對印度古代——特別是笈多王朝（約 320～約 520 或 540 或 570）的史地情況都有重要記載。

北魏與印度經常通使。

先秦時代，經過塔什庫爾干的克什米爾—于闐一道已成為中、印交通的重要幹道，西漢叫「烏秅罽賓道」。烏秅罽賓道雖是中、印交通的捷徑，但行程艱困，因此中、印貿易大都由塔什庫爾干出明鐵蓋山口沿噴出河上游西行，再經昆都士或巴爾克南轉旁遮普，這條路叫做「雪山道」。到了漢代，中、印交通更發展了緬甸道，由四川、雲南經伊洛瓦底江流域到印度。中印緬道（即今人所稱「西南絲綢之路」）可以追溯到公元前 4 世紀左右，它將印度和中國的西南地區以及西北地區銜接起來，是當時中、印交通的大動脈。

漢代以後，隨著印度佛教的傳入，印度文化的精華對中國文化的發展產生了極其巨大的影響，使中國深受其惠，這在本書「宗教」編裏已有扼要的交代，需要補充的主要還是在科技方面。中國古代講天文的有 3 家，其中渾天說，實際上來自印度，此說與婆羅門的「金胎」說，是一脈相承的。印度數學的百進法和倍進法，這兩種數法的影響，在許多中國數學典籍中，都可以找到。印度古代的醫學相當先進，《三國志・魏書・方伎傳》記載名醫華佗的種種奇術，與東漢桓、靈之世所譯佛典《捺女耆城因緣經》裏的故事如出一轍，這個問題是值得研究的。《隋書》卷 34 列舉了許多印度天文、曆算、醫藥著作，諸如《婆羅門天文經》、《婆羅門陰陽算曆》、《婆羅門藥方》等，計 19 種 139 卷。唐初在司天臺服務的，有幾個姓瞿曇的官員，他們的姓就說明他們是印度人。玄宗開元六年 (718)，從其祖父起一直在中國出色供職已 3 代的瞿曇悉達奉旨領導編纂了《開元占經》120 卷，是中國古代整理天文文獻資料的一大成就。唐代《符天曆》的各年曆書中，每月都載有「九曜」的運行方位，「九曜」就是「九執」，顯係引進了印度《九執曆》的成果；並且唐代《大衍曆》也曾在不少地方參考了《九執曆》。唐代帝王特別信任印度醫生。詩人劉禹錫患有白內障，曾寄希望於印度的眼科。❹中國熬蔗糖的方法是唐太宗貞觀二十一年 (647) 派人到印度中天竺摩揭陀國學習來的。

以唐代為限，傳入中國的印度物品有琥珀、琉璃、真珠、消石 (硝石)、食蛇鼠❺、蜜草❻、天竺乾薑❼、天竺桂❽、藍天竺、胡椒、白豆蔻、鬱金香 (Tuilpa gesneriana)、菩提樹 (Ficus religiosa)、波羅樹（即鳳梨 Ananas comosus)、甘蔗、耶悉茗花（即茉莉)、龍腦香、沉香、薰陸香（即乳香)、犀角、優曇缽花（udumbara，或謂即曇花 Epiphyllum oxypetalum）等。

另外還從印度傳入了舞刀、走繩、截舌、抽腸等雜技和幻術。

中國上古邊緣地區（如遼寧、青海）雖然早就出現了「卍」形紋飾，但「卍」字的形成，卻明顯是受了印度文化的影響，故其語源為梵文 Swastika，年代在西漢❾，至武周長壽二年 (693) 正式製定。

現在再談漢代前後中國文化傳入印度的情況。中國的絲織品綺傳入印度，梵文不少同綺有關聯的詞都帶上文提到過的「cina」這個字眼兒。綺，先錦而有，織法層出，花式繁富，代表了中國早期絲織物中的精品（儘管

❹ 劉禹錫：《贈眼醫婆羅門僧》，《劉賓客集》卷 29。

❺ 據《舊唐書》卷 189「罽賓國」條記載：「(貞觀）十六年，又遣使獻褥特鼠，喙尖而尾赤，能食蛇，有被蛇螫者，鼠輒嗅而尿之，其瘡立愈。」

❻ 《酉陽雜俎》前集卷 19《廣動植物之四・草篇》云：「北天竺國出蜜草，蔓生，大葉，秋冬不死，因重霜露，遂成蜜，如塞上蓬鹽。」

❼ 《本草綱目・菜部一》引陳藏器曰：「味辛，溫，無毒。主冷氣寒中，宿食不消，腹脹下痢，腰背痛，痃癖氣塊，惡血積聚。生婆羅門國，一名『胡乾薑』，狀似薑，小，黃色也。」

❽ 《本草圖經》云：「天竺桂，云生西胡國，功用似桂，不過烈，今亦稀有。」見尚志鈞輯校本第 331 頁，安徽科學技術出版社，1994 年。

❾ 西漢瓦當銘文「子孫千萬」，「萬」字或作「卍」。

直到唐代絲綢在印度還沒有普及)。中國的紙也傳入了印度,時間要晚一些。除此之外，雖然在古代世界，印度的鋼是非常著名的，但中國的鋼鐵還是傳到了印度。9 世紀時,阿拉伯旅行家伊本・庫達特拔 (ibn Khurdādhbih, 約 820～912) 在遊記中記載，印度克什米爾，有一座用中國鐵建成的觀象臺，堅不可摧。⑩

事實上，在印度，許多物品名稱前面綴有「cina」者，如桃被稱為「cina ni」(支那你)、梨被稱為「cina rijaputra」(支那羅闍弗呾羅)，並非標誌其真正產自中國，而只是表示該物品質量上乘，久著信譽。

毋庸諱言，由於任何外來觀念對古代印度思想文化的影響總不是那麼容易的，所以在這方面，中、印之間的交流並不平衡，印度是輸出多而接受少。當然，中印關係的形態絕非「單通道」(one-way traffic)，而如上所述，仍為不折不扣的「雙通道」(two-way traffic)。

唐代中、印文化交流達到空前頻繁的程度。從武德二年 (619) 到長安四年 (704)，短短 80 幾年中，中、印兩國的來往有 58 個年頭，都有大事記載。太宗貞觀十六年 (642)，唐僧玄奘在印度羯若鞠闍國首府曲女城 (今印度北方邦坎諾吉城) 主講自己撰寫的《會宗論》和《制惡見論》，闡發大乘精義，與會者有五印度 18 個國家的國王，僧眾 4000 餘人，婆羅門等 2000 餘人，前來觀禮者不計其數，連續 18 天，沒有誰能難倒他，這是印度歷史上絕無先例的學術盛會。⑪玄奘著《大唐西域記》，義淨 (齊州〈今濟南〉人，635～713) 著《大唐西域求法高僧傳》和《南海寄歸內法傳》，都是中、印文化交流史上最傑出的人物。玄奘書中對印度氣候可分為 3 個季節的描述，與現代科學的劃定不謀而合。玄奘還提到，戒日王 (Śīlāditya, 590～647) 根據《秦王破陣樂》向他瞭解唐太宗的情況，說明《秦王破陣樂》在印度也有一定的影響。義淨書中，同樣有許多關於印度的珍貴史料，如《內法傳》第 27 章就講到印度的「藥味與東夏不同，互有互無，事非一概」; 第 28 章專講印度人進藥的方法，其中「少食」一條，頗可與中國傳統醫學相印證。關於玄奘的譯經，這裏不再重述；而義淨對譯經事業的貢獻，也是繼玄奘之後，只有不空才可以與之相提並論的大家。貞觀二十二年 (648)，唐使王玄策還幫助印度中天竺平定叛亂，恢復在曲女城的王位。天竺所屬有伽沒

⑩ 參見季羨林《佛教與中印文化交流》第 154 頁，江西人民出版社，1990 年。

⑪ 《大慈恩寺三藏法師傳》卷 5。

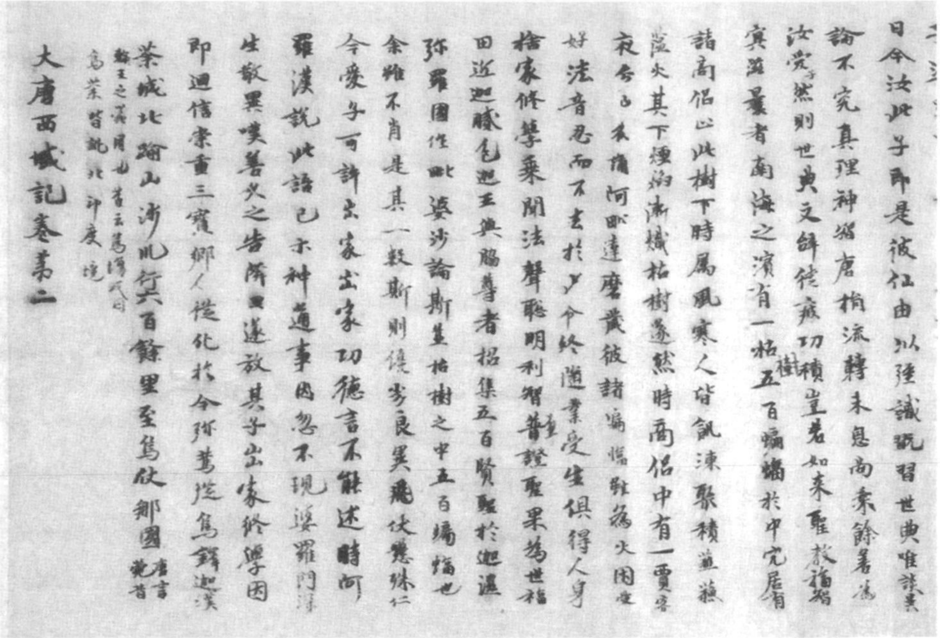

圖 221 發現於敦煌莫高窟的玄奘口述寫本《大唐西域記》

路國，「王玄策至，其王發使貢以奇珍異物及地圖，因請老子像及《道德經》」（《舊唐書》卷 198）。可見印度對道教已有所瞭解。道教傳入印度，不僅促進了佛教密宗的形成，而且通過密宗也把煉金術傳到了印度，從而促進了印度中世紀化學的發展。當時中國物品傳入印度的除絲、紙、鋼鐵之外，有瓷器、白銅、磁土、茶葉、桃、李、杏、肉桂、黃連、大黃、土茯苓等。中國的製傘工藝為印度人民所喜愛。同時還發生了佛教的倒流，如《佛祖歷代通載》卷 13 記載，永嘉玄覺禪師「著《證道歌》一篇，梵僧傳歸天竺，彼皆欽仰，目為東土大乘經」。

到了中國的宋代，在印度，婆羅門教早已抬頭，伊斯蘭教也逐漸傳入，佛教終至消亡。從此，主要通過佛教而進行的中、印文化交流就不再出現。宋初曾派遣僧人赴印取經，招徠天竺和尚，建立譯經院和印經院。但自仁宗寶元二年 (1039) 最後一次派和尚西行求法之後，宗教渠道已永遠失去了優勢。可是海上交通卻日益昌盛，此風沿襲，直至近代。

宋代泉州開元寺大雄寶殿後檐石柱上的浮雕圖像，其中有不少題材取自印度教的神像和傳說故事。⑫

⑫ 參見吳文良《泉州宗教石刻》，科學出版社，1957 年。

宋代市舶司專管對外貿易，印度的南毗國、故臨國、胡茶辣國、麻囉華國、注輦國、鵬茄囉國、南尼華囉國都與中國有貿易關係。13 世紀中葉，中國有不少人居留在南印度，當時印度的故臨（今奎隆）是海運樞紐，成了中國與大食交通的必不可無的中轉站。

元代與印度幾乎每年都有往來，有時候一年還不止一次。交通的特點是一方面與印度的接觸面很廣，另一方面又集中到馬八兒國和俱藍國兩個地方，俱藍就是故臨。這兩個地方都在印度西海岸，處於中國與阿拉伯海上交通的要衝。至於交通的內容，則幾乎全是外交和貿易。其中貿易，尤以藥材為大宗，如至元二十四年 (1287)，遣畏兀兒人亦里迷失使馬八兒國，次年歸，得其良醫善藥；又如至元二十七年 (1290)，派桑吉剌失等「詣馬八兒國訪求方伎士」(《元史》卷 16)，「求方伎士」，勢必也求得「善藥」。元代陳大震的《大德南海志》，只留存卷 6 和卷 10；汪大淵的《島夷誌略》，書中有幾章是專門記述印度的，都是作者的親身經歷。在元代數學家朱世傑的《算學啟蒙》中，有「極」、「恆河沙」、「無量數」、「虛」、「空」、「彈指」等大數和小數名稱，這些都來自印度佛經。另一方面，在錢寶琮主編的科學出版社 1964 年版《中國數學史》第 109～111 頁中，曾列舉十進位值制、四則運算、分數、三率法、弓形面積與球體積、聯立一次方程組、負數、勾股問題、圓周率、重差術、一次同餘組、不定方程問題、開方法和正弦表的造法等 14 項數學內容，以說明印度數學的上述內容很可能是受了中國數學的影響。當然，這個課題還有待尋找更確切的證據。⓭

印度僧那摩，在調解蒙哥汗和忽必烈的兄弟矛盾中起了作用；印度僧指空，順帝朝久居大都，「人敬之如神」(宋濂：《寂照圓明大禪師璧峰金公設利塔碑》) ⓮。

明初鄭和下西洋，曾到過印度古里（今卡列卡特）、柯枝（今科欽）、大葛蘭（今奎隆，即宋故臨、元俱藍）、小葛蘭、西洋瑣里（在印度半島南端東側濱海之地）、加異勒（在印度半島南端）、阿撥把丹（在印度半島西部，有爭議）、榜葛剌（在今孟加拉）等海岸港口。據馬歡《瀛涯勝覽》、費信《星槎勝覽》、鞏珍《西洋番國志》、黃省曾《西洋朝貢典錄》等書記載，當時中國運往印度的物品有布緞、色絹、青白花瓷器、麝香、銀珠、

⓭ 白壽彝總主編：《中國通史》第六卷（下）第 1995 頁，上海人民出版社，1997 年。

⓮ 《鑾坡後集》卷 5。

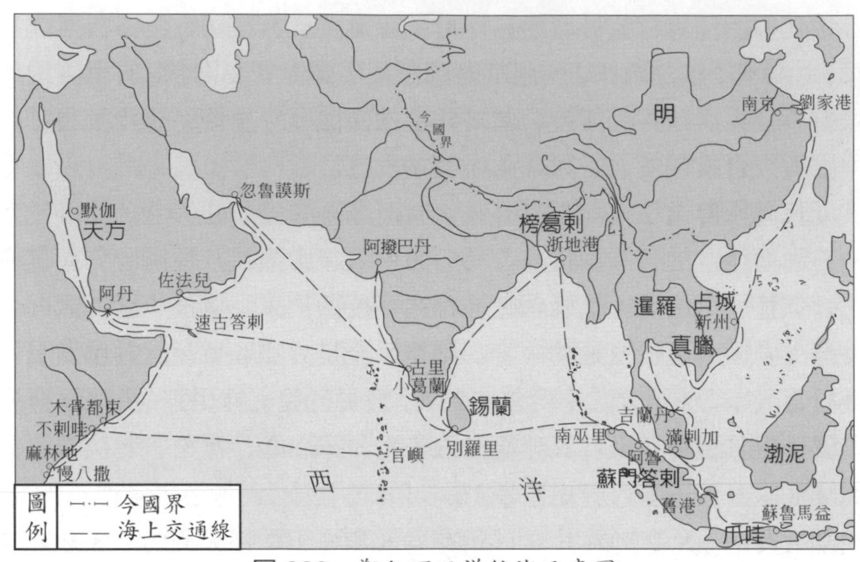

圖 222 鄭和下西洋航海示意圖

水銀，還帶去一些金、銀和銅錢，作為購買手段。而印度運來中國的貨物，則有布類、香料、寶石、水晶、珊瑚、手巾被面、胡椒、椰子、檳榔、糖霜、犀角、翠羽等。現在印度科欽漁民捕魚的網，叫做「中國網」；不少建築的形式，都是明代從中國傳過去的；在那裏還可以看到許多完整的明代青白花瓷器，這些東西說不定就與鄭和下西洋有關。鄭和對孟加拉特別重視，上面提到的 4 本書，其中 3 本書的作者都是鄭和出使時的隨員，書中對孟加拉的描述很細緻，連宮廷和民間的生活細節都描繪得如在目前。當時榜葛剌屢次遣使來明，永樂七年 (1409) 的使團有 230 多人。但正統以後，由於葡萄牙殖民者的入侵，中、印的直接往來受到了阻礙，幾乎無法進行了。

清代康熙年間的尤侗（長洲〈與吳縣同治今蘇州〉人，1618～1704）寫過一些「外國竹枝詞」，其中涉及印度 10 多個地方的風土人情，使人讀了宛如身履其境。嘉慶二十五年 (1820)，中國出版謝清高的《海錄》，講到英國統治下明呀喇（今孟加拉）、曼噠喇薩（今馬德拉斯）、孟買和另外許多印度城市的情況。魏源的《海國圖志》，其中卷 19，講到印度的地理情況和英國征服印度的過程；卷 20，引用別的書，對印度作了詳細的介紹；卷 21、22、29、30，都是關於印度的。在卷 19 和卷 21 中，他還提出了對付英國的想法，字裏行間充分流露出對印度人民的同情。魏源對印度情況的研究成果，在當時世界上是為數不多的。

## 第二節　與尼泊爾、斯里蘭卡的交流

### 一　與尼泊爾的交流

尼泊爾與印度一樣，是南亞次大陸地區與中國接壤的鄰邦。據尼泊爾民間相傳，尼泊爾原本是個湖泊，後來文殊師利從中國來，劈開了南山，將湖水放走，所以此地才有「尼泊爾」的稱呼；文殊又留下自己的弟子法持，成為尼泊爾的開國元勛。這個美麗的神話故事，顯示了中、尼兩國傳統的友誼。

東晉義熙二年 (406)，中國高僧法顯訪問尼泊爾，到達釋迦牟尼的故鄉迦毗羅衛城（在尼泊爾南部東經 83°20′，北緯 27°29′）和誕生地論民園（今蘭毗尼園)。後 2 年，尼泊爾佛馱跋陀羅 (Buddhabhadra, 359～429) 應邀來長安（今西安）弘傳禪學，接著又轉赴盧山，並於義熙十一年 (415) 到建業（今南京)，在道場寺作譯主。他在中國翻譯了大量的佛經，對中、尼佛教文化的交流作出了巨大的貢獻。

繼此之後，中國的史冊和典籍上出現了許多有關尼泊爾的記載。唐代稱尼泊爾為「泥婆羅」或「尼波羅」，元代稱「尼博囉」，明代稱「尼八剌」，清代稱「廓爾喀」；在西藏，則習慣上稱尼泊爾為「巴勒布」或「李域」。

在中、尼共同的邊界上，有 20 多個可以作為通道的山口，從渺遠的古代起，兩國邊民就是通過這些山口來互相交往的。19 世紀前，以西藏同印度相比，尼泊爾與前者在文化上有更大的共同性，在經濟上有更多的利害關係，在西藏居住著比其他任何地方都多的尼泊爾人，而在尼泊爾定居的西藏血統的居民也比印度血統的居民要多。這是因為當時尼、印邊境覆蓋著大片原始森林，瘴疫肆虐，野獸出沒，盜匪嘯聚，而尼、藏邊境，相形之下，較少這些麻煩。

唐貞觀十三年 (639)，尼泊爾國王鴦輸伐摩（Amushu Var-ma, 630～640 在位）將赤貞公主（布麗庫蒂 Bhrikuti）嫁給西藏松贊幹布，大規模的送往迎來，開闢了西藏和尼泊爾的正式通道。貞觀十五年 (641)，唐室文成公主入藏。文成、赤貞兩公主到西藏的道路，加起來形成了一條新的國際通道

——「吐蕃泥婆羅道」，亦即「中印藏道」。後 2 年，唐太宗遣李儀表、王玄策赴印，走吐蕃泥婆羅道，訪問了尼泊爾加德滿都。又 4 年，尼泊爾遣使入唐，開始與唐廷建立友好關係。

吐蕃泥婆羅道的創通，大大縮短了中國與南亞各國之間使節往返的時間。過去前往尼泊爾和印度，多走兩漢以來通西域的絲綢之路，艱危苦辛，且費時頗久，往往要歷數年，而走吐蕃泥婆羅道，從長安（今西安）到北印度的摩揭陀國，只須 9 個月時間。可惜的是，唐高宗咸亨元年 (670)，吐蕃攻陷西域羈縻州，並在青海大非川大敗唐軍，吐蕃泥婆羅道斷絕。但這條道路在歷史上所起作用，卻是非常重要的，除了佛教經典之外，印度的繪畫、雕塑、製糖技術以及許多植物品種都通過這條道路源源不絕地傳入了中國，而中國的造紙術也是通過這條道路傳播南亞的。⑮

唐代中、尼兩國十分密切。早在吐蕃泥婆羅道開通以前，玄奘已於貞觀九年 (635) 到達劫比羅伐窣堵國（即迦毗羅衛城）、臘代尼林（今蘭毗尼園）等處，他在《大唐西域記》中，最早詳細記載了尼泊爾谷地，對研究尼泊爾古代史有重要價值。貞觀十七年 (643)，中國西藏松贊幹布發兵幫助尼泊爾鏟平了王室的內亂。後 5 年，唐使王玄策幫助中天竺平定叛亂之役，尼泊爾曾派騎兵 7000 人前往助陣。而赤貞公主的進藏，將大乘佛法和不動佛像、彌勒菩薩像、度母像等帶到西藏，則是佛教在西藏的始傳。印度高僧寂護 (Santaraksita, zhi-ba'tsho) 由尼泊爾入藏弘法，又為西藏佛教的前弘期奠定了基礎。

宋、元兩代，中、尼的交往持續不斷。乾德二年 (964)，宋太祖遣沙門繼業等 300 人赴印「求舍利及貝多葉書，歸途經泥波羅」（范成大：《吳船錄》卷上）。太平興國三年 (978)，西藏阿里地區的漾絨巴勝慧赴尼，回藏後復興了律學。從 11 世紀初開始，西藏拉朵地區的卓彌釋迦耶歇 (994～1078) 先後在尼泊爾和印度學習 13 年，回藏後創薩迦派；瑪爾巴 (1012～1097) 曾向卓彌學習過，後來赴尼遊學 3 年，回藏後創噶舉派。噶舉派的理論奠基人米拉日巴 (1040～1123) 也曾去尼泊爾學習過佛教經典。噶舉派的著名譯師俄・羅丹喜饒 (1059～1109) 曾在尼學習梵文。元世祖時許多尼泊爾藝匠來到中國，其中阿爾尼格在中國工作 40 餘年，「最其平生所成，凡

⑮ 參見黃盛璋《關於中國紙和造紙法傳入印巴次大陸的時間和路綫問題》，《歷史研究》1980 年第一期。

塔三，大寺九，祠祀二，道宮一；若內外朝之文物，禮殿之神位，官宇之儀器、組織、熔範、摶埴丹粉之緐縟者，不與焉」（程鉅夫：《涼國敏慧公神道碑》）⑯。他還為中國漢、藏兩族培養了不少優秀的工匠藝師。元廷授他光祿大夫、大司徒兼領將作院，印秩皆視丞相。死後被追贈太師、開府儀同三司、涼國公、上柱國，賜謚「敏慧」。

明代兩國曾多次互派使節來往。當時印度教在尼泊爾迅速發展，尼泊爾佛教漸漸與印度教融合起來。自從西藏佛教各教派次第形成並有了進一步發展後，反過來又傳到了尼泊爾，若干世紀來，散布在尼泊爾北部山區的佛教寺院，常請西藏高僧去講經或主持佛事。不知從什麼年代起，每過 12 年，就有一個代表其神龕設在加德滿都的活著的毗姆森神，前往拉薩募集黃金，然後返回尼泊爾。

圖 223 拉薩大昭寺現在供奉的文成公主塑像是元代遺物 尼泊爾風格已與中國西藏風格、內地風格融合為一了

清代大批尼泊爾人開始在西藏定居。這些人多以經商為業，其中也有不少藝匠，他們將尼泊爾的各種工藝傳到西藏，歷代達賴喇嘛都有贊助和庇護有聲望的尼泊爾藝匠的習慣。因為他們精心製作的金銀缽罐、各種法器和裝飾用品很受歡迎。這些藝匠還為寺廟建築鑲鍍金箔，光爍奪目，色澤經久不變。

隨著中、尼兩國的友好交往，中國的荔枝、馬鈴薯、花生、金魚等傳入了尼泊爾。

尼泊爾方面傳入中國的物產，據《新唐書》卷 221（上）記載，「泥婆羅國遣使入唐，送上波稜、酢菜、渾提蔥」。另據《冊府元龜》卷 970 記載，除上述 3 種植物外，還有「胡芹」和「辛嗅藥」；據《唐會要》卷 100「雜錄」條記載，則又多「苦菜」1 種。現在確認「波稜」即菠菜。菠菜今揚州邗江、高郵一帶，漢代已有栽培，最初傳入中國，不一定來自尼泊爾。但尼泊爾使臣將菠菜帶來中國，無疑有助於它在中國更大範圍內的普及和傳播。⑰事實上，這些禮品在當年對於尼泊爾來說，也很可能是難得的珍

⑯ 《雪樓集》卷 7。

稀之物。⑱清代尼泊爾《廓爾喀部樂》傳入了中國。

## 二　與斯里蘭卡的交流

斯里蘭卡在印度洋上，以盛產寶石而聞名。檢索中國古代史籍，歷史上對斯里蘭卡的稱呼不下三四十種。如此眾多的稱呼，充分反映了中國與斯里蘭卡的關係深遠。其稱呼來源，不外義譯、音譯和由物產而得名。比較常見的稱呼有「師子國」、「錫蘭」等。

據《漢書・地理志下》記載：「自黃支船行可八月到皮宗，船行可二月到日南象林界，云黃支之南，有已程不國，漢之譯使，自此還矣。」這裏所說已程不國，即今斯里蘭卡。當時南海航綫的走向大致為，從中國口岸徐聞（今屬廣東）或合浦（今屬廣西）等地啟航，沿著印度支那半島的海岸綫前進，渡過暹羅灣後，南下至馬來半島登陸，步行越過克拉地峽，到西岸今緬甸一個港口再乘船，然後繞孟加拉灣海岸航行，抵今印度南部馬德拉斯西南的康契普臘姆，南下斯里蘭卡返航。斯里蘭卡在漢代已是中國南海交通的終點站。

圖 224　古代東西航綫的重要站頭——斯里蘭卡大港

4 世紀 90 年代，師子國國王優婆帝沙一世遣沙門曇摩攜玉質佛像來訪中國，揭開了兩國關係的序幕。東晉義熙六年至七年 (410～411)，中國僧人法顯到師子國實地考察，並留下有關記錄。繼優婆帝沙一世遣使來中國後，劉宋、蕭梁、唐、遼、元、明，古代斯里蘭卡皆派使臣來中國，其中唐代有 4 次，明代有 6 次。中國派使者訪問斯里蘭卡，元代有 2 次，明代有 5 次。

斯里蘭卡自古就是歐亞大陸的交通樞紐，貿易相當發達。據古羅馬歷史學家普林尼 (Gaius Plinius Secundus, 23～79)《自然史》第六卷第二章記載，1 世紀時，中、斯已有貿

⑰　黃盛璋：《關於中國古代與尼泊爾的文化交流》，《歷史研究》1962 年第一期。

⑱　參見謝弗著、吳玉貴譯《唐代的外來文明》第 317 頁，中國社會科學出版社，1995 年。

易往來。東晉法顯曾在師子國見到該國商人以中國的白絹扇作為佛像的供品。劉宋時師子國商舶兩次來到建康（今南京）；又有師子國沙門邪奢遺多等 5 人到過北魏的平城（治今大同東北）。唐代到廣州來的外國商船以「師子國舶最大，梯而上下數丈，皆積寶貨，至則本道奏報，郡邑為之喧闐」（《國史補》卷下）；在廣州婆羅門寺中，有師子國人寄居。元代汪大淵《島夷志略》，對高郎步（今斯里蘭卡的科倫坡）的地理、氣候、物產、貿易情況作了特別詳細的描述，中國商船西航者，首先在此地停泊；另外還涉及斯里蘭卡的好些地方。從明代《武備志》所附《鄭和航海圖》來看，當時中國與斯里蘭卡之間，有著一條較為暢通的海上航路。《明史》卷 326「錫蘭山」條記載斯里蘭卡送來的禮品有珍珠、珊瑚、寶石、水晶、胡椒、馴象等 10 多種，中國送去的禮品主要是絲織物。馬歡《瀛涯勝覽》「錫蘭國裸形國」條說斯里蘭卡對「中國麝香、紵絲、色絹、青磁盤碗、銅錢、樟腦甚喜，則將寶石、珍珠換易」⑲。

而在中、斯文化的交流史上，佛教是個重要的因素。

劉宋元嘉五年 (428)，師子國王遣使來送牙臺像，在致宋文帝的國書中提出「欲與天子共弘正法」（《太平御覽》卷 787 引《宋元嘉起居注》）。宋廷則希望師子國將所存小乘經典全部抄寫送來。蕭梁大通元年 (527)，師子國王又遣使來中國，進一步強調「欲與大梁共弘三寶，以度難化」（同上）。以後中、斯官方來往，無不具有這種宗教內容。明初永樂七年 (1409)，鄭和第二次出使西洋，曾帶著金銀供器、彩妝、織金寶幡等豐富禮品，以及明成祖下令雕刻的《布施錫蘭山佛寺碑》來到錫蘭山。這塊石碑右邊刻著漢字碑文，記載了中國皇帝對佛陀的敬獻和皇帝送去的香禮清單。

統治者的提倡為僧人傳播佛教思想敞開了方便之門。兩國沙門的往來史不絕書。東晉義熙 (405～418) 年間，師子國有婆羅門曾到長安（今西安）與鳩摩羅什的門人比賽辯才。法顯巡禮師子國的佛地，目睹了佛牙供養法會的盛況和阿羅漢入滅火化等佛事，並攜回漢地所缺的經律。玄奘的《大唐西域記》對他所聞知的僧伽羅國（斯里蘭卡的音譯）的佛教情況載錄很多。

從古代斯里蘭卡傳入的梵文經律，有些是非常有價值的。《雜阿含經》是研究原始佛教的最重要的經典，現存漢譯《四阿含經》中的《雜阿含》，

---

⑲　引自周叔迦《悠久深厚的中錫兩國佛教徒的歷史友誼》，《現代佛學》1961 年第三期。

就是譯自古代斯里蘭卡的梵本。南齊永明六年 (488)，師子國的律藏《善見律毗婆沙》傳入中國。這個律藏保存了佛教的重要紀年，是極其珍貴的。北宋淳化二年 (991)，師子國的佛護帶來梵經 12 筴，經過翻譯，充實和豐富了漢譯釋典。

佛教的傳播還表現在中國比丘尼戒法的傳授，是由前後兩批師子國比丘尼來劉宋的都城建康，才得湊足執行儀式的人數，開始完成圓滿功德的。而中國佛教密宗的建立，也得到師子國的支持，其中來自師子國的僧人不空，尤有不可磨滅的貢獻。不空在斯里蘭卡廣泛徵集密藏和其他經論 500 多部，後為玄宗灌頂，斯里蘭卡與唐的使節往還，也都有賴於他的從中聯絡。

在佛經的翻譯方面，劉宋元嘉 (424～453) 年間兩次載師子國比丘尼來中國的舶主竺難提，曾譯《請觀音菩薩消伏毒害陀羅尼經》，後來成了中國佛教天台宗的重要經典。至於唐代不空從天寶五年 (746) 開始，歷玄宗、肅宗、代宗 3 朝，先後在長安（今西安）、洛陽、武威等地譯出《金剛頂瑜伽真實大教王經》等佛典 11 部 143 卷，態度一絲不苟，譯文質量很高，實為中國佛經翻譯史上的殿軍。

繪畫和雕塑在斯里蘭卡有光榮的歷史。北魏太安元年 (455)，師子國浮陀難提帶來的佛影摹件非常逼真，「去十餘步，視之炳然，轉近轉微」(《魏書》卷 114)。而東晉義熙初年斯里蘭卡送來的一尊玉石佛像，放在京都瓦棺寺內，形製殊特，使人疑為天工，與戴逵佛像、顧愷之維摩詰畫鼎足而三，並世無雙。

斯里蘭卡的語言文字，與中國也早有交流。巴利文釋典，就是從斯里蘭卡傳入中國的。明成祖的布施碑，在上方刻當年通行於錫蘭山的古泰米爾文，[20]說明中國在明初已有能識寫這種文字的人了。

[20] 該碑上除漢文和古泰米爾文外，還刻有波斯文。

# 第四十四章

# 與印度尼西亞、馬來西亞、新加坡、汶萊、菲律賓的交流

## 第一節　與印度尼西亞的交流❶

印度尼西亞是群島之國，地處印度洋和太平洋、亞洲大陸和澳洲大陸之間，在古代，是許多民族移民的十字路口。

根據人類學、民族學、考古學、歷史學、比較語言學和民俗學等方面的大量資料，可以證明印尼馬來族群源於中國大陸的「百越」，大約在距今 1 萬年前，馬來族群的祖先離開中國，經印度支那、泰國、馬來半島來到印尼；另有一條路綫，則通過菲律賓，時間也可以追溯到 1 萬年前。自古以來，中國歷代都有移民前往印度尼西亞。印度尼西亞華僑把中國稱為「唐山」，而自稱「唐人」。歷史上中國移民多為男性，他們普遍與當地婦女通婚，其結果是使土生華人的人數日益增多。土生華人一般不懂華語，生活和風俗習慣近似原住民，但仍保留一些獨特的中國文化特色。印度尼西亞還有自稱為「息覽人」的居民，雖然已經弄不清楚他們是土生華人，還是中國化了的爪哇穆斯林，但毫無疑問，他們與兩國文化的交流大有因果關係。事實上，正是中國移民及其後裔土生華人，加上其他來來往往的兩國人民，架起了中國與印度尼西亞之間文化交流的橋梁。

至晚到漢代，中國已與印度尼西亞有了官方的往來。《後漢書・南蠻、西南夷傳》云：「順帝永建六年 (131)，日南徼外葉調王便遣使貢獻，帝賜調便金印紫綬。」同書《順帝紀》也有大體相同的記載。這「葉調」國，即印度尼西亞的爪哇。

❶　本節所有夾注外文，皆為印度尼西亞語的現行拼寫。

東晉義熙十年 (414)，中國高僧法顯自斯里蘭卡附舶回國，途中遇颶風，漂至耶婆堤（今爪哇或蘇門答臘），他在《佛國記》❷中記述道：「其國外道婆羅門興盛，佛法不足言。」但到了唐代，另一中國高僧義淨曾先後在末羅瑜、室利佛逝（今蘇門答臘）居留 10 餘年。室利佛逝當時盛行佛教，義淨在那裏學習梵文，攻讀佛經，翻譯《雜經論》10 卷。他的《寄歸內法傳》和《求法高僧傳》，是研究印度尼西亞古代史和佛教史的珍貴史料。唐代與印度尼西亞的訶陵、摩羅遊、室利佛逝等王國都有密切的交往；唐末中國人為避戰亂，曾大批地移居印度尼西亞，尤以巴鄰邦（即室利佛逝）區域為多。❸北宋英宗治平四年 (1067)，印度尼西亞三佛齊地華伽囉出資興修廣州天慶觀，這也是兩國佛教史上盛傳的一件美事。❹據記載，三佛齊從北宋開國到南宋前期的 200 多年間，先後遣使 20 餘次來中國，與中國保持了極為密切的友好關係。元世祖至元十九年 (1282) 七月，當時群島強國爪哇杜馬班朝國王葛達那加剌 (1254～1292 在位) 遣使來報，曾進上金佛塔。至元三十年 (1293)，元軍遠征爪哇，有「病卒百餘人」(《島夷誌略》「勾欄山」條) 留在爪哇和加里曼丹等地，「與番人叢雜而居之」(同上)，自然會把他們帶去的文化和生產技術傳播開來。

伊斯蘭教傳入印度尼西亞為時稍晚，13 世紀末，該教才開始在北蘇門答臘站穩腳跟，至於爪哇島的全面伊斯蘭教化，則更是 16 世紀初葉以後的事情。印度尼西亞現代著名歷史學家斯拉默特穆里亞納 (Slametmuljana) 論述了隨同鄭和下西洋的中國伊斯蘭教徒和其他中國穆斯林在爪哇島傳播伊斯蘭教的經過及其歷史作用❺，從情理上講，也是可信的。其中最主要的一點，就是鄭和本人是伊斯蘭教徒，他的隨員有姓名可考者，也多數都是伊斯蘭教徒，他們在所到之處舉行宗教儀式，並宣傳伊斯蘭教義，正是穆斯林應盡的職責。

永樂十一年 (1413)，鄭和第四次出航，適值蘇門答臘發生王位之爭，原

❷ 《佛國記》，一卷，又名《法顯傳》等；後面引文見章巽《法顯傳校注》第 145 頁，中華書局，2008 年。

❸ 參見李長傅《中國殖民史》第 61 頁，商務印書館，1937 年。

❹ 戴裔煊：《宋代三佛齊重修廣州天慶觀碑記考釋》，《學術研究》1962 年第二期。

❺ Slametmuljana, Runtuhnya Kerajaan Hin-du-Jawa dan Timbulnya Negara-negara lslam di Nusan-tara, 1968.

國王之子得到鄭和的幫助，鞏固了王位。他感謝明朝威德，從此朝貢不絕。

由於華僑、土生華人與印度尼西亞人民的親密相處和互相影響，所以在印度尼西亞語中，可以找到大量漢語借詞，其中主要是閩南方言借詞。在飲食類，農作物類，醫學類，日用品類，服飾類，商業類，遊戲、賭博、娛樂類，航運類，節日類，宗教迷信類，社交、稱呼類，建築類和其他有關各類，漢語借詞隨口可得。它們大部分均為日常生活和商業用語，這正反映了華僑在印度尼西亞活動的和平經商性質。文化的交流總是雙向的，在華語（閩南、客家方言）中，同樣也吸收了不少印度尼西亞語借詞。甚至在廣東省僑鄉的客家山歌中，也夾雜有印度尼西亞（馬來）語借詞，例如：「手拿釣緡釣魚干，釣到魚干送加灣，遇到加灣不在屋，沙央加基並惹蘭。」意思是手拿釣緡去釣魚，釣到魚兒送伙伴，恰好伙伴不在家，可憐雙腳白往返。這裏「魚干」(ikan)、「加灣」(kawan)、「沙央」(sayang)、「加基」(kaki)、「並惹蘭」(jalan)，都是印度尼西亞（馬來）語借詞。

在整個唐代，中國銅錢流入印度尼西亞，數量還不多。隨著宋廷與印度尼西亞諸王國外交、貿易關係的發展，大量中國銅錢流入印度尼西亞。9～16 世紀，爪哇島上通行中國銅錢和本地鑄造的銅錢和錫錢。爪哇古錢在製造技術上深受中國影響，多數是圓體方孔。伊斯蘭教王國興起後，華僑商人承包了錢幣的鑄造，如 17 世紀末、18 世紀初的井里汶王室即把鑄幣權承包給當地華僑陳祥哥，陳祥哥所鑄幣，上面刻有「史丹裕民」(即蘇丹使人民富裕之意）等漢字，很容易辨認。清代乾隆四十五年 (1780)，荷蘭殖民當局下令禁止中國、日本、越南和巨港銅錢在爪哇流通，但結果地下的銅錢貿易填補了這個空缺，在爪哇和馬都拉，405～410 枚中國銅錢可換 1 枚西班牙銀元。在巴厘島，中國銅錢至今仍然是宗教儀式中不可或缺的供品，可以用於購買進入天國的門票，人們迷信中國銅錢是美爾鉄女神從天上撒下來的。

中國的樂器很早就傳入了印度尼西亞。印度尼西亞的大小銅鑼、胡絃、月琴、秦琴、鐃、鈸、鐙、笛子等，都是從中國傳入的。早在 19 世紀以前，爪哇島的土生華人就已經在中國樂器和旋律的基礎上創造了《甘邦》(Gambang) 和《渣里渣里》(Jali-Jali)、《巴洛巴洛》(Balo-Balo)、《十八摩》(Si Pat Mo) 等樂曲。印度尼西亞的「佳美蘭」(Gamelan) 音樂含有許多中國音樂的成分。加里曼丹達雅克族非常喜歡中國大銅鑼，他們跳舞時往往敲擊 6～8 面大銅鑼，鑼聲震耳欲聾。而至遲到晚唐時期，印度尼西亞音樂也已通過「女樂」傳入中國。在舞蹈方面，西爪哇文登和雅加達地區的佐克 (Cokek) 舞，男舞蹈者一般為華人。爪哇民間的列農 (Lenong) 劇，演出時由頗富中國風格的甘邦音樂伴奏。克托柏拉 (Ketoprak) 劇中，有演中國唐代名將薛仁貴故事的傳統劇目。印度尼西亞的皮影戲，也吸收了中國文化的因素，在伴奏的佳美蘭音樂中，中國樂器的使用不是被減少而是被增加。印度尼西亞的布袋戲，引進於中國福建地區，多演中國歷史演義和愛情故事，曾經風行一時。在印度尼西亞所有城市或華人聚落，都有中國寺廟和中國式建築物，建於乾隆二十六年 (1761) 的雅加達紅溪清真寺，其兩角攢尖為明顯的中國式樣。巴厘島的房屋，一進門有門樓和影壁，還有欄杆和卍字裝飾物，這都是受了中國建築法的影響。

華僑向印度尼西亞人民介紹的生產技術和科學知識有青銅器和鐵器製造術、犁耕和種植法、製茶術、造紙術、養蠶和紡織絲綢法、蔗糖製造和甘蔗釀酒法、榨花生油法、造船法、錫器製造術、雕刻術、火藥和火器的製造法、羅盤的使用等。此外，中國傳入印度尼西亞的藥物有：八角茴香 (Adhas Cina)、胖大海 (Buah Tempayan; Kembang Semangkok)、中國蓖麻子 (jarak Cina; jarak Kosta)、佛手 (jeruk Tangan)、菝葜 (Gadung Cina; Obat Raja)、當歸 (Ganti)、杜仲 (Kayu Ra-pat)、白花菜 (Ma-ja Muju)、米仔蘭 (Pacar Cina)、豬苓或茯苓 (Sari Tombong, Hok lin)、麝香 (Dēdēs Kalumpang Cina)、蘄艾 (Daun Sun-damala)、檜葉 (Kayt Kasturi)、藏紅花 (Kuma-Kuma, Saprang)、破銅錢 (Semanggi; Patikan Cina; Patikim)、水君子 (Wudani, Sukun Ciu) 等。同時印度尼西亞的蘇木、沉香、丁香、肉豆蔻、犀角、降真香、龍腦香、玳瑁、檳榔、檀香、胡椒、珊瑚、硫磺、婆娑石❻、蓬砂、益智仁等，也源源不絕地輸入中國，豐富了中國的醫藥寶庫。

在日常生活中，華僑向印度尼西亞人民介紹了中國烹飪術和各種美味可口有益健康的飲料、食品，如茶、豆腐、豆芽、醬油、麵條、粉絲、春餅、鹹鴨蛋、各種糕點等；白菜、韭菜、荔枝、龍眼等也頗受當地人民的歡迎。印度尼西亞的烤肉串沙嗲 (Sate)、涼拌菜加多加多 (Gado-gado) 以及

❻ 《本草圖經》云：「婆娑石，生南海，解一切毒。其石綠色、無斑點、有金星、磨之成乳汁者為上。……俗謂之『摩娑石』。」見尚志鈞輯校本第 24 頁，安徽科學技術出版社，1994 年。

紅毛丹 (rambutan)、郎極 (lang-sep)、榴槤 (durian)、芒桔柿 (mang-gis) 等，也成了華人的飲食。印度尼西亞的月餅，已經印度尼西亞化，用榴槤、芒果、鳳梨（菠蘿）、包豐（cempedak, 一種麵包果）做餡，味道與中國月餅不同。從中國傳入印度尼西亞的日用品有碗、簸箕、水壺、茶壺、木屐、雞毛撣子等。印度尼西亞的亞齊人喜歡穿從中國進口的黑色農民服和用澳門黑絲綢製成的衣服。雅加達息覽人舉行婚禮，新娘穿的結婚禮服是中國式的。古代蘇門答臘的米南加保人，禁止氏族內部通婚，這種婚俗也是從中國傳入的。印度尼西亞人把中國瓷器視為珍貴的文物和傳家寶，每每用於婚喪祭祀儀式中。中國傳統的節日，如春節、元宵節、爬船節（端午節）、中秋節等，都是印度尼西亞最歡樂的日子。

圖 225　印度尼西亞巴厘島鄉間春節懸掛流蘇的風俗傳自中國

清代乾隆四十八年 (1783)，福建龍溪人王大海航海至爪哇，僑居 8 年後回國，他把見聞寫成《海島逸志》6 卷，記載爪哇及其附近島嶼的山川、形勢、物產、名勝和華僑生活、風尚等，極具史料價值。

近代以前，印度尼西亞的木棉和棉布，在中國很受歡迎。

## 第二節　與馬來西亞、新加坡、汶萊的交流

馬來西亞、新加坡和汶萊，如今都是獨立國家，但在歷史上，它們卻有著千絲萬縷的聯繫。其中新加坡，原本今西馬來西亞（馬來亞）的一部分。

為了敘述的方便，把這幾個國家同中國之間文化交流的歷史放到一起來回顧。

早在 1 世紀前後，中國與馬來西亞已發生貿易關係，當時中國經過馬來半島到印度，中、印兩國的商人常常來此地匯合。三國孫吳政權曾遣使到過馬來半島。5、6 世紀時，馬來半島北部的狼牙修等國多次遣使來與南朝修好，向劉宋、蕭梁的皇帝贈送佛像、寶塔、火齊珠、吉貝、沉檀及各種香藥。7 世紀初，隋煬帝派常駿、王君政出使赤土國，赤土國出動 30 條船來迎接。赤土國在今馬來西亞南部。常、王回國時，赤土國王子那邪迦

隨行回訪，隋廷也予以隆重的接待。唐代馬來半島上單單、盤盤、羅越等國仍然與中國保持友好關係。宋、元以後，中國與馬來半島各國的關係越來越密切起來。到了明代，這種關係空前發展。鄭和下西洋，在馬來半島的馬六甲（又譯「滿剌加」、「麻六甲」）國修造倉庫，囤積商品錢糧；到各國去的分䑸，皆在馬六甲取齊。這些活動，是在馬六甲國王拜里迷蘇剌(Parameswara)的支持下進行的。當時馬來半島各地運來中國的貨物，主要有寶石、象牙、犀角、香料和錫塊；中國輸出的貨物，則以絲綢、瓷器、鐵器為大宗。從永樂九年(1411)到宣德八年(1433)，馬六甲國王祖孫3代前後訪問中國4次，每次都受到中國皇帝的優厚待遇。其中第一次，使團人數多達540餘人，明成祖特設盛大宴會為之接風。成祖又親自撰寫紀念文章，送給馬六甲國王，刻碑於國內的西山。馬六甲市郊的三寶山，是馬來西亞華僑歷史最悠久的公墓。三寶山下的漢麗寶井和三寶井，也都是與中國有關的古跡。馬來半島各國王室把中國朝廷頒贈的服飾、儀仗視為權力的象徵，妥善保管，世代沿用。清代馬來半島上霹靂國警衛國王的親兵，戴著滿洲人的帽子，一目瞭然是中國式的打扮。❼

圖226 馬來西亞的漢麗寶井

中國與汶萊（在婆羅洲北部）的正式關係，大致可以說始於蕭梁。❽北宋太平興國二年(977)和元豐五年(1082)，渤泥國（在今東馬來西亞和汶萊蘇丹國一帶）兩次遣使來訪中國。明初永樂六年(1408)，渤泥國王麻那惹加那乃率家屬、親戚、陪臣等150餘人來朝，在訪華活動中，麻那惹加那乃國王不幸病死於南京，遺囑託葬中華，明廷「輟朝三日」（《明太宗實錄》卷84），以王禮將他安葬於南京安德門外的石子崗。永樂十年(1412)，襲封的國王遐旺帶領其母親、妻子再次來朝，明成祖對他的饋贈也十分優厚。汶萊有中國寡婦山，顧名思義，是埋葬中國寡婦的。

儘管16世紀以來，由於西班牙、葡萄牙、荷蘭、英國勢力的入侵，給中國與馬來西亞、新加坡、汶萊的官方交往蒙上了陰影，但彼此之間人民

❼ 溫斯泰德：《馬來亞史》第169頁，商務印書館，1958年。

❽ 《梁書》卷54。這個問題目前尚無定論，也有學者認為可以上溯到漢代。

的傳統友誼，仍繼續有所發展。

從唐代開始，泛海經商的中國人有定居馬來半島的。16 世紀初，葡萄牙人伊蘭第亞所繪馬六甲地圖，標有「中國溪」（葡 arroio china）、「中國山」（葡 montanha china）、「中國村」（葡 aldeia china）、「漳州門」（葡 portão de zhang zhou）等，說明當時馬六甲華僑居留地的規模不小。新加坡則古稱「息力」，據清人王韜（長洲〈與太湖廳和吳、元和兩縣同治今蘇州〉人，1823～1897）於同治六年 (1867) 所記，這裏「華人貿易往來者，不下十餘萬。多有自明代來此購田園、長子孫者，雖居處已二百餘年，而仍服我衣冠，守我正朔，歲時祭祀，仍用漢臘」（《漫遊隨錄・新埠停橈》）❾。新加坡博物館現仍保存有中國明代遺物，如瓷盤、古錢等。而汶萊王室更具有中國血統。

在 19 世紀末以前，移居馬來西亞（含新加坡，下同）的華人大多數是男性，他們最初與巴塔克、巴厘的女奴通婚，後來漸與馬來女子締結姻緣，結果逐漸形成了土生華人社會。馬來西亞土生華人社會的重心在馬六甲、檳榔嶼和新加坡（當時未獨立）。為了謀生和交際的需要，他們首先創造了巴巴馬來語。巴巴馬來語中包含大量的漢語（主要為閩南方言）借詞，通常是社會日常生活和商業用語。馬來語中的漢語借詞的數目，大致與印度尼西亞語中漢語借詞的數目差不多。明代嘉靖二十八年 (1549)，華人通事楊林曾編輯一部《滿剌加國譯語》，即馬來語漢語字典，明代一些古籍對馬來語也有所介紹，其背景是顯而易見的。應當指出，土生華人在創造巴巴馬來語過程中又加進了許多有關中國的人和事以及風俗習慣等內容。巴巴文化於日常生活更有許多表現，土生華人婦女的「娘惹」(Nyonya) 糕點，就是中國和馬來烹飪法的混合。

明代中國從馬六甲進口的藥材有犀角、玳瑁、乳香、片腦、蘇合香、沒藥、沉香、速香、降香、血竭、檳榔等。而中國傳統醫藥則幾乎與中國移民同時傳入馬來西亞，有人統計，在馬來西亞的中草藥達 456 種。《馬來亞醫藥書》引用了不少中草藥；當然，馬來西亞的中藥店也出售馬來草藥。在馬來西亞民間還有把中草藥和馬來西亞草藥混合服用的習慣。

中國移民對馬來西亞和汶萊社會經濟發展的貢獻主要表現在開港埠、

❾ 引自佘定邦、黃重言等編《中國古籍中有關新加坡馬來西亞資料彙編》第 233 頁，中華書局，2002 年。

採錫礦、發展農業和建築業等 4 個方面。限於篇幅，這裏從略不談了。

元代汪大淵的《島夷誌略》「浡泥」條中有關於浡泥國人愛護中國人的記載：「尤敬愛唐人，醉也則扶之以歸歇處。」人民之間的親密友誼，使得彼此在日常生活、風俗習慣等方面，都有相互的影響。馬來人常穿的紗籠，雖說仿自柬埔寨，但柬埔寨的紗籠卻是從中國傳過去的。浡泥國在明代，「君臣士民之服頗效中國」（羅日褧：《咸賓錄》卷 6「浡泥」條）。馬來西亞的器皿和幣制也受中國文化的影響。中國移民還把舞獅、鬧元宵、清明掃墓等文化傳統帶到了馬來西亞。

## 第三節　與菲律賓的交流

菲律賓在太平洋西部的菲律賓群島，與中國隔海相望，距臺灣島尤近。中、菲關係始於何時，歷來史學家眾說紛紜，莫衷一是。國外許多人類學家和考古學家認為，在距今 100～50 萬年的冰河時代，已有來自中國大陸的遠古人類通過陸橋陸續移居菲律賓，後來陸橋消失，這種遷徙活動，才告結束。此說應當說是有依據的。而又有學者根據中國史籍的記載，說進入文明社會後，可能在 3 世紀時，中國開始有人到了菲律賓。

儘管在菲律賓許多地方曾發掘出唐代錢幣、陶瓷和中國墓葬，但直到《宋史》卷 489，中國正史上才出現關於中、菲關係的明確記載：「摩逸國（麻逸）太平興國七年 (982) 載寶貨至廣州海岸。」麻逸，就在今菲律賓民都洛島一帶。

宋真宗咸平六年 (1003)，菲律賓蒲端國遣使來獻方物，由此揭開了兩國政治交往的序幕。

元代兩國交往迭見文獻記載，其中汪大淵《島夷誌略》除記述了麻逸、蘇祿等地的風土人情外，還具體描述了當時菲律賓崇尚訪問中國的社會風氣，說菲律賓有不善經營的男子附舶來泉州，回去後，雖囊空如洗，但國人仍以尊長之禮待之，延至上座，即使輩分很高的父老，亦不得與其相爭。「習俗以其至唐，故貴之也」（見「三島」條）。

明代與中國建立外交關係的菲律賓國家有呂宋、蜂牙施蘭、蘇祿、貓里務、古麻剌朗等。永樂年間鄭和曾 3 次派遣分䑸訪問仁牙因、馬尼拉、民都洛和蘇祿等菲律賓國家。永樂十五年 (1417)，原來不在朝貢國之列的菲律賓蘇祿東王、西王和峒王等「傾國來歸，鱗次闕下」(《東西洋考》卷 5「蘇祿」條)，備受明廷的歡迎。據《明史》卷 325 稱:「居二十七日，三王辭歸。各賜玉帶一，黃金百，白金二千，羅錦文綺二百，帛三百，鈔萬錠，錢

圖 227　位於山東德州城北 1 千米處北營村的菲律賓蘇祿東王墓

二千緡，金繡蟒龍麒麟衣各一。」在回國途中，東王不幸病逝於德州，明成祖命葬以王禮，並親為文，樹碑墓道。永樂十八年 (1420) 十月，古麻剌朗（即麻剌）國王幹剌義亦敦奔率妻、子、陪臣來朝，次年至福建，幹剌義亦敦奔也因病而逝，明成祖聞訊非常悲痛，「命有司治墳塋，葬以王禮」(《明太宗實錄》卷 236)。當時從中國運往菲律賓的商品有耕畜、耕具、鐵器、鉛、白錫、火藥、青銅、瓷器、綢緞、綾絹、銅鑼、藍布、五彩布等；從菲律賓輸入中國的商品有黃蠟、珍珠、玳瑁、黃金、降真香、檳榔、棉花、木棉、棉布、竹布、蘇木、椰子等。菲律賓人「見華人舟，跫然以喜，不敢淩厲相加，故市法最平」(《東西洋考》卷 5「貓里務」條)。

嘉靖四十四年 (1565)，菲律賓群島大部分地區淪為西班牙的殖民地後，中、菲之間的傳統歷史關係中斷了，但仍然保持獨立的蘇祿國，直到 18 世紀中葉，還派遣使節來訪問中國。同時，侵占了菲律賓的西班牙殖民者與中國明、清政府也有往來。

大約問世於元末明初的《明心寶鑑》，內容羅列儒、釋、道各家學說，共 20 篇，是一部通俗的勸善讀物。此書牆裏開花牆外香，清代以後逐漸淡出國人的視綫，但卻長期廣泛流傳於朝鮮、日本、越南等周邊各國，並於萬曆二十年 (1592) 以前在菲律賓由天主教傳教士高母羨（Juan Coho, 生於 1529 年，卒年未詳）將其譯成西班牙文。⑩

菲律賓共有 55 個民族，使用 137 種方言，綜合起來說，實際上只有兩大群，即尼格里多人群和馬來人群。這些人群的絕大部分與中國大陸的華

⑩　萬曆二十三年 (1595)，高母羨的手抄雙語本被帶回西班牙，今藏馬德里西班牙國立圖書館。

南民族都有血緣關係。中、菲民族相同的文化特質很多，其中包括：以鼻簫取悅情人，獨柄風箱的使用，服役婚的通行，少女房試婚制，干欄建築，銅鼓和銅鑼，紋身、獵首與食人肉，梯田文化，岩葬、船棺葬和瓮葬風俗，染齒，刀耕火種等。唐代以來，中國人繼史前的移居活動，又陸續移居於菲律賓沿海地區。到了明代，華僑已深入菲律賓內地定居。在西班牙統治時期，菲律賓華僑人數不斷增加。華僑移居菲律賓時，大多不攜家眷，而與當地婦女通婚，形成了人數日益眾多的華、菲混血種人。華、菲通婚使兩國關係增添了更加豐富的血緣內容，又使菲律賓人在熱情、好客、樂觀之外，具備有中國人的勤勞、節儉、堅韌和勇敢冒險精神。而由於地理上的條件，唐以後，菲律賓人移居臺灣的也很多；宋代菲律賓在臺灣的勢力已經相當可觀。⑪當然中國內地居民中也不乏菲律賓的血統，如明蘇祿東王在德州病逝，其次子溫哈剌、三子安都魯等留下守墓。清雍正九年(1731)，蘇祿國王蘇老丹訪問中國，專程前往德州拜謁祖墓，根據他的要求並經清政府批准，守墓王子的後裔加入了中國籍，分別為溫、安兩姓。

在中、菲經濟和文化的交流中，中國陶、瓷器占有很重要的地位。宋、元以來，中、菲的瓷器貿易已頗為發達。從菲律賓出土的陶、瓷器來看，其製造年代，包括晚唐和宋、元、明、清各代；其分布地點，遍及整個菲律賓群島；其品種，從珍貴的官瓷到民間日用品應有盡有，而以後者為大宗；其產地，多數屬中國南部的福建、廣東、江西、湖南諸省。中國陶、瓷器之所以暢銷菲律賓，主要是因為：一. 菲律賓流行瓮葬文化，因此對陶、瓷瓮的需求量極大；二. 菲律賓人以家藏中國瓷器（多為宋、明瓷器）的多少，作為衡量財富的標準；三. 菲律賓人民的日常生活，所舉行的儀式和宴會，都離不開陶、瓷器。在菲律賓，瓷器還被人格化，成為民間故事的重要題材。

16世紀末年以後，在馬尼拉最繁華的工商業區，華僑的「巴連」(Parian, 市場）為傳播中國文化——特別是中國的生產和科學技術提供了極大的方便。在農業方面，華僑從中國引進了白菜、萵苣、大辣椒（辣椒）、菠菜、豌豆、大豆、芋頭、荸薺，以及橙 (Citrus sinensis)、柚、多種柑橘、枇杷、李、荔枝、橄欖、黃皮 (Clausena lansium)、柿子、石榴、水蜜桃、多種香蕉、檸檬 (Citrus limon)、紫桃、梨、玫瑰紅蘋果、皂角 (Gleditsia sinensis)、

⑪ 連橫：《臺灣通史》上冊第4頁、下冊第425頁，重慶商務印書館，1946年。

檳榔、山核桃、杏、龍眼等蔬菜和果類；還向菲律賓農民介紹了使用水牛、黃牛、馬、中國犁耙、堆肥和其他有機肥料、水車、水磨以及種植水稻、甘蔗的方法，捕魚法，養魚法等。在手工業方面，華僑從唐、宋以來，定期帶去菲律賓不能製造的金屬工具、瓷器和紡織品，還向菲律賓工匠傳授用榨糖機製蔗糖、釀酒、造紙、製造火藥、用青銅製造大炮、煉鐵、冶金、製造木器、雕刻、燒製磚瓦、用牡蠣殼燒製石灰、紡織、製鞋、製造蠟燭、裁剪衣服、製造銀器等技術。華僑向菲律賓引進的還有採礦術、航海術和印刷術。在大帆船航海貿易過程中，拉丁美洲印第安人的煙草、番薯、玉米、可可 (Theobroma cacao)、棉花、龍舌蘭 (Agave americana)、菠蘿、藍靛、木薯 (Manihot esculenta)、南瓜、秘魯菜豆、腰果（腰果樹 Anacardium occidentale）和落花生傳入了菲律賓，⓬明代萬曆年間，菲律賓華僑又把上述農作物再傳到中國，其中尤以煙草和番薯，對中國的農業生產和人民生活發生了深遠的影響。

華僑還在菲律賓各地修建了許多具有中國風格的建築物，例如牌樓、屋頂上的雙龍戲珠和中國式的廟宇。在馬尼拉，可以看到裝飾拱門。菲律賓各天主教堂的早期聖徒油畫像和塑像，多數出自華僑美術家、畫匠或石雕匠之手。中國戲劇對菲律賓摩洛一摩洛劇和說唱劇的影響十分明顯。尤其是對摩洛一摩洛劇，兩者有很多共同點：一．兩者布景都很簡單，但演員服飾色彩鮮艷，不同身分等級的人物穿不同的服裝；二．兩者道具的作用都十分重要，皆用象徵性的動作和眼神來表示情緒和感情；三．兩者都有小型樂隊伴奏，樂器主要為打擊和管絃類的，音樂密切配合演員的表演；四．兩者都往往是在舉行家宴時演出，觀眾是家族和親朋好友，邊看戲，邊聊天，邊吃東西。對於音樂，菲律賓人自古以來就喜歡使用中國的銅鑼。伊戈律族唱歌的腔調與中國華南的山歌極為相似。

菲律賓的語言，特別是他加祿語，有許多來自漢語（主要為閩南方言）的借詞。反之，菲律賓語言也影響了菲律賓華僑日常使用的閩南方言，他們使用的閩南方言是菲律賓式的，不同於其他閩南方言。古代菲律賓人還愛穿用中國絲綢和棉布製成的中國衫，貴族穿黃色的，平民穿藍色的，逢喪時則身著素裝，這些都是向中國學的。西班牙殖民當局曾三令五申地禁

⓬ 李永錫：《菲律賓與墨西哥之間早期的大帆船貿易》，《中山大學學報》（人文）1964 年第三期。

止菲律賓人穿用中國紡織品，這從反面說明了菲律賓人在服裝方面受到中國影響的程度。菲律賓人又愛吃餛飩、炒麵、雜碎、燒包、嫩餅、燜牛肚、烤乳豬、米綫，及諸如此類的中國食品。原產中國的萵苣、芹菜、白菜、韭菜、豆腐、豆豉、豆乾等，成為菲律賓人的家常菜。醬油傳自中國；柑橘、荔枝、文旦、蜜餞梨和另外不少供餐後食用的水果，都是起源於中國。菲律賓人深厚的家庭觀念、血緣親屬之間的感情、尊敬父母和長輩、節假日家庭大團圓、三世同堂、親屬稱呼、父母包辦婚姻等習俗，顯然也都受中國的影響。

# 第四十五章

# 與土耳其、伊朗、阿拉伯世界的交流

## 第一節　與土耳其的交流

土耳其從史前時期起就是不同民族和文化的熔爐。而公元 11 世紀後，突厥人的西遷，對土耳其人的構成有著決定性的影響。突厥世代居於中國北方，早在漢代與中原地區就有往來。6 世紀時勢漸強盛，臣屬漠北各族，建立東西萬里的突厥政權。唐代後突厥國破滅，其餘眾西遷中亞者拓地至裏海，南及興都庫什。❶中國的絲綢、瓷器遠輸拜占庭，必須經過突厥的中轉。當時中亞地區的錫爾河以南至阿姆河一帶，有稱為「昭武九姓」的伊朗語族的康、安、石、曹、米、何、史諸城邦國，其先單為康國，曾住祁連山北昭武城（在今甘肅臨澤縣境），❷唐高宗永徽 (650～655) 後，昭武九姓一度內屬，定居在今新疆吐魯番地區的康氏家族不但在姓名、習俗上完全漢化，甚至還自認「出自中華」❸，將自己的故鄉從西移到東。由於地緣關係，他們中的很大一部分不久亦長期附於突厥。8 世紀後，突厥為大食所征服。大食衰亡，突厥建立伽色尼 (962～1186)、塞爾柱 (1055～1157)、奧斯曼 (1299～1922) 各王朝。❹奧斯曼土耳其在 13 世紀末建國於小亞細亞，逐漸奪取東南歐廣大地區，滅東羅馬帝國，稱霸西亞、東歐達 600 年之久。土耳其人雖遠離蒙古草原，西去建國，但在文化上仍保持

---

❶ 中亞原為西突厥舊地，故一說土耳其民族是由西突厥人發展而來的，其實後突厥餘眾中，必然會納入許多西突厥人。

❷ 一說其首領皆以昭武為姓；而據文獻記載，除康、安、何、來、史、曹、石之外，昭武九姓或有稱「火尋」、「戊地」者，或有稱「穆」者，名稱也不盡一致。

❸ 見新疆交河雅爾湖康氏家族墓地新出土的《龍朔二年 (662) 康延願銘記》。

❹ 此處所稱「突厥」，是襲用西方學者的說法，已不限於原先的突厥人，而是指一切操阿勒泰語系突厥語族的諸民族。

原來的特色。

這裏還得再夾敘一下上面所提的昭武九姓——即粟特 (Sogd' Sug hda) 人。他們自西漢以來就開始到中國經商，魏晉時期已深入內地。從撒馬爾罕到洛陽，更是他們的主要活動場所。粟特文中所見地名，有「薊城」、「南陽」、「淮陽」、「洛陽」等。中國南方的建康（今南京）、廣州、成都、江陵（今荊州），乃至北方的鄴（故址在今河北臨漳西南鄴鎮村一帶），也都有他們的足跡。5～6 世紀，粟特人整批地東移，在都賴水流域和楚河左右岸大舉發展農業。6 世紀上半葉，他們又在羅布泊以西地區建立了 4 個聚落。儘管粟特人的活動很少越過由波斯阻隔的範圍，但他們在柔然、鮮卑和突厥的勢力下始終是活躍的。早期的突厥碑文，就有用粟特文字書寫的。粟特本是西來民族，不妨設想，突厥的西遷，粟特人也許起了作用。

關於突厥民族的歷史，本書前面第三十六章第三節已有交代，必須加以補充的是：從隋、唐到元代，中國造紙術進一步影響突厥，突厥古代學者馬赫穆德・喀什噶爾在 11 世紀所編纂的《突厥語詞典》之所以能流傳下來，應歸功於中國紙。突厥一向從事游牧，後來得到漢族的幫助，開始兼營農業，僅武則天神功元年 (697)，中國就支援東突厥六州降戶以穀種 4 萬斛、雜綵 5 萬段、農器 3000 具、鐵 4 萬斤，這對突厥人生活的改善和社會生產力的發展，無疑有巨大的促進意義。唐代還在西域屯田，置驛站，建烽燧，設關卡，興水利，把內地制度推廣於突厥。突厥的貨幣，有的合印突厥文和漢文，這說明漢文的使用已滲透到突厥人的生活中，突厥文與漢文並用的現象，後世所知者還有碑銘。如建於開元二十年 (732) 的闕特勤碑和建於開元二十二年 (734) 的苾伽可汗碑，上面都有兩種文字，一為突厥文，一為漢文。這兩塊碑銘的碑身大體按照內地的樣式，上端有兩條石雕的盤龍，單從形制上，也可以看出中國文化的影響。至於漢語傳入突厥，在土耳其語的若干詞彙上，更留下了顯著的痕跡，如「茶葉」、「水」、「凍」、「榻」、「衣」、「白布」等詞的發音，有的幾乎與漢語完全相同。西突厥統葉護可汗本不信佛，卻能禮遇僧人，玄奘抵碎葉時，受到統葉護的熱情接待，並派人護送到邊界。而祆教師何祿與景教師阿羅本來中國，也都是經過西突厥的。

宋代稱突厥在小亞細亞建立的政權為「蘆眉國」，明代稱「魯迷國」，「魯迷」為「蘆眉」的同音異譯，原本是指東羅馬帝國而言。11 世紀末，塞爾柱人占領小亞細亞，因此得襲用蘆眉之名。14 世紀初，奧斯曼王朝代興，這是土耳其國家的開始，魯迷之名又被用於指稱土耳其帝國。

圖 228 土耳其藏明代中國瓷

明代成化十四年 (1478)，土耳其蘇丹穆罕默德二世（Meḥmet Ⅱ, 約 1430～1481）興修了托普卡帕 (Top Kapl) 宮。宮中吉祥門的檐下，有一組彩畫，無論構圖和著色，都使人聯想到中國北京故宮或頤和園的同類作品。據說完整的元代青花瓷在世界上現存只有 200 件，這裏就保存著 80 件。穆罕默德二世宴請外國使節，席上使用的，全是來自中國的瓷器。直到今天，土耳其語中的「中國」和「瓷器」都叫 Cini。

蘇丹蘇里曼一世（Süleimān Ⅰ, 1494～1566）時，正是奧斯曼王朝極盛之際，他前後 5 次遣使來中國通好。嘉靖二十三年 (1544)，土耳其使團在歸國途中，道經甘州（治今張掖），猝然遇到外寇來犯，當地總兵官楊信組織使團人員參加防禦，結果使團犧牲了 9 人。事為明世宗所聞，即將楊信撤職，並命有關官員妥善處理死者的後事。明世宗在位前半期尚屬有善可陳，還不算昏庸，所以他也很懂得珍視中、土兩國的邦交。

當時土耳其商隊來中國，行抵嘉峪關，經檢驗入境，即由嚮導陪同，沿河西走廊直達北京，途中每日有站可停，供應食宿，取價低廉，到北京後向主管部門報告所有，呈上獻給皇帝的禮物，皆獲重酬。其餘貨物，可以自由出售，也允許以貨易貨。歸途遣送，亦極周到。有一位傳教士，曾多次隨土耳其商隊到中國，他盛讚中國人開化文明，深知禮讓。

這位友好人士叫賽義德·阿里·阿克巴爾·契塔伊 (Scid Ali AKbar Khatai)，著《中國紀行》一書，原書用波斯文寫成於正德十一年 (1516)，部分材料是作者親自所見，部分材料也是他在中國時收集的。此書還帶頭向西方介紹了中國的長城，出版後，在土耳其影響甚大。

17 世紀時，中國的人痘接種術經阿拉伯傳入土耳其，進而傳到歐洲。

中世紀塞爾柱的經學院，研究的內容，包括醫學、法學、數學、幾何學、建築學和其他科學，其水平是當時世界第一流的。奧斯曼繼承了塞爾柱的事業，伊斯坦布爾（土耳其首都，即東羅馬君士坦丁堡）於是成為伊斯蘭智慧和科學的真正中心。曾在土耳其學習伊斯蘭神學的中國學生或其他學生，學成後在中國傳教，對伊斯蘭教在中國的傳播和發展，作出了重要的貢獻。如自稱「聖裔」的額西丁，屬蘇非主義者，他來新疆不久，就在庫車等地吸收了大批信徒。

## 第二節　與伊朗的交流

伊朗在中國歷史上曾稱「安息」或「波斯」。中國西漢時，伊朗正值安息克尼揚王朝（公元前 256～226）統治前期，當時中國是世界上的頭等強國，伊朗也居於西亞最強大的地位。張騫通西域後，漢使至安息，安息王組織了兩萬騎的儀仗，遠出數十城前來迎接，後來又「發使隨漢使者來觀漢地，以大鳥卵及犁靬眩人獻於漢天子」(《漢書・西域傳上》)。「大鳥」即駝鳥。由於雙方都有發展關係的願望，這就有了著名的絲綢之路的開闢。❺聯貫古代東方與西方的絲綢之路（亦稱「沙漠絲路」或「綠洲絲路」）❻，起於中國的渭水流域，自長安（今西安）沿河西走廊經武威、張掖、酒泉、安西到敦煌，由此西行有南、北兩道:「從鄯善傍南山北，波河西行至莎車，為南道；南道西踰蔥嶺則出大月氏、安息。自車師前王庭隨北山，波河西行至疏勒，為北道；北道西踰蔥嶺則出大宛、康居、奄蔡焉。」（同上）南道出陽關，北道❼出玉門關。此外，早先尚有中道，出玉門關外樓蘭古國與北道相接，4 世紀中葉，因樓蘭廢棄，才堵塞。南、北兩道則始終暢通，皆經由伊朗，然後伸向地中海沿岸地區，自公元前 2 世紀開始，在長達 1000 多年的歷史時期中，對促進世界東西方經濟和文化的交流，起著有口皆碑的作用。而古代伊朗，在開拓和維繫這條國際通道上，作出了重要的貢獻。

並且，古代中國和伊朗前此早就開通了一條海上絲綢之路。據《魏略・西戎傳》記載:「大秦道既從海北陸通，又循海而南與交趾七郡外夷通；又有水道通益州、永昌，故永昌出異物。前世但論有水道，不知有陸道。」這

❺ 為了開闢絲綢之路，僅漢武帝一代，就用了騎兵 120 萬人次、步兵 90 萬人次、後勤補給人員 1000 萬人次；財力消耗更為驚人，單計經營河西一項，所費即達 1000 億錢上下，超過西漢朝廷年收入的 25 倍。

❻ 「絲路」(die Seidentrasse) 之名，最早出現於德國里希霍芬在 1877 年出版的《中國》一書第 10 章中，英文作 SilkRoad，到 1910 年赫爾曼著《中國和敘利亞間的古代絲路》，已確立。

❼ 此北道唐代起又稱「中道」，以區別於另一條新北道。

裏所謂「大秦道」，乃是後來的說法。而當年取水路來中國交趾者，大約多為安息人，他們先到交趾，再來番禺（今廣州）和東冶（今福州）。從交趾出發，還有一條水路，直通今四川省內地。

繼安息王朝之後，北魏和唐初伊朗薩珊王朝 (226～651)，元代伊朗伊利汗王朝 (1258～1353)，明代伊朗帖木兒王朝 (1370～1500)、薩法維王朝 (1502～1736)，均與中國來往頻繁。薩珊出自波斯族，自命與古波斯帝國（即阿契美尼德王朝，公元前 550～公元前 330）的統治者為同族，所以伊朗歷史上兩度以「波斯」著稱。薩珊波斯先後在 5 世紀和 6 世紀時兩次修建長城，這很有可能是受了中國的影響。波斯珍貴的玻璃器，出現在中國北朝地區。❽唐初波斯商人從東非、東南亞運來寶石、珊瑚、瑪瑙、香料、藥品和動植物特產，❾交換中國的絲綢、紙張、瓷器、大黃等物品，唐的主要城市長安、揚州、廣州、楚州（治今淮安市楚州區）、洛陽、泉州、福州、溫州、台州（治臨海，今屬浙江）、明州（治鄮縣，今寧波市南）、登州（今山東蓬萊）、營州（今遼寧朝陽）、幽州（治今北京城西南）、朔州（今山西朔縣）、夏州（治今陝西靖邊東北白城子）、靈州（治今寧夏靈武西南）、涼州（今武威）、甘州（今張掖）、肅州（今酒泉）、敦煌、伊州（今新疆哈密）、西州（今吐魯番）、播仙鎮（今新疆且末）、蒲昌海（今新疆羅布泊），都有他們的活動據點。至於伊利汗國，乃是元世祖所封，這個王朝十分注意吸取中國的科技、藝術、史學成就，對中國文化的西傳更是起了特別重要的作用。伊朗著名的天文學家納速剌丁・途昔 (Nāsiral-din al-iūsī, 1201～1274) 奉命編製《伊利汗天文表》時，曾向中國學者屠密遲（譯名）學習天文推步之術；伊利汗合贊命丞相拉施都丁編纂《史集》時，更諭令他搜集有關中國的歷史著作；中國的驛傳制度和「牌符」制度，也在伊利汗國得到普遍的推行，現在波斯文的「牌子」(Paiza) 這個詞，就來自漢語。而明代帖木兒的使者來京，每次都要帶回大批絲織品，輸入的卻只是馬、獅子、鸚鵡、玉石之類，除了馬，其他東西對中國並無實際的好處，但明廷從不予以計較。

❽ 安家瑤：《北周李賢墓出土的玻璃碗——薩珊玻璃器的發現與研究》，《考古》1986 年第二期。

❾ 從 4 世紀起，這些物品在中國被統稱為「波斯貨」。參見費琅《阿拉伯、波斯、突厥人東方文獻輯注》第 16 頁，商務印書館，1989 年。

中國史籍關於伊朗的最早記載見於《史記・大宛列傳》，此後歷代史籍中有許多關於古代伊朗政治、經濟、文化、歷史、地理和民俗的介紹。而由於外族入侵和宗教等方面的原因，伊朗文字史料保存下來的極少，因此中國古籍有關伊朗的記載，成為研究古代伊朗的無法繞過的珍貴資料。

官方修撰的史籍之外，中國和伊朗歷代均有私人著作，介紹對方國家當時的情況。如唐代杜環著《經行記》，對當時伊朗的方位道里、風土人情、物產服飾以及宗教、軍事等情況作了扼要的描述，可惜此書已經失傳，只在《通典》中保存了數節。元代汪大淵的《島夷志略》，有專門的章節介紹伊朗的主要商埠忽爾謨斯（今譯「忽里模子」），成為後來旅行者訪問伊朗的可靠嚮導。明代這方面的著作尤多，鞏珍的《西洋番國志》，對伊朗某些產物的介紹，直接採用波斯語音譯，學術價值比較高。而古代伊朗介紹中國的著作，最值得注意者，莫過於距今約 1200 年前用阿拉伯文寫成的《蘇萊曼 (Sulaymān al-Tājir) 遊記》，作者以親身經歷，描述了自波斯灣出發到中國的具體航海路綫及航行情況。除此之外，還對他在中國的各種見聞，都有生動的描寫。他說廣府（今廣州）是中國的主要港口，此港雲集世界各地的貨物，但由於建築物多是竹木結構，因此包括倉庫在內常有火災發生，這給商業帶來了損失。在談到中國文化的成就時，他表示傾心悅服。他尤其讚賞中國生活安樂，對外人也能平等相待。就外國文獻而言，這本書還率先記載了中國的飲茶風俗。另外，如前面提到過的《中國紀行》，又名《契塔伊遊記》，此書是現在所能讀到的用波斯文介紹中國古代社會、政治、經濟、文化、軍事、法律以及習俗等情況最為詳細的書籍。又有伊朗帖木兒王朝時期出版的《沙哈魯⑩遣使中國記》，對研究中國明代的城市建築、禮儀典章、飲食起居、文化娛樂等方面，都有重要的參考價值。

關於古代伊朗對中國的宗教影響和波斯商人來華經商的情況，本書有關章節已有述及，茲不贅。波斯「蘇泥勃青」的輸入，助長了成化瓷的輝煌。而中國方面傳入伊朗的科技成果，則有蠶絲、瓷器、指南針、造紙術、硝、雕版術。同時，中國醫學對波斯醫學也有影響，中國的「脈學」在 11 世紀時就傳至波斯，波斯醫學家伊本・西拿（ibn Sīnā, 980～1037，拉丁名 Avicenna, 即阿維森納）論脈有浮沉、強弱以及論脈在「寸關節」上等，均與中國脈經相同。中國的許多藥物亦傳入伊朗。

⑩ 沙哈魯 (Shāh Rukh)，帖木兒蘇丹，1409～1447 年在位。

伊朗傳入中國的物產有：苜蓿、葡萄、阿月渾子、扁桃（巴旦杏）、波斯棗、胡桃、胡豆、沒藥（沒藥樹 Commiphora myrrha）、阿魏 (Ferula asafoetida)、沒石子（沒食子）⑪、小茴香（茴香 Foeniculum vulgare）、甜菜、安息香 (Styrax benzoin) 等；中國傳至伊朗的物產有：桃、杏、茶葉、肉桂、茯苓等。

波斯以墨桑養蠶，取得成功，之後又紡織錦、綺等絲織物，中國的產品一直是波斯絲織業的楷模。波斯絲織業對中國也有反饋。蕭梁普通元年 (520)，嚈噠人首先將「波斯錦」作為貢品帶來建康（今南京）。6 世紀末葉至 7 世紀中葉，波斯錦風靡西域，使得許多中國織造的錦、綺都採用了波斯的花樣和織法。與此同時，薩珊波斯的藝術風格也成為今新疆境內——特別是天山南路各地的藝術風格，直到 8 世紀後，才被中國內地的繪畫和雕塑風格所取代。

當唐代陶器大量外銷的同時，伊朗的陶器也流入了中國境內。⑫

在語言、文學方面，早在漢代，一些波斯語詞彙就陸續傳入中國，如「獅子」(sheer)、「巴旦杏」(badam) 等。伊斯蘭前期，波斯語在元代朝廷裏，其重要性僅次於蒙古語和漢語。元世祖至元二十六年 (1289)，元廷專門設立了回回國子學，教授波斯語。元代杭州的歌手，能用波斯語演唱曲調優美的中國詩詞。馬可・波羅在所著遊記中，常用波斯語譯音的詞彙。至於中國穆斯林在宗教活動中使用波斯語的情況，就更為普遍。反過來，漢語詞彙也有一些進入波斯語的，如：「茶葉」(chayee)、「鈔」(čāu)、「船」(jung) 等，但為數不多。明代慎懋賞輯的《海國廣記》，有 84 例中文和波斯文的對照，其注音和釋意均極為準確，為保存下來的同類材料中所罕見。清代康熙年間，中國學者常志美（山東濟寧人，祖籍中亞，約 1610～1670）著了一部波斯語語法書，是非伊朗人寫的同類著作中最早的一部。而就文學而言，唐代以來，波斯人通常以魔法師、煉丹師、有法術者或富商的形象出現在中國的文學作品中。唐代參加中國籍的波斯人後裔李珣、李舜絃兄妹皆善吟詩，其作品均見《全唐詩》。白居易詩中的胡旋女，即係波斯女子。伊朗古代作家薩迪（Sa ‘di, 約 1213～1292）的《薔薇園》，幾百年來

⑪ 首見《隋書》卷 84，稱「無食子」。

⑫ 顧風《略論揚州出土的波斯陶及其發現的意義》，刊葉紹良主編《伊朗學在中國論文集》，北京大學出版社，1993 年。

圖 229　開鑿於 3～8 世紀的新疆克孜爾石窟　其內從穹廬頂、拱券頂的建築形式　到雕塑、壁畫的藝術風格　隨處都銘記著薩珊波斯文化的深刻影響

一直在中國流傳。值得注意的還有，中國塔吉克族的許多民間故事，都可以與伊朗文學寶庫中的有關篇章相印證。塔吉克族甚至認為，四行詩這種詩歌形式，也是首見於塔吉克族，然後才在伊朗得到發展的。在波斯古典文學中，常把最美的女子比作中國姑娘，或稱讚為出自中國畫家筆下的畫中人。

在其他方面，伊朗的繪畫藝術受中國工筆畫和水墨畫的影響是很明顯的，有的連具體花紋、雲紋等構思及形狀，都是極為相似。與之相應，在中國古代美術作品中所見到的武士盔甲上的金屬鱗片，很可能仿自古代伊朗。兩漢圓雕動物中的石獅、翼獸，是接受了波斯的題材和表現手法。隋唐時代的織錦，有聯珠圈內對禽、對獸等紋樣，則應是受波斯薩珊王朝文化的影響。中國古代的「馬球」(Polo) 體育遊戲，雖說源於西藏，⓭但在其最初的發展過程中，亦得力於波斯的回授。中國音樂在元代和明代，曾受伊朗音樂的影響，有些樂曲即來自伊朗古曲；新疆少數民族和伊朗均有大型套曲「十二木卡姆」。就兩國的樂器交流而言，中國向伊朗介紹了琵琶、竹笛等古樂器，從伊朗傳入的有哨吶和洋琴。伊朗與中國新疆地區所使用的樂器，不少名稱都是相同的，如冬不拉、都塔爾、熱瓦甫、卡龍、艾捷

⓭ 說詳徐壽彭、王堯《唐代馬球考略——藏族人民在體育上的貢獻》，《中央民族學院學報》1982 年第二期。

克、達甫鼓、錫塔爾等。元代的質孫服亦取自伊朗，古波斯語「質孫」(jashn)即御賜服飾之意。塔吉克族把「努魯茲」這個伊朗古老的節日視為本民族最重大的節日，並且一直沿用波斯語來稱呼這個節日。

## 第三節　與阿拉伯世界的交流

阿拉伯地處亞、歐、非 3 大洲的聯結部位，這一優越的地理位置決定了它在古代世界交通史上的重要地位。公元前 2 世紀末，中國西漢王朝曾遣使條支 (Antiochia)。條支應當在美索不達米亞一帶以西，那裏就居住著古代阿拉伯人。條支旁邊為黎軒，即今敘利亞。⓮東漢永元九年 (97)，中國西域都護班超遣使大秦，又再次到條支。

大約在 4 世紀 60 年代左右，幼發拉底河岸的巴達尼亞，每年要舉行一次集市，屆時都有中國貨物出售。7 世紀初，阿拉伯人在建立帝國的過程中，攻陷了底格里斯河口附近的烏剌港（今烏布剌）。據記載，烏剌當時稱「中國港口」。

唐高宗永徽二年 (651)，阿拉伯第三代哈里發奧斯曼（‘Uthmān ibn ‘Affān, 644～656 在位）遣使訪問中國，與中國官方正式通好。⓯「哈里發」，唐代比定為「大食王」。後來大食向東向北不斷推進，中亞地區的大小政權紛紛尋求唐廷的支援和庇護，這種情況不時導致唐王朝與大食關係的緊張。玄宗天寶九年 (750)，阿拉伯建立阿拔斯新王朝 (750～1258)⓰。次年中、阿發生雙方交往史上唯一的一次戰爭，即坦邏斯（今哈薩克斯坦境內江布爾城）戰役，中國敗績，3 萬之眾，所餘僅數千人。被俘官兵中有不少優秀的工匠，他們對阿拉伯後來手工業的發展是有影響的，其中包括他們開始了造紙術的真正西傳。《通典・邊防九》原注引杜環《經行記》提到，杜

⓮ 也有學者認為黎軒就是埃及的亞歷山大里亞，見孫毓棠《漢代的中國與埃及》，《中國史研究》1979 年第二期。

⓯ 迄貞元十四年 (798)，148 年間，據《舊唐書》和《冊府元龜》等書記載，大食遣使來訪共 39 次。陳垣說是 37 次，白壽彝說是 36 次，那是因為他們的統計忽略了乾元元年 (758)、上元元年 (760)、大曆七年 (772) 等 2～3 次的緣故。

⓰ 唐稱「黑衣大食」，以區別於前此的「白衣大食」——即阿拉伯帝國於 661 年建立的倭瑪亞王朝；後來還有先後建都於馬赫迪城和開羅的阿拉伯法蒂瑪王朝 (909～1171)，因旗色尚綠，中國則稱「綠衣大食」。

環曾在大食首都亞俱羅（今伊拉克巴格達南面幼發拉底河西岸的庫法）見到唐的織匠樂隱和呂禮，顯然中國的織造技術也已通過這些工匠傳入了阿拉伯國家。坦邏斯之戰並未使唐與大食絕交，所以天寶十一年 (752) 十二月，「黑衣大食謝多訶蜜（即阿拔斯 Abu al-‘Abbās, 750～754 在位）遣使來朝」(《冊府元龜》卷 971)，唐廷特隆重地授以左金吾衛員外大將軍。⓱而阿拔斯王朝都城 3 遷，一步一步地向東方推進，其用意則更為顯而易見，就是為了開展對中國等東方國家的貿易。

商業的發達導致阿拉伯人在海外勢力的增長。8 世紀以後，阿拉伯人取代猶太人、波斯人、印度人而獲得了海上優勢，並且控制這種優勢達 7 個多世紀之久。毫無疑問，在相當長的歷史時期中，只有中國，才能最吸引阿拉伯人。

唐代經陸路東來中國的阿拉伯人大多住在西域城鎮和長安 (今西安)。8 世紀中葉以後，海路的重要性逐漸超過陸路，來華的大食人多僑居在廣州、泉州以及江、浙沿海港埠，並往往與波斯人匯聚在一起。此外，在沿海商埠通往長安、洛陽的交通衝要，如洪州（今南昌）等地，也有不少阿拉伯、波斯僑民。唐廷重視對蕃商的貿易，嶺南節度使和廣州刺史負有招徠蕃商、鼓勵貿易的責任。

阿拉伯的外科醫術傳入中國，中國的切脈和一些重要醫書也傳到了中亞和西亞，影響了阿拉伯醫學。中國的煉金術也是在唐代傳入阿拉伯世界的。

當時來中國的阿拉伯人很多，有些還與漢族通婚，定居中國。宣宗大中二年 (848)，大食李彥昇以進士及第，唐代登進士第極難，可知其學力迥非尋常。在唐代，橫渡印度洋赴大食且有姓名可考者有達奚弘通和杜環，但其著作，前者已隻字不存，後者亦如上節所述，僅存片斷。

宋初《太平廣記》所收唐人小說中有不少關於西域（其中包括大食）胡商的故事；阿拉伯的《一千零一夜》對西亞與中國的經濟來往和文化交流，亦頗有刻意的描述。

宋代對大食商人更加寬厚，其同類相犯，多聽由蕃長自行處理。大食一些舶主經常代表國主向宋廷饋贈大批禮物，從宋太祖開寶元年 (968) 到南宋孝宗乾道四年 (1168)，以「訶黎佛」(即哈里發）等名義來華貢獻的大

⓱ 從永徽二年 (651) 至貞元十四年 (798) 的 148 年間，大食正式向唐遣使，計 39 次。見李興華等著《中國伊斯蘭教史》第 8～9 頁，中國社會科學出版社，1998 年。

食人有 49 次。太宗淳化四年 (993)，大食舶主蒲希密遣使來貢，其表文稱：「伏維皇帝陛下，德合二儀，明齊七政；仁宥萬國，光被四夷；賡歌洽擊壤之民，重譯走奉珍之貢。臣顧惟殊俗，景慕中區，早傾向日之心，頗鬱朝天之願。」(《宋史》卷 490）宋代外商可享受種種優惠和保護，阿拉伯商人首蒙其利，心存感激，此表所云，並非虛文。神宗熙寧五年 (1072)，阿拉伯勿巡（阿曼）人辛押陀羅請求出資助修廣州城壁，儘管沒有獲准，但他在廣州仍然起著「開導種落，歲致梯航」(蘇軾:《辛押陀羅歸德將軍制》) [18] 的作用。很多大食人因久居中國或通曉中國事務而獲得了「中國」這一附名，如著名的聖訓學家阿卜・阿姆爾・哈米德通常被稱為「中國的哈米德」。來華大食人的人數既多，每遇伊斯蘭節日需有會場或代用的建築物，12 世紀以來，廣州、泉州、揚州等地所建清真寺不下六七座，泉州還有蕃商的公墓。

元代寓居泉州的大食人特別受到倚重，大食人蒲壽庚數代居中國，擅市舶之利 30 年，世祖至元十五年 (1278)，受命任福建行省長官。其婿佛蓮轉死後無子，官收其貲，僅珍珠就達 130 擔。大食人贍思 (1277～1351)，已高度漢化，在元廷任職秘書監，參與編纂《經世大典》。當時阿拉伯旅行家伊本・拔圖塔 (ibn Baṭṭūṭah, 1304～1377) 的遊記，對中國泉州、廣州、杭州的風貌，中國各種類型的海舶及其構造，中國與印度、海灣地區和阿拉伯半島的海運貿易，中國的製瓷、燒炭、排灌、發行紙幣等情況都作了詳細的敘述。中國旅行家汪大淵的遊記，也反映了元代對阿拉伯世界的瞭解程度。

從唐代到元代，中、阿之間就物資交流而言，除了絲綢、香料、瓷器、珠寶、紙、墨、鞍、劍等大宗商品外，阿拉伯和中國各自從對方引進許多植物、礦物、藥物。阿拉伯引入了桃、杏、大黃、肉桂、薑、烏頭 (Aconitum carmichaeli)、「中國玫瑰」(阿 Ward ṣīnī)、牛黃、「中國箭鏃金」(阿 al-khārṣīnī，可治頭痛)、「中國土」(阿 Khaki ṣīnī，即燒製瓷器的高嶺土，但作藥用)、「中國根」(阿 Chubi ṣīnī，即土茯苓)、桂皮、麝香等。中國引入了椰棗樹（即波斯棗樹）、刺桐 (Erythrina in-dica)、茉莉花、押不蘆（即曼陀羅花 Datura stramonium)、莙薘菜（即根刀菜）等。

阿拉伯輸入的玻璃器（鈉鈣玻璃）製造中貼絲、貼花、釉彩、刻紋、刻花、模印、印壓和描金等諸多工藝，從出土實物來看，有不少乃是稀世

[18] 《蘇軾文集》卷 39。

絕品，為中外所罕見。⑲

阿拉伯對中國器物的精美、手工藝的細巧備加讚譽。至 9 世紀，許多中國器物不僅已為阿拉伯人所使用，而且製造的技藝也已西傳。在所有西傳的技藝中，應當特別注意造紙術、火藥、羅盤針等在阿拉伯世界的推廣。據阿拉伯方面的記載，坦邏斯戰役後，中國戰俘中有造紙工匠，他們在撒馬爾罕建立了穆斯林的第一座紙坊。13 世紀二三十年代，阿拉伯世界經伊朗引進了中國的火硝或硝石，火硝的傳入，對阿拉伯人的使用火藥起了決定性的作用。非常有意思的是，阿拉伯人在掌握了火藥和火藥武器的製造技術後，發展很快，宋末元初，有阿拉伯炮匠兩人來華，協助元軍造出性能比南宋更好的炮來，屢建奇功，本書前面第四十章第一節已有述及。中國使用指南浮針的記錄早於阿拉伯世界，在中國和阿拉伯共同推進的中世紀航海事業中，對牽星術的應用，中、阿海員都有貢獻。阿拉伯數學在世界數學史上有公認的重要地位，而中國數學的十進位值制記數法、分數記法、四則運算、三率法、盈不足術、重差術、百雞問題等則曾直接或間接地給予過阿拉伯數學以一定的影響。

圖 230　阿拉伯數碼鐵方盤
1955 年西安元代安西王府遺址出土

元代阿拉伯文化的東傳，在天文、曆法、醫藥等方面對中國文化的發展作出了重大的貢獻。當時阿拉伯和伊朗學者多集中在回回司天臺和秘書監兩個機構中，據至元十年 (1273) 申報，單是司天臺及其提點官札馬魯丁家內所存來自阿拉伯世界的著作和儀器，就有：天文圖、儀器 4 件，曆學、天文書 7 種 96 部，數學書 4 種 47 部，占星、占卜書 6 種若干部，醫經 1 種 13 部，煉丹、堪輿、哲學、史學、詩學、識寶技術書各 1 種各若干部。⑳

明代鄭和船隊 7 次下西洋，後 3 次均到過阿

⑲ 朝陽地區博物館：《遼寧朝陽姑營子耿氏墓發掘報告》，《考古學集刊》第 3 期；天津市歷史博物館：《天津薊縣獨樂寺塔》，《考古學報》1989 年第一期。

⑳ 《元秘書監志》卷 7。實則就天文儀器而言，札馬魯丁作為來自阿拉伯世界的學者，他自己就一共創造了 7 件西域儀象：一. 咱秃哈剌吉（多環儀）；二. 咱秃朔八台（方位儀）；三. 魯哈麻亦渺凹只（斜緯儀）；四. 魯哈麻亦木思塔餘（平緯儀）；五. 苦

拉伯半島，其隨員馬歡、費信、鞏珍 3 人所著書，對祖法爾（今佐法爾）、阿丹（今亞丁）、天方（今麥加）、麥地那情況的詳細描述，值得後人重視。16～18 世紀，由於葡萄牙經略東方和明、清王朝的逐步推行鎖國政策，給中、阿往來帶來了嚴重的不利影響，但穆斯林之間的交往並未斷絕。居住在雲南的穆斯林多取道緬甸，從孟加拉泛海前往天方朝覲。從明代到清代，雲南、陝西、江蘇、山東等地的穆斯林，頗留意於發展伊斯蘭宗教教育，在許多清真寺內附設學堂，教授阿拉伯語、波斯語和經學。穆斯林學者劉智所著《天方至聖實錄》，是用中文寫成的最早的一部關於伊斯蘭教先知穆罕默德的傳記。據近年發現的文獻資料證實，明末啟蒙思想家李贄本姓林，其二世祖林駑於洪武年間去海灣經商，做了阿拉伯人的女婿，曾改宗伊斯蘭。明清時代阿拉伯文化對中國文化的影響仍然是不可忽視的，如清初劉繼莊撰《新韻譜》，就著重參考了阿拉伯語的聲韻體系。

來亦撒麻（天球儀）；六. 苦來亦阿兒子（地球儀）；七. 兀速都兒剌不（觀象儀）。這些儀象都安裝在上都的回回司天臺上。按「兀速都兒剌不」《元史・天文志一》作「兀速都兒剌不定」，疑詞尾「定」為衍字，因據專家考證，相同儀器，阿拉伯文作 al-Usturlab。

# 第四十六章

# 與歐洲、非洲、美洲地區、國家的交流

## 第一節　與歐洲地區、國家的交流

中國古代與歐洲隔著遼闊的疆域，但文化交流的信風仍然在上古時代吹到了這兩個文明區。20 世紀 80 年代末，中國考古工作者在新疆哈密發掘了林雅墓地。通過對林雅墓地的分析並結合新疆以往的發現，可以確認，早在公元前 20 世紀之初，部分生活在俄羅斯南西伯利亞至東哈薩克斯坦的原始歐羅巴人種，或翻越阿爾泰山，或沿額爾濟斯河谷經阿勒泰草原陸續南下進入新疆。與此同時，久居甘肅河西走廊西段的一批東亞蒙古人種也歷經磨難，穿越戈壁，進駐哈密，來自兩個方向的人種在此地發生碰撞。東亞蒙古人種數量上優於原始歐羅巴人種，且並未停止繼續西進的步伐，這為日後在該地區形成眾多綠洲小國奠定了基礎，並最終導致了「絲綢之路」的產生。❶古代歐洲的希臘，稱中國為「賽里斯 (Ser-ice) 國」，意即產綺之國，這正與古代波斯、印度稱中國為「支那」一樣，無非認為中國是出產絲織品的國家。在西方人的著作中，古希臘「喜劇之父」阿里斯托芬（Aristophanēs, 約公元前 446～公元前 385）的《呂西斯特剌忑》（公元前 411）率先提到一種叫做「Amorgis」的絹，當然來自中國。❷事實上，西周乃至殷商以前，中國與歐洲僅就一些器物而言，已表現為特有的驚人一

❶ 參見李水城《從考古發現看公元前 2000 年東西方的碰撞與文化交流》,《人民政協報》1999 年 8 月 4 日。該文還指出，在河西走廊中段發現有公元前 3000 年前半葉的普通小麥，在河西走廊東段出土有公元前 3000 年末來自西域的玉石原料，說明「絲綢之路」的產生還可以追溯到更為古老的史前階段。

❷ 參見戴禾、張英莉《中國絲綢的輸出與西方的野蠶絲》,《西北史地》1986 年第一期。

致性。❸

中國最早進入世界市場並傳播到歐洲的商品是絲綢。在當年，絲綢由波斯人從海路運到西亞，然後再轉運歐洲。西漢張騫開闢了一條通向歐洲的陸上絲綢之路，從此中國絲綢更加源源不絕地運銷歐洲地中海沿岸的地區和國家。公元前 1 世紀，敘利亞歸入羅馬版圖，中國才開始知道這個古代歐洲的大帝國，因「其人民皆長大平正，有類中國，故謂之大秦」(《後漢書・西域傳》)。❹東漢和帝永元九年 (97)，班超遣甘英使大秦，後以海水廣大，望洋興嘆而歸，卻帶回來「海中善使人思土戀慕，數有死亡者」（同上）的一段極可能是關於「海上女妖」（塞壬 Sirens）的希臘神話❺。古羅馬皇帝也「常欲通使於漢，而安息欲以漢繒綵與之交市，故遮閡不得自達」(同上)。但通過絲綢的貿易，中國和大秦漸有人員到達對方的國家。永元十二年 (100)「東 (冬)，西域蒙奇兜勒二國內屬」(《後漢書・和帝紀》)。據考證，「蒙奇兜勒」並非「二國」，而是古羅馬屬下的城邦 Mace-donia (今譯「馬其頓」) ❻。蒙奇兜勒來使，這是中國與羅馬直接交往的開始。東漢時，中國絲綢在羅馬帝國上層社會的風行程度，甚至不下於本土的雒陽 (今洛陽)，羅馬士女都爭穿綢衣，就連帝國極西的海島倫敦，情況也是有過之而無不及。羅馬城內的托斯卡區曾開設專售中國絲綢的市場。羅馬的黃金、珊瑚、琥珀、夜光璧、明月珠、駭雞犀、火浣布因為絲綢貿易而傳入中國，當時羅馬國庫的迅速虧損，應當說是與絲綢貿易不無關係的。但儘管絲綢的被輸入西方，甚至有可能早在公元前 6 世紀時已到達了多瑙河沿岸，不過，中國其實是並不主動的，在這裏，居間獲利者起了很大的作用。

《後漢書・西域傳》稱：「延熹九年 (166)，大秦王安敦遣使自日南徼外獻象牙、犀角、瑇瑁。」此處所說「大秦王安敦」即羅馬皇帝馬克・奧勒

❸ 參見李約瑟《中國科學技術史》第 1 卷 162～163、166 頁，科學出版社、上海古籍出版社，1990 年。

❹ 有關史料顯示，漢宣帝本始四年（公元前 70），羅馬軍團進攻安息，在今敘利亞地區遭遇安息輕騎兵，慘敗之後有 1000 餘人突圍成功，邊走邊停沿河西走廊來到中國，不久淪為匈奴的雇傭兵。後來經漢將陳湯部的打擊，這 1000 餘人也十不存一，作了漢軍的俘虜，西漢政府把他們安置在今甘肅省西和縣的折來寨一帶。近據折來寨村民提供的 91 份全血血樣，證明他們是羅馬軍團的後裔。

❺ 參見張緒山《〈後漢書・西域傳〉記載的一段希臘神話》,《光明日報》2006 年 3 月 21 日。

❻ 參見楊共樂《誰是第一批來華經商的西方人》,《世界歷史》1993 年第四期。

略・安敦尼阿斯（Marcus Aurelius Antoninus, 161～180 在位），這件事情在羅馬方面沒有記載，很可能是羅馬商人假託皇帝的名義與東漢進行的一次聯繫。❼但即使如此，其意義也是不容忽視的。

西晉末年，羅馬帝國與北方的涼州地方政權有間接的來往。《太平御覽》卷 758 引《前涼錄》云：「張軌（安定烏氏〈今甘肅平涼西北〉人，255～314）時，西胡致金胡缾，皆拂菻（原注：力禁切）作。」「拂菻」是拜占庭人對羅馬新都君士坦丁堡的通稱，南方的東晉曾譯作「蒲林」。穆帝（344～361 在位）時，蒲林派使者從陸路到建康（今南京），興寧元年 (363)，晉哀帝（361～365 在位）派使者報聘，這是中國與拜占庭的第一次國家級的官方往來。5 世紀初，拜占庭一直通過歐亞草原取得中國的絲綢。太安二年 (456)，北魏與拜占庭開始通使。拜占庭《魏書》稱「普嵐」，《北史》又譯作「伏盧尼」，都是波斯人對拜占庭人的稱呼。《北史》中的伏盧尼，即地中海濱的安提阿克城，正是中國與拜占庭貿易的交匯點。當時普嵐使者的來中國，標誌著 4 世紀末羅馬史上東、西羅馬分裂後，由於海路的受阻，東羅馬決心重新加強它與中國的陸上貿易。

在此期間，羅馬對中國的儒家學術有最初的接受。羅馬學者認為儒學重道德、禮儀和習俗，尊奉「先祖之法」，這應當說是已經入門了。❽

6 世紀前後，中國至歐洲的主要商路有 3 條，其中北道經裏海北部至黑海，既荒遠又不安全；中道和南道即傳統的絲綢之路，這算是第二條陸路；第三條是海路，經斯里蘭卡至紅海。當時中國絲綢的最大主顧是拜占庭人和伊朗人，居間販賣者是粟特人。由於粟特人的運動，導致了拜占庭與中國少數民族西突厥政權的互通使節。大約在 6 世紀中葉，印度僧人曾把蠶種從新疆帶到東羅馬帝國（即拜占庭），腳踏織機也於同時或前後傳入歐洲，從此歐洲才開始了絲綢的生產。❾

迄隋唐時代，中國與歐洲文化交流的內容，主要為人員的往來、絲綢

❼ 比這早多的是，在《羅馬史要》的《帕提亞人的和平與奧古斯都的加冕禮》一章中，也有中國使節到達羅馬的記載，但中國典籍中卻不見有相應的文字。可以認為，當奧古斯都在位的年代，中國正值西漢末年衰亂之際，似乎很難有遣使之舉。《羅馬史要》所稱「賽里斯使節」，如果確有其人，情況也應與安敦使團相類似吧。

❽ 參見戈岱司編《希臘拉丁作家遠東古文獻輯錄》第 57、67 頁，中華書局，1987 年。

❾ 參見夏鼐《我國的蠶桑絲綢》，《考古》1972 年第一期。

的貿易和有關地理知識的傳播。而在藝術上，從西漢的青銅鏡，到魏晉南北朝時代的石窟、壁畫，希臘、羅馬的風格也在中國不脛而走。因為犍陀羅藝術是印度藝術和希臘、羅馬藝術的合流，乘著印度文化東傳的春風，直到唐代，敦煌壁畫中面容深沉的迦葉像依然是羅馬式雕像和中國唐式畫風有機結合的範本。至於中國輸出的商品，則除絲綢外，瓷器的輸出也是大宗。貞觀十七年 (643)，拜占庭首次派使者到長安。李世民接受的禮品中，有赤頗黎、綠頗黎和其名在唐代以後失傳的白色寶石「金精」❿。唐代拜占庭遣使中國，前後共 7 次，其中至少有 3 次通過基督教徒與唐廷進行過官方的接觸。東羅馬皇帝曾委派吐火羅（今阿富汗東北部昆都士）大首領送來獅子和羚羊。東羅馬的醫生擅長治眼疾，懂得採用穿臚術，他們把這種治療法傳授給了唐代宮廷的御醫。東羅馬的希臘醫學已達到很高水平，傳入印度後轉而也傳入中國。乾封二年 (667)，拜占庭遣使獻給唐高宗一種名叫「底也伽」⓫的解毒藥，效果非常好。

通過友好往來，中國的許多發明創造都傳到了歐洲，對後來歐洲工業的發展至關重要的煉鑄生鐵的技術極有可能是從中國傳過去的，歐洲以鎳合金製幣的方法似乎也來自中國。此外，歐洲人娛樂用的多米諾骨牌是中國骨牌和葉子戲的發展；據說歐洲的風箏也與中國有淵源關係；而中國的算盤在 14 世紀流傳到俄國和西歐，則更是確實無疑的事情。

對世界文化的發展具有重大意義的中國的四大發明，通過阿拉伯等的媒介，傳播到歐洲，尤為中外史家所樂道。阿拉伯在唐代天寶十年 (751) 學到中國的造紙法後，由北非的摩爾人渡直布羅陀海峽傳入西班牙。南宋紹興二十年 (1150)，西班牙巴倫西亞開設了造紙廠。淳熙十六年 (1189)，造紙術傳入法國。元世祖至元十三年 (1276)，傳入義大利。明太祖洪武二十三年 (1390)，德國紐倫堡也有了造紙的工廠。大約在 15 世紀末年，造紙法又渡海傳到了英國。至於印刷術、火藥和指南針傳入歐洲的路綫，也都是鑿鑿可考的。

中國和歐洲還相互引進了對方的植物品種。中國通過西域的途徑引入

---

❿ 《舊唐書》卷 198、《新唐書》卷 221 下、《冊府元龜》卷 970、《唐會要》卷 99 均有記載。

⓫ 底也伽 (therioc)，《本草綱目・獸部上》稱「底野加」。係和蜜製成，內含鴉片等多種成分，說詳李零《藥毒一家》，《中國方術續考》，東方出版社，2000 年。

了原產地在歐洲的大蒜、芹菜、胡蘿蔔、芫荽 (Coriandrum sativum) 等蔬菜。橘子從中國經波斯、阿拉伯於北宋咸平五年 (1002) 移植西西里，再至西班牙；中國產的桃子是由波斯移植歐洲的；杏子也是從中國移去的；中國南方檸檬是阿拉伯人在明初建文二年 (1400) 從印度傳往歐洲的；中國北方產的大黃也在 14 世紀後分別經土耳其和俄國傳到歐洲。傳到歐洲的其他中國物產還有肉桂、茯苓和生姜等。許多植物的西文名稱表明是中國所產。此外，如人參、朱砂、牛黃、水銀等中藥材經阿拉伯人之手運往歐洲。而大約在 13 世紀，蒙古人把飲茶習慣帶到西亞，又傳入南亞和俄國⓬。茶葉在英語中叫 tea，是從廈門語傳譯的；在波斯語和俄語中叫 čhai，是從北方語傳譯的。名稱的不同，反映了輸出渠道的不同。

13 世紀中葉，蒙古人建立包括中國、中亞、西亞和東歐的大帝國，為中國與歐洲的交往提供了空前便利的條件。傳統的中西商路，北道（即「草原絲路」，又稱「新北道」）已遠較過去安全，從敦煌、哈密、別失八里（今吉木薩爾）、阿力麻里（今伊寧附近）、訛答剌、玉龍杰赤（今烏爾堅奇），經裏海北部至黑海北部的塔娜，稱為「欽察道」；第二條橫貫歐亞大陸，從敦煌至伊利汗國首都貼必力思（今大不里士），再去歐洲各地，稱為「波斯道」；第三條是海路，從泉州、廣州經印度洋至波斯灣或紅海。活躍於這 3 條商路西方終點的主要是義大利的 3 個共和國——熱那亞、威尼斯和佛羅倫薩的商人。歐洲歷史上第一流的旅行家馬可・波羅跟隨他的父親、叔父尼古拉兄弟，從威尼斯⓭起程，經過地中海、敘利亞、兩河流域、中亞細亞，翻越帕米爾高原，然後歷莎車、和闐（今和田）、敦煌、張掖、寧夏（今銀川），到達元的上都（今多倫），於至元十二年 (1275) 見到了忽必烈，他住宮廷 17 年，深得元世祖寵信。馬可・波羅在中國的足跡遠至雲南和四川西部的金齒，又順大運河南下，到過淮安、寶應、高郵、泰州、揚州、南京、蘇州、杭州、福州和泉州。後來乘奉命護送闊闊真公主嫁到波斯之便，返回了歐洲。他的遊記所述中國富庶繁榮和文化昌明的情況，在相對落後的歐洲引起了轟動。⓮當時中國曆法經年置閏的原理，已流傳歐洲；中國

⓬ 一說傳入俄國已在 17 世紀初。參見黃時鑒《茶傳入歐洲及其歐文稱謂》，刊《學術集林》卷 5，上海遠東出版社，1995 年。

⓭ 馬可・波羅出生地在今克羅地亞科爾丘拉島，該島 13 世紀時屬威尼斯管轄。

⓮ 馬可・波羅之外，與之同稱中世紀四大旅行家的義大利人鄂多立克 (Odoric de

數學的「盈不足術」，被編入義大利的《算術書》；中國的網格製圖學對歐洲雨後春筍般興起的實用航海圖起了催生的作用；尤其是，中國的印刷術和火藥武器也繼造紙術之後傳入了歐洲。

羅馬教廷屢遣傳教士來華，又派使者要求與元聯盟，夾攻占領耶路撒冷的伊斯蘭教勢力，未獲結果。至正二年 (1342) 七月，教皇本篤二世派方濟各會教士佛羅倫薩人約翰・馬黎諾里率 132 人的使團抵達上都，所獻禮物中有駿馬一匹，長 1 丈 1 尺 3 寸，高 6 尺 4 寸，身純黑，後二蹄白，「金轡重勒」，「神俊超逸」，(《元史》卷 40）元順帝大悅。元世祖至元二十五年 (1288) 和元順帝至元二年 (1336)，元廷亦兩次遣專使通好於羅馬教廷。元人把歐洲國家泛稱為「拂郎國」（又作「佛郎」、「富郎」)，係來自阿拉伯語 Farang（源於「法蘭克」一名）。東歐諸國則另有「斡羅思」（俄羅斯）、孛烈兒（波蘭）、馬札兒（匈牙利）等譯名。而歐洲人從此也確切地知道，古來相傳的「絲國」、「秦國」，就是北稱「契丹」、南稱「蠻子」、地大物博、人口眾多的中華帝國。⓯

明世宗嘉靖三十五年 (1556) 冬，葡萄牙人加斯帕・達・克路士曾訪問廣州，並在中國沿海遊歷數月，1570 年他在故國病逝後第 15 天，其所撰《中國志》正式出版；明神宗萬曆三年 (1575)，西班牙人拉達奉派來中國，到過福建的廈門、同安、泉州和福州，他撰有《記大明的中國事情》。上述兩書著者都以親身見聞，寫到了中國的茶葉，儘管迄 16 世紀末，中國茶葉尚未傳入西歐和西南歐。

早在明武宗正德九年 (1514)，葡萄牙商人就與廣州發生了接觸。葡萄牙後來進入澳門設立了商業根據地，收購中國的絲綢、瓷器、漆器、木刻品和黃金，同時又推銷東印度群島的肉豆蔻、丁香，帝汶的檀香，爪哇的藥材、染料，印度的肉桂、胡椒和生薑。到 18 世紀中國開放海禁後，英國不久便獲得了歐洲對華貿易的最大部分，這一方面是由於英國的工商業優

---

Pordenone) 和尼古拉・康蒂 (Nicolo Conti)，也都在他們的遊記中盛讚中國為世界第一國。參見武斌《中華文化海外傳播史》第 2 卷第 1184 頁，陝西人民出版社，1998 年。

⓯ 早於馬可・波羅半個世紀，1253 年，法國人盧布魯克 (Guillaume de Rubrouck, 約 1215～1295) 受法王路易九世 (Louis IX, 1226～1270 在位 ) 派遣，來到和林覲見蒙哥汗，他的旅行記述，已第一次向歐洲證實了歐洲人過去傳聞的「絲國」就是「大契丹」(中國)。

圖 231 北京三塔寺利瑪竇墓碑

勢，另一方面也是由於英國在印度設有實力雄厚的英國東印度公司 (1600～1858) 方便就近運作的緣故。

康熙七年 (1668)，北京宮廷接待了由彼爾特・萬・霍恩率領的荷蘭貿易使團。

而從明代中葉起，隨著一些天主教士的來華活動，帶來了歐洲文藝復興後產生的科學技術。在這方面，利瑪竇開風氣之先。由於他已經掌握了文藝復興以來歐洲數理之學的基本知識，隨身帶有天文儀器、自鳴鐘表、地圖眼鏡等反映西方自然科學成果的實物，又善於辭令，嫻於交際，並且對中國傳統文化表示尊重，所以在中國有識的士大夫階層中很受歡迎。他和徐光啟合譯《幾何原本》前 6 卷（涉及三角形、綫、圓、圓內外形、比例），參與修訂中國曆法，多次譯繪 5 大洲地圖，還介紹了歐洲的繪畫、音樂、建築和測量。生平著譯達 20 多種，除《幾何原本》外，尚有《同文指算》、《測量法義》、《圜容較義》、《乾坤體義》、《西字奇跡》和《坤輿萬國全圖》等。利瑪竇對中國近代科學的先驅者徐光啟、李之藻等研究歐洲的天文、曆法、地理、測量具有啟蒙的作用。他與徐光啟過從甚密，利、徐的友誼，本身就是文化交流的典範。徐光啟「從利瑪竇學天文、曆算、火器，盡其術」(《明史》卷 251)，而又加以發揚廣大，在徐主持下，中國有《崇禎曆書》和西洋火炮的製造，取得了曆法和火器製造的新成就。利瑪竇死後，明廷充分肯定他在傳播西方文化方面的功績，特賜官地 20 畝、房屋 38 間作為他的墓葬所在。

利瑪竇之後，龍華民（義大利人，1559～1654)、熊三拔（義大利人，1575～1620)、鄧玉函（瑞士人，1576～1630)、金尼閣（法蘭西人，1577～1628)、畢方濟（義大利人，1582～1649)、艾儒略（義大利人，1582～1649)、羅雅各（義大利人，1590～1638)、湯若望（德意志人，1591～1666)、利類思（義大利人，1606～1682)、南懷仁（比利時人，1623～1688)、徐日昇（葡萄牙人，1645～1708）⑯、革比楞（法蘭西人，1654～1707)、馮秉正（法蘭西人，1669～1748）、宋君榮（法蘭西人，1689～1759）等，都繼承了利瑪竇的傳統，介紹西方先進的自然科學。其中特別是蔣友仁 (Michel Benoist, 1715～1774)，他承羅雅各、湯若望之緒，竟突破禁區，介紹了西方最尖端的哥白尼 (Nicolaus Copernicus, 1473～1543)、伽利略學說。⑰單憑這一點，「蔣友仁」這個名詞就已經非常閃光了。竊怪現行《辭海》這樣的大型辭書，竟沒有關於「蔣友仁」的條目，雖云掛一漏萬，在所難免，情理上終使國人深感不安!

但傳教士的主流，在政治上，應當說是起著歐洲殖民勢力先鋒的作用。明世宗嘉靖三十二年 (1553)，葡萄牙人藉口曝曬水浸貨物，進入廣東香山（今中山）濠鏡澳（澳門）；後 4 年 (1557)，又通過賄賂中國守澳地方官員，達到定居澳門半島的目的。萬曆四十二年 (1614)，明神宗正式允准葡萄牙租借澳門。此舉是在葡人軍威無優勢可言而表示願意尊重中國主權的情勢下作成的，「今嶼夷安堵，亦不聞蠢動」(《萬曆野獲編》卷 30)，既符合明廷以夷制夷、以夷制倭、以夷制盜和懷柔外人的國策，又在客觀上有利於進行中外交流和廣州城市乃至整個華南沿海地區的加速發展，積極意義不容否定。但輿論持異義者頗為紛紜。從明熹宗天啟四年 (1624) 到清世祖順治十八年十二月十三日 (1662.2.1) 鄭成功收復臺灣⑱，這個寶島也被荷蘭人竊據了 38 年之久，中度還有西班牙人的插足⑲。鑒於澳門、臺灣和菲律賓、爪哇的先例，中國人民對傳教士的活動始終存有戒心。在這種背景下，康熙初年發生了欽天監事件，監正湯若望被政敵追論企圖用「見血封喉」毒物刺死已故順治帝，下入黑牢，九鏈纏身待剮；⑳其屬官南懷仁、利類思等傳教士亦皆獲罪。但因為繼任欽天監正的中國人楊光先等不學無術，㉑

---

⑯ 據有關資料，徐日昇由南懷仁推薦，與另一也由南懷仁推薦的法國傳教士張誠一道，曾以翻譯身分隨索額圖參加《中俄尼布楚條約》之簽訂，積極進行間諜活動，險致談判破裂。參見史誠《外國間諜蒙蔽康熙二十年》，《今晚報》2006 年 12 月 29 日。

⑰ 據 1761 年蔣友仁向康熙帝進呈的《坤輿全圖・圖說》抄本。

⑱ 諸史書「康熙元年十二月十三日」鄭成功收復臺灣，非是。

⑲ 天啟六年 (1626)，西班牙人為了與荷蘭人相抗衡，侵占了臺灣北部的雞籠（基隆）和淡水，直至崇禎十五年 (1642)，才被荷蘭人所驅逐。

⑳ 劉寶海、于小文《國際間諜「見血封喉」案》轉述德國 *KULTUR* 雜誌有關專文，刊《今晚副刊》2003 年 9 月 24 日。

㉑ 對楊光先，平心而論，他警覺到傳教士來華有「不軌」意圖，無疑也有值得肯定的

測檢日影和星象，都輸給了傳教士，所以不久傳教士又官復原職，重新執掌欽天監。之後，法國為了聯絡中國來對付葡萄牙，多次派傳教士來中國，這些傳教士與法國新成立的科學院 (Académia des Sciences) 有聯繫，對促進中國的科學事業也是作出過貢獻的，上文所舉蔣友仁等即為其例。而康熙帝亦曾通過他們，將大量中國古籍先後贈送給法王路易十四（Louis XIV, 1643～1715 在位）和路易十五（Louis XV, 1715～1774 在位）。

這個時期，除了自然科學，西方文化的傳入中國，其犖犖大端，還有：一. 中文出現了拉丁化拼音，拉丁文被應用於中國的國際事務中，雍正七年 (1729)，清廷還正式成立「西洋館」，招收滿族子弟學習拉丁文。二. 古代希臘亞里士多德（Aristotelēs, 公元前 384～公元前 322）的《名理探》、《論天》等著作被譯成中文，《名理探》的前 10 卷，由傅汎際譯義，李之藻達辭，譯文簡潔明快，極為可讀。三. 歐式建築在各地出現，其中圓明園中的歐式宮殿，是郎世寧 (Giuseppe Castiglione, 1688～1766) 設計的，特點是集中體現了歐洲波洛明尼式、熱那亞式和巴洛克式建築的精華；長春園的西工水法，則皆由蔣友仁負責製造。四. 西洋畫傳入中國，郎世寧供奉中國宮廷，其畫本西法而能以中法參之，尤為難得，中國畫家受西洋畫影響，也有開始採用西洋寫真術和烘染法、勾勒法的。五. 西洋音樂和樂器進入中國，澳門教堂早有風樂，崇禎十三年 (1640)，湯若望獻給明思宗一件用水力推動的樂器，音色極美；清代宮廷有西樂團。

早在明初，鄭和寶船的設計，已為歐洲的船舶專家所矚目。宣德瓷和成化瓷風靡歐洲，有力地催發了歐洲的製瓷技術的萌芽。15 世紀末開始，歐洲人大批由海路東來，澳門作為廣州的外港迅速興起。葡萄牙以澳門為中心，開闢了多條國際航綫，其中澳門－里斯本航綫是最重要的。從澳門運往歐洲的中國貨物，有生絲、綢緞、瓷器、藥材等；輸入澳門的，則以白銀為大宗。事實上，當時的歐洲，尚拿不出其他可以與中國貨物相抗衡的商品。繼此之後，中國文化逐漸落後於歐洲文化，但古老的中國文化，仍然受到歐洲人民的重視。明神宗萬曆十三年 (1585)，西班牙文的《大中華帝國史》在羅馬問世，這是歐洲第一部系統地介紹中國歷史和地理的學術著作。㉒緊接著，先利瑪竇來中國定居的傳教士羅明堅（義大利人，

一面，只是這人心胸太狹窄了，業務上又是一團糟，實在不足為訓。

㉒ 該書為奧斯定會修士門多薩 (Juan Gonzales de Mendoza, 1540～1620) 所撰。

1543～1607)，為了勸說教皇與明廷建立外交關係返回了歐洲，他用拉丁文翻譯中國的「四書」，並於明神宗萬曆二十一年 (1593) 將其中的《大學》在《歷史・科學・救世研討叢書選編》中正式發表，這是中國儒家經典首次在歐洲出版。㉓傳教士曾德昭（葡萄牙人，1585～1658）也較早向歐洲介紹了儒家思想，他在其《中國通史》(*Imperio de la Chine*, 一譯《中華帝國志》) 中對孔子不屈不撓的人格精神給予高度的評價。清聖祖康熙二十六年 (1687)，傳教士柏應理（比利時人，1624～1692）主譯的《中華哲學家孔子》刊印於巴黎，更引起了極大的反響。如果說沒有中國的四大發明就沒有歐洲的文藝復興的話，那麼，正是中國的至聖先師孔夫子，擔任了歐洲啟蒙運動的守護神。歐洲開始學習和編譯中國語文、字典，肇始於衛匡國（義大利人，1614～1661）的編寫《中國文法》。這本文法成為歐洲學者深入研究中國的必由門徑。後來歐洲各種文字與中文對照的字典，就相繼問世。清世宗雍正七年 (1729)，巴黎出版中國 15 行省圖，以後逐年擴充，出版了包括 15 省、蒙古、新疆、青海、西藏和不丹的《中國韃靼西藏全圖》。雍正十三年 (1735)，又出版了百科全書式的《中華帝國全志》，其中第三卷，除介紹中國的宗教、道德外，還介紹了中國的天文學、生物學和醫學。當時法國來華的學者，研究中國的主要成績，就是分屬於上述 3 個方面的。笛卡兒 (René Descartes, 1596～1650) 已經把中國作為信手拈來的例子，來論證他的理性主義。海德 (Thomas Hyde, 1636～1705) 考證中國的度量衡，留意中國其他有關制度，使得牛津中國學在英國起到先驅的作用。德國哲學家萊布尼茲認為就實踐哲學來說，歐洲人大大不如中國人。㉔法國啟蒙思想家伏爾泰 (Voltaire, 1694～1778) 稱讚中國人的歷史從一開始起便寫得合乎理性。㉕伏爾泰的同道魁奈 (Francois Quesnay, 169

圖 232　德國科隆孔廟

㉓ 參見張西平《儒家思想在西方早期的傳播》，《人民政協報》1999 年 9 月 1 日。

㉔ 說詳夏瑞春編《德國思想家論中國》第 4～5 頁，江蘇人民出版社，1989 年。

㉕ 見伏爾泰《中國論》，清華大學思想文化研究所編《世界名人論中國文化》，湖北人

4～1774) 主張法國須效法中國的重農措施,「政府應當按照中華帝國的榜樣」(《魁奈經濟著作選集》第 406 頁) ㉖。狄德羅在《百科全書》裏對中國的古老表示敬意,他認為這是舉世公認的優點。17 世紀末,洛科科 (rococo) 藝術風格在法國抬頭,中國藝術以其新奇、精緻、纖巧、幽雅和柔和的總特點,成為洛科科藝術式樣的源泉。在當年,法國宮廷和王公貴族競相購藏中國的瓷器、漆器和絲綢、繡品,以採用中國的鏡、扇和服裝為榮。在法王路易十四的倡導下,中國轎子很快就風行法國及其鄰國,改變了歐洲人的出行風尚,其後的法式馬車和歐式馬車,都是承中國的這種交通工具而來的。中國山水、人物畫對歐洲繪畫的影響,使得畫家們都追求色彩的清淡素雅。英國巴德尼神父在《致達沙》㉗這封信中評價中國園林說:「凡是藝術與優美的欣賞口味之所能融洽者,他們都成功地做到了。」德國卡賽爾伯爵乾隆四十六年 (1781) 在威廉索痕築木蘭 (Monlang) 村,儼然中國江南庭園。清代中葉,中國大量燒製專為外銷歐洲的瓷器,這些外銷瓷在製法、類型、畫法和圖樣方面都盡量迎合歐洲社會的需要,而英國、德國、法國的瓷廠加以仿製,幾乎做到了一模一樣,中國和歐洲的瓷器風格已經完全融合了。

圖 233 18 世紀法國畫家布舍筆下的中國人釣魚圖

中國文學直到 18 世紀才引起歐洲的注意。雍正十年 (1732),元曲《趙氏孤兒》有了法譯本;乾隆二十六年 (1761),才子佳人小說《好逑傳》有了英譯本。這 2 部作品,在中國都是二、三流的,不意竟率先流行於歐洲。歌德 (Johann Wolfgang von Goethe, 1749～1832) 這位跨越 18、19 世紀的世界大文豪,他嘗試著將中國抒情詩移植於德國,他的《中德四季晨昏雜咏 (*Chinesisch-deutsche Tages-und Jahres-zeiten*)》,「視綫所窺,永是東方」,詩中浸染了對孔子、老子哲理的嚮慕,這些詩組成了中國和歐洲文學在 19 世

民出版社,1991 年。

㉖ 吳斐丹、張草紉譯,商務印書館 1979 年版。

㉗ 本書第二章第二節曾有引及。

紀初期的共鳴。

而清代樊守義於康熙四十六年 (1707) 冬前往歐洲，經葡萄牙、西班牙等地到達義大利，在義大利求學並加入了耶穌會。他於康熙五十八年 (1719) 三月初回國，次年九月至熱河（今承德）晉見清聖祖，後來寫成了《身見錄》一書，內容涉及沿途地名，交通工具，各地氣候、物產、人種、商業、城市、港口、宗教、文化教育、建築、風俗等。在這方面，他是捷足先登者。

下面再來談中國古代與俄國的文化交流：

俄國屬於歐洲國家。俄羅斯南部欽察草原的主體居民庫曼人，是 12 世紀初由中國遷去的庫莫奚的後裔，庫莫奚與契丹相近，他們對傳播中國北方文化起了相當大的作用。蒙古軍隊西征建立領地後，中國的絲綢、茶葉、算盤和雕版印刷術等傳入欽察汗國，很快風行了起來。15 世紀下半葉，莫斯科擺脫了對蒙古人的從屬地位，但沙皇是專制的，他依然沿用了無限君權的亞洲型式。

中、俄並非自古接壤，所以除欽察汗國接受元廷的冊封外，直到明、清之際，兩國才發生了最初的外事交往。明末萬曆四十六年 (1618)，俄國托木斯克的哥薩克伊萬・彼特林 (Иван・Фетлин) 奉督軍之命，經蒙古到達北京；又有曼多夫，也到了北京。萬曆四十七年 (1619) 他們返國時，帶回明神宗諭准通商並希望俄國派遣來使的兩封國書。㉘清初順治十一年 (1654)，沙皇派費多爾・伊薩科維奇・巴伊科夫 (Фёдор・Исакович・Байков, 1612～1664) 來北京，其先遣之謝伊特庫爾・阿勃林於次年 (1655) 受到清帝接見，獲贈豐厚的禮品，並有復文帶回去。㉙但由於當時中、俄雙方都沒有人通曉對方的文字，上述文書均被擱置了起來。不過到康熙十四年 (1675)，沙皇派米列斯庫 (N. Spataru Milescu, 1636～1708) 出使中國，這個問題得到了解決。米列斯庫還撰成俄國全面介紹中國情況的開山之作《中國漫記》，他在書中寫道，即使積世界財富之總，也無法與中國之富庶相比。他又熱情讚揚中國人溫文善良，崇尚學問。這本書後來在俄國很有影響。康熙二十八年 (1689) 七月二十四日，中、俄訂立《尼布楚條約》，從此奠定了兩國外交和通商關係的基礎。這個條約的簽訂，俄

㉘ 參見陳復光《有清一代之中俄關係》上冊第 16 頁，昆明國立雲南大學文法學院叢書，1947 年。

㉙ 《清世祖實錄》卷 91。

國方面拓展了東西伯利亞的新疆界，其首席代表御前大臣戈洛文（Ф · А · Толовин, 1650～1700）因此受到沙皇的嘉獎。

康熙五十一年（1712），中國派內閣侍讀圖理琛（滿洲正黃旗人，1667～1740）前往伏爾加河下游慰問土爾扈特王阿玉奇，圖理琛返國後，寫成《異域錄》一書，這是中國歷史文獻中第一部記載有關俄國山川地理形勢和風土人情的著作。此書在俄國也備受重視，迄 19 世紀初，已被 3 次譯成俄文。㉚

在這裏，當然會使人聯想起本書前面「宗教」編曾經提到過的俄國東正教在中國的傳播。康熙五十四年（1715），由沙皇彼得大帝（Пётр Ⅰ，1682～1725 在位）提出，經清聖祖同意，俄國東正教派使團隨圖理琛首次來到北京。雍正五年（1727），中、俄《恰克圖條約》又規定東正教使團（即北京東正教佈道團）每 10 年派遣一次，每屆使團編制 10 人，其中宗教人士 4 人，世俗人員 6 人。而由於東正教傳教士的居留中國和俄國向中國派出留學生，清廷特在國子監設立了俄羅斯館，派滿、漢教師教授滿、漢語文和經史典籍。俄國後來就開始有了研究中國文化的漢學家和學者。與此相應，清廷又在理藩院設立了俄羅斯館，選八旗子弟入館學習，造就俄語人才。

俄國最初派遣到中國來的留學生，都翻譯過中國的哲學論著和文學作品，如阿列克謝・列昂季耶夫（А · Леонтьев, 1716～1786），譯有《大學》、《中庸》和《易經》的一部分。還有伊拉利昂・羅索興（И · Солохин, 生年未詳，卒於 1761 年），他和列昂季耶夫先後翻譯過圖理琛的《異域錄》，並合譯過《八旗通志》。

《尼布楚條約》簽訂後，俄商以尼布楚為貿易重鎮，向中國主要輸出毛皮，從中國主要輸入布匹。由於俄國商隊頻繁來華，致使北京市場毛皮大量過剩，清政府不得不於康熙五十六年（1717）宣布暫停兩國貿易。雍正六年（1728），俄國在恰克圖建立市場，18 世紀後半葉，通過恰克圖進行的中、俄貿易占俄國整個對外貿易總額的 7～9%。而同時，俄國通過民間渠道從中國西北地區輸入大宗茶葉，又構成了中、俄貿易的另一道風景綫。

從 18 世紀 40 年代起，俄國開始有了仿中國的建築物，如著名的夏宮。70～80 年代，又在夏宮修建了中國式的客廳、劇院、橋梁和樓臺亭閣等。乾隆五十三年（1788），元劇《趙氏孤兒》由涅恰耶夫（Нечаев, 生卒年未詳）

㉚ 參見李明濱《我國第一部旅俄遊記》，《人民政協報》2001 年 10 月 23 日。

從法文譯成俄文，流行於俄國宮廷和貴族社會中。當時還有不少俄國作家和詩人寫過或翻譯過一些有關中國的文學作品。乾隆五十八年 (1793)，俄國作家拉季謝夫 (Раднщев Александр Николаевич, 1749～1802) 還寫成了有名的論文《中國通商論》等。

圖 234　俄羅斯聖彼得堡夏宮噴泉廣場階梯的石砌基部是中國式的

鴉片戰爭前，俄國東正教第九屆使團長雅金夫・比丘林 (Н・Я・Ъуиурин, 1777～1853) 曾把不少中國著作譯成俄文，如《西藏志》、《蒙古最初四汗史》、《西藏和青海史》、《北京志》、《中國及其居民風俗習慣》等書。他還曾把《三字經》譯為俄文。比丘林回國後成為俄國科學院的通訊院士，俄國大詩人普希金（Александр Сергеевич Пушкин, 1799～1837）曾從他那裏瞭解到不少有關中國的知識情況。

最後必須提到的是，當第十一屆東正教宗教使團在北京時，其中有一個叫帕維爾・庫爾良德采夫的學員，因病於道光十二年 (1832) 返歸俄國，帶回一部《石頭記》手抄本，共 35 冊，這部手抄本相當珍貴，現在已經日益引起中外紅學界的重視。

## 第二節　與非洲、美洲地區、國家的交流

### 一　與非洲地區、國家的交流

中國與非洲遠隔千山萬水，其間橫亙著無數的崇山峻嶺、浩瀚的荒漠海洋，但在人類文化的曙光初照時，尼羅河文明與黃河文明曾遙相輝映，

為彼此間的交流和影響提供了源遠流長的背景。

自馬其頓國王亞歷山大（Alexandros, 公元前 336～公元前 323 在位）東征後，埃塞俄比亞人便開始嚮慕中國。㉛

埃及的世界性城市亞歷山大里亞的建立和繁榮，與中國秦、漢王朝的強大，使中、非之間文化交流的條件逐步成熟起來。1 世紀時，居住在亞歷山大里亞的一位操希臘語的商人或船長，在他撰寫的《紅海回航記》中，首次記載了中國。到 2 世紀，埃及的希臘學者托勒玫撰寫了著名的《地理志》，認為從埃及到中國有著可以通行的商道。當時，中國也開始瞭解到非洲的情況。稍後不久，《魏略・西戎傳》中有關於「遲散城」的記載，據考證，遲散即亞歷山大里亞。

秦漢時代，中國早以「產綺之國」聞名於包括埃及在內的地中海世界，由於長期大量的中國絲輸入的影響，埃及開始用中國運去的生絲作為原料，在當地進行加工製造，或者將中國的絲織品拆成絲綫另行重織，㉜其中甚至還有一小部分流回中國市場，被統稱為「雜色綾」。不過直到東羅馬帝國統治時期，埃及的簡單織機雖能織出透明的輕紗，卻織不出中國的花紋，後者需要中國的提花機方能織出。大約在 3～7 世紀，中國提花機傳入埃及。此後不久，絲織機的踏躡設備也由中國傳入。無疑，絲和絲織技術的傳入埃及，是中國文化對非洲的最重要的貢獻。

除了絲綢貿易和絲織技術之外，中國的金屬器皿及其製作技術大約也在公元初傳入非洲。非洲麥羅埃古國（在今蘇丹境內），礦冶技術也十分發達。麥羅埃工匠仿製中國銅壺，說明中國的金屬文化，同樣引起了非洲人民的強烈興趣。

埃及回報給中國的，到魏晉南北朝時代，主要有琉璃的製造技術。埃及能製赤、白、黑、黃、青、綠、紺、縹、紅、紫 10 種琉璃，北魏太武帝時，琉璃由大月氏傳來製法之後，「自此中國琉璃遂賤，人不復珍之」（《魏書》卷 102）。還有埃及所發明的桔槔、曲柄和製鎖工藝也可能對中國古代的機械技術有所啟迪。

---

㉛ 沈福偉：《中國與非洲——中非關係二千年》第 128～129 頁，中華書局，1990 年。

㉜ 以美貌著稱的埃及女皇克婁巴特拉七世（Kleopatra Ⅶ, 公元前 51～公元前 30 在位）曾身穿華麗的綢衣出席宴會，她的這件綢衣，據說就是用此種織物裁製的。參見 Hackney, *Louise Wallace Gui-de-Posts to Chinese Dainting*, Boston, 1929。

唐至宋元時代，中、非雙方貿易的往還和人員的交流相當頻繁。伊本・拔圖塔訪華時，就見到了世居杭州的埃及大商人歐斯曼和摩洛哥商人布什里。伊本・拔圖塔在他口述的遊記中，詳細介紹了中國的造船，陶瓷，絲、棉織等行業的情況，還指出「中國人崇信異端，禮拜偶像，死用火葬，亦如印度人然。又中國人甚富裕，樂安居，惟飲食衣服，冀免飢寒而外，無他求也」（見張星烺《中西交通史料匯編》第三冊第 175 頁）㉝。他尤其讚賞中國的慈善事業。同時，中國唐代的杜環、元代的汪大淵也在北非、東非一些地區留下了自己的行蹤。唐、宋時的中國書籍，如《經行記》、《酉陽雜俎》、《嶺外代答》和《諸蕃志》等，不僅記載了埃及、馬格里布和東非沿海諸地的一般自然環境、地理概況和主要物產，而且介紹了當地政治、經濟、風土民情等文化狀況。

宋代與埃及法蒂瑪王朝，元代與埃及馬木魯克王朝 (1250～1517)，都有直接的交往——宋代埃及多次遣使來中國，元代則中國和埃及互遣使節。此外，北非、東非其他國家也有不少與中國建立關係者，如宋代東非桑給巴爾的使節兩次訪問中國，一次是真宗天禧元年 (1017)，一次是神宗元豐六年 (1083)；元的使臣遠至大西洋濱和肯尼亞南部的蒙巴薩。㉞

埃及天文學家阿里・伊本・優努斯 (Abū'l-Ḥasan 'Alī ibn abī Sa'īd' Abd al-Raḥmān ibn Aḥmad ibn Yūnus al-Ṣadafī al-Miṣir ibn Yūnus, 950～1009) 在開羅所製曆表，是元代郭守敬編製《授時曆》的重要參考資料。

在這個時期裏，中國的絲綢繼續對非洲起著重要作用。而比起絲綢來，中國陶瓷對非洲的影響大有後來居上之勢。瓷器自唐代開始輸入非洲，最初主要是運到紅海各港口啟岸，然後集中運到埃及開羅南郊的富斯塔特，再從這裏轉運到亞歷山大里亞、摩洛哥及馬格里布各地。有的還逆尼羅河而上，運往努比亞和更遠的南方。富斯塔特遺址堪稱是一處陶瓷地下博物館，中國瓷器數以萬計，其中宋代的有浙江龍泉青瓷、福建青瓷、廣東青瓷、江西景德鎮青白瓷、德化白瓷和定窰系白瓷等。南宋乾道七年 (1171)，埃及國王把中國瓷器 40 件作為禮物贈送給大馬士革王。後來東非地區也成了中國的貿易伙伴，瓷器在東非的啟岸港口更加不勝枚舉，僅坦桑尼亞海岸就有 40 多處。瓷器深深地進入了非洲廣大地區各階層人民的生活，甚至

㉝ 中華書局，1978 年。

㉞ 沈福偉：《中國與非洲——中非關係二千年》第 383 頁，中華書局，1990 年。

圖 235 埃及發現的元或明初的中國錦

影響了他們的建築風格。利用中國瓷器作為建築物的裝飾品，形成了中世紀東非沿海地區的一種特有的風習。

早在唐代，東非的象牙、犀角、香料，開始大量流入中國。中國人民不僅利用象牙製作多種器皿，而且還製造出精美絕倫的牙雕工藝。東非出產的象牙其株端直，其色潔白，其紋細籀，重達百斤以上，質量遠遠超過任何其他地區出產的象牙，對中國古代牙雕工藝的取得輝煌成就，提供了材料保證。

大約從 9 世紀開始，東非地區的黑人奴隸作為阿拉伯商人的「商品」運往中國，他們的勇敢、忠實和善良，在中國古典文學、藝術作品中留下了美好的印象。如《太平廣記》卷 194「崑崙奴」條中所載的崑崙奴㉟磨勒，他俠肝義膽，急人之難，而且本領非凡，就是這樣一個很典型的例子。

伴隨著中國與東非之間貿易的發展，中國錢幣也涌向東非地區，宋代流入東非的中國錢幣數額頗大，對當地貨幣經濟的發生和發展也起了某種催化、促進的作用。

中國的造紙術和印刷術在 9 世紀末傳入埃及，火藥在 13 世紀時傳入埃及，紙幣製作、驛傳制度和煉糖技術也都由中國傳入埃及。

到了明代，中、非之間的友好往來有增無減。明初鄭和曾遠航非洲，他的 7 次下西洋，後 4 次都到達了東非海岸，訪問了麻林（今肯尼亞馬林迪）、木骨都束（今索馬里摩加迪沙）、卜剌哇（今索馬里布拉瓦）等地，向當地居民贈送瓷器、漆器、綢緞、茶葉和其他物品（主要是工藝品），帶回來的有麒麟和花福鹿（即非洲的長頸鹿 Giraffa camelopardalis 和斑馬 Equus zebra），這是中國罕見的動物。

埃及有仿製中國瓷器的傳統，有個叫埃格比的作坊，專門經營此業，仿製品往往非常成功，幾可亂真。㊱

---

㉟ 「崑崙奴」是唐時對異族奴僕的泛稱。

㊱ 馬文寬、孟凡人：《中國古瓷在非洲的發現》第 57 頁，紫禁城出版社，1987 年。

但正當中、非友好交往不斷發展的時候，由於歐洲殖民者的入侵非洲，15世紀中葉以後，中國傳統社會與非洲國家、地區的文化交流，被迫中斷了。

## 二 與美洲地區、國家的交流

中國與美洲阻隔重洋，相距遙遠，在古代物質條件下，似乎是沒有辦法直接交往的。但從美洲國家出土的文物中可以發現這些國家的文化有不少地方與中國古代有著某種淵源關係。例如：印第安人戴的假面有點像京劇的大花臉，五聲音階和五聲調式也與中國完全相同；古阿茲忒克曆法以月亮為公轉周期近似中國的農曆，這部曆法裏有中國龍鳳、五行、太極、八卦文化的縮影；在美國加利福尼亞州沿岸海底發現類似中國古代船舶上使用的石錨，以及兩地古代器皿上的裝飾圖案、詞語的發音和字義、樂器、宗教習俗和巫術都有足以引起聯想的共同特點等等。這些都說明，中國與美洲在古代曾經有過一定程度的往來。事實上，美洲印第安人正是中國北京周口店山頂洞人的後裔，㊲據考古新發現和碳14測定，距今3萬年前，美洲已有原始蒙古人種居住。

毫無疑問，當世界文化的初創時期，在中南美洲獨立發展起來的瑪雅㊳、阿茲忒克、印加等屬於印第安文明的原生型文化，㊴同亞歐非大陸上埃及、巴比倫、印度和中國等文明發源地一樣，都是放射著耀眼的光芒的，只是後來彼此之間互不知情而已。㊵

---

㊲ 參見歐亨尼奧·陳－羅德里格斯《拉丁美洲的文明與文化》第34～35頁，商務印書館，1990年。

㊳ 根據委瑞瓜山頂上一塊瑪雅石碑的記載，瑪雅的歷史可以追溯到4億年前，當時地球還處於中生代，根本沒有人類的痕跡，這真是一個謎！但許多似乎荒誕的瑪雅傳說，仔細推敲起來卻並非空穴來風。而至晚在公元前3～4世紀，瑪雅人已應用了「0」的數學概念，瑪雅石碑中竟出現了長達11位的大數字，這樣巨大的數學單位，只有在測量星際距離和星際航行時才用得上，瑪雅的數據應屬人類最偉大的成就之一。

㊴ 印地安人栽培成功了100多種植物，數量不少於整個東半球的總和。並且，在亞馬遜叢林區，可能還存在著同印第安人其他文化不同的第四種文化。

㊵ 20世紀90年代中期，美國奧克拉荷馬中央州立大學外文系的中國籍教授許輝在其《奧爾梅克文明的起源》一書中，根據從奧爾梅克古器物上找到的近150個與中國甲骨文、金文十分相似的文字符號，論證了這個崛起於公元前12世紀的中美洲第一個古文明有可能是在殷商末年一批渡海逃難的中國人協助下建立起來的，因為兩者

自從哥倫布（Cristoforo Colombo, 約 1451～1506）「發現美洲新大陸」[41]和達・伽馬（Vasco da Gama, 約 1469～1524）開闢通往亞洲的新航路之後，16 世紀初，伊比利亞半島上的葡萄牙和西班牙的艦隊分別從不同方向經由海上航行到達東亞，歐洲與中國之間的傳統聯繫的主幹道開始從大陸轉向海洋。到了 16 世紀中葉，葡、西兩國在亞洲的勢力，大致以菲律賓為界，葡控制菲律賓以西的海洋，西控制菲律賓以東的海洋。當時葡萄牙在中國占據澳門，在美洲占據巴西；西班牙在亞洲占據菲律賓，在美洲占據從墨西哥到南美的廣大地區。這樣，中國與美洲之間，就有了東、西兩條「南轅北轍」但都能達到目的地的航路。

據史籍記載，中國與西屬美洲的貿易往來比較多。從 16 世紀到 18 世紀初，西屬美洲被劃分為新西班牙和秘魯兩大總督區，前者包括墨西哥和中美地區，後者幾乎包括除巴西之外的南美全部地區。當時中國貨物在菲律賓對外貿易中占絕對重要的地位，駛入菲律賓的進口船隻，有幾年幾乎全部都是中國船。從閩、粵口岸，經馬尼拉（菲律賓）和阿卡普爾科（墨西哥）到塞維爾（西班牙），這條西班牙海上帝國的「馬尼拉大商帆 (Manila galleon) 貿易」航綫，是中國與美洲聯繫的主要渠道。這條渠道，當然是處在西班牙殖民者的控制下。但由於從西班牙方面來說，它要控制菲律賓這個既遠離宗主國又遠離美洲基地的殖民地，非求助於物產豐富的中國的商品供應不可，何況大量中國貨物通過馬尼拉運往墨西哥和經過墨西哥運回歐洲市場，於中它又大有油水可撈。而從中國方面來說，明代中葉以後開放海禁，准許商民往販東、西洋，凡中國出口到菲律賓再轉運美洲的貨物，都用美洲盛產的白銀償付，這對用銀量日益求過於供的中國來說，又是非常迫切的需要。在這樣的前提下，中國和西班牙走到了一起，聯起手來與

---

在時間上也正好對應。但此說目前尚有待進一步證實。

[41] 由於歐洲人已經確信地球是圓的，所以哥倫布是為了尋找通往東方的最短航綫而駛向美洲的，他此行帶著西班牙國王致契丹大汗的信件，正是在中國魅力的感召下，才實現了這位航海家的偉大發現。而美國歷史上向來定每年的 10 月 12 日為「哥倫布日」，但自 1981 年開始，流行了近 200 年的這一紀念被取消。事實上，從文化交流的角度著眼，哥倫布無疑是功不可沒的，並且歐洲殖民者由此開始的對美洲的瘋狂掠奪，亦不應一股腦兒由晚年貧病交迫的哥倫布為之埋單。不過必須加以澄清的是，哥倫布的發現，在人類歷史上只能算是重新發現，他當然決非首次發現美洲的拓荒者。

美洲建立了互通有無的經濟聯繫。

另一條由葡萄牙人所建立的印度洋貿易航綫，基本情況也可作如是觀。

中國「絲綢之船」到美洲，運去美洲的絲貨，花式種類繁多，有精緻的羅紗、縐紗、繡花絲綢、天鵝絨、綫緞、花緞、絲毛交織品以及用金銀綫織出奇巧圖案的浮花錦緞等。還有絲貨成品，如襪子、斗篷、裙子、天鵝絨上衣、長袍晨服、床單、花毯、臺布、手帕和僧侶穿用的法衣等。16 世紀末，墨西哥有 1400 多人從事絲貨織造，其原料大多是從漳州和廣州運去的。除絲貨為第一大宗外，中國運往的貨物尚有亞麻布和棉布等各類紡織品，糧食、茶葉、牲畜、醃肉、家禽、水果等農產品，陶、瓷製品，鐵、銅及其他金屬製品，珠寶飾物和各種工藝品、小玩意，硝石和火藥。從中國轉運的外國貨物，有香料、象牙等。

往返在太平洋上的大商帆，也把中國人帶到了墨西哥，據說 16 世紀時，墨西哥城已有唐人街。明思宗崇禎八年 (1635)，唐人街上又出現了第一家中國理髮店。華僑中，有一位西班牙教名叫卡塔利娜・德・聖胡安 (Catalina de San Juan) 的姑娘，設計了一種絲料女裝，長裙，無袖，黑色底衣上加金色鑲邊和紅、白、綠色的繡花，鮮艷奪目，成為最受墨西哥婦女喜愛的民族服裝；她的亭亭玉立的塑像至今仍矗立在普韋布拉市的一處廣場上。

墨西哥的實用工藝美術的技法和風格深受中國影響，墨西哥城大教堂的瓜達盧佩聖母的木雕像，就出自中國工匠之手。葡屬巴西也一樣，諸如中國的陽傘、扇子、轎子、瓷器等早就被葡萄牙殖民者帶到巴西，巴西花園中有仿中國式的亭臺和塔式建築物。

中國農作物傳入美洲的有：茶樹、柑橘、櫻桃、芒果、羅望子（蘋婆 Sterculia nobilis）等。原產美洲傳入中國的農作物有：番薯、玉米[42]、馬鈴薯[43]、落花生、辣椒、菠蘿、向日葵 (Helianthus annuus)、番木瓜 (Carica

[42] 現代玉米是野生玉米和蜀黍雜交的產物，約在公元前 1500 年左右，這種作物已在墨西哥地區獲得栽培成功。

[43] 野生馬鈴薯有兩個亞種——智利亞種和秘魯亞種，不僅味道都十分苦澀，形狀亦皆極不規則。史料顯示，馬鈴薯首次從中南美洲輸出到世界其他地區的中轉站可能是位於北大西洋東部的加納利群島，據美國農業部和威斯康星大學的有關專家對這裏的馬鈴薯進行基因分析，結果發現既有智利亞種的遺傳特徵，又有秘魯亞種的遺傳特徵，應為這兩個亞種雜交而成。至於傳入中國南北各地的馬鈴薯是否加納利群島馬鈴薯的後裔，則尚有待進一步作這方面的相應分析。

papaya)、番石榴 (Psidium guajava)、番荔枝 (Annona squamosa)、煙草等。前 3 種作物的傳入，部分地改變了中國糧食生產的布局，促進了糧食生產總量的大幅度增長，並對中國瘠土的利用、農產品的商品化以及手工業和商業的發展，都起到了重大作用。㊹

此外，金雞納霜——即奎寧的引入，在清初引起重視，㊺但金雞納樹 (Cinchona ledgeriana) 的移植中國，則要到 19 世紀初。

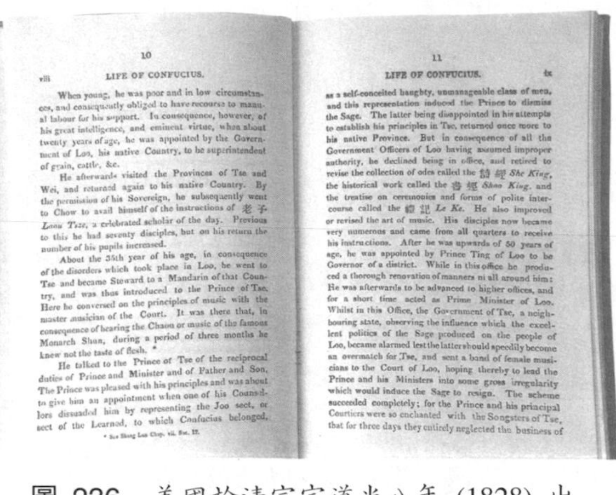

10

viii LIFE OF CONFUCIUS.

When young, he was poor and in low circumstances, and consequently obliged to have recourse to manual labour for his support. In consequence, however, of his great intelligence, and eminent virtue, when about twenty years of age, he was appointed by the Government of Loo, his native Country, to be superintendent of grain, cattle, &c.

He afterwards visited the Provinces of Tse and Wei, and returned again to his native Country. By the permission of his Sovereign, he subsequently went to Chow to avail himself of the instructions of 老子 *Laou Tsze*, a celebrated scholar of the day. Previous to this he had seventy disciples, but on his return the number of his pupils increased.

About the 35th year of his age, in consequence of the disorders which took place in Loo, he went to Tse and became Steward to a Mandarin of that Country, and was thus introduced to the Prince of Tse. Here he conversed on the principles of music with the master musician of the Court. It was there that, in consequence of hearing the Chaou or music of the famous Monarch Shun, during a period of three months he knew not the taste of flesh. *

He talked to the Prince of Tse of the reciprocal duties of Prince and Minister and of Father and Son. The Prince was pleased with his principles and was about to give him an appointment when one of his Counsellors dissuaded him by representing the Joo sect, or sect of the Learned, to which Confucius belonged,

* See Shang Lun Chap. vii. Sec. 13.

11

LIFE OF CONFUCIUS. ix

as a self-conceited haughty, unmanageable class of men, and this representation induced the Prince to dismiss the Sage. The latter being disappointed in his attempts to establish his principles in Tse, returned once more to his native Province. But in consequence of all the Government Officers of Loo having assumed improper authority, he declined being in office, and retired to revise the collection of odes called the 詩經 *She King*, the historical work called the 書經 *Shoo King*, and the treatise on ceremonies and forms of polite intercourse called the 禮記 *Le Ke*. He also improved or revised the art of music. His disciples now became very numerous and came from all quarters to receive his instructions. After he was upwards of 50 years of age, he was appointed by Prince Ting of Loo to be Governor of a district. While in this office he produced a thorough renovation of manners ni all around him: He was afterwards to be advanced to higher offices, and for a short time acted as Prime Minister of Loo. Whilst in this Office, the Government of Tse, a neighbouring state, observing the influence which the excellent politics of the Sage produced on the people of Loo, became alarmed lest the latter should speedily become an overmatch for Tse, and sent a band of female musicians to the Court of Loo, hoping thereby to lead the Prince and his Ministers into some gross irregularity which would induce the Sage to resign. The scheme succeeded completely; for the Prince and his principal Courtiers were so enchanted with the Songsters of Tse, that for three days they entirely neglected the business of

圖 236 美國於清宣宗道光八年 (1828) 出版的《四書》書影

除了農作物，美洲白銀滾滾流入中國，數量之多，使得中國曾稱呼西班牙國王為「白銀之王」。西屬美洲獨立後，又有大量墨西哥銀元（俗稱「鷹洋」）流入中國。據估計，迄 19 世紀 30 年代，流入中國的墨西哥銀元，至少達 5 億枚以上。當時西方國家與中國進行交易，一般都是用西班牙銀元（俗稱「本洋」）支付和結算。由於中國憑藉其在絲綢、茶葉、瓷器等方面無與匹敵的出口量，與任何國家、地區進行貿易都是順差，美洲 1571～1821 年間整整兩個半世紀生產的白銀，有 1/2 甚至 2/3 被運到中國，一來而不復返。㊻總起來說，美洲銀幣的流入，確認了中國在當時世界經濟秩序中的核心地位。同時對調整中國的貨幣結構，推動中國貨幣制度的發展，也是有巨大意義的。

而美國獨立後不久，中國文化與北美之間的交流渠道也應運而生。

清高宗乾隆四十九年 (1784)，美國購置並裝備了一艘「中國皇后號」(Empress of China) 商船，於公曆 2 月 22 日啟航，8 月 28 日抵廣州，隨船運來的商品有人參、毛皮、胡椒、棉花等；到了 12 月 27 日，該商船滿載

---

㊹ 何炳棣：《美洲作物的引進、傳播及其對糧食生產的影響》，《大公報在港復刊三十週年紀念文集》下卷，1978 年。

㊺ 康熙三十二年 (1693)，清聖祖患瘧疾，傳教士洪若翰等進金雞納霜予以醫治，得到賞賜。

㊻ 全漢昇：《中國經濟史論叢・明清間美洲白銀的輸入中國》，香港新亞研究所，1972 年。

絲綢、瓷器、土布、茶葉等中國特產駛離廣州，至次年公曆 5 月 15 日返回紐約。「中國皇后號」的成功，在美國掀起了巨大的波瀾，每個沿海小村莊，只要有一條可以負載 5 個人的小帆船，就計劃著要來廣州，一時出現了中國熱。[47]由於美國政府制訂了許多優惠政策，鼓勵和保護對華貿易，所以到清宣宗道光二十一年 (1841)，美國各口岸駛來廣州的商船，累計達 1271 艘，僅次於英國；19 世紀前期，中美貿易額占中國對外貿易額的 21% 左右，僅次於中英貿易。

美國商人將在對華貿易中所獲取的巨額利潤轉向國內，投資近代工業和交通運輸業，有力地促進了美國的資本原始積累。

---

[47] 齊文穎：《關於「中國皇后號」來華問題》，《世界史研究》1984 年第一期。

# 原書後記

拙撰《中國文化通史》的問世現在已經指日可待了，我的心情也逐漸輕鬆了起來。

置身車如川流人如海、日成交額數以人民幣千萬計的中國輕紡城，我把大部分時間和精力都放在這件事情上，所謂「笑罵由它笑罵，好書我自寫之」，其中甘苦是很難用三言兩語說得清楚的。

我要慎重地加以聲明的是：本書全部書稿的反復謄清工作，皆由紹興柯橋供銷社陳家檐先生和紹興新興塑料廠趙美小姐、紹興縣二運公司汽車修理廠張杏娟小姐擔任；浙江省民族宗教事務管理局李紹瑛、嚴紫娟兩同志在百忙中擠出時間來幫助審閱了有關篇章（「宗教」和「少數民族」編）；本書責編王文文女士在書稿編輯過程中又提出了許多寶貴的修改意見。假如沒有他（她）們幾位的垂助和通力合作，那麼，很多困難也許會使我望而生畏裹足不前的。又，本書這次出版，受到劉海粟、陳立夫、顧毓琇、錢君匋、張岱年、尹瘦石、洪學智、任繼愈、馮其庸、毛昭晰等前輩，中共浙江省委統戰部步柏儔、茅臨生兩位副部長，浙江大學黃達人教授和紹興市、縣紀根立市長、陳敏爾書記以及其他各方面為數眾多的熱心人的關注和支持。雪中送炭，盛意可感。我願借此機會，向所有這些領導、師長、朋友（包括這裏提名的和未及提名的），表示深切的謝忱！

另外，本書實際上是一部集眾家之長的著作，書中大量運用了前輩和時賢的研究成果，無法一一標舉，謹誌於此，藉伸歉疚不安之意。

胡世慶於紹興新興塑料廠集體宿舍樓寓所

1996 年 3 月 15 日

# 主要參考資料

（僅舉現、當代部分）


1 湯因比著:《歷史研究》，上海人民出版社，2000 年。

2 斯塔夫里阿諾斯著:《全球通史》，北京大學出版社，2007 年。

3 郭沫若主編:《中國史稿》第一至六冊，人民出版社，1976 ～ 1987 年。

4 范文瀾、蔡美彪等著:《中國通史》，人民出版社，1994 年。

5 翦伯贊主編:《中國史綱要》第一至三冊，人民出版社，1965 ～ 1979 年。

6 白壽彝主編:《中國通史》1 ～ 18 冊，上海人民出版社，1989 ～ 1996 年。

7 錢穆著:《國史大綱》，商務印書館，1996 年。

8 黃仁宇著:《中國大歷史》，三聯書店，1997 年。

9 賈蘭坡著:《周口店——北京人之家》，人民出版社，1975 年。

10 宋兆麟等著:《中國原始社會史》，文物出版社，1983 年。

11 郭沫若著:《青銅時代》，科學出版社，1965 年。

12 金景芳著:《中國奴隸社會史》，上海人民出版社，1983 年。

13 王國維著:《殷周制度略論》，中華書局，1959 年。

14 童書業著:《春秋史》，開明書店，1946 年。

15 楊寬著:《戰國史》，上海人民出版社，1955 年。

16 錢穆著:《秦漢史》，香港新華印刷股份公司，1957 年。

17 何茲全著:《秦漢史略》，上海人民出版社，1955 年。

18 林劍鳴著:《秦漢史》，上海人民出版社，1989 年。

19 崔瑞德、魯惟一編:《劍橋中國秦漢史》，中國社會科學出版社，2006 年。

20 王仲犖著:《魏晉南北朝史》上下冊，上海人民出版社，1979 ～ 1980 年。

21 陳寅恪著:《隋唐制度淵源略論稿》，三聯書店，1954 年。

22 岑仲勉著:《隋唐史》，高等教育出版社，1957 年。

23 韓國磐著:《隋唐五代史綱》，人民出版社，1979 年。

24 崔瑞德編:《劍橋中國隋唐史》，中國社會科學出版社，2006 年。

25 舒焚著:《遼史稿》，湖北人民出版社，1984 年。

26 蔣復璁著:《宋史新探》，臺灣正中書局，1966 年。

27 吳天墀著:《西夏史稿》,四川人民出版社,1983 年。
28 張博全著:《金史簡編》,遼寧人民出版社,1984 年。
29 韓儒林主編:《元朝史》,人民出版社,1986 年。
30 傅海波、崔瑞德編:《劍橋中國遼西夏金元史》,中國社會科學出版社,2006 年。
31 孟森著:《明代史》,臺灣華北出版社,1975 年。
32 傅衣凌主編:《明史新編》,人民出版社,1993 年。
33 牟復禮、崔瑞德編:《劍橋中國明代史》上卷,中國社會科學出版社,2006 年。
34 崔瑞德、牟復禮編:《劍橋中國明代史》下卷,中國社會科學出版社,2007 年。
35 戴逸主編:《簡明清史》第一至二冊,人民出版社,1980 ~ 1984 年。
36 林語堂著:《吾國吾民》,作家出版社,1996 年。
37 沙蓮香主編:《中國民族性》(一),中國人民大學出版社,1989 年。
38 許蘇民著:《中華民族文化心理素質簡論》,雲南人民出版社,1987 年。
39 伍雄武著:《中華民族的形成與凝聚新論》,雲南人民出版社,2000 年。
40 高桑駒吉著:《中國文化史》,商務印書館,1926 年。
41 柳詒徵編著:《中國文化史》,中國大百科全書出版社,1988 年。
42 韋政通著:《中國文化概論》,嶽麓書社,2003 年。
43 譚家健主編:《中國文化史概要》,高等教育出版社,1988 年。
44 陰法魯、許樹安主編:《中國古代文化史》1 ~ 3,北京大學出版社,1989 ~ 1991 年。
45 史念海著:《中國歷史地理綱要》,山西人民出版社,1992 年。
46 張步天著:《中國歷史地理》,湖南大學出版社,1988 年。
47 陳代光著:《中國歷史地理》,廣東高等教育出版社,1997 年。
48 顧頡剛著:《中國疆域沿革史》,上海書店,1984 年。
49 馬大正著:《中國邊疆沿革史》,中州古籍出版社,2000 年。
50 陳橋驛主編:《中國歷史名城》,中國青年出版社,1986 年。
51 傅筑夫著:《中國古代經濟史概論》,中國社會科學出版社,1981 年。
52 西嶋定生著:《中國經濟史研究》,農業出版社,1984 年。
53 岳琛主編:《中國農業經濟史》,中國人民大學出版社,1989 年。
54 王孝通著:《中國商業史》,上海書店出版社,1984 年。
55 梁方仲著:《中國歷代戶口、田地、田賦統計》,上海人民出版社,1980 年。
56 陳守實著:《中國古代土地關係史稿》,上海人民出版社,1984 年。
57 樊樹志著:《中國封建土地關係發展史》,人民出版社,1988 年。
58 張傳璽主編:《中國歷代契約會編考釋》,北京大學出版社,1996 年。

59 孫翊剛、董慶錚主編:《中國賦稅史》,中國財政經濟出版社,1987 年。
60 彭信威著:《中國貨幣史》,上海人民出版社,1965 年。
61 吳承洛著:《中國度量衡史》,商務印書館,1939 年。
62 左言東編著:《中國政治制度史》,浙江古籍出版社,1986 年。
63 韋慶遠主編:《中國政治制度史》,中國人民大學出版社,1989 年。
64 張純明著:《中國政治二千年》,香港崇文書店,1971 年。
65 邱永明著:《中國監察制度史》,華東師範大學出版社,1992 年。
66 張金鑑著:《中國文官制度史》,臺北中華文化出版事業委員會,1955 年。
67 李鐵著:《中國文官制度》,中國政治大學出版社,1989 年。
68 劉展主編:《中國古代軍制史》,軍事科學出版社,1992 年。
69 張晉藩主編:《中國法制史》,群眾出版社,1991 年。
70 毛禮銳等編:《中國古代教育史》,人民教育出版社,1983 年。
71 金諍著:《科舉制度與中國文化》,上海人民出版社,1990 年。
72 徐揚杰著:《中國家族制度史》,人民出版社,1992 年。
73 張亮采著:《中國風俗史》,三聯書店上海分店,1988 年。
74 鄧子琴著:《中國風俗史》,巴蜀書社,1987 年。
75 胡樸安編:《中華全國風俗志》,河北人民出版社,1986 年。
76 鍾敬文、蕭放主編:《中國民俗史》第一至五卷,人民出版社,2008 年。
77 李亞農著:《殷代社會生活》,上海人民出版社,1955 年。
78 謝國楨著:《兩漢社會生活概述》,陝西人民出版社,1975 年。
79 宋德金著:《金代的社會生活》,陝西人民出版社,1988 年。
80 王熹著:《中國明代習俗史》,人民出版社,1994 年。
81 馮爾康、常建華著:《清人社會生活》,天津人民出版社,1990 年。
82 余英時著:《士與中國文化》,上海人民出版社,1987 年。
83 陳東原著:《中國婦女生活史》,上海書店出版社,1984 年。
84 周錫保著:《中國古代服飾史》,中國戲劇出版社,1991 年。
85 徐海榮主編:《中國飲食史》,華夏出版社,1999 年。
86 丁俊清著:《中國居住文化》,同濟大學出版社,1997 年。
87 王崇煥著:《中國古代交通》,商務印書館,1991 年。
88 陳鵬著:《中國婚姻史稿》,中華書局,1994 年。
89 徐吉軍、賀云翱著:《中國喪葬禮俗》,浙江人民出版社,1991 年。
90 陳虹著:《中國古時的男女社交》,臺北傳記文學出版社,1969 年。
91 殷登國著:《歲時佳節記趣》,廣西人民出版社,1987 年。

92 傅起鳳、傅騰龍著:《中國雜技史》,上海人民出版社,1989 年。
93 任海著:《中國古代武術》,商務印書館,1991 年。
94 郭泮溪著:《中國民間遊戲和競技》,三聯書店,1996 年。
95 田自秉著:《中國工藝美術史》,東方出版中心,1985 年。
96 馬曉宏著:《天・神・人》,國際文化出版公司,1988 年。
97 朱天順著:《原始宗教》,上海人民出版社,1964 年。
98 張紫晨著:《中國巫術》,三聯書店上海分店,1991 年。
99 任騁著:《中國民間禁忌》,作家出版社,1991 年。
100 胡適著:《中國哲學史大綱》上卷,東方出版社,1996 年。
101 馮友蘭著:《中國哲學簡史》,北京大學出版社,1996 年。
102 侯外廬等著:《中國思想通史》第一至四卷,人民出版社,1957 ~ 1960 年。
103 張岱年著:《中國哲學大綱》,臺北藍燈文化事業公司,1992 年。
104 任繼愈主編:《中國哲學史》第一至四冊,人民出版社,1963 ~ 1979 年。
105 張豈之主編:《中國思想史》,西北大學出版社,1989 年。
106 蔡元培著:《中國倫理學史》,東方出版社,1996 年。
107 汪奠基著:《中國邏輯思想史》,上海人民出版社,1979 年。
108 胡寄窗著:《中國經濟思想史簡編》,中國社會科學出版社,1981 年。
109 蕭清著:《中國古代貨幣思想史》,人民出版社,1987 年。
110 呂振羽著:《中國政治思想史》,文化供應社,1946 年。
111 張國華主編:《中國法律思想史》,法律出版社,1982 年。
112 郭齊家著:《中國教育思想史》,教育科學出版社,1987 年。
113 匡亞明著:《孔子評傳》,齊魯書社,1985 年。
114 陳鼓應著:《老莊新論》,商務印書館,2008 年。
115 內藤湖南著:《中國史學史》,上海古籍出版社,2008 年。
116 金毓黻著:《中國史學史》,商務印書館,1944 年。
117 施丁著:《中國史學簡史》,中州古籍出版社,1987 年。
118 王樹民著:《中國史學史綱要》,中華書局,1997 年。
119 王治心著:《中國宗教思想史大綱》,中華書局,1997 年。
120 梁漱溟著:《人心與人生》,學林出版社,1984 年。
121 梁啟超著:《中國佛教研究史》,三聯書店上海分店,1986 年。
122 熊十力著:《佛家名相通釋》,中國大百科全書出版社,1987 年。
123 湯用彤著:《隋唐佛教史稿》,中華書局,1982 年。
124 方立天著:《中國佛教與傳統文化》,上海人民出版社,1988 年。

125 王森著：《西藏佛教發展史略》，中國社會科學出版社，1987 年。
126 張曼濤主編：《佛教與中國文化》，上海書店，1987 年。
127 任繼愈主編：《中國道教史》，上海人民出版社，1990 年。
128 南懷瑾著：《中國道教發展史略》，復旦大學出版社，1996 年。
129 卿希泰主編：《中國道教》，知識出版社，1994 年。
130 李養正著：《道教概說》，中華書局，1989 年。
131 白壽彝著：《中國伊斯蘭教存稿》，寧夏人民出版社，1982 年。
132 周燮番著：《中國的基督教》，商務印書館，1991 年。
133 濮文起著：《中國民間秘密宗教》，浙江人民出版社，1991 年。
134 李約瑟著：《中國科學技術史》，科學出版社、上海古籍出版社，1990 年。
135 杜石然等編著：《中國科學技術史稿》，科學出版社，1982 年。
136 唐啟宇著：《中國農史稿》，農業出版社，1985 年。
137 石聲漢著：《中國農業遺產要略》，農業出版社，1981 年。
138 梁家勉主編：《中國農業科學技術史稿》，農業出版社，1988 年。
139 劉仙洲著：《中國古代農業機械發明史》，科學出版社，1963 年。
140 姚漢源著：《中國水利史綱要》，水利電力出版社，1987 年。
141 馮家昇著：《火藥的發明和西傳》，上海人民出版社，1958 年。
142 王兆春著：《中國火器史》，軍事科學出版社，1991 年。
143 潘吉星著：《中國造紙技術史稿》，文物出版社，1979 年。
144 張秀民著：《中國印刷史》，上海人民出版社，1989 年。
145 陳維稷主編：《中國紡織科學技術史》（古代部分），科學出版社，1984 年。
146 葉喆民著：《中國陶瓷史綱要》，輕工業出版社，1989 年。
147 章鴻釗著：《中國冶金簡史》，科學出版社，1978 年。
148 張靜芬著：《中國古代造船與航海》，商務印書館，1991 年。
149 錢寶琮主編：《中國數學史》，科學出版社，1964 年。
150 陳遵嬀著：《中國古代天文學簡史》，上海人民出版社，1955 年。
151 侯仁之主編：《中國古代地理學簡史》，科學出版社，1962 年。
152 戴念祖著：《中國古代物理學》，商務印書館，1991 年。
153 李經緯等主編：《中國醫藥百科全書・醫藥史卷》，上海科技出版社，1987 年。
154 趙匡華主編：《中國古代化學史研究》，北京大學出版社，1985 年。
155 苟萃華等著：《中國古代生物學史》，科學出版社，1989 年。
156 徐復觀著：《中國藝術精神》，春風文藝出版社，1987 年。
157 李澤厚、劉綱紀主編：《中國美學史》第一至二卷，中國社會科學出版社，

1984 ～ 1987 年。
158 鄭振鐸著:《插圖本中國文學史》，人民文學出版社，1957 年。
159 劉大杰著:《中國文學發展史》，中華書局上海編輯所，1962 年。
160 游國恩等主編:《中國文學史》第一至四冊，人民文學出版社，1963 ～ 1964 年。
161 寧大年主編:《中國文學史》，北京師範大學出版社，1990 年。
162 章培恒、駱玉明主編:《中國文學史》，復旦大學出版社，1997 年。
163 魯迅著:《中國小說史略》，人民文學出版社，1957 年。
164 王國維著:《宋元戲曲史》，商務印書館，1930 年。
165 楊仁愷主編:《中國書畫》，上海古籍出版社，1990 年。
166 王伯敏著:《中國繪畫史》，上海人民美術出版社，1982 年。
167 沃興華著:《插圖本中國書法史》，上海古籍出版社，2001 年。
168 葉一葦著:《中國篆刻史》，西泠印社，2000 年。
169 楊蔭瀏著:《中國古代音樂史稿》，人民音樂出版社，1981 年。
170 董錫玖著:《中國舞蹈史》，文化藝術出版社，1984 年。
171 王子雲著:《中國雕塑藝術史》，人民美術出版社，1988 年。
172 梁思成著:《中國建築史》，百花文藝出版社，1998 年。
173 劉敦楨主編:《中國古代建築史》，中國建築工業出版社，1984 年。
174 王力著:《中國語言學史》，山西人民出版社，1981 年。
175 胡奇光著:《中國小學史》，上海人民出版社，1987 年。
176 湯可敬主編:《新編古代漢語》，北京出版社，1989 年。
177 周秉鈞編著:《古漢語綱要》，湖南教育出版社，1981 年。
178 齊佩瑢著:《訓詁學概論》，中華書局，1984 年。
179 陳望道著:《修辭學發凡》，上海世紀出版集團・上海教育出版社，2001 年。
180 羅常培著:《漢語音韻學導論》，中華書局，1956 年。
181 周振鶴、游汝杰著:《方言與中國文化》，上海人民出版社，1986 年。
182 唐蘭著:《中國文字學》，上海古籍出版社，1979 年。
183 裘錫圭著:《文字學概要》，商務印書館，1988 年。
184 謝灼華主編:《中國圖書和圖書館史》，武漢大學出版社，1987 年。
185 張舜徽著:《中國文獻學》，中州書畫社，1982 年。
186 鄭鶴聲、鄭鶴春撰:《中國文獻學概要》，上海古籍出版社，2001 年。
187 呂思勉著:《中國民族史》，中國大百科全書出版社，1987 年。
188 翁獨健主編:《中國民族關係史研究》，中國社會科學出版社，1984 年。
189 劉義棠著:《中國邊疆民族史》，臺灣中華書局，1969 年。

190 徐杰舜編著:《中國民族史新編》，廣西教育出版社，1989 年。
191 傅朗雲、楊暘著:《東北民族史略》，吉林人民出版社，1983 年。
192 馬長壽著:《北狄與匈奴》，三聯書店，1962 年。
193 林幹著:《突厥史》，內蒙古人民出版社，1988 年。
194 黃奮生編著:《藏族史略》，民族出版社，1985 年。
195 尤中著:《中國西南民族史》，雲南人民出版社，1985 年。
196 楊學琛著:《清代民族關係史》，吉林文史出版社，1990 年。
197 馮承鈞譯:《多桑蒙古史》，中華書局，1962 年。
198 周一良主編:《中外文化交流史》，河南人民出版社，1987 年。
199 張維華主編:《中國古代對外關係史》，高等教育出版社，1993 年。
200 朱杰勤著:《中外關係史論文集》，河南人民出版社，1984 年。
201 沈福偉著:《中西文化交流史》，上海人民出版社，1985 年。
202 武斌著:《中華文化海外傳播史》，陝西人民出版社，1998 年。
203 朴真奭著:《中朝經濟文化交流史研究》，遼寧人民出版社，1984 年。
204 陳尚勝著:《中日文化交流史》，商務印書館，1997 年。
205 木宮泰彥著:《日中文化交流史》，商務印書館，1980 年。
206 霍爾著:《東南亞史》，商務印書館，1982 年。
207 季羨林著:《中印文化關係史論文集》，三聯書店，1982 年。
208 項英杰著:《中亞: 馬背上的文化》，浙江人民出版社，1993 年。
209 瑪扎海里著:《絲綢之路——中國波斯文化交流史》，中華書局，1993 年。
210 希提著:《阿拉伯通史》，商務印書館，1979 年。
211 馬肇椿著:《中歐文化交流史略》，遼寧教育出版社，1993 年。
212 邁克爾・格蘭特著:《羅馬史》，世紀出版集團，上海人民出版社，2008 年。
213 加恩著:《早期中俄關係史》，商務印書館，1961 年。
214 張鐵生著:《中非交通史初探》，三聯書店，1965 年。
215 李春輝、楊生茂主編:《美洲華僑華人史》，東方出版社，1990 年。
216 賴德列著:《早期中美關係史》，商務印書館，1963 年。

## 中國繪畫理論史　陳傳席／著

中國的繪畫理論，尤其是古代畫論，無論在學術水準或數量上皆居世界之冠。中國畫論並能直透藝術本質，包涵社會及其文化。本書論述了儒道對中國畫論的影響，以及道和理、情和致、法和變、六法、四品、三遠、禪與畫……直至近現代的畫論之爭等等，一書在手，二千年中國畫論精華盡在其中。不僅可供書畫愛好者和研究者參考，也適合文史研究者及一般讀者閱讀。

## 扇子與中國文化　莊申／著

扇子是中國社會各階層普遍使用的日常生活用品，作者透過對藝術、文學、史學資料的分析，深入探討扇子的功能與作用，資料豐富，圖片精美，文筆流暢。書中並特別討論了日本摺扇如何以韓國為媒介，在中國文人生活中廣泛流行；以及摺扇如何以中國為中心，傳入歐洲，在十七、八世紀的上流社會普遍發展。從文化史的觀點來討論摺扇在中國與歐洲的發展，匠心獨運，既是本書的重心，也是本書的特色。

## 根源之美　莊申／著

「思想是根源，形式是表現」。中國藝術的存在，不是一個孤立的現象，它是中國人文思想的表現。本書各篇所討論的對象，雖然是中國歷代的各種藝術，所採用的觀點卻是歷史的發展。通過這本書，讀者不但可對中國的書法、繪畫、版刻、雕塑、器物、服飾和建築等，都能有所瞭解，更能看出中國文化發展的過程，及其深厚的思想底蘊。

## 日本藝術史　邢福泉／著

日本藝術為亞洲藝術極為重要的一環，甚受歐美人士及大學之重視。日本史前期的藝術品與建築，除具備本土特色外，部分尚與亞洲大陸，尤其與中國有甚為密切的關連，其中尤以「唐化」與佛教藝術對日本之影響最為深遠。欲進一步瞭解中國藝術之全貌，極有必要借鑑在日本仍保持良好之文物與古蹟。本書是國人以中文撰寫日本藝術史之難得專著，書中並特重與中國藝術之比較研究，極具參考價值。

## 中國佛教美術史　李玉珉／著

佛教發源於印度，紀元前後傳入中國以來，不但充實了中國宗教、哲學、思想的內容，同時也為我們留下了豐富的藝術資產。佛教藝術的形式龐雜，題材多變，無疑是中國藝術史重要的一環。本書簡要地介紹自漢迄清重要的佛教藝術遺存，並說明它們的風格特徵、宗教意涵以及產生的歷史背景。一方面探索外來的佛教藝術在中國生根茁壯的過程，另一方面也說明經過長期的薰陶，佛教藝術如何變成中國文化的血肉之一。

## 中國鎮物　陶思炎／著

鎮物，又稱「禳鎮物」、「辟邪物」、「厭勝物」，它幫助人們面對各種實際的災害、危險、凶殃、禍患，以及虛妄的鬼怪邪祟，是一種特殊的工具和民俗現象。它以文化象徵和風俗符號體現為人的心智與情感的凝聚，藝術與生活的創造。本書對鎮物的起源、性質、特徵、體系、功能、演進、價值等加以系統的理論概括，並對各種類型的鎮物進行了具體的研討，圖文並茂，是第一部研究中國鎮物的力作。

## 從眉壽到長生——醫療文化與中國古代生命觀

杜正勝／著

本書作者專研中國古代政治社會史，他的醫療史實證研究遂集中在中國古代範圍內；論其主旨，即如本書主體所分的「形神」、「祝禱」、「威儀」、「養生」和「生死」五篇，歸結於中國傳統對「人」的認識。對於這個問題作者提出一套頗為完整的論述。他從身體認識論出發，涵蓋心性與靈魂各層面，勾勒出中國古代的生命觀。但作者著重維繫和延續生命的方法，毋寧更屬於文化的研究，不只是思想之剖析而已。

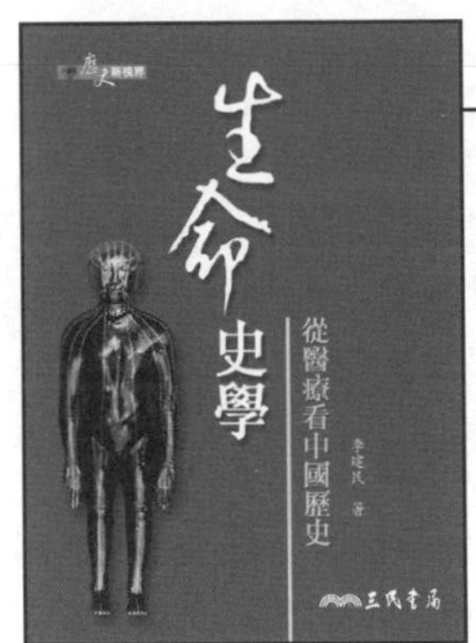


## 生命史學——從醫療看中國歷史　李建民／著

生命是什麼？「生命是活著。」「不會滅亡的，就是生命。」「凡有氣的就有生命。」如果我們從中國歷史與中國醫學出發，什麼才是真正的答案？《生命史學》一書不僅探索歷史上個體的生命觀與身體觀，同時也思考整體文化生命的不息活力，即錢穆先生所謂「生力」、「生原」者；以生命為核心的歷史學期待建立中國人古典醫學生命力的真實臨在 (immanence)，並且促使史學的生機在芸芸眾生之中生活化與內在化。

書種最齊全・服務最迅速

現在加入網路書店會員

憑通關密碼：B3252

首次購書即可享15%紅利積金

好康多多～

1. 滿$350便利超商取書免運費
2. 平時購書享3%～6%紅利積金
3. 隨時通知新書及優惠訊息